"As for me, I hear the voices rising from the disaster"

–Louis Aragon, "*Nymphée*" (1942)

"It is a cruel thing to have to try to explain the disaster of one's country. The truth is that we have not yet measured the extent of our misfortune."

–Jacques Maritain, *A travers le désastre* (1941)

"If I say: the disaster keeps vigil, it is not in order to endow that vigil with a subject, but to say: the vigil does not transpire beneath a starlit sky."

–Maurice Blanchot, *l'Ecriture du désastre* (1980)

OLIVIER CORPET CLAIRE PAULHAN

COLLABORATION AND RESISTANCE

FRENCH LITERARY LIFE UNDER THE NAZI OCCUPATION

PREFACE BY ROBERT O. PAXTON

WITH AN ESSAY BY JEAN-PAUL SARTRE

TRANSLATED BY JEFFREY MEHLMAN ET AL.

fiveTIES imec éditeur

CONTENTS

THE BOTTOM OF THE ABYSS

by Robert O. Paxton

"For my part, for several years already I have seen what was coming. But reality is worse than my darkest imaginings. We have reached the bottom of the abyss. At least we will now know where the evil resided," Henri Bergson wrote to his fellow philosopher, Léon Brunschvicg, at the end of July 1940.[1]

Their world had been turned upside down. The French Army—still considered just months earlier the world's most powerful, even by some senior German officers—had been shattered in a short six weeks. German troops strutted in Paris. One of the freest societies in the world was learning to live with two layers of dictatorship—the German occupation forces and the collaborationist French government at Vichy. Among their colleagues, Jews, Freemasons, and Socialists were beginning to be rooted out of jobs, professions, and positions.

This book offers a rich sample of how French writers, editors, and publishers responded to these shocks. What should they do: throw in their lot with the conquerors? Resist the Occupation and its Vichy collaborators, despite the risks and a sense of futility? Turn away from politics to aesthetic experiment and art for art's sake? Or keep silent and wait for better days?

Keeping silent was a difficult option. Silence does not come easily to writers and intellectuals, and the less established ones had to eat. Beyond that, the French public looked to them for leadership. The public role of intellectuals has always seemed more salient in France than in most countries. Writers were expected to enlighten their fellow citizens about the reasons for France's calamity and what should be done about it. Compounding the pressure, the two dictatorships actively sought writers' support in order to help seat their legitimacy. French writers, editors, and publishers had already been passionately engaged in public life during the 1930s, debating the triumphs of Nazi Germany, the Soviet experiment, the Popular Front, the Spanish Civil War, the Czech crisis, and the Munich accords. Few were willing to go silent in June 1940.[2] With some asperity, Michel Leiris (one of the few to keep his vow of silence) noted "this real disease of writers, who cannot imagine the possibility of shutting up, and for whom not publishing is a kind of annihilation."[3] The French literary scene would not be silent during the occupation years.

In Search of the Mental Universe of June 1940

In summer 1940, however, no one knew when or even whether France would be liberated. In November 1940, Jean Paulhan, until a few months earlier editor of the prestigious *La Nouvelle Revue française* (*NRF*), wrote to his friend Marcel Arland about Paulhan's replacement at the *NRF* by the pro-fascist novelist Pierre Drieu la Rochelle. "If the German victory and dominance are going to last six months," wrote Paulhan, "Drieu's attempt is odious. But if we are going to have them for a hundred years, on the contrary, it is ingenious, bold, necessary."[4] Every choice of action, Paulhan noted, implied a prediction. Were the German occupation and Vichy momentary accidents, or was a permanent new order at hand, to which one would have to adapt? Paulhan, be it noted, was already secretly active in one of the first French resistance movements, the group around linguist Boris Vildé at the anthropological museum in Paris, the Musée de l'homme. Paulhan even operated for a time in his apartment the mimeograph machine that printed the movement's clandestine publication *Résistance*. Paulhan's uncertainty in November 1940 is eloquent. If this instantaneous resister, an exceptionally lucid man, found the future so opaque, what of the rest of the French population?

The mental universe of France in the summer of 1940 is like a lost continent. We can map it with the aid of contemporary texts such as those in the impressive IMEC collection, but the task is difficult. In order to make that lost continent visible, one has to clear away the heavy alluvium laid down by the following four years of tumultuous history. Summer 1940 is buried under another continent, the mental universe of 1944, with its familiar features: certitude of Allied victory, know-ledge of the Nazi camps, the complicity and futility of Vichy, and the conviction that active resistance could make a difference.

The features of the lost continent of summer 1940 are no longer familiar. They may even seem shocking today: disorientation in the face of defeat; intense desire for French revival coupled with revulsion against the Republic; conviction that German power was unshakeable; doubt that active resistance could bring anything but grief. Even in the calmest times, human memory works in reverse: relatively clear and inclusive for recent times, increasingly cloudy and selective for earlier times. Where later developments make an earlier memory embarrassing, it becomes even harder to reconstruct.

The situation in June 1940 was more disorienting than one can easily imagine today. The shock of defeat, compounded by the uprooting of the Exodus, had swept away most of the prewar mental and emotional landmarks. One of the truly profound ruptures of modern history had obliterated them. Surprising swerves of attitude were common.

Moral philosopher Paul Ricœur later recalled the *"désarroi"* in which he joined the *"cercle Pétain"* in a prisoner-of-war camp, taking positions at odds with his convictions both before and after the war. "I owe it to truth to say that up into 1941 I was seduced, with others—the propaganda was massive—by certain aspects of Pétainism. Probably I turned against the Republic the feeling of having shared in its weakness, the feeling that we must remake a strong France. That was the case as long as we received no news, as long as we weren't reached by the BBC, which, thanks to the Gaullists in the camp, we were able to listen to after the winter of 1941–1942."[5] Jean Bruller, who later, under the pen-name Vercors, launched the Éditions de Minuit with his famous novella *Le Silence de la mer*, recalled that "the month of July 1940 . . . was without a doubt the hardest of life. I wondered whether, finally, it wasn't a good thing that we had been beat."[6]

Another feature of this lost continent was revulsion against the Third Republic and intense eagerness for change. Summer 1940 was a kind of "Year Zero" for many French people, a precious opportunity for a new start that must not be wasted. The discredit of the "old regime," as it was so frequently called in 1940, was nearly universal. It affected resisters as well as collaborators, opponents as well as supporters of Maréchal Pétain. The question in June 1940 was not whether France should be transformed but how and when. Even in 1945 French electors voted twenty-five to one in the referendum of October 21 not to restore the Third Republic but to create a new one.

A final feature was the conviction that the war was over and that Hitler had won it. The German victory had been staggering in its rapidity and its completeness. Nothing seemed to threaten German hegemony. The Soviet Union was still Germany's ally under the Pact of August 1939. The United States, not yet fully emerged from the Depression, was committed to isolationism. As late as January 1942 (the year of the loss of Singapore), Britain's future looked very dark. A long vision of history and exceptional lucidity were required for General De Gaulle to perceive, nearly alone among French leaders, that the war was not over and that Hitler's opponents possessed formidable long-term resources.

Choices, Itineraries

Some writers aligned themselves instantly with collaboration or resistance. The collaborators were, for the most part, active at once. They had fought the Third Republic for years and were delighted by its disappearance. Relatively few new recruits joined them later. Those who did were principally anti-Communists who saw the eastern front after June 1941 as a crusade to the death between a Nazi new order and a Bolshevik one.

A more diffuse and, inevitably, hidden world of resisters came into being just as instantaneously. A visceral refusal of the Nazi conquerors and (usually but not always) of their Vichy helpers was as natural to some as breathing. This camp received a gradual but increasing flow of recruits as the certainty of German victory began to recede, and as the Occupation became more unbearable.

Instantaneous choices were far from universal, however. Some writers remained detached, despite the era's powerful current of engagement. An understandable escapism marks some of the most notable productions of the time. The best-attended film of the period was Cocteau's abstractly modernist resetting of the Tristan/Isolde legend, *L'Éternel Retour* [The Eternal Return]. A writer or artist could legitimately believe that his or her most important mission, especially in ugly times, was the pursuit of aesthetic perfection, and that political engagement was an impediment to artistic quality.

Opinions changed, moreover, as the war evolved. It is best to see the positions taken by writers and editors during the occupation years as itineraries: complicated pathways along which they picked their way, choice by choice. French writers dealt with defeat and occupation one day at a time, peering anxiously into a clouded future. We study them looking back, knowing that France was to be liberated in 1944 and the collaborators punished.

French writers' itineraries during the occupation years could be tortuous. Henry de Montherlant's first reaction to the defeat was to decide to leave for Spain; a friendly consular official talked him out of it. He remained mostly inactive in the Unoccupied Zone for the first months, publishing nothing but giving several lectures in support of Vichy. Then in May 1941, he moved to Paris, where his friend and German translator Karl-Heinz Bremer had become Deputy Head of the German Institute. There he published *Le Solstice de juin*, a denunciation of French weakness and fatalistic acceptance of German success.[7] There followed a series of articles in Parisian collaborationist journals that brought him trouble after the liberation and a brilliant success with his play *La Reine morte* [Queen after Death] (1942). In 1943 he fell silent again.[8] Paul Morand was dismissed from the diplomatic service by Vichy for having left his post in London in July 1940 without orders. In 1943, however, he became Vichy's Minister in Bucharest and then Ambassador in Berne. This high-living cosmopolitan became aligned with Vichy more through social preferences (his wife was a Romanian princess) and dislikes (Jews, women, homosexuals) than through a clearly defined political engagement.[9]

The writers' unfolding choices were punctuated by two different but related timelines: the curve of the emerging outcome of the war, and the curve of an increasingly harsh occupation.

The war was transformed, gradually and haltingly, from a German victory to an Allied one. First, Britain survived German air raids and the threat of invasion in the fall of 1940, even though its situation remained perilous. In the last days of 1941 the entry of the United States into the war on Britain's side looked decisive to some (though many Europeans were skeptical of American military capacities). Then came Hitler's failure to knock out the Soviet Union before the onset of winter in 1941. That failure thrust him into the very situation that had lost World War I for Germany: a long war of attrition fought on two fronts. Especially in France, where the memory of Napoleon's failure in Russia remained fresh, Hitler's rash Russian adventure looked fatal to many (even as its crusade against Communism motivated a few more collaborators).

Most historians regard the winter of 1942–1943 as the turning point. The Americans landed on Hitler's doorstep in French North Africa in November 1942, and the Russians inflicted a humiliating defeat on him at Stalingrad in February 1943. For the first time in history a German field marshal was captured with his troops. After that, it was a matter of time. Even so, Hitler's capacity to inflict harm remained astonishingly high even after Allied forces landed successfully in Normandy in June 1944. Many Europeans suspected that the western Allies would seek a compromise peace before Stalin's forces captured much European soil. In other words, it was still possible at Vichy to believe in a compromise peace or a stalemate in which France could play a mediating role. The turning points appear clearer in retrospect than they seemed at the time within occupied Europe.

On the other timeline, perversely, every event that diminished Hitler's chances of victory also made the German occupation of France harsher. The Occupation could, and did, get worse. Hitler's invasion of the Soviet Union on June 21, 1941 aggravated matters sharply for France. At that moment the Communist Party, already underground[10] but engaged in its own war against what it saw as two equivalent capitalist powers—the City of London and the German industrial barons—swung into Churchill's anti-Nazi alliance. Rejecting the caution of De Gaulle and the already existing internal resistance, and already hardened to underground action, the Communists began assassinating German soldiers in August 1941. The Nazis reacted savagely. They shot 50 French hostages—mostly Communists and Jews—for every German soldier killed. The early efforts of the German occupation authorities to look benign were now drowned in blood.

Moreover, Germany could maintain its immense effort on the eastern front only by pillaging the countries it occupied. Hitler intended explicitly to spare the German people any sharp reduction in their standard of living. France, the richest of the occupied countries, would be picked clean. French city-dwellers, at least those without access to a cousin on the farm, struggled by 1943 to survive on 1,000 calories a day.

The brutalizing eastern campaigns also brought about a radical escalation of Nazi anti-Jewish policies. The survival of the Soviet Union, along with British control of the sea, now prevented the Nazis from accomplishing their initial anti-Jewish project, the resettlement elsewhere of the German Jews and the millions of other Jews that the German armies had captured in eastern Europe and Russia. Some time at the end of 1941 a new policy of extermination replaced the earlier policies of ghettoization and expulsion. Hitler's decision (no written order survives) ratified local initiatives bubbling up within the occupation regimes of conquered eastern territories.

Very quickly, in the spring of 1942, the Nazis extended their extermination measures to the Jews of France and Western Europe. Vichy France, conditioned to regard the presence of so many Jewish refugees in France as a burden, cooperated. The arrest of thousands of Jews by Vichy French police and their expulsion by trainloads into Nazi hands in the summer and fall of 1942 shocked many French people, even those who had accepted Vichy's own discriminatory measures against Jews. But the shock was muffled by the fact that most of the wretched victims were foreign refugees.

Confidence in liberation did not always rise in step with what we regard today as turning points in the war. For one thing, liberation by force threatened to entail a long war on French soil similar to that of 1914–1918, still a vivid memory in France. It might be even worse this time, since a civil war loomed between Left and Right.[11] It was tempting to cling to other possible outcomes even after outright German victory ceased to seem inevitable: a stalemate, in which Vichy France might play a mediating role; a compromise peace.

In the presence of these other options, actively assisting an Allied liberation required a deliberate choice. Choices were made more complicated in France than other occupied countries by the existence of a quasi-independent French government in theoretical command of an Unoccupied Zone, having at its head a revered World War I hero, Maréchal Philippe Pétain. Hitler wanted it so. He explained to Mussolini on June 17, 1940, as the Armistice negotiations were beginning, that his aim was to tempt the French into a separate peace by letting them administer their own country in neutrality. That step would deny French resources (including the French empire and the world's third largest navy) to Churchill, and also spare Hitler the expense of a direct occupation. Hitler meant to concentrate his resources for the final assault on Britain, and he wanted a quiet France at his rear. His offer was an astute one that ended up paying Germany enormous dividends.

It is difficult today, after the shipwreck of Maréchal Pétain's choices, to grasp the fervor with which a large proportion of the French people turned to this father figure in the catastrophe. The Maréchal had formidable attractions: he stood for escape from an unpopular war, rejection of a loathed Third Republic, an appealing new start, and the capacity—as the victor of Verdun—to look Hitler in the eye. Long after the Vichy regime had lost credibility, the Maréchal himself possessed an authority and an apparent autonomy in which even some resisters believed for a time.[12]

So there is a third timeline: the steps by which Maréchal Pétain squandered his prestige and lost his authority. Vichy soon demonstrated its inability to soften the German blows. Pétain's regime was able to spare the French very few of the exactions visited upon other occupied western European countries. After November 1942, when German troops occupied the former "free zone," Vichy's capacity to gain advantages for the French people was perceived as nearly zero.

As the Resistance grew, the Vichy government made things worse for itself by helping the Nazis fight it. Vichy felt compelled to prove its sovereign existence by asserting as fully as possible its own police powers. That meant arresting the enemies of the Germans. After 1943, the actions of the Vichy French police against the Resistance were fortified by more ideologically committed volunteers, the dreaded *Milice*. After the ferocious suppression of resistance centers in the Alps (the Glières plateau, the Vercors) in spring and summer 1944 by joint German-Milice operations, bloodshed now separated not only Germans from French but also Vichy French from Resistance French.

We need to avoid easy assumptions that the responses of French writers, editors, and publishers to these crises fall neatly into boxes we have constructed retroactively, labeled "collaboration" and "resistance." Ideological boundaries could be blurred by other kinds of attachments and loyalties. Old personal ties between writers who respected each others' literary accomplishments continued to bridge the gap that increasingly separated collaborators from resisters. Loyalty to institutions—Jean Paulhan, for example, wanted the *NRF* to survive and prosper even in other hands—could cut across political alignments.

So Paulhan remained in touch with old friends like Marcel Jouhandeau and Jacques Chardonne. He published two pieces in *Comœdia*, a literary weekly that published German propaganda alongside high-quality literary pages directed by his friend Marcel Arland. Most notably he continued to correspond with his successor at the *NRF*, Pierre Drieu la Rochelle, in keeping with the eclecticism of his pre-war literary contacts. Although he refused to publish his own work in the *NRF*, he encouraged younger writers to do so.[13] Publishing in the *NRF*, which looked like collaboration to the purge committees of 1945, and which looks so to us, does not seem to have looked like collaboration to the courageous resister Jean Paulhan in 1941. The survival of the review seemed to him an unquestioned good. When Paulhan was arrested in February 1942 as a participant in the resistance group at the Musée de l'homme, Drieu got him released (seven of Paulhan's fellow conspirators, including leader Boris Vildé, were shot at Mont Valérien, at the western edge of Paris, on February 23, 1942).

So positions changed. It became harder to be both anti-German and pro-Pétain (a common position at the beginning), as the Maréchal's regime lost its margin of maneuver. The political narrowness of Vichy's "new beginning" became more apparent. The itinerary of François Mitterrand, from minor Vichy functionary, sufficiently committed to write articles in support of the regime, to the Resistance activist "Morland" was, in fact, not uncommon. Paul Claudel, professional diplomat and active Catholic, saw enough bad in the anti-clerical Third Republic and enough good in Vichy's "national revolution" to write the respectful text "Paroles au Maréchal" in December 1940, for which he was much criticized after the Liberation. One year later, however, in December 1941, he was among the very few who wrote to the Grand Rabbi of Paris to express his "disgust, horror, and indignation" at Vichy's treatment of Jews.

French Communists followed their own complicated path. As long as the Nazi-Soviet Pact remained in vigor, they were repressed by both Vichy and the Nazis but stood (at least officially) aloof from the Allied war effort (a capitalist conflict, as they saw it, that was of no concern to the working class). Hitler's invasion of the Soviet Union on June 22, 1941, brought the Communists instantly into the Allied war camp, to the great relief of many militants. Eventually their underground experience, their commitment to immediate action, and their vision of a better future made them the dominant force in the Resistance, and especially in the writers' resistance, as we will see below.

This book helps us retrace, through personal letters and diaries, many of them hitherto unpublished, the unfolding journeys of French writers in their complex twists and turns. It helps us recapture the uncertainties and contrary impulses that affected their daily choices, if we are willing to step outside the perspectives of 1945 and see afresh the world of summer 1940.

The Nazi Cultural Project and its French Collaborators

The Nazi occupation of France was far more ideologically charged than military occupations had been in earlier centuries. Not that the Nazis meant to Nazify France. They considered Nazism too good for that mongrel people. But they had a project for France. On the most elementary tactical level, they wanted to restore a sense of normalcy that would lull the French people into acquiescence. Drieu's editorship of the *Nouvelle Revue française* fit this purpose. That was already clear to some at the time (see the correspondence between Jean Paulhan and Jean Wahl in this book). Beyond that, they were determined to block any form of dangerous intellectual opposition. That meant purging the bookstores of "subversive" literature and preventing the publication of views harmful to their interests.

In the longer term, the Nazis increasingly subjected France to their own strategic imperatives. This meant the pillage of French resources and the deployment of French police power against their own enemies. Culturally, they were willing to leave France a space as a producer of luxury goods and light entertainment for Nazi Europe and the world. They were willing to tolerate a greater degree of modernism in the arts in France than was acceptable at home. France was to be a theme park whose theme was pleasure. That would leave industrial and intellectual hegemony to the Germans.

Throughout the Third Republic, with gathering momentum in the 1930s, an intellectual current formed that would be receptive to the Nazis. The future French collaborators were already in place before 1940. Their scorn and contempt for the Republic were confirmed and hardened by its hesitations and failures during the 1930s: the Depression, Hitler's diplomatic triumphs, the corruption and fecklessness of revolving-door parliamentary majorities. Many later collaborators began their anti-Republican engagement during the night of February 6, 1934, shocked by the death of right-wing demonstrators outside the Chamber of Deputies as they protested alleged favors to the Jewish swindler Stavisky.[14] By the time of the crisis over the Czech Sudetenland in fall

1938, the future collaborators were already convinced that to make war against Hitler was to play the game of Stalin and the Jews.

Collaboration took multiple forms. Those who hated the Third Republic were attracted to the fascist formula that had seemed to work such miracles in Italy and Germany. These ideological collaborators were joined by opportunists. Life in occupied Paris was sweet for those courted by the new Nazi cultural tsars. Some who had earlier remained on the margins of the French literary scene were gratified by attention and celebrity. For the more established, there were subsidies, extra paper allotments, and a brilliant round of dinners, receptions, and show openings.

Another form of collaboration was based on geopolitical calculation. Most of the Vichy leadership, particularly in the early years, came from within the republican elite. Suddenly confronted with what looked like a permanently German-dominated Europe in 1940, they proposed *collaboration d'État*, collaboration between states founded upon mutual national interest. Their choice owed little or nothing to ideological attraction, though they were willing to tolerate Nazi excesses. *Collaboration d'État* was the position of the two Vichy prime ministers, Pierre Laval and Admiral Darlan. This book contains few traces of *collaboration d'État* since it influenced political leaders more than writers. That is too bad, for the general public has generally ignored it, assimilating everyone at Vichy to ideological collaboration and missing the logic by which so many Republican conservatives were drawn into the Vichy system.

The boundaries of collaboration have always been hard to define. By the strictest definition, any ordinary activity that made Vichy France seem normal was an act of collaboration. Did that include publishing a novel or producing a play? Opinions varied, and some undoubted resistance writers had their work published, sometimes by collaborationist publishing houses. Elsa Triolet was published by Denoël and Aragon by Gallimard, alongside collaborationist writers, during the occupation. Both Camus and Sartre mounted plays in occupied Paris.

Many ideological collaborators persisted to the bitter end, even after Hitler's situation had become hopeless. This astonishing steadfastness in the face of defeat may reflect a simple conviction that their bridges were burned and they had nowhere else to go. Another explanation was fear of Bolshevism. Some, like Drieu, who had lost his illusions about a new Europe that would transcend petty nationalisms, could suppose that suicide was the only way out. Before that final moment, anti-Communism became the principal cement of collaborationism. If one could not Nazify the world, one could at least prevent its Bolshevization. As the Soviet counter-campaign gathered its awesome strength, only Hitler, they believed, could protect Europe from the Bolshevik hordes.

Vichy and the Writers

At the beginning Vichy France was no phantom government. It possessed the outward signs of sovereignty. Hitler had cleverly allowed it some elbow room. Maréchal Pétain had been overwhelmingly voted emergency powers by the two houses of the French parliament meeting together as a National Assembly at Vichy, 569 to 80 (with 17 abstentions), on July 10, 1940. The French state continued to function without interruption, and almost all public officials went about their work as before. Except for Britain and the dominions, most foreign countries, including the United States and the Soviet Union, sent an ambassador to Vichy.

Convinced that he enjoyed both legal authority and a public mandate, Maréchal Pétain set out on his own, without German prompting, to carry out a "national revolution." Vichy's autonomous program had two parts: at home, it proposed to replace the disgraced Third Republic with an authoritarian regime that advocated values of discipline, hierarchy, uniformity, and order. It blamed France's ills on Jews, Freemasons, and everyone who had worked for the Popular Front of 1936, and excluded them from the national community. Externally, Maréchal Pétain sought to persuade Hitler to grant France a reasonable peace (perhaps without Alsace-Lorraine but with the empire), and admit France equal status as a neutral participant in his New Europe. He clearly believed that this new order was permanent. Some Vichy strategists, such as the long-time Navy chief, Admiral François Darlan, saw France as the natural maritime and imperial partner to continental Germany, both countries sharing a common interest in the defeat of Britain.

There was much in the Vichy experiment to appeal to some writers. It was making the fervently desired new beginning. Its energetic revival of traditional values fit closely themes that conservative writers had been advancing in the 1930s: the virtues of the soil and rural life (Jean Giono), the restoration of social order (Jacques Chardonne, Thierry Maulnier), athletic and military heroism (Montherlant). Vichy's embrace of the Catholic Church meant that Catholic writers who opposed it from the beginning (Bernanos, Mauriac, Maritain) were exceptions.

Vichy was not coterminous with French conservatism, however. The new regime recruited pacifists and anti-Communist syndicalists from the Left as well. Some conservatives, like General De Gaulle, put anti-Nazism first, and, indeed, conservatives dominated the Resistance until June 1941 when Germany attacked the Soviet Union, throwing Communists into the arms of the Allies.

Nor did Vichy recruit all those eager for a new beginning. Maréchal Pétain made two fundamental choices in the summer of 1940 that alienated many of those who hoped for renewal. One error was to make the changes instantly, under the eyes of the occupation authorities. Another was to reject the inclusive formula of *union sacrée*, familiar from 1914–1918, in favor of the exclusion of those deemed guilty of France's decline (Jews, Communists, Freemasons, partisans of the Popular Front). Vichy chose a narrowly partisan form of renewal. Some of the most interesting responses to the crisis of 1940 came from writers profoundly alienated from the Third Republic and eager for a new start, but committed to the sanctity of the human person, such as Emmanuel Mounier.

There was a clear difference between the writers drawn to Vichy and the more openly pro-Nazi intellectuals like Robert Brasillach and Pierre Drieu La Rochelle who enjoyed the pleasures and advantages of occupied Paris and wanted to align France more completely with the Nazi model.

French Literary Resistance in All Its Forms

Unlike the collaborators, active resisters had to change their lives. They stopped what they were doing and learned new skills: how to run a mimeograph machine; how to structure a movement so that each member knew only one other, in case one was captured and tortured; how to smuggle a bulky illegal publication into the hands of as many readers as possible. They already knew how to write and how to compose a powerful statement, and they now did this in the service of the anti-Nazi cause.

As with collaboration, there were multiple ways of resistance. Writers were particularly well suited for underground publications and tracts, although some writers took up arms as well. The *Bibliothèque nationale de France* lists 1,015 underground newspaper titles that offered hundreds of thousands of French people an alternate view of the world, independent of Vichy and Nazi censorship. The most astonishing feat was an underground publishing house, *Éditions de Minuit*, whose first and most famous work, *Le Silence de la mer* [The Silence of the Sea], by Vercors (Jean Bruller), appeared in 1942. By 1944 Éditions de Minuit had published twenty-five titles in handsome editions, thereby breaking the dictatorships' monopoly of the written word and expressing an independent French intellectual voice.

The writers' resistance constituted a renewed Popular Front, a broad coalition ranging from patriotic conservatives to Marxist revolutionaries, in which personal political affiliations were subordinated to anti-fascist unity. The principal underground literary journal *Les Lettres françaises* was founded by a Communist, Jacques Decour, and a non-Communist, Jean Paulhan, and the Comité national des écrivains [National Writers' Committee] included nationalists like Jacques Debû-Bridel and Catholics like François Mauriac as well as Communists. It was only after the Liberation, as the resistance alliance broke down in a quarrel over the purge, that these organizations became largely Communist.

The Geography of French Literary Life, 1940–1944

The Occupation exploded the prewar geography of French literary life. Paris, hitherto the sun of the French intellectual solar system, was now full of Germans. Writers and intellectuals were scattered in all directions. Dispersal is one of the keynotes of this period. A surprising amount of the surviving correspondence sends news of other writers, or asks for it. Astonishingly often, writers simply did not know the whereabouts of close friends and colleagues.

Some writers left France for exile. Not all of these were Jewish. Exile was a difficult choice, and most agreed with Emmanuel Mounier who wrote in his journal on September 30, 1940, "it is not the time to desert."[15] Going to London or the United States never quite shook off the negative image of the anti-revolutionary "émigrés" of the 1790s. It was much more appealing to find refuge within France in tolerant southern towns such as the Protestant Dieulefit.

On a more positive note, some southern cities in the Unoccupied Zone took on an enhanced role as cultural centers. Lyon, with the monthly *Confluences*. Avignon with *Poésie*. Even Algiers, with *Fontaine*.

Curiously, Gaullist London did not become a major center for francophone literature in exile. Perhaps the survival of Britain appeared too uncertain before 1942. New York was a major center, despite American restrictions on entry. Montreal rivaled it actively. There were exile communities in South America, especially Buenos Aires. As in the *ancien régime*, subversive literature was published in nearby Switzerland, and, more unexpectedly, in occupied Belgium.

The geographic dispersal of the Resistance prefigured and to some degree prepared the way for the more decentralized character of intellectual life in contemporary France.

Liberation and its aftermath

The transition to liberation could not be smooth. Antagonisms ran too deep. The purge began even before the liberation. During the interregnum between the evaporation of Vichy authority and the arrival of Gaullist or Allied administrators, spontaneous score-settling and unofficial trials were common. The assassination of Philippe Henriot, the brilliantly persuasive Vichy radio voice, on June 28, 1944, warned collaborationist writers of what awaited them. Some of the more compromised writers went underground; Drieu, after changing his hiding place several times, killed himself on March 15, 1945.

As rapidly as possible, De Gaulle's Provisional Government established purge courts and conducted a more orderly review and punishment of collaborators in all fields. Although the purge seemed too lenient to some (and indeed businessmen and civil servants were troubled in only the most egregious cases), it was substantial: about 1,600 executions, over 40,000 prison terms, and many hundreds of thousands of demotions or expulsions at work.

Writers were particularly hard hit, for their crimes were written down for all to see, and cultural and intellectual betrayal seemed somehow more odious than any other. Five were sentenced to death and three (Georges Suarez, Robert Brasillach, and Paul Chack) were actually executed. The execution of Brasillach on February 6, 1945 provoked a bitter debate within the resistance writers' camp.

Wartime unity among the writers broke down over the issue of how radically to purge French intellectual life. Resistance writers of all hues understandably wanted to punish those who had enjoyed the fleshpots of occupied Paris. Yet the intellectual purge, with its "black lists" and its suspension of legal procedures, seemed too similar to Nazi practices for some non-Communist writers. The purge threatened to serve Communist interests by putting party writers in full charge of post-war intellectual organizations and publications. The Comité national des écrivains, an organization in which Communists and non-Communists had led the "literary resistance" together, was now radically altered, as many non-Communist writers slipped away, to be replaced by Communists more eager to root all collaborators out of the literary world.

The shattering of the wartime national front was acrimonious and painful. But it did not greatly reduce the role that the Communist

Party had acquired in the Resistance. For at least two generations it was difficult to be socially progressive in France without accepting the Communist Party as legitimately, and even primordially, French.

The postwar configuration was set: a French literary scene in which a very large Communist element, fortified by fellow travelers and hallowed by a halo of national resistance, confronted an anti-Communist opposition. As a consequence the Resistance disappeared as an organizing pole of postwar intellectual life. The collaborators were amnestied in 1951 and 1953, and a number of collaborationist writers were able to resume literary careers. The postwar period had begun, and the Occupation years were consigned to memory, over whose composition and meaning the French would argue for the rest of the century.

[1] Letter from Henri Bergson to Léon Brunschvicg, July 31, 1940, IMEC, Fonds Léon Brunschvicg, "Correspondances diverses." Catalogue, p. 186.

[2] René Char, Jean Guéhenno, Michel Leiris, and Roger Martin du Gard kept silent, thus showing solidarity with Jewish authors forbidden to publish. Others (including André Malraux and François Mauriac) published only in clandestine publications.

[3] Michel Leiris, *Journal (1922–1989)* [Paris: Gallimard, 1992], February 21, 1941, quoted in Gisèle Sapiro, *La Guerre des écrivains, 1940–1953* (Paris: Fayard, 1999), p. 60.

[4] Quoted in *Ibid.*, p. 379.

[5] Paul Ricœur, *La Critique et la Conviction* (Paris: Calmann-Lévy, 1995), pp. 30–33. At issue were some texts that appeared under Ricœur's name in 1941 in a Pétainiste review, *L'Unité française,* while Ricœur was in a prisoner-of-war camp in Germany [catalogue, p. 168]. Ricœur explained that a fellow prisoner, Jean Rivain, took notes during Ricœur's talks in the camp's *Cercle Pétain* and published them without his knowledge.

[6] Anne Simonin, *Les Éditions de Minuit, 1942–1955: le devoir d'insoumission* (Paris: Éditions de l'IMEC, 1994), p. 164.

[7] Henry de Montherlant, *Le Solstice de juin* (Paris: Grasset, 1941). See especially pages 301 ("*vingt ans d'incapacité*") and 308 ("*tout tourne*").

[8] Jean-Louis Garet, "Montherlant sous l'Occupation," *Vingtième Siècle: revue d'histoire*, no. 31 (July–September 1991), pp. 65–73.

[9] Marc Dambre, "Paul Morand and the Paradoxes of 'Revision,'" *SubStance*, no. 102, 32:3 (2003), pp. 43–54.

[10] The French Communist Party was outlawed by the French Third Republic on September 26, 1939, a month after the signature of the Nazi-Soviet Pact.

[11] See Pierre Laborie, *L'Opinion publique sous Vichy* (Paris: Seuil, 1990), p. 290, for "*la hantise de la guerre civile.*"

[12] The Resistance leader Henri Frenay broke fully with Maréchal Pétain only in May 1942. Robert Belot, *Henri Frenay : de la Résistance à l'Europe* (Paris: Seuil, 2003), p. 279.

[13] Edith Thomas, *Le Témoin compromis* (Paris: Éditions Viviane Hamy, 1995), p. 99.

[14] The mobilization power of the events of February 6, 1934, on both Left and Right, can not be overestimated. Even today a "Sixth of February" website presents far right opinions.

[15] Emmanuel Mounier, unpublished journal, September 30, 1940.

BETWEEN THE LINES

by Jérôme Prieur

Never in recent history does written material appear to have played so crucial a role as during France's "dark years." In focusing on that relatively recent past, from which photos and even occasional amateur movies have survived (but above all memories at once faded and painfully exposed, faces perpetually young, commemorative plaques, ghosts unable to return), in collecting the impalpable yet irrefutable proof that it was all only yesterday, what do we see emerge?

***

First of all, paper: identity papers, professional cards, military papers, passports, safe-conduct passes, authorizations to travel, ration cards, food tickets. The apocalypse was approaching, defeat was in the air, but surviving, in the absence of resistance, meant administering the catastrophe. Overcoming the debacle meant restoring some order, that is: arranging, classifying, organizing. The country was consigned to paper. For everything was already becoming an archive—or a potential archive. Not with an eye to future historians, but rather as a gesture of self-preservation, protection and identification, in hope of recovering oneself. Everything was written down, planned in advance, measured, limited, and delimited: what one could eat, the kilometers one would be allowed to travel, who one was. With a frenzy for every form of inventory, the bureaucracy that was literally born during those awful years would indulge itself without limits. This would be a realm of authorizations, censors, controls, a kingdom of lists and index cards: textiles available for purchase would be as carefully noted as "Israelites." Even Maurice Sachs, the very opposite of a choir boy, would note in his journal on July 9, 1940, after offering his services to the radio station of the Paris *Kommandatur,* that he had "never been so affected by judgments against his person,"[1] by all that his new friends seemed already to know about his private life. File cards are neither good not evil. They have no moods: they see everything but know nothing; they are unaware of the use that is made of them, don't hear the cries, don't sense the blows. They speak and remain mute. They are loyal instruments: the file cards simply perform their duty; what is crucial for them is to be complete, that the name, age, and sex of individuals be legibly inscribed, without spelling errors or mistakes regarding persons.

***

There are file cards; there is the exacerbated cult of the law, regulation, organization: "The spectacle of such activity has something hallucinatory about it," Georges Bernanos observed. "The ship has crashed into the reef; there is a breach in the hull; the sea is rushing in and the old commander locks himself in his cabin with his architects, painters, and electricians in order to perfect plans for a gigantic renovation project. Even the chaplain has been brought in."[2] Nothing was to be left to chance, that is, to disorder. Every eventuality was to be anticipated. Consider, for instance, the letter dated November 19, 1940, sent by Jérôme Carcopino, the eminent historian of ancient Rome, at he time director of the elite Ecole normale supérieure, to one of his cherished and esteemed academic colleagues, who had the irremediable defect of being a Jew, inviting him to consider himself discharged from the position he had so amiably fulfilled...[3] The urbanity with which such things are formulated is worthy of Molière.

Consider the terrifying story of poor Irène Némirovsky: sending letter after letter to her publisher, she insisted on being published as her contract stipulated; she pleaded with the Société des gens de lettres to argue her case in court, would not be swayed. But put yourself in the position of the publisher, who even continued to pay her a stipend on schedule: how would *you* go about including in your catalogue a writer whom the law—because of her "race"—forbade you from publishing? The best course of action might be to wait for better days, to be patient (God only knew how!), spending each day filling the pages of a leather-bound notebook, much like a girl's photo album, with her miniscule and imperturbably crossed out script...[4] The end of the story, a fairy tale abruptly cut short, is encapsulated in a few lines, not even an obituary. A "certificate of disappearance"[5] reports in administrative terms, in the passive voice, so as not to accuse anyone other than the interested party herself, on the last fifteen days of the known life of a woman who had not yet reached her fortieth birthday: two weeks starting from the end of July between Issy-l'Evêque, in Saone-et-Loire (where she had gone to see her children, who had been "evacuated"), Pithiviers (a tranquil provincial sub-prefecture in the Loiret, with no indication that this was an antechamber of the death camps), and then Auschwitz (Poland). Page after page, we are present at what can be called a legal elimination, just as one might send surplus copies of a book to be pulped, but we are dealing here with human beings.

The Nazis, who took such pains not to leave any traces of their systematic undertaking of mass destruction, would write on bodies themselves: a few figures imprinted on skin as a kind of identity. The victims no longer had any names; they no longer belonged to the human species, registration numbers sufficed to mark them, like animals.

***

Notebooks without margins in order to fill up more space, a poem discovered on a train ticket, a novel written on remainders of rolls of wall paper (such as Audiberti's *Monorail*[6]), scraps of graph paper on which prisoners scribbled messages as one might cast bottles into the sea. Paper was rationed and words were as well. It was enough to check the appropriate boxes or to write on the dotted line to say: "Everything is fine," "Uncle Ferdinand is sick," "Monique gave birth," or "I am dead." Words meant to be read between the lines. Words filled with puns, ruses, performing as charades. Everything was murmured; everything might be deciphered by one's neighbors or the censors.

Writing was no longer a matter of course. Writing left traces. On September 30, 1939, Paul Nizan wrote his wife Henriette: "Listened last night to the very excellent Giraudoux commenting on events. He has a good voice. What he says will not particularly enrich his 'complete works' even if he seems to be attempting to invent the new genre of novelized propaganda. But since the Trojan War (an allusion to Giraudoux's play, *La Guerre de Troie n'aura pas lieu* [Tiger at the Gates]) finally did take place, he comes across rather well." One of Giraudoux's successors would be named Paul Marion—but in the interim the German invasion would have served as a powerful Trojan Horse for the National Revolution. At the Ministry of Information, as it was then called (and over a period of three and a half years, which was exceptionally long for a ministerial career serving the Vichy regime), that former member of the Central Committee of the French Communist Party made bold to police the minds of citizens as part of a broader project to orchestrate thought itself. Beyond his propaganda activities, the supervisor, even in strictly literary journals, would root out "transparent allusions to current political events."

In the case of well-established dailies or weeklies (i.e., those published with the support of Vichy or the Germans), such precautions were, to be sure, not habitual. The weekly *Comoedia*, which returned to publication in June 1941, was intent on being a channel for the transmission of the new "European" culture. In its pages one could find, side by side, Montherlant, Arland, Valéry, Paulhan, Sartre, some in search of an alibi allowing them to pursue parallel activities, others more vacillating in their ideology, still others acting out of sheer pragmatism, as though nothing were at stake.

"France is a phantom country. It is a quality. These days, the phantoms have yielded nothingness to the living, whose place they have taken," wrote Pierre Minet on April 27, 1941. Echoing this sentiment, Roger Lannes would observe in his notebook on the following November 21: "Cocteau says: Paris has swallowed the German army the way an ostrich's stomach might a pair of scissors. As for me, I pay so little attention to our occupiers that it would not take much for me to mistake them for our own soldiers." It is all as though one were projected into one of the Agfacolor photos taken by André Zucca in the margins of his work for *Signal*: empty, incredibly empty, streets and avenues, women gorgeous under a radiant sun, the elegance of the windows of the chic bars or of the collaborationist bookstore "Rive Gauche," the movie posters, those for the Relief Brigades in Germany or the Legion of French Volunteers against Bolshevism, with their strikingly modern touch. As though one were in a different reality.

***

In Paris and in Vichy, men of letters choosing to express themselves publicly struck visionary poses, presenting to the world their egos and their myopic geopolitical views. Preachers of the National Revolution would celebrate contrition, suffering, and the cult of effort ("Pétain was paved with good intentions, just like hell," François Berge, who had founded the *Cahiers du mois* in the 1920s, would observe in a short work slyly titled *Le Pétinisme, étrange vertu*).[7] Audiberti, who was not particularly politically-minded, could write in 1942: "Suffering is not death. It is life." Or: "Youth is what one leaves behind. It is the past. It is death. Consequently, we must not commit the sin of youth."[8] The lessons of experience and the examination of conscience were pitted against adventure and adventurism. The *status quo* was a positive value, since the past could be analyzed, regretted, taken as a source of consolation or a refuge. The past was so much less disturbing than the future: one always ended up knowing what it contained, what it concealed. Decidedly, all had been written.

Archeology would scientifically "aryanize" the traces of our most distant ancestors. The words of our ghosts could at last be heard; the dead would prove more lucid than the living; from beyond the grave, illustrious men would illuminate the cohort of anonymous souls. The battle over quotations would proceed full blast. Sacha Guitry would celebrate in his pantheon the eternal greatness of France "from Joan of Arc to Philippe Pétain."[9] And Goethe was made to respond to Alain-Fournier or Péguy, as in this epigraph from the March 1941 issue of *L'Echo des étudiants:* "I have no fear for the French. They have risen to such heights in the history of the world that their spirit can no longer be subjugated in any way." The time had at last come for the book of fate to be deciphered in Gothic type.

One by one, the spokesmen of the collaboration would issue calls for death and accuse each other of treason or softness. Others, technicians more restrained in manner, would hold forth on the future, the embodiment of rationality triumphant, the voice of conscience bent on wiping every slate clean. Inauthentic speech, discourse for public consumption—what the other side would call "brain-washing"—emptied personal speech of its meaning, so true was it that fascism, in its various manifestations, had a horror of intimacy (much as nature has a horror of emptiness). Léon Werth would clandestinely fill a good share of the pages of his immense journal, *Déposition*, undermining official prose, which was bent, through the press, radio, and hearsay, on methodically winning over minds. "Who, after the war, will think of gathering the most beautiful pearls of the propaganda of Goebbels and Vichy? All will be forgotten, tossed into the trash-cans of history,"[10] he predicted on July 21, 1943.

***

The murderous formulations of Robert Brasillach in *Je suis partout*, the pro-European (i.e., Nazi) apologetics of Alphonse de Chateaubriant, or the pathological diatribes of Louis-Ferdinand Céline are all too familiar. Less well known, among many others, are the collaborationist inspirations of a young-man-in-a-hurry like Claude Roy, shortly before he changed camps (if not directions). In *Suite française*, printed in January 1943, he defended, against the defeatists, victims and accomplices of the past, the cause of a resolutely modern, courageous, and ambitious France, the flip side of Vichy's cult of suffering. Every sentence of that book, which was published with official sanction like so many others (the period was not bad for publishing, as was the case for theatre and the movies), every formulation seems to fear speaking openly. Today, at a distance from the sound and the fury, the slightest paragraph has rather the air of a confused tangle of oracles, a cloud of hypocrisies. "For failure to forge History, the French tell themselves stories (*histoires*). They reject asceticism violently, but accept all sorts of restrictions": thus spoke the prophet. Whoever is up to understanding this will (even if it is not particularly difficult to see what he is driving at). The proof is in this confession, a few pages later (we say "confession," since the text abruptly departs from its taste for abstraction), which is in no need of commentary: "From the Ganelon Affair to the Dreyfus Affair, the French have retained a justified obsession with the figure of the traitor, who, midst the desperation of bitter domestic conflict, sends out a call to the foreigner, delivers over the keys to the city, its arms and its resources."[11]

So much for the monument to Great Men. But what purpose is served by the retroactive denunciation of the guilty? After numerous other lists of proscribed names and banned books, just after the war, still more lists would be drawn up at the initiative, this time, of the National Writers' Committee. This would be the occasion for a fundamental debate, less between two conceptions of the responsibility of literature than between two conceptions of memory and morality.

***

Not content with having been one of the actors of clandestine life under the Occupation, and perhaps more than ever a go-between, intermediary, and relentless mediator, Jean Paulhan would in fact be—beyond the specific circumstance—one of the great theorists of the idea of Resistance, and of the difficulty of being a resister. In opting for the path of virtue, he reminded his peers, one ran the perpetual risk of ending up on the wrong side, of becoming the opposite of a hero, "a scoundrel and even a rather sinister scoundrel at that," wrote the man who confessed to shame rather than pride in his luminous preamble to *De la paille et du grain*, published in 1948.[12]

There was the student demonstration of November 11, 1940, the network of the Musée de l'homme (what an extraordinary banner!); there was Jacques Decour, who would not live long enough to read the first issue of his *Lettres françaises*; there were all the soldiers of the "army of the shadows" (*dixit* Joseph Kessel), the unknown heroes whose names, nicknames, initials, shouts, graffiti, and final etched words—their last remains—Henri Calet, in *Les Murs de Fresnes*, collected. "Men and women are totally naked. And one doesn't understand how it is that the walls of their boxes are covered with inscriptions in pencil or stylus, and which fuse with each other, or with drawings." And Calet confides: "It must be a very strong need, this urge to write. Writing on absolutely anything, with absolutely anything."[13]

***

Many writers, during the period, found themselves confronting an atrocious dilemma: remain silent or continue to publish. Jean Grenier improvised a portrait of French literature which is all the more cruel in that it is composed entirely of nuances (*Sous l'Occupation*[14]). On the subject of the return of the *NRF* in December 1940, Jean Guéhenno sounded a melancholy note: "The species man-of-letters is not one of the great human species. Incapable of living for any period of time in hiding, he would sell his soul for his name to appear. A few months of silence, of eclipse have him at the end of his rope. His only squabble is over the size, the thickness of the characters in which his name will be printed, the place he will be accorded in the table of contents. It goes without saying that he is chock full of edifying reasons. French literature, he says, must continue. He believes that he is literature and thought and that they would die without him."[15] Some writers opted for silence, however constrained, others sought refuge in pure fiction or acknowledged only poetry.

As if by magic, but it was the fruit of incredible labor, gradually, poetry journals began to blossom all over, saving "the honor of the poets." (to adopt the title of an anthology published by Editions de Minuit).[16] The journal *Fontaine* was even parachuted into France by the Royal Air Force...[17] "In *Confluences* there is simultaneously a typographical disorder and a moral disorder," Aragon reproached René Tavernier, the journal's valiant director, since more than ever, the vigilant pedagogue explained, but with less temerity than others, one must "attend to signs that have their importance as signs."[18] Pseudonymous texts, books without authors, poems with double meanings: these were the other forms of communication that passed from mouth to mouth, coded messages traveling beneath a flow of commonplaces.

In his second column in the *Journal des débats*, on Saturday, April 19, 1941, Maurice Blanchot delved into the "silence of the writers." "Would it not be preferable to postpone until tomorrow an explication of the crisis whose true meaning is to be in all probability unknown to us," he wrote. And he added that nonetheless, as though it were natural, "should no one write any more, should the notion of an author disappear in the catastrophe," certain works would continue to appear that deserved to be read, but "which could be read only by thinking of the prodigious mass of all those that were not written and which normally should have been, of that immense library of absent and abolished books."[19] A dizzying thought... The difficulty of exercising so personal a craft at so fraught a juncture in history coincided, a subject of ever decreasing surprise, with the beginnings of the age of suspicion that would traverse French literature during the immediate postwar period—in tandem with an intense literary production characterized by retrospection and justification (for all those who, to varying degrees, had yielded to the song of the sirens). An intensive critique of language, and a series of interrogations concerning the literary entity itself, and the very possibility of narrative, was it an accident that that season saw the appearance of the famous *Fleurs de Tarbes?*[20] *Haute Solitude*[21] and *Travaux d'aveugle*[22] in 1941, *Le Parti pris des choses*[23] and *L'Etranger*[24] in 1942, or *Le Témoin invisible*, in 1943[25]: the works have titles that resonate like so many symptoms.

While becoming "Captain Alexandre," one of the very few writers to have joined the Resistance underground, René Char continued to write—for himself—between 1943 and 1944: "I do violence to myself in order to retain, despite my mood, my voice of ink. It is thus with a battering-ram pen, endlessly extinguished, endlessly reignited, tense and in a single breath, that I am writing this, forgetting this."[26] The author of *Feuillets d'Hypnos* would go so far as to dream in 1945 of doing a film to bear witness to those days, at once tragic and radiant, in order to convey, despite it all, what was unspeakable, what had to remain silenced, effaced, invisible. At the Liberation, a special issue of the journal *Le Point* paid homage to the high-risk profession of the printers, such as Claude Oudeville, who had printed by hand, between visiting cards and birth announcements, the three hundred copies of *Le Silence de la mer*.[27] Robert Doisneau would take on the assignment of reconstituting photographically, with some of the participants themselves, what, by definition, could not be archived, the work of the underground. Similarly, René Clément's *La Bataille du rail* would attempt to show, after the fact, the resistance of the railway workers.[28]

The need to offer visual evidence was, all the same, laden with ambiguity: "More prudent than the writers, the painters understood the impossibility of depicting the war. One no longer painted battle scenes. No more than one could paint earthquakes; as for storms, they had always been conventional academic exercises," wrote Jean-Michel Bloch in a splendid narrative published in 1949, *Les Grandes Circonstances*, which began with these words: "I don't like war books. I've read few accounts of the Resistance. Each category has always annoyed me because of the same shortcomings. Writing a war book seems always tantamount to awarding oneself a citation in the eyes of posterity. If the author doesn't speak of his courage, he speaks of his fear; but since it is clear that he did his duty throughout the chapters, he thus demonstrates that he was a self-aware hero."[29]

***

It was in the catacombs, cellars and attics, during nights expanded by curfews, that the first modest acts of resistance took place. "Will these pages ever be published? I don't know. It is probable, in any event, that it will be a long time before it will be possible for them to be known—except under cover": thus begins *L'Etrange Défaite*, written by the historian Marc Bloch from July to September 1940.[30]

Their authors may have run fewer risks than others, but that is also because we know today what they did not know. Their weapons were the weapons of the mind.

Often, they wrote for no one, in order not to disappear, for an uncertain posterity, out of an instinct for survival, out of rage and rebellion. It is not only the black box of the Occupation years that they have left us, but their very words, today, that we would like to be able to hear—and understand.

[1] Quotations without specific references refer to documents in the archives of IMEC.
[2] Georges Bernanos, *Le Chemin de la Croix-des-Ames*, (Rio de Janeiro: Atlantica Editora, 1943–1945), republished by Gallimard (Paris, 1948).
[3] See below, p. 186.
[4] See below, p. 206.
[5] See below, p. 207.
[6] See below, p. 383.
[7] François Berge, *Le Pétinisme, étrange vertu* (Paris: Editions du Livre français, 1945).
[8] Jacques Audiberti, *La Nouvelle Origine* (Paris: Gallimard, 1942).
[9] Sacha Guitry, *De Jeanne d'Arc à Philippe Pétain, 1429-1942* (Paris: Sant'Andrea et Lafuma, 1944).
[10] Léon Werth, *Déposition* (Paris: Grasset, 1946), republished by Viviane Hamy, 1942.
[11] Claude Roy, *Suite française* (Paris: René Julliard, 1943).
[12] Jean Paulhan, *De la Paille et du grain* (Paris: Gallimard, 1948).
[13] Henri Calet, *Les Murs de Fresnes* (Paris: Ed. Des Quatre-Vents, 1945), republished by Viviane Hamy, 1993.
[14] Jean Grenier, *Sous l'Occupation*, unpublished journal.
[15] Jean Guéhenno, *Journal des années noires, 1940–1944* (Paris: Gallimard, 1947).
[16] See below, p. 282.
[17] See below, p. 289.
[18] See below, p. 249.
[19] Maurice Blanchot, *Chroniques littéraires du* Journal des débats, *avril 1941-août 1944*, ed. Christophe Bident (Paris: Gallimard, 2007).
[20] Jean Paulhan, *Les Fleurs de Tarbes* (Paris: Gallimard, 1941).
[21] Léon-Paul Fargue, *Haute Solitude* (Paris: Emile-Paul frères, 1941).
[22] Henri Thomas, *Travaux d'aveugle* (Paris: Gallimard, 1941).
[23] Francis Ponge, *Le Parti pris des choses* (Paris: Gallimard, 1942).
[24] Albert Camus, *L'Etranger* Paris: Gallimard, 1942).
[25] Jean Tardieu, *Le Témoin invisible* (Paris: Gallimard, 1943).
[26] René Char, *Feuillets d'Hypnos* (Paris: Gallimard, 1946).
[27] See below, p. 280. Vercors, *Le Silence de la mer* (Paris: Gallimard, 1946).
[28] René Clément, *La Bataille du rail*, 1946. Coopérative generale du film francais, film produced with the participation of the Military Commission of the National Council of the Resistance (CNR).
[29] Jean-Bloch Michel, *Les Grandes Circonstances* (Paris: Gallimard, 1949).
[30] Marc Bloch (Paris: Albin Michel, 1957).

ARCHIVES, MEMORY, AND HISTORY

by Claire Paulhan
and Olivier Corpet

Public archives from the crucial period of the Nazi Occupation, more and more thoroughly classified and available for research, are by now known to historians. Private, personal archives remain a submerged continent of documents to be found or rediscovered, explored, deciphered, and interpreted. Until now, public and private archives have been subjected primarily to historiographic interpretation. However, archives and History are not necessarily compatible. Considered as a source of knowledge or evidence, archives have been used above all to prove one side or the other of an argument. Nevertheless, an archive cannot be considered simply as a supplement to History, with no other purpose but to reconstruct it for the ideological edification of its "great stories," so that it is turned into a cultural object.

An archive is an essential aid to memory, though it remains inherently a collage of fragments saturated with signs and meanings sometimes contradictory. This is all the more so when it is the result of a time of war when circumstances—haste, danger, and dispersion —blur connections and their chronology. It is crucial therefore to take seriously such a fragmentary archive in order to make our understanding of events and behaviors less abstract, to give them a more personal and existential dimension through documents as commonplace as a photograph, an identity card, a book, a letter, a magazine, a sketch, or a manuscript . . . In that respect what we present here in this volume may also be considered an existential archive. This is precisely its most irreducible element, which cannot be submitted to the ordering and reason of History, to logic and causality, and remains the bearer of a personal history and therefore of an emotion, a presence.

This book, like the international exhibition of the same title it accompanies, is intended to contribute to the reevaluation of these "existential archives," so diverse and yet so fertile... This is how we have drawn upon the better part of the IMEC archives, without considering them systematically representative or exhaustive, which remains difficult to attain. Nor have we tried to favor the most sensational or allusive items. But can an archive "speak" if it is not at least solicited, questioned, reappraised? In our choice of documents, we have favored those with a direct bearing on literary and publishing activity, knowing the impact that the literary life of that time would have in the years to come. This profusion of choices was made especially difficult by the tremendous number of archives of literary reviews left on deposit with IMEC, which forms a unique and decisive body of work for the documentation and understanding of what we call the literary Resistance.

An even larger and more complex phenomenon is at work here: the weight of words. Everyone knows that a single word—in a denunciation, a letter, an article—can be a call to murder, to single someone out and kill him. We remember less often that other words could have saved people by making them understand, flee, hide, and escape certain death...In those difficult times, newspapers, reviews, leaflets, tracts—everything that was copied, roneographed, or printed—were more vital than ever, and never had more lofty intentions or found so many readers. At a time when daily newspapers are struggling hard, when the generation of periodicals born during the Resistance period are losing ground, it is important to remember that the clandestine newspapers managed, despite a paper shortage, the surveillance of printers, and the threat of denunciation, to issue thousands of copies, to distribute them neighborhood by neighborhood, all while getting around censorship and the laws of the Occupation, the French gendarmerie, and the Gestapo. Legal or clandestine, authorized or not, most of the publications from that period which did not overtly subscribe to collaboration had to confront or solve on the spur of the moment questions as urgent as they were complex: What should be published and how? Should we stand up to censorship or elude it? What degree of self-censorship should we apply or tolerate?

It is in the end a question of showing the connections between groups of resisters and writers, between men of letters and the typists and printers, and the constant clandestine circulation of writings, poems, letters, reviews; the importance of an organized network and specific methods of distribution; of decoding wartime pseudonyms; of relating the shifts of intellectuals from one side to the other or their inability to make decisions, or their fascination for collaboration, their sacrifice in the spirit of resistance . . . And yet, if we look closer, many of them gave the impression of acting on the spur of the moment, of not comprehending, of contradicting themselves. Rare were the lives that swung entirely to the right side and at the right time.

Thanks to each of these archives, thanks to all of these sparks of history, we can see this period on another light. From this different vision, new questions can arise: for an intellectual, where does patriotism begin, or allegiance to those in power, civil disobedience, or the moral imperative to resist? These archives allow us to draw closer to these secrets, sometimes tragic, always mysterious.

SUBTERRANEAN HISTORY

By Claire Paulhan

This work is the logical sequel to an initial investigation conducted in 2004 in the archival collections deposited at the time with the Institut Mémoires de l'Edition Contemporaine (IMEC), and which culminated in a catalogue titled *Archives des années noires*.[1] In addition, it gives concrete form to a new stage in IMEC's persistent interest in the period of the Second World War, which lies at the heart of almost all its collections, and consequently at the heart of its mission: from the Institute's beginnings in 1987, numerous colloquia, publications, and exhibitions have marked that perspective in the reading of the archives.[2]

Starting in 2004, however, a number of important collections and unpublished documents pertaining to the subject have made their way to the Abbaye d'Ardenne, where the IMEC is currently housed. For this new and ample project, undertaken jointly with a number of international partners, more than one hundred twenty archival collections of writers, artists, publishers, journal editors, and gallery directors have been methodically scrutinized, and approximately 1,400 documents have been selected from ninety-five collections stored in our underground facilities, then reconditioned, contextualized and digitized.[3]

To that important corpus of material, we have added documents from sources outside the IMEC: the archives of Karl Epting, director of the German Institute in Paris, were shown to us by Wilhelm Epting, his nephew. And loaned by the German Literary Archives (*Deutsches Literaturarchiv*) in Marbach, thanks to Dr. Jan Bürger. In New York, André Schiffrin gave us access to the archives of his father, the publisher Jacques Schiffrin, in which we discovered important letters addressed to (or written by) him. The specific collections of our partners in this enterprise —the New York Public Library (NYPL) and the Mémorial de Caen—have enriched various sections, in particular those pertaining to Chapters 2 ("Living and Surviving Under Occupation") and 8 ("International Solidarities") of this volume. Jacques Michon and the Library and National Archives of Quebec (BAnQ) shared information and archives with us, allowing us to recover the recording of an unpublished lecture by Jean-Paul Sartre, broadcast by Radio-Canada, from which we are publishing a large excerpt in Chapter 8. The Centre Culturel International de Cerisy (CCIC) has authorized us to use a number of photographs, shot at Pontigny during the 1930s and representative of the "rising danger." In Paris, Pierre and Franca Belfond generously allowed us to choose from their collection of tracts and leaflets from the Occupation period. Several other collectors loaned us individual documents.

Despite such external contributions and the richness of our own collections, it was as though our efforts to assemble the complex jigsaw puzzle of French literary life during the Occupation turned out to be as impossible as it was engrossing. When an archival collection came to assume historic pertinence, it was the missing pieces that struck us as all the more crucial: so many joints and bolts indispensable to the architectonics of the edifice that would have to be found or compensated for... We discovered, moreover, that concerning the beginning of the war, the documents conserved in the archives of the IMEC were relatively few in number: midst the chaos and the anguish, no one appears to have thought of encumbering himself with papers and traces. Starting with late 1942 and the beginning of 1943, on the other hand, as soon as the winds began to shift direction, the archives become increasingly copious. Writers and intellectuals—more, perhaps, than any other group—conserved a growing number of periodicals, publications, letters, private diaries, photographs and documents of daily life: future symbols and memories, perhaps, but also signs of a denial of danger, of a change of mood, incriminating or exonerating evidence for the day when one of them would settle down to write a history of the period?

Future researchers will no doubt find meaning not only in the abundance of the archives produced, but in the extent of their preservation as well. During this period of accumulation, we were necessarily obliged to give up any pretense of being exhaustive and to select the most significant and interesting documents, thanks to the enlightened and scholarly advice of Robert O. Paxton. But since we have had the opportunity of exhibiting in this volume approximately twice as many documents as in the exhibition itself (whose dimensions will vary around a common "core exhibition," according to individual sites), we have opted to delve deeper here into certain areas and to include both the periods immediately before and following the years of the Occupation: this volume thus evokes the 1930s (from the perspective of literary life), describes the "phony war" and devotes considerable space to the aftermath of the Second World War (until the general amnesty of 1953)...

The archives, however, cannot be so easily subjected to a linear chronology or divided into thematically distinct sections. Nor can they be "read" in isolation: beyond the purely historical context in which each archive finds its place, all the archives of a given corpus form a kind of moving mass, almost animated by its own biological life. And as soon as the documentary network attains a certain coherence, the question of proportion takes on crucial importance: each new document exhumed (or each document withdrawn) entails the reorganization or redistribution of its subterranean connections...

Ultimately, a present-day historian, who is obliged to be circumspect, cannot and should not read an archive in the rough: in every circumstance, an intention, a subliminal message, a manipulation, however minute, can inflect (and interfere with) the immediate meaning of a document. In the case of clandestine publications, for instance, one should respect only with due prudence the dates and places of publication: what succeeded in fooling the censor in the past can just as easily mislead us today... The careful dating of a document, the deciphering of allusions, deliberate ambiguities, coded names and events all demand scrupulous inquiry, confronting different versions of the facts, reconciling contradictions and paradoxes. Even as we should avoid the complementary danger of over-interpreting an archive in order to press it into the service of a contemporary argument. Our role as archivist and organizer of an exhibit might be summarized as follows: respecting a protocol at once transparent, scholarly, and objective, to insert one more document into the impressive cohort of documents of reference already assembled . . .

This work thus presents nearly 650 documents, of which 500 come directly from the IMEC. The collections which have turned out to be the richest for illustrating French literary life during the Second World War are the following: Louis Althusser, Louis-Ferdinand Céline, Cercle de la librairie, Marguerite Duras, Jean Follain, Max-Pol Fouchet, André Fougeron, Otto Freundlich, Hachette, Jean Hélion, Georges Hyvernaud, Larousse, François Lachenal, Jean Lescure, Librairie des Champs-Elysées, Jean-José Marchand, Emmanuel Mounier, Irène Némirovsky, Jean Paulhan, Pascal Pia, PEN Club, Pierre Seghers, René Tavernier, Maurice Toesca, and Jean Wahl—an inventory in the style of Jacques Prévert perhaps, but which this book is intent on endowing with all its meaning... And we are grateful to those possessors of rights and depositors of archives at the IMEC who through their generosity have demonstrated not only the desire to share their riches but also the intelligence to allow the subterranean historical meaning of their documents to be unveiled.

[1] Exhibition organized by Olivier Corpet, François Laurent, and Claire Paulhan at the Abbaye d'Ardenne (June 26–September 12, 2004). The catalogue: *Archives des années noires: artistes, écrivains et éditeurs*, edited by Claire Paulhan and Olivier Corpet (Paris: Editions de l'IMEC, 2004).
[2] See below, Bibliography, p. 432.
[3] The archives, for the most part, were collated by Pierre Clouet, Amandine Auvray, and Claire Paulhan, from a database established in 2004 by Olivier Corpet, François Laurent, and Claire Paulhan.

1

FROM THE PREWAR PERIOD TO THE COLLAPSE

"They should know that Hitler's triumph would be the death of the West."
André SUARÈS, *Vues sur l'Europe* (1939)

France emerged victorious from World War I—victorious but also decimated, such that its fragile preeminence could not withstand the international depression of the 1930s or the subsequent restructuring of the European theater. As National-Socialist Germany rearmed, the governments of the Third Republic lurched from scandal to scandal, from coalition to coalition. The riots of February 1934; the strikes by the Popular Front (1936–1937); the Spanish Civil War (1936–1939); the Anschluss (March 1938); the Munich accords (September 1938); Kristallnacht (November 1938)—these were all events that precipitated the period of the "gathering storm," which ended in a declaration of war against Germany on September 3, 1939.

The French Army, which included numerous writers amongst its ranks, slumbered behind its own borders during the eight months of the "*drôle de guerre*" (the "phony war"). This expression was coined by Roland Dorgelès—then a war correspondent for *Gringoire*—to convey the boredom of the Allied soldiers. Poorly prepared, the French Army was soundly defeated in less than six weeks by the German offensive in the West, which was launched on May 10, 1940. More than eight million French, Dutch, and Belgian citizens suddenly found themselves participating in a mass exodus, thereby exacerbating the debacle. Maréchal Pétain, the "Hero of Verdun," was called on to become President of the French Council of State on June 16, 1940. The following day he requested an armistice, which was signed on June 22 at Rethondes. Absolute power was accorded to the Maréchal by the French Assembly on July 10, facilitating the establishment of a new regime—the French State—and the implementation of its program for a new moral order, the "National Revolution."

The shock of defeat further deepened the rifts that had been tearing intellectuals apart since 1934—between order and revolution, communism and fascism, technocratic reformism and republican defense, humanist commitment and indifference towards events of the day. But the tone no longer favored debate. Instead, French society was fostering conspiracy theories—happily encouraged by the ideologues of the press and literature—and proclaiming its own responsibility for the decadence that seemed to be afflicting the country. Men of letters who had formerly sparred and debated intelligently with their adversaries in newspaper columns—in the pages of *La Nouvelle Revue française*, or during the "Decades" of Pontigny—now threatened, insulted, and denounced those "responsible" for the defeat, and called for the public condemnation of Jews, Bolsheviks, Freemasons, foreigners, and the English.

Charles Maurras (1868–1952), who in 1908 founded and became editor-in-chief of the newspaper *L'Action Française*, "the organ of integral nationalism," exercised great influence in intellectual and student circles. A fearsome polemicist, he published *L'Avenir de l'intelligence* [The Future of Intelligence] in 1905. From September 1935 to January 1936, in the throes of anti-German hostility, he issued a call to "spill the blood" of those members of Parliament who had voted for sanctions against Italy after the invasion of Abyssinia. When Léon Blum assumed power in May 1936, the Popular Front government indicted Maurras for incitement to murder. Incarcerated at the Santé prison from October 1936 to July 1937, he was nonetheless elected to the French Academy in 1938. (His seat was declared vacant in February 1945 as a result of the reluctance of the Immortals to vote for his expulsion for collaborating). Postcard disseminated at the end of the 1920s.

"Midst the enthusiasm of France's new Popular Front," photographed at a performance of Romain Rolland's play, *Danton*, at the Arènes de Lutèce in July 1936, from left to right: Paul Vaillant-Couturier, editor-in-chief of *L'Humanité*, Madeleine Léo-Lagrange, Léo Lagrange, Undersecretary of State for Sports and Leisure, Thérèse Blum, Léon Blum, Prime Minister, lighting a cigarette for Paul Rivet, ethnologist and Paris city councilor. Photo by David Seymour, published in *Le Populaire*, July 14, 1936.

The Pontigny "Decades": From 1910 to 1939, Paul Desjardins (whom Maurras, with a wink to Baudelaire, called "the Prince of Clouds," Marcel Proust "the Preaching Friar," Roger Martin du Gard "the Grand Prior," and whom Henri Bergson nominated for the Nobel Peace Prize in the 1930s) organized summertime meetings on the Pontigny Abbey grounds in Burgundy, which he had purchased in 1906 shortly after the enactment of the law separating Church and State. In the bower of Pontigny, a site "where the spirit listeth" (Claude Mauriac), intellectuals of all countries, backgrounds, political tendencies, and ages affirmed their confidence in the virtues of unrestricted conversation. In March 1940, Paul Desjardins died, disheartened by the new war, which held in store so sinister a fate for some of the participants in the "Decade events."

In 1924, Paul Desjardins, Ramon Fernandez, Jacques Schiffrin, and Louis Martin-Chauffier.

Louis Martin-Chauffier and Ramon Fernandez, improvising a Spanish dance at the entrance to the room where the Decades were held, in 1926.

François Mauriac and André Gide, during the Decade "On Classical Success in Art," in August 1929.

At the Decade on "The Dangerous Press" or "On the Transmission of Values," in August-September 1932. From left to right: Roger Martin du Gard, Ramon Fernandez, Antoine de Saint-Exupéry, Consuelo de Saint-Exupéry, Clara and André Malraux, and Yvonne Gallimard.

At the Decade "On the Unity of Philosophy," in August-September 1937. From left to right: Jean Wahl, Raymond Aron, and Vladimir Jankélévitch.

In the 1930s, Paul Desjardins, who was well informed about the "German abominations" of Hitler's regime, made Pontigny a safe haven for a number of German anti-Fascist intellectuals, a circumstance that led to the seizure of the Pontigny archives by the Sipo–Sicherheitspolizei–during the Occupation. At right, Walter Benjamin, photographed in May 1939 by Gisèle Freund (who was herself in exile), holding a buttercup in front of the pond and orchard of the Pontigny Abbey.

From left to right, standing: Jules Supervielle, André Rolland de Renéville, Armand Petitjean, Benjamin Crémieux, Henri Calet, and Jacques Audiberti. From left to right, seated: Jean Prévost, Boris de Schloezer, and Jean Paulhan.

From left to right, standing: Boris de Schloezer, Armand Petitjean, Jean Prévost, André Rolland de Renéville, Ramon Fernandez, Henri Calet, Jacques Audiberti, and Jean Paulhan. From left to right, seated: Jules Supervielle, Benjamin Crémieux, and Germaine Paulhan.

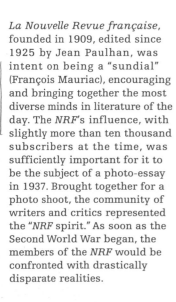

La Nouvelle Revue française, founded in 1909, edited since 1925 by Jean Paulhan, was intent on being a "sundial" (François Mauriac), encouraging and bringing together the most diverse minds in literature of the day. The *NRF*'s influence, with slightly more than ten thousand subscribers at the time, was sufficiently important for it to be the subject of a photo-essay in 1937. Brought together for a photo shoot, the community of writers and critics represented the "*NRF* spirit." As soon as the Second World War began, the members of the *NRF* would be confronted with drastically disparate realities.

From left to right, standing in the rear: André Malraux, Germaine Paulhan, André Rolland de Renéville, Boris de Schloezer, and Jacques Audiberti. From left to right, seated behind the low wall: Jules Supervielle, and Benjamin Crémieux. In the first row: Jean Prévost, Ramon Fernandez, and Henri Calet

From left to right, in the courtyard of the *NRF*: Benjamin Crémieux, Jacques Audiberti, Boris de Schloezer, Ramon Fernandez, Jules Supervielle, Henri Calet, André Rolland de Renéville, André Malraux, Jean Paulhan, and Marcel Arland.

LOUIS-FERDINAND CÉLINE

L'ÉCOLE DES CADAVRES

NOUVELLE ÉDITION
AVEC UNE PRÉFACE INÉDITE
ET 14 PHOTOGRAPHIES HORS-TEXTE

ÉDITIONS DENOËL

Louis-Ferdinand Céline, *L'École des cadavres* [School for Corpses], Denoël, 1938. This virulent pamphlet earned Céline and his publisher a conviction for libel on May 21, 1939. In the preface to a new edition of the book, published by Denoël in October 1942, Céline characteristically explained the unsuccessful reception of his message: "The publication of *L'École* created not a stir–total, scrupulous silence on the part of the French press in its entirety–including its pacifist, anti-Semitic, Franco-German sectors, etc., etc., not an echo, not a line, complete cold shoulder, total panic, absolute disavowal. The reasons for the unanimous rejection: *L'École* was the only text at the time, either newspaper or book, to be simultaneously anti-Semitic, racist, collaborationist (before the word was in use) to the point of advocating an immediate anti-English, anti-Masonic military alliance and predicting absolute catastrophe in the event of a conflict."

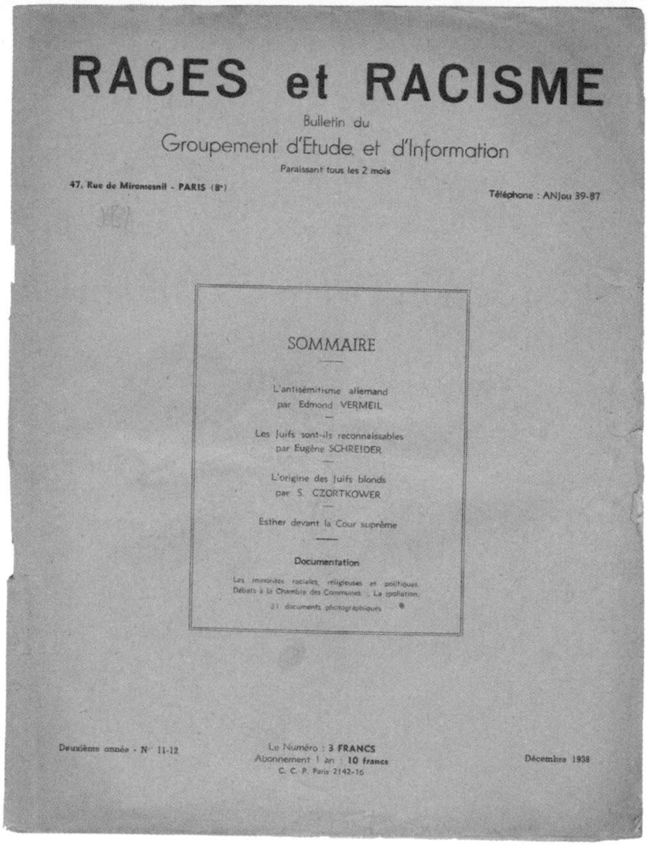

RACES et RACISME

Bulletin du

Groupement d'Etude et d'Information

Paraissant tous les 2 mois

47, Rue de Miromesnil - PARIS (8e)

Téléphone : ANJou 39-87

SOMMAIRE

Deuxième année - N° 11-12

Le Numéro : 3 **FRANCS**
Abonnement 1 an : **10 francs**
C. C. P. Paris 2142-16

Décembre 1938

Issue of *Races et Racisme*, the newsletter of an anti-racist study-group, the Groupement d'études et d'information, denouncing, in December 1938, the recent pogroms against the Jews in Germany, one month after Kristallnacht. The brochure, abundantly illustrated and written by eminent experts, including professors at the Musée de l'Homme, was intent on warning French society of increased perils and of the danger of adhering to Hitler's National-Socialist policies. This double page deals with manifestations of German anti-Semitism during the prewar years and demonstrates through photographs that the policy of eliminating German Jews was already well under way: cleaning "the sidewalk with a nail brush"; "a procession in the streets of Baden-Baden, with a star of David ironically bearing the caption 'The Lord will not forsake us!'"; in Vienna, a Jewish book store shut down, whose owner "is in Dachau"; Jewish refugees behind bars.

26 RACES ET RACISME

LES HUMILIATIONS PUBLIQUES

Juifs contraints de nettoyer la chaussée avec des brosses à ongles.

Juifs obligés de défiler en procession dans les rues de Baden-Baden avec l'emblème de David portant ironiquement l'inscription : « Le Seigneur ne nous abandonnera pas ! »

RACES ET RACISME 27

AU CAMP DE CONCENTRATION

A Vienne, magasin juif fermé. Le propriétaire « est à Dachau !!! »

Plus de 30.000 juifs de tout âge furent arrêtés brutalement et transférés dans les camps de concentration. Au camp de Sachsenhausen, une soixantaine de juifs berlinois choisis parmi les avocats, médecins, ingénieurs, commerçants, et deux rabbins durent subir le supplice connu en Allemagne sous le nom de Spiessrutenlaufen. Les victimes doivent courir entre deux haies de S. S. qui font pleuvoir sur eux des coups de fouet, de matraque et de pelle. Douze moururent le crâne fracassé. Au camp de Buchenwald, il y eut 146 morts, à Dachau 70.

(Photo « The March of Time », « The Refugee — To day and To morrow »).

Derrière les barreaux.

A group of defeated Spanish Republicans: men, women, and children cross the border one by one in search of refuge in France, after Barcelona was taken by Franco's troops in January–February 1939. These shots were taken from a report by Vladimir Pozner and his photographer. Officially commissioned to seek out Spanish intellectuals interned by the French government in "concentration camps" (the term in use at the time) in the Pyrenees (such as Argelès, Saint-Cyprien, Le Barcarès, Bram, and Gurs), they observed Spanish Republicans camping out on the beach at Argelès: unarmed and surrounded by barbed wire, the refugees were placed under the guard of French gendarmes or colonial troops, such as these Moroccans on horseback, their former enemies.

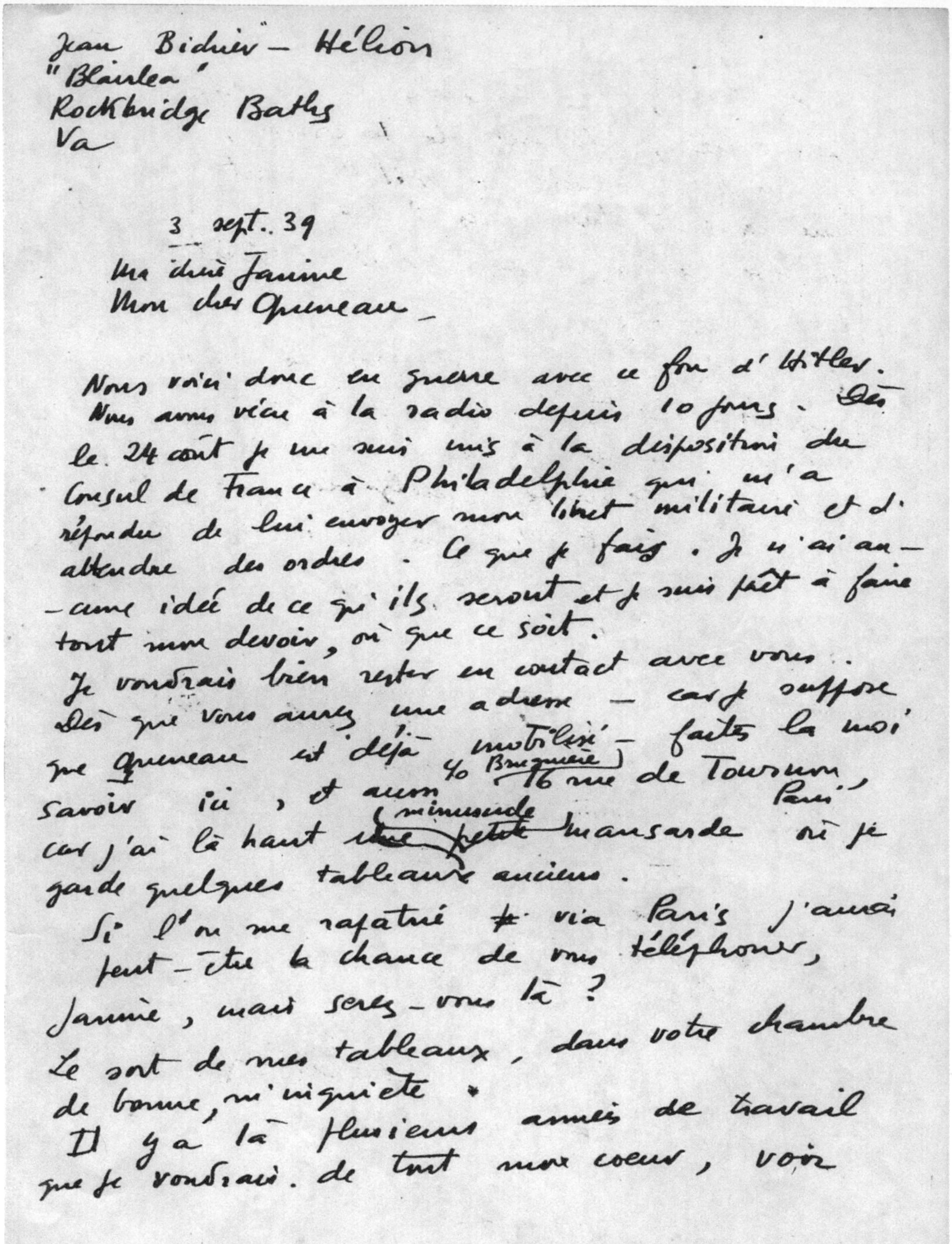

Jean Bidier – Hélion
"Blairlea"
Rockbridge Baths
Va

3 sept. 39

Ma chère Janine
Mon cher Queneau –

Nous voici donc en guerre avec ce fou d'Hitler. Nous avons vécu à la radio depuis 10 jours. Dès le 24 août je me suis mis à la disposition du Consul de France à Philadelphie qui m'a répondu de lui envoyer mon livret militaire et d'attendre des ordres. Ce que je fais. Je n'ai aucune idée de ce qu'ils seront et je suis prêt à faire tout mon devoir, où que ce soit.

Je voudrais bien rester en contact avec vous. Dès que vous aurez une adresse – car je suppose que Queneau est déjà mobilisé – faites la moi savoir ici, et aussi c/o Bruguière 16 rue de Tournon, Paris, car j'ai là haut ~~une petite~~ (minuscule) mansarde où je garde quelques tableaux anciens.

Si l'on me rapatrie via Paris j'aurai peut-être la chance de vous téléphoner, Janine, mais serez-vous là ?

Le sort de mes tableaux, dans votre chambre de bonne, m'inquiète. Il y a là plusieurs années de travail que je voudrais de tout mon coeur, voir

Letter from Jean Hélion to Janine and Raymond Queneau, September 3, 1939: "Here we are, then, at war with the madman Hitler. We have been living glued to the radio for ten days. As early as August 24, I placed myself at the disposition of the French consul in Philadelphia, who instructed me to send him my conscription papers and to await orders, which is what I am doing. I have no idea what they will be and I am prepared to fulfill my obligation to the utmost, wherever it may be."

DEUXIÈME ANNÉE. — N° 450. — VENDREDI 8 SEPTEMBRE 1939. L'HEBDOMADAIRE QUI MONTE 6 pages : 1 fr. 25

JE SUIS PARTOUT

11, RUE MARGUERIN, 11. — PARIS (14e) Téléphone : Gobelins 60.24

Le grand hebdomadaire de la vie mondiale

Rédacteur en chef : Robert BRASILLACH

SILENCE AUX POLITICIENS !

PREMIERE SEMAINE DE GUERRE A PARIS

— Je sais bien que je suis un vendu ! Seulement, maintenant... à qui ?

Lucien REBATET.

POUR LA DIGNITE FRANÇAISE

JE SUIS PARTOUT.

– Ah! qui nous aurait dit ça ? – NOUS.

AYONS UNE BONNE POLITIQUE DE GUERRE

DORSAY.

GERMANIA. — Oui, cet Adolf est mon second mari. S'il lui arrive quelque chose, j'en serai encore quitte pour dire qu'il m'avait violentée. (Dessin d'Hermann Paul.)

PAROLES A RETENIR :

« FRANÇAIS ET FRANÇAISES, NOUS FAISONS CETTE GUERRE PARCE QU'ON NOUS L'A IMPOSEE. »

Edouard DALADIER.

ON AURA TOUT REVU

In *Je suis partout* [I Am Everywhere], the weekly publication "struggling against the brain-washers and surrender-rats," Lucien Rebatet published on September 8, 1939 his impressions of the "first week of war in Paris": "At nightfall, I found myself with three friends: Thierry Maulnier, in his First Lieutenant's uniform; Claude Roy, first class in his tank division, Pierre Boutang, a twenty-two year old student at the École normale supérieure, who had just produced, during the preceding days, a superb and pitiless review of press coverage of events for *L'Action Française* and who would be a Lieutenant the next day. A bit too 'intellectual,' all four of us, we were quite busy sounding each other out, observing ourselves in the process of living history. We were astonished that times such as these had so little in common with what we had imagined, with what we had been told of comparable hours." *Je suis partout*, a newspaper headed at the time by Alain Laubreaux and Charles Lesca in the absence of its editors, who had been mobilized, was reread closely and, if needed, censored scrupulously by the Government of National Defense.

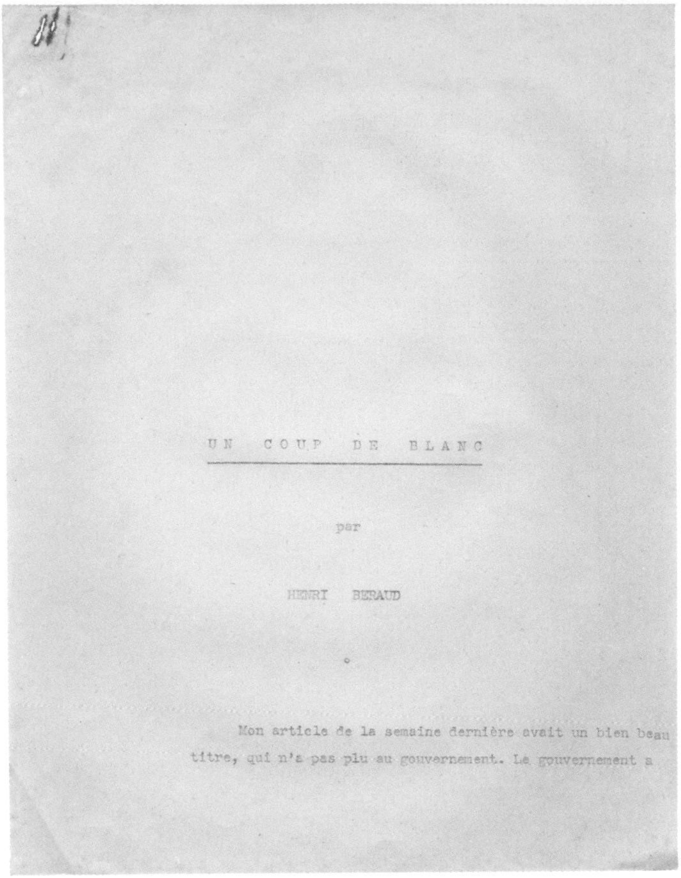

UN COUP DE BLANC

par

HENRI BERAUD

Mon article de la semaine dernière avait un bien beau titre, qui n'a pas plu au gouvernement. Le gouvernement a

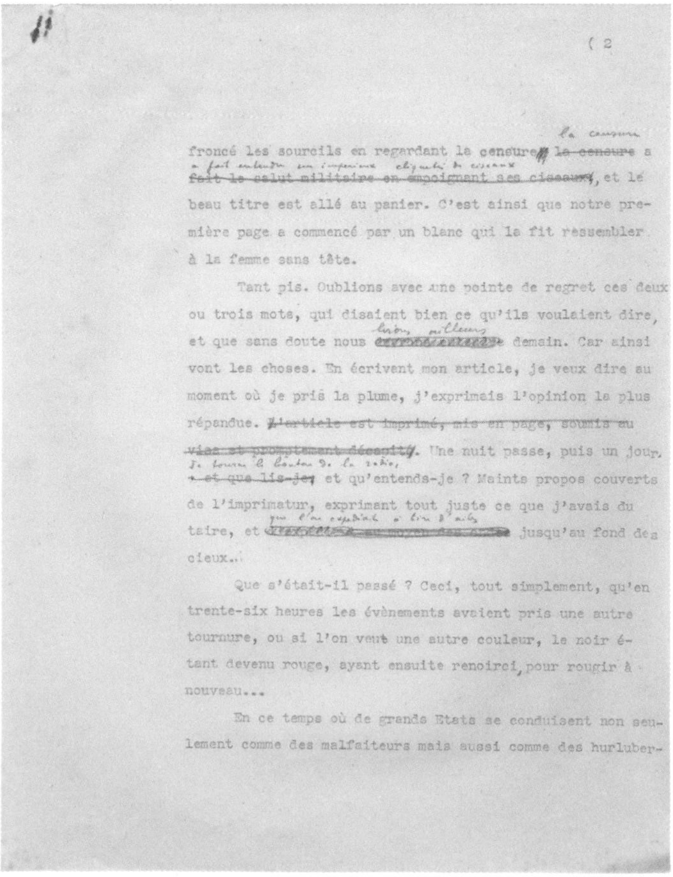

(2

froncé les sourcils en regardant la censure ~~la censure~~ la censure a ~~fait le salut militaire en empoignant ses ciseaux~~ a fait entendre son impérieux cliquetis de ciseaux, et le beau titre est allé au panier. C'est ainsi que notre première page a commencé par un blanc qui la fit ressembler à la femme sans tête.

Tant pis. Oublions avec une pointe de regret ces deux ou trois mots, qui disaient bien ce qu'ils voulaient dire, et que sans doute nous [redacted] lirons ailleurs demain. Car ainsi vont les choses. En écrivant mon article, je veux dire au moment où je pris la plume, j'exprimais l'opinion la plus répandue. ~~L'article est imprimé, mis en page, soumis au visa et promptement découpé~~. Une nuit passe, puis un jour. ~~et que lis-je~~ Je tourne le bouton de la radio, et qu'entends-je ? Maints propos couverts de l'imprimatur, exprimant tout juste ce que j'avais du taire, et [redacted] que l'on expédiait à bien d'autres jusqu'au fond des cieux...

Que s'était-il passé ? Ceci, tout simplement, qu'en trente-six heures les évènements avaient pris une autre tournure, ou si l'on veut une autre couleur, le noir étant devenu rouge, ayant ensuite renoirci, pour rougir à nouveau...

En ce temps où de grands Etats se conduisent non seulement comme des malfaiteurs mais aussi comme des hurluber-

Mimeograph manuscript of an article by Henri Béraud, *"Un coup de blanc"* [Clean Slate], October 1939. The prominent columinst of the weekly *Gringoire* had been censored just a few days before, after publishing an article titled *"La bourrique de Staline"*, [Stalin's Ass] in which he criticized the Communists, and more particularly André Marty, who was in Moscow at the time. After a long digression on the ineffectiveness of censorship, he wrote, "At a time when sweet Adolf is sending to hell the nosey wireless listeners, our whole people, soldiers, workers, farmers, and the bourgeois, is bursting out laughing upon hearing that sinister asshole Goebbels recounting the French loss of courage."

Henri Béraud posing in the late 1930s in front of his chateau at Moussy, in Seine-et-Oise, that was requisitioned (and partially pillaged) by the German Labor Service (RAD), which made its home there from November 1940 to February 1941.

Le Canard enchaîné [The Chained Duck], November 22, 1939, which was also censored by the Government of National Defense.

24e Année. — N° 1221. Le Numéro 60 Centimes 22 Novembre 1939

Cette histoire de tabac...

Le Canard enchaîné

...Une drôle de blague !

Directeur : Maurice Maréchal — 9, Bd des Capucines, Paris ● JOURNAL SATIRIQUE PARAISSANT LE MERCREDI ● Rédacteur en chef : Pierre Bénard — Tél. : OPEra 75-67

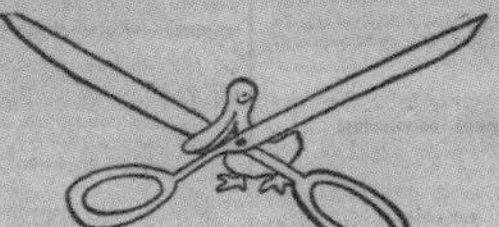

MENU CONTINENTAL
Caviar
Beurre blanc
Blanquette Anastasie
Et un coup de blanc de blanc !

Pierre Bénard.

LE TABAC CHER

— *Monsieur ! vous oubliez votre mégot...*

THE FRENCH COIN COIN

L'intimité anglo-française est devenue plus étroite à la suite du dernier accord Chamberlain-Daladier.

C'est pourquoi nous publions aujourd'hui une page franco-britannique.

Toutefois, et en attendant que tous les Français aient eu le temps d'apprendre la langue anglaise grâce à la méthode du *Matin*, nous avons rédigé cette page en français seulement — ou quelque chose d'approchant.

Nous nous en excusons auprès de nos *English readers.*

(*Voir en 4e page.*)

LA GUERRE DES NERFS

Des avions de la R.A.F. ont laissé tomber sur l'Allemagne des sacs de café.

— Il est furieux... Y a du bromure dans le vin de messe !

BROMURE

Communiqué du matin : Nuit calme dans l'ensemble.

Avec les stratèges en perm'

Il eût été injuste de les oublier.

Depuis le début de la guerre, ils tiennent vaillamment le coup à leur poste de combat de la rue Saint-Dominique.

Ils en sont à leur 150e communiqué.

Oui, depuis 75 jours, ils sont là, le stylo à la dextre, la carte déployée sur la table, l'œil fixé entre les lignes Maginot et Siegfried, c'est-à-dire, précisément, dans les secteurs où ça barde le plus.

Ils ont pris la forêt de la Warndt, poussé des pointes jusqu'à Deux-Ponts, traversé la Blies et failli entrer à Sarrebrück avant même que nos troupes fussent parvenues aux abords de la ville.

Tout récemment, on put craindre que les Allemands n'envahissent la Hollande.

S'ils l'avaient osé, ils auraient trouvé à qui parler. Car, aux premiers bruits de botte du côté d'Aix-la-Chapelle et de Clèves, les stratèges étaient déjà en position sur les lignes d'eau, prêts à ouvrir les vannes de leurs stylos !

Les Allemands n'ont pas insisté et les stratèges ont pu replier la carte des Pays-Bas.

Ils sont comme ça, madame. Simples dans leur crânerie, crânes dans leur simplicité. Des Français.

Aussi, ne l'ont-ils pas volée, ah ! fichtre non ! leur per'm !

⁂

Dans un café, quelque part près de l'Opéra, nous avons eu la bonne fortune de rencontrer quelques-uns de ces permissionnaires.

Et des plus glorieux, de ceux dont les noms figurent chaque jour sinon dans le communiqué, du moins dessous.

Du premier coup d'œil, nous reconnaissons M. Charles Morice, M. Henri Bidou, M. Trois-Etoiles, M. Ixe... Ils rient de bon cœur, tout heureux malgré tout — on n'est pas de bois — de cette petite détente.

Ça patronne les couve d'un regard maternel. Soudain, n'y tenant plus, elle leur crie :

— Allez, mes braves, commandez, c'est ma tournée !

Comme ils la remercient :

— Que voulez-vous, ajoute-t-elle, j'ai mon gars stratège comme vous !

Dès qu'il nous aperçoit, M. Charles Morice nous prend par le bras :

— Mon cher, commence-t-il, figurez-vous que le 25 septembre, en avant de Forbach...

Et de nous raconter ses premiers souvenirs de campagne. C'est tout simplement touchant.

— D'ailleurs, voyez...

Il sort de sa poche une carte d'état-major, toute froissée, toute jaunie et comme glorieusement culottée par deux mois et demie de guerre.

— Voyez, poursuit-il, quand je viens en perm' j'emporte mon front avec moi !

Admirable, n'est-ce pas ?

Mais voici qu'un autre permissionnaire — un soldat, celui-là — s'approche de nous.

— Où étais-tu ? lui demande M.

Morice avec cette cordiale familiarité des frères d'armes.

— A X...

— Ah ! oui... Eh bien ! te rappelles-tu, le 4 octobre, au matin, quand nous prîmes par surprise le petit bois qui se trouve au nord-est du village !?

— Mais, dit le soldat, il n'y a pas de bois, à X...

— Pas de bois, pas de bois ? Tu rigoles !

— Pourtant....

— Et ça, qu'est-ce que c'est ? s'exclame M. Morice en lui mettant triomphalement la carte sous le nez.

— M... ! C'est ma foi vrai !

Alors, M. Charles Morice, se tournant vers nous :

— C'est toute la différence qu'il y a entre eux et nous. L'arbre les empêche de voir la forêt !... Heureusement que nous sommes là pour les guider, les éclairer, et, au besoin, leur révéler ce qu'ils ont fait.

R. Tréno.

Nous sommes visés

par la Censure

Laissés pour compte

des grands tailleurs

Ça ne suffit pas

M. de Kerillis, dans l'*Epoque*, nous annonce que le Grand Etat-Major allemand et le parti national-socialiste sont en bagarre.

Il précise même que tant par voie de limogeage que d'exécution, il ne reste plus de généraux dans le Reich.

Dans un sens, c'est bien.

Malheureusement, il y a encore des troupes.

Et, à la réflexion, nous, on préférerait qu'il ne demeure que des généraux.

Car, tout de même, les généraux, livrés à eux-mêmes, se battent moins.

LE COMMUNIQUÉ

du front de l'Intérieur

Rien de particulier à signaler sur le front.

Le gouvernement a encore fait quelques prisonniers.

Les pertes, à cette date, sont évaluées à quinze pour cent.

Hitler répond au « Canard »

Dans notre dernier numéro, nous avions osé insinuer que M. Hitler, pour ce qui est des décisions à prendre, n'a que l'embarras du choix... entre celles que lui proposent les journalistes français.

Le Führer n'a pas trouvé cet article à son goût.

Quarante-huit heures après, le D.N.B. faisait savoir, en effet, que le Führer n'a besoin de personne pour prendre une décision, qu'il la prendra à l'heure qu'il choisira lui-même, etc...

Nous, ce qu'on en disait, c'était plutôt pour le mettre à son aise.

Mais s'il le prend sur ce ton-là...

« CASH AND CARRY »

— *Voilà un Bar américain : paye-moi un canon.*

Les pauvres civils sont durement frappés

La décison, prise par le Gouvernement, de ne procéder à aucune promotion dans la Légion d'honneur pendant toute la durée des hostilités a provoqué une profonde émotion dans les milieux intéressés.

Pendant quelques jours, une grande activité a régné dans les divers ministères. Il fallait, en effet, mettre en lieu sûr, pour les retrouver au bon moment, environ sept mille tonnes de dossiers au complet demande de l'intéressé, apostille du député, dernier non-lieu au bénéfice du postulant, photographie de la petite amie, certificat de l'archevêque et empreintes digitales.

Ce gros travail est toutefois terminé.

Par ailleurs, malheureusement, on est obligé de signaler qu'un certain déséquilibre social s'est produit, tant à Paris qu'en province.

En apprenant qu'ils ne seraient pas décorés au jour de l'an, cent quarante-trois mille Français (tel était le chiffre du prochain contingent) se sont mis à apprendre la géographie. Ainsi s'en vont les traditions...

On ne compte plus les incidents.

A Bécon-les-Bruyères, un honorable rentier qui avait déjà acheté, profitant d'une vente-réclame, trois mètres de ruban, a pris le train, à la suite d'un coup de tête, pour aller pêcher la grenouille en Vendée.

Le Mérite agricole, lui aussi, ne fera également l'objet d'aucune promotion. Même chose pour les palmes académiques.

De sorte que les députés devenus complètement inutiles, se promènent dans leurs circonscriptions au milieu de l'indifférence générale. On ne les salue même plus...

A quoi peuvent-ils servir ?

Certains drames domestiques se sont produits...

Tel le cas de cette dame qui, à la nouvelle que son amant ne serait pas décoré cette année, a réintégré brusquement le domicile conjugal :

— Au moins, toi, mon loup, a-t-elle dit à son mari, tu as le Nicham Iftikar !...

La douleur du mari fait peine à voir.

Jules Rivet.

Feuillets de route de l'ami Bidasse

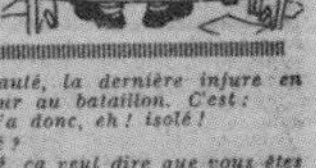

Loin de moi la pensée de trahir les secrets de l'état-major et de renseigner les parachutistes ennemis. Minute donc, sur le fond de la situation. Minute et mine de rien, ajouterai-je.

Tant qu'aux nouvelles du secteur, elles ne sont pas sorties cette semaine, vu le temps qu'il fait, d'une banalité que ceux qui ne résident pas exactement en première ligne sont en droit de trouver médiocre, pour ne pas dire plus.

Va donc, eh !...

De sorte que c'est tout juste si je peux vous apprendre, comme nouveauté, la dernière injure en honneur au bataillon. C'est :

— Va donc, eh ! isolé !

Isolé ?

Isolé, ça veut dire que vous êtes en déplacement et que vous êtes moins de six.

Un groupe de cinq personnes, par le fait, c'est un rassemblement d'isolés.

Moyennant quoi, vous pouvez toujours aller de confiance vous présenter n'importe où, pour essayer de monter dans un train, par exemple, ou de toucher une boite de singe et un quart de vin :

— Des isolés ? Connaissons pas. Refoulez !

— Mais sur quoi ? On nous les renvoie encore, et...

— Refoulez sur leur point de départ.

— A part ça, ça fait trois fois que...

— J'ai dit de les refouler. Vous savez ce que c'est qu'un ordre ?

— Il y a du bon.

Ce qui fait que, dans le cas le plus courant, lesdits isolés, dont personne ne veut, ont l'avantage de se balader des jours et des nuits dans la nature, en mettant en œuvre pour se ravitailler toutes les ressources de leur esprit inventif, et en se répétant qu'il y a décidément du bon.

Jusqu'à ce que le hasard leur fasse rencontrer leur unité. Où on les reçoit, alors, comme de juste, en leur demandant obligeamment :

— Qu'est-ce que vous venez f... ici, vous autres ?

Mais ce ne sont là, empressons-nous de le marquer fortement, que de menus ennuis qui ne sauraient nuire à la tenue générale du moral, laquelle est et demeure indéfectible.

Notamment depuis que M. An-

— *Vous êtes en permission ? Ce n'est pas une excuse !*

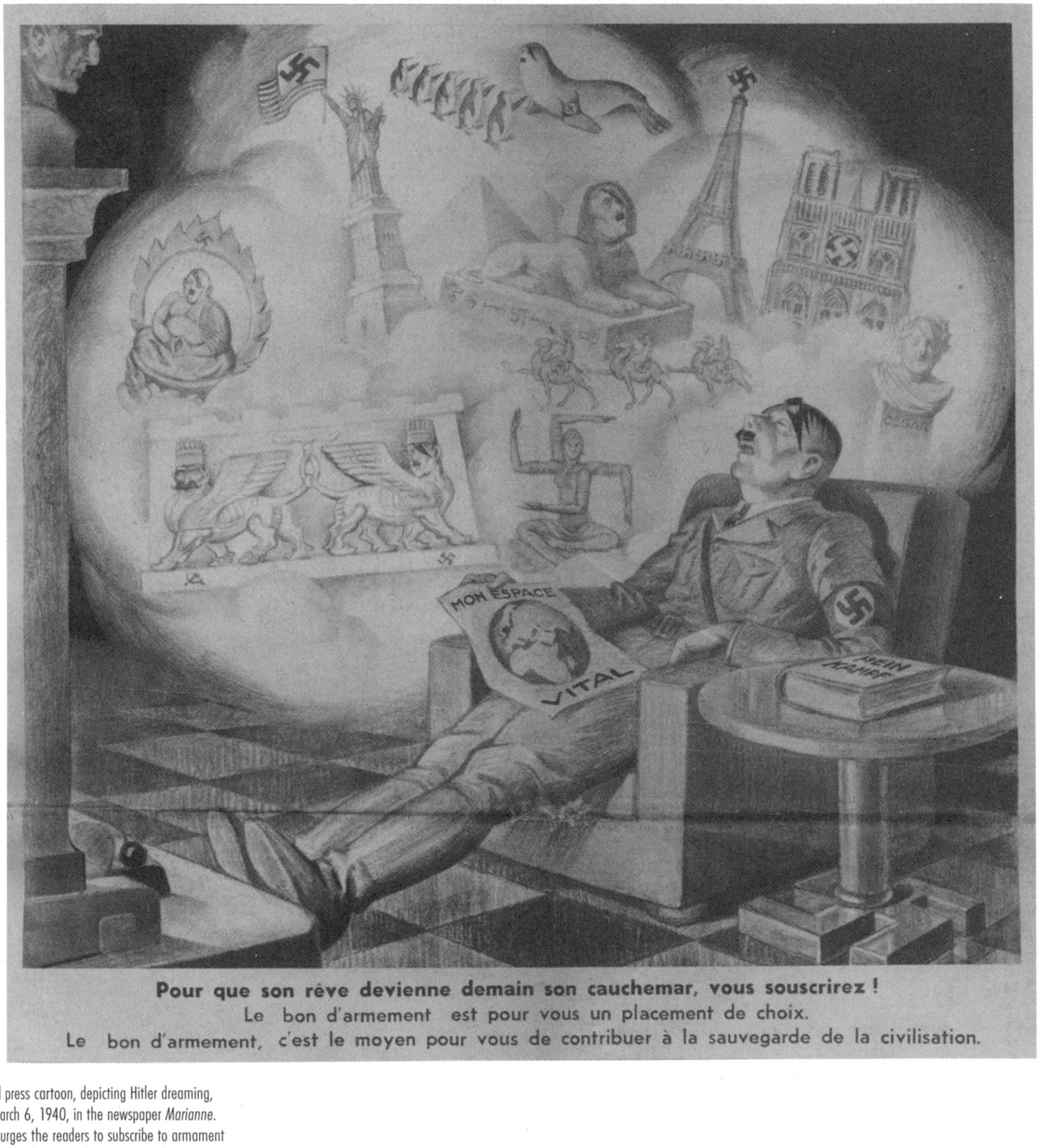
MON ESPACE
VITAL
MEIN KAMPF
CESAR
Pour que son rêve devienne demain son cauchemar, vous souscrirez !
Le bon d'armement est pour vous un placement de choix.
Le bon d'armement, c'est le moyen pour vous de contribuer à la sauvegarde de la civilisation.

Unattributed press cartoon, depicting Hitler dreaming, published March 6, 1940, in the newspaper *Marianne*. The caption urges the readers to subscribe to armament bonds, "for his dream to become a nightmare." *Marianne*, a politico-literary weekly, edited from 1937 by André Cornu and Lucien Vogel, runs the headline: "We are at war."

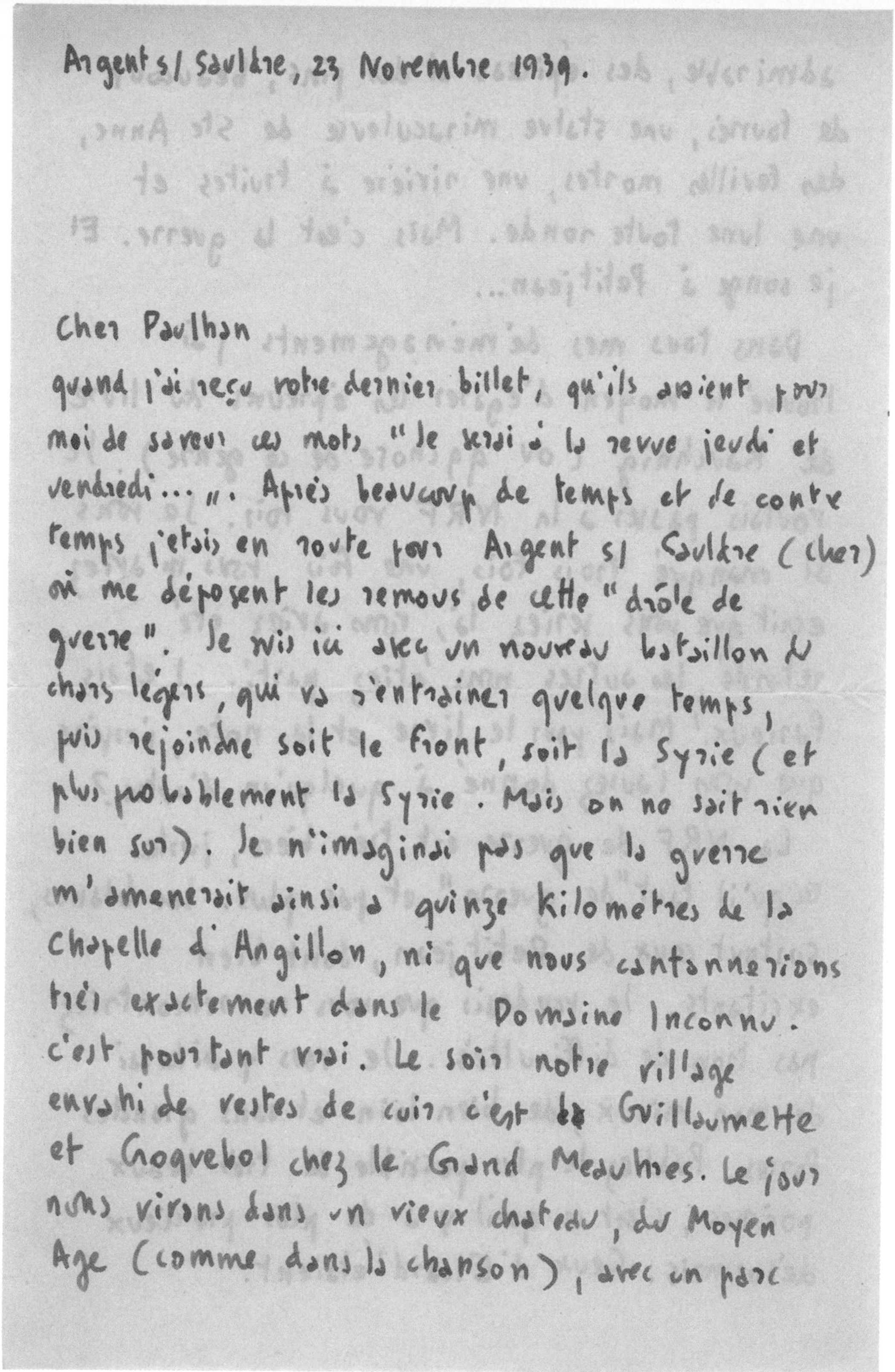

Argent s/ Sauldre, 23 Novembre 1939.

Cher Paulhan

quand j'ai reçu votre dernier billet, qu'ils avaient pour moi de saveur ces mots "Je serai à la revue jeudi et vendredi…". Après beaucoup de temps et de contre temps j'étais en route pour Argent s/ Sauldre (Cher) où me déposent les remous de cette "drôle de guerre". Je suis ici avec un nouveau bataillon de chars légers, qui va s'entrainer quelque temps, puis rejoindre soit le front, soit la Syrie (et plus probablement la Syrie. Mais on ne sait rien bien sur). Je n'imaginais pas que la guerre m'amenerait ainsi à quinze kilomètres de la Chapelle d'Angillon, ni que nous cantonnerions très exactement dans le Domaine Inconnu. C'est pourtant vrai. Le soir notre village envahi de vestes de cuir c'est la Guillaumette et Coquebol chez le Grand Meaulnes. Le jour nous vivons dans un vieux chateau, du Moyen Age (comme dans la chanson), avec un parc

Letter from Claude Roy to Jean Paulhan, November 23, 1939, evoking the turmoil of "this phony war" and his billeting at Argent-sur-Sauldre, in the Cher region: "Here I am with a new battalion of light tanks, which will be training for a while before heading off either to the front or to (more probably) Syria. But we of course know nothing. I hadn't imagined that the war would bring me fifteen kilometers from Chapelle d'Angillon, [Alain-Fournier's birthplace], nor that we would set quotas precisely in the Unknown Domain [in his novel *Le Grand Meaulnes*] . . . The enemy, here, though not very honorable, is extremely oppressive: a great sense of being simultaneously far from the war and from the rear, a certain bad conscience, sheer boredom, finally." The young writer who supported Maurras's Action Française before the war, and who was a close friend to Pierre Boutang and Thierry Moulnier, published a few short stories with the NRF. His first poem was published in *Poésie 40* by Seghers. As he worked with the national radio broadcast in the free zone, he gradually turned to resistance and joined the Communist Party in 1943.

13 Décembre [1939]

Cher Monsieur et Ami

Je vous remercie vivement de votre lettre ; l'envoi des NRF m'a beaucoup touché. Je pense partir en permission pour le 20 Janvier et, si vous êtes de passage à Paris vers ce moment là, j'aurais le plus grand plaisir à vous rencontrer.

Nous sommes "en secteur", établis à dix sept dans un hôtel évacué dont les rhumatisants de petite condition constituaient, en temps de paix, la principale clientèle. Il reste des lits admirablement suspendus et des armoires à glace. Le socialisme militaire, en s'installant dans ces petites pièces dont les murs sont recouverts de papier à fleurs, a pris un air idyllique et phalanstérien, on dirait une expérience de fourmis au moment qu'elle va tourner mal et que les membres de l'expédition commencent à se haïr. C'est assez poétique et fort intéressant. Je me suis décidé, voici deux mois à tenir un journal, malgré le dégoût que m'inspirait ce genre d'exercice. C'est une mesure d'hygiène : j'y déverse tout ce que m'inspirent la guerre et ma condition de soldat et, de la sorte, ayant payé ma dette à l'actualité, j'ai l'esprit libre pour écrire un roman très pacifique qui se passe en 1938.

Louis Althusser, who had just been accepted at the École normale supérieure, was mobilized as a student officer in Issoire, where he would lead the "garrison life." During the military collapse, in June 1940, he was taken prisoner by the German army.

At the end of 1939, Sartre was serving as a meteorologist in the army: "I release balloons like pigeons," he indicated to Jean Paulhan, "in the vicinity of the artillery battery, and I follow them with binoculars to determine the direction of the winds" (September 23, 1939). But he had enough "free time" to continue a novel . . . On December 3, as his regiment set up quarters in a small rural hotel, he wrote to Paulhan: "Military socialism, by establishing itself in small rooms with floral wallpaper, has taken on the idyllic atmosphere of a phalanstery. As though it were a Fourierist experiment at the precise moment when things are beginning to go sour and the members of the expedition are starting to hate each other. It's rather poetic and quite interesting." Taken prisoner in June 1940, Sartre was transported to Stalag XII-D (Trier), from where he returned in the middle of March 1941.

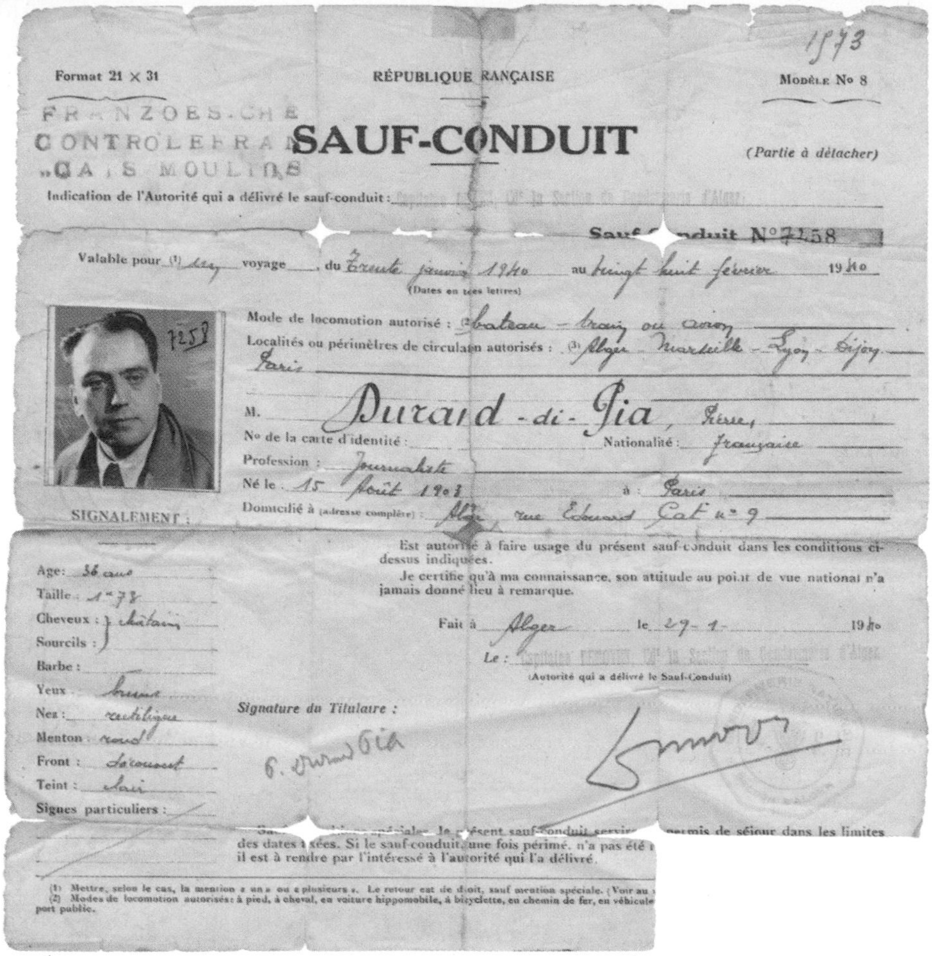

1573

Format 21 × 31 RÉPUBLIQUE FRANÇAISE MODÈLE No 8

FRANZOESISCHE CONTROLEFRAN... „CAIS MOULINS

SAUF-CONDUIT (Partie à détacher)

Indication de l'Autorité qui a délivré le sauf-conduit :

Sauf-Conduit N° 7258

Valable pour (1) un voyage du trente janvier 1940 au vingt huit février 1940
(Dates en toutes lettres)

Mode de locomotion autorisé : (2) bateau - train ou avion

Localités ou périmètres de circulation autorisés : (3) Alger Marseille Lyon Dijon Paris

M. Durand-di-Pia, Pierre,

No de la carte d'identité : Nationalité : française

Profession : Journaliste

Né le 15 Août 1903 à Paris

Domicilié à (adresse complète) : Alger rue Edouard Cat n° 9

SIGNALEMENT :

Age : 36 ans
Taille : 1m73
Cheveux : châtain
Sourcils :
Barbe :
Yeux : bruns
Nez : rectiligne
Menton : rond
Front : découvert
Teint : clair
Signes particuliers :

Est autorisé à faire usage du présent sauf-conduit dans les conditions ci-dessus indiquées.

Je certifie qu'à ma connaissance, son attitude au point de vue national n'a jamais donné lieu à remarque.

Fait à Alger le 29-1-1940

Le : (Autorité qui a délivré le Sauf-Conduit)

Signature du Titulaire :

... le présent sauf-conduit servira ... permis de séjour dans les limites des dates fixées. Si le sauf-conduit, une fois périmé, n'a pas été ... il est à rendre par l'intéressé à l'autorité qui l'a délivré.

(1) Mettre, selon le cas, la mention « un » ou « plusieurs ». Le retour est de droit, sauf mention spéciale. (Voir au ...
(2) Modes de locomotion autorisés : à pied, à cheval, en voiture hippomobile, à bicyclette, en chemin de fer, en véhicule ... port public.

Editor-in-chief of the *Alger républicain,* Pascal Pia was a friend of Albert Camus, whose first article he published in his daily journal. Since the newspaper ceased publication in September 1939, along with the broadside that took its place, *Soir républicain,* January 7, 1940, Pascal Pia opted to return to Paris: his safe-conduct pass, issued on January 30, 1940, by the commandant of the Algiers gendarmerie, certified that the attitude of Pierre Durand, "alias Pia," never "called attention to itself" "from the national point of view," yet he had been close to libertarian circles from the time of his youth.

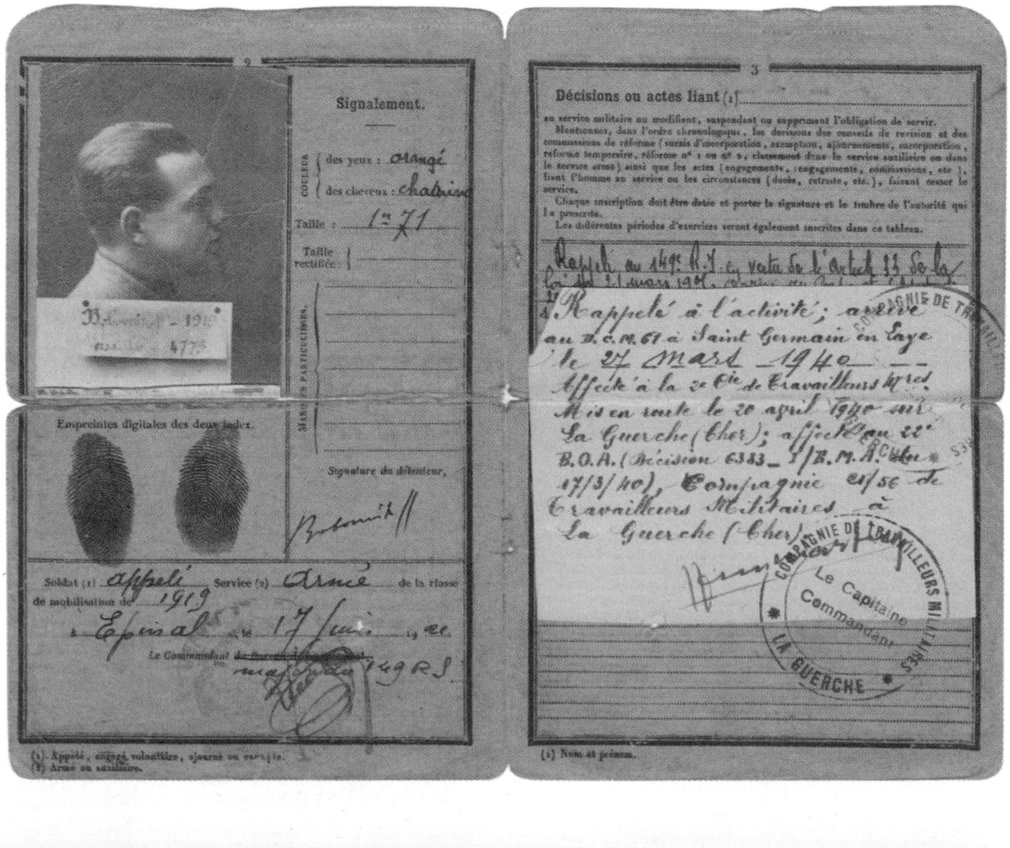

2

Signalement.

COULEUR { des yeux : orangé / des cheveux : châtains

Taille : 1m71

Taille rectifiée :

MARQUES PARTICULIÈRES.

Empreintes digitales des deux index.

Signature du détenteur,

Soldat (1) appelé Service (2) armé de la classe de mobilisation de 1919

à Epinal le 17 juin 19..

Le Commandant ...

3

Décisions ou actes liant (1) au service militaire ou modifiant, suspendant ou supprimant l'obligation de servir.

Mentionner, dans l'ordre chronologique, les décisions des conseils de revision et des commissions de réforme (sursis d'incorporation, exemption, ajournements, incorporation, réforme temporaire, réforme n° 1 ou n° 2), classement dans le service auxiliaire ou dans le service armé) ainsi que les actes (engagements, rengagements, commissions, etc.), liant l'homme au service ou les circonstances (décès, retraite, etc.), faisant cesser le service.

Chaque inscription doit être datée et porter la signature et le timbre de l'autorité qui la prescrite.

Les différentes périodes d'exercices seront également inscrites dans ce tableau.

Rappelé à l'activité ; arrivé au D.C.M. 67 à Saint Germain en Laye le 27 mars 1940 —
Affecté à la 2e Cie de Travailleurs Mil.res.
Mis en route le 20 avril 1940 sur La Guerche (Cher) ; affecté au 22e B.O.A. (Décision 6383-1/B.M.A. du 17/3/40), Compagnie 21/56 de Travailleurs Militaires à La Guerche (Cher).

COMPAGNIE DE TRAVAILLEURS MILITAIRES LA GUERCHE — Le Capitaine Commandant

(1) Appelé, engagé volontaire, ajourné ou exempté.
(2) Armé ou auxiliaire.

(1) Nom et prénom.

Military record of Emmanuel Bove, dated March 27, 1940: his father, a Ukrainian Jewish émigré and his mother, a citizen of Luxembourg, Emmanuel Bobovnikoff experienced the despair of exile but also an unexpected success with the publication of his first novel, *Mes amis* [My Friends] (1924). Suffering from illness, he was nonetheless "called back to active duty" with the motorized cavalry at Saint-Germain-en-Laye in March 1940. Thereafter he was "assigned to the Second Company of Military Workers. Expedited on April 20, 1940, to La Guerche (Cher); assigned to the 22nd B.O.A. [Batallion of Artillery Workers] (Decision 6383-I/B.M.A. [African Marching Battalion] of 3/17/40), Company 21/56 of Military Workers of La Guerche (Cher)." After being demobilized, he would seek refuge along with his Jewish Communist wife, in Lyon, then in Vichy, and finally in Algiers.

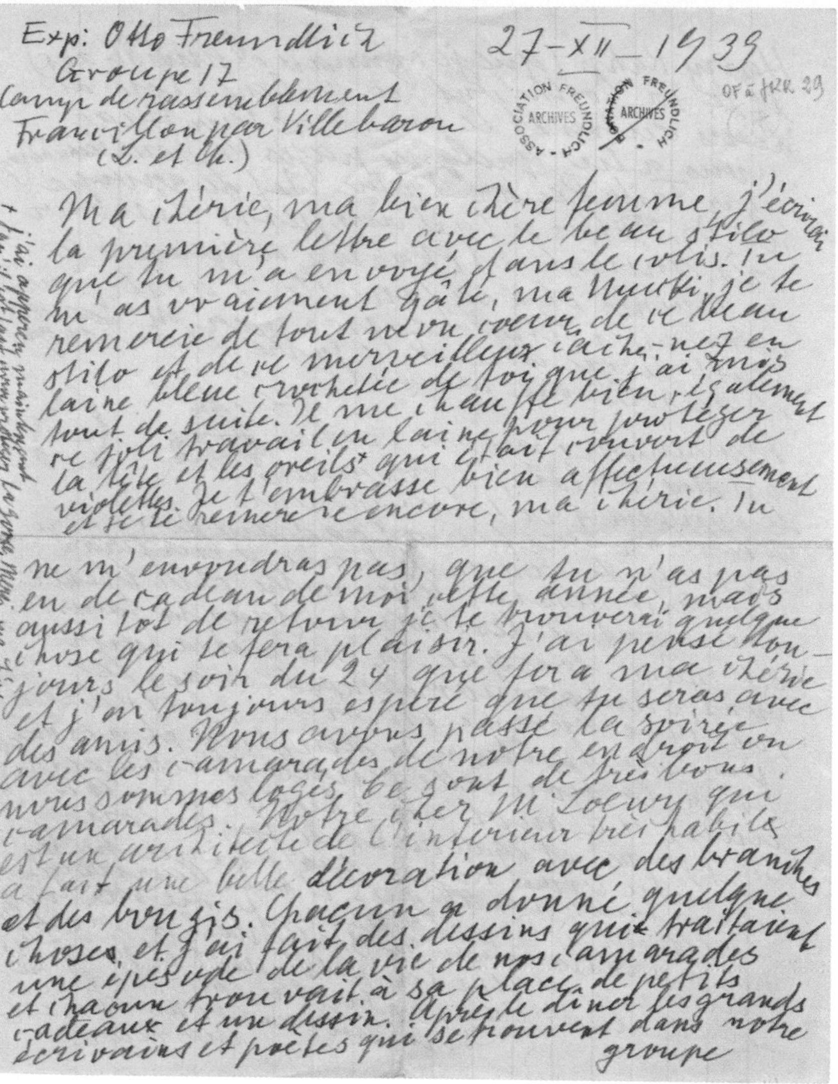

Exp: Otto Freundlich
Groupe 17
Camp de rassemblement
Francillon par Villebaron
(L. et Ch.)

27-XII-1939

Ma chérie, ma bien chère femme, j'écris ici la première lettre avec le beau stilo que tu m'a envoyé dans le colis. Tu m'as vraiment gâté, ma Nuschi, je te remercie de tout mon coeur de ce beau stilo et de ce merveilleux cache-nez en laine bleue crochetée de toi que j'ai mis tout de suite. Il me chauffe bien, également ce joli travail en laine pour protéger la tête et les oreils* qui était couvert de violettes. Je t'embrasse bien affectueusement et je te remercie encore, ma chérie. Tu ne m'en voudras pas, que tu n'as pas eu de cadeau de moi cette année, mais aussitôt de retour je te trouverai quelque chose qui te fera plaisir. J'ai pensé toujours le soir du 24 que fera ma chérie et j'ai toujours espéré que tu seras avec des amis. Nous avons passé la soirée avec les camarades de notre endroit où nous sommes logés. Ce sont de très bons camarades. Notre cher M. Loewy qui est un architecte de l'intérieur très habile a fait une belle décoration avec des branches et des bougies. Chacun a donné quelque choses et j'ai fait des dessins qui traitaient une épisode de la vie de nos camarades et chacun trouvait à sa place de petits cadeaux et un dessin. Après le diner les grands écrivains et poètes qui se trouvent dans notre groupe

* j'ai apperçu maintenant qu'il était pour protéger la gorge. Merci, ma chérie.

ASSOCIATION FREUNDLICH ARCHIVES

Letter from Otto Freundlich, dated December 27, 1939, to his partner Jeanne Kosnick-Kloss, describing Christmas Eve at the Francillon internment camp in Villebaron (Loir-et-Cher). Otto Freundlich, a sculptor and painter who had worked on the restoration of the stained glass windows in the cathedral in Chartres after the Great War, was vilified by the Nazis, for whom he represented the apex of "degenerate art." Having settled in Paris, at 38 rue Denfert-Rochereau (currently rue Henri-Barbusse), he was interned in September 1939 as a German subject: "We spent the evening with comrades from the place where we are lodged. They are quite decent comrades. Our dear Loewy, who is a rather skillful interior architect, created a beautiful decoration with branches and candles. Everyone contributed something, and I made some sketches dealing with an episode in the life of our comrades . . . The head of our group, Dr. Mathis, delivered a short, friendly speech and everyone thought of his wife and his family. The lampshade constructed by Loewy for the occasion was decorated with ivy and candles and suspended from the ceiling."

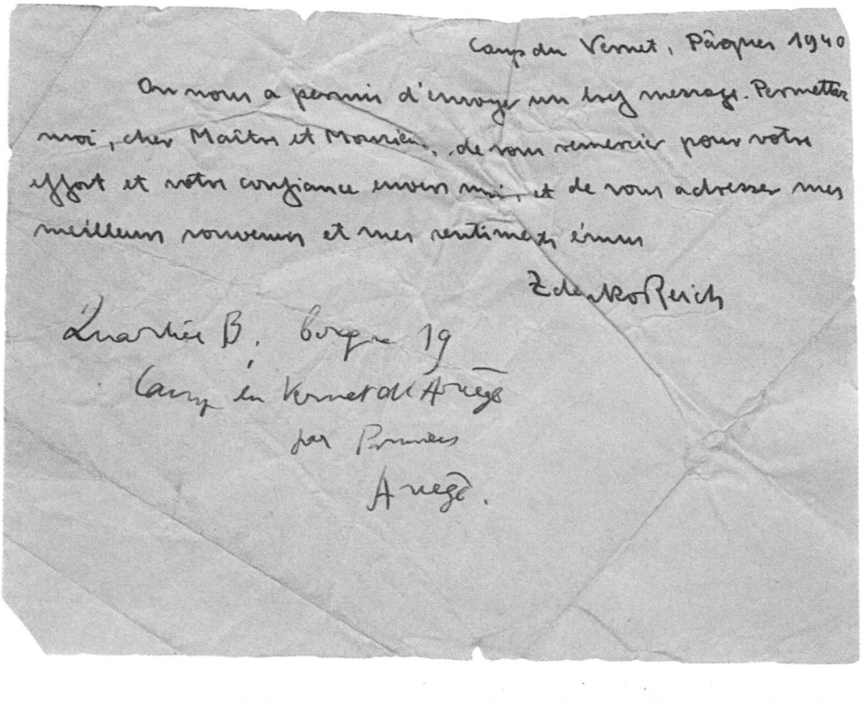

Camp du Vernet, Pâques 1940

On nous a permis d'envoyer un long message. Permettez moi, cher Maître et Monsieur, de vous remercier pour votre effort et votre confiance envers moi, et de vous adresser mes meilleurs souvenirs et mes sentiments émus

Zdenko Reich

Quartier B, baraque 19
Camp du Vernet d'Ariège
par Pamiers
Ariège.

Handwritten message to Jean Wahl from the Yugoslavian philosopher Zdenko Reich, who was close to the Surrealists. During "Easter 1940," he was a prisoner in the Vernet camp (Ariège): "We have been allowed to send a long message. Allow me, dear Maître, to thank you for your effort and your confidence in me, and to extend to you my best wishes and heartfelt feelings." Gathered at the camp were "undesirable aliens," Spanish combatants from the Durruti Division, and members of the International Brigades, including Arthur Koestler, who would describe the extremely harsh conditions at the camp in his autobiography, *Scum of the Earth* (1941).

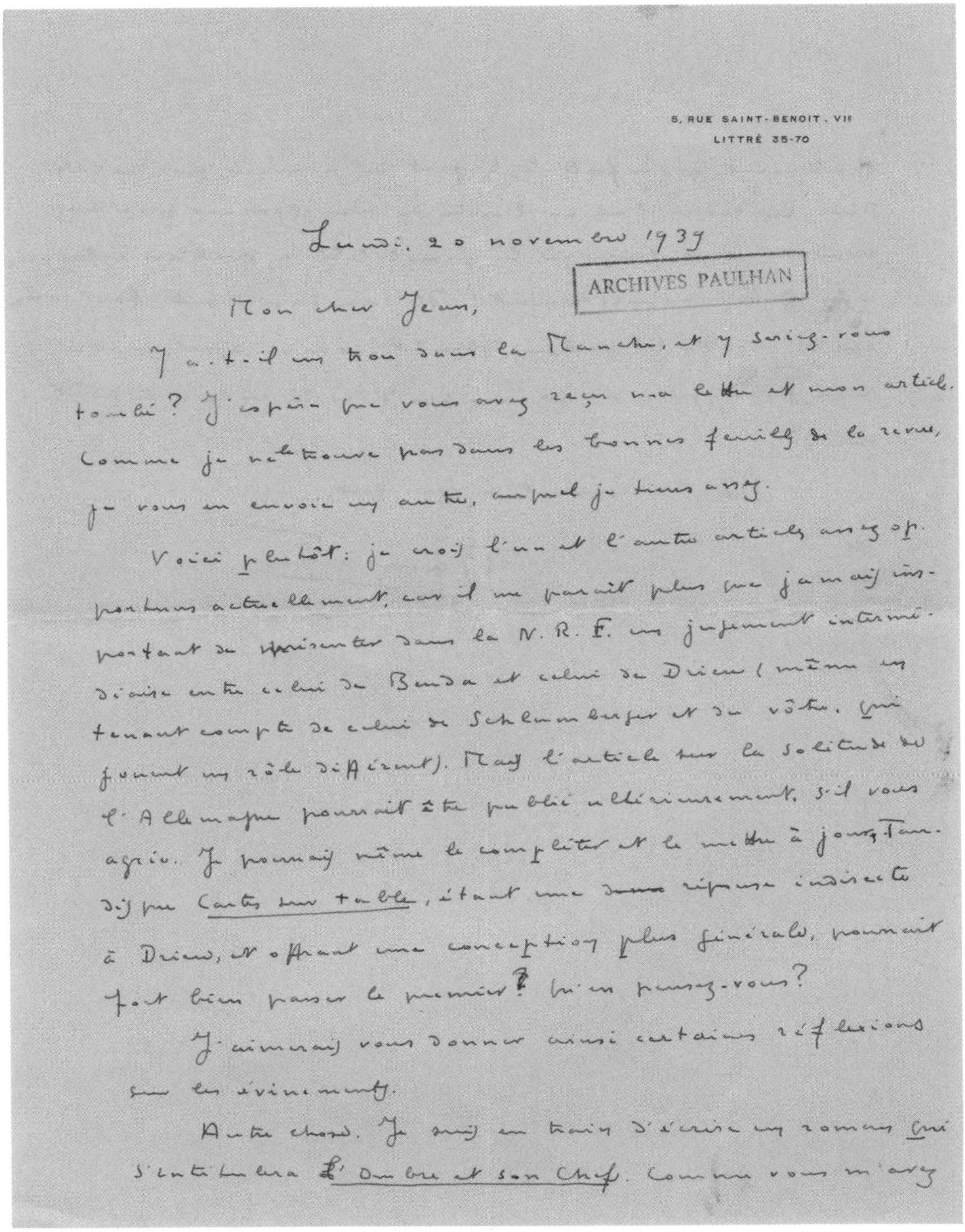

5, RUE SAINT-BENOIT, VIe
LITTRÉ 35-70

Lundi, 20 novembre 1939

ARCHIVES PAULHAN

Mon cher Jean,

Y a-t-il un trou dans la Manche, et y seriez-vous tombé? J'espère que vous avez reçu ma lettre et mon article. Comme je ne le trouve pas dans les bonnes feuilles de la revue, je vous en envoie un autre, auquel je tiens assez.

Voici plutôt: je crois l'un et l'autre articles assez opportuns actuellement, car il me paraît plus que jamais important de présenter dans la N.R.F. un jugement intermédiaire entre celui de Benda et celui de Drieu (même en tenant compte de celui de Schlumberger et du vôtre, qui jouent un rôle différent). Mais l'article sur la solitude de l'Allemagne pourrait être publié ultérieurement, s'il vous agrée. Je pourrais même le compléter et le mettre à jour. Tandis que <u>Cartes sur table</u>, étant une ~~douce~~ réponse indirecte à Drieu, et offrant une conception plus générale, pourrait fort bien passer le premier? Qu'en pensez-vous?

J'aimerais vous donner ainsi certaines réflexions sur les événements.

Autre chose. Je suis en train d'écrire un roman qui s'intitulera <u>L'Ombre et son Chef</u>. Comme vous m'avez

Letter from Ramon Fernandez to Jean Paulhan, November 20, 1939; he was concerned that he had no indication that his last text had been received: "Is there a hole in the English Channel and might you have fallen into it?" He attached a second text for the *NRF*, referencing his own position on the journal's political chessboard: "I believe both articles to be rather opportune at the present juncture, since it seems more important than ever to me for the NRF to take a stance midway between Benda's and Drieu's (even while taking into account Schlumberger's and your own, which play a different role)."

Letter from Robert Brasillach, at the time a First Lieutenant at staff headquarters, to Jean Paulhan, February 28, 1940: "I will not argue with you about Benda, who is a frightful individual. You will note that his memoirs interested me, much as the memoirs of a monster might interest me, at least for a few moments. As for Aragon, I am not sure that he is anything more than a fool (politically). At the end of August 1939, he wrote articles that are *unforgettable* in their ignominy. Everything he has undertaken has been frightful; he, the revolutionary, approved the Moscow trials, etc. Devoted to the party without any personal interest perhaps, but that's not enough to exonerate him ... Bernanos is a vile individual, who has written polemical pieces that are absolutely repugnant, and novels that I find admirable. I have little affection for the political individual in Claudel, and I have much more than admiration for his immortal genius, rather a religious reverence. I have little appreciation for Malraux as a writer, it's true, but I grant him more talent than I do Aragon. And I admire Soviet films of the good period, and even Jewish films."

Letter from Pierre Drieu la Rochelle to Jean Paulhan, addressing the writer's responsibility in peacetime and in wartime, May 1, 1940: "Contrary to Aragon, I subordinate my tastes and distastes to my nationality. I have always affirmed that position, in the *NRF*, at the time of my response to Benda, in all my articles in *L'Émancipation Nationale* and in *Gilles*. With the arrival of the war, I had but to continue on the same path."

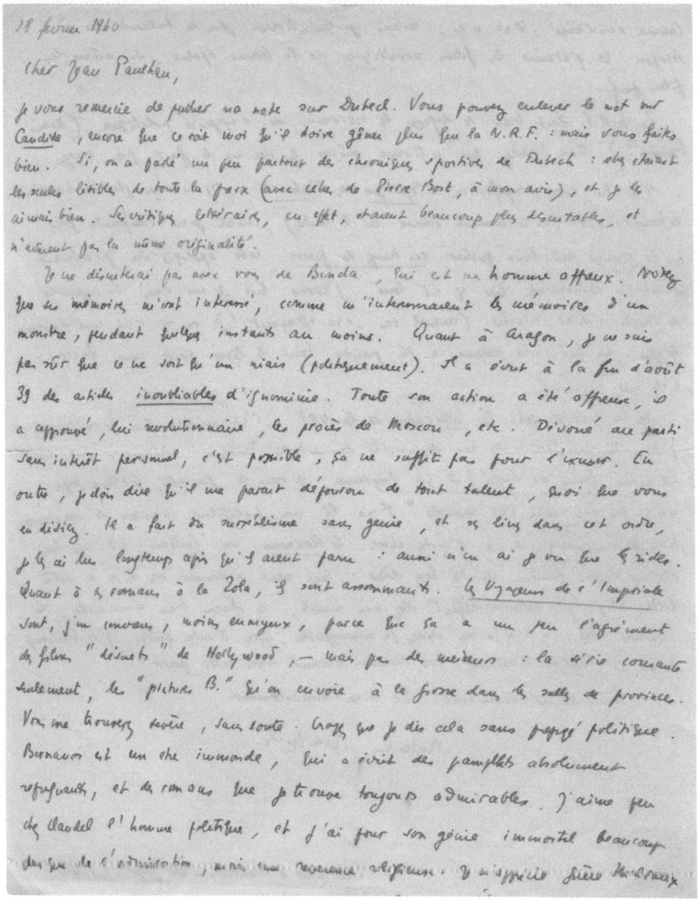

28 février 1940

Cher Jean Paulhan,

Je vous remercie de publier ma note sur Dubech. Vous pouvez enlever le mot sur *Candide*, encore que ce soit moi qu'il doive gêner plus que la N.R.F. : mais vous faites bien. Si, on a parlé un peu partout des chroniques sportives de Dubech : elles étaient les seules lisibles de toute la presse (avec celles de Pierre Bost, à mon avis), et je les aimais bien. Ses critiques littéraires, en effet, étaient beaucoup plus discutables, et n'avaient pas la même originalité.

Je ne discuterai pas avec vous de Benda, qui est un homme affreux. Notez que ses mémoires m'ont intéressé, comme m'intéresseraient les mémoires d'un monstre, pendant quelques instants au moins. Quant à Aragon, je ne suis pas sûr que ce ne soit qu'un niais (politiquement). Il a écrit à la fin d'août 39 des articles *inoubliables* d'ignominie. Toute son action a été affreuse, il a approuvé, lui révolutionnaire, les procès de Moscou, etc. Dévoué au parti sans intérêt personnel, c'est possible, ça ne suffit pas pour l'excuser. En outre, je dois dire qu'il me paraît dépourvu de tout talent, quoi que vous en disiez. Il a fait du surréalisme sans génie, et ses livres dans cet ordre, je les ai lus longtemps après qu'ils aient paru : aussi n'en ai-je vu que les rides. Quant à ses romans à la Zola, ils sont assommants. *Les Voyageurs de l'Impériale* sont, je le crois, moins ennuyeux, parce que ça a un peu l'agrément des films "désuets" de Hollywood, — mais pas des meilleurs : la série courante seulement, les "pictures B." qu'on envoie à la grosse dans les salles de province. Vous me trouverez sévère, sans doute. Croyez que je dis cela sans parti pris politique. Bernanos est un être immonde, qui a écrit des pamphlets absolument répugnants, et des romans que je trouve toujours admirables. J'aime peu chez Claudel l'homme politique, et j'ai pour son génie immortel beaucoup plus que de l'admiration, mais une révérence religieuse. J'ai apprécié peu Malraux

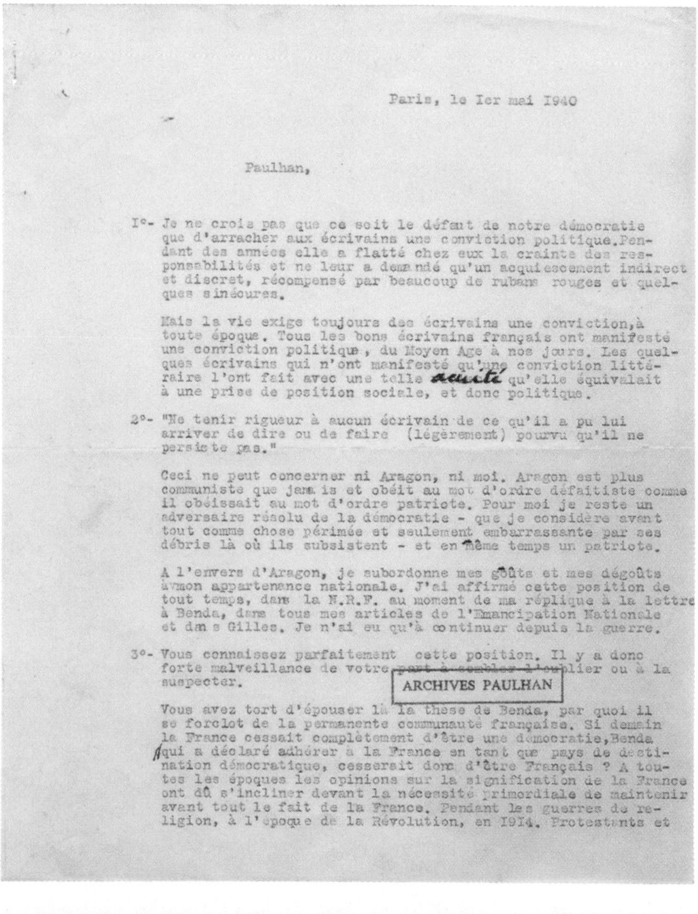

Paris, le 1er mai 1940

Paulhan,

1°- Je ne crois pas que ce soit le défaut de notre démocratie que d'arracher aux écrivains une conviction politique. Pendant des années elle a flatté chez eux la crainte des responsabilités et ne leur a demandé qu'un acquiescement indirect et discret, récompensé par beaucoup de rubans rouges et quelques sinécures.

Mais la vie exige toujours des écrivains une conviction, à toute époque. Tous les bons écrivains français ont manifesté une conviction politique, du Moyen Age à nos jours. Les quelques écrivains qui n'ont manifesté qu'une conviction littéraire l'ont fait avec une telle acuité qu'elle équivalait à une prise de position sociale, et donc politique.

2°- "Ne tenir rigueur à aucun écrivain de ce qu'il a pu lui arriver de dire ou de faire (légèrement) pourvu qu'il ne persiste pas."

Ceci ne peut concerner ni Aragon, ni moi. Aragon est plus communiste que jamais et obéit au mot d'ordre défaitiste comme il obéissait au mot d'ordre patriote. Pour moi je reste un adversaire résolu de la démocratie - que je considère avant tout comme chose périmée et seulement embarrassante par ses débris là où ils subsistent - et en même temps un patriote.

A l'envers d'Aragon, je subordonne mes goûts et mes dégoûts à mon appartenance nationale. J'ai affirmé cette position de tout temps, dans la N.R.F. au moment de ma réplique à la lettre à Benda, dans tous mes articles de l'Emancipation Nationale et dans Gilles. Je n'ai eu qu'à continuer depuis la guerre.

3°- Vous connaissez parfaitement cette position. Il y a donc forte malveillance de votre part à sembler l'oublier ou à la suspecter.

ARCHIVES PAULHAN

Vous avez tort d'épouser là la thèse de Benda, par quoi il se forclot de la permanente communauté française. Si demain la France cessait complètement d'être une démocratie, Benda qui a déclaré adhérer à la France en tant que pays de destination démocratique, cesserait donc d'être Français ? A toutes les époques les opinions sur la signification de la France ont dû s'incliner devant la nécessité primordiale de maintenir avant tout le fait de la France. Pendant les guerres de religion, à l'époque de la Révolution, en 1914. Protestants et

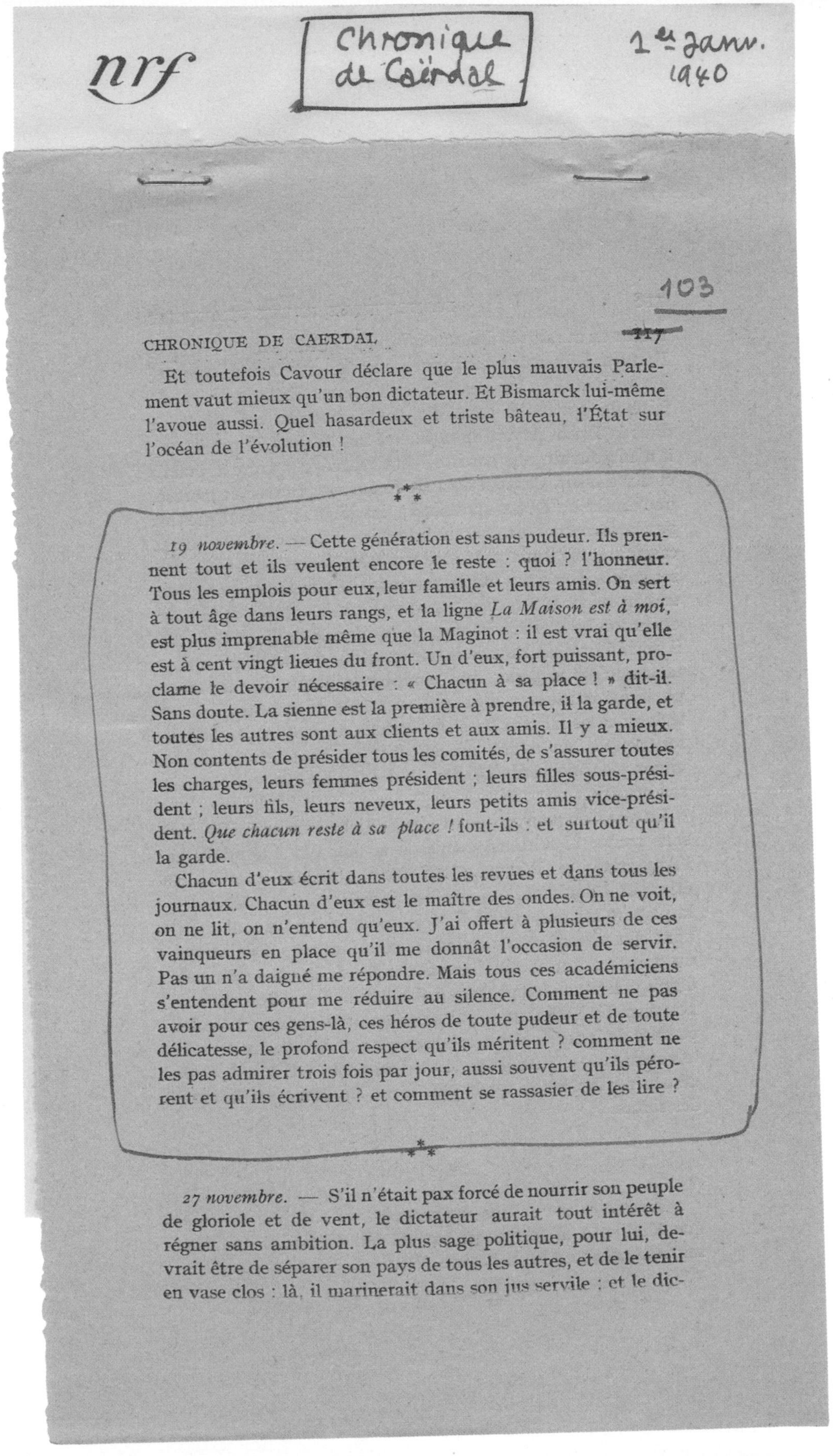
nrf

Chronique de Caërdal

1er janv. 1940

103

CHRONIQUE DE CAERDAL ~~117~~

Et toutefois Cavour déclare que le plus mauvais Parlement vaut mieux qu'un bon dictateur. Et Bismarck lui-même l'avoue aussi. Quel hasardeux et triste bâteau, l'État sur l'océan de l'évolution !

***

19 novembre. — Cette génération est sans pudeur. Ils prennent tout et ils veulent encore le reste : quoi ? l'honneur. Tous les emplois pour eux, leur famille et leurs amis. On sert à tout âge dans leurs rangs, et la ligne *La Maison est à moi*, est plus imprenable même que la Maginot : il est vrai qu'elle est à cent vingt lieues du front. Un d'eux, fort puissant, proclame le devoir nécessaire : « Chacun à sa place ! » dit-il. Sans doute. La sienne est la première à prendre, il la garde, et toutes les autres sont aux clients et aux amis. Il y a mieux. Non contents de présider tous les comités, de s'assurer toutes les charges, leurs femmes président ; leurs filles sous-président ; leurs fils, leurs neveux, leurs petits amis vice-président. *Que chacun reste à sa place !* font-ils : et surtout qu'il la garde.

Chacun d'eux écrit dans toutes les revues et dans tous les journaux. Chacun d'eux est le maître des ondes. On ne voit, on ne lit, on n'entend qu'eux. J'ai offert à plusieurs de ces vainqueurs en place qu'il me donnât l'occasion de servir. Pas un n'a daigné me répondre. Mais tous ces académiciens s'entendent pour me réduire au silence. Comment ne pas avoir pour ces gens-là, ces héros de toute pudeur et de toute délicatesse, le profond respect qu'ils méritent ? comment ne les pas admirer trois fois par jour, aussi souvent qu'ils pérorent et qu'ils écrivent ? et comment se rassasier de les lire ?

***

27 novembre. — S'il n'était pax forcé de nourrir son peuple de gloriole et de vent, le dictateur aurait tout intérêt à régner sans ambition. La plus sage politique, pour lui, devrait être de séparer son pays de tous les autres, et de le tenir en vase clos : là, il marinerait dans son jus servile ; et le dic-

The galley proofs of an article by "Caërdal" (André Suarès) were found in an envelope Jean Paulhan labeled "Censored / (1939-1940)," as they had been submitted to the French censorship offices in December 1939. The author, who, already before World War I, had denounced a disturbing "Germanic dynamism," saw in Vichy France "the lowest level of fraudulence," and addressed Maréchal Pétain as a "wretched old man, whose senile vanity surrounds you more and more every day with shame and ridicule." The same file contains articles by Armand Petitjean, Henri Pourrat, Julien Benda, Alain, Pierre Drieu la Rochelle, Henry de Montherlant, which, before being published in the *NRF* between November 1, 1939 and June 1, 1940, were all censored.

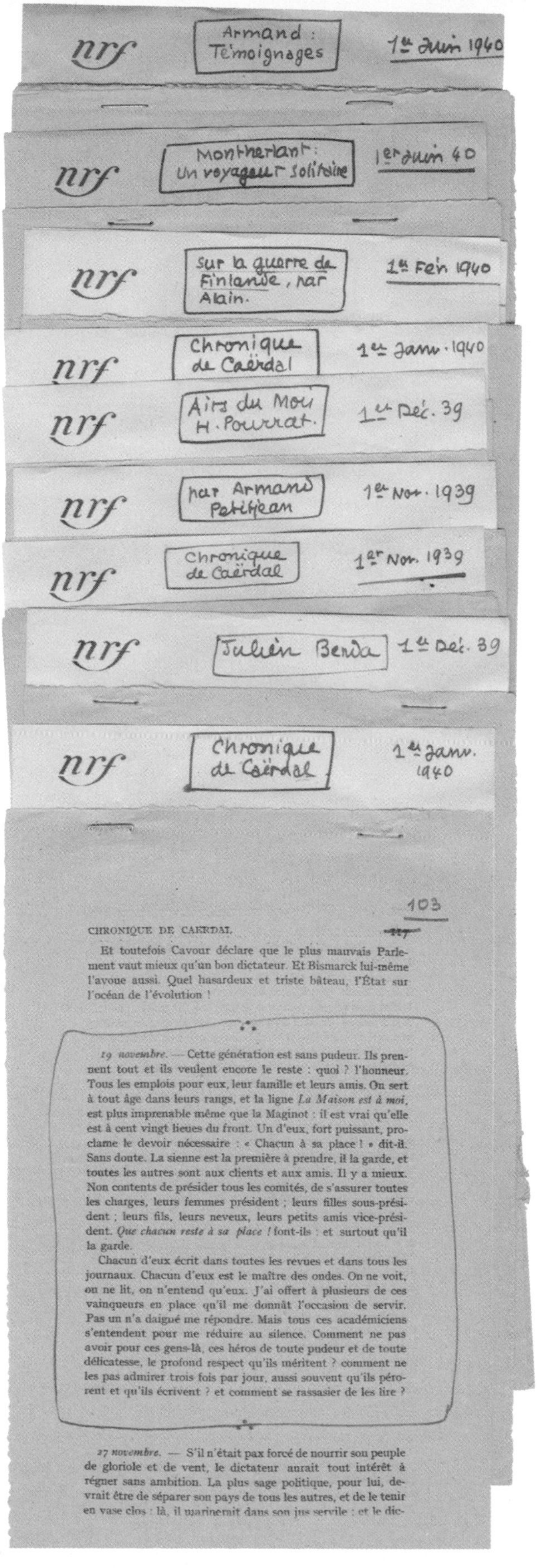

CHRONIQUE DE CAERDAL ~~117~~

Et toutefois Cavour déclare que le plus mauvais Parlement vaut mieux qu'un bon dictateur. Et Bismarck lui-même l'avoue aussi. Quel hasardeux et triste bâteau, l'État sur l'océan de l'évolution !

*

19 novembre. — Cette génération est sans pudeur. Ils prennent tout et ils veulent encore le reste : quoi ? l'honneur. Tous les emplois pour eux, leur famille et leurs amis. On sert à tout âge dans leurs rangs, et la ligne *La Maison est à moi*, est plus imprenable même que la Maginot : il est vrai qu'elle est à cent vingt lieues du front. Un d'eux, fort puissant, proclame le devoir nécessaire : « Chacun à sa place ! » dit-il. Sans doute. La sienne est la première à prendre, il la garde, et toutes les autres sont aux clients et aux amis. Il y a mieux. Non contents de présider tous les comités, de s'assurer toutes les charges, leurs femmes président ; leurs filles sous-président ; leurs fils, leurs neveux, leurs petits amis vice-président. *Que chacun reste à sa place !* font-ils : et surtout qu'il la garde.

Chacun d'eux écrit dans toutes les revues et dans tous les journaux. Chacun d'eux est le maître des ondes. On ne voit, on ne lit, on n'entend qu'eux. J'ai offert à plusieurs de ces vainqueurs en place qu'il me donnât l'occasion de servir. Pas un n'a daigné me répondre. Mais tous ces académiciens s'entendent pour me réduire au silence. Comment ne pas avoir pour ces gens-là, ces héros de toute pudeur et de toute délicatesse, le profond respect qu'ils méritent ? comment ne les pas admirer trois fois par jour, aussi souvent qu'ils pérorent et qu'ils écrivent ? et comment se rassasier de les lire ?

*

27 novembre. — S'il n'était pax forcé de nourrir son peuple de gloriole et de vent, le dictateur aurait tout intérêt à régner sans ambition. La plus sage politique, pour lui, devrait être de séparer son pays de tous les autres, et de le tenir en vase clos : là, il marinerait dans son jus servile ; et le dic-

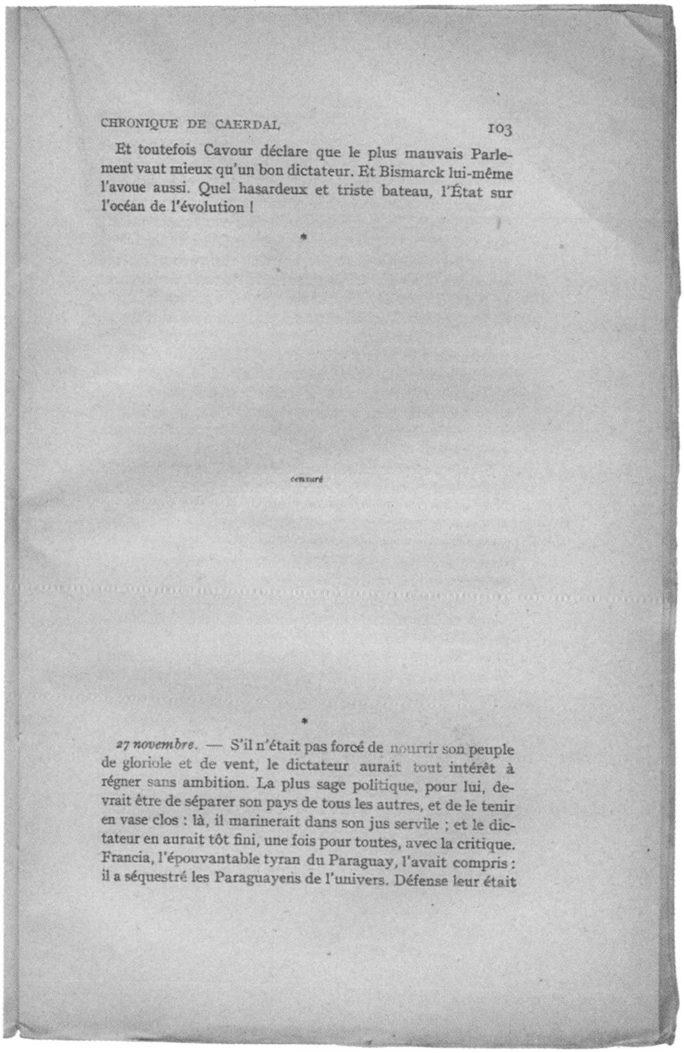

CHRONIQUE DE CAERDAL 103

Et toutefois Cavour déclare que le plus mauvais Parlement vaut mieux qu'un bon dictateur. Et Bismarck lui-même l'avoue aussi. Quel hasardeux et triste bateau, l'État sur l'océan de l'évolution !

*

censuré

*

27 novembre. — S'il n'était pas forcé de nourrir son peuple de gloriole et de vent, le dictateur aurait tout intérêt à régner sans ambition. La plus sage politique, pour lui, devrait être de séparer son pays de tous les autres, et de le tenir en vase clos : là, il marinerait dans son jus servile ; et le dictateur en aurait tôt fini, une fois pour toutes, avec la critique. Francia, l'épouvantable tyran du Paraguay, l'avait compris : il a séquestré les Paraguayens de l'univers. Défense leur était

The same text by André Suarès published in the *NRF* issue of January 1940: the blanks correspond to passages cut by French censorship.

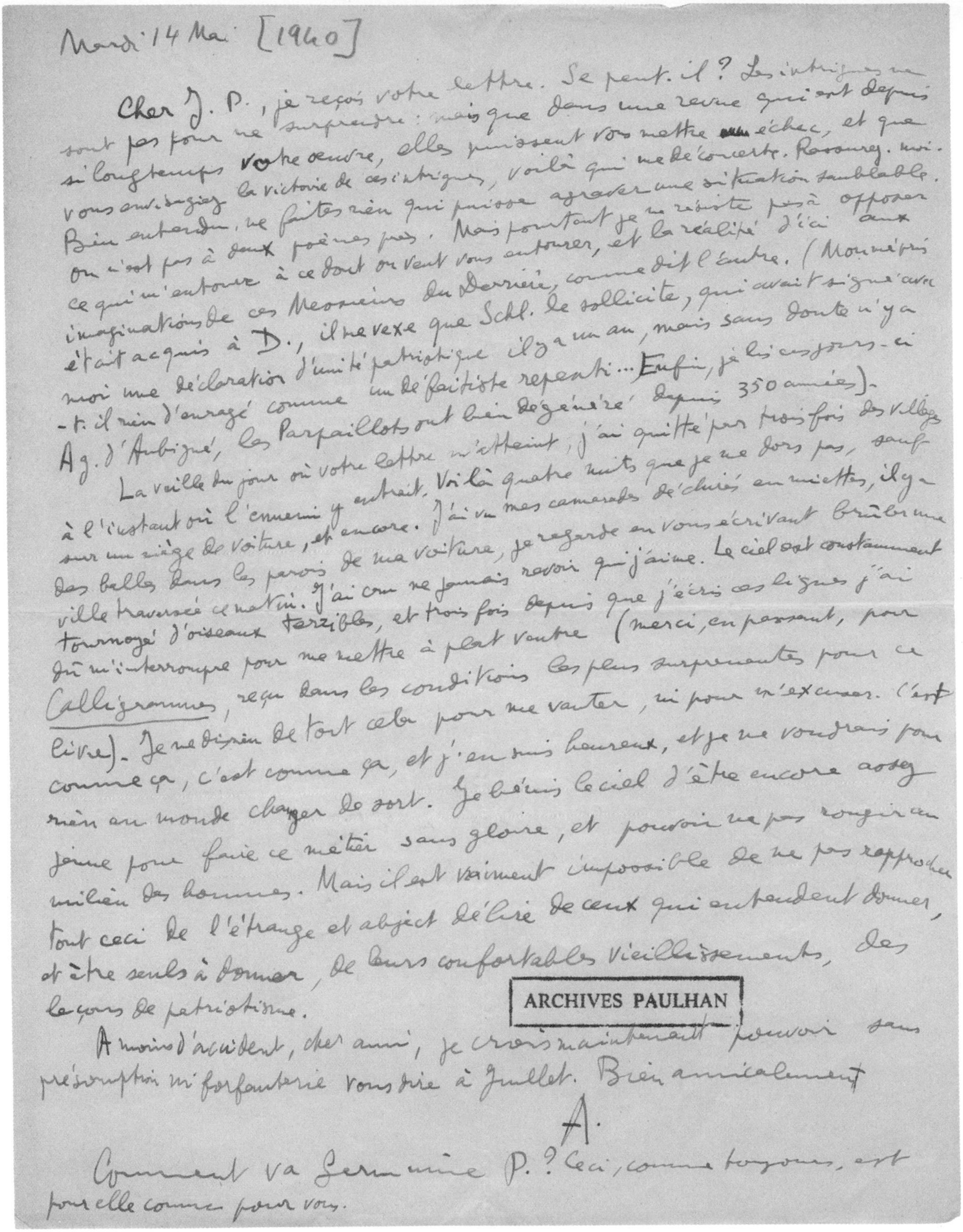

Mardi 14 Mai [1940]

Cher J. P., je reçois votre lettre. Se peut-il? Les intrigues ne
sont pas pour me surprendre: mais que dans une revue qui est depuis
si longtemps votre oeuvre, elles puissent vous mettre en échec, et que
vous envisagiez la victoire de ces intrigues, voilà qui me déconcerte. Rassurez-moi.
Bien entendu, ne faites rien qui puisse aggraver une situation semblable.
On n'est pas à deux poèmes près. Mais pourtant je ne résiste pas à opposer
ce qui m'entoure à ce dont on veut vous entourer, et la réalité d'ici aux
imaginations de ces Messieurs du Derrière, comme dit l'autre. (Mounier
était acquis à D., il ne vexe que Schl. le sollicite, qui avait signé avec
moi une déclaration d'unité patriotique il y a un an, mais sans doute n'y a
-t-il rien d'enragé comme un défaitiste repenti... Enfin, je lis ces jours-ci
Ag. d'Aubigné, les Parpaillots ont bien dégénéré depuis 350 années).

La veille du jour où votre lettre m'atteint, j'ai quitté par trois fois des villages
à l'instant où l'ennemi y entrait. Voilà quatre nuits que je ne dors pas, sauf
sur un siège de voiture, et encore. J'ai vu mes camarades déchirés en miettes, il y a
des balles dans les parois de ma voiture, je regarde en vous écrivant brûler une
ville traversée ce matin. J'ai cru ne jamais revoir qui j'aime. Le ciel est constamment
tournoyé d'oiseaux terribles, et trois fois depuis que j'écris ces lignes j'ai
dû m'interrompre pour me mettre à plat ventre (merci, en passant, pour
Calligrammes, reçu dans les conditions les plus surprenantes pour ce
livre). Je ne dis rien de tout cela pour me vanter, ni pour m'excuser. C'est
comme ça, c'est comme ça, et j'en suis heureux, et je ne voudrais pour
rien au monde changer de sort. Je bénis le ciel d'être encore assez
jeune pour faire ce métier sans gloire, et pouvoir ne pas rougir au
milieu des hommes. Mais il est vraiment impossible de ne pas rapprocher
tout ceci de l'étrange et abject délire de ceux qui entendent donner,
et être seuls à donner, de leurs confortables vieillissements, des
leçons de patriotisme.

ARCHIVES PAULHAN

A moins d'accident, cher ami, je crois maintenant pouvoir sans
présomption ni forfanterie vous dire à Juillet. Bien amicalement

A.

Comment va Germaine P.? Ceci, comme toujours, est
pour elle comme pour vous.

May 14, 1940, four days after the beginning of the German offensive in the West, a letter from Louis Aragon, at the time "under arms," (as an auxiliary medic with a tank division) to Jean Paulhan: "On the eve of the day on which your letter reached me, on three occasions I left villages just as the enemy was entering them. It's been four nights now that I haven't slept, other than on the seat of a car, and even then . . . I have seen my comrades torn to pieces; there are bullets in the sides of my car; as I write to you, I am watching a village I crossed through this morning burn . . . I thank heaven for still being young enough to perform this inglorious craft, and to be able not to blush with shame among my fellow men."

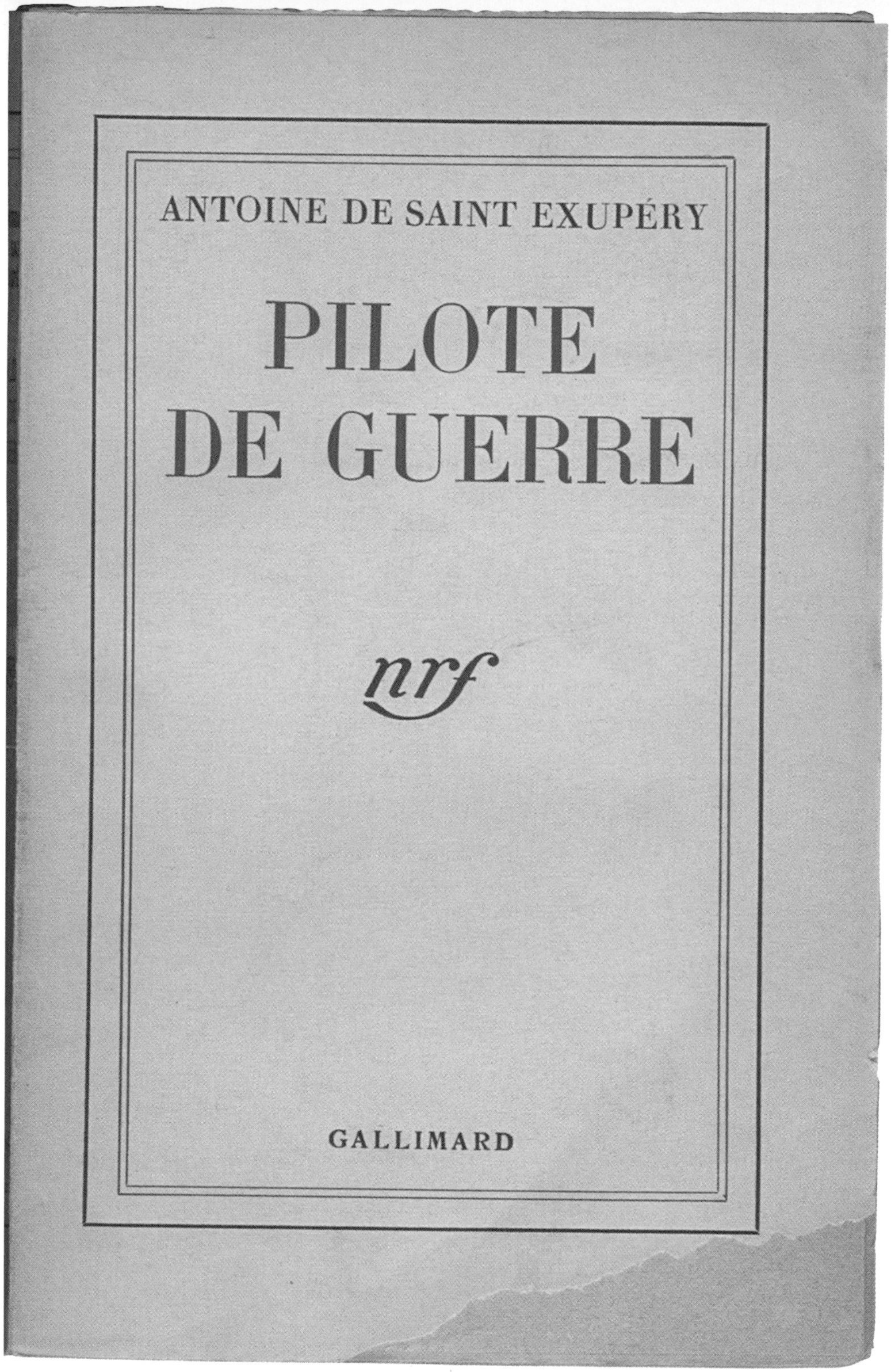

In *Pilote de guerre* [War Pilot], Antoine de Saint-Exupéry recounted his "military flights during the campaign of 1939–1940" (missions on May 23, 1940, and June 6, 1940): having initially appeared in the United States on February 20, 1942, with the title *Flight to Arras*, the book received authorization for publication of only 2,000 copies, which Gallimard quickly printed. German censors opted to withdraw the book from stores, but this in no way prevented its underground circulation.

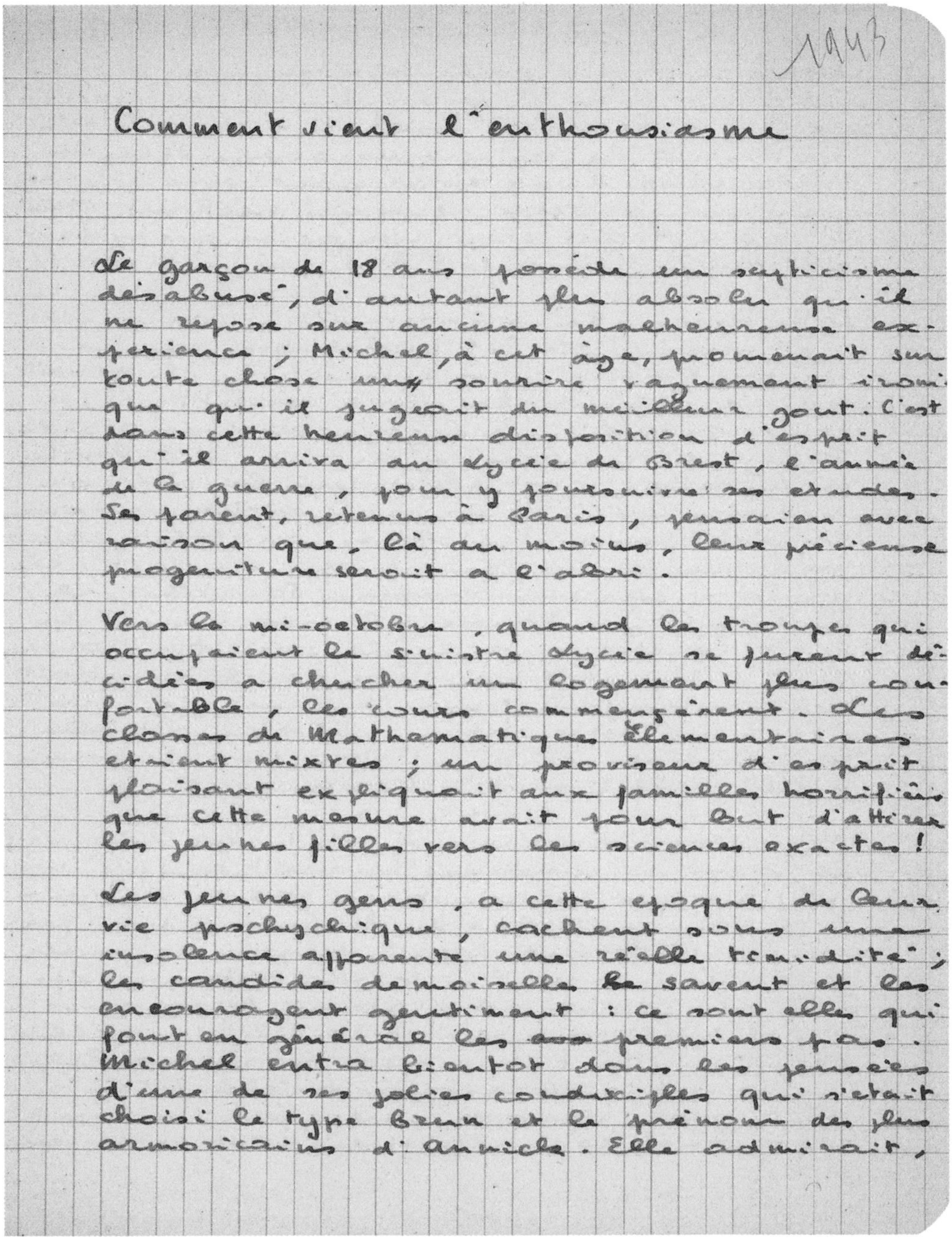

1943

Comment vient l'enthousiasme

Le garçon de 18 ans possède un scepticisme désabusé, d'autant plus absolu qu'il ne repose sur aucune malheureuse expérience ; Michel, à cet âge, promenait sur toute chose un sourire vaguement ironique qu'il jugeait du meilleur goût. C'est dans cette heureuse disposition d'esprit qu'il arriva au lycée de Brest, l'année de la guerre, pour y poursuivre ses études. Ses parents, retenus à Paris, pensaient avec raison que, là au moins, leur précieuse progéniture serait à l'abri.

Vers la mi-octobre, quand les troupes qui occupaient le sinistre lycée se furent décidées à chercher un logement plus confortable, les cours commencèrent. Les classes de Mathématiques Élémentaires étaient mixtes ; un proviseur d'esprit plaisant expliquait aux familles horrifiées que cette mesure avait pour but d'attirer les jeunes filles vers les sciences exactes !

Les jeunes gens, à cette époque de leur vie psychique, cachent sous une insolence apparente une réelle timidité ; les candides demoiselles le savent et les encouragent gentiment : ce sont elles qui font en général les premiers pas. Michel entra bientôt dans les pensées d'une de ses jolies condisciples qui s'était choisi le type brun et le prénom des plus armoricains d'Annick. Elle admirait,

In 1943, Alain Robbe-Grillet—born in 1922 to a family that confessed to a certain admiration for Maréchal Pétain—wrote his first text, entitled *"Comment vient l'enthousiasme"* [How Enthusiasm Comes], which he sent to a literary contest organized by the weekly *Comœdia*: Michel, the young hero of the novella, is scheduled to leave Brest on the cargo ship *La Ville de Nantes*, but he wants to see Annick one last time. While he waits in vain for her, the conflagration of the commercial port of Brest and its fuel tanks, bombed by the German army, rages on. (The next day, June 19, 1940, the Germans enter Brest). Michel misses his boat, which will explode upon hitting a mine in the Fromveur pass.

12 ALMANACH HACHETTE 1940 12
13 LA DÉFENSE PASSIVE 13
Général BRAUCHITSCH Commandant en chef des armées allemandes. Photo Harlingue.
Maréchal GOERING Ministre de la Défense nationale allemande. Photo Harlingue.
Les Neutres sous les Armes
Amiral RAEDER Commandant en chef de la marine allemande. Photo Harlingue.
LA DÉFENSE PASSIVE
Qu'est-ce que la Défense passive?
Le signal d'alerte retentit : Pendant 4 minutes : Signaux sonores de 20 secondes séparés par un silence de 10 secondes.
Dans la rue.
La Défense Passive en action
Fin de l'Alerte. — Signal sonore continu pendant trois minutes.

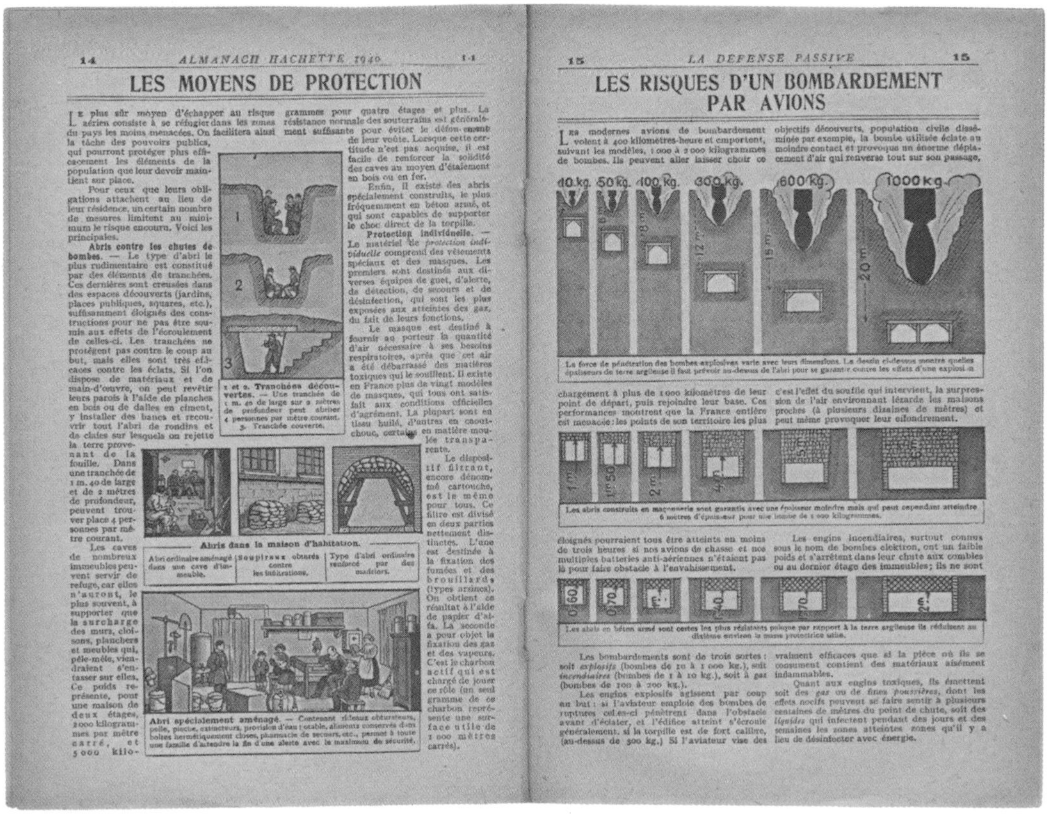

14 ALMANACH HACHETTE 1940 14
15 LA DÉFENSE PASSIVE 15
LES MOYENS DE PROTECTION
Abris dans la maison d'habitation.
Abri spécialement aménagé.
LES RISQUES D'UN BOMBARDEMENT PAR AVIONS
10 kg. 50 kg. 100 kg. 300 kg. 600 kg. 1000 kg.

The *Almanach Hachette*, the "little popular encyclopedia of practical life," published at the very beginning of 1940 various articles giving, for example, all necessary information related to obeying orders for "passive defense" and to sheltering oneself from aerial bombardment.

I2 Juin - 29 Juin 1940

Prié de conduire dans l'Yonne des employés du Crédit Municipal et des enfants, Jean nous quitte,Marianne et moi, le mercredi I2,à I7 heures environ. Nous réunissons tous nos colis qui restent au Crédit et nous en retournons chez nous. Nous avons convenu avec Jean de coucher chez Marianne(pour être plus près de la sortie de Paris), mais il nous paraît plus sage de coucher chez moi où nous aurons la TSF et le téléphone. Nous prenons donc le métro et comme nous avons faim, nous nous dirigeons vers le petit restaurant de la rue Molière. Dwception. Ces femmes, si décidées la veille à rester, sont en train de plier bagages. M. Carrey, qui tient le restaurant de la rue Villedo, est tout seul dans la salle, en train d'écrire je ne sais quoi sur un papier qu'il inonde de ses larmes . Il nous dit: "Bien sûr que je ferme, et puis je m'en vais . Ma femme est déjà partie, elle avait peur. Ah ce n'est pas drôle . Je laisse peut-être plus de 60 000 frs de marchandises,dans ma cave. Et dans mon appartement que j'ai installw l'année dernière,j'y ai mis plus de 30 000 frs . Je vais m'en aller avec rien et pour quoi ? Pour travailler dans une usine. Oui, à mon âge , et après avoir toujours été chez moi. Ah quel malheur !"3 Il nous conseille d'aller manger chez Madame Claire,sa voisine, qui n'est pas fermée - et on se sépare avec beaucoup d'amitiés pour mon mari .

Pendant le dîner , j'écris une carte pour prévenir Poitiers que nous ne pouvons partir que le lendemain, mais que cela nous permettra d'emmener Marianne. La buraliste me dit que les levées se font normalement, qu'il y en aura une à 7 H I/2 . Je suppose et j'espère que cela aura été vrai ; en tous cas ce sont les dernières nouvelles de nous qui auront trouvé une voie ouverte . Après dîner,

This "narrative of the exodus: June 12-29, 1940" was written and typed by the wife of Jean-Richard Bloch, Marguerite Bloch, but signed anonymously, "*Une Française.*"

We stayed a moment at the edge of the sidewalk, watching and trying to understand. In Longjumeau, not a single open shutter. The little overpopulated city, its large commercial street that we often crossed by car, had lost all life. All the Familistères, Docks de France, branches of Nicolas, all the Hauser, Maggi, and all the more understandably, all the individually owned shops, were closed. A nefarious magician had frozen everything that was alive, and what remained? The dark uninterrupted flow, slowly unfurling in the trench dug between what were once inhabited houses. We were struck by the quantity of North Africans passing before us and the foreigners, many foreigners, all those to whom an exit visa had been refused and who rushed in as soon as identity papers were no longer demanded. Then there appeared a procession of post office vehicles, crammed with personnel ('They're the lucky ones,' said Marianne [Bloch], an abandoned and resentful functionary), then, on foot, railway employees, police sergeants concerned neither with traffic nor the law (that's strange, we were told they were staying in Paris), and then (and above all) the soldiers, unshaven, tired, without weapons, with their knapsack, their blanket, occasionally with a valise, innumerable soldiers leaving, like the civilians, aimlessly, without any order...What are they doing, those guys? The civilians escaped the bombardments, the invasion; they'll keep walking for as long as they think the enemy is advancing, and the planes and guns will catch up with them. But the soldiers? They are just as tired, just as silent, in just as great a hurry to get to the South. One can feel one's heart beating disagreeably. But what of those troops who were going to take up position along the Seine? And the 61st Regiment? Was it going to take up its position? Did it have orders? Or was it already beating a retreat? Because there could be no doubt that these men, isolated and exhausted as they were, would never again achieve cohesion; they would continue their march to the rear and I can see tens, hundreds, thousands of them in the long columns streaming south. Their face says it all. It's over. We are no longer fighting, no longer hoping; we are abandoning the territory to the enemy...such are the faces, the attitudes of the defeat.

Scene from the exodus of June 1940.
Photograph by Pierre Jahan.

The armistice of June 22, 1940 included a demobilization of the French army, reduced to 100,000 men to be quartered in the southern half of the country. Here, the Alpine troops of First Lieutenant Emmanuel Mounier at the time of the demobilization, returning to Grenoble.

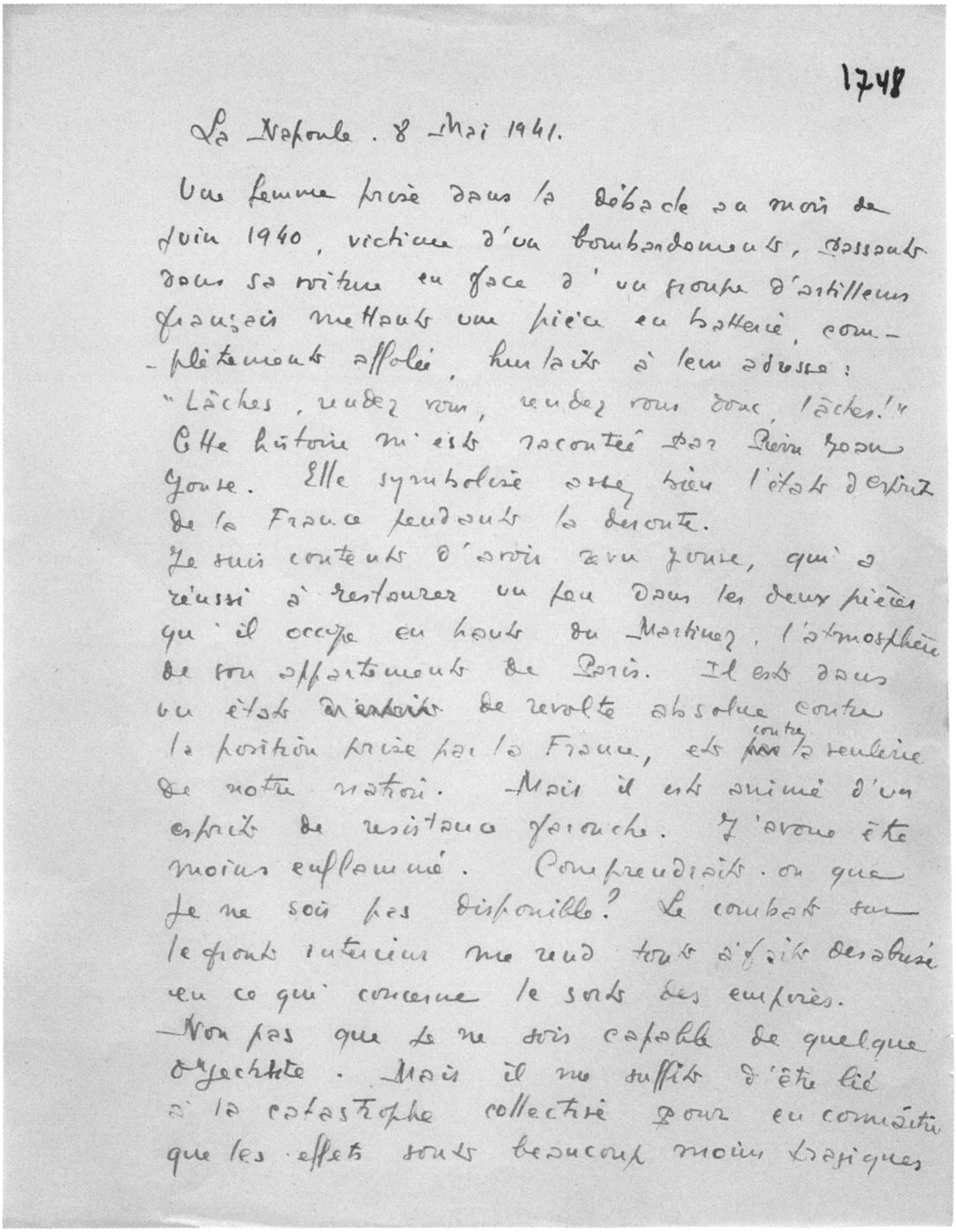

1748

La Napoule. 8 Mai 1941.

Une femme prise dans la débâcle du mois de juin 1940, victime d'un bombardement, passant dans sa voiture en face d'un groupe d'artilleurs français mettant une pièce en batterie, complètement affolée, hurlait à leur adresse : "Lâches, rendez vous, rendez vous donc, lâches !" Cette histoire m'est racontée par Pierre Jean Jouve. Elle symbolise assez bien l'état d'esprit de la France pendant la déroute.
Je suis content d'avoir revu Jouve, qui a réussi à restaurer un peu dans les deux pièces qu'il occupe en haut du Martinez, l'atmosphère de son appartement de Paris. Il est dans un état de révolte absolue contre la position prise par la France, et contre la veulerie de notre nation. Mais il est animé d'un esprit de résistance farouche. J'avoue être moins enflammé. Comprendrait-on que je ne sois pas disponible? Le combat sur le front intérieur me rend tout à fait désabusé en ce qui concerne le sort des empires. Non pas que je ne sois capable de quelque objectivité. Mais il ne suffit d'être lié à la catastrophe collective pour en connaître que les effets sont beaucoup moins tragiques

An associate of Jean Cocteau, Roger Lannes, the editor of *Les Nouvelles Lettres françaises*, founded in April–May 1937 with his friend Jean Le Louët, would work during the Occupation at the Secretariat for National Education and Youth in Vichy. On May 8, 1941, in his unpublished *Journal*, he recalled a scene from the exodus related to him by the poet Pierre Jean Jouve: "A woman caught up in the military rout of June 1940, the victim of a bombardment, passed in her car a group of French gunners setting up their battery, completely horrified, screamed at them: 'Cowards, surrender! Why don't you surrender, you cowards!' This episode was related to me by Pierre Jean Jouve. It encapsulates rather well the French state of mind during the collapse."

2

SURVIVING UNDER THE OCCUPATION

"Paris is cold Paris is hungry
Paris doesn't eat chestnuts on the street anymore
Paris has put on shabby old clothes
Paris sleeps standing in the airless subway."
Paul ÉLUARD, "*Courage*" (end of 1942)

The armistice of June 22, 1940 divided France into two zones, separated by a demarcation line: to the north, territory under the administration of the German Military Commander in France (Militärbefehlshaber im Frankreich); to the south—until the German invasion of November 1942—territory under the authority of the Vichy regime. Exceptions included the departments of Nord and Pas-de-Calais, which fell under the German Military Command in Brussels, and the departments of Alsace-Lorraine, which were annexed by the Reich.

From the time of the arrival of the Wehrmacht's soldiers in Paris on June 14, 1940, every aspect of daily life in the Northern Zone was systematically exploited by the German occupation authorities, who, with the assistance of the French administration, siphoned off a large share of the French national product in support of the German war effort. Work, food, lodging, travel, correspondence, every activity became an occasion for invoices to be filled out, forms to be signed, orders to be obeyed, authorizations and identity papers to be produced, ration coupons (for goods, clothing, coal, cigarettes) to be torn out. Today, traces of all of these can be found in the archives of writers.

This reorganization of the daily life of the French population was accompanied by an intense collaboration with the Third Reich, under the leadership of the new strongman of the government at Vichy, Pierre Laval. Under the aegis of the "National Revolution," an effort was made to overcome the defeat and its effects, to "repair the ruins" and promote a "return to the earth"—which, Emmanuel Berl and Maréchal Pétain noted, "does not lie"—to unite the country's youth, and to organize relief efforts for those French soldiers imprisoned in Germany through the Service du travail obligatoire [Compulsory Work Service, STO], instituted in 1943. But there was also an effort to exclude from French society those whom the ideologues of Vichy deemed responsible for the war: Jews (whose new status was defined by the law of October 3, 1940, drastically restricting their freedoms and activities, and forcing them before long into painful exile), but also Freemasons and Communists. Exhibitions, lectures, and scholarly studies—many of them violently accusatory—were devoted to these persecuted figures, often attracting large audiences. In addition, particularly harsh repressive measures befell those who attempted to escape or undermine the new Nazi order.

Paradoxically, Occupied Paris—which was subject to a regime of "passive defense" and patrolled by soldiers of the Wehrmacht—was also the scene of an active cultural life. Intent on restoring an atmosphere of normal life, occupation authorities encouraged every form of frivolous distraction, while the French government attempted to restore French culture to its former level of prestige. Men of letters, publishers, and artists were eager to express themselves; thus theaters, movie houses, galleries, bookstores, and libraries found a large and eager public, happy to find distraction from daily concerns, to bask in a bit of warmth, and to be among friends. And yet the years 1942–1943—during which the German repression became more intense succeeded in bleeding the country and its ancient capital dry.

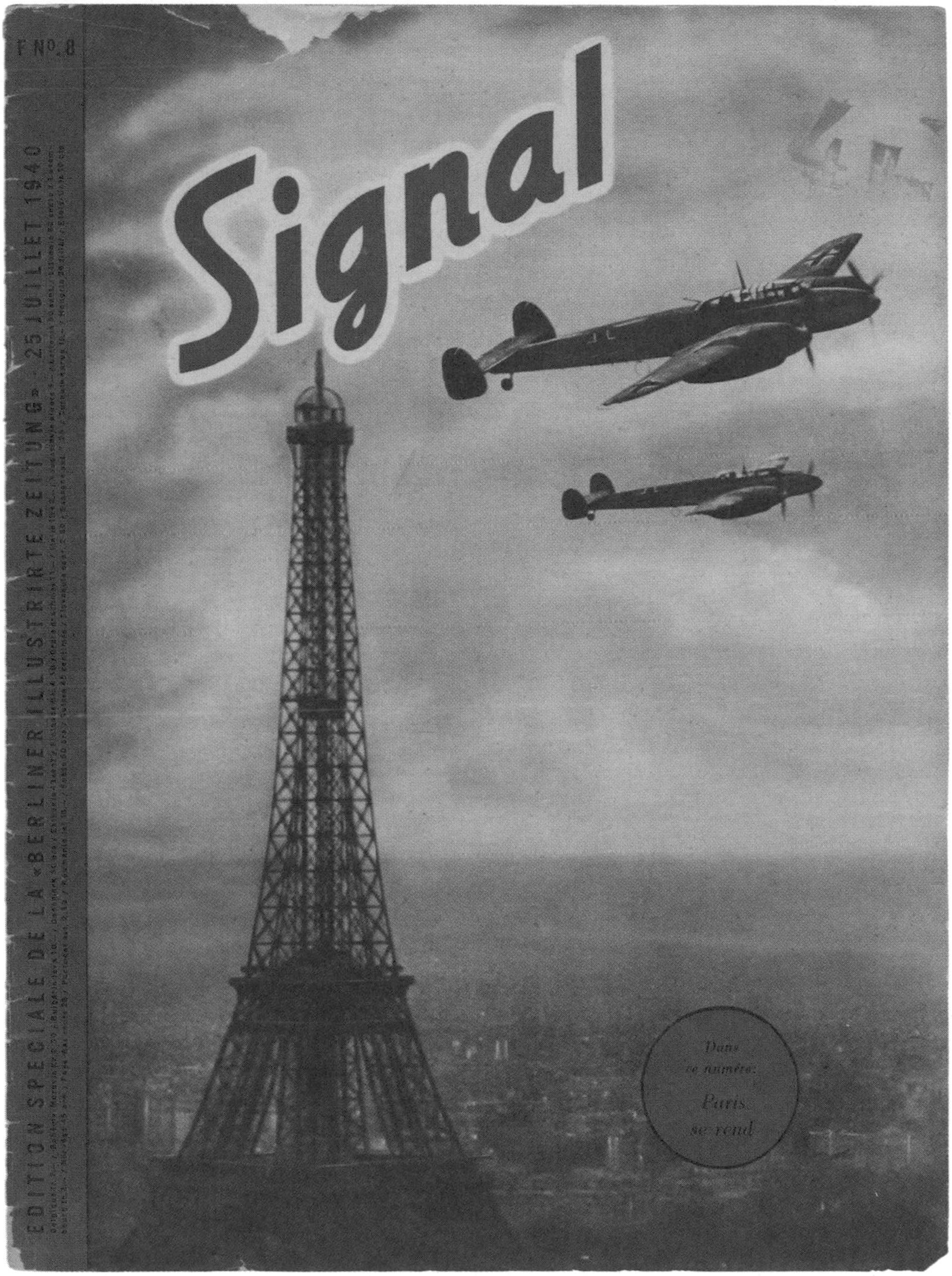

On the cover of the magazine *Signal* (special edition of the *Berliner Illustrierte Zeitung*) of July 25, 1940, two German planes fly over the Eiffel Tower, symbolizing the arrival of the Wehrmacht troops in Paris on June 14, 1940, three days before Maréchal Pétain requested an armistice.

Photograph distributed by the German propaganda services, showing a village between Tours and Loches (Indre-et-Loire), peacefully divided by the demarcation line (probably in 1940).

Established by the armistice agreement of June 22, 1940, the demarcation line split France (along with the thirteen departments affected) politically and economically in two: the Occupied Zone, under German administration, and the Unoccupied Zone (also called the "Free Zone" or the "Nono Zone"), under the administration of the Vichy government. Under military surveillance on the German side, as of May 1941, and guarded on the French side by gendarmes, policemen, and customs officials, the *Demarkationslinie* was difficult to cross: one had to obtain an *Ausweis* (safe-conduct pass), which was granted by the *Kommandanturen* (offices of the German authority charged with the military or civil administration of the territory) only in cases of urgency (births, deaths, burials, and serious illnesses of relatives). But in the case of those pursued by the Nazis and Vichy (Jews, prisoners of war, allied soldiers, dodgers of the obligatory work service abroad, aliens, etc.), the line was crossed clandestinely, under the most perilous conditions.

Correspondence card used by the French Army, sent by the Private Jean Denoël (July 5, 1940). As during WWI, mail sent to or by soldiers was exempt from postal fees.

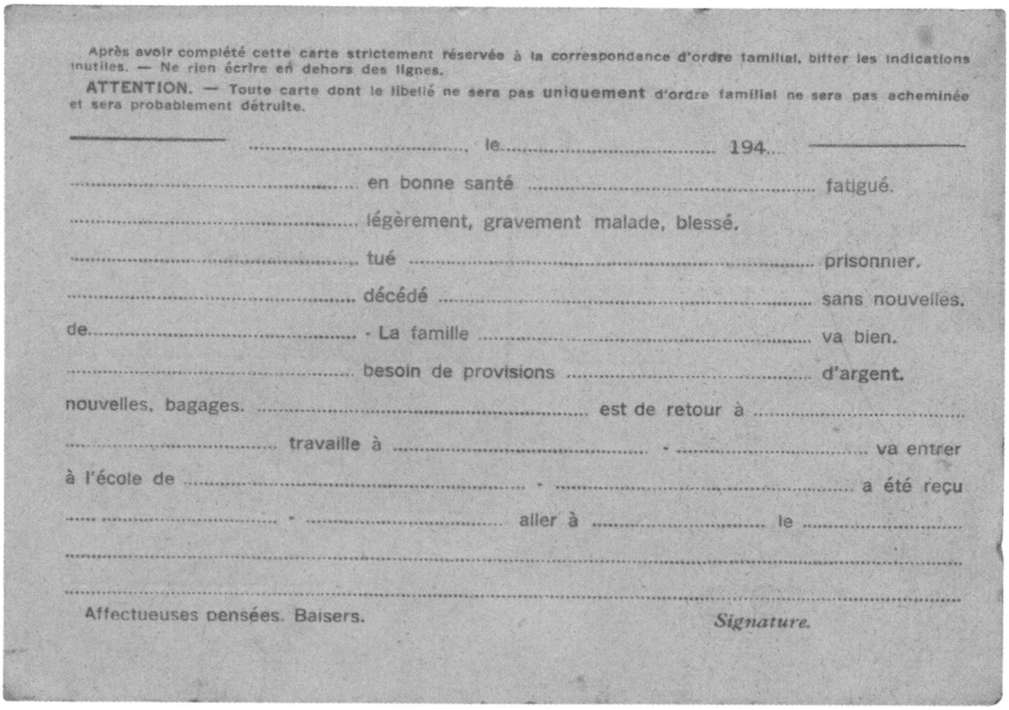

Après avoir complété cette carte strictement réservée à la correspondance d'ordre familial, biffer les indications inutiles. — Ne rien écrire en dehors des lignes.

ATTENTION. — Toute carte dont le libellé ne sera pas **uniquement** d'ordre familial ne sera pas acheminée et sera probablement détruite.

.... le.................................... 194...

.... en bonne santé .... fatigué.

.... légèrement, gravement malade, blessé.

.... tué .... prisonnier.

.... décédé .... sans nouvelles.

de.................................... - La famille .... va bien.

.... besoin de provisions .... d'argent.

nouvelles, bagages. .... est de retour à ....

.... travaille à .... - .... va entrer

à l'école de .... - .... a été reçu

.... - .... aller à .... le ....

....

....

Affectueuses pensées. Baisers. *Signature.*

An unused sample of an interzone card, also known as a "familial card." Until September 1940, there was no circulation of mail from one zone to the other. With the appearance of the interzone card costing .90 francs, featuring a series of pre-printed and measured formulae, correspondents were able to transmit news, which, although brief and impersonal, occasionally outwitted the censors. By March 1941, a second model of the interzone card, without a fixed number of lines, was available.

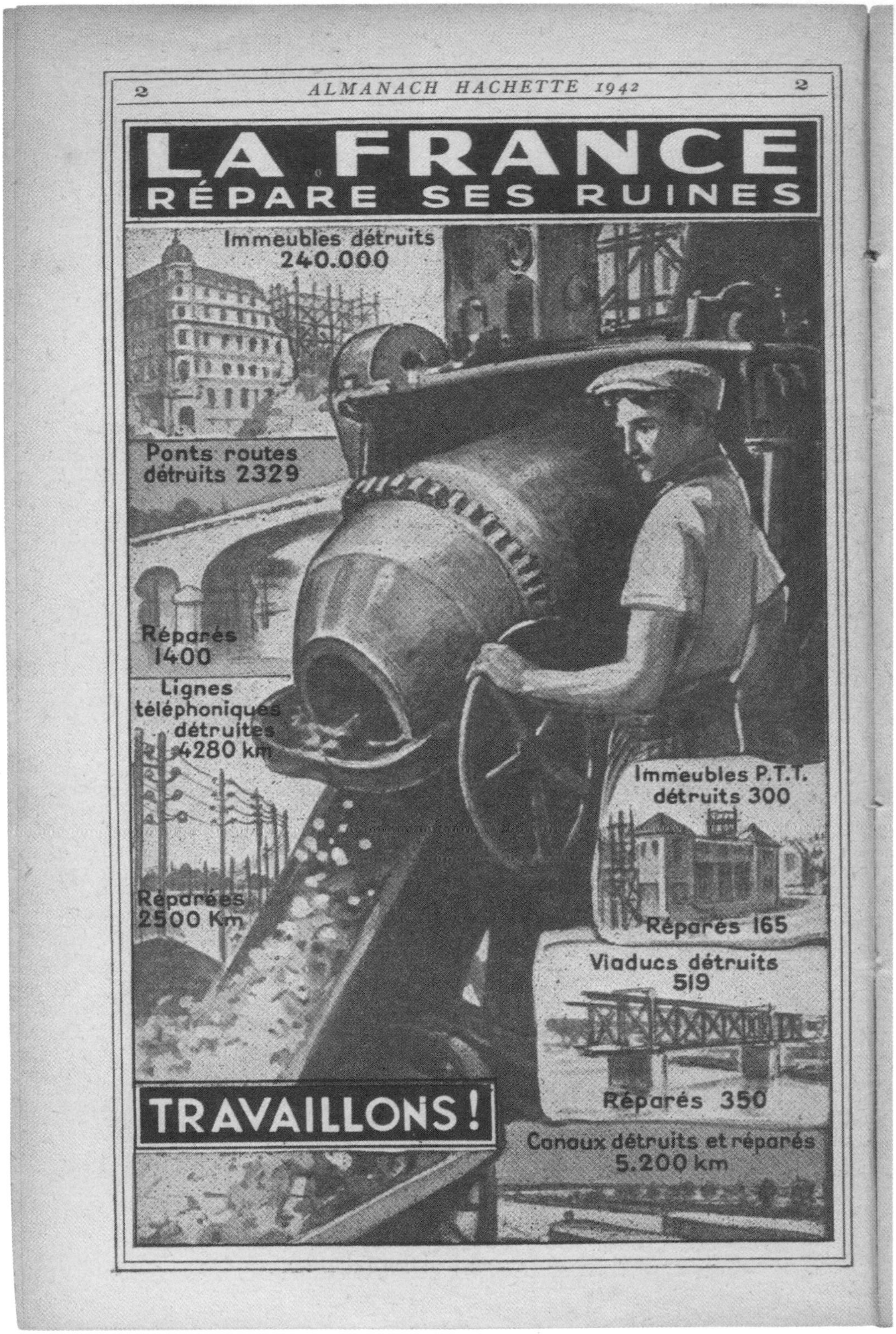

Illustrated article in the *Almanach Hachette 1942*, "France repairs its ruins," listing the buildings, bridges, roads, post offices, viaducts and canals destroyed and, in some cases, already repaired.

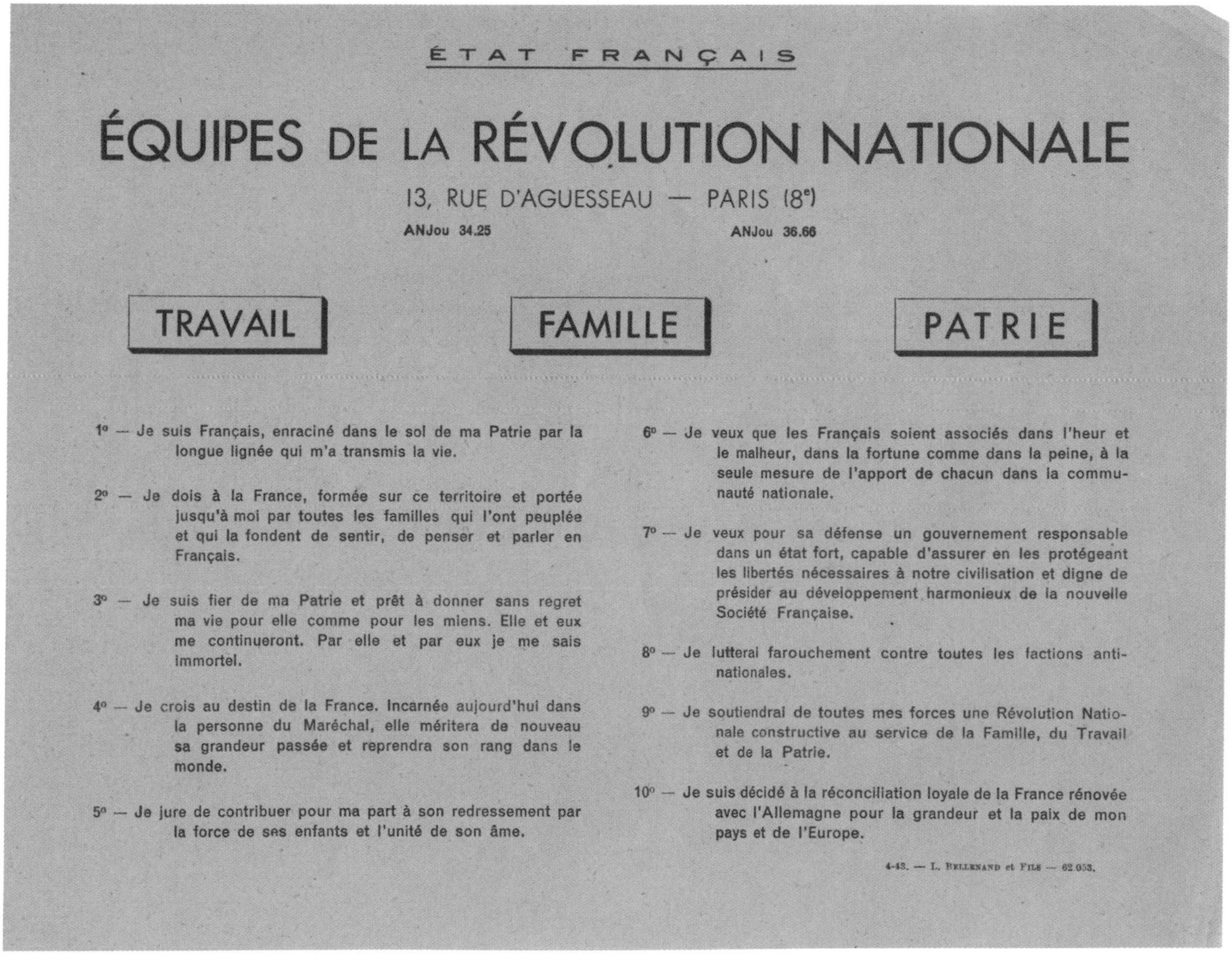

ÉTAT FRANÇAIS

ÉQUIPES DE LA RÉVOLUTION NATIONALE

13, RUE D'AGUESSEAU — PARIS (8e)

ANJou 34.25 ANJou 36.66

TRAVAIL **FAMILLE** **PATRIE**

1° — Je suis Français, enraciné dans le sol de ma Patrie par la longue lignée qui m'a transmis la vie.

2° — Je dois à la France, formée sur ce territoire et portée jusqu'à moi par toutes les familles qui l'ont peuplée et qui la fondent de sentir, de penser et parler en Français.

3° — Je suis fier de ma Patrie et prêt à donner sans regret ma vie pour elle comme pour les miens. Elle et eux me continueront. Par elle et par eux je me sais immortel.

4° — Je crois au destin de la France. Incarnée aujourd'hui dans la personne du Maréchal, elle méritera de nouveau sa grandeur passée et reprendra son rang dans le monde.

5° — Je jure de contribuer pour ma part à son redressement par la force de ses enfants et l'unité de son âme.

6° — Je veux que les Français soient associés dans l'heur et le malheur, dans la fortune comme dans la peine, à la seule mesure de l'apport de chacun dans la communauté nationale.

7° — Je veux pour sa défense un gouvernement responsable dans un état fort, capable d'assurer en les protégeant les libertés nécessaires à notre civilisation et digne de présider au développement harmonieux de la nouvelle Société Française.

8° — Je lutterai farouchement contre toutes les factions antinationales.

9° — Je soutiendrai de toutes mes forces une Révolution Nationale constructive au service de la Famille, du Travail et de la Patrie.

10° — Je suis décidé à la réconciliation loyale de la France rénovée avec l'Allemagne pour la grandeur et la paix de mon pays et de l'Europe.

4-43. — L. BELLENAND et FILS — 62.053.

Tract published by the Teams of the National Revolution, April 1943: "Travail-Famille-Patrie" [Work-Family- Homeland], the motto of Vichy regime, mocked as the "TRA-FA-PA" by the Resistance: "1. I am French, rooted in the soil of my homeland through the long lineage that has given me life . . . 10. I am committed to the faithful reconciliation of a renewed France with Germany for the greatness and peace of my country and of Europe."

The cartoon weekly *Cœurs vaillants* [*Brave Hearts*], June 14, 1942. This "journal of Catholic youth clubs" was published in Lyon under the joint patronage of Maréchal Pétain and Vercingétorix.

Tract: "President Laval speaks to the press. Here are the declarations made by the head of the government in the presence of journalists in the southern zone, as reproduced and commented on in *Le Petit Parisien* of July 5 [1943]": "I know that a revolution is indispensable. I want to make it happen. It *will* happen. It is happening a little every day. I accomplished the first act of the revolution on July 10, 1940. But it will be fully accomplished when we are fully free."

Illustrated article from the *Almanach Hachette 1943*: "Let's return to the land."

Le Président LAVAL parle à la Presse

Voici les déclarations faites par le chef du Gouvernement devant les journalistes de la Zone Sud telles qu'elles ont été reproduites et commentées dans le **Petit Parisien** du 5 juillet

« J'ai toujours devant les yeux la perspective des drames qui peuvent encore se produire. Je suis d'abord préoccupé du mal que la France peut ENCORE se faire.

Il y a beaucoup de Français qui croient que nous serons sauvés par l'Amérique, par l'Angleterre et, de surcroît, par Giraud et de Gaulle. Ils le croyaient hier. Ils le croient encore aujourd'hui. Ils trouvent même que les événements ne vont pas assez vite. Je n'ai pas ces illusions. »

Le président regarde ces hommes qui, depuis longtemps, l'ont connu, mêlé aux batailles du Parlement, et qui, peut-être, se souviennent qu'il s'est très rarement trompé.

Il dit sans élever la voix :

— *L'armée allemande ne sera pas battue. »*

Puis il se tut quelques secondes, volontairement, pour qu'on comprenne qu'il n'exprimait pas là qu'une hypothèse.

Il ajouta sur le même ton :

— *L'Europe ne sera pas vaincue par les armées qui viennent d'ailleurs. Une fois pour toutes, mettez-vous bien cela dans la tête.*

» Seulement cette illusion de la défaite allemande que partagent tant de Français peut engendrer pour notre pays une crise mortelle.

L'illusion américanophile

Un silence passionné s'était fait autour de lui. Il poursuivit :

— Je suppose que demain — ce demain viendra ou alors ce serait la carence du pouvoir offensif des armées alliées — je suppose donc que demain les armées américaine et anglaise attaquent l'Europe sur un point, ou sur plusieurs points, ce qui est vraisemblable.

» Deux attitudes sont possibles pour les défenseurs de l'Europe : ou bien s'efforcer d'empêcher l'attaque, ou bien laisser les armées américaine et anglaise s'installer, ici ou là, sur une portion de territoire.

» J'ai presque tendance à croire que c'est cette dernière hypothèse qui serait la plus dangereuse pour nous, car, le jour où les Américains et les Anglais auront abordé sur un point quelconque de l'Europe, l'enthousiasme de certains peut être générateur de toutes les folies.

» Mais tenez pour assuré que les Américains et les Anglais seront finalement rejetés sur les côtes et qu'ils subiront l'échec.

Il fit une nouvelle pause et prononça, toujours sur le même ton calme, cet avertissement :

— Si, entre temps, les Français ont commis des actes tels qu'ils aient rendu impossible, moralement ou politiquement, un accord entre la France et l'Allemagne, alors nous aurons cette fois définitivement perdu la guerre. »

Le président revint à cette certitude, n[illegible]ie de tous les éléments qu'il possède sur les moyens de résistance de la forteresse européenne :

— *Si, à la faveur d'une tentative de débarquement anglo-américaine, éclataient en France je ne sais quelles guérillas, si les attentats se multipliaient, les Français qui participeraient à cette guerre d'un esprit nouveau crucifieraient la France.*

» Et je crains bien, alors, de ne plus pouvoir vous défendre. »

Il avait abordé le cœur de son actuelle anxiété. C'était bien là ce qu'il voulait dire à ces hommes qui l'écoutaient et qui pourraient, eux aussi, propager cet avertissement. Lui est hors de cause. Il ne peut que mettre au service du pays son irréductible volonté.

— *Moi, dit-il, je tiendrai jusqu'au bout de mes moyens. Je ne suis pas un surhomme, mais j'ai la volonté d'aller jusqu'au bout de mon effort, de mon effort total. »*

Les voix cruelles de l'opinion

Il sait ce qu'on dit de lui et son courage est de rester insensible aux voix cruelles de l'opinion.

— On dit : « Laval est impopulaire. » C'est vrai. Ça ne me chagrine pas outre mesure. C'est triste. Pas pour moi. Car mon action n'est inspirée que par le souci que j'ai de protéger notre pays et par le sens des réalités, telles que je suis à même de les apercevoir.

» Je le sais, beaucoup de Français sont anti-anglais, anti-américains, anti-allemands, anti-gouvernementaux et anti-Laval... Les mêmes, d'ailleurs, par une singulière contradiction, ne voudraient pas que je sois là, mais ils veulent quand même que je reste... pour me le reprocher. »

C'est cette conception du devoir, qui n'attend point d'être payée d'éloges, qui lui permet de condamner si durement tant d'autres abandons. En songeant à la dissidence, à toutes les formes de la désertion militaire ou de la désertion civique, il s'anime et sa voix devient rude.

Les conséquences de la trahison

— *Les Américains se sont emparés de l'Afrique par la trahison honteuse — je dis honteuse parce qu'hypocrite — de Français qui ont camouflé leur parjure sous l'apparence du patriotisme.* Etre hypocrite n'est pas français.

» Ils ont livré l'Afrique. D'autres chez nous ont pris des armes ici et là. Ils en ont reçu par parachutage. Ce dérèglement des esprits a gagné trop de sphères. On voit parfois l'alliance du communisme et de la religion. On voit des réactionnaires exaltés pactiser avec des radicaux, des francs-maçons. Et tous sont convaincus qu'ils défendent la France.

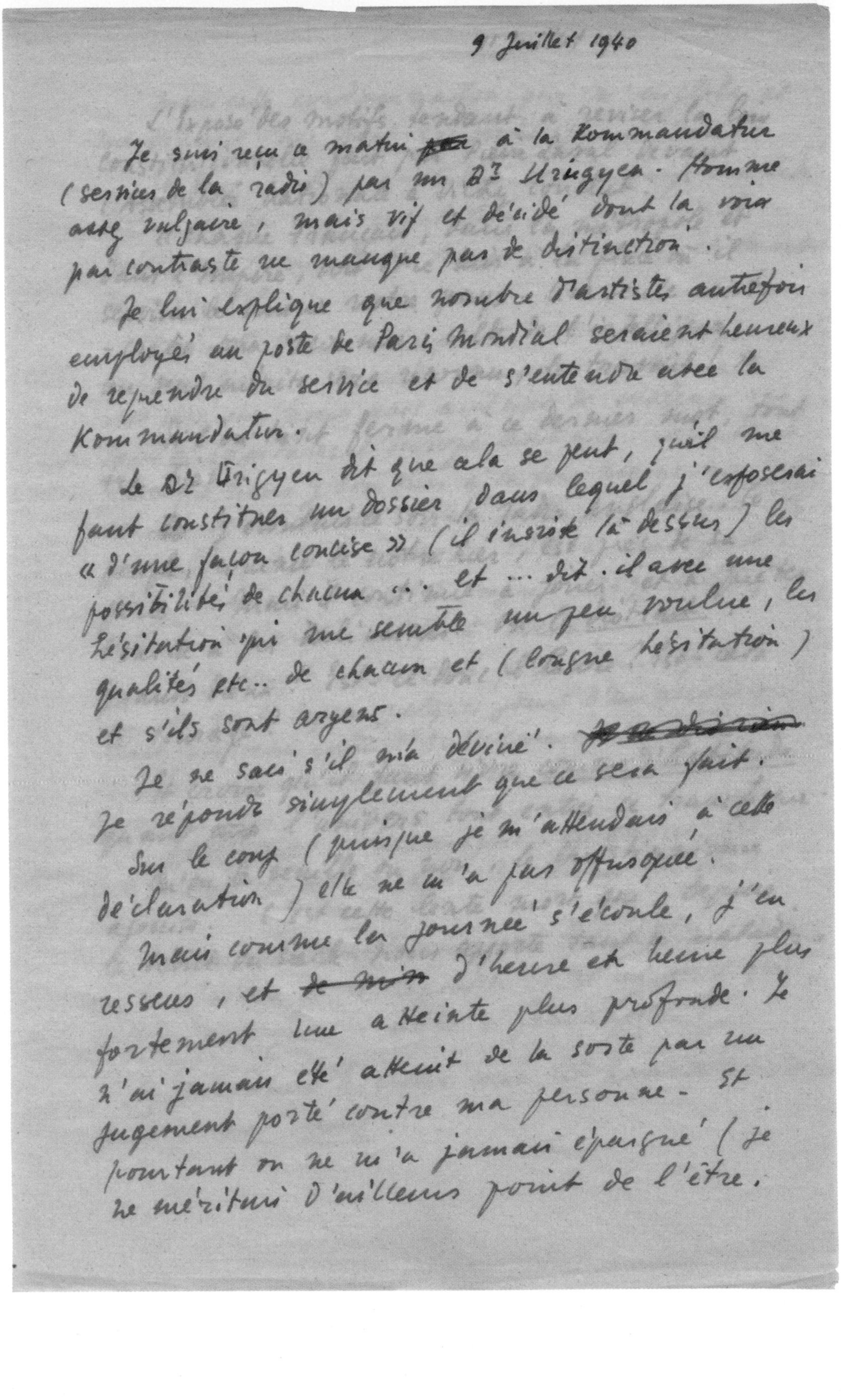

9 Juillet 1940

Je suis reçu ce matin ~~par~~ à la Kommandatur (services de la radio) par un Dr Urigyen. Homme assez vulgaire, mais vif et décidé dont la voix par contraste ne manque pas de distinction.

Je lui explique que nombre d'artistes autrefois employés au poste de Paris Mondial seraient heureux de reprendre du service et de s'entendre avec la Kommandatur.

Le Dr Urigyen dit que cela se peut, qu'il me faut constituer un dossier dans lequel j'exposerai « d'une façon concise » (il insiste là-dessus) les possibilités de chacun... et ... dit-il avec une hésitation qui me semble un peu voulue, les qualités etc.. de chacun et (longue hésitation) et s'ils sont aryens.

Je ne sais s'il m'a deviné. ~~Je ne dis rien~~ Je réponds simplement que ce sera fait. Sur le coup (puisque je m'attendais à cette déclaration) elle ne m'a pas offusqué.

Mais comme la journée s'écoule, j'en ressens, et ~~de mon~~ d'heure en heure plus fortement une atteinte plus profonde. Je n'ai jamais été atteint de la sorte par un jugement porté contre ma personne. Et pourtant on ne m'a jamais épargné (je ne méritais d'ailleurs point de l'être.

In the spring of 1940, Maurice Sachs was hired by Radio-Mondial, directed by Jean Fraysse, and took over the nighttime propaganda broadcast to the United States. But during the "exodus," Radio-Mondial fired all its personnel and ceased broadcasting from Bordeaux on June 17, 1940. For Maurice Sachs, who had just adopted little Karl-Heinz, an orphaned Jewish refugee from Germany, it was time to try out his luck at the *Kommandantur*. Since there was a possibility that Radio-Mondial might be annexed by Radio-Paris, Sachs attempted to make the case for rehiring his colleagues. He was stunned, however, when the officer of the *Kommandantur* asked him if they were not Jews. He withdrew the suggestion, but reacted more courageously in his unpublished *Journal* on July 9, 1940: "There has been talk these last days about an agreement that may have taken place between England and certain Israelites for the creation of a Jewish state. That would be to the good . . . Germany mocks the idea; it is wrong to do so since it advocated a Jewish state itself . . . I bear a very great tenderness in my heart for the word Jew."

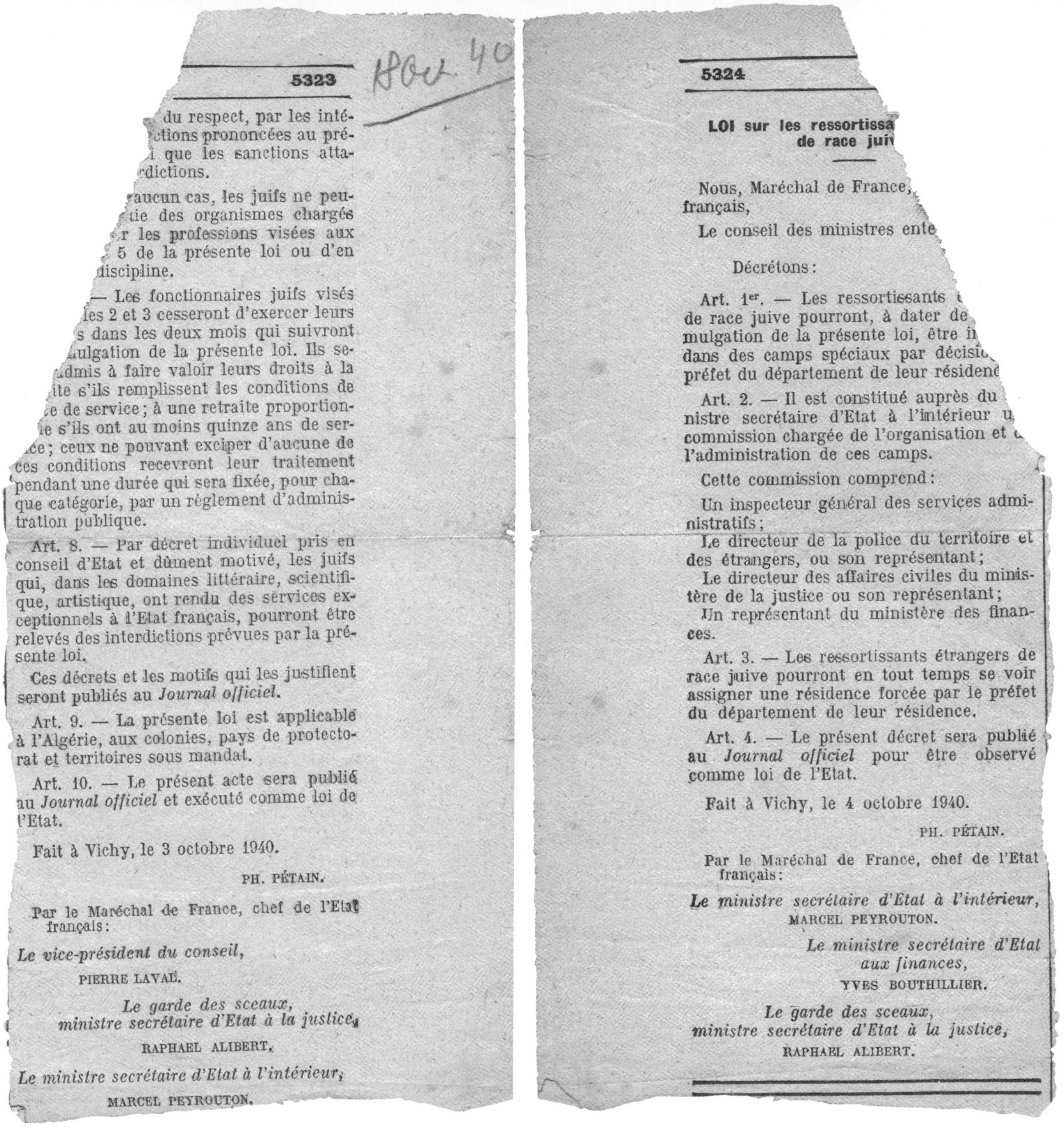

18 oct. 40

5323

du respect, par les inté-
…ctions prononcées au pré-
…i que les sanctions atta-
…rdictions.

…aucun cas, les juifs ne peu-
…tie des organismes chargés
…r les professions visées aux
… 5 de la présente loi ou d'en
…discipline.

… — Les fonctionnaires juifs visés
…les 2 et 3 cesseront d'exercer leurs
…s dans les deux mois qui suivront
…ulgation de la présente loi. Ils se-
…dmis à faire valoir leurs droits à la
…ite s'ils remplissent les conditions de
…e de service; à une retraite proportion-
…e s'ils ont au moins quinze ans de ser-
…ce; ceux ne pouvant exciper d'aucune de ces conditions recevront leur traitement pendant une durée qui sera fixée, pour chaque catégorie, par un règlement d'administration publique.

Art. 8. — Par décret individuel pris en conseil d'Etat et dûment motivé, les juifs qui, dans les domaines littéraire, scientifique, artistique, ont rendu des services exceptionnels à l'Etat français, pourront être relevés des interdictions prévues par la présente loi.

Ces décrets et les motifs qui les justifient seront publiés au *Journal officiel*.

Art. 9. — La présente loi est applicable à l'Algérie, aux colonies, pays de protectorat et territoires sous mandat.

Art. 10. — Le présent acte sera publié au *Journal officiel* et exécuté comme loi de l'Etat.

Fait à Vichy, le 3 octobre 1940.

PH. PÉTAIN.

Par le Maréchal de France, chef de l'Etat français:

Le vice-président du conseil,

PIERRE LAVAL.

Le garde des sceaux,
ministre secrétaire d'Etat à la justice,

RAPHAEL ALIBERT.

Le ministre secrétaire d'Etat à l'intérieur,

MARCEL PEYROUTON.

5324

LOI sur les ressortissa…
de race jui…

Nous, Maréchal de France, … français,

Le conseil des ministres ente…

Décrétons:

Art. 1er. — Les ressortissants … de race juive pourront, à dater de … mulgation de la présente loi, être i… dans des camps spéciaux par décisi… préfet du département de leur résiden…

Art. 2. — Il est constitué auprès du … nistre secrétaire d'Etat à l'intérieur u… commission chargée de l'organisation et … l'administration de ces camps.

Cette commission comprend:

Un inspecteur général des services administratifs;

Le directeur de la police du territoire et des étrangers, ou son représentant;

Le directeur des affaires civiles du ministère de la justice ou son représentant;

Un représentant du ministère des finances.

Art. 3. — Les ressortissants étrangers de race juive pourront en tout temps se voir assigner une résidence forcée par le préfet du département de leur résidence.

Art. 4. — Le présent décret sera publié au *Journal officiel* pour être observé comme loi de l'Etat.

Fait à Vichy, le 4 octobre 1940.

PH. PÉTAIN.

Par le Maréchal de France, chef de l'Etat français:

Le ministre secrétaire d'Etat à l'intérieur,

MARCEL PEYROUTON.

Le ministre secrétaire d'Etat aux finances,

YVES BOUTHILLIER.

Le garde des sceaux,
ministre secrétaire d'Etat à la justice,

RAPHAEL ALIBERT.

Press clipping, preserved by Irène Némirovsky, completing the terms of the first Statute on Jews, decreed October 3, 1940, and published in the *Journal officiel* on October 18, 1940. This article concerns the law of October 4, which gave Prefects the power to intern Jewish aliens. Later, the law of June 2, 1941, which appeared in the *Journal officiel* on June 14, promulgated a revised status for the Jews, superceding the initial one. The new law, which extended the prohibition and *numerus clausus* [quota] to the private sector and liberal professions, specified that henceforth "any man or woman belonging to the Jewish religion or who did belong to it on June 25, 1940, and who is a descendant of two grandparents of the Jewish race" would be "considered a Jew." "Non-affiliation with the Jewish religion is established by proof of belonging to one of the other confessions recognized by the state prior to the law of December 9, 1901." On July 22, 1941, a new law "concerning businesses, goods and possessions belonging to Jews" extended the confiscation of possessions to Jews in the Southern Zone.

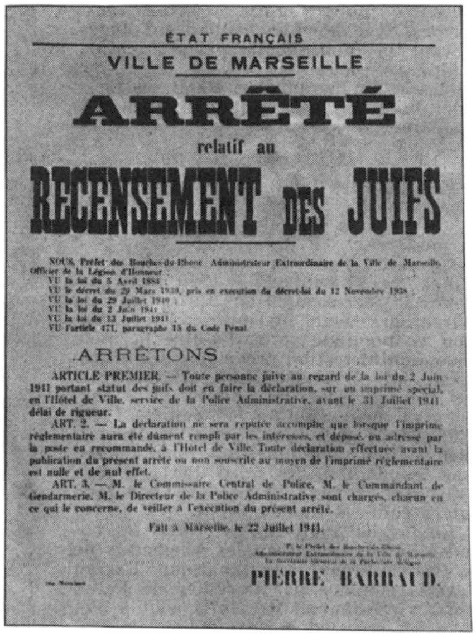

ÉTAT FRANÇAIS

VILLE DE MARSEILLE

ARRÊTÉ

relatif au

RECENSEMENT DES JUIFS

NOUS, Préfet des Bouches-du-Rhône, Administrateur Extraordinaire de la Ville de Marseille, Officier de la Légion d'Honneur ;

VU la loi du 5 Avril 1884 ;

VU le décret du 29 Mars 1939, pris en exécution du décret-loi du 12 Novembre 1938 ;

VU la loi du 29 Juillet 1940 ;

VU la loi du 2 Juin 1941 ;

VU la loi du 13 Juillet 1941 ;

VU l'article 471, paragraphe 15 du Code Pénal.

ARRÊTONS

ARTICLE PREMIER. — Toute personne juive au regard de la loi du 2 Juin 1941 portant statut des juifs doit en faire la déclaration, sur un imprimé spécial, en l'Hôtel de Ville, service de la Police Administrative, avant le 31 Juillet 1941, délai de rigueur.

ART. 2. — La déclaration ne sera réputée accomplie que lorsque l'imprimé réglementaire aura été dûment rempli par les intéressés, et déposé, ou adressé par la poste en recommandé, à l'Hôtel de Ville. Toute déclaration effectuée avant la publication du présent arrêté ou non souscrite au moyen de l'imprimé réglementaire est nulle et de nul effet.

ART. 3. — M. le Commissaire Central de Police, M. le Commandant de Gendarmerie, M. le Directeur de la Police Administrative sont chargés, chacun en ce qui le concerne, de veiller à l'exécution du présent arrêté.

Fait à Marseille, le 22 Juillet 1941.

PIERRE BARRAUD.

"Decree relating to the Census of Jews": this public notice, signed by the Prefect of Bouches-du-Rhône, Pierre Barraud, was posted on the walls of Marseille on July 22, 1941. "Every Jewish individual as defined by the law of June 2, 1941 concerning the status of Jews is to declare as much on a special form at the *Hôtel de Ville* [City Hall], in the Administrative Police Division, prior to July 31, 1941, the obligatory deadline."

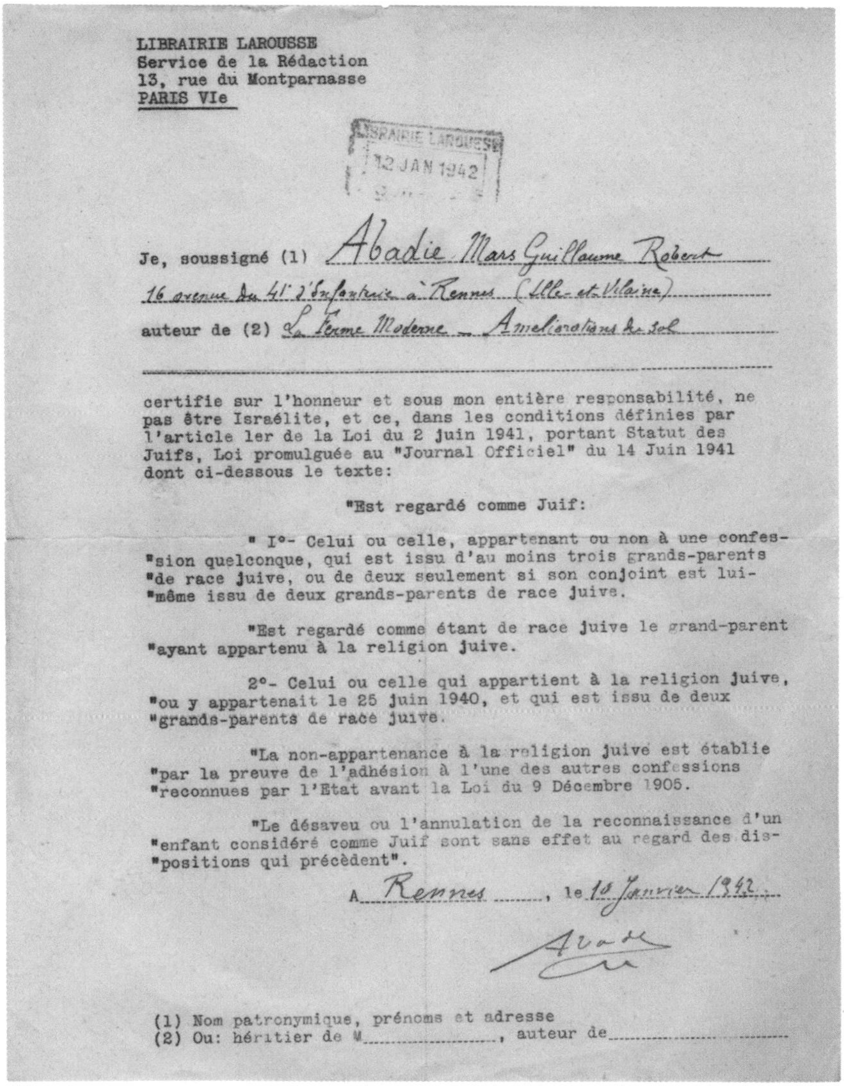

LIBRAIRIE LAROUSSE
Service de la Rédaction
13, rue du Montparnasse
PARIS VIe

LIBRAIRIE LAROUSSE 12 JAN 1942

Je, soussigné (1) Abadie Mars Guillaume Robert
16 avenue du 41e d'Infanterie à Rennes (Ille-et-Vilaine)
auteur de (2) La Ferme Moderne – Améliorations du sol

certifie sur l'honneur et sous mon entière responsabilité, ne pas être Israélite, et ce, dans les conditions définies par l'article 1er de la Loi du 2 juin 1941, portant Statut des Juifs, Loi promulguée au "Journal Officiel" du 14 Juin 1941 dont ci-dessous le texte:

"Est regardé comme Juif:

" 1°- Celui ou celle, appartenant ou non à une confession quelconque, qui est issu d'au moins trois grands-parents de race juive, ou de deux seulement si son conjoint est lui-même issu de deux grands-parents de race juive.

"Est regardé comme étant de race juive le grand-parent ayant appartenu à la religion juive.

2°- Celui ou celle qui appartient à la religion juive, ou y appartenait le 25 juin 1940, et qui est issu de deux grands-parents de race juive.

"La non-appartenance à la religion juive est établie par la preuve de l'adhésion à l'une des autres confessions reconnues par l'Etat avant la Loi du 9 Décembre 1905.

"Le désaveu ou l'annulation de la reconnaissance d'un enfant considéré comme Juif sont sans effet au regard des dispositions qui précèdent".

A Rennes, le 10 Janvier 1942.

Abadie

(1) Nom patronymique, prénoms et adresse
(2) Ou: héritier de M________, auteur de________

Signed declaration by Mars Abadie, author of *La Ferme moderne* [The Modern Farm], published by Librairie Larousse, January 10, 1942: "I . . . , the undersigned, hereby certify on my honor and with total responsibility, that I am not an Israelite, and do so, under the conditions stipulated in Article I of the Law of June 2, 1941 . . ." The fifth article of the law excluded Jews from the press and entertainment industry, including cinema.

Les traits du type judaïque

par le professeur George MONTANDON

Nous profitons du moment où M. Xavier Vallat débute dans ses fonctions de commissaire aux Affaires juives pour publier une étude de notre collaborateur, le professeur George Montandon, sur :

1° Les caractères raciaux du Juif ;

2° Les lois de l'hérédité.

Nous rappelons que le problème juif doit être posé avant tout sur le plan racial, car, à la faveur, d'une part, des théories de Gobineau sur l'inégalité des races, et, d'autre part, en considérant l'Ordre nouveau qui va s'installer, le problème juif est devenu universel. Il a donc cessé d'être, pour chaque nation, un problème national : on arriverait à créer ainsi des injustices vis-à-vis du Juif lui-même.

Il est devenu un problème européen. Mais il demeure, cependant, pour les Juifs, un problème national, car il n'y a aucune raison pour qu'un ensemble d'hommes aux caractères physiques et mentaux si prononcés et si persistants n'ait pas une terre pour se constituer en Nation avec laquelle on puisse traiter, sans faire figure d'inquisiteurs et de persécuteurs.

Le processus complexe de formation du type judaïque a été analysé dans *La Gerbe*. Nous avons donné les raisons de ses multiples aspects, et nous connaissons même des Juifs, se déclarant Juifs, dont il serait impossible, physiquement, de diagnostiquer la qualité (nous pensons, entre autres, à des sujets de type est-baltique, à cheveux blonds et nez relevé). Ce sont, cependant, là, des exceptions, expliquées par l'histoire ethnique, et nous avons dit qu'une unité de fond, exprimée par le *masque juif*, forme le lien commun de la majorité des membres de l'ethnie juive.

L'effet sur la rétine de ce type judaïque est bien connu ; il s'agit maintenant d'en énumérer les traits les plus caractéristiques et les plus fréquents, ce qui permettra, en passant, d'attribuer l'un ou l'autre de ces traits à l'un ou à l'autre des facteurs ayant concouru à la constitution du type. Ces traits sont :

Un *nez fortement convexe*, d'ailleurs de façon différente selon les individus, fréquemment avec proéminence inférieure de la cloison nasale, et ailes très mobiles ; chez certains sujets de l'Europe sud-orientale, le profil en bec de vautour est si accusé que l'on pourrait croire à un produit sélectionné et qu'il ne s'explique que par le phénomène d'autodomestication qui a été mentionné — cela, nous le savons de reste, sur la base de l'existence antérieure d'un grand nez, tant chez les Araboïdes que chez les Arménoïdes ;

Des *lèvres charnues*, dont l'inférieure proémine souvent, parfois très fortement, caractère qu'il n'est pas illégitime de considérer comme un résidu de facteurs négroïdes ;

Des *yeux peu enfoncés dans les orbites*, souvent à fleur de tête, avec, habituellement, quelque chose de plus humide et de plus voilé, disons de plus « marécageux », que ce n'est le cas pour d'autres types raciaux, et une fente des paupières moins ouverte — ce dernier caractère étant attribuable à une connexion mongoloïde.

Les trois organes que sont les yeux, le nez et les lèvres sont donc fortement « chargés » et c'est la combinaison des caractères mentionnés de ces trois organes qui constitue principalement, avec une légère *bouffissure* de l'ensemble des parties molles (bouffissure, très diverse, en laquelle réside fréquemment l'indéfinissable, mais immanquable signe du type judaïque), ce que nous avons appelé le *masque judaïque*.

Des caractères moins fréquents et moins marquants sont :

Le *cheveu frisé*, qu'il est légitime de rattacher à l'ascendance négroïde ;

L'*oreille grande et décollée*.

Des caractères se rapportant au corps, mais également moins importants que ceux du visage, sont :

Les *épaules légèrement voûtées* ;

Les *hanches facilement larges ou graisseuses* ;

Les *pieds plats*.

Certaines attitudes sont aussi plus ou moins typiques, à savoir :

Le *geste griffu* ;

L'*allure dégingandée* ou la *démarche en battoirs*.

Il faut cependant reconnaître que ces attitudes, et même les caractères mentionnés du tronc et des pieds, sont peut-être à mettre plutôt sur le compte du milieu ethnico-social que sur celui du type racial.

Nous avons dit que le squelette ne présentait pas de caractère particulier. Feu Topinard, de l'Ecole d'Anthropologie, a cependant fait état d'un certain degré d'avancement de la mâchoire, dit prognathisme. De façon générale, les races noires sont prognathes (ont la mâchoire proéminant moyennement), les races blanches sont orthognathes (ont la mâchoire droite). Il s'agit, chez certains individus juifs, d'un certain *mésognathisme*, et ce caractère occasionnel, qui se rencontre aussi chez de nombreux sujets du Proche-Orient, est naturellement à mettre sur le compte de connexions, anciennes ou récentes, négroïdes. Similairement, si un Juif présente de *fortes pommettes*, caractère nettement marqué chez les Jaunes, moyennement chez les Noirs et pas du tout chez les Blancs, ce caractère, ainsi que le rétrécissement de la fente palpébrale plus haut mentionné, peut être mis sur le compte de connexions anciennes ou récentes avec les Jaunes.

Tels sont les traits les plus notables du type judaïque et, en particulier, du masque juif, mais ce masque peut s'allier :

Soit avec une tête et une face allongées, une peau basanée, des yeux et des cheveux noirs, une stature déliée — et l'on a le type sephardinm ou méridional ;

Soit avec une tête et une face larges ou moyennes, des yeux et des cheveux foncés, moyens ou clairs, une stature généralement trapue — et l'on a le type achkénazim ou septentrional, d'ailleurs en soi plus variable que le sephardim ;

■ ■

La pathologie raciale est un chapitre de la médecine qui est encore loin d'avoir été étudié à fond. Chaque race a sa pathologie spéciale. Cela ne veut pas dire que chaque race ait des maladies qui ne soient propres qu'à elle seule, mais les races, ou du moins, certaines races par rapport à certaines maladies, présentent des formes particulières de cette pathologie et présentent surtout des pourcentages différents d'individus atteints de telle maladie ou de telle forme de maladie.

On peut attribuer aux Juifs une forte proportion de cas de : diabète de forme bulbaire (c'est-à-dire nerveuse), d'arthritisme à formes cutanées et viscérales, de lèpre, de névroses. S'il est possible que les trois premiers groupes d'affections se soient greffés plus particulièrement sur le type racial juif, le quatrième (les névroses) doit être plus en rapport avec la vie sociale de l'ethnie juive qu'avec le type racial judaïque.

Le type judaïque fabriquerait peu de cholestérine.

Enfin, fait à mentionner ici, bien qu'il soit plus racial que pathologique, le *chimisme des glandes sudoripares* parait particulier chez le Juif, car les cas où ce dernier dégage une odeur rance, qui nous est désagréable, sont trop fréquents pour ne pas présenter autre chose que des circonstances individuelles. Les odeurs raciales réciproques sont indéniables. Les Chinois se plaignent de l'odeur des Blancs, et ces derniers de celle des Noirs. Peut-être l'odeur juive est-elle à mettre en relation avec les anciennes connexions négroïdes de la race.

Les données qui précèdent se rapportent aux Juifs proprement dits, qui, aujourd'hui, sont dispersés sur le globe. Plus d'un lecteur se demandera peut-être si le tableau est valable pour les Israélites *sensu stricto*, aujourd'hui disparus en tant que nation. Les petites communautés israélites éparses en Asie antérieure, et surtout les deux cents Samaritains, permettent heureusement d'élucider le problème.

■ ■

Bien que nous n'ayons encore rien dit du sang des Juifs, qui mérite une étude spéciale, et bien que les groupes sanguins ne soient nullement à mettre en connexion avec les races somatiques, remarquons ceci (tout en n'oubliant pas que le matériel servant à cette statistique est très réduit) : les familles de Lévy se rapprochent de façon étonnante des Européens occidentaux (beaucoup de sang dit A), celles de Manassé sont les plus asiatiques (beaucoup de sang dit B), et celle d'Ephraïm ont beaucoup de sang primitif (sang dit 0 (zéro), comme les Bédouins de l'intérieur de l'Arabie.

Mais les portraits sont encore plus éloquents que les chiffres. *Tous* les Samaritains, quelles que soient les mensurations, quel que soit le sang, ont le masque juif. Si on vous les montrait, sans vous dire de qui il s'agit, vous diriez : « *Ce sont des Juifs !* »

Le masque juif était donc aussi le masque israélite, et, en conséquence, en remontant dans le temps, le masque hébreu, dès l'époque où se constitua l'ethnie hébraïque.

Une particularité reconnue des traits juifs est leur persistance, soit dans leurs communautés, soit dans les familles non juives où ils ont une fois pénétré. Les découvertes modernes relatives à la transmission des caractères expliquent le phénomène, en même temps qu'elles expliquent — fait consolant et contraire à la croyance courante — la modalité selon laquelle un caractère étranger peut être complètement éliminé d'une lignée dans laquelle il s'est introduit. Mais la compréhension de ces faits nécessite la connaissance préalable des règles principales selon lesquelles opèrent les lois de l'hérédité.

(A suivre.)

"Les traits du type judaïque" [The Features of the Judaic type,] article by Georges Montandon, published in *La Gerbe* [The Sheaf], April 17, 1941, presented in an unattributed caption as follows: "We shall take advantage of the occasion of Xavier Vallat's assumption of his duties as Commissioner for Jewish Affairs to publish a study by our collaborator, Professor Georges Montandon, concerning: 1) the racial characteristics of Jews; 2) the laws of heredity. We remind our readers that the Jewish problem is to be understood above all on a racial level since, as a result of Gobineau's theories on the inequality of races, on the one hand, and, on the other, in consideration of the New Order about to be established, the Jewish problem has become universal . . . There remains nonetheless, in the case of the Jews, a national problem, since there is no reason for a group of men with such pronounced physical and mental characteristics not to have a land in which to constitute themselves as a nation with which it is possible to deal, without turning into inquisitors and persecutors."

A specialist of "raciology," Professor Montandon presided over the "ethnic commission" of the Parti populaire francais [French Popular Party, PPF], led by Jacques Doriot. He was also attached, as of December 1941, to the Commissariat general aux questions juives [General Commissariat for Jewish Questions], selling "certificates of non-affiliation with the Jewish race." Louis-Ferdinand Céline calls him respectfully "Montandon the Anthropologist" in *Féerie pour une autre fois* [Fantasy for Another Time].

Anti-Semitic tract: "This dollar paid for the Jewish war."

- Ce dollar -
ne vaut que
s'il est signé
MORGENTHAU

CE DOLLAR A PAYÉ LA GUERRE JUIVE

Seul message que les Anglo-Américains sont en état de nous adresser, suffira-t-il à nous dédommager des malheurs que nous vaut

LA GUERRE JUIVE?

L'Argent n'a pas d'odeur...
MAIS LE JUIF EN A UNE!

Paris, le 1er Juillet 1943

Administration des P.T.T.
Service téléphonique
Central

9, rue de Pantin

AUBERVILLIERS (Seine)

Messieurs,

Les Messageries de la Coopérative des Journaux Français, placées sous le contrôle de l'Autorité Militaire Allemande, ont loué un local à AUBERVILLIERS, rue de la Goutte d'Or nº 57, pour y assurer, dans cette région, la diffusion de la Presse Française et Allemande.

L'installation d'un poste et d'une ligne téléphonique y est indispensable pour assurer la liaison avec les différents organismes de la Presse.

Conformément à la circulaire que vous nous avez remise, veuillez trouver ci-dessous, les attestations demandées.

Veuillez agréer, Messieurs, nos salutations distinguées.

LE DIRECTEUR :

Je soussigné, MARCHAND Georges, Directeur des Messageries de la Coopérative des Journaux Français, 111, rue Réaumur - PARIS, déclare ne pas être juif, ne pas souscrire pour le compte d'un juif et m'engage à ne pas mettre mon installation à la disposition d'un juif.

Vorstehende Angaben werden bestätigt.
Les indications ci-dessus sont certifiées.

Die vom Antragsteller beantragte Fernsprecheinrichtung ist zur Durchführung kriegswichtiger Aufgaben in dem angegebenen Umfange unbedingt erforderlich.

Letter to the postal administration, requesting the installation of a telephone line at an address in Aubervilliers, July 1, 1943: "I the undersigned, Georges MARCHAND, Director of the Communication Service of the Cooperative of French Newspapers, 111 rue Réaumur–PARIS, declare that I am not Jewish nor am I requesting service on behalf of a Jew, and I pledge not to place this installation at the disposition of a Jew."

LES JUIFS ET LA ...

Bulletin d'Information

LA LIBRE PAROLE

sur la question juive

DIRECTEUR: HENRY COSTON

... CHUTE DU FASCISME

Faits et Documents

LES "DONME"

This supplement (September 26, 1943) to the *Bulletin d'information antimaçonnique / La Libre Parole* [Anti-Masonic Information Bulletin], edited by Henry Coston, includes an article on Jews and Freemasons in Fascist Italy.

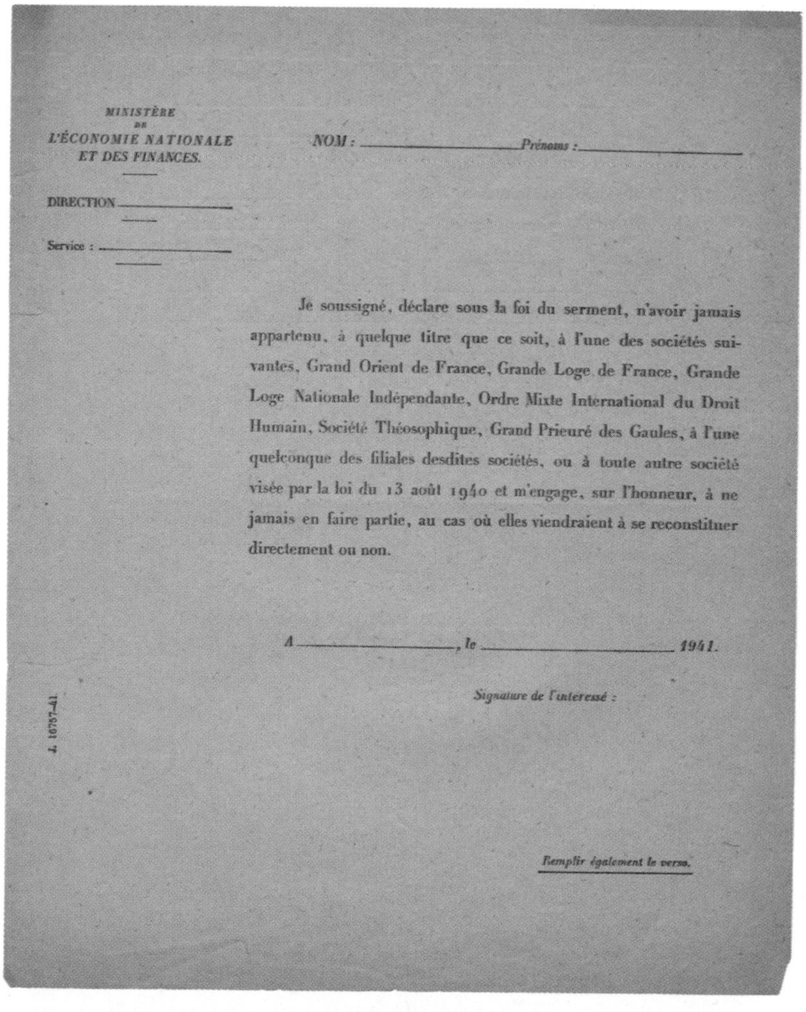

MINISTÈRE DE L'ÉCONOMIE NATIONALE ET DES FINANCES.

DIRECTION ______

Service : ______

NOM : ______ Prénoms : ______

Je soussigné, déclare sous la foi du serment, n'avoir jamais appartenu, à quelque titre que ce soit, à l'une des sociétés suivantes, Grand Orient de France, Grande Loge de France, Grande Loge Nationale Indépendante, Ordre Mixte International du Droit Humain, Société Théosophique, Grand Prieuré des Gaules, à l'une quelconque des filiales desdites sociétés, ou à toute autre société visée par la loi du 13 août 1940 et m'engage, sur l'honneur, à ne jamais en faire partie, au cas où elles viendraient à se reconstituer directement ou non.

A ______, le ______ 1941.

Signature de l'intéressé :

4. 16757-41

Remplir également le verso.

A form to be filled out by civil servants—in this case, in the Ministry of National Economy and Finance—following the Law of August 13, 1940, on the disbanding of secret and Freemason societies, decreed by the Vichy government: "I the undersigned do hereby solemnly swear never to have belonged, under any dispensation whatsoever, to any of the following organizations: the Grand Orient of France, the Grand Lodge of France . . . or to any other organization targeted by the law of August 13, 1940."

Occupation allemande

Le Petit Parisien

ÉDITION DE PARIS

AVIS

Au crépuscule du 21 octobre 1941, un jour après le crime qui vient d'être commis à Nantes, de lâches assassins à la solde de l'Angleterre et de Moscou ont tué, à coups de feu tirés traîtreusement, un officier de l'administration militaire allemande, à Bordeaux.

Les assassins ont réussi à prendre la fuite. Les meurtriers de Nantes non plus ne sont pas encore entre mes mains.

Comme première mesure de représailles du nouveau crime, j'ai ordonné, une fois de plus, de fusiller 50 otages.

Si les meurtriers n'étaient pas saisis d'ici le 26 octobre 1941, à minuit, 50 autres otages seraient exécutés.

J'offre une récompense d'une somme totale : 15 MILLIONS DE FRANCS aux habitants de la France qui contribueront à découvrir les coupables. Toutes informations utiles pourront être déposées à n'importe quel service de police allemand ou français. Sur demande, ces informations seront regardées confidentielles.

Paris le 23 octobre 1941.

Der Militaerbefehlshaber in Frankreich
VON STUELPNAGEL
General der Infanterie

Vichy, 24 octobre 1941.

Le gouvernement français communique :

A la suite des appels du maréchal Pétain et de l'amiral Darlan, ainsi que des démarches pressantes faites auprès des autorités allemandes, le chancelier du Reich, commandant suprême des forces allemandes, a bien voulu consentir un délai de grâce pour les groupes complémentaires d'otages dont l'exécution a été prescrite à la suite des deux attentats de Nantes et de Bordeaux.

En conséquence, les délais ont été prolongés pour Nantes jusqu'au 27 octobre 1941 à minuit et pour Bordeaux au 29 octobre 1941 à minuit.

En accordant cette prolongation de délai, les autorités allemandes ont voulu accroître les chances de trouver les vrais coupables et épargner ainsi des vies françaises.

Le peuple français ne peut qu'être sensible à cette volonté marquée de ne pas rendre plus douloureuse encore une situation déjà tragique.

Ce sursis a pu être accordé grâce au calme et à la dignité dont a fait preuve, ces jours derniers, l'ensemble de la population des deux villes éprouvées.

Le gouvernement français est certain que chacun redoublera d'efforts pour seconder les autorités dans la tâche difficile d'arrêter les criminels et transformer ce délai provisoire en un acte de rémission définitive. Que chaque Français se dise que la vie de cent de ses compatriotes est dans la balance : son devoir est clairement tracé.

From *Lo Petit Parisien*, October 23, 1941, the announcement of an execution of hostages in retaliation for the murder of Lieutenant-Colonel Hotz, *Feldkommandant* of Nantes, October 20, and of Military Administration Advisor Reimers, in Bordeaux on October 21: "As a first measure of reprisal for the new crime," declares the commandant of the occupation forces (*Militärbefehlshaber*), Otto von Stulpnägel, "I have ordered, once again, the shooting of fifty hostages. If the murderers have not been captured between now and October 26, 1941, at midnight, an additional fifty hostages will be executed. I am offering a reward of 15 MILLION FRANCS to inhabitants of France who contribute to discovering the culprits." Among the 48 hostages gunned down in the Choisel camp, in Châteaubriant, in Nantes, and in Paris were young Communists such as Guy Môquet, the union leader Jean-Pierre Timbaud, and the Communist Party parliament member Charles Michels.

Poster for the exhibition "Bolshevism Against Europe," which was held in the Salle Wagram during February-March 1942. This "international" exhibition was placed under the high patronage of the General Secretariat for Information at Vichy.

Les Communistes avaient promis

le pain

En U. R. S. S.
la misère est générale

la paix

Ils nous ont désarmés
et menés à la défaite

la liberté

18.000.000 INTERNÉS — 11.600.000 ASSASSINÉS

BILAN TRAGIQUE DU G. P. U.

Leur masque tombe !

vous visiterez

SALLE WAGRAM

37-39, AVENUE DE WAGRAM (Métro : ÉTOILE-TERNES)

L'EXPOSITION INTERNATIONALE

LE BOLCHEVISME CONTRE L'EUROPE

(ouverte tous les jours de 10 heures à 22 heures)

PRIX D'ENTRÉE : 2 frs (Cinéma compris)

Imprimerie Spéciale de l'Exposition

Chronique des Temps présents

CHRISTIANISME et BOLCHEVISME

par PAUL CHACK

L'ABBE Guinchard, dans sa brochure *Christianisme et Bolchevisme*, ne nous rappelle pas seulement les paroles des souverains pontifes. Il met abondamment sous nos yeux les doctrines et affirmations antireligieuses de Karl Marx, d'Engels, de Lénine et de Staline. Il examine aussi leur action : persécutions violentes alternant avec les persécutions légales. Le compte rendu des faits est emprunté à la littérature soviétique.

Au mois de décembre 1923, à l'occasion du sixième anniversaire de la Tchéka, la *Pravda* dresse le tableau de chasse. Il est fait de 458.968 cadavres : 28 évêques, 3.715 prêtres, 9.575 professeurs, 8.800 médecins, 105.000 officiers de police, 48.000 gendarmes, 23.850 fonctionnaires, 260.000 officiers. Tel est le résumé d'une période de persécution violente.

(LIRE LA SUITE EN PAGE 2, COL. 2.)

L'EXPOSITION ANTIBOLCHEVIQUE VA OUVRIR SES PORTES

(Ph. Gendre. Cl. « Aujourd'hui ».)

Un groupe de journalistes, sous la direction de M. de Lesdain, a visité les travaux de la future exposition antibolchevique qui ouvrira ses portes le 1er mars. Voici les visiteurs devant la reconstitution de l'intérieur d'une isba.

Paul Chack (who was found guilty of the "crime of treason committed through intelligence with the enemy" and executed in January 1945) evokes in his column in *Aujourd'hui* [*Today*] (February 20, 1942) the opening of the "anti-Bolshevik exhibition": "From the outset one is greeted by the Soviet paradise in which Karl Marx, leaning on the tables of the Law and surrounded by a swarm of angels with Semitic profiles, presides over the bliss of the Communist crowd of workers and peasants. Having contemplated this theoretical Garden of Eden, one next plunges into reality: an inferno."

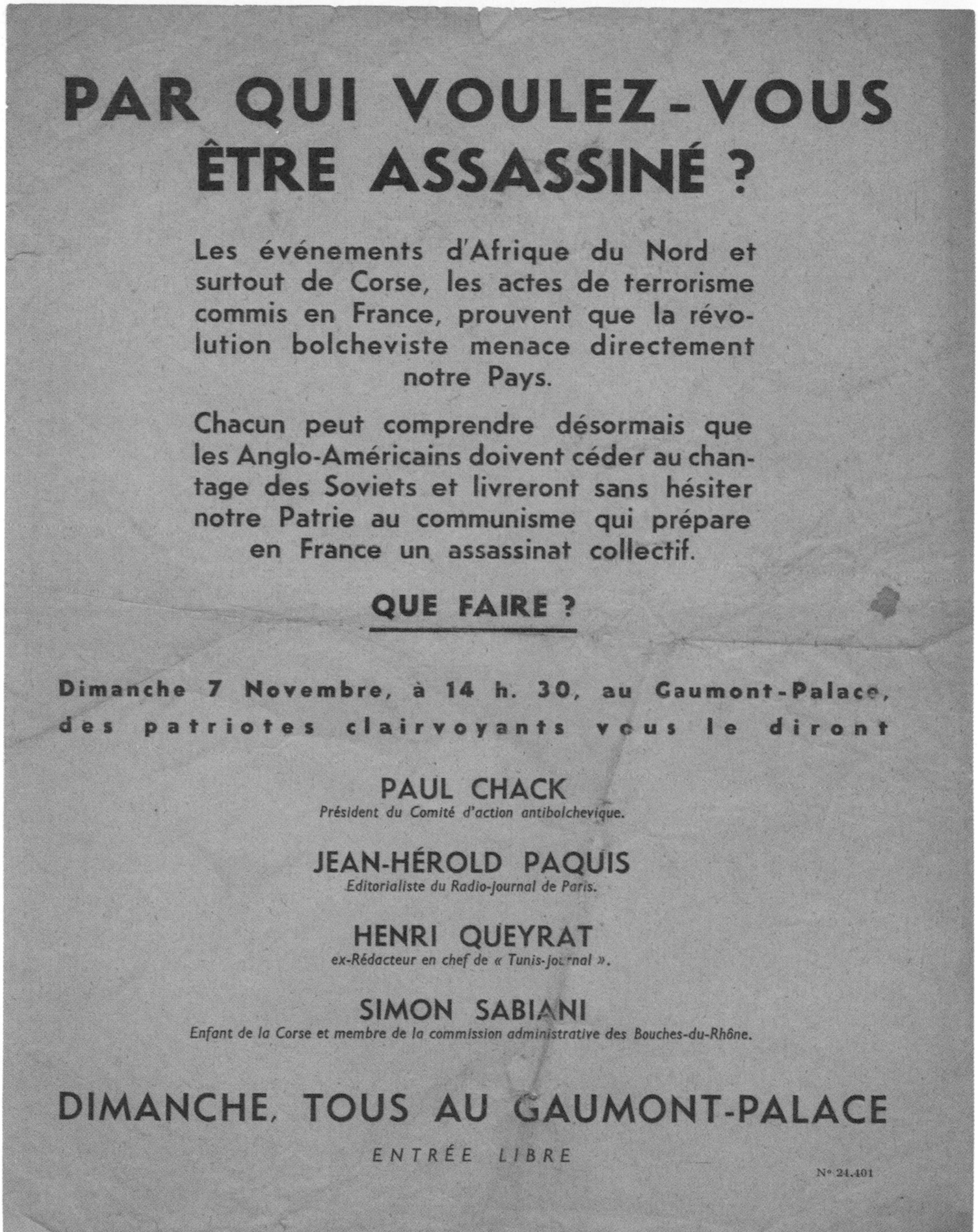

PAR QUI VOULEZ-VOUS ÊTRE ASSASSINÉ ?

Les événements d'Afrique du Nord et surtout de Corse, les actes de terrorisme commis en France, prouvent que la révolution bolcheviste menace directement notre Pays.

Chacun peut comprendre désormais que les Anglo-Américains doivent céder au chantage des Soviets et livreront sans hésiter notre Patrie au communisme qui prépare en France un assassinat collectif.

QUE FAIRE ?

Dimanche 7 Novembre, à 14 h. 30, au Gaumont-Palace, des patriotes clairvoyants vous le diront

PAUL CHACK
Président du Comité d'action antibolchevique.

JEAN-HÉROLD PAQUIS
Editorialiste du Radio-journal de Paris.

HENRI QUEYRAT
ex-Rédacteur en chef de « Tunis-journal ».

SIMON SABIANI
Enfant de la Corse et membre de la commission administrative des Bouches-du-Rhône.

DIMANCHE, TOUS AU GAUMONT-PALACE

ENTRÉE LIBRE

N° 24.401

"By whom would you like to be murdered?" An invitation to a debate on Bolshevism organized by the *Comité d'action antibolchevique* [Anti-Bolshevik Action Committee] at the Gaumont-Palace, November 7, 1943. Among the "clear-sighted patriots" announced were Paul Chack and Jean Hérold-Paquis.

72 ALMANACH HACHETTE 1941 72

LE PAYS DE FRANCE

PARIS EN L'AN 1940

Le règne de la bicyclette. — Plus de taxis, ni d'autobus. En grand nombre, ouvriers et employés de la capitale et de la proche banlieue se rendent au travail en « vélo ». D'ailleurs, « gens du monde » ou représentants ne s'y prennent pas autrement pour faire leurs visites.

Plus de camions. — Pour transporter les bagages, remorques, triporteurs et voitures à bras ! Paris possède, surtout devant les gares (ci-dessous devant Austerlitz), des stations de voitures à bras. (Cl. *Fulgur.*)

Plus de taxis. — Pardon, il y en a encore. Mais ce sont des « vélos-taxis », remorques plus ou moins élégantes tirées par des bicyclettes ou des tandems. Les vélo-cars servent aussi de taxis, mais le client y est obligé de pédaler comme le « chauffeur ». « Aide-toi, le ciel t'aidera. Ici on pédale » a affiché un vélo-car.

L'autobus à gaz. — Le gaz de ville remplace l'essence, et c'est dans ce toit surélevé qu'on emmagasine la quantité de gaz nécessaire. Silhouette caractéristique d'un autobus des lignes de la banlieue parisienne en 1940. (Cl. *Fulgur.*)

Illustrated article in the *Almanach Hachette*: "Paris in the Year 1940," showing bike-cars, bike-taxis, gas-fueled buses, representing the inventiveness of the largely illegal "système D" in a capital bereft of gasoline, without either taxis or buses. In the same almanach, published at the beginning of 1941, one can also find an advertisement for instruction via Pigier Courses: "Hurry up and learn German," learn the rudiments of a "miniature German vocabulary," read the "text of the Franco-German Armistice Agreement," memorize "the year's history," become informed about the insignia indicating ranks in the German Army," and dreamily ponder "German monetary bills circulating in occupied France."

The Place de la Concorde during the Occupation. Photo by Pierre Jahan.

Parisians under the Occupation. Two photos
by Robert Doisneau.

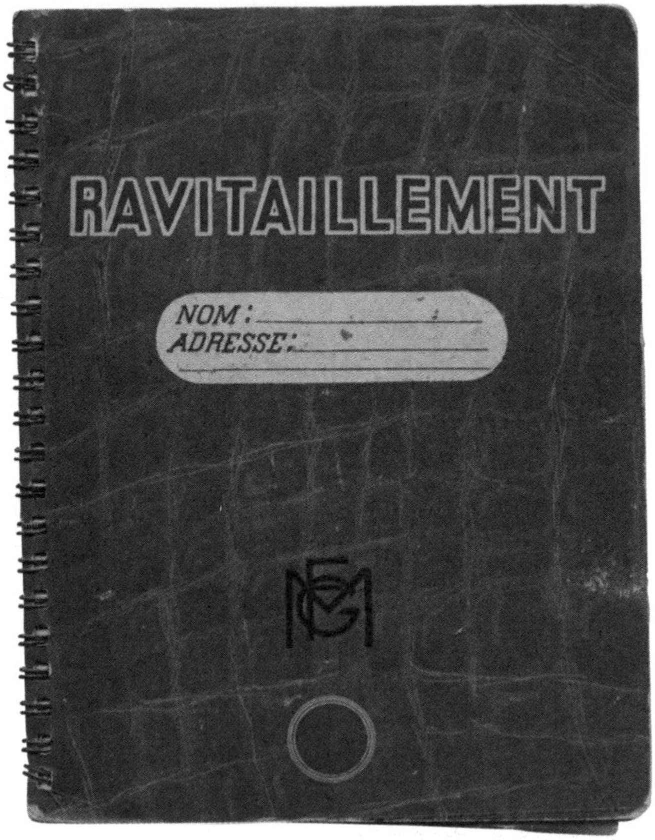

Booklet allowing one to classify different blocks of rationing tickets by category. With the Germans confiscating at least 40% of French production, the distribution of supplies, which was officially organized in the autumn of 1940, became a matter of daily preoccupation for individuals and, for the Vichy government, a battle lost on account of increasing German demands. This booklet bears the inscription: "1/21/42: In memory of times past and happy days. I am bold to give you this booklet and append my signature but I hope it will be *burned* in the course of this year. / Daniel."

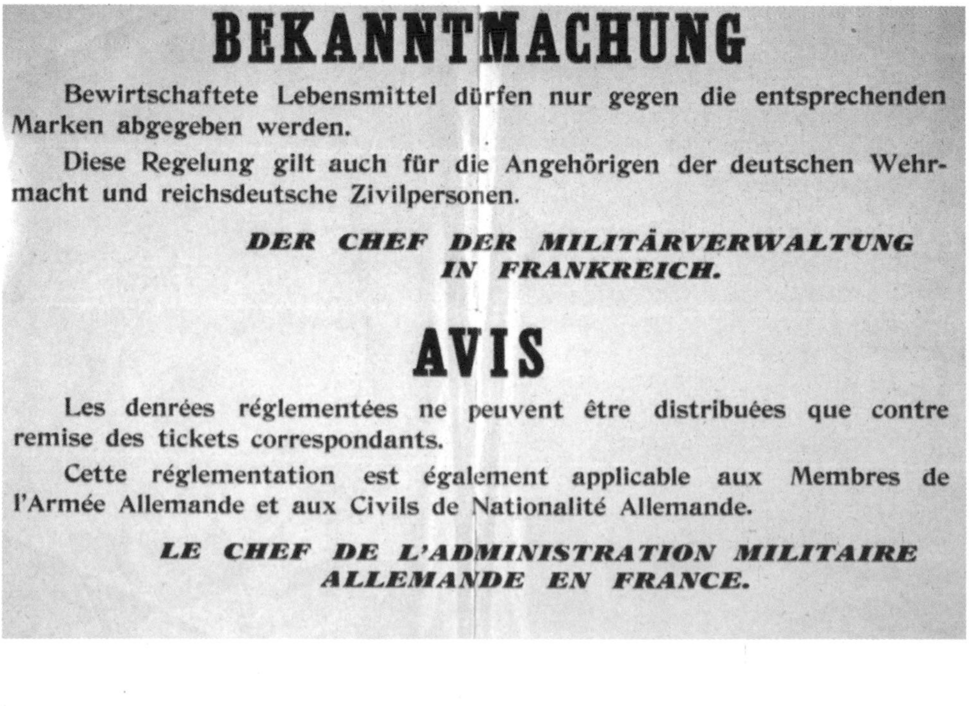

BEKANNTMACHUNG

Bewirtschaftete Lebensmittel dürfen nur gegen die entsprechenden Marken abgegeben werden.

Diese Regelung gilt auch für die Angehörigen der deutschen Wehrmacht und reichsdeutsche Zivilpersonen.

DER CHEF DER MILITÄRVERWALTUNG IN FRANKREICH.

AVIS

Les denrées réglementées ne peuvent être distribuées que contre remise des tickets correspondants.

Cette réglementation est également applicable aux Membres de l'Armée Allemande et aux Civils de Nationalité Allemande.

LE CHEF DE L'ADMINISTRATION MILITAIRE ALLEMANDE EN FRANCE.

Bilingual sign posted in October 1940, signed by the head of the German military administration in France, concerning the organization of the distribution of supplies.

UNE OBSESSION : LE RAVITAILLEMENT

Occupation allemande

Trois jours sans viande... Mais les autres jours ?...

Nouveaux Temps 23 déc-1940

IV

NOUS avons vu que pour beaucoup de nos concitoyens, les jours sans viande risquent de se multiplier.

Mais, direz-vous, il y a des jours qui sont réservés à la volaille, au lapin, au gibier, à la charcuterie et à la triperie.

D'accord : des tickets sont réservés à cette utilisation de nos cartes d'alimentation, pour ce qui est de la charcuterie, mais nous avons bien aussi des tickets d'huile, de savon, de pommes de terre, de café national dans notre carte ; nous les avons, mais ne pouvons les utiliser ! Ils restent attachés à la carte, car nous ne les échangeons que difficilement contre les produits qu'ils nous donnent le droit de mettre dans le filet de la ménagère... lorsqu'il y en a.

Il fut un temps, pas trop éloigné, où l'on pouvait encore trouver un poulet, une oie, une dinde, un lapin...

Aujourd'hui, ces produits sont taxés, comme de bien entendu, à la production et à la consommation, mais ne sont pas rationnés...

De plus, les envois directs aux détaillants sont supprimés. Résultat : comptez les Parisiens qui peuvent trouver une volaille ou un lapin !

Les arrivages aux Halles sont *si médiocres* qu'il serait ridicule de laisser espérer une répartition équitable aux Parisiens les jours sans viande. La proportion se réduirait le plus souvent à quelques grammes par personne.

Ne nous étonnons donc pas de l'activité surprenante du marché noir.

Encore un conte ! diront quelques lecteurs. Non, croyez-moi, la poule aux œufs d'or n'est plus une histoire d'enfants.

Vous pouvez trouver des poulets, des oies, des dindes, des lapins et même des œufs, en dehors de la périphérie des Halles ou même à proximité de votre marchand habituel... *mais il faut savoir y mettre le prix.*

La *gourmandise* ouvrait, maintenant la *faim* ouvre les porte-monnaie et les sacs.

A ce sujet, interrogeons les commerçants de Paris et de la banlieue.

C'est bien simple : tous se plaignent de l'*économie mal dirigée !* Ils prétendent que si le commerce était resté *libre*, il y aurait aux Halles affluence de marchandises.

De plus, la tendance des prix serait à la baisse plutôt qu'à la hausse.

En matière de volailles, les envois directs des expéditeurs de province supportaient non seulement moins de frais, mais aussi moins de risques.

Les commerçants qui vivaient *des envois directs* étant seuls responsables à l'égard des expéditeurs, deux intermédiaires au moins ne prélevaient pas leur quote-part dans la répartition du prix.

Les commerçants de la banlieue sont outrés de l'obligation qu'on leur fait d'aller tous les jours aux Halles. Ils perdent ainsi de 4 à 6 heures quotidiennement ; en outre, ils ont des frais énormes de déplacement, pour revenir les mains vides, le plus souvent.

Autre chose : si ces commerçants n'obtiennent que moins de 15 kilos de volailles, l'octroi de Paris, à la sortie, ne rembourse pas les droits perçus une première fois sur la marchandise et l'octroi intercommunal, qu'il faut franchir pour pénétrer dans la commune où se trouve leur boutique, exige également un second droit.

Comment, dans ces conditions, voulez-vous qu'ils puissent vendre au cours de la taxe le peu de marchandises qu'ils ont reçu ?

Philippe PIETRI.

(Suite page 3)

Lire en page 3 : Un... LIB...

La lutte contre les trusts

(Suite de notre article de première page)

Ce serait un sophisme.

Dans la volaille, c'est comme dans tout ce qui touche à l'alimentation.

La Maffia dont nous a déjà entretenus les *Nouveaux Temps* dans sa première enquête est plus forte que jamais.

Le marché noir est aidé et favorisé par la taxation.

Touchant certainement quatre ou cinq francs de plus par poulet, les paysans qui sont taxés à la production préfèrent vendre à n'importe quel acheteur au comptant.

Parmi ces acheteurs, beaucoup sont de véritables affameurs ; ce qu'ils payent cent sous de plus, ils le revendent trente francs plus cher.

Le rationnement n'est pas respecté en province : il vaut mieux consommer la denrée que de la laisser perdre. Les prix de la taxe ne sont pas respectés : chacun préfère recevoir dix francs de plus que vingt francs de moins. Alors, c'est Paris, c'est sa population qui, tous les jours, se serre la ceinture d'un nouveau cran.

Les paysans ne veulent plus élever de porcs ; ils tuent ceux qu'ils ont, parce qu'ils craignent la réquisition et tous ses aléas.

Pour peu que cela continue, nous avons à craindre encore de plus grandes restrictions.

Pour notre part, nous n'avons pas cessé ici d'attirer l'attention des pouvoirs publics sur la *taxation*.

Nous avons dit ce que nous en pensions dès le début.

Hier, c'était elle qui était à la bouche de tous les commerçants. Aujourd'hui, c'est elle qui monte aux lèvres des producteurs...

Les commerçants honnêtes qui, pour exercer, payent patente, doivent, quand ils ont de la marchandise, vendre à la taxe. Mais les gangsters, eux, ont de la marchandise et la vendent à des prix astronomiques.

Nous ne terminons pas encore ici notre enquête. Mais, chemin faisant, constatons qu'il est tout de même navrant de voir que jours avec viande ou jours sans viande, il est impossible de trouver une côtelette, une patte de lapin ou un cou de poulet... en dehors d'un petit cénacle où l'or est encore le roi.

Ph. P.

In the daily *Le Petit Parisien*, the issue of supplies occupied considerable space. The economics of everyday life, a matter of considerable complexity, was aggravated daily by the negligence of the Vichy government: "*Une obsession: le ravitaillement*" ["An Obsession: Supplies"], December 23, 1940: "On which day can we eat meat, and which meat? Butcher's meat is prohibited each week for three consecutive days. During two of those days, the consumption of pork products is also prohibited. Horse meat, lamb, and goat can only be consumed during days on which butcher's meat is prohibited. Finally, it is forbidden to consume tripe one day a week, which is necessarily one of the two days during which pork products are prohibited."

occupation allemande

Le ravitaillement

(Petit Parisien 27 déc. 1940)

Des mesures contre les files d'attente

Le préfet de police s'attaque résolument à l'un des maux les plus irritants de l'heure présente: la longue attente aux portes des magasins d'alimentation. Déjà pénible quand la température est clémente, le piétinement dans une file devient odieux lorsque le froid, la pluie, la neige ajoutent le frisson de la douleur physique à celui de l'anxiété.

Donc, M. Langeron a fait procéder, ces jours derniers, à une série d'expériences ayant pour objet d'étudier le moyen de supprimer ou tout au moins d'atténuer ce mal. Ces expériences ont porté sur des commerces régulièrement approvisionnés: confiseries, chocolateries, vins à emporter, etc. Une grande maison de la rue Drouot, une autre des Champs-Elysées, notamment, ont servi — si l'on peut dire — de « laboratoires d'essais ».

Simple dans le principe, puisqu'il s'agit de donner des numéros d'ordre, l'opération pouvait l'être moins dans l'application, puisqu'il fallait éviter de remplacer une file par une autre: celle des acheteurs par celle des aspirants-acheteurs. On a résolu le problème de la façon suivante: à toute heure de la journée, dès qu'un client se présente, on lui remet un numéro qui fait partie d'une série dont l'épuisement durera au plus une demi-heure. Il n'a qu'à revenir avec son numéro à l'heure indiquée. Même s'il est le dernier de sa série, l'attente est réduite à trente minutes au maximum. Le stationnement aux abords des magasins est interdit à quiconque n'est pas porteur d'un numéro de la série en cours.

L'expérience a réussi, et un arrêté préfectoral rend obligatoire cette façon d'agir pour tous les commerces qui sont quotidiennement ravitaillés.

LÉON GROC.

Le taux des rations alimentaires pour janvier

Le secrétaire d'Etat au Ravitaillement communique :

Le taux des rations pour un certain nombre de denrées à délivrer en échange des coupons de la carte individuelle d'alimentation pendant le mois de janvier 1941 vient d'être fixé :

Sucre, coupon n° 2 : enfants de moins de trois ans, ration portée à un kilo ; toutes autres catégories de consommateurs, ration maintenue à 500 grammes.

Mélange de café, coupon n° 3 : enfants de moins de trois ans, néant ; toutes autres catégories de consommateurs, 250 grammes, composés de 60 grammes de café et 190 grammes de succédanés.

Pâtes alimentaires ou semoules, coupon n° 4 : toutes catégories de consommateurs, ration maintenue à 500 grammes.

Riz ou orge perlé, coupon n° 5 : enfants de moins de trois ans, ration portée à 200 grammes ; toutes autres catégories de consommateurs, ration portée à 100 grammes.

Légumes secs, coupon n° 6 : enfants de moins de trois ans, ration dont le taux sera fixé ultérieurement ; toutes autres catégories de consommateurs, 250 grammes.

Pour les légumes secs faites-vous inscrire chez votre détaillant

La vente des légumes secs va être de nouveau autorisée à partir du mois de janvier. Le taux de la ration a été fixé, comme nous venons de le dire, à 250 grammes par personne. Toutefois, seuls pourront participer à cette répartition les consommateurs qui, *avant le 8 janvier*, se seront fait inscrire chez un détaillant.

Le Petit Parisien, December 27, 1940: *"Des mesures contre les files d'attente"* [Measures Against Waiting on Line].

France a pu rétablir en — dons de la Croix-Rouge

CONFUSION

— Quel est votre morceau préféré ?
— Le rumsteck. *(Dessin d'Henry dans* Paris-Soir.*)*

de commerce se renou- — ports des États-Unis,

ecine. — tribution de comprimés
rofesseur Sergent est élu — enfants. — 25, Le profe

LA VIE CHÈRE

Le Renard et le Corbeau. (Version 1940.)
(Dessin d'Henry dans l'Œuvre.*)*

Satirical cartoons—deliberately non-political—by Maurice Henry, published in the *Almanach Hachette 1942*. Henry, both a journalist and a filmmaker, was a former member of the Surrealistic group *"Le Grand Jeu"* [The Great Game].

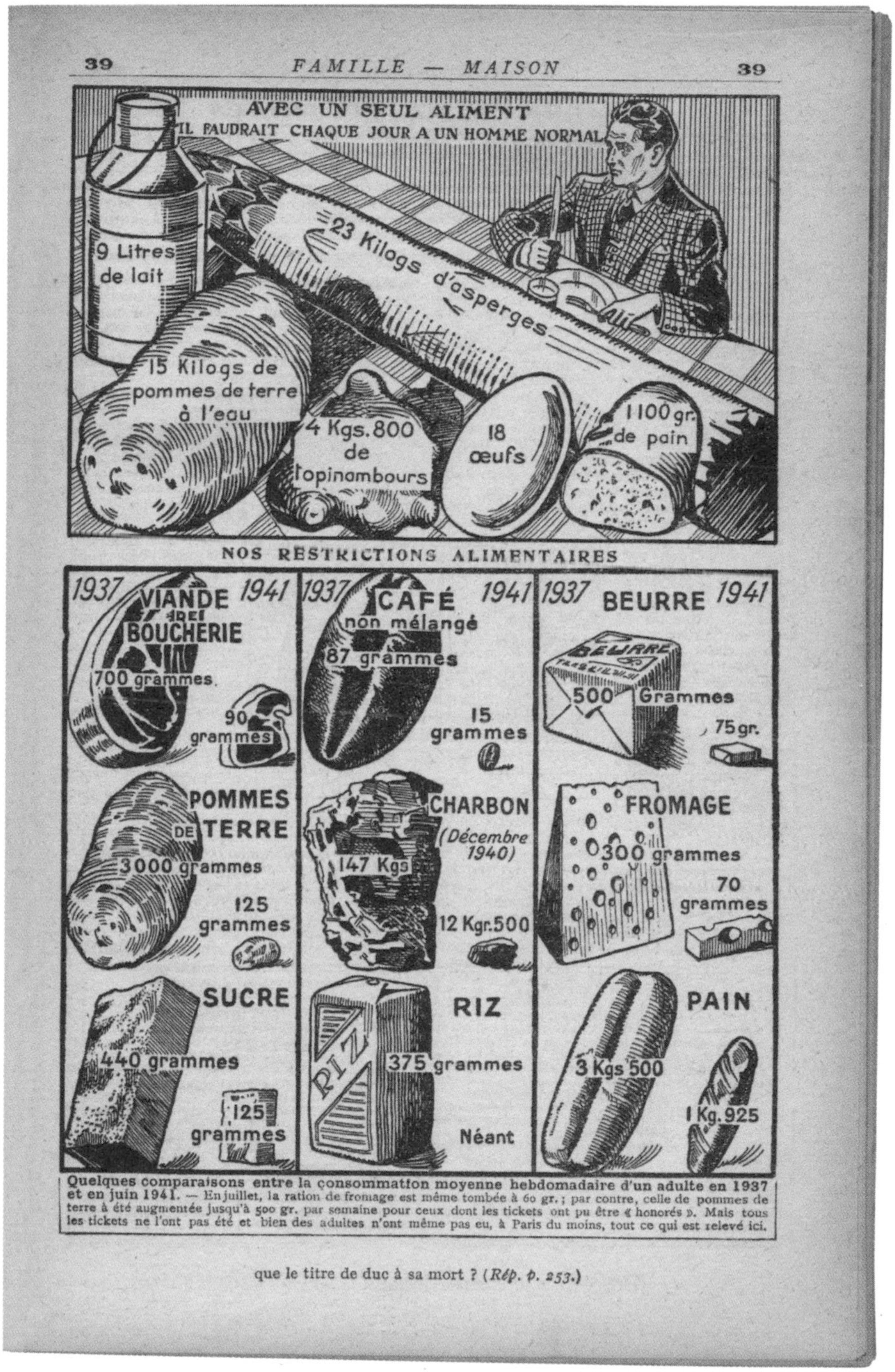
39 FAMILLE — MAISON 39

NOS RESTRICTIONS ALIMENTAIRES

Quelques comparaisons entre la consommation moyenne hebdomadaire d'un adulte en 1937 et en juin 1941. — En juillet, la ration de fromage est même tombée à 60 gr. ; par contre, celle de pommes de terre à été augmentée jusqu'à 500 gr. par semaine pour ceux dont les tickets ont pu être « honorés ». Mais tous les tickets ne l'ont pas été et bien des adultes n'ont même pas eu, à Paris du moins, tout ce qui est relevé ici.

que le titre de duc à sa mort ? (*Rép. p. 253.*)

On this page of the *Almanach Hachette 1942* devoted to "our dietary restrictions" there is a comparison of the average weekly quantity of meat, potatoes, sugar, bread, etc. consumed by an adult in 1937 and in 1941.

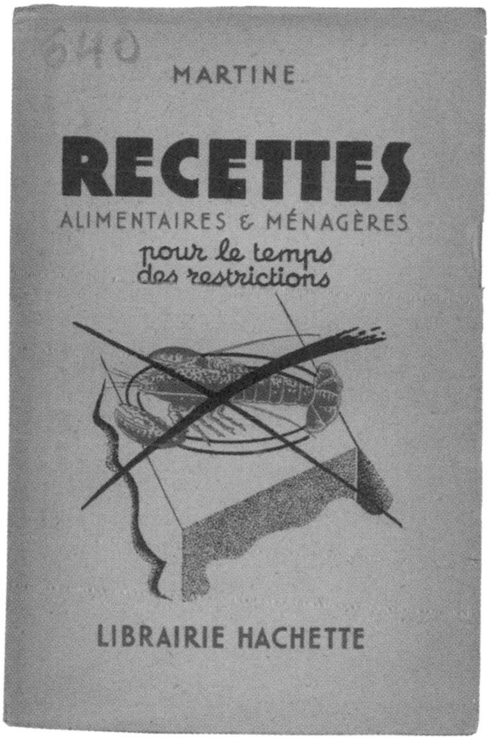

Martine, *Recettes alimentaires & ménagères pour le temps des restrictions* [Recipes for Kitchen and Home during the Time of Restrictions]. This work, inspired by circumstance, published by Librairie Hachette in 1942, includes recipes for a six-person omelette made with a single egg, meatless "war pâté," various "war cakes" and other "restriction pastries." Rutabaga, Jerusalem artichokes, and salsify also enjoy pride of place.

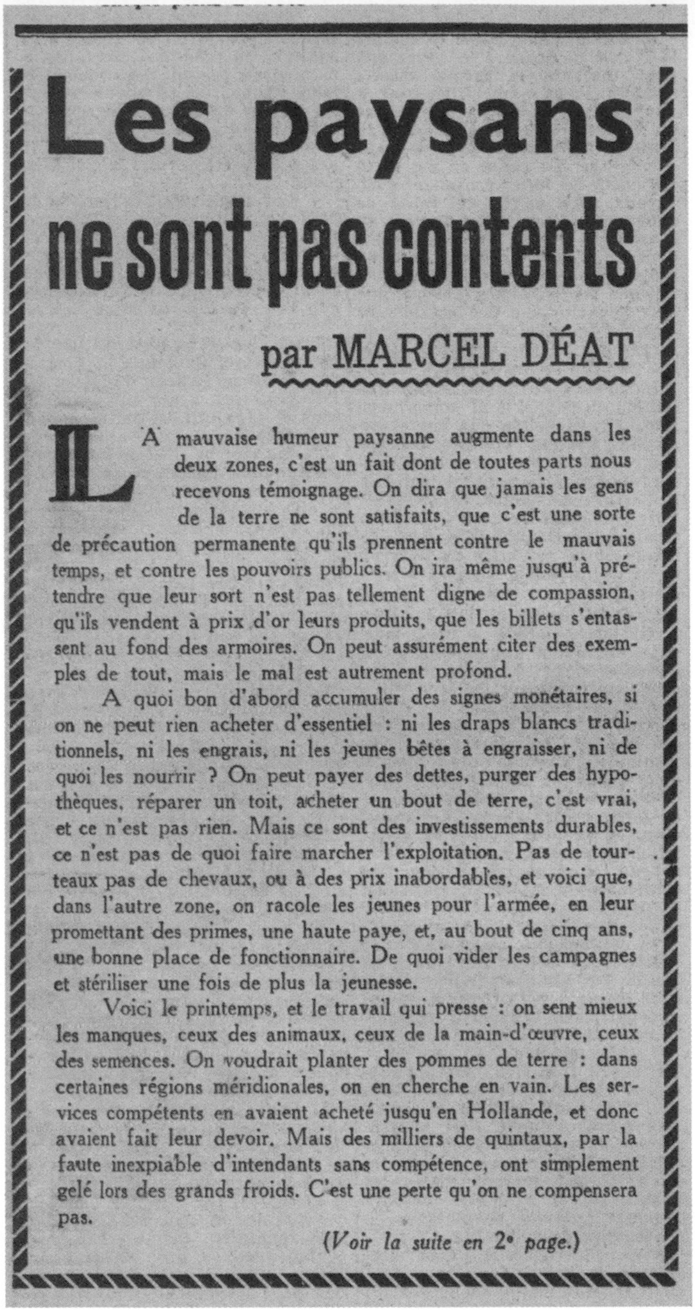

Les paysans ne sont pas contents

par MARCEL DÉAT

LA mauvaise humeur paysanne augmente dans les deux zones, c'est un fait dont de toutes parts nous recevons témoignage. On dira que jamais les gens de la terre ne sont satisfaits, que c'est une sorte de précaution permanente qu'ils prennent contre le mauvais temps, et contre les pouvoirs publics. On ira même jusqu'à prétendre que leur sort n'est pas tellement digne de compassion, qu'ils vendent à prix d'or leurs produits, que les billets s'entassent au fond des armoires. On peut assurément citer des exemples de tout, mais le mal est autrement profond.

A quoi bon d'abord accumuler des signes monétaires, si on ne peut rien acheter d'essentiel : ni les draps blancs traditionnels, ni les engrais, ni les jeunes bêtes à engraisser, ni de quoi les nourrir ? On peut payer des dettes, purger des hypothèques, réparer un toit, acheter un bout de terre, c'est vrai, et ce n'est pas rien. Mais ce sont des investissements durables, ce n'est pas de quoi faire marcher l'exploitation. Pas de tourteaux pas de chevaux, ou à des prix inabordables, et voici que, dans l'autre zone, on racole les jeunes pour l'armée, en leur promettant des primes, une haute paye, et, au bout de cinq ans, une bonne place de fonctionnaire. De quoi vider les campagnes et stériliser une fois de plus la jeunesse.

Voici le printemps, et le travail qui presse : on sent mieux les manques, ceux des animaux, ceux de la main-d'œuvre, ceux des semences. On voudrait planter des pommes de terre : dans certaines régions méridionales, on en cherche en vain. Les services compétents en avaient acheté jusqu'en Hollande, et donc avaient fait leur devoir. Mais des milliers de quintaux, par la faute inexpiable d'intendants sans compétence, ont simplement gelé lors des grands froids. C'est une perte qu'on ne compensera pas.

(Voir la suite en 2e page.)

In *L'Œuvre* (March 7, 1941), an article by Marcel Déat, "*Les paysans ne sont pas contents*" [The Peasants Are not Happy]: "The bad mood of the peasantry is growing in both zones . . . It will be said that the toilers of the soil are never satisfied, that it's a kind of permanent precaution they take against bad weather, and against the public authorities. It will even be claimed that their fate is not all that worthy of our compassion, that they sell their produce as though it were gold, that the money is piling up in the back of their closets." Déat, who was the political editor of *L'Œuvre*, founded in February 1941 one of the main Collaborationist parties, the Rassemblement national populaire [National Popular Rally, RNP].

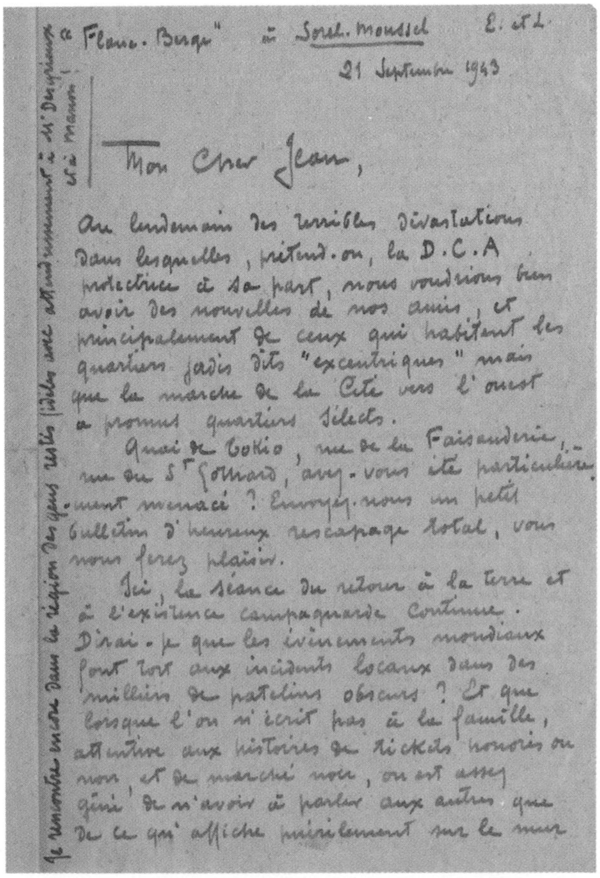

« Flanc-Berge » à Sorel-Moussel E. et L.

21 Septembre 1943

Mon Cher Jean,

Au lendemain des terribles dévastations dans lesquelles, prétend-on, la D.C.A protectrice a sa part, nous voudrions bien avoir des nouvelles de nos amis, et principalement de ceux qui habitent les quartiers jadis dits "excentriques" mais que la marche de la Cité vers l'ouest a promus quartiers sélects.

Quai de Tokio, rue de la Faisanderie, rue du St Gothard, avez-vous été particulièrement menacé ? Envoyez-nous un petit bulletin d'heureux rescapage total, vous nous ferez plaisir.

Ici, la séance du retour à la terre et à l'existence campagnarde continue. Dirai-je que les événements mondiaux font tort aux incidents locaux dans des milliers de patelins obscurs ? Et que lorsque l'on n'écrit pas à la famille, attentive aux histoires de tickets honorés ou non, et de marché noir, on est assez gêné de n'avoir à parler aux autres que de ce qui affiche présentement sur le mur

Letter from Miguel Zamacoïs, a refugee living in the countryside, to the publisher Jean Fayard (September 21, 1943), requesting news "following the terrific devastation" caused by the anti-aircraft artillery, and evoking the black market. "Like the majority of those temporarily deprived of distractions, we thus exist solely in order to try to eat, and all our moves are dictated by the topographical necessities of a virtual map that is strictly governed by considerations of nourishment. One needs go to such and such farm in the west in order to ask for a bit of milk and to such and such other farm in the north, north-east to possibly obtain a bit of surplus. Given that all we have here is the baker, our references on the regional map are the corner of rue d'Anet, Ezy-sur-Eure, Marcilly, Nonains, where the grocer, who's related to the one in Montrouge, works in the normal market, occasionally with shades of gray."

le ROUGE et le BLEU

3 francs

REVUE DE LA PENSÉE SOCIALISTE FRANÇAISE

25 AVRIL 1942
NUMÉRO 26

DIRECTEUR : CHARLES SPINASSE

PARAIT TOUS LES SAMEDIS

Circuit "B"

TOUT IRAIT MIEUX SI LE MARCHE NORMAL, CIRCUIT «A» ETAIT AUSSI BIEN ORGANISE QUE L'EST MALHEUREUSEMENT LE TERRIBLE CIRCUIT «B» : LE

MARCHÉ NOIR

par **PIERRE HAMP**

E marché noir a sa consécration officielle dans l'appellation administrative sinon dans les lois. Les rapports le nomment le Circuit B, par opposition à la répartition régulière qui est le Circuit A. Le marché noir n'a pas rendu sa politesse à l'administration en consacrant une de ses spécialités, par exemple : le Gâchis A. Il n'existe pas de Gâchis B. Aucune marchandise de vente clandestine n'est mise en péril de pourriture, tandis qu'on peut citer de nombreux endroits où les amas de pommes de terre sont devenus du fumier grâce aux soins du Ravitaillement ou plutôt du Dévitaillement. A Verberie, dans l'Oise, altitude 33 mètres, 1771 habitants, 57 kilomètres de Paris et 38 de Luzarches, les célébrités locales ne sont plus seulement la maison du XIVe siècle, l'église du XIIe, la chapelle abandonnée du XVe, mais les pommes de terre délaissées qui sont du poids de cent tonnes dans la féculerie, lieu commode pour entasser du stock, car il y existe de suffisants magasins. En temps normal, quand l'usine marchait, les lieux étaient chauffés et les pommes de terre promptement remuées et mises en œuvre. Livrées au gel et à l'entassement, elles se sont gâtées. Un incident de cette qualité ne peut avoir lieu sur le Circuit B. Mieux vaut mal distribuer que bien pourrir. Heureusement, l'administration des répartiteurs officiels se fait aider dans l'attribution des marchandises par bien des auxiliaires avec qui l'on est certain que tout passera par le bec et que rien n'ira à la gadoue. Le marché noir n'est point pratiqué que par des gens qui se cachent pour circuler, choisissent les heures sombres et s'enfuient en abandonnant leur charge dès que le gendarme montre son képi ou que l'inspecteur sort son sifflet. Ces mœurs de contrebandiers ne conviennent qu'aux malheureux qui essaient de passer un petit paquet et font de la course à pied ou à vélo. Pour les tonnages voiturés, ce romantisme routier à sauts de puce n'est pas nécessaire. Une des plus belles organisations du Circuit B, pour distribution de marchandise sans ticket à des personnes qui n'y ont aucun droit, est le Secours National. On a beaucoup utilisé l'adjectif « national ». Il n'est pas une garantie de loyauté de la marchandise et de pureté des consciences. Dire du café qu'il est national, prouve qu'on ne sait pas de quoi il est fait. Pour la chaussure nationale, on est bien certain qu'il n'y entre pas de cuir. Attention au pain national. Dès qu'il sera pétri, nous pourrons nous tenir le ventre, non de rire mais de colique.

(Lire la suite en page 7.)

• Un jeune apprenti mineur sur le carreau de la mine. (Photo Séruzier.)

VOUS LIREZ EN PAGES 8 ET 9 :

Une solution au problème de la dépopulation

MARIEZ-VOUS JEUNES !

et la liste des gagnants à notre concours du

«DESSINATEUR SANS NOM»

In the weekly *Le Rouge et le Bleu* [The Red and the Blue], "the journal of French Socialist Thought," edited by Charles Spinasse, Pierre Hamp published an investigation of the black market on April 25, 1942: "All would be much better if the normal market (Circuit A) were as well organized as the terrible black market (Circuit B) unfortunately is."

ASSOCIATION DES DAMES FRANÇAISES
10, rue GAILLON
CHARITÉ · PATRIOTISME

...NE SEINE S

...INE

Mairie à ....

CARTE DE CHARBON

POUR LES BESOINS DOMESTIQUES
du 1er Avril 1942 au 31 Mars 1943

CHAUFFAGE

Titulaire MARE Michel

Adresse 46 rue de la Santé

Ménage composé de 2 personnes

10 JUIN 1942

SERVICE ... MAIRIE ... XIVe

INSTRUCTIONS. - 1° L'ordre de numérotage des coupons indique celui de leur utilisation. Un arrêté préfectoral fixera les dates auxquelles chacun des coupons peut être utilisé, en même temps que la quantité de charbon à laquelle il correspond.
2° Toute cession de coupons à titre onéreux ou gratuit est interdite et est punie par les lois et règlements en vigueur.

LA LOI DU 16 JUILLET 1941 PUNIT D'UNE PEINE DE PRISON QUI NE PEUT ÊTRE INFÉRIEURE A 6 MOIS, QUICONQUE CONTREFERA OU FALSIFIERA LA PRÉSENTE CARTE OU METTRA EN CIRCULATION UNE CARTE CONTREFAITE OU FALSIFIÉE.

"Coal card for domestic needs," valid from April 1, 1942 to March 31, 1943.

Tobacco card, once the property of Otto Freundlich: this card (#713), valid at Shop #105 belonging to Vergès, was issued to him by the Ministry of National Economy and Finance, July 1, 1942.

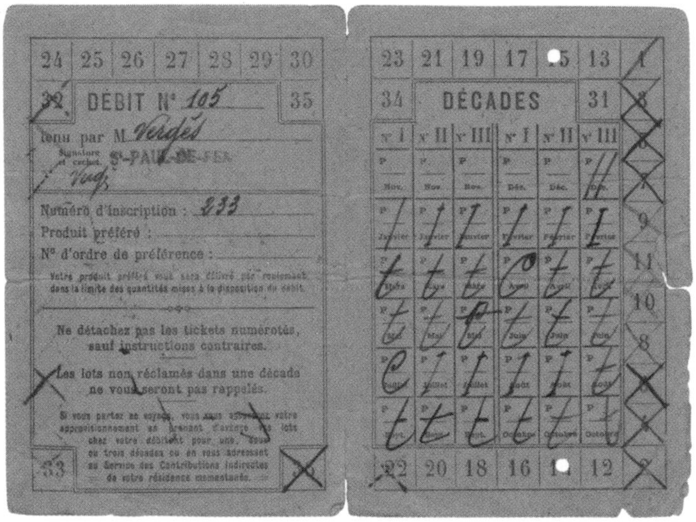

24 25 26 27 28 29 30

32 DEBIT N° 105 35

tenu par M. Vergès

Signature et cachet St-PAUL-DE-FEN...

Numéro d'inscription : 233

Produit préféré :

N° d'ordre de préférence :

Votre produit préféré vous sera délivré par roulement dans la limite des quantités mises à la disposition du débit.

Ne détachez pas les tickets numérotés, sauf instructions contraires.

Les lots non réclamés dans une décade ne vous seront pas rappelés.

33

23 21 19 17 15 13

34 DÉCADES 31

22 20 18 16 14 12

"Clothing and textile card" issued in 1941, containing pink coupons "for the purchase of shoes" and "vouchers for the purchase of textiles" for the family of André Mare. The multicolor tickets date from the postwar period, when it was still necessary to regulate their distribution.

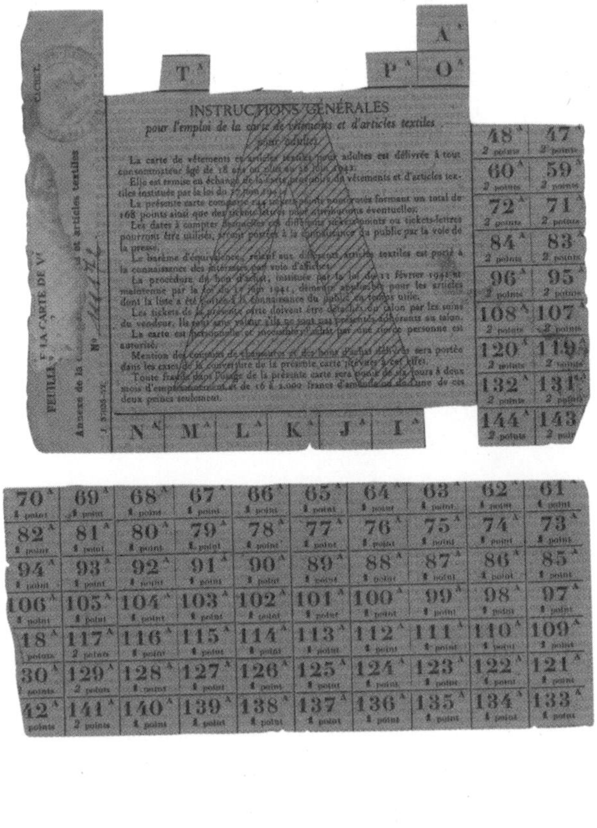

T P O A

INSTRUCTIONS GÉNÉRALES
pour l'emploi de la carte de vêtements et d'articles textiles

N M L K J I

70	69	68	67	66	65	64	63	62	61
82	81	80	79	78	77	76	75	74	73
94	93	92	91	90	89	88	87	86	85
106	105	104	103	102	101	100	99	98	97
18	117	116	115	114	113	112	111	110	109
30	129	128	127	126	125	124	123	122	121
42	141	140	139	138	137	136	135	134	133

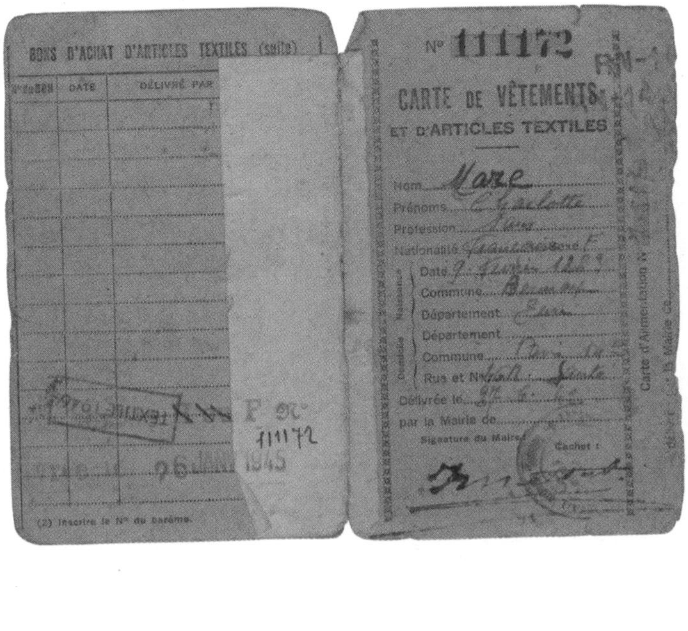

BONS D'ACHAT D'ARTICLES TEXTILES (suite)

06 JANV 1945

111172

(2) Inscrire le N° du barème.

N° 111172

CARTE DE VÊTEMENTS ET D'ARTICLES TEXTILES

Nom Mare

Prénoms Charlotte

Profession

Nationalité Française

Date

Commune

Département

Rue et N°

Délivrée le

par la Mairie de

Signature du Maire

Cachet :

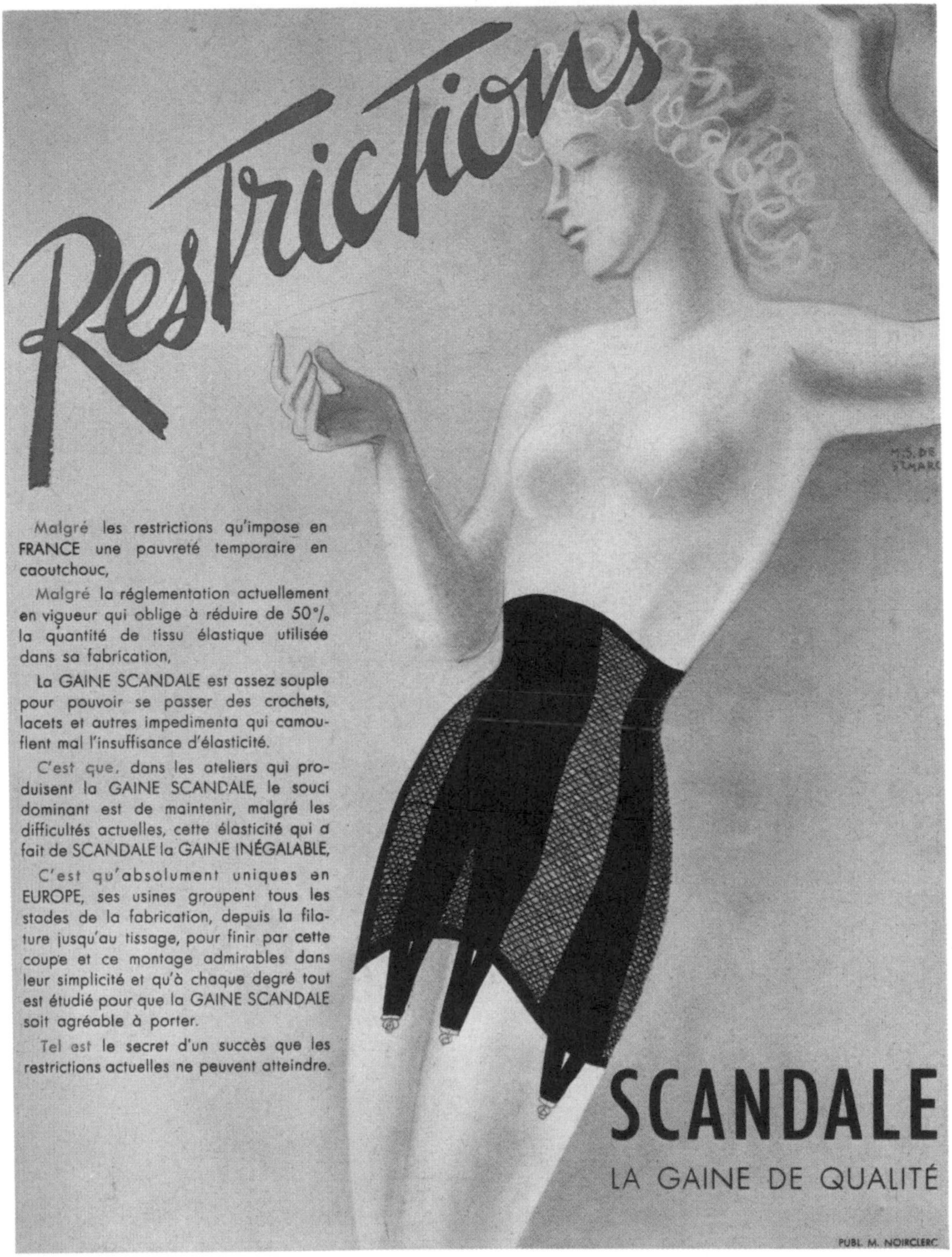
Restrictions
Malgré les restrictions qu'impose en FRANCE une pauvreté temporaire en caoutchouc,
Malgré la réglementation actuellement en vigueur qui oblige à réduire de 50°/o la quantité de tissu élastique utilisée dans sa fabrication,
La GAINE SCANDALE est assez souple pour pouvoir se passer des crochets, lacets et autres impedimenta qui camouflent mal l'insuffisance d'élasticité.
C'est que, dans les ateliers qui produisent la GAINE SCANDALE, le souci dominant est de maintenir, malgré les difficultés actuelles, cette élasticité qui a fait de SCANDALE la GAINE INÉGALABLE,
C'est qu'absolument uniques en EUROPE, ses usines groupent tous les stades de la fabrication, depuis la filature jusqu'au tissage, pour finir par cette coupe et ce montage admirables dans leur simplicité et qu'à chaque degré tout est étudié pour que la GAINE SCANDALE soit agréable à porter.
Tel est le secret d'un succès que les restrictions actuelles ne peuvent atteindre.
SCANDALE
LA GAINE DE QUALITÉ
PUBL. M. NOIRCLERC

Advertisement, published in the magazine *Images de France* (September 1941) for a corset from Scandale, matchless "despite the restrictions imposed in France by a temporary shortage of rubber."

dans le port de Tsin-Tao battant emblème de l'Union Jack.

était attaché naval à l'ambassade du Japon à Washington.

une nouvelle vedette.

POUR AVOIR DE BEAUX TISSUS

"EVENTREZ VOS MATELAS

et... à vos quenouilles mesdames!"

conseille Raymond DUNCAN

Ces dames, qui entourent le maître (*au milieu et en bas*), sont les propagandistes de cette mode antique retrouvée. — (Photo « Paris-soir ».)

Entre deux manifestations poétiques, entre deux conférences s'installent, dans la salle, les fileuses.

Fileuses de tout âge, mais toutes disciples et admiratrices de l'éternel révolutionnaire que demeure Raymond Duncan...

Celui-ci, la quenouille en main, comme tout le monde dans l'assistance, nous a expliqué que, devant la raréfaction des tissus, il avait trouvé un remède efficace.

— Vous ne savez peut-être pas, monsieur, que l'on dort beaucoup mieux sur une couche dure plutôt que sur une couche molle...

» Or, tous les Parisiens, tous les Français, tous ceux même qui se croient civilisés dans le monde entier, reposent sur des matelas moelleux, à l'encontre de leur bien réel...

(Lire la suite en troisième page.)

Le général BLANCHARD

grand-croix de la Légion d'honneur

Le général Blanchard, qui commandait, le 10 mai 1940, le 1er corps d'armée, vient de faire l'objet d'une magnifique citation, à l'occasion de son élévation à la dignité de grand-croix de la Légion d'honneur.

Au cours de la campagne 1939-1940, le général Blanchard remplaça le général Billotte, qui s'était tué dans un accident d'auto, à la tête du 1er corps d'armée.

Communiqué allemand

BERLIN, 12 Février.

Le Grand Quartier Général allemand communique :

Un sous-marin a coulé 21.500 tonnes de navires de commerce ennemis.

Lors d'attaques efficaces, contre des navires dans les mers proches de l'Angleterre, des avions de combat ont coulé un cargo de 7.000 tonnes et en ont sérieusement endommagé deux autres.

La tentative faite hier par l'ennemi de pénétrer au-dessus des régions occupées de la côte de la Manche a échoué une fois de plus.

Au cours de cette tentative, l'ennemi a perdu quatre avions dont deux en combat aérien, un abattu par la D.C.A. et un autre par l'artillerie de la marine.

La nuit dernière, l'ennemi a lancé quelques bombes explosives et incendiaires sur des quartiers d'habitation dans le centre et le nord-ouest de l'Allemagne. Quelques victimes parmi la population civile et de légers dégâts matériels sont à déplorer. Selon des témoignages précis au cours de l'attaque effectuée le 10 février par des avions de combat à grand rayon d'action contre un convoi britannique naviguant à l'ouest de la côte portugaise, six navires totalisant 29.500 tonnes ont été coulés.

On apprend aujourd'hui que lors de l'attaque ennemie contre le territoire du Reich effectuée dans la nuit du 11, cinq nouveaux appareils ennemis ont été abattus. Le chiffre total des avions britanniques détruits dans la journée du 10 et la nuit du 11 se monte donc à trente-huit.

Lead headline in the daily *Paris-Soir* (February 14, 1941): "To have beautiful cloth, 'gut your mattresses and . . . start spinning, Mesdames!' advises Raymond Duncan." The brother of the dancer Isadora Duncan was known for his rather picturesque ideas and manner of living –"in the old style"–right in the heart of the Latin Quarter.

The young Belgian Surrealist Christian Dotremont left Brussels on April 23, 1941, in quest of his "first Parisian adventure": welcomed and assisted by Paul Éluard, the Bohemian poet was also lodged in occupied Paris by the Resistance-member Henri Poetz, who photographed the "old child with the face blighted by timidity" accompanied by the girl he was then in love with, Régine Raufast . . . In that same year, along with Noël Arnaud, Henri Goetz and François Chabrun, Christian Dotremont decided, despite the Occupation, to publish a Surrealist journal, *La Main à plume* [The Hand with the Pen], the title taken from a verse of Rimbaud.

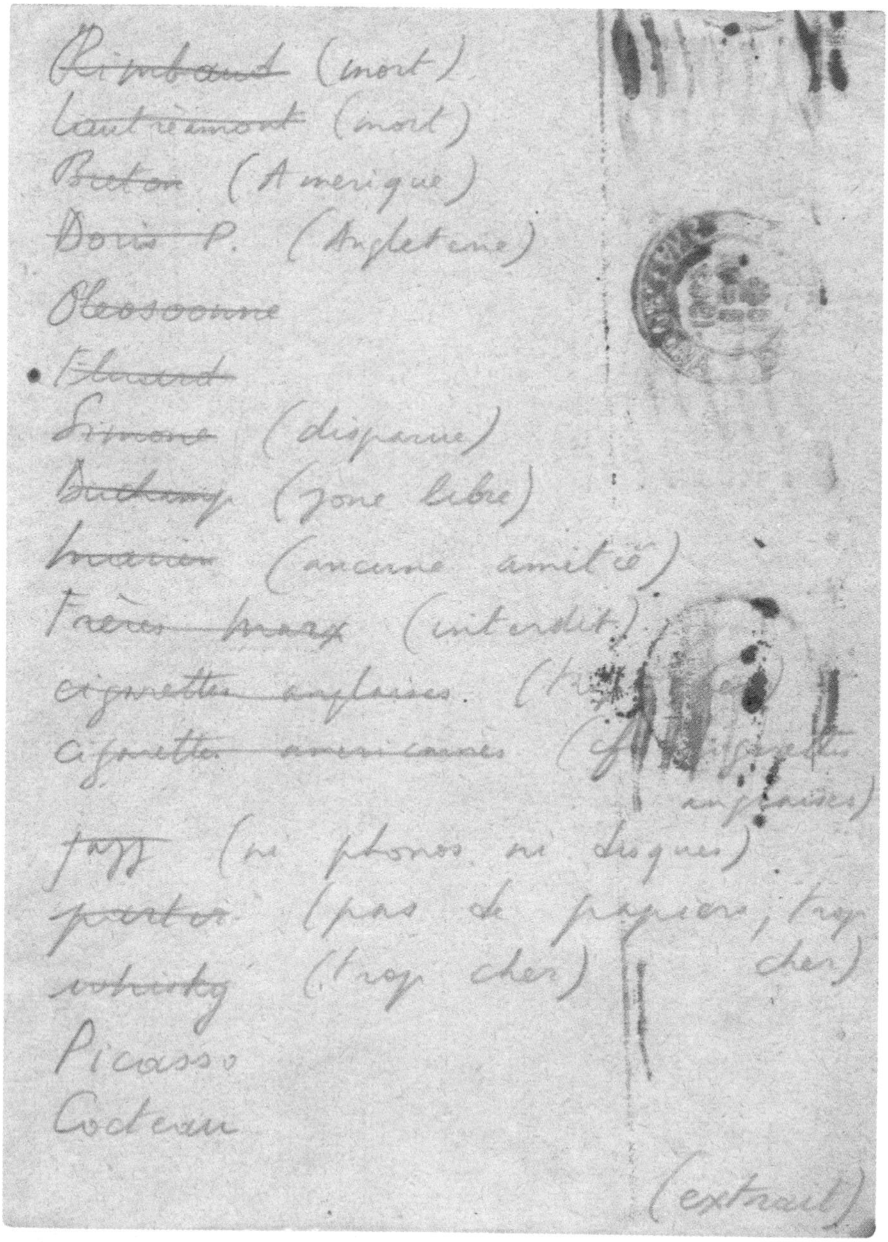
Rimbaud (mort)
Lautréamont (mort)
Breton (Amérique)
Doris P. (Angleterre)
Éluard
Simone (disparue)
Duchamp (zone libre)
(aucune amitié)
Frères Marx (interdit)
cigarettes anglaises (trop chères)
cigarettes américaines (cf. cigarettes anglaises)
Jazz (ni phonos ni disques)
partir (pas de papiers, trop cher)
whisky (trop cher)
Picasso
Cocteau
(extrait)

On an interzone card from Christian Dotremont to Paul Éluard, dated May 26, 1942, the young poet lists desirable persons or things during a time of occupation: "Rimbaud (dead) / Lautréamont (dead) / Breton (America) / . . . / Marx Brothers (banned) / English cigarettes (too expensive) / American cigarettes (cf. English cigarettes) / jazz (no phonographs no records) / leaving (no papers, too expensive) / whiskey (too expensive) / Picasso/Cocteau."

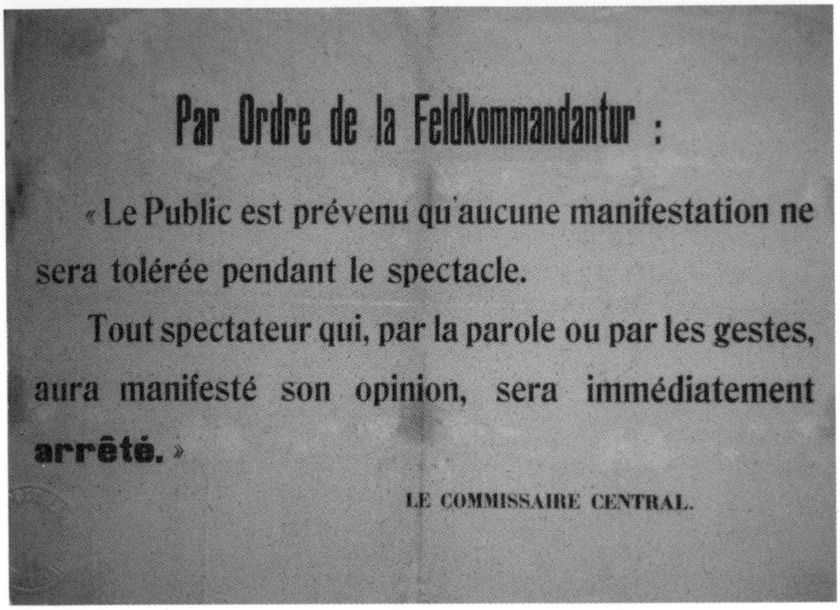

Par Ordre de la Feldkommandantur :

« Le Public est prévenu qu'aucune manifestation ne sera tolérée pendant le spectacle.

Tout spectateur qui, par la parole ou par les gestes, aura manifesté son opinion, sera immédiatement **arrêté.** »

LE COMMISSAIRE CENTRAL.

Notice threatening with arrest any member of the audience voicing his opinion, by order of the *Feldkommandantur*.

Two photos of Alain Cuny and Marcel Herrand in costume, leaving their hotel at Joinville-le-Pont during the shooting of *Les Visiteurs du soir* in 1942.

ALCIFRANCE présente:
ARLETTY
JULES BERRY
DANS UN FILM DE MARCEL CARNÉ ET JACQUES PRÉVERT
LES VISITEVRS DV SOIR
UNE LÉGENDE D'AMOUR ET DE MORT
LE GRAND PRIX D'ART
DU CINÉMA FRANÇAIS

Poster for the film *Les Visiteurs du soir* [The Devil's Envoys] (1942): Arletty, Jules Berry, Marcel Herrand, Marie Déa, Fernand Ledoux, Roger Blin, and Alain Cuny were hired by Marcel Carné for his film, with a scenario by Jacques Prévert and Pierre Laroche. Shot between April and September 1942 in the Saint-Maurice Studios (Val-de-Marne), then on location midst the landscape near Nice, the film was immediately subjected to the vicissitudes of wartime restrictions; only the stars were given beautiful costumes; extras were dressed in rayon; the banquet scene almost took a disastrous turn, since the actors, who were famished, threw themselves on the provisions, which had been assembled with difficulty: the fruit had to be injected with phenol to keep it from being consumed. Horses were loaned by the Republican Guard of Vichy. "The shooting of the film did not proceed well," Alain Cuny would recount in an interview. "Carné wanted to leave the film. He understood nothing of it. He had sent me his representative, who told me that he did not at all know how to proceed with me, and was about to stop everything. A disaster was expected. It was a triumph." When it appeared in December 1942, *Les Visiteurs du soir* enjoyed considerable success—it obtained the Grand Prix du cinéma français—but, it appears, the political implications of the film were not understood at the time.

"*La Relève continue*!" [The Relief Effort Continues!], a collaborationist propaganda poster, dated August 11, 1942. In his June 22, 1942 speech, which was broadcast by radio, Pierre Laval launched the watchword: "*Relève*" [Relief]. In response to the demands of the occupation authorities, French prisoners were to be brought back in exchange for workers, who were also French. For every three volunteers sent to the factories of the Reich, the Nazi authorities agreed to free one prisoner of war.

The return of prisoners, photographed by Pierre Jahan. The first train of the "relieved" was welcomed by Pierre Laval on August 11, 1942. The law of September 4, 1942 allowed the government to mobilize the necessary labor force from men aged 18 to 50 and from unmarried women aged 21 to 35. Five months later, the Service du travail obligatoire [Compulsory Work Service, STO] was established: more than 650,000 "requested in the name of the STO" and duly remunerated swelled the ranks of volunteer workers, but also those of the Milice or the Légion des volontaires français [Legion of French Volunteers, LVF], created in 1941 to fight against "Bolshevism." This was also a time when many of the young joined the underground Resistance.

Cher Monsieur,
ci dessous un ramassis d'âneries pour compléter votre documentation. Je vous aurai écrit plus longuement et
si je n'avais pas eu peur de subir le sort de votre Templier du Bois, je vous aurais signé.
Un de vos lecteurs qui a tout à fait votre point de vue
L.M.

Octobre 1942 — No 12

LE FRANC-TIREUR

Mensuel dans la mesure du possible et par la grâce de la police de Pierre Laval

LIBERTÉ — ÉGALITÉ — FRATERNITÉ

C'EST LA CHASSE AUX FRANÇAIS

Voilà où ils nous ont mené, à force d'abandons, de lâcheté, de trahison.

On veut faire de nous, Français, la chair à travail d'Hitler. La relève est un fiasco. Laval menace. On s'apprête, s'il le faut, à « déporter » aussi les ouvriers français.

On a cédé sur tout ; on a supprimé les liberté, baillonné l'opinion ; on a rampé aux pieds de l'occupant ; on n'a jamais su, à un moment quelconque, dire : non, assez ! On a livré la France, ses ressources, son honneur, ses hommes. On a commis ce forfait de rendre de malheureux réfugiés à leurs bourreaux, en espérant ainsi apaiser l'appétit et détourner les exigences d'Hitler. Infamie gratuite, crime sans profit. Vous avez livré vos réfugiés ? donnez-nous donc vos Alsaciens, vos Lorrains. Et maintenant vos ouvriers. Donnez-nous tout, puisque nous voyons bien que vous ne savez plus rien nous refuser. N'est-ce pas Goering qui déclare dans un passage — censuré par Vichy — de son récent discours, que « le Reich a fait rendre à la France beaucoup plus qu'il n'espérait ». Désormais, la peur, la hideuse peur s'est emparé de Vichy.

Laval a peur, Pétain a peur. Ceux-ci leur ont donné l'ordre de livrer à date fixe cent cinquante mille jeunes ouvriers spécialistes. Aussitôt, Laval et Pétain ont rédigé la loi du 4 septembre sur le travail forcé.

Mais Laval et Pétain ont peur également du peuple français. Ils ont fait dire publiquement que les départs pour l'Allemagne restaient soumis au principe du « volontariat ». Sur un ton larmoyant, les négriers Lagardelle et Bichelonne indiquent quel serait le mécanisme de volontariat.

L'inspection du travail, sur l'ordre du gouvernement, désigne les partants, individuellement ou par équipes : un ingénieur pour 50 ouvriers, un contremaître pour 25. Les ouvriers qui refusent de partir s'exposent à mourir de faim d'abord et, en outre, à être réquisitionnés individuellement.

Et la chasse à l'homme a déjà commencé. Dans toutes les usines, sont affichées, les listes des victimes qui vont aller travailler, sous les bombardements, contre leur patrie, sur l'ordre de la bande qui est au pouvoir. Presque toutes les familles, ouvrières devront ainsi livrer un ou deux otages.

Des résistances sporadiques se produisent. A Paris, chez Renault, une grève ; arrêts de travail dans d'autres villes ; attentats contre les « bureaux de placement » allemands. Mais Laval et Pétain ont peur à la fois du remplaçant, le gauleiter Doriot, qui les guette, du peuple français qui les hait, et les méprise. La peur leur donne l'énergie d'aller jusqu'au bout de la trahison. Laval a renvoyé Benoist-Méchin, l'homme de Doriot, qui négociait directement avec les Allemands et rêvait de prendre sa place. Il est capable de réprimer férocement toute opposition. Déjà, les arrestations se multiplient. On arrête au petit bonheur, n'importe qui et pour n'importe quoi.

Une armée fraîche de jeunes hommes va aller grossir le nombre de nos prisonniers.

Français, aidez les ouvriers de chez nous dans leur résistance qui s'organise. Si la relève est un fiasco total, la chasse aux Français qui commence doit être une nouvelle défaite de Berlin et de Vichy. Le gouvernement a peur de vous aussi. Montrez-lui votre force, votre révolte. Attention aux rassemblements de travailleurs, aux recensements, aux départs de trains. Résistez par tous les moyens. Toute l aFrance est avec vous. Non ! Les ouvriers français ne se laisseront pas livrer au Reich, au Reich nazi qui demain va être battu par le monde libre.

Le commencement de la fin

Personne dans le monde ne croit plus sérieusement à la victoire allemande.

C'est ainsi. Sauf quelques imbéciles, quelques éternels apeurés et la maffia internationale des traîtres, des lâches, qui va de Quisling à Doriot en passant par Laval et Pétain, il n'est pas un homme digne de ce nom et chez nous pas un Français raisonnable qui désormais ne pense et ne dise « Ils sont perdus ». Ce n'est plus seulement une question d'espoir, de foi. Cela chaque jour devient du domaine du bon sens. L'avenir montrera que les malins ont mal calculé et que les vendus ont joué leur peau.

On sait bien qu'il y faudra du temps, encore et de la peine. Et qu'il faut déjà que tout le monde s'y mette. Mais on sait qu'ils n'en sortiront plus, eux, leurs valets et leurs chiens.

Il y a un an, le 25 novembre 1941, Ribbentrop — avec quelle imprudence — déclarait devant les représentants des Etats adhérant au pacte antikomintern : « En cinq mois, le dernier espoir militaire des Anglo-Saxons en Europe s'est anéanti. En cinq mois dans l'Est, malgré une âpre résistance, l'armée la plus nombreuse du monde a été détruit. Le dernier allié de l'Angleterre sur le continent a cessé d'exister en tant que facteur d'importance. Les dernières conditions pour la victoire finale de l'Axe sont remplies. Les Soviets sont hors d'état de développer à l'avenir des efforts militaires capables de modifier la situation générale de la guerre ».

Ainsi chantait Ribbentrop en l'hiver 1941, il y a un an.

Ainsi déchante Hitler au seuil de l'hiver 1942, dans son récent discours où il déclare : « Pour l'année en cours, nous nous sommes fixés un but très simple ; conserver en toutes circonstances ce qui doit être conservé, c'est-à-dire laisser s'élancer l'adversaire là où nous-mêmes n'avons pas l'intention d'avancer. Tenir énergiquement et attendre pour voir qui se lassera le premier ».

La dernière statistique de Paris:
116 Français fusillés

Le Franc-Tireur, a "monthly to the extent possible and by the grace of Pierre Laval's police." This issue (October 1942), which calls on French workers to resist the relief program by all means possible, was sent to Henri Béraud by a reader of *Gringoire*, who characterized it as a "collection of nonsense." *Le Franc-Tireur* at the time counted some 207,373 "persons executed by the Nazis in occupied Europe" and 116 "Frenchmen gunned down in Paris."

Poster promoting the advantages of the STO: "Large salary for work in Germany."

LA VÉRITÉ

sur le travail des ouvriers français en Allemagne

Contre les mensonges des capitalistes ennemis de l'Europe

Ouvriers et ouvrières français !

La vérité c'est que:

Daladier et les conspirateurs à la solde de la haute finance internationale ont poussé la France dans le conflit actuel. La France a perdu cette guerre en 1940. **Seuls ces criminels sont responsables des pénibles conditions** dans lesquelles se trouve actuellement la France.

La vérité c'est que:

L'Angleterre et ses alliés continuent à accumuler les défaites qui leur sont infligées par les puissances de l'Axe sur tous les champs de bataille, tant sur mer que sur terre et dans les airs. **Ils ne peuvent plus gagner la guerre !**

La vérité c'est que:

Le blocus dirigé contre l'Allemagne s'est avéré un échec. **Le Reich ne peut plus être vaincu par la famine** et le manque de matières premières, car, à la suite de la conquête des territoires les plus productifs et des sources de matières premières les plus riches, il lui est maintenant possible d'améliorer de plus en plus son ravitaillement dans tous les domaines.

"The truth about the work of French laborers in Germany." A propaganda tract supporting the STO: "The truth is that French prisoners of war still in Germany are well treated; they live and work in conditions far superior to those that could only have been imagined during the Great War . . . The powerful organization known as the Labor Front, collaborating in a spirit of friendship with the French services, ensures that workers are suitably welcomed and that their leisure time is enjoyable. Mail delivery with their country is ensured and any money saved can be sent to family members. Upon returning to France, every worker is assured of resuming his employment. For its part, the French government continues to pay specialists half their salary as well as the totality of their family allocation . . . Any Frenchman called on to serve in Germany or in France and who shirks that duty does a disservice to his country, his family, his comrades as well as to himself."

Letter from Alain Robbe-Grillet, sent to his father on May 15, 1944, from the STO in Nürnberg; he had been called the previous spring to work as a lathe-operator at the MAN factories (Maschinenfabrik Augsburg-Nürnberg), specialized during the war in the construction of armored vehicles. He had just suffered a "major bout of bronchitis": "Mama imagines me as being lonely and unhappy in this hospital whereas in fact I was surrounded by Frenchmen, good, likeable comrades, and tenderly taken care of."

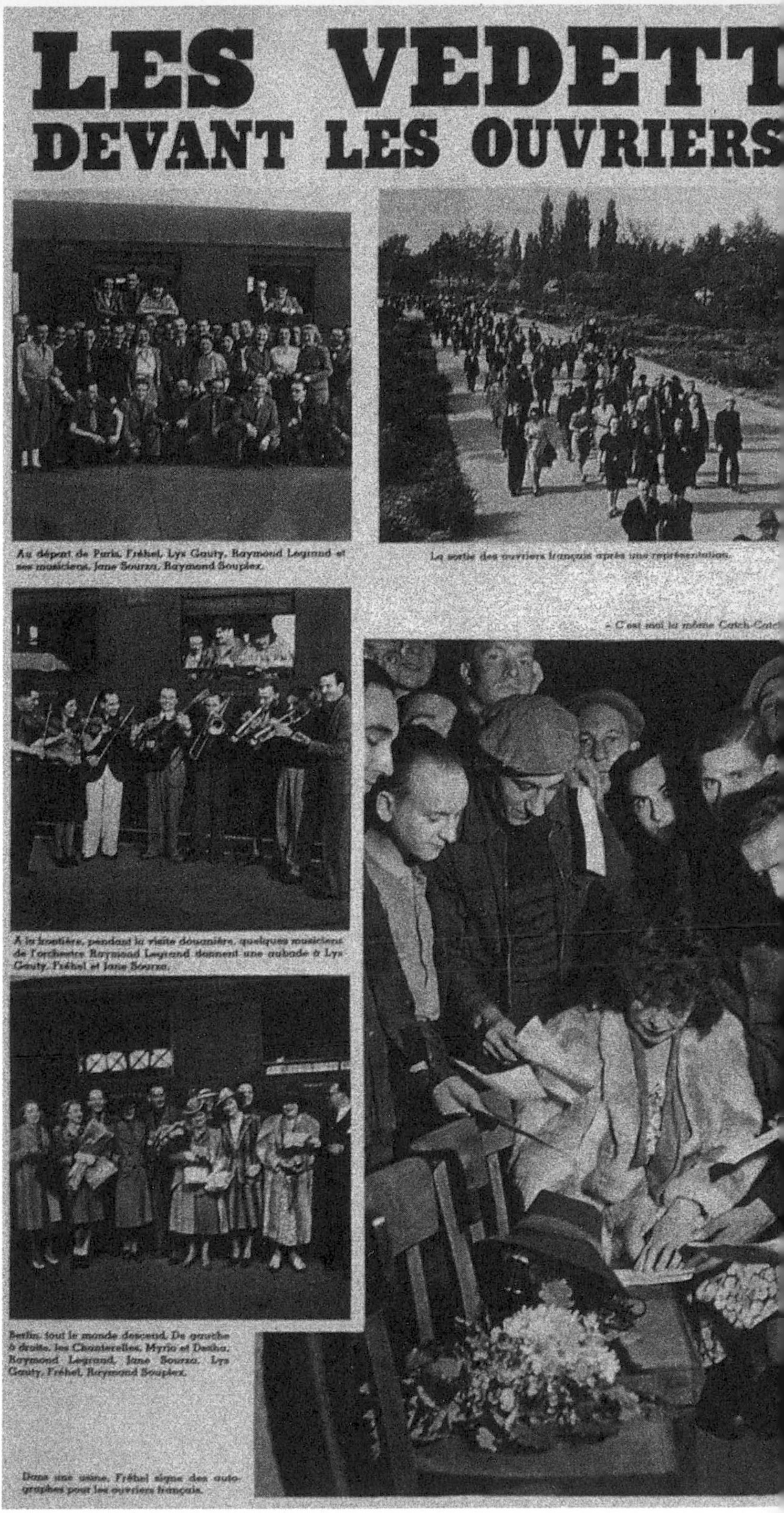

LES VEDETT
DEVANT LES OUVRIERS

Au départ de Paris, Fréhel, Lys Gauty, Raymond Legrand et ses musiciens, Jane Sourza, Raymond Souplex.

La sortie des ouvriers français après une représentation.

« C'est moi la même Catch-Catc

À la frontière, pendant la visite douanière, quelques musiciens de l'orchestre Raymond Legrand donnent une aubade à Lys Gauty, Fréhel et Jane Sourza.

Berlin: tout le monde descend. De gauche à droite, les Chanterelles, Myrio et Desha, Raymond Legrand, Jane Sourza, Lys Gauty, Fréhel, Raymond Souplex.

Dans une usine, Fréhel signe des autographes pour les ouvriers français.

Poster: "The stars of Paris appearing before French workers in Germany" (1942). One can recognize Lys Gauty, Jane Sourza, Raymond Souplex, Fréhel, and Raymond Legrand and his orchestra: "Ambassadors of French thought and the French spirit, the stars of Paris visited all main towns in Germany, travelled more than 5,000 kilometers, and acted each day for more than a month before our compatriots working in the Reich factories for the construction of the New Europa."

…ES DE PARIS
… FRANÇAIS EN ALLEMAGNE

"La Relève commence", ainsi que le déclarait le Président Laval dans son allocution du 22 juin. Plusieurs centaines de mille de nos compatriotes travaillent actuellement dans les usines du Reich. D'autres viennent chaque jour s'inscrire dans les bureaux d'embauche.

Pour distraire ces travailleurs français, de nombreuses tournées sont déjà parties donner des représentations dans toutes les usines du Reich.

La tournée Paris-Vedettes qui vient de rentrer à Paris après avoir reçu un accueil triomphal comprenait les artistes les plus connus de la scène et de l'écran : Lys Gauty, Fréhel, Raymond Legrand et son orchestre, Irène de Trébert, Raymond Souplex et Jane Sourza, Gabriello, les Chanterelles, Myrio et Desha.

Plus de 50.000 ouvriers français ont applaudi ces vedettes. En France, ces artistes donnent actuellement de nouvelles représentations réservées à leurs familles.

Ambassadeurs de la pensée et de l'esprit français les vedettes de Paris ont visité toutes les principales villes d'Allemagne, parcouru plus de 5.000 kilomètres et joué chaque jour pendant plus d'un mois devant nos compatriotes travaillant dans les usines du Reich à la construction de l'Europe nouvelle.

Représentation à la « Maison du Sport » sur le stade olympique de Berlin.

Jane Sourza et Raymond Souplex dans un sketch de clochards.

Lys Gauty chante « Le bistrot du port ».

Les ouvriers français de Berlin ont offert des fleurs aux vedettes venues de Paris.

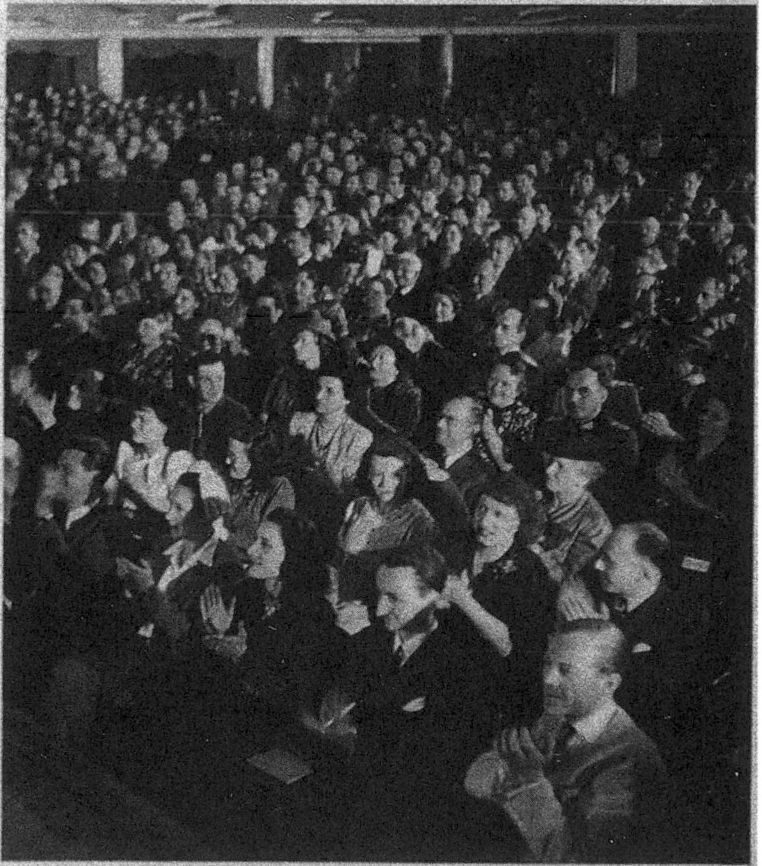

La salle de l'Europa-Haus. 2.000 ouvriers français à chaque représentation applaudissent leurs vedettes préférées.

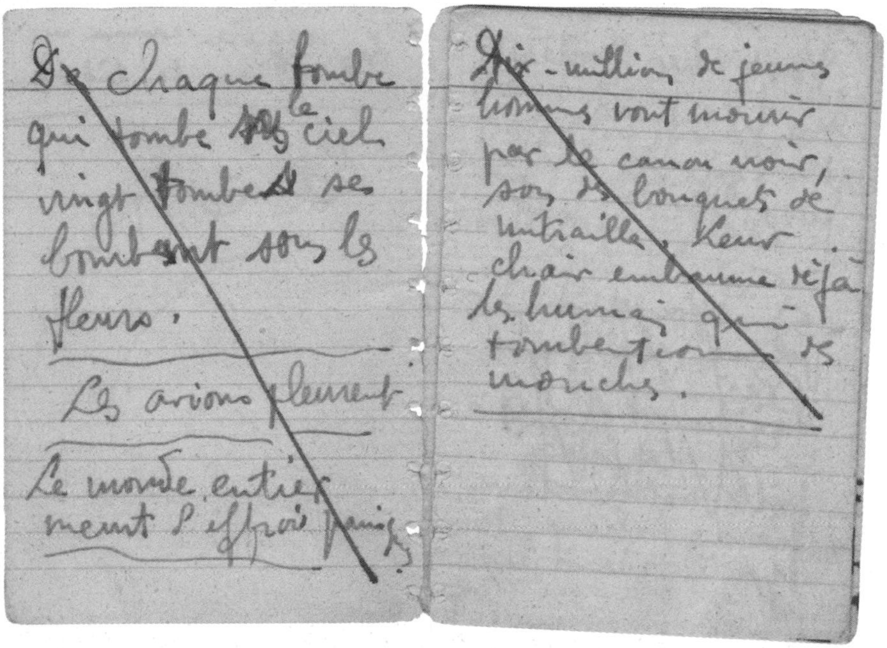
De chaque tombe
qui tombe du ciel
vingt tombes se
bombent sous les
fleurs.

Les avions pleurent

Le monde entier
meurt d'effroi panique

Dix-millions de jeunes
hommes vont mourir
par le canon noir,
sous les bouquets de
mitraille. Leur
chair embaume déjà
les humains qui
tombent comme des
mouches.

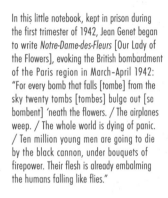

In this little notebook, kept in prison during the first trimester of 1942, Jean Genet began to write *Notre-Dame-des-Fleurs* [Our Lady of the Flowers], evoking the British bombardment of the Paris region in March-April 1942: "For every bomb that falls [tombe] from the sky twenty tombs [tombes] bulge out [se bombent] 'neath the flowers. / The airplanes weep. / The whole world is dying of panic. / Ten million young men are going to die by the black cannon, under bouquets of firepower. Their flesh is already embalming the humans falling like flies."

Rue Championnet, in Paris' 18th arrondissement after the allied bombardment of April 21, 1944, which caused 650 deaths. For two days delayed-reaction bombs continued to explode, making medical assistance and the clearing of debris extremely difficult. Photo by Pierre Jahan.

LAFAYETTE, NOUS VOICI!

MONTMARTRE SOUS LES BOMBES

Signal

publie les photos du bombardement anglo-américain de Montmartre. Des bombes du plus gros calibre tombaient aux environs de minuit sur la Butte-Montmartre. Le monde entier sait que dans son voisinage il n'y a aucun objectif militaire.

Au pied du Sacré-Cœur, il y avait un orphelinat...

Photo-report on the same Anglo-American raid on the north of Paris and its suburbs: this special insert appeared in the journal *Signal* (no. 7, May 1944), under the title: "Lafayette nous voici! Montmartre sous les bombes" [Lafayette, we've arrived! Montmartre under the bombs]. Philippe Henriot, Secretary of State for Information and Propaganda, delivered a speech in tribute to the victims during the religious ceremony at the Basilica of Sacré-Coeur, which remained intact: "The dispersal and frequency of the attacks to which we have been subjected by our enemies, who compound murder with hypocrisy and cruelty with cynicism, will soon, no doubt, result in every one of our families having one or two deaths attributable to those who insist on sarcastically pretending that they are our allies, even as they proceed to randomly devastate our country. Large apartment buildings in our suburbs, modest houses or department stores in our cities, artistic masterpieces or residential projects for workers, everything serves their ends and Sacré-Coeur in Montmartre has become as much a military target as the cathedral in Rouen."

3

PUBLISHING AND JOURNALISM UNDER NAZI RULE

"The library is on fire—we repeat, the library is on fire."
Personal message broadcast by Radio London

The publication of the four volumes of *Histoire de l'édition française* [A History of French Publishing] (Éditions Promodis, 1983–1986; republished by Fayard-Cercle de la librairie, 1991–1992) provided a survey of the state of research in the field at the time. The publishing archives deposited with Institut Mémoires de l'édition contemporaine (IMEC), beginning in 1989, allowed for research on the subject of French publishing to be considerably expanded, especially with regard to the nineteenth and twentieth centuries—periods which had been particularly difficult to cover in the aforementioned monumental historical work. Whereas historians had devoted considerable attention to the institution of the book up through the eighteenth century, due to a dearth of researchers in the field—and to a paucity of existing archives—there had been relatively little work done with regard to the two following centuries. Selected for their historic interest, the documents presented here come from collections as varied as the archives of Flammarion, Hachette, and Larousse; those of the Cercle de la librairie; of Pascal Pia, Henri Béraud, and Pierre Seghers. Together, these documents speak to the richness of the IMEC archives covering the period of World War II—an era which, short though it may have been, was nonetheless among the most tragic. The documents assembled here demonstrate the importance and utility that the conservation of these IMEC archives represents.

The lists of forbidden books (the "Bernhard List," the "Otto Lists," the "AI List" of schoolbooks), drawn up by the Germans in order to censor works deemed contrary to their interests; the censorship agreement accepted by French publishers in exchange for relative freedom to publish; and the letters from German authorities to the Hachette and Larousse publishing houses all bear witness to the occupier's control over French thought, and to the power of ideology and propaganda. The fact that a famous historian—a member of the French Academy—was forced to fill out a declaration of Aryan birth in order to be published; that the employee of a publisher needed a permit in order to cross the demarcation line; that a journalist required authorization in order to move about at night and on Sundays to do his job—these are all compelling examples of the daily difficulties to which journalists and writers were subjected. Finally, the moving article by Pascal Pia on André Bollier—the underground printer of *Combat*—is a reminder of how much courage was demanded of those who, for the honor of France, resisted, and of the fact that many paid for their resistance with their lives.

Pascal Fouché

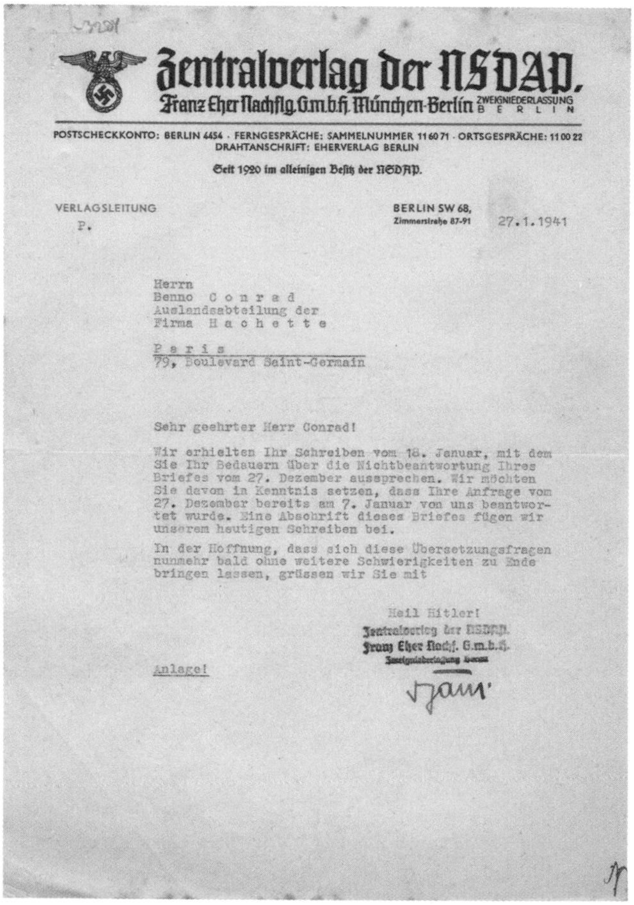

Zentralverlag der NSDAP.
Franz Eher Nachflg. G.m.b.H. München-Berlin ZWEIGNIEDERLASSUNG BERLIN

POSTSCHECKKONTO: BERLIN 4454 · FERNGESPRÄCHE: SAMMELNUMMER 11 60 71 · ORTSGESPRÄCHE: 11 00 22
DRAHTANSCHRIFT: EHERVERLAG BERLIN

Seit 1920 im alleinigen Besitz der NSDAP.

VERLAGSLEITUNG
P.

BERLIN SW 68,
Zimmerstraße 87-91
27.1.1941

Herrn
Benno C o n r a d
Auslandsabteilung der
Firma H a c h e t t e

P a r i s
79, Boulevard Saint-Germain

Sehr geehrter Herr Conrad!

Wir erhielten Ihr Schreiben vom 18. Januar, mit dem Sie Ihr Bedauern über die Nichtbeantwortung Ihres Briefes vom 27. Dezember aussprechen. Wir möchten Sie davon in Kenntnis setzen, dass Ihre Anfrage vom 27. Dezember bereits am 7. Januar von uns beantwortet wurde. Eine Abschrift dieses Briefes fügen wir unserem heutigen Schreiben bei.

In der Hoffnung, dass sich diese Übersetzungsfragen nunmehr bald ohne weitere Schwierigkeiten zu Ende bringen lassen, grüssen wir Sie mit

Heil Hitler!
Zentralverlag der NSDAP.
Franz Eher Nachf. G.m.b.H.
Zweigniederlassung Berlin

Anlage!

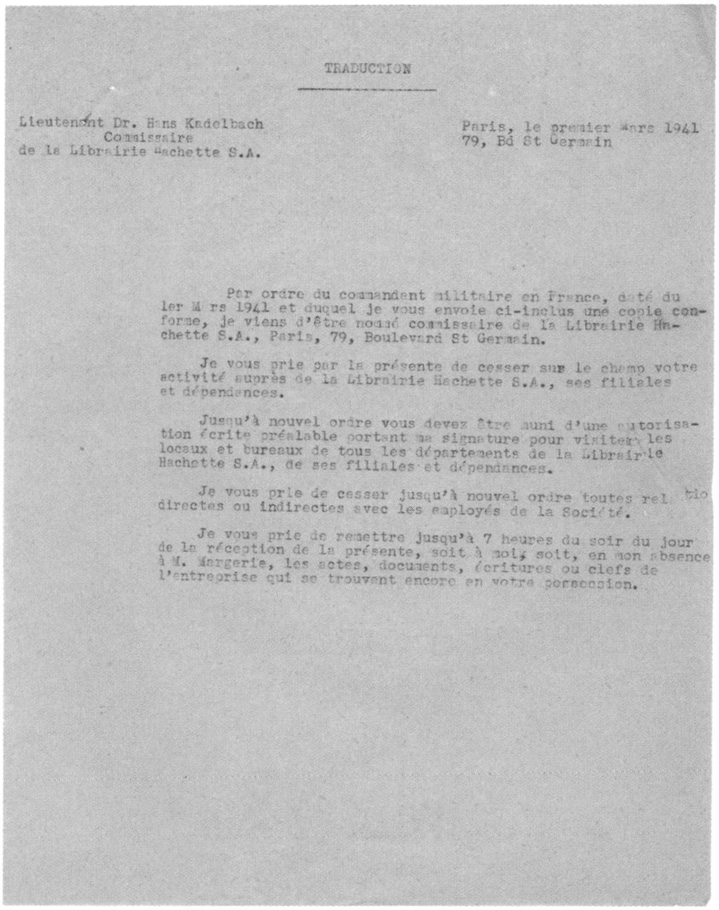

TRADUCTION

Lieutenant Dr. Hans Kadelbach
Commissaire
de la Librairie Hachette S.A.

Paris, le premier Mars 1941
79, Bd St Germain

Par ordre du commandant militaire en France, daté du 1er Mars 1941 et duquel je vous envoie ci-inclus une copie conforme, je viens d'être nommé commissaire de la Librairie Hachette S.A., Paris, 79, Boulevard St Germain.

Je vous prie par la présente de cesser sur le champ votre activité auprès de la Librairie Hachette S.A., ses filiales et dépendances.

Jusqu'à nouvel ordre vous devez être muni d'une autorisation écrite préalable portant ma signature pour visiter les locaux et bureaux de tous les départements de la Librairie Hachette S.A., de ses filiales et dépendances.

Je vous prie de cesser jusqu'à nouvel ordre toutes relations directes ou indirectes avec les employés de la Société.

Je vous prie de remettre jusqu'à 7 heures du soir du jour de la réception de la présente, soit à moi, soit, en mon absence à M. Margerie, les actes, documents, écritures ou clefs de l'entreprise qui se trouvent encore en votre possession.

Letter from Wilhelm Baur, director of Eher-Verlag (the Nazi Party publishing house), to Benno [Bruno] Conrad, German commissioner of the foreign division of Hachette, sent from Berlin, January 27, 1941. On January 7, he had already conveyed his interest in seeing a French translation of German works of political propaganda, specifically *The Myth of the Twentieth Century* by Alfred Rosenberg, the racist theoretician and editor-in-chief of the *Völkischer Beobachter*, and Reich Minister for the Occupied Eastern Territories, and *The Political Testament of Richelieu* by Friedrich Grimm. The publisher let Conrad know that the German Ministry of Foreign Affairs would write to him shortly on the subject. His intention was not for Hachette to intervene on behalf of other publishing houses, but that it take an interest in the proposition itself.

Translation of the letter in German from Lieutenant Hans Kadelbach, commissioner of Librairie Hachette, to French administrators of the corporation: "By order of the military commandant in France, dated March 1, 1941, a copy of which I am hereby sending you, I have just been named administrator of Librairie Hachette, Paris, 79 boulevard Saint-Germain. I hereby request that you immediately cease your activity with Librairie Hachette, its branches and dependencies. Until ordered otherwise, you are to be in possession of a written authorization bearing my signature in order to visit the properties and offices of Librairie Hachette, its branches and dependencies. I request that you desist until otherwise ordered from all relations, direct or indirect, with members of the company. I am requesting that before 7 p.m. on the day you receive this you hand over either to me or, in my absence, to Margerie the deeds, documents, papers and keys of the enterprise remaining in your possession." The Germans were at the time attempting to take control of Hachette, specifically its Foreign Department and Delivery Service, which played a leading role in the distribution of newspapers and books in the Northern Zone.

LISTE BERNHARD

1. ACHARD Paul : *J.A!* Paris : Ed. des lettres françaises, 21, Place des Vosges.
2. ALLARD Paul, :*Quand Hitler espionne la France.* Paris : Les Editions de France.
3. *** : *L Allemagne parle. Que veut-elle ?* Paris : Paillard 1934.
4. ALPARI J. : *Die Masken sind gefallen.* Paris : Ed. Prométhée 1938.
5. ANDLER Charles : *Les minorités raciales, religieuses et politiques.* Coll. „Documents sur l'Allemagne . Paris : Ed. Fernand Sorlot.
6. ANDLER Charles : *Le socialisme impérialiste dans l'Allemagne contemporaine.* Coll. „Documents sur l'Allemagne." Paris : Ed. Fernand Sorlot.
7. *** : *Anklage gegen die Anklaeger. Die Widerlegung der geheimen Anklageschrift des Reichstagsbrand-Prozesses.* (Nachtrag zum Braunbuch I). Paris : Ed. du Carrefour 1933.
8. APFEL Alfred : *Les dessous de la Justice allemande.* Paris : Ed. Gallimard.
9. APPUHN Chr. : *Hitler „Mein Kampf" par luimême.* Paris : Jacques Haumont, 139, rue Broca.
10. ARAGON Louis : *„Die Glocken von Basel.(Les Cloches de Bâle)* Paris : Ed. du Carrefour 1936.
11. AZANA Manuel : *Azana spricht.* Paris : Ed. du Carrefour 1937.

12. BAINVILLE Jacques : *Les Dictateurs.* Paris : Denoël et Steele 1936.
13. BALK Téodore : *Race-Mythe et vérité.* Paris : Ed. Social. Internation.
14. BARDANNE Jean : *L'Allemagne attaquera le.,..* Paris : Ed. Baudinier.
15. BARDANNE Jean : *Bruits de bottes à l'est.* Paris : Ed. Baudinier.
16. BARRES, Philippe : *Sous la vague hitlérienne.* Paris : Ed. Plon 1933.
17. BASTIER Paul : *Culture et civilisation.* Série „Erreurs et Vérités" Paris : Albin Michel.
18. BAUER Ludwig : *La guerre est pour demain.* Paris : Ed. Bernard Grasset.
19. BEAUPLAN Robert de : *Le drame Juif.* „Coll. des Carnets d'Actualité". Paris : Ed. Fernand Sorlot.
20. Beck, Maximilian : *L'Indépendance de la culture à l'égard de la race.* Coll. „Race et racisme" Paris : Ed. Fernand Sorlot.
21. BEER Max : *L'Allemagne devant le monde.* Paris : Ed. Grasset.
22. BERNHARD Georg : *Le suicide de la République allemande.* Paris : Les Ed. Rieder, 7, Place St. Sulpice.
23. BERNUS Pierre : *Le dossier de l'agression allemande.* Paris : Ed. Payot.
24. BERR Henri : *Machiavel et l'Allemagne. — Comment les Allemands conçoivent l'histoire.* Série : Erreurs et vérités. Paris : Ed. Albin Michel.
25. BILLINGER Karl : *All Quiet in Germany.* London : Gollancz 1935.
26. BILLINGER Karl : *Schutzhaeftling Nr. 880.* Paris : Ed. du Carrefour 1935.
27. BISE Pierre : *Le cauchemar allemand.* Paris : Hachette, 111, rue Réaumur - Lausanne : Ed. Civis.
28. BLOCH le général TILHO Pierre : *La politique raciste et les colonies.* Coll. „Races et Racisme" Paris : Ed. Fernand Sorlot.
29. BLONDEL Georges : *Le triomphe du germanisme.* Paris : Ed. Rivière 1934.
30. BOAS Franz : *Race et milieu.* Coll. „Races et racisme", Paris : Ed. Sorlot.
31. *** : *Braunbuch ueber Reichstagsbrand und Hitlerterror. (Livre brun sur l'incendie du Reichstag et la terreur hitlérienne.* Paris : Ed. du Carrefour 193
32. *** : Braunbuch II : *Dimitroff contre Goering.* Paris : Ed. du Carrefour 1934.
33. BRESSOLES : *Racisme et Christianisme.* Paris : Flammarion.
34. BRIERE Yves de la : *Eglise et Paix.* (Bibliothèque d'études catholiques et sociales). Paris : Ed. Flammarion.
35. BRUTZKUS Jules : *Les groupes sanguins chez les populations juives.* Coll. „Races et Racisme". Paris: Bernard Grasset.
36. BUCHLOE Herbert : *Griff ueber die Grenze.* Paris : Ed. du Carrefour.

37. CARTIER Raymond : *En l'an II de la croix gammée.* Paris : La nouvelle société d'édition 1935.
38. CARTIER Raymond : *Laisserons-nous démembrer la France?* S. Henri de Kérillis.

A first list of books banned from sale by German authorities in the Northern Zone, the so-called "Bernhard List," appeared in August 1940. Drawn up in Berlin and Leipzig, it included 143 titles of a political nature and resulted in the seizure of more than 700,000 volumes by the end of August.

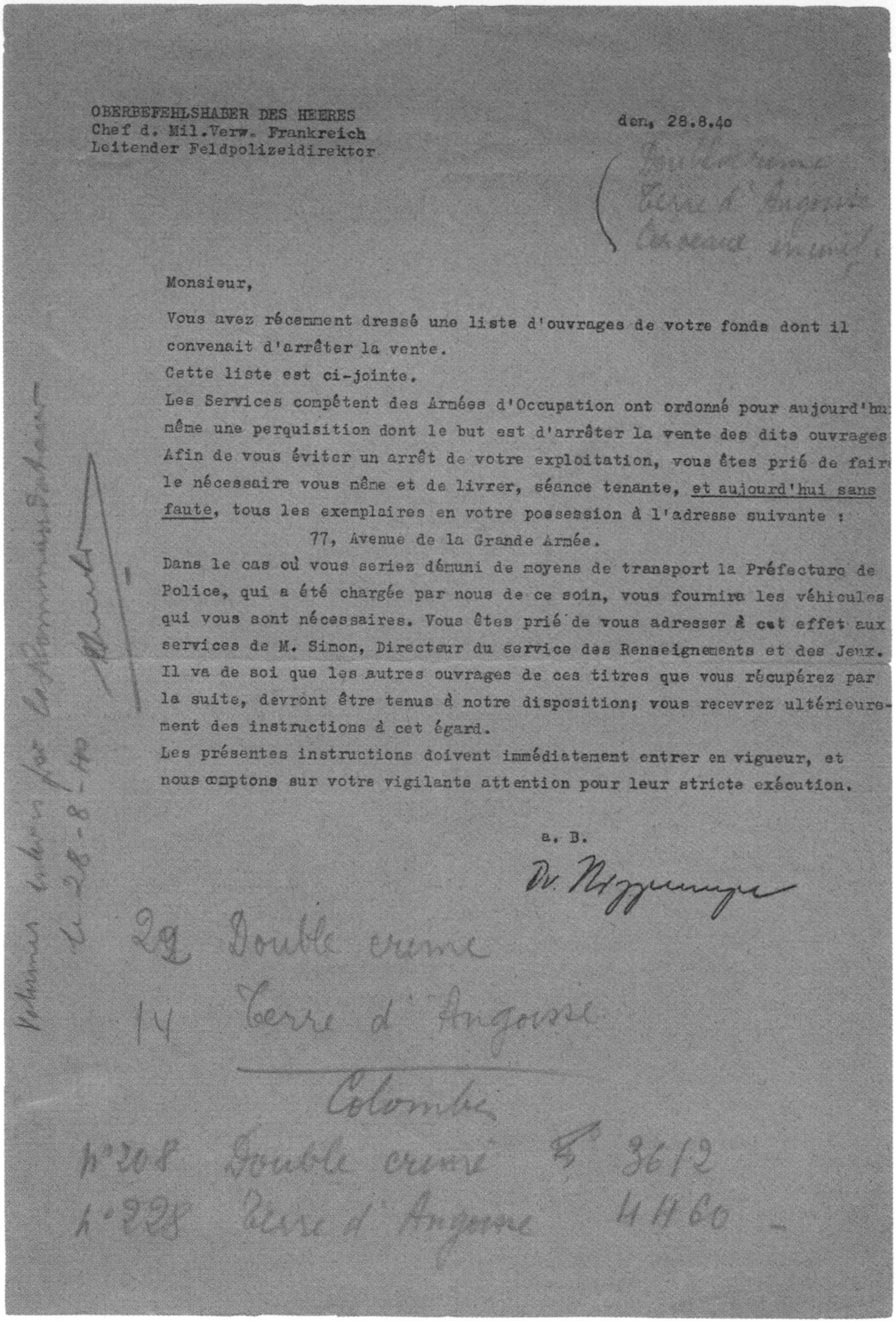

OBERBEFEHLSHABER DES HEERES
Chef d. Mil.Verw. Frankreich
Leitender Feldpolizeidirektor

den, 28.8.40

Monsieur,

Vous avez récemment dressé une liste d'ouvrages de votre fonds dont il convenait d'arrêter la vente.
Cette liste est ci-jointe.
Les Services compétent des Armées d'Occupation ont ordonné pour aujourd'hui même une perquisition dont le but est d'arrêter la vente des dits ouvrages. Afin de vous éviter un arrêt de votre exploitation, vous êtes prié de faire le nécessaire vous même et de livrer, séance tenante, et aujourd'hui sans faute, tous les exemplaires en votre possession à l'adresse suivante :

77, Avenue de la Grande Armée.

Dans le cas où vous seriez démuni de moyens de transport la Préfecture de Police, qui a été chargée par nous de ce soin, vous fournira les véhicules qui vous sont nécessaires. Vous êtes prié de vous adresser à cet effet aux services de M. Simon, Directeur du service des Renseignements et des Jeux.
Il va de soi que les autres ouvrages de ces titres que vous récupérez par la suite, devront être tenus à notre disposition; vous recevrez ultérieurement des instructions à cet égard.
Les présentes instructions doivent immédiatement entrer en vigueur, et nous comptons sur votre vigilante attention pour leur stricte exécution.

a. B.

Letter from the Leitender Feldpolizeidirektor (Chief Director of the Military Police) of the German Military Command in France, August 28, 1940, to the director of the Librairie des Champs-Élysées, requesting the immediate cessation of all sales of two titles by spy novel author Pierre Nord (André Brouillard's pseudonym): "You recently prepared a list of works in your stock whose sale was to be suspended . . . The relevant services of the Occupation Forces have ordered a search to be conducted this very day whose aim is to put an end to the sale of said works. In order to avoid a suspension of your business, you are requested to take the requisite measures yourself and to deliver forthwith, today and without error, all copies in your possession to the following address: 77 avenue de la Grande Armée. In the event that you are without means of transport, the Prefecture of Police, which has been assigned this task by us, will furnish you with the vehicles needed. You are requested to contact for that purpose the services of Simon, Director of the Information and Gaming Services." That very day, the *Kommandantur* confiscated 3,634 copies of *Double Crime sur la ligne Maginot* [Double Crime on the Maginot Line] (1936), and 4,474 copies of *Terre d'angoisse: Deuxième bureau contre Kommandantur* [Land of Anguish: Deuxième Bureau vs. Kommandantur] (1937).

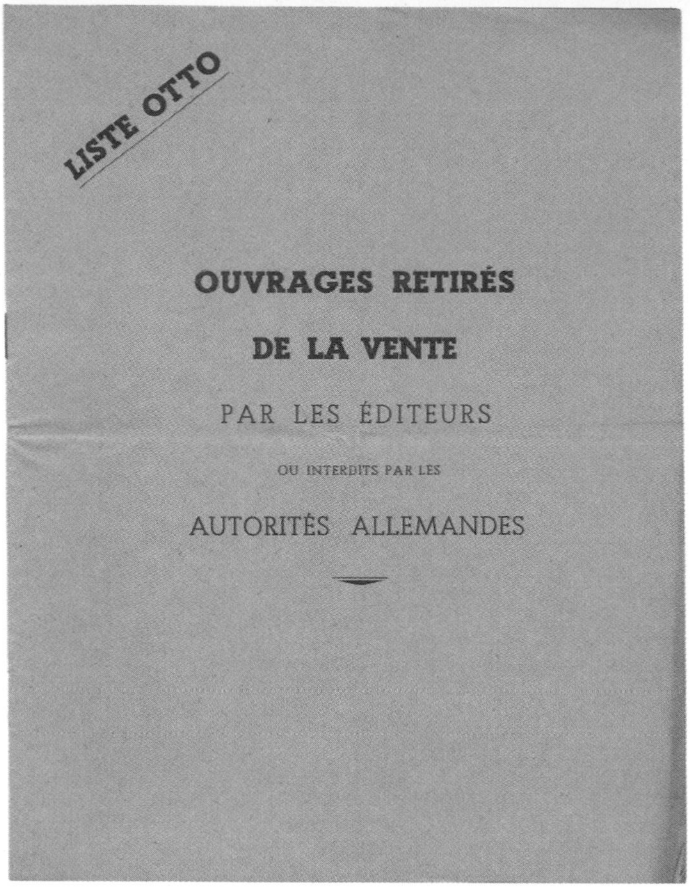

LISTE OTTO

OUVRAGES RETIRÉS

DE LA VENTE

PAR LES ÉDITEURS

OU INTERDITS PAR LES

AUTORITÉS ALLEMANDES

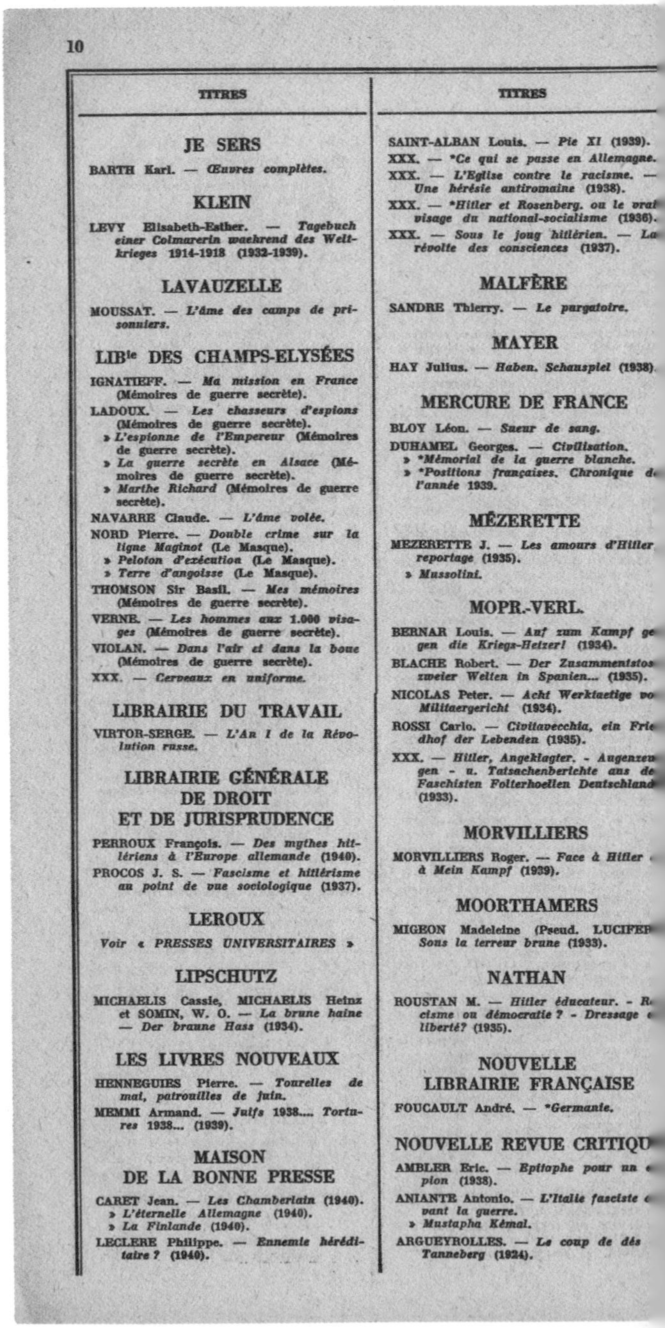

10

TITRES

JE SERS

BARTH Karl. — *Œuvres complètes.*

KLEIN

LEVY Elisabeth-Esther. — *Tagebuch einer Colmarerin waehrend des Weltkrieges* 1914-1918 (1932-1939).

LAVAUZELLE

MOUSSAT. — *L'âme des camps de prisonniers.*

LIB[le] DES CHAMPS-ELYSÉES

IGNATIEFF. — *Ma mission en France* (Mémoires de guerre secrète).

LADOUX. — *Les chasseurs d'espions* (Mémoires de guerre secrète).

» *L'espionne de l'Empereur* (Mémoires de guerre secrète).

» *La guerre secrète en Alsace* (Mémoires de guerre secrète).

» *Marthe Richard* (Mémoires de guerre secrète).

NAVARRE Claude. — *L'âme volée.*

NORD Pierre. — *Double crime sur la ligne Maginot* (Le Masque).

» *Peloton d'exécution* (Le Masque).

» *Terre d'angoisse* (Le Masque).

THOMSON Sir Basil. — *Mes mémoires* (Mémoires de guerre secrète).

VERNE. — *Les hommes aux 1.000 visages* (Mémoires de guerre secrète).

VIOLAN. — *Dans l'air et dans la boue* (Mémoires de guerre secrète).

XXX. — *Cerveaux en uniforme.*

LIBRAIRIE DU TRAVAIL

VIRTOR-SERGE. — *L'An I de la Révolution russe.*

LIBRAIRIE GÉNÉRALE DE DROIT ET DE JURISPRUDENCE

PERROUX François. — *Des mythes hitlériens à l'Europe allemande* (1940).

PROCOS J. S. — *Fascisme et hitlérisme au point de vue sociologique* (1937).

LEROUX

Voir « PRESSES UNIVERSITAIRES »

LIPSCHUTZ

MICHAELIS Cassie, MICHAELIS Heinz et SOMIN, W. O. — *La brune haine — Der braune Hass* (1934).

LES LIVRES NOUVEAUX

HENNEGUIES Pierre. — *Tourelles de mai, patrouilles de juin.*

MEMMI Armand. — *Juifs 1938.... Tortures 1938...* (1939).

MAISON DE LA BONNE PRESSE

CARET Jean. — *Les Chamberlain* (1940).

» *L'éternelle Allemagne* (1940).

» *La Finlande* (1940).

LECLERE Philippe. — *Ennemie héréditaire ?* (1940).

TITRES

SAINT-ALBAN Louis. — *Pie XI* (1939).

XXX. — **Ce qui se passe en Allemagne.*

XXX. — *L'Eglise contre le racisme. — Une hérésie antiromaine* (1938).

XXX. — **Hitler et Rosenberg. ou le vrai visage du national-socialisme* (1936).

XXX. — *Sous le joug hitlérien. — La révolte des consciences* (1937).

MALFÈRE

SANDRE Thierry. — *Le purgatoire.*

MAYER

HAY Julius. — *Haben. Schauspiel* (1938).

MERCURE DE FRANCE

BLOY Léon. — *Sueur de sang.*

DUHAMEL Georges. — *Civilisation.*

» **Mémorial de la guerre blanche.*

» **Positions françaises. Chronique d… l'année* 1939.

MÉZERETTE

MEZERETTE J. — *Les amours d'Hitler* … *reportage* (1935).

» *Mussolini.*

MOPR.-VERL.

BERNAR Louis. — *Auf zum Kampf ge… gen die Kriegs-Hetzer!* (1934).

BLACHE Robert. — *Der Zusammenstos… zweier Welten in Spanien...* (1935).

NICOLAS Peter. — *Acht Werktaetige vo… Militaergericht* (1934).

ROSSI Carlo. — *Civitavecchia, ein Frie… dhof der Lebenden* (1935).

XXX. — *Hitler, Angeklagter. - Augenzeu… gen - u. Tatsachenberichte aus de… Faschisten Folterhoellen Deutschland…* (1933).

MORVILLIERS

MORVILLIERS Roger. — *Face à Hitler … à Mein Kampf* (1939).

MOORTHAMERS

MIGEON Madeleine (Pseud. LUCIFE… *Sous la terreur brune* (1933).

NATHAN

ROUSTAN M. — *Hitler éducateur. - R… cisme ou démocratie ? - Dressage … liberté?* (1935).

NOUVELLE LIBRAIRIE FRANÇAISE

FOUCAULT André. — **Germanie.*

NOUVELLE REVUE CRITIQU…

AMBLER Eric. — *Epitaphe pour un … pion* (1938).

ANIANTE Antonio. — *L'Italie fasciste … vant la guerre.*

» *Mustapha Kémal.*

ARGUEYROLLES. — *Le coup de dés … Tanneberg* (1924).

October 4, 1940 witnessed the joint appearances of a censorship agreement (see p. 112) and the "Otto List," an inventory of "works withdrawn from sale by publishers or banned by the German authorities." This list of 1,060 works was drawn up by the Propaganda-Staffel in Paris, a division of the German Ministry of Propaganda accountable to the Military Commander in France. Without consultation, the publishers painstakingly agreed on the text of the preamble of the "Otto List": "Desiring to contribute to the creation of a more salubrious atmosphere, and with concern for establishing conditions requisite for a more just and objective appreciation of Europe's problems, the publishers of France have decided to withdraw from bookshops the works appearing on the following list and on comparable lists that may be published in the future. These are works that through their mendacious and tendentious spirit have systematically poisoned French public opinion; reference is made in particular to the publications of political refugees or Jewish writers, who, betraying the hospitality accorded to them by France, have unscrupulously pushed for a war from which they hoped to derive profit for their selfish purposes. The German authorities have acknowledged with satisfaction the initiative of French publishers and have, for their part, taken the necessary measures." With a print run of more than 40,000, the list was distributed to booksellers on October 4, 1940, via *La Bibliographie de la France*.

TITRES

BERKELEY Anthony. — *Une erreur judiciaire* (1937).
BLASCO S. — *Peuple d'Espagne.*
CARL Ernst. — *Seul contre l'Angleterre* (1936).
CASSON Stanley. — *Enterré vivant* (1938).
CONTRERAS Francisco. — *Louis Dumur.*
DAHL André. — *Le sleeping en folie.*
DESTHIEUX F.-J. — *Einstein.*
DUPRAZ J. — *Regards sur le fascisme.*
GARNIER Jean-Paul. — *La tragédie de Dantzig* (1935).
HAUTECLOCQUE Xavier. — **Police politique hitlérienne* (1935).
» **La tragédie brune* (1934).
HOMET Marcel. — *Méditerranée, mer impériale.*
KERILLIS Henri de et CARTIER Raymond. — **Laisserons-nous démembrer la France?*
LE SIDANER Louis. — *La condition de l'écrivain.*
LLOYD GEORGE David. — *Les heures décisives.*
» *La Victoire.*
MANN H. — *Zola.*
MARTIN DU GARD M. — *Retour de Prague.*
MARX Henry. — *G. de Porto-Riche.*
MASSOUTIE Louis). — *Judaïsme et hitlérisme* (1935).
MULLER A. — *L'armée motorisée allemande* (1936).
NEWMAN Bernard). — *Espion* (1936).
PERO R. — *Les dessous des procès de Moscou.*
ROWAN Richard. — *L'évolution de l'espionnage moderne.*
SCHICKELE René. — *La veuve Bosca* (préface de Thomas MANN).
SUSSET R. — *La vérité sur le Cameroun et l'A. E. F.*
THIES (traducteur). — *Le filet brun* (1936).
THOMPSON Sir Basil. — *Le Service secret allié en Grèce.*
TROTSKY Léon. — *Défense du terrorisme.*
WASSILIEFF A.-T. — *Police russe et révolution.*
WELLS H.-G. — *Châteaux en Angleterre.*
» *Faillite de la démocratie?*
WERFEL Franz. — *Les Pascarella.*
YARDLEY Cdt. Herbert. — *Le cabinet noir américain.*
ZWEIG Stefan. — *Marceline Desbordes-Valmore.*
XXX (général de la Reichswehr). — *De Weimar au chaos* (1934).
XXX (général de la Reichswehr). — *L'heure de Hitler* (1934).
XXX. — *Le livre blanc austro-allemand.*

NOUVELLE REVUE FRANÇAISE
GALLIMARD)

ALDROVANDI MARESCOTTI. — *Guerre diplomatique* 1914-1919 (1939).
ANDRAUD. — *Quand on fusillait les innocents* (1935).
APFEL. — *Les dessous de la justice allemande* (1934).
ARON. — *La fin de l'après-guerre* (1938).

TITRES

AZANA Manuel. — *La veillée à Bénicarlo* (1939).
BEDEL Maurice. — *Monsieur Hitler* (1937).
BENDA J. — *Appositions* (1930).
» *Délices d'Eleuthère.*
» *Discours à la nation européenne* (1933).
» *Essai d'un discours cohérent sur les rapports de Dieu et du monde* (1931).
» *Esquisse d'une histoire des Français* (1932).
» *La fin de l'Eternel* (1929).
» *La jeunesse d'un clerc.*
» *Précicion* 1930-1936.
» *Mon premier testament* (1928).
» *Un régulier dans le siècle.*
BENES Edouard. — *La France et la nouvelle Europe.*
BERNARD Marc. — *La conquête de la Méditerranée* (1939).
BLUM Léon. — *L'exercice du pouvoir* (1937).
» *Nouvelles conversations de Gœthe avec Eckermann.*
» *Souvenirs sur l'Affaire* (1935).
BONAYGUE et REBER. — *Vienne porte de la guerre* (1934).
BOPP Léon. — *Liaisons du monde* (1938).
BREITBACH Josef. — *Rival et rivale* (1935).
BROWN Levis. — *La vie des Juifs* (1939).
CHATELION. — *Maldagne.*
CHESTERTON. — *La barbarie de Berlin* (1938).
CHURCHILL Winston. — *Les grands contemporains.*
CILIGA A. — *Au pays du grand mensonge.*
CLAUDEL Paul. — *Ainsi donc encore une fois* (1940).
» *Contacts et circonstances* (1940).
CURIE Eve. — *Madame Curie.*
DAVID André. — *Mon père, répondez-moi.*
DECOUR Jacques. — **Philisterburg.*
DELAVIGNETTE. — *Les vrais Chefs de l'Empire.*
DOBLIN Alfred. — *Berlin Alexanderplatz* (1933).
» *Voyage Babylonien* (1937).
DOMELA. — *Doméla par lui-même.*
EFFEL Jean. — *Ritournelle, I* (1938).
» *Ritournelle, II* (1938).
FEILER Arthur. — *L'expérience du bolchevisme* (1934).
FINK Georges). — *J'ai faim* (1935).
FLEG Edmond). — *L'Eternel est notre Dieu.*
» *Israël et moi.*
FRANÇOIS J. — **L'affaire Roehm-Hitler* (1939).
FREUD Sigmund. — *Délire et rêve* (1931).
» *Essais de psychanalyse appliquée* (1936).
» *Ma vie et la psychanalyse* (1938).
» *Métapsychologie* (1940).
» *Le mot d'esprit et ses rapports avec l'inconscient* (1930).
» *Nouvelles conférences sur la psychanalyse* (1936).
» *Le rêve et son interprétation.*
» *Trois essais sur la théorie de la sexualité* (1939).
» *Un souvenir d'enfance de Léonard de Vinci* (1936).

TITRES

FRIEDMANN Georges. — *La crise du progrès* (1936).
» *De la Sainte-Russie à l'U.R.S.S.* (1938).
» *Jacques Aron : tome II L'Adieu* (1932).
» *Ville qui n'a pas de fin* (1932).
» *Votre tour viendra* (1930).
GIDE André. — *Retour de l'U.R.S.S.*
» *Retouches à mon retour de l'U.R.S.S.*
GRAF Oscar-Maria. — *Nous sommes prisonniers* (1930).
GRAHAM Stéphen. — *Sarajévo* (1933).
GRIAULE (Maurice). — *La peau de l'ours.*
GUERIN Daniel. — *Fascisme et grand capital* (1936).
GUERIN Paul. — *Le problème français* (1939).
GUMBEL E. J. — *Les crimes politiques en Allemagne.*
HEGEMANN Werner. — *Le Grand Frédéric* (1934).
HIRSCHFELD Magnus. — *L'âme et l'amour* (1935).
» *Le corps et l'amour* (1937).
» *Le tour du monde d'un sexologue* (1938).
HOOVER Calvin-B. — **L'Allemagne IIIe Empire* (1934).
KAUS. — *Demain neuf heures.*
» *Les Sœurs Kleh.*
LAST Jef. — *Zuydersée.*
KEUN Irmgard. — *La jeune fille en soie artificielle* (1933).
KISCH E.-E. — *La Chine secrète* (1935).
KRACAUER. — *Genêt* (1933).
LACHIN Maurice. — *L'Ethiopie et son destin* (1935).
LAST Jef. — *Lettres d'Espagne* (1938).
LENINE. — *Cahiers sur la dialectique de Hegel.*
LEWINSOHN Richard. — *L'argent dans la politique* (1931).
LUDWIG Emil. — *Dirigeants de l'Europe* (1938).
» *Le meurtre de Davos* (1936).
» *La nouvelle Sainte-Alliance* (1938).
» *La Prusse et l'Europe* (1940).
LUSSU Emilio. — *La marche sur Rome* (1935).
MALRAUX André. — *L'espoir* (1937).
» **Le temps du mépris* (1935).
MANN Heinrich. — **La haine* (1933).
MANN Thomas. — *Avertissement à l'Europe* (1937).
» *Les histoires de Jacob : Joseph et ses frères* (1935).
» *Le jeune Joseph* (1938).
» *Joseph en Egypte* (1938).
» *La victoire finale de la démocratie* (1939).
MARX Karl. — *Morceaux choisis.*
MAUROIS André. — *Les origines de la guerre de 1939.*
MAZELINE Guy. — *Scènes de la vie hitlérienne* (1938).
MULLER H.-J. — *Hors de la nuit.*
NIZAN Paul. — *Chronique de Septembre* (1939).
NOLLET (Général). — *Une expérience du désarmement* (1932).
NOTH E.-E. — *Le désert* (1939).
OLDEN Rudolf. — *Stresemann* (1932).
ORMESSON W. d'. — *La confiance en Allemagne?* (1928).

TITRES

POLLES Henri. — *L'Opéra politique* (1937).
RATHENEAU Walther. — *Le Kaiser.*
RAUSCHNING. — **La révolution du nihilisme* (1940).
REBER. — *Vienne porte de la guerre.*
REMARQUE E.-M. — *Après* (1931).
» *Les camarades* (1938).
REYNAUD Paul. — *Jeunesse, quelle France veux-tu?* (1938).
RIVIERE Jacques. — *L'Allemand* (1938).
ROLLIN Henri. — *Apocalypse de notre temps* (1939).
ROSE Pascal. — *La vie de famille* (1935).
ROSSI A. — *La naissance du fascisme.*
ROSTAND Jean. — *Hérédité et racisme* (1939).
ROTH Joseph. — *La fuite sans fin* (1929).
ROUGEMONT Denis de. — *Journal d'Allemagne* (1938). —
SAAGER Adolf. — *Mussolini* (1933).
SALVEMINI. — *La terreur fasciste* (1930).
SCHARRER Adam. — *Les sans Patrie* (1931).
SCHERMANN Raphaël. — *L'écriture ne ment pas* (1935).
SELINKO A.-M. — *Demain tout ira mieux.*
» *J'étais une jeune fille laide.*
SFORZA. — *Les bâtisseurs de l'Europe moderne* (1931).
» *Dictateurs et dictatures* (1931).
» *Les frères ennemis.*
» *Pachitch et l'Union des Yougoslaves* (1938).
» *Synthèse de l'Europe* (1937).
STEKEL. — *L'éducation des parents.*
» *La femme frigide.*
» *Lettres à une mère.*
STOWE Leland. — *Hitler est-ce la guerre?* (1934).
TREFUSIS Violet. — *Il court., il court...*
» *Les causes perdues.*
TRINTZIUS. — *Deutschland.*
TCHAKHOTINE Serge. — *Le viol des foules par la propagande politique* (1939).
UNGAR Hermann. — *Enfants et meurtriers* (1926).
» *Les sous-hommes* (1928).
URBANITZKY C. Von. — *Mara.*
VALLENTIN A. — *Henri Heine* (1934).
VERMEIL Edmond). — *L'Allemagne* (1940).
» *Hitler et le christianisme* (1940).
WASSERMANN Jacob. — *La vie de Christophe Colomb* (1930).
WEIL Bruno. — *L'affaire Dreyfus* (1940).
YVON. — *L'U.R.S.S. telle qu'elle est.*

LA NOUVELLE SOCIÉTÉ D'ÉDITION

CARTIER Raymond. — *En l'an III de la croix gammée.*
CREMIEUX Albert. — *Cellule 93.*
» *Forçats.*
» *Fosse 15.*
» *Le grand soir.*
» *Jours sans pain.*
SPEYER Wilhelm. — *Charlotte est piquée.*
WASSERMANN Jacob. — *Faber ou les années perdues.*

NOUVELLES D'AUTRICHE

XXX. — *Oesterreich unter dem Reichskommissor* (1939).

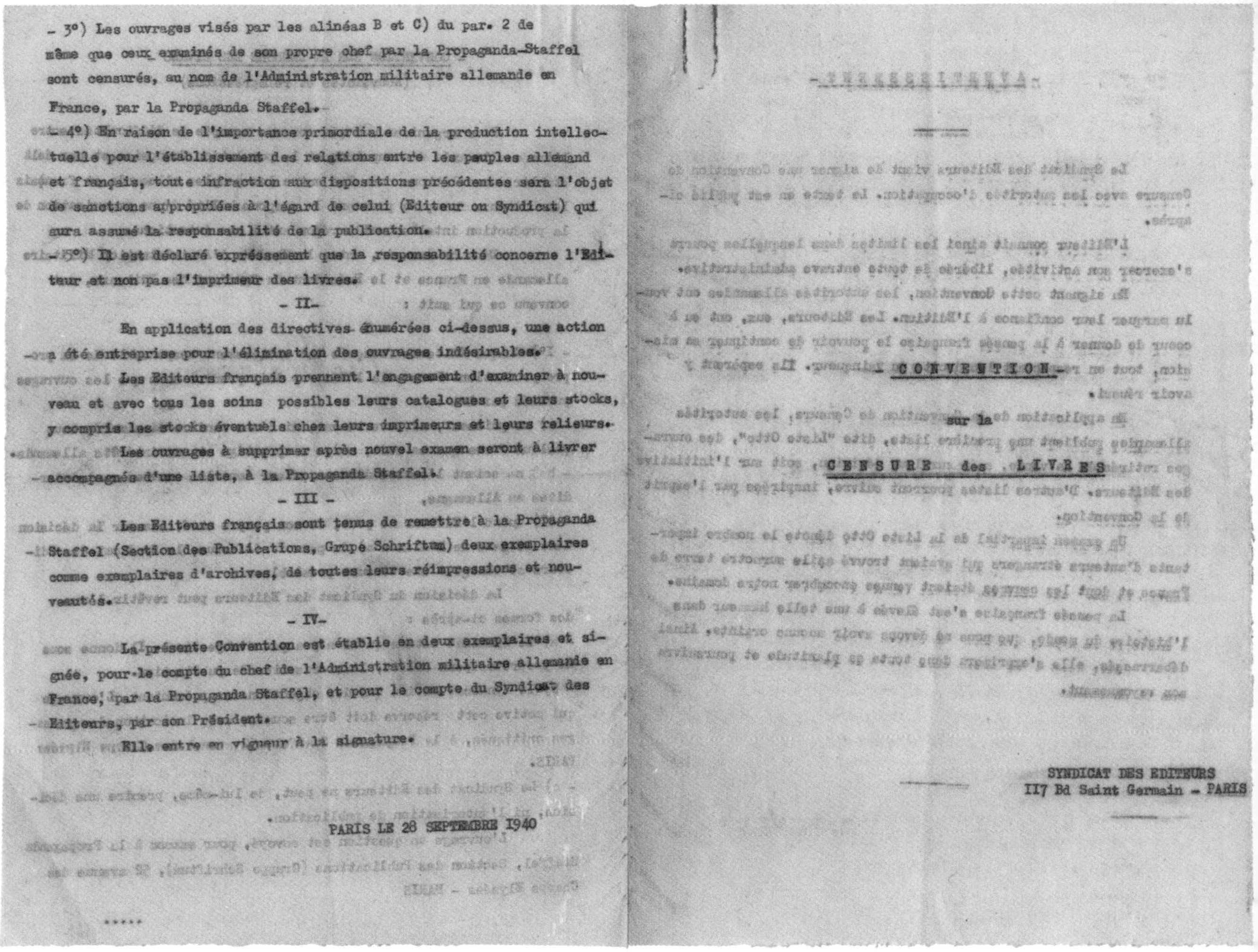

- 3°) Les ouvrages visés par les alinéas B et C) du par. 2 de même que ceux examinés de son propre chef par la Propaganda-Staffel sont censurés, au nom de l'Administration militaire allemande en France, par la Propaganda Staffel.

- 4°) En raison de l'importance primordiale de la production intellectuelle pour l'établissement des relations entre les peuples allemand et français, toute infraction aux dispositions précédentes sera l'objet de sanctions appropriées à l'égard de celui (Editeur ou Syndicat) qui aura assumé la responsabilité de la publication.

- 5°) Il est déclaré expréssement que la responsabilité concerne l'Editeur et non pas l'imprimeur des livres.

- II -

En application des directives énumérées ci-dessus, une action a été entreprise pour l'élimination des ouvrages indésirables.

Les Editeurs français prennent l'engagement d'examiner à nouveau et avec tous les soins possibles leurs catalogues et leurs stocks, y compris les stocks éventuels chez leurs imprimeurs et leurs relieurs.

Les ouvrages à supprimer après nouvel examen seront à livrer accompagnés d'une liste, à la Propaganda Staffel.

- III -

Les Editeurs français sont tenus de remettre à la Propaganda Staffel (Section des Publications, Grupé Schriftum) deux exemplaires comme exemplaires d'archives, de toutes leurs réimpressions et nouveautés.

- IV -

La présente Convention est établie en deux exemplaires et signée, pour le compte du chef de l'Administration militaire allemande en France, par la Propaganda Staffel, et pour le compte du Syndicat des Editeurs, par son Président.

Elle entre en vigueur à la signature.

PARIS LE 28 SEPTEMBRE 1940

*****

CONVENTION

sur la

CENSURE des LIVRES

SYNDICAT DES EDITEURS
II7 Bd Saint Germain - PARIS

Agreement on the censorship of books, printed by the Syndicate of Publishers following an agreement with the German authorities, and disseminated from October 4, 1940: it stipulates the conditions under which publishing houses can resume activity in the Occupied Zone and specifies that any work that is to appear, whether or not it may be "harmful to German prestige or interests," must henceforth be sent to the Schrifttum Gruppe [Literature Group] of the Propaganda-Staffel, 52 avenue des Champs-Elysées . . . Until the end of the Occupation, the control over publishers exercised by the German authorities was very firm. At the beginning of 1944, one could still read in *La Bibliographie de la France*: "We remind publishers in the Occupied Zone that they are under strict obligation to obey the conditions of the Censorship Accord. A recent violation has resulted in the occupation authorities withholding one publisher's paper supply. New violations will result in additional and more serious sanctions and, eventually, in a revision of the Censorship Agreement."

MESURES de protection spirituelle

Il y a certains livres qu'on ne pourra plus trouver chez les libraires. Les éditeurs français ont résolu d'en arrêter la vente. Loués soient les éditeurs français. Ils ont accompli là une œuvre très sage et très utile.

Les livres sont souvent des conseillers sagaces, des compagnons délicieux, mais ils peuvent être aussi des ennemis perfides. Leur puissance alors est redoutable. Ils forcent votre porte, ils ne quittent plus votre chevet. On a beau les écarter, ils vous parlent encore et le sommeil est plein de leurs bavardages.

Que de malentendus, d'équivoques, d'idées fausses ont été consacrés et propagés par le livre, cet agent louche de l'erreur et du mensonge !

Les ouvrages des bellicistes et des écrivains sectaires ou de mauvaise foi ont corrompu l'esprit des élites, comme la propagande des grands quotidiens a corrompu les masses.

Au moment où l'on va juger les responsables de la guerre, ne convient-il pas d'éloigner du procès les faux témoins ? Et les accusés eux-mêmes n'ont pas à pérorer sur la place publique. Il n'appartient pas à Daladier de parler de « La défense du pays », ni à Paul Reynaud du « Courage de la France », des « Finances de guerre » ou du « Problème militaire français ». L'éditeur Flammarion a été bien avisé d'imposer silence à ces sinistres plaisantins.

Au moment où le gouvernement prend des mesures contre les juifs, il faut empêcher les Behrend, les Max Beer, les Léon Blum, les Benda, les Lewinsohn, les Albert Crémieux, les Wassermann et les Victor Basch de tromper encore une fois l'opinion. Les criailleries de ces métèques ne doivent point troubler un pays qui, après la défaite, a besoin de se ressaisir et de méditer dans le calme.

Au moment où l'Europe réveillée nous appelle à une collaboration féconde, la haine n'a plus à jouir du droit de cité.

Il est heureux que, sur la liste noire, figurent « Le Boucher de Verdun » et « Nach Paris », de Louis Dumur, et « Le cauchemar allemand », de Pierre Bise.

Ces deux écrivains suisses, ainsi que beaucoup de leurs compatriotes, ont trahi la mission de leur pays qui était de travailler à la paix et de jouer un rôle de médiateur spirituel entre l'Allemagne et la France. Ils ont préféré suivre les mots d'ordre de l'Agence Havas et du Quai d'Orsay. Dumur était un honnête homme fourvoyé. Bise est une petite crapule au service du radicalisme et des Loges.

Chacun de nous, aujourd'hui, sent la nécessité d'une révolution morale. Nous n'avons que faire des livres tendancieux, des digressions politiques dont les expériences récentes ont fait bonne justice, ni des prophéties bouffonnes d'une Geneviève Tabouis ou d'un Léon Blum. Nous n'avons que faire non plus des théories d'un Freud, qui servent de bouillons de culture à toutes les hystéries et à toutes les névroses.

De telles interdictions s'imposaient. Et il n'en résultera, croyez-le, aucun dommage pour l'intelligence.

La littérature française ne sera pas diminuée parce que l'on soustrait à la curiosité des lecteurs les pages fielleuses et lamentables d'un Rauschning, qui se plaint à la façon d'un valet congédié, ou les élucubrations d'un Josué Jéhouda, ce philosophe-épicier qui vend des biscuits aux diabétiques, des biftecks-façon aux végétariens et des articles filandreux à la « Tribune de Genève », ou encore les jérémiades d'un Romain Rolland, dont la lâcheté se place au-dessus de la mêlée et dont le ton s'abaisse au-dessous du mélo.

Dieu merci, nous n'allons plus compromettre par de mauvaises lectures une santé que nous avons tant de peine à recouvrer.

On ne donne pas du poison à des convalescents.

Charles DIEUDONNÉ.

In *La France au Travail* [France at Work], "a major daily in the service of the French people," on October 15, 1940, Charles Dieudonné (pen name of the Fascist Swiss activist Georges Oltramare) justified the "Otto List" in an article titled "*Mesures de protection spirituelle*" [Spiritual Protection Measures]: "At a time when the government is taking measures against Jews, the likes of Behrend, Léon Blum, Benda, Lewinsohn, Albert Crémieux, Wasserman, and Victor Basch must be prevented from deceiving the public once again. The recriminations of those "métèques" [wogs] must not sew discord in a country which, after the defeat, needs to regain control of its situation and think things through in calm."

Letter from René Vaubourdolle to Dr. Kaiser of the Propaganda-Staffel in Paris, dated October 16, 1940. The director of the Classics Collection of the Librairie Hachette suggests a series of strategic solutions intended to signify the gravity of the moment, without alienating the occupation authorities: "We ourselves can gauge how imprudent it would be to print the maps of an atlas at the current juncture, given that the future may entail such significant changes to the present state of things . . . We are sending you herewith a copy of the Atlas, as it is now being sold, with corrected borders printed on cellophane. Such corrections as those, for instance, on pages 42 and 43 do not correspond to the current state of the world, but we are ready to print additional corrections on cellophane."

CAPITAL PORTÉ À 110.000.000 de Frs

LIBRAIRIE HACHETTE

SOCIÉTÉ ANONYME AU CAPITAL DE 55.000.000 FRS

79, BOULEVARD SAINT-GERMAIN
(Sixième Arrondissement)

Téléphone : DANTON 97-40
6 Lignes groupées sous ce numéro
INTER. DANTON 14

Adresse Télégraphique:
HACHECI-PARIS-25

R.C. Seine N° 55.390

Répertoire des Producteurs
Seine C. A/N: 4610

Paris, le 16 Octobre 1940

Objet: Atlas Classique Schrader & Gallouédec

Référence: Votre lettre du 8.X.1940, Gruppe VIII, Dr. K./Kn.

Monsieur,

Nous mesurons nous-mêmes toute l'imprudence qu'il y a à imprimer actuellement des cartes d'atlas, alors que l'avenir peut apporter de si grands changements à l'état actuel. Mais, notre clientèle d'écoliers et d'étudiants réclame des atlas et nous ne pouvons pas trahir la confiance que cette clientèle nous a toujours témoignée en refusant de fournir des atlas.

Nous vous envoyons ci-joint un exemplaire de l'Atlas, tel qu'il est actuellement mis en vente, avec les corrections de frontières imprimées sur cellophane. Ces corrections, celles par exemple des pages 42 et 43, ne correspondent pas à l'état présent du Monde, mais nous sommes prêts à imprimer de nouvelles corrections sur cellophane, comme celles qui figurent sur la maquette

MD 2062-1000

Liste AI

Verbotenefranzösische Schulbücher
vom 5. Februär 1941

(Verlage - Wenn nicht anders bemerkt - in Paris)
sauf indication contraire, éditeur à Paris

LfD. Nr	Verfasser :	Titel :

+ (die vom Verlage bereits zurückgezogenen Bücher)
+ (Livres déjà retirés de la vente par l'éditeur)

Librairie Eugène BELIN, 52 rue de Vaugirard

1)	Beley	Choix de lectures allemandes 1813-1913 - Paris 1932
2)	"	L'épreuve d'allemand au cours supérieur - Paris 1920
3)	Blanchet	Histoire contemporaine depuis le milieu du XIXème Siècle . Classe de Philo et de Math.
4)	Blanchet-Toutain	Histoire de France et notions d'histoire générale, Enseignement Prim.Sup. et C.C.3ème a. 1852-1920.
5)	" "	L'Histoire de France à l'Ecole - Cours du Cert. d'études et Cours supérieur .
6)	+ Bouchez	Lebendiges Deutschland : Paris 1939
7)	"	Wer will der kann. Seconde et Première II Littérature
8)	Bruno	Le tour de l'Europe pendant la guerre Cours Moyen
9)	Kochersberger	Choix de lectures allemandes , 1905
10)	Toutain	Histoire de la grande guerre 1914-1918
11)	"	L'Europe et la France de 1871-1915. Les Causes lointaines et immédiates de la guerre actuelle, 1917

Librairie Bloud et Gay, 3 rue Garancière

12)	Martin J.	Petite histoire de la guerre 1914-1918
13)	Prévost-Laurent	Le Tour du Monde de Pierre Dubourg. Livre de lecture à l'usage des Cours Moyen et Supérieur .

Librairie Armand COLIN, 103 Boulevard St-Michel

14)	Brossolette	Histoire de la Grande Guerre 2. 1922
15)	"	Histoire Ecoles Primaires Sup. 3ème année 1935
16)	Lavisse	La deuxième année d'histoire de France.Hist.ancienne histoire générale Cours Sup. 1938
17)	Pfister	Lectures alsaciennes. Géographie. Histoire. Biographies
18)	Schweitzer-Simonnot	Deutsches Lesebuch-Deutsche Kulturgeschichte in Wort und Bild für Secunda, Prima und Oberprima.

.../..

The "AI List" of schoolbooks definitively banned from bookshops and schools as of February 5, 1941, by the occupation authorities in the departments of Seine and Seine-et-Oise.

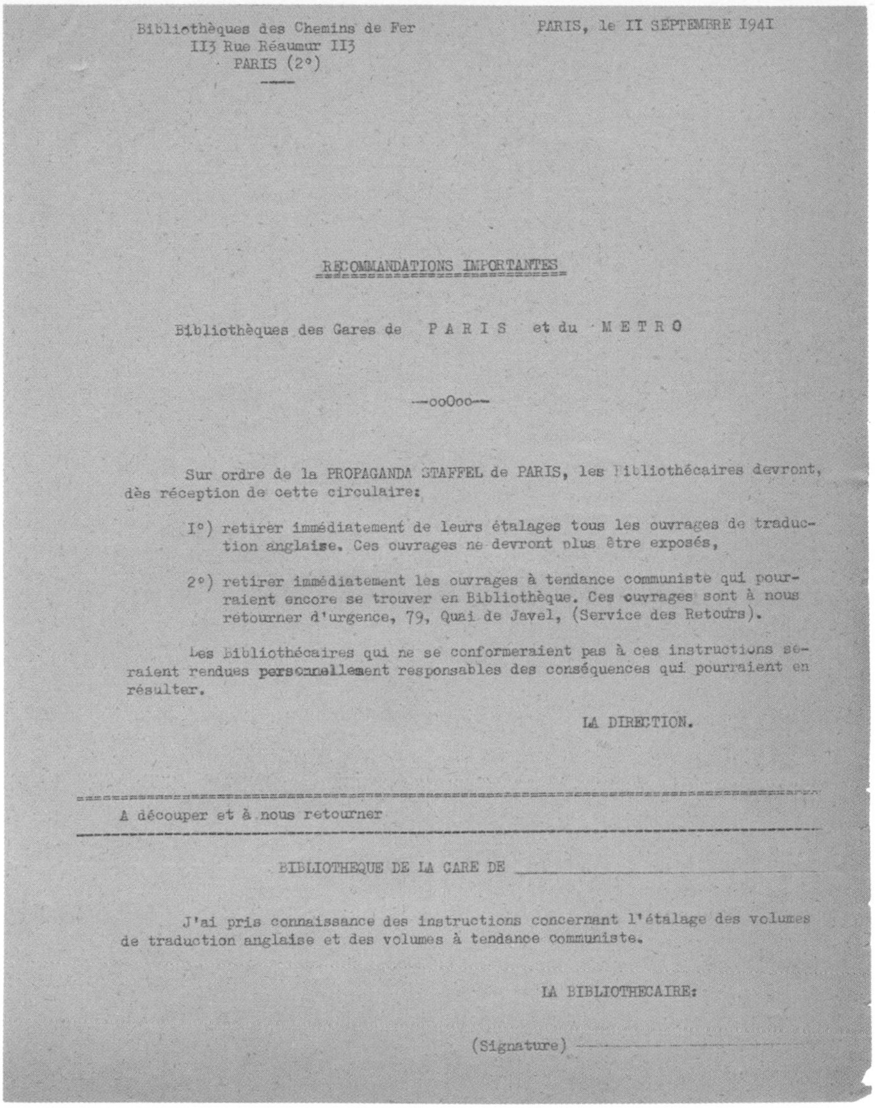

Bibliothèques des Chemins de Fer
II3 Rue Réaumur II3
PARIS (2°)

PARIS, le II SEPTEMBRE 1941

RECOMMANDATIONS IMPORTANTES

Bibliothèques des Gares de P A R I S et du M E T R O

—ooOoo—

Sur ordre de la PROPAGANDA STAFFEL de PARIS, les Bibliothécaires devront, dès réception de cette circulaire:

1°) retirer immédiatement de leurs étalages tous les ouvrages de traduction anglaise. Ces ouvrages ne devront plus être exposés,

2°) retirer immédiatement les ouvrages à tendance communiste qui pourraient encore se trouver en Bibliothèque. Ces ouvrages sont à nous retourner d'urgence, 79, Quai de Javel, (Service des Retours).

Les Bibliothécaires qui ne se conformeraient pas à ces instructions seraient rendues personnellement responsables des conséquences qui pourraient en résulter.

LA DIRECTION.

A découper et à nous retourner

BIBLIOTHEQUE DE LA GARE DE ____________

J'ai pris connaissance des instructions concernant l'étalage des volumes de traduction anglaise et des volumes à tendance communiste.

LA BIBLIOTHECAIRE:

(Signature) ____________

"Recommandations importantes" [Important Recommendations] intended for bookshops in Paris train and metro stations, requesting that all works translated from English or with Communist leanings be removed from their displays, September 11, 1941. At the bottom of the page, there is a detachable coupon, to be returned to Librairie Hachette, demonstrating that the bookshop manager had been informed of these instructions.

Located at 47 boulevard Saint-Michel, at the corner of the Place de la Sorbonne, Librairie Rive Gauche was inaugurated on April 21, 1941. Otto Abetz put Henri Jamet, manager of the Éditions Balzac, in charge; Henri Bardèche, the brother of Maurice Bardèche, was secretary of the executive board. By November 21, 1941 there had already been an attack against "the German bookstore in France."

DER MILITAERBEFEHLSHABER IN FRANKREICH

PROPAGANDA-ABTEILUNG

PROPAGANDA-STAFFEL PARIS

GRUPPE SCHRIFTTUM

Paris, ______________ 1941

52, CHAMPS-ÉLYSÉES

Tel. ELYsées 18-87

Betr. : Fragebogen fuer Verleger

Sie erhalten beigefuegt einen Fragebogen in drei Ausfertigungen, den Sie binnen zwei Wochen mit den Antworten an die Propaganda-Staffel Paris, Gruppe Schrifttum, 52, Champs-Élysées, zuruecksenden wollen. Dem Fragebogen sind Versicherungen aller unter 3, 6, 7, 8, 11 und 12 aufgefuehrten Personen beizufuegen, dass sie und ihre Ehegatten arischer Abstammung (Abstammung von vier arischen Grosseltern) seien. Ausserdem ist ~~ein~~ 2 vollstaendiges Verlagsverzeichnis einzusenden.

(Heller)
Sonderfuehrer (Z)

Trad. : Ci-joint un questionnaire en trois exemplaires.
Veuillez le renvoyer avec les réponses, dans un délai de quinze jours, à l'adresse de la Propaganda-Staffel Paris, Gruppe Schrifttum, 52, Champs-Élysées, Paris. Ajoutez au questionnaire : une déclaration de chaque personne nommée aux paragraphes 3, 6, 7, 8, 11 et 12 du questionnaire, affirmant que cette personne et son conjoint sont d'origine aryenne (c'est-à-dire descendance de quatre grands-parents aryens). Envoyez aussi un catalogue complet de votre maison.

In 1941, the Sonderführer of the Schrifttum group of the Propaganda-Staffel in Paris, Gerhard Heller, sent a questionnaire to all publishing houses on the subject of their personnel. In an adjoining form, Heller requested "a declaration from each individual named . . . confirming that said individual and his spouse are of Aryan origin (i.e., descendents of four Aryan grandparents)."

LIBRAIRIE LAROUSSE
Service de la Rédaction
13, rue du Montparnasse
PARIS VIe

Je, soussigné (1) Hazard Paul Gustave Marc Camille

~~auteur~~ de (2) Co-directeur avec Joseph Bédier, de l'Histoire illustrée de la littérature française

certifie sur l'honneur et sous mon entière responsabilité, ne pas être Israélite, et ce, dans les conditions définies par l'article 1er de la Loi du 2 juin 1941, portant Statut des Juifs, Loi promulguée au "Journal Officiel" du 14 Juin 1941 dont ci-dessous le texte:

"Est regardé comme Juif:

" I°- Celui ou celle, appartenant ou non à une confession quelconque, qui est issu d'au moins trois grands-parents "de race juive, ou de deux seulement si son conjoint est lui-"même issu de deux grands-parents de race juive.

"Est regardé comme étant de race juive le grand-parent "ayant appartenu à la religion juive.

2°- Celui ou celle qui appartient à la religion juive, "ou y appartenait le 25 juin 1940, et qui est issu de deux "grands-parents de race juive.

"La non-appartenance à la religion juive est établie "par la preuve de l'adhésion à l'une des autres confessions "reconnues par l'Etat avant la Loi du 9 Décembre 1905.

"Le désaveu ou l'annulation de la reconnaissance d'un "enfant considéré comme Juif sont sans effet au regard des dis-"positions qui précèdent".

A Paris, le 14 janvier 1942

Paul Hazard

(1) Nom patronymique, prénoms et adresse
(2) Ou: héritier de M........, auteur de........

Declaration by Paul Hazard, French academician and "co-director with Joseph Bédier of the *Histoire illustrée de la littérature française* [Illustrated History of French Literature]," published by Librairie Larousse, certifying on his honor that he was "not an Israelite," January 14, 1942.

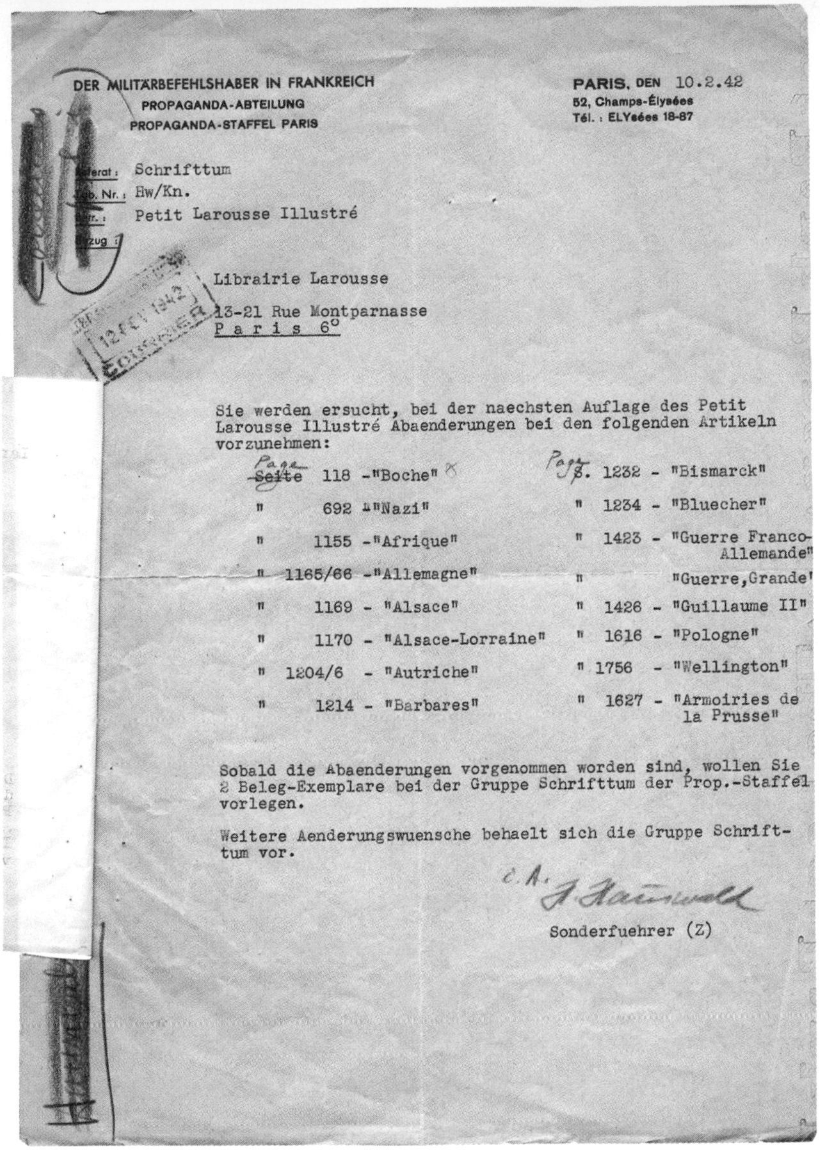

DER MILITÄRBEFEHLSHABER IN FRANKREICH
PROPAGANDA-ABTEILUNG
PROPAGANDA-STAFFEL PARIS

PARIS, DEN 10.2.42
52, Champs-Élysées
Tél. : ELYsées 18-87

Referat : Schrifttum
Tgb. Nr. : Hw/Kn.
Betr. : Petit Larousse Illustré
Bezug :

Librairie Larousse
13-21 Rue Montparnasse
Paris 6°

12 FEV 1942
COURRIER

Sie werden ersucht, bei der naechsten Auflage des Petit Larousse Illustré Abaenderungen bei den folgenden Artikeln vorzunehmen:

~~Seite~~ Page	118 -"Boche"	~~S.~~ Page	1232 - "Bismarck"
"	692 -"Nazi"	"	1234 - "Bluecher"
"	1155 -"Afrique"	"	1423 - "Guerre Franco-Allemande"
"	1165/66 -"Allemagne"	"	"Guerre, Grande"
"	1169 - "Alsace"	"	1426 - "Guillaume II"
"	1170 - "Alsace-Lorraine"	"	1616 - "Pologne"
"	1204/6 - "Autriche"	"	1756 - "Wellington"
"	1214 - "Barbares"	"	1627 - "Armoiries de la Prusse"

Sobald die Abaenderungen vorgenommen worden sind, wollen Sie 2 Beleg-Exemplare bei der Gruppe Schrifttum der Prop.-Staffel vorlegen.

Weitere Aenderungswuensche behaelt sich die Gruppe Schrifttum vor.

i.A.
F. Hauswald
Sonderfuehrer (Z)

Letter from the Propaganda-Staffel in Paris, February 10, 1942, asking the Librairie Larousse to modify several entries (e.g., "Boche" [Kraut], "Nazi," "Barbarians") in the *Petit Larousse illustré* and to submit them to the Schrifttum group.

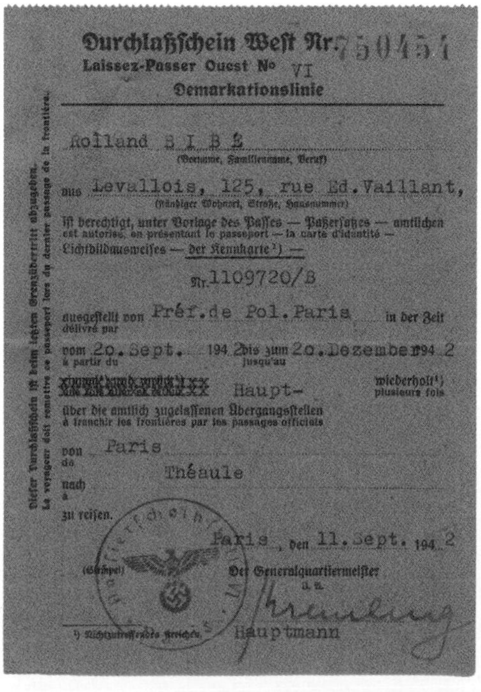

Durchlaßschein West Nr. 750454
Laissez-Passer Ouest No VI
Demarkationslinie

Rolland B I B E
(Vorname, Familienname, Beruf)

aus Levallois, 125, rue Ed. Vaillant,
(ständiger Wohnort, Straße, Hausnummer)

ist berechtigt, unter Vorlage des Passes — Paßersatzes — amtlichen
est autorisé, en présentant le passeport — la carte d'identité —
Lichtbildausweises — der Kennkarte[1]) —

Nr. 1109720/B

ausgestellt von Préf. de Pol. Paris in der Zeit
délivré par

vom 20. Sept. 1942 bis zum 20. Dezember 1942
à partir du jusqu'au

Haupt- wiederholt[1])
plusieurs fois

über die amtlich zugelassenen Übergangsstellen
à franchir les frontières par les passages officiels

von Paris
de

nach Théaule
à

zu reisen.

Paris, den 11. Sept. 1942

(Stempel)
Der Generalquartiermeister
i. A.
Hauptmann

[1]) Nichtzutreffendes streichen.

Dieser Durchlaßschein ist beim letzten Grenzübertritt abzugeben.
Le voyageur doit remettre ce passeport lors du dernier passage de la frontière.

Permit to cross the demarcation line, issued to the executive secretary of Librairie Hachette, Roland Bibé, by the German authorities in September 1942.

Le 23 Octobre 1942

COMPTE-RENDU DE LA REUNION

DU SYNDICAT DES EDITEURS DU 20 OCTOBRE 1942 A 17 H.30

La réunion a été présidée conjointement par M. RIVES, Directeur responsable du Comité d'Organisation du Livre (C.O.L.) et par M. PHILIPPON, Président du Syndicat des Editeurs.

M.M. SCHULZ et WINTERMAYER, de la Propaganda Abteilung, assistaient à la réunion.

M. PHILIPPON a signalé que les contingents de papier mis à la disposition du C.O.L. vont en s'amenuisant, étant tombés de 1.200 tonnes en Janvier 1942 à 300 tonnes en Septembre 1942. Le C.O.L. n'a cessé de protester contre le sort fait à l'édition. La presse dispose encore du 1/5ème de sa consommation de papier d'avant guerre; l'édition est tombée au-dessous du 1/10ème de sa consommation d'avant guerre. Heureusement le Syndicat va importer en France 2.000 tonnes de papier suisse qui seront réservées aux éditeurs membres du Syndicat. Les entrées de papier seront de 200 tonnes par mois. On espère que la première livraison aura lieu en Novembre. La Propaganda Abteilung est d'accord pour que ce papier soit utilisé par les éditeurs hors contingent et ne soit pas soumis à la limitation d'emploi des stocks.

Minutes from the October 20, 1942 meeting of the Syndicate of Publishers. In the presence of Schulz and Wintermayer, representing the Propaganda-Abteilung, the persons present—including Rives, head of the Comité d'Organisation du Livre (COL); Philippon, president of the Syndicate of Publishers; Vaubordolle, of Librairie Hachette; Bernard Grasset; and Mr. Baudinière—discussed the rationing of the paper supply, which continued to diminish: "Newspapers still consume one fifth of their prewar share; book publishers have fallen to below one tenth . . . from 1,200 tons in January 1942 to 300 tons in September 1942. . . . Fortunately, the Syndicate will import to France 2,000 tons of Swiss paper, which will be reserved for publishers who are Syndicate members."

"AU VŒU DE LOUIS XIII"

Enseigne de la librairie de Mme Wagner, rue Bonaparte, Paris. Mme Wagner, Lola dans la Résistance, tenait là un centre extrêmement important qui fut découvert en juillet 1943. Mme Wagner est morte à Ravensbruck (voir page 43).

II-40

"Au vœu de Louis XIII," Jeanne Wagner's bookshop on rue Bonaparte. Arrested during a Gestapo raid on July 20, 1943, she was deported to Ravensbrück. Her bookshop served as a mailbox for the resistance group "Défense de la France," and as a depository for weapons and forged documents. This photo was published in Elisabeth Terrenoire's book *Les Femmes dans la Résistance: combattantes sans uniforme* [Women in Resistance: fighters without uniform] (Bloud & Gay, 1946): "Yes, the women of France who were uninterested in politics, the women of France to whom the Chambers had always refused the right to vote," wrote Geneviève de Gaulle in her preface, "were there, along with the men, answering the call sent out by General de Gaulle on June 18, 1940."

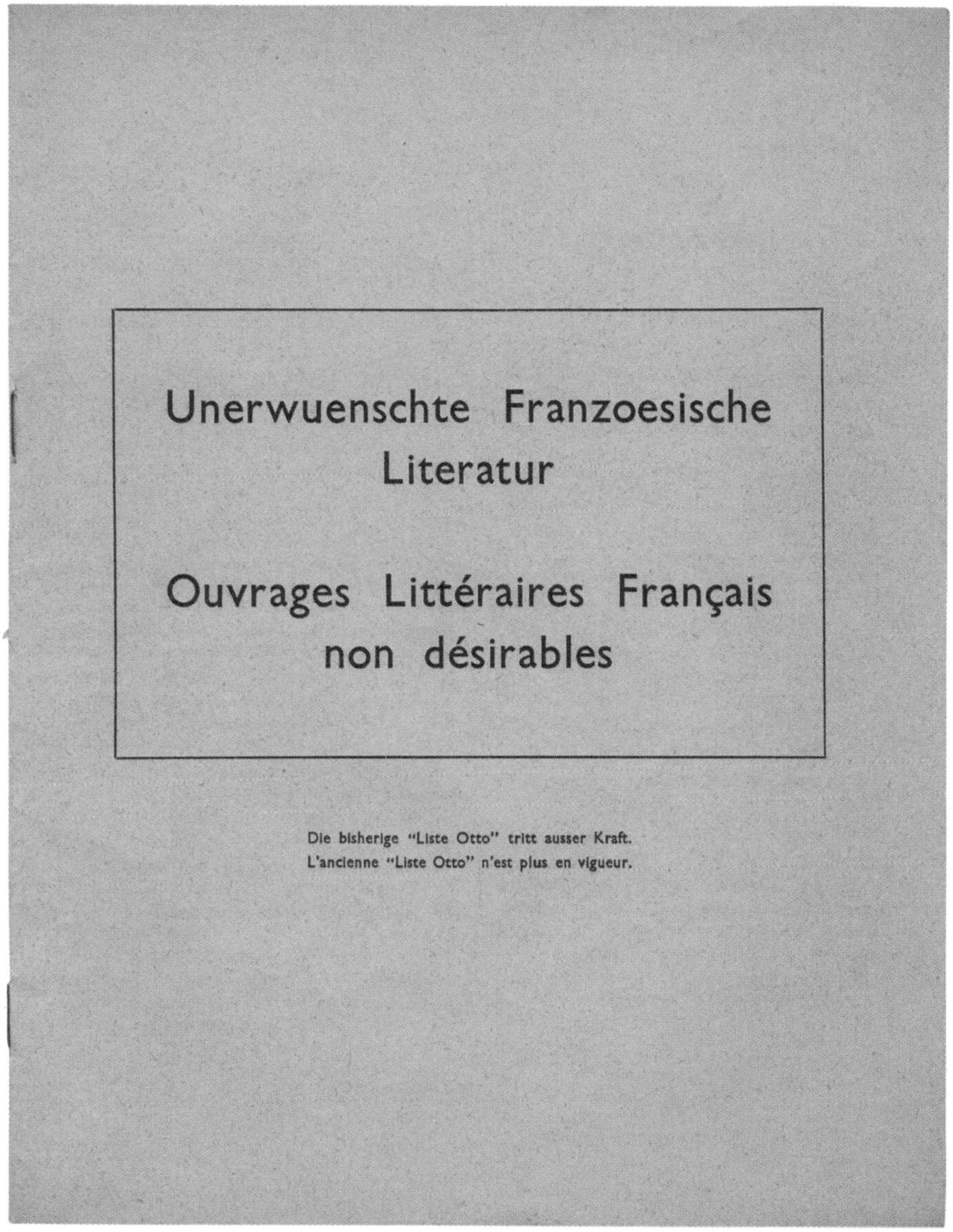

Unerwuenschte Franzoesische Literatur

Ouvrages Littéraires Français non désirables

Die bisherige "Liste Otto" tritt ausser Kraft.
L'ancienne "Liste Otto" n'est plus en vigueur.

The second "Otto List," July 8, 1942, annulling the first (issued in early October 1940).

Third edition of the "Otto List," May 10, 1943, specifying "literary works undesirable in France." This version was organized by author and supplemented with an appendix giving an "incomplete" list of 739 "Jewish writers in the French language."

TITRES	TITRES	TITRES

GOLLANCZ

BILLINGER Karl. — *All quiet in Germany 1935.

GRASSET

BAUER Ludwig. — L'agonie d'un monde.
» *La guerre est pour demain.

BEER Max. — L'Allemagne devant le monde (La politique extérieure du 3e Reich).

BLUM Léon. — La réforme gouvernementale (1936).

BORDEAUX Henry. — Les étapes allemandes (1940).

BRENTANO Bernard de. — Une famille allemande.

DARCY Paul. — *L'Allemagne toujours armée.

DOMINIQUE Pierre. — Sa Majesté.

GLAESER Ernst. — Ce qui demeure.
» Le dernier civil.

GUNTHER John. — Les pilotes de l'Europe (1936).

HEIDEN Konrad. — *Adolf Hitler (1936).
» *La jeunesse de Hitler (1936).

HERMANT M. — *Idoles Allemandes (1935).

IMANN G. — Les nocturnes.
» Le tourmenteur.

KÉRILLIS Henri de. — *Français voici la guerre.

LE GRIX François. — Vingt jours chez Hitler.

NOTH Ernst Erich. — *Tragédie de la jeunesse allemande.

SAINT MARCET. — La zone dangereuse (1924).

SALVEMINI Gaëtano. — Mussolini diplomate (Les cahiers verts) 1932.

SERRIGNY Gl. — L'Allemagne face à la guerre totale.

SOWINSKI Cne. — *Journal d'un défenseur de Varsovie.

STRASSER Otto. — *Hitler et moi.

TROTSKY Léon. — La révolution trahie : Les crimes de Staline (1937).

ZWEIG Stéfan. — Le chandelier enterré (1937).
» Erasme (1938).
» Les heures étoilées de l'humanité (1939).
» Joseph Fouché (1939).
» Magellan (1938).
» Marie-Antoinette (1940).
» Marie Stuart (1940).
» La peur (1935).
» La pitié dangereuse (1939).

HACHETTE

DELAHACHE. — Alsace-Lorraine.
» L'Exode.

FOWLER-WRIGHT S. — La guerre en 1938. Prélude à Prague.
» Quatre jours de guerre.

HABERT et BOUILLOT. — Lectures choisies d'auteurs contemporains. - Cours moyen, certificat d'études.
» Id. Livre du maître.
» Classe de 7e.
» Id. Livre du maître.

ISRAËL. — La liberté de la presse.

JOLIDON. — Un Alsacien avec les corsaires du Kaiser.

LAURENT. — National-Socialisme.

LEBLANC. — L'éclat d'obus.

LEWANDOWSKI. — Comment l'Allemagne a su se faire payer.

PERNOT. — L'Allemagne d'aujourd'hui.
» *L'Allemagne d'Hitler.
» Les Balkans nouveaux.
» L'inquiétude de l'Orient I et II.

SAROLEA. — Ce que j'ai vu en Russie.

SEIDEWITZ. — Les rayons de la mort.

TOUTEY. — Cours moyen: Alsace et Lorraine.

VALAYER P. — *L'Allemagne fera-t-elle sombrer l'Europe?
» La guerre qui rôde.
» Alerte aux avions.

XXX. — Rapport sur les atrocités allemandes.

LECTURES POUR TOUS de Mai, Juin, Octobre 1939.

LECTURES POUR TOUS, de Janvier, Février, Mars, Mai, Juin 1940.

HARTMANN

BEUVE-MERY. — Vers la plus grande Allemagne (1939).

GAUTHIER-LATHUILLE. — Allemagne, Tchécoslovaquie, Autriche. Impressions 1936 (1936).

Maurice D'HARTOY

FOREST Louis. — France arme-toi (1933).

Comité CORDAY. — Dictature (1933).

HAUTMONT Jacques

APPUHN Ch. — *Hitler « Mein Kampf » par lui-même.

HORIZONS DE FRANCE

XXX. — Pologne (1940).

HUFFEL

L'ILL Jean de. — Le fléau de l'Europe (1936).

IMPRIMERIE UNION

ERHARD Emile. — *Assassins ! Une documentation sur l'avènement de Hitler.

INTERNATIONALE ZENTRUM F. RECHT

XXX. — *Nazibastille Dachau. Schicksal u. Heldentum Dt. Freiheitskämpfer.

KLEIN

LEVY Elisabeth-Esther. — Tagebuch einer Colmarerin während des Weltkrieges 1914-1918 (1932-1939).

LAVAUZELLE

MOUSSAT. — L'âme des camps de prisonniers.

LEROUX

Voir « PRESSES UNIVERSITAIRES »

LIBie DES CHAMPS-ÉLYSÉES

IGNATIEFF. — Ma mission en France (Mémoires de guerre secrète).

LADOUX. — Les chasseurs d'espions (Mémoires de guerre secrète).
» L'espionne de l'Empereur (Mémoires de guerre secrète).
» La guerre secrète en Alsace (Mémoires de guerre secrète).
» Marthe Richard (Mémoires de guerre secrète).

NAVARRE Claude. — L'âme voilée.

NORD Pierre. — Double crime sur la ligne Maginot (Le Masque).
» Peloton d'exécution (Le Masque).
» Terre d'angoisse (Le Masque).

THOMSON Sir Basil. — Mes mémoires (Mémoires de guerre secrète).

VERNE. — Les hommes aux 1.000 visages (Mémoires de guerre secrète).

VIOLAN. — Dans l'air et dans la boue (Mémoires de guerre secrète).

XXX. — Cerveaux en uniforme.

LIBRAIRIE GÉNÉRALE DE DROIT ET DE JURISPRUDENCE

PERROUX François. — Des mythes hitlériens à l'Europe allemande (1940).

PROCOS J. S. — Fascisme et hitlérisme au point de vue sociologique (1937).

LIPSCHUTZ

MICHAELIS Cassie, MICHAELIS Heinz et SOMIN, W. O. — La brune haine - Der braune Hass (1934).

LES LIVRES NOUVEAUX

MEMMI Armand. — Juifs 1938... Tortures 1938... (1939).

MAISON DE LA BONNE PRESSE

CARET Jean. — Les Chamberlain (1940).
» L'éternelle Allemagne (1940).
» La Finlande (1940).

LECLERE Philippe. — Ennemie héréditaire ? (1940).

SAINT-ALBAN Louis. — Pie XI (1939).

XXX. — *Ce qui se passe en Allemagne.

XXX. — L'Église contre le racisme. - Une hérésie anti-romaine (1938).

XXX. — *Hitler et Rosenberg, ou le vrai visage du national-socialisme (1936).

XXX. — Sous le joug hitlérien. - La révolte des consciences (1937).

MAYER

HAY Julius. — Haben. Schauspiel (1938).

MERCURE DE FRANCE

DUHAMEL Georges. — Civilisation.
» *Mémorial de la guerre blanche.
» *Positions françaises. Chronique de l'année 1939.

TITRES	TITRES	TITRES

MÉZERETTE

MÉZERETTE J. — Les amours d'Hitler; reportage (1935).

MOPR.-VERL.

BERNAR Louis. — Auf zum Kampf gegen den Kriegs-Hetzer! (1934).

BLACHE Robert. — Der Zusammenstoss zweier Welten in Spanien... (1935).

NICOLAS Peter. — Acht Werktätige vor Militärgericht (1934).

ROSSI Carlo. — Civitavecchia, ein Friedhof der Lebenden (1935).

XXX. — Hitler, Angeklagter. - Augenzeugen - u. Tatsachenberichte aus der Faschisten Folterhöllen Deutschlands (1933).

MORVILLIERS

MORVILLIERS Roger. — Face à Hitler et à Mein Kampf (1939).

MOORTHAMERS

MICEON Madeleine (Pseud. LUCIFER). — Sous la terreur brune (1933).

NATHAN

ROUSTAN M. — Hitler éducateur. - Racisme ou démocratie ? - Dressage ou liberté ? (1935).

NOUVELLE LIBRAIRIE FRANÇAISE

FOUCAULT André. — *Germanie.

NOUVELLE REVUE CRITIQUE

AMBLER Eric. — Epitaphe pour un espion (1938).

ANIANTE Antonio. — L'Italie fasciste devant la guerre.
» Mustapha Kémal.

ARGUEYROLLES. — Le coup de dés de Tanneberg (1928).

BERKELEY Anthony. — Une erreur judiciaire (1937).

BLASCO S. — Peuple d'Espagne.

CARL Ernst. — Seul contre l'Angleterre (1936).

CASSON Stanley. — Enterré vivant (1938).

CONTRERAS Francisco. — Louis Dumur.

DAHL André. — Le sleeping en folie.

DESTHIEUX F.-J. — Einstein.

DUPRAZ J. — Regards sur le fascisme.

GARNIER Jean-Paul. — La tragédie de Dantzig (1935).

HAUTECLOCQUE Xavier. — *Police politique hitlérienne (1935).
» *La tragédie brune (1934).

HOMET Marcel. — Méditerranée, mer impériale.

KÉRILLIS Henri de et CARTIER Raymond. — *Laisserons-nous démembrer la France?

LE SIDANER Louis. — La condition de l'écrivain.

LLYOD GEORGE David. — Les heures décisives.
» La Victoire.

MANN H. — Zola.

MARTIN DU GARD M. — Retour de Prague.

MARX Henry. — G. de Porto-Riche.

MASSOUTIE Louis. — Judaïsme et hitlérisme (1935).

MULLER A. — L'armée motorisée allemande (1936).

NEWMAN Bernard. — Espion (1936).

PERO R. — Les dessous des procès de Moscou.

ROWAN Richard. — L'évolution de l'espionnage moderne.

SCHICKELÉ René. — La veuve Bosca (préface de Thomas MANN).

SUSSET R. — La vérité sur le Cameroun et l'A. E. F.

THIES (traducteur). — Le filet brun (1936).

THOMPSON Sir Basil. — Le Service secret allié en Grèce.

TROTSKY Léon. — Défense du terrorisme.

WASSILIEFF A.-T. — Police russe et révolution.

WELLS H.-G. — Châteaux en Angleterre.
» Faillite de la démocratie?

WERFEL Franz. — Les Pascarella.

YARDLEY Cne Herbert. — Le cabinet noir américain.

ZWEIG Stefan. — Marceline Desbordes-Valmore.

XXX (général de la Reischwehr). — De Weimar au chaos (1934).

XXX (général de la Reichswehr). — L'heure de Hitler (1934).

XXX. — Le livre blanc austro-allemand.

NOUVELLE REVUE FRANÇAISE (GALLIMARD)

ALDROVANDI MARESCOTTI. — Guerre diplomatique 1914-1919 (1939).

ANDRAUD. — Quand on fusillait les innocents (1935).

APPEL. — Les dessous de la justice allemande (1934).

ARON. — La fin de l'après-guerre (1938).

AZANA Manuel. — La veillée à Bénicarlo (1939).

BEDEL Maurice. — Monsieur Hitler (1937).

BENDA J. — Appositions (1930).
» Délices d'Eleuthère.
» Discours à la nation européenne (1933).
» Essai d'un discours cohérent sur les rapports de Dieu et du monde (1931).
» Esquisse d'une histoire des Français (1932).
» La fin de l'Eternel (1929).
» La jeunesse d'un clerc.
» Précision 1930-1936.
» Mon premier testament (1928).
» Un régulier dans le siècle.

BENÈS Edouard. — La France et la nouvelle Europe.

GERNARD Marc. — La conquête de la Méditerranée (1939).

BLUM Léon. — L'exercice du pouvoir (1937).
» Nouvelles conversations de Gœthe avec Eckermann.
» Souvenirs sur l'Affaire (1935).

BONAYGUE et REBER. — Vienne porte de la guerre (1934).

BOPP Léon. — Liaisons du monde (1938).

BREITBACH Josef. — Rival et rivale (1935).

BROWN Lewis. — La vie des Juifs (1939).

CHATELION. — Maldagne.

CHESTERTON. — La barbarie de Berlin (1938).

CHURCHILL Winston. — Les grands contemporains.

CILIGA A. — Au pays du grand mensonge.

CLAUDEL Paul. — Ainsi donc encore une fois (1940).
» Contacts et circonstances (1940).

DAVID André. — Mon père, répondez-moi.

DECOUR Jacques. — *Philisterburg.

DELAVIGNETTE. — Les vrais Chefs de l'Empire.

DOBLIN Alfred. — Berlin Alexanderplatz (1933).
» Voyage Babylonien (1937).

DOMÉLA. — Doméla par lui-même.

EFFEL Jean. — Ritournelle, I (1936).
» Ritournelle, II (1938).

FEILER Arthur. — L'expérience du bolchevisme (1934).

FINK Georges. — J'ai faim (1933).

FLEG Edmond. — L'Eternel est notre Dieu.
» Israël et moi.

FRANÇOIS J. — *L'affaire Röhm-Hitler (1939).

FREUD Sigmund. — Délire et rêve (1931).
» Essais de psychanalyse appliquée (1936).
» Ma vie et la psychanalyse (1938).
» Métapsychologie (1940).
» Le mot d'esprit et ses rapports avec l'inconscient (1930).
» Nouvelles conférences sur la psychanalyse (1936).
» Le rêve et son interprétation.
» Trois essais sur la théorie de la sexualité (1939).
» Un souvenir d'enfance de Léonard de Vinci (1936).

FRIEDMANN Georges. — La crise du progrès (1936).
» De la Sainte-Russie à l'U.R.S.S. (1938).
» Jacques Aron: tome II L'Adieu (1932).
» Ville qui n'a pas de fin (1932).
» Votre tour viendra (1930).

GRAF Oscar-Maria. — Nous sommes prisonniers (1930).

GRAHAM Stéphen. — Sarajévo (1933).

GRIAULE Maurice. — La peau de l'ours.

GUÉRIN Daniel. — Fascisme et grand capital (1936).

GUÉRIN Paul. — Le problème français (1939).

GUMBEL E.-J. — Les crimes politiques en Allemagne.

HEGEMANN Werner. — Le Grand Frédéric (1934).

HIRSCHFELD Magnus. — L'âme et l'amour (1935).
» Le corps et l'amour (1937).
» Le tour du monde d'un sexologue (1938).

HOOVER Calvin-B. — *L'Allemagne IIIe Empire (1934).

KAUS. — Demain neuf heures.
» Les Sœurs Kleh.

LAST Jef. — Zuyderzée.

JUEDISCHE AUTOREN

in franzoesischer Sprache. (Unvollstaendige Liste).

ÉCRIVAINS JUIFS

de langue française. (Liste incomplète).

NAME / NOM	VERLAG / ÉDITEUR	NAME / NOM	VERLAG / ÉDITEUR
ABENSOUR, Léon	Belin	BENSAUDE, A.	Masson
ABRAHAM, Pierre	Gallimard	BENVENISTE, E.	Geuthner
ABRAHAM	Presses Universitaires	BERGSON, Henri	Payot, Presses Universitaires
ABRAHAM	Geuthner	BERL, Emmanuel	Gallimard
ABRAHAMSON	Presses Universitaires	BERMAN	
ABRAMSON		BERNARD, Tristan	Editions de France, Fasquelle
ADDA, M. (pseud. Dorgel)		BERNARD, Etienne	Doin
ADLER, Alfred	Payot	BERNARD, Jean	Doin
AESCOLY-WEINTRAUB, A. Z.	Geuthner	BERNARD, J.-Jacques	
AFTALION, Albert	Domat Montchrestien, Dalloz, Recueil Sirey	BERNARD, Léon	Masson
AGHION	Pedone	BERNHEIM, Marcel	Doin
AHARONI, J.	Geuthner	BERNHEIM, H.	Doin
ALPHANDERY, E.	Bornemann	BERNHEIM	Maloine
ALPHANDERY, Isaac	Gaston Doin et Cie	BERNSTEIN, Henry	Fasquelle
ALFASSA	Massin et Lévy	BERR, Georges	Presses Universitaires
ALLENDY, Dr.	Aubier	BERR, Henri	
AMANN		BERR DE TURIQUE, Julien	
ANDRE, Joseph	Editions Ophrys	BIENSTOCK, J. W.	Mercure de France
ANDRE-LEVY	Gras	BIKERMAN, E.	Presses Universitaires, Geuthner
ANNE, M.	Delalain	BILL	Presses Universitaires
ANCEL, Jacques	Colin, Presses Universitaires, Gallimard	BLANCHE, Jacob	Flammarion
ANCHEL, Robert		BLECHMANN, G.	Doin, Masson
ANDLER, Charles		BLOC O.	Hachette
ARENNES, Ad.		BLOCH, André	L'Auteur
ARNYVELDE, André		BLOCH, Eugène	Colin, Armand
ARON, E.	Doin	BLOCH, Richard	Eyrolles
ARON, M.	Doin, Masson et Cie	BLOCH, Jean Richard	Gallimard
ARON, Raimond	Gallimard	BLOCH, Camille	Paul Hartmann, Picard
ARON, Robert		BLOCH, René	Dalloz
ARONSON	Presses Universitaires	BLOCH, F.	Hermann et Cie
ASBECK	Presses Universitaires	BLOCH, Henri	
ASHKENAZI, T.	Geuthner	BLOCH, Léon	Hermann et Cie
ASTRUC, Hubert Marcel	Charles-Lavauzelle	BLOCH, E.	Presses Universitaires
ATHIS, Alfred		BLOCH, G.	Presses Universitaires
AUDLER	Presses Universitaires	BLOCH, L.	Presses Universitaires
AUSCHER	Presses Universitaires	BLOCH, Marc	
AZERAD	Doin	BLOCH, Oskar	Rousseau, Presses Universitaires
		BLOCH-SAVITZKY	Gedalge
		BLUM, A.	Hachette
		BLUM, Ernest	
		BLUM, Léon	Masson et Cie
		BLUMENFELD	
BABEL	Presses Universitaires	BOES, Lucien	Belin
BACH, Victor		BOHN, Georges	Mercure de France
BARUCH	Flammarion	BOLL, M.	Doin
BARUK, H.	Doin	BONNACK	Doin
BASCH, G.	Masson	BOPP, Léon	
BASCH	Presses Universitaires	BORSCHNECK, Emile	Doin
BASCH, Victor	Doin, Gallimard	BRAUNSCHWIG, Marcel	Colin
BAUER, F.	Hermann et Cie	BRUHL, H. L.	Domat Montchrestien
BAUER, Gérard		BRUNSCHVICG, C. Mme	Figuière
BAUER, Ludwig		BRUNSCHWICG, Léon	Hachette
BAUER, Henry		BRUNSCHWIG, Robert	Larose
BAUMANN, Emile		BRUNSCHWIG, H.	Sorlot
BENDA, R.	Doin	BRUNSCHWIGG	Presses Universitaires
BENDA, Julien	Garnier Frères, Mercure de France		
BENHAMOU, Ed.	Masson		
BENOIT-LEVY	Massin et Lévy, Presses Universitaires		
BENRUBI	Presses Universitaires	CAHEN, Léon	Fern. Aubier, Colin
BENSAUDE, R.	Doin, Masson	CAHEN, Pierre	Doin

NAME / NOM	VERLAG / ÉDITEUR	NAME / NOM	VERLAG / ÉDITEUR
CAHEN, Robert	Doin	EHRENBOURG, Ilya	Gallimard
CAHEN, Roger	Doin	EHRENPREIS, M.	
CAHEN	Eyrolles	EINSTEIN, Albert	Payot
CAHEN, Edmond	Fasquelle	EISENMANN	Presses Universitaires
CAHEN, Albert	Hachette	ELIPHAS-LEVI	Presses Universitaires
CAHEN, Eugène	Hachette	EMSCHILLER, Guy	Hermann et Cie
CAHEN, Cl.	Geuthner	ENNERY d', Adolphe	Rouff
CAHEN	Presses Universitaires	EPHRUSSI, Boris	Hermann et Cie
CAHEN-SALVADOR, G.	Payot	EPSTEIN, Isbac	Payot
CAHEN, Théophile	Hermann, Masson	EPSTEIN, E.	Masson
CAHUN, Léon	Hachette	ERLANGER, R. d'	Geuthner
CAILLAVET, Armand de		ERRERA, Jacques	Hermann
CAIN	Doin	ENRIQUES, Federigo	Hermann
CARO-DELVAILLE	Presses Universitaires	EVEN, R.	Masson
CARRUS	Eyrolles		
CASEVITZ, Mme Henry	Rouff		
CASSOU, Jean			
CATULLE-MENDES, Jeanne		FAITLOVITCH, Ch.	Geuthner
CENDRARS, Blaise		FEDERN, Karl	Payot
CERF, Léon	Editions de France	FELDMANN	Presses Universitaires
CHAGALL, Marc	Stock	FINBERT, J. Elian	Michel
CLIFFORD-BARNEY, N.	Mercure de France	FINBERT, Elian	
COHEN, Edmond		FISCHEL	Presses Universitaires
COHEN, Gustave	Boivin et Cie, Gallimard, Presses Universitaires	FISCHER, M. et A.	
		FISCHGOLD, H.	Masson
COHEN	Eyrolles	FLEG, Edmond	Gallimard, Editions de France
COHEN, Albert	Gallimard, Recueil Sirey	FLEISCHMANN, J.	Doin
COHEN, Robert	Hachette, Presses Universitaires	FRANCFORT, G.	Doin
COHEN, M.	Geuthner	FRANCILLON LOBBE	Doin
COHEN, L.	Presses Universitaires	FRANCK	Presses Universitaires
COHUN, Léon		FRANCK, Henri	
COOLIN, Romain		FRANCK, Léonhard	
COOLUS, Romain (Weill)	Fasquelle	FRANK, Bruno	Payot
CORCOS, F.	Aubier	FRANK, Philipp	Hermann
CREANGE, Pierre	Messein	FREUD	
CREMIEUX, Benjamin	Gallimard	FRIBURG (Fribourg), André	
CREMIEUX, Albert		FRIEDMANN, Georges	Gallimard
CREMIEU, L.	Recueil Sirey		
CREMIEU-ALGAN, Mlle	Masson		
CROISSET, F. de	Hachette	GEIGER, Raymond	Gallimard
CURIE, Mad. P.	Presses Universitaires	GEISTDOERFER	Presses Universitaires
CYRANE, Jean (Flursheim)	Mercure de France	GERMAIN-LEVY	Presses Universitaires
		GERMAIN-LEVY, Louis	
		GERSCHENSON, R. O.	Corréa
		GEVEL, Claude	
DALSACE, A.	Payot	GEVEL, Claude (pseudonyme Weil, G.)	
DALSACE, J.	Doin	GINSBOURG, Dr.	Vigot
DARMESTETER, J.	Geuthner	GLASER, Dr.	Hachette
DARMESTETER, Arsène		GLAYMANN	Dunod
DAUVILLE, Gaston (A. Blocq)	Mercure de France	GLOTZ, Gustave	
DAVID, André		GOERGER	Presses Universitaires
DAVIDSON, Frédéric	Baudinière	GOLDSCHMIDT	Presses Universitaires
DIETRICH, Luc.	Denoël et Steele	GOLDSTEIN, L.	Hermann
DEBRE, Robert	Masson, Doin, Encyclop. Medico	GOLDSZTAUB, S.	Hermann
		GONSETH	Presses Universitaires
DELARUE-MADRUS, Judith		GOTTHEILL, R.	Geuthner
DENNERY, Etienne	Colin, Eyrolles	GREGH, Fernand	
DENNERY, R.	Recueil Sirey	GREGH, Léon	
DEUTSCH, Léon	Grasset	GROOS, René	Garnier Frères
DREYFOUS	Presses Universitaires	GROUVER, Alex.	Rousseau
DREYFUS, Alfred	Fasquelle	GUASTALLE, P.	Gallimard
DREYFUS, Carle	Morance	GUERON, Jules	Hermann
DREYFUS, Edmond	Eyrolles	GUMBEL, E. J.	Hermann
DREYFUS LE-FOYER	Doin	GURVITCH	Presses Universitaires
DREYFUS-SEE, Germaine	Doin	GUTMANN, Dr.	Le François
DREYFUSS	Baillière, Eyrolles, Masson	GUTMANN, René A.	Doin
DREYFUSS, Abraham	Calmann-Lévy	GUTTMANN, Henri	Calavas
DREYFUSS, Robert	Colin, Gallimard		
DREYFUSS, Gilbert	Doin		
DURKHEIM	Presses Universitaires		
DUVERNOIS, Henri		HADAMARD, Jacques	Colin, Presses Universitaires

The files of the Cercle de la librairie [Bookshop Circle] contained thousands of cards carefully maintained during the Occupation and remarkably well-preserved ever since. Organized in alphabetical order by author, each card indicates the title of a book and specifies on which list ("Bernhard" and/or "Otto") it appears. For example, André Malraux's *Days of Wrath* (NRF, 1935), or Thomas Mann's *Buddenbrooks* (Fayard, 1932), or Emmanuel Mounier's *Pacifistes ou bellicistes* [Pacifists or Warmongers] (Le Cerf, 1940) were prohibited by the first and second "Otto Lists." André Suarès's *Views of Europe* (Grasset, 1939) was prohibited only by the second Otto List.

Various prohibition notices published in *La Bibliographie de la France*, "the principal and official journal of the book trade and the Bibliothèque nationale," between January and April 1944. During the same period, in the same monthly publication aimed at publishing professionals, one can read: "The Propaganda-Abteilung, Gruppe Schrifttum [The Propaganda Department, Literature Group] sends us the following notes: firstly, the authors mentioned below have collaborated actively with dissident publications; all their writings are prohibited henceforth in occupied France: André GIDE, Jacques MARITAIN, A. de SAINT-EXUPÉRY, Robert ARON, Joseph KESSEL, Pierre MENDÈS-FRANCE, Bertrand de LA SALLE, Henri BOSCO, André PHILIP, Jean-Richard BLOCH, Edgar FAURE, LIONEL, Marcel DURY, Christian COURTOIS, Georges PAQUE, Pierre CHANCE; secondly, the name Marcel BOLL is to be removed from the list of Jewish authors. The name Ricard HUCH, which contains a typographical mistake, is also to be removed from the same list."

41

B.F. p. 15. n° 1-2 1944

LES ÉDITIONS BERNARD GRASSET

préviennent MM. les Libraires que la vente des ouvrages de l'écrivain GUNDOLF : **GOETHE** (tomes I, II et III) est interdite. Prière de leur retourner tous les exemplaires qu'ils pourraient avoir en magasin.

B.F. p. 15 n° 1-2 - 1944

La Maison BERGER-LEVRAULT

prévient MM. les Libraires que la vente du livre portant pour titre :

LA RANDONNÉE DU 9e ZOUAVES

est interdite jusqu'à nouvel ordre par les autorités d'occupation.

G. DOIN & Cie, 8, place de l'Odéon, PARIS

Prière à nos correspondants de nous retourner d'urgence tous les exemplaires de l'ouvrage suivant, ***qui est retiré de la vente :***

ABBÉ MOREUX : **Énigmes de la Science** (en 2 tomes).

MERCVRE DE FRANCE, 26, rue de Condé

La vente de l'ouvrage du comte Paul de PRADEL DE LAMASE : *Légitimisme et Papauté* est interdite. Prière aux Libraires de retourner les exemplaires en magasin.

B.F. n° 5-6 / 1944 4-11 fev. 1944.

B.F. p. 63 n° 9-10 1944

AVIS A MM. LES LIBRAIRES

MM. les Libraires sont avisés que l'ouvrage de Florent Fels **JULES CAVAILLES**, tome 8, de la Collection « Les Maîtres de Demain », vient d'être interdit en zone Nord. En conséquence, MM. les Libraires voudront bien faire retour de tous les ex. en magasin à **SEQUANA, 33, rue de Naples, à Paris** (8e)

B.F. n° 11-12-13 / 1944. p. 76

— 76

LES ÉDITIONS BAUDINIÈRE

27 *bis*, rue du Moulin-Vert, Paris-14e

informent que, par ordre des Autorités allemandes, le livre :

LES TUEURS D'AMES

par Jean LE SAUVAGE

doit être retourné à l'éditeur, la vente en étant désormais prohibée.

133e ANNÉE — 3e SÉRIE — NUMÉROS 16-17 — 21-28 AVRIL 1944

BIBLIOGRAPHIE DE LA FRANCE

JOURNAL GÉNÉRAL ET OFFICIEL DE LA LIBRAIRIE FRANÇAISE ET DE LA BIBLIOTHÈQUE NATIONALE

2e PARTIE : CHRONIQUE

COMMUNICATION DE LA PROPAGANDA ABTEILUNG. — *La Propaganda Abteilung, Gruppe Schrifttum, nous adresse les notes ci-après :*

1° Les auteurs cités ci-dessous ont activement collaboré à une publication dissidente ; tous leurs ouvrages sont interdits dès maintenant en France occupée :

André GIDE, Jacques MARITAIN, A. de SAINT-EXUPÉRY, Robert ARON, Joseph KESSEL, Pierre MENDÈS-FRANCE, Bertrand de LA SALLE, Henri BOSCO, André PHILIP, Jean-Richard BLOCH, Edgar FAURE, LIONEL, Marcel DURY, Christian COURTOIS, Georges PAQUE, Pierre CHANCE ;

2° Le nom de Marcel BOLL doit être supprimé de la liste des auteurs juifs. Quant au nom de RICARD HUCH, qui comporte une faute d'impression, il doit être également supprimé de la même liste.

NÉCROLOGIE. CHARLES BOSSE. — Nous avons appris avec peine la mort de M. Charles BOSSE, le libraire bien connu, fondateur du « Bouquiniste français », dont il fut le directeur-gérant pendant vingt ans. Nous adressons à la famille de M. Charles Bosse, et à nos confrères de la librairie d'occasion, l'assurance de nos très sincères condoléances.

BIBLIOTHÈQUE TECHNIQUE DU CERCLE DE LA LIBRAIRIE. — La Bibliothèque technique du Cercle de la Librairie est de nouveau ouverte aux professionnels du Livre et au public depuis le 15 mars dernier, tous les après-midi, de quatorze heures à dix-sept heures, sauf le samedi et le dimanche.

ADMINISTRATION **Signal** 111 RUE REAUMUR . PARIS 2e

TÉL.: GUT 80-40
CHÈQUES POSTAUX
PARIS 3086.73

Paris, le Décembre 1942.

Référence à rappeler:

ADRESSE EN Z.N.O.:
CONTI-PRESS, Sce « Signal »
85, rue de l'Hôtel-de-Ville, LYON

2500 ex.

VOICI L'HIVER ET SES FRIMAS.....

C'est la saison des soirées longues, parfois monotones, au cours desquelles chacun recherche une distraction; c'est la période où on lit le plus.

Il faut en profiter pour proposer " SIGNAL " à ceux de vos clients qui ne le prennent pas encore. Vous créerez sûrement parmi eux des acheteurs fidèles.

La mise en vente de notre N° 23/24 a été annoncée par une publicité dans plus de 120 quotidiens et périodiques, ainsi que par des émissions à la radio.

Celle de notre prochain numéro le sera par des insertions dans près de 400 titres régionaux et locaux, de sorte que la clientèle de votre secteur de vente sera immanquablement touchée par elles.

Aidez-nous à obtenir le meilleur rendement des dépenses que nous engageons pour faciliter votre vente. Vous y trouverez votre avantage sous forme d'un accroissement de bénéfice.

" SIGNAL " vous remercie.

« SIGNAL », le grand illustré d'information, paraît tous les 15 jours.

Circular from the editors of the bimonthly *Signal*, "the great German illustrated magazine," sent out by the Messageries Hachette to their representatives and points of sale in December 1942, in order to increase kiosk sales (which were 189,000 copies in the Unoccupied Zone during the summer of 1942). Two months earlier, *Signal* had printed a publicity brochure boasting about its printing equipment and ultramodern production line.

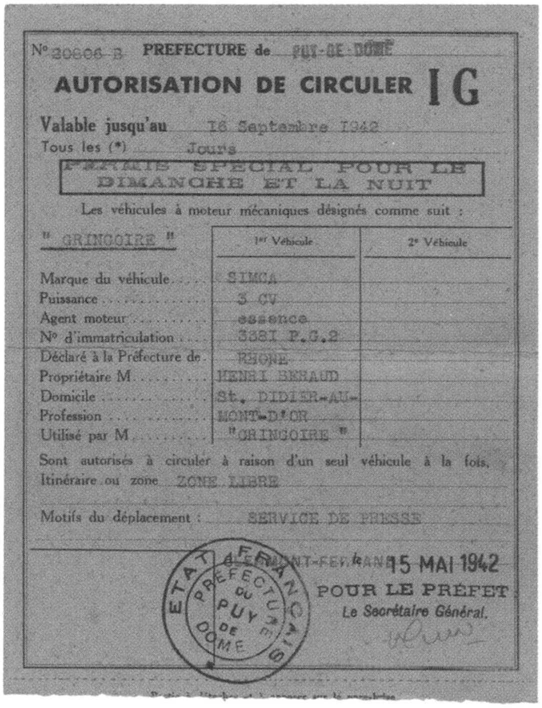

N° 20806 B PREFECTURE de PUY-DE-DOME

AUTORISATION DE CIRCULER I G

Valable jusqu'au 16 Septembre 1942

Tous les (*) Jours

PERMIS SPECIAL POUR LE DIMANCHE ET LA NUIT

Les véhicules à moteur mécaniques désignés comme suit :

" GRINGOIRE "

	1er Véhicule	2e Véhicule
Marque du véhicule	SIMCA	
Puissance	5 CV	
Agent moteur	essence	
N° d'immatriculation	3381 P.G.2	
Déclaré à la Préfecture de	RHONE	
Propriétaire M.	HENRI BERAUD	
Domicile	St. DIDIER-AU-	
Profession	MONT-D'OR	
Utilisé par M.	"GRINGOIRE"	

Sont autorisés à circuler à raison d'un seul véhicule à la fois,

Itinéraire ou zone ZONE LIBRE

Motifs du déplacement : SERVICE DE PRESSE

CLERMONT-FERRAND, le 15 MAI 1942

POUR LE PRÉFET

Le Secrétaire Général.

ETAT FRANCAIS PREFECTURE DU PUY DE DOME

"Special permit" to circulate freely on Sundays and nights, granted to the journalist Henri Béraud by the Lyon Prefecture of Police in May, 1942.

MAISON DE LA PRESSE PARISIENNE

3, RUE DE LA FROMAGERIE

LYON

N° 178 1941

CARTE DE SOCIÉTAIRE

Nom Béraud Henri

Adresse 60 Bd des Belges Lyon

Qualité

Le Sociétaire, Le Président,

MAISON DE LA PRESSE PARISIENNE LYON

Press card of Henri Béraud, a journalist for *Gringoire*; founded in 1928 and edited by Horace de Carbuccia, Joseph Kessel and Georges Suarez, this populist, Anglophobic, and anti-Semitic paper printed about 330,000 copies from 1940 until closing in 1944.

MAISON DE LA PRESSE PARISIENNE

LYON

67 1942 1942

CARTE DE SOCIÉTAIRE

Nom Pascal Pia

Adresse Eden Hotel

MAISON DE LA PRESSE PARISIENNE LYON

Press card of Pascal Pia, editorial secretary of *Paris-Soir*—a paper that he liked very little, but which he followed to Lyon until it ceased production in November 1942. Living with his wife and child at the Hotel Eden, between the Saône and the Rhône, he joined the resistance movement Combat becoming the editor-in-chief of its clandestine paper, and later a permanent member of the leadership of Mouvements unis de Résistance [United Resistance Movements, MUR]; he also had a plan to start a literary review, *Prométhée* [Prometheus], which was never realized . . . Put under surveillance by the Sûreté générale, he was forced to leave Lyon and France suddenly in April 1943, while he was working on his edition of the *Album zutique*. "If I am arrested," he said to Jacqueline Bernard, who also contributed to the clandestine paper *Combat*, "I want only a copy of the Pléiäde edition of Baudelaire."

A l'exception ~~de l'Aube~~ de deux journaux, *l'Aube* et *le Figaro*, tous les quotidiens qui paraissent à Paris depuis le 21 août, ont commencé ou poursuivi leur carrière sous l'occupation allemande, dans la clandestinité.

Quand ~~le~~, avec la paix, les loisirs seront revenus, il se trouvera peut-être un chercheur pour assembler les matériaux nécessaires à une *Histoire de la presse clandestine*. Ce chercheur, disons-le lui ~~tout~~ sans attendre, n'aura pas la tâche facile. ~~Beaucoup~~ Il lui faudra parcourir la France entière pour interroger les imprimeurs et ~~et~~ identifier les volontaires, qui, au prix des plus grands risques, ont accepté ~~de~~ quatre ans durant d'expédier, de transporter et de recevoir de dangereux ballots d'imprimés. ~~Il lui~~

Il lui faudra aussi interroger les ~~rédac~~ animateurs et les rédacteurs de ces feuilles. Beaucoup ont disparu, ~~ont~~ arrêtés ~~et dé~~, puis déportés, que nous ne reverrons peut-être pas, et davantage encore, journalistes d'occasion ~~qui voulaient simplement~~ à qui l'envie d'écrire n'était venue que parce que la vérité était ~~traquée~~ pourchassée, seront rentrés dans l'ombre ~~de~~ où, en d'autres temps, la modestie les eût toujours confinés.

Enfin, il lui faudra évoquer ceux qui s'étant dépensés sans compter seront morts dans la lutte. ~~J'évoquerai~~ Je citerai ici Vélin. Il ne s'appelait pas Vélin — il s'appelait en réalité Bollier — mais comme Henri Frenay, l'animateur du mouvement "Combat", l'avait chargé d'un service d'impressions clandestines, il avait pris pour pseudonymes des noms empruntés au métier de l'imprimerie. Avant d'être Vélin, il avait été Carton, et quand il mourut il s'appelait depuis un mois Alfa. Mais nous n'avons pas eu le temps de nous habituer à le nommer Alfa, et c'est sous le nom de Vélin qu'il trouvera sa place dans la légende de la Résistance française.

C'était un ingénieur, ancien élève de Polytechnique. Comme ses parents étaient Suisses, il aurait pu opter à 20 ans pour la nationalité helvétique. Mais cela ne lui était pas venu à l'esprit, et, né en France, Vélin était un des enfants les plus fidèles que mon pays ait jamais eus. ~~Il avait fait la guerre~~ ~~[illegible]~~ De la mobilisation à la retraite de juin 1940 il avait fait la guerre comme officier d'artillerie. Mais à vrai dire, il ne fit pas la retraite. Il ne voulut pas "décrocher", comme disaient alors les militaires, ~~il resta~~ quand l'ennemi arriva à proximité des pièces qu'il commandait, il continua de tirer. ~~Il reçut aussi~~ C'est dans ce combat inégal et désespéré qu'il fut blessé au ventre et fait prisonnier. Ses blessures étaient si graves que, dès la fin de l'année 40, il était rapatrié comme un invalide. Mais si graves qu'elles fussent, elles n'avaient en rien freiné son ardeur.

Il se lance à corps perdu dans la Résistance. Il ~~imprim~~ doit faire ~~imprimer~~ "Combat", à Lyon, et non seulement le faire ~~l'~~imprimer, mais le diffuser à travers tout le pays. ~~Il l'imprime et~~ Il ~~le diffuse~~ le diffuse si bien que le tirage ~~atteint~~ de cette petite feuille atteint de tels chiffres que les imprimeurs n'osent plus se ~~charger~~ charger d'un volume si considérable de prose clandestine. Les difficultés ne le rebutent point. Il loue un local ~~[illegible]~~ dans un quartier excentrique de Lyon, achète des caractères d'imprimerie ici et là, et une vaste et lourde machine qu'il fait venir de Grenoble en morceaux, par pièces détachées, et qu'il remontera de ses mains. ~~Là dans~~ Ainsi il peut tirer toutes les trois semaines 300.000 exemplaires de "Combat", sans parler d'autres feuilles clandestines qui ont recours à ses services lorsque les imprimeurs ~~font~~ établis font défaut.

Pascal Pia paid tribute to the printer of the clandestine paper *Combat* in the Lyon area, André Bollier, alias Vélin *(right)*. He was surprised by the Gestapo and the Milice in Lyon on June 17, 1944, during a raid of his printing shop on rue Viala, in Lyon, and killed during the assault.

His name wasn't Vélin—it was really Bollie [sic]*—but because Henri Frenay, the leader of the Combat movement, had put him in charge of clandestine printing operations, he took pseudonyms drawn from the printing profession. Before he became Vélin* [vellum], *he had been Carton* [cardboard], *and, at the time of his death, he had been called Alfa for a month. But since we didn't have time to get used to the name Alfa, it was under the name Vélin that he took his place in the legend of the French Resistance…*

He threw himself blindly into the Resistance. In Lyon, he was ordered to print Combat, *and not only print it, but distribute it throughout the area. He circulated it so successfully that the print runs of that little paper grew to such large numbers that the printers no longer dared to take on such large volumes of clandestine press. These difficulties didn't put him off. He rented a place in a suburb of Lyon, bought printing type here and there, and a huge, heavy press that he had brought from Grenoble in pieces, and that he put back together by hand himself. Thus he was able to print 300,000 copies of* Combat *every three weeks, not to mention other clandestine papers that called on his services when established printing firms weren't up to the task.*

One day, the gendarmes arrested him. He escaped almost immediately. The print shop wasn't discovered. A few months later, the Gestapo had their turn, arresting him in Lyon. They kept him for 54 days, but on the 55th day, he jumped out the window at the École de Santé, where he had been taken for another interrogation session. It was useless for the Gestapo to torture him; he didn't talk. The print shop wasn't discovered.

He stayed in Lyon and started his dangerous work again the way a diligent worker comes back to the workshop he had left the night before. Now he went about armed, a Colt under his jacket. The Gestapo finally discovered his print shop, which 200 SS and members of the Milice attacked with grenades. A typesetter and photoengraver were killed and a secretary wounded. Vélin climbed onto a wall and fired. Before he was gunned down, he had killed three Milice agents.

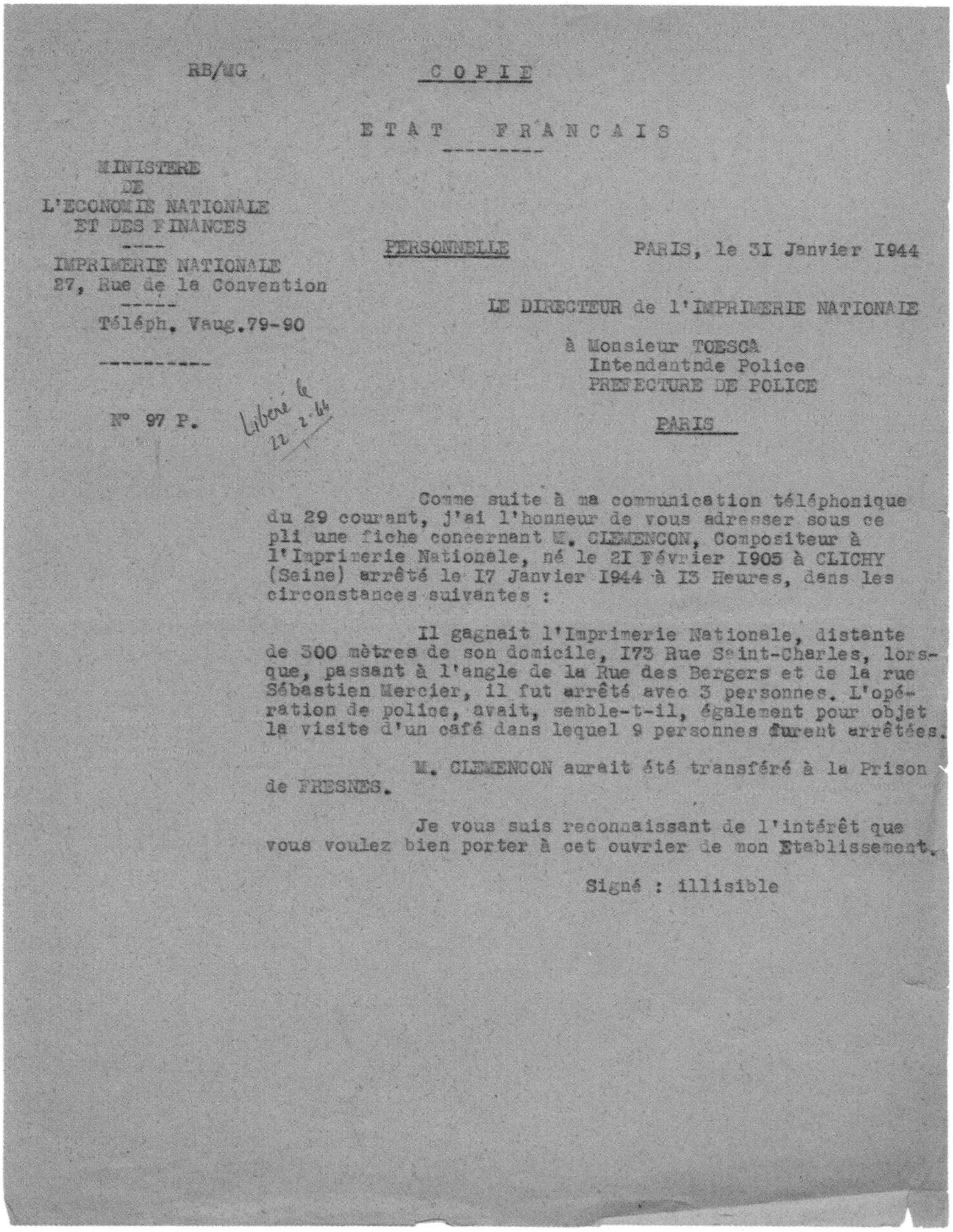

RB/MG COPIE

ETAT FRANCAIS

MINISTERE
DE
L'ECONOMIE NATIONALE
ET DES FINANCES

IMPRIMERIE NATIONALE
27, Rue de la Convention

Téléph. Vaug.79-90

N° 97 P. Libéré le 22.2.44

PERSONNELLE PARIS, le 3I Janvier I944

LE DIRECTEUR de l'IMPRIMERIE NATIONALE

à Monsieur TOESCA
Intendantnde Police
PREFECTURE DE POLICE

PARIS

Comme suite à ma communication téléphonique du 29 courant, j'ai l'honneur de vous adresser sous ce pli une fiche concernant M. CLEMENCON, Compositeur à l'Imprimerie Nationale, né le 2I Février I905 à CLICHY (Seine) arrêté le I7 Janvier I944 à I3 Heures, dans les circonstances suivantes :

Il gagnait l'Imprimerie Nationale, distante de 300 mètres de son domicile, I73 Rue Saint-Charles, lorsque, passant à l'angle de la Rue des Bergers et de la rue Sébastien Mercier, il fut arrêté avec 3 personnes. L'opération de police, avait, semble-t-il, également pour objet la visite d'un café dans lequel 9 personnes furent arrêtées.

M. CLEMENCON aurait été transféré à la Prison de FRESNES.

Je vous suis reconnaissant de l'intérêt que vous voulez bien porter à cet ouvrier de mon Etablissement.

Signé : illisible

A copy, made by Maurice Toesca's subordinate at the Paris Police Prefecture, of a letter from the director of the Imprimerie nationale (the Government Printing Office), Raymond Blanchot, who was worried about what had happened to Clemençon, a typesetter at his press who had been arrested on January 17, 1944. Maurice Toesca noted in the margin: "Released 22/2/44."

E. Aulard aidé par son contremaitre Doré ont imprimé les samedis et dimanches vingt sur vingt-quatre volumes des « Éditions de Minuit ». Toute trace du travail clandestin avait disparu lorsque le lundi les ouvriers reprenaient le travail.

Ariel Casqué

Les Français, dit-on, sont d'une même famille ; comme le sont les Chinois pour la Chine, et les Patagons pour la Patagonie. Mais à tant parler de « frères ennemis », on s'est accoutumé à désigner chez les Français les modèles du genre. On a fini (tout se tient) par considérer un peu trop comme un miracle le témoignage que donnèrent aux yeux de leur pays et de l'étranger, les écrivains « clandestins ». Il faut détruire un peu cette légende. Si on a parlé de la Résistance (j'entends : l'*intérieure*) comme d'une raisonnable folie, et que le temps soit venu de trouver à nos déraisons des raisons, à notre folie, la logique, nous aurons tôt fait d'expliquer le *miracle* par les causes les plus simples qui soient.

Que les Français fussent divisés, — et quand donc, dit-on, plus terriblement qu'à l'époque de l'entre-deux guerres ? — c'est une évidence. C'en est une autre que, dès le 6 février qui leur apporte l'expérience du Front Populaire (avec le recul elle apparaît moins décevante), de la guerre d'Espagne, une volonté d'union lentement se fait un chemin. Lentement le Français prend conscience du danger que représentent le fascisme et les oligarchies pour l'avenir de l'homme et aussi bien pour l'avenir de la France ; que les ennemis de l'homme et les ennemis de la France (ce sont les mêmes) voulaient saper, quand ils s'ingéniaient à saper les idées de droit et de justice. Ce fut la première capitulation à Munich, puis le honteux armistice de Pétain : le Français ouvrait les yeux et connaissait le besoin, puis la nécessité de l'union. Pourquoi si tard ? direz-vous. C'est peut-être, comme dit Jean Paulhan, *que la patrie n'est pas chose si facile à penser*.

Aussi ne va-t-on point s'étonner du silence, dont on peut dire qu'ils *usent*, que gardent un moment les meilleurs de nos écrivains au lendemain de l'armistice. Quand le « honteux petit troupeau » d'artistes et d'écrivains que stigmatise François Mauriac dans son *Cahier Noir*, se livre au bruit et à la fureur, et se prétend « réaliste » parce qu'il tient son nez sur son caca, il est bon de se taire. Ce silence est une arme, la première. On a assez dit, n'est-ce pas, l'hostilité (et sa vertu) de ce silence, où se heurtait l'envahisseur, silence des pierres et cécité des visages. Les Allemands ne s'y trompaient pas : et par exemple ils interdirent la publication du livre de Georges Duhamel, où il évoquait le pays fuyant devant eux, sans les nommer. Mais la roue tourne et il n'est bientôt plus possible de se taire. Au sein de ce silence même s'élaborent les paroles de vengeance et d'espoir. Le mépris ne suffit plus, ni le silence, à répondre aux arrestations, aux persécutions, à l'assassinat de milliers de Français.

Au mois d'octobre 1940, Paul Langevin est arrêté par la Gestapo. Les étudiants manifestent, Joliot-Curie ose protester publiquement. Et Langevin est retiré de la Santé pour être placé en résidence surveillée à Troyes. Le 11 novembre 1940, les étudiants montent à l'Etoile en conspuant le gouver-

21

The Parisian printer Ernest Aulard and his foreman Pierre Doré secretly printed books for the publisher Éditions de Minuit on their rotary presses on Saturdays and Sundays, normally days off for other workers. They are pictured here in photographs by Robert Doisneau, taken in 1945 for the 31st issue, titled "*Imprimeries clandestines*," [Clandestine Printing Shops] of the literary journal *Le Point*, edited by Jean Lurçat, Efstratios Tériade and Maurice Betz. It was published in March, 1945 in Lanzac (Lot).

4

THE SEDUCTIONS OF INTELLECTUAL COLLABORATION

"There are three non-military objectives to be controlled right away: Communism, the haute banque, the NRF."
Otto Abetz (1940)

Collaboration with the Nazi Occupier was the official policy of Vichy France. The terms of the armistice invited French civil-service entities to collaborate with German military authorities, a proposition without political implications—it was Pétain and his ministers who would later give the word "collaboration" its sinister political meaning by offering Hitler more than the armistice required. On October 24, 1940, Maréchal Pétain met the Führer in his special train at Montoire-sur-le-Loir, in the Loir-et-Cher. On October 30, Pétain announced to the French people that he had embarked on the path of collaboration.

It was in this spirit that the two heads of the Vichy government, Laval (1940, 1942-44) and admiral François Darlan (1941-42), tried to negotiate a privileged position for France at the heart of Hitler's Europe. They offered various concessions to Germany in the hopes of obtaining better conditions under the Occupation and, ultimately, a more lenient peace treaty. Acting more out of strategic nationalism than Fascist sympathy, neither Laval nor Darlan—whatever their subsequent leanings—had been pro-Fascist before 1940. This pragmatic *collaboration d'État* [State Collaboration] failed in the end, in part because Hitler sought revenge for Germany's defeat in 1918, and because he had no interest in treating Vichy France as an ally. It was difficult for French writers to stay neutral on important matters of the day, and wholly apolitical writers were rare exceptions between 1940 and 1944. A small number of ideological collaborators wanted a National-Socialist France. Living for the most part in Paris—where they took advantage of Nazi subsidies and devoted themselves to society events—they accused Vichy of timidity and reactionary politics when confronted with the great adventure that was Nazism. Other writers supported Maréchal Pétain's program: family, homeland, religion, authority, and hierarchy. They drew as much inspiration from French conservative traditions as from their hatred for the Third Republic, the Popular Front and Communism, they saw collaboration as a pragmatic necessity. When Hitler's victory became unlikely, some more pragmatic collaborators silently withdrew; some even changed sides. Anticommunism was the principal force keeping collaborationism alive. As long as extensive battles were being fought on the Eastern Front, collaborationist writers saw Hitler as a crusader, defending Europe from Bolshevism.

The Nazis responded to these writers' proclivities with active policies. In June, 1940, the Occupiers set up the Propaganda-Staffel in Paris, and the following month the Propaganda-Abteilung (P-A). This "Propaganda Department" was a military institution— responsible to the Wehrmacht and to the Military Commander in France [Militärbefehlshaber in Frankreich, MBF]—but it received orders and materials from Joseph Goebbels's Ministry of Propaganda. Overseeing four branch offices (Staffeln) in major cities and fifty local offices, the Propaganda-Abteilung (P-A) was mostly concerned with censoring and monitoring the output of French publishers and the French press, but also took an active role in recruiting French citizens to Nazism: at Goebbels's invitation, the Paris Staffel's Francophile First Lieutenant, Gerhard Heller, organized a trip to Weimar in October 1941, for seven prominent French writers.

From the outset, the Paris Propaganda Department was paralyzed by its rivalry with the German ambassador, Otto Abetz—the initiator of the prewar Comité France-Allemagne [France-Germany Committee] and the subject of Barbara Lambauer's brilliant biography. This "poor man's Talleyrand" (Jérôme Carcopino) was involved in plundering works of art, persecuting Jews, and "Aryanizing" their property—including that of French-Jewish publishers (Calmann-Lévy, Ferenczi, Nathan...). Convinced they needed to recruit the French elite, Abetz was not satisfied with merely distributing stipends and organizing receptions at the embassy. In September 1940, he created the German Institute at the heart of the embassy, under the direction of Dr. Karl Epting, a keen student of French literary life. Epting and his assistant, Karl-Heinz Bremer, endowed the Institute with a large library, and created a dense network of annexes and affiliates in the French provinces. Their multifaceted programming—German courses; conferences attended by the group "Collaboration" (Alphonse de Châteaubriant, Abel Bonnard, Abel Hermant, Pierre Drieu la Rochelle...); concerts; theatrical and musical performances; and publications (the *Cahiers franco-allemands* and the journal *Deutschland-Frankreich*)—met with some public success. The distribution of German books was also encouraged, with the translation of about three-hundred works into French and the creation of the *Librairie Rive Gauche* on the Place de la Sorbonne. Thus the Nazi project of the cultural domination of Europe, including its most criminal aspects, took place camouflaged under the friendly guise of intellectual exchange and open dialogue between victor and vanquished. So it was as early as 1941, that the German Institute requested of the Propaganda-Abteilung the "privilege" of prohibiting the publication of Jewish authors in France. This request was not immediately granted, though a list of prohibited Jewish authors was indeed established in May 1943. In 1942 the Institute experienced a period of relative inactivity, due to an incident that reflected the tensions between the German embassy and the Ministry for Foreign Affairs. As a result, Epting was temporarily called back to Berlin, and several of his collaborators—including Bremer—were sent to the Eastern Front. Upon Epting's return the following year, however, the German Institute regained its vitality, and its activities continued unabated until the eve of the Liberation.

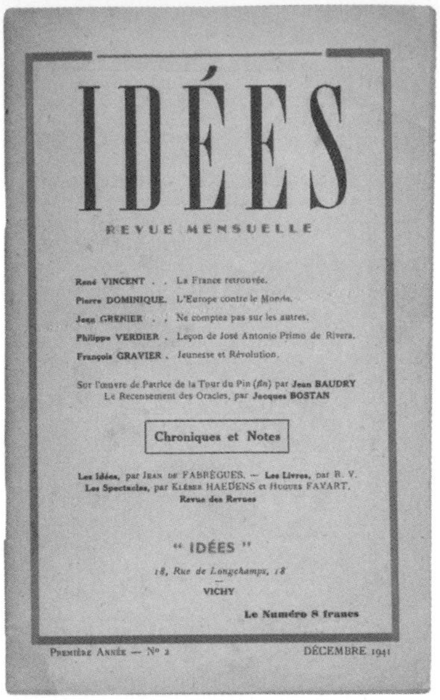

IDÉES

REVUE MENSUELLE

René VINCENT . . La France retrouvée.
Pierre DOMINIQUE. L'Europe contre le Monde.
Jean GRENIER . . Ne comptez pas sur les autres.
Philippe VERDIER . Leçon de José Antonio Primo de Rivera.
François GRAVIER . Jeunesse et Révolution.

Sur l'œuvre de Patrice de la Tour du Pin (*fin*) par **Jean BAUDRY**
Le Recensement des Oracles, par **Jacques BOSTAN**

Chroniques et Notes

Les Idées, par JEAN DE FABRÈGUES. — **Les Livres,** par R. V.
Les Spectacles, par KLÉBER HAEDENS et HUGUES FAVART.
Revue des Revues

« IDÉES »
18, Rue de Longchamps, 18
VICHY

Le Numéro 8 francs

PREMIÈRE ANNÉE — N° 2 DÉCEMBRE 1941

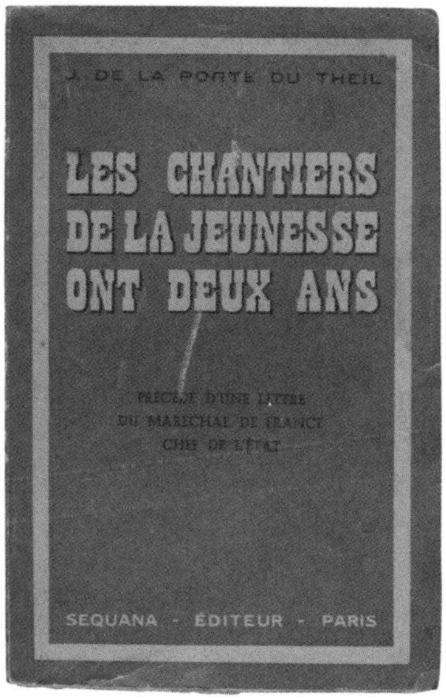

J. DE LA PORTE DU THEIL

LES CHANTIERS DE LA JEUNESSE ONT DEUX ANS

PRÉCÉDÉ D'UNE LETTRE DU MARÉCHAL DE FRANCE CHEF DE L'ÉTAT

SEQUANA - ÉDITEUR - PARIS

Second issue of the journal *Idées* [*Ideas*], started by René Vincent, head of censorship for the Vichy government. Founded in November 1941, *Idées* was one of the mouthpieces of the National Revolution and was known for promoting the theme of "natural communities." Its editorial team, formed from the ranks of 1930s non-conformists, was taken under the wing of the General Secretary for Information, Paul Marion, and a number of its members occupied official posts in the propaganda apparatus of the Vichy regime.

Joseph de La Porte du Theil, *Les Chantiers de la jeunesse ont deux ans, précédé d'une lettre du Maréchal de France, Chef de l'État* [The Youth Camps Are Two Years Old, Preceded by a Letter from the Maréchal of France, the Chief of State], Sequana, September 1942: "Vichy, August 1st, 1942. General, after spending several hours among your Youths, I would like to tell you the reasons which made this visit such a great joy for me. I saw the Youths and their leaders discharging their daily tasks, and everywhere I found subjects of interest and satisfaction. I saw the huts of the summer camps and the barracks of the winter camps, and everywhere I noticed the ardor of a youth which wishes resolutely to prepare to serve its country in order, discipline and joyful camaraderie."

Le chef de musique. Sa canne, qui donne le rythme, tournoie dans l'air; avec une précision remarquable la musique éclate. L'élan et la discipline du chef déteignent sur les musiciens qu'ils entraînent magnifiquement.

LA MUSIQUE NATIONALE

des chantiers de jeunesse

Des garçons de 20 ans, a fière stature, en élégants uniformes ver[t] foncé, guêtres, gants et ceintures blanches, le béret crânement posé sur l'oreille.... Des fanions rouge et or aux trompettes et aux tambours... Voilà la musique nationale des chantiers de jeunesse. Elle se compose de 140 hommes conduits par un «Chef de musique». Les jeunes Français qui font leur temps de service du travail dans les chantiers témoignent un gros intérêt pour la musique, au point qu'à chaque formation nouvelle pour 70 places disponibles se présentent plus de 400 postulants. Partout où la musique des chantiers de jeunesse se produit, elle attire les cœurs à elle, car elle concrétise l'espoir en la jeune France.

Les saxophones. Ces instruments ne manquent jamais dans une fanfare de jeunes. Et leur jeu caractéristique donne aux vieilles marches de vivantes tonalités.

30

Aux accents de «Sambre-et-Meuse». Les jeunes hommes se sont alignés par rangées de six; les tambours roulent, les trompettes sont prêtes; à un signal les instruments, rapides comme l'éclair, voltigent dans l'air; les fanions rouges flottent au vent, et au son d'une marche militaire la colonne s'ébranle.

Clichés d'André Zucca

La fifres.

Les trompettes.

Les cymbales.

Les cors.

Photographic reportage by André Zucca on the "National Music of the Youth Camps," published in *Signal*, November 1943: "Everywhere the Music of the Youth Camps is heard, it attracts hearts to it, because it gives concrete form to hope in a youthful France."

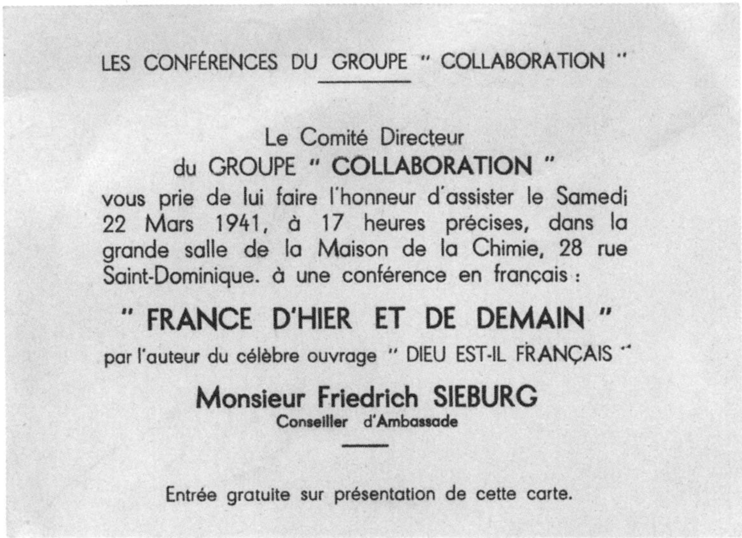

LES CONFÉRENCES DU GROUPE " COLLABORATION "

Le Comité Directeur
du GROUPE " **COLLABORATION** "
vous prie de lui faire l'honneur d'assister le Samedi 22 Mars 1941, à 17 heures précises, dans la grande salle de la Maison de la Chimie, 28 rue Saint-Dominique. à une conférence en français :

" **FRANCE D'HIER ET DE DEMAIN** "

par l'auteur du célèbre ouvrage " DIEU EST-IL FRANÇAIS "

Monsieur Friedrich SIEBURG
Conseiller d'Ambassade

Entrée gratuite sur présentation de cette carte.

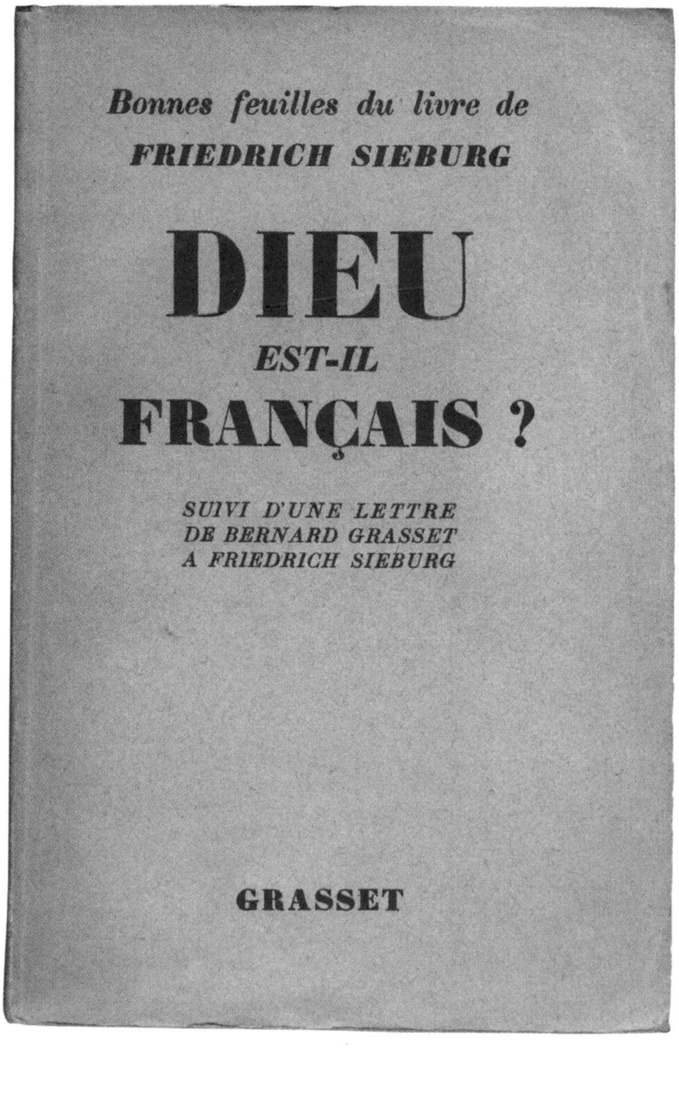

Invitation to a lecture by Friedrich Sieburg, "*France d'hier et de demain*" [France of Yesterday and Tomorrow] organized by the group "Collaboration," March 22, 1941. Founded and presided over by Alphonse de Châteaubriant, the group continued the activities of the Comité France-Allemagne [France-Germany Committee] (1935–39) in favor of a Europe under German control.

Friedrich Sieburg, *Dieu est-il français?* [Is God French?], followed by a letter by Bernard Grasset to Sieburg; Grasset, 1930. Friedrich Sieburg, who was the Paris correspondent of the *Frankfurter Zeitung* during the war, published this essay, which caused quite a stir, in 1930. Bernard Grasset also had Sieburg's *Défense du nationalisme allemand* [A Defense of German Nationalism] translated by Pierre Klossowski in 1933.

The young novelist Jacques Lemarchand (at left, photographed March 26, 1940, during the "phony war") wrote book reviews for various publications under a number of pseudonyms to earn a living. Georges Ryder, one of the directors of *La Gerbe*, asked him to interview Friedrich Sieburg in 1942, on the publication of the new translation by Maurice Betz of *Dieu est-il français?*, recently published by Grasset. This article, reviewed by Sieburg on February 15 and typed by Lemarchand on the 17, would be published in *La Gerbe* on February 26, 1942, with the title *Douze ans après 'Dieu est-il français?' Entretien avec Friedrich Sieburg par Jacques Lemarchand* [Twelve Years after 'Is God French?' An Interview with Friedrich Sieburg, by Jacques Lemarchand]. Jacques Lemarchand recounts his meeting on February 11, 1942 in his unpublished *Journal*.

Worked—not much—on preparing for my interview with Sieburg. Looked through Dieu est-il Français? La défense du nationalisme allemand, *and* Fleur d'acier *[Steel Flower]. I left for the Ritz at 11am. I had three aperitifs waiting for my appointment, then I went to the Ritz. Elevator. I got lost in the corridors—until from behind I heard a door open and a voice: "Mr. Lemarchand?" It was Sieburg. He asked me into his suite: nice sitting room with a magnificent branch of white lilacs. On the table, a little Napoleon with his loyalists cast in lead. "Of course, we're going to talk about literature and not politics." This didn't square with Reyer's instructions—but that suited me as much. Spoke to me about Pascal, who at first appealed to him because of his non-French side: man before God while the French live in society. Translated Baudelaire for his personal use. Read 'everything that won a prize.' Attacked academic literature forcefully. Told me what he owed Gide, how Valéry had disappointed him when he talked politics, admiration for Bernanos (despite the horrible phrase in* La grande peur des bien-pensants *about him: "You might say he identified my hands…the good old fat hands of Mr. Sieburg." Sieburg had lived in France for ten years as the* Frankfurter Zeitung*'s correspondent. Traveled a lot in France. Told me how much the countryside in the Vendée and Charente had moved him. Talked to me about Châteaubriant's* La Brière. *Autographed my books and asked me—because he's a civil servant—to let him read my article before it comes out. Called the Rive Gauche (book shop) where he's signing* Fleur d'acier *on Saturday and heard that five thousand copies had been sold. I left him at a quarter to one although I had hoped he would invite me to lunch… I gave a report about the interview to Reyer, who seemed pleased.*

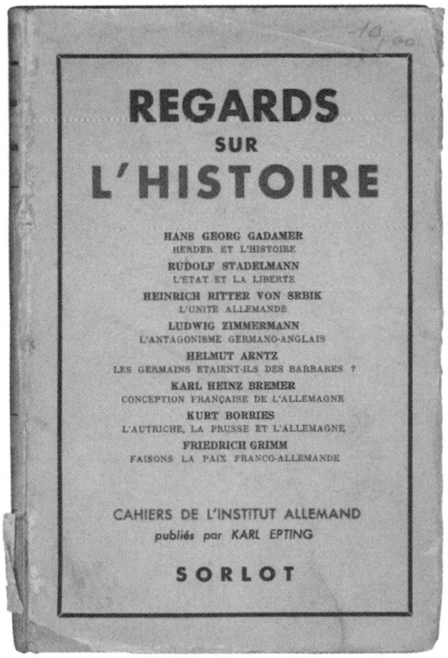
REGARDS
SUR
L'HISTOIRE

HANS GEORG GADAMER
HERDER ET L'HISTOIRE
RUDOLF STADELMANN
L'ÉTAT ET LA LIBERTÉ
HEINRICH RITTER VON SRBIK
L'UNITÉ ALLEMANDE
LUDWIG ZIMMERMANN
L'ANTAGONISME GERMANO-ANGLAIS
HELMUT ARNTZ
LES GERMAINS ÉTAIENT-ILS DES BARBARES ?
KARL HEINZ BREMER
CONCEPTION FRANÇAISE DE L'ALLEMAGNE
KURT BORRIES
L'AUTRICHE, LA PRUSSE ET L'ALLEMAGNE
FRIEDRICH GRIMM
FAISONS LA PAIX FRANCO-ALLEMANDE

CAHIERS DE L'INSTITUT ALLEMAND
publiés par KARL EPTING

SORLOT

A reception at the German Institute, April 26, 1941. The Institute was located in the old Polish Embassy at 57 rue Saint-Dominique, in the 7th arrondissement of Paris.

The reading room of the library at the German Institute. After the discovery of about forty banned books on the shelves, Karl Epting was dismissed in June 1942 (he returned to Paris in 1943).

Cahiers de l'Institut allemand, edited by Karl Epting and published by Éditions Sorlot: "Regards sur l'histoire" [Views on History], 1941.

Karl Epting's office at the German Institute. On the wall, a portrait of Metternich.

June 1941: a reception at the German Institute in honor of Winifred Wagner, daughter-in-law of Richard Wagner and personal friend of Hitler. She can be seen at left, back turned, in a long, flowered dress. In foreground at right, the conductor Herbert von Karajan bowing to Karl Theo Zeitschel, expert on Jewish affairs in the Political Department of the embassy. In profile, on left, the writer Alfred Fabre-Luce, and, talking beneath the painting, Jean-Louis Vaudoyer and Ambassador Otto Abetz.

June 16, 1941: lunch in the garden of the German Institute. From left to right: Madame Gonbowski, Friedrich Sieburg *(back turned)*, Karl Epting, Professor Friedrich Grimm, Consul-General Rudolf Schleier *(back turned)*, Otto Abetz, and Ernst Achenbach, head of the Political Department of the embassy *(standing on the right)*.

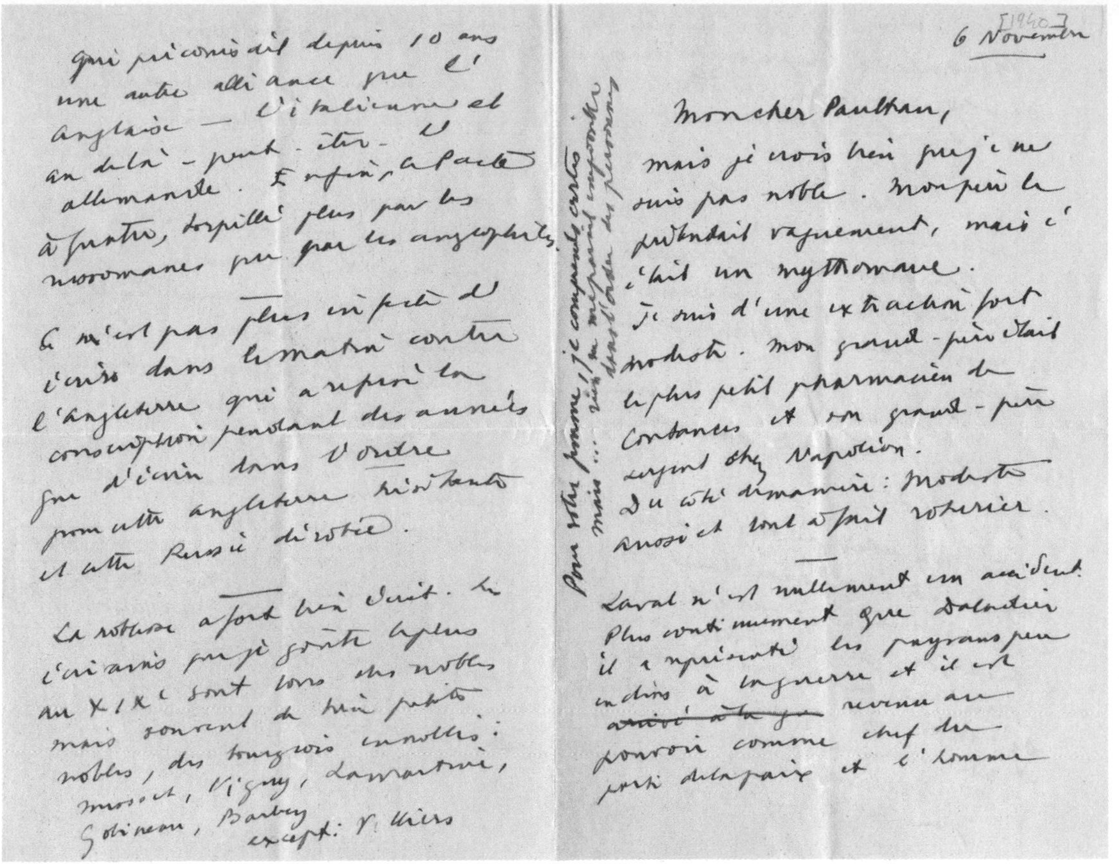

[1940]
6 Novembre

Mon cher Paulhan,

mais je crois bien que je ne suis pas noble. Mon père le prétendait vaguement, mais c'était un mythomane.
Je suis d'une extraction fort modeste. Mon grand-père était le plus petit pharmacien de Coutances et son grand-père sergent chez Napoléon.
Du côté de ma mère: modestes aussi et tout à fait roturier.

—

Laval n'est nullement un accident. Plus continûment que Daladier il a représenté les paysans peu enclins à la guerre et il est ~~[illegible]~~ revenu au pouvoir comme chef du parti de la paix et l'homme

qui préconisait depuis 10 ans une autre alliance que l'anglaise — l'italienne et au delà peut-être l'allemande. Et enfin, la flotte a été torpillée plus par les [illegible] que par les anglophiles.

—

Ce n'est pas plus suspect d'écrire dans le Matin contre l'Angleterre qui a refusé la conscription pendant des années que d'écrire dans l'Ordre pour cette Angleterre [illegible] et cette Russie [illegible].

—

La roture a fort bien écrit. Les écrivains que je goûte le plus au XIXe sont hors des nobles mais souvent de très petits nobles, des bourgeois anoblis: Musset, Vigny, Lamartine, Gobineau, Barbey excepté Villiers

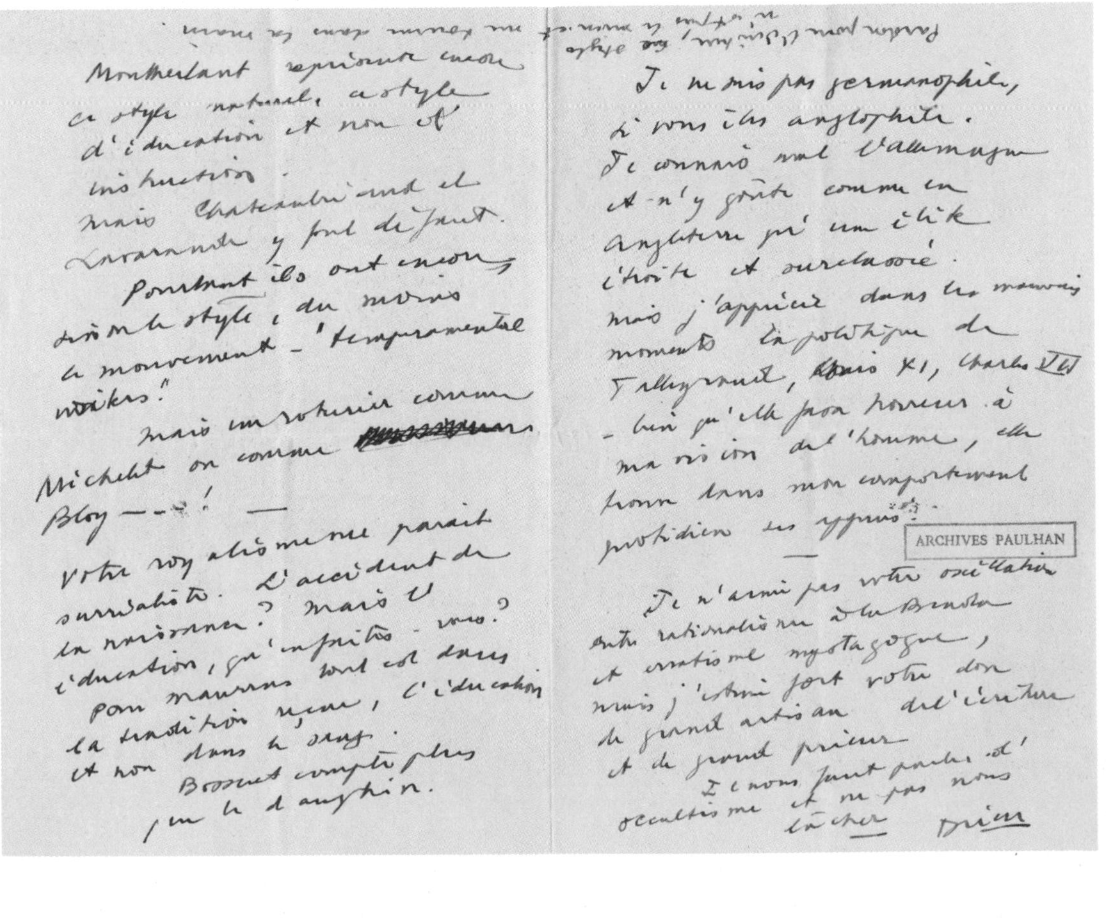

Montherlant représente encore ce style naturel, ce style d'éducation et non d'instruction.
Mais Chateaubriand et Lamennais y font défaut.
Pourtant ils ont encore dans le style ou du moins le mouvement — "temperamental works."
Mais un roturier comme ~~[illegible]~~ Michelet ou comme Bloy —?! —
Votre royalisme me paraît surréaliste. L'accident de la naissance? Mais l'éducation, qu'en faites-vous? Pour Maurras tout est dans la tradition reçue, l'éducation et non dans le sang.
Bossuet compte plus que le dauphin.

Je ne suis pas germanophile, si vous êtes anglophile. Je connais mal l'Allemagne et n'y goûte comme en Angleterre qu'une élite étroite et surclassée.
Mais j'apprécie dans les mauvais moments la politique de Talleyrand, Louis XI, Charles VII — bien qu'elle fasse horreur à ma vision de l'homme, elle trouve dans mon comportement quotidien ses appuis.

ARCHIVES PAULHAN

—

Je n'aime pas votre oscillation entre rationalisme à la Benda et occultisme mystagogue, mais j'estime fort votre don de grand artisan de l'écriture et de grand prieur
Il vous faut parler d'occultisme et ne pas nous lâcher
Drieu

Letter by Pierre Drieu la Rochelle to Jean Paulhan, November 6, 1940: "You may be an Anglophile, but I am no Germanophile. I don't know Germany well and have made the acquaintance there of only a narrow, outclassed elite. But in difficult times, I appreciate the policies of Talleyrand, Louis XI, Charles VII—even if they affront my vision of man, they are confirmed by my everyday conduct."

2e Année. — N° 68 — En page 10 : *LE PRIX DANS L'ÉCONOMIE* par Charles STIERS — Jeudi 30 Octobre 1941

LA GERBE

HEBDOMADAIRE DE LA VOLONTÉ FRANÇAISE

Directeur : Alphonse de CHATEAUBRIANT

12 PAGES — 2 FRANCS

ABONNEMENTS A "LA GERBE"

Camps de prisonniers école de spiritualité

PAR MARIUS RICHARD

CHANGER!

par Camille FÉGY

Anniversaire de Montoire

A MONTOIRE, le Führer Adolf Hitler est venu offrir à la France la collaboration.

— ... 8, 9, 10, out !... Ça y est ! Va encore falloir que je trouve un autre poulain !...

An article by Alphonse de Châteaubriant, *"Anniversaire de Montoire"* [Anniversary of Montoire], in which he explains "why we wanted collaboration." It appeared in *La Gerbe,* the journal that Châteaubriant edited, on October 30, 1941.

Alphonse de Châteaubriant, Suzanne Abetz (who was French) and Ina Seidel, well-known German writer, at the German Institute in November 1943.

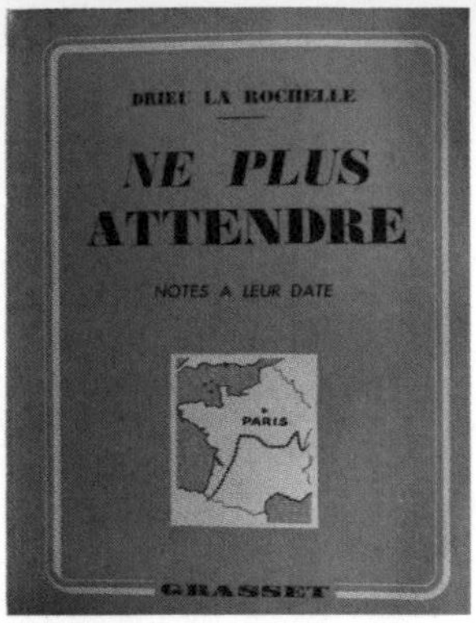

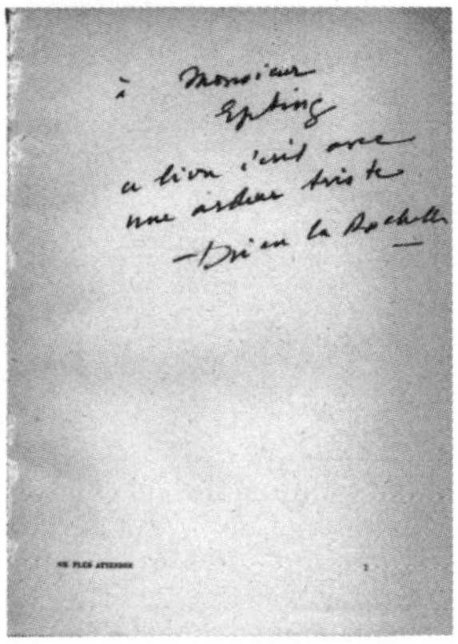

Pierre Drieu la Rochelle, *Ne plus attendre* [Wait No Longer] (Grasset, 1941), copy dedicated to Karl Epting: "To Epting, this book written with a melancholy ardor, Drieu la Rochelle."

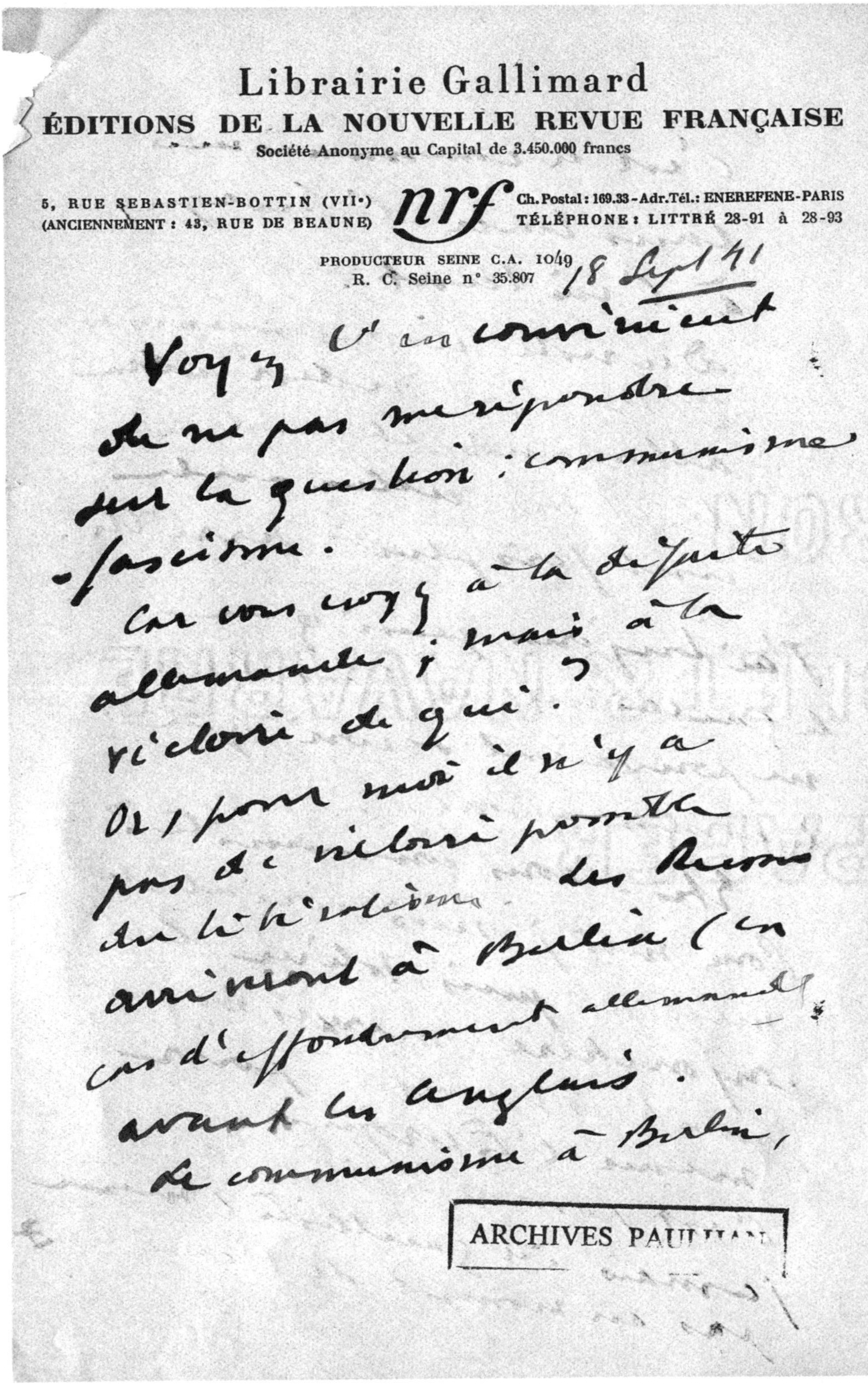

Librairie Gallimard
ÉDITIONS DE LA NOUVELLE REVUE FRANÇAISE
Société Anonyme au Capital de 3.450.000 francs

5, RUE SEBASTIEN-BOTTIN (VIIe) (ANCIENNEMENT : 43, RUE DE BEAUNE)
nrf
Ch. Postal : 169.33 - Adr. Tél. : ENEREFENE-PARIS
TÉLÉPHONE : LITTRÉ 28-91 à 28-93

PRODUCTEUR SEINE C.A. 1049
R. C. Seine n° 35.807

18 Sept 41

Voyez l'inconvénient de ne pas me répondre sur la question : communisme-fascisme.

Vous croyez à la défaite allemande ; mais à la victoire de qui ?

Or, pour moi il n'y a pas de victoire possible du libéralisme. Les Russes arriveront à Berlin (en cas d'effondrement allemand) avant les Anglais.

Le communisme à Berlin,

ARCHIVES PAULHAN

A letter from Pierre Drieu la Rochelle to Jean Paulhan, September 18, 1941, in which he justifies his Fascism by his anti-Communism: "Here's the downside of not answering me about the Communism-Fascism question. / You believe in the defeat of Germany, but in whose victory do you believe?/ Now, for me there can be no victory of Liberalism. The Russians will be in Berlin before the English (in the case of a German collapse). / The moment there is Communism in Berlin, there will be Communism in all of Europe. I've always thought that Gaullism or Anglophilia could only serve Communism. / Are you a Communist? For my part, I am a Socialist, but I cannot bear for a merger of Marxism and Russian primitivism to lead Europe . . . I believe in the prospect of a Spartan France for tomorrow morning, but not for today, and to prepare for that my friends and I are the only way. It's impossible to believe in a France of émigrés, which is a France that is dead, a Poland or a Jerusalem."

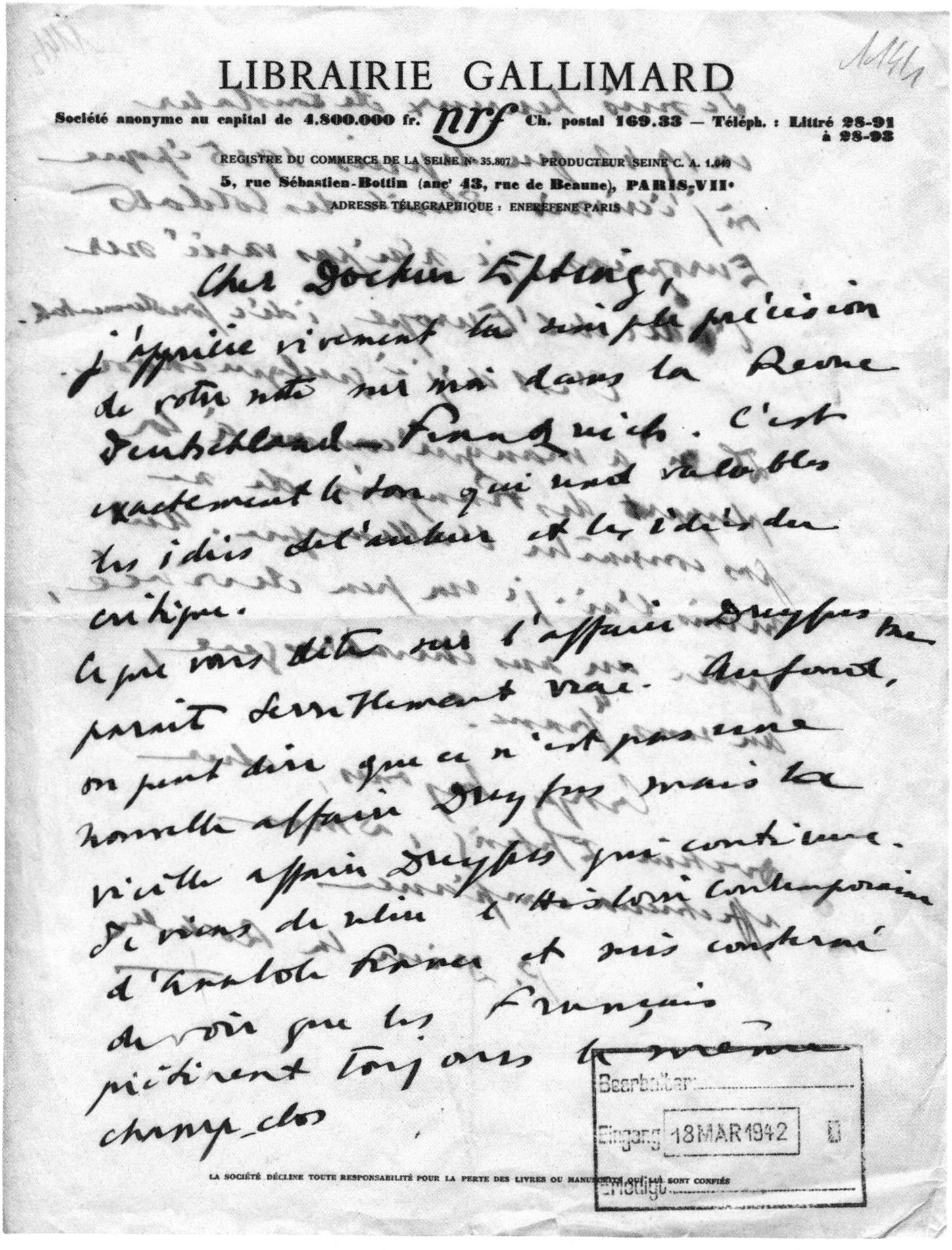
LIBRAIRIE GALLIMARD

Société anonyme au capital de 4.800.000 fr. nrf Ch. postal 169.33 — Téléph. : Littré 28-91 à 28-93

REGISTRE DU COMMERCE DE LA SEINE N° 35.807 — PRODUCTEUR SEINE C. A. 1.049
5, rue Sébastien-Bottin (anc' 43, rue de Beaune), PARIS-VII°
ADRESSE TÉLÉGRAPHIQUE : ENERFFENE PARIS

Cher Docteur Epting,

j'apprécie vivement la simple précision de votre note sur moi dans la Revue Deutschland-Frankreich. C'est exactement le ton qui rend valables les idées de l'auteur et les idées du critique.

Ce que vous dites sur l'affaire Dreyfus me paraît terriblement vrai. Au fond, on peut dire que ce n'est pas une nouvelle affaire Dreyfus mais la vieille affaire Dreyfus qui continue. Je viens de relire l'Histoire contemporaine d'Anatole France et suis consterné de voir que les Français piétinent toujours le même champ clos.

Bearbeiter:
Eingang 18 MAR 1942
Erledigt

LA SOCIÉTÉ DÉCLINE TOUTE RESPONSABILITÉ POUR LA PERTE DES LIVRES OU MANUSCRITS QUI LUI SONT CONFIÉS

A letter from Pierre Drieu la Rochelle to Karl Epting, March 1942. The *NRF* director, while thanking Epting for the article devoted to him in the journal of the German Institute, *Deutschland-Frankreich*, brought up the Dreyfus affair: "What you say about the Dreyfus affair seems to me all too true. Basically, you could say that it's not a new Dreyfus affair, but the continuation of the old Dreyfus affair."

Suzanne Abetz and Abel Bonnard, Secretary of State for National Education and Youth, with Alice Epting (who was Swiss), and in front, Robert Brasillach (at right) in the gardens of the German Institute in Spring 1942.

Lucien Rebatet, *Les Décombres* [The Ruins], published by Denoël (after being turned down at Gallimard and Grasset) in October 1942: "France is covered in ruins: ruins of things, ruins of dogmas, ruins of institutions. They are not the work of a single, chance cataclysm. This book is the chronicle of a long slide, of successive collapses that have accumulated these enormous piles of rubble."

Lucien Rebatet dedicating *Les Décombres* at the Librairie Rive Gauche, toward the end of 1942.

After a performance of Calderón's *Der Richter von Zalamea* [The Mayor of Zalamea] in November 1943, the famous German actor Heinrich George, for whom the role had been one of his major Berlin successes, is introduced to Abel Bonnard and Jean-Louis Vaudoyer, chief administrator of the Comédie-Française, as Consul-General Rudolf Schleier looks on.

QUATRIÈME ANNÉE — N° 139.

En page 4: "CENT-CINQUANTE LIGNES A L'HEURE" par André SALMON

SAMEDI 3 JUIN 1944

RÉVOLUTION NATIONALE

HEBDOMADAIRE POLITIQUE ET LITTÉRAIRE

FONDATEUR Jean FONTENOY

LE NUMÉRO : 2 fr. 50

Rédaction-Administration : 16, rue du Croissant — Tél. GUT. 48-20

DIRECTEUR Lucien COMBELLE

TOUS LES JEUDIS

LOTERIE NATIONALE

LES DERNIERES CARTOUCHES

par Lucien COMBELLE

Socialisme à l'épreuve

par DRIEU LA ROCHELLE

PETITS CONSEILS SUR LES GRANDS MOTS

par Robert BRASILLACH

D'UN DISCOURS ...et d'autres choses

Italie

Turquie

LA SEMAINE

Le testament de

commenté par

PROCHAINE :

Pierre le Grand

Drieu la Rochelle

LES PENDULETTES— Si on ne marque pas bientôt l'heure H, qu'est ce qu'on va se faire sonner par le gros réveil ! . . .

On the front page of the weekly *Révolution Nationale* [National Revolution], three fervent partisans of collaboration: Lucien Combelle (editor of the paper), Pierre Drieu la Rochelle, and Robert Brasillach, parodied at the time (June 1944) when they knew the tide of the war had changed. "We use words, and those words mean less and less," wrote Robert Brasillach, "I am surprised that the public does not react. And yet the Anglo-Saxons are having the same experience: the most magical words, the word Liberation and the word Resistance, are being stripped of their contents at a dizzying pace because in the eyes of various populations, the realities nearest to them are Bombings and Murders."

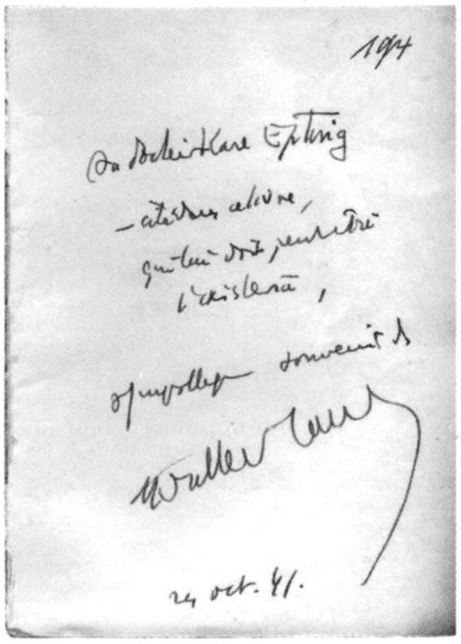

Henry de Montherlant dedicated his book, *Le Solstice de juin* [Solstice in June] (Grasset, 1941), to Karl Epting: "To Doctor Karl Epting / cited in this book / who helped to publish it / warm regards / Montherlant / October 24, 1941." The writer would give a different version of things to Pierre Sipriot, however, in January 1954, during a radio interview: "As soon as it appeared, *Le Solstice de juin* was banned by the German censors, and the issue of *La Nouvelle Revue Française* [November 1941] that included the essay that gave its name to the book was published only with difficulty. The ban on the book was lifted after three weeks, without my having lifted a finger, solely as a result of the initiative of the associate director of the German Institute, Bremer, who had already been my official translator before the war."

NOUVELLE SERIE. — N° 12 LE NUMERO : DEUX FRANCS SAMEDI 6 SEPTEMBRE 1941

FONDE EN 1906
RÉDACTION ADMINISTRATION
2, rue de Saint-Simon
PARIS (VIIe)
Directeur-Rédacteur en chef
René DELANGE

COMŒDIA

HEBDOMADAIRE DES SPECTACLES DES LETTRES ET DES ARTS

Lecteurs
POUR AVOIR votre COMŒDIA CHEZ VOUS chaque Samedi
ABONNEZ-VOUS...
Un an : 100 fr. Six mois : 52 fr.

Quelques propos sur le théâtre lyrique
par Gabriel GROVLEZ

LA RELÈVE DU MATIN
par Henry de MONTHERLANT

En zone occupée
En zone non occupée

UNE VISITE à Lucien Descaves
Pour décerner le Prix Goncourt les Dix ne doivent pas être neuf...

Jean-Louis Barrault sera Berlioz

IMAGE DU PAYS BASQUE

Le Théâtre allemand en France
par André MEYER

LA MUSIQUE AU PALAIS DE CHAILLOT

From *Comœdia* of September 6, 1941, an unpublished passage from *La Relève du matin* [The Changing of the Morning], Henry de Montherlant's first book, published in 1920.

LE NUMÉRO : DEUX FRANCS

FONDÉ EN 1906

RÉDACTION ADMINISTRATION
2, rue de Saint-Simon
PARIS (VIIe)

Directeur-Rédacteur en chef
René DELANGE

COMŒDIA

HEBDOMADAIRE DES SPECTACLES DES LETTRES ET DES ARTS

NOUVELLE SÉRIE — N° 14

TARIF des ABONNEMENTS

SAMEDI 20 SEPTEMBRE 1941

" VOIR LA FIGURE "

par Jacques CHARDONNE

SAINT-HONORÉ

J.-L. Barrault sosie de Berlioz

"Le Théâtre c'est l'Acteur..."

nous dit André DERAIN

ANDRÉ DERAIN

Pour notre "grande dame"

par Maurice CHEVALIER

JACQUES CHARDONNE

LA CHAUVE-SOURIS A L'OPERA

Une collaboration Baugé-José Germain

On va tourner Les Roquevillard

GEORGES CABORY

JEAN ROLLOT

The weekly *Comœdia* of September 20, 1941, printed an excerpt in anticipation of Jacques Chardonne's forthcoming book, *Voir la figure* [See the Shape]. In these "reflections on the present," the writer exhorts the French, who seem not to understand the "shape" of the world to come, to assume their place at the heart of the new Europe.

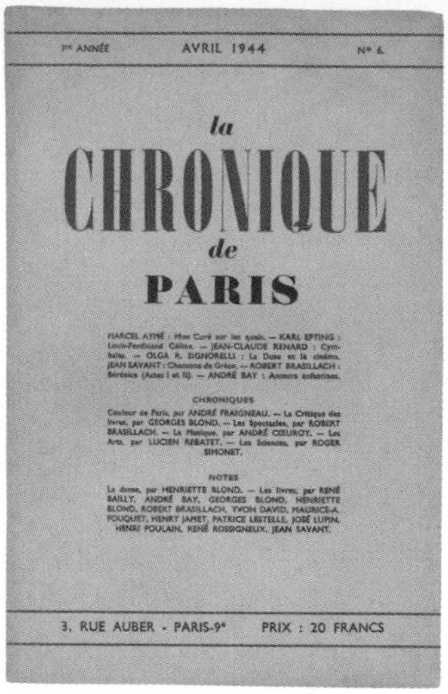

1re ANNÉE AVRIL 1944 N° 6.

la
CHRONIQUE
de
PARIS

MARCEL AYMÉ : Mon Curé sur les quais. — KARL EPTING : Louis-Ferdinand Céline. — JEAN-CLAUDE RENARD : Cymbales. — OLGA R. SIGNORELLI : La Duse et le cinéma. JEAN SAVANT : Chansons de Grèce. — ROBERT BRASILLACH : Bérénice (Actes I et II). — ANDRÉ BAY : Amours enfantines.

CHRONIQUES

Couleur de Paris, par ANDRÉ FRAIGNEAU. — La Critique des livres, par GEORGES BLOND. — Les Spectacles, par ROBERT BRASILLACH. — La Musique, par ANDRÉ CŒUROY. — Les Arts, par LUCIEN REBATET. — Les Sciences, par ROGER SIMONET.

NOTES

La danse, par HENRIETTE BLOND. — Les livres, par RENÉ BAILLY, ANDRÉ BAY, GEORGES BLOND, HENRIETTE BLOND, ROBERT BRASILLACH, YVON DAVID, MAURICE-A. FOUQUET, HENRY JAMET, PATRICE LESTELLE, JOSÉ LUPIN, HENRI POULAIN, RENÉ ROSSIGNEUX, JEAN SAVANT.

3, RUE AUBER - PARIS-9e PRIX : 20 FRANCS

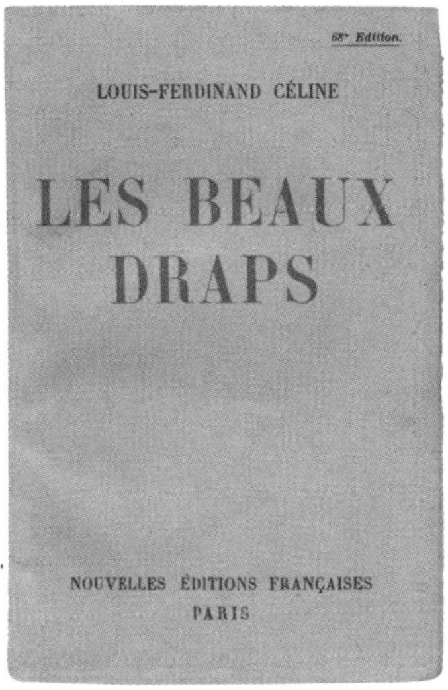

68e Edition.

LOUIS-FERDINAND CÉLINE

LES BEAUX DRAPS

NOUVELLES ÉDITIONS FRANÇAISES
PARIS

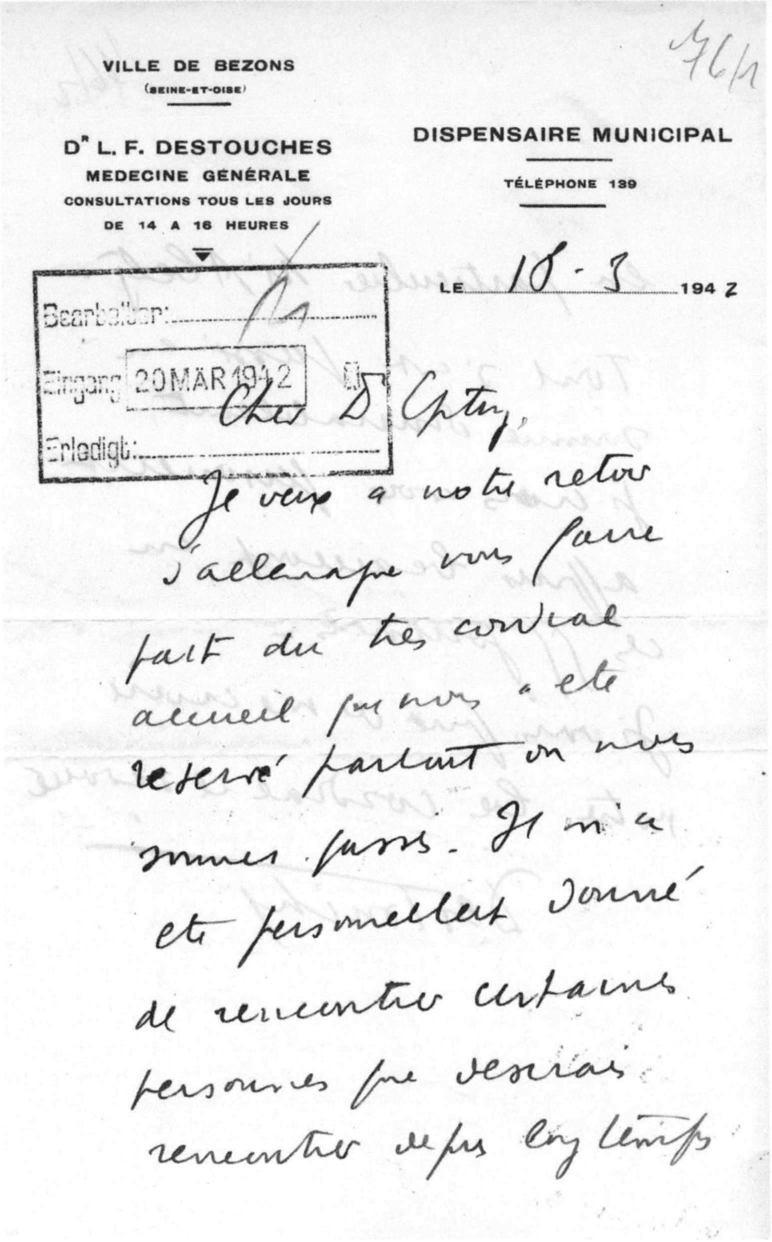

76/1

VILLE DE BEZONS
(SEINE-ET-OISE)

Dr L. F. DESTOUCHES
MEDECINE GÉNÉRALE
CONSULTATIONS TOUS LES JOURS
DE 14 A 16 HEURES

DISPENSAIRE MUNICIPAL
TÉLÉPHONE 139

Bearbeiter:
Eingang 20 MÄR 1942
Erledigt:

LE 18-3 1942

Cher Dr Epting,
Je veux à notre retour
d'allemagne vous faire
part du très cordial
accueil qui nous a été
reservé partout où nous
sommes passés. Il m'a
été personnellement donné
de rencontrer certaines
personnes que je desirais
rencontrer depuis longtemps

Dr. Karl Epting's article, "Louis-Ferdinand Céline," in *La Chronique de Paris,* no. 6, April 1944. In this study, the anti-Semitic, anti-democratic, anti-Bolshevik, anti-American and anti-English Céline is extolled: "Céline is one of those French writers whose deep roots connect him to the sources of the European spirit. We feel close to him. His criticism is focused on a state of things before which French-German collaboration has always failed—and still does. That is why we accord him more than mere literary attention. Céline's very image should take bodily form in the future. Today we admire in him that strength which was able to cast its light through a world we had believed walled in forever."

Louis-Ferdinand Céline's *Les Beaux Draps* [A Nice Mess], republished in May 1941 by a company founded by Robert Denoël, Les Nouvelles Éditions françaises. This is one of the numerous re-printings of that polemical text, which first appeared in February 1941. *Les Beaux Draps,* which evokes conditions in France under the German Occupation, was prohibited and partially seized in December 1941 in the Unoccupied Zone.

A gracious note from Louis-Ferdinand Céline to Karl Epting, March 18, 1942: "On our return from Germany, I want to apprise you of the very cordial welcome that we were given everywhere we went. I was fortunate to have met several people whom I had wished to meet for a long time, Abetz in particular."

Louis-Ferdinand Céline and his friend Henri Lambert attending one of the first lectures at the Institute for the Study of Jewish Affairs, located at 21 rue La Boétie, since May 11, 1941, shortly after the founding of the Commissariat général for Jewish affairs. The Institute was first directed by François Gérard, then, from June 1941, by Captain Sézille. It had approximately 4,000 members, including the Association of the Friends of the Institute.

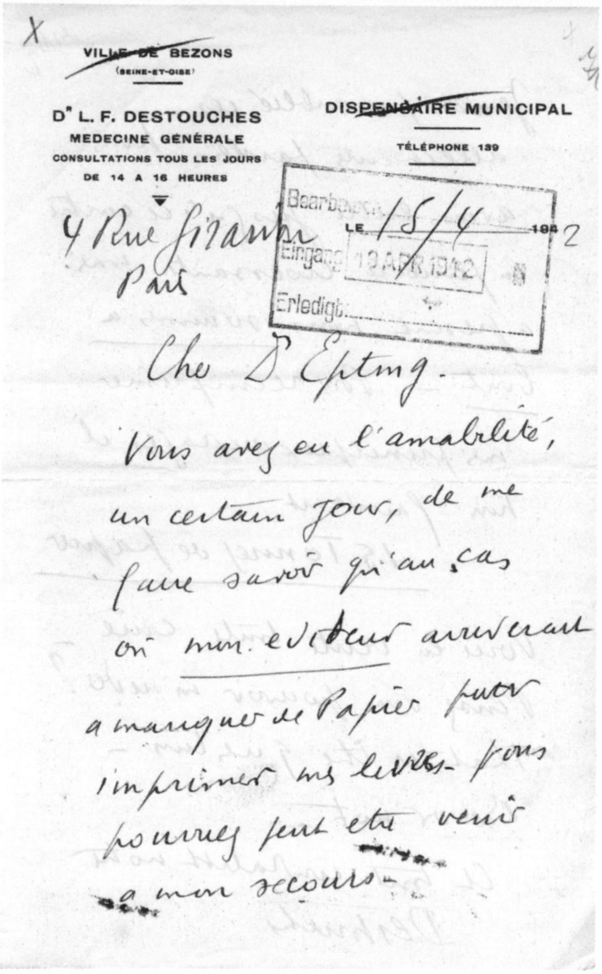
X

VILLE DE BEZONS
(SEINE-ET-OISE)

Dr L. F. DESTOUCHES
MEDECINE GÉNÉRALE
CONSULTATIONS TOUS LES JOURS
DE 14 A 16 HEURES

DISPENSAIRE MUNICIPAL
TÉLÉPHONE 139

Bearbeiter
Eingang 19 APR 1942
Erledigt:

4 Rue Girardon
Paris

LE 15/4 1942

Cher Dr Epting.

Vous avez eu l'amabilité, un certain jour, de me faire savoir qu'au cas où mon éditeur arriverait à manquer de papier pour imprimer mes livres – vous pourriez peut être venir à mon secours –

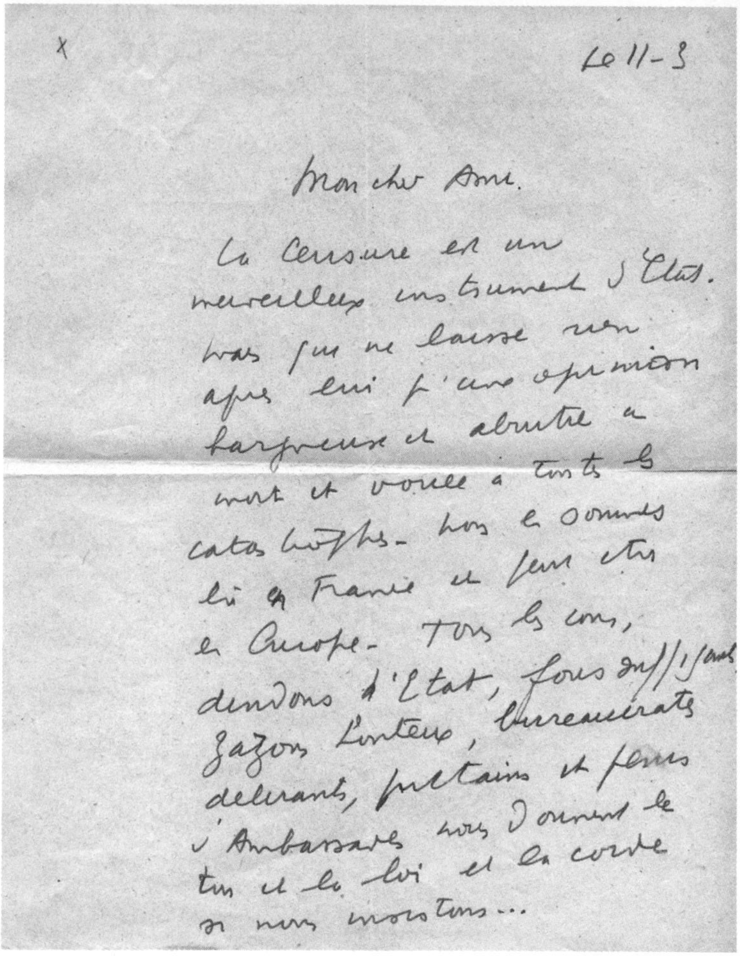
X

Le 11-3

Mon cher Ami.

La Censure est un merveilleux instrument d'Etat. mais qui ne laisse rien après lui qu'une opinion hargneuse et abrutie à mort et vouée à toutes les catastrophes – Nous le sommes ici en France et peut être en Europe – Tous les cons, dindons d'Etat, fous suffisants, garçons [illegible], bureaucrates, puritains et femmes délirants, [illegible] d'Ambassades nous donnent le ton et la loi et la corde si nous mouftons...

A letter signed "Dr. Destouches," alias Louis-Ferdinand Céline, to Karl Epting, April 15, 1942: "Once you were kind enough to tell me that if my publisher [Denoël] were ever to be short of paper to print my books you could perhaps come to my aid / —I haven't forgotten these enticing words—we have struggled up to now against the growing scarcity, but are now literally <u>exhausted</u>—To reprint my major works, I need 15 <u>tons of paper</u> . . ." It appears that Céline's request was heard, since his pamphlet *L'École des cadavres* [School for Corpses], was republished in October 1942, with the addition of a preface and photographs.

A letter from Louis-Ferdinand Céline to Karl Epting, March 11, 1943: "Censorship is a marvelous instrument of state, but one which only leaves in its wake surly and lethally imbecilic opinions destined to bring about every manner of disaster . . . Since your departure, things have gone from bad to worse. Our example, and every society lives off its examples, is VILE. The court at the Louvre gave a better account of itself than our Elites of today. Too bad for them! But today, Beaumarchais would be neither tolerated nor understood because the public, these days, is rotten as well." Karl Epting was revoked from his post in June 1942, but was able to return to Paris the following year, after pleading his case in Berlin.

The publisher Robert Denoël at his desk, shortly before the war.

Some of the French participants in the first "Congress of European Writers" held in Weimar in October 1941. Organized by Goebbels and the Propaganda-Staffel, the trip was designed to thwart the influence of the *PEN Club,* from which Nazi Germany had been solemnly excluded, and to have Nazi cultural ideology endorsed by French writers and journalists. From left to right: Gerhard Heller, Pierre Drieu la Rochelle, Georg Rabuse, Robert Brasillach, Abel Bonnard, André Fraigneau, and Karl-Heinz Bremer on their return at the Gare de l'Est in November 1941. The other members of the group, who had returned earlier, were Jacques Chardonne, Ramon Fernandez and Marcel Jouhandeau. Marcel Arland and Paul Morand were also invited, but declined at the last minute.

In Weimar, the guests of the first "Congress of European Writers" visit Goethe's house: photographs from *Actualités mondiales* no. 68—the French edition of the German newsreels—distributed in movie theaters on November 14, 1941.

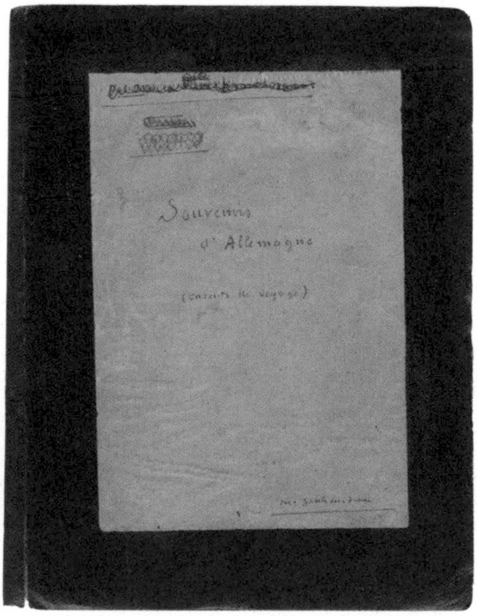

This notebook, titled "Souvenirs d'Allemagne" [Memories from Germany], was written by Marcel Jouhandeau during his trip to Weimar in October 1941. After the war, the writer entrusted it to his friend and patron, Florence Gould, who then gave it to Jean Paulhan with Jouhandeau's consent.

October 5th, Charlemagne's tomb seen from my moving window. Mass at Cologne Cathedral. Lunched across the street from it. The silence of the town is palpable to the point of obsession to our ears saturated with the chatter of Paris.

Five o'clock in the afternoon. Bonn. I got off at "Golden Cross" and visited the University. In the evening at the Rathaus, a reception where I was seated next to a Colonel, a recruiting commander. His words were impressive: "One day," he said to me, "I was asked very solemnly not to send off to the army an exceptional organizer who would be needed after the war to administer the colonies." I answered, "Let him help us to retake them first." Then he told me how as a young man he came to Paris. The concierge of his hotel kindly gave him a ticket for a small theatre where by chance a melodrama about Alsace was being performed. There he suddenly heard the audience become indignant, insults rained down, on whom?—"I could do no more than hide behind the folds of my newspaper, but never in my life had I had a greater sense of injustice. I came to France innocently, with sympathy, with admiration, and in friendship and there I was, met with insults. However, my heart is not irritated." You had to see and hear this man to appreciate his decency, his kindness and, ultimately, the nobility of his soul: "You will better understand, sir, the implications of my words when I tell you that my eldest son was killed somewhere in your country last year and that six months later I lost my last remaining child. Well, sir, I am not angry with anyone. I have even kept my good humor, as you can see; it is true that I have my profession that keeps me on my path and distracts me. My wife is more to be pitied because she has only her mourning."

A speech was given a little later on the marriage of Europe, whose engagement we celebrated tonight.

The beauty of the two halls in which we were received—where, in golden baroque frames against a background of pearl-gray, enhanced by azure-blue, full-length portraits of the prince-bishops of Cologne held sway: between the windows, ubiquitous mirrors multiplied crystal chandeliers, the panoplies and the rococo coats of arms, but nothing shone with more sublime ardor or with greater brilliance than the eyes of the Oberbürgermeister *and of Hövel.*

After the reception, a moonlight walk to the banks of the Rhine with H[eller], *Ch*[ardonne] *and F*[ernandez]*…*

Marvelous moonlight on Rathaus Square, whose sleeping pearl and azure sitting rooms I imagine as haunted by ghostly images of prelates of times past, as if in a dream.

My soul, your hour of marvelous estrangement and secret glory has now come…

Nocturnal meditation: why or for whom did I come here? for France and for myself because ever since I knew how to read, to understand and to feel, I have loved Germany, its philosophers, its poets, its scientists, and its music; but since 1940 I have loved it more because of all the harm she did not do but could have done to us and because of the harm she surely prevented others from doing to us.

How could I not remember also that at the age of 12 or 13 I exchanged postcards with a little schoolboy I didn't know from somewhere nearby and the warmth of his simplest expressions discouraged the desperate coldness of my own.

Photographed at the beginning of the war, Marcel Jouhandeau was very taken with a young German poet, Hans Baumann, a singer of the glories of the Third Reich, who also made the trip, and especially with Gerhard Heller; he declared to the latter that he accepted his invitation to the Weimar Congress "to prove that there was still one more Frenchman who was not a Germanophobe." On his return, he published an article, "Témoignage" [Testimonial], in the *NRF* issue of December 1941: "I was able finally to spend a few days in the company of people, once our enemies, whose tact towards us today overwhelms me . . . Might it not be time for France to actually understand herself and to understand Germany, to understand that Germany is not what we were taught, and to understand also that Adolf Hitler's men are not those whom internationalism had an interest in disparaging in order to make us hate them?"

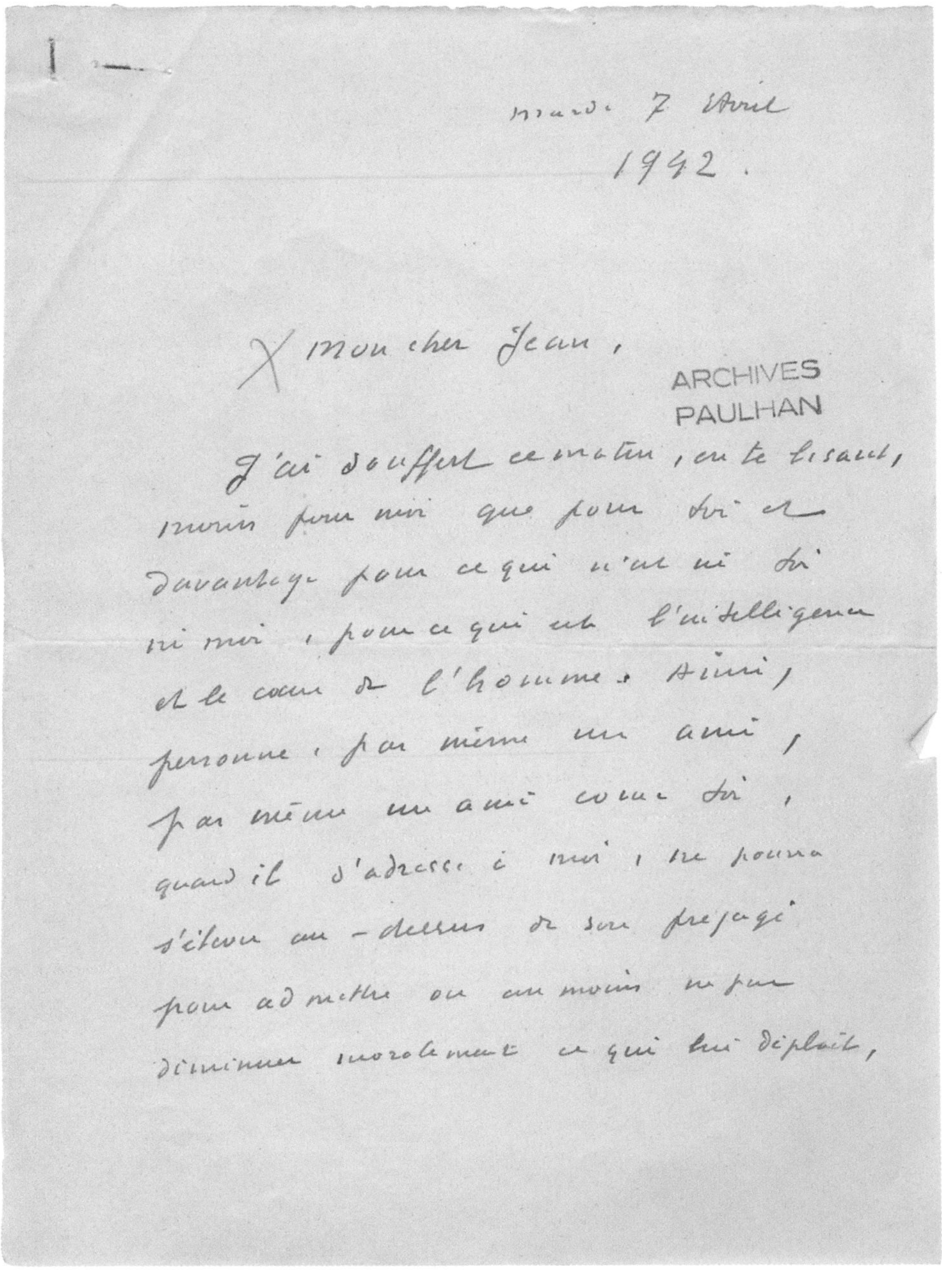

mardi 7 Avril
1942.

X Mon cher Jean,

ARCHIVES
PAULHAN

J'ai souffert ce matin, en te lisant, moins pour moi que pour toi et davantage pour ce qui n'est ni toi ni moi, pour ce qui est l'intelligence et le cœur de l'homme. Ainsi, personne, pas même un ami, pas même un ami comme toi, quand il s'adresse à moi, ne pourra s'élever au-dessus de son préjugé pour admettre ou au moins ne pas diminuer moralement ce qui lui déplaît,

Letter from Marcel Jouhandeau to Jean Paulhan from April 7, 1942, in which he defends his text, *"Témoignage,"* which Paulhan had deemed "painfully stupid": "It is not about absolute or even verifiable truths. It's about a debatable fact: might a German love France or is he even able to? I have simply given my impressions . . . day by day I recorded everything I saw in my notebook. When I encountered someone or something which proved my trip wrong (Hôtel de Berlin) or which was unfavorable to Germans (comments about contemporary culture) I recorded it. If I saw nothing worse, I could not write it down."

"Les Lettres françaises accueillies en Allemagne" [French letters welcomed to Germany], an article from the magazine *Signal* published in January 1942. It shows Pierre Drieu la Rochelle, Abel Bonnard, André Fraigneau, Kees Van Dongen, and Madame Abetz in the studio of the official sculptor of the Third Reich, Arno Breker, in northeastern Berlin.

Les Lettres françaises accueillies en Allemagne

Sur invitation du Dr Goebbels, ministre du Reich, des écrivains et poètes français se sont rendus en Allemagne. Les voici dans le studio d'Arno Breker, le célèbre sculpteur allemand

CONDUITS PAR LE PROFESSEUR BREKER, les invités ont eu l'occasion de se faire une idée du travail de l'artiste et de s'entretenir des problèmes de l'art allemand et français. Ici, le professeur Breker (à droite) présente à ses hôtes une de ses dernières créations

M. ABEL BONNARD, de l'Académie Française, est, parmi les auteurs philosophiques, un des plus connus pour l'élégance de son style. Il est ici en conversation animée avec le professeur Breker et un autre écrivain français, M. André Fraigneau (au centre)

AVEC VIF INTERET, le professeur et Mme Breker écoutent les explications de M. Pierre Drieu La Rochelle. Cet écrivain appartient à la « Nouvelle Revue Française », revue qui s'intéresse aux problèmes nationaux-socialistes et fascistes

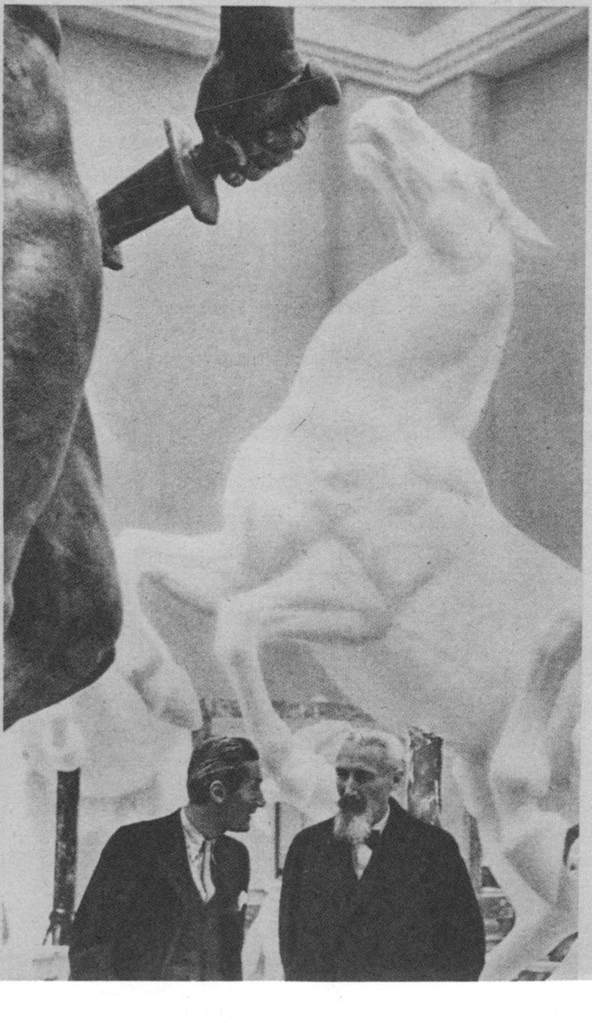

AU PIED DE PLASTIQUES MONUMENTALES, deux invités français s'entretiennent de leur voyage en Allemagne qui leur a fait tant d'impressions. Clichés Rohrlack

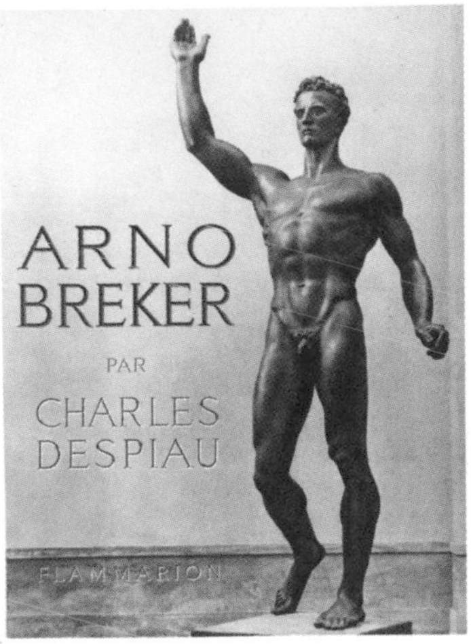

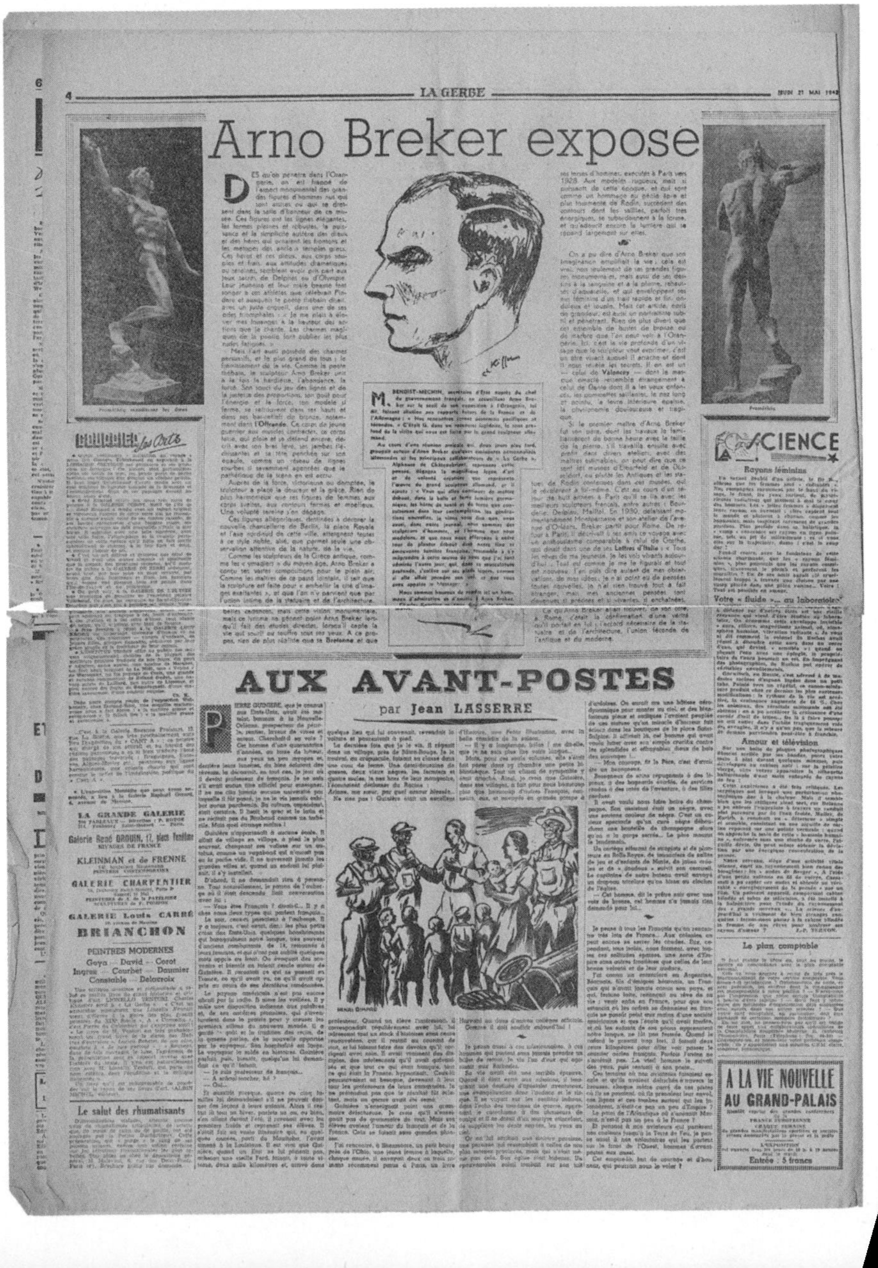

4 LA GERBE JEUDI 21 MAI 1942

Arno Breker expose

COURRIER des Arts

LA GRANDE GALERIE

Galerie René DROUIN, 17, place Vendôme

KLEINMAN et de FRENNE

GALERIE CHARPENTIER

GALERIE Louis CARRÉ

BRIANCHON

PEINTRES MODERNES
Goya — David — Corot
Ingres — Courbet — Daumier
Constable — Delacroix

Le salut des rhumatisants

AUX AVANT-POSTES

par Jean LASSERRE

LA SCIENCE

Rayons féminins

Amour et télévision

Le plan comptable

A LA VIE NOUVELLE
AU GRAND-PALAIS

Entrée : 5 francs

At the Gare de l'Est, the departure of French painters and sculptors for Weimar in November 1941. From left to right: Paul Belmondo, Roland Oudot, Charles Despiau, Othon Friesz, Maurice de Vlaminck (partly hidden), André Derain, Kees Van Dongen, Raymond Legueult, German soldiers, and Henri Bouchard. The artists Louis Lejeune, Paul Landowski, and André Dunoyer de Segonzac were also part of the group.

Catalogue of Arno Breker's exhibition at the Musée de l'Orangerie, edited by Charles Despiau and published by Flammarion in May 1942. This copy was specially printed "for Dr. Karl Epting," and duly dedicated to him on July 27, 1942.

Alphonse de Châteaubriant, "*Hommage d'admiration et d'amitié*" [A Tribute in Admiration and Friendship] to Arno Breker, in *La Gerbe*, May 21, 1942. The author sees a metaphor for the new man, whose birth his journal had sought to bring about, in the German artist's sculptures: " . . . I have come to tell you that in our journal we, too, are sculptors of men, and the man that we are fashioning, and that we in turn are trying to implant, erect, in the fine, stirring light of France, resembles so closely your work, which I so admired the other day, that one might confuse them."

Press photographs of the opening of Arno Breker's exhibition at the Orangerie in May 1942. Jean Cocteau, Arno Breker, Robert Brasillach, André Derain, Kees Van Dongen, Alphonse de Chateaubriant, Serge Lifar and Charles Despiau can be recognized in the crowd of guests. Fernand de Brinon, Abel Bonnard, Georges Scapini, and Jacques Benoist-Méchin were among others also present. Cocteau gave a short, but vibrant speech: "I salute you, Breker. I salute you from the exalted homeland of poets, a land in which nations do not exist except insofar as everyone contributes the treasure of national labor . . . In the exalted homeland where we are compatriots, you speak to me of France." In his journal, Cocteau wrote about Breker, who was a longstanding friend: "Tuesday, May 6, 1942. / At a time when all the Germanophile press was insulting me, Arno Breker, Hitler's sculptor, made it possible for me to telephone him in Berlin on a special line in case something serious happened to me or to Picasso. / Today, Breker is in Paris. France is organizing his exhibition. This morning Chardonne called me 'in the name of the Laval government.' I am the only one who can . . . etc. Quite so. Everyone is suspect. They must believe I am the only one who is free enough and mad enough to speak. And, since Breker has done me a favor, I will do it. The catch is his sculpture. It has to be mediocre. / Saturday, May 16, 1942 / Yesterday was the opening of Breker's exhibition in the Orangerie. Speeches, uniforms. Giant statues with an almost sensual taste for detail and the human. The hair, the veins. Sacha Guitry said to me, 'If these statues got erections, we would not have been able to move about anymore.'"

Reception for writers and artists in the garden of the German Institute, spring 1942. Standing at the back, from left to right: Paul Belmondo, Georg Rabuse, Hans Schwendemann, Ernest Fourneau, and Charles Despiau. In the foreground, from left to right: a waiter, Nicole Bordeaux, Robert Brasillach *(back turned)*, Abel Bonnard *(back turned)*, Madame Abetz, an unknown, and Alice Epting.

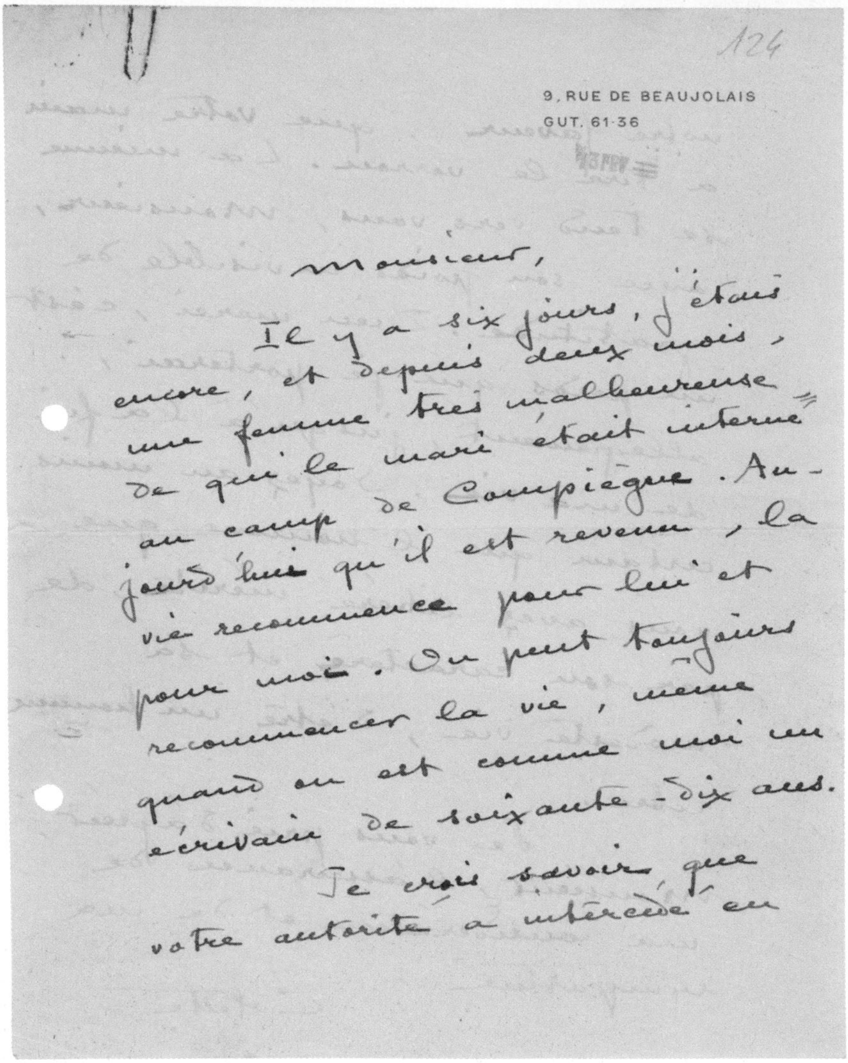

124

9, RUE DE BEAUJOLAIS
GUT. 61-36

Monsieur,

Il y a six jours, j'étais encore, et depuis deux mois, une femme très malheureuse de qui le mari était interné au camp de Compiègne. Aujourd'hui qu'il est revenu, la vie recommence pour lui et pour moi. On peut toujours recommencer la vie, même quand on est comme moi un écrivain de soixante-dix ans.

Je crois savoir que votre autorité a intercédé en

Letter from Colette to Karl Epting, February 13, 1942: she thanks him for releasing her husband, Maurice Goudeket. After the war, many prominent people made it understood that they had also done what they could to help Goudeket: Jacques Chardonne, Pierre Drieu la Rochelle, Robert Brasillach, Sacha Guitry, José-Maria Sert, etc. In February 1949, Colette testified for Karl Epting, who had been brought before the Military Court in Paris. Epting was acquitted.

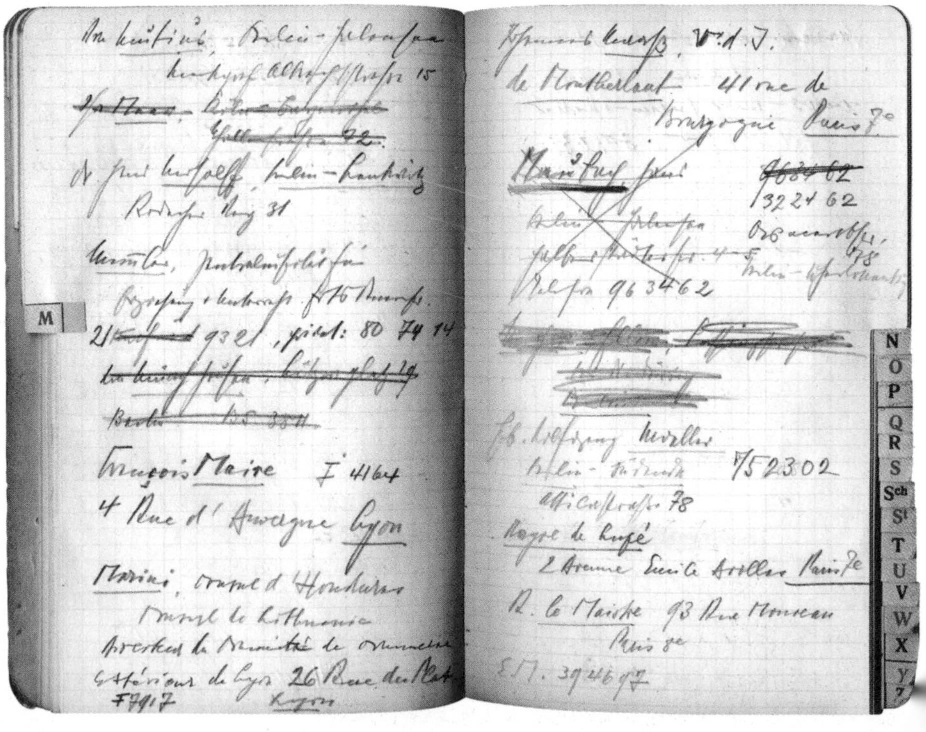

Address book, undated, of Karl Epting. It contains the contact details of Louis-Ferdinand Céline (under his real name, "Destouches"), Robert Brasillach, Henri Gouhier, Henry de Montherlant, Monseigneur Mayol de Lupé, Jean de Pange, Denis de Rougemont, Jean Schlumberger, Paul Valéry, and the Foyer of the Royaumont Abbey.

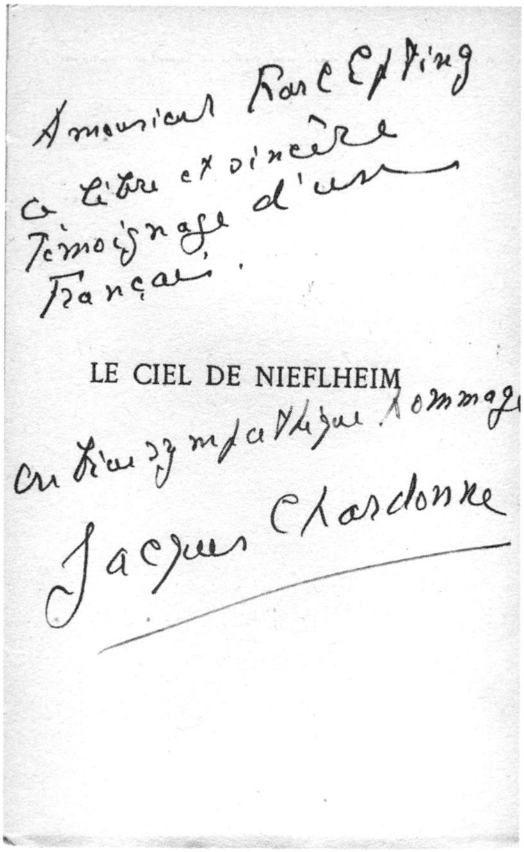

A monsieur Karl Epting
ce livre et sincère
témoignage d'un
Français.

LE CIEL DE NIEFLHEIM

en très sympathique hommage

Jacques Chardonne

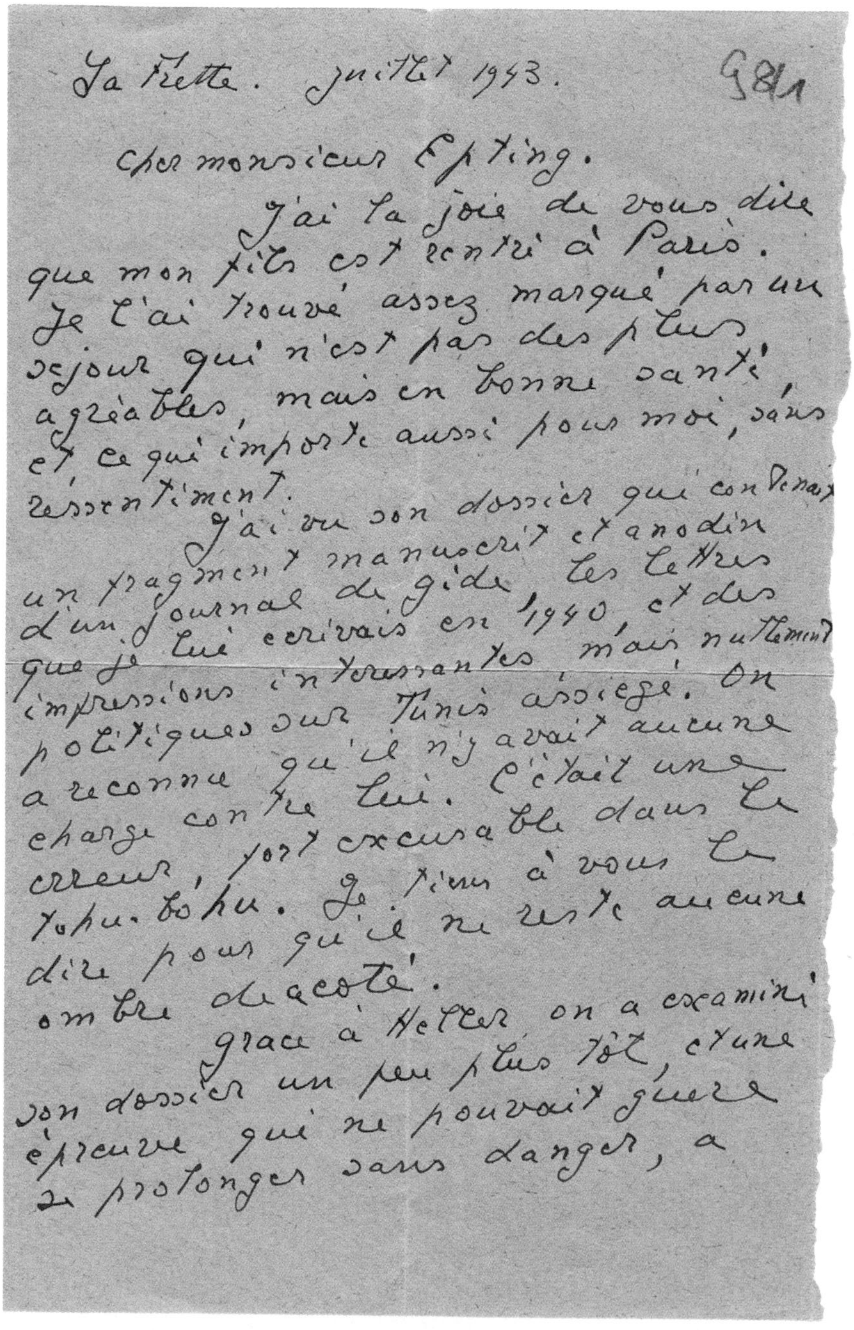

La Frette. juillet 1943. G811

Cher monsieur Epting.

J'ai la joie de vous dire que mon fils est rentré à Paris. Je l'ai trouvé assez marqué par un séjour qui n'est pas des plus agréables, mais en bonne santé, et, ce qui importe aussi pour moi, sans ressentiment.

J'ai vu son dossier qui contenait un fragment manuscrit et anodin d'un journal de gide, les lettres que je lui écrivais en 1940, et des impressions intéressantes, mais nullement politiques sur Tunis assiégé. On a reconnu qu'il n'y avait aucune charge contre lui. C'était une erreur, fort excusable dans le tohu-bohu. Je tiens à vous le dire pour qu'il ne reste aucune ombre de ce côté.

Grâce à Heller on a examiné son dossier un peu plus tôt, et une épreuve qui ne pouvait guère se prolonger sans danger, a

One of the twenty-five galleys of Jacques Chardonne's unpublished book, *Le Ciel de Nieflheim* [The Sky of Niefheim]. It was sent with a dedication to Karl Epting in 1943. Jacques Chardonne prudently decided not to publish the book, understanding *in extremis,* thanks to Gerhard Heller, that expressing admiration for Nazi Germany could only be harmful to his son. Indeed, Gérard Boutelleau, arrested in March 1943, was accused of spying for the Anglo-Americans and deported, and then imprisoned at Oranienburg-Sachsenhausen.

Letter from Jacques Chardonne to Karl Epting, telling him of his joy at the release of his son and of his return to Paris in July 1943—a return to which Gerhard Heller had contributed greatly. On September 12, 1945, Gérard Boutelleau wrote to Jean Paulhan, "I owe my life to Gérard Heller and I know in particular of four cases in which his interventions allowed French patriots to be saved. I am convinced, moreover, that his activity was strictly limited to intellectual matters."

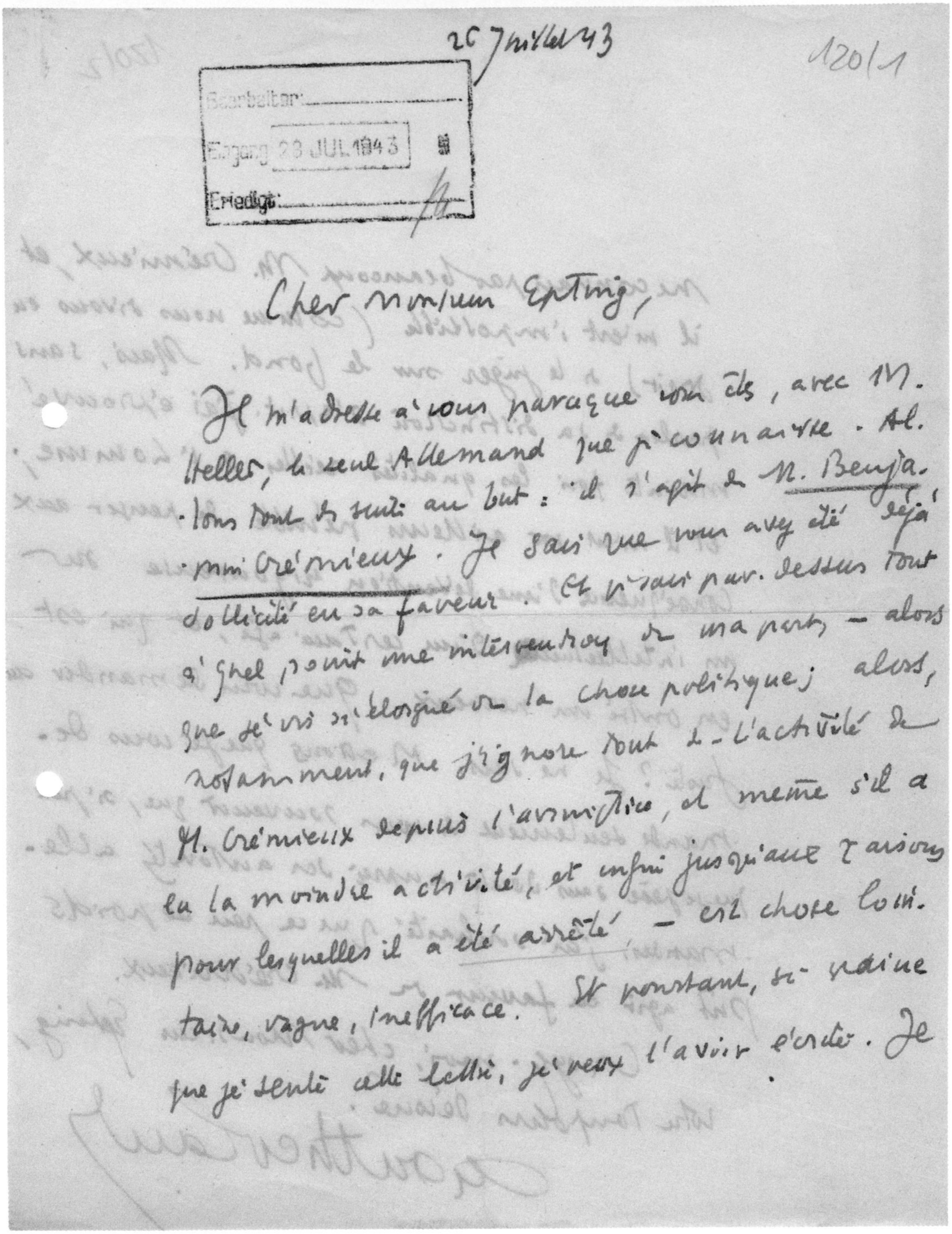

26 Juillet 43

120/1

Bearbeiter:
Eingang 28 JUL 1943
Erledigt:

Cher Monsieur Epting,

Je m'adresse à vous parce que vous êtes, avec M. Heller, le seul Allemand que je connaisse. Allons tout de suite au but : il s'agit de M. Benjamin Crémieux. Je sais que vous avez été déjà sollicité en sa faveur. Et je sais par-dessus tout à quel point une intervention de ma part, — alors que je vis si éloigné de la chose politique ; alors, notamment, que j'ignore tout de l'activité de M. Crémieux depuis l'armistice, et même s'il a eu la moindre activité, et enfin jusqu'aux raisons pour lesquelles il a été arrêté — est chose lointaine, vague, inefficace. Et pourtant, si vaine que je sente cette lettre, je veux l'avoir écrite. Je

Letter from Henry de Montherlant to Karl Epting, July 26, 1943: "I am writing to you because you are, with Heller, the only German I know. Let's get right to the point: it's about Benjamin Crémieux (K. Epting's underlining). I know that you have already been approached in his regard. And I know above all how much an intervention on my part—since I live so far from political matters; and since, in particular, I am unaware of all Crémieux's activities since the armistice, and whether he did anything at all, and the reasons for which he was arrested—is remote, vague and ineffective. And yet, no matter how vain I feel this letter to be, I want to have written it."

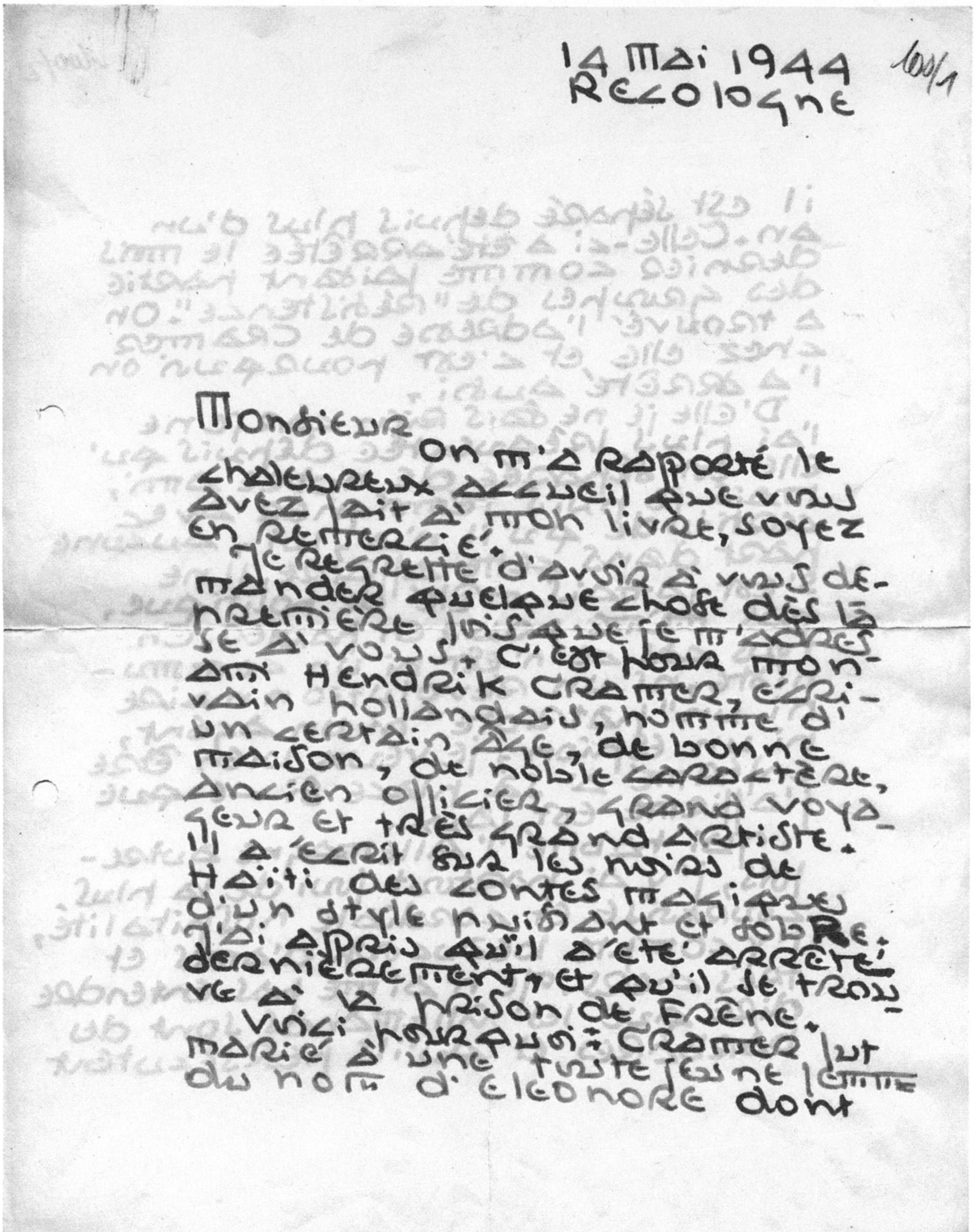
14 Mai 1944
Recologne

100/1

Monsieur

On m'a raporté le chaleureux accueil que vous avez fait à mon livre, soyez en remercié.

Je regrette d'avoir à vous demander quelque chose dès la première fois que je m'adresse à vous. C'est pour mon ami Hendrik Cramer, écrivain hollandais, homme d'un certain âge, de bonne maison, de noble caractère, ancien officier, grand voyageur et très grand artiste. Il a écrit sur les noirs de Haïti des contes magiques d'un style puissant et sobre. J'ai appris qu'il a été arrêté dernièrement, et qu'il se trouve à la prison de Frène.

Voici pourquoi: Cramer fut marié à une triste femme du nom d'Eléonore dont

Letter from the "Marquis" Lanza del Vasto to Karl Epting, May 14, 1944: "I regret having to ask you for something the first time I write to you. It's for my friend Hendrik Cramer, a Dutch writer, a man of a certain age of noble character from a good family, a former officer, a great traveler and a very great artist. He has written magical tales in a powerful and sober style about blacks in Haïti; I have learned that he was recently arrested and that he is in the prison in Frêne [sic for Fresnes] . . . I don't like hearing it said that Germans are barbarians and that they persecute men of intelligence."

I N T E R V E N T I O N E N

a) Befreite Persönlichkeiten

~~Benjamin Crémieux~~

Sohn des Schriftstellers Jacques Chardonne (1.Verhaftung)

Sohn von Dr. Pierret

Sohn der Schauspielerin Mary Marquet

Mme Mond (aus der Familie Melchett-Mond)(Gérard, Maison de la Chimie)

Sohn von Mme Lechat

Schwager von Marie-Therèse Mogan, Apotheker in Paris

Bruhat, Directeur adjoint de l'Ec.Norm.Sup. (1.Verhaftung)

[illegible]

b) Interventionen ohne unmittelbare Befreiung

Jean Artigue (Georges Blond)

Hendrik Cramer, holländischer Schriftsteller

Sohn von Jacques Chardonne (2.Verhaftung)

Belin

Mme Picketti (Olga Weber)

Mme Henry (Ambassadrice) (Olga Weber)

Rou-Gradenez (Todesstrafe in Zuchthausstrafe umgewandelt)

Enkelin von Adalbert von Chamisso

Sohn der Friseurgehilfin Marie-Louise (1944) bei Laurent, rue de Bourgogne

Claude Bourdet, Sohn von Edouard Bourdet, auf Wunsch seines Onkels Michel Bourdet

82

In his files, Karl Epting kept these brief, typed lists: “Individuals to have released” (among them were Jacques Chardonne’s son; Mary Marquet’s son; and the assistant director of the École normale supérieure, Georges Bruhat), “Interventions for immediate release” (among others on the list were Hendrik Cramer, Jacques Chardonne’s son, the printer Jacques Grou-Radenez, and Claude Bourdet), and finally, several “prisoners of war to have released” (including Maurice Boucher).

BEFREITE KRIEGSGEFANGENE

Sohn von Prof. Le Mée
Maurice Boucher
Sohn von Marie-Thérèse Urvoy
Rechtsanwalt Jean Dupuy
Bernard - Arts, Sciences et Voyages. Chps Elys.
Jodons-Charente

8,3

5

TAKEN PRISONER

"The experience of humiliation is no big deal. Except if you're inside, of course. Then you'll never be able to shake it."
Georges Hyvernaud, *La Peau et les Os* (1949)

Almost 1,850,000 French soldiers were taken prisoner by the Germans during the campaign of May–June 1940. After their temporary confinement on French soil in provisional camps—the Frontstalags—1,600,000 of them were transferred to camps in Germany—Stalags (Stammlager) for soldiers from the ranks, Oflags (Offizierlager) for officers. Subsequently, they were for the most part assigned to labor camps.

French prisoners of war were housed and fed by the Germans according to the minimal requirements of the Geneva Convention. This was not an act of generosity on Hitler's part—he starved Russian prisoners to death—but because he wanted German prisoners to be treated similarly. Furthermore, the German authorities saw French prisoners as a means of blackmailing the Vichy government. The latter made sure not to protest the use of French prisoners in the Third Reich's war effort; since 1940, Vichy had suggested prisoners be allowed the "relief" of civilian labor, a solution that was finally put in place in 1942. First volunteers, then draftees were sent to do STO or *Service du travail obligatoire* [Compulsory Work Service]; in 1943 Vichy even accepted the transfer of approximately 250,000 French prisoners of war into the civilian workforce. Captive French soldiers were subjected to Nazi and Vichy propaganda. Beginning in 1941, the regime set up *cercles Pétain* [Pétain groups], whose aim it was to maintain prisoners' loyalty to the Maréchal and his policies. Prisoners were mostly spared starvation, especially if they were the lucky beneficiaries of care packages sent by their families—at least until this source of provisions was brought to an end in 1944 by the Liberation. More than from hunger, French prisoners suffered from boredom, and from forced separation from their families.

In the camps, many writer-prisoners tried to maintain an intellectual life. This developed spontaneously and early on: camp lecture series aimed at the "general public;" genuine university-level courses; "circles;" libraries, but also choirs, orchestras, theatrical troupes, festivals, and exhibitions. Both unknown and famous, these writers continued in captivity to produce improvised literary revues, or to send their work to France for publication.

Approximately one-third of French prisoners of war were repatriated after the armistice, starting with the old, the sick, and the fathers of large families. Nevertheless, the absence of such a great number of young men—about one-tenth of the adult male population—further deepened the sense of despair in occupied France.

Map of the main prisoner-of-war camps (Oflag and Stalag) in the Reich territory, 1939–1945.

Le Lien [The Bond], "The Newspaper of the French" of Stalag X-A. Louis Althusser wrote two texts for the paper: *"Testament pour la vie future"* [Testament for a Future Life] for the March–April 1943 issue (no. 12)–"These words for the small part of the spirit that remains free, that little freedom of spirit that remains free in us"–, and "Leur espérance" ["Their Hope"] for the December 1943 issue (no. 17).

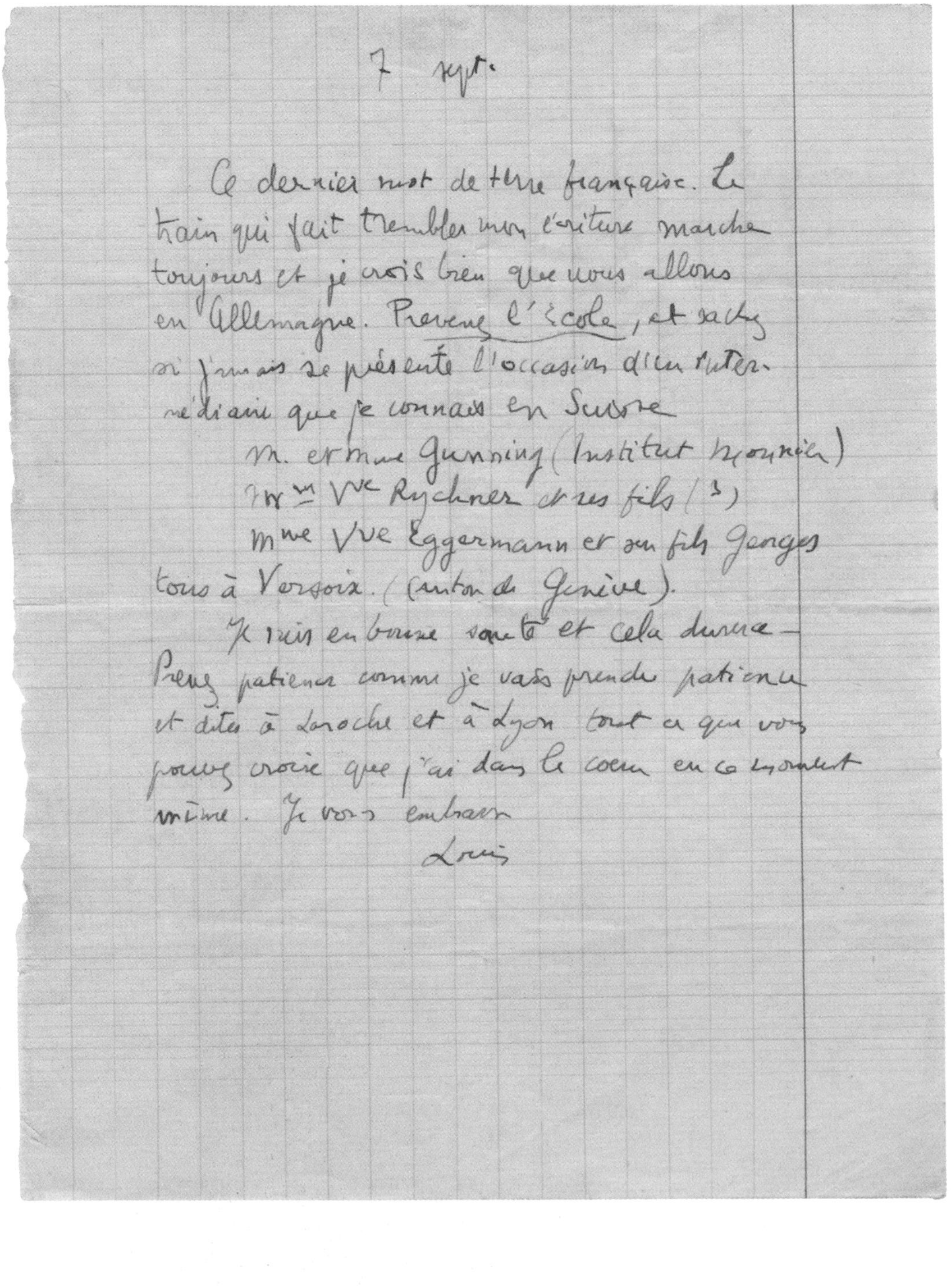

7 sept.

Ce dernier mot de terre française. Le train qui fait trembler mon écriture marche toujours et je crois bien que nous allons en Allemagne. Prevenez l'École, et sachez si jamais se présente l'occasion d'un intermédiaire que je connais en Suisse

M. et Mme Gunning (Institut Monnier)
Mme Vve Rychner et ses fils (3)
Mme Vve Eggermann et son fils Georges

tous à Versoix. (canton de Genève).

Je suis en bonne santé et cela durera — Prenez patience comme je vais prendre patience et dites à Laroche et à Lyon tout ce que vous pouvez croire que j'ai dans le coeur en ce moment même. Je vous embrasse

Louis

Louis Althusser was taken prisoner on June 21, 1940 by the Germans at Vannes. In early September, he was locked up in a train with prisoners destined first for Rouen and then for Germany. On September 7, 1940 in a school notebook, he scratched two similar missives to his uncle, André Boulogne. He threw them onto the tracks from the prison train taking him to the Belgian border: "This is my last note on French territory. The train, which is making my writing unsteady, rolls on and I really believe we are going to Germany. Tell the School [the École normale supérieure]." On the back of his request, which was eventually carried out, was written: "Please direct this note to Mr. Boulogne . . . Many thanks."

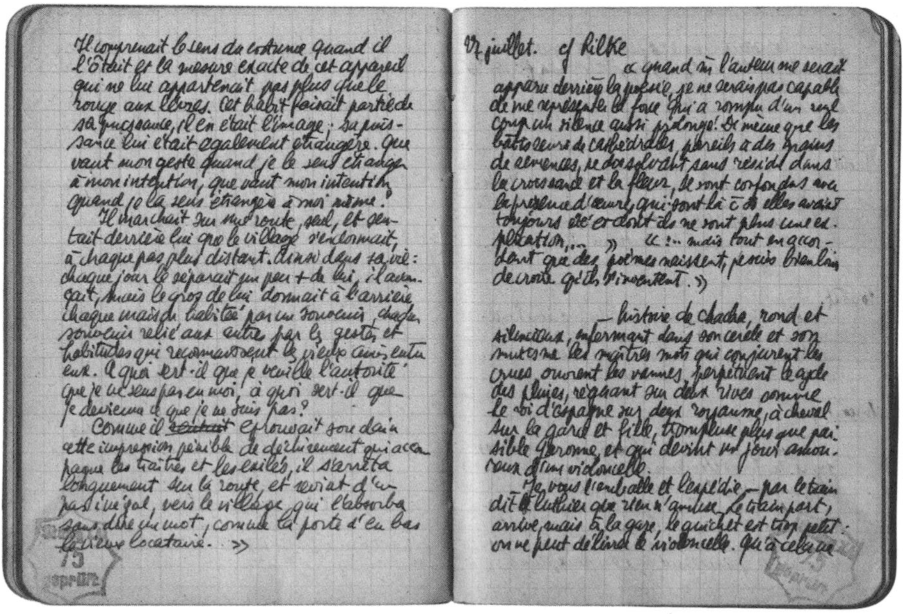

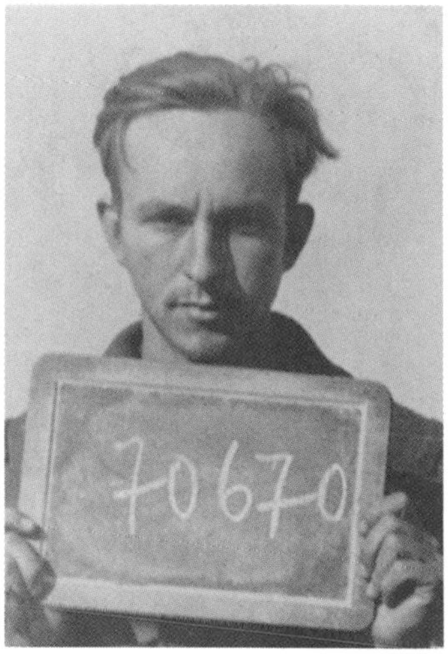

January 1941: Louis Althusser, prisoner no. 70670, at Stalag X-A in Schleswig (northern Germany), January 1941.

Throughout his captivity (first at Stalag X-B in Sandbostel, near Bremen, then at a temporary camp for kommandos at Büchen, and finally at Stalag X-A in Schleswig), Louis Althusser took notes: whether they were observations on his readings, quotations in his workbooks or entries in his private journal, his lines were written under the eyes of the camp censor as is shown by the Stalag stamps on every page. On May 4, 1941, he notes: "Sunday. Everyone all around is in a deplorable mood. I am thinking bitterly of those in France who are counting on returning prisoners to restart the country's work again and to make critical decisions. But those who are here have learned so little!"

L'Unité française, a publication of the Fédération des Cercles Jeune France, no. 1, new series, April–June 1941. In this journal edited by Jean Rivain, which extolled Pétain's National Revolution, the philosopher Paul Ricœur published an article, "Propaganda and Culture," under the heading of "Prisoners' Words." He wrote: "If there is one political lesson from our defeat that no one can challenge, it is that today we can no longer choose between authoritarian and parliamentary regimes . . . It is thus without reservation that these pages devoted to culture and freedom of thought begin with a tribute to the strong State. We must repeat it and let it penetrate our anarchical brains." According to Ricœur, Rivain took notes during one of his lectures at Oflag II-B (Arnswalde), and published them without his knowledge when he returned in Paris.

Avril-Juin 1941 — (Nouvelle série) N° 1

L'UNITÉ FRANÇAISE

De l'union nationale à l'unité française
par le MARÉCHAL PÉTAIN

Un portrait du Maréchal Pétain en 1920 .... *Pierre du Colombier.*
Qu'est-ce que la Révolution nationale ? .... *Jean Rivain.*

Paroles de Prisonniers

Jean Rivain : La France écartelée. — *Michel Dufrenne* : Laissons les faits nous instruire. — *Henri Enjalbert* : Animer la nation. — *Pierre Escoube* : La prudence et l'audace. — *Louis Estrangin* : La tribu France. — *E. Folinais* : Nostalgie de la grandeur. — *René Pagosse* : Que faire maintenant ? — *Jean Ratinaud* : Il faut que la politique paie. — *Paul Ricœur* : Propagande et culture. — *Bernard Vacheret* : Le problème de la nation. — *** Mémoire de quelques officiers généraux en captivité.

FAITS ET DOCUMENTS

I. Jalons de route au camp de captivité : par le professeur *Baticle, Léon Daudet, Louis Laguillarde, Gaston Plessis, Jean Rivain.* — II. Le sentiment de la patrie : par *Henri Menabrea.* — III. Ode à la Provence, par *Louis Estrangin.* — IV. J'ai compris, par *Pierre Chambon.* — V. Des « *Cercles Jeune France* » aux Centres de synthèse. — VI. Colloques autour d'une table : le 21e Déjeuner *Jeune France.*

TENDANCES

Une première étape, le *Conseil national*, assemblée consultative .... *Jean Rivain.*
Prophéties pour 1940 .... *Gabriel Boissy.*
Ecrits d'avant guerre .... *Georges Rodili.*

cahiers d'études de la Fédération des Cercles Jeune France

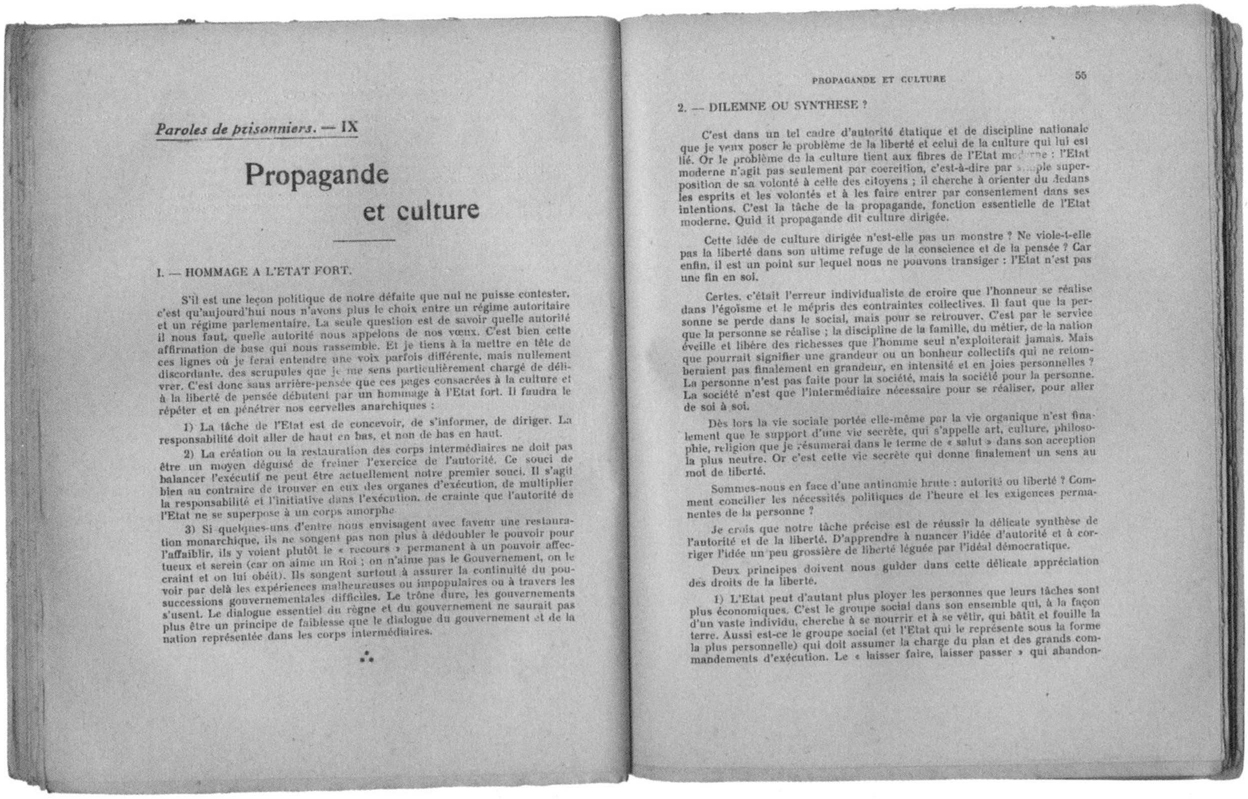

Paroles de prisonniers. — IX

Propagande et culture

I. — HOMMAGE A L'ETAT FORT.

S'il est une leçon politique de notre défaite que nul ne puisse contester, c'est qu'aujourd'hui nous n'avons plus le choix entre un régime autoritaire et un régime parlementaire. La seule question est de savoir quelle autorité il nous faut, quelle autorité nous appelons de nos vœux. C'est bien cette affirmation de base qui nous rassemble. Et je tiens à la mettre en tête de ces lignes où je ferai entendre une voix parfois différente, mais nullement discordante, des scrupules que je me sens particulièrement chargé de délivrer. C'est donc sans arrière-pensée que ces pages consacrées à la culture et à la liberté de pensée débutent par un hommage à l'Etat fort. Il faudra le répéter et en pénétrer nos cervelles anarchiques :

1) La tâche de l'Etat est de concevoir, de s'informer, de diriger. La responsabilité doit aller de haut en bas, et non de bas en haut.

2) La création ou la restauration des corps intermédiaires ne doit pas être un moyen déguisé de freiner l'exercice de l'autorité. Ce souci de balancer l'exécutif ne peut être actuellement notre premier souci. Il s'agit bien au contraire de trouver en eux des organes d'exécution, de multiplier la responsabilité et l'initiative dans l'exécution, de crainte que l'autorité de l'Etat ne se superpose à un corps amorphe.

3) Si quelques-uns d'entre nous envisagent avec faveur une restauration monarchique, ils ne songent pas non plus à dédoubler le pouvoir pour l'affaiblir, ils y voient plutôt le « recours » permanent à un pouvoir affectueux et serein (car on aime un Roi ; on n'aime pas le Gouvernement, on le craint et on lui obéit). Ils songent surtout à assurer la continuité du pouvoir par delà les expériences malheureuses ou impopulaires ou à travers les successions gouvernementales difficiles. Le trône dure, les gouvernements s'usent. Le dialogue essentiel du règne et du gouvernement ne saurait pas plus être un principe de faiblesse que le dialogue du gouvernement et de la nation représentée dans les corps intermédiaires.

∴

PROPAGANDE ET CULTURE — 55

2. — DILEMNE OU SYNTHESE ?

C'est dans un tel cadre d'autorité étatique et de discipline nationale que je veux poser le problème de la liberté et celui de la culture qui lui est lié. Or le problème de la culture tient aux fibres de l'Etat moderne : l'Etat moderne n'agit pas seulement par coercition, c'est-à-dire par simple superposition de sa volonté à celle des citoyens ; il cherche à orienter du dedans les esprits et les volontés et à les faire entrer par consentement dans ses intentions. C'est la tâche de la propagande, fonction essentielle de l'Etat moderne. Quid it propagande dit culture dirigée.

Cette idée de culture dirigée n'est-elle pas un monstre ? Ne viole-t-elle pas la liberté dans son ultime refuge de la conscience et de la pensée ? Car enfin, il est un point sur lequel nous ne pouvons transiger : l'Etat n'est pas une fin en soi.

Certes, c'était l'erreur individualiste de croire que l'honneur se réalise dans l'égoïsme et le mépris des contraintes collectives. Il faut que la personne se perde dans le social, mais pour se retrouver. C'est par le service que la personne se réalise ; la discipline de la famille, du métier, de la nation éveille et libère des richesses que l'homme seul n'exploiterait jamais. Mais que pourrait signifier une grandeur ou un bonheur collectifs qui ne retomberaient pas finalement en grandeur, en intensité et en joies personnelles ? La personne n'est pas faite pour la société, mais la société pour la personne. La société n'est que l'intermédiaire nécessaire pour se réaliser, pour aller de soi à soi.

Dès lors la vie sociale portée elle-même par la vie organique n'est finalement que le support d'une vie secrète, qui s'appelle art, culture, philosophie, religion que je résumerai dans le terme de « salut » dans son acception la plus neutre. Or c'est cette vie secrète qui donne finalement un sens au mot de liberté.

Sommes-nous en face d'une antinomie brute : autorité ou liberté ? Comment concilier les nécessités politiques de l'heure et les exigences permanentes de la personne ?

Je crois que notre tâche précise est de réussir la délicate synthèse de l'autorité et de la liberté. D'apprendre à nuancer l'idée d'autorité et à corriger l'idée un peu grossière de liberté léguée par l'idéal démocratique.

Deux principes doivent nous guider dans cette délicate appréciation des droits de la liberté.

1) L'Etat peut d'autant plus ployer les personnes que leurs tâches sont plus économiques. C'est le groupe social dans son ensemble qui, à la façon d'un vaste individu, cherche à se nourrir et à se vêtir, qui bâtit et fouille la terre. Aussi est-ce le groupe social (et l'Etat qui le représente sous la forme la plus personnelle) qui doit assumer la charge du plan et des grands commandements d'exécution. Le « laisser faire, laisser passer » qui abandon-

ONZIÈME ANNÉE — N° 502. — VENDREDI 11 AVRIL 1941. Page 4 : AU SERVICE DE LA RADIO, par Lucien Rebatet

JE SUIS PARTOUT

Le Grand Hebdomadaire Politique et Littéraire

Dans ce numéro :

En page 3 : SE DÉBROUILLER par ABEL BONNARD de l'Académie française

En page 6 : LA CHRONIQUE D'ANDRÉ BELLESSORT de l'Académie française

Rentré dans ses foyers...

VIVE LE MARÉCHAL !

par ROBERT BRASILLACH

L'échéance d'une politique démentielle

LA YOUGOSLAVIE PAIE la soumission d'un gouvernement criminel à l'or et aux ordres de l'Angleterre

PARTOUT ET AILLEURS

— Nous aimons encore mieux faire nos Pâques que nos paquets.

Je suis partout from April 11, 1941, which ran on its cover a satirical cartoon representing the French Revolution being crushed by a banker, a freemason, and a Jew, was overjoyed at the return "to the hearth" of Robert Brasillach: "The readers of *Je suis partout* will learn with unadulterated joy of the return of Robert Brasillach to us. After a year of war and nine months in captivity, the young leader of our paper has been returned to us. Lucien Rebatet, François Dauture, Paul Guérin, Ralph Soupault, and Henri Poulain have already assumed their places alongside us once again. Soon Georges Blond, sprung from a British jail, will join us."

A prisoner since June 1940 at Oflag VI-A (Soest), Robert Brasillach was released in April 1941, after Ambassador Otto Abetz had intervened on his behalf. Back in Paris, he returned to his post as the editor-in-chief of the weekly *Je suis partout* [I Am Everywhere], which reappeared in February 1941. Brasillach committed the paper, founded in 1930, to ultra-collaborationism—all to the great dismay of Charles Maurras, who christened the *Je suis partout* group, the "*Ja* clan." Brasillach remained its editor-in-chief until 1943, when he was obliged to give up his position to Pierre-André Cousteau. This "great political and literary weekly" was nicknamed by Henri Jeanson *Je chie partout* [I shit everywhere], and then after the flight of its journalists *Je suis parti* [I left].

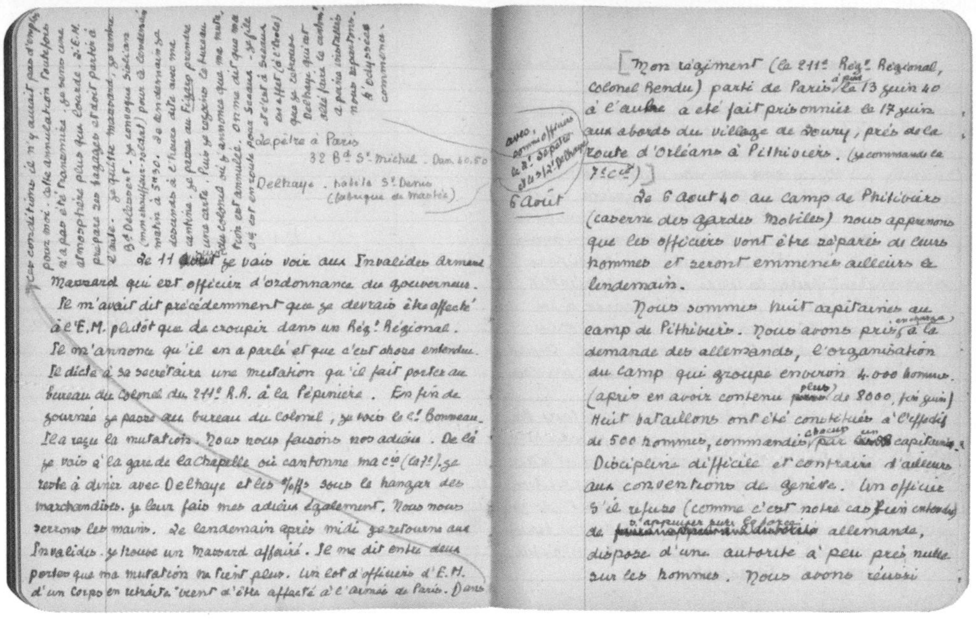

Delpêtre à Paris
32 Bd St-Michel - Dan. 60.80
Delhaye . habite St Denis (fabrique de montres)

Le 11 août je vais voir aux Invalides Armand Massard qui est officier d'ordonnance du gouverneur.
Il m'avait dit précédemment que je devrais être affecté à l'E.M. plutôt que de croupir dans un Rég.t Régional.
Il m'annonce qu'il en a parlé et que c'est chose entendue. Il dicte à sa secrétaire une mutation qu'il fait porter au bureau du Colonel du 211e R.R. à la Pépinière. En fin de journée je passe au bureau du Colonel, je vois le Cdt Bonneau. Il a reçu la mutation. Nous nous faisons nos adieux. De là je vais à la gare de La Chapelle où cantonne ma Cie (la 7e), je reste à dîner avec Delhaye et les s/offs sous le hangar des marchandises. Je leur fais mes adieux également. Nous nous serrons les mains. Le lendemain après midi je retourne aux Invalides. Je trouve un Massard affairé. Il me dit entre deux portes que ma mutation ne tient plus. Un lot d'officiers d'E.M. d'un Corps en retraite vient d'être affecté à l'armée de Paris. Dans

[Mon régiment (le 211e Rég.t Régional, Colonel Bendu) parti de Paris le 13 juin 40 à l'aube a été fait prisonnier le 17 juin aux abords du village de Boury, près de la route d'Orléans à Pithiviers. (je commandais la 7e Cie)]

6 Août Le 6 août 40 au Camp de Pithiviers (caserne des gardes mobiles) nous apprenons que les officiers vont être séparés de leurs hommes et seront emmenés ailleurs le lendemain.

Nous sommes huit capitaines au camp de Pithiviers. Nous avons pris en charge à la demande des allemands, l'organisation du camp qui groupe environ 4.000 hommes (après en avoir contenu plus de 8000, fin juin) Huit bataillons ont été constitués à l'effectif de 500 hommes, commandés chacun par un capitaine. Discipline difficile et contraire d'ailleurs aux conventions de Genève. Un officier s'il refuse (comme c'est notre cas bien entendu) de s'appuyer sur la force allemande, dispose d'une autorité à peu près nulle sur les hommes. Nous avons réussi

In this manuscript, Pierre Brisson, director of the daily *Le Figaro* since 1934, recounts the circumstances of his escape from a German camp, on August 6, 1940: "At the Pithiviers camp, I was one of eight captains. On German orders, we took charge of the camp, which comprised about 4,000 men (after having held more than 8,000 at the end of June). Eight battalions were formed, each with 500 men in ranks commanded by a captain. Discipline was difficult and contrary to the Genova Conventions. An officer had almost no authority over the men if he refused (as I, of course, did) to rely on the Germans to enforce it. I succeeded, nevertheless, in establishing a certain order in the camp. It was then (after seven weeks of internment) that news of our imminent departure suddenly reached me. In such circumstances, I felt relieved of all moral obligations. Until then, escape would have been a betrayal of my men. A change had now come, restoring the rules of the game. Everyone had to think of himself first."

After he swam across the demarcation line, Pierre Brisson, a 1914–18 veteran, returned to heading *Le Figaro*, which had moved in June 1940 to Bordeaux, Clermont-Ferrand, and then Lyon. "On some days, thinking straight was a problem," he explained in his memoirs. "But, reading so-called Parisian papers revived my courage. Faced with the ignominy of so much cynicism, I felt there was a great need for French facts." However, *Le Figaro* shut down in November 1942.

When he heard war had been declared, the painter Jean-Eugène Bichier, known as Hélion (1904-1987), was living in the United States. He returned to France and, "disguised as a soldier," spent the "phony war" at Dreux and Mézières-en-Drouais, before he was taken prisoner by a German Panzer regiment in Cher. He was sent first to Stalag II-B (Hammerstein) in Pomerania, where he was photographed (center) flanked by his companions, and then to Stalag II-C (Greifswald) where, having earned the confidence of the *Kommandoführer,* he was given the jobs of painting the stables and picking potatoes. He managed to escape via Stettin, a port on the Oder River, at the beginning of 1942, after twenty months in captivity. "Escaping is simply a matter of walking through open doors as if nothing were happening. Breaking them down would attract attention." With a stolen passport and much luck, he arrived in Paris after four days, where he was given shelter by Mary Reynolds.

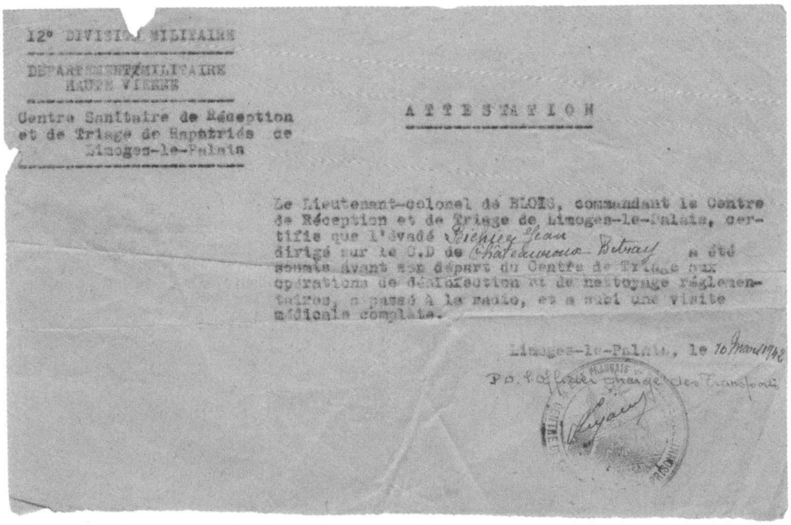

12e DIVISION MILITAIRE

DÉPARTEMENT MILITAIRE
HAUTE VIENNE

Centre Sanitaire de Réception
et de Triage de Rapatriés de
Limoges-le-Palais

ATTESTATION

Le Lieutenant-colonel de BLOIS, commandant le Centre de Réception et de Triage de Limoges-le-Palais, certifie que l'évadé Bichier Jean dirigé sur le C.D de Châteauroux Bétray a été soumis avant son départ du Centre de Triage aux opérations de désinfection et de nettoyage réglementaires, a passé à la radio, et a subi une visite médicale complète.

Limoges-le-Palais, le 10 mars 1942

P.O. L'officier chargé des transports

"The escapee Bichier, Jean" (J. Hélion) was taken in a crowd of repatriated prisoners. He was processed by the reception and sorting center at Limoges-Le Palais; after showering and disinfection, he was x-rayed and given a medical exam. Then, on March 10, 1942 he received an authorization to continue his journey to Marseille.

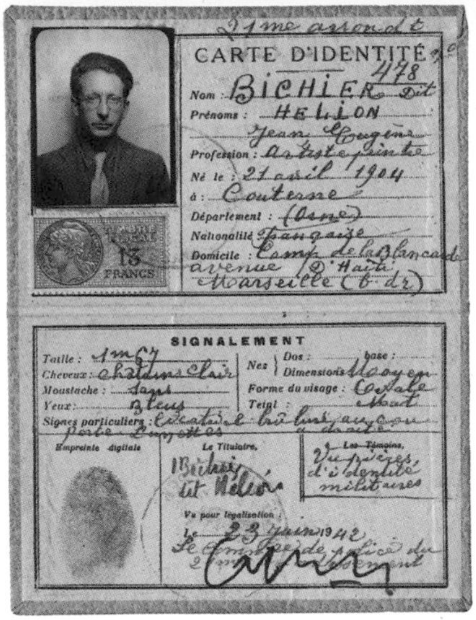

21me arrond t
CARTE D'IDENTITÉ
478
Nom : BICHIER dit
Prénoms : HÉLION
Jean Eugène
Profession : Artiste peintre
Né le : 21 avril 1904
à : Couvrons
Département : (Aisne)
Nationalité : française
Domicile : Camp de la Blancarde avenue d'Haïti Marseille (B-dr)
13 FRANCS

SIGNALEMENT
Taille : 1m67
Cheveux : châtains clair
Moustache : sans
Yeux : bleus
Nez : Dos : base :
Dimensions : Moyen
Forme du visage : Ovale
Teint : Mat
Signes particuliers :
Empreinte digitale
Le Titulaire, Bichier dit Hélion
Les Témoins,
Vu pour légalisation
le 23 juin 1942

The identity card of Jean Eugène Bichier, known as Hélion, dated June 1942, at camp La Blancarde in Marseille, where he was in transit to the United States after his escape from Pomerania.

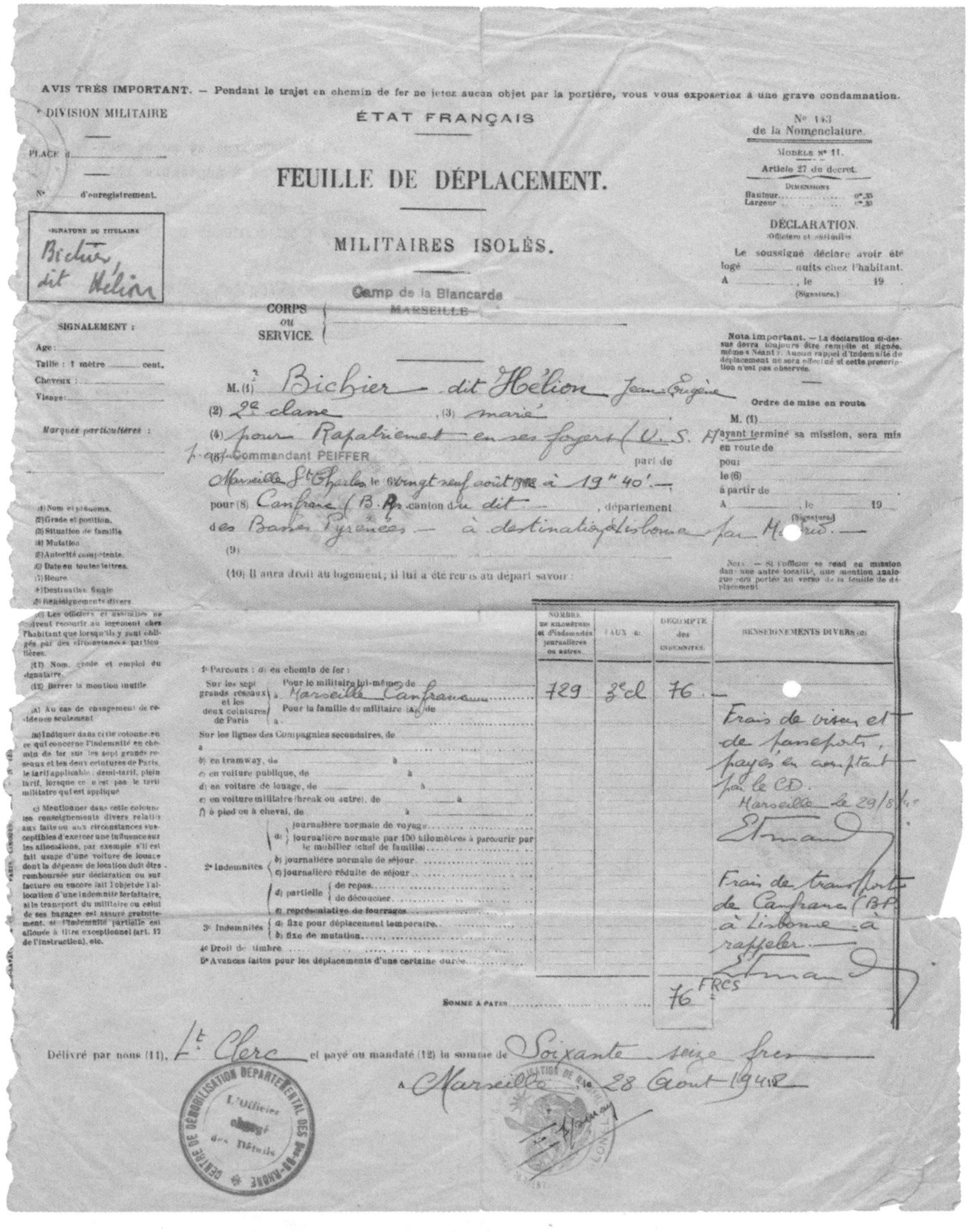

AVIS TRÈS IMPORTANT. — Pendant le trajet en chemin de fer ne jetez aucun objet par la portière, vous vous exposeriez à une grave condamnation.

DIVISION MILITAIRE
ÉTAT FRANÇAIS
N° 143 de la Nomenclature.
MODÈLE N° 11.
Article 27 du décret.

PLACE d

N° d'enregistrement.

FEUILLE DE DÉPLACEMENT.

MILITAIRES ISOLÉS.

SIGNATURE DU TITULAIRE
Bichier dit Hélion

DÉCLARATION.
(Officiers et assimilés)
Le soussigné déclare avoir été logé ... nuits chez l'habitant.
A ..., le ... 19
(Signature.)

Camp de la Blancarde
MARSEILLE
CORPS ou SERVICE.

SIGNALEMENT :
Age :
Taille : 1 mètre ... cent.
Cheveux :
Visage :
Marques particulières :

M. (1) Bichier dit Hélion Jean-Eugène
(2) 2e classe (3) marié
(4) pour Rapatriement en ses foyers (U. S. A)
p. o. (5) Commandant PEIFFER part de
Marseille St Charles le vingt neuf août 1942 à 19" 40'
pour (8) Canfranc (B. Pr.) canton du dit, département des Basses Pyrénées à destination de Lisbonne par Madrid.
(9)
(10) Il aura droit au logement; il lui a été remis au départ savoir :

Ordre de mise en route
M. (1)
ayant terminé sa mission, sera mis en route de
pour
le (6)
à partir de
A ..., le ... 19
(Signature)

NOMBRE de kilomètres et d'indemnités journalières ou autres.	TAUX (c)	DÉCOMPTE des INDEMNITÉS.	RENSEIGNEMENTS DIVERS (c)
729	3e cl	76	Frais de visas et de passeports payés au comptant par le CD. Marseille le 29/8/42 Etmand. Frais de transports de Canfranc (BP) à Lisbonne à rappeler. Etmand

1° Parcours : a) en chemin de fer :
Sur les sept grands réseaux et les deux ceintures de Paris — Pour le militaire lui-même, de Marseille à Canfranc — Pour la famille du militaire (a), de ... à
Sur les lignes des Compagnies secondaires, de ... à
b) en tramway, de ... à
c) en voiture publique, de ... à
d) en voiture de louage, de ... à
e) en voiture militaire (break ou autre), de ... à
f) à pied ou à cheval, de ... à
2° Indemnités — a) journalière normale de voyage; b) journalière normale par 100 kilomètres à parcourir par le mobilier (chef de famille); b) journalière normale de séjour; c) journalière réduite de séjour; d) partielle de repas, de découcher; e) représentative de fourrages.
3° Indemnités — d) fixe pour déplacement temporaire; f) fixe de mutation.
4° Droit de timbre.
5° Avances faites pour les déplacements d'une certaine durée.

SOMME A PAYER 76 FRCS

(1) Nom et prénoms. (2) Grade et position. (3) Situation de famille. (4) Mutation. (5) Autorité compétente. (6) Date en toutes lettres. (7) Heure. (8) Destination finale. (9) Renseignements divers. (10) Les officiers et assimilés ne doivent recourir au logement chez l'habitant que lorsqu'ils y sont obligés par des circonstances particulières. (11) Nom, grade et emploi du signataire. (12) Barrer la mention inutile.

Délivré par nous (11), Lt Clerc et payé ou mandaté (12) la somme de Soixante seize frcs
à Marseille le 28 Août 1942

CENTRE DE DÉMOBILISATION DÉPARTEMENTAL DES BOUCHES-DU-RHÔNE — L'Officier chargé des Détails

At Marseille-La Blancarde, as part of an effort to "repatriate prisoners of war," Jean Hélion was given 76 francs by the consulate and "travel papers" for a "lone soldier." These allowed him to take a third-class berth on a sleeper train on August 29, 1942, to Lisbon (via Canfranc and Madrid). He embarked on the *Serpa Pinto* headed for Baltimore on September 9, 1942.

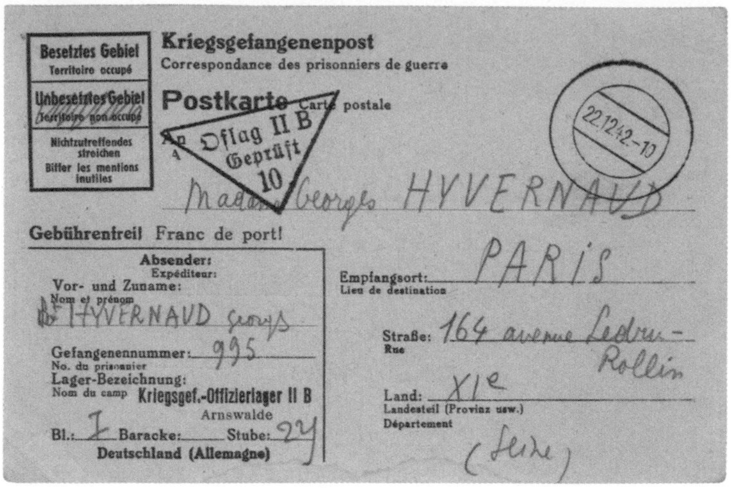

Besetztes Gebiet
Territoire occupé
Unbesetztes Gebiet
Territoire non occupé
Nichtzutreffendes streichen
Biffer les mentions inutiles

Kriegsgefangenenpost
Correspondance des prisonniers de guerre
Postkarte Carte postale
Oflag II B Geprüft 10
22.12.42–10
An A Madame Georges HYVERNAUD

Gebührenfrei! Franc de port!

Absender: Expéditeur:
Vor- und Zuname: Nom et prénom: HYVERNAUD Georges
Gefangenennummer: No. du prisonnier: 995
Lager-Bezeichnung: Nom du camp: Kriegsgef.-Offizierlager II B Arnswalde
Bl.: I Baracke: Stube: 24
Deutschland (Allemagne)

Empfangsort: Lieu de destination: PARIS
Straße: Rue: 164 avenue Ledru-Rollin
Land: Landesteil (Provinz usw.) Département: XIe (Seine)

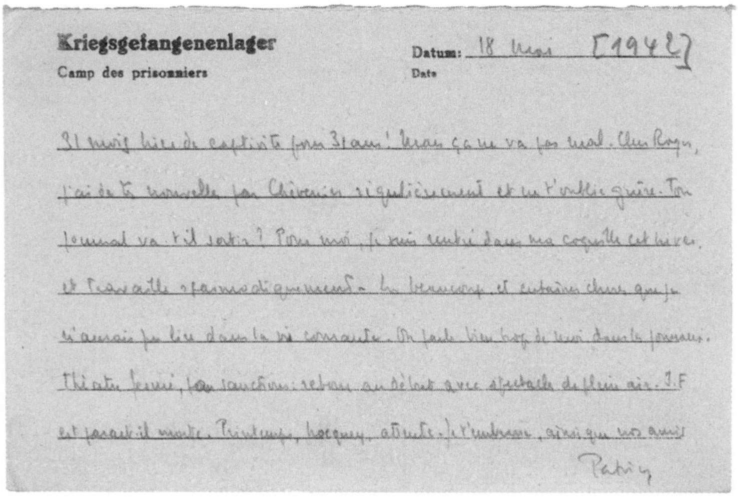

Kriegsgefangenenlager
Camp des prisonniers
Datum: Date: 18 mai [1942]

31 mois hier de captivité pour 31 ans! Mais ça ne va pas mal. Cher Roger, j'ai de tes nouvelles par Chevenier régulièrement et ne t'oublie guère. Ton journal va-t-il sortir? Pour moi, je suis rentré dans ma coquille cet hiver, et travaille spasmodiquement. Lu beaucoup et certaines choses que je n'aurais pu lire dans la vie courante. On parle bien trop de moi dans les journaux. Théâtre fermé, pour sanctions: retour au début avec spectacle de plein air. J.F est paraît-il marié. Printemps, hoquey, attente. Je t'embrasse, ainsi que nos amis

Patrice

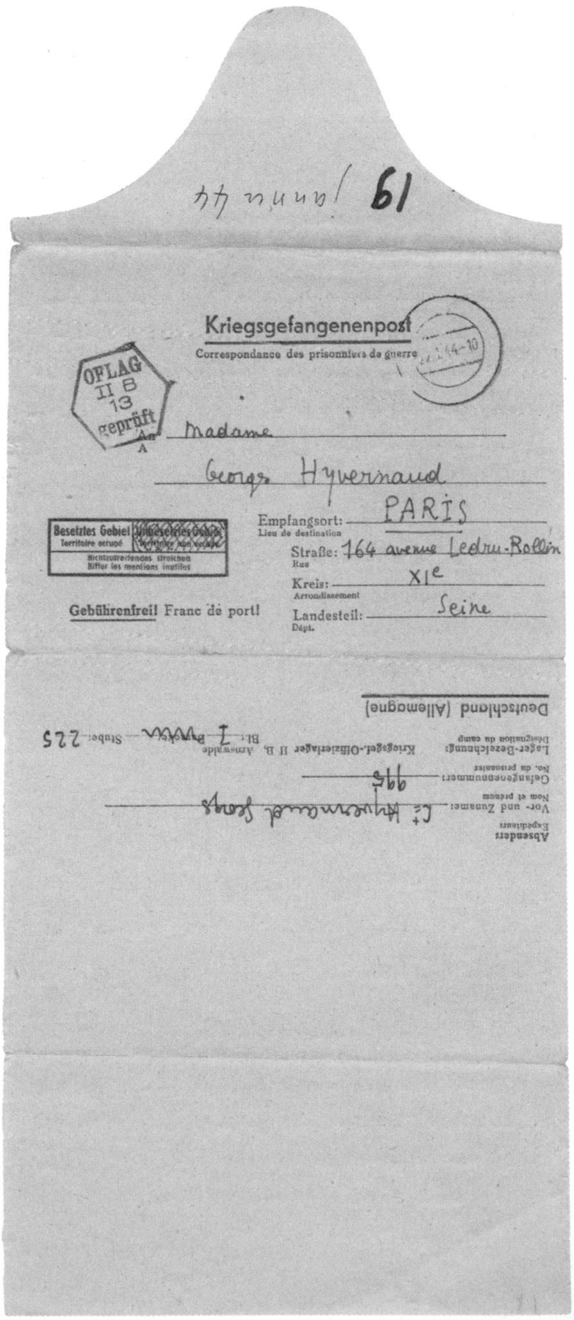

19 janvier 44

Kriegsgefangenenpost
Correspondance des prisonniers de guerre
OFLAG II B 13 geprüft
An A Madame Georges Hyvernaud

Besetztes Gebiet Territoire occupé
Unbesetztes Gebiet Territoire non occupé
Nichtzutreffendes streichen Biffer les mentions inutiles

Gebührenfrei! Franc de port!

Empfangsort: Lieu de destination: PARIS
Straße: Rue: 164 avenue Ledru-Rollin
Kreis: Arrondissement: XIe
Landesteil: Dépt.: Seine

Deutschland (Allemagne)
Absender Expéditeur
Vor- und Zuname: Nom et prénom: Cne Hyvernaud Georges
Gefangenennummer: No. du prisonnier: 995
Lager-Bezeichnung: Désignation du camp: Kriegsgef.-Offizierlager II B. Arnswalde
Bl.: I Stube: 225

Bilingual post card pre-printed on one side, for mailing by prisoners of war; this specimen, sent in December 1942 by Georges Hyvernaud, bears the censorship visa of the Arneswalde Camp. The agreement on the fate of prisoners of war granted by the Führer to Ambassador Scapini in November 1940 stipulates in Article 6: . . . "as of January 1, 1941, every prisoner of war will be authorized to write two letters and two post cards monthly. Prisoners of war will receive an equal number of sheets of lined paper and printed post cards to be sent to their families. Letters written on such officially approved paper by relatives of prisoners and addressed to them will benefit from favorable treatment, so that they are delivered as rapidly as possible to their addressees."

A pre-printed letterform for prisoners of war: after it is folded in three, the tab is inserted into the slit to form an envelope. On the back, these words: "Write only on the lines and legibly," intended to ease the work of the camp censor.

Postcard dated May 18, 1942, from First Lieutenant Patrice de La Tour du Pin to Roger de Lafforest, novelist, journalist, and translator. The Catholic poet was a prisoner in Oflag IV-D at Elsterhost, Saxony. He nonetheless had access to newspapers, to a library, and was able to organize theatrical performances: "31 months of captivity yesterday for 31 years! But things are not too bad . . . As for me, I have retreated into my shell this winter and I work spasmodically. I have read a lot, including certain things I would not have read in normal life. There is too much talk about me in newspapers. Theater closed, for sanctions: return to scratch with outdoor performances."

"Prisoner Poets," special issue of *Poésie 43*, devoted to poets in captivity, printed March 31, 1943. The second volume would appear in 1945. Pierre Seghers introduced the first issue in these terms: "Torn from their country, exiled, reduced to their memories, expectations, and letters; separated from each other, isolated while piled together, cut off from everything and reduced to roots, the prisoner poets of France sing. They affirm the existence of what does not die, French poetry, a people singing in unison, the heart, even when racked with suffering, rediscovering the intimate courage to speak."

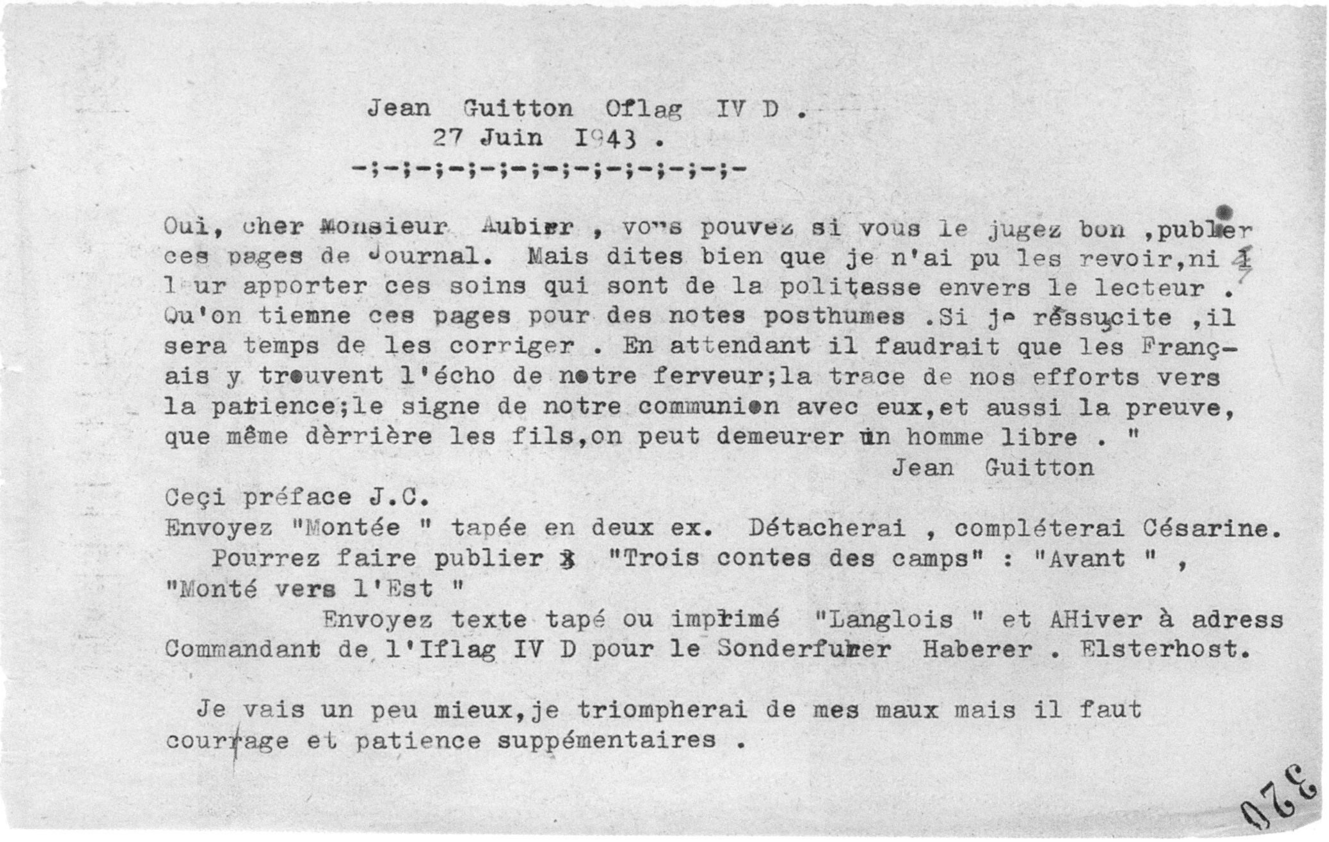

Jean Guitton Oflag IV D .
27 Juin I943 .
-;-;-;-;-;-;-;-;-;-;-;-;-

Oui, cher Monsieur Aubier , vous pouvez si vous le jugez bon ,publier ces pages de Journal. Mais dites bien que je n'ai pu les revoir,ni leur apporter ces soins qui sont de la politesse envers le lecteur . Qu'on tienne ces pages pour des notes posthumes .Si je ressucite ,il sera temps de les corriger . En attendant il faudrait que les Français y trouvent l'écho de notre ferveur;la trace de nos efforts vers la patience;le signe de notre communion avec eux,et aussi la preuve, que même dèrrière les fils,on peut demeurer un homme libre . "

Jean Guitton

Ceçi préface J.C.

Envoyez "Montée " tapée en deux ex. Détacherai , compléterai Césarine.

Pourrez faire publier 3 "Trois contes des camps" : "Avant " , "Monté vers l'Est "

Envoyez texte tapé ou imprimé "Langlois " et AHiver à adress Commandant de l'Iflag IV D pour le Sonderfuher Haberer . Elsterhost.

Je vais un peu mieux,je triompherai de mes maux mais il faut courrage et patience suppémentaires .

320

Letter from Jean Guitton, prisoner of war in Oflag IV-D at Esterhorst, Silesia, to the publisher Fernand Aubier, on the subject of the publication of the journal of his captivity, June 27, 1943: "These pages should be regarded as posthumous notes. If I come back to life, there will be time to correct them. In the interim, may the French find in them the echo of our fervor: the trace of our efforts at patience; the sign of our communion with them, and as well the proof that even behind barbed wire one can still remain a free man." *Journal de captivité, 1942-1943*, signed "Jean Guitton / P[risonnier] D[e] G[uerre] [Prisoner of War] 2, 323, published by Aubier in 1943.

Jean Guitton's brother, the economist Henri Guitton, released in 1941, founded, toward the beginning of 1942, along with Jean de Fabrègues, the Centre d'Action des Prisonniers, under the aegis of the Commission for the Placement of Prisoners of War. The principles implemented by that agency were largely inspired by the book Jean Guitton had written in captivity, *Fondements de la communauté française* (preceded by an epistolary preface by Maréchal Pétain; Lyon: Editions du Centre d'action des prisonniers. *Les Cahiers des captifs*, no. 1, 1942).

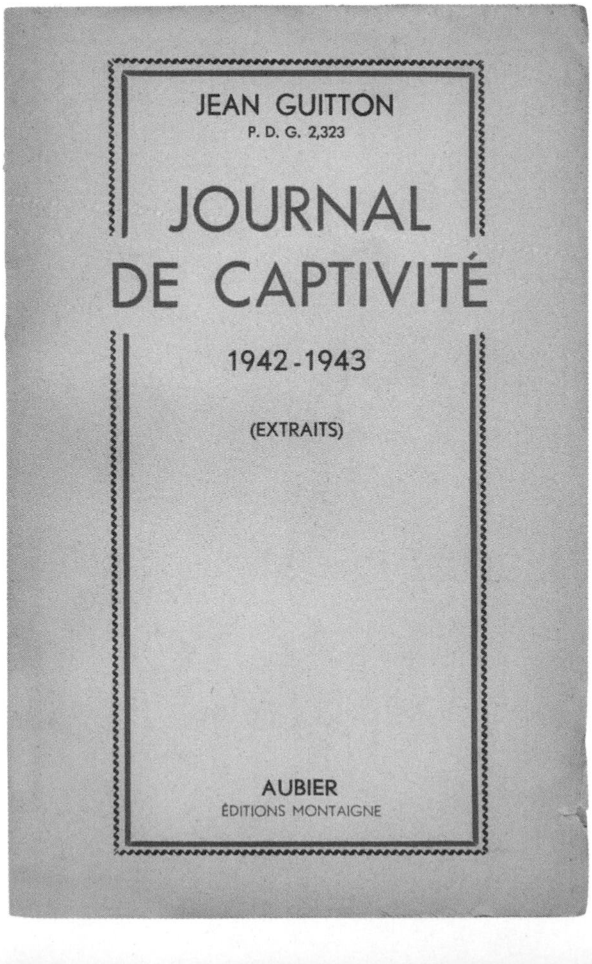

Charles Autrand, *Chair bleue de mes amours* [Blue Flesh of My Love], poems, Éditions du Temps Perdu, printed July 10, 1942, at Stalag XI-B, in Fallingbostel (Hanover). This copy, sent as a "press copy" to René Tavernier, was roneotyped and illustrated with five original wood cuts by Georges Goez. The poems were composed from August 15, 1941, to June 10, 1942.

Throughout 1944, at Stalag XI-A in Altenburg (near Magdeburg), the poet Gaston Criel edited, composed, and roneotyped his *Cahiers littéraires* [Literary Notes]. With a monthly run of eighty copies, assembled and numbered by hand, the journal published messages and unpublished texts by Paul Valéry, Georges Duhamel, Paul Claudel, Max Jacob, Jean Paulhan, Luc Durtain, and Albert Béguin, as well as poems, essays, criticism, and works of graphic art by writers and artists who were prisoners at XI-A. "The hope we place in the prisoners," Gaston Criel wrote, "will be fulfilled only if they grow strong in the misfortune that strikes them through a recovery of 'Humanism,' the only possible basis for Man and Society tomorrow. That is what constitutes our *raison d'être*, the essential task, the Life of the Spirit."

XIA

XIA

XIA

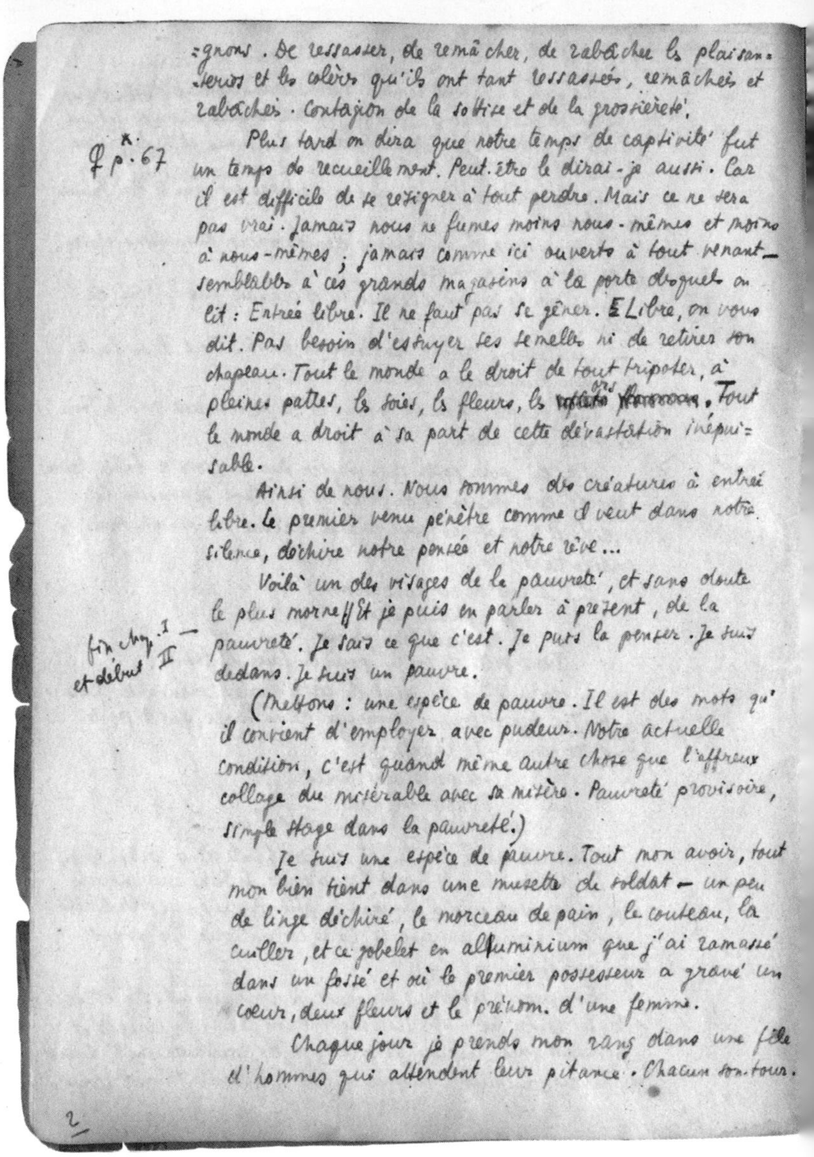

=gnons. De ressasser, de remâcher, de rabâcher les plaisan=
=teries et les colères qu'ils ont tant ressassés, remâchés et
rabâchés. Contagion de la sottise et de la grossièreté.

cf p. 67

Plus tard on dira que notre temps de captivité fut
un temps de recueillement. Peut-être le dirai-je aussi. Car
il est difficile de se résigner à tout perdre. Mais ce ne sera
pas vrai. Jamais nous ne fûmes moins nous-mêmes et moins
à nous-mêmes ; jamais comme ici ouverts à tout venant_
semblables à ces grands magasins à la porte desquels on
lit : Entrée libre. Il ne faut pas se gêner. Libre, on vous
dit. Pas besoin d'essuyer ses semelles ni de retirer son
chapeau. Tout le monde a le droit de tout tripoter, à
pleines pattes, les soies, les fleurs, les ors. Tout
le monde a droit à sa part de cette dévastation inépui=
sable.

Ainsi de nous. Nous sommes des créatures à entrée
libre. Le premier venu pénètre comme il veut dans notre
silence, déchire notre pensée et notre rêve...

fin chap. I — et début II

Voilà un des visages de la pauvreté, et sans doute
le plus morne. Et je puis en parler à présent, de la
pauvreté. Je sais ce que c'est. Je puis la penser. Je suis
dedans. Je suis un pauvre.

(Mettons : une espèce de pauvre. Il est des mots qu'
il convient d'employer avec pudeur. Notre actuelle
condition, c'est quand même autre chose que l'affreux
collage du misérable avec sa misère. Pauvreté provisoire,
simple stage dans la pauvreté.)

Je suis une espèce de pauvre. Tout mon avoir, tout
mon bien tient dans une musette de soldat — un peu
de linge déchiré, le morceau de pain, le couteau, la
cuiller, et ce gobelet en aluminium que j'ai ramassé
dans un fossé et où le premier possesseur a gravé un
coeur, deux fleurs et le prénom d'une femme.

Chaque jour je prends mon rang dans une file
d'hommes qui attendent leur pitance. Chacun son tour.

2

The writer and teacher Georges Hyvernaud, who was close to anti-Fascist intellectuals, spent the "phony war" in the North, but his "pioneer" unit was captured by the Germans at the end of May 1940. This marked the beginning of a seemingly endless period of captivity: "After eighteen months of barbed wire, one feels so marginal, so out of it, that one no longer grasps with any precision the relation between Hyvernaud, teacher at Lycée Turgot or elsewhere, and Kriegsgefangener no. 995, who has just wiped his mess-tin with a piece of bread and who is looking for a piece of string with which to dry his socks." Georges Hyvernaud *(right)* would remain a prisoner of the Oflags of Pomerania until April 1945.

A mon tour je tends mon écuelle. On m'y verse de la soupe, des pommes de terre, des choux. Au soir d'un autre. Je m'en vais m'asseoir sur mon lit, humblement, pour manger ma soupe. Humblement, en pauvre, je mange ma soupe de pauvre.

Mon lit : trois planches, une paillasse, des couvertures. Je ne m'en plains pas. On s'habitue bien vite au dénuement. La vraie misère ne vient pas des choses, mais des hommes. J'aurai au moins appris cela.

J'aurai appris que ce qu'il y a de pire, dans la pauvreté, ce n'est pas la privation mais la promiscuité. Dans notre chambre — la piaule, comme on l'appelle — nous sommes une vingtaine. Vingt hommes en tas. Vingt qui sont là à tourner, à se bousculer, à manger ensemble, à digérer, ~~à~~ roter ensemble, à grogner, à gueuler. Toujours ensemble. De l'homme partout. Le frôlement, le frottement continuel de l'homme contre l'homme. Pas moyen de sortir de ça. D'invisibles chaînes silencieuses nous rivent les uns aux autres. Aucun espoir d'éviter quelqu'un, d'échapper à quelqu'un, d'être seul. Telle est la suprême, l'essentielle pauvreté. Les pauvres ne sont jamais seuls. Existences sans secret, béantes. Le pauvre naît à la Maternité, avec les autres ; il crève avec les autres, à l'Hôpital. Entre la crèche et l'hospice il y a les garderies et les asiles, les salles d'attente, les taudis, les casernes. Sa vie, de bout en bout, il lui faut la vivre en commun. On joue dans le sable public des squares et sur le trottoir de tout le monde. On couche à dix dans la même pièce. On se heurte dans les escaliers et les couloirs. Les portes ferment mal. Les murs ne séparent pas. N'importe qui peut entrer chez les autres pour emprunter cent sous, pour rapporter une casserole, ou simplement pour s'asseoir les mains aux genoux et raconter sa peine. Et on ne sait même pas où cela commence et où cela finit, "chez les autres".

3

Georges Hyvernaud, *Voie de garage* [*Siding*], written in the Oflag. An excerpt from the chapter *"Fosse commune"* [Potter's Field]: "My bed, three boards, a straw mat, some blankets. I'm not complaining. One gets accustomed very quickly to destitution. True misery does not come from things, but from men. I will at least have learned that."

Empfangsbestätigung

Accusé de réception

J'ai reçu les colis renfermant les articles suivants 1°/ 1K nouilles - 2 Viand. - Cacao - farine - Cigarettes Kub, bonbons! Blédine Jambon. 2°/ beurre, [illegible], 2 jambon, Viand., pain épices, gâteaux fourrés! pudding, cigares, cigarettes, flan, Tonimalt, sardines, petits beurres, 3 farine, café!!, thé!!!

(Formule de politesse) [illegible] cette abondance! [illegible] Marie Claire.

Kriegsgef.-Offizierlager II B, le 17 X^bre 42

(Signature) G. Hyvernaud

Défense d'ajouter d'autres indications.

Receipt, dated October 17, 1942, for supplies and cigarettes sent in two parcels by Georges Hyvernaud's wife.

6

PERSECUTED AND DEPORTED

"We have reached the bottom of the abyss. At least we will now know where the evil resided."
Henri Bergson to Léon Brunschvicg (July 31, 1940)

Discrimination against the Jews was a priority affirmed by the Vichy government as early as July 17, 1940 — one week after Maréchal Pétain was granted full authority by the Assemblée Nationale (French Congress) to draw up a new constitution. From the outset, the French state did not hesitate to exceed the demands of the Nazis, who imposed a discriminatory statute against Jews in the Occupied Zone on September 27, 1940, and implemented a plan for registering them.

First, the law of July 22, 1940 annulled the recent naturalizations of all foreign nationals deemed undesirable—including 6,000 Jews. They joined the ranks of the tens-of-thousands of refugees interned in holding camps scattered throughout French territory. Next, on October 3, 1940, an initial law on the status of French Jews (the first "Statute on Jews") was passed. It defined Jews as anyone "descended from three grandparents of the Jewish race, or from two grandparents of said race if his or her spouse is Jewish," and banned Jews from holding public posts; from appointment to certain positions; as well as from the liberal, intellectual, and executive professions in French society. Numerous professors and teachers were dismissed at the time; intellectuals were obliged to abandon their positions in publishing and the press, to renounce the desire to be published, and to opt for exile. Suddenly much sought after, channels of departure were organized with the help —more or less facilitated by Vichy—of mutual-aid societies.

On June 2, 1941, a new law on the status of the Jews (the second "Statute on Jews") ordered a census be taken of all Jews living in France, and extended the ban on employment practices to include *numerus clausus* in both the private sector and the liberal professions, specifying that henceforth, "any man or woman belonging to the Jewish religion or having belonged to it on June 25, 1940, and descended from two grandparents of the Jewish race" was to be "regarded as Jewish." The "Aryanization"—i.e., expropriation—of goods belonging to Jews, initiated by the Germans in the Northern Zone as early as October 1940, was extended to the Southern Zone by the law of July 22, 1941 "concerning businesses, goods, and valuables belonging to Jews." Shortly after the Wannsee Conference (January 20, 1942)— in which Nazi leaders planned the "Final Solution of the Jewish question"—the first convoy of Jewish deportees left Compiègne for Auschwitz (March 27, 1942). On May 27, 1942, a German edict required all Jews in the Occupied Zone to wear a yellow Star of David.

On June 16 and 17, 1942, the Vel d'hiv raid took place. The goal of this operation—undertaken by the French police and dubbed *Vent printanier* [Spring Breeze]—was to hand over to the Germans the 28,000 Jewish foreign nationals identified by the census as residing in greater Paris. More than

13,000 Jewish men, women, and children were arrested, then assembled for the most part in the Vélodrome d'hiver (a sports stadium), before being sent either to the camp at Drancy or to one of those in the Loiret region; from there they were deported either to Auschwitz or to other concentration and extermination camps. From the summer of 1942 to the end of July 1944, some 76,000 Jews were deported from French territory. Only 2,500 of them would survive.

During the last years of the war, the fate of French Jews was shared by members of the Resistance, by Communists and Spanish Republicans, and by the Roma and homosexuals—all of whom also came to know the hell that was the camps. This so-called "crack-down" deportation would involve approximately 85,000 individuals.

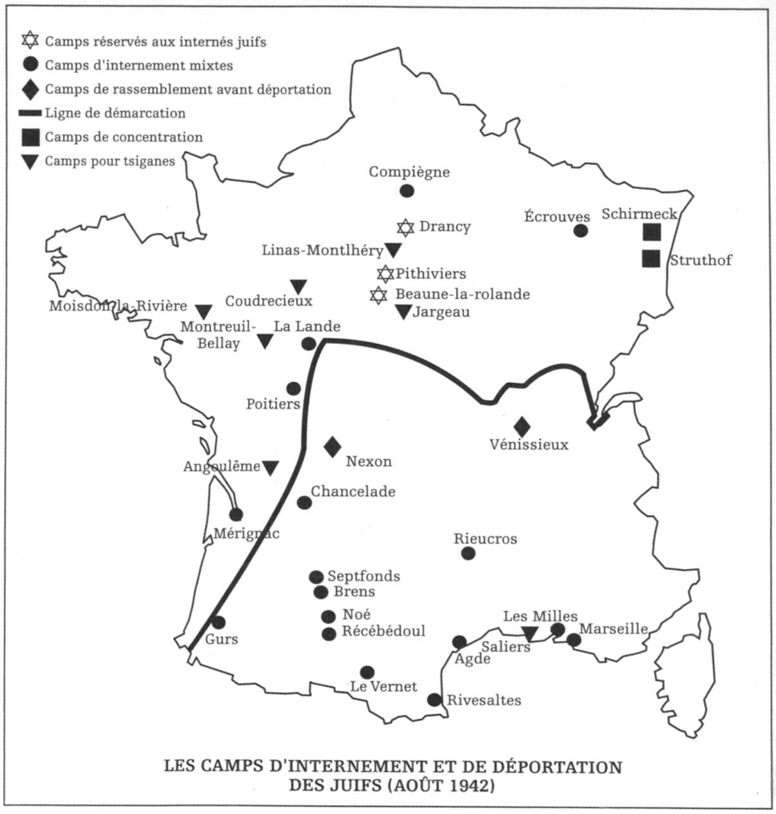

Map of the internment camps in France.

Map of concentration and extermination camps in Germany, Pomerania, Poland, etc.

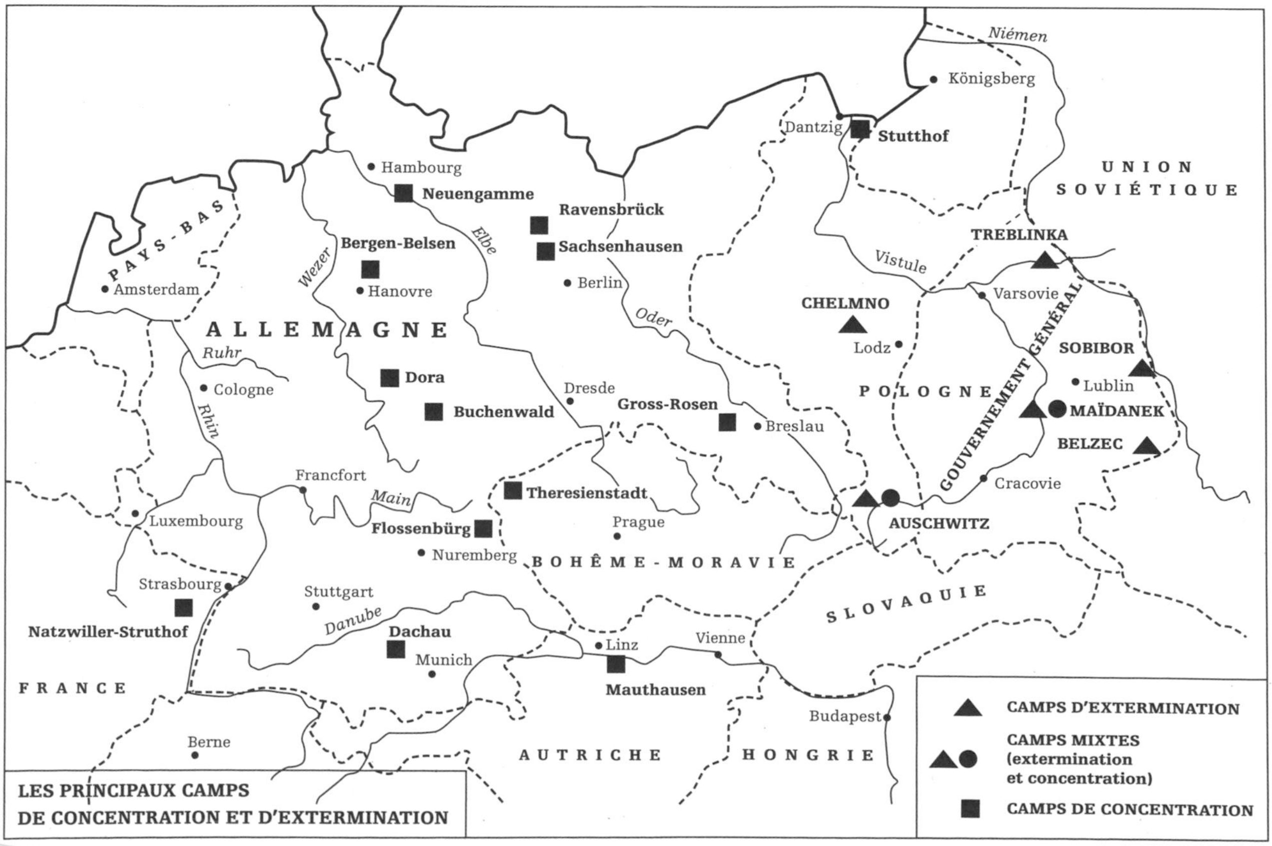

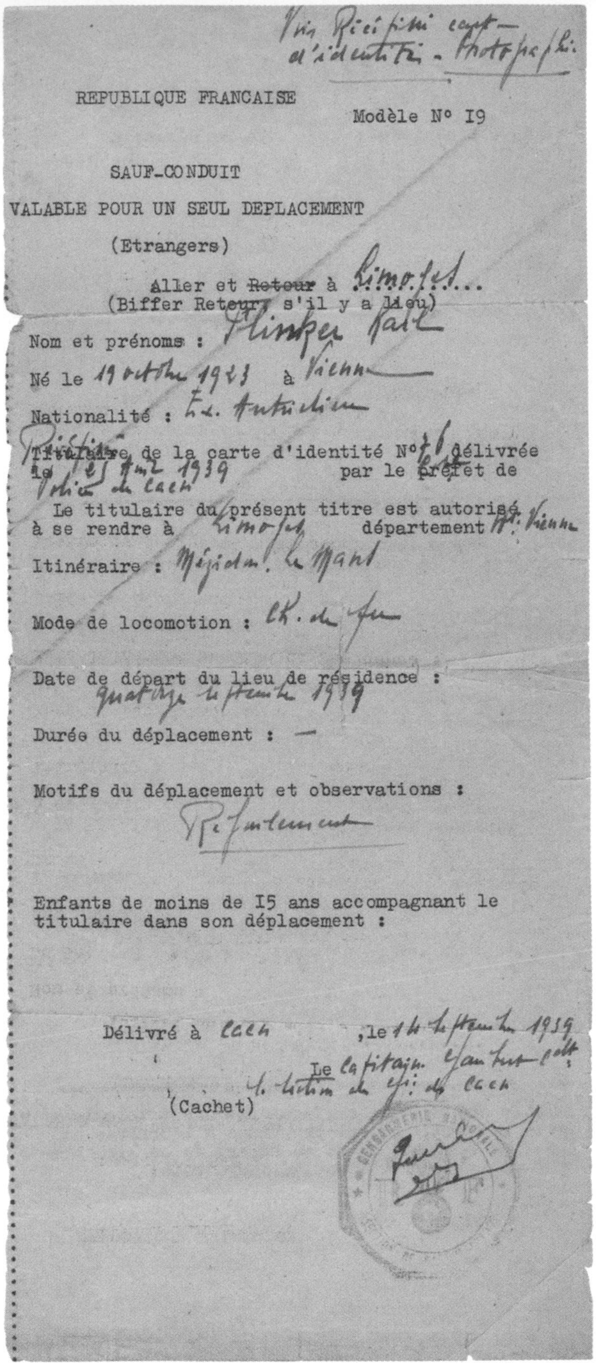

Voir Récépissé carte d'identité – Photographie

REPUBLIQUE FRANCAISE

Modèle N° I9

SAUF-CONDUIT

VALABLE POUR UN SEUL DEPLACEMENT

(Etrangers)

Aller et ~~Retour~~ à Limoges...
(Biffer Retour, s'il y a lieu)

Nom et prénoms : Flinker Karl

Né le 19 octobre 1923 à Vienne

Nationalité : Ex. Autrichien

~~Titulaire~~ Récépissé de la carte d'identité N° ... délivrée le 25 Juin 1939 par le ~~préfet~~ de Police de Caen

Le titulaire du présent titre est autorisé à se rendre à Limoges département H^te Vienne

Itinéraire : Mézidon. Le Mans

Mode de locomotion : Ch. de fer

Date de départ du lieu de résidence : quatorze septembre 1939

Durée du déplacement : –

Motifs du déplacement et observations :

Refoulement

Enfants de moins de I5 ans accompagnant le titulaire dans son déplacement :

Délivré à Caen , le 14 septembre 1939

Le Capitaine ... Cdt. la ... de Caen

(Cachet)

Safe-conduct pass issued to Karl Flinker, fifteen years old at the time. Having left Vienna with his father, the Viennese bookseller Martin Flinker, in 1938, he was able to resume his studies in Paris, at the Lycée Janson-de-Sailly, but his situation became dangerous once again in April 1939. Issued in Caen on September 14, 1939, the pass was valid for only a single journey, a one-way trip to Limoges, where he was to enter a camp for aliens: "Motive for travel and observations: <u>Expulsion</u>."

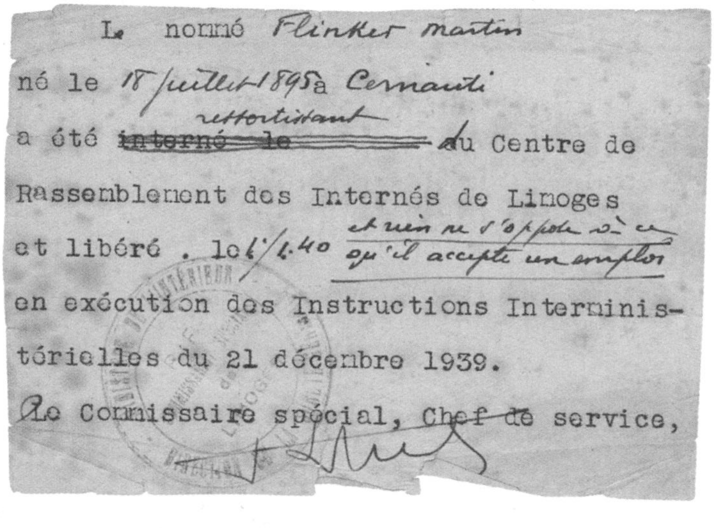

Le nommé Flinker Martin

né le 18 juillet 1895 à Cernauti

a été ~~interné le~~ ressortissant du Centre de Rassemblement des Internés de Limoges

et libéré . le 1/1.40 et rien ne s'oppose à ce qu'il accepte un emploi

en exécution des Instructions Interministérielles du 21 décembre 1939.

Le Commissaire spécial, Chef de service,

Martin Flinker's certificate of "nationality" at the internment center at Limoges. Although he was interned at the camp for aliens in Falaise (Calvados), in late November 1939, his son Karl succeeded in having him transferred to the camp in Limoges, where he was then located. On January 1, 1940, since he had been set free, there was "no impediment to his accepting employment." But the military collapse swept father and son south to Bordeaux, then Bayonne, where they crossed the Spanish border and reached Tangiers, via Algeciras, toward the end of June 1940.

Tanger, den 2o.Apri 1943.

Hochverehrter Herr Doktor.

Nach vielen Monaten schreibe ich Ihnen wieder,mich also in Erinnerung bringend. Ich mochte den Kontakt nicht verlieren mit den Wenigen,mit denen ich mich innerlich verbunden fuhle und zu denen Sie verehrter Herr Doktor in erster Linie gehoren. Sie haben mir mit Ihren guten Briefen in meinen traurigen Stunden beigestanden und ich denke oft dankbar daran. Auch glaube ich,dass der Tag vielleicht nahe ist, da man wieder frei und Mensch sein wird (ich kann es mir fast nicht mehr vorstellen,wie herrlich das sein wird) und da auch ich meinen alten, mir so lieben Buchhandlerberuf wieder und mit doppelter Freude aufnehmen werde.

Mein Sohn und ich,wir sind noch immer - nun schon 3 Jahre lang - in Tanger.Alle meine so eifrigen Bemuhungen,nach Amerika oder nach England oder in irgend eine Englische Kolonie zu gelangen,um - irgendwie - mittatig zu sein und nicht so ganz ausserhalb zu stehen, sind erfoglos geblieben.Auch ein an Churchill personlich geschriebener Brief,den der Premier zwar freundlich beantwortet hat,hat nichts genutzt.

Es hat mir wohl an den notwendigen Verbindungen gefehlt Selbst die Herren vom hiesigen Engl.und Amerik, Konsulat,die mich kennen und denen ich sehr gut empfohlen bin,bedauerten,nichts machen zu konnen: Die Gesetze seien starker als die Menschen und fur Oesterreicher sei jede Einreise gesperrt.Was mich freilich umso trauriger gemacht hat,als ich viele Bekannte habe,die aus Wien ~~in~~ nach England und Amerika gekommen sind.

Ich habe eben den Knopf nicht gefunden,den man drucken muss,damit die Tur sich auftue. Es ist die alte Geschichte:Man muss Verbindungen haben:Und fur den,der sie nicht hat,ist diese Geschichte nicht schon.

Letter from Martin Flinker, then a refugee in Tangiers, April 20, 1943, addressed to Thomas Mann, exiled in the United States since 1938: “My son and I are still—it’s been three years already—in Tangiers. My most tenacious efforts to leave for America, England, or for any English colony at all, as well as my attempts to be active and avoid being completely marginalized, have remained fruitless. The letter I wrote personally to Churchill, and which the Prime Minister answered amicably, to be sure, has itself been without effect. What I lacked were the requisite networks. Even the gentlemen in the British and American consulates here, who know me, and to whom I’ve been highly recommended, have expressed their regret at not being able to do anything for me: they say that laws are stronger than men, and that entry is strictly impossible for all Austrians. I must say that this saddened me all the more since I know many Viennese who have arrived in England and America.”

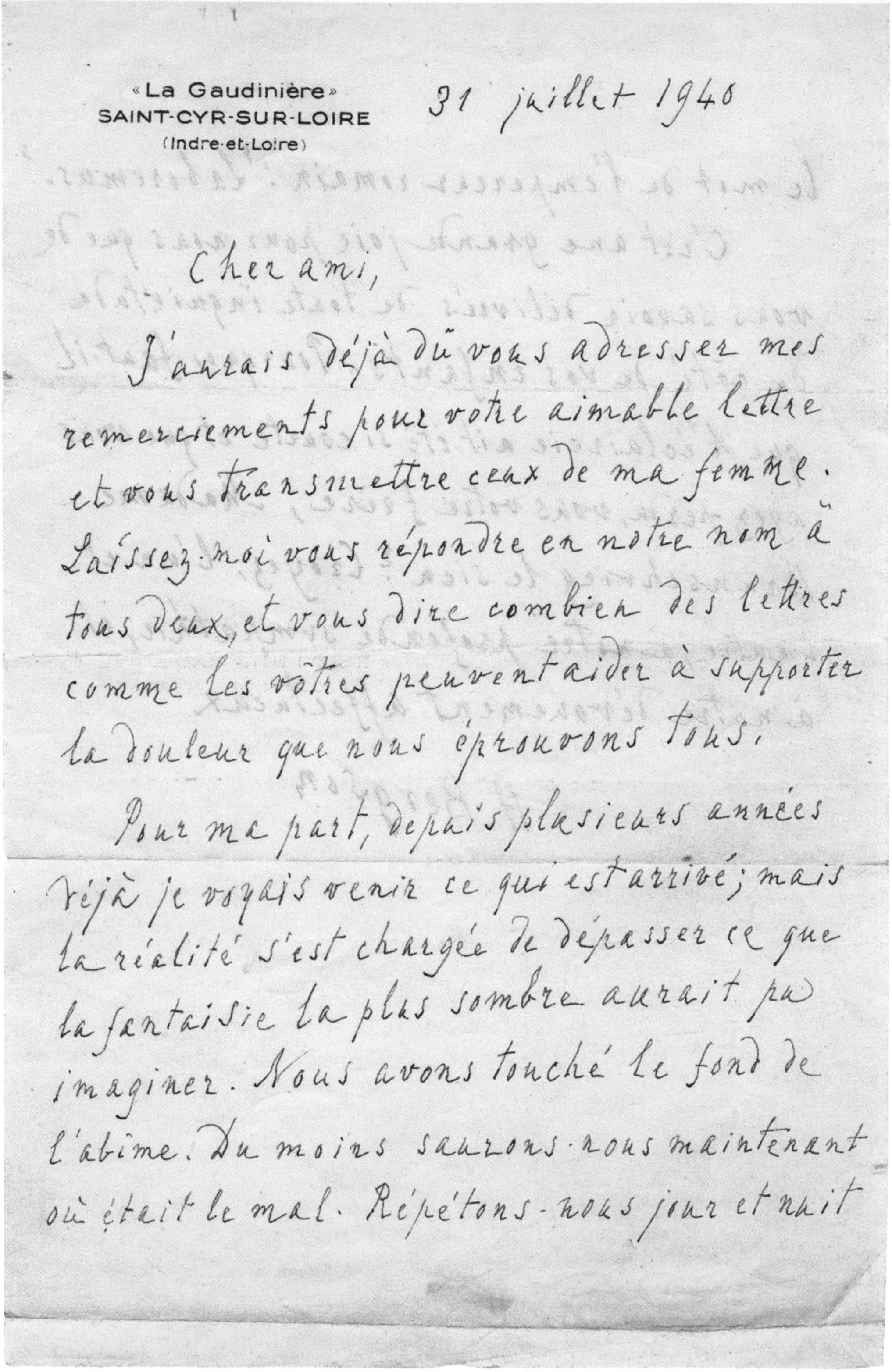

«La Gaudinière»
SAINT-CYR-SUR-LOIRE
(Indre-et-Loire)

31 juillet 1940

Cher ami,

J'aurais déjà dû vous adresser mes remerciements pour votre aimable lettre et vous transmettre ceux de ma femme. Laissez-moi vous répondre en notre nom à tous deux, et vous dire combien des lettres comme les vôtres peuvent aider à supporter la douleur que nous éprouvons tous.

Pour ma part, depuis plusieurs années déjà je voyais venir ce qui est arrivé; mais la réalité s'est chargée de dépasser ce que la fantaisie la plus sombre aurait pu imaginer. Nous avons touché le fond de l'abîme. Du moins saurons-nous maintenant où était le mal. Répétons-nous jour et nuit

Letter from Henri Bergson to Léon Brunschvicg, July 31, 1940: "As for me, for several years already I could see coming what has happened; but reality has exceeded what the darkest fantasy might have imagined. We have reached the bottom of the abyss. At least we will now know where the evil resided." Bergson, who resigned his positions rather than accept exemption from Vichy's anti-Semitic laws, died on June 4, 1941.

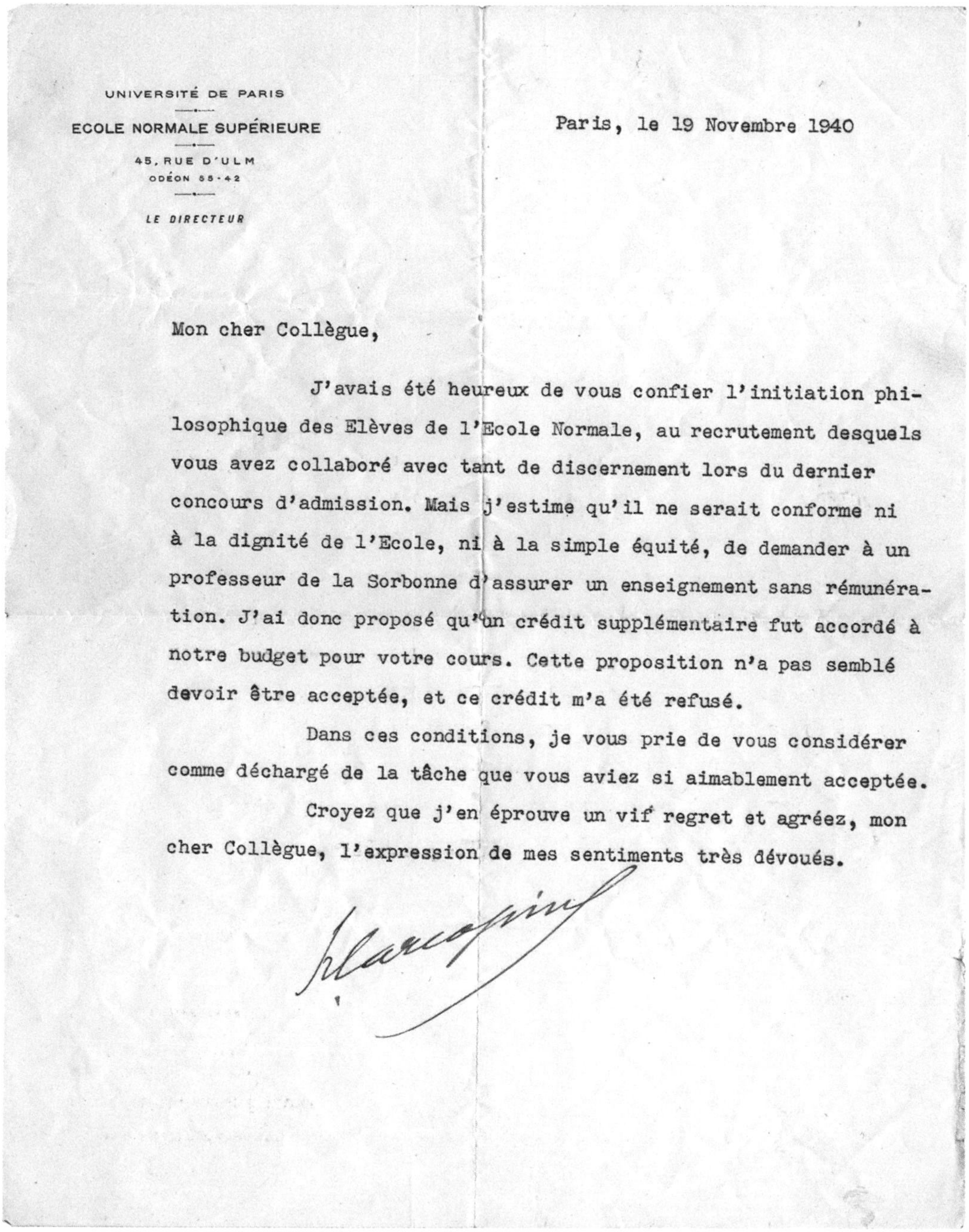

UNIVERSITÉ DE PARIS

ECOLE NORMALE SUPÉRIEURE

45, RUE D'ULM

ODÉON 55-42

LE DIRECTEUR

Paris, le 19 Novembre 1940

Mon cher Collègue,

J'avais été heureux de vous confier l'initiation philosophique des Elèves de l'Ecole Normale, au recrutement desquels vous avez collaboré avec tant de discernement lors du dernier concours d'admission. Mais j'estime qu'il ne serait conforme ni à la dignité de l'Ecole, ni à la simple équité, de demander à un professeur de la Sorbonne d'assurer un enseignement sans rémunération. J'ai donc proposé qu'un crédit supplémentaire fut accordé à notre budget pour votre cours. Cette proposition n'a pas semblé devoir être acceptée, et ce crédit m'a été refusé.

Dans ces conditions, je vous prie de vous considérer comme déchargé de la tâche que vous aviez si aimablement acceptée.

Croyez que j'en éprouve un vif regret et agréez, mon cher Collègue, l'expression de mes sentiments très dévoués.

J. Carcopino

Letter from Jérôme Carcopino, then director of the École normale supérieure, rue d'Ulm, to Jean Wahl, "discharging" him from his courses at the École. The letter is dated November 19, 1940, a month after the first Statute on Jews . . . "It is my judgment that it would be in keeping with neither the dignity of the École nor with elementary equity to ask a professor at the Sorbonne to continue teaching without remuneration. I therefore proposed that a supplementary credit be allotted to our budget for your course. It appears that that proposal was not to be accepted, and the credit was denied me. Under these circumstances, I am hereby asking you to consider yourself discharged from the task that you had so amiably accepted."

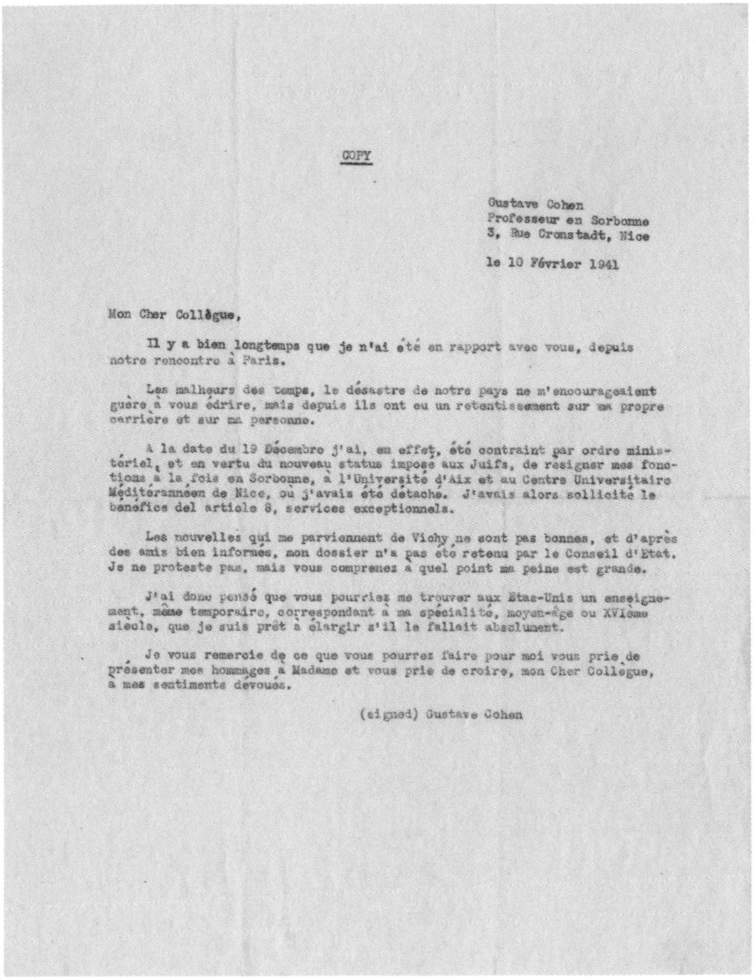

COPY

Gustave Cohen
Professeur en Sorbonne
3, Rue Cronstadt, Nice

le 10 Février 1941

Mon Cher Collègue,

Il y a bien longtemps que je n'ai été en rapport avec vous, depuis notre rencontre à Paris.

Les malheurs des temps, le désastre de notre pays ne m'encourageaient guère à vous édrire, mais depuis ils ont eu un retentissement sur ma propre carrière et sur ma personne.

A la date du 19 Décembre j'ai, en effet, été contraint par ordre ministériel, et en vertu du nouveau status imposé aux Juifs, de résigner mes fonctions à la fois en Sorbonne, à l'Université d'Aix et au Centre Universitaire Méditérannéen de Nice, où j'avais été détaché. J'avais alors sollicité le bénéfice del article 8, services exceptionnels.

Les nouvelles qui me parviennent de Vichy ne sont pas bonnes, et d'après des amis bien informés, mon dossier n'a pas été retenu par le Conseil d'Etat. Je ne proteste pas, mais vous comprenez à quel point ma peine est grande.

J'ai donc pensé que vous pourriez me trouver aux Etas-Unis un enseignement, même temporaire, correspondant à ma spécialité, moyen-âge ou XVIème siècle, que je suis prêt à élargir s'il le fallait absolument.

Je vous remercie de ce que vous pourrez faire pour moi vous prie de présenter mes hommages à Madame et vous prie de croire, mon Cher Collègue, à mes sentiments dévoués.

(signed) Gustave Cohen

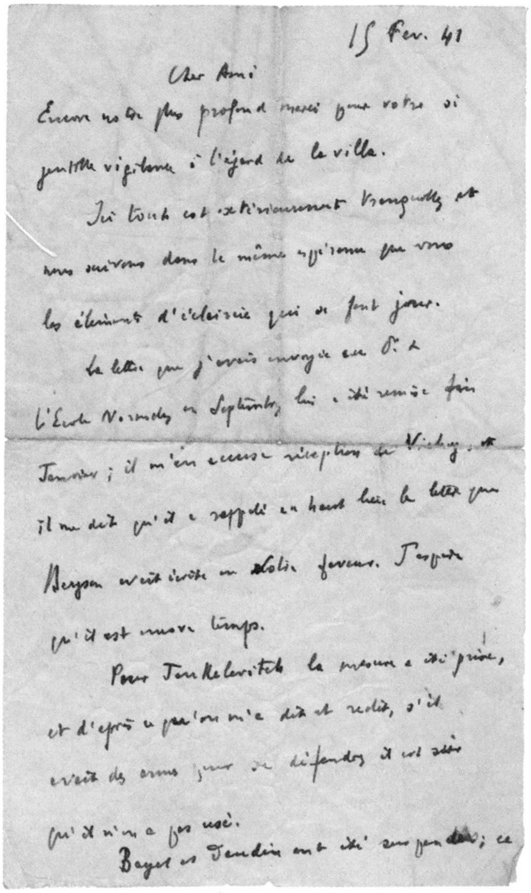

15 Fev. 41

Cher Ami
Encore notre plus profond merci pour votre si gentille vigilance à l'égard de la villa.

Ici tout est extrêmement tranquille et nous suivons dans le même optimisme que vous les éléments d'éclaircie qui se font jour.

La lettre que j'avais envoyée au D. de l'École Normale en Septembre lui a été remise fin Janvier; il m'en accuse réception de Vichy, et il me dit qu'il a rappelé en haut lieu la lettre que Bergson avait écrite en notre faveur. J'espère qu'il est encore temps.

Pour Jankelevitch la mesure a été prise, et d'après ce qu'on m'a dit et redit, s'il avait des armes pour se défendre il est sûr qu'il n'en a pas usé.

Bayet et Vendryes ont été suspendus; ce

Copy of a letter from the literary historian Gustave Cohen, February 10, 1941, to an unknown addressee, explaining his exclusion from the teaching profession: "On the date of December 19 [1940], I was indeed obliged by order of the Ministry, and by virtue of the new statute imposed on the Jews, to simultaneously resign my activities at the Sorbonne, at the University of Aix-en-Provence, and at the Mediterranean Center in Nice, where I have been detached . . . I then invoked the benefit of article 8, exceptional services . . . The news reaching me from Vichy is not good, and according to well-informed friends, my case has not been accepted by the government. I am not protesting, but you will understand how great my pain is." Excerpt from the Gustave Cohen file, retained by the Emergency Committee in Aid of Foreign Displaced Scholars, an association of American foundations and university presidents that attempted to find placements for European intellectuals exiled in the United States.

Letter from Léon Brunschvicg to Jean Wahl, February 15, 1941: the subject is again efforts to influence Jérôme Carcopino (see p. 187): "The letter I had sent to the director of the École normale in September was delivered to him at the end of January: he acknowledges receipt from Vichy, and he tells me that he has reminded those in power of the letter written by Bergson on our behalf. I hope there is still time. As for Jankélévitch, the decision has been made, and according to what I have been told and told again, if he did have any weapons with which to defend himself, there is no doubt that he did not use them."

RENDEZ-VOUS MANQUÉ

J'avais laissé ma joie en retard sur la route
Et je vois que jamais je ne la trouverai.
Elle reste la-bàs comme un désesperé.
En tardant un peu plus j'aurais pu l'avoir toute.

APRES

En prison, mais j'y suis encore par ma foi
Partout des murs; partout des lois; partout du froid.

SONNETS DE SHAKESPEARE

Durer et croitre autour des êtres les plus beaux
Pour immortaliser la beauté, grande rose;
Mais si les moissonneurs marchent vers leur tombeaux,
Qu'en un tendre héritier leur souvenir repose.

Toi, refermant tes yeux sur l'éclat de tes yeux,
Et nourrissant ta flamme à ta propre substance,
Tu fais naître la faim où règnait l'abondance
Trop cruel ennemi d'un toi délicieux.

Toi, l'ornement du monde, héraut etincelant
Qui marches seul devant les couleurs du printemps
Enterrant ta valeur dans son propre bouton,

C'est prodigalité que sotte économie.
Sois donc plus pitoyable; ou tu n'es qu'un glouton
Complice du tombeau qui ronge ta momie.

A force d'un travail délicat, ce que j'aime
A formé ce regard où s'attarde tout oeil
Mais se verra brisé par ce regards lui-même
Si sa beauté triomphe avec un sot orgueil.

Le temps toujours mouvant amènera l'été
Jusqu'au hideux hiver le tenant à merci.
La sève est arrêtée et tout éclat terni.
Tout est froid, tout est mort et tout est dévasté.

Mais distillons les fleurs des anciens printemps,
Liquides prisonniers en des murs transparents.
Sinon, Beauté n'est plus, ni même sa mémoire.

Elle est là cependant. Car embaumant leur gloire,
Encloses au parfum quand vient l'hiver, les fleurs
Ne perdant que l'aspect ont conservé l'odeur.

Que ne suis-je pensée ailée et non pas corps.
Je ne connaitrais pas le mal de la distance.
L'espace évanoui, je me vois qui m'élance
Du plus lointain des lieux vers le lieu de ton sort.

Arrivant du plus loin de la terre épandue,
Dès qu'elle aurait pensé l'endroit de ton séjour
Mon agile pensée aurait en moins d'un tour
Franchi la mer, la terre et toute l'étendue.

Mais il me faut penser que je ne suis pensée
Je ne puis pas un saut effacer ton départ;
Tant de terre et de mer ouvrés avec tant d'art

M'ont fait du temps sévère une esclave affligée
Ne pouvant recevoir de cas lourds éléments
Rien que des pleurs amers, gage de mes tourments.

Jean Wahl, poems typed in the United States (on a typewriter without accents), but written in the Santé prison and the camp at Drancy between August and October 1941. "In prison, but I am still there, in faith. Everywhere walls; everywhere laws; everywhere the cold." These "poems of circumstance" appeared in Issue 32 of the journal *Fontaine* at the beginning of 1944—its editor, Max-Pol Fouchet having recognized in them a value befitting "such overwhelming inner testimony to the horror of our times"—and in *Confluences*, March 1944.

Identity photo and signature of Robert Antelme dating from the 1930's: after the declaration of war, he married Marguerite Donnadieu—who would use the pen name Marguerite Duras for her first novel, *Les Impudents* [The Shameless], in 1943. After holding a position at the Paris Prefecture of Police, Robert Antelme served as a writer in the offices of Paul Marion, at the Ministry of Information. In 1943, he joined a resistance movement headed by François Mitterrand, who went under the name "Jacques Morland."

Marguerite Duras in May 1943, between Dionys Mascolo, whom she had just met, and Robert Antelme, whom she married at the end of 1939.

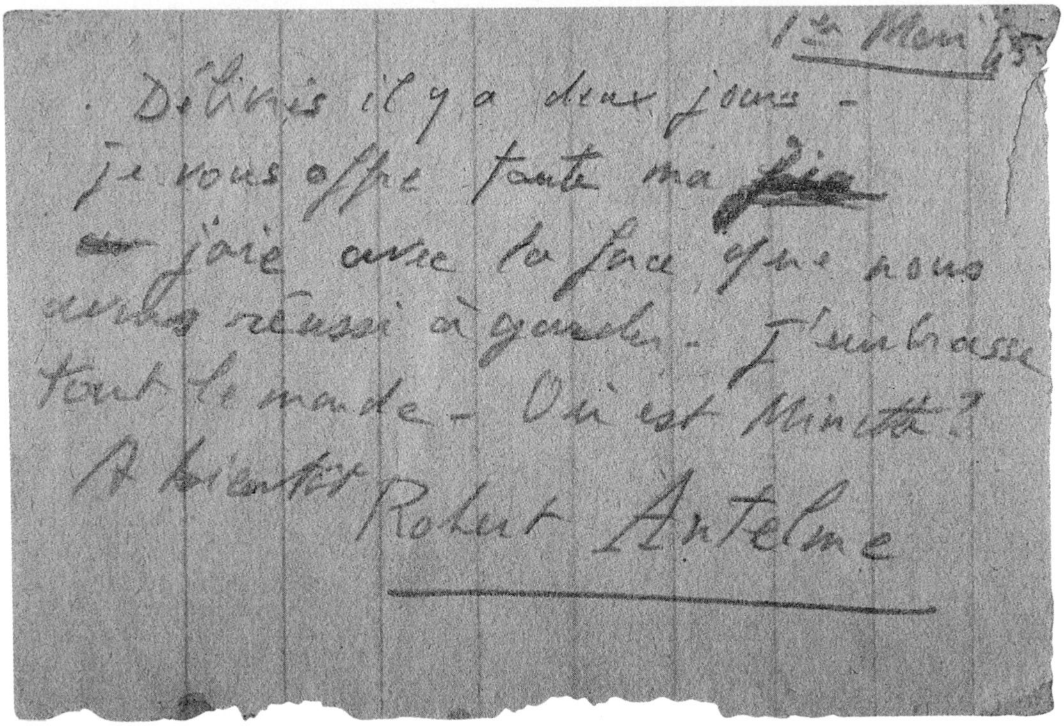
1er Mai 45

Délivrés il y a deux jours - je vous offre toute ma ~~joie~~ joie avec la force que nous avons réussi à garder. J'embrasse tout le monde - Où est Minette?

A bientôt

Robert Antelme

Robert Antelme was arrested in June 1944 and deported in the last convoy to Buchenwald, then Dachau. In a note scribbled on a piece of paper on May 1, 1945, he evoked the "joy" that he and his companions in Block 29 "managed to maintain." In this first message sent to his wife, two days after the liberation of the camp, he expresses concern for his sister Marie-Louise, known as "Minette": he did not yet know that she had died during a sanitary transport after the liberation of the Ravensbrück camp.

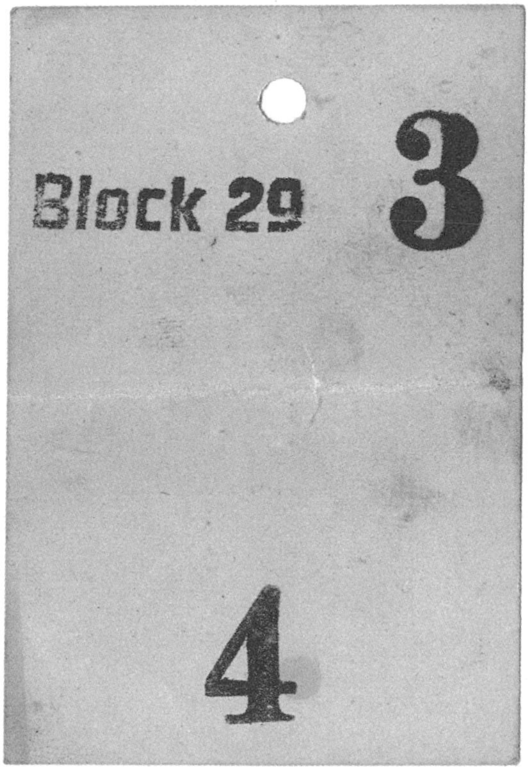

Number assigned to Robert Antelme by the American army at the time of the liberation of Dachau. He was obliged to produce the number at assembly for four successive days (from May 5 to 8, 1945).

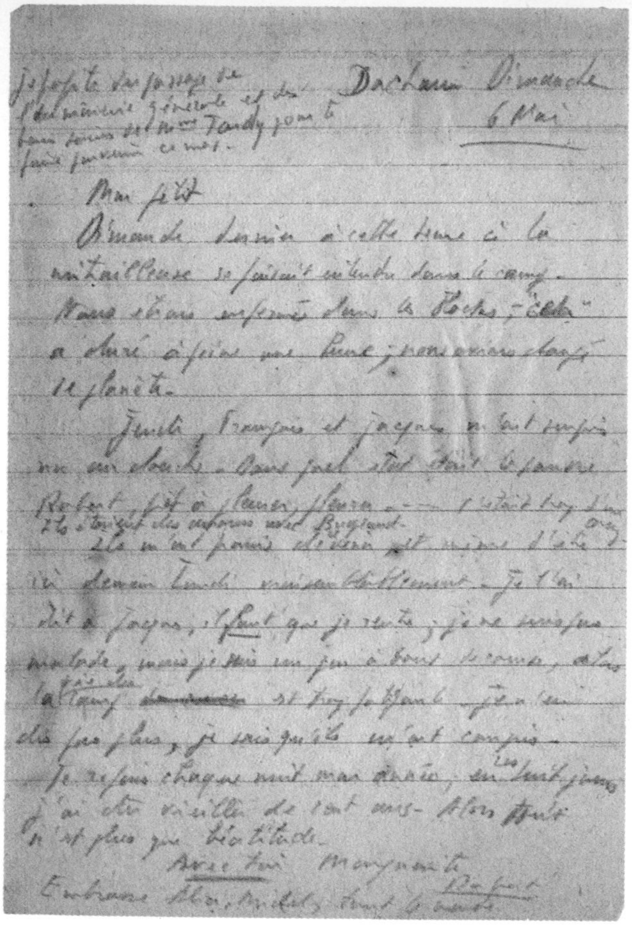

Dachau Dimanche 6 Mai

Mon petit

Letter from Robert Antelme, written from Dachau, May 6, 1945, and delivered to Marguerite Duras a few days later by an employee of the chaplains' unit escorting the American Army: "Last Sunday at this time, machine gun fire could be heard in the camp. We were locked into our blocks, and 'it' lasted barely an hour; we had changed planets. / Thursday, François [Mitterrand] and Jacques [Bénet] surprised me, naked, in the shower. What a state poor Robert was in, ready to weep and weep . . . They promised to come and even to be here tomorrow, probably Monday. I told Jacques that I <u>had</u> to get back: I am not sick, but I am a bit at the end of my rope, and life in the camp is too fatiguing. I won't say any more; I know that they understood me." On the advice of François Mitterrand—then representing France, at the request of General de Gaulle, alongside General Lewis during the liberation of the camps—Dionys Mascolo came in a car to seek out Robert Antelme personally and, circumventing the rules of governance imposed by the American Army, snatched him from the camp, which was overrun with typhus, and brought him back, near death, to Paris.

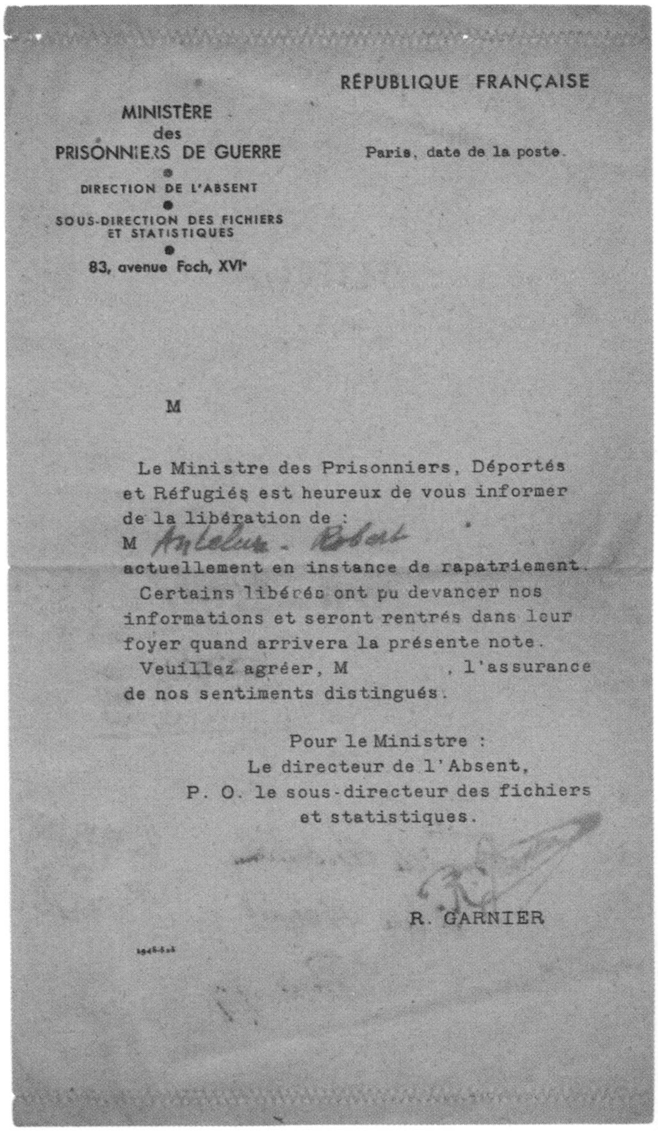

RÉPUBLIQUE FRANÇAISE

MINISTÈRE
des
PRISONNIERS DE GUERRE

DIRECTION DE L'ABSENT

SOUS-DIRECTION DES FICHIERS
ET STATISTIQUES

83, avenue Foch, XVIe

Paris, date de la poste.

M

Le Ministre des Prisonniers, Déportés et Réfugiés est heureux de vous informer de la libération de :
M Antelme - Robert
actuellement en instance de rapatriement.
Certains libérés ont pu devancer nos informations et seront rentrés dans leur foyer quand arrivera la présente note.
Veuillez agréer, M , l'assurance de nos sentiments distingués.

Pour le Ministre :
Le directeur de l'Absent,
P. O. le sous-directeur des fichiers et statistiques.

R. GARNIER

Circular No. 104144, issued by the French Ministry of Prisoners, Deportees, and Refugees: the "deputy director of records and statistics" informs the "Antelme family" of the liberation of Robert Antelme, repatriated, May 7, 1945.

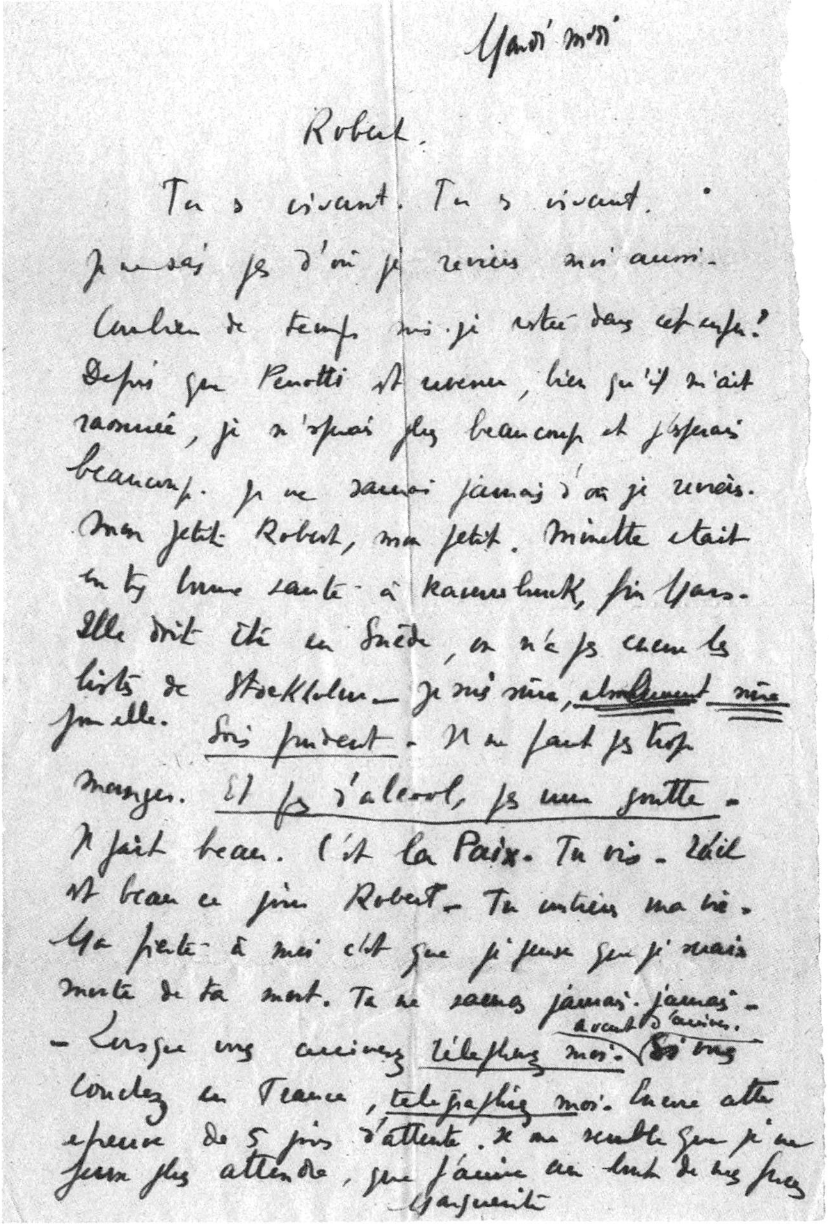

Mardi midi

Robert.

Tu es vivant. Tu es vivant.

Je ne sais pas d'où je reviens moi aussi. Combien de temps moi je suis restée dans cet enfer? Depuis que Perrotti est revenu, bien qu'il m'ait rassurée, je n'espérais plus beaucoup et j'espérais beaucoup. Je ne saurai jamais d'où je reviens. Mon petit Robert, mon petit. Minette était en très bonne santé à Ravensbrück, fin mars. Elle doit être en Suède, on n'a pas encore les listes de Stockholm. Je suis sûre, absolument sûre pour elle. Sois prudent. Il ne faut pas trop manger. Et pas d'alcool, pas une goutte. Il fait beau. C'est la Paix. Tu vis. Qu'il est beau ce jour Robert. Tu entres ma vie. Ma perte à moi c'est que je pense que je suis morte de ta mort. Tu ne sauras jamais. jamais. Lorsque vous arriverez téléphonez moi avant d'arriver. Si vous couchez en France, télégraphiez moi. Encore cette épreuve de 5 jours d'attente. Il me semble que je ne peux plus attendre, que j'arrive au bout de mes forces

Marguerite

Letter from Marguerite Duras to Robert Antelme, dated "Tuesday at noon" (May 8, 1945): "You're alive, you're alive. I don't know where I am returning from either. How long have I been in this hell? . . . Be prudent. You mustn't eat too much. And no alcohol, not a drop. The weather is beautiful. Peace is here. You're alive. How beautiful the day is, Robert."

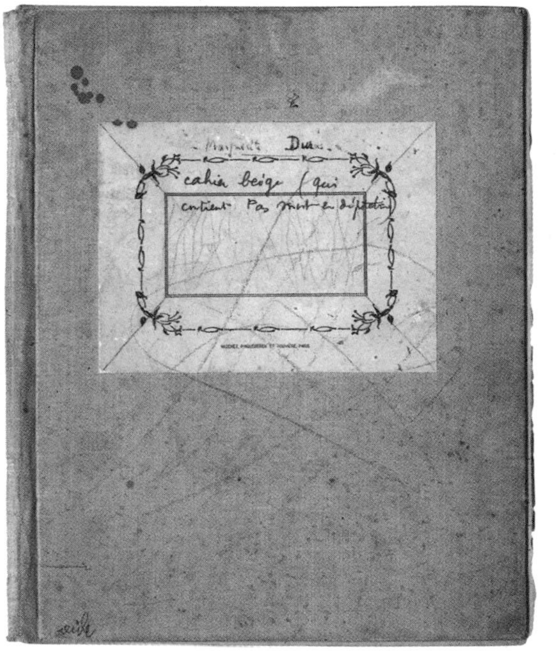

Notes taken by Marguerite Duras, at the time of her husband's return to rue Saint-Benoît, in a beige notebook that contains her text "*Pas mort en deportation*" [Not Dead in Deportation]. Many years later, after rereading the notebook, she composed a text published in 1985 under the title *La Douleur* [The Pain]. The notebook contains the following passage: "When he arrived, he embraced his friends. He made the rounds of his apartment; he smiled. His cheeks, that is, seemed to wrinkle and hung loose, detached from his jaw. Then he sat down in the living room. After which he didn't smile any more. That was when he began to look at the clafouti that was on the table. 'What's that?' 'It's a clafouti' Then: 'Can I eat some?' 'Let's wait for the doctor.' But after a few moments had passed: 'I really can't eat any?' Then he asked some questions about what had happened during his absence. But it was all over, he had eyes only for the clafouti." Out of the experience of his deportation, Robert Antelme composed an essay, *L'Espèce humaine*, published in 1947 in the "Cité Universelle" collection that he founded with Marguerite Duras. They also published a book by Edgar Morin, *L'An zero de l'Allemagne*, before abandoning publishing.

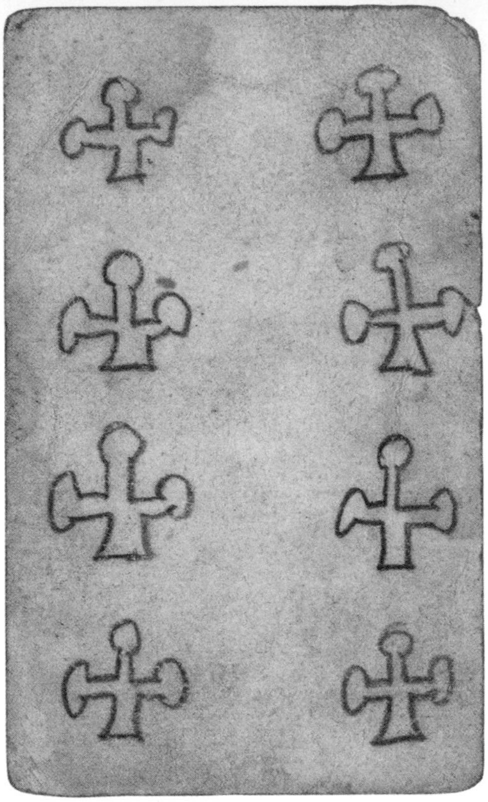

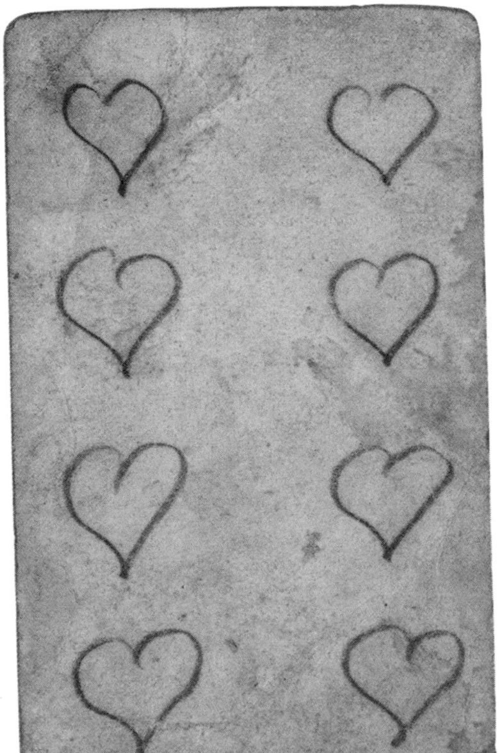

The German painter Otto (or Othon) Freundlich, who led a Bohemian existence between Montmartre and Montparnasse from 1911, was one of the predecessors of geometric abstraction. He divided his time between Cologne, Berlin, and Paris, where he participated in the "Cercles et Carrés" [Circles and Squares] exhibition organized in 1930 by the "Abstraction-Création" group. He was a member of the Association des écrivains et artistes révolutionnaires (AEAR) along with his partner, Jeanne Kosnick-Kloss, In 1937, the poster for the "Degenerate 'Art'" [Entartete 'Kunst'] exhibit, organized by the Nazis and presented in the principal cities of Germany until 1941, featured one of his sculptures from 1912, *Der Neue Mensch* [New Man]; several of his works, which had been purchased by German museums, were seized and destroyed at the time.

Otto Freundlich's passport; the visa, issued by the Paris Prefecture of Police, was valid from June 28, 1938 to June 28, 1939: green "accordeon" model, reserved for foreigners.

Six playing cards designed by Otto Freundlich during one of his stays at a camp for aliens: in September 1939, the artist was interned, as a German subject, at the Francillon camp (Loir-et-Cher), and then was transferred to Cepoy (Loiret). After leaving the camp at Bassens (Gironde), on June 20, 1940, he took refuge at the Hôtel Galamus in Saint-Paul-de-Fenouillet (Pyrénées-Orientales).

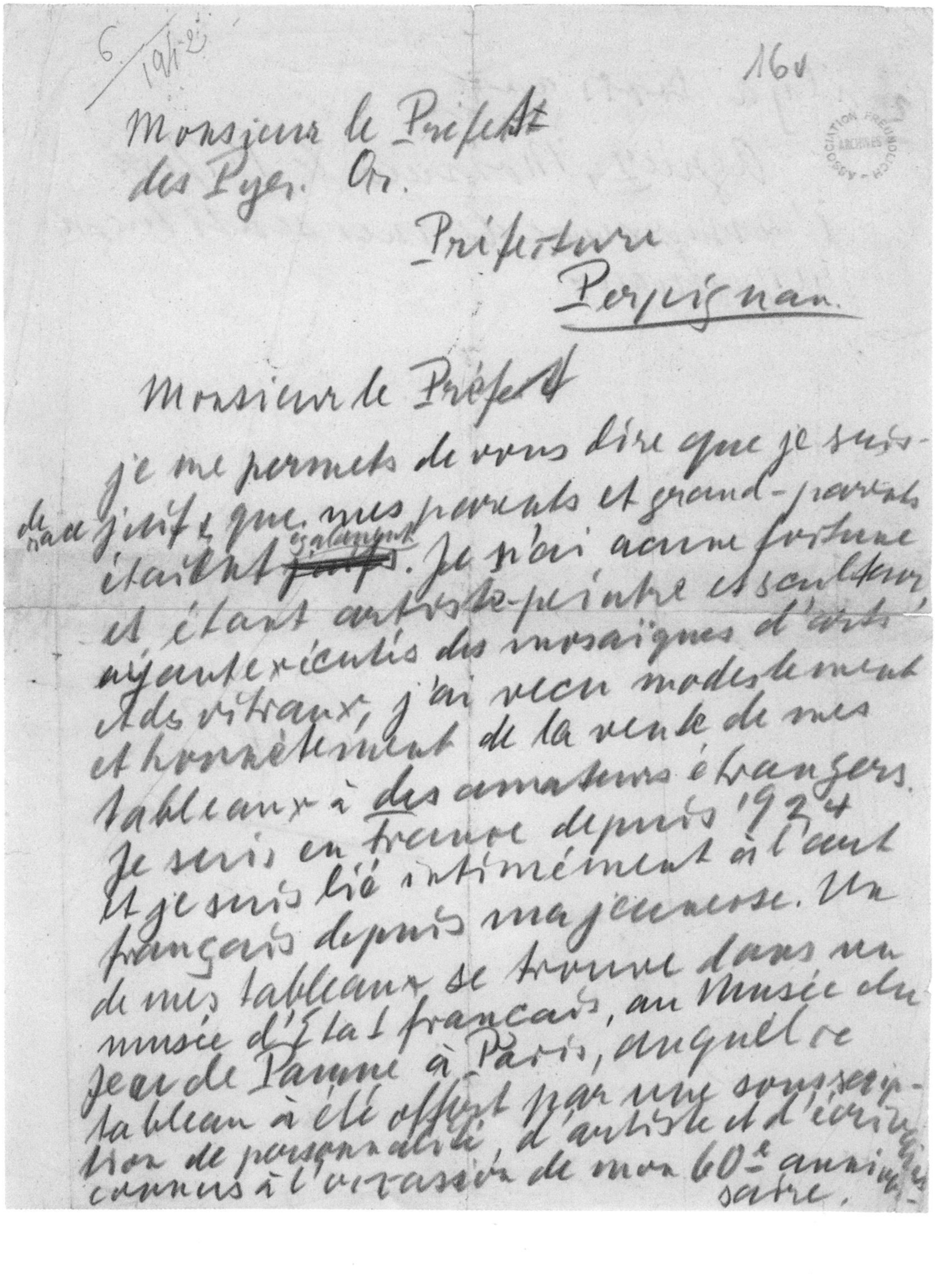

Draft of a letter from Otto Freundlich to the Prefect of Pyrénées-Orientales (written probably towards the end of 1940): "I wish to say that I am of the Jews race (sic) and that my parents and grandparents were also. I have no money and, having executed mosaics and stained glass windows, have lived as a painter and sculptor honestly and modestly from the sale of my paintings to foreign art lovers."

Sketch by Otto Freundlich, showing his postman at Saint-Paul-de-Fenouillet, "L'Indélicat" [The Unprincipled Man], who is sorting and apparently opening his mail.

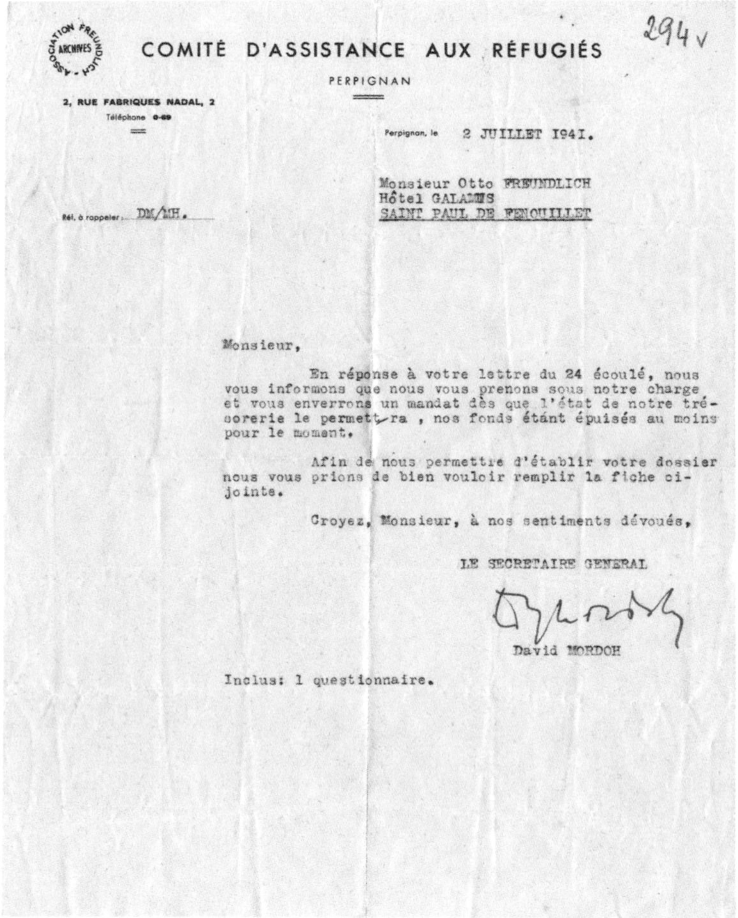

294v

ASSOCIATION FREUNDLICH - ARCHIVES

COMITÉ D'ASSISTANCE AUX RÉFUGIÉS

PERPIGNAN

2, RUE FABRIQUES NADAL, 2

Téléphone 0-69

Perpignan, le 2 JUILLET 1941.

Monsieur Otto FREUNDLICH
Hôtel GALAMUS
SAINT PAUL DE FENOUILLET

Réf. à rappeler : DM/MH.

Monsieur,

En réponse à votre lettre du 24 écoulé, nous vous informons que nous vous prenons sous notre charge et vous enverrons un mandat dès que l'état de notre trésorerie le permettra, nos fonds étánt épuisés au moins pour le moment.

Afin de nous permettre d'établir votre dossier nous vous prions de bien vouloir remplir la fiche ci-jointe.

Croyez, Monsieur, à nos sentiments dévoués,

LE SECRETAIRE GENERAL

David MORDOH

Inclus: 1 questionnaire.

Letter from David Mordoh, president of the Comité d'assistance aux réfugiés de Perpignan [Aid Committee for the Refugees in Perpignan], to Otto Freundlich, dated July 2, 1941: "In reply to your letter of the 24th past, we wish you to know that we are to take you into our care, and we shall be sending you a money order as soon as the state of our funds allows it; our funds being currently depleted."

D.C.7

ASSOCIATION FREUNDLICH ARCHIVES

CENTRE AMÉRICAIN DE SECOURS

Marseille, 18, Boulevard Garibaldi

Monsieur Otto Freudlich
Saint Paul de Fenouillet
Hôtel Galamus P.O.

Objet :

Date : le 4 juillet 1941.

Cher Monsieur,

J'ai bien reçu votre lettre du 18 juin. Je n'y avais pas répondu plus tôt espérant vous recommander à quelques clients éventuels et intéressants. Je n'ai pu malheureusement réunir les quelques adresses que j'espérais, mais je ne manquerai pas de le faire dès que l'occasion s'en présentera.

Entre temps permettez-moi de vous remettre un chèque de 500 francs pour le tableau qui figure si harmonieusement dans mon bureau. Je sais que c'est très peu pour sa valeur artistique et j'aurais désiré pouvoir vous envoyer davantage, mais les temps difficiles que nous traversons actuellement m'obligent à être mesuré.

Veuillez agréer, cher Monsieur, mes salutations distinguées.

Varian Fry

Varian M. Fry
Président.

1 chèque

VMF/aP

Varian Fry was the representative of the Emergency Rescue Committee, which operated in Marseille from August 1940 under the name Le Centre américain de secours. He writes to Otto Freundlich on July 4, 1941: "…allow me to send you a check for 500 francs for the painting which so graces my office. I know that this is very little with respect to its artistic value, and I would very much have wished to send you more; however, the difficult times in which we are living *force me to be prudent.*" Very shortly after this letter was written, on September 16, 1941, Varian Fry was forced by the Vichy and American governments to leave France, his activities on behalf of threatened artists and intellectuals having aroused official disapproval. He helped some 2,000 individuals during the war.

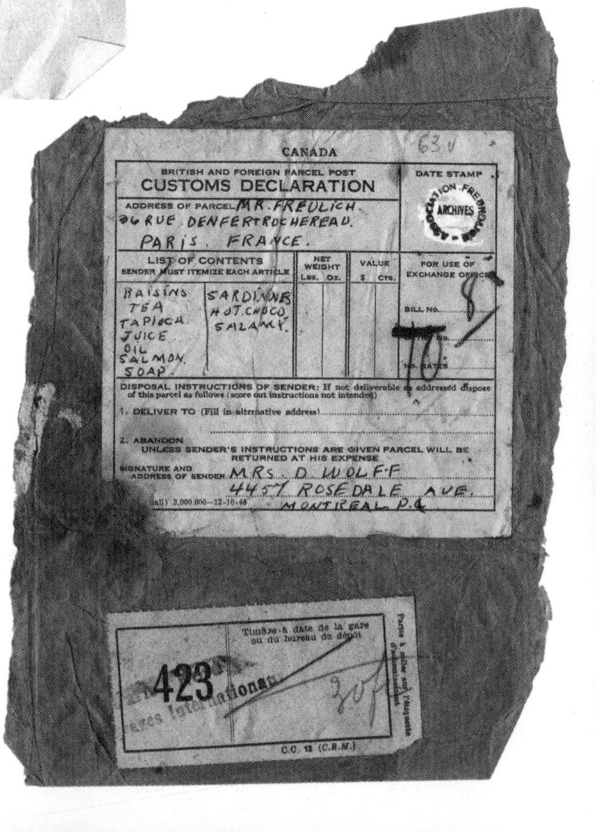

Customs declaration for a food package sent from Montreal to Otto Freundlich by a Canadian friend, D. Wolff.

58v

UNION GÉNÉRALE DES ISRAÉLITES DE FRANCE

5e DIRECTION
1re SECTION

ÉTABLISSEMENT PUBLIC (Loi du 29 Novembre 1941)
(C. A. R.)
Adresse Télégraphique : COMIDAREF-PERPIGNAN

Bureau de
— PERPIGNAN —
2, Rue Fabriques-Nadal
Téléphone : 40-69

Réf. à rappeler : MH.

PERPIGNAN, 7 août 1942

Monsieur Otto Freundlich
Hôtel Galamus
St.Paul de fenouillet

Monsieur,

Nous vous accusons réception de votre lettre et vous informons que vous pouvez venir à Perpignan, avec Madame Freundlich, un jour de la semaine prochaine à partir de mardi pour consulter un occuliste.

Nous vous rembourserons les frais à votre passage à nos bureaux.

Veuillez agréer, Monsieur, l'expression de nos sentiments distingués,

le Secrétaire Général
J. Lerner
Joseph Lerner

ASSOCIATION FREUNDLICH ARCHIVES

ASSOCIATION FREUNDLICH ARCHIVES

Letter dated August 7, 1942, signed officially by Joseph Lerner for the Union générale des israélites de France (UGIF): this document guarantees to Otto Freundlich reimbursement for the costs of his visit to the eye doctor. The UGIF, created by the Vichy government by the law of November 29, 1941, was directed by an administrative council of eighteen members, all of whom were Jews with French nationality "chosen by the general commissioner of Jewish Affairs". The UGIF was partly financed by "property and funds from dissolved Jewish associations." All French Jews were required to belong to the UGIF.

Etat Français. Modèle T ter...

Sauf conduit provisoire N°: 370

Valable pour un voyage du: douze Août 1942

Pour aller de: St Paul à Perpignan

Noms et prénoms: Freundlich Otto

Nationalité: [illegible]

Pièces d'identité: Carte N° 40.CH. 87181

Domicile: St Paul d. Fenouillet

Profession: Artiste peintre sculpteur

Motif du déplacement: voir un occuliste

Moyens de locomotion: car

Autorité qui a délivré le titre: Brigade St Paul

Cachet:

ASSOCIATION FREUNDLICH ARCHIVES

ASSOCIATION FREUNDLICH ARCHIVES

Gendarmerie Nationale — Brigade de St-Paul-de-Fenouillet

Provisional safe-conduct pass no. 370, issued to Otto Freundlich by the French police, allowing him to travel to Perpignan to consult an eye doctor on August 12, 1942.

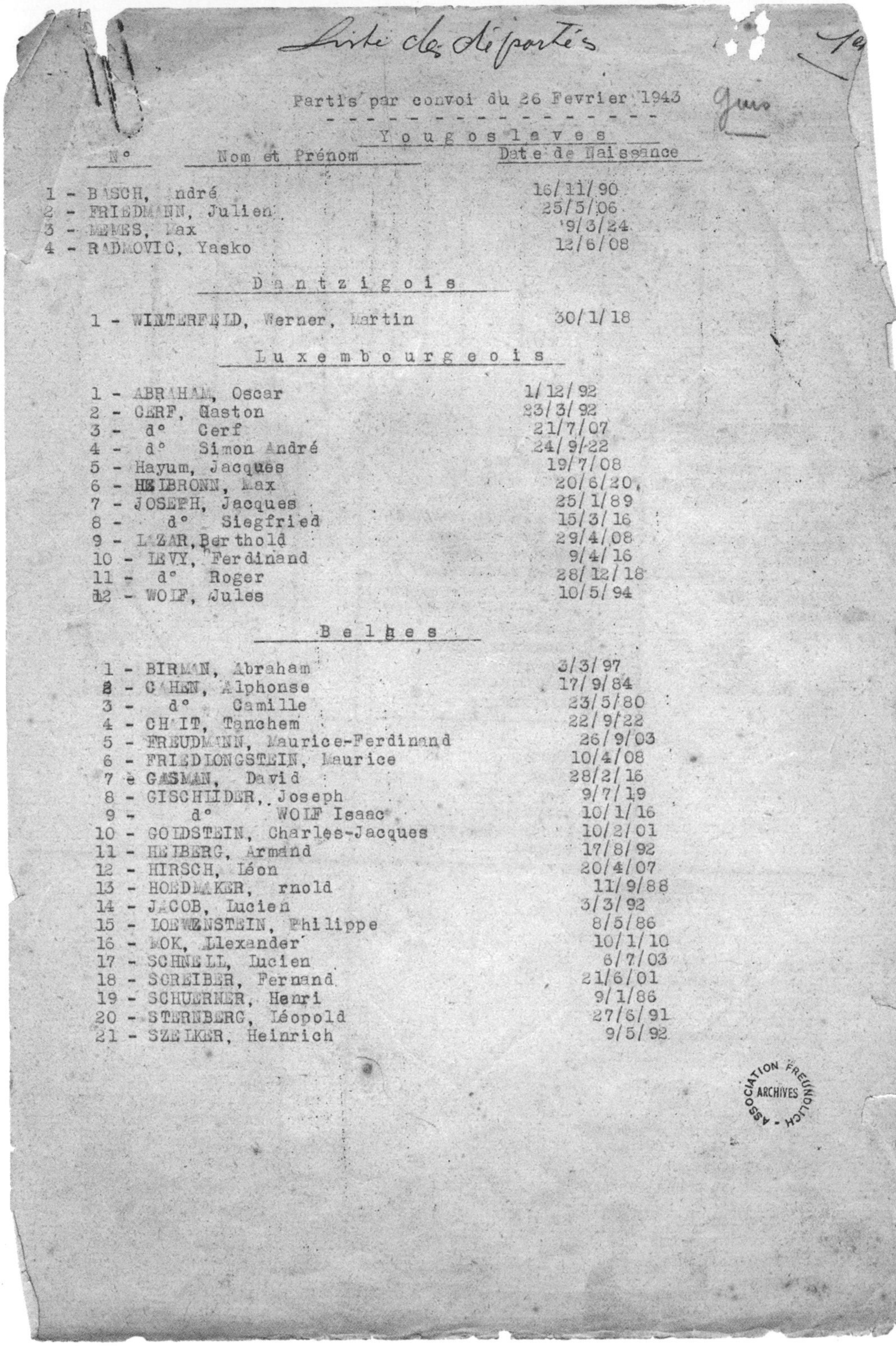

Liste des déportés

Gurs

Partis par convoi du 26 Fevrier 1943

Yougoslaves

N°	Nom et Prénom	Date de Naissance
1 -	BASCH, André	16/11/90
2 -	FRIEDMANN, Julien	25/5/06
3 -	MEMES, Max	9/3/24
4 -	RADMOVIC, Yasko	12/6/08

Dantzigois

1 -	WINTERFELD, Werner, Martin	30/1/18

Luxembourgeois

1 -	ABRAHAM, Oscar	1/12/92
2 -	CERF, Gaston	23/3/92
3 -	d° Cerf	21/7/07
4 -	d° Simon André	24/9/22
5 -	Hayum, Jacques	19/7/08
6 -	HEIBRONN, Max	20/6/20
7 -	JOSEPH, Jacques	25/1/89
8 -	d° Siegfried	15/3/16
9 -	LAZAR, Berthold	29/4/08
10 -	LEVY, Ferdinand	9/4/16
11 -	d° Roger	28/12/18
12 -	WOLF, Jules	10/5/94

Belges

1 -	BIRMAN, Abraham	3/3/97
2 -	CAHEN, Alphonse	17/9/84
3 -	d° Camille	23/5/80
4 -	CHAIT, Tanchem	22/9/22
5 -	FREUDMANN, Maurice-Ferdinand	26/9/03
6 -	FRIEDLONGSTEIN, Maurice	10/4/08
7 -	GASMAN, David	28/2/16
8 -	GISCHLIDER, Joseph	9/7/19
9 -	d° WOLF Isaac	10/1/16
10 -	GOLDSTEIN, Charles-Jacques	10/2/01
11 -	HEIBERG, Armand	17/8/92
12 -	HIRSCH, Léon	20/4/07
13 -	HOEDMAKER, Arnold	11/9/88
14 -	JACOB, Lucien	3/3/92
15 -	LOEWENSTEIN, Philippe	8/5/86
16 -	MOK, Alexander	10/1/10
17 -	SCHNELL, Lucien	6/7/03
18 -	SCREIBER, Fernand	21/6/01
19 -	SCHUERMER, Henri	9/1/86
20 -	STERNBERG, Léopold	27/6/91
21 -	SZEIKER, Heinrich	9/5/92

ASSOCIATION FREUNDLICH - ARCHIVES -

Arrested on the 23rd of February 1943 at Saint-Paul-de-Fenouillet, Otto Freundlich was sent to the camp at Gurs. Jeanne Kosnick-Kloss, with whom he had been living, asked Jean Gacon to tell Pablo Picasso, so that he could intervene on her partner's behalf at a high level. However, Freundlich was immediately transferred to Drancy, as can be seen from this list of 923 prisoners who "left on the convoy of February 26, 1943" and who were classified according to their country of origin—Yugoslavs, Danzigers, Luxemburgers, Belgians, Saarlanders, Russians, etc. On page 7 of this document, we see the name of Otto Freundlich, 33rd in the list of Germans. Deported on convoy no. 50 on March 4, 1943, Otto Freundlich died March 9, upon arrival at the camp at Lublin-Majdanek.

27 -	EICHENBERG, Fritz	6/12/89
28 -	ESSINGER, Julius	20/11/81
29 -	EULAU, Siegfried	2/11/81
30 -	FLEISCHEL, Eric	16/7/97
31 -	FRANCK, Jules	23/5/80
32 -	FREUND, Hans	11/10/19
33 -	FREUNDLICH, Otto	10/7/78 ++
34 -	FRIEDBERG, Hans	23/3/98
35 -	FROMM, Simon	13/12/01
36 -	GEISMA, Siegfried	12/1/79
37 -	GINSBERGER, Armand	26/4/05
38 -	GOLDBERG, Henri	28/9/82
39 -	d° Jakob	25/3/17
40 -	GOLDENBERG, Norbert Nathan	24/5/85
41 -	GOLDSMICHDT, Alphonse	23/3/06
42 -	GOTTLIEB, Charles	13/3/98
43 -	d° Leiner	6/11/91
44 -	GREISHEIMER, Louis	31/10/96
45 -	GLUMBINSKI, Henri	21/8/94
46 -	HAMBURGER, Salomon	9/4/03
47 -	HECHT, Adolf	21/2/93
48 -	HEINEMANN, Kurt	9/12/06
49 -	HEINSFURTER, Wilhelm	29/6/83
50 -	HEINSHEIMER, d°	30/5/83
51 -	HERZ, Adolf Arthur	10/4/90
52 -	d° Armand	1/3/91
53 -	HESS, Sally	3/8/04
54 -	HEUMANN, Hugo	4/1/80
55 -	HIRSCH, Paul	22/4/04
56 -	HIRSCHBERG, Franz	2/5/93
57 -	HIRSCHEIMER, Siegfried	10/10/07
58 -	HOFFMAN, Daniel	20/10/86
59 -	HORN, Julius	27/4/81
60 -	ISAAC, Rudolphe Joseph	26/6/83
61 -	JACOBY, Fritz	9/8/89
62 -	JEAN, Moritz	23/12/80
63 -	JOSEPH, d°	13/6/82
64 -	KAHN, Félix	22/11/79
65 -	d° Maurice	10/3/81
66 -	d° Remi	14/12/82
67 -	d° Julius	25/3/80
68 -	d° Hugo	8/10/79
69 -	KALLMAN, Paul	26/2/94
70 -	KAUFMANN, Siegmund	26/10/91
71 -	KAUFMAN, Walter	6/4/21
72 -	d° Bernard	12/5/81
73 -	KIEWE, Lov	3/8/00
74 -	KIRCHEIMER, Sali	16/4/78
75 -	KOPPEL, David	12/12/88
76 -	KORNBLUM, Gerard	23/11/09
77 -	KOSMINSKI, Erich	17/5/88
78 -	KRACKO, Gustav	20/11/99
79 -	LANGERDORF, Guillaume	28/2/04
80 -	LOEB, Henri	18/10/88
81 -	d° Albert	17/9/81
82 -	LEIPZIGER, Abel	17/3/83
83 -	LEVY, Emile	24/5/99
84 -	LEWIN, Hermann	20/10/93
85 -	LINDMANN, Robert	25/6/79

A literary banquet at the beginning of the 1930s: turning towards the camera are Michel Epstein and his wife, Irène Némirovsky-Epstein, the author of *David Golder* (1929), an extremely successful novel. Among the guests: Edmond Jaloux, Jean Paulhan, and François Mauriac.

008544

Numéro de la carte : 725 J
(1) M. Epstein née Némirovsky
Prénoms : Irène Irma
Profession : sans
Né le 11 février 1903 à Kiev
(1) a
domicilié a Paris 10 rue Constant Coquelin
Pièce d'identité nº 34AE68791
Nature : CC 50171
délivrée le
par //

Signature du titulaire : I. Némirovsky-Epstein

(1) A indiquer en majuscules d'imprimerie.

NATIONALITÉ : Russe

Est autorisé à se rendre a : Issy l'Évêque Saône et Loire

Mode de locomotion autorisé : Chemin de fer

Motif du déplacement : voir ses enfants évacués

PARIS, le 21. 12. 39

Par délégation du Général Comt la Région
Le Capitaine BLANC, Comt la 2e Section
de Gendarmerie de Paris

Paris le
Le Général Chef du B.C.M.
P.O. : Le Chef de Section

Gendarmerie Nationale

Voir au dos : « *OBSERVATIONS* »

"*Carte de circulation temporaire*" [temporary travel permit] for Irène Némirovsky, a Russian national. Issued by the Military Travel Office on December 21, 1939, and extended until February 23, 1940, this document allowed her to accompany her husband to see her two daughters, who had been evacuated and placed with the family of their housemaid, Cécile Michaud: "Authorization to travel to Issy-l'Évêque, Saône-et-Loire. Means of transport: Train. Reason for travel: to see her evacuated children."

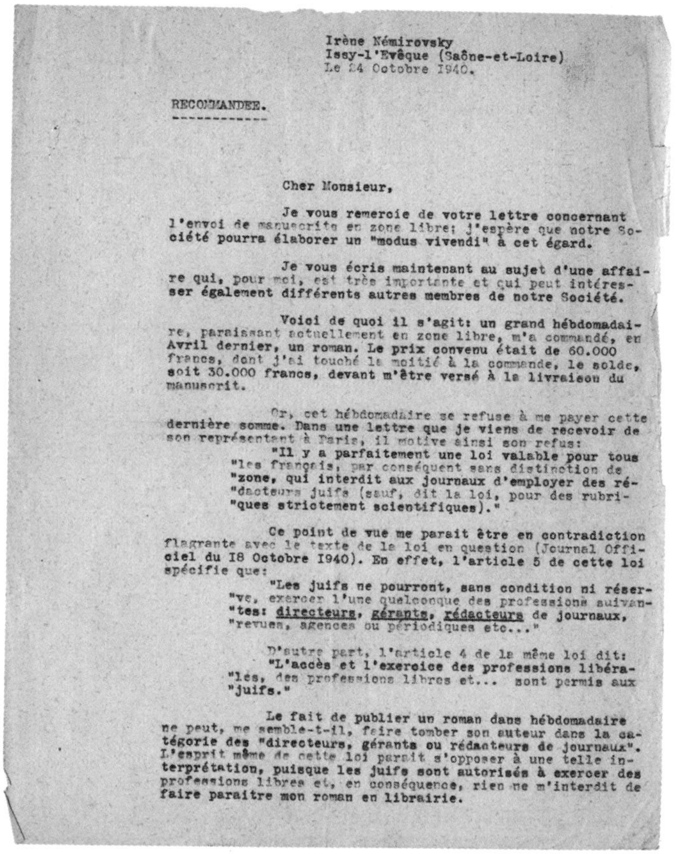

Irène Némirovsky
Issy-l'Evêque (Saône-et-Loire)
Le 24 Octobre 1940.

RECOMMANDEE.

Cher Monsieur,

Je vous remercie de votre lettre concernant l'envoi de manuscrits en zone libre; j'espère que notre Société pourra élaborer un "modus vivendi" à cet égard.

Je vous écris maintenant au sujet d'une affaire qui, pour moi, est très importante et qui peut intéresser également différents autres membres de notre Société.

Voici de quoi il s'agit: un grand hébdomadaire, paraissant actuellement en zone libre, m'a commandé, en Avril dernier, un roman. Le prix convenu était de 60.000 francs, dont j'ai touché la moitié à la commande, le solde, soit 30.000 francs, devant m'être versé à la livraison du manuscrit.

Or, cet hébdomadaire se refuse à me payer cette dernière somme. Dans une lettre que je viens de recevoir de son représentant à Paris, il motive ainsi son refus:

"Il y a parfaitement une loi valable pour tous "les français, par conséquent sans distinction de "zone, qui interdit aux journaux d'employer des ré-"dacteurs juifs (sauf, dit la loi, pour des rubri-"ques strictement scientifiques)."

Ce point de vue me parait être en contradiction flagrante avec le texte de la loi en question (Journal Officiel du 18 Octobre 1940). En effet, l'article 5 de cette loi spécifie que:

"Les juifs ne pourront, sans condition ni réser-"ve, exercer l'une quelconque des professions suivan-"tes: <u>directeurs</u>, <u>gérants</u>, <u>rédacteurs</u> de journaux, "revues, agences ou périodiques etc..."

D'autre part, l'article 4 de la même loi dit:

"L'accès et l'exercice des professions libéra-"les, des professions libres et... sont permis aux "juifs."

Le fait de publier un roman dans hébdomadaire ne peut, me semble-t-il, faire tomber son auteur dans la catégorie des "directeurs, gérants ou rédacteurs de journaux". L'esprit même de cette loi parait s'opposer à une telle interprétation, puisque les juifs sont autorisés à exercer des professions libres et, en conséquence, rien ne m'interdit de faire paraitre mon roman en librairie.

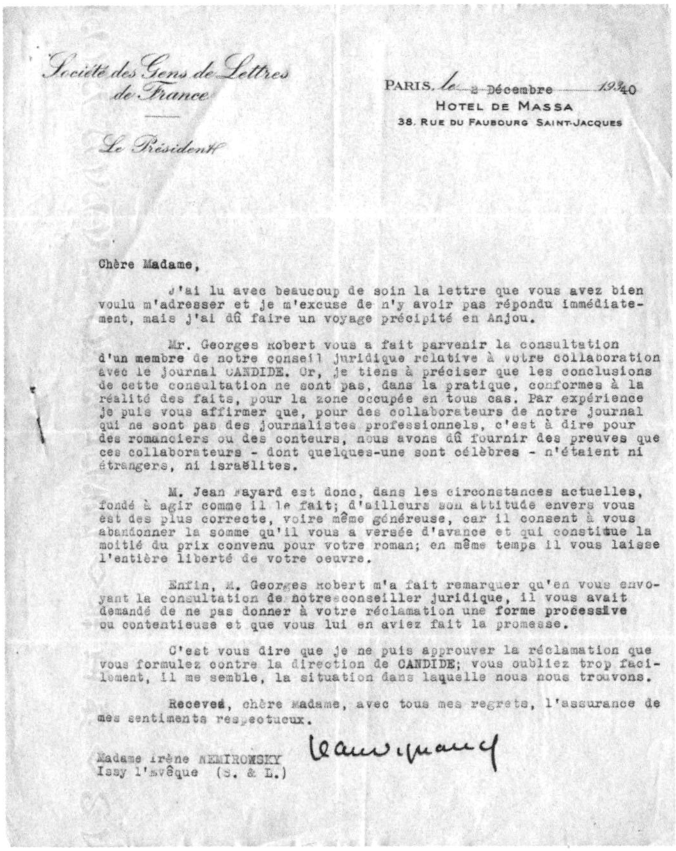

Société des Gens de Lettres de France

Le Président

PARIS, le 2 Décembre 1940
HOTEL DE MASSA
38, RUE DU FAUBOURG SAINT-JACQUES

Chère Madame,

J'ai lu avec beaucoup de soin la lettre que vous avez bien voulu m'adresser et je m'excuse de n'y avoir pas répondu immédiatement, mais j'ai dû faire un voyage précipité en Anjou.

Mr. Georges Robert vous a fait parvenir la consultation d'un membre de notre conseil juridique relative à votre collaboration avec le journal CANDIDE. Or, je tiens à préciser que les conclusions de cette consultation ne sont pas, dans la pratique, conformes à la réalité des faits, pour la zone occupée en tous cas. Par expérience je puis vous affirmer que, pour des collaborateurs de notre journal qui ne sont pas des journalistes professionnels, c'est à dire pour des romanciers ou des conteurs, nous avons dû fournir des preuves que ces collaborateurs - dont quelques-une sont célèbres - n'étaient ni étrangers, ni israëlites.

M. Jean Fayard est donc, dans les circonstances actuelles, fondé à agir comme il le fait; d'ailleurs son attitude envers vous est des plus correcte, voire même généreuse, car il consent à vous abandonner la somme qu'il vous a versée d'avance et qui constitue la moitié du prix convenu pour votre roman; en même temps il vous laisse l'entière liberté de votre oeuvre.

Enfin, M. Georges Robert m'a fait remarquer qu'en vous envoyant la consultation de notre conseiller juridique, il vous avait demandé de ne pas donner à votre réclamation une forme processive ou contentieuse et que vous lui en aviez fait la promesse.

C'est vous dire que je ne puis approuver la réclamation que vous formulez contre la direction de CANDIDE; vous oubliez trop facilement, il me semble, la situation dans laquelle nous nous trouvons.

Recevez, chère Madame, avec tous mes regrets, l'assurance de mes sentiments respectueux.

Madame Irène NEMIROWSKY
Issy l'Evêque (S. & L.)

Letter from Irène Némirovsky to Jean Vignaud, the president of the Société des gens de lettres [Society of Men of Letters, SDGL], October 24, 1940. She asks for legal counsel from the SDGL, following the refusal by the director of "a great weekly paper which currently appears in the Free Zone"—Jean Fayard, the director of *Candide*—to publish the manuscript which he had requested from her; the reason for the refusal was the new Statute on Jews.

Reply from Jean Vignaud, dated December 2, 1940, to Irène Némirovsky who, in the meantime, and against the prudent counsel of a legal advisor of the SGDL, had made a claim against the editorial board of *Candide*.

Paris, le 7 Mars 1941

ALBIN MICHEL
EDITEUR
22, RUE HUYGHENS, 22
PARIS, XIVe
Trois lignes groupées sous
LE No DANTON 87-54
Reg. Com. de la Seine 67.476

Madame Irène NEMIROVSKY

ISSY L'EVEQUE
Saône et Loire.

AS/ P.

Chère Madame,

Je comprends parfaitement votre impatience, mais vous rendez-vous bien compte de la lenteur et de la difficulté des communications qui ne sont pas sans paralyser grandement le jeu habituel de notre activité ?

Je me proposais de vous répondre au moment même où je reçois votre lettre, André Sabatier venant de rentrer de son voyage et ayant pu voir mon beau-père avec qui il s'est entretenu de vous.

Voici donc notre réponse, aussi rapide qu'il nous a été possible de l'obtenir. M.Michel me charge de vous dire :

" Je comprends la douloureuse situation
" où se trouve notre auteur. Que puis-je faire de
" mieux pour elle que ceci : je consens à prolon-
" ger pour l'année 1941 - où je ne pourrai rien
" publier - l'effort que j'ai fait au cours de
" l'année 1940. Madame Némirovsky me demande de
" remplacer pour elle non seulement les ressources
" venant de son éditeur, mais encore des ressour-
" ces venant d'ailleurs. Je consens de grand coeur
" à lui assurer les premières, je ne puis songer
" à lui assurer les secondes.

" Lui offrant cela, j'estime lui
" accorder le maximum de ce que, à l'heure
" actuelle il est possible de faire au chef d'une
" maison d'édition, dans les conditions très
" difficiles que nous traversons. Madame Némirovsky

" n'est pas le seul de mes auteurs dans une
" situation qui mérite considération. Moi-même
" j'ai à faire face à des pertes très importantes
" nées de la guerre, à souffrir de la fermeture
" de nombreux marchés, et à essayer de pourvoir,
" le cas échéant, à un manque de matières
" premières qui risque d'arrêter non seulement
" mon activité, mais celle de tous mes confrères.
" J'ai le devoir aussi de songer à mon personnel
" non entièrement repris. C'est en tenant compte
" de tout cela, de tous ces intérêts qui sont
" solidaires et qui ne peuvent être isolés, que
" je propose à Madame Némirovsky, à partir du
" I° Janvier I94I, la prolongation d'une
" mensualité de 3.000 Frs, prolongation valable
" pour toute l'année I94I. Dès que vous aurez
" son accord, demandez-lui ses trois manuscrits
" et faites-lui verser le montant des trois
" premières mensualités. "

Vous voyez, Chère Madame, que votre éditeur actuel est loin de se désintéresser de vous, et qu'il vous répond à la fois en éditeur et en ami. Je ne dirai pas en toute justice, mais simplement en toute équité, la réponse de mon beau-père me paraît devoir être acceptée par vous. Vous me faites dire dans votre lettre que j'aurais approuvé les deux solutions que vous m'aviez proposées. Ce n'est pas tout à fait exact : ni l'une ni l'autre de vos propositions n'avait mon suffrage, mais je reconnaissais qu'il était indispensable que quelque chose de substantiel fut fait pour vous. Je remarque aussi que la première mensualité dont nous avions parlé, si mes souvenirs sont exacts, n'était que de 5.000 Frs. D'autre part, stipuler une durée de trois années paraît à l'heure actuelle impossible à M.Michel. Comment songer à s'engager pour trois ans dans les évènements que nous vivons ! Tout ce que je puis vous dire sur ce point, c'est que la situation pourrait être "reconsidérée", le cas échéant, à la fin de l'année si aucun élément nouveau n'est intervenu.

Letter from Robert Esménard, the son-in-law of the publisher Albin Michel, to Irène Némirovsky, dated March 7, 1941. Although Irène Némirovsky's books did not actually figure in the "Otto List," Bernard Grasset, her previous editor, made the decision to remove them from sale. Albin Michel, for his part, suggests that her monthly payment of 3,000 francs be maintained for the whole year 1941. He does this knowing that he will not be able to publish her work, and that he will "have to suffer very serious losses as a result of the war, the closing of a number of markets, and will have to try to make up if necessary for a lack of raw materials."

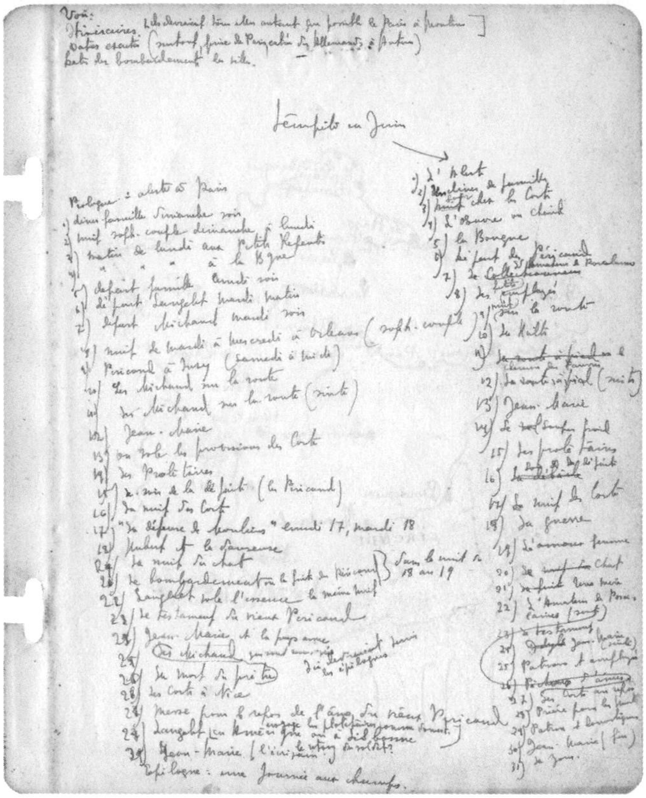

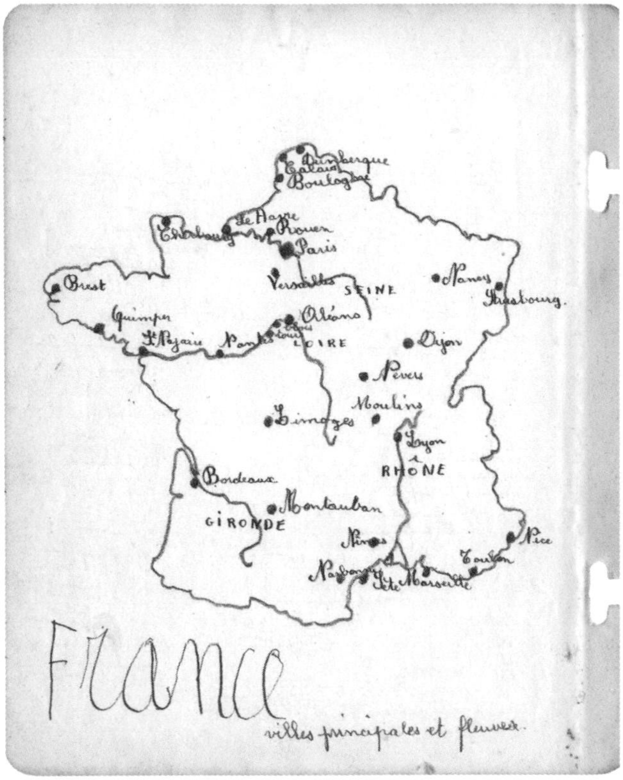

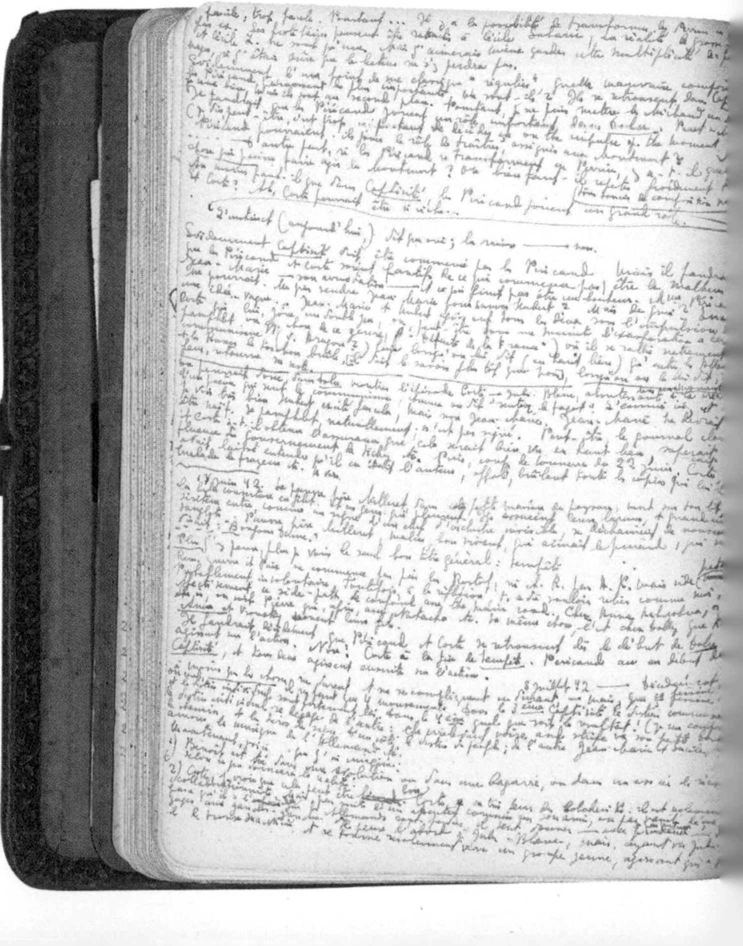

Outline and manuscript of *Tempête en juin* [Storm in June], the first part of the novel, *Suite française*, that Irène Némirovsky wrote at Issy-l'Évêque during 1940–1942. This novel, which was unfinished at the time of her arrest, would not be made public until 2004, when it was published by Denoël. Included in the pages of this dense manuscript was a map of France drawn by her eldest daughter, Denise Epstein.

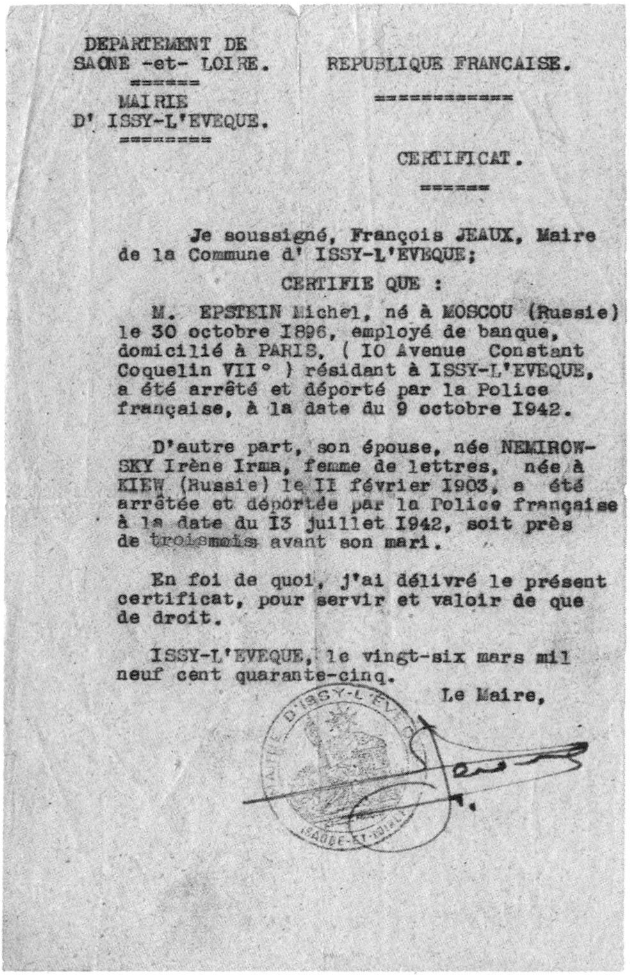

DEPARTEMENT DE
SAONE -et- LOIRE.
======
MAIRIE
D' ISSY-L'EVEQUE.
========

REPUBLIQUE FRANCAISE.
============

CERTIFICAT.
======

Je soussigné, François JEAUX, Maire de la Commune d' ISSY-L'EVEQUE;

CERTIFIE QUE :

M. EPSTEIN Michel, né à MOSCOU (Russie) le 30 octobre I896, employé de banque, domicilié à PARIS, (IO Avenue Constant Coquelin VII°) résidant à ISSY-L'EVEQUE, a été arrêté et déporté par la Police française, à la date du 9 octobre I942.

D'autre part, son épouse, née NEMIROWSKY Irène Irma, femme de lettres, née à KIEW (Russie) le II février I903, a été arrêtée et déportée par la Police française à la date du I3 juillet I942, soit près de troismois avant son mari.

En foi de quoi, j'ai délivré le présent certificat, pour servir et valoir de que de droit.

ISSY-L'EVEQUE, le vingt-six mars mil neuf cent quarante-cinq.

Le Maire,

Irène Némirovsky was arrested at Issy-l'Évêque on July 13, 1942. She was taken to Pithiviers and then deported to Auschwitz on July 17, by convoy no. 6, which included 809 men and 119 women. She died there of typhus one month after her arrival, at the age of 39. Her husband, Michel Epstein, was arrested on October 9, and deported on November 6 from Drancy to Auschwitz, where he was gassed. A certificate, dated March 26, 1945, and signed by the mayor of Issy-l'Évêque, certified their arrest and deportation "by the French police."

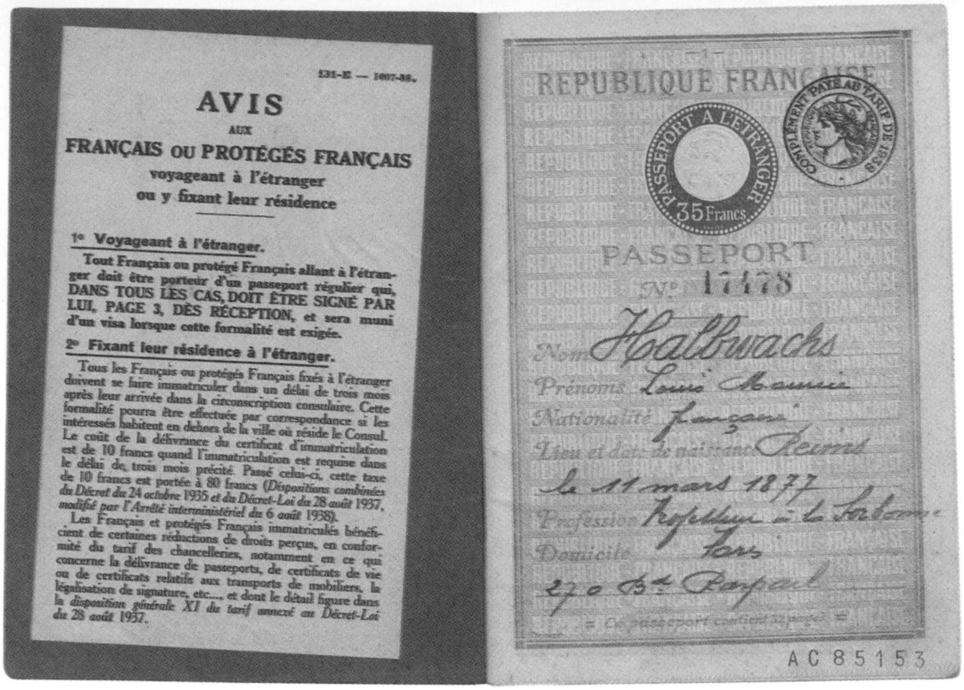
131-E — 1007-38.

AVIS

AUX

FRANÇAIS OU PROTÉGÉS FRANÇAIS

voyageant à l'étranger

ou y fixant leur résidence

1° Voyageant à l'étranger.

Tout Français ou protégé Français allant à l'étranger doit être porteur d'un passeport régulier qui, DANS TOUS LES CAS, DOIT ÊTRE SIGNÉ PAR LUI, PAGE 3, DÈS RÉCEPTION, et sera muni d'un visa lorsque cette formalité est exigée.

2° Fixant leur résidence à l'étranger.

Tous les Français ou protégés Français fixés à l'étranger doivent se faire immatriculer dans un délai de trois mois après leur arrivée dans la circonscription consulaire. Cette formalité pourra être effectuée par correspondance si les intéressés habitent en dehors de la ville où réside le Consul. Le coût de la délivrance du certificat d'immatriculation est de 10 francs quand l'immatriculation est requise dans le délai de trois mois précité. Passé celui-ci, cette taxe de 10 francs est portée à 80 francs (*Dispositions combinées du Décret du 24 octobre 1935 et du Décret-Loi du 28 août 1937, modifié par l'Arrêté interministériel du 6 août 1938*).

Les Français et protégés Français immatriculés bénéficient de certaines réductions de droits perçus, en conformité du tarif des chancelleries, notamment en ce qui concerne la délivrance de passeports, de certificats de vie ou de certificats relatifs aux transports de mobiliers, la légalisation de signature, etc..., et dont le détail figure dans la *disposition générale XI du tarif annexé au Décret-Loi du 28 août 1937.*

— 1 —

REPUBLIQUE FRANÇAISE

PASSEPORT A L'ETRANGER

35 Francs

COMPLÉMENT PAYÉ AU TARIF DE 1938

PASSEPORT

No 17478

Nom Halbwachs

Prénoms Louis Maurice

Nationalité française

Lieu et date de naissance Reims le 11 mars 1877

Profession Professeur à la Sorbonne

Domicile Paris 270 Bd Raspail

= Ce passeport contient 32 pages =

AC 85153

Maurice Halbwachs' passport in 1939. The numerous visas stamped in its pages testify to the many travels of this encyclopedic thinker, who was at once a historian, a sociologist, and a jurist. A student of Bergson, professor at the Sorbonne, and president of the French Institute of Sociology, Maurice Halbwachs was a great traveler: in October 1939, he journeyed to give lectures in Egypt, Palestine, Syria, Lebanon, Turkey, Bulgaria, Romania, Greece, Italy, Belgium, and Switzerland . . . At the beginning of 1940, he went to Belgium. In May 1944, he was given the chair in Collective Psychology at the Collège de France.

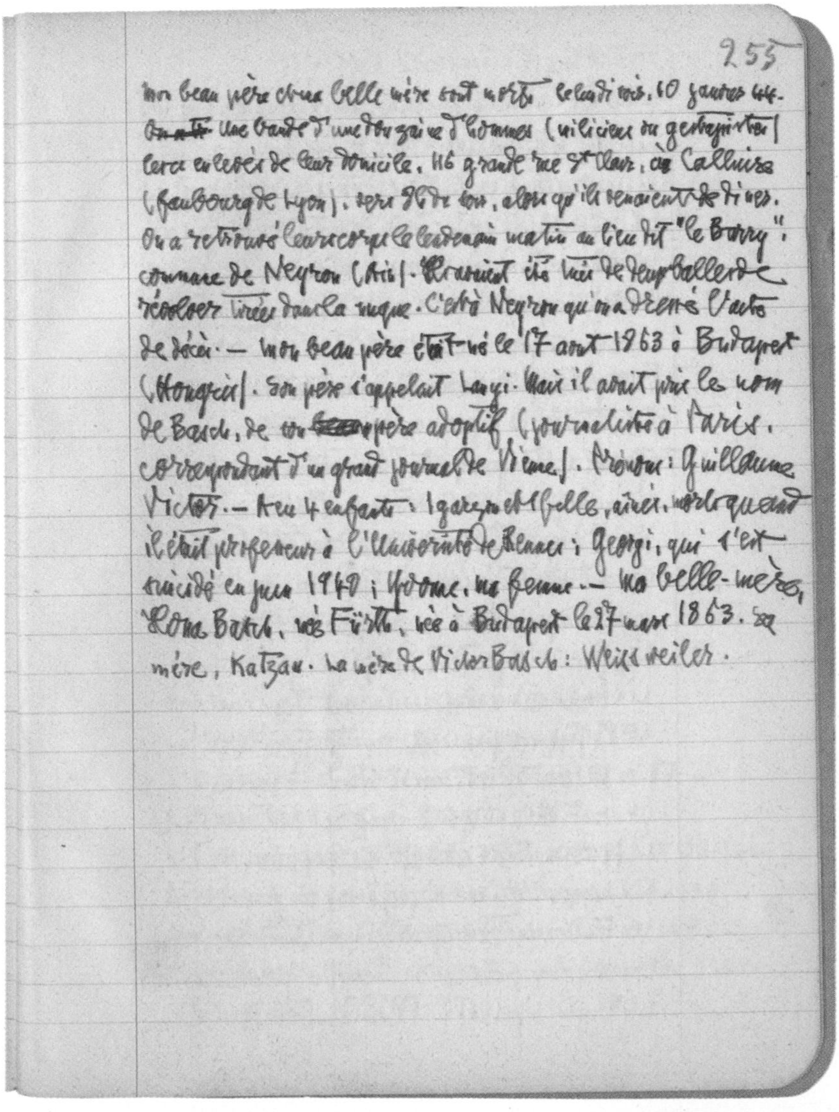
255

Mon beau père et ma belle mère sont morts le lundi soir, 10 janvier 44. Une bande d'une douzaine d'hommes (miliciens ou gestapistes) les a enlevés de leur domicile, 116 grande rue St Clair, à Calluire (faubourg de Lyon), vers 8h du soir, alors qu'ils venaient de dîner. On a retrouvé leurs corps le lendemain matin au lieu dit "Le Barry", commune de Neyron (Ain). Ils avaient été tués de deux balles de révolver tirées dans la nuque. C'est à Neyron qu'on a dressé l'acte de décès. — Mon beau père était né le 17 août 1863 à Budapest (Hongrie). Son père s'appelait Langi. Mais il avait pris le nom de Basch, de son père adoptif (journaliste à Paris, correspondant d'un grand journal de Vienne). Prénoms: Guillaume Victor. — Ils eurent 4 enfants: 1 garçon et 1 fille, aînés, morts quand il était professeur à l'Université de Rennes; Georges, qui s'est suicidé en juin 1940; Yvonne, ma femme. — Ma belle-mère, Ilona Basch, née Fürth, née à Budapest le 27 mars 1863. Sa mère, Katzau. La mère de Victor Basch: Weissweiler.

Maurice Halbwachs' parents-in-law, Victor and Hélène Basch, were shot and killed by the Milice in January 1944. As he reports in his diary: "My father and mother-in-law died on Monday night, January 10th, '44. A group of a dozen men (Milice or Gestapo) took them from their home, 116, Grande rue St-Clair, to Calluire (a Lyon suburb) around eight at night, just after they had finished dinner. Their bodies were found the following morning at the place called 'Le Barry' in the commune of Neyron (Ain). They had been killed by two pistol shots in the neck. The death certificate was drawn up at Neyron." A short while after the deportation of his own son, Pierre, Maurice Halbwachs was arrested by the Gestapo, on July 23, 1944. He was deported to Buchenwald, where he died on March 16, 1945.

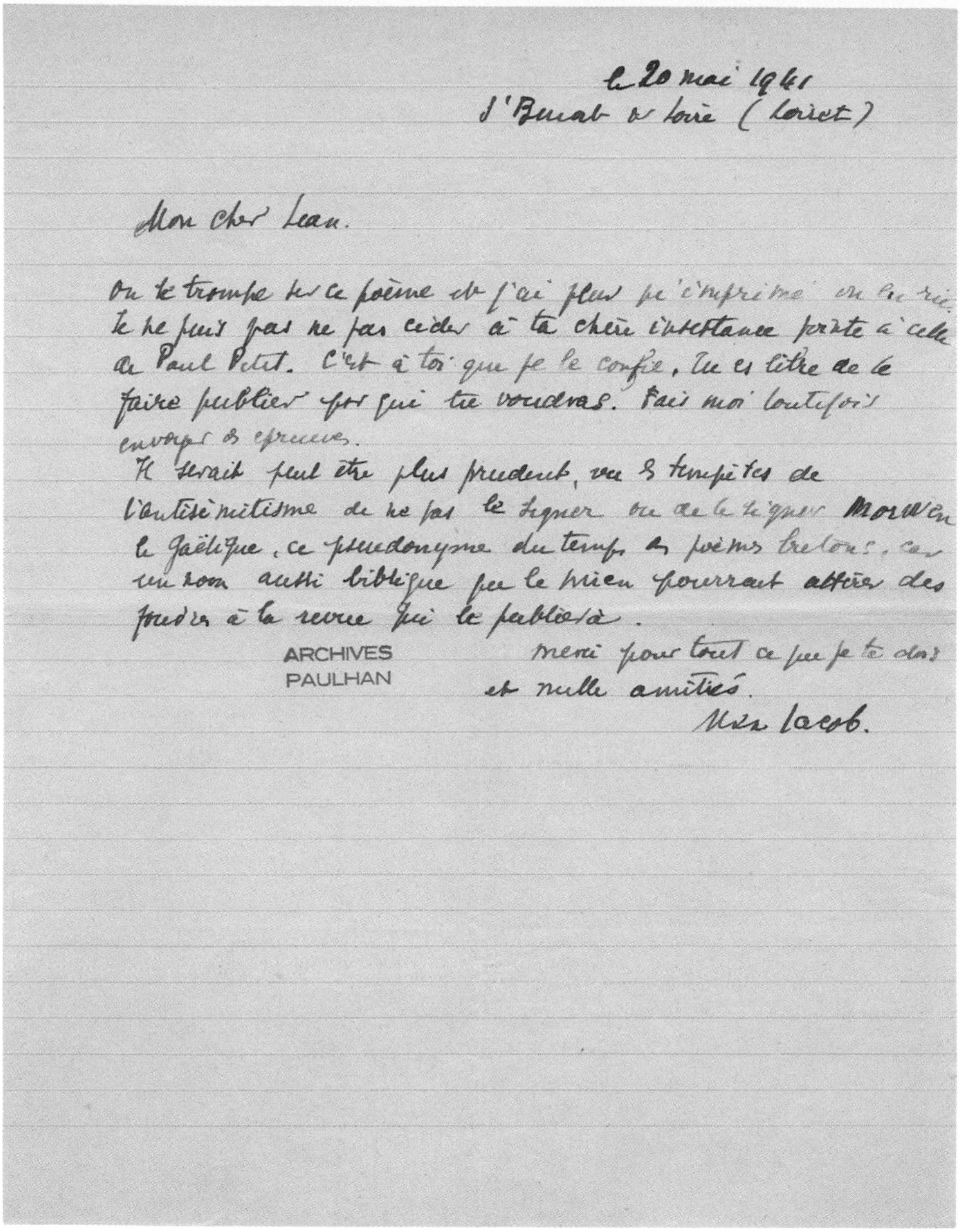

le 20 mai 1941
St Benoit sr Loire (Loiret)

Mon cher Jean.

On te trompe sur ce poème dit j'ai peur je l'imprimé [illegible]. Je ne puis pas ne pas céder à ta chère insistance jointe à celle de Paul Petit. C'est à toi que je le confie. Tu es libre de le faire publier par qui tu voudras. Fais moi toutefois envoyer les épreuves.

Il serait peut être plus prudent, vu les tempêtes de l'antisémitisme de ne pas le signer ou de le signer Morwen le Gaëlique, ce pseudonyme du temps des poèmes bretons, car un nom aussi biblique que le mien pourrait attirer des foudres à la revue qui le publiera.

merci pour tout ce que je te dois et mille amitiés.

Max Jacob.

ARCHIVES
PAULHAN

Letter from the poet Max Jacob to Jean Paulhan, May 20, 1941. The letter concerns a poem that Jacob had given to the former director of the *Nouvelle Revue française*: ". . . my friend, you are free to have it published by whomsoever you choose." Max Jacob, a Jew who converted to Catholicism in 1915, and a prolific poet who used many pseudonyms, writes: "It would perhaps be more prudent, given the storm of anti-semitism, not to sign it or to sign it Morwen the Gaelic, a pseudonym which goes back to the time of Breton poems, because a biblical name like mine could bring trouble to any journal that might publish it."

Max Jacob and Marcel Béalu in Jacob's room at Saint-Benoît-sur-Loire, on February 21, 1944. This is one of the last photographs taken of Jacob: he was arrested on February 24, 1944, by the Gestapo (he used to pronounce the word "*j'ai-ta-peau*," which means "I'll have your hide"). His brother had already been arrested in December 1942, and his sister, Myrté-Léa, in January 1944. He died of pneumonia at Drancy camp on March 5, in spite of interventions on his behalf by, among others, Jean Cocteau and Sacha Guitry.

LES LETTRES FRANÇAISES

Revue des Ecrivains français groupés au Comité national des Ecrivains

Fondateur : Jacques DECOUR
Fusillé par les Allemands le samedi 30 mai 1942

N° 15 — AVRIL 1944

JUSTICE de la France

ELECTRE: Dans ce pays qui est le mien on ne s'en remet pas aux Dieux du soin de la justice.
(Jean GIRAUDOUX).

Pucheu condamné à mort, fusillé pour intelligences avec l'ennemi. Un sentiment domine: justice est rendue à la France.

Que les esprits ne s'égarent pas. Ne laissons pas dire comme la propagande de l'ennemi s'y efforce que c'est là une revanche d'Alger sur Vichy et un acte de guerre civile. Il n'y a pas de guerre civile. Il y a la guerre la plus française qui soit quand la France se dresse de toutes ses forces contre l'ennemi et les traîtres qui le servent. Alger, capitale de la France qui se libère a le devoir d'accomplir tous les actes nécessaires de cette guerre-là.

Ce châtiment nécessaire, le Comité National des Ecrivains l'avait réclamé dans une adresse au C.F.L.N. au nom de Jacques Decour, de Georges Politzer, de Jacques Solomon, torturés et livrés aux Allemands par la police de Pucheu puis fusillés sans jugement comme otages. Il l'avait réclamé non par idée de vengeance mais par idée de justice. La France, depuis qu'elle est la France a toujours eu la passion de la justice. Jamais notre peuple n'a pu supporter l'iniquité. N'est-ce pas Hugues Capet qui écrivait au xe siècle de notre ère: « Nous n'avons de raison d'être que si nous rendons bonne justice à tous »? *Cette maxime demeure valable pour tous les gouvernements de la France.*

Il fallait rendre bonne justice à ceux qui reposent dans l'immense cimetière d'Ivry, à ceux qui, choisis comme otages, affrontèrent le peloton d'exécution au chant de la Marseillaise.

Il fallait rendre bonne justice aux vieillards, aux femmes, aux enfants assassinés.

Il fallait rendre bonne justice au peuple français en lutte contre l'opresseur et en premier lieu aux Francs-Tireurs et Partisans dont on ne dira jamais assez haut qu'ils sont l'honneur de la France parce qu'ils l'ont engagée dans la voie du combat armé et qu'ils ne cessent depuis bientôt trois ans de porter les coups les plus auda-

(*Suite page 2*)

Max Jacob assassiné

« N'a plus de cornes ni de queue, mais a des ailes neuves qui lui pleuvent blanches des épaules à ses hanches...
En vérité, je vous le dis, diable de braise de jadis est ange frais au Paradis. »
SAINT-POL-ROUX.

Après Saint-Pol-Roux, Max Jacob vient d'être assassiné par les Allemands. Comme Saint-Pol-Roux, Max Jacob a eu contre lui son innocence. Innocence : la candeur, la légèreté, la grâce du cœur et de l'esprit, la confiance et la foi. La plus vivace intelligence, la véritable honnêteté intellectuelle. Il était, avec Saint-Pol-Roux, un de nos plus grands poètes.

Né le 11 juillet 1876, à Quimper-Corentin, Max Jacob, qui vint de bonne heure se fixer à Paris, s'était lié avec les poètes et les peintres les plus ardents et les plus audacieux de notre temps. On a pu dire de lui qu'il fut non seulement poète et peintre, mais précurseur et prophète : son œuvre si diverse, où l'ironie laisse toujours transparaître la plus chaude tendresse et la sensibilité la plus fine, marque une véritable date dans la poésie française. Depuis Aloysius Bertrand, Baudelaire et Rimband, nul plus que lui n'avait ouvert à la prose française toutes les portes de la poésie. Entre les poèmes en prose du *Cornet à Dés* et les poèmes en vers du *Laboratoire central*, entre les *Œuvres mystiques et burlesques de Frère Matorel* et le *Terrain Bouchaballe*, la Poésie occupe le domaine entier de la vie parlée, dans la réalité et en rêve.

En 1921, Max Jacob, dont un poète, victime lui aussi de la barbarie fasciste, a dit: « Il maintient la vraie tradition, si obscurcie aujourd'hui, de l'esprit français » (Max Jacob et la Liberté), ce Breton, ce Parisien d'élection, se convertit au catholicisme et se retire à l'ombre de la basilique de Saint-Benoît-sur Loire. Depuis lors, il menait une vie exemplaire. Il était adoré des habitants de la petite ville pour qui, au début, il avait passé pour un « original ». Par la suite, ils devaient tous reconnaître en lui une créature d'exception, d'une bonté et d'une affabilité sans égales. Ses yeux, pétillants d'une flamme malicieuse, étaient peuplés d'images ravissantes : tout ce qu'il voyait se renouvelait sans cesse. Il ne crut jamais à l'ennui. Mais c'est surtout dans ces dernières années que la vraie nature de Max Jacob se révéla. Cet esprit, ou plutôt cette causticité qui l'avait rendu parfois redoutable, s'était adoucie : ses pointes s'émoussaient. Les persécutions dont les juifs étaient l'objet, les deuils, l'arrestation de plusieurs membres de sa famille l'avaient profondément atteint, et s'il dissimulait son chagrin aux yeux de ses familiers, il n'en souffrait pas moins. Mais il acceptait ses souffrances avec une soumission chrétienne qui faisait l'admiration de tous. Soumission, certes, et non résignation. Max Jacob était un homme illuminé par la foi la plus charmante, la plus contagieuse. Sur une image de première communion qu'il avait donnée à une petite fille, il avait écrit : « J'offre mes souffrances, celles de ma race, pour la conversion de ma sœur et des miens... »

C'est devant la vierge d'albâtre de la Basilique, qu'on le voyait souvent à genoux; ou devant les stations du Chemin de Croix. Il servait la messe et communiait chaque matin et sa foi suscita autour de lui de nombreuses conversions. Sa foi, son comportement, sa vie apaisée, spiritualisée — bien plus encore que les plus subtils arguments.

Il venait de découvrir la Vierge de Fatima et il s'était passionné pour la littérature, à la fois naïve et réconfortante, qu'avait suscitée cette apparition. Il lisait tous les jours l'*Introduction à la vie dévote*, parachevait ses *Méditations*. Alors que les bibliophiles se disputent ses ouvrages, il n'en avait pas un avec lui. C'est en « pleine

(*Suite en page 7*)

Tu dis « merci » à tes bourreaux

Sous la sage lueur de la Vierge
d'albâtre,
Sous les pierres veinées comme un
œil inquiet
Tu peignais à grands traits l'aile
des libellules,
Max Jacob,
Et le dessin tremblait sous tes
mains innocentes.
Les bons et les méchants,
Les jardins et leurs fruits,
Le monde sous ta main comme une
fleur parfaite
Comme une miniature
S'ouvrait et tu l'enjolivais d'un
trait d'or délicat
Le couchant te prêtait ses couleurs
et ses larmes
Les cloches leur voix pure
Et le ciel peuplé d'anges
Tenait dans ton regard.

Aujourd'hui le chagrin s'envole
vers la Loire.
La dentelle noircit entre les arbres
morts
Et les flèches de miel que le printemps
prépare,
Ton fantôme léger s'attarde, nous
regarde,
Et, pour l'amour d'un joli mot,
Tu dis *merci* à tes bourreaux.

An article by Paul Éluard, "*Max Jacob assassiné*" [Max Jacob is Murdered], which appeared anonymously in issue 15 of *Les Lettres françaises*, in April 1944: "Max Jacob could feel this death coming. Five days, before his arrest and exactly fifteen days before his death, after visiting the basilica [of Vézelay] with a poet friend, Marcel Béalu, Max Jacob signed himself in the register of the basilica: 'Max Jacob, 1921-1944.'"

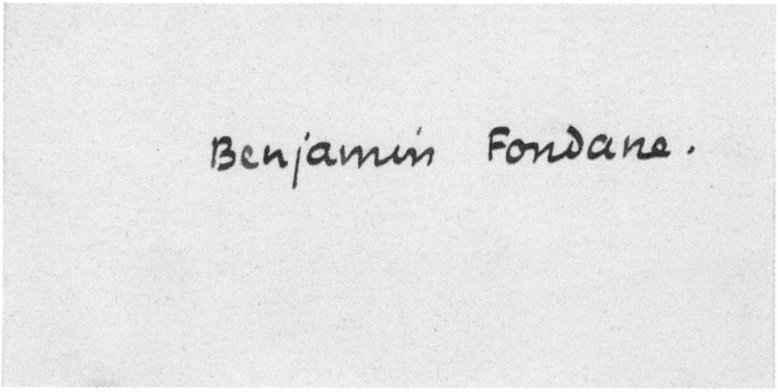

Benjamin Fondane, a Jewish poet and essayist of Romanian extraction. He arrived in Paris in 1923 and was arrested in March 1944 by the Vichy police. Deported to Drancy on May 30, he died at Auschwitz-Birkenau on October 2 or 3, 1944. Paulhan kept this identity photo, which he annotated below.

Benjamin Crémieux, quelque temps avant la guerre, alors qu'il habitait encore son paisible et pittoresque appartement de la rue Denfert-Rochereau.

BENJAMIN CRÉMIEUX

par
Jean CASSOU

PENDANT les années de l'occupation j'avais retrouvé Benjamin Crémieux dans le Midi, dans cette région d'Oc d'où il était et dont il avait chanté les mystères et les fables en son roman *Le Premier de la classe*. Beau roman de jeunesse et de la jeunesse, où l'on respire ce charme printanier qui souffle à travers certains livres très rares, de *Dominique* au *Grand Meaulnes*, sans oublier *L'Elève Gilles*, qu'écrivit un des jeunes héros de l'autre guerre. Dans *Le Premier de la classe*, bien des jeunes Occitans peuvent se reconnaître, de qui je sais qu'ils rêvent, avec une farouche ferveur, aux trésors enfouis de ce royaume enchanté qui vit fleurir la première civilisation française. L'ombre des troubadours et des cathares, l'ombre d'Esclarmonde, les fantômes des vaincus de Montségur parcourent encore ces contrées de soleil, parlent encore dans le parler sonore de leurs habitants d'aujourd'hui. Et Benjamin Crémieux, juif d'Occitanie, descendait de l'une des plus vieilles races, de l'une des plus vieilles aristocraties qui composent l'innombrable harmonie française. Il s'était déclaré porteur de quelques-uns de nos plus vieux secrets, de quelques-unes de nos légendes les plus vraies.

Vaincu à son tour, opprimé, exclu de la nation, il avait gardé son alacrité méditerranéenne, sa bonne humeur, son inassouvissable curiosité. Cette curiosité n'avait-elle pas fait de lui un de nos meilleurs critiques, le type même du critique, qui savoure avec gourmandise la diversité des formes et des esprits et ne satisfait jamais son appétit de connaissance ? Français et européen, il doublait sa science des lettres de chez nous de celle des lettres italiennes, et son activité d'animateur des Pen Clubs lui faisait goûter le commerce de la société des meilleurs génies de l'univers. C'était un bon critique parce que c'était un bon ami. Il était un honnête homme, l'honnête homme même et l'ami des honnêtes gens. Il voyait la culture sous le signe de l'amitié, de la courtoisie intellectuelle, de la gaîté et de la lumière, et par conséquent il était un humaniste.

Son humanisme ne pouvait le laisser en dehors du combat, sa curiosité en dehors de l'action. J'ai déjà dit et je redirai sans cesse l'ardeur toute juvénile avec laquelle nous l'avons vu se jeter dans les travaux de la Résistance, le soin, l'attention et le scrupule qu'il y apporta. Il fut l'incarnation même de la vaillance, et il faut entendre dans ce mot toute la résonance gentille et claire que sait y mettre le bel accent méridional. Combattant de l'autre guerre, héros et martyr de celle-ci, il laissera une des plus belles figures qui soit de l'intellectuel qui sait quitter ses livres pour se battre parce qu'il sait que, dans les besognes de l'action, fussent-elles humbles, c'est encore pour ses livres qu'il se bat.

Arrêté par les Allemands, blessé, torturé, brisé, il n'a jamais parlé. J'ai raconté aussi quelque part que son ultime souci était que l'on sût bien qu'il n'avait jamais parlé. Je ne saurais trop souvent le raconter. C'est un témoignage que je tiens de l'un de ses compagnons de prison. « Vous leur direz, n'est-ce pas, lui répétait-il, vous leur direz, aux amis, que je n'ai jamais parlé. » Ses amis le savent, ses compagnons le savent, et tous les Français doivent le savoir et inscrire dans leur cœur cette sublime protestation, ce serment de fidélité sur le seuil de la mort. Ils doivent communier avec la pensée de Benjamin Crémieux dans ce suprême silence.

This article by Jean Cassou on the death of Benjamin Crémieux appeared just after the Liberation, in one of the first openly published issues of *Les Lettres françaises*. "Arrested by the Germans, wounded and tortured, he never talked . . . That is firsthand testimony from one of his fellow prisoners. 'You must tell them, you know, he used to say, you must tell our friends that I have never talked.'" From 1920 to the end of 1940, Benjamin Crémieux was assigned by the Ministry of Public Instruction to the Italian section of the Foreign Press Department at the Quai d'Orsay; his position was terminated as a result of the Statute on Jews. A refugee in the Southern Zone in 1942, he joined the Resistance and worked for *Combat*, then for Mouvements unis de Résistance [United Resistance Movements, MUR]. He became regional chief of Noyautage des administrations publiques [Infiltration of Public Administrations] and the Service de renseignement [Intelligence Service] for the Marseille region. Arrested in Marseille in April 1943, he was deported the following year to Buchenwald, where he died on April 14, 1944.

Marc Bloch, a professor of Economic History at the Sorbonne and a member, under the pseudonym "Narbonne," of the regional executive of MUR, was arrested by the Gestapo in Lyon on March 8, 1944. After suffering a long period of torture in the prison at Fort Montluc, he was shot, along with other Resistance fighters, by German soldiers in a field near Saint-Didier-de-Formans (Ain), on June 16, 1944. Following the Liberation in June 1945, he was accorded "a solemn tribute by the University and the Resistance."

HOMMAGE SOLENNEL
de l'Université et de la Résistance
à la mémoire de
Marc BLOCH
Professeur d'Histoire économique à la Sorbonne
fusillé par les Allemands le 16 Juin 1944

Cérémonie du 26 Juin 1945
au Grand Amphithéâtre de la Sorbonne
sous la présidence de
M. le Ministre de l'Éducation Nationale

MARC BLOCH, grand historien
Héros et martyr de la Résistance
L'homme et l'œuvre
par Lucien Febvre et Georges Altman

Robert Desnos at the end of the 1930s. He was Information Chief for the daily *Aujourd'hui* [Today], which became part of the collaboration only after the arrest of its director, Henri Jeanson, in November 1940. From 1942, Desnos belonged to the Resistance network AGIR, to which he passed confidential information coming to the paper. He contributed a poem, *"Le veilleur du Pont-au-Change,"* to the anthology *L'Honneur des poètes*, published secretly by Éditions de Minuit in July 1943: "I am the watchman at the Pont-au-Change / Watching at the heart of Paris as the rumor grows / Where I can see the panicked nightmares of the enemy / The victory shouts of our friends and of the French / The suffering cries of our brothers tortured by Hitler's Germans." The writer was arrested February 22, 1944, interned first at the camp at Compiègne, and then deported to Auschwitz in a convoy of 1,700 men on April 27, 1944. He underwent a long and exhausting series of journeys to Buchenwald, Flossenbürg, and finally Flöha, a camp in Saxony that was evacuated during the Allied push in May 1945. Exhausted by the forced marches and mistreatment, Desnos died of typhus in the camp at Terezin in Czechoslovakia on June 8, 1945.

Funeral announcement for Robert Desnos; the religious funeral took place in the church of Saint-Germain-des-Prés in October 1945, more than four months after his death.

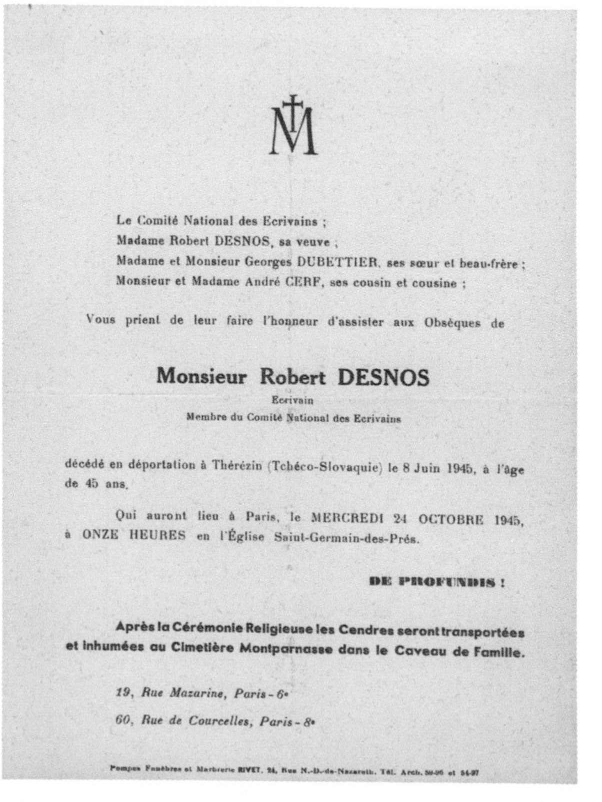

Le Comité National des Ecrivains ;
Madame Robert DESNOS, sa veuve ;
Madame et Monsieur Georges DUBETTIER, ses sœur et beau-frère ;
Monsieur et Madame André CERF, ses cousin et cousine ;

Vous prient de leur faire l'honneur d'assister aux Obsèques de

Monsieur Robert DESNOS

Ecrivain

Membre du Comité National des Ecrivains

décédé en déportation à Thérézin (Tchéco-Slovaquie) le 8 Juin 1945, à l'âge de 45 ans,

Qui auront lieu à Paris, le MERCREDI 24 OCTOBRE 1945, à ONZE HEURES en l'Église Saint-Germain-des-Prés.

DE PROFUNDIS !

Après la Cérémonie Religieuse les Cendres seront transportées et inhumées au Cimetière Montparnasse dans le Caveau de Famille.

19, Rue Mazarine, Paris - 6e

60, Rue de Courcelles, Paris - 8e

Pompes Funèbres et Marbrerie RIVET, 24, Rue N.-D.-de-Nazareth. Tél. Arch. 59-96 et 54-97

"*Le Dossier Américain Des Atrocités Nazies*" [The American File on Nazi Atrocities], published in *La Revue du Monde Libre* [The Review of the Free World] in February 1945, and illustrated by Mané-Katz: The War Refugee Board, "established by the American government to save the greatest possible number of Hitler's victims," provides us with "two true accounts of events which took place in the death camps." Based on the experiences of two young Slovakian Jews who managed to escape from the camps at Auschwitz and Birkenau, the first story reads: "All of the prisoners arrive first at Auschwitz where they are made to undress, and an identity number is tattooed on their body (this operation is carried out with such brutality that many of the prisoners fainted outright)."

Le Dossier Américain Des Atrocités Nazies

AUSCHWITZ BIRKENAU CAMPS DE MORT

LES récits des atrocités commises par les Allemands ont paru au monde civilisé si monstrueux qu'on avait peine à croire qu'ils pussent être authentiques, bien que les témoignages venus de diverses sources concordent plus ou moins sur les points essentiels.

Le War Refugee Board, le comité formé par le gouvernement américain pour sauver le plus grand nombre possible des victimes de Hitler, a envoyé des représentants dans toute l'Europe à cet effet. Ces délégués qui touchent tous les points de l'Europe informent le Comité de la campagne d'extermination et de torture exercée par les Allemands.

L'organisation a récemment reçu de l'un de ses délégués qui se trouvait tout près du lieu des atrocités deux récits vécus d'événements qui se sont produits dans les camps d'extermination.

Le premier rapport est basé sur les expériences de deux jeunes juifs de Slovaquie qui, après deux ans de torture, réussirent à s'évader en avril 1944 des camps de concentration nazis d'Auschwitz et de Birkenau. Le second rapport provient d'un major polonais non-juif, seul survivant d'un groupe emprisonné à Auschwitz.

Le War Refugee Board a toutes raisons de croire que ces rapports présentent une image exacte de l'enfer de ces camps. C'est pour cette raison qu'ils ont été présentés au public américain, afin que celui-ci connaisse le visage de son ennemi.

Nous présentons à nos lecteurs les extraits les plus significatifs de ces rapports.

LE CHEMIN D'AUSCHWITZ

LE 13 AVRIL 1942, notre groupe, qui comprenait 1.000 hommes, fut chargé dans des wagons de chemins de fer à Sered, et nous arrivâmes après un long voyage au camp d'Auschwitz, en Silésie.

Le camp d'Auschwitz est un camp de concentration pour prisonniers politiques, en « détention protective ». A l'époque de mon arrivée, il y avait environ 15.000 prisonniers, dont la plupart étaient des Polonais, des Allemands et des civils russes. Il y avait aussi quelques prisonniers qui entraient dans la catégorie de criminels et de saboteurs du travail.

Le quartier général du camp d'Auschwitz contrôle en même temps le camp de travail de Birkenau et le camp agricole de Harmense. Tous les prisonniers arrivent d'abord à Auschwitz où on les fait se déshabiller, et où un numéro d'immatriculation est tatoué sur leur corps (cette opération est faite avec une telle brutalité que beaucoup de prisonniers s'évanouirent lorsque je me trouvai là). Les prisonniers sont ensuite, soit gardés à Auschwitz, soit envoyés à Birkenau, soit, en bien plus petits nombres, à Harmense. Le numéro qu'ils reçoivent n'est employé qu'une fois et le dernier chiffre employé correspond au nombre de prisonniers dans le camp. Au mo-

75

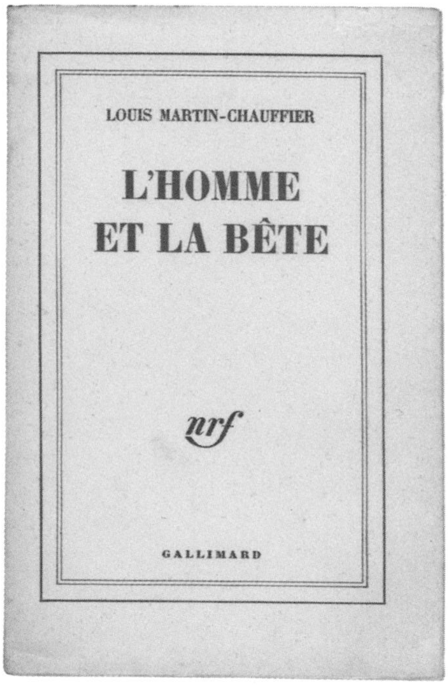

Louis Martin-Chauffier, author of *L'Homme et la Bête* [Man and Beast] published by Gallimard in 1947. Editor-in-chief at *Vendredi* [Friday], and then editorialist for *Paris-Soir*, Martin-Chauffier joined the Resistance, and from 1942 to April 1944 was editorial director of one of the most important underground publications, *Libération*. He also became a member of the Comité national des écrivains [National Committee of Writers]. This book, one of the rare firsthand accounts published immediately after the Second World War, covers the arrest of Louis Martin-Chauffier, his interrogation by the Gestapo, and his imprisonment first at Fort Montluc, then in the camp at Neuengamme, and finally in the "hell" of Bergen-Belsen.

7

DARING TO RESIST: THE STRUGGLE OF THE SPIRIT

"On all the pages read
On all the blank pages
Stone blood paper or ash
I write your name."
Paul ÉLUARD, "*Liberté*" (summer 1941)

The situation for writers under the Occupation was not an easy one. If they were to resist and fight the Nazis, should they take up arms—as did Jean Prévost, André Malraux, and René Char—or should they fight with thoughts and words? Armed and intellectual resistance were to prove equally dangerous: at the end of either path was arrest, torture, deportation, and death.

From the outset, other, more practical questions arose: should one act alone, as a free agent (as did Paul Éluard until the end of 1942); establish an autonomous movement (Jean-Paul Sartre); join one or more of the many expanding networks (Jean Paulhan); or align oneself according to professional or political affinities (like the Communist writers)? Should one go into hiding in the Free Zone, or stay in the dangerous Northern Zone, where one might have to hide at a moment's notice? Should one publish at all costs, like Paul Éluard and Louis Aragon—who published prolifically during this period—or refuse to publish at all under Nazi and Pétainist censorship, as did Jean Guéhenno?

For most writers it took some time to comprehend what was at stake under the German Occupation, and perhaps also to unburden themselves of a strongly felt egocentrism . . . Rare were those who joined the Resistance immediately. Nonetheless, in June 1940 Claude Aveline, Jean Cassou, and Jean Paulhan founded "Les Amis d'Alain Fournier" [Friends of Alain Fournier], whose scholastic name conceals the fact that this was the first true literary resistance organization. The first underground newspaper, *Résistance*, was published on December 15, 1940, edited by the "Réseau du musée de l'Homme" (Jean Cassou, Claude Aveline, Jean Paulhan, Paul Rivet, Marcel Abraham, Anatole Lewitsky, and Boris Vildé). The group was disbanded in May 1941.

Catholic writers such as Jacques Maritain and Georges Bernanos—who had already made clear before the war their rejection of Fascist regimes, in particular that of General Franco in Spain—or François Mauriac, who flirted with the Communist Party, generally opted for resistance. Other writers, less willing to break the law, tried to follow the path indicated by Pétain, particularly regarding cultural politics. This was the case, for example, with Emmanuel Mounier and Claude Roy, both of whom participated in the "Lourmarin Meetings" in September 1941, confirming their preference for intellectual resistance.

The routing of Hitler's armies in the Soviet Union, and above all the Allied landings in North Africa in November 1942, signaled a possible reversal of forces, thus prompting some intellectuals who had previously taken a wait-and-see attitude to join the underground movement, though great risks remained for those who might be denounced or betrayed.

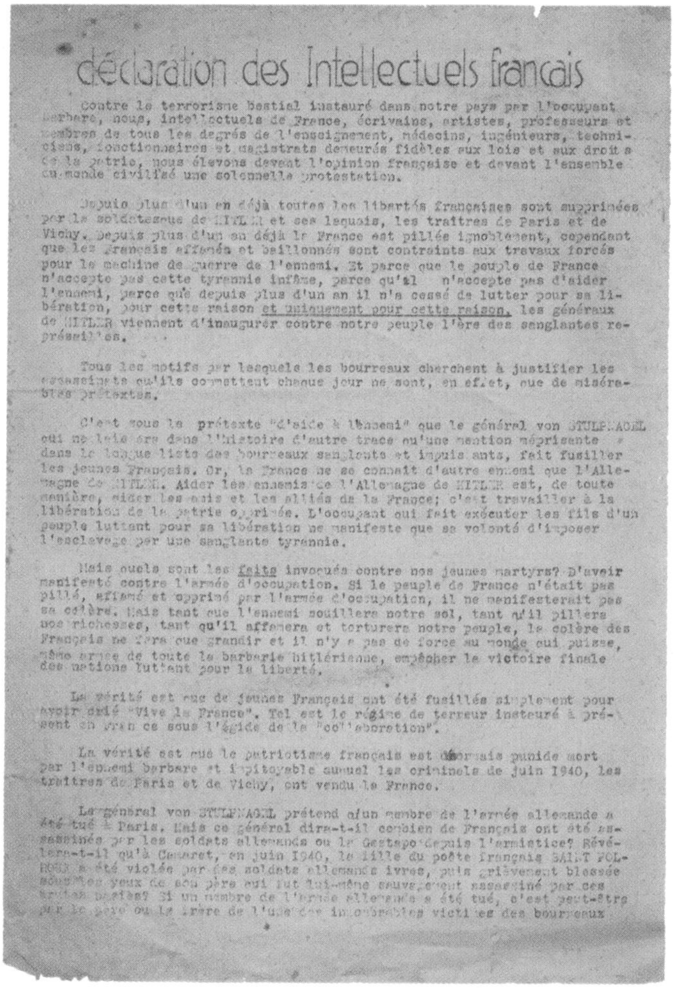

déclaration des Intellectuels francais

Contre le terrorisme bestial instauré dans notre pays par l'occupant barbare, nous, intellectuels de France, écrivains, artistes, professeurs et membres de tous les degrés de l'enseignement, médecins, ingénieurs, techniciens, fonctionnaires et magistrats demeurés fidèles aux lois et aux droits de la patrie, nous élevons devant l'opinion française et devant l'ensemble du monde civilisé une solennelle protestation.

Depuis plus d'un an déjà toutes les libertés françaises sont supprimées par la soldatesque de HITLER et ses laquais, les traitres de Paris et de Vichy. Depuis plus d'un an déjà la France est pillée ignoblement, cependant que les Français affamés et baillonnés sont contraints aux travaux forcés pour la machine de guerre de l'ennemi. Et parce que le peuple de France n'accepte pas cette tyrannie infâme, parce qu'il n'accepte pas d'aider l'ennemi, parce que depuis plus d'un an il n'a cessé de lutter pour sa libération, pour cette raison et uniquement pour cette raison, les généraux de HITLER viennent d'inaugurer contre notre peuple l'ère des sanglantes représailles.

Tous les motifs par lesquels les bourreaux cherchent à justifier les assassinats qu'ils commettent chaque jour ne sont, en effet, que de misérables prétextes.

C'est sous le prétexte "d'aide à l'ennemi" que le général von STULPNAGEL qui ne laissera dans l'histoire d'autre trace qu'une mention méprisante dans la longue liste des bourreaux sanglants et impuissants, fait fusiller les jeunes Français. Or, la France ne se connait d'autre ennemi que l'Allemagne de HITLER. Aider les ennemis de l'Allemagne de HITLER est, de toute manière, aider les amis et les alliés de la France; c'est travailler à la libération de la patrie opprimée. L'occupant qui fait exécuter les fils d'un peuple luttant pour sa libération ne manifeste que sa volonté d'imposer l'esclavage par une sanglante tyrannie.

Mais quels sont les faits invoqués contre nos jeunes martyrs? [illegible]

[illegible]

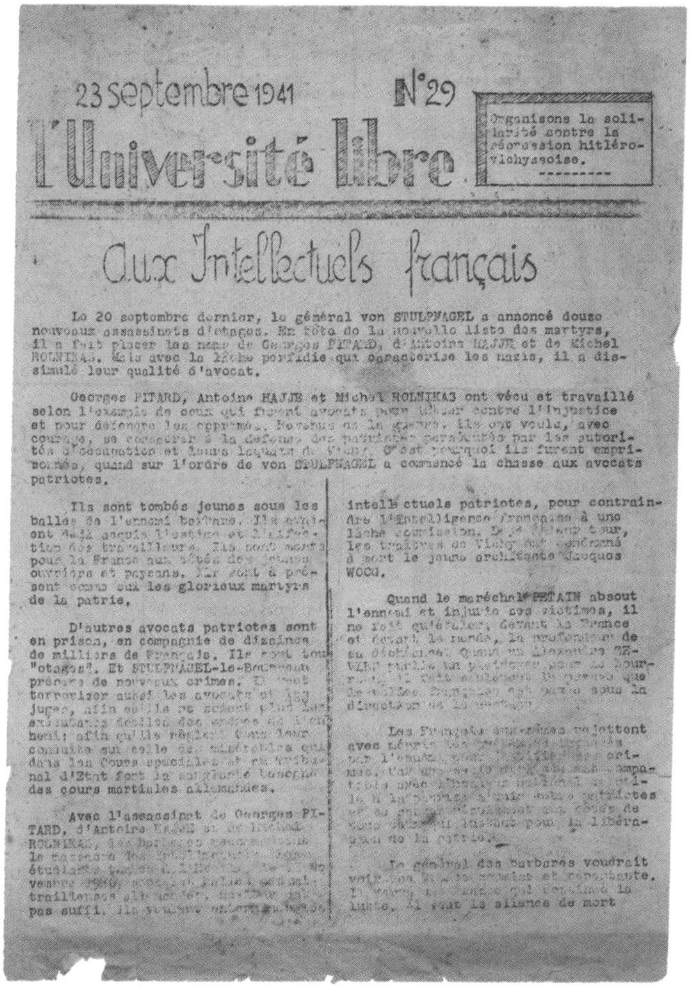

23 septembre 1941 N°29

l'Université libre

Organisons la solidarité contre la répression hitléro-vichyssoise.

Aux Intellectuels français

Le 20 septembre dernier, le général von STULPNAGEL a annoncé douze nouveaux assassinats d'otages. En tête de la nouvelle liste des martyrs, il a fait placer les noms de Georges PITARD, d'Antoine HAJJE et de Michel ROLNIKAS. Mais avec la lâche perfidie qui caractérise les nazis, il a dissimulé leur qualité d'avocat.

Georges PITARD, Antoine HAJJE et Michel ROLNIKAS ont vécu et travaillé selon l'exemple de ceux qui furent avocats pour lutter contre l'injustice et pour défendre les opprimés. [illegible] C'est pourquoi ils furent emprisonnés, quand sur l'ordre de von STULPNAGEL a commencé la chasse aux avocats patriotes.

Ils sont tombés jeunes sous les balles de l'ennemi barbare. [illegible]

[illegible]

"Déclaration des Intellectuels français" [Declaration of the French Intellectuals]: an anonymous, roneotyped tract from September 1941, which solemnly protests the execution, ordered by General von Stülpnagel, Military Commander in occupied France, of young Frenchmen, "shot simply because they shouted 'Vive la France.'" Such was the case of Paul Colette, a member of the LVF who shot at Pierre Laval, Marcel Déat, and Lucien Sampaix, the general secretary of *L'Humanité*. The tract also vilifies the special courts set up by Vichy the previous August; at the time these courts were about to condemn to death two Communist members of the Resistance, Gabriel Péri and Jean Catelas.

L'Université libre [The Free University], "a publication of the university committees of the National Front," no. 29, September 23, 1941. This journal, which was created in October 1940 by Jacques Solomon, Jacques Decour, Frédéric Joliot-Curie, Paul Langevin, Pierre Maucherat, and Georges Politzer, was mimeographed and often ran to as many as 500 to 1,000 copies. "To all French Intellectuals: On the 20th of September last, General von Stülpnagel announced twelve new hostage shootings. At the head of the new list of martyrs, he put the names of Georges PITARD, Antoine HAJJE, and Michel ROLNIKAS. However, with the perfidious cowardice that characterizes the Nazis, he failed to mention that they were lawyers."

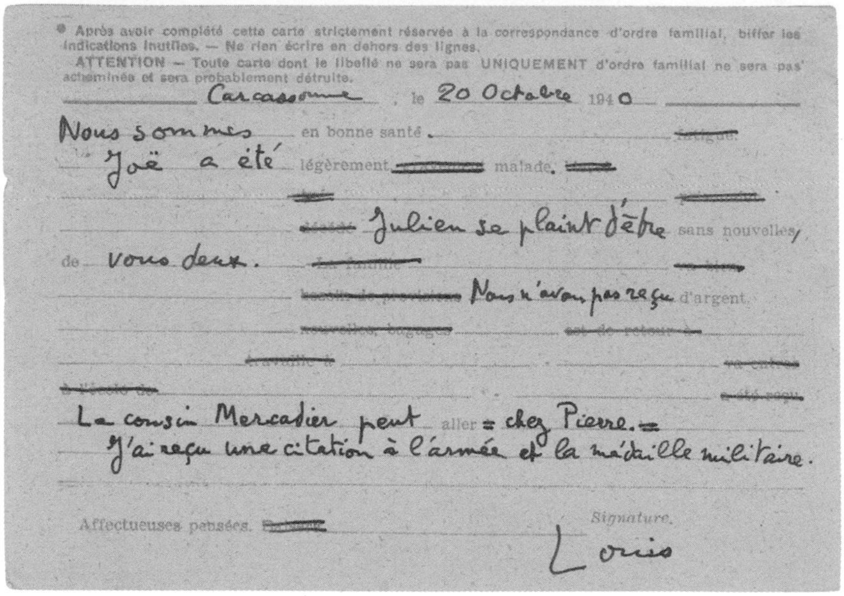

• Après avoir complété cette carte strictement réservée à la correspondance d'ordre familial, biffer les indications inutiles. — Ne rien écrire en dehors des lignes.
ATTENTION — Toute carte dont le libellé ne sera pas UNIQUEMENT d'ordre familial ne sera pas acheminée et sera probablement détruite.

Carcassonne, le 20 Octobre 1940

Nous sommes en bonne santé. ~~fatigué.~~
Joë a été légèrement ~~gravement~~ malade, ~~blessé~~
~~tué~~
~~…~~ Julien se plaint d'être sans nouvelles de vous deux. ~~la famille~~
~~besoin de provisions~~ Nous n'avons pas reçu d'argent.
~~nouvelles, bagages~~ ~~est de retour à~~
~~travaille à~~ ~~va entrer~~
~~à l'école de~~ ~~a été reçu~~
La cousin Mercadier peut aller chez Pierre.
J'ai reçu une citation à l'armée et la médaille militaire.

Affectueuses pensées. ~~Baisers~~

Signature.
Louis

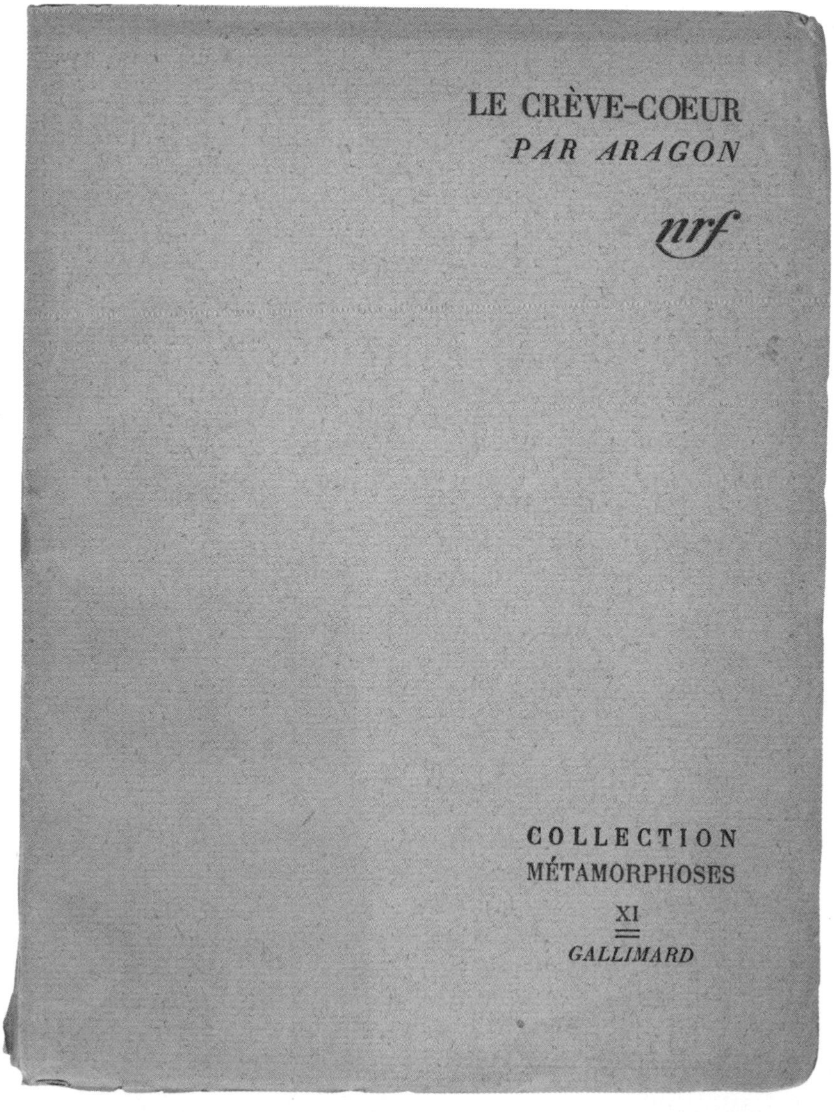

A pre-printed, interzone postcard sent by Louis Aragon to Jean Paulhan's wife. The postcard was sent on October 20, 1940, from Carcassonne, where they had met the previous summer with André Gide, Paul Éluard and Antoine de Saint-Exupéry… Aragon gives news of Joë [Bousquet] and also of Julien [Benda], who was to spend a large part of the Occupation as a refugee in Carcassonne. Aragon adds more confidential details in code, in order to get by the censor: "Mercadier's cousin might go to Pierre's" means "Louis Aragon will go into hiding at the home of Pierre Seghers in Villeneuve-lès-Avignon."

Le Crève-cœur [The Heartbreak] by Louis Aragon, poems of resistance published by Gallimard in Jean Paulhan's *Métamorphoses* collection in February 1941.

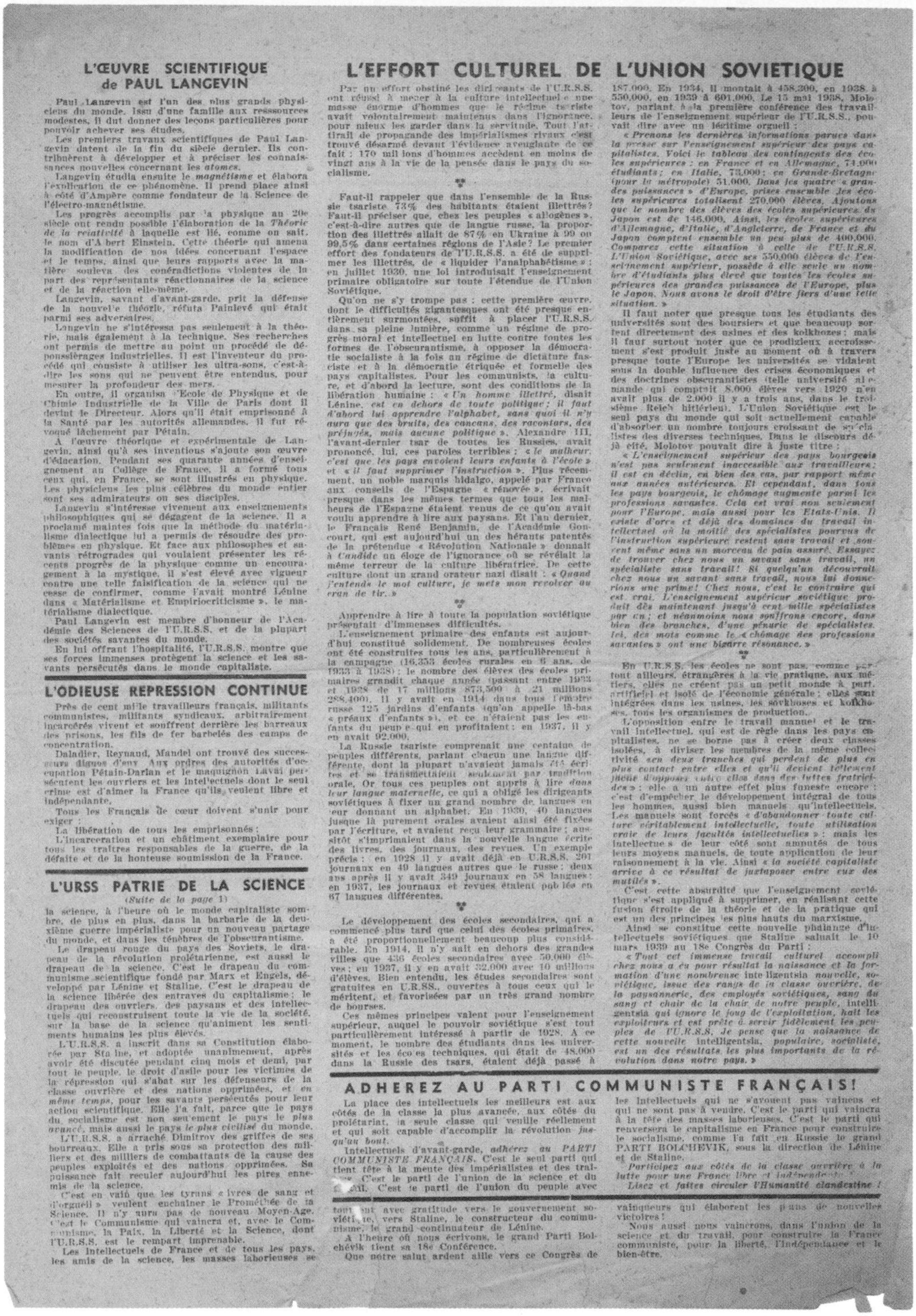

L'ŒUVRE SCIENTIFIQUE de PAUL LANGEVIN

Paul Langevin est l'un des plus grands physiciens du monde. Issu d'une famille aux ressources modestes, il dut donner des leçons particulières pour pouvoir achever ses études.

Les premiers travaux scientifiques de Paul Langevin datent de la fin du siècle dernier. Ils contribuèrent à développer et à préciser les connaissances nouvelles concernant les *atomes*.

Langevin étudia ensuite le *magnétisme* et élabora l'explication de ce phénomène. Il prend place ainsi à côté d'Ampère comme fondateur de la Science de l'électro-magnétisme.

Les progrès accomplis par la physique au 20e siècle ont rendu possible l'élaboration de la *Théorie de la relativité* à laquelle est lié, comme on sait, le nom d'Albert Einstein. Cette théorie qui amena la modification de nos idées concernant l'espace et le temps, ainsi que leurs rapports avec la matière souleva des contradictions violentes de la part des représentants réactionnaires de la science et de la réaction elle-même.

Langevin, savant d'avant-garde, prit la défense de la nouvelle théorie, réfuta Painlevé qui était parmi ses adversaires.

Langevin ne s'intéressa pas seulement à la théorie, mais également à la technique. Ses recherches ont permis de mettre au point un procédé de dépoussiérages industrielles. Il est l'inventeur du procédé qui consiste à utiliser les ultra-sons, c'est-à-dire les sons qui ne peuvent être entendus, pour mesurer la profondeur des mers.

En outre, il organisa l'Ecole de Physique et de Chimie Industrielle de la Ville de Paris dont il devint le Directeur. Alors qu'il était emprisonné à la Santé par les autorités allemandes, il fut révoqué lâchement par Pétain.

A l'œuvre théorique et expérimentale de Langevin, ainsi qu'à ses inventions s'ajoute son œuvre d'éducation. Pendant ses quarante années d'enseignement au Collège de France, il a formé tous ceux qui, en France, se sont illustrés en physique. Les physiciens les plus célèbres du monde entier sont ses admirateurs ou ses disciples.

Langevin s'intéresse vivement aux enseignements philosophiques qui se dégagent de la science. Il a proclamé maintes fois que la méthode du matérialisme dialectique lui a permis de résoudre des problèmes en physique. Et face aux philosophes et savants rétrogrades qui voulaient présenter les récents progrès de la physique comme un encouragement à la mystique, il s'est élevé avec vigueur contre une telle falsification de la science qui ne cesse de confirmer, comme l'avait montré Lénine dans « Matérialisme et Empiriocriticisme », le matérialisme dialectique.

Paul Langevin est membre d'honneur de l'Académie des Sciences de l'U.R.S.S. et de la plupart des sociétés savantes du monde.

En lui offrant l'hospitalité, l'U.R.S.S. montre que ses forces immenses protègent la science et les savants persécutés dans le monde capitaliste.

L'ODIEUSE REPRESSION CONTINUE

Près de cent mille travailleurs français, militants communistes, militants syndicaux, arbitrairement incarcérés vivent et souffrent derrière les barreaux des prisons, les fils de fer barbelés des camps de concentration.

Daladier, Reynaud, Mandel ont trouvé des successeurs dignes d'eux. Aux ordres des autorités d'occupation Pétain-Darlan et le maquignon Laval persécutent les ouvriers et les intellectuels dont le seul crime est d'aimer la France qu'ils veulent libre et indépendante.

Tous les Français de cœur doivent s'unir pour exiger :

La libération de tous les emprisonnés ;

L'incarcération et un châtiment exemplaire pour tous les traîtres responsables de la guerre, de la défaite et de la honteuse soumission de la France.

L'URSS PATRIE DE LA SCIENCE

(Suite de la page 1)

la science, à l'heure où le monde capitaliste sombre, de plus en plus, dans la barbarie de la deuxième guerre impérialiste pour un nouveau partage du monde, et dans les ténèbres de l'obscurantisme.

Le drapeau rouge du pays des Soviets, le drapeau de la révolution prolétarienne, est aussi le drapeau de la science. C'est le drapeau du communisme scientifique fondé par Marx et Engels, développé par Lénine et Staline. C'est le drapeau de la science libérée des entraves du capitalisme ; le drapeau des ouvriers, des paysans et des intellectuels qui reconstruisent toute la vie de la société, sur la base de la science qu'animent les sentiments humains les plus élevés.

L'U.R.S.S. a inscrit dans sa Constitution élaborée par Staline, et adoptée unanimement, après avoir été discutée pendant cinq mois et demi, par tout le peuple, le droit d'asile pour les victimes de la répression qui s'abat sur les défenseurs de la classe ouvrière et des nations opprimées, et *en même temps*, pour les savants persécutés pour leur action scientifique. Elle l'a fait, parce que le pays du socialisme est non seulement le pays le *plus avancé*, mais aussi le pays *le plus civilisé* du monde.

L'U.R.S.S. a arraché Dimitrov des griffes de ses bourreaux. Elle a pris sous sa protection des milliers et des milliers de combattants de la cause des peuples exploités et des nations opprimées. Sa puissance fait reculer aujourd'hui les pires ennemis de la science.

C'est en vain que les tyrans « ivres de sang et d'orgueil » veulent enchaîner le Prométhée de la Science. Il n'y aura pas de nouveau Moyen-Age. C'est le Communisme qui vaincra et, avec le Communisme, la Paix, la Liberté et la Science, dont l'U.R.S.S. est le rempart imprenable.

Les Intellectuels de France et de tous les pays, les amis de la science, les masses laborieuses se

L'EFFORT CULTUREL DE L'UNION SOVIETIQUE

Par un effort obstiné les dirigeants de l'U.R.S.S. ont réussi à mener à la culture intellectuelle une masse énorme d'hommes que le régime tsariste avait volontairement maintenus dans l'ignorance, pour mieux les garder dans la servitude. Tout l'attirail de propagande des impérialismes rivaux s'est trouvé désarmé devant l'évidence aveuglante de ce fait : 170 millions d'hommes accèdent en moins de vingt ans à la vie de la pensée dans le pays du socialisme.

Faut-il rappeler que dans l'ensemble de la Russie tsariste 73% des habitants étaient illettrés? Faut-il préciser que, chez les peuples « allogènes », c'est-à-dire autres que de langue russe, la proportion des illettrés allait de 87% en Ukraine à 99 ou 99,5% dans certaines régions de l'Asie? Le premier effort des fondateurs de l'U.R.S.S. a été de supprimer les illettrés, de « liquider l'analphabétisme » ; en juillet 1930, une loi introduisait l'enseignement primaire obligatoire sur toute l'étendue de l'Union Soviétique.

Qu'on ne s'y trompe pas : cette première œuvre, dont le difficultés gigantesques ont été presque entièrement surmontées, suffit à placer l'U.R.S.S. dans sa pleine lumière, comme un régime de progrès moral et intellectuel en lutte contre toutes les formes de l'obscurantisme, à opposer la démocratie socialiste à la fois au régime de dictature fasciste et à la démocratie étriquée et formelle des pays capitalistes. Pour les communists, la culture, et d'abord la lecture, sont des conditions de la libération humaine : « *Un homme illettré*, disait Lénine, *est en dehors de toute politique ; il faut d'abord lui apprendre l'alphabet, sans quoi il n'y aura que des bruits, des cancans, des racontars, des préjugés, mais aucune politique* ». Alexandre III, l'avant-dernier tsar de toutes les Russies, avait prononcé, lui, ces paroles terribles : « *le malheur, c'est que les pays envoient leurs enfants à l'école* » et « *il faut supprimer l'instruction* ». Plus récemment, un noble marquis hidalgo, appelé par Franco aux conseils de l'Espagne « rénovée », écrivait presque dans les mêmes termes que tous les malheurs de l'Espagne étaient venus de ce qu'on avait voulu apprendre à lire aux paysans. Et l'an dernier, le Français René Benjamin, de l'Académie Goncourt, qui est aujourd'hui un des hérauts patentés de la prétendue « Révolution Nationale » donnait à *Candide* un éloge de l'ignorance où se révélait la même terreur de la culture libératrice. De cette culture dont un grand orateur nazi disait : « *Quand j'entends le mot culture, je mets mon revolver au cran de tir.* »

Apprendre à lire à toute la population soviétique présentait d'immenses difficultés.

L'enseignement primaire des enfants est aujourd'hui constitué solidement. De nombreuses écoles ont été construites tous les ans, particulièrement à la campagne (16.353 écoles rurales en 6 ans, de 1933 à 1938) ; le nombre des élèves des écoles primaires grandit chaque année (passant entre 1933 et 1938 de 17 millions 873.500 à 21 millions 288.400). Il y avait en 1914 dans tous l'empire russe 125 jardins d'enfants (qu'on appelle là-bas « préaux d'enfants »), et ce n'étaient pas les enfants du peuple qui en profitaient : en 1937, il y en avait 92.000.

La Russie tsariste comprenait une centaine de peuples différents, parlant chacun une langue différente, dont la plupart n'avaient jamais été écrites et se transmettaient seulement par tradition orale. Or tous ces peuples ont appris à lire *dans leur langue maternelle*, ce qui a obligé les dirigeants soviétiques à fixer un grand nombre de langues en leur donnant un alphabet. En 1930, 40 langues jusque là purement orales avaient ainsi été fixées par l'écriture, et avaient reçu leur grammaire ; aussitôt s'imprimaient dans la nouvelle langue écrite des livres, des journaux, des revues. Un exemple précis : en 1928 il y avait déjà en U.R.S.S. 201 journaux en 40 langues autres que le russe ; deux ans après il y avait 349 journaux en 58 langues ; en 1937, les journaux et revues étaient publiés en 67 langues différentes.

Le développement des écoles secondaires, qui a commencé plus tard que celui des écoles primaires, a été proportionnellement beaucoup plus considérable. En 1914, il n'y avait en dehors des grandes villes que 436 écoles secondaires avec 50.000 élèves ; en 1937, il y en avait 32.000 avec 10 millions d'élèves. Bien entendu, les études secondaires sont gratuites en U.R.SS., ouvertes à tous ceux qui le méritent, et favorisées par un très grand nombre de bourses.

Ces mêmes principes valent pour l'enseignement supérieur, auquel le pouvoir soviétique s'est tout particulièrement intéressé à partir de 1928. A ce moment, le nombre des étudiants dans les universités et les écoles techniques, qui était de 48.000 dans la Russie des tsars, étaient déjà passé à 187.000. En 1934, il montait à 458.300, en 1938 à 550.000, en 1939 à 601.000. Le 15 mai 1938, Molotov, parlant à la première conférence des travailleurs de l'enseignement supérieur de l'U.R.S.S., pouvait dire avec un légitime orgueil :

« *Prenons les dernières informations parues dans la presse sur l'enseignement supérieur des pays capitalistes. Voici le tableau des contingents des écoles supérieures : en France et en Allemagne, 74.000 étudiants ; en Italie, 73.000 ; en Grande-Bretagne (pour la métropole) 51.000. Dans les quatre « grandes puissances » d'Europe, prises ensemble les écoles supérieures totalisent 270.000 élèves. Ajoutons que le nombre des élèves des écoles supérieures du Japon est de 146.000. Ainsi, les écoles supérieures d'Allemagne, d'Italie, d'Angleterre, de France et du Japon comptent ensemble un peu plus de 400.000. Comparez cette situation à celle de l'U.R.S.S. L'Union Soviétique, avec ses 550.000 élèves de l'enseignement supérieur, possède à elle seule un nombre d'étudiants plus élevé que toutes les écoles supérieures des grandes puissances de l'Europe, plus le Japon. Nous avons le droit d'être fiers d'une telle situation.* »

Il faut noter que presque tous les étudiants des universités sont des boursiers et que beaucoup sortent directement des usines et des kolkhozes ; mais il faut surtout noter que ce prodigieux accroissement s'est produit juste au moment où à travers presque toute l'Europe les universités se vidaient sous la double influence des crises économiques et des doctrines obscurantistes (telle université allemande qui comptait 8.000 élèves vers 1920 n'en avait plus de 2.000 il y a trois ans, dans le troisième Reich hitlérien). L'Union Soviétique est le seul pays du monde qui soit actuellement capable d'absorber un nombre toujours croissant de spécialistes des diverses techniques. Dans le discours déjà cité, Molotov pouvait dire à juste titre :

« *L'enseignement supérieur des pays bourgeois n'est pas seulement inaccessible aux travailleurs ; il est en déclin, en bien des cas, par rapport même aux années antérieures. Et cependant, dans tous les pays bourgeois, le chômage augmente parmi les professions savantes. Cela est vrai non seulement pour l'Europe, mais aussi pour les Etats-Unis. Il existe d'ores et déjà des domaines du travail intellectuel où la moitié des spécialistes pourvus de l'instruction supérieure restent sans travail et souvent même sans un morceau de pain assuré. Essayez de trouver chez nous un savant sans travail, un spécialiste sans travail ! Si quelqu'un découvrait chez nous un savant sans travail, nous lui donnerions une prime ! Chez nous, c'est le contraire qui est vrai. L'enseignement supérieur soviétique produit dès maintenant jusqu'à cent mille spécialistes par an ; et néanmoins nous souffrons encore, dans bien des branches, d'une pénurie de spécialistes. Ici, des mots comme le « chômage des professions savantes » ont une bizarre résonance.* »

En U.R.S.S. les écoles ne sont pas, comme partout ailleurs, étrangères à la vie pratique, aux métiers, elles ne créent pas un petit monde à part, artificiel et isolé de l'économie générale ; elles sont intégrées dans les usines, les sovkhoses et kolkhoses, tous les organismes de production.

L'opposition entre le travail manuel et le travail intellectuel, qui est de règle dans les pays capitalistes, ne se borne pas à créer deux classes isolées, à diviser les membres de la même collectivité « *en deux tranches qui perdent de plus en plus contact entre elles et qu'il devient tellement facile d'opposer entre elles dans des luttes fratricides* » ; elle a un autre effet plus funeste encore : c'est d'empêcher le développement intégral de tous les hommes, aussi bien manuels qu'intellectuels. Les manuels sont forcés « *d'abandonner toute culture véritablement intellectuelle, toute utilisation vraie de leurs facultés intellectuelles* » ; mais les intellectuels de leur côté sont amputés de tous leurs moyens manuels, de toute application de leur raisonnement à la vie. Ainsi « *la société capitaliste arrive à ce résultat de juxtaposer entre eux des mutilés* ».

C'est cette absurdité que l'enseignement soviétique s'est appliqué à supprimer, en réalisant cette fusion étroite de la théorie et de la pratique qui est un des principes les plus hauts du marxisme.

Ainsi se constitue cette nouvelle phalange d'intellectuels soviétiques que Staline saluait le 10 mars 1939 au 18e Congrès du Parti :

« *Tout cet immense travail culturel accompli chez nous a eu pour résultat la naissance et la formation d'une nombreuse* intelligentsia *nouvelle, soviétique, issue des rangs de la classe ouvrière, de la paysannerie, des employés soviétiques, sang du sang et chair de la chair de notre peuple,* intelligentsia *qui ignore le joug de l'exploitation, hait les exploiteurs et est prête à servir fidèlement les peuples de l'U.R.S.S. Je pense que la naissance de cette nouvelle* intelligentsia, *populaire, socialiste, est un des résultats les plus importants de la révolution dans notre pays.* »

ADHEREZ AU PARTI COMMUNISTE FRANÇAIS!

La place des intellectuels les meilleurs est aux côtés de la classe la plus avancée, aux côtés du prolétariat, la seule classe qui veuille réellement et qui soit capable d'accomplir la révolution *jusqu'au bout*.

Intellectuels d'avant-garde, *adhérez au PARTI COMMUNISTE FRANÇAIS*. C'est le seul parti qui tient tête à la meute des impérialistes et des traîtres. C'est le parti de l'union de la science et du travail. C'est le parti de l'union du peuple avec les intellectuels qui ne s'avouent pas vaincus et qui ne sont pas à vendre. C'est le parti qui vaincra à la tête des masses laborieuses. C'est le parti qui renversera le capitalisme en France pour construire le socialisme, comme l'a fait en Russie le grand PARTI BOLCHEVIK, sous la direction de Lénine et de Staline.

Participez aux côtés de la classe ouvrière à la lutte pour une France libre et indépendante !

Lisez et faites circuler l'Humanité clandestine !

tournent avec gratitude vers le gouvernement soviétique, vers Staline, le constructeur du communisme, le grand continuateur de Lénine.

A l'heure où nous écrivons, le grand Parti Bolchévik tient sa 18e Conférence.

Que notre salut ardent aille vers ce Congrès de vainqueurs qui élaborent les plans de nouvelles victoires !

Nous aussi nous vaincrons, dans l'union de la science et du travail, pour construire la France communiste, pour la liberté, l'indépendance et le bien-être.

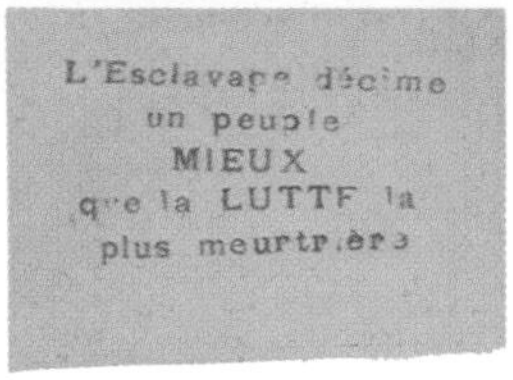

L'Esclavage décime un peuple MIEUX que la LUTTE la plus meurtrière

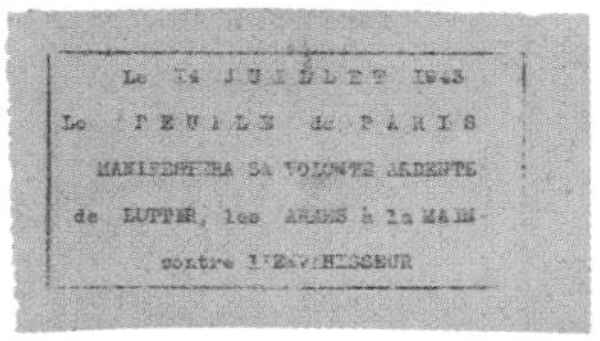

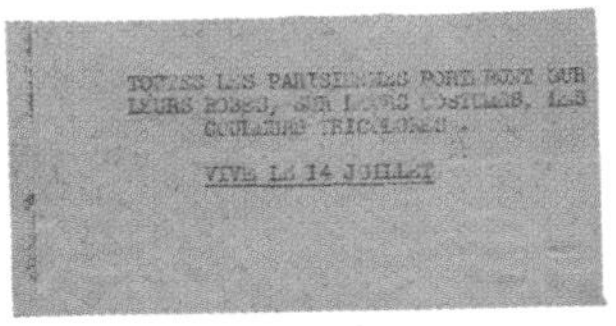

VIVE LE 14 JUILLET

NRJ

Vive l'Université LIBRE

N.R.J.

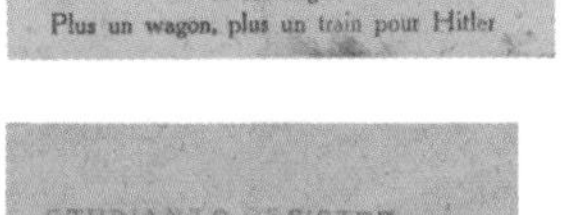

CHEMINOTS PARISIENS !
commémorez le 25e anniversaire de la glorieuse Armée Rouge en accentuant toujours plus le sabotage.
Plus un wagon, plus un train pour Hitler

Vive l'Université LIBRE

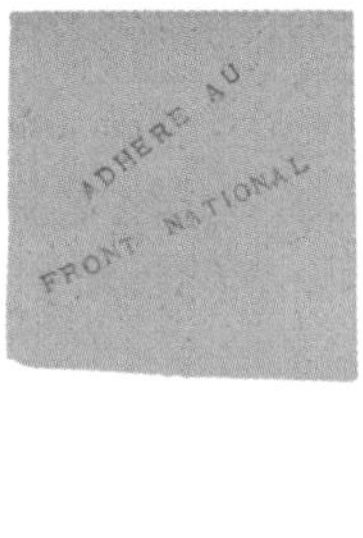

ADHERE AU FRONT NATIONAL

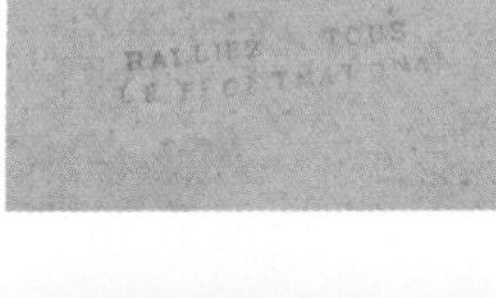

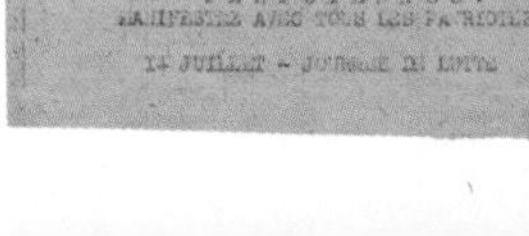

14 JUILLET

In this special issue of *L'Humanité*, which appeared secretly in March 1941, a boxed announcement calls upon "intellectuals of the avant-garde" to join the French Communist Party: "It is the party of the union of the people with those intellectuals who do not admit defeat, and who are not for sale." This appears next to an article on how, "on the orders of the occupation authorities, Pétain-Darlan and the slimy horse trader, Laval, are persecuting workers and intellectuals whose only crime is to love France and to wish her to be free and independent."

Small sheets printed or roneotyped by militants of the underground Communist Party.

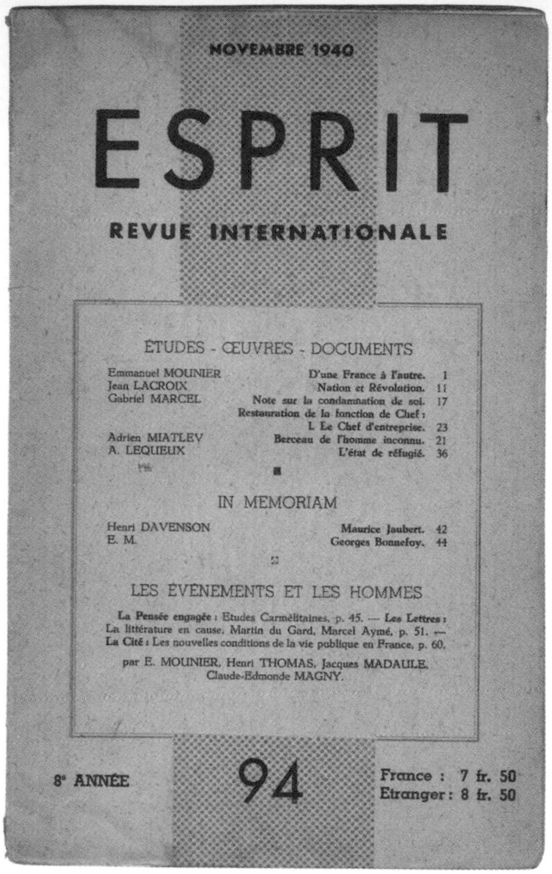

NOVEMBRE 1940

ESPRIT

REVUE INTERNATIONALE

ÉTUDES - ŒUVRES - DOCUMENTS

Emmanuel MOUNIER	D'une France à l'autre.	1
Jean LACROIX	Nation et Révolution.	11
Gabriel MARCEL	Note sur la condamnation de soi.	17
	Restauration de la fonction de Chef : I. Le Chef d'entreprise.	23
Adrien MIATLEV	Berceau de l'homme inconnu.	21
A. LEQUEUX	L'état de réfugié.	36

IN MEMORIAM

Henri DAVENSON	Maurice Jaubert.	42
E. M.	Georges Bonnefoy.	44

LES ÉVÉNEMENTS ET LES HOMMES

La Pensée engagée : Etudes Carmélitaines, p. 45. — **Les Lettres :** La littérature en cause, Martin du Gard, Marcel Aymé, p. 51. — **La Cité :** Les nouvelles conditions de la vie publique en France, p. 60.

par E. MOUNIER, Henri THOMAS, Jacques MADAULE, Claude-Edmonde MAGNY.

8ᵉ ANNÉE — 94 — France : 7 fr. 50 Etranger : 8 fr. 50

Issue no. 94 of *Esprit*, published in Lyon in November 1940, the first to come out after the armistice. Emmanuel Mounier is the author of the editorial entitled *"D'une France à l'autre"* [From One France to Another]: "We do not believe that we exaggerate our own importance in recalling that, from 1932 to 1940, we belonged to the very small number of those who declared our distance on all levels from the world such as it was and the direction in which it was heading." Mounier made his position clear in the February 1941 issue of *Esprit* in his article, "Intelligence in Time of War": "A certain Gidean climate, a certain detachment *à la Valéry*, a certain Bergsonian pathos, a certain political conformism with opposite polarities, a certain literature of luxury have all collaborated in the disintegration of the French soul." Although not really hostile to the Vichy regime—*Esprit* was for the personalist revolution—the journal adopted increasingly critical positions with regard to Vichy as a result of state anti-Semitism and fear of the growth of Nazism.

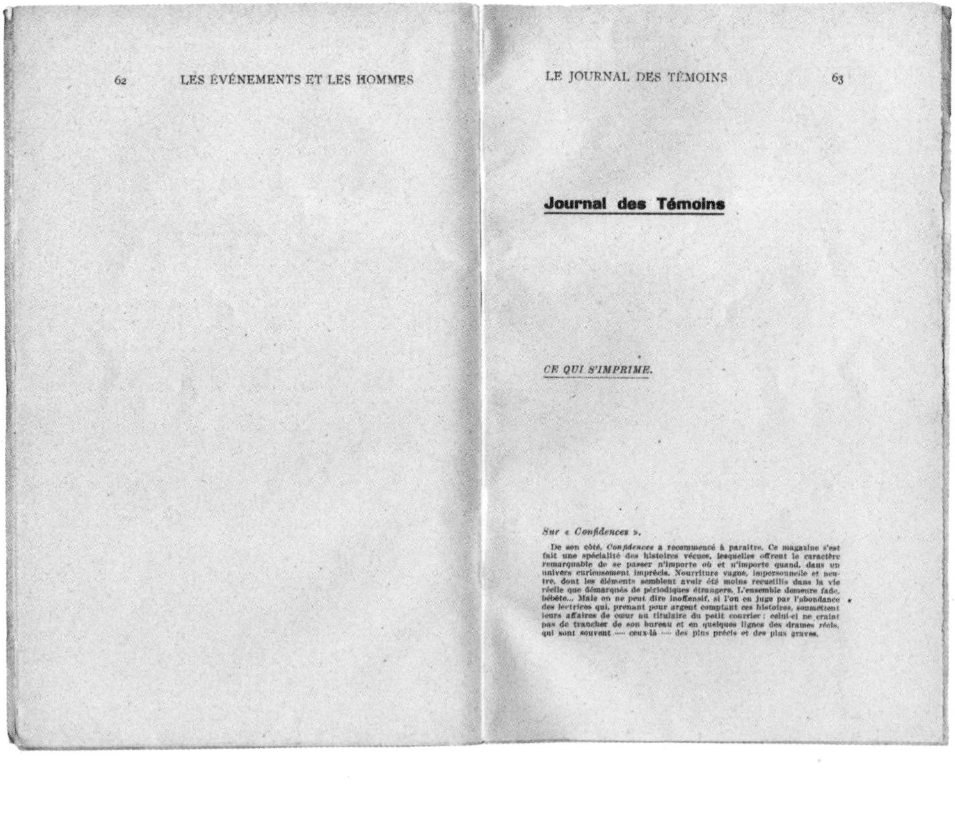

62 LES ÉVÉNEMENTS ET LES HOMMES

LE JOURNAL DES TÉMOINS 63

Journal des Témoins

CE QUI S'IMPRIME.

Sur « Confidences ».

De son côté, *Confidences* a recommencé à paraître. Ce magazine s'est fait une spécialité des histoires vécues, lesquelles offrent le caractère remarquable de se passer n'importe *où* et n'importe quand, dans un univers curieusement imprécis. Nourriture vague, impersonnelle et neutre, dont les éléments semblent avoir été moins recueillis dans la vie réelle que démarqués de périodiques étrangers. L'ensemble demeure fade, bébête... Mais on ne peut dire inoffensif, si l'on en juge par l'abondance des lectrices qui, prenant pour argent comptant ces histoires, soumettent leurs affaires de cœur au titulaire du petit courrier ; celui-ci ne craint pas de trancher de son bureau et en quelques lignes des drames *réels*, qui sont souvent — ceux-là — des plus précis et des plus graves.

The section *"Les événements et les hommes"* [Men and Events], which concludes the December 1940 issue no. 95 of *Esprit*, was partially blocked by the censor: the censored parts were replaced by blank space since the page could not be reset.

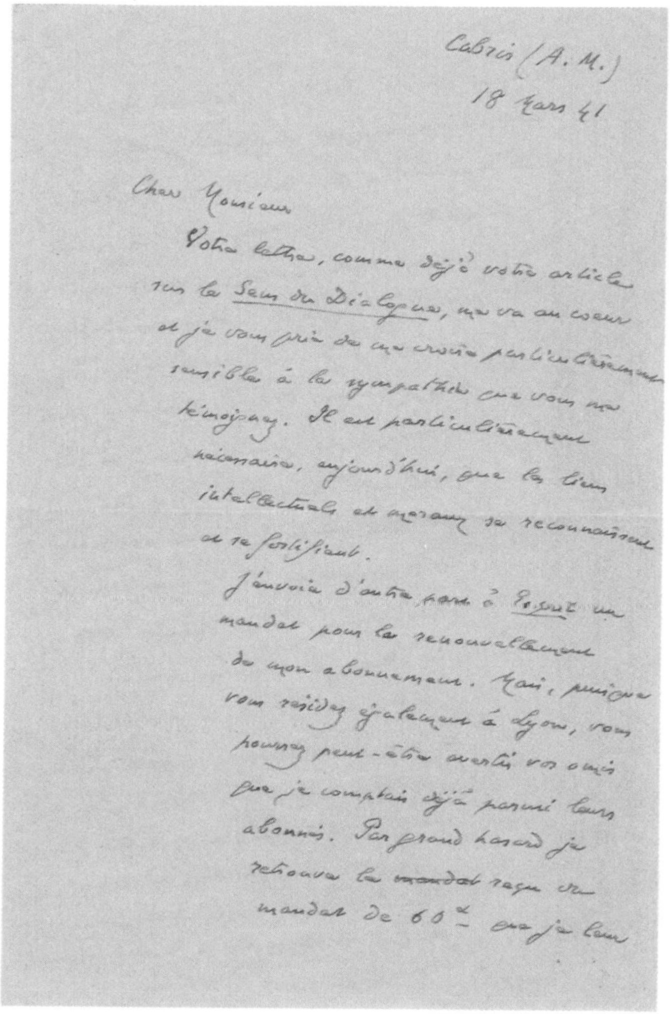

Cabris (A.M.)
18 Mars 41

Cher Monsieur

Votre lettre, comme déjà votre article sur le Sens du Dialogue, me va au cœur et je vous prie de me croire particulièrement sensible à la sympathie que vous me témoignez. Il est particulièrement nécessaire, aujourd'hui, que les liens intellectuels et moraux se reconnaissent et se fortifient.

J'envoie d'autre part à Esprit un mandat pour le renouvellement de mon abonnement. Mais, puisque vous résidez également à Lyon, vous pourriez peut-être avertir vos amis que je comptais déjà parmi leurs abonnés. Par grand hasard je retrouve le ~~mandat~~ reçu du mandat de 60 f que je leur

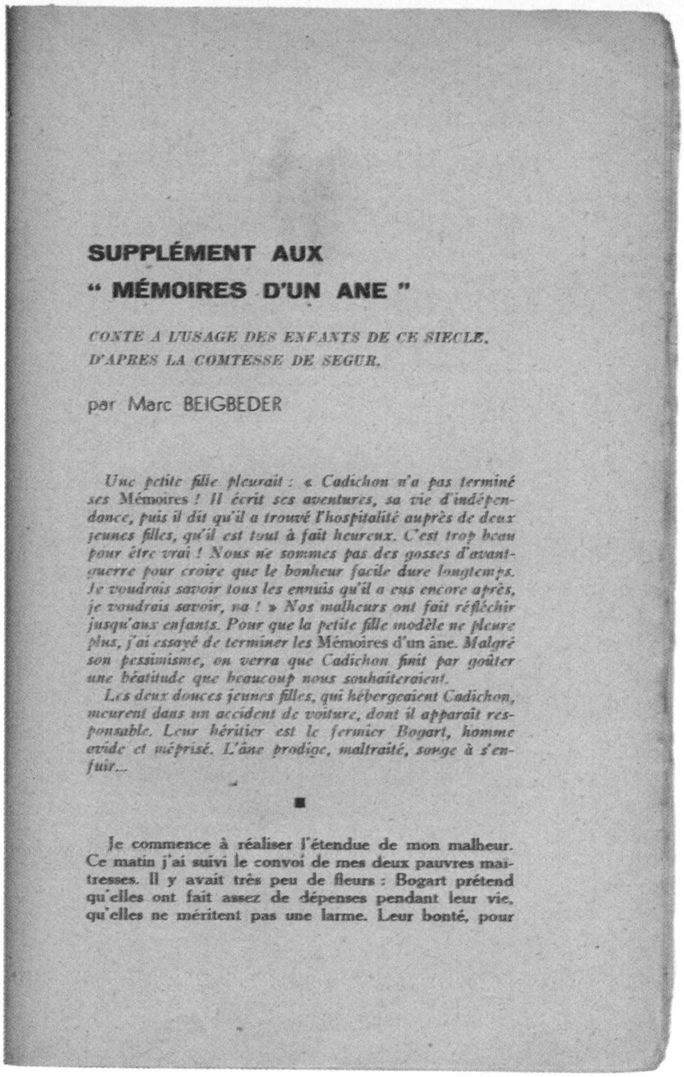

SUPPLÉMENT AUX
" MÉMOIRES D'UN ANE "

CONTE A L'USAGE DES ENFANTS DE CE SIECLE. D'APRES LA COMTESSE DE SEGUR.

par Marc BEIGBEDER

Une petite fille pleurait : « Cadichon n'a pas terminé ses Mémoires ! Il écrit ses aventures, sa vie d'indépendance, puis il dit qu'il a trouvé l'hospitalité auprès de deux jeunes filles, qu'il est tout à fait heureux. C'est trop beau pour être vrai ! Nous ne sommes pas des gosses d'avant-guerre pour croire que le bonheur facile dure longtemps. Je voudrais savoir tous les ennuis qu'il a eus encore après, je voudrais savoir, na ! » Nos malheurs ont fait réfléchir jusqu'aux enfants. Pour que la petite fille modèle ne pleure plus, j'ai essayé de terminer les Mémoires d'un âne. Malgré son pessimisme, on verra que Cadichon finit par goûter une béatitude que beaucoup nous souhaiteraient.

Les deux douces jeunes filles, qui hébergeaient Cadichon, meurent dans un accident de voiture, dont il apparaît responsable. Leur héritier est le fermier Bogart, homme avide et méprisé. L'âne prodigue, maltraité, songe à s'enfuir...

■

Je commence à réaliser l'étendue de mon malheur. Ce matin j'ai suivi le convoi de mes deux pauvres maîtresses. Il y avait très peu de fleurs : Bogart prétend qu'elles ont fait assez de dépenses pendant leur vie, qu'elles ne méritent pas une larme. Leur bonté, pour

Letter from André Gide to Emmanuel Mounier, March 18, 1941: "I am touched deeply by your letter, as I was by your article, 'The Meaning of Dialogue,' and I wish you to know that I am much affected by the kindness you have shown me. It is so important, during these days, that intellectual and moral connections be known and allowed to grow.
"I also enclose for *Esprit* a money order for the renewal of my subscription ... I would willingly send you some 'copy' were it not that, after these tragic events, my pen feels so heavy and so guarded in my hand."

Marc Beigbeder's "*Supplément aux memoires d'un âne*" [Supplement to the Memoirs of a Donkey]; published in *Esprit*, July 1941. It is this "tale for the children of this century," in the style of the Countess of Ségur, that caused *Esprit* to be banned by the General Secretary for Information and Propaganda, Paul Marion. In this pastiche, Marc Beigbeder introduces the old donkey Cadichon (Pétain) in thrall to his new master, the brutal farmer Bogart (Hitler); the latter, by using both the carrot and the stick, manages to get Cadichon to serve him blindly and without conscience: "In spite of his pessimism, it is clear that Cadichon ends up experiencing a happiness that many would wish for us."

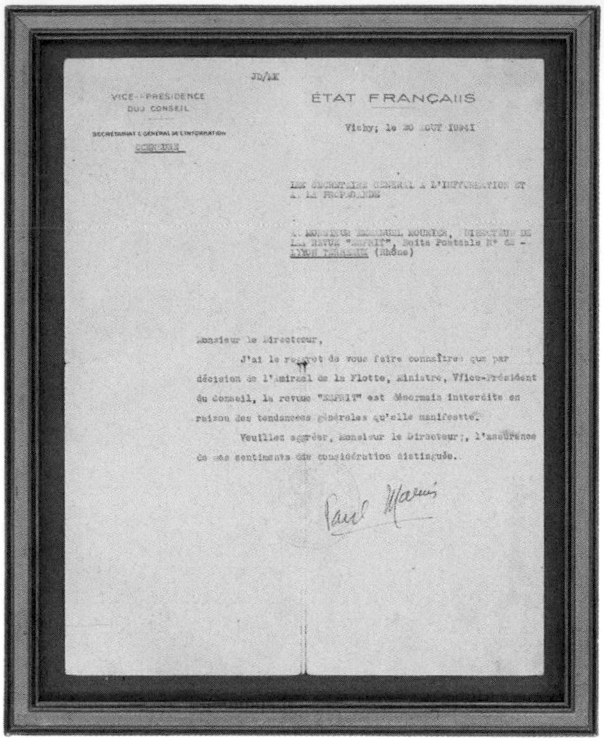

JD/AK

VICE-PRESIDENCE
DU CONSEIL

SECRÉTARIAT GÉNÉRAL DE L'INFORMATION

ÉTAT FRANÇAIS

Vichy, le 20 AOUT 1941

LE SECRÉTAIRE GÉNÉRAL A L'INFORMATION ET A LA PROPAGANDE

A MONSIEUR EMMANUEL MOUNIER, DIRECTEUR DE LA REVUE "ESPRIT", Boite Postale N° [illegible] - LYON [illegible] (Rhône)

Monsieur le Directeur,

J'ai le regret de vous faire connaître que par décision de l'Amiral de la Flotte, Ministre, Vice-Président du Conseil, la revue "ESPRIT" est désormais interdite en raison des tendances générales qu'elle manifeste.

Veuillez agréer, Monsieur le Directeur, l'assurance de mes sentiments de considération distinguée.

Paul Marion

Letter of August 20, 1941 from Paul Marion to Emmanuel Mounier, informing him that *Esprit* had been banned: "Dear Sir, I regret to inform you that, by decision of the Admiral of the Fleet, Minister, Vice-President of the Council, the journal *Esprit*, is henceforth banned because of the general tendencies that it manifests." This letter was kept and framed after the war.

Letter from the Pasteur Marc Boegner to Emmanuel Mounier, sent on September 25, 1941, following the news of the banning of *Esprit*; the president of the Fédération protestante de France [French Protestant Federation] had just met with Cardinal Gerlier in Lyon: "I wish to let you know that I have spoken with a number of important people on the subject of the suppression of your Journal. As a result, I have come to understand what a profound effect your work has had, not only on your subscribers and your readers, but also on many people aware of the extent of your influence."

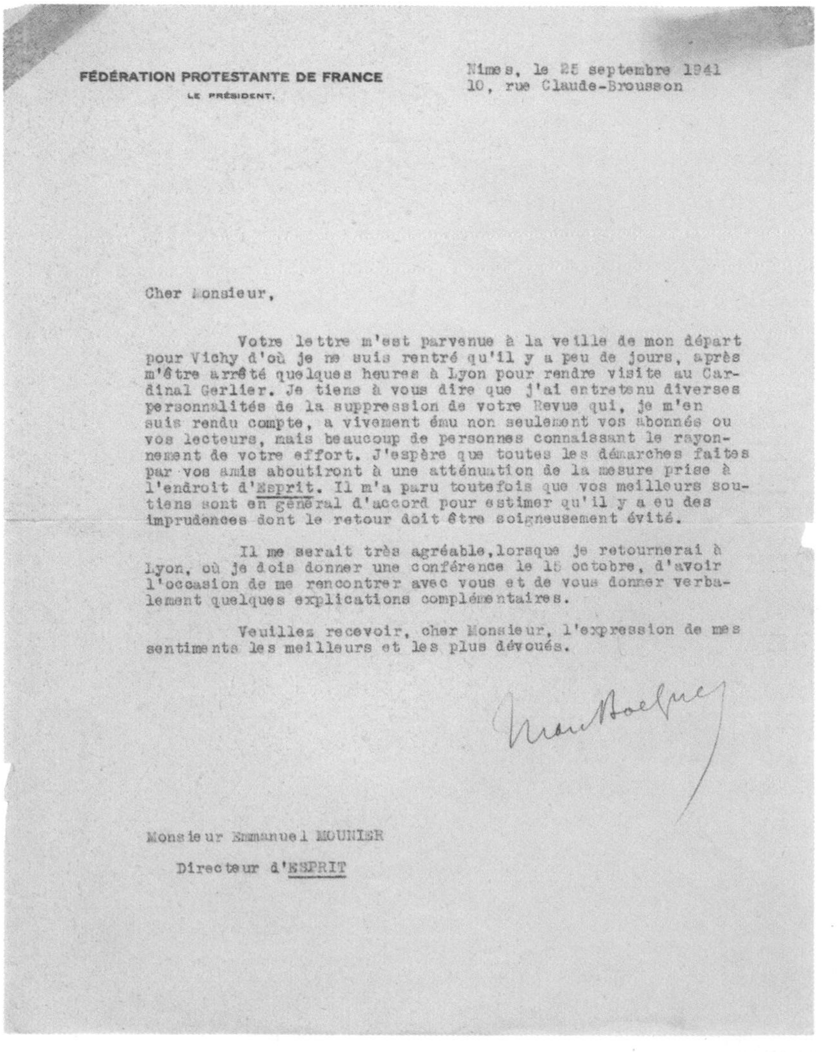

FÉDÉRATION PROTESTANTE DE FRANCE
LE PRÉSIDENT.

Nimes, le 25 septembre 1941
10, rue Claude-Brousson

Cher Monsieur,

Votre lettre m'est parvenue à la veille de mon départ pour Vichy d'où je ne suis rentré qu'il y a peu de jours, après m'être arrêté quelques heures à Lyon pour rendre visite au Cardinal Gerlier. Je tiens à vous dire que j'ai entretenu diverses personnalités de la suppression de votre Revue qui, je m'en suis rendu compte, a vivement ému non seulement vos abonnés ou vos lecteurs, mais beaucoup de personnes connaissant le rayonnement de votre effort. J'espère que toutes les démarches faites par vos amis aboutiront à une atténuation de la mesure prise à l'endroit d'Esprit. Il m'a paru toutefois que vos meilleurs soutiens sont en général d'accord pour estimer qu'il y a eu des imprudences dont le retour doit être soigneusement évité.

Il me serait très agréable, lorsque je retournerai à Lyon, où je dois donner une conférence le 15 octobre, d'avoir l'occasion de me rencontrer avec vous et de vous donner verbalement quelques explications complémentaires.

Veuillez recevoir, cher Monsieur, l'expression de mes sentiments les meilleurs et les plus dévoués.

Marc Boegner

Monsieur Emmanuel MOUNIER
Directeur d'ESPRIT

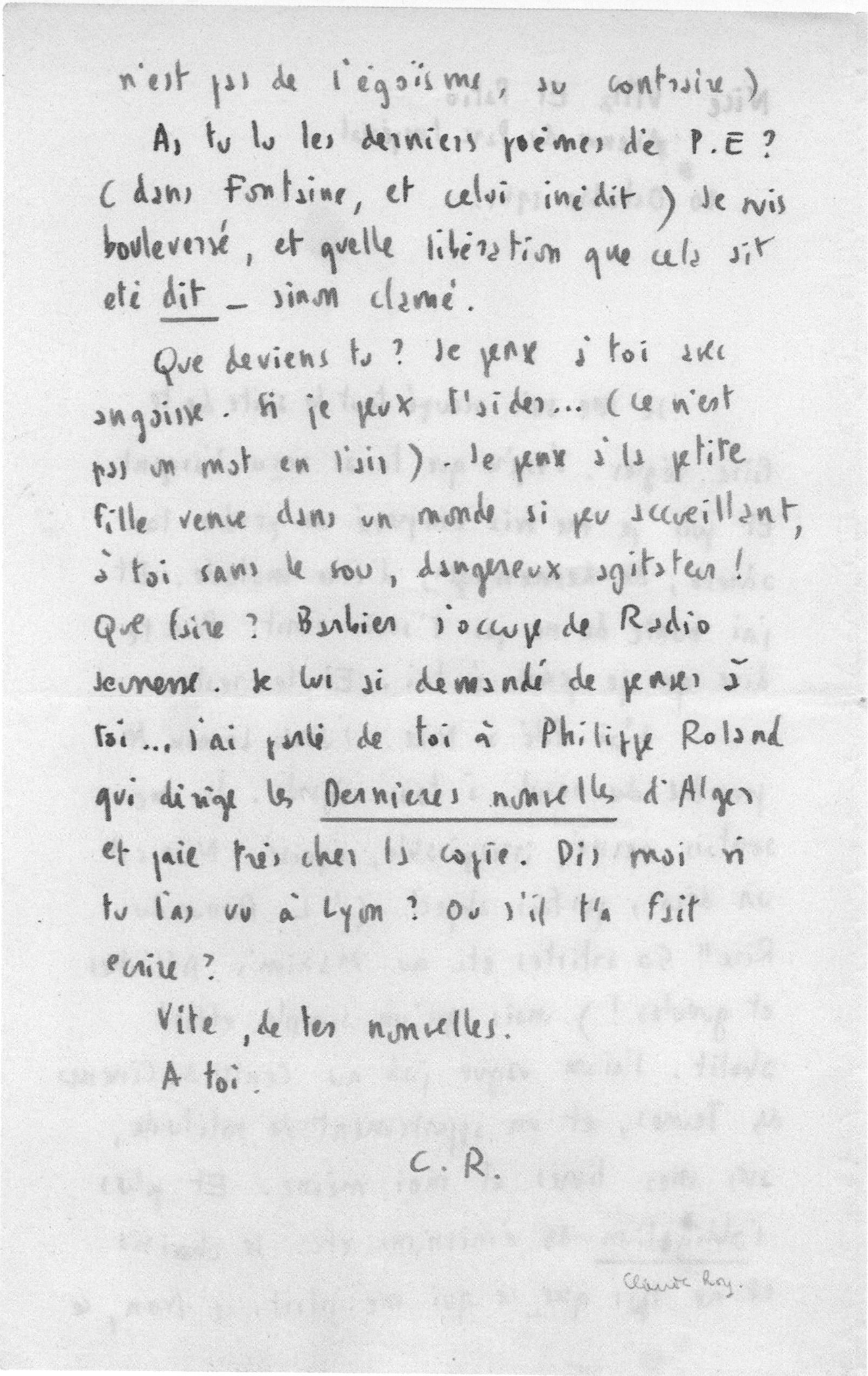
n'est pas de l'égoïsme, au contraire)

As tu lu les derniers poèmes de P.E ? (dans Fontaine, et celui inédit) Je suis bouleversé, et quelle libération que cela ait été dit – sinon clamé.

Que deviens tu ? Je pense à toi avec angoisse. Si je peux t'aider... (ce n'est pas un mot en l'air) – Je pense à la petite fille venue dans un monde si peu accueillant, à toi sans le sou, dangereux agitateur ! Que faire ? Barbier s'occupe de Radio Jeunesse. Je lui ai demandé de penser à toi... J'ai parlé de toi à Philippe Roland qui dirige les Dernières nouvelles d'Alger et paie très cher la copie. Dis moi si tu l'as vu à Lyon ? Ou s'il t'a fait écrire ?

Vite, de tes nouvelles.

A toi.

C. R.

Claude Roy.

End of a letter from Claude Roy to Emmanuel Mounier, October 30, 1941. Mounier had just had a daughter: "How are you? I am worried about you. Let me know if I can help . . . (I mean it). I think of this little girl who has just come into such an unwelcoming world, and of you, penniless, dangerous agitator that you are! What can be done? Barbier is running *Radio Jeunesse* [Radio Youth]. I have asked him to think of you . . . I spoke also to Philippe Roland, who runs *Les Dernières nouvelles d'Alger*. He pays well. Did you see him in Lyon? Did he get you to write?"

The association "Jeune France" [Young France], established under the patronage of Vichy in November 1940, organized in September 1941 a gathering of poets and musicians at Lourmarin, in the Lubéron region. Present at this gathering were Pierre Schaeffer, Roger Leenhardt, Pierre Emmanuel, Loys Masson, Armand Guibert, Georges-Emmanuel Clancier, Max-Pol Fouchet, and Emmanuel Mounier. It was during these meetings that most of those present came to realize that the path taken by Maréchal Pétain was no longer viable. In his memoir, *Un jour, je m'en souviens: mémoire parlée* [One Day, I Remember: A Spoken Recollection] (Mercure de France, 1968) Max-Pol Fouchet commented: "What an excellent way to use Vichy funds for anti-Vichy ends!" and "In the evening, the less cautious among us would get together and go about the streets chanting 'Vive de Gaulle!'"
In this group of nine photographs taken at the time of the "Lourmarin Meetings," one can see: Emmanuel Mounier (dark suit, dark tie), Yvonne Leenhardt (back to the camera), Max-Pol Fouchet (light suit, dark tie), Loys Masson (dark jacket, light trousers, dark tie), Pierre Emmanuel (jazzy–*zazou*–attire), Luc Dietrich (bald-headed), Lanza del Vasto (white cardigan and trousers), Armand Guibert (checked shirt) Henri-Irénée Marrou (beret), and Claude Roy (white shirt and sunglasses).

MINISTERE
DE L'INTERIEUR
~~5669~~

ETAT FRANCAIS

LE CHEF DU GOUVERNEMENT
MINISTRE SECRETAIRE D'ETAT A L'INTERIEUR

VU le décret du 18 Novembre 1939 relatif aux mesures à prendre à l'égard des individus dangereux pour la [illegible]tionale et la Sécurité Publique, modifié par la Loi du [illegible] Novembre 1941 .

ARRETE

Art Ier- M. MOUNIER Emmanuel ,15 Rue de Roussy à Lyon

sera interné administrativement à l'établissement de Vals les BAINS ,où il sera immédiatement conduit .

Art 2- M.Le Chef des Services de Police Judiciaire et [illegible] COURTIER ,Commissaire Principal ,Chef de l'établissement d'Internement Administratif de VALS-les-BAINS ,sont chargés [illegible] chacun en ce qui le concerne ,de l'exécution du présent arrêté .

Fait à Vichy le [illegible] Avril [illegible]

P/LE CHEF DU GOUVERNEMENT
MINISTRE SECRETAIRE D'ETAT A L'INTERIEUR

Signé- René BOUSQUET

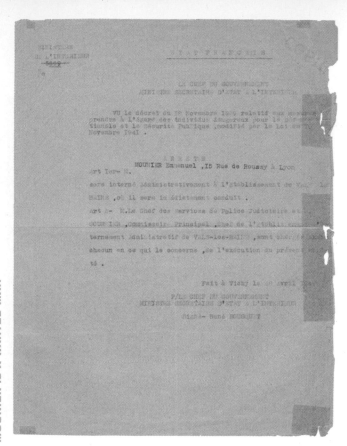

Arrest warrant for Emmanuel Mounier, "a dangerous individual," signed officially by the General Secretary of Police, René Bousquet, for the head of government, Pierre Laval, at Vichy on April 28, 1942. At the time, Mounier was in charge of a course (February–August 1942) on "character" for the École des cadres at Uriage, in the Isère department. Established in August 1940 by Pierre Dunoyer de Segonzac, and directed by Hubert Beuve-Méry (future director of *Le Monde*), this institution offered courses for "outstanding leaders of French youth." These courses quickly became centers of resistance, and eventually Laval gave the order to close the school, made effective by the decree of December 27, 1942. Mounier was arrested at the same time as leaders of the *"Combat"* movement, with whom he had been in close contact. He was first "administratively interned" at Vals-les-Bains (Ardèche), and then transferred to the prison at Lyon.

MINISTÈRE
DE L'INTÉRIEUR

DIRECTION GÉNÉRALE
DE LA POLICE NATIONALE

ÉTAT FRANÇAIS

Hopital d'AUBENAS le 30 Juin 1942.

Etablissement d'Internement
Administratif de Vals-les-Bains

-:-:-:-:-

COPIES.

1°/ Certificat médical établi par le Docteur BOUSCHON à l'Hopital d'AUBENAS le 29 Juin au nom de M. MOUNIER Emmanuel, interné administratif à l'Etablissement de Vals-les-Bains, gréviste de la faim.

Etat général médiocre.
120 pulsations à la minute.
Céphallées tenaces, principalement du côté droit.
Otite chronique en évolution avec écoulement purulent abondant et fétide.
Coeur normal à l'auscultation.

Signé: Dr. BOUSCHON.

2°/ Certificat du 30 Juin, même docteur, même hopital

Etat stationnaire.

Signé: Max BOUSCHON.

Vu, pour copies certifiées conformes aux originaux des certicats médicaux établis aux 11eme et 12ème jour de jeune volontaire total que Monsieur MOUNIER a subi sans absorber, par voie buccale ou médicale, aucun autre aliment que de l'eau pure .

A AUBENAS; le 30 Juin 1942
Le Commissaire de Police
COTTENTIN Maurice, Sous-Directeur de l'Etablissement d'Internement, de Vals-les-Bains, chargé de la surveillance des internés.

Cottentin

Emmanuel Mounier's medical certificate, issued by the commissioner of police of Vals-les-Bains on June 30, 1942. Mounier was on hunger strike to protest the fact that he had been neither tried nor heard. He was on the twelfth day of "a voluntary total fast" along with Berty Albrecht. In spite of the inflexible position of René Bousquet, Mounier would be transferred to the Lyon prison, tried, and eventually acquitted.

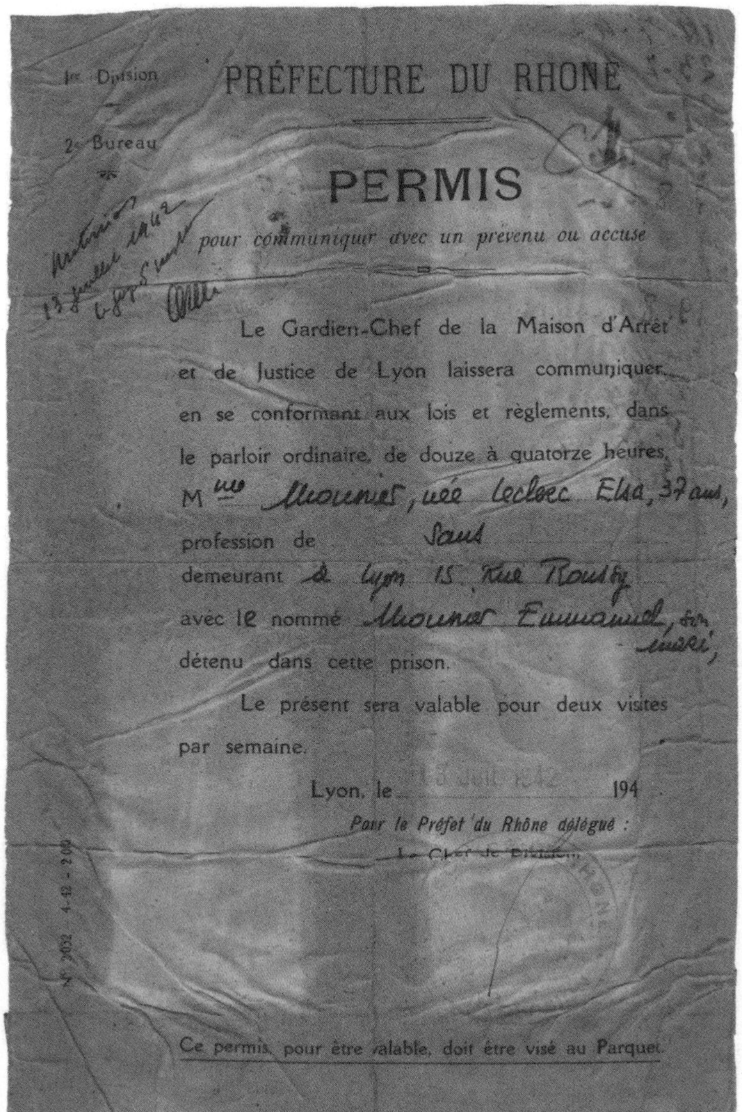

1re Division

2e Bureau

PRÉFECTURE DU RHONE

PERMIS

pour communiquer avec un prévenu ou accusé

Le Gardien-Chef de la Maison d'Arrêt et de Justice de Lyon laissera communiquer, en se conformant aux lois et règlements, dans le parloir ordinaire, de douze à quatorze heures,

Mme Mounier, née Leclerc Elsa, 37 ans,

profession de Sans

demeurant à Lyon 15 Rue Rousby

avec le nommé Mounier Emmanuel, son mari,

détenu dans cette prison.

Le présent sera valable pour deux visites par semaine.

Lyon, le 13 JUIL 1942 194

Pour le Préfet du Rhône délégué :

Le Chef de Division.

Ce permis, pour être valable, doit être visé au Parquet.

Permit issued to Elsa Mounier, maiden name Leclerc[q], on July 13, 1942, allowing her to make two visits per week to see her husband, incarcerated in the Lyon prison.

Emmanuel Mounier and his daughter in the visiting room of the Lyon prison in 1942.

After his release from prison, Emmanuel Mounier went into hiding at Dieulefit, in the Drôme department. There he wrote *Le Traité du caractère* [Treatise on Character] and *L'Affrontement chrétien* [Christian Confrontation]. In these two pictures, we see him in 1943 along with his wife (each one pushing a pram) and their two daughters; next to him, Pierre Seghers and Pierre Emmanuel (pointing at the photographer, who was probably François Lachenal). In the background, on either side of Elsa Mounier, are Hélène Rytmann-Legotien (dark coat), the future wife of Louis Althusser, and the partner (white blouse) of either Pierre Emmanuel or Pierre Seghers.

Emmanuel Mounier in 1943, carrying his second daughter on his shoulders.

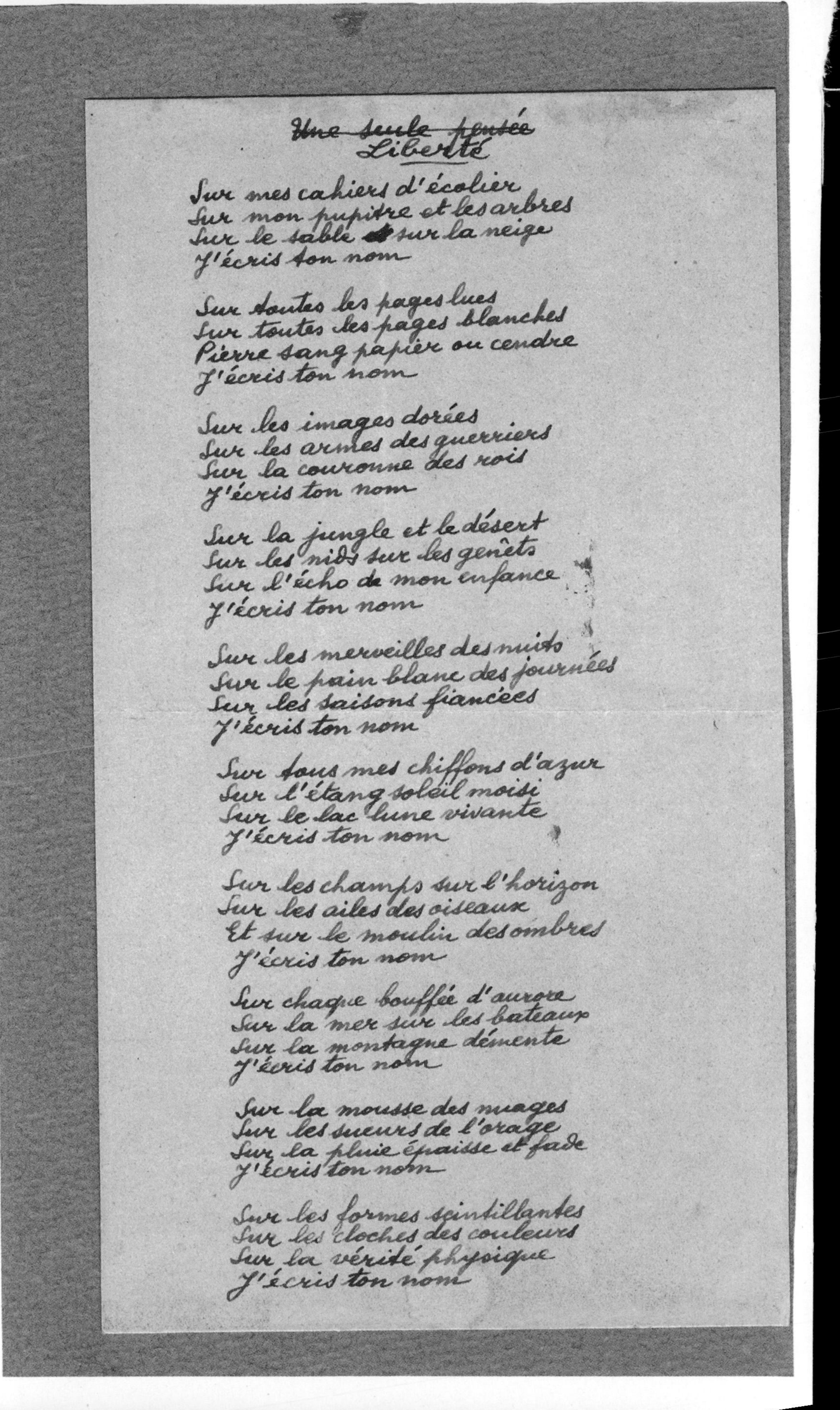

~~Une seule pensée~~
Liberté

Sur mes cahiers d'écolier
Sur mon pupitre et les arbres
Sur le sable sur la neige
J'écris ton nom

Sur toutes les pages lues
Sur toutes les pages blanches
Pierre sang papier ou cendre
J'écris ton nom

Sur les images dorées
Sur les armes des guerriers
Sur la couronne des rois
J'écris ton nom

Sur la jungle et le désert
Sur les nids sur les genêts
Sur l'écho de mon enfance
J'écris ton nom

Sur les merveilles des nuits
Sur le pain blanc des journées
Sur les saisons fiancées
J'écris ton nom

Sur tous mes chiffons d'azur
Sur l'étang soleil moisi
Sur le lac lune vivante
J'écris ton nom

Sur les champs sur l'horizon
Sur les ailes des oiseaux
Et sur le moulin des ombres
J'écris ton nom

Sur chaque bouffée d'aurore
Sur la mer sur les bateaux
Sur la montagne démente
J'écris ton nom

Sur la mousse des nuages
Sur les sueurs de l'orage
Sur la pluie épaisse et fade
J'écris ton nom

Sur les formes scintillantes
Sur les cloches des couleurs
Sur la vérité physique
J'écris ton nom

Manuscript of Paul Éluard's poem, *"Liberté,"* given by the author to Max-Pol Fouchet, along with a signed photograph: "For Max-Pol Fouchet / in the name of everything / that unites us, and frees us. / Paul Éluard." In May 1942, Paul Éluard met the director of the journal *Fontaine*, and handed him this text: "I wrote this poem during the summer of 1941. As I was putting together the first verses… I had in mind revealing at the end the name of the woman with whom I was in love [Nusch], and for whom the poem was being written. However, I quickly realized that I had only one word in my mind, and that word was *liberté*." The poem was published under its first title, *"Une seule pensée"* [A Single Thought], in June 1941. It was the first item in issue 22 of the journal [see p. 234], and was thus thrust directly under the noses of the Algiers censors, whom Max-Pol Fouchet had convinced that it was a love poem. However, Paul Marion, General Secretary for Information at Vichy, asked him to stop "these winks at your knowing readers, or suffer serious punishment."

The trap was shutting on Éluard. His anti-Nazi activities were not difficult to see, and his publications became more obviously in favor of Resistance. In October 1942, he refused the

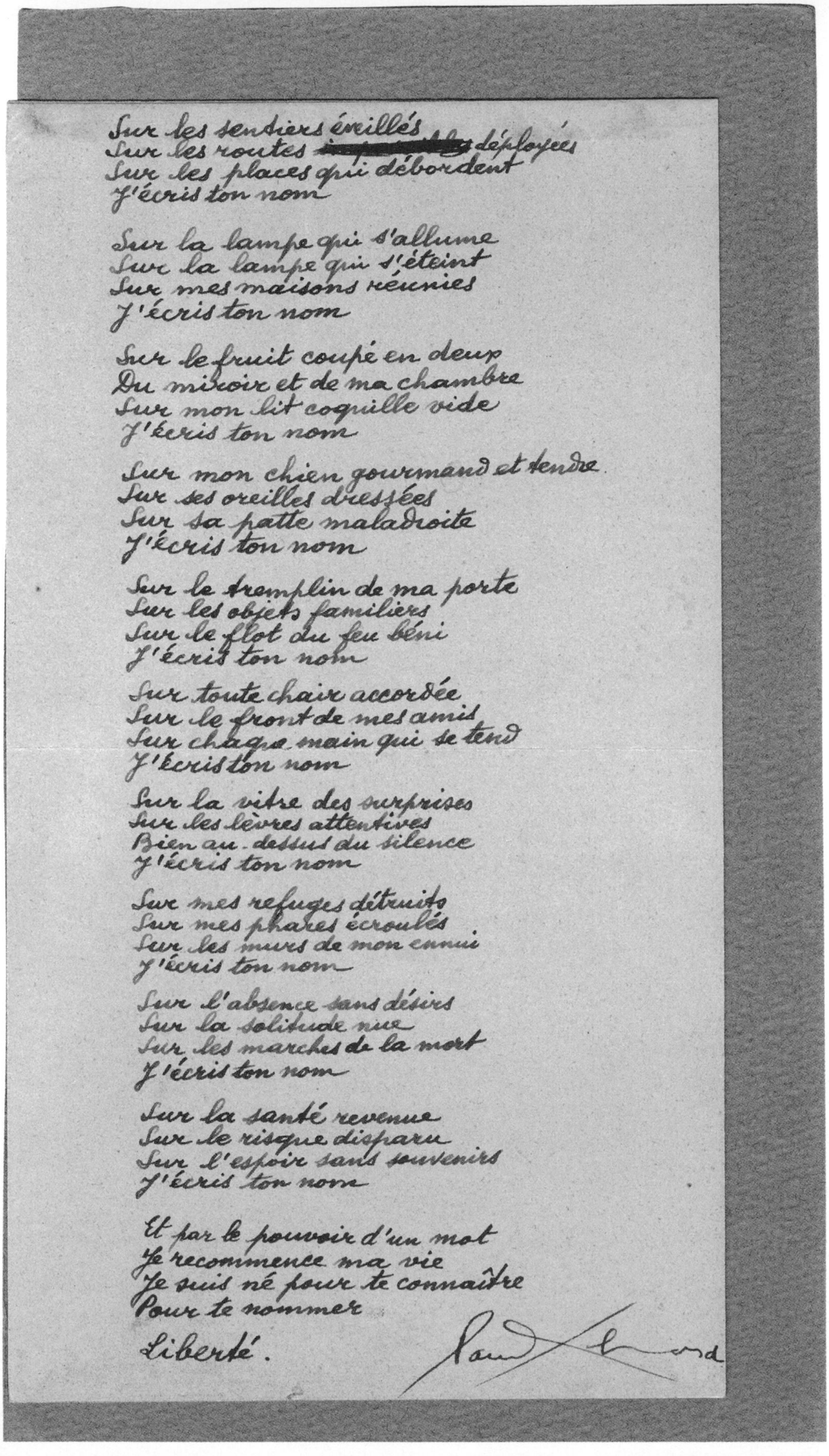

Sur les sentiers éveillés
Sur les routes déployées
Sur les places qui débordent
J'écris ton nom

Sur la lampe qui s'allume
Sur la lampe qui s'éteint
Sur mes maisons réunies
J'écris ton nom

Sur le fruit coupé en deux
Du miroir et de ma chambre
Sur mon lit coquille vide
J'écris ton nom

Sur mon chien gourmand et tendre
Sur ses oreilles dressées
Sur sa patte maladroite
J'écris ton nom

Sur le tremplin de ma porte
Sur les objets familiers
Sur le flot du feu béni
J'écris ton nom

Sur toute chair accordée
Sur le front de mes amis
Sur chaque main qui se tend
J'écris ton nom

Sur la vitre des surprises
Sur les lèvres attentives
Bien au-dessus du silence
J'écris ton nom

Sur mes refuges détruits
Sur mes phares écroulés
Sur les murs de mon ennui
J'écris ton nom

Sur l'absence sans désirs
Sur la solitude nue
Sur les marches de la mort
J'écris ton nom

Sur la santé revenue
Sur le risque disparu
Sur l'espoir sans souvenirs
J'écris ton nom

Et par le pouvoir d'un mot
Je recommence ma vie
Je suis né pour te connaître
Pour te nommer

Liberté.

Paul Éluard

exile to Switzerland offered to him by Albert Béguin, editor of *Les Cahiers du Rhône*, and he went into partial hiding with his partner, Nusch, first at the home of the bookseller José Corti, and then with another bookseller, Lucien Scheler, on rue de Tournon. Éluard wrote to Drieu la Rochelle to break off their connection. Shortly thereafter, in December 1942, Éluard joined Le Front national des écrivains [National Front of Writers, FNE], created in fall 1941 in the circle of Jean Paulhan and Jacques Decour, joining the company of Claude Morgan, Jean Guéhenno, Charles Vildrac, Jean Blanzat, and Édith Thomas. Éluard joined the Communist Party in March 1943.

"*Liberté*" quickly became a kind of intellectual Hymn to Resistance. The poem was read in public in Marseille by Gabriel Audisio, and also in Auvergne by Louis Parrot, who was able to distribute some 500 copies sent to him by Éluard. For his part, Max-Pol Fouchet took charge of sales in the Southern Zone. The poem was broadcast by both the BBC and Voice of America. In America, the poem was publicized by the painters Cicero Dias and Roland Penrose. Published again in London, in a special small format, thousands of copies of "*Liberté*" were airdropped by the RAF into France, along with boxes of weapons, medicines, and explosives.

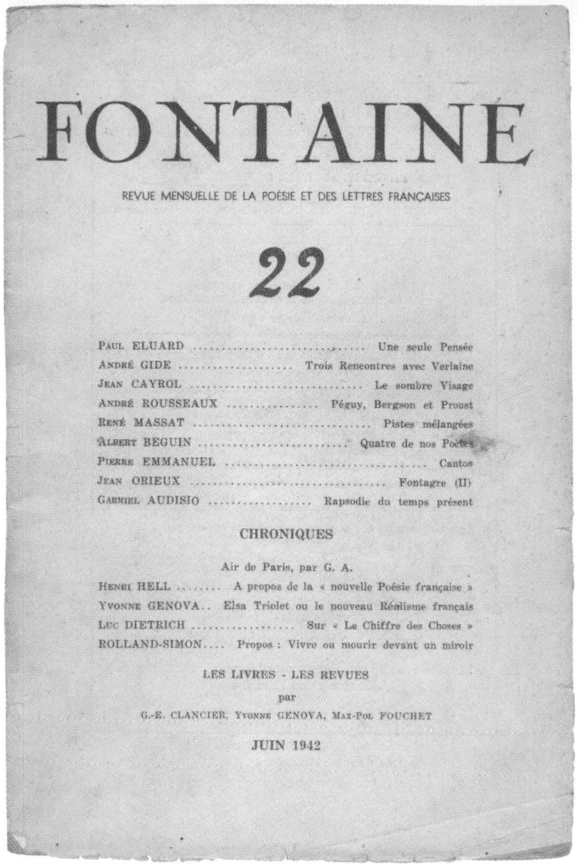

FONTAINE

REVUE MENSUELLE DE LA POÉSIE ET DES LETTRES FRANÇAISES

22

Paul ELUARD .... Une seule Pensée
André GIDE .... Trois Rencontres avec Verlaine
Jean CAYROL .... Le sombre Visage
André ROUSSEAUX .... Péguy, Bergson et Proust
René MASSAT .... Pistes mélangées
Albert BEGUIN .... Quatre de nos Poètes
Pierre EMMANUEL .... Cantos
Jean ORIEUX .... Fontagre (II)
Gabriel AUDISIO .... Rapsodie du temps présent

CHRONIQUES

Air de Paris, par G. A.
Henri HELL .... A propos de la « nouvelle Poésie française »
Yvonne GENOVA .. Elsa Triolet ou le nouveau Réalisme français
Luc DIETRICH .... Sur « Le Chiffre des Choses »
ROLLAND-SIMON .... Propos : Vivre ou mourir devant un miroir

LES LIVRES - LES REVUES
par
G.-E. CLANCIER, Yvonne GENOVA, Max-Pol FOUCHET

JUIN 1942

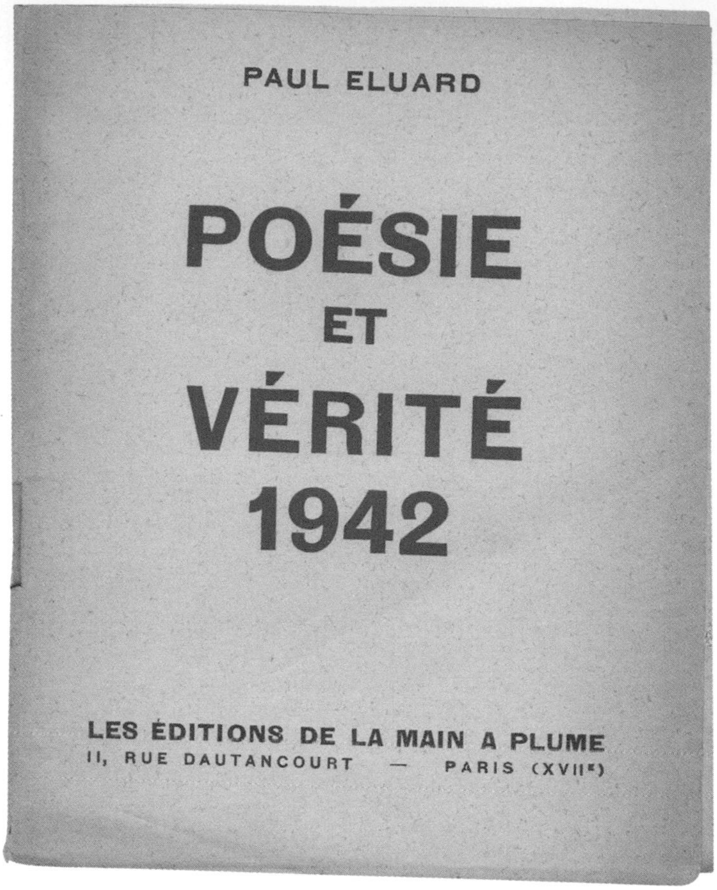

In Paris, in the Occupied Zone, Éluard's poem appeared for the first time under its definitive title, *"Liberté,"* in September 1942, in a semi-clandestine booklet, *Poésie et Vérité 1942* [Poetry and Truth 1942]. The poem was printed by *"La Main à plume,"* a group of young Surrealists with whom Éluard would soon quarrel. Exhibited rashly in the window of the Gallimard bookshop on the Boulevard Raspail, the booklet drew the attention of a German officer who asked for it to be immediately removed.

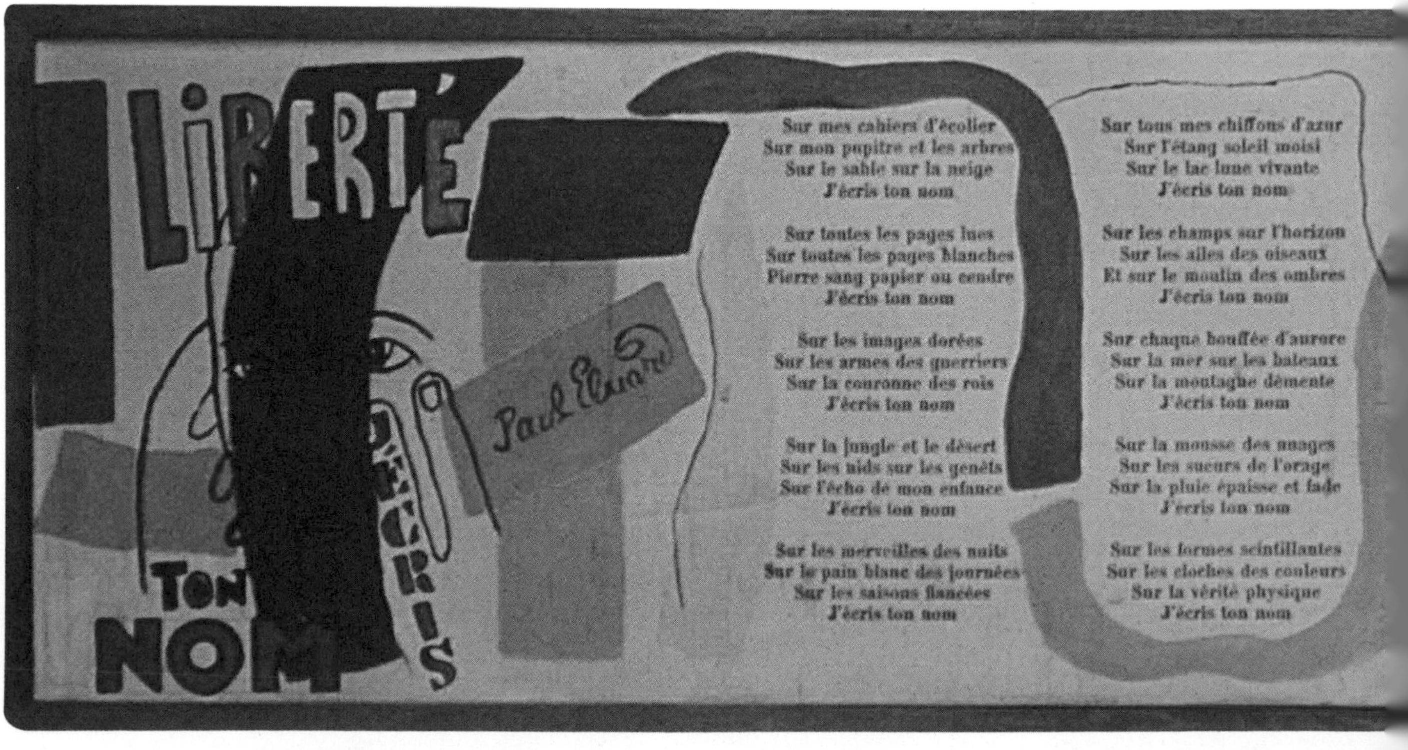

PAUL ÉLUARD
LIBERTÉ
Éditions des Francs-Tireurs Partisans Français du Lot

"Liberté" went through numerous reprints, including, in 1942, underground publications by Éditions de Minuit and Éditions de la Baconnière in Switzerland, and also this 1944 reprint by the Francs-tireurs et partisans français (FTPF) of the Lot department.

Painting by Fernand Léger, *Liberté, j'écris ton nom* [Freedom, I Write Your Name], which had belonged to Pierre Seghers. After the war, the original manuscript of *"Liberté"* was exhibited next to this painting in the Louvre. Visiting the exhibition, Pierre Seghers, the editor and director of the resistance journal *Poésie* [Poetry], was mortified by such a "mummification" of their common struggle. He wrote a poem, which he dedicated to Éluard: "I have seen my friend's poem reproduced in the Louvre in all capital letters / . . . / Fixed, fixed in the worn memory of visitors / As on the jacket of a museum warden / A button / The nail of a caption for the times to come / Like a dead bird at the gates of the new year / You who used to burn all the tongues / You who braved all of the flames / At the Louvre / Dead / My friend's most beautiful cry." (*Le Futur antérieur* [Future Perfect], Éditions de Minuit, 1947.)

A few years later, in 1953, after having recovered from his emotional reaction, Seghers published, in a fine volume with pages folded accordion-style, the *"poème-objet"* that Léger had created in response to their friend Paul Éluard's poem.

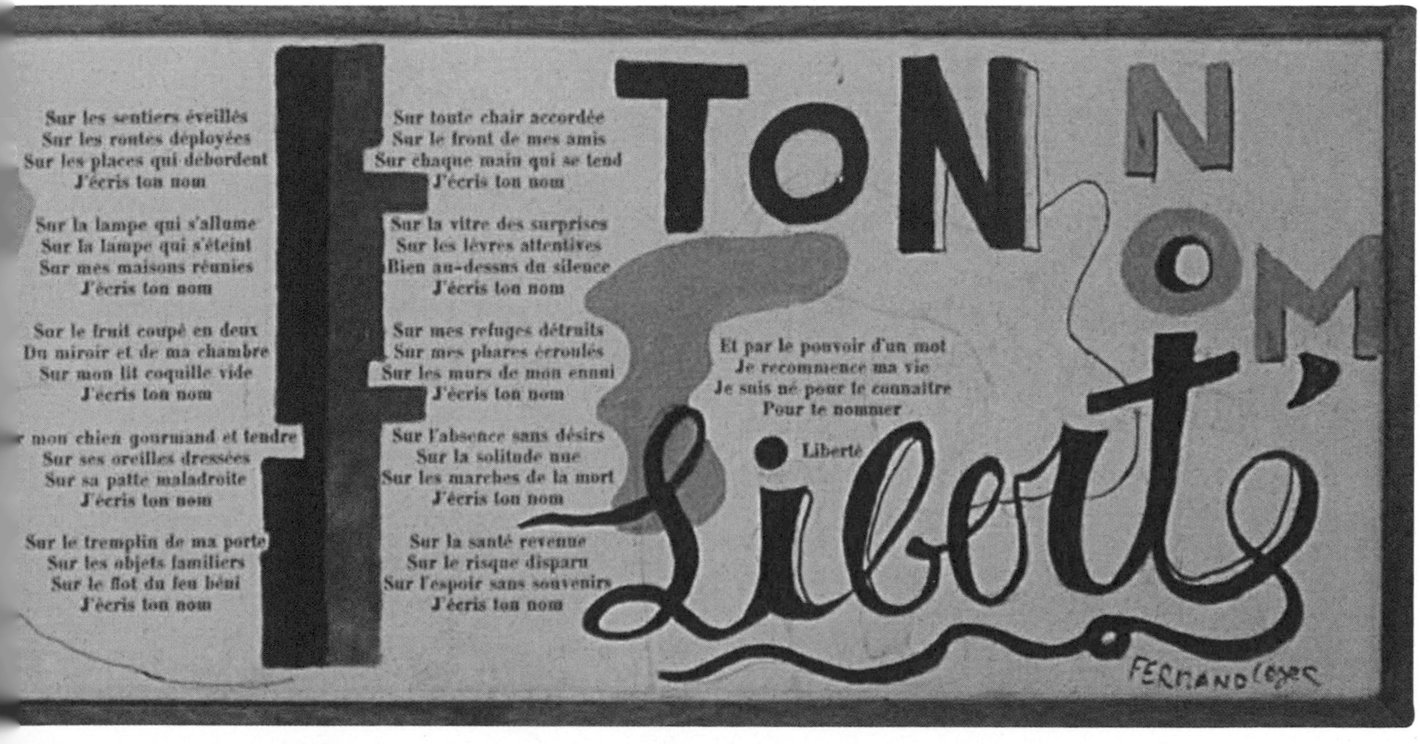

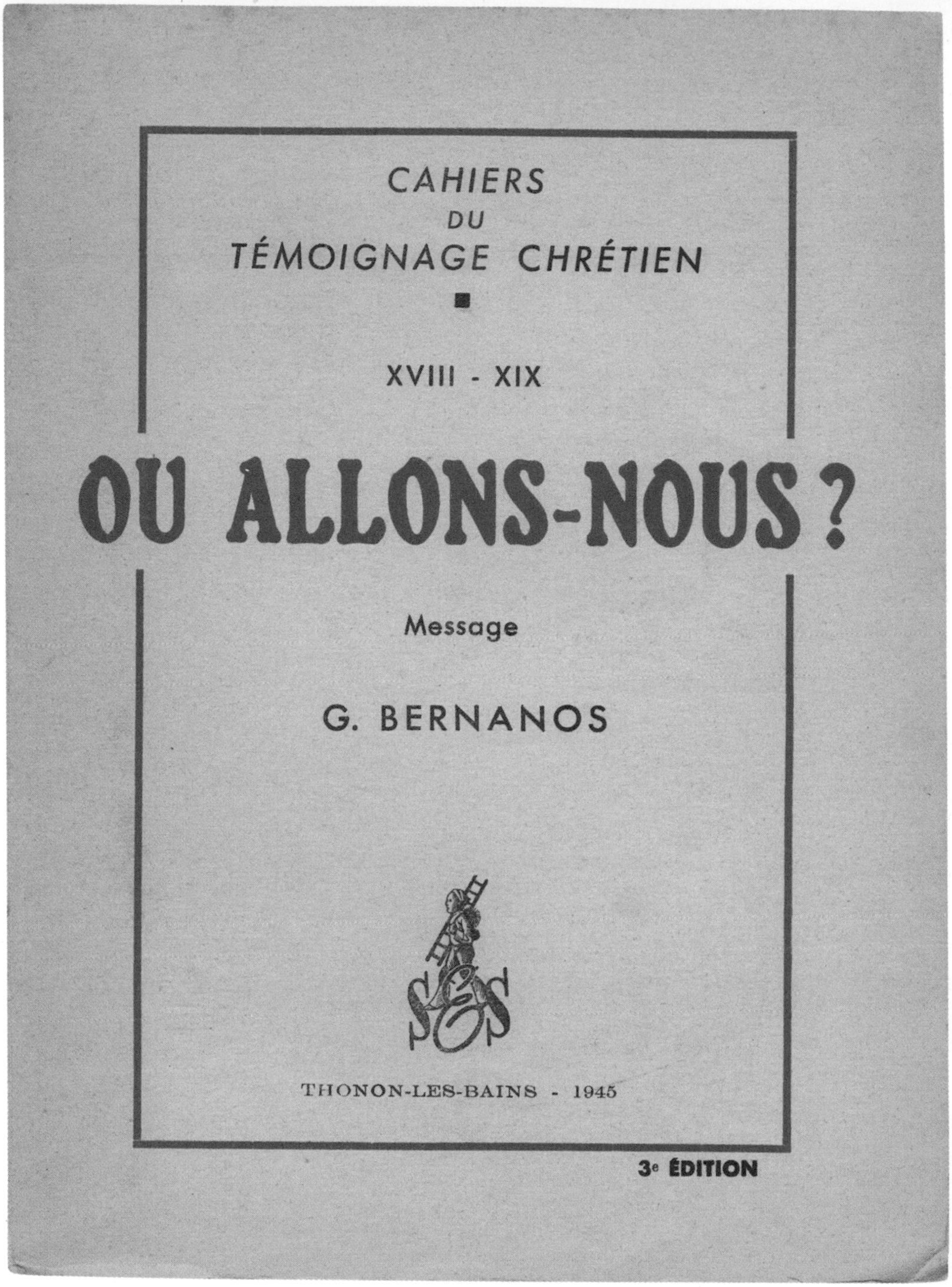

CAHIERS
DU
TÉMOIGNAGE CHRÉTIEN

XVIII - XIX

OU ALLONS-NOUS ?

Message

G. BERNANOS

THONON-LES-BAINS - 1945

3e ÉDITION

A "message" from Georges Bernanos, in exile since 1938 in Brazil, was published in August-September 1943 by Cahiers du Témoignage chrétien [Notebooks on Christian Witness], "one of the organs of the Catholic Resistance," established in November 1941 by Reverend Father Pierre Chaillet. Bernanos asks, "Where are we going?" Father Gaston Fessard, Joseph Hours, Reverend Father Henri de Lubac, and André Mandouze were among the editors of the Cahiers, which were printed first in Saint-Étienne, and then, starting with the third issue, in Lyon. In this third printing of Bernanos's text, in 1945, there is this homage: "We dedicate these pages to all of the Combatants, living or dead, believers or unbelievers, who, at the cost of their sacrifice, have liberated our land and restored our Honor; / To all of those distributors of the 'Cahiers,' clergy or laity, who were shot, imprisoned, deported, or tortured; / To all of those who by the grace of God survived, and who continue unfailingly to bear witness..."

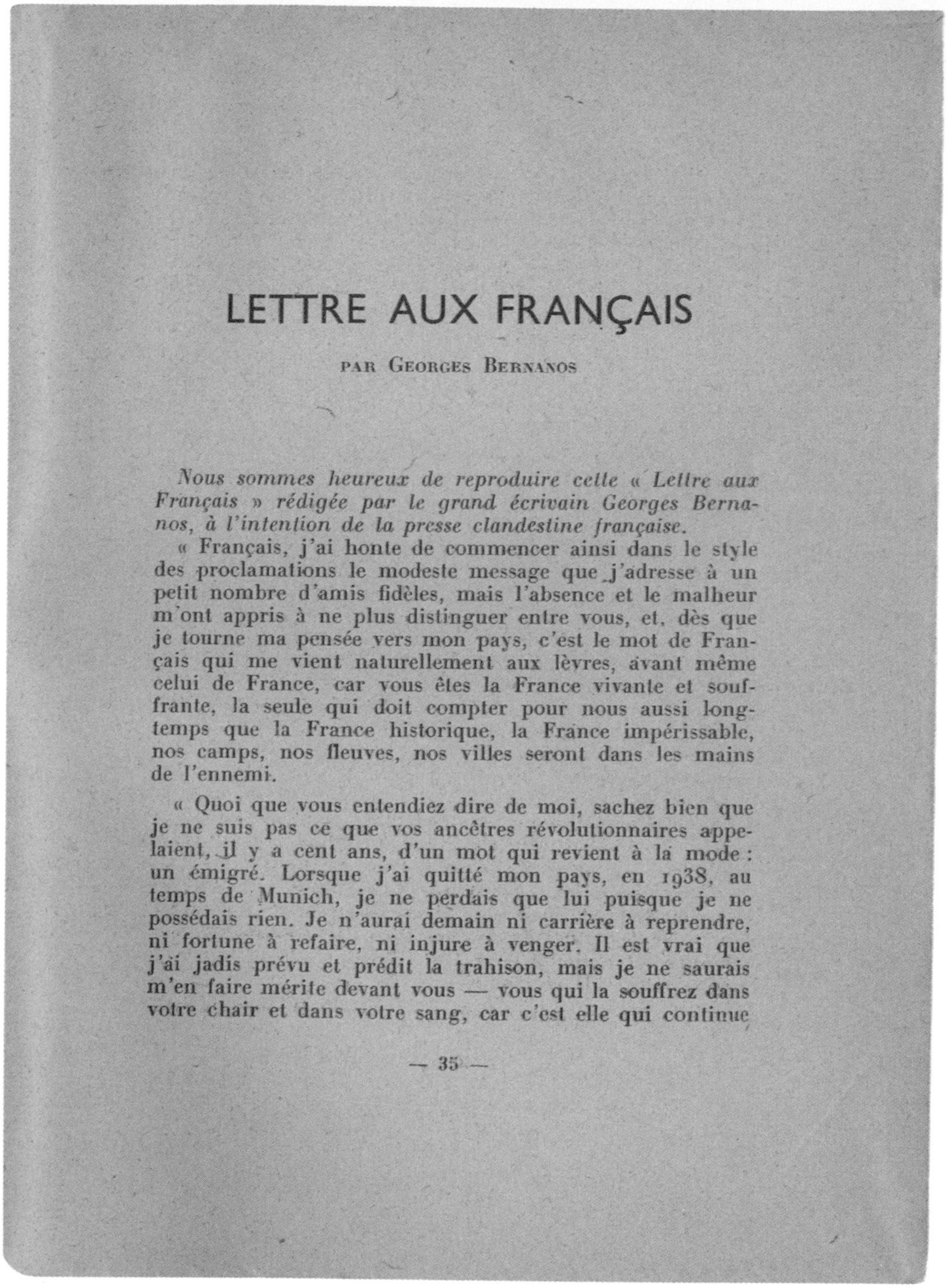

LETTRE AUX FRANÇAIS

PAR GEORGES BERNANOS

Nous sommes heureux de reproduire cette « Lettre aux Français » rédigée par le grand écrivain Georges Bernanos, à l'intention de la presse clandestine française.

« Français, j'ai honte de commencer ainsi dans le style des proclamations le modeste message que j'adresse à un petit nombre d'amis fidèles, mais l'absence et le malheur m'ont appris à ne plus distinguer entre vous, et, dès que je tourne ma pensée vers mon pays, c'est le mot de Français qui me vient naturellement aux lèvres, avant même celui de France, car vous êtes la France vivante et souffrante, la seule qui doit compter pour nous aussi longtemps que la France historique, la France impérissable, nos camps, nos fleuves, nos villes seront dans les mains de l'ennemi.

« Quoi que vous entendiez dire de moi, sachez bien que je ne suis pas ce que vos ancêtres révolutionnaires appelaient, il y a cent ans, d'un mot qui revient à la mode : un émigré. Lorsque j'ai quitté mon pays, en 1938, au temps de Munich, je ne perdais que lui puisque je ne possédais rien. Je n'aurai demain ni carrière à reprendre, ni fortune à refaire, ni injure à venger. Il est vrai que j'ai jadis prévu et prédit la trahison, mais je ne saurais m'en faire mérite devant vous — vous qui la souffrez dans votre chair et dans votre sang, car c'est elle qui continue

— 35 —

Les Cahiers de Libération [Liberation Notes], created by the movement "*Libération-Sud.*" In the second issue, printed by Jacques Haumont in Paris on December 22, 1943, Georges Bernanos offers his *Lettre aux Français* [Letter to the French], written for the underground French press: "You are the France which is alive and suffering, the only France that counts for us while the France of history, the imperishable France, our fields, our rivers, our towns, remain in the hands of the enemy." Part of this issue was delivered in sheets to Pierre Leyris, and then paper-bound by Georges Hugnet in his bookstore on the Boulevard Montparnasse.

DRIEU LA ROCHELLE OU LA HAINE DE SOI (suite)

ler. Il écrit qu'il est un écrivain naturellement prophétique, qu'il préfère l'occupation allemande à l'occupation juive d'avant-guerre; il dénonce, moitié par haine des hommes, moitié par goût du commérage des écrivains de zone libre au gouvernement de Vichy, il menace de prison ceux de zone occupée : il s'amuse comme il peut, tristement. Mais, pas plus que la drogue, ces minces distractions ne peuvent l'arracher à lui même, il reste un écorché; lorsque dans l'ex-zone libre une revue l'égratigne, lorsque le défunt "Esprit" se permet d'appeler la Nouvelle Revue Française la N.R.B., il hurle, il remplit sa revue de ses fureurs hystériques. Celui-là n'est pas un vendu : il n'en a pas le paisible cynisme. Il est venu au nazisme par affinité élective : au fond de son coeur comme au fond du nazisme, il y a la haine de soi - et la haine de l'homme qu'elle engendre.

(Sartre)

Réflexions sur la "Reine Morte"

Il se dégage à la longue de tant de feux et de glaives une bizarre fadeur, de tant de grandeurs et de noblesse un air larbin. Les hommes vraiment grands n'ont-ils qu'honneur à la bouche, les orgueilleux que glaive au coeur, les amantes que poitrine éclatée ? En ce cas ils doivent être ennuyeux. Passée la première surprise les héros de MONTHERLANT ennuient. On s'y perd. On les oublie. Ils s'oublient eux-mêmes. Pourquoi est-ce l'Infante qui veut sauver INES C'est au petit bonheur. Pourquoi est-ce le roi qui la fait tuer ? Il en est tout surpris. Et nous donc ! Tant d'enflure et de faux-semblant viennent assez vite défaillir comme FERRANTE, sur l'épaule d'un jeune page. Un vice fait le ressort caché de cette molle pièce d'amour et d'honneur.

L'on se prend alors à rêver : de l'auteur de "L'EQUINOXE" plus d'un parmi nous attendait en 1940 quelque dignité, une ébauche au moins de noblesse. Il n'est venu qu'un traître assez plat. MONTHERLANT rentrant à Paris en 1941 commence par rappeler aux journalistes qu'HITLER, son admirateur, l'a jadis invité à dîner. Un peu plus tard il compare, dans la "GERBE" les foules de l'exode arrosées de bombes aux processions de chenilles sur lesquelles il s'amuse à pisser. (Mais il ne s'agit plus là de platitude). Quand MONTHERLANT décline, après l'avoir sollicitée, une invitation à Weimar, c'est à l'annonce des premiers succès russes. Lâche dans la lâcheté. Laissons cela. Le spectateur, après tout, peut trouver son plaisir à "LA REINE MORTE" : moins généreux que d'ANNUNZIO, moins brillant que ROSTAND, moins délicat que VAUDOYER, Henry de MONTHERLANT n'en demeure pas moins un de nos bons auteurs dans les travaux de panache et de plumes.

(Paulhan ?)

faites connaître les Lettres françaises

—o—

envoyez-les à vos amis de province

—<o>—

Les Lettres françaises, no. 6, April 1943, in which we see a violent anonymous article (by Jean-Paul Sartre), *"Drieu la Rochelle ou la haine de soi"* [Drieu la Rochelle or Self-loathing]: "He did not sell himself, he does not have the calm cynicism necessary for that. He came to Nazism through elective affinity: in the depths of his heart, as in the depths of Nazism, there is self-loathing–and the hatred of man that that loathing engenders." Although Sartre did establish a small resistance movement, *Socialisme et Liberté* ["Socialism and Freedom"], after his return from captivity, he was not contacted by the Comité national des écrivains ["National Committee of Writers"] until the beginning of 1943. This article on Drieu *la Rochelle* is the first text of his to be published in the underground *Les Lettres françaises*. Sartre contributed again in April and July 1944.

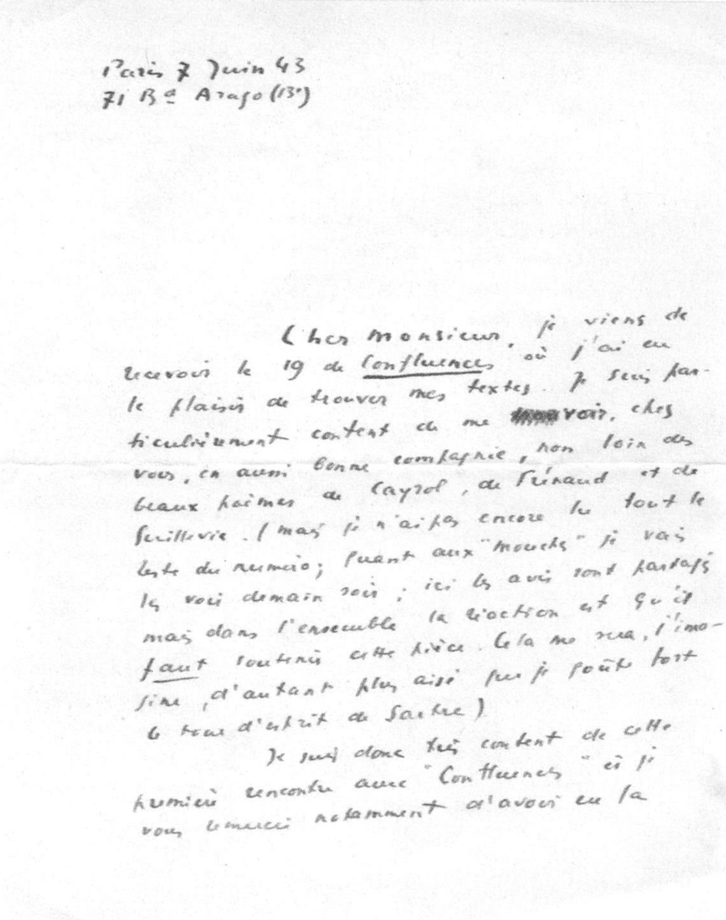

Paris 7 Juin 43
71 Bd Arago (13e)

Cher Monsieur, je viens de
recevoir le 19 de Confluences où j'ai eu
le plaisir de trouver mes textes. Je suis particulièrement content de me voir, chez
vous, en aussi bonne compagnie, non loin des
beaux poèmes de Cayrol, de Frénaud et de
Guillevic. (mais je n'ai pas encore lu tout le
reste du numéro; quant aux "Mouches" je vais
les voir demain soir; ici les avis sont partagés
mais dans l'ensemble la réaction est qu'il
faut soutenir cette pièce. Cela me sera, j'imagine, d'autant plus aisé que je goûte fort
le tour d'esprit de Sartre)
Je suis donc très content de cette
première rencontre avec "Confluences" et je
vous remercie notamment d'avoir eu la

Letter from Jean Tardieu to René Tavernier, dated June 7, 1943. He brings up Sartre's first play, *Les Mouches* [The Flies], a drama directed by Charles Dullin and performed at the Théâtre de la Cité; "… as for *Les Mouches*," writes Tardieu, "I am going to see it tomorrow, reactions are mixed, but one feels generally that we must show our support for the play. It will not be difficult for me since I very much appreciate Sartre's intelligence." In an interview he gave to *Comœdia* on April 24, 1943, Sartre commented, "I wanted to talk about the tragedy of freedom as opposed to the tragedy of fate or destiny."

LES LETTRES FRANÇAISES

Revue des Écrivains français groupés au Comité national des Écrivains

Fondateur : Jacques DECOUR

Fusillé par les Allemands le samedi 30 mai 1942

Nº 12 — DECEMBRE 1943

La Nation en armes

ORESTE ET LA CITÉ

Les mouches — j'entends ici : les vraies, les policières, celles qui pullulent dans les journaux stipendiés — ont bourdonné très fort, l'été dernier, contre ces autres *Mouches*, pièce dont le thème est celui de l'*Orestie* d'Eschyle et qui vient d'être reprise au Théâtre de la Cité.

L'aubaine était en effet excellente, car dans cette œuvre — telle qu'on n'en avait pas vue en France d'aussi puissante depuis nombre d'années — un problème crucial est abordé : celui de la liberté comme fondement même de l'homme ou condition *sine qua non* pour qu'il y ait, au sens strict du terme, « humanité ».

Etoiles de France

O Etoile ! O vaisseau de France ...

Walt Whitman
(traduction de Jules Laforgue)

Les Lettres françaises, no. 12, December 1943, includes a piece on *Les Mouches*, on stage again since Autumn 1943. Jean Lescure wrote anonymously: "The flies–I mean by this the real ones, the police flies, the ones who swarm about in the subsidized papers–were all abuzz last summer against these other Flies, the play whose main theme is that of Aeschylus's *Oresteia* and which has just been revived at the Théâtre de la Cité." Lescure sees the "central problem" for Sartre in his play as "that of freedom as the very foundation of man or the condition *sine qua non* for there being, strictly speaking, such a thing as 'humanity'." However, *Les Mouches* is one of the plays put on during the Occupation whose message remained poorly understood. In June 1943 it was played to sparsely attended houses, and it quickly "bombed"; however, the general critical disapprobation, particularly in the columns of *La Gerbe*, where the play had been introduced by Dullin, was more the result of a reaction against its form and style than a reaction to its political message.

DES CAFÉS PARISIENS SONT LES RENDEZ-VOUS DES CINÉASTES, ACTEURS ET ROMANCIERS

Il est des cafés sans âme.

Au rythme de la porte-tambour, des clients anonymes entrent, consomment et repartent sans rien laisser d'eux-mêmes. Les banquettes de moleskine n'ont aucune histoire à raconter.

Par contre, il est d'autres cafés qui ont du caractère, voire même de l'esprit. Les habitués s'y sentent chez eux. Ils évoluent dans une chaude atmosphère d'intimité et le patron, amphitryon courtois, vient leur serrer la main. On y élabore des projets, on y discute ...litique, art et littérature. Il s'y débite autant de bons mots que de pots de bière.

Allons faire un tour dans ceux qui ont, malgré les circonstances, gardé toute leur animation...

Au carrefour du cinéma

Le boulevard Saint-Germain est sombre et froid.

...Une porte, une lutte entre les plis du rideau défense-passive et brusquement une ambiance lumineuse, tabagique, bruyante de voix, de rires, avec accompagnement de vibrato de soucoupes. Voilà le café Flore, havre des cinéastes au repos.

Le vrai foyer des artistes

Une brasserie de l'esprit

AU « FLORE », ON TRINQUE ENTRE GENS DU 7me ART.

C'est autour d'une table de café qu'on discute les mêmes projets. De g. à d. Yves Deniaud, Bussières, Bacquet, Marianne Hardy, Pigaut, Annette Poivre, Sartre.

CHEZ « LIPP », VIENT S'ABRITER TOUTE LA LITTÉRATURE

Pour M. Ramon Fernandez, que l'on voit assis sur la banquette, les mains croisées, Lipp n'est pas une brasserie, mais un club où l'on se rencontre entre amis.

Le docteur René Martial, le professeur d'anthropo-biologie, commande son dîner.

M. Marchesné, bibliothécaire de la Mazarine, s'attarde volontiers devant un demi.

A « L'UNIVERS », ON SE RETROUVE ENTRE GENS DE THÉATRE

M. Maurice Escande vient se chauffer les mains au poêle et le cœur au feu de l'enthousiasme des jeunes. Mme Robinne signe un contrat avec son impresario.

Photo Séeberger.

ARGUS de la PRESSE
37, Rue Bergère, PARIS (9e)
No de débit 7
TOUTE LA VIE
33, rue du Louvre, IIe
6 JANVIER 1944

A newspaper report by Hélène Kernel, "Cafés of Paris are a meeting place for moviemakers, actors, and novelists," published in *Toute la vie* on January 6, 1944, where we can see Sartre reading at the Café de Flore. Sartre is just to the side of a group of actors. From the top, left to right: Yves Deniaud, Raymond Bussières (seated), Maurice Baquet (with bucket), Marianne Hardy, Roger Pigaut, Annette Poivre, and Sartre (photo by Frères Séeberger). "The author of *Les Mouches,* Jean-Paul Sartre, is working on a new play. His muse is quite at home among the noise, and, to judge by the empties, she thrives on glasses of beer." In the photograph below, Ramon Fernandez holds court at the Brasserie Lipp.

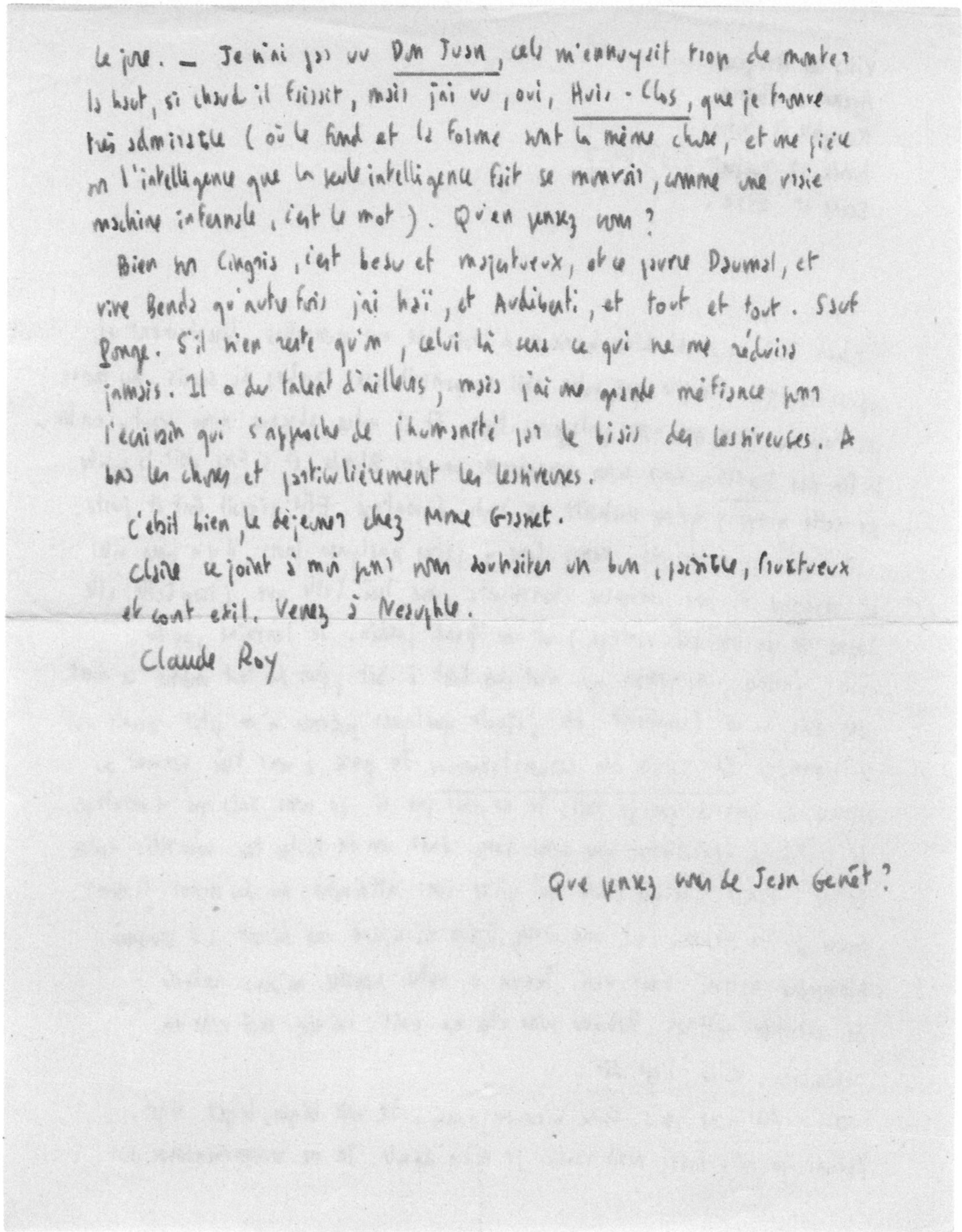
le jour. — Je n'ai pas vu <u>Don Juan</u>, cela m'ennuyait trop de monter là haut, si chaud il faisait, mais j'ai vu, oui, <u>Huis-Clos</u>, que je trouve très admirable (où le fond et la forme sont la même chose, et une pièce sur l'intelligence que la seule intelligence fait se mouvoir, comme une vraie machine infernale, c'est le mot). Qu'en pensez vous ?

Bien sûr Cingria, c'est beau et majestueux, et ce pauvre Daumal, et vive Benda qu'autrefois j'ai haï, et Audiberti, et tout et tout. Sauf Ponge. S'il n'en reste qu'un, celui là sera ce qui ne me séduira jamais. Il a du talent d'ailleurs, mais j'ai une grande méfiance pour l'écrivain qui s'approche de l'humanité par le biais des lessiveuses. A bas les choses et particulièrement les lessiveuses.

C'était bien, le déjeuner chez Mme Gosset.

Claire se joint à moi pour vous souhaiter un bon, paisible, fructueux et court exil. Venez à Nesughle.

Claude Roy

Que pensez vous de Jean Genêt ?

Letter from Claude Roy to Jean Paulhan on July 17, 1944. At the end of the letter, Roy brings up two recent plays: *Don Juan*, by Montherlant, and *Huis Clos* [No Exit], by Jean-Paul Sartre: "I have not seen *Don Juan,* it would be too much of a bother to go up there, despite the heat, but, yes, I have seen *Huis Clos,* and I think very highly of it (a play where form and content are actually the same, a play about intelligence which runs on pure intelligence, like a genuine infernal machine, it could be said). What do you think of it?" Paulhan probably felt no differently about Montherlant than he did when writing in the underground *Les Lettres françaises* about Montherlant's *La Reine morte* [Queen after Death], which was performed at the Comédie Française from December 1942: "In 1940, more than a few of us expected some show of dignity or, at least, of nobility from the author of *L'Équinoxe* [The September Equinox] (1938). He has proved himself to be nothing but a shallow traitor" who "is nonetheless one of our decent authors, when it comes to flourishes of the pen." (*"Réflexions sur la 'Reine morte'"* [Reflections on 'Queen after Death'], *Les Lettres françaises*, no. 6, April 1943.) Sartre's new play, *Huis clos*, was a huge popular success. Produced by Raymond Rouleau, it debuted on May 27, 1944, at the Théâtre du Vieux-Colombier, with a cast that included Tania Balachova, Gaby Sylvia, Michel Vitold, and René J. Chauffard.

Literary journals played a role as important as that of writers during the Occupation. Used to dealing with the precarious and the provisional—Louis Aragon deplored the fact that they were so poorly organized and designed—these publications had the flexibility necessary to adapt to such difficult times. Despite censorship, the paper shortage, the disorganization caused by the demarcation line, the monitoring of presses, and sometimes extreme danger, the Occupation witnessed an intense production of underground journals (the Bibliothèque Nationale in Paris has archived more than a thousand).

Some literary journals were authorized (*Confluences*, *Poésie* 40), others clung to their legal status by trading in double meanings (*Messages*), but it is in underground journals such as *Les Lettres françaises*, *Les Cahiers de Libération*, and *Les Étoile*s that we find what was called "contraband poetry." Admittedly, this was occasional verse that was often cryptic and allusive, sometimes lyrically facile, and similar to popular song; nevertheless, anyone could see in it the authentic spirit of the Resistance. For poetry—with its ellipses, rhythms, and rhymes—is the easiest form of expression to compose, to learn by heart, and to pass on to others by word of mouth when there is no paper, no means, no right to use certain expressions or refer to certain facts or persons, when one is addressing readers who are themselves in danger. Thus it was that Jean Paulhan, after hearing Aragon read his poem "*Les lilas et les roses*" [Lilacs and Roses] in the Southern Zone, was able to recite it word for word to Pierre Brisson, who then published it in *Le Figaro* on September 21, 1940—to the great surprise of its author. In the same way, Paul Éluard's poem "*Liberté*" became, even before the Liberation, an extraordinary vehicle of resistance, reproduced and distributed without obstacle . . . But the courage of these poets, their publishers and printers, was no less great at a time when anyone could lose his life for a poem or tract found in his home or on his person; when a freshly inked child's stamp or a suspicious piece of lead might give one away; a time when one risked not just one's own life, but also the lives of all those involved in the printing and distribution of "mere" words.

In these journals—at first clumsily linotyped, then printed in better quality as the Resistance gained ground—every table of contents was grist for the censor's mill. Witness journals such as Pierre Seghers's *Poésie* 40, 41, 42; René Tavernier's

Confluences; Marc Barbezat's *L'Arbalète*; and Jean Lescure's *Messages*. Sometimes sanctions—temporary or permanent bans, police searches, confiscation of materials, arrests of personnel—were imposed for derisory reasons, such as having gone "beyond the bounds of poetic license," or having "winked once too often at knowing readers."

These many offshoots of the literary spirit permanently upset the traditional centrism of French culture: Since Paris had become impossible, literary journals sprang up instead in Clermont-Ferrand, Lyon, Villeneuve-lès-Avignon, Auch, Dieulefit, Marseilles, and Algiers. They emerged from close-knit groups of intellectuals, who very much intended them to play a political role.

Under the wing of Drieu la Rochelle, *La Nouvelle Revue Française* burned bright for a long time before collapsing under the weight of its own contradictions, whereas resistance journals—though under the constant threat of censorship by the Milice (the infamous French secret service that collaborated with the Nazis) and the Gestapo—emerge, disappear, then re-emerge, all the while transmitting an essential message that, according to Jean Starobinski, was meant "to show the solidarity of a youth that seeks to express its pain, its hope, its love of freedom, and that finds its voice in poetry—for it is vital that witness be borne, that certain things be said despite the constraints, and that they be said by many.

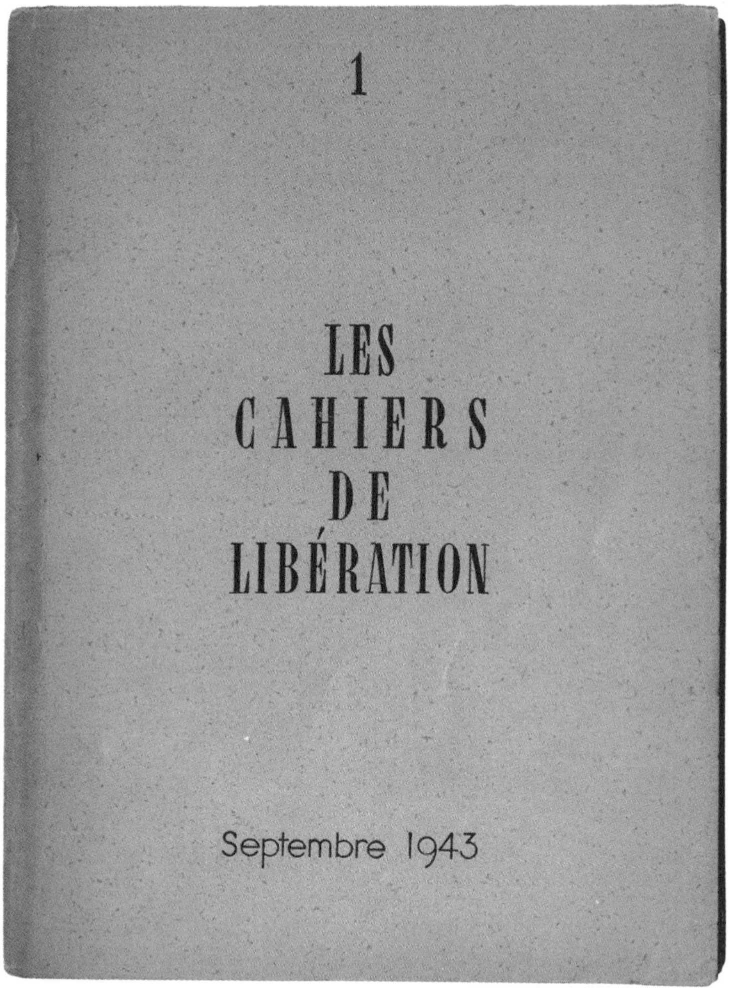

The first issue of *Les Cahiers de Libération* [Liberation Notes], created by the resistance movement "*Libération-Sud*," and printed at Auch in September 1943. The editorial committee brought together Jean Cassou, Pierre Leyris, Louis Martin-Chauffier, and Roger Massip. After issue no. 3 of February 1944, the title was changed to *Les Cahiers de la Libération* before production was curtailed, in March 1944, just as the decisive struggle for the Liberation was getting under way.

Pierre Seghers in October 1939, in Nîmes, in his outfit as driver 2nd class in the 947th company of "tractor auxiliaries." From the beginning of the war, Pierre Seghers thought of bringing out a review specifically for "soldier poets." The first issue of *Poètes casqués* [Poets in Helmets] paid homage immediately to Charles Péguy. Three hundred copies were printed on "soldier paper" and "rot-proof laid paper" by Maurice Audin, a printer in Lyon, in October 1939.

In October–November 1940, after four issues, *Poètes casqués* became *Poésie 40* [Poetry 40]. Pierre Seghers, who had gone back to his home in Villeneuve-lès-Avignon after the demobilization, published there *"Maintenir"* [Holding Firm]: "Where are our friends and comrades? In the Occupied Zone, or disappeared, or prisoners… 'P.C. 40' is deprived of the contributions of a number of poets. Deprived also of the support of the majority of its friends. / The idea of giving up never entered our heads. We created 'P.C. 40' to defend Poetry. More than ever, Poetry must be defended…The French genius, Poetry, both remain. None of us has thought to give them over to servitude: France is open country, its poets and artists will be free to work there as we do ourselves. It is our duty to sing and to build. / We hold firm."

Three poets at Villeneuve-lès-Avignon, at the home of Pierre Seghers, himself not present, in 1941: Loys Masson, Louis Aragon, holding the photograph of Pierre Seghers, whom he had just met in Carcassonne at the home of Joe Bousquet, and Philippe Dumaine.

New cover design for *Poésie 41*, which followed *Poésie 40*. The journal "appears six times a year, and is put together by André Blanchard, Alain Borne, Pierre Darmangeat, Armand Guibert, and Pierre Seghers." "*Poésie* 41 is not a commercial publishing enterprise. We are craftsmen, and we only publish works that we consider to be of unquestioned quality."

Evolution of the cover design for *Poésie 42* and *Poésie 43*.

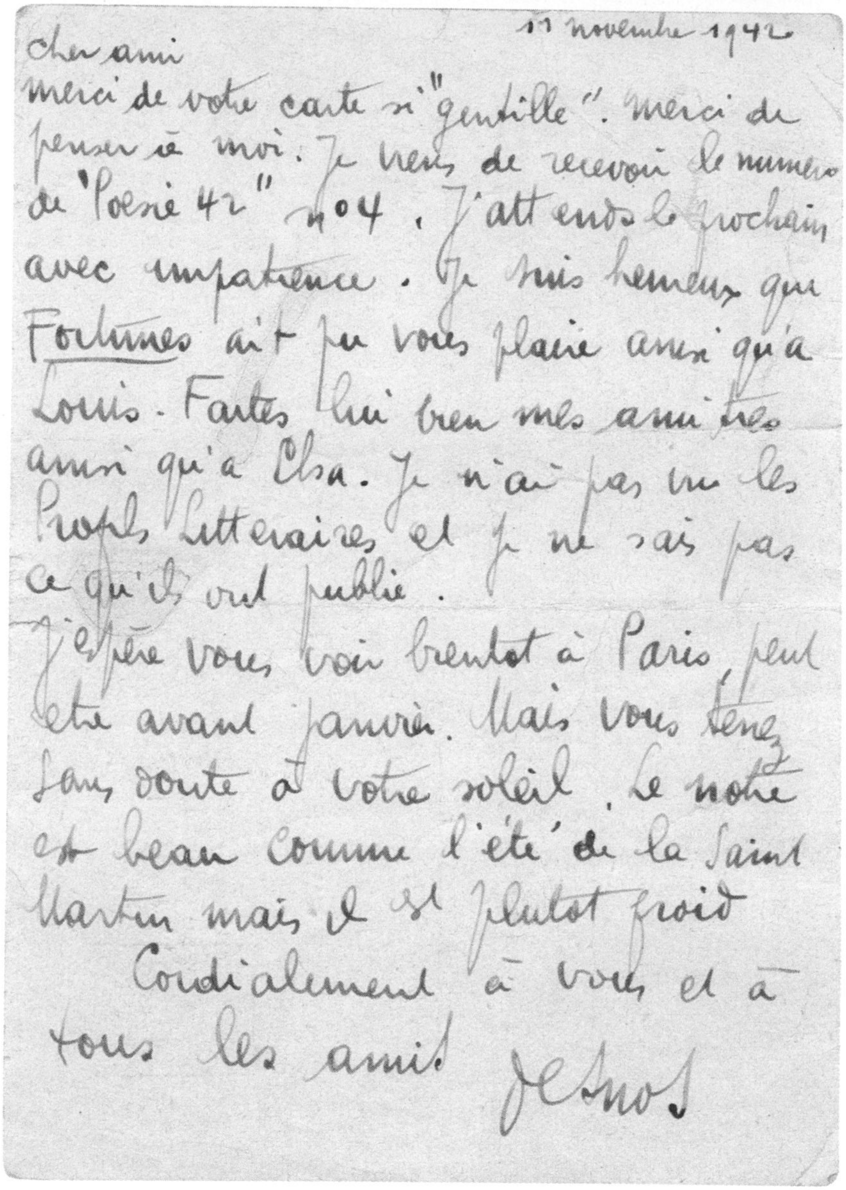

11 novembre 1942

Cher ami

merci de votre carte si "gentille". merci de penser à moi. Je viens de recevoir le numero de "Poésie 42" no 4. J'attends le prochain avec impatience. Je suis heureux que Fortunes ait pu vous plaire ainsi qu'à Louis. Faites lui bien mes amitiés ainsi qu'à Elsa. Je n'ai pas vu les Profils Litteraires et je ne sais pas ce qu'ils ont publié.

J'espère vous voir bientot à Paris peut être avant janvier. Mais vous tenez sans doute à votre soleil. Le notre est beau comme l'été de la Saint Martin mais il est plutot froid

Cordialement à vous et à tous les amis

Desnos

Interzone card from Robert Desnos to Pierre Seghers on November 11, 1942: "Dear friend, Thank you for your very 'thoughtful' card. Thank you for thinking of me. I have just received number 4 of *Poésie 42*. I am looking forward very much to the next one. I am happy to learn that Louis [Aragon] and you both liked *Fortunes* [by Robert Desnos, Gallimard 1942]. Please give my regards to Louis and Elsa [Triolet]."

Pierre Seghers, a little girl, and Loys Masson at Villeneuve-lès-Avignon in 1943. It was revealed in *Esprit*, in February 1941, that Loys Masson, poet and "extreme left-wing Catholic" (according to Pierre Seghers), had arrived in Paris from l'île Maurice on the same-day as the mobilization. He had first joined the "*Compagnons de France*"—a youth movement created in 1940 in answer to the call from Maréchal Pétain—and had then met up with Emmanuel Mounier at the Rencontres de Lourmarin. He eventually settled in Villeneuve-lès-Avignon, where Pierre Seghers took him on as secretary of *Poésie 41*.

René Tavernier was in charge of *Confluences* (a journal established at Lyon, in 1941, by Jacques Aubenque) beginning with no. 3. He was helped by Marc Beigbeder, Marc Barbezat, Auguste Anglès, Alain Borne, and Georges Lorris. A few friends and workers at the journal can be seen here in the bar of the Maison de la presse, in the rue de la Fromagerie, in Lyon, in July 1941, celebrating the publication of the first issue.

From 1941 to 1943, in the midst of the Occupation, *Confluences*, "journal of the French renaissance" was printed in Lyon, and published a number of resistance writers, including Louis Aragon, Pierre Emmanuel, Paul Éluard, Henri Michaux, Francis Ponge, Robert Desnos, Max Jacob, Eugène Guillevic, André Frénaud, Jean Wahl, Louis Martin-Chauffier, Jean Paulhan, and Gabriel Marcel. In issue 12, July 1942, there appeared first a poem by Aragon, "*Nymphée*" [Nymphaeum], which for all its classical inspiration (*Mithridate*) and its Racinian alexandrines, still managed to get the journal banned. The double page presented here is badly set by the printer, and carelessly bound: the right-hand page should be read before the left-hand page.

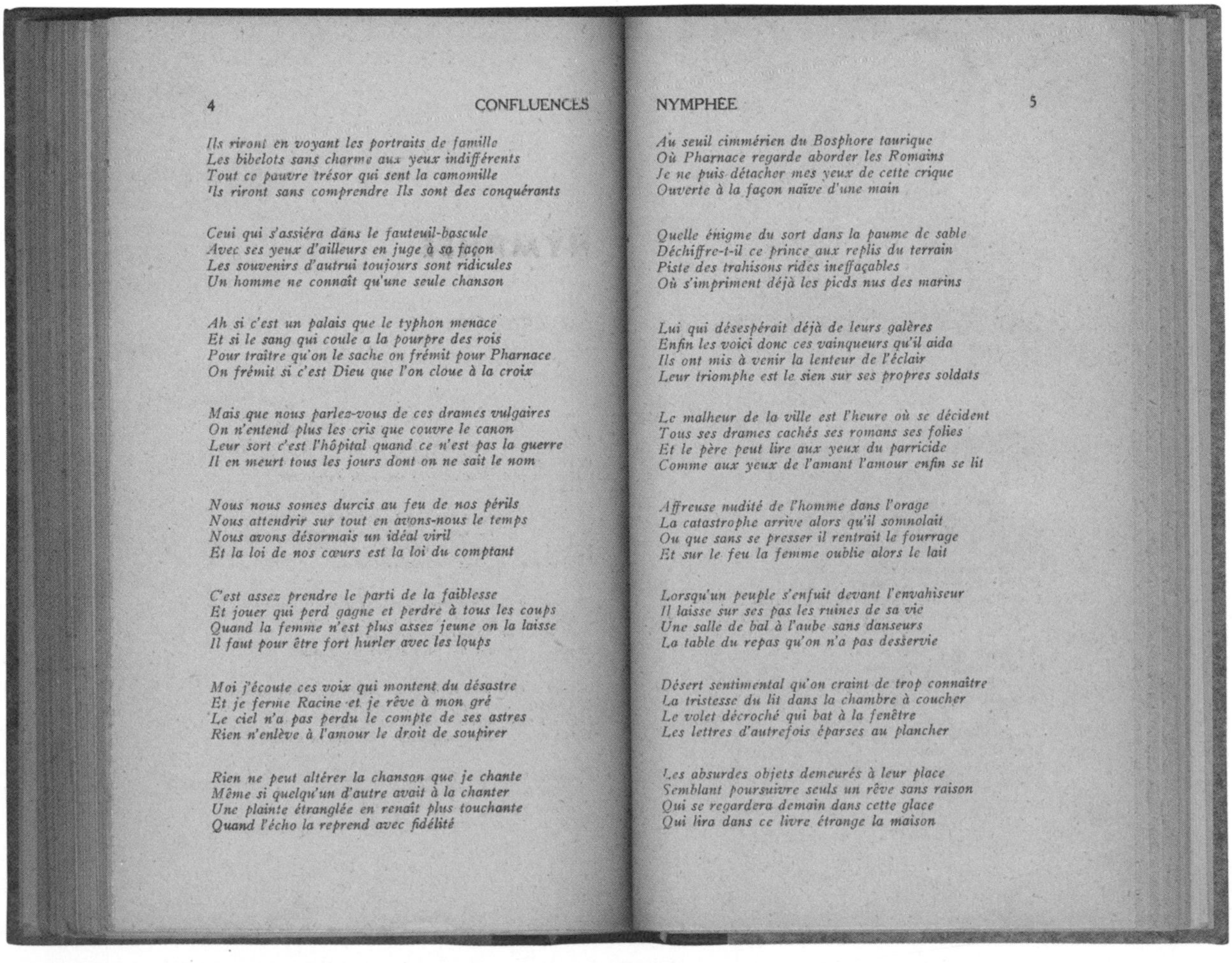

4 CONFLUENCES

Ils riront en voyant les portraits de famille
Les bibelots sans charme aux yeux indifférents
Tout ce pauvre trésor qui sent la camomille
Ils riront sans comprendre Ils sont des conquérants

Ceui qui s'assiéra dans le fauteuil-bascule
Avec ses yeux d'ailleurs en juge à sa façon
Les souvenirs d'autrui toujours sont ridicules
Un homme ne connaît qu'une seule chanson

Ah si c'est un palais que le typhon menace
Et si le sang qui coule a la pourpre des rois
Pour traître qu'on le sache on frémit pour Pharnace
On frémit si c'est Dieu que l'on cloue à la croix

Mais que nous parlez-vous de ces drames vulgaires
On n'entend plus les cris que couvre le canon
Leur sort c'est l'hôpital quand ce n'est pas la guerre
Il en meurt tous les jours dont on ne sait le nom

Nous nous somes durcis au feu de nos périls
Nous attendrir sur tout en avons-nous le temps
Nous avons désormais un idéal viril
Et la loi de nos cœurs est la loi du comptant

C'est assez prendre le parti de la faiblesse
Et jouer qui perd gagne et perdre à tous les coups
Quand la femme n'est plus assez jeune on la laisse
Il faut pour être fort hurler avec les loups

Moi j'écoute ces voix qui montent du désastre
Et je ferme Racine et je rêve à mon gré
Le ciel n'a pas perdu le compte de ses astres
Rien n'enlève à l'amour le droit de soupirer

Rien ne peut altérer la chanson que je chante
Même si quelqu'un d'autre avait à la chanter
Une plainte étranglée en renaît plus touchante
Quand l'écho la reprend avec fidélité

NYMPHEE 5

Au seuil cimmérien du Bosphore taurique
Où Pharnace regarde aborder les Romains
Je ne puis détacher mes yeux de cette crique
Ouverte à la façon naïve d'une main

Quelle énigme du sort dans la paume de sable
Déchiffre-t-il ce prince aux replis du terrain
Piste des trahisons rides ineffaçables
Où s'impriment déjà les pieds nus des marins

Lui qui désespérait déjà de leurs galères
Enfin les voici donc ces vainqueurs qu'il aida
Ils ont mis à venir la lenteur de l'éclair
Leur triomphe est le sien sur ses propres soldats

Le malheur de la ville est l'heure où se décident
Tous ses drames cachés ses romans ses folies
Et le père peut lire aux yeux du parricide
Comme aux yeux de l'amant l'amour enfin se lit

Affreuse nudité de l'homme dans l'orage
La catastrophe arrive alors qu'il somnolait
Ou que sans se presser il rentrait le fourrage
Et sur le feu la femme oublie alors le lait

Lorsqu'un peuple s'enfuit devant l'envahiseur
Il laisse sur ses pas les ruines de sa vie
Une salle de bal à l'aube sans danseurs
La table du repas qu'on n'a pas desservie

Désert sentimental qu'on craint de trop connaître
La tristesse du lit dans la chambre à coucher
Le volet décroché qui bat à la fenêtre
Les lettres d'autrefois éparses au plancher

Les absurdes objets demeurés à leur place
Semblant poursuivre seuls un rêve sans raison
Qui se regardera demain dans cette glace
Qui lira dans ce livre étrange la maison

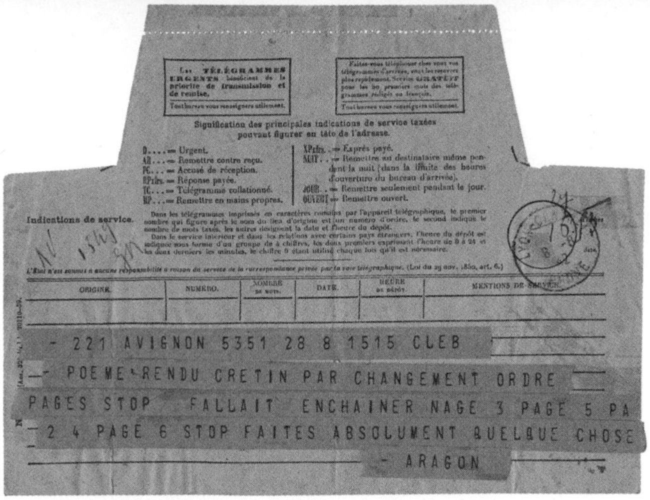

Les TÉLÉGRAMMES URGENTS bénéficient de la priorité de transmission et de remise.

Signification des principales indications de service taxées pouvant figurer en tête de l'adresse.

Indications de service.

ORIGINE.	NUMÉRO.	NOMBRE DE MOTS.	DATE.	HEURE DE DÉPÔT.	MENTIONS DE SERVICE.

— 221 AVIGNON 5351 28 8 1515 CLEB
— POEME RENDU CRETIN PAR CHANGEMENT ORDRE
PAGES STOP FALLAIT ENCHAINER NAGE 3 PAGE 5 PA
— 2 4 PAGE 6 STOP FAITES ABSOLUMENT QUELQUE CHOSE
— ARAGON

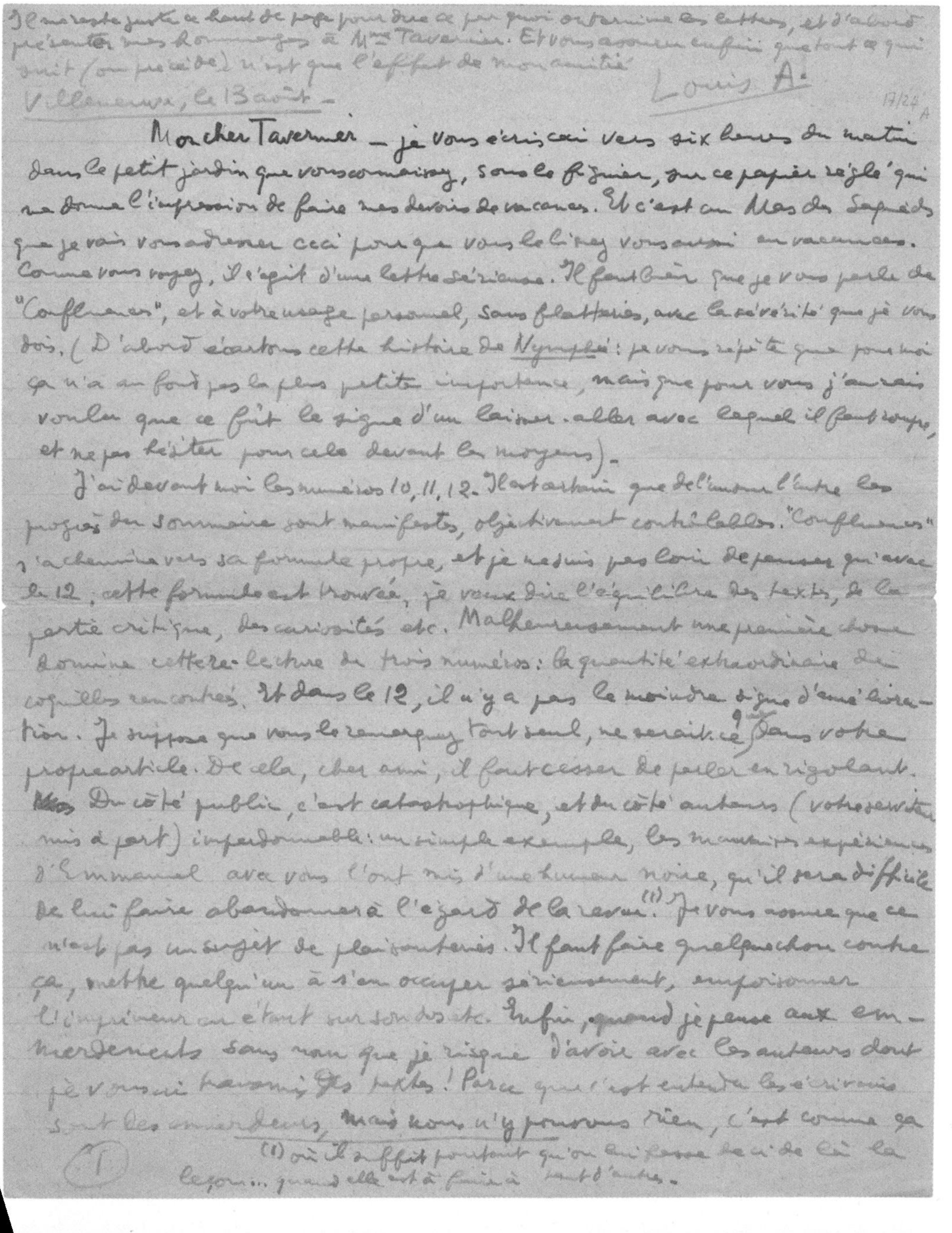

Il me reste juste ce haut de page pour dire ce par quoi on termine les lettres, et d'abord présenter mes hommages à Mme Tavernier. Et vous assurer enfin que tout ce qui suit (ou précède) n'est que l'effet de mon amitié

Louis A.

Villeneuve, le 13 août –

17/24 A

Mon cher Tavernier – je vous écris ceci vers six heures du matin dans le petit jardin que vous connaissez, sous le figuier, sur ce papier réglé qui me donne l'impression de faire mes devoirs de vacances. Et c'est au Mas des Sapins que je vais vous adresser ceci pour que vous le lisiez vous aussi en vacances. Comme vous voyez, il s'agit d'une lettre sérieuse. Il faut bien que je vous parle de "Confluences", et à votre usage personnel, sans flatteries, avec la sévérité que je vous dois. (D'abord écartons cette histoire de Nymphée : je vous répète que pour moi ça n'a au fond pas la plus petite importance, mais que pour vous j'aurais voulu que ce fût le signe d'un laisser-aller avec lequel il faut rompre, et ne pas hésiter pour cela devant les moyens).

J'ai devant moi les numéros 10, 11, 12. Il est certain que de l'un à l'autre les progrès du sommaire sont manifestes, objectivement contrôlables. "Confluences" s'achemine vers sa formule propre, et je ne suis pas loin de penser qu'avec le 12, cette formule est trouvée, je veux dire l'équilibre des textes, de la partie critique, des curiosités etc. Malheureusement une première chose domine cette re-lecture de trois numéros : la quantité extraordinaire de coquilles rencontrées. Et dans le 12, il n'y a pas le moindre signe d'amélioration. Je suppose que vous les remarquez tout seul, ne serait-ce que dans votre propre article. De cela, cher ami, il faut cesser de parler en rigolant. Du côté public, c'est catastrophique, et du côté auteurs (votre serviteur mis à part) impardonnable : un simple exemple, les mauvaises expériences d'Emmanuel avec vous l'ont mis d'une humeur noire, qu'il sera difficile de lui faire abandonner à l'égard de la revue (1). Je vous assure que ce n'est pas un sujet de plaisanteries. Il faut faire quelque chose contre ça, mettre quelqu'un à s'en occuper sérieusement, empoisonner l'imprimeur en étant sur son dos etc. Enfin, quand je pense aux emmerdements sans nom que je risque d'avoir avec les auteurs dont je vous ai transmis des textes ! Parce que c'est entendu les écrivains sont les emmerdeurs, mais nous n'y pouvons rien, c'est comme ça

(1) où il suffit pourtant qu'on lui laisse de ci de là la leçon… quand elle est à faire à tant d'autres.

1

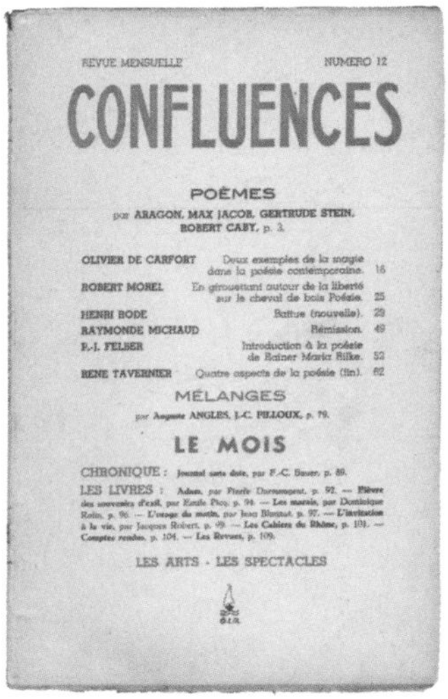

REVUE MENSUELLE NUMERO 12

CONFLUENCES

POÈMES
par ARAGON, MAX JACOB, GERTRUDE STEIN, ROBERT CABY, p. 3.

OLIVIER DE CARFORT	Deux exemples de la magie dans la poésie contemporaine.	16
ROBERT MOREL	En girouettant autour de la liberté sur le cheval de bois Poésie.	25
HENRI BODE	Battue (nouvelle).	29
RAYMONDE MICHAUD	Rémission.	49
P.-J. FELSER	Introduction à la poésie de Rainer Maria Rilke.	52
RENE TAVERNIER	Quatre aspects de la poésie (fin).	62

MÉLANGES
par Auguste ANGLES, J.-C. FILLOUX, p. 70.

LE MOIS

CHRONIQUE : Journal sans date, par F.-C. Bauer, p. 86.

LES LIVRES : Adam, par Pierre Drommont, p. 92. — Fièvre des souvenirs d'exil, par Emile Picq, p. 94. — Les marais, par Dominique Rolin, p. 96. — L'usage du matin, par Jean Blanzat, p. 97. — L'initiation à la vie, par Jacques Robert, p. 99. — Les Cahiers du Rhône, p. 101. — Comptes rendus, p. 104. — Les Revues, p. 109.

LES ARTS · LES SPECTACLES

Telegram on August 8, 1942, from Louis Aragon to René Tavernier, pointing out the errors in the presentation of "*Nymphée*" in *Confluences (below)*: "POEM CRETINIZED BY CHANGE IN ORDER PAGES—STOP—PUT NAGE [SIC] 3 THEN 5 PAGE 2 4 PAGE 6—STOP—ABSOLUTELY DO SOMETHING—ARAGON."

Letter from Louis Aragon to René Tavernier, August 13, 1942. Aragon had just gone through the last three issues of *Confluences* with a fine-tooth comb, pointing out the journal's shortcomings (misprints, inaccurate table of contents, incoherent presentation); "This letter goes on for too long, I know, about certain details when the essential thing has not been said. But I am concerned with signs which have their value as signs. There is in *Confluences* a lack of order that is at once typographical and moral . . . You would have every reason to reproach me if I did not tell you this." Aragon eventually founded his own journal, *Les Étoiles* [The Stars], printed first in Lyon in 1943, then in Saint-Flour, and finally in Valence.

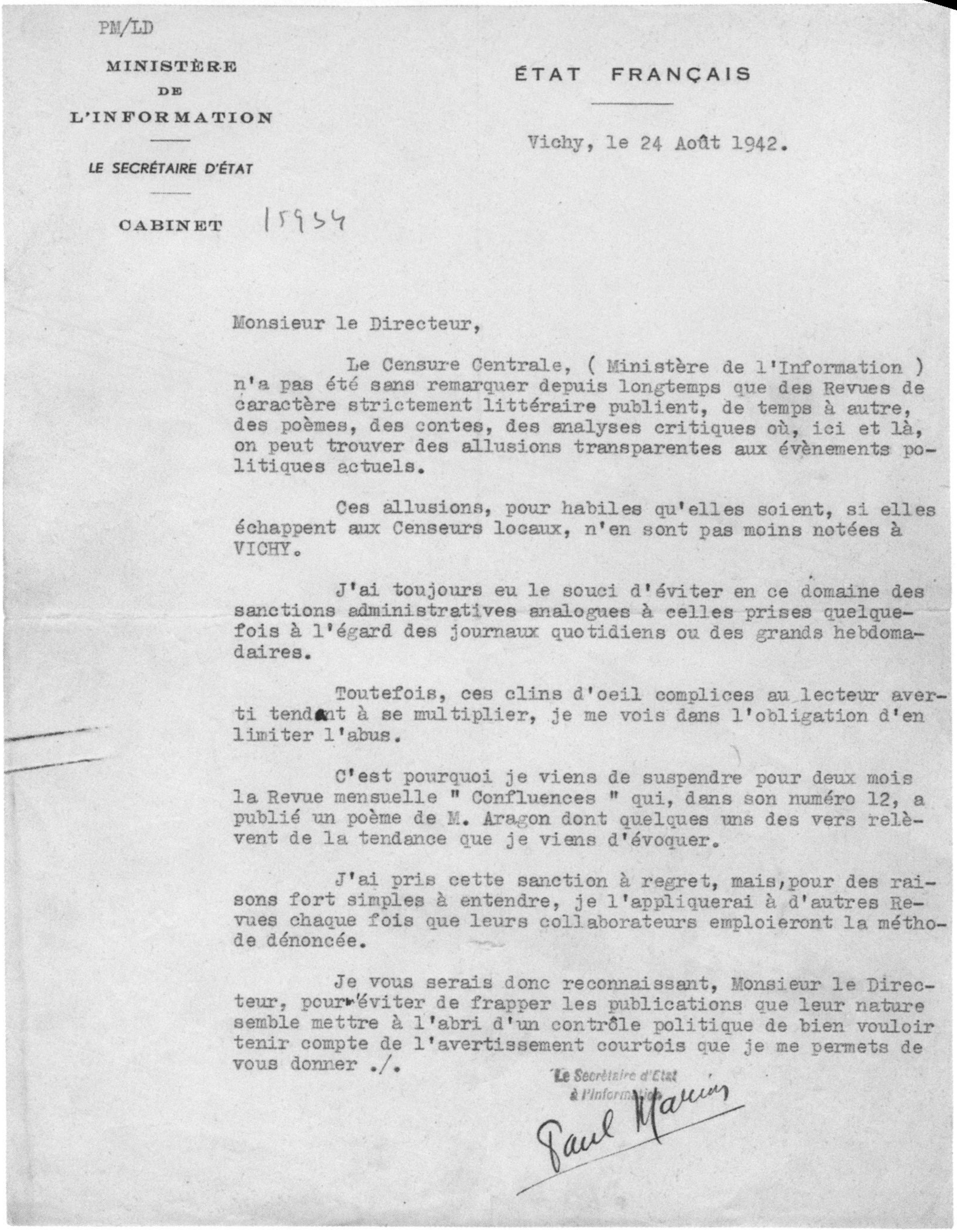

PM/LD

MINISTÈRE
DE
L'INFORMATION

LE SECRÉTAIRE D'ÉTAT

CABINET 15954

ÉTAT FRANÇAIS

Vichy, le 24 Août 1942.

Monsieur le Directeur,

Le Censure Centrale, (Ministère de l'Information) n'a pas été sans remarquer depuis longtemps que des Revues de caractère strictement littéraire publient, de temps à autre, des poèmes, des contes, des analyses critiques où, ici et là, on peut trouver des allusions transparentes aux évènements politiques actuels.

Ces allusions, pour habiles qu'elles soient, si elles échappent aux Censeurs locaux, n'en sont pas moins notées à VICHY.

J'ai toujours eu le souci d'éviter en ce domaine des sanctions administratives analogues à celles prises quelquefois à l'égard des journaux quotidiens ou des grands hebdomadaires.

Toutefois, ces clins d'oeil complices au lecteur averti tendant à se multiplier, je me vois dans l'obligation d'en limiter l'abus.

C'est pourquoi je viens de suspendre pour deux mois la Revue mensuelle " Confluences " qui, dans son numéro 12, a publié un poème de M. Aragon dont quelques uns des vers relèvent de la tendance que je viens d'évoquer.

J'ai pris cette sanction à regret, mais, pour des raisons fort simples à entendre, je l'appliquerai à d'autres Revues chaque fois que leurs collaborateurs emploieront la méthode dénoncée.

Je vous serais donc reconnaissant, Monsieur le Directeur, pour éviter de frapper les publications que leur nature semble mettre à l'abri d'un contrôle politique de bien vouloir tenir compte de l'avertissement courtois que je me permets de vous donner ./.

Le Secrétaire d'État
à l'Information

Paul Marion

Just as Louis Aragon was finding his poem "cretinized" by the printer's error, the General Secretary for Information at Vichy, Paul Marion, was finding for his part that certain passages showed those "winks at knowing readers": for example, quatrain 11, "When a people flees before the invader / It leaves behind the ruins of its life," recalls the unhappy period of the debacle and the exodus; quatrains 18 and 20 can be seen to argue in favor of civil disobedience and the Resistance: "We have become hardened by the flame of our perils / We have had our time to soften up / From now on we must have a virile ideal / the law of our hearts and the law of ready payment . . . I listen to these voices rising from the disaster / and I close my Racine and I dream at will / The sky has not lost count of the stars / Nothing can take from love the right to sigh." Marion writes to René Tavernier on August 24, 1942, "That is why I have just suspended the monthly journal *Confluences* for two months . . . I do this with regret, but for reasons which I am sure you will find easy to understand, and I shall apply such sanctions to other journals each time their contributors resort to such methods."

PM/LD

MINISTERE
de
L'INFORMATION

Le Secrétaire d'Etat

CABINET

15839

ETAT FRANÇAIS

Monsieur Paul MARION
SECRETAIRE D'ETAT à L'INFORMATION

à Monsieur René TAVERNIER
4, rue Chambovet
LYON (Rhône)

Monsieur le Directeur,

Malgré le désir que j'éprouve de répondre favorablement à votre lettre du 22 Août 1942, je ne puis le faire.

En effet, c'est trop souvent que des Revues à caractère strictement littéraire abusent de l'innocence de mes censeurs locaux et de la tolérance éclairée de ma censure centrale.

Il était nécessaire de donner un coup d'arrêt. Je regrette que ce coup ait été porté à la Revue "Confluences" qui jusqu'alors était sans reproche.

Mais vous estimerez comme moi que votre collaborateur M. ARAGON a poussé beaucoup trop loin les droits de l'affabulation poétique pour que je puisse revenir sur ma décision.

Veuillez recevoir, Cher Monsieur, l'expression de mes sentiments les meilleurs.-

Paul MARION.

René Tavernier must have tried to plead his case with Paul Marion because the latter replies that "in spite of [his] desire to respond favorably," he cannot go back on his decision. "It is a fact too often noted that Journals that are strictly literary in character should abuse both the innocence of my local censors and the enlightened tolerance of the central office of censorship." Besides, he goes on to say, Louis Aragon is a militant Communist whose writings are looked at particularly closely, and, in this poem, "*Nymphée*," there can be no doubt that he has "gone well beyond the bounds of poetic license."

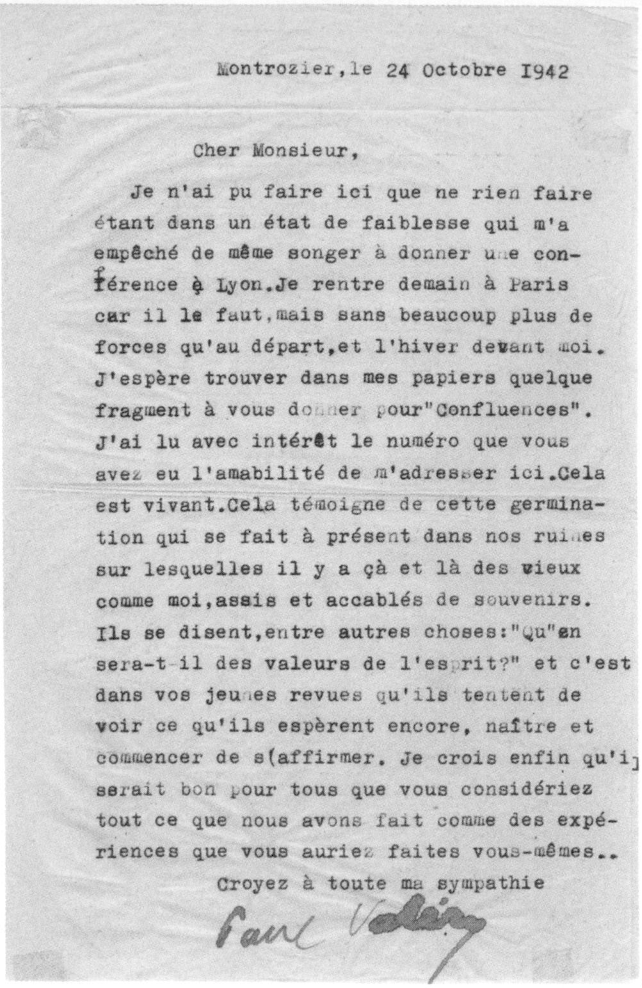

Montrozier,le 24 Octobre I942

Cher Monsieur,

Je n'ai pu faire ici que ne rien faire étant dans un état de faiblesse qui m'a empêché de même songer à donner une conférence à Lyon.Je rentre demain à Paris car il le faut,mais sans beaucoup plus de forces qu'au départ,et l'hiver devant moi. J'espère trouver dans mes papiers quelque fragment à vous donner pour"Confluences". J'ai lu avec intérêt le numéro que vous avez eu l'amabilité de m'adresser ici.Cela est vivant.Cela témoigne de cette germination qui se fait à présent dans nos ruines sur lesquelles il y a çà et là des vieux comme moi,assis et accablés de souvenirs. Ils se disent,entre autres choses:"Qu"en sera-t-il des valeurs de l'esprit?" et c'est dans vos jeunes revues qu'ils tentent de voir ce qu'ils espèrent encore, naître et commencer de s(affirmer. Je crois enfin qu'il serait bon pour tous que vous considériez tout ce que nous avons fait comme des expériences que vous auriez faites vous-mêmes..

Croyez à toute ma sympathie

Paul Valéry

Paul Valéry writes to René Tavernier on October 24, 1942: "I hope to find among my papers some fragment that I can give you for *Confluences*. I read with great interest the issue that you were kind enough to send to me here. It has life. It shows this germination that is present today among our ruins where there are still, here and there, old men like myself who are too much prey to our memories. Such men say to themselves, among other things: 'What will become of the ideals of the mind?' and it is in your young journals that they try to see the much hoped for beginnings."

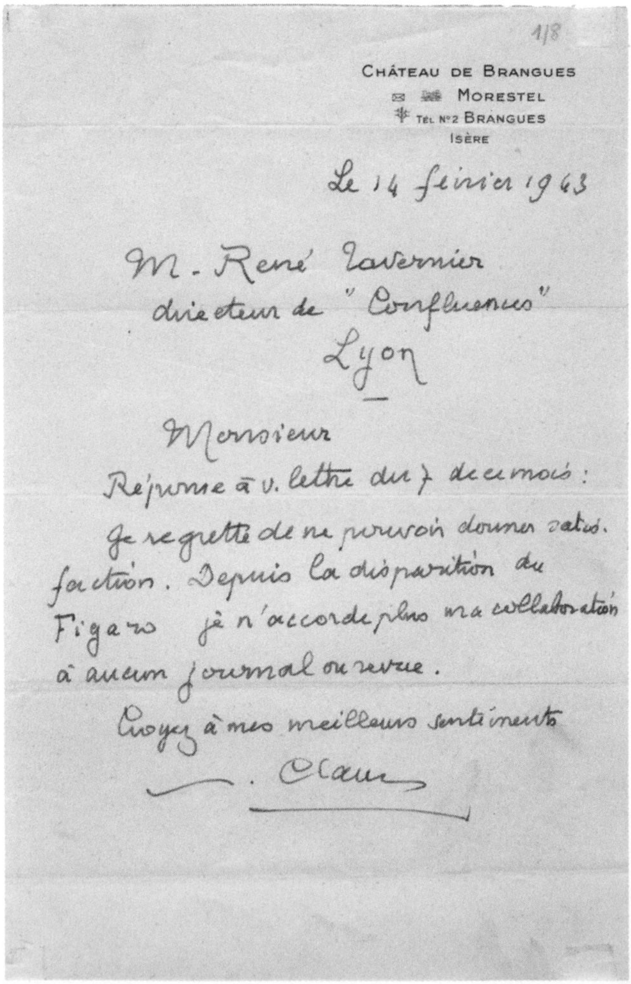

1/8

CHÂTEAU DE BRANGUES
MORESTEL
TÉL Nº2 BRANGUES
ISÈRE

Le 14 février 1943

M. René Tavernier
directeur de "Confluences"
Lyon

Monsieur

Réponse à v. lettre du 7 de ce mois :

Je regrette de ne pouvoir donner satisfaction. Depuis la disparition du Figaro je n'accorde plus ma collaboration à aucun journal ou revue.

Croyez à mes meilleurs sentiments

P. Claudel

Letter from Paul Claudel to René Tavernier, February 14, 1943, in which he refuses to give him a text for *Confluences*: "I regret that I cannot oblige you. Since the demise of *Le Figaro* I no longer align myself with any journal or newspaper."

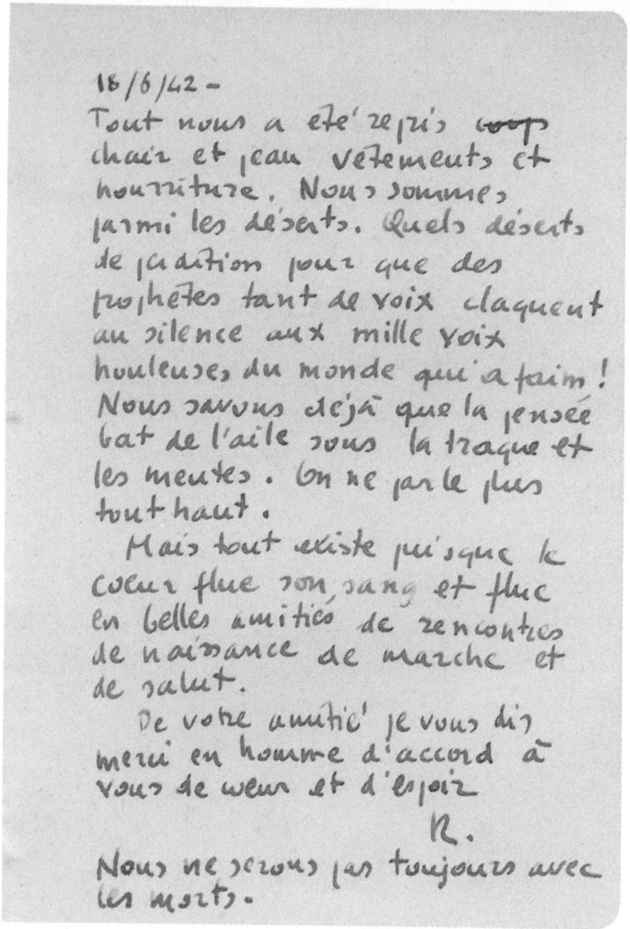

18/6/42 –
Tout nous a été repris ~~coup~~
chair et peau vêtements et
nourriture. Nous sommes
parmi les déserts. Quels déserts
de perdition pour que des
prophètes tant de voix claquent
au silence aux mille voix
houleuses du monde qui a faim!
Nous savons déjà que la pensée
bat de l'aile sous la traque et
les meutes. On ne parle plus
tout haut.
Mais tout existe puisque le
cœur flue son sang et flue
en belles amitiés de rencontres
de naissance de marche et
de salut.
De votre amitié je vous dis
merci en homme d'accord à
vous de cœur et d'espoir
R.
Nous ne serons pas toujours avec
les morts.

Notebook "devoted to the literary circle of René Tavernier," with the signatures of Georges Lorris, Jean-Marie-Amédée Paroutaud, Alain Borne, Jean-José Marchand, Yves Mulon, Auguste Anglès, Francis Ponge, Michel Roumanoff, Gérard Jarlot, André Berne-Joffroy, and Raymond Schwab. The latter—the least prudent in his formulations of all the contributors who passed through the journal between 1942 and 1944—writes on June 16, 1942: "They have taken everything from us, flesh and skin, food and clothes. We are in the wilderness . . . We shall not always be with the dead."

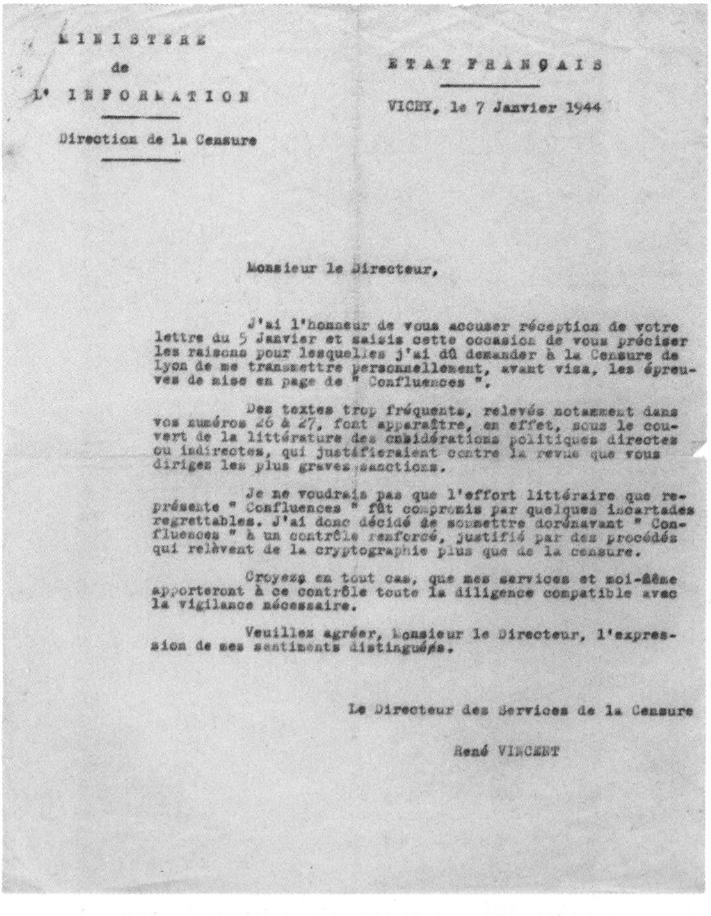

MINISTERE
de
L'INFORMATION

Direction de la Censure

ETAT FRANÇAIS

VICHY, le 7 Janvier 1944

Monsieur le Directeur,

J'ai l'honneur de vous accuser réception de votre lettre du 5 Janvier et saisis cette occasion de vous préciser les raisons pour lesquelles j'ai dû demander à la Censure de Lyon de me transmettre personnellement, avant visa, les épreuves de mise en page de " Confluences ".

Des textes trop fréquents, relevés notamment dans vos numéros 26 à 27, font apparaître, en effet, sous le couvert de la littérature des considérations politiques directes ou indirectes, qui justifieraient contre la revue que vous dirigez les plus graves sanctions.

Je ne voudrais pas que l'effort littéraire que représente " Confluences " fût compromis par quelques incartades regrettables. J'ai donc décidé de soumettre dorénavant " Confluences " à un contrôle renforcé, justifié par des procédés qui relèvent de la cryptographie plus que de la censure.

Croyez en tout cas, que mes services et moi-même apporteront à ce contrôle toute la diligence compatible avec la vigilance nécessaire.

Veuillez agréer, Monsieur le Directeur, l'expression de mes sentiments distingués.

Le Directeur des Services de la Censure

René VINCENT

Letter from René Vincent, head of the censorship office at Vichy, to René Tavernier, dated January 7, 1944. *Confluences* is henceforth to be put under increased surveillance, "justified more by procedures of code-breaking than of censorship proper." "Phrases which appear too frequently, under cover of literature, particularly in numbers 26 and 27, are proof of either direct or indirect political considerations which are sufficient to warrant the most severe sanctions against your journal. I would not want the genuine literary worth of *Confluences* to be compromised by a few regrettable lapses in judgment."

Lyon, June 13, 1944

Dear Miss Stein,

I am writing you just a word in haste to tell you that we are all well here, that we survived the bombardments unharmed and the varioux trials of which daily life is composed.

Confluences has had a hard time as a result of the closing of the shop of its printer by the occupying authorities ; our paper , our copy for the next numbers are all sealed and the next number had to be improvised.

I should have been very happy to have news of you and to know if all goes well there. I do not dare say that we shall see you soon for the trains are in the habit of not arriving or even of not leaving, and to cover the 60 kilometers which separate us we might have to take tw days ! We should n neverthless have liked to come to spend a good day at the Colombier.

Our kindest regards to you, dear Miss Stein. Please remember us warmly to Miss Toklas.

René TAVERNIER

People shoot each other up xith machine-guns around the house each night and this morning as I am writing. There is no more bread, no telephone (I am one of the few to have one still thanks to Confluences). One feels free in spirit and I am taking advantage of it to write some poeme and a play. The autobio-graphy of wars will be enriched !'!!

Letter from René Tavernier to his friend and neighbor, Gertrude Stein, on June 13, 1944. Stein was to spend the whole of the Occupation at Culoz, in the Ain department. Tavernier, writing in English, tells of the difficult living and working conditions after the closing of their print shop in Lyon: "*Confluences* has had a hard time as a result of the closing of the shop of its printer by the occupying authorities; our paper, our copy for the next numbers are all sealed and the next number had to be improvised . . . People shoot each other up with machine-guns around the house each night and this morning as I am writing. There is no more bread, no telephone (I am one of the few to have one still thanks to *Confluences*)."

Confluences, supplement to no. 31, Spring 1944, "issue incomplete due to closure of our print shop by the Gestapo." A single copy of this issue was actually printed and cobbled together with an improvised cover.

CONFLUENCES

■

Supplément au Numéro 31

livré incomplet par suite de la fermeture de notre imprimerie par la Gestapo

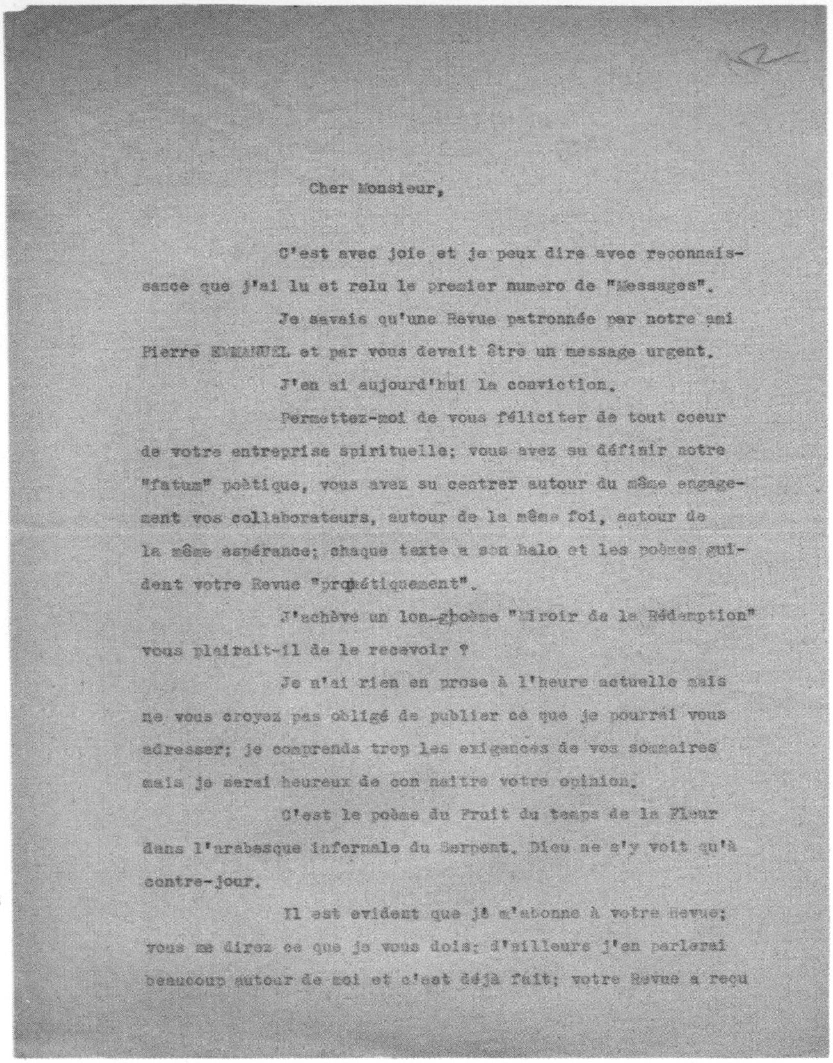

Cher Monsieur,

C'est avec joie et je peux dire avec reconnaissance que j'ai lu et relu le premier numero de "Messages".

Je savais qu'une Revue patronnée par notre ami Pierre EMMANUEL et par vous devait être un message urgent.

J'en ai aujourd'hui la conviction.

Permettez-moi de vous féliciter de tout coeur de votre entreprise spirituelle; vous avez su définir notre "fatum" poètique, vous avez su centrer autour du même engagement vos collaborateurs, autour de la même foi, autour de la même espérance; chaque texte a son halo et les poèmes guident votre Revue "prophétiquement".

J'achève un long poème "Miroir de la Rédemption" vous plairait-il de le recevoir ?

Je n'ai rien en prose à l'heure actuelle mais ne vous croyez pas obligé de publier ce que je pourrai vous adresser; je comprends trop les exigances de vos sommaires mais je serai heureux de con naitre votre opinion.

C'est le poème du Fruit du temps de la Fleur dans l'arabesque infernale du Serpent. Dieu ne s'y voit qu'à contre-jour.

Il est evident que je m'abonne à votre Revue; vous me direz ce que je vous dois; d'ailleurs j'en parlerai beaucoup autour de moi et c'est déjà fait; votre Revue a reçu

The first letter (1942) from Jean Cayrol to Jean Lescure: "Allow me to congratulate you with all my heart on your spiritual enterprise; you have succeeded in defining your poetic 'fatum' [sic], you have succeeded in getting your contributors to make an undivided commitment, with a common faith, and a common hope; each text has its own aura and the poems guide your Journal 'prophetically' . . . You are right to believe that one fights also in poetry, and that everything that one might think or write one does in mortal danger." In another letter from 1942, Cayrol will agree to become the Bordeaux correspondent for the journal.

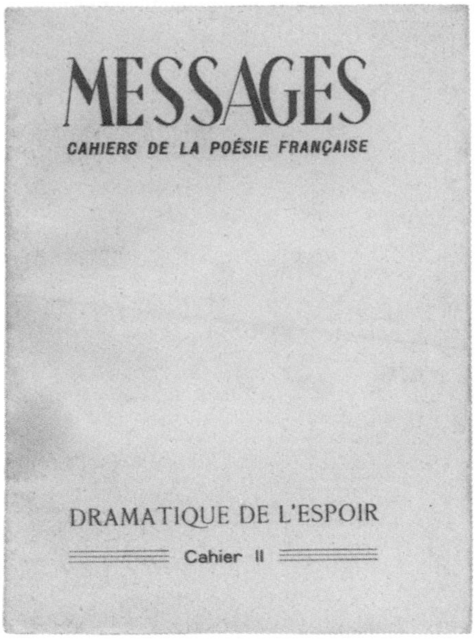

The poet Jean Lescure took over control of the journal *Messages* in 1939. With the help of Jean Paulhan, he brought out three issues in France in 1942, including this one in the spring entitled "*Dramatique de l'espoir*" [The Dramatics of Hope]. Max-Pol Fouchet writes to him on September 7, saying that *Messages* represents without doubt "the only worthwhile voice to come out of Paris since the Armistice." Because of the tightening up of censorship, the following issues had to be published in Brussels (by Georges Lambrichs), and in Switzerland (by François Lachenal). A member of the Comité national des écrivains, and a contributor to the underground journal *Les Lettres françaises*, Jean Lescure was to be "lieutenant" to Paul Éluard during the creation of two underground poetry anthologies, *L'Honneur des poètes* and *Europe* (Éditions de Minuit, 1943 and 1944). "We were coming to see that we had to continue not just to write, but also to publish. We had to do this, if only to bring back a sense of possibility to a world whose lid seemed shut tight by interdictions."

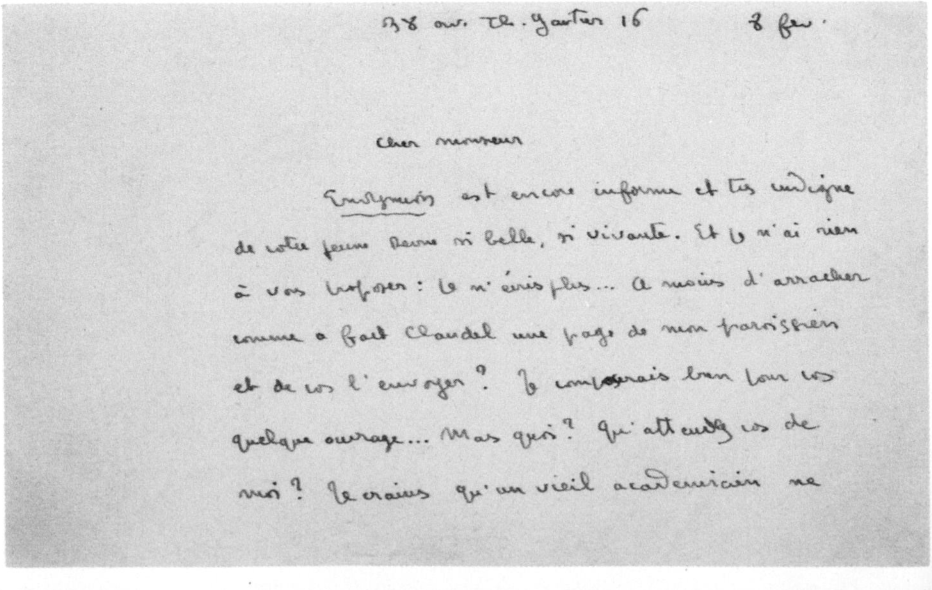

38 av. Th. Gautier 16 8 fev.

Cher monsieur

Enseignements est encore informe et très indigne de votre jeune Revue si belle, si vivante. Et je n'ai rien à vous proposer : je n'écris plus... à moins d'arracher comme a fait Claudel une page de mon paroissien et de vous l'envoyer ? Je composerais bien pour vous quelque ouvrage... Mais quoi ? Qu'attendez vous de moi ? Je crains qu'un vieil académicien ne

Card written February 8, 1943, from François Mauriac to Jean Lescure. The latter had requested a text from Mauriac for the special issue of *Messages* that he was preparing, and which was to be entitled, "*Domaine français*" [French Domain]. "What do you expect from me? I am afraid an old academician will not count for much with fellows of your age . . . You might at least suggest a topic for me . . . However, you will probably be censored—because my name still means something . . . to the Germans."

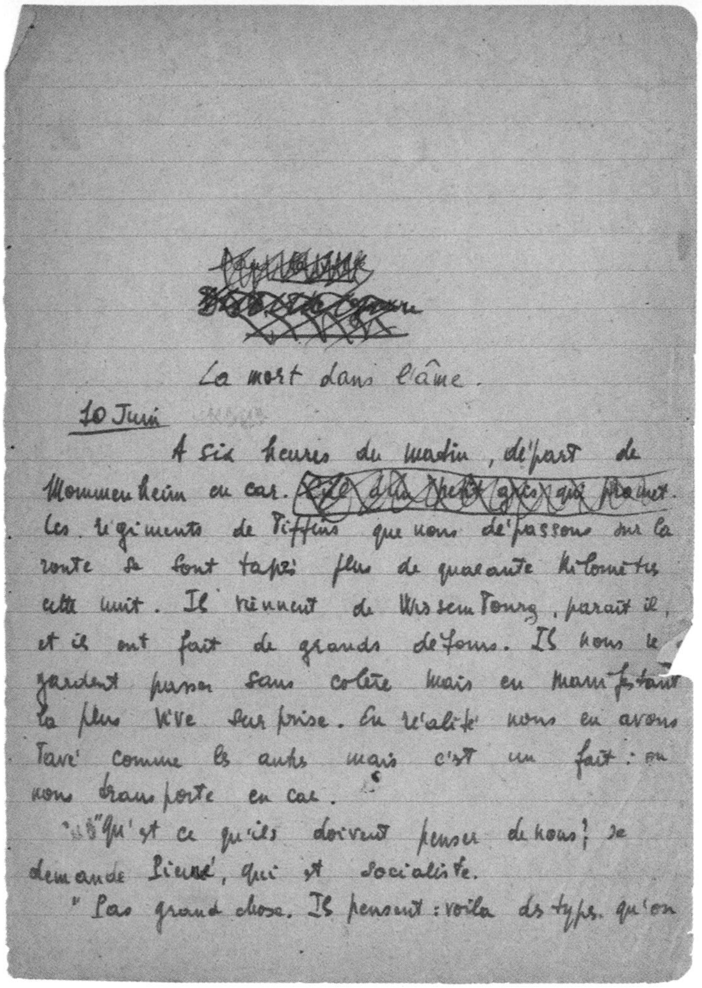

La mort dans l'âme

10 Juin

A six heures du matin, départ de Mommenheim en car. Les régiments de Piffres que nous dépassons sur la route se sont tapés plus de quarante kilomètres cette nuit. Ils viennent de Wissembourg, paraît-il, et ils ont fait de grands détours. Ils nous regardent passer sans colère mais en manifestant la plus vive surprise. En réalité nous en avons bavé comme les autres mais c'est un fait : on nous transporte en car.

"Qu'est ce qu'ils doivent penser de nous? se demande Pierné, qui est socialiste.

"Pas grand chose. Ils pensent : voilà des types qu'on

Manuscript of Jean-Paul Sartre's text, "La mort dans l'âme" [Death in the Soul], that the writer sent to Jean Lescure towards the end of 1942 for the December 1942 Brussels edition of *Messages*, entitled "Exercice du silence" [The Practice of Silence]. This text, published by Gallimard in 1949, would be included in Sartre's trilogy about France in 1940, *Les Chemins de la liberté*.

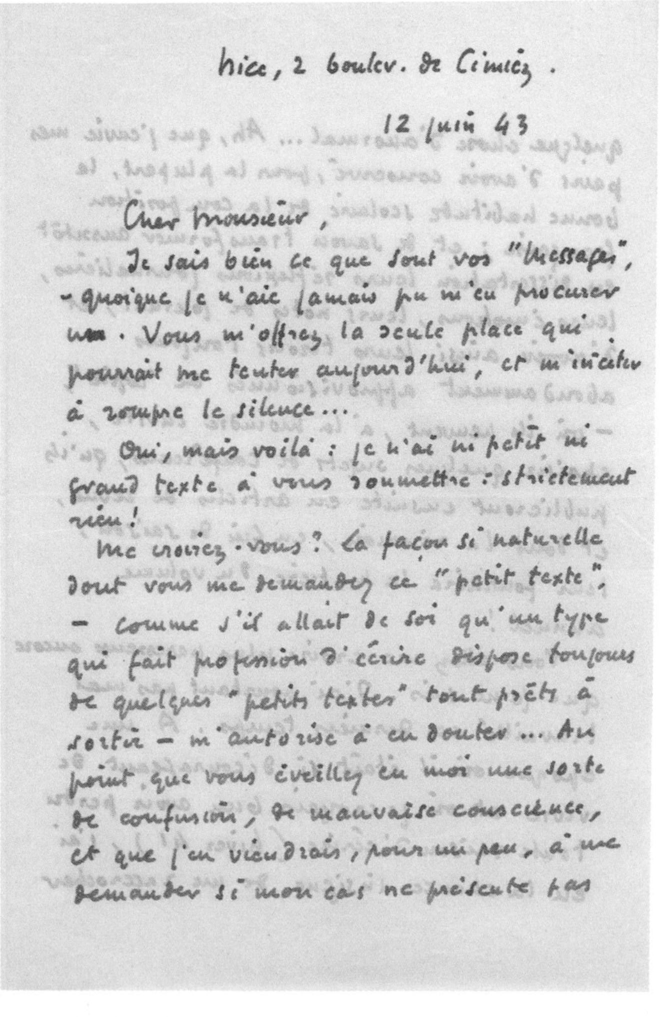

Nice, 2 boulev. de Cimiez.

12 juin 43

Cher Monsieur,

Je sais bien ce que sont vos "Messages", – quoique je n'aie jamais pu m'en procurer un. Vous m'offrez la seule place qui pourrait me tenter aujourd'hui, et m'inciter à rompre le silence...

Oui, mais voilà : je n'ai ni petit ni grand texte à vous soumettre : strictement rien!

Me croirez-vous? La façon si naturelle dont vous me demandez ce "petit texte", – comme s'il allait de soi qu'un type qui fait profession d'écrire dispose toujours de quelques "petits textes" tout prêts à sortir – m'autorise à en douter... Au point que vous éveillez en moi une sorte de confusion, de mauvaise conscience, et que j'en viendrais, pour un peu, à me demander si mon cas ne présente pas

Letter written by Roger Martin du Gard to Jean Lescure on June 12, 1943. Lescure had asked him to provide a text for *"Domaine français."* Martin du Gard regrets here that he has nothing to offer him, neither "substantial" nor "small," particularly because, he writes, "the names that you cite here, in the contents of the issue in question, are precisely those–and very nearly the only ones–in whose company I should like to see my own." He explains his position further in the draft of the same letter: "An isolated life, a life lived within the bounds of one's own personal work, forces one to be silent. From such a place of shelter, one is not called upon to lecture or encourage others to fight. Whatever depths one's intellect might plumb, the sort of timeless thoughts that go on in one's head would appear quite out of place among the searingly contemporary commentaries from the front."

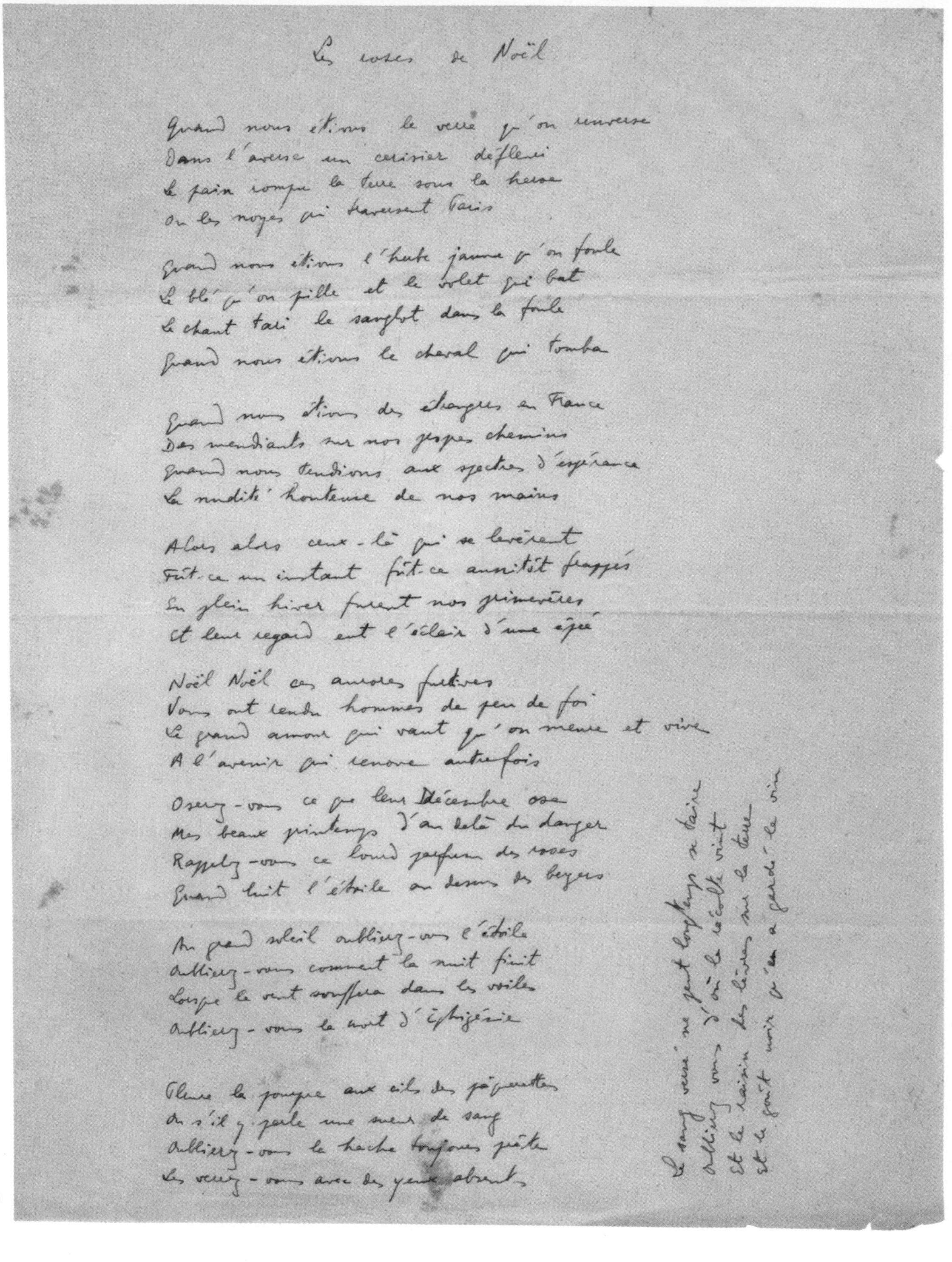

Les roses de Noël

Quand nous étions le verre qu'on renverse
Dans l'averse un cerisier défleuri
Le pain rompu la terre sous la herse
Ou les noyés qui traversent Paris

Quand nous étions l'herbe jaune qu'on foule
Le blé qu'on pille et le volet qui bat
Le chant tari le sanglot dans la foule
Quand nous étions le cheval qui tomba

Quand nous étions des étrangers en France
Des mendiants sur nos propres chemins
Quand nous tendions aux spectres d'espérance
La nudité honteuse de nos mains

Alors alors ceux-là qui se levèrent
Fût-ce un instant fût-ce aussitôt frappés
En plein hiver furent nos primevères
Et leur regard eut l'éclair d'une épée

Noël Noël ces aurores furtives
Vous ont rendu hommes de peu de foi
Le grand amour qui veut qu'on meure et vive
A l'avenir qui rénove autrefois

Oserez-vous ce que leur Décembre osa
Mes beaux printemps d'au-delà du danger
Rappelez-vous ce lourd parfum des roses
Quand luit l'étoile au-dessus des bergers

Au grand soleil oubliez-vous l'étoile
Oubliez-vous comment la nuit finit
Lorsque le vent soufflera dans les voiles
Oubliez-vous la mort d'Iphigénie

Pleure la pourpre aux cils des pâquerettes
Ou s'il y perle une sueur de sang
Oubliez-vous la hache toujours prête
Les verrez-vous avec des yeux absents

Le sang versé ne peut longtemps se taire
Oubliez-vous d'où la récolte vint
Et le raisin des lèvres sur la terre
Et le goût noir qu'en a gardé le vin

"Les roses de Noël" [Christmas Roses], an unsigned poem in manuscript form sent by Louis Aragon to Jean Lescure. "When we were foreigners in France / Beggars on our own streets / When we held out to the ghosts of hope / The shameful nudity of our hands / Then it was that they stood up / If only for a moment before being struck down / Our spring primroses were in winter / And their gaze shone bright as a sword." This poem appeared in "*Domaine français*" in 1943, and would reappear, just after the war, in *La Diane française*, a volume that brought together, at the instigation of Pierre Seghers, Louis Aragon's poems of resistance (Seghers, December 30, 1944).

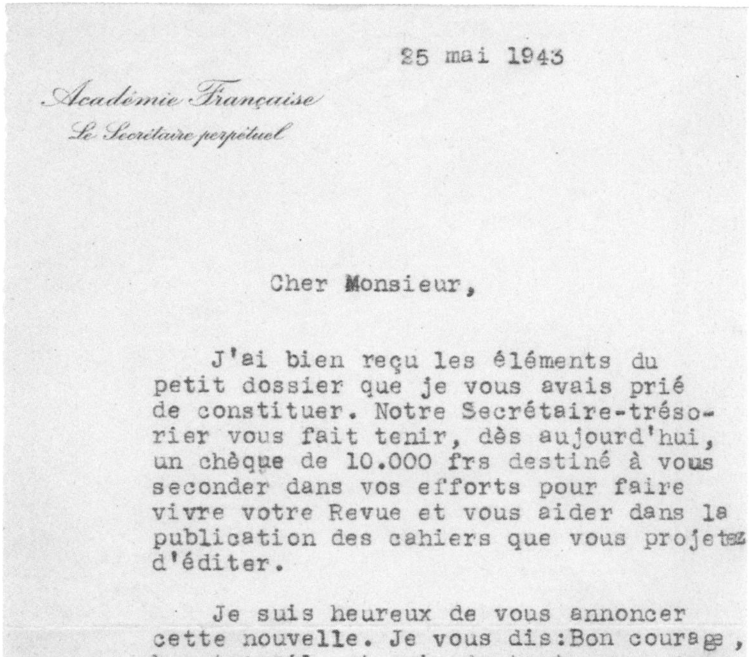

25 mai 1943

Académie Française
Le Secrétaire perpétuel

Cher Monsieur,

J'ai bien reçu les éléments du petit dossier que je vous avais prié de constituer. Notre Secrétaire-trésorier vous fait tenir, dès aujourd'hui, un chèque de 10.000 frs destiné à vous seconder dans vos efforts pour faire vivre votre Revue et vous aider dans la publication des cahiers que vous projetez d'éditer.

Je suis heureux de vous annoncer cette nouvelle. Je vous dis: Bon courage, bon travail, et suis de tout coeur avec vous.

Duhamel

M. Jean LESCURE
5,, cité du Cardinal Lemoine
PARIS V°

Letter of May 25, 1943, from Georges Duhamel, secretary of the French Academy, to Jean Lescure, assuring him of a subsidy "of 10,000 francs intended to help you in keeping your journal going, and to help with the publication of the forthcoming issues [the special issue, *"Domaine français"*]."

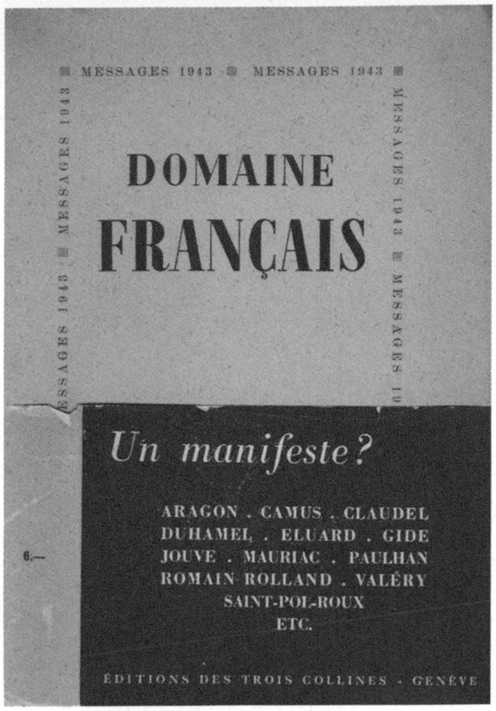

Parts of the manuscript of *"Domaine français,"* assembled and personally delivered by Jean Lescure to François Lachenal in Vichy, were taken to Switzerland in the fall of 1943 in the luggage of the Hungarian minister to Vichy, Bakach Bessenyey. Other sections followed in the luggage of the Romanian minister, Dinu Hiott. This material was a genuine "manifesto of the most active intellectual forces," including a number of important names. It was published before the end of the year by Éditions des Trois Collines in Geneva, a publishing house run jointly at the time by François Lachenal and Jean Descoullayes. More than a thousand copies of *"Domaine français"* were sold in Switzerland within ten days of its publication.

Jean Lescure, in a photograph taken just after the war by Robert Doisneau. On his desk, we can see an album of *Les Pieds Nickelés*, which is surely not there by chance . . . Chosen for French Radio at the time of the Liberation, Lescure became, for a short period in 1946, the literary director of Éditions de Minuit.

In May 1940, as France was falling, Marc Barbezat, a 27-year-old pharmacist from Lyon, was hand-assembling and printing, one page at a time on a galley-press, the first issue of *L'Arbalète* [The Cross-Bow]. This journal was conceived from the outset as both an illustrated literary journal and an instrument of combat. Notable among the contributions to this issue were texts by Jean Wahl, Marc Beigbeder, and René Tavernier. Championed by Tavernier and Wahl, the journal quickly received material from writers such as Paul Éluard, Louis Aragon, and Pierre Emmanuel. In 1942, Pascal Pia published poems by Rimbaud that had come to light in *L'Album zutique*. Once he felt more skilled as a typographer and printer, Barbezat set up *Éditions de l'Arbalète* in 1941. Shortly afterwards, in 1943, along with his wife, the actress Olga Kechelievitch, he discovered the work of Jean Genet, who at the time was still in prison and completely unknown.

Issue zero of *La Revue noire* [The Black Journal], prepared between December 1943 and February 1944 by writers close to the "Combat" movement, could not be published due to the dispersion of its members. However, it was released after the war, using galley proofs dating from February 1944. Among those who participated in the project were Claude Bourdet, Maurice Clavel, Yves Gandon, Flavien Monod, Maximilian Vox, and Jean-Louis Curtis.

p. 4 : Le paysage

L'ÉTERNELLE REVUE

Nº 1 PARIS JUIN 1944

« Une fois de plus, la poésie mise au défi se regroupe, retrouve un sens précis à sa violence latente, crie, accuse, espère. »

(L'Honneur des Poètes.)

AU PEUPLE FRANÇAIS

Nous donnons ici la traduction littérale d'un des poèmes trouvés sur Stephen Vincent-Benét après sa mort. C'est l'un des derniers qu'ait écrit le poète américain.

Non, nous ne vous combattons pas. Nos morts dorment dans votre terre, des garçons qui s'appelaient Buck et Shorty, qui venaient des champs ou de la grande rue des villes, dont la silhouette et le langage vous étaient connus. Vous savez ce que valait leur sang, vous les avez vus s'élancer dans les blés sous la mitraille.

Leur histoire est là, écrite tout au long de l'Aisne et de l'Argonne sur les pentes des terres riveraines, sur les froides pierres élevées sur la colline, là où nos hommes et vos hommes ont lutté, connu l'angoisse et persévéré quand même. Rien ne peut effacer cela. Non, l'oubli n'est pas venu encore.

Alors nous nous battions pour la même cause. C'est encore la même aujourd'hui. La vieille cause toujours nouvelle depuis la naissance de nos libertés, la cause pour laquelle on s'est battu avec un tel acharnement de Yorktown à

From his refuge in Clermont-Ferrand, Louis Parrot, along with Paul Éluard, established a bi-monthly publication, of which he eventually became director. The first underground issue of *L'Éternelle Revue* appeared in June 1944. In *Les Lettres françaises*, no. 18, July 1944, an unsigned article by Georges Adam mentions this new publication: "A tiny underground poetry journal has just been published under this ironic title. The title is a courageous riposte to those fine fellows who will accuse it of being inopportune. Still another literary journal! Even in Paris in June 1944, when the guns are sounding every day a little closer to the city, poets are claiming to rediscover and defend eternal values. Precisely now, these values can no longer be distinguished from action."

Itself a reflection of the ambiguities that characterized the first months of the Occupation, the *NRF*, directed by Pierre Drieu la Rochelle, has been judged peremptorily and harshly in retrospect. Nevertheless, it is indisputable that in the fall of 1940, the French literary class was virtually unanimous in its approval—for better or for worse—of the solution the *NRF* represented as the lesser evil when compared with the threat of a complete takeover of this prestigious publishing house by the Occupiers. The new director was clever enough to temper the partisan virulence of his first article, while maintaining the literary quality of the monthly journal, an accomplishment facilitated by the fact that he had a number of texts that had already been submitted to his predecessor, Jean Paulhan, whose authors were willing to let Drieu publish them. Even so, there was some opposition, though it almost invariably took the form of abstention or private reprobation. The one public exception was the journal *Esprit*, published in the Southern Zone where the *NRF* did not appear. On the other hand, since the *NRF* remained the site par excellence of French literary royalty, a number of writers continued to support the journal by allowing pre-publication of their texts. Among the newer writers, Camus was alone in refusing, in early 1942, Drieu's offer to publish a section of *L'Étranger*. During the same period, Follain, Guillevic, and Rolland de Renéville contributed to *Messages*, demonstrating that they in no way felt themselves uniquely bound to the *NRF*. Shaken by the actions of these "traitors," and by the growing number of defectors among his original supporters, Drieu called for reinforcement from former prewar contributors to the journal (see below, p. 265, Paulhan's letter to Jean Wahl of March 1942), and from the tutelary figures of the Gallimard publishing house: Claudel, Fargue, Gide, and Valéry. These consultations resulted in a complete breakdown of consensus; members of each camp became so distanced from one another that no reorienting of the journal was possible (a reorientation was originally to have been undertaken with the help of Maurice Blanchot).

Thus Drieu continued on alone, still bolstered by the material that had been sent to Paulhan. That the choice to collaborate was a mistake became increasingly evident, and the director of the *NRF* clearly admitted as much in a January 1943 piece called *Bilan* [A Reckoning], where he mixed political and literary concerns with a need for self-justification. Nevertheless, the German administration insisted that the journal continue publication. Thus, with much back and forth, and with Drieu having been replaced for a brief time by Jacques Lemarchand, a young and inexperienced writer, negotiations went on until summer 1943 when, after Drieu's final departure, the journal ceased publication. Like the transition in the fall of 1940—but for opposite reasons—this fiasco was a relief to the literary world. The resistance journals noted the demise of the *NRF* with satisfaction, and began dreaming that they might take the place of what, in the period between the wars, François Mauriac called the "true compass of the literary world."

Pascal Mercier

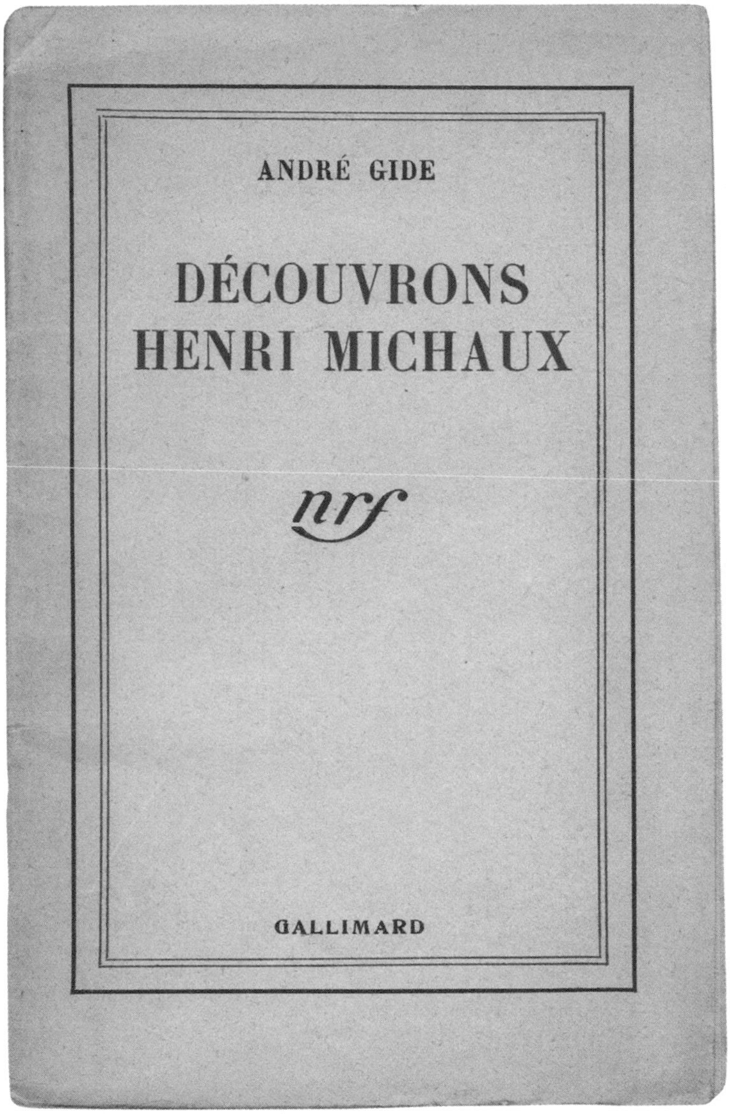

André Gide had made a commitment to give a lecture in Nice on May 21, 1941, on the subject of Henri Michaux. Posters were put up around town, but Gide was forced to withdraw after threats from the Nice section of the Légion des combattants (the Pétainist veterans' organization), which saw him as a "corruptor of youth," and, according to them, one of those responsible for the "spirit of sensual delight" that had led France to its fall. Gide withdrew after consulting with Roger Martin du Gard and André Malraux. In the end, he uttered a few words of appeasement in place of his talk. The lecture he had intended to give was published in July 1944 by Gallimard under the title, *Découvrons Henri Michaux*.

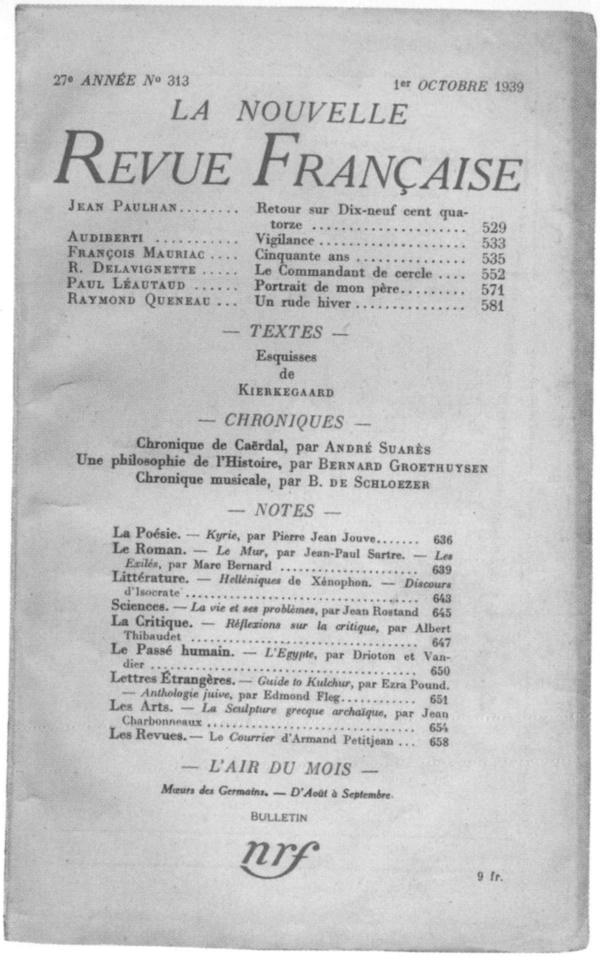

27e ANNÉE No 313 — 1er OCTOBRE 1939

LA NOUVELLE
REVUE FRANÇAISE

nrf

9 fr.

Starting in September 1939, certain members of the Gallimard publishing house left Paris and moved to Raymond Gallimard's property in Mirande in the Manche department. At the time, Gallimard was the adjunct director of the publishing house. The *NRF* continued to publish, and in an article that appeared in the journal in October 1939, entitled *"Retour sur Dix-neuf cent quatorze"* [Return to Nineteen Fourteen], its director, Jean Paulhan, compared the veterans of 1914 who left with flowers in their rifles shouting "On to Berlin!" to "those who leave today . . . Wiser they may be, but with a strange wisdom concocted out of emptiness and forgetfulness. They begin anew, yet know nothing. Their teachers, after the war, held their tongues. Never have soldiers been so poorly informed, and so poorly instructed."

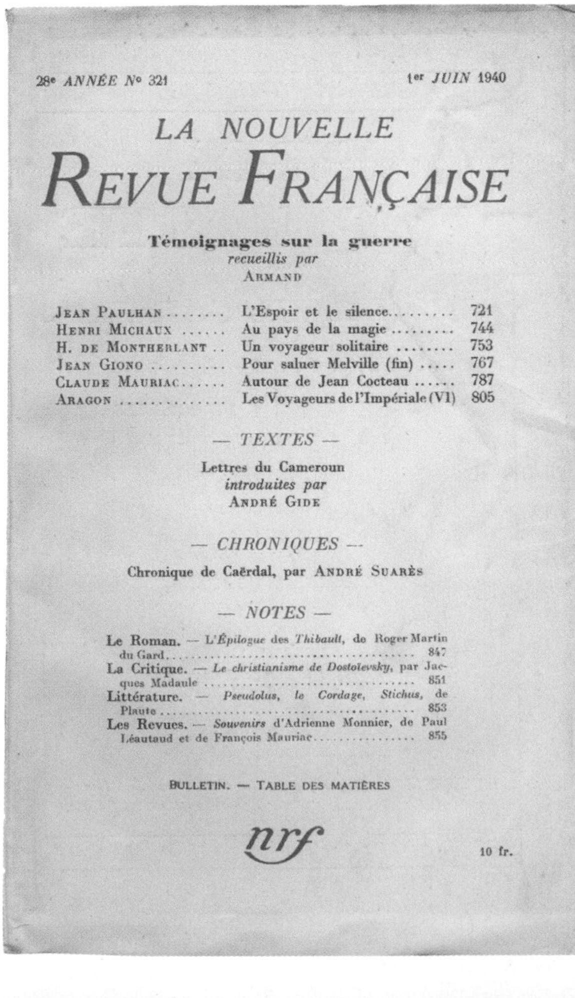

28e ANNÉE No 321 — 1er JUIN 1940

LA NOUVELLE
REVUE FRANÇAISE

Témoignages sur la guerre
recueillis par
ARMAND

nrf

10 fr.

In this, the last issue of the *NRF* to be published under the direction of Jean Paulhan out of Mirande and Paris, in June 1940, the writer points out the paths of secrecy and of the Resistance. He writes, in a manifesto entitled *"L'espoir et le silence"* [Hope and Silence]: "There can be no doubt that our Republic seems to have admitted, for the last twenty years, to all of the vices that our adversaries hold against us. Yet we still struggle for something that resembles the Republic: for the freedom of individuals, and against voluntary servitude. In truth, the problem can be stated in such clear terms that it would be madness not to hope that a French reconciliation can be possible if only each one of us, starting today, were to see that problem and to try to resolve it in the secret of his heart, and within his own silence." Paulhan joined the Resistance in June 1940, along with Claude Aveline, Jean Cassou, Agnès Humbert, Jean Aubier, Colette Vivier, and her husband, Jean Duval. The following month, Paulhan founded "Les Amis d'Alain-Fournier" [The Friends of Alain-Fournier], which was also known as "Les Français libres de France" [The Free French of France]. On the surface a literary society, it fronted the very first organization of the intellectual Resistance.

From May 27, 1918, the poet Joe Bousquet, who was paralyzed, lived in his room at 53 rue de Verdun in Carcassonne. As writers moved into the Unoccupied Zone, his room became one of the main centers of the intellectual Resistance in the South of France. During the summer and fall of 1940, Bousquet put up the Gallimards, the Paulhans, and the Hirsches—the entire "*NRF* colony"—in his family home, "l'Évêché" (the former bishop's palace), in Villalier in the Aude department. Throughout the Occupation, such figures as Jean Guéhenno, André Gide, Jean Schlumberger, Jean Cassou, André Lang, Julien Benda, Louis Aragon, and Elsa Triolet passed through his darkened room .

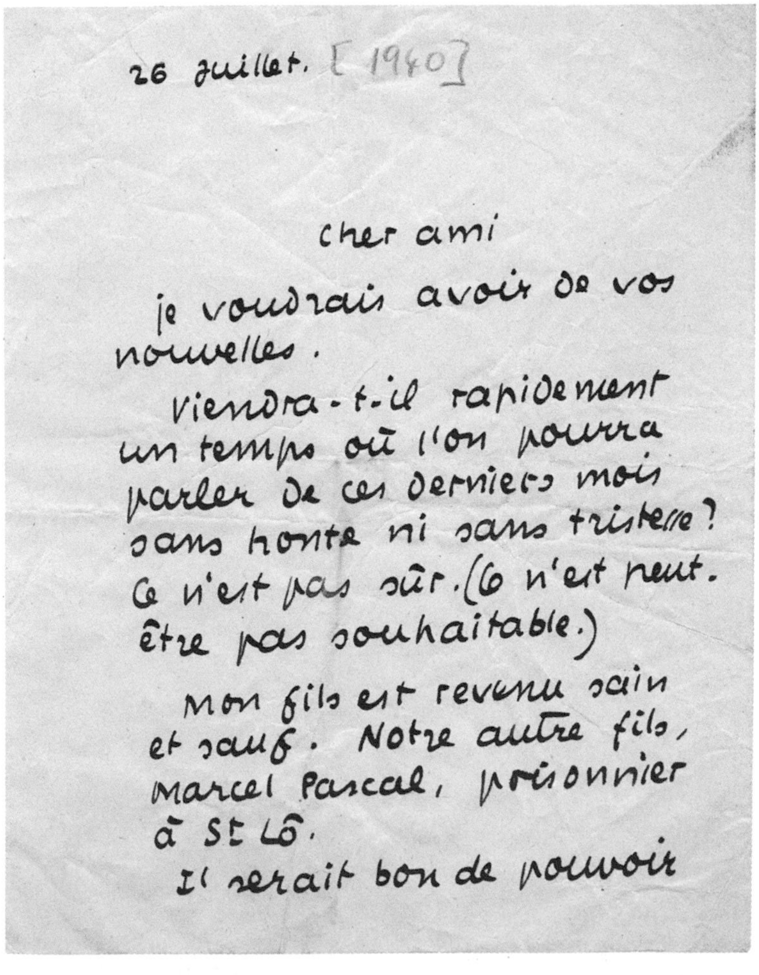

26 juillet. [1940]

cher ami

je voudrais avoir de vos nouvelles.

Viendra-t-il rapidement un temps où l'on pourra parler de ces derniers mois sans honte ni sans tristesse? Ce n'est pas sûr. (Ce n'est peut-être pas souhaitable.)

Mon fils est revenu sain et sauf. Notre autre fils, Marcel Pascal, prisonnier à St Lô.

Il serait bon de pouvoir

Letter from Jean Paulhan to Jean Wahl, July 26, 1940, in which Paulhan gives news from Villalier of the *NRF* writers who had been dispersed by the exodus: "Good news from Groet[huysen], and from Gide (he is rather 'thrilled' by Hitler and thinks that England will be defeated). Also from Benda (in Carcassonne)." Paulhan adds, "Will there soon come a day when we are able to talk of these past months without shame and sadness? There may not come such a day. (Perhaps we should not wish for it.)" From November 1940, the Gallimard publishing house was put under seal for a short time, and the occupying authorities made Pierre Drieu la Rochelle the new director of the *NRF*. Removed from the journal, but still working for Gallimard, Jean Paulhan wrote to Francis Ponge on November 20: "La nrf: / keeps / Gide / Jouhandeau / Valéry / Audiberti / Etc./ Loses its Jews: / Benda / Suarès / Éluard / Wahl, / Etc. / And its anti-Nazis: / Claudel / Bernanos / Romains / Etc. / Acquires a few Nazis: / Fabre-Luce / J. Boulenger / Bonnard / Châteaubriant."

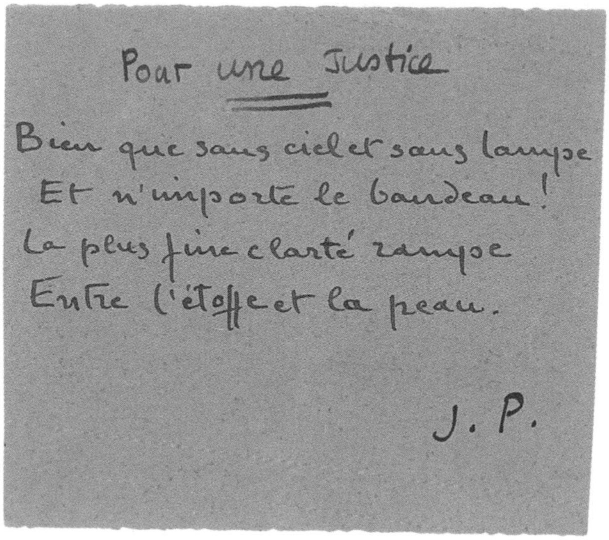

Pour une Justice

Bien que sans ciel et sans lampe
Et n'importe le bandeau !
La plus fine clarté rampe
Entre l'étoffe et la peau.

J. P.

Starting in the fall of 1940, Jean Paulhan began to compose quatrains of poetry that were anti-Pétain or anti-Laval. He wrote them in an anonymous hand on bits of throwaway paper which he would leave on café tables, in the streets, or at post office counters. "It was the only literature, or at least I thought so, which could travel by word of mouth, and which could exist without being in a book or a journal." At a time when print shops were under constant surveillance by the occupiers, this was a way to circulate these "pre-print shop slogans." Paulhan made up a little booklet of these that Boris Vildé tried to get to London (see p. 269), and he gave similar sheets to Jean Guéhenno who, more prosaically, hid them in a safe place. After the war, Paulhan wrote a short moral fable based on these experiences. Titled *"Slogans des jours sombres"* [Slogans from Dark Days], it was published in *Le Figaro littéraire* on April 27, 1946.

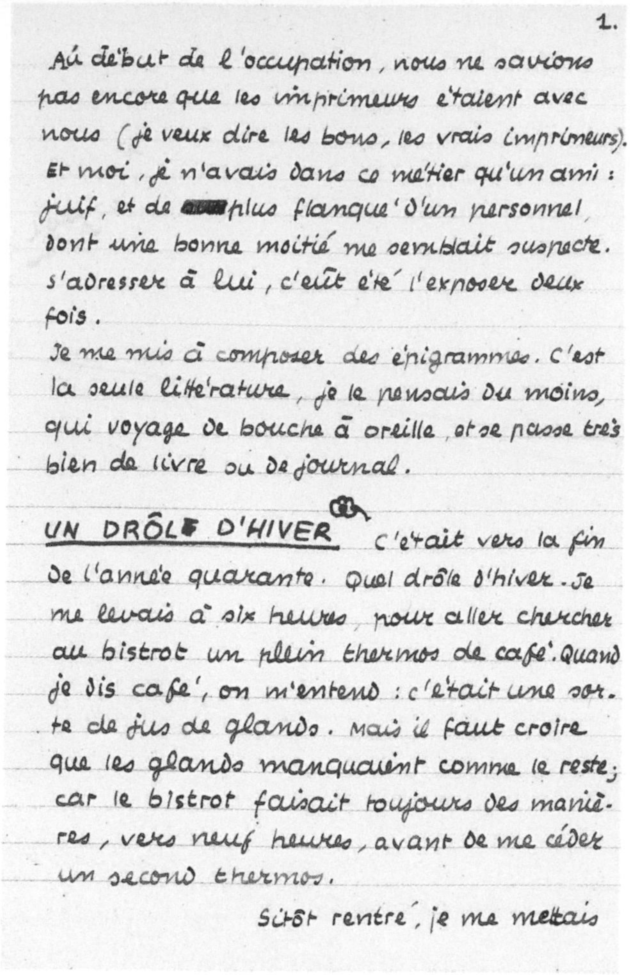

1.

Au début de l'occupation, nous ne savions pas encore que les imprimeurs étaient avec nous (je veux dire les bons, les vrais imprimeurs). Et moi, je n'avais dans ce métier qu'un ami : juif, et de [redacted] plus flanqué d'un personnel dont une bonne moitié me semblait suspecte. S'adresser à lui, c'eût été l'exposer deux fois.

Je me mis à composer des épigrammes. C'est la seule littérature, je le pensais du moins, qui voyage de bouche à oreille, et se passe très bien de livre ou de journal.

UN DRÔLE D'HIVER C'était vers la fin de l'année quarante. Quel drôle d'hiver. Je me levais à six heures, pour aller chercher au bistrot un plein thermos de café. Quand je dis café, on m'entend : c'était une sorte de jus de glands. Mais il faut croire que les glands manquaient comme le reste ; car le bistrot faisait toujours des manières, vers neuf heures, avant de me céder un second thermos.

Sitôt rentré, je me mettais

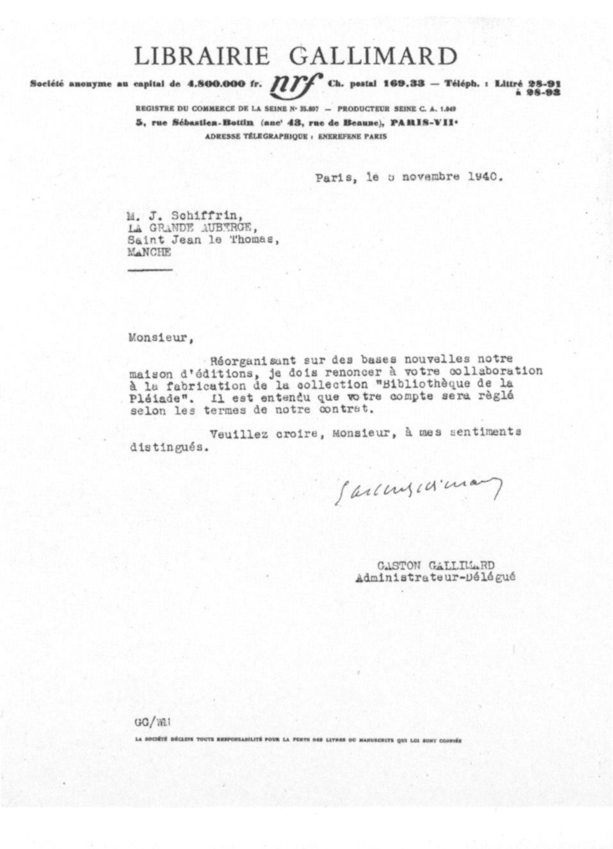

LIBRAIRIE GALLIMARD

Société anonyme au capital de 4.800.000 fr. nrf Ch. postal 169.33 — Téléph. : Littré 28-91 à 98-93

REGISTRE DU COMMERCE DE LA SEINE N° 35.807 — PRODUCTEUR SEINE C. A. 1.049
5, rue Sébastien-Bottin (anc' 43, rue de Beaune), PARIS-VII°
ADRESSE TÉLÉGRAPHIQUE : ENEREFENE PARIS

Paris, le 5 novembre 1940.

M. J. Schiffrin,
LA GRANDE AUBERGE,
Saint Jean le Thomas,
MANCHE

Monsieur,

Réorganisant sur des bases nouvelles notre maison d'éditions, je dois renoncer à votre collaboration à la fabrication de la collection "Bibliothèque de la Pléiade". Il est entendu que votre compte sera règlé selon les termes de notre contrat.

Veuillez croire, Monsieur, à mes sentiments distingués.

GASTON GALLIMARD
Administrateur-Délégué

GG/MI

LA SOCIÉTÉ DÉCLINE TOUTE RESPONSABILITÉ POUR LA PERTE DES LIVRES OU MANUSCRITS QUI LUI SONT CONFIÉS

Letter from Gaston Gallimard to Jacques Schiffrin, November 5, 1940, posted one month after the passing of the first Statute on Jews (October 3, 1940). "In reorganizing our publishing house on a new basis, I must decline your contribution to the production of the collection of the '*Bibliothèque de la Pléiade*'." Since July 1933, Gallimard had been successfully marketing the "Bibliothèque de la Pléiade." Jacques Schiffrin had established the collection for the house he founded, *Éditions de la Pléiade*, in 1923.

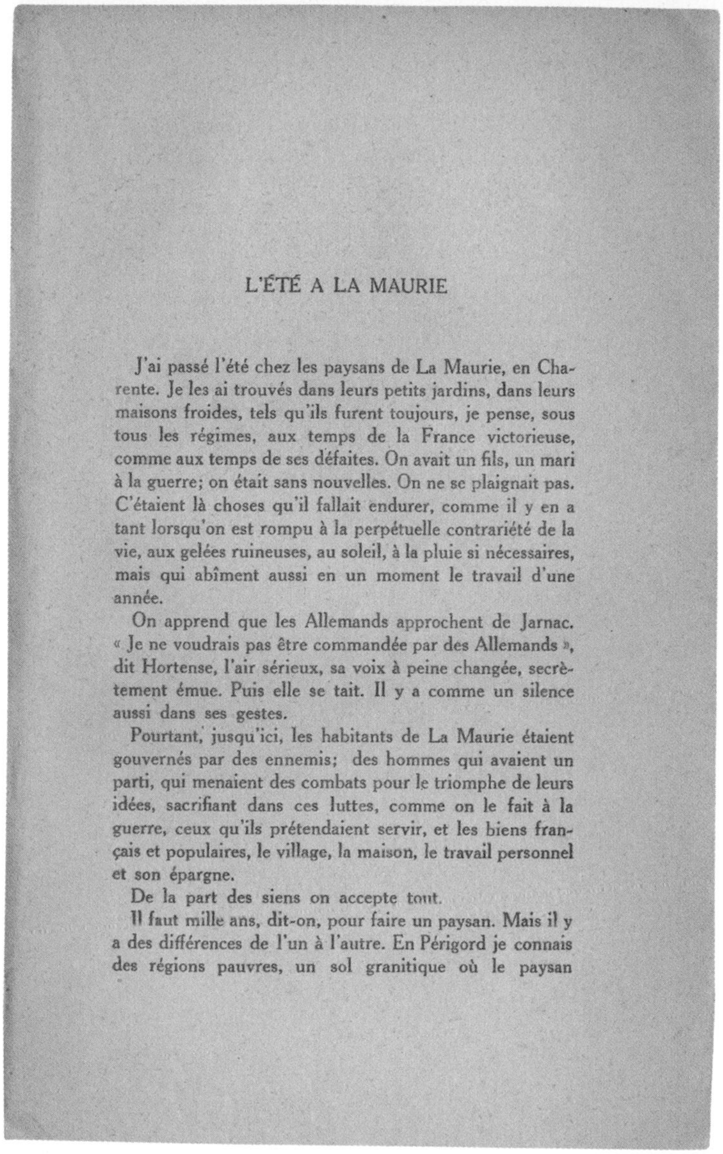

L'ÉTÉ A LA MAURIE

J'ai passé l'été chez les paysans de La Maurie, en Charente. Je les ai trouvés dans leurs petits jardins, dans leurs maisons froides, tels qu'ils furent toujours, je pense, sous tous les régimes, aux temps de la France victorieuse, comme aux temps de ses défaites. On avait un fils, un mari à la guerre; on était sans nouvelles. On ne se plaignait pas. C'étaient là choses qu'il fallait endurer, comme il y en a tant lorsqu'on est rompu à la perpétuelle contrariété de la vie, aux gelées ruineuses, au soleil, à la pluie si nécessaires, mais qui abîment aussi en un moment le travail d'une année.

On apprend que les Allemands approchent de Jarnac. « Je ne voudrais pas être commandée par des Allemands », dit Hortense, l'air sérieux, sa voix à peine changée, secrètement émue. Puis elle se tait. Il y a comme un silence aussi dans ses gestes.

Pourtant, jusqu'ici, les habitants de La Maurie étaient gouvernés par des ennemis; des hommes qui avaient un parti, qui menaient des combats pour le triomphe de leurs idées, sacrifiant dans ces luttes, comme on le fait à la guerre, ceux qu'ils prétendaient servir, et les biens français et populaires, le village, la maison, le travail personnel et son épargne.

De la part des siens on accepte tout.

Il faut mille ans, dit-on, pour faire un paysan. Mais il y a des différences de l'un à l'autre. En Périgord je connais des régions pauvres, un sol granitique où le paysan

After the renewal of the *NRF* under the direction of Pierre Drieu la Rochelle, Jean Paulhan had nothing more to do with the journal. He was, however, still on the staff at Gallimard, with an official title as literary director of the "*Bibliothèque de la Pléiade*." His former office was now occupied by Drieu. In the first issue of the *NRF* to appear under the direction of Drieu, in December 1940 (it appeared at the same time as the January 1941 issue), Jacques Chardonne contributed "*L'été à La Maurie*" [Summer in La Maurie], a text that announces the coming collaboration of men of letters. The writer, very close to the soil of his native Charente, exhorts the French there to accommodate an army of occupation that may overrun the country but that still shows itself, to all intents and purposes, to be more organized and respectful than the representatives of the former government of the Popular Front.

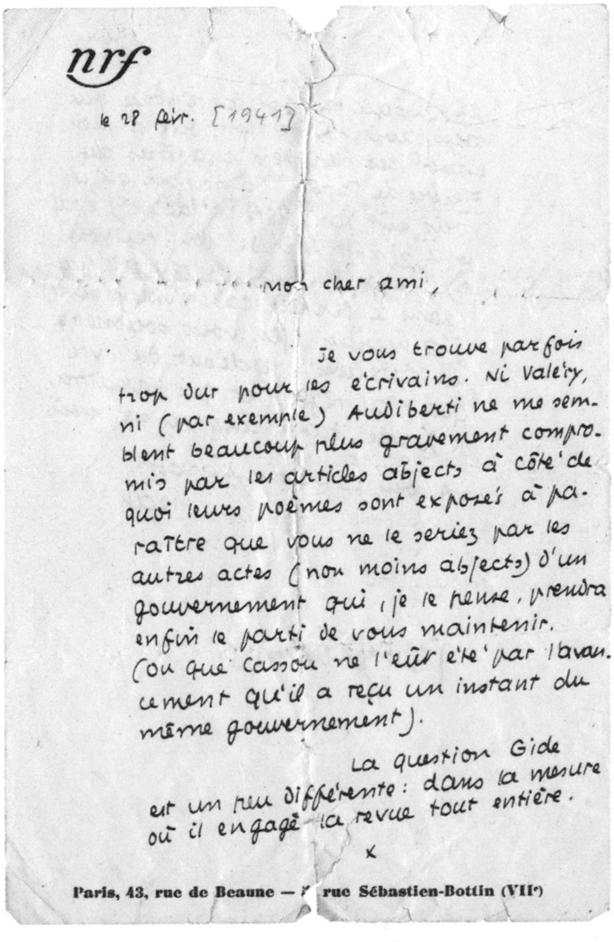

nrf

le 28 févr. [1941]

mon cher ami,

Je vous trouve parfois trop dur pour les écrivains. Ni Valéry, ni (par exemple) Audiberti ne me semblent beaucoup plus gravement compromis par les articles abjects à côté de quoi leurs poèmes sont exposés à paraître que vous ne le seriez par les autres actes (non moins abjects) d'un gouvernement qui, je le pense, prendra enfin le parti de vous maintenir. (ou que Cassou ne l'eût été par l'avancement qu'il a reçu un instant du même gouvernement).

La question Gide est un peu différente: dans la mesure où il engage la revue tout entière.

x

Paris, 43, rue de Beaune — 5 rue Sébastien-Bottin (VIIe)

Letter of February 28, 1941, from Jean Paulhan to Jean Wahl, on the subject of the responsibility of writers. Already, the two men disagreed: "My dear friend, I find you to be often too hard on writers. Neither Valéry, nor (for example) Audiberti seem to me to be any more seriously compromised by the object articles alongside which their poems appear than you would be by the other actions (no less object) of a government which, I think, will eventually make the decision to support you (or than Cassou would have been by the advancement that he once had from the same government). As for Gide, that is another matter entirely: to the extent that it concerns the journal as a whole." Wahl had been removed from teaching at the École normale supérieure in November of the previous year, upon application of the first Statute on Jews. Cassou had been removed from his post as curator of the Paris Museum of Modern Art.

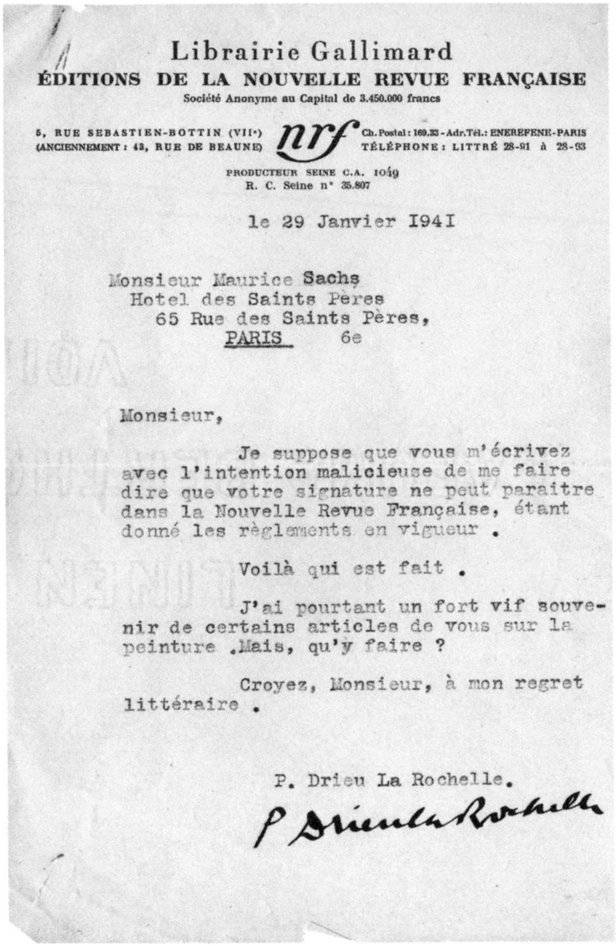

Librairie Gallimard
ÉDITIONS DE LA NOUVELLE REVUE FRANÇAISE
Société Anonyme au Capital de 3.450.000 francs

5, RUE SEBASTIEN-BOTTIN (VIIe) (ANCIENNEMENT : 43, RUE DE BEAUNE) — nrf — Ch. Postal : 169.33 - Adr. Tél. : ENEREFENE-PARIS — TÉLÉPHONE : LITTRÉ 28-91 à 28-93

PRODUCTEUR SEINE C.A. 1049
R. C. Seine n° 35.807

le 29 Janvier 1941

Monsieur Maurice Sachs
Hotel des Saints Pères
65 Rue des Saints Pères,
PARIS 6e

Monsieur,

Je suppose que vous m'écrivez avec l'intention malicieuse de me faire dire que votre signature ne peut paraitre dans la Nouvelle Revue Française, étant donné les règlements en vigueur .

Voilà qui est fait .

J'ai pourtant un fort vif souvenir de certains articles de vous sur la peinture .Mais, qu'y faire ?

Croyez, Monsieur, à mon regret littéraire .

P. Drieu La Rochelle.

P Drieu La Rochelle

Letter, dated January 29, 1941, from Pierre Drieu la Rochelle to Maurice Sachs; the latter had sent in a manuscript of his work in progress, *Histoire de John Cooper d'Albany*. Drieu did not attempt to hide the fact that it was because of the laws on the status of Jews that he could not open the columns of his journal to him: "No doubt you are writing to me with the malicious intention of making me say that it is because of the current rulings that your signature cannot appear in *La Nouvelle Revue Française*. Which you've succeeded in doing. I do recall very vividly certain of your articles on painting. But, alas, what can be done about it?"

From a draft of a letter, dated February 15, 1941, found among his papers, we can surmise that Sachs replied: "It was not out of malice that I asked for my contributions to be accepted by *La NRF*. I am untouched by the current laws because of a complicated family history that it would be tedious, and equally without purpose, to explain to you. However, I am proud of the Jewish blood which flows in my veins, and now is not the time to deny it."

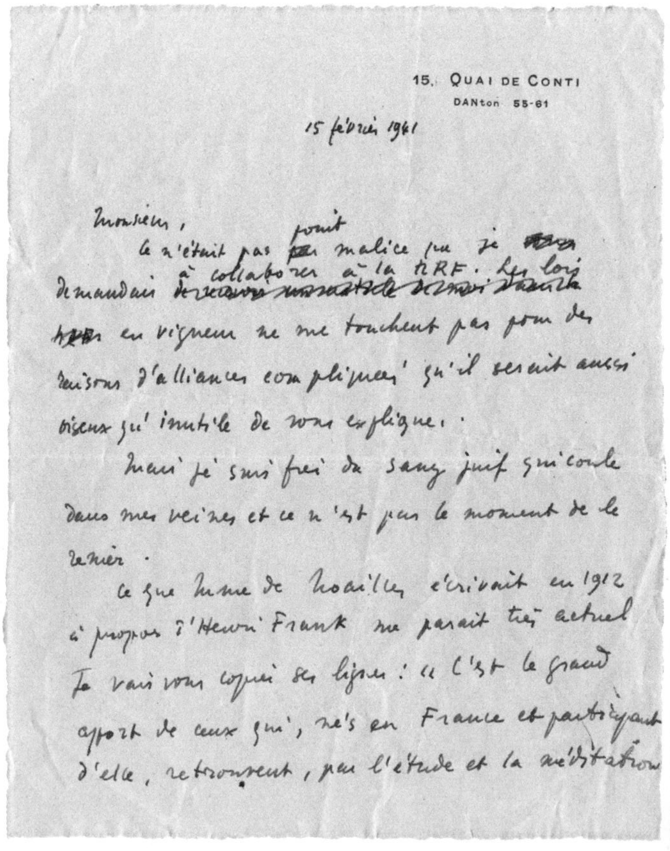

15, QUAI DE CONTI
DANton 55-61

15 février 1941

Monsieur,

Ce n'était point par malice que je demandais à collaborer à la NRF. Les lois en vigueur ne me touchent pas pour des raisons d'alliances compliquées qu'il serait aussi oiseux qu'inutile de vous expliquer.

Mais je suis fier du sang juif qui coule dans mes veines et ce n'est pas le moment de le renier.

Ce que Mme de Noailles écrivait en 1912 à propos d'Henri Franck me parait très actuel. Je vais vous copier ses lignes : « C'est le grand apport de ceux qui, nés en France et participant d'elle, retrouvent, par l'étude et la méditation

During the first weeks of the Occupation, Boris Vildé, a linguist and ethnologist of Russian extraction, and a specialist in Finnish civilization, organized the resistance network known as the "Groupe du musée de l'Homme" [The Group of the Museum of Man]. In fall 1940, he established close ties with *"Les Français libres de France"* [The Free French of France], a group that included writers such as Jean Cassou, Claude Aveline, Jean Paulhan, Marcel Abraham, and Jean Blanzat. From December 15, 1940, they published the journal *Résistance, Bulletin du Comité national de salut public* [Resistance, Proceedings of the National Committee of Public Safety].

Vildé was arrested by the Gestapo on March 26, 1941, while meeting with Simone Martin-Chauffier, who had brought him fake papers. Vildé was tried and sentenced to death in January 1942. He was executed by firing squad on February 23 at Mont Valérien, alongside Anatole Lewitsky, Léon-Maurice Nordmann, René Sénéchal, Pierre Walter, Jules Andrieu, and Georges Ithier.

1944

LES ECRIVAINS EN PRISON

UNE SEMAINE DE SECRET

par Jean Paulhan

Ce jeudi de mai 1941, vers trois heures, une petite auto militaire s'arrête devant ma porte et quatre hommes en sortent au pas d'abordage. Ils sonnent et je vais ouvrir. Sans dire bonjour, le plus jeune :

- Où est la machine ?

- Quelle machine ?

- La Ronéo.

- Je n'ai pas de Ronéo.

On me confia à la garde du militaire (les trois autres, des civils) et l'on visita la maison, pièce par pièce. La Ronéo électrique, que je n'avais plus, était grande à peu près comme une armoire provençale. Pourtant ils ne négligeaient pas de tirer les tiroirs, et de secouer les livres. Ils n'abimèrent rien. Après trois heures de recherches :

- Vous nous accompagnez...

- Bien.

On me fit monter dans l'auto, qui me conduisit rue des Saussaies.

Le premier enquêteur était un jeune homme genre Oxford, sans doute étudiant. Il me demanda ce que j'avais fait dans la vie depuis l'âge de sept ans. Il s'appliquait à être fin. Il lui arrivait de l'être. Quels lycées, quelles études, quels voyages ? Je répondais patiemment. Ce fut très long.

- Pourquoi êtes-vous venu à Berlin ?

"Une semaine de secret" [A Week in Solitary], a narrative by Jean Paulhan, appeared in *Le Figaro* on September 9, 1944. At the beginning of May 1941, following a series of arrests that destroyed the "Groupe du musée de l'Homme," Paulhan was brought in by the Gestapo. He was suspected of having published, in his own home on rue des Arènes, a number of sheets for the Resistance. In fact, Paulhan had had a roneo machine in his possession. This was the same one that Paul Rivet had bought in 1934 for the "Comité de vigilance des intellectuels antifascistes" [Vigilance Committee of Anti-Fascist Intellectuals], and that Paulhan had used to publish *Résistance*. However, he had since dismantled the machine, and one night, with the help of his neighbor, Jean Blanzat, had thrown the pieces in the Seine. When the Gestapo arrived, Paulhan had just enough time to stick a red copy of the journal *Messages* in a window of his house. This was the agreed upon danger sign to warn François Mauriac, who was in hiding at Blanzat's house on rue de Navarre. Paulhan was taken to rue des Saussaies, where he was questioned and shown a man who had been disfigured by repeated torture. This man was Anatole Lewitsky, co-founder, along with Léon Maurice Nordmann and Boris Vildé, of the "Groupe du musée de l'Homme." Paulhan was then placed in "solitary confinement" in the prison at Fresnes. He was finally freed on May 20, after an intervention on his behalf by Drieu la Rochelle.

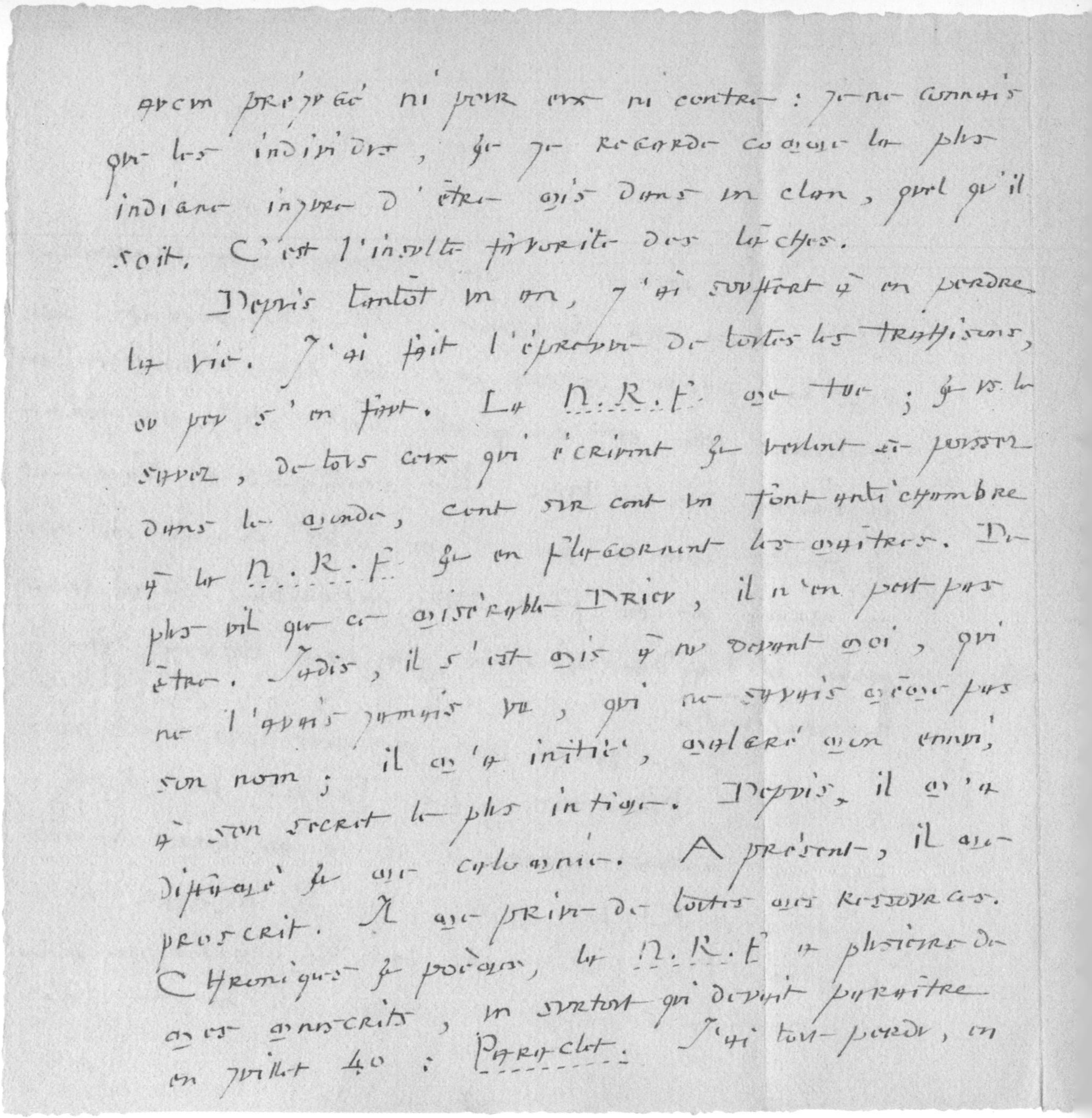
aucun préjugé ni pour eux ni contre : je ne connais
que les individus, et je regarde comme la plus
indigne injure d'être mis dans un clan, quel qu'il
soit. C'est l'insulte favorite des lâches.
Depuis tantôt un an, j'ai souffert à en perdre
la vie. J'ai fait l'épreuve de toutes les trahisons,
ou peu s'en faut. La N.R.F. me tue ; et vous le
savez, de tous ceux qui écrivent et veulent se pousser,
dans le monde, cent sur cent font antichambre
à la N.R.F. et en flagornent les maîtres. De
plus vil que ce misérable Drieu, il n'en peut pas
être. Jadis, il s'est mis à nu devant moi, qui
ne l'avais jamais vu, qui ne savais même pas
son nom ; il m'a initié, malgré mon ennui,
à son secret le plus intime. Depuis, il m'a
diffamé et me calomnie. A présent, il me
proscrit. Il me prive de toutes mes ressources.
Chroniques et poèmes, la N.R.F. a plusieurs de
mes manuscrits, un surtout qui devait paraître
en juillet 40 : Paraclet. J'ai tout perdu, en

Letter from André Suarès, dated May 16, 1941, to Pierre Seghers. Suarès asks anxiously after Jean Paulhan, about whom he has heard nothing. "I have lost everything in losing my dear Paulhan: that Drieu has stolen his place. Now I no longer know where he is, or what he is doing. Everything tells me that he has been shown the door, or that he has been locked in the cellars of the *Revue*. We need him: he knew and took care of all of the *N.R.F*: copy, money, subscriptions, general procedures, everything."

pendant mon cher Paulhan : le Drieu lui a volé sa place.
Je ne sais plus où il est, ce qu'il fait. J'ai tout lieu de croire
qu'on l'a mis à la porte, ou qu'on le tient dans la cave
de la Revue. On a besoin de lui : toute la N.R.F., copie,
économie, abonnés, conduite générale, tout était dans sa
tête et dans ses mains. Un jour, je vous ferai connaître ce
repaire du faux art, de la fausse pensée, de la fausse liberté
et des faux dieux. Pour une bonne part, ils sont les artisans
du mensonge perpétuel qui nous a menés à l'abîme. Ils
ont fait triompher toutes les fausses valeurs, et méconnu
ou voulu ruiner toutes les vraies, toutes les grandes.

J'admire ce que vous avez fait de votre petite Revue.
Elle appelle plus que l'estime : elle crée l'amitié. Elle
est digne de son titre : un seul mot qui dit tout.

En un temps comme celui ci, c'est montrer beaucoup
de courage. N'en doutez pas : après le mensonge,
c'est le courage qui manque le plus. Je vous promets des
articles et des poèmes. Je voudrais fort que vous fissiez
un troisième petit Livre qui me fût réservé : il ne faut
pas moins pour que je vous donne un morceau qui en vaille
la peine. A mes yeux, les fragments me trahissent.
Nombre de gens, et même de bons juges s'y trompent. Je
suis l'ellipse même : j'élude toutes les transitions.

From left: four photographs showing Jean Paulhan and Jean Blanzat at a meeting of members of the Resistance at the Chemin du Haut-Bois, near Touques, in the Calvados department. These were taken by their friend, the pharmacist Daniel Wallard in 1942. On the far right is a photograph of Wallard and Blanzat, taken the same day by Jean Paulhan.

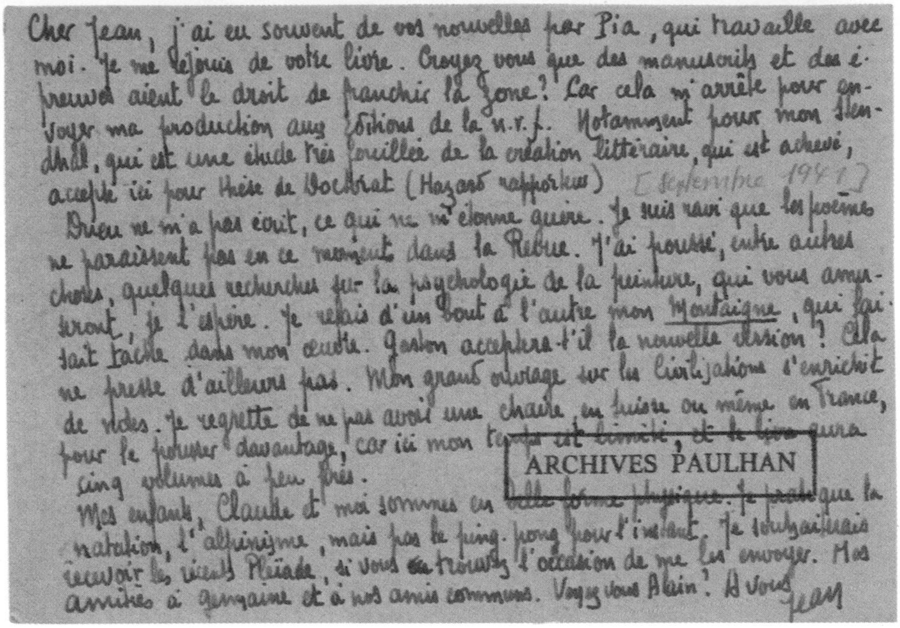

Cher Jean, j'ai eu souvent de vos nouvelles par Pia, qui travaille avec moi. Je me réjouis de votre livre. Croyez vous que des manuscrits et des épreuves aient le droit de franchir la Zone? Car cela m'arrête pour envoyer ma production aux Éditions de la n.r.f. Notamment pour mon Stendhal, qui est une étude très fouillée de la création littéraire, qui est achevé, accepté ici pour thèse de Doctorat (Hazard rapporteur) [Septembre 1941]

Drieu ne m'a pas écrit, ce qui ne m'étonne guère. Je suis ravi que les poèmes ne paraissent pas en ce moment dans la Revue. J'ai poussé, entre autres choses, quelques recherches sur la psychologie de la peinture, qui vous amuseront, je l'espère. Je refais d'un bout à l'autre mon Montaigne, qui faisait tache dans mon oeuvre. Gaston acceptera-t-il la nouvelle version? Cela ne presse d'ailleurs pas. Mon grand ouvrage sur les Civilisations s'enrichit de vides. Je regrette de ne pas avoir une chaire en Suisse ou même en France, pour le pousser davantage, car ici mon temps est limité, et le livre aura cinq volumes à peu près.

ARCHIVES PAULHAN

Mes enfants, Claude et moi sommes en belle forme physique. Je pratique la natation, l'alpinisme, mais pas le ping-pong pour l'instant. Je souhaiterais recevoir les vieux Pléiade, si vous trouvez l'occasion de me les envoyer. Mes amitiés à Germaine et à nos amis communs. Voyez vous Alain? À vous

Jean

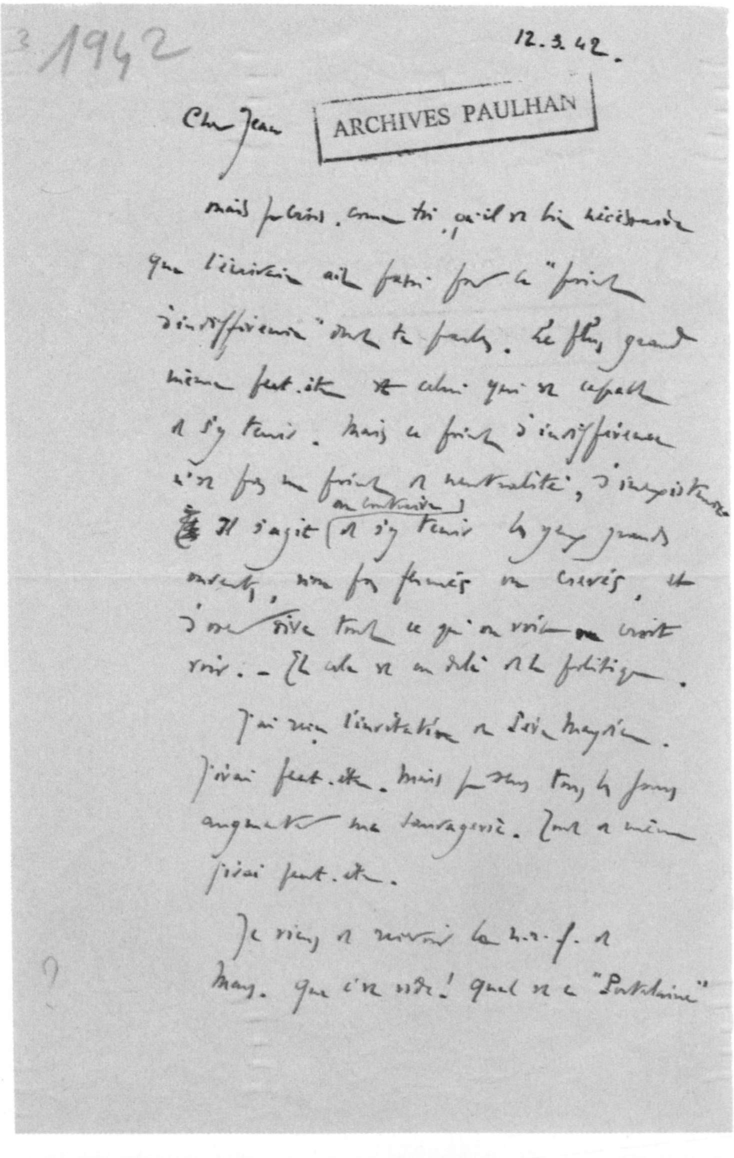

3 1942

12.3.42.

Cher Jean

ARCHIVES PAULHAN

mais je crains, comme toi, qu'il ne soit nécessaire que l'écrivain aille au delà du "point d'indifférence" dont tu parles. Le plus grand même peut-être est celui qui se rappelle de s'y tenir. Mais ce point d'indifférence n'est pas un point de neutralité, d'inexistence. Il s'agit au contraire de s'y tenir les yeux grands ouverts, non pas fermés ou crevés, et d'oser dire tout ce qu'on voit ou croit voir. — Et cela est au delà de la politique.

J'ai reçu l'invitation de [illegible].
J'irai peut-être. Mais je sens tous les jours augmenter ma sauvagerie. Tout de même j'irai peut-être.

Je viens de recevoir la n.r.f. de mars. Que c'est vide! Quel est ce "[illegible]"

Letter from Jean Prévost to Jean Paulhan, dated September 23, 1941. Prévost was living in Lyon, where he knew Pascal Pia. He was an ex-student of Alain, and he had just finished his thesis on Stendhal with Paul Hazard as his thesis director (the thesis appeared in *Mercure de France* in 1942). He had submitted some pieces to the *NRF*, although he was unsure whether or not manuscripts and galleys could cross the demarcation line. "It is hardly surprising that Drieu has not written to me. I am glad that the poems are not now in the *Revue*."

Letter to Jean Paulhan from Jean Guéhenno, writer and former director of *Europe* (1929-1936) and *Vendredi* (1935-1938), dated March 12, 1942. "Dear Jean, I fear, as you do, that it is necessary for the writer to go beyond the 'point of indifference' of which you speak. Yet perhaps the greatest thing is to hold fast to it. This is because this point of indifference is not a point of neutrality or of nonexistence. Quite the contrary, it is about holding fast with one's eyes wide open, not closed or gouged out, and about daring to say everything that one sees or believes one sees. That is beyond politics."

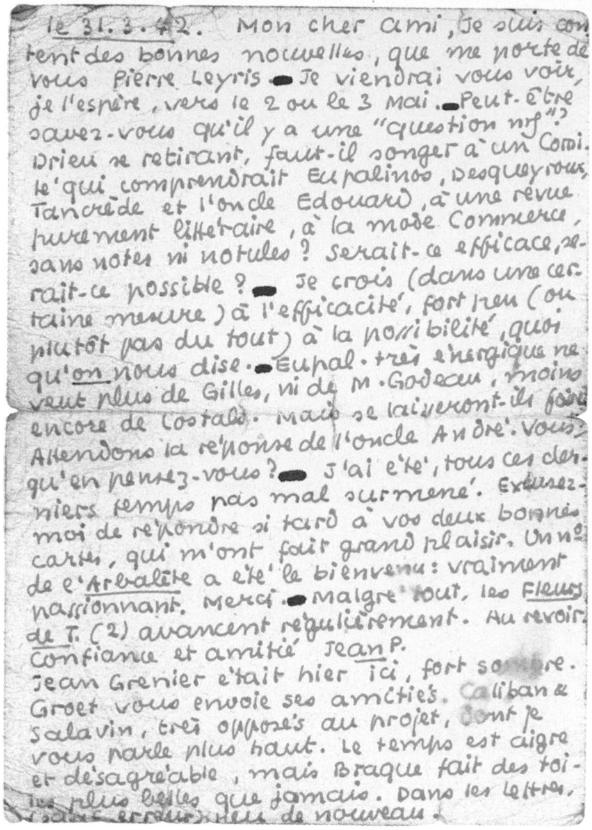

le 31.3.42. Mon cher ami, Je suis content des bonnes nouvelles, que me porte de vous Pierre Leyris — Je viendrai vous voir, je l'espère, vers le 2 ou le 3 mai. — Peut-être savez-vous qu'il y a une "question nrf"? Drieu se retirant, faut-il songer à un Comité qui comprendrait Eupalinos, Desqueyroux, Tancrède et l'oncle Edouard, à une revue purement littéraire, à la mode Commerce, sans notes ni notules? Serait-ce efficace, serait-ce possible? — Je crois (dans une certaine mesure) à l'efficacité, fort peu (ou plutôt pas du tout) à la possibilité, quoi qu'on nous dise. — Eupal. très énergique ne veut plus de Gilles, ni de M. Godeau, moins encore de Costals. Mais se laisseront-ils faire? Attendons la réponse de l'oncle André. Vous, qu'en pensez-vous? — J'ai été, tous ces derniers temps pas mal surmené. Excusez-moi de répondre si tard à vos deux bonnes cartes, qui m'ont fait grand plaisir. Un no de l'Arbalète a été le bienvenu: vraiment passionnant. Merci. — Malgré tout, les Fleurs de T. (2) avancent régulièrement. Au revoir. Confiance et amitié Jean P.
Jean Grenier était hier ici, fort sombre. Groet vous envoie ses amitiés. Caliban & Salavin, très opposés au projet, dont je vous parle plus haut. Le temps est aigre et désagréable, mais Braque fait des toiles plus belles que jamais. Dans les Lettres, [illegible] de nouveau.

From March 1942, Drieu wanted to give up his post as director of the *NRF*. He negotiated for the return of Paulhan with a new "apolitical" editorial committee composed of Gide, Valéry, and Schlumberger. Presented as a means to save the publishing house of Gallimard, the project was to change form several times in order to satisfy the occupying authorities. Drieu would remain as director, and Arland, Giono, Jouhandeau, Montherlant, and Paulhan would be part of the editorial committee. Drieu strongly suspected Paulhan of trying to undermine his role in the negotiations. In this interzone postcard of March 13, 1942, Paulhan writes to Jean Wahl, who was in Lyon at the time. Paulhan refers in a cryptic manner to the writers who had been asked to take part in the reorganization: "Maybe you know that there is this "nrf problem"? Drieu is withdrawing, so should we think of a Committee which would include Eupalinos [Valéry], Desqueyroux [Mauriac], Tancrède [Fargue], and Uncle Édouard [Gide], working for a purely literary journal, in the manner of *Commerce*, with no footnotes or annotations? . . . Eupal[inos] is very enthusiastic and no longer wants either Gilles [Drieu la Rochelle] or Godeau [Jouhandeau], and still less Costals [Montherlant]. But will they go along with that? Let's wait to hear from Uncle André [Gide]."

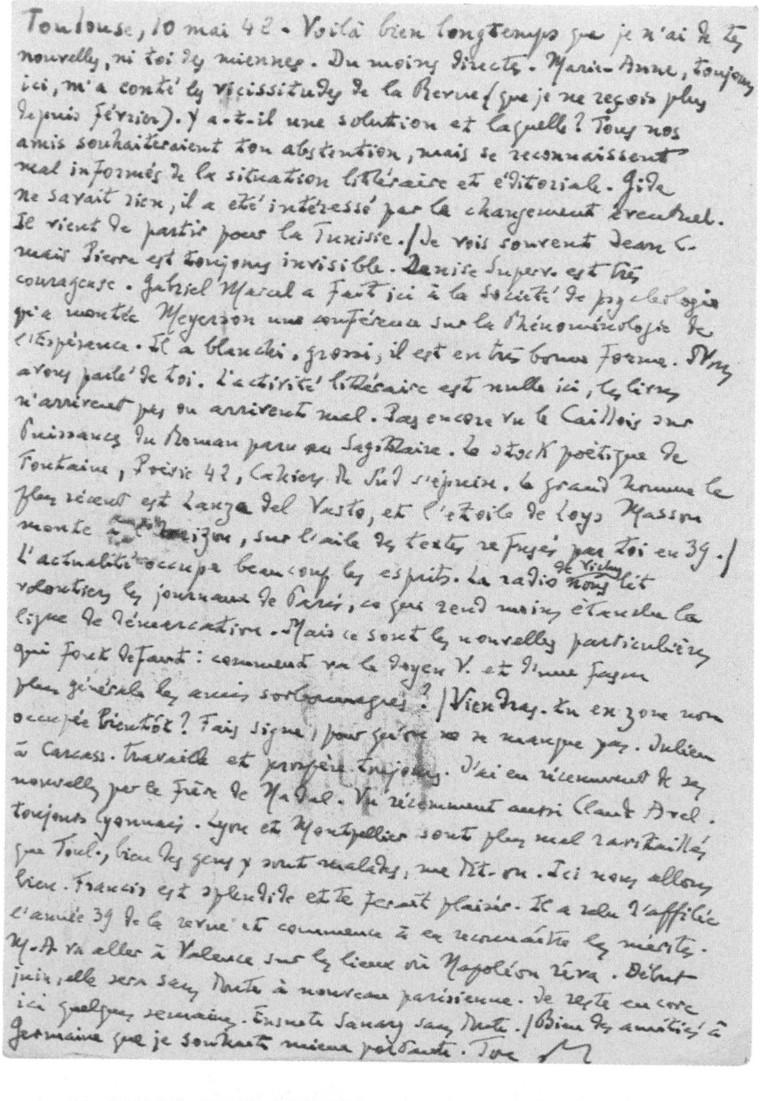

Toulouse, 10 mai 42. Voilà bien longtemps que je n'ai de tes nouvelles, ni toi des miennes. Du moins directes. Marie-Anne, toujours ici, m'a conté les vicissitudes de la Revue (que je ne reçois plus depuis février). Y a-t-il une solution et laquelle? Tous nos amis souhaiteraient ton abstention, mais se reconnaissent mal informés de la situation littéraire et éditoriale. Gide ne savait rien, il a été intéressé par le changement éventuel. Il vient de partir pour la Tunisie. / Je vois souvent Jean C. mais Pierre est toujours invisible. Denise Superv. est très courageuse. Gabriel Marcel a fait ici à la Société de psychologie qu'a montée Meyerson une conférence sur la Phénoménologie de l'Espérance. Il a blanchi, grossi, il est en très bonne forme. Nous avons parlé de toi. L'activité littéraire est nulle ici, les livres n'arrivent pas ou arrivent mal. Pas encore vu le Caillois sur Puissances du Roman paru au Sagittaire. Le stock poétique de Fontaine, Poésie 42, Cahiers du Sud s'épuise. Le grand homme le plus récent est Lanza del Vasto, et l'étoile de Loys Masson monte à l'horizon, sur l'aile des textes refusés par toi en 39. / L'actualité occupe beaucoup les esprits. La radio de Vichy nous lit volontiers les journaux de Paris, ce qui rend moins étanche la ligne de démarcation. Mais ce sont les nouvelles particulières qui font défaut: comment va le Doyen V. et d'une façon plus générale les amis sorbonnagres? / Viendras-tu en zone non occupée bientôt? Fais signe, pour qu'on ne se manque pas. Julien à Carcass. travaille et prospère toujours. J'ai eu récemment de ses nouvelles par le frère de Nadal. Vu récemment aussi Claude Aveline toujours lyonnais. Lyon et Montpellier sont plus mal ravitaillés que Toul., bien des gens y sont malades, me dit-on. Ici nous allons bien. Francis est splendide et te ferait plaisir. Il a relu d'affilée l'année 39 de la revue et commence à en reconnaître les mérites. M.-A. va aller à Valence sur les lieux où Napoléon rêva. Début juin, elle sera sans doute à nouveau parisienne. Je reste encore ici quelques semaines. Ensuite Sanary sans doute. / Bien des amitiés à Germaine que je souhaite mieux portante. Toi [illegible]

Interzone card from Benjamin Crémieux to Jean Paulhan, May 10, 1942. The former critic and pillar of the *NRF* had taken refuge, under the name "Comnène" (his wife's name) in Toulouse, where he had joined the Resistance. He comments here, rather ironically, on the new literary landscape: "The poetic stock of *Fontaine, Poésie* 42, and *Cahiers du Sud* is running out. The big man now is Lanza del Vasto, and Loys Masson's star is rising, held aloft by texts that you refused in 39. People want to know what is going on. Vichy Radio is happy to read to us the Paris papers, and this makes the demarcation line rather less watertight."

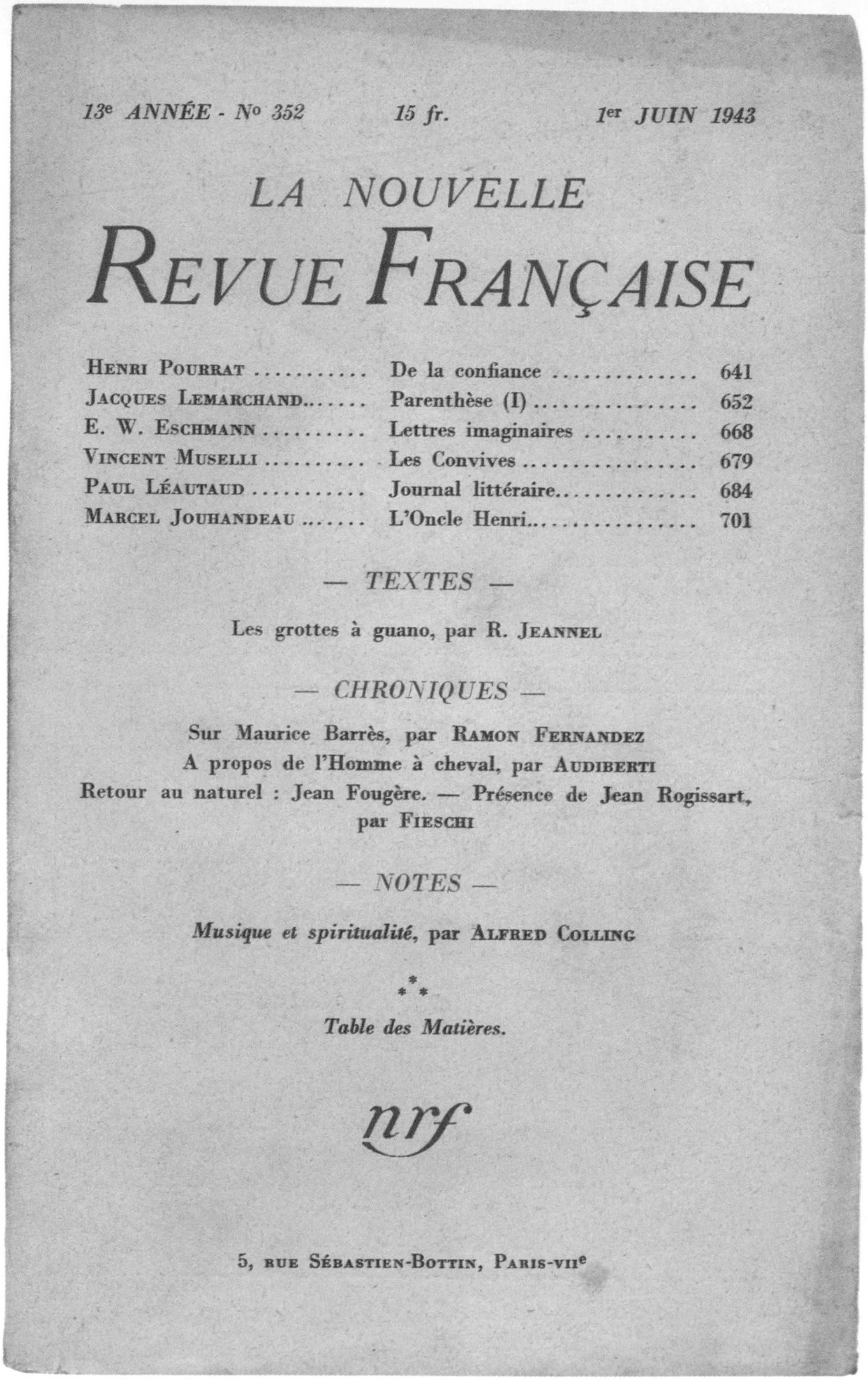

13e ANNÉE - No 352 15 fr. 1er JUIN 1943

LA NOUVELLE
REVUE FRANÇAISE

nrf

5, RUE SÉBASTIEN-BOTTIN, PARIS-VIIe

The last issue of the *NRF* directed by Drieu la Rochelle, June 1943. A typographical error on the cover betrays the lack of attention given to this last issue: It reads, "13th Year" when, in fact, it was only the third year with Drieu as director, and the thirty-first year of the journal's existence.

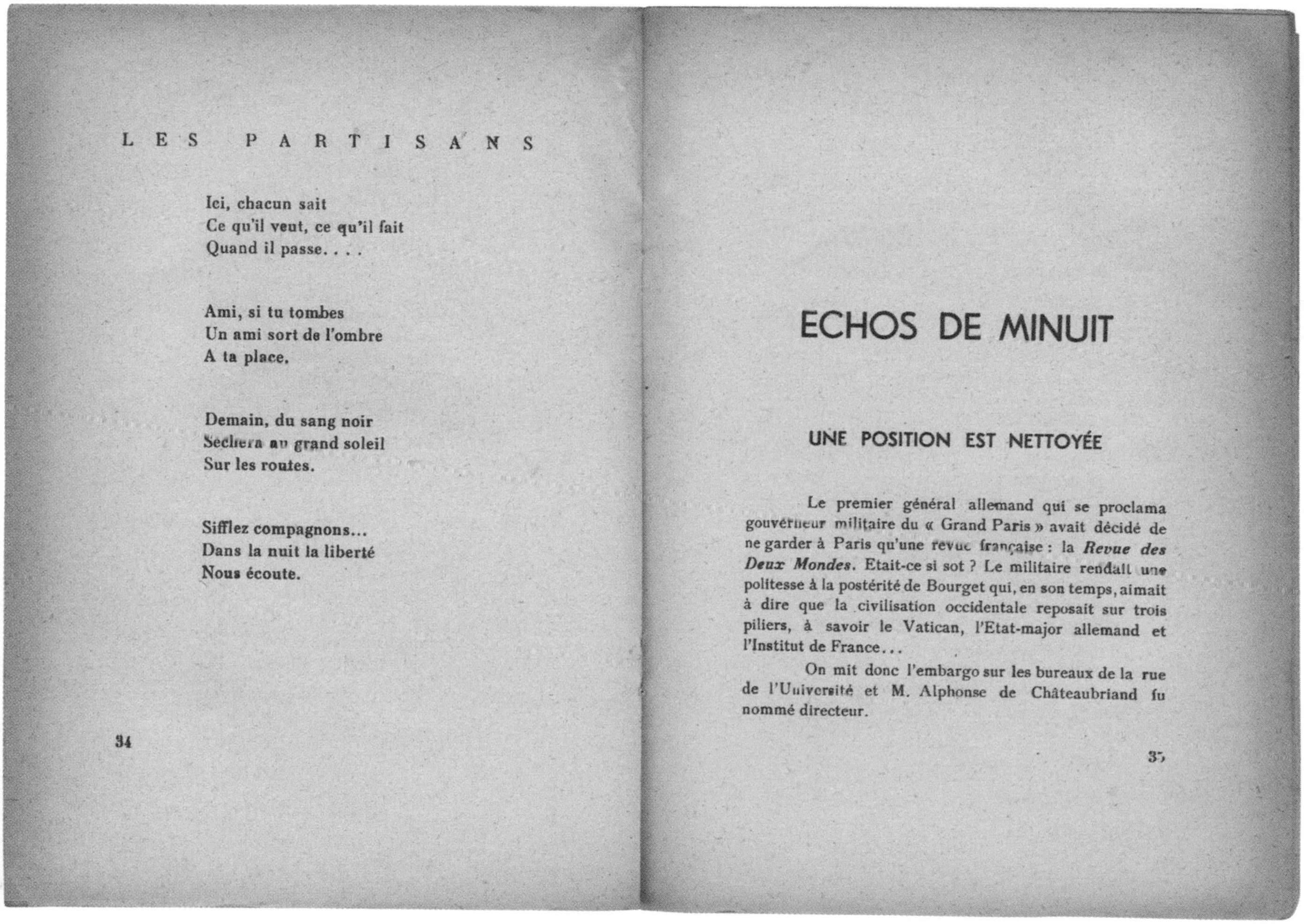

L E S   P A R T I S A N S

Ici, chacun sait
Ce qu'il veut, ce qu'il fait
Quand il passe. . . .

Ami, si tu tombes
Un ami sort de l'ombre
A ta place.

Demain, du sang noir
Sechera au grand soleil
Sur les routes.

Sifflez compagnons...
Dans la nuit la liberté
Nous écoute.

34

ECHOS DE MINUIT

UNE POSITION EST NETTOYÉE

Le premier général allemand qui se proclama gouverneur militaire du « Grand Paris » avait décidé de ne garder à Paris qu'une revue française : la ***Revue des Deux Mondes.*** Etait-ce si sot ? Le militaire rendait une politesse à la postérité de Bourget qui, en son temps, aimait à dire que la civilisation occidentale reposait sur trois piliers, à savoir le Vatican, l'Etat-major allemand et l'Institut de France...

On mit donc l'embargo sur les bureaux de la rue de l'Université et M. Alphonse de Châteaubriand fu nommé directeur.

35

A chronicle of the Nazi-controlled *NRF* appeared under the title, "*Une position est nettoyée*" [Cleaned Ground], in the first issue of *Les Cahiers de Libération*, in September 1943. The text appeared in the anonymous section "Échos de minuit" [Midnight Echoes]: "*Drieu's* NRF–La NRB [Nouvelle Revue Boche; *boche*, meaning "pigheaded," was a French slang reference to the Germans] *as* "Esprit" christened it—witnessed a number of sad and ignominious incidents in its three years. But, nevertheless, it had the extraordinary good fortune to be the material face of the most important contest of force between French writers and the Nazi oppression. Today, after a long and distasteful death, *La Nouvelle Revue Française* has ceased publication. The spirit of resistance can claim victory . . . This trial of force took place under gag order, in forced silence, and under great constraints. *La NRF,* once deprived of its writers, its readers, and subscribers, sought out a series of innocuous stand-ins, and eventually lost them also."

On the left-hand page, we see the final stanzas of the *Chant des partisans* by Joseph Kessel and his nephew, Maurice Druon. Based on words and music by Anna Marly, they composed the song in 1943, after they joined de Gaulle's Free French Forces in London. The whistled melody of the *Chant* was the theme tune for the BBC program "*Honneur et Patrie*" [Honor and Fatherland], and it was heard in France despite the German jamming of radio signals.

Towards the end of 1940, a group of Communist academics secretly organized an early, intellectual Resistance movement, L'Université libre [The Free University], around the philosopher Georges Politzer, the German specialist Jacques Decour, and the physicist Jacques Solomon. Decour and Politzer were later to create Le Front national des écrivains [The National Writers' Front, or FNE] in the Occupied Zone. However, the printing press of the FNE's mouthpiece, *La Pensée libre* [Free Thought], fell into the hands of the Gestapo, just as Pierre de Lescure and "Vercors" were tackling the problem of how to give the publication a more literary bent.

At that point, Decour suggested to Jean Paulhan that they create *Les Lettres françaises*. He did not live to see the first issue; he was arrested, then shot by firing squad in May 1942, along with Jacques Solomon and Georges Politzer. The torch was passed to Claude Morgan, who succeeded in publishing the first underground issue of *Les Lettres françaises* in September 1942.

Although the FNE continued to follow the Communist party line, *Les Lettres françaises* quickly managed—in accordance with Decour's initial wishes—to gather writers of "all tendencies and faiths: Gaullists, Communists, Democrats, Catholics, Protestants." Among the first anonymous editors of *Les Lettres françaises* were François Mauriac, Jacques Debû-Bridel, Pierre de Lescure, Jean Paulhan, Jean Guéhenno, Paul Valéry, Jean Blanzat, Georges Duhamel, and Jean-Paul Sartre.

In 1943, the Front national des écrivains was renamed the Comité national des écrivains [The National Writers Committee, or CNE]. Its meetings took place discretely in the apartment building of the Communist archivist Édith Thomas, on rue Pierre Nicole. Thomas's building had the advantage of not having a concierge . . . In the Unoccupied Zone, Louis Aragon worked to rally new intellectuals. Little by little, the two groups from both the occupied and unoccupied territories converged around *Les Lettres françaises*.

Conceived in the summer of 1941 by two old friends—the novelist Pierre de Lescure, and the illustrator Jean Bruller—the underground *Éditions de Minuit* printed 350 copies of its first title in February 1942, *Le Silence de la mer* [The Silence of the Sea] by Vercors (Bruller's pseudonym), who vowed to publish nothing endorsed by the censors. To avoid arrest, Lescure joined the Jura maquis in 1942. Paul Éluard succeeded him as head of the readers' committee, and soon the bookseller Lucien Scheler took over various editorial responsibilities. Thanks to manuscripts delivered by Louis Aragon, Jean Paulhan, and Paul Éluard, *Éditions de Minuit* went on to publish a work by Jacques Maritain, *À travers le désastre* [Across the Disaster], along with more than 20 additional small volumes, all carefully printed by this underground publishing house that became an enduring symbol of the French literary Resistance.

The underground *Lettres françaises*, March–June 1944.

LES LETTRES FRANÇAISES

Revue des Ecrivains français groupés au Comité national des Ecrivains

Fondateur : Jacques DECOUR
Fusillé par les Allemands le samedi 30 mai 1942

N° 14 — MARS 1944

C'EST VOUS QUI ETES LA LOI

Naguère on se réveillait la nuit en songeant : Madrid ou Guernica. Puis ce fut le tour des nôtres ; sous les mêmes coups. Aujourd'hui c'est aux Français emprisonnés, torturés ou traqués que l'on songe avec la même angoisse, et c'est à ceux des maquis qu'attaque la milice de Darnand avec les voitures blindées de la Wehrmacht.

Les hommes du maquis ne demandent pas qu'on s'apitoie sur leur sort (ils n'en ont d'ailleurs pas besoin : ils résistent victorieusement), mais qu'on les comprenne et qu'on les aide. Ils ont passé par une période pénible : celle de l'adaptation. Du jour au lendemain, par milliers, les réfractaires se sont trouvés rassemblés et coupés du monde. Ils avaient mille problèmes à résoudre. Les problèmes matériels : ravitaillement, relations avec la population des campagnes. Mais le problème moral n'était pas le moindre. Il fallait d'abord se comprendre entre soi, entre étudiants, paysans, ouvriers, entre gens de mentalités, d'attitudes, d'opinions et de croyances différentes. Il fallait aussi savoir exactement ce qu'on voulait : se soustraire à la déportation ou combattre l'oppresseur les armes à la main ? Rester passifs ou devenir actifs?

La solitude est une dure épreuve. Les hommes du maquis ont pu croire, parce qu'ils étaient coupés du reste de la France, que la France les délaissait. Il en était résulté çà et là — et pour un temps — une mentalité de « desperados ». Les hommes du maquis se sentaient séparés de « ceux de la plaine » et ne percevaient pas ce qui les unissait à eux. Aujourd'hui, cette période d'adaptation est dépassée. Les maquis sont intégrés dans les organisations de résistance. L'unité s'est faite ,ou se fait. La mentalité romantique est en voie de disparition. La période d'organisation et de combat commence.

C'est parce que l'ennemi l'a compris que sa propagande, servie par la presse ignoble que l'on sait, redouble d'efforts pour dresser contre les maquis ce qu'elle appelle les partisans de l'ordre. Ecrivains et journalistes de la résistance, notre devoir est de proclamer ce que sont les hommes des maquis, non des aventuriers, encore moins des bandits, mais des Français qui préfèrent tout, même la mort, à la servitude. Malgré Déat, malgré Giono, malgré Céline et contre eux, cette France-là existe, se fortifie. Notre devoir est de rétablir la vérité, de la clamer aux oreilles des sourds par tous les moyens légaux et illégaux. « *C'est vous qui êtes la loi* » affirme aux hommes du maquis l'un des nôtres qui si- hommes du maquis l'un des nôtres dans un article de l'*Almanach des Lettres Françaises* qui paraît ce mois-ci.

Les bandes de Darnand, les assassins de Clermont, de Grenoble et de Saint-Clair représentent l'ordre nazi. Mais l'ordre français, qui ne s'épanouit que dans la liberté et, sur une terre libre, seuls les hommes du maquis l'incarnent. Et ils l'incarnent réellement car elles existent ces terres où règne la loi française. Belle réponse à ceux qui prétendaient que les maquis étaient impossibles chez nous (après avoir prétendu que la guerre des francs-tireurs serait une absurdité sur notre sol). Les maquis existent bel et bien. Ils prennent conscience de leur force. Ils administrent des territoires. Ils s'organisent pour l'action. Ils réclament des armes. Car ils comprennent de plus en plus, que c'est en allumant et en propageant dès maintenant la guérilla — sans attendre la fatidique et tardive heure H — comme le font les Yougoslaves sous la conduite du maréchal Tito, qu'ils aideront efficacement les alliés et qu'ils contribueront puissamment à leur victoire — et à la grandeur et la liberté de la France.

Adresse au Conseil National de la Résistance

Le Comité National des Ecrivains :

Considérant qu'un grand nombre d'Editeurs Français ou de Directeurs de maisons d'Edition ont collaboré avec l'occupant, soit en publiant des textes servant la propagande ennemie, soit en facilitant l'action de l'ennemi contre la pensée française et notamment en lui désignant les œuvres et les auteurs à mettre à l'index,

Demande instamment au Conseil National de la Résistance que la conduite de chaque Editeur ou Directeur de maison d'édition pendant l'occupation soit soumise, conformément à la procédure arrêtée pour la presse, à l'enquête d'une Commission de juristes assistée de représentants du Comité National des Ecrivains afin d'établir les responsabilités de chacun, et d'aider à l'action de la justice.

Le Comité National des Ecrivains estime indispensable que les Editeurs ou Directeurs de maisons d'édition qui auront été convaincus d'avoir trahis les devoirs de leur charge pendant l'occupation ennemie, se voient privés désormais de tout moyen d'influence sur l'opinion publique française, et demande en tout état de cause que tous les éditeurs soient astreints à indemniser sur les bénéfices réalisés pendant l'occupation les auteurs dont ils ont sacrifié les droits, et cela bien entendu, sans préjudice des peines judiciaires qui pourront leur être appliquées d'autre part.

LE COMITÉ NATIONAL DES ECRIVAINS.

Un seul directeur : le Docteur EICH

Le Comité National des Journalistes (zone Nord) diffuse en ce moment le texte ci-dessous que nous nous faisons un plaisir de reproduire :

Mais non, le directeur du Matin, *ce n'est pas Maurice Bunau-Varilla de l'affaire Panama.*

Mais non, le directeur de l'Œuvre, *ce n'est pas Marcel Déat qui, en juillet 38, écrivait dans la revue Axe : « Il faut en finir grâce à l'appui de nos amis anglais, avec le monstre germanique ».*

Mais non, le directeur du Petit Parisien, *ce n'est pas Jacques Roujon qui n'a de volume dans la presse que grâce à ceux de son père l'historien et qui est d'ailleurs le petit tome de la famille.*

*Mais non, le directeur d'*Aujourd'hui, *ce n'est pas Georges Suarez qui, il y a vingt ans, ne savait pas s'il devait être royaliste ou républicain et qui, pour s'éviter par la suite des troubles de conscience, se décida à se vendre toujours au plus offrant.*

Mais non, le directeur de Paris-Soir, *ce n'est pas Yves-Georges Prade qui, après avoir été le mari de l'héritière des parfums Rigaud estime aujourd'hui, par réaction, que l'argent n'a pas d'odeur.*

Mais non, le directeur des Nouveaux Temps, *ce n'est pas Luchaire qui, ayant vendu successivement toutes ses filles, ne pouvant plus laver son honneur, se contente de laver des chèques.*

Non, ceux-là font seulement la figuration.

Il n'y a qu'un seul directeur de la presse parisienne.

Il s'appelle le docteur Eich.

C'est un officier de l'armée allemande.

C'est lui qui est à la tête du bureau de presse.

(Suite en page 7)

Nous avons le plaisir d'annoncer à nos lecteurs l'agrandissement de notre Revue qui ouvre ses colonnes à *l'Ecran Français*, journal du Front National du Cinéma et à *La Scène Française*, journal du Front National du Théâtre

L'Ecran Français et *La Scène Française* ont déjà publié chacun un premier numéro ronéotypé. Désormais, ils seront intégrés aux *Lettres Françaises* qui paraîtront sur huit pages.

Lire pages 5 et 6 L'ECRAN FRANÇAIS et pages 7 et 8 LA SCENE FRANÇAISE.

LES LETTRES FRANÇAISES

Revue des Ecrivains français groupés au Comité national des Ecrivains

Fondateur : Jacques DECOUR
Fusillé par les Allemands le samedi 30 mai 1942

N° 16 — MAI 1944

LA GUERRE rien que la guerre tout pour la guerre

Les victoires soviétiques ayant modifié profondément le rapport des forces en présence, l'insurrection des peuples d'Europe est devenu l'un des éléments décisifs de la guerre.

Cette insurrection nationale qui, seule, peut nous restituer notre liberté véritable, c'est le but vers lequel tend, depuis sa fondation, le 30 mai 1941, notre « Front National pour la Libération et l'Indépendance de la France ». *A cette date ni l'Union Soviétique, ni les Etats-Unis n'étaient encore entrés dans la guerre. Mais une élite de Français avait compris qu'il n'était pas de compromis possible entre la France et les bourreaux de son peuple. Elle refusa de se renier, de pleir le genou dvant ls nouveaux dieux.*

(Suite page 2)

TÉMOIGNAGES DES MAQUIS

La France a les yeux tournés vers ses maquis.

Elle est fière de ses garçons héroïques qui se sont retranchés sur la terre libre et ont pris les armes contre les oppresseurs de leur peuple.

C'est en vain que l'ennemi a lâché sur eux ses SS et sa meute milicienne, il n'est pas vrai — comme Philippe Henriot voudrait nous le faire croire — que les maquis aient été réduits. La guérilla s'est établie en Dordogne, comme en Corrèze, comme en Haute-Savoie. Pour se venger, les nazis ont incendié des villages, fusillé des innocents, brûlé vifs des paysans dans leurs fermes, pendu des jeunes gens comme à Nîmes.

Mais les maquis existent toujours.

Ils existent même de plus en plus, disséminés par petits groupes de combattants mobiles qui unifient leur action avec celle des organisations de Francs-Tireurs.

Demain, la guérilla deviendra insurrection. Elle se trouvera des chefs à sa taille et c'est elle, et elle seule, qui nous restituera une France libre.

Les *Lettres Françaises* tiennent à rendre un hommage particulier à ceux qui se battent en ce moment sur le sol de France en publiant d'importants extraits de trois textes qu'elles viennent de recevoir. Le premier de ces textes nous a été adressé par des jeunes gens du maquis. Les deux autres émanent d'écrivains qui se sont rendus sur place et nous ont fait parvenir leurs récits.

LE MAQUIS ET VOUS...

C'est avec la plus grande émotion que nous avons lu le message dont les auteurs luttent en ce moment, les armes à la main pour conquérir notre liberté. Parce que leur pureté est entière ils s'indignent de l'abominable campagne de l'ennemi qui les présente comme des bandits et des sadiques du crime. C'est pourquoi ils nous adressent leur témoignage. Ils nous disent ce qu'ils sont, ce qu'ils veulent, ce qu'ils espèrent.

Voici d'abord un extrait de l'Histoire du Maquis :

Quels sont ces terroristes ? Quels sont ces bandits ? Mais, bonnes gens, ce sont ces gamins, ces petits garçons que vous avez vu partir.

Ah ! sans doute, ils se sont endurcis. Il fallait les voir arriver, dès avril, dans ces petits villages savoyards perdus dans la neige : les paysans souriaient en voyant ces costumes de ville, ces souliers bas, ces valises. Il fallait les voir surtout au bout d'un mois vécu dans les chalets. Quand ils eurent fait quelques replis à travers la montagne avec tout leur barda, quand ils furent descendus tous les deux jours dans la neige en corvée de ravitaillement — il y en avait parfois pour deux heures de descente et trois pour la montée — et qu'ils se furent entassés chaque nuit pour dormir dans le foin des écuries, l'aspect de ces jeunes avait bien changé. Une colonne d'une centaine de « maquis » en file indienne était alors un spectacle inimaginable : les valises des uns dans des sacs à pommes de terre sont portés sur le dos avec un bâton, d'autres ont fait des ballots informes avec quelques effets : des couvertures de toutes les couleurs sont posées sur le chargement, les pantalons rapiécés avec des morceaux de tabliers trouvés dans les chalets, sont pris dans les guêtres faites de chiffons, les souliers déchirés hors d'usage tiennent par des ficelles ou des lanières improvisées.

Les premiers arrivés ont ainsi vécu plusieurs mois sans jamais descendre (la consigne était formelle et la discipline très dure), sans pouvoir écrire ou pouvoir recevoir une ou deux lettres. On ne touchait

(Suite page 5)

BÊTES ET MÉCHANTS

Venant du dedans
Venant du dehors
C'est nos ennemis
Ils viennent d'en haut
Ils viennent d'en bas
De près et de loin
De droite et de gauche
Habillés de vert
Habillés de gris
La veste trop courte
Le manteau trop long
La croix de travers
Grands de leurs fusils
Courts de leurs couteaux
Forts de leurs bourreaux
Et gros de chagrin
Armés jusqu'à terre
Armés jusqu'en terre
Raides de saluts
Et raides de peur
Devant leurs bergers
Imbibés de bière
Imbibés de lune
Chantant gravement
La Chanson des bottes
Ils ont oublié
La joie d'être aimé
Quand ils disent oui
Tout leur répond non
Quand ils parlent d'or
Tout se fait de plomb
Mais contre leur ombre
Tout se fera d'or
Tout rajeunira
Qu'ils partent qu'ils meurent
Leur mort nous suffit

★

Nous aimons les hommes
Ils s'évaderont
Nous en prendrons soin
Au matin de gloire
D'un monde nouveau
D'un monde à l'endroit.

LES LETTRES FRANÇAISES

Revue des Ecrivains français groupés au Comité national des Ecrivains

Fondateur : Jacques DECOUR
Fusillé par les Allemands le samedi 30 mai 1942

N° 16 — MAI 1944

LA GUERRE rien que la guerre tout pour la guerre

Les victoires soviétiques ayant modifié profondément le rapport des forces en présence, l'insurrection des peuples d'Europe est devenu l'un des éléments décisifs de la guerre.

Cette insurrection nationale qui, seule, peut nous restituer notre liberté véritable, c'est le but vers lequel tend, depuis sa fondation, le 30 mai 1941, notre « Front National pour la Libération et l'Indépendance de la France ». A cette date ni l'Union Soviétique, ni les Etats-Unis n'étaient encore entrés dans la guerre. Mais une élite de Français avait compris qu'il n'était pas de compromis possible entre la France et les bourreaux de son peuple. Elle refusa de se renier, de pleir le genou dvant ls nouveaux dieux.

(Suite page 2)

TÉMOIGNAGES DES MAQUIS

La France a les yeux tournés vers ses maquis.

Elle est fière de ses garçons héroïques qui se sont retranchés sur la terre libre et ont pris les armes contre les oppresseurs de leur peuple.

C'est en vain que l'ennemi a lâché sur eux ses SS et sa meute milicienne, il n'est pas vrai — comme Philippe Henriot voudrait nous le faire croire — que les maquis aient été réduits. La guérilla s'est établie en Dordogne, comme en Corrèze, comme en Haute-Savoie. Pour se venger, les nazis ont incendié des villages, fusillé des innocents, brûlé vifs des paysans dans leurs fermes, pendu des jeunes gens comme à Nîmes.

Mais les maquis existent toujours.

Ils existent même de plus en plus, disséminés par petits groupes de combattants mobiles qui unifient leur action avec celle des organisations de Francs-Tireurs.

Demain, la guérilla deviendra insurrection. Elle se trouvera des chefs à sa taille et c'est elle, et elle seule, qui nous restituera une France libre.

Les Lettres Françaises tiennent à rendre un hommage particulier à ceux qui se battent en ce moment sur le sol de France en publiant d'importants extraits de trois textes qu'elles viennent de recevoir. Le premier de ces textes nous a été adressé par des jeunes gens du maquis. Les deux autres émanent d'écrivains qui se sont rendus sur place et nous ont fait parvenir leurs récits.

LE MAQUIS ET VOUS...

C'est avec la plus grande émotion que nous avons lu le message dont les auteurs luttent en ce moment, les armes à la main pour conquérir notre liberté. Parce que leur pureté est entière ils s'indignent de l'abominable campagne de l'ennemi qui les présente comme des bandits et des sadiques du crime. C'est pourquoi ils nous adressent leur témoignage. Ils nous disent ce qu'ils sont, ce qu'ils veulent, ce qu'ils espèrent.

Voici d'abord un extrait de l'Histoire du Maquis :

Quels sont ces terroristes ? Quels sont ces bandits ? Mais, bonnes gens, ce sont ces gamins, ces petits garçons que vous avez vu partir.

Ah ! sans doute, ils se sont endurcis. Il fallait les voir arriver, dès avril, dans ces petits villages savoyards perdus dans la neige : les paysans souriaient en voyant ces costumes de ville, ces souliers bas, ces valises. Il fallait les voir surtout au bout d'un mois vécu dans les chalets. Quand ils eurent fait quelques replis à travers la montagne avec tout leur barda, quand ils furent descendus tous les deux jours dans la neige en corvée de ravitaillement — il y en avait parfois pour deux heures de descente et trois pour la montée — et qu'ils se furent entassés chaque nuit pour dormir dans le foin des écuries, l'aspect de ces jeunes avait bien changé. Une colonne d'une centaine de « maquis » en file indienne était alors un spectacle inimaginable : les valises des uns dans des sacs à pommes de terre sont portés sur le dos avec un bâton, d'autres ont fait des ballots informes avec quelques effets : des couvertures de toutes les couleurs sont posées sur le chargement, les pantalons rapiécés avec des morceaux de tabliers trouvés dans les chalets, sont pris dans les guêtres faites de chiffons, les souliers déchirés hors d'usage tiennent par des ficelles ou des lanières improvisées.

Les premiers arrivés ont ainsi vécu plusieurs mois sans jamais descendre (la consigne était formelle et la discipline très dure), sans pouvoir écrire ou pouvoir recevoir une ou deux lettres. On ne touchait

(Suite page 5)

BÊTES ET MÉCHANTS

Venant du dedans
Venant du dehors
C'est nos ennemis
Ils viennent d'en haut
Ils viennent d'en bas
De près et de loin
De droite et de gauche
Habillés de vert
Habillés de gris
La veste trop courte
Le manteau trop long
La croix de travers
Grands de leurs fusils
Courts de leurs couteaux
Forts de leurs bourreaux
Et gros de chagrin
Armés jusqu'à terre
Armés jusqu'en terre
Raides de saluts
Et raides de peur
Devant leurs bergers
Imbibés de bière
Imbibés de lune
Chantant gravement
La Chanson des bottes
Ils ont oublié
La joie d'être aimé
Quand ils disent oui
Tout leur répond non
Quand ils parlent d'or
Tout se fait de plomb
Mais contre leur ombre
Tout se fera d'or
Tout rajeunira
Qu'ils partent qu'ils meurent
Leur mort nous suffit

★

Nous aimons les hommes
Ils s'évaderont
Nous en prendrons soin
Au matin de gloire
D'un monde nouveau
D'un monde à l'endroit.

LES LETTRES FRANÇAISES

Revue des Ecrivains français groupés au Comité national des Ecrivains

Fondateur : Jacques DECOUR
Fusillé par les Allemands le samedi 30 mai 1942

N° 17 — JUIN 1944

Ayons conscience de notre force

Chacun l'attendait, l'espérait. Et pourtant il a surpris par sa soudaineté. Le second front est né un matin de juin par un grand vent et un froid insolite. Dans le métro, dans la rue régnait un calme étrange. Des avions n'avaient cessé de passer toute la nuit. Des milliers d'avions dont le bourdonnement ne vous lâchait pas. Depuis quinze jours, leur ronde se poursuivait, inexorable, sur les gares et sur les routes, sur les ponts et les convois. Et la violence de ce bombardements se justifie d'un seul coup par le petit communiqué laconique du général Eisenhauer.

L'assaut général est enfin engagé. Le moment est venu de frapper le monstre tous à la fois. Le moment est venu d'appeler notre peuple aux armes et de se lancer à corps perdu dans le combat. Bien entendu, c'est le contraire qu'a demandé Pétain dans son message aux Français. L'ignoble vieillard, au faux air paternel, qui, sur l'ordre d'Hitler se pavanait à travers les ruines, exploitant honteusement la misère des sinistrés et cette « gentillesse » française qui se résoud si difficilement à croire au mal et à admettre que tout ce qui brille n'est pas or, Pétain donc, le naufrageur de 1940, le responsable de l'inexistence de lignes fortifiées sur notre frontière du Nord, l'homme qui fut le chef de la Vᵉ colonne avant de devenir, par la grâce d'Hitler, celui de « l'Etat Français », demande aux Français d'être bien sages et les menace des pires représailles si, comme il dit, ils n'obéissent pas aux ordres des Allemands.

Et il se trouve encore des attentistes pour conseiller aux Français et notamment aux Parisiens, de ne pas lever le petit doigt jusqu'au jour où les armées d'invasion seront arrivées aux approches de la Capitale.

Cette suprême et insidieuse forme de l'attentisme est la plus dangereuse parce qu'elle fait illusion. Interdire aux patriotes d'agir dès l'instant de l'ouverture du second front c'est vouloir paralyser l'Insurrection Nationale. C'est permettre aux Allemands d'organiser tranquillement, méthodiquement, l'arrestation et la déportation des patriotes.

(Suite page 4)

LE MENSONGE EN DÉTRESSE

Au camp de C..., me racontait X..., nous avions un garde-chiourme nommé Thomas, qui était bien le plus affreux roquet de quartier qu'on puisse imaginer. Toujours à gueuler pour des histoires de paquetage et de gamelle, toujours à l'affût de la chose qu'on n'avait pas le droit de faire et de l'objet qu'on n'avait pas le droit d'avoir, couteau, journal, etc. Il ne cessait de fouiner partout, si bien qu'on l'avait surnommé la Fouine ; et il ressemblait à une fouine — à une fouine qui aurait eu le museau de travers, car il portait sous ses petits yeux en vrille, un long nez pointu, oblique sur une bouche de biais : le type rêvé du garde-chiourme. Et il accomplissait sa mission de garde-chiourme avec un zèle, une ardeur, une importance extraordinaire. Il savait qu'il n'avait entre les mains que des salopards, communistes, gaullistes, espagnols, ou « droits communs », peu importe, tous des salopards, toujours prêts à cacher des couteaux et des journaux et à faire des choses interdites. Et ne fallait-il pas qu'ils fussent de grands salopards pour qu'à lui, Thomas, simple ancien cabot-chef on eût confié sur eux un pouvoir aussi exorbitant? Il fallait donc qu'il leur fût prodigieusement supérieur et que ces salopards fussent des gens bas et vils et auteurs de crimes atroces. Il fallait qu'il incarnât pour eux une autorité, une moralité, une loi d'une incontestable évidence. Et, cependant, poursuivant X..., j'ai vu parfois dans le regrad de ce garde-chiourme une lueur de doute.

Pendant l'appel, alors que tous, nous étions en rang sur cinq, chaque baraque devant sa baraque, là, comme des troupeaux où se confondaient, dans leurs accoutrements infamants, gaullistes, communistes, espagnols, « droits communs », le garde-chiourme Thomas grimpait les trois marches d'entrée de notre baraque, à laquelle il était affecté ; et là, du haut du péristyle, penché sur la balustrade, il nous considérait de ses yeux de fouine, cherchant avec rage un coupable à prendre en défaut. Et soudain sur cette face disgraciée passait une sorte d'expression inquiète et comme douloureuse. Devant les regards fixes de tous ces hommes alignés, le regard du tout-puissant, du misérable chef Thomas, vacillait, devenait angoissé, suppliant, comme si quelque soudaine interrogation s'était frayée un passage dans l'épaisseur de cette conscience garde-chiourmesque. Bien sûr, il était le chef, il avait raison et tous ces gens étaient des salopards. Bien sûr, il avait toute sa vie vécu dans un indiscutable et indiscuté univers de gamelles et de paquetages, et cet univers était toujours le même. Et cependant, il y avait peut-être quelque chose de changé. Quelque chose qu'il pressentait au delà de son horizon de gamelles et de paquetages. On pouvait tout de même se demander s'il n'était pas anormal qu'il y eût tant de salopards et que tels de ces salopards fussent si salopards que ça... Ces catégories nouvelles, qu'on n'avait pas vues jusqu'alors : communistes, gaullistes, etc., il y avait tout de même quelque chose de singulier là-dessous. Oh ! cet éclair de doute était bref, pas assez cependant pour ne pas laisser sur la physionomie du chef Thomas une désolation infinie. Je me rappelle, disait encore X..., qu'un jour, mon voisin de rang, devant cette tête, ne put s'empêcher de murmurer avec mépris : « Pauvre type ! C'est un pauvre type au fond ! » Et je pensais que, du bas de l'échelle jusqu'au plus haut, nos garde-chiourmes, nos vainqueurs d'hier, les vainqueurs du monde, étaient de pauvres types. Car leur victoire est incertaine et leur puissance irréelle. Non, rien de cela n'est vrai. Et ils le sentent.

Avez-vous vu aux actualités, en 1940, le film de l'entrée des Allemands dans Paris, et ce moment, oh ! singulièrement discret, où l'on aperçoit Adolf Hitler lui-même, de dos, contemplant, du haut de la terrasse de Chaillot, ce Paris qu'il vient de conquérir? Puis il se retourne et, pendant une seconde, on aperçoit un regard épouvanté. C'est le regard que jette le garde-chiourme Thomas sur ses victimes rangées devant lui et sur l'étendue démesurée de sa puissance. Bien sûr, encore une fois, les salopards ont été vaincus. Les Espagnols ont été défaits, jetés dans les cols des Pyrénées, parqués dans des camps, et il en a été de même de l'armée française, et de la population des villes et des villages de France, courant les champs sous la mitraille, et Paris, la reine orgueilleuse s'est rendue, est tombée sur les genoux, silencieuse, courbée, voilant sa honte et sa rage, et ces gens qui se permettaient quelques sursauts, gaullistes, communistes et autres, les voilà traqués, réduits à l'impuissance, condamnés à une salutaire discipline derrière de bonnes murailles et de solides barbelés. Et qu'il s'appelle Thomas ou Pétain, le cabot-chef est maître avec sa mentalité de cabot-chef, où il n'y a place que pour des idées de gamel-

(Suite page 2)

Dans la forêt de Fontainebleau

Un jeune homme de nos amis a lu sur un tract jeté par la R.A.F. et qu'il ramassa dans la Forêt de Fontainebleau, un jour de cet exil que l'on vit maintenant dans son propre pays, la phrase suivante du journaliste américain Lawrence G. Hoover : « *L'insurrection nationale sera en France le plus grand soulèvement que l'histoire ait jamais connu* ».

C'est cette idée qui nous fait vivre et qui mène au combat les meilleurs d'entre nous.

Financed by Robert Debré and Madame de La Bourdonnais, the first issue of *Les Lettres Françaises* was supposed to be published in 1942, with articles by Charles Vildrac, Raymond Queneau, Georges Limbour, Jean Blanzat, and Jacques Debû-Bridel. However, its publication became less likely when Jacques Decour was arrested on February 17, 1942, and executed on May 30, 1942. In June, Claude Morgan (pseudonym of the son of the Academician Georges Lecomte) and Edith Thomas replaced Decour at *Les Lettres françaises*. The journal, at first roneotyped and later printed, appeared secretly between September 20, 1942, and the Liberation.

LES LETTRES FRANÇAISES

REVUE DES ECRIVAINS FRANÇAIS groupés au Comité National des Ecrivains

Fondateur : Jacques DECOUR
Fusillé par les Allemands le samedi 30 mai 1942

N° 10 — OCTOBRE 1943

POUR QUE LA FRANCE VIVE !

Dans leur premier numéro imprimé Les Lettres Françaises tiennent à rendre à Jacques DECOUR *un hommage particulier en publiant les textes suivants réunis par le Comité National des Ecrivains.*

Jacques DECOUR (Daniel Decourdemanche), écrivain français, né le 20 février 1910, fusillé le 30 mai 1942. Auteur de *Le Sage et le Caporal*, *Philisterburg*, *Les Pères*, traducteur de Gœthe (*Le Triomphe de la Sensibilité*), secrétaire de rédaction de la revue *Commune*, membre fondateur de l'Université Libre, des Lettres Françaises et du Comité de Front National des Ecrivains, membre du Parti communiste.

■

NOTE INEDITE ECRITE PAR JACQUES DECOUR AU MOMENT DE LA CONFERENCE DE MUNICH

Maintenant nous nous préparons à mourir les uns et les autres. Chacun à sa manière, avec la tête entre les mains ou le sourire cabotin et si charmant des Français, ou tous les discours d'un si peu digne bon sens, ou encore le silence et le demi-sourire complice ou mystérieux des anges condamnés. Mais chacun n'aura pas nécessairement la mort qui lui ressemble, et plutôt toutes les formes de la mort seront hâtivement appliquées au hasard sur les visages, comme des masques. Comment s'y retrouver ? Et qui restera pour s'y retrouver ? On se prépare, on songe à ce qui doit venir, à ce qui doit nous tuer sans que nous puissions avoir un geste de défense, mais ce sera peut-être long, comme toutes les maladies incurables. Attendre si longtemps une fatalité, c'est l'épreuve. Et les forts devant cette épreuve ne sont pas ceux qu'on attendait. Les forts sont ceux qui ont aimé l'amour avant toutes choses.

C'est bien le moment de nous souvenir de l'amour. Avons-nous assez aimé ? Avons-nous passé plusieurs heures par jour à nous émerveiller des autres hommes, à être heureux ensemble, à sentir le prix du contact, le poids et la valeur des mains, des yeux, du corps ? Savons-nous encore bien nous consacrer à la tendresse ? Il est temps, avant de disparaître dans le tremblement d'une terre sans espoir, d'être tout entier et définitivement amour, tendresse, amitié, parce qu'il n'y a pas autre chose. Il faut jurer de ne plus songer qu'à aimer, aimer, ouvrir l'âme et les mains, regarder avec le meilleur de nos yeux, serrer ce qu'on aime contre soi, marcher sans angoisse en rayonnant de tendresse.

26 septembre 1938.

■

SA DERNIERE LETTRE

Samedi 30 mai 1942 — 6 h. 45.

Mes chers Parents,

Vous attendez depuis longtemps une lettre de moi. Vous ne pensiez pas recevoir celle-ci. Moi aussi j'espérais bien ne pas vous faire ce chagrin. Dites-vous bien que je suis resté jusqu'au bout digne de vous, de notre pays que nous aimons.

Voyez-vous, j'aurais très bien pu mourir à la guerre, ou bien même dans le bombardement de cette nuit. Aussi je ne regrette pas d'avoir donné un sens à cette fin. Vous savez bien que je n'ai commis aucun crime, vous

(*Suite en page 2*)

Discipline de la résistance

Ce n'est que par l'union de tous ses fils que la France sera capable de se délivrer. Et elle redeviendra libre dans la mesure où elle aura su développer et coordonner leur résistance active. Tels sont les axiomes fondamentaux de la Résistance.

Cette union implique une discipline. On ne saura trop répéter qu'il n'est pas de place en ce moment, entre nous, pour des luttes intestines. Le catholique, le communiste, le royaliste, le républicain libéral gardent leurs convictions et leurs croyances, certes. Mais ils sont avant tout des frères qui luttent coude à coude pour la même cause sacrée. Ils se doivent d'oublier leurs différences pour ne songer qu'à ce qui les rassemble. Ils se doivent d'apprendre à se connaître, à se respecter, en évitant de se jeter à la tête les querelles d'autrefois ou d'opposer avec trop de légèreté ou avec trop de violence leurs vues sur l'avenir. Car l'avenir se forge moins par de vaines dissensions que par l'action commune. Après avoir combattu ensemble il devient plus facile de construire ensemble. C'est là l'immense espoir de la France.

Il n'est pas de « rôle à jouer » ni de considérations personnelles qui comptent. L'efficacité, voilà l'unique but de chacun. Elle exige parfois de l'héroïsme et toujours l'opiniâtreté de la fourmi qui, sans cesse, construit et reconstruit. Elle exige aussi l'intrépidité morale.

Discipline exemplaire : celle des patriotes Corses. Le Front National constitué

(*Suite en page 3*)

LA LUTTE AVEC L'ANGE

Les temps que nous vivons, en confrontant dramatiquement l'homme à son destin, menacent de faire paraître toute littérature assez vaine et de l'enfermer dans l'exercice d'un mandarinat satisfait. Pourtant l'homme attend de la pensée qu'elle réponde à la catastrophe, et, sinon qu'elle en résolve l'angoisse, du moins qu'elle en mesure sa propre dignité, face au Mal. Nous attendons de la littérature qu'elle soit *exemplaire*. Et naturellement il ne s'agit pas ici de fatuités moralisantes à la Montherlant, ni de sermons radoteurs à la Pétain. Il ne s'agit pas davantage de flatteries et de sirop d'orgeat. Mais qu'un livre survienne où tout de nous-mêmes est remis en question, désespérément, jusqu'à ce qu'au fond d'une négation tragique brille enfin le secret qui peut nous fonder à vivre, et nous reconnaissons tout à coup la grande voix qui, à travers des siècles, assure notre action et notre durée.

C'est en cela que *La Lutte avec l'Ange*, à quoi André Malraux travaille depuis trois ans (et dont la première partie, *Les noyers de l'Altenburg* — évidemment interdite en France — vient de paraître en Suisse) nous semble parfaitement exemplaire. Malraux se trouve porté à rechercher cette durée presque instinctivement et, pourrait-on dire, biologiquement. Le livre est dédié à son fils, et comme s'il essayait d'assurer sa continuation sur celle de sa race, le héros Berger, conducteur de char dans l'armée française, s'efforce de trouver un sens à sa vie, non seulement dans sa vie, dans son expérience personnelle du drame humain, mais encore dans celle de son père.

C'est dans un camp de prisonniers, à Chartes, dès le 21 juin 1940, que Berger, en présence de ce grouillement d'êtres appliqués à écrire des lettres qui ne partiront pas, à l'affût d'un morceau de pain pour lequel se battre, se voit ramené à sa question fondamentale : « *Ecrivain, par quoi suis-je obsédé depuis dix ans, sinon par l'homme ?* » Ce sont les *Mémoires* de son père, « une masse de notes sur ce qu'il

(*Suite en page 4*)

The last letter written by Jacques Decour. It is addressed to his parents, and dated "Saturday, May 30, 1942–06:45," the day he was executed by the Nazis at Mont Valérien. The letter was published in the first printed issue of *Les Lettres françaises*, no. 10, in October 1943, and then again in December 1943, in *Les Cahiers de Libération*: "You know that I have been expecting the fate that awaits me this morning, so I have had time to prepare myself for it, but, since I have no religion, I have not sunk into a meditation on death; I think of myself more as a leaf, falling from the tree to fertilize the ground. The quality of the fertilized ground depends upon the quality of the leaves. I am speaking of the youth of France, in whom I place all my hope."

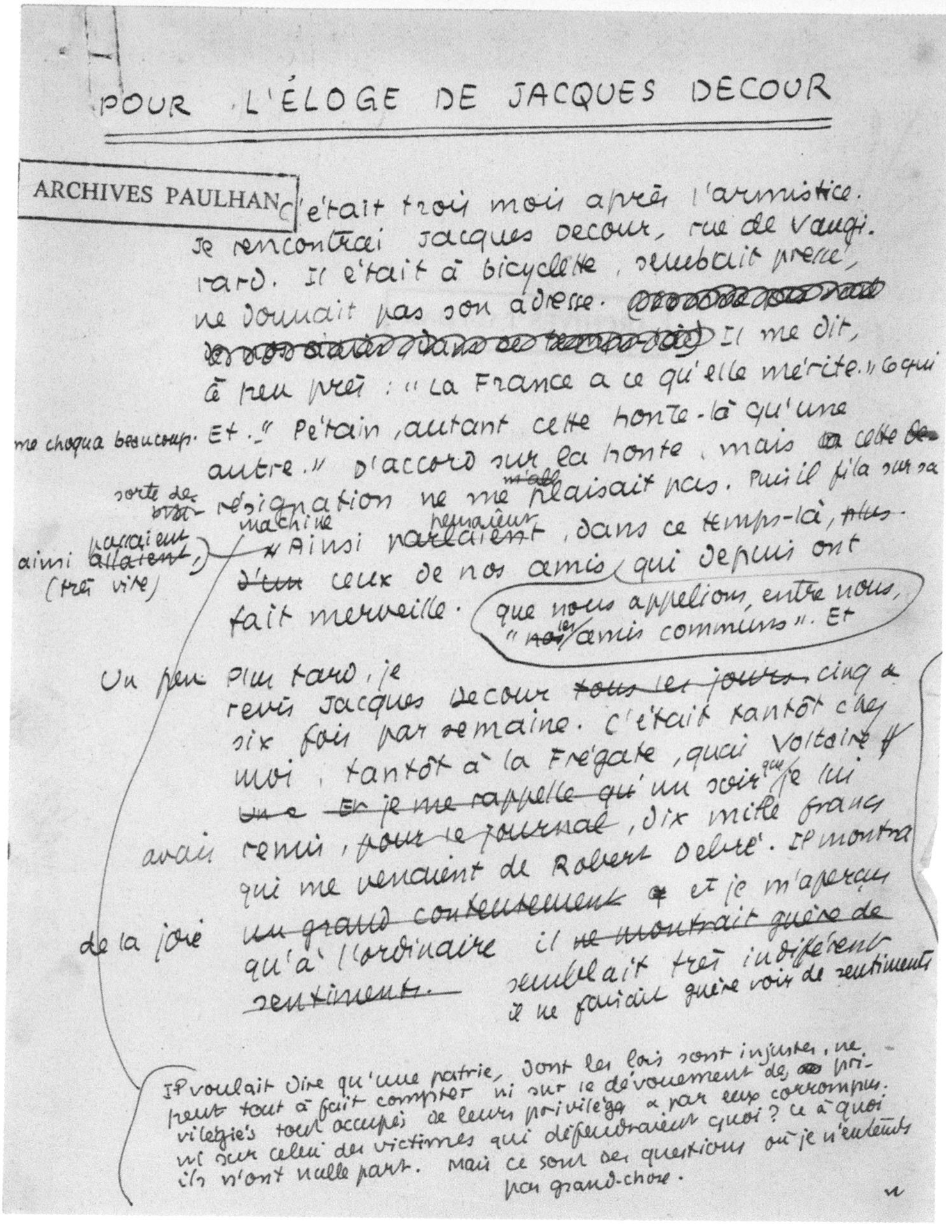

POUR L'ÉLOGE DE JACQUES DECOUR

ARCHIVES PAULHAN

C'était trois mois après l'armistice. Je rencontrai Jacques Decour, rue de Vaugirard. Il était à bicyclette, semblait pressé, ne donnait pas son adresse. Il me dit, à peu près : « La France a ce qu'elle mérite. » Ce qui me choqua beaucoup. Et : « Pétain, autant cette honte-là qu'une autre. » D'accord sur la honte, mais cette sorte de résignation ne me plaisait pas. Puis il fila sur sa machine. « Ainsi parlaient, dans ce temps-là, ceux de nos amis qui depuis ont fait merveille. » (que nous appelions, entre nous, « les amis communs ». Et)

Un peu plus tard, je revis Jacques Decour cinq à six fois par semaine. C'était tantôt chez moi, tantôt à la Frégate, quai Voltaire. Un soir que je lui avais remis dix mille francs qui me venaient de Robert Debré. Il montra de la joie et je m'aperçus qu'à l'ordinaire il semblait très indifférent, il ne faisait guère voir de sentiments.

Il voulait dire qu'une patrie, dont les lois sont injustes, ne peut tout à fait compter ni sur le dévouement de ses privilégiés tout occupés de leurs privilèges et par eux corrompus, ni sur celui des victimes qui défendraient quoi ? ce à quoi ils n'ont nulle part. Mais ce sont des questions où je n'entends pas grand-chose.

Jean Paulhan's manuscript, *"Pour l'éloge de Jacques Decour"* [In Praise of Jacques Decour], published in no. 20 of *Les Lettres françaises* on September 9, 1944: "He said to me one evening: 'I know now that they can take me and do what they want with me. I shall not talk.' They arrested him a few days after that. They did with him what they wanted, and he did not talk." In January 1944, the underground *Éditions de Minuit* published Decour's *Pages choisies*, with an anonymous introduction by Paulhan.

Jacques Decour, born Decourdemanche, at the end of the 1930s, when he was a German teacher at the Lycée Rollin (since August 23, 1944, the Lycée Jacques Decour) and a member of the Communist Party.

VERCORS

D'UN HASARD NÉCESSAIRE

Comme toutes choses humaines, la naissance des « Editions de Minuit » est due à bien des hasards — mais « le hasard » après tout n'est que l'expression en mots humains de la multiplicité des causes, multiplicité dont nous ne savons pas faire la synthèse, que nous ne savons pas réduire à un petit nombre intelligible. Car là où le hasard se confond avec la nécessité, — et si même nous ne parvenons pas à dégager les liens évidents, — là où la nécessité trouve le hasard à son service, notre raison doit s'incliner devant la présence d'une étrange volonté.

Ce qui était nécessaire, nous le savons : c'était que la France s'exprimât, exprimât son génie essentiel (et cela assurément la presse clandestine ne pouvait convenablement le lui permettre), trouvât donc dans la clandestinité les moyens matériels adéquats à cette expression. Eût-elle trouvé ces moyens sans les « Editions de Minuit » ? Il paraît raisonnable d'en douter. Les « moyens » mis à la disposition de la pensée étaient surtout de l'ordre de la presse, et pour les choses plus importantes, des revues. En temps ordinaires, ce sont les moyens qui se conforment aux nécessités de l'expression, mais en temps des difficultés c'est l'expression qui généralement est bien obligée de se soumettre aux seuls moyens mis à sa disposition. Nous pouvons croire que, en l'absence d'une maison clandestine éditant des volumes, peu d'ouvrages eussent été conçus dépassant les dimensions de chroniques publiables dans les colonnes d'un journal clandestin ou d'une revue. Et en fait, après la parution du premier volume qui les créa, il a fallu

10

UN DES RARES EXEMPLAIRES RESTANT DU « SILENCE DE LA MER » IMPRIMÉ PAR CL. OUDEVILLE.

Editions de Minuit was founded in secrecy in 1942 by Pierre de Lescure and Jean Bruller ("Vercors"). Over the course of the Occupation, it published about thirty carefully produced booklets, signed with pseudonyms, in its collection "Sous l'oppression" (Under Oppression).

The first title of Vercors's *Le Silence de la mer* [The Silence of the Sea] was received in October 1941, and printed by Claude Oudeville on February 20, 1942. Before Jean Bruller, an illustrator, made it known after the war that he was the author, people had thought of Georges Duhamel, André Gide, Roger Martin du Gard, Jean Schlumberger, Marcel Arland, and Maurice Bedel. Bruller is here photographed by Robert Doisneau, in the the journal *Le Point*'s March 1945 issue devoted to the *Imprimeries clandestines* [Clandestine Printing Shops]. Yvonne Paraf, "mainspring" of the publishing house, makes clear in *Le Point*: "*Le Silence de la mer* was published in February 1942 with a run of only 350 copies, folded and sewn by me and glued by Vercors on my kitchen table."

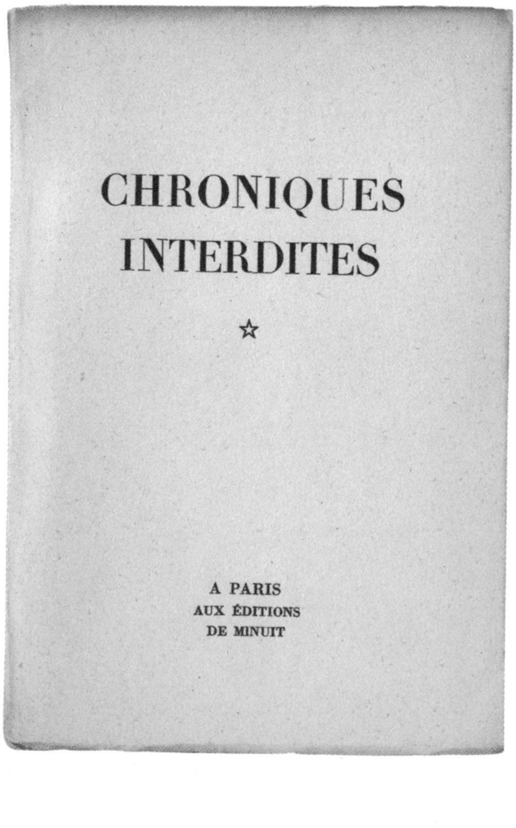

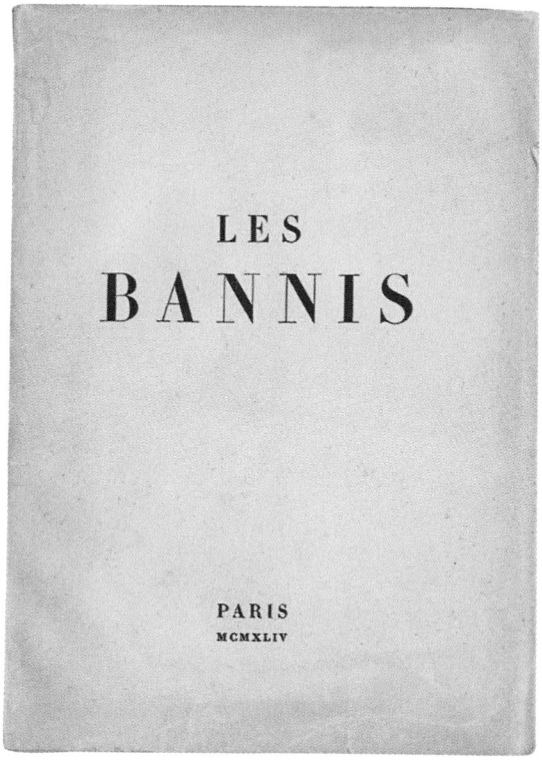

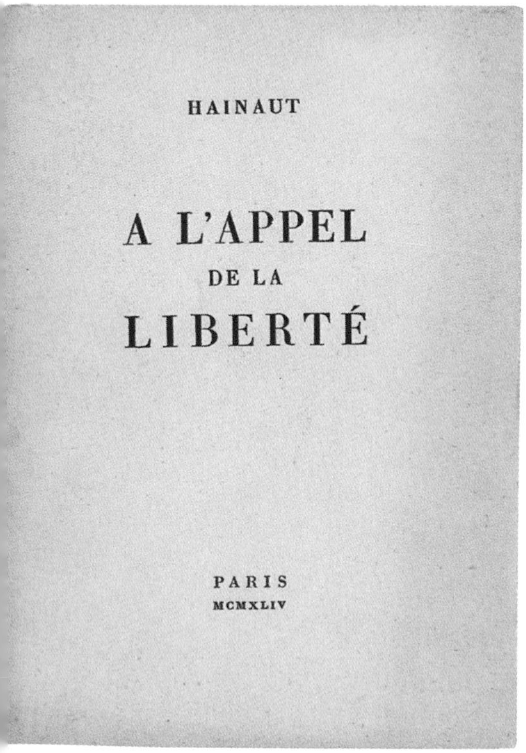

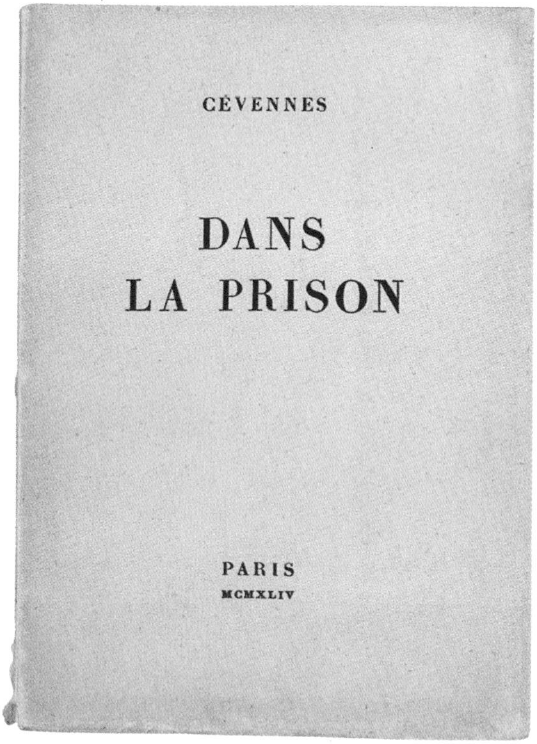

Five publications from the underground Éditions de Minuit:

Chroniques interdites [Forbidden Chronicles], published in April 1943. At the initiative of Jean Paulhan and Jacques Debû-Bridel, this volume assembled texts that were probably intended for the underground *Les Lettres françaises*: those of "Lomagne" (Paulhan), "Queyras" (Yvonne Paraf), "Comminges" (Julien Benda), "Argonne" (Debû-Bridel), and "Santerre" (Vercors).

Le Temps mort [Dead Time] was received in March 1944 and published in June 1944 by *Éditions de Minuit*. The author, "Minervois," alias Claude Aveline, was a member of one of the first groups of Resistance intellectuals, " *Alain-Fournier*," which was also called "*Les Français libres de France*" or the "Writers' Group."

Les Bannis [The Banished]: this bilingual anthology of German poetry banned by the Nazis, assembled and translated by René Cannac and introduced by "Mauges" (Claude Bellanger), was published in July 1944 as a rejoinder to the two volumes of the *Anthologie de la poésie allemande* [Anthology of German Poetry] by René Lasne and Georg Rabuse, with a preface by Karl Epting (Delamain & Boutelleau, 1943).

The Belgian writer and Communist journalist Georges Adam, active in the Resistance since 1940, was the editor-in-chief of the underground periodical *Les Lettres françaises* during the Occupation; in August 1944, under the pseudonym "Hainaut," he published *À l'appel de la liberté* [Freedom Call], which he gave to *Éditions de Minuit* in March.

Jean Guéhenno, who was among the first members of the CNE, gave *Éditions de Minuit* an excerpt from his *Journal des années noires* [Journal of the Dark Years]. *Dans la prison* was printed in August 1944, under the pseudonym "Cévennes."

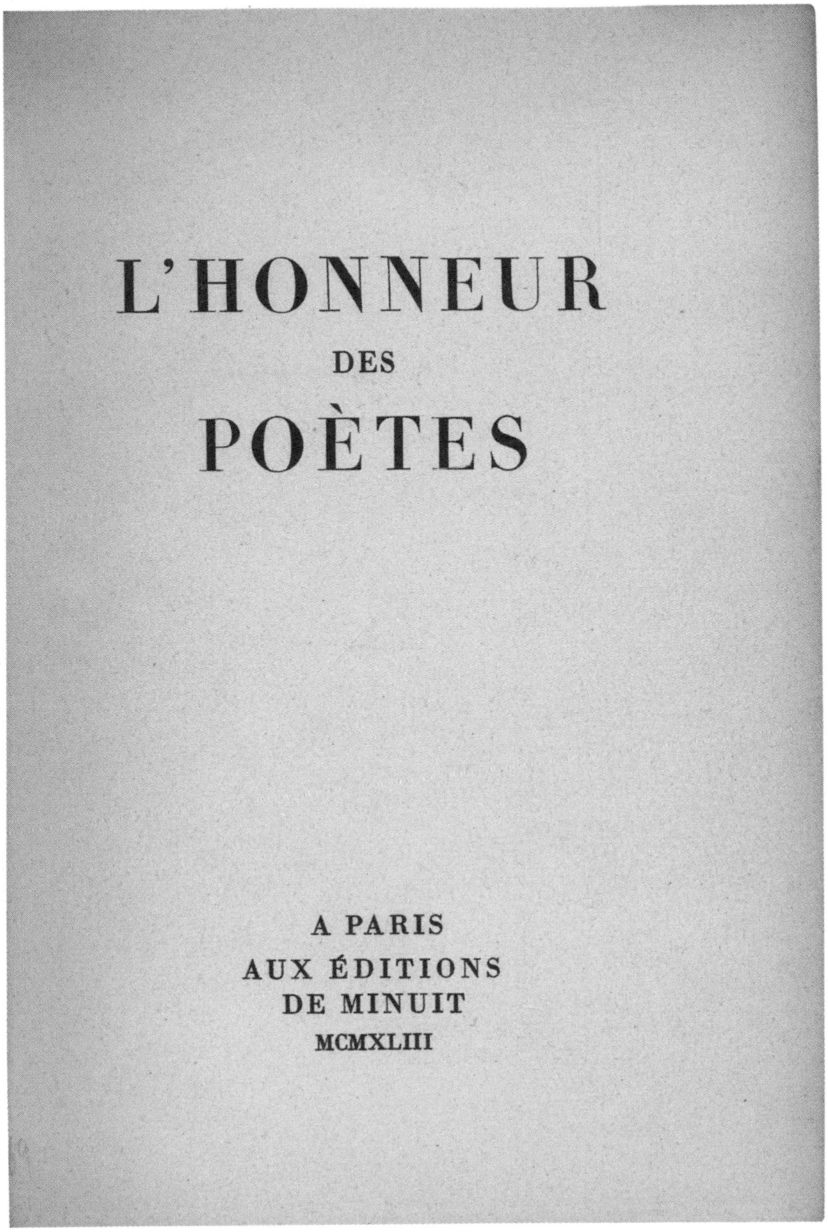

It was Pierre Seghers who, along with Paul Éluard and Jean Lescure, gathered the Resistance poems assembled in *L'Honneur des poètes* [The Honor of Poets]. In the beginning, according to François Lachenal, there was thought of printing the work in Switzerland, but on the heels of Vercors's *Le Silence de la mer* (see p. 280), it was published "at the expense of a few patriotic bibliophiles . . . under the Nazi occupation, on July 14, 1943, a day of freedom oppressed" by the underground Éditions de Minuit. The anthology of twenty-two poets writing under pseudonyms—in which Jean Paulhan noted "a curious effacement of Catholic poets in relation to c[ommunists]" and "an astonishing (astonishing in view of the subject) absence of patriotism"—opens with an unsigned piece by Paul Éluard, who had helped to gather the texts: "In the face of the peril man is now confronting, poets have approached us from every point on the French horizon. Once again, poetry, when challenged, regroups, finds a precise meaning for its latent violence, shouts, accuses, and hopes." Jean Lescure and his wife distributed the volume by bicycle in Paris. About ten copies were consigned to François Lachenal for distribution in Switzerland and reprinting in Geneva by the publishing house *À la Porte d'Ivoire*. The copy displayed here belonged to Jean Lescure, who annotated it and had it rebound, inserting a letter from Paul Éluard.

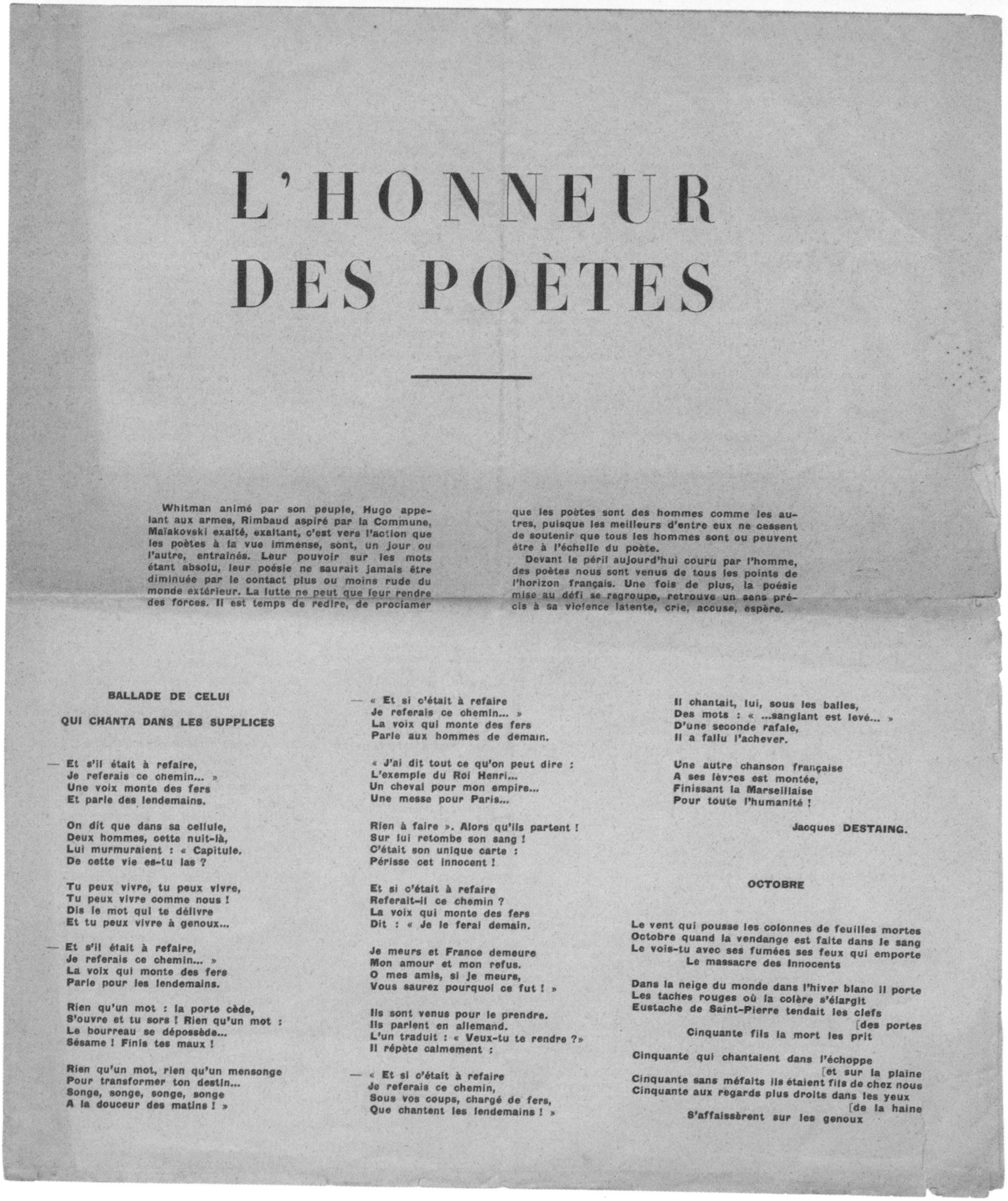

L'HONNEUR DES POÈTES

Whitman animé par son peuple, Hugo appelant aux armes, Rimbaud aspiré par la Commune, Maïakovski exalté, exaltant, c'est vers l'action que les poètes à la vue immense, sont, un jour ou l'autre, entraînés. Leur pouvoir sur les mots étant absolu, leur poésie ne saurait jamais être diminuée par le contact plus ou moins rude du monde extérieur. La lutte ne peut que leur rendre des forces. Il est temps de redire, de proclamer que les poètes sont des hommes comme les autres, puisque les meilleurs d'entre eux ne cessent de soutenir que tous les hommes sont ou peuvent être à l'échelle du poète.

Devant le péril aujourd'hui couru par l'homme, des poètes nous sont venus de tous les points de l'horizon français. Une fois de plus, la poésie mise au défi se regroupe, retrouve un sens précis à sa violence latente, crie, accuse, espère.

BALLADE DE CELUI

QUI CHANTA DANS LES SUPPLICES

— Et s'il était à refaire,
Je referais ce chemin... »
Une voix monte des fers
Et parle des lendemains.

On dit que dans sa cellule,
Deux hommes, cette nuit-là,
Lui murmuraient : « Capitule.
De cette vie es-tu las ?

Tu peux vivre, tu peux vivre,
Tu peux vivre comme nous !
Dis le mot qui te délivre
Et tu peux vivre à genoux...

— Et s'il était à refaire,
Je referais ce chemin... »
La voix qui monte des fers
Parle pour les lendemains.

Rien qu'un mot : la porte cède,
S'ouvre et tu sors ! Rien qu'un mot :
Le bourreau se dépossède...
Sésame ! Finis tes maux !

Rien qu'un mot, rien qu'un mensonge
Pour transformer ton destin...
Songe, songe, songe, songe
A la douceur des matins ! »

— « Et si c'était à refaire
Je referais ce chemin... »
La voix qui monte des fers
Parle aux hommes de demain.

« J'ai dit tout ce qu'on peut dire :
L'exemple du Roi Henri...
Un cheval pour mon empire...
Une messe pour Paris...

Rien à faire ». Alors qu'ils partent !
Sur lui retombe son sang !
C'était son unique carte :
Périsse cet innocent !

Et si c'était à refaire
Referait-il ce chemin ?
La voix qui monte des fers
Dit : « Je le ferai demain.

Je meurs et France demeure
Mon amour et mon refus.
O mes amis, si je meurs,
Vous saurez pourquoi ce fut ! »

Ils sont venus pour le prendre.
Ils parlent en allemand.
L'un traduit : « Veux-tu te rendre ?»
Il répète calmement :

— « Et si c'était à refaire
Je referais ce chemin,
Sous vos coups, chargé de fers,
Que chantent les lendemains ! »

Il chantait, lui, sous les balles,
Des mots : « ...sanglant est levé... »
D'une seconde rafale,
Il a fallu l'achever.

Une autre chanson française
A ses lèvres est montée,
Finissant la Marseillaise
Pour toute l'humanité !

Jacques **DESTAING.**

OCTOBRE

Le vent qui pousse les colonnes de feuilles mortes
Octobre quand la vendange est faite dans le sang
Le vois-tu avec ses fumées ses feux qui emporte
Le massacre des Innocents

Dans la neige du monde dans l'hiver blanc il porte
Les taches rouges où la colère s'élargit
Eustache de Saint-Pierre tendait les clefs
[des portes
Cinquante fils la mort les prit

Cinquante qui chantaient dans l'échoppe
[et sur la plaine
Cinquante sans méfaits ils étaient fils de chez nous
Cinquante aux regards plus droits dans les yeux
[de la haine
S'affaissèrent sur les genoux

"L'Honneur des poètes," one of three "tracts" distributed by Éditions de Minuit in June 1944: a selection of poems, printed on an uncut sheet and excerpted from the work published under the same title, July 14, 1943.

DEUX VOIX FRANÇAISES

CHARLES PÉGUY

GABRIEL PÉRI

Le mythe de Babel, ce n'est pas la mésaventure des idiomes ; c'est celle du langage. Les hommes par le langage ne peuvent se comprendre. Jamais. Le malentendu est la règle. Ainsi se creusent entre les hommes des fossés immérités, se bâtissent des ponts illégitimes : on voit s'allier des hommes faits pour se haïr, se combattre d'autres faits pour s'aimer. C'est la malédiction du langage de jeter si souvent la confusion dans les cœurs.

C'est la bénédiction du malheur de permettre aux hommes de se retrouver. Il n'est que deux races d'hommes, pas plus. Ceux qui veulent en leur prochain voir un frère; qui veulent l'aimer; qui ne trouvent un sens à leur vie que si elle a porté sa pierre, grande ou petite, au temple qui fera de tout homme — de tout Français — un être libre, noble et fier. Et ceux pour qui ne comptent que leurs appétits ou leurs desseins (plus ou moins sordides ou démesurés) — ou les desseins, les appétits de leur caste.

Quand rien ne menace une nation, où ces hommes si étrangers vivent en commun, quand ils n'ont que le langage pour se reconnaître, combien il est, hélas ! aisé de se tromper ! (se tromper : erreur et mensonge). Mais quand tout est en ruines, quand chacun se voit contraint à un seul effort, un seul : sauver des flammes ce qu'il aime — alors, ah ! il n'est plus de mots, il n'est plus de malices, il n'est plus de nuances ! Rien qu'une fidélité suprême pour laquelle chacun va montrer s'il est prêt à donner ou à refuser sa vie. Là le partage se fait, tout homme alors a le regard de Dieu : il saura reconnaître les siens.

Que les noms de ces deux hommes, Péguy, Péri, que ces deux noms puissent ainsi être accolés, qu'ils puissent ainsi se montrer embrassés sans que le cœur à peine s'étonne, sans encore moins qu'il se révolte comme peut-être il l'eût fait naguère, quelle leçon et quel réconfort !

Ah ! que veulent bien dire les étiquettes aujourd'hui ? Que veulent dire catholique, maçon, communiste ? S'ils ne sont les figures d'une même race, s'ils ne sont les battements d'un même cœur ? Puisque nous les voyons, désormais, marcher vers la mort d'un même pas, comme ces deux-là qui sont tombés, à vingt-cinq ans de distance, pour la même idée de la France — pour la même idée de l'homme.

VERCORS.

CHARLES PEGUY

Capitulation et Résistance

AVANT-PROPOS

Le patriotisme intransigeant et révolutionnaire de Péguy avait discerné avec une lucidité extraordinaire les capitulations où l'esprit de lâcheté peut conduire un gouvernement de trahison. De là, dans toute son œuvre, du premier au dernier de ses livres, des pages qui devancent les événements, comme si elles avaient été écrites pour les stigmatiser et leur opposer une farouche volonté de résistance. C'est un recueil de ces pages qu'on lira ici. Les textes que nous réunissons peuvent être retrouvés aisément dans l'œuvre de Péguy, aux références citées. Le lecteur qui s'y reportera pourra constater que les coupures auxquelles nous avons été forcés (toutes indiquées avec soin) ne les dénaturent ni ne les sollicitent en rien. Péguy, au contraire, insiste à son ample manière, dans les textes originaux, sur des pensées dont nous n'avons gardé que l'expression essentielle. Nous avons respecté avec scrupule cette admirable pensée française. Les titres seuls ont été ajoutés de notre main, pour souligner l'accord inouï entre le grand écrivain et le drame actuel de la France trahie.

LES EDITEURS.

Liberté française et domination allemande

On peut dire que dans le monde moderne les Français sont encore les représentants éminents et peut-être les seuls de la race chevaleresque, (...) et que les Allemands sont les représentants imminents, et peut-être les seuls, de la race de domination. Et c'est pour cela que nous ne nous abusons pas quand nous croyons que tout le monde est intéressé dans la résistance de la France aux empiètements allemands. Et que tout le monde périrait avec nous. Et que ce serait le monde même de la liberté. Et ainsi que ce serait le monde même de la grâce.

Jamais l'Allemagne ne referait une France. C'est une question de race. Jamais elle ne referait de la liberté, de la grâce. Jamais elle ne referait que de l'empire et de la domination.

"Deux voix françaises / Charles Péguy / Gabriel Péri" [Two French voices / Charles Péguy / Gabriel Péri]. Texts chosen by Éluard and introduced by Vercors, collected in a tract printed by Éditions de Minuit, June 30, 1944. The same house also published, in more complete form, this selection of texts dedicated to Gabriel Péri, a Communist journalist and deputy executed by the Germans on December 15, 1941, "balanced" with excerpts from the work of Péguy, with his "intransigent and revolutionary patriotism." "Ah! What do labels mean these days? What does Catholic, Mason, or Communist mean? If they are not the faces of a single race, the beating of a single heart? Since we see them, henceforth, marching toward their death with the same step, like these two who fell, twenty-five years apart, for the same idea of France—the same idea of man."

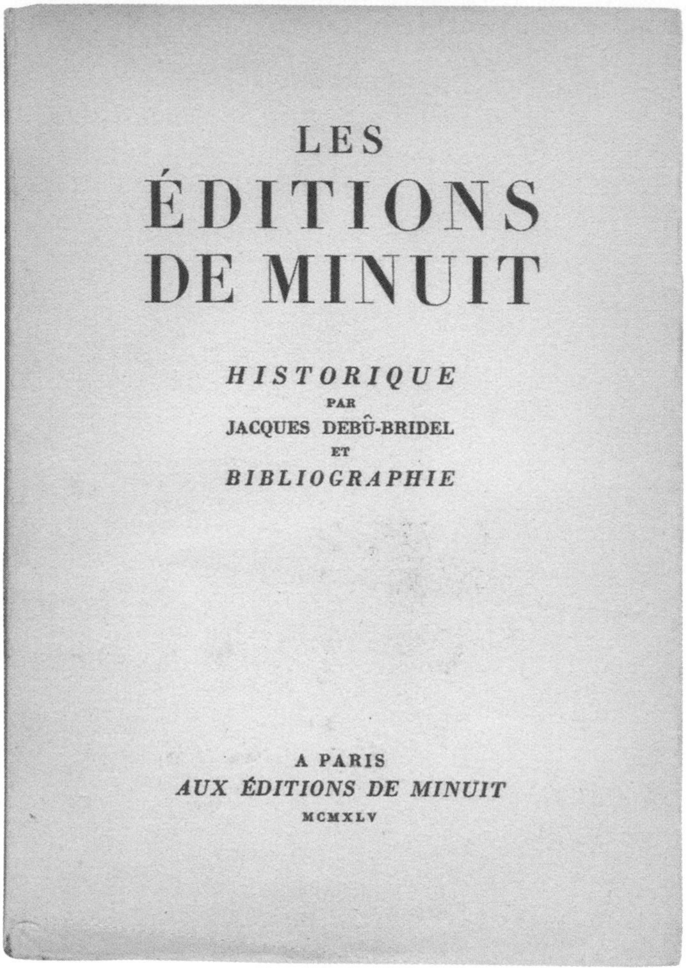
LES
ÉDITIONS
DE MINUIT

HISTORIQUE
PAR
JACQUES DEBÛ-BRIDEL
ET
BIBLIOGRAPHIE

A PARIS
AUX ÉDITIONS DE MINUIT
MCMXLV

The bindings of volumes published secretly by Éditions de Minuit form the words "EDITIONS*MINUIT."

Les Éditions de Minuit: historique et bibliographie, volume edited by Jacques Debû-Bridel and published by Éditions de Minuit, April 24, 1945. A reminder of the terms of the house manifesto during the Occupation: "The names matter little, . . . what is at stake is not the petty renown of individuals. The difficulty of the path matters little: what is at stake is the spiritual purity of man."

Photo of Vercors and Emmanuel Mounier, at the International Youth Conference, Munich, 1948.

ligence, au sabotage de la monstrueuse « collaboration » et de la machine de guerre hitlérienne.

Et vous, particulièrement, écrivains, maintenez l'enthousiasme patriotique en faisant connaître l'héroïsme des nôtres sur le front intérieur comme sur les fronts de guerre ; soulevez l'indignation de tous par le récit véridique des souffrances de nos martyrs, des supplices que leur infligent les tortionnaires de Vichy comme de Berlin, trouvez les mots que la France attend, les mots qui donnent le courage et font monter les combattants à la brèche ; écrivez la vérité, et dans la minute même du danger mortel de notre patrie, donnez le meilleur de vous-mêmes, votre œuvre et votre sang, afin que, non contents d'être les héritiers de ceux qui firent la grandeur de notre littérature, vous en demeuriez les continuateurs. Faites que, vous écoutant, non seulement le peuple français, mais tous les peuples qui souffrent, rapprennent à se retourner vers Elle et à murmurer comme le nom même de l'Espoir le nom merveilleux de la France.

LE COMITÉ NATIONAL DES ÉCRIVAINS.

Le Comité National des Ecrivains

vous parle...

VOICI venir le temps de la grande Espérance, qui est le temps de l'Unité Française, et voici le temps où la France à nouveau rayonnera pour l'Humanité tout entière, comme aux jours des cathédrales, comme à l'heure où chantait Racine, comme au Matin de Valmy.

LE COMITÉ NATIONAL DES ÉCRIVAINS, réunissant autour de lui non seulement des écrivains, mais l'élite intellectuelle du pays dans la science, dans la pensée et dans l'art, signifie par son existence même qu'à la pointe du combat les intellectuels ont leur poste et qu'ils entendent participer à la commune bataille pour rejeter l'envahisseur, au commun effort pour rendre à la France sa place à la tête des nations. Nous sommes le pays où toujours l'esprit parle haut.

Un grand peuple ne fonde rien où l'intelligence n'ait sa part, et vous, hommes de l'intelligence, qu'êtes-vous, sinon liés à votre peuple ? A cette heure

Tract titled "Le Comité National des Écrivains vous parle . . ." [The National Committee of Writers (CNE) speaks to you . . .], published "at this moment between defeat and victory," in May–June 1943: "help with all your resources, knowledge, intelligence in the sabotage of the monstrous 'collaboration' and the Hitler war machine."

In issue 11 of *Les Lettres françaises*, published secretly in November 1943, alongside articles on "Jacques Chardonne and *Mein Kampf*," "Éditions de Minuit continues its effort," and "*Comœdia* like the rest," is to be found one of the first "warnings to publishers," reproducing the text of a motion recently passed by the CNE in the two zones. The tone gives a foretaste of the atmosphere during the purge unleashed immediately after the Liberation in literary circles: "The CNE will require all French writers to support its action and, in the event that promptings to patriotism should prove insufficient in the case of certain publishers, to apply to those publishing houses collective boycotts, going as far as staging a genuine writers' strike."

LES LETTRES FRANÇAISES — Page 3

Avertissement aux Editeurs

La motion ci-dessous a été votée par le Comité National des Ecrivains des deux zones. En la publiant, le Comité tient à préciser que ce document ne constitue pas une charte des rapports entre les écrivains et les éditeurs, mais qu'il a la valeur d'un avertissement solennel à ceux-ci.

En particulier, la question des sanctions contre ceux des éditeurs qui ont failli à leur mission en se faisant sans protester en novembre 1940, les serviteurs dociles et prévenants des autorités allemandes en vue de l'asservissement de la pensée française dont ils avaient assumé la garde, demeure entière. Elle relèvera essentiellement du pouvoir politique et du pouvoir judiciaire et le Comité n'estime aucunement en préjuger ni non plus par ce texte limiter sa propre action pour la défense de l'expression française et de la mission des écrivains dans le domaine de l'esprit.

■

Considérant qu'à l'époque de l'invasion de la France, d'importants remaniements ont été opéré dans le personnel dirigeant et le personnel techniqué des maisons d'édition ; que les éditeurs ont trop souvent éliminé d'eux-mêmes de leurs maisons ceux que leur patriotisme ou leur race rendaient indésirables à l'occupant ;

Considérant qu'à la faveur de l'occupation étrangère, des hommes de la Vᵉ Colonne se sont glissés (ou révélés) dans les maisons d'édition pour y faire le travail de l'ennemi, prenant connaissance des manuscrits des écrivains patriotes par exemple, renseignant les feuilles de délation comme « *Je suis partout* », exerçant sur les éditeurs mêmes le chantage nazi, facilitant l'inondation du marché du livre français par la propagande hitlérienne et la littérature allemande ;

Considérant qu'il est tout naturel que ceux qui ont perdu leur travail du fait de l'occupation le retrouvent le jour de la victoire, et que, sous aucun prétexte, les agents de l'ennemi ne sauraient demeurer dans des emplois où ils peuvent nuire au libre exercice de la pensée et de l'expression françaises ;

Considérant, d'autre part, que les maisons d'édition tirent leur raison d'être et leur fortune des écrivains, de leur existence et de leur talent, et que, partant, ceux-ci sont fondés à exiger un droit de regard sur les conditions morales de leur fonctionnement, et d'autant plus fondés à le faire qu'ils viennent de voir comment, à l'heure du péril national, ce fonctionnement a pu être faussé ;

Le Comité National des Ecrivains prend la décision de veiller à la réintégration à leur poste, dans les maisons d'édition, de ceux qui en ont été évincés du fait de l'occupation allemande, et de veiller également à l'épuration de ces maisons, sans préjudice des actions que la Justice française pourrait entreprendre en ce sens, pour assurer les conditions normales et saines de l'édition en France et dans l'Empire ;

Il engagera tous les écrivains français à appuyer son action, et, dans le cas où les conseils du patriotisme seraient insuffisants auprès de certains éditeurs, à appliquer à leurs éditions des mesures collectives de boycottage, pouvant aller jusqu'à une véritable grève des écrivains. Le Comité décide de porter immédiatement la présente motion à la connaissance des éditeurs, des écrivains et du public.

Pour une littérature libérée de l'emprise étrangère, pour un juste traitement de ceux qui concourent au développement du livre français, vive la France !

LE COMITÉ NATIONAL DES ECRIVAINS.

Comœdia comme les autres...

Chacun sait que Comœdia *concède chaque semaine à la propagande nazie une page « européenne ». C'est pour elle que le journal paraît et qu'il s'efforce de rassembler dans ses autres pages d'éminentes collaborations littéraires, artistiques et théâtrales.*

L'un des derniers numéros se consacrait ainsi à une anthologie des poètes germaniques. Mais c'est en vain qu'on pouvait y chercher le nom de Heine, *créateur du Lied allemand, le plus expressif représentant du génie allemand.*

Heine *était juif. Et* Comœdia, *journal « indépendant » — du moins le prétendait-on dans certains milieux — journal éminemment littéraire et parfaitement imperméable à la politique a dû se plier comme les autres aux abjectes consignes racistes.*

L'INNOCENT

Découvrant tout à coup la perspective de la catastrophe hitlérienne, les traitres sont saisis de peur Mais aucun n'étale une peur aussi abjecte que Louis-Ferdinand Céline. Dans « Je suis partout », du 29 octobre, il fulmine : « Qu'on nous foute la paix avec les traitres. Traitres alors, d'abord, tous ceux qui ont gagné un centime avec les Allemands ».

Et Céline d'insulter la nation française tout entière : « Je n'ai jamais touché, dit-il, un fifrelin de l'occupation, mais le pays français, dans sa majorité, n'a jamais imaginé, n'a jamais connu d'affaire aussi brillante que la guerre 39-40. La guerre 14 avait été une affaire pour cinq ou six millions de Français. La guerre 39 est une affaire mirifique pour trente millions de Français ».

Vous lisez bien : trente millions de Français à fusiller avant d'en arriver à l'innocent, à l'honnête Céline.

- Quoi, vous laisserez-vous faire, hurle notre héros, au comble de la rage à ses collègues de trahison : « Les Collaborateurs sont-ils donc si navrés, si timides ? Tiennent-ils envers et contre tout à mourir très sublimement ? C'est-à-dire comme des cons et des veaux, assassinés, baillonnés, sans même avoir osé cracher à la gueule de leurs assassins la seule vérité qui nous venge, toute leur sale imposture, toute leur jactance obscène, leur sermonnage pourri ».

Céline mourra sans doute comme il a vécu, en délirant et l'écume à la bouche.

Il y a un an, Toulon...

(Suite de la page 1)

çait à s'immerger, sur le « Vautour » qui chavirait. L'aviation allemande et la Wehrmacht surveillaient avec obstination la passe, des tanks amphibies s'avançaient vers les radoubs. A la croix des Signaux, un projecteur s'allume, fouille l'obscurité. Une rafale de mitrailleuse de la Marine côtière éteint le pinceau lumineux.

A la Seyne, devant les Forges et les Chantiers, les soldats allemands montent à bord, surprenant les équipages. « Haut les mains » crient les assaillants. Les sous-marins résistent, poursuivent leur travail de destruction. Seul, le contre-torpilleur « La Panthère » tombe intact entre les mains de l'ennemi. La D. C. A. française fait rage.

Les sous-marins coulent. Six d'entre eux ont pris le large, poursuivis par des avions bombardiers.

Tous les remorqueurs, tous les petits bateaux se sont coulés. Seuls deux pétroliers neufs sont intacts. Aucune destruction n'était apportée à bord du « Condorcet », le vieux cuirassé inutilisable où la Wehrmacht vient d'installer ses cuisines. A côté du « Condorcet », le « Provence » a trébuché. Le « Commandant Teste » donne dangereusement de la bande. Dans sa cale sèche, le « Dunkerque », mal en point, a vu ses œuvres vives attaquées au chalumeau par une équipe d'ouvriers français.

Le jour s'est levé sur la rade retentissante de détonations, d'explosions, de crépitements d'armes automatiques, un jour noirci par les fumées des incendies et par les épais nuages de suie qui montent des dépôts de mazout.

II

Au Cap Brun, les explosions se sont tues. Les batteries ont été rendues inutilisables. Un chant puissant s'élève, un chant « La Marseillaise » pour lequel la voix des canonniers se mêle à la voix des civils massés sur le chemin du Pradet.

Partout, la population toulonnaise a donné libre cours à ses sentiments. Partout, l'élan populaire, dans ces heures de tragédie, a spontanément rejoint les sentiments du devoir plus fort, à l'heure de la révélation, que tous les ressentiments et que toutes les aberrations entretenues par la propagande de Vichy.

Sur le quai de Cronstadt, sur le quai de la Sinse, les Allemands amènent des camions. Pour la première fois, les matelots, les quartiers-maitres, les officiers sont mêlés dans un désordre fraternel. On les charge sur des charrettes à moteur. La foule, d'abord silencieuse, crispée, pâle devant ce noir matin chargé de poudre et de malheur, crie soudain à pleins poumons dès que les véhicules s'ébranlent : « Vive la Marine, Vive la France ». Les marins saluent de la main, les officiers se raidissent. Mitraillettes sous le bras, les Allemands encadrent le convoi. Tout est consommé, Toulon n'a plus de marine. Vendredi soir, samedi, dimanche encore la fumée du mazout roule par le ciel, vers les quais que garde la Wehrmacht. Un coup d'œil suffit, on sait ce qu'il est advenu de la flotte française. Grandes formes d'acier inclinées vers leurs bords, voici le « Strasbourg », le « Provence », le « Dunkerque », le « Colbert », l'« Algérie », le « Foch », le « Dupleix », le « Palissonnière », le « Jean de Vienne », la « Marseillaise », le « Commandant Teste » et toutes les autres épaves. Le fait est là : tous les navires se sont sabordés. Toutes les pièces ont sauté. La foule s'est tue ; silencieuse elle se masse sur les quais : le pèlerinage commence.

LES LETTRES FRANÇAISES — Page 2

LE MUSICIEN D'AUJOURD'HUI
ORGANE DU FRONT NATIONAL DE LA MUSIQUE

LA SCÈNE FRANÇAISE
ORGANE DU FRONT NATIONAL DU THEATRE

DOMAINE français

Même dans le domaine de la Musique, les Allemands cherchent à nous faire prendre pour argent comptant leur complexe de supériorité. Depuis plus de cinquante ans, l'École française brille d'un incomparable éclat. Ils le savent très bien. Croient-ils vraiment arriver à nous le faire oublier ?...

Par delà ces cinquante années, d'ailleurs, nos maîtres, après tous ceux du Moyen-Age et de la Renaissance, ne se nomment-ils pas Couperin, Rameau, Méhul, Gounod, Bizet?... Un Chabrier, un Fauré, un Debussy, un d'Indy, un Dukas, un Ravel leur font suite si naturellement que nous ne songeons plus à nous en émerveiller. Faut-il redire ce qu'ont été leurs qualités essentielles ? On a presque honte d'avoir à parler encore de cette clarté, de cette pureté qui s'accordent chez eux à la plus juste sensibilité.

Ce n'est pas en étant démesurée qu'une œuvre acquiert nécessairement profondeur et force. Les plus hauts sentiments ne s'expriment point sur un ton grandiloquent. Un art l'a démontré de la plus évidente façon — où il nous plaît de retrouver le cher visage de la France. De celui-ci cherche à nous éloigner une propagande qui commence par nous affirmer, espérant nous mieux duper, que la musique est une langue « universelle ». Une langue « universelle », nous dit-on, saurait-elle avoir une patrie ? On devine assez vite où prétend nous amener une telle façon de jouer sur les mots. Pour nos bons apôtres, le problème est facile à résoudre ! Précisons donc tout de suite ce qu'on veut exactement démontrer en nous parlant ainsi. Etre « universel », ne pas avoir de « patrie », cela, pour notre art, sous-entend en réalité l'existence d'une seule patrie, d'un seul univers : l'Allemagne.

Mais si la musique n'a pas de patrie, les musiciens en ont une. Et on va mettre nos orchestres et leurs chefs, nos virtuoses, nos chanteurs, au service des œuvres monumentales de l'école germanique... Tout cela sous le prétexte de pallier à la soi-disant insuffisance de la culture musicale française. Des conférences, des entreprises d'initiation et de vulgarisation font ainsi perdre peu à peu à notre jeunesse le sens des valeurs authentiques en trahissant l'esprit de notre art. La confiance qu'elle aurait dû avoir en lui est alors peu à peu noyée sous le déluge d'un pathos dévastateur. Et c'est ainsi que, sans insister sur les qualités essentiellement nationales d'un Berlioz, on s'attache à nous le présenter comme le seul, peut-être, d'entre nos compositeurs, qui ait eu de la grandeur. Une telle raison suffisant, n'est-ce pas, à la faire méconnaître par son pays, faut-il ajouter qu'il lui a fallu, d'après cette étrange doctrine, pour trouver enfin son exacte place, l'aide compréhensive de sa généreuse sœur d'outre-Rhin.

Nous apercevons déjà, hélas, les premiers effets d'une astucieuse propagande. Certains jeunes compositeurs, redoutant de s'exprimer avec un trop grand naturel, perdent aujourd'hui confiance dans le meilleur de notre génie ? En même temps, ne perdent-ils pas fatalement confiance en eux-mêmes ?... Mettant leurs talents au service d'une esthétique conventionnelle, ils nous donnent un exemple saisissant de ce à quoi finit par conduire l'abandon d'une conviction, d'une foi indispensables ? C'est toujours lorsqu'il a eu la sagesse de tourner résolument le dos au génie allemand que le nôtre a le mieux fait éclater sa grandeur. Voici la salutaire, l'admirable leçon de Mireille, de Carmen, du Roi malgré lui, de Pénélope, de Pelléas.

Une trop grande soumission aux traditions du passé est chose stérilisante ! Des formes nouvelles, un langage neuf : ne doutons point de ce que feront nos jeunes musiciens lorsque, librement, ils les rechercheront à leur tour. Une voie éternelle leur avait été ouverte par leurs aînés et leurs maîtres. C'est ainsi qu'ils la poursuivront, l'élargiront, la prolongeront.

Librement, car aucune œuvre d'art ne saurait autrement voir le jour sans très vite s'étouffer et dépérir. L'œuvre d'art, elle aussi, ne l'oublions jamais, ne se prive pas impunément d'une nécessaire liberté. Laissons les sots ou les malins la confondre, ou essayer de la confondre, avec une vaine anarchie.

Vœu au Comité National de la Résistance

Le Comité du Front National du Théâtre (Scène Française), avec l'agrément du Comité Directeur du Front National, décide de proposer au Commissaire des Beaux-Arts dès l'installation à Paris du Gouvernement Provisoire de la République, de bien vouloir nommer un *Comité du Théâtre* de vingt-cinq membres choisis parmi les auteurs, directeurs, metteurs en scène, comédiens et professionnels syndiqués du Théâtre.

Ces personnalités — quelque groupement de Résistance auquel chacune ait adhéré — seraient à choisir sur une liste établie par le Comité Directeur du Front National en liaison avec les organisations syndicales du spectacle (C. G. T.) en tenant compte à la fois des qualités professionnelles et des preuves de patriotisme qu'elles auront données depuis le début de l'occupation.

Dans les limites fixées en accord avec le Commissaire aux Beaux-Arts, le *Comité du Théâtre* aurait pouvoir d'assurer l'assainissement et le fonctionnement du Théâtre en France. Il devrait choisir dans son sein un ou plusieurs membres qui agiraient en son nom et sous son contrôle.

Enfin, le *Comité du Théâtre* serait chargé de soumettre au pouvoir législatif de la République — aussitôt que cette dernière sera constituée — un projet de réorganisation générale du Théâtre.

II

Le Comité du F. N. du Théâtre (Scène Française), en contact avec la C.G.T. serait chargé dès à présent d'élaborer un projet de réorganisation du Théâtre en France, qu'il soumettra au *Comité du Théâtre* dès sa création.

N.D.L.R. — *Le Comité du Front National du Cinéma a émis un vœu analogue demandant la création d'un Comité du Cinéma composé d'une quinzaine de membres. Le texte de ce vœu, que le manque de place nous empêche de reproduire, est conçu dans les mêmes termes que celui reproduit ci-dessus.*

L'heure des décisions sonne

Vous, dont la mission est d'agir, chaque jour sur une scène, où chaque geste, chaque intention se multiplie et se propage par la seule vertu de l'enthousiasme, voulez-vous dans cette tragédie qui joue le monde, n'être plus que spectateurs ? Voulez-vous vous effacer dans l'ombre protectrice et assister, impuissants, à cette représentation ardente dont le dernier acte sera notre définitive libération ? Non, n'est-ce pas ! Vous êtes de ceux qui agissent, qui créent. Vous avez fait vivre tant de personnages, vous avez transformé en charnelle et vivante réalité, tant de rêves que vous ne voudrez pas être muets dans ce concert.

Un nouveau rôle vous attend, un rôle riche en responsabilités, en don de soi. C'est le rôle du combattant. Des Milices Patriotiques s'organisent. Mes camarades femmes et hommes voyez votre responsable du Front National qui vous renseignera. Que dans tous les théâtres de Paris et de France, les comédiens adhèrent à ces Milices. Pour les liaisons, les soins médicaux, le combat, votre ardeur, votre foi sont indispensables. C'est de votre volonté tendue que jaillira demain, la France Libre, la France Eternelle.

La censure à main armée

La défense du génie de Racine, n'est pour rien dans la protestation contre l'interdiction d'*Andromaque* à Edouard-VII, non plus que la défense de l'intelligence et de la moralité, outragées par l'existence même de la Milice. (On sait que « l'ordre » soutenu par Darnand a déjà interdit deux pièces de Racine, *Esther* et *Athalie*, sous le prétexte qu'elles sont enjuivées, sinon juives.) Il ne s'agit pas de juger ici la qualité du spectacle, ni d'établir si les protagonistes de cette *Andromaque* sont ou ne sont pas qualifiés à se poser en victimes de l'oppression nazie, mais nous dénonçons ici la menace créée par ce précédent de censure à main armée. Désormais, tout prétexte sera bon à la Milice pour étouffer l'expression de la pensée française au théâtre. Telle œuvre, tel auteur qui n'ont pas les sympathies miliciennes seront interdits. Ce n'est plus le public qui se prononcera sur un spectacle, mais la mitraillette du gangster. La parole est aux armes.

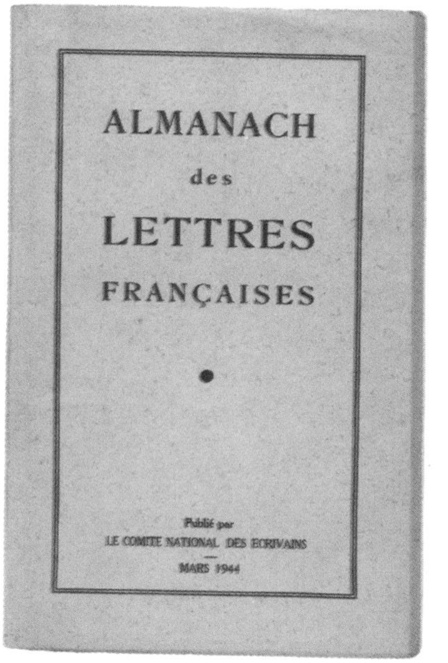

In *Les Lettres françaises*, 18, July 1944, Claude' Morgan's article, "*Baisses et reculades*" [Declines and Retreats] signifies the complete shift of forces in the literary world during the purge. "You can dump your Céline shares! Despite all the hype fostered by Denoël, Hitler's publisher, around *Guignol's Band*, it's already on its way to oblivion. The only thing left of it is the memory of the outrageously flattering or amiable dedications with which Céline adorned the copies sent to writers said to be in the Resistance: from Communists to Catholics. / Jean Giono is letting his former friends know that everything he said does not mean what he meant. And that he will not allow today's press to make use of a photo that... or of a text that ... On your knees, Giono! / Montherlant informs us that he is no longer pissing on caterpillars, but on yesterday's conquerors. In witness whereof ... / No one talks at all any more about Ramon Fernandez. And Armand Petitjean, it appears, is minutes away from declaring himself a Communist. / As for Bernard Grasset, he has had himself interned (in an asylum)."

Marcel Blondin, on behalf of the CNE, printed 5,000 copies of the *Almanach des Lettres françaises* in March 1944. The letters for the title had been stolen from the printing press of the *Pariser-Zeitung*, and the letters in the headlines of the articles were cast secretly at the publishing house *Paris-Soir*. Out of precaution, names of authors were not printed in the table of contents. The first inventory of underground literature, compiled by Jean Blanzat, was already underway.

As we have seen, in the Occupied Zone journals appeared either with the consent of the censors, in a semi-authorized fashion, or entirely in secret. In the Unoccupied Zone and in French North Africa, numerous poetry journals could be published with varying degrees of ease, each carrying their own forms of resistance.

In Algiers, Max-Pol Fouchet—a classmate of Albert Camus and a former student of Jean Grenier—took over the journal *Mithra* and renamed it *Fontaine*. After France's defeat, he distanced himself from the new regime and welcomed texts both from writers taking refuge in the Southern Zone and from those in exile. In 1941, with the help of an editorial board composed of Jean Denoël, Georges-Emmanuel Clancier, Pierre Emmanuel, René Daumal, André de Richaud, and Jean Rousselot, *Fontaine* became the journal of Resistance poetry in French North Africa—much to the displeasure of Drieu la Rochelle, who continually called the attention of the censors to its contents.

Algiers was also home to publisher Edmond Charlot's bookstore Les Vraies Richesses, an essential meeting place for progressive intellectuals. Here one might have found Emmanuel Roblès, Gabriel Audisio, Albert Camus, Jules Roy, or René-Jean Clot.

During the war, Clot's activity intensified. It was during this period that he created the collection *Les Livres de la France en guerre* [Books from a France at War], whose titles (*Ode à Londres bombardée* by Philippe Soupault, for example) clearly supported the Resistance.

In the Algerian capital—which had become an important intellectual center—at any given moment during the Occupation one might have seen André Gide, Jacques and Anne Heurgon, Jean Amrouche, Philippe Soupault, Antoine de Saint-Exupéry, Bernard Lecache, Jacques Lassaigne, Armand Guibert, Lucie Faure, and Robert Aron. But there was also Emmanuel Bove, who arrived in Algiers in 1942. Familiar to the intellectual circles of the Resistance, he contributed to the newspapers and journals printed in Algiers: *Combat*, *Fontaine*, *Renaissance*, *L'Arche*, *Cahiers antiracistes* . . . It was there that he wrote his last three novels—*Le Piège* [The Trap, 1945]; *Départ dans la nuit* [Departure at Night, 1945]; and *Non-Lieu* [No Place, published posthumously in 1946]—in which the uncertainties and betrayals of wartime and the murky world of the collaborators play a large part.

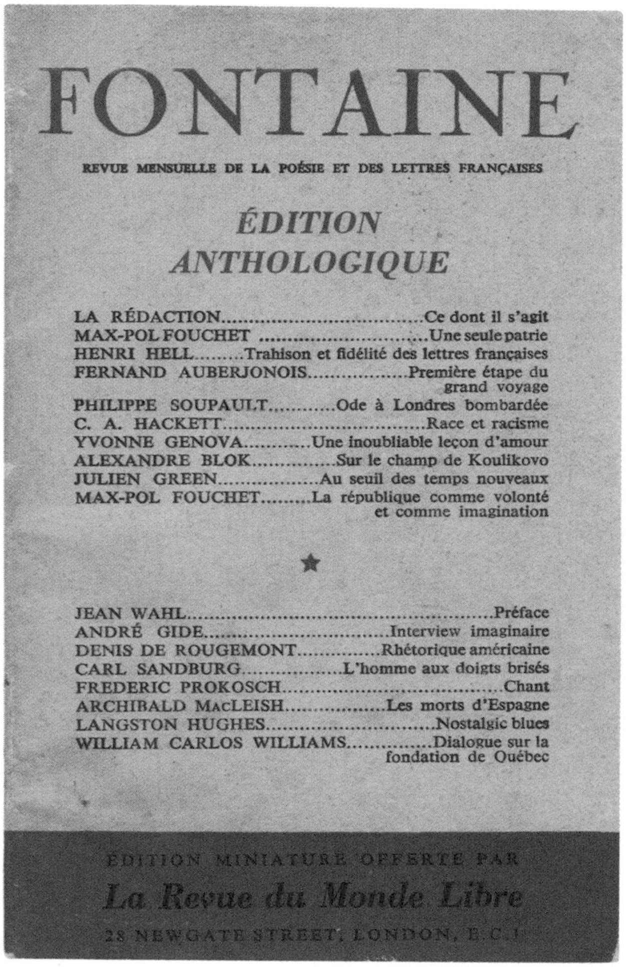

FONTAINE

REVUE MENSUELLE DE LA POÉSIE ET DES LETTRES FRANÇAISES

ÉDITION
ANTHOLOGIQUE

LA RÉDACTION....................................Ce dont il s'agit
MAX-POL FOUCHET ....Une seule patrie
HENRI HELL.........Trahison et fidélité des lettres françaises
FERNAND AUBERJONOIS..................Première étape du grand voyage
PHILIPPE SOUPAULT............Ode à Londres bombardée
C. A. HACKETT....................................Race et racisme
YVONNE GENOVA............Une inoubliable leçon d'amour
ALEXANDRE BLOK...............Sur le champ de Koulikovo
JULIEN GREEN..................Au seuil des temps nouveaux
MAX-POL FOUCHET.........La république comme volonté et comme imagination

★

JEAN WAHL...Préface
ANDRÉ GIDE...............................Interview imaginaire
DENIS DE ROUGEMONT...............Rhétorique américaine
CARL SANDBURG..................L'homme aux doigts brisés
FREDERIC PROKOSCH.......................................Chant
ARCHIBALD MacLEISH..................Les morts d'Espagne
LANGSTON HUGHES............................Nostalgic blues
WILLIAM CARLOS WILLIAMS...............Dialogue sur la fondation de Québec

ÉDITION MINIATURE OFFERTE PAR
La Revue du Monde Libre
28 NEWGATE STREET, LONDON, E.C.1

FONTAINE SOUS FORMAT NORMAL
dans la
FRANCE LIBÉRÉE
et les
PAYS ALLIÉS

FONTAINE

QUI, DÈS JUIN 1940, FUT
LA REVUE DE LA RÉSISTANCE INTELLECTUELLE FRANÇAISE
CIRCULE DÉSORMAIS
SOUS FORMAT MINIATURE

DIFFUSÉE PAR LA R. A. F.
ET LES SERVICES BRITANNIQUES DE L'INFORMATION

en

FRANCE OCCUPÉE

1943

At the end of summer 1943, Max-Pol Fouchet went to London to prepare an issue of *Fontaine* devoted to English literature. However, one of his underlying concerns was getting copies of the journal into the Occupied Zone. A decision was made to print miniature editions on very fine paper, like this anthology distributed in London by *La Revue du Monde Libre* and then packed into containers of medicine, weapons, or explosives that RAF planes parachuted into French territory.

Fouchet promptly printed a flyer announcing that *Fontaine* would circulate "in normal format in liberated France and the Allied countries . . . in miniature form in occupied France."

In Algiers, where he was named adjunct curator of the National Museum, Max-Pol Fouchet (1913–1980) took over the journal *Mithra* from Charles Autrand in 1939. He renamed it *Fontaine* and, with the help of his editorial committee (Jean Denoël, Georges-Emmanuel Clancier, Pierre Emmanuel, René Daumal, André de Richaud, and Jean Rousselot), made it the symbol of the literary Resistance in French North Africa. Its new status outraged Pierre Drieu la Rochelle, who drew the attention of the censors: "When will we finally stop this journal, its binding stitched in red as it is, from expressing itself in Algiers?"

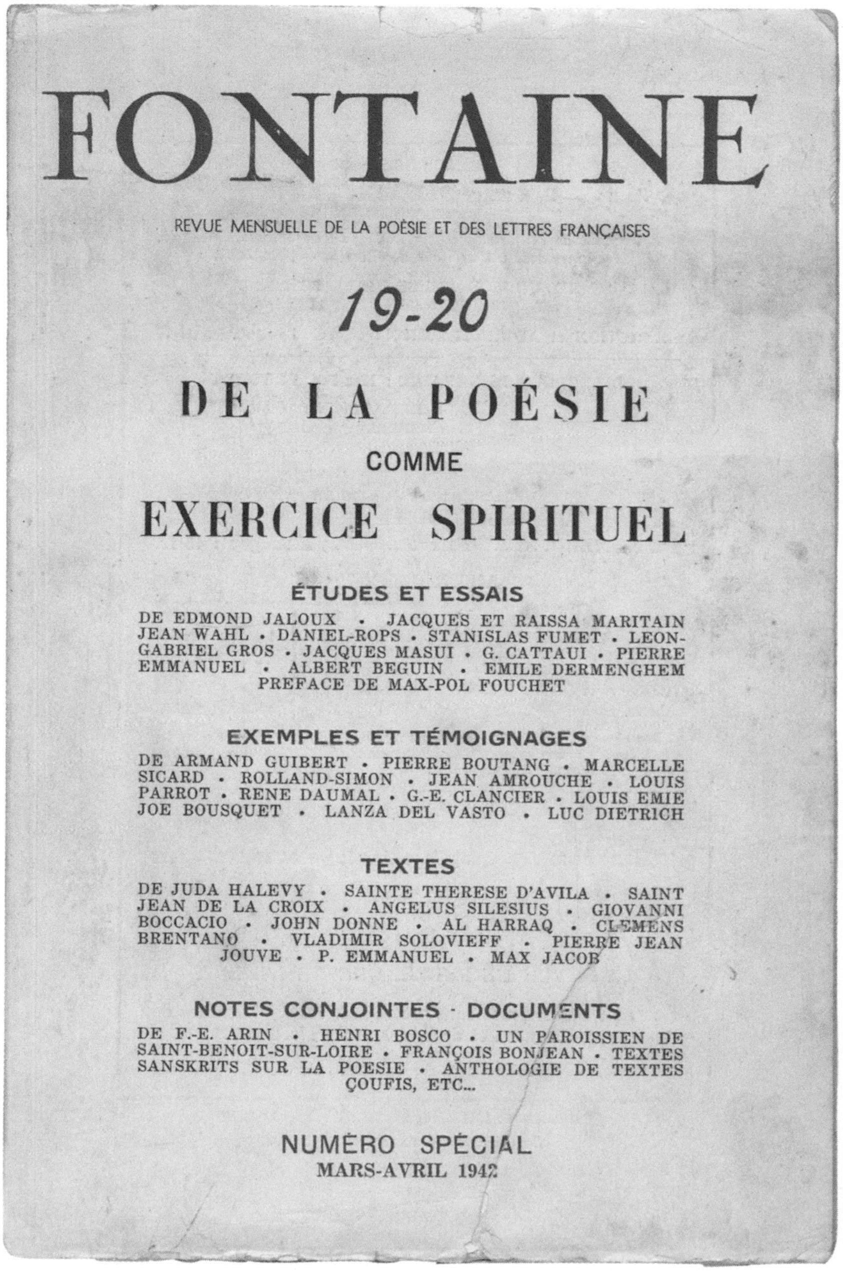

FONTAINE

REVUE MENSUELLE DE LA POÉSIE ET DES LETTRES FRANÇAISES

19-20

DE LA POÉSIE
COMME
EXERCICE SPIRITUEL

ÉTUDES ET ESSAIS

DE EDMOND JALOUX · JACQUES ET RAISSA MARITAIN JEAN WAHL · DANIEL-ROPS · STANISLAS FUMET · LEON-GABRIEL GROS · JACQUES MASUI · G. CATTAUI · PIERRE EMMANUEL · ALBERT BEGUIN · EMILE DERMENGHEM
PREFACE DE MAX-POL FOUCHET

EXEMPLES ET TÉMOIGNAGES

DE ARMAND GUIBERT · PIERRE BOUTANG · MARCELLE SICARD · ROLLAND-SIMON · JEAN AMROUCHE · LOUIS PARROT · RENE DAUMAL · G.-E. CLANCIER · LOUIS EMIE JOE BOUSQUET · LANZA DEL VASTO · LUC DIETRICH

TEXTES

DE JUDA HALEVY · SAINTE THERESE D'AVILA · SAINT JEAN DE LA CROIX · ANGELUS SILESIUS · GIOVANNI BOCCACIO · JOHN DONNE · AL HARRAQ · CLEMENS BRENTANO · VLADIMIR SOLOVIEFF · PIERRE JEAN JOUVE · P. EMMANUEL · MAX JACOB

NOTES CONJOINTES · DOCUMENTS

DE F.-E. ARIN · HENRI BOSCO · UN PAROISSIEN DE SAINT-BENOIT-SUR-LOIRE · FRANÇOIS BONJEAN · TEXTES SANSKRITS SUR LA POESIE · ANTHOLOGIE DE TEXTES ÇOUFIS, ETC...

NUMÉRO SPÉCIAL
MARS-AVRIL 1942

In March–April 1942, Fouchet dedicated a special issue of the journal (no. 19–20) to the theme *"De la poésie comme exercice spirituel"* [Poetry as a Spiritual Exercise]. Its table of contents read like a Resistance manifesto.

The members and friends of *Fontaine*, photographed in 1941.

Jean Roire, administrator of the journal, a Communist and friend of Aragon, in his office. Jeanne Ghirardi, the young wife of Max-Pol Fouchet, stands behind him. The literature professor and occasional typist died in the shipwreck of the liner *Lamoricière* on January 8, 1942.

On the balcony of *Fontaine*, from left to right: Armand Guibert, Marcelle Schweitzer, Jean Roire, and Max-Pol Fouchet.

On the same balcony: Clémentine Fenech, the director of the journal, and Max-Pol Fouchet.

In a chaise longue, the editorial secretary, José-Enrique Lasry. A Venezuelan Jew, he took the name Henri Hell.

Louis Aragon and Elsa Triolet, refugees in Nice at the time, photographed by Max-Pol Fouchet in 1942. Aragon's poem *"Cantique à Elsa"* was published in issue no. 18 of *Fontaine*, February 1942.

PARCE QU'ELLE A ÉTÉ

DEPUIS JUIN 1940

LA REVUE DE LA

RÉSISTANCE FRANÇAISE

Ministère de l'Information **Etat Français**

Le Secrétaire d'Etat

CABINET

Vichy, le 24 Août 1942.

Monsieur le Directeur,

La Censure Centrale (Ministère de l'Information) n'a pas été sans remarquer depuis longtemps que votre revue de caractère strictement littéraire publie des poèmes, des contes, des analyses critiques où on peut trouver des allusions transparentes aux événements politiques actuels, allusions nettement hostiles.

Ces allusions, pour habiles qu'elles soient, si elles échappent aux censeurs locaux, n'en sont pas moins notées à VICHY.

J'ai toujours eu le souci d'éviter en ce domaine des sanctions administratives. Toutefois, ces clins d'œil complices au lecteur averti tendant à se multiplier dans votre revue, je me vois dans l'obligation d'en limiter l'abus.

Je vous serais donc reconnaissant, Monsieur le Directeur, pour m'éviter de frapper votre publication que sa nature semble mettre à l'abri d'un contrôle politique, de bien vouloir tenir compte de l'avertissement courtois que je vous donne.

Le Secrétaire d'Etat à l'Information,
Paul MARION.

FONTAINE

PEUT SE DIRE EN 1943

LA REVUE DU

PRESTIGE FRANÇAIS

Flyer for *Fontaine*, "the journal of the French Resistance." Begun in 1940 with a print run of approximately 400 copies, by 1943 it could call itself "the journal of French prestige," publishing more than 2,000 copies at the time. Fouchet proudly included the text of a letter from the Secretary of State for Information, Paul Marion, dated August 24, 1942, threatening *Fontaine* with interdiction if the publication, "whose nature seems to shelter it from political scrutiny," continued its ever more frequent "complicitous winks to knowing readers."

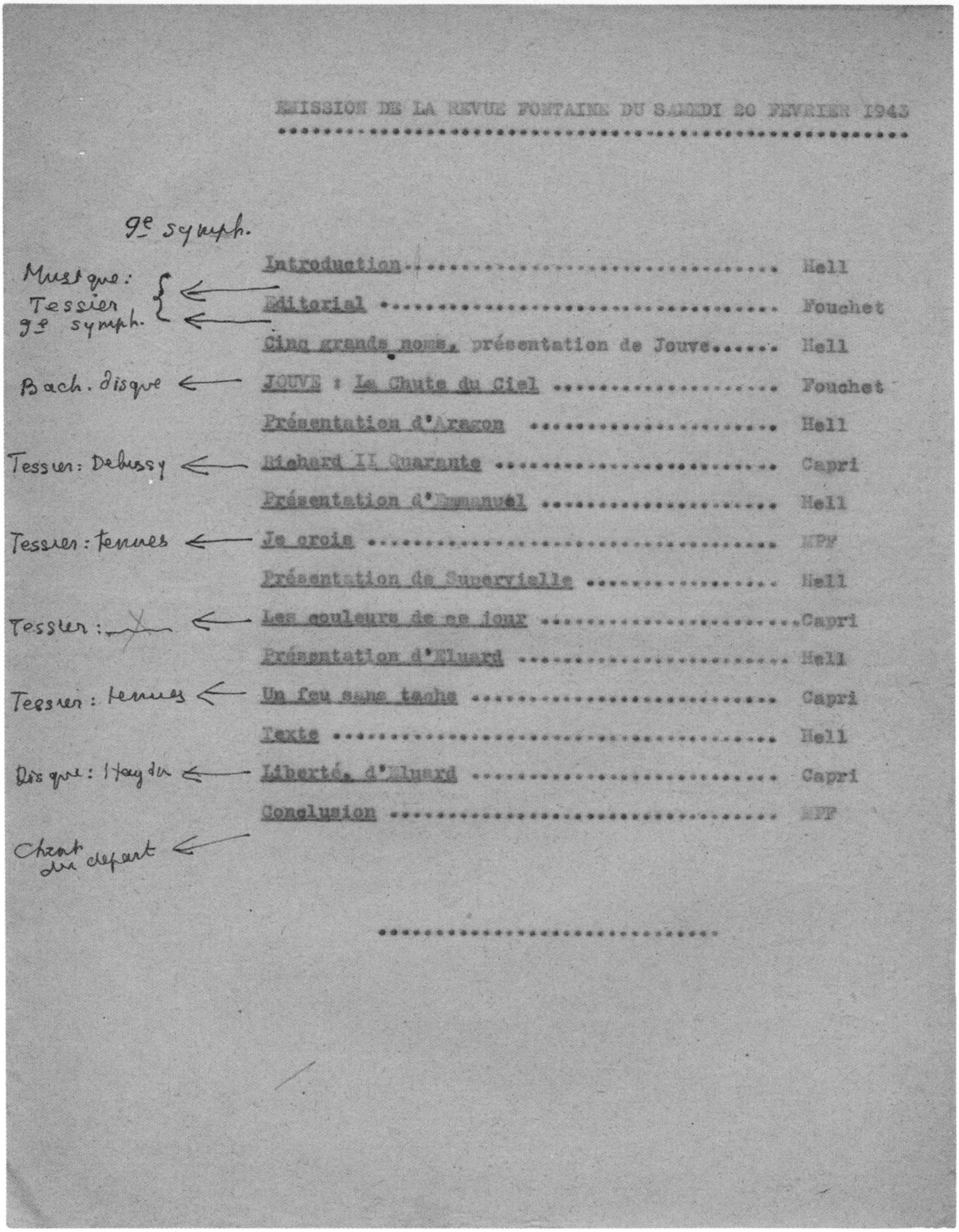

EMISSION DE LA REVUE FONTAINE DU SAMEDI 20 FEVRIER 1943

9e symph.

Musique: Tessier 9e symph.	Introduction	Hell
	Editorial	Fouchet
	Cinq grands noms, présentation de Jouve	Hell
Bach. disque	JOUVE : La Chute du Ciel	Fouchet
	Présentation d'Aragon	Hell
Tessier: Debussy	Richard II Quarante	Capri
	Présentation d'Emmanuel	Hell
Tessier: tennes	Je crois	MPF
	Présentation de Supervielle	Hell
Tessier: ~~X~~	Les couleurs de ce jour	Capri
	Présentation d'Eluard	Hell
Tessier: tennes	Un feu sans tache	Capri
	Texte	Hell
Disque: Haydn	Liberté, d'Eluard	Capri
	Conclusion	MPF
Chant du départ		

Plan for a radio show by Max-Pol Fouchet titled "*Poésie, conscience de la France*" [Poetry, the Conscience of France], broadcast on Radio-France in Algiers, February 20, 1943, and published in *Les Lettres françaises*, no. 13, February 1944). In the broadcast, he presented the work of "five great names" of contemporary poetry, all committed to Resistance: Pierre Jean Jouve, Louis Aragon, Pierre Emmanuel, Jules Supervielle, and Paul Éluard. Notable among the works included was Éluard's "*Liberté*," published in *Fontaine* in June 1942.

Personal diary of Max-Pol Fouchet. Under the date August 26, 1943, he wrote: "*Fontaine*'s situation is alright for the time being. The fears formulated above appear excessive. It is true that I don't know quite where things stand at *L'Arche*. Amrouche has returned to Algiers. Robert Aron is working there. I had to reconsider my initial hostility. Furthermore they asked me to be on the directorial committee [of *L'Arche*]. The success of the American issue [of *Fontaine*] seems obvious to me. It led to an official event, where I spoke, after Henri Bonnet, in a satisfactory manner. The prestige [of] F[*ontaine*] has certainly been increased by this. Financially, things are going incomparably better than they ever have. For the moment, I have paper, which is my principal preoccupation." As a result of the Allied landing in French North Africa, in November 1942, and the assassination of Admiral Darlan the next month, Max-Pol Fouchet, considered both a Gaullist and a Communist activist, was closely monitored. Despite the censors and the difficulties of getting paper, texts nevertheless found their way to him from occupied France and Switzerland.

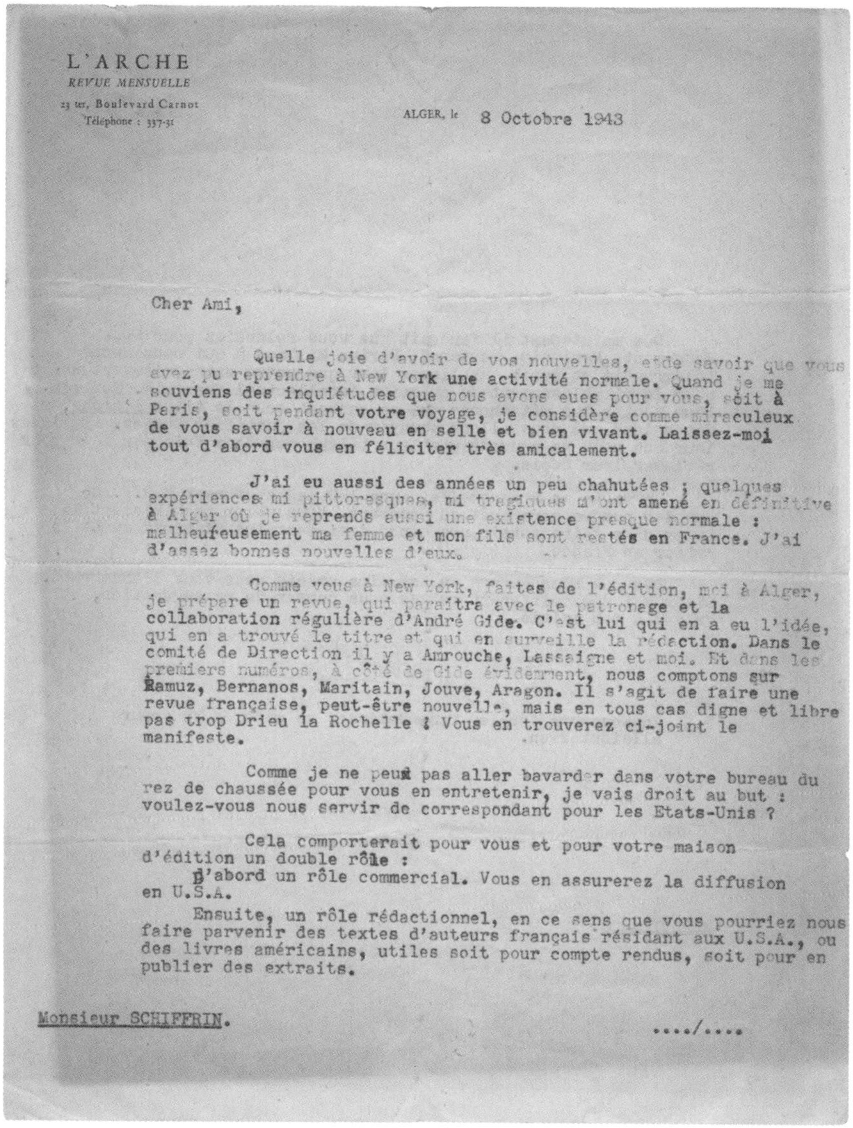

L'ARCHE
REVUE MENSUELLE
23 ter, Boulevard Carnot
Téléphone : 337-31

ALGER, le 8 Octobre 1943

Cher Ami,

Quelle joie d'avoir de vos nouvelles, etde savoir que vous avez pu reprendre à New York une activité normale. Quand je me souviens des inquiétudes que nous avons eues pour vous, soit à Paris, soit pendant votre voyage, je considère comme miraculeux de vous savoir à nouveau en selle et bien vivant. Laissez-moi tout d'abord vous en féliciter très amicalement.

J'ai eu aussi des années un peu chahutées ; quelques expériences mi pittoresques, mi tragiques m'ont amené en définitive à Alger où je reprends aussi une existence presque normale : malheureusement ma femme et mon fils sont restés en France. J'ai d'assez bonnes nouvelles d'eux.

Comme vous à New York, faites de l'édition, moi à Alger, je prépare un revue, qui paraîtra avec le patronage et la collaboration régulière d'André Gide. C'est lui qui en a eu l'idée, qui en a trouvé le titre et qui en surveille la rédaction. Dans le comité de Direction il y a Amrouche, Lassaigne et moi. Et dans les premiers numéros, à côté de Gide évidemment, nous comptons sur Ramuz, Bernanos, Maritain, Jouve, Aragon. Il s'agit de faire une revue française, peut-être nouvelle, mais en tous cas digne et libre pas trop Drieu la Rochelle ! Vous en trouverez ci-joint le manifeste.

Comme je ne peux pas aller bavarder dans votre bureau du rez de chaussée pour vous en entretenir, je vais droit au but : voulez-vous nous servir de correspondant pour les Etats-Unis ?

Cela comporterait pour vous et pour votre maison d'édition un double rôle :
D'abord un rôle commercial. Vous en assurerez la diffusion en U.S.A.
Ensuite, un rôle rédactionnel, en ce sens que vous pourriez nous faire parvenir des textes d'auteurs français résidant aux U.S.A., ou des livres américains, utiles soit pour compte rendus, soit pour en publier des extraits.

Monsieur SCHIFFRIN.

..../....

Letter from Robert Aron to Jacques Schiffrin, October 8, 1943. A former colleague of Schiffrin's at Librairie Gallimard, Aron asked him to be the United States correspondent of the future journal *L'Arche*: "Since you are in New York, do some publishing; in Algiers, I am preparing a journal that will appear with the patronage and the regular collaboration of André Gide. He is the one who had the idea, who found the title and who is overseeing the editing. And in the first issues, along with Gide obviously, we are counting on Ramuz, Bernanos, Maritain, Jouve, Aragon. It is a matter of making a *Revue Française*, maybe *Nouvelle*, but in any case dignified and free and not too Drieu la Rochelle." The first issue of *L'Arche* [The Arch], edited by Jean Amrouche and Jacques Lassaigne, was published in February 1944 by Éditions Charlot, with texts by Gide, Maritain, Saint-Exupéry, Kessel, and Mendès France. Robert Aron collaborated, but only for a short time.

Above top and middle: Max-Pol Fouchet in his office. In the top photograph, the manuscript of the poem "*Liberté*" is visible on the wall. In the middle photograph, there is a picture of his wife on the mantlepiece.

Max-Pol Fouchet, at right, with Dr. Bristol, Jacques Goldschmitt, Madame Fenech, and her daughter unloading a car full of copies of *Fontaine*.

COMBAT

Numéro spécial

Ce que nous sommes ? Rien n'est plus simple. Nous sommes des Français de toute origine, de toute condition, de toute opinion qui avons décidé de nous unir dans la lutte pour notre pays...

...C'est à l'appel de la France que nous avons obéi.

Gl de GAULLE, 15 nov. 41.

3e Année – N° 60
29 MAI 1943

HEBDOMADAIRE DU MOUVEMENT DE LIBERATION FRANCAISE
DIRECTION, REDACTION, ADMINISTRATION : 1, rue Mac-Mahon - Tél. 394-70 - ALGER
ABONNEMENTS : 1 an, 100 frs ; 6 mois, 50 frs ; 3 mois, 25 frs. C. Ch. Post 374-78

3 FRANCS

VIVE LA FRANCE

VIVE la FRANCE! C'est par ce cri que nous saluons le Général de Gaulle à son arrivée sur cette terre française.

Vive la France! La France indomptable, qui n'a point rendu son épée. La France fidèle, qui n'a point trahi ses Alliés. La France constante, qui n'a point renié son passé. La France éternelle, qui renaîtra de ses cendres et de ses douleurs.

Vive la France ! La France d'Alsace et de Lorraine, la France de Bretagne, la France du Nord et du Pas de Calais, la France du Midi, la France de Paris. La France occupée. La France de la résistance. Cette France qu'il a quittée pour être plus libre de l'inspirer et de la conduire et dans laquelle il est resté si miraculeusement présent.

Vive la France impériale, dont l'entrevue d'Alger va sceller l'unité reconquise.

Vive la France une et indivisible, qui, d'une même âme, s'engage dans un même combat, contre un même ennemi, pour un même idéal.

COMBAT.

Charles de Gaulle

PHILIPPE BARRES, qui se trouvait en Allemagne en 1933-34, rapporte dans son livre « Charles de Gaulle » comment au cours d'une conversation avec Ribbentrop, il entendit pour la première fois prononcer le nom de de Gaulle.

(Suite page 8)

A TOUS LES FRANÇAIS

La France a perdu une bataille!
Mais la France n'a pas perdu la guerre!

Des gouvernants de rencontre ont pu capituler, cédant à la panique, oubliant l'honneur, livrant le pays à la servitude. Cependant, rien n'est perdu!

Rien n'est perdu, parce que cette guerre est une guerre mondiale. Dans l'univers libre, des forces immenses n'ont pas encore donné. Un jour, ces forces écraseront l'ennemi. Il faut que la France, ce jour-là, soit présente à la victoire. Alors, elle retrouvera sa liberté et sa grandeur. Tel est mon but, mon seul but!

Voilà pourquoi je convie tous les Français, où qu'ils se trouvent, à s'unir à moi dans l'action, dans le sacrifice et dans l'espérance.

Notre patrie est en péril de mort.
Luttons tous pour la sauver!

VIVE LA FRANCE !

Juin 1940 — GÉNÉRAL DE GAULLE

LA RAISO[illegible] A FRANCE

« [illegible] l'intransigeance dans l'honneur pour le service du « pays. Car, dans l'extrémité où la France se trouve réduite, « il n'y a ni compromissions, ni transactions concevables. « Que serait devenue la patrie si Jeanne d'Arc, Danton, « Clémenceau, avaient voulu transiger ? Du désastre à la « victoire, la ligne droite est le plus court, mais aussi le plus « sûr chemin. »

GENERAL DE GAULLE,
Discours du 18 juin 1942.

*

« La France mesure les périls mortels où l'ont jetés tour « à tour la lente décadence de l'autorité publique et l'infamie du pouvoir personnel. »

Elle en conclut à la nécessité d'établir, dès qu'elle le pourra, une démocratie nouvelle telle que la souveraineté du peuple puisse s'exercer totalement par le suffrage et par le contrôle et telle aussi que le pouvoir chargé par lui de diriger ait les moyens de le faire avec force et continuité. »

Général de GAULLE,
11 Novembre 1942.

SOMMAIRE

The May 29, 1943, edition of *Combat,* "weekly of the French Liberation Movement," French North African edition printed in Algiers. The editors, headed by René Capitant, greet the arrival "on this French soil" of General de Gaulle, who founded the Comité français de la Libération nationale [French Committee of National Liberation, CFLN] there the following June 3rd. At bottom left, a facsimile of the "Appeal of the 18th of June."

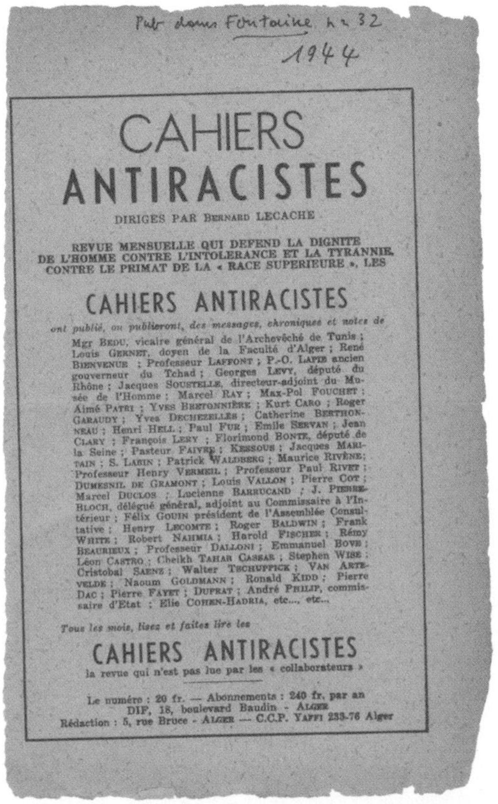

Pub dans Fontaine n° 32
1944

CAHIERS ANTIRACISTES

DIRIGES PAR BERNARD LECACHE

REVUE MENSUELLE QUI DEFEND LA DIGNITE
DE L'HOMME CONTRE L'INTOLERANCE ET LA TYRANNIE,
CONTRE LE PRIMAT DE LA « RACE SUPERIEURE », LES

CAHIERS ANTIRACISTES

ont publié, ou publieront, des messages, chroniques et notes de

Mgr BEDU, vicaire général de l'Archevêché de Tunis ;
Louis GERNET, doyen de la Faculté d'Alger ; René
BIENVENUE ; Professeur LAFFONT ; P.-O. LAPIE ancien
gouverneur du Tchad ; Georges LEVY, député du
Rhône ; Jacques SOUSTELLE, directeur-adjoint du Mu-
sée de l'Homme ; Marcel RAY ; Max-Pol FOUCHET ;
Aimé PATRI ; YVES BRETONNIÈRE ; Kurt CARO ; Roger
GARAUDY ; Yves DECHEZELLES ; Catherine BERTHON-
NEAU ; Henri HELL ; Paul FUR ; Emile SERVAN ; Jean
CLARY ; François LERY ; Florimond BONTE, député de
la Seine ; Pasteur FAIVRE ; KESSOUS ; Jacques MARI-
TAIN ; S. LABIN ; Patrick WALDBERG ; Maurice RIVÈNE ;
Professeur Henry VERMEIL ; Professeur Paul RIVET ;
DUMESNIL DE GRAMONT ; Louis VALLON ; Pierre COT ;
Marcel DUCLOS ; Lucienne BARRUCAND ; J. PIERRE-
BLOCH, délégué général, adjoint au Commissaire à l'In-
térieur ; Félix GOUIN président de l'Assemblée Consul-
tative ; Henry LECOMTE ; Roger BALDWIN ; Frank
WHITE ; Robert NAHMIA ; Harold FISCHER ; Rémy
BEAURIEUX ; Professeur DALLONI ; Emmanuel BOVE ;
Léon CASTRO ; Cheikh TAHAR GASSAR ; Stephen WISE ;
Cristobal SAENZ ; Walter TSCHUPPICK ; VAN ARTE-
VELDE ; Naoum GOLDMANN ; Ronald KIDD ; Pierre
DAC ; Pierre FAYET ; DUPRAT ; André PHILIP, commis-
saire d'Etat ; Elie COHEN-HADRIA, etc..., etc...

Tous les mois, lisez et faites lire les

CAHIERS ANTIRACISTES

la revue qui n'est pas lue par les « collaborateurs »

Le numéro : 20 fr. — Abonnements : 240 fr. par an
DIF, 18, boulevard Baudin - ALGER
Rédaction : 5, rue Bruce - ALGER — C.C.P. YAFFI 233-76 Alger

Inset in *Fontaine*, an advertisement for *Cahiers antiracistes* [Antiracists Notes], directed by Bernard Lecache, founding president of the Ligue internationale contre l'antisémitisme [International League Against Anti-Semitism, LICA]. It began publishing in Algiers in February 1943: this "monthly journal that defends the dignity of man against intolerance and tyranny, against the primacy of the 'superior race' . . . is not read by 'collaborators.'"

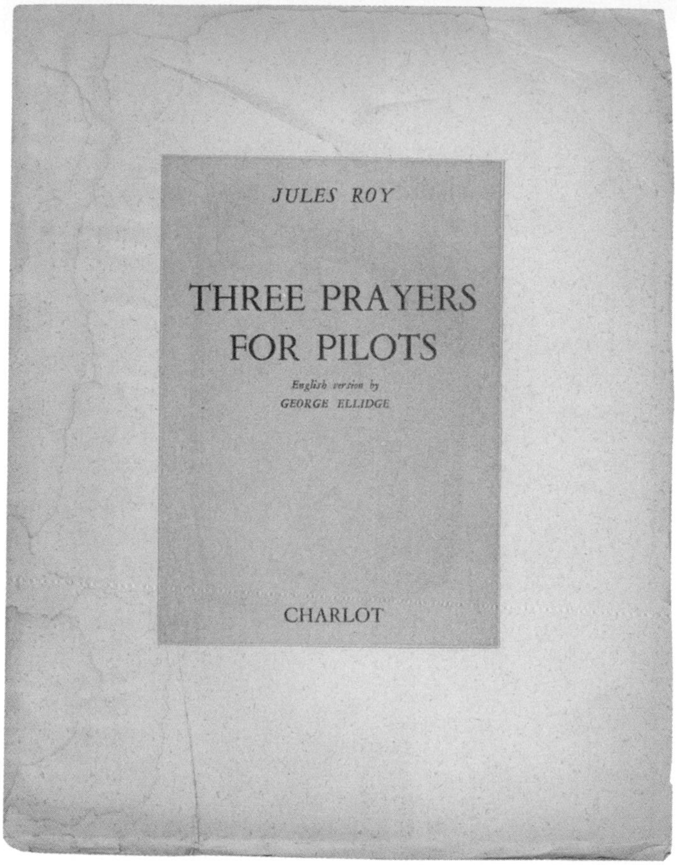

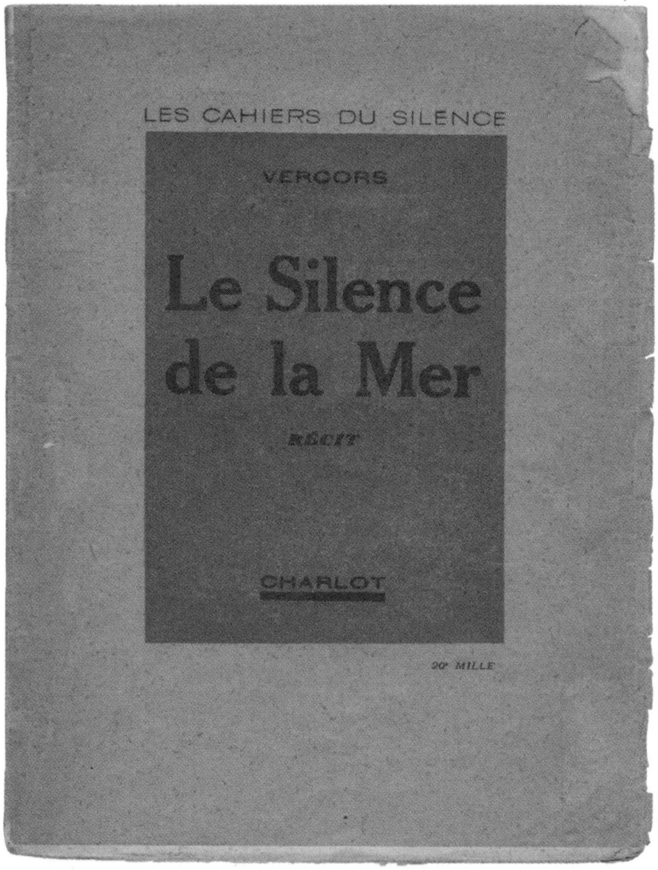

In 1936, Edmond Charlot opened a bookstore in Algiers, "Les Vraies Richesses" [True Riches] (after a Jean Giono title), which became a hub for intellectuals. He then founded his publishing house, whose authors included Albert Camus (starting in 1937), Jean Grenier, and Emmanuel Roblès. During the war, he used materials at hand (bad paper, stapled instead of stitched bindings) to print, among others, the English-language version of a text by Jules Roy, *Three Prayers for Pilots*, in January 1944 (published in French by Charlot in 1942), and *Le Silence de la mer*, by Vercors, in April 1944 (see p. 280). On the subject of this latter book, published in the collection "*Les Cahiers du silence*" and "dedicated to the writers who, on the soil of imprisoned France, are fighting the battle of the spirit," Charlot confided that in Algiers he was considered, at least initially, a "Fascist," or in any case very prejudiced.

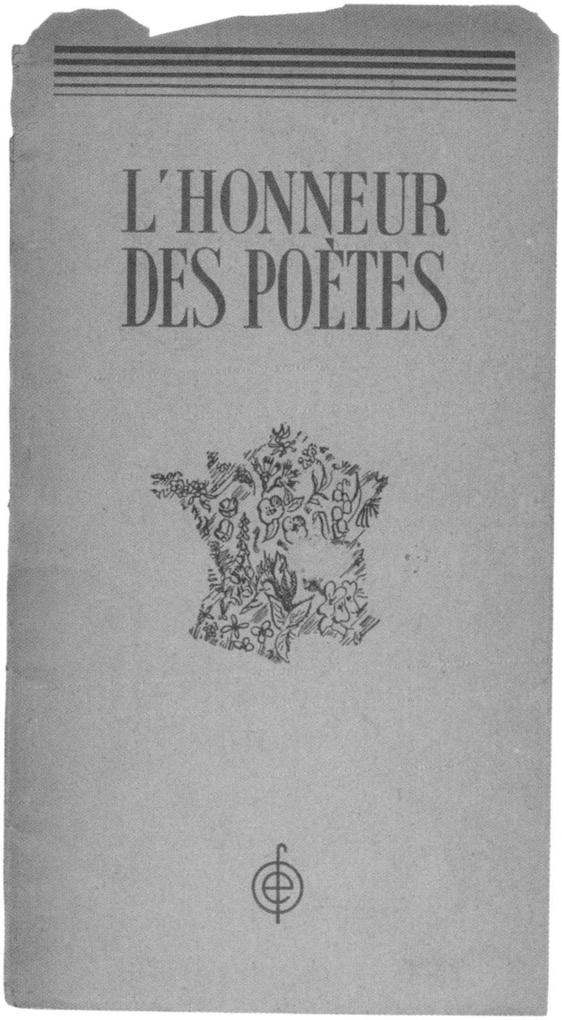

L'Honneur des poètes, re-edition of a volume published by Éditions de Minuit in July 1943, (see p. 282). The Office français d'édition [French Publication Office] printed and bound (stapled) a run of 10,000 copies in Algiers, April 1944: "In our silent country—and in the stalags and the oflags [sic] as well—poetry is the state in which we all find ourselves, our common endeavor. It is born spontaneously, because it is the purest form of Resistance to the invader, to despair, to giving up on ourselves."

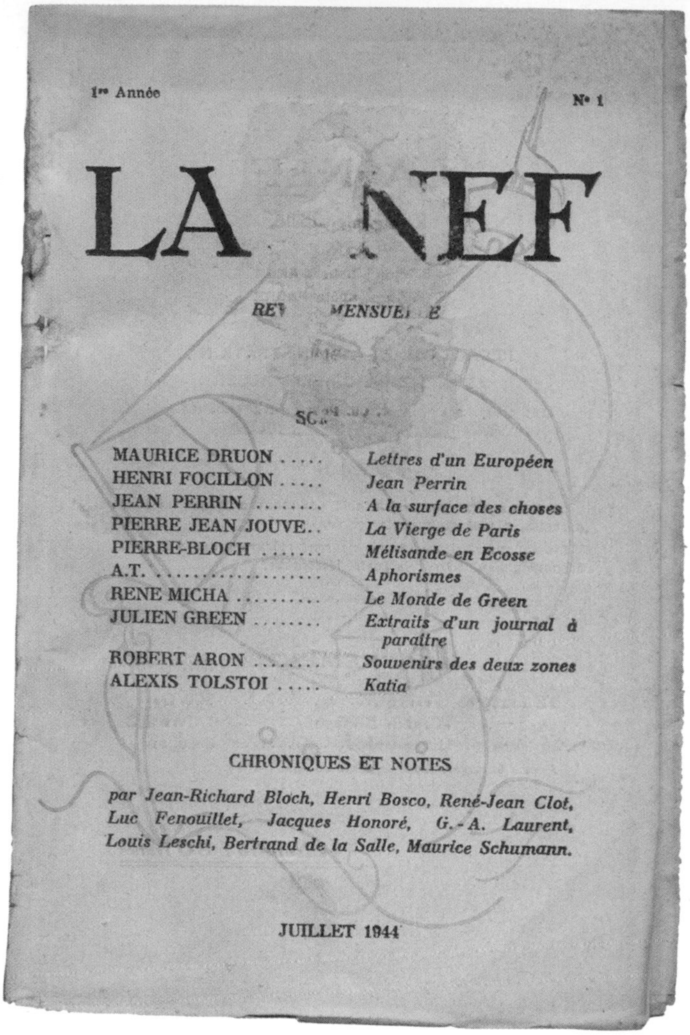

1re Année N° 1

LA NEF

RE[V]UE MENSUE[LL]E

SO[MMAIRE]

MAURICE DRUON	*Lettres d'un Européen*
HENRI FOCILLON	*Jean Perrin*
JEAN PERRIN	*A la surface des choses*
PIERRE JEAN JOUVE..	*La Vierge de Paris*
PIERRE-BLOCH	*Mélisande en Ecosse*
A.T.	*Aphorismes*
RENE MICHA	*Le Monde de Green*
JULIEN GREEN	*Extraits d'un journal à paraître*
ROBERT ARON	*Souvenirs des deux zones*
ALEXIS TOLSTOI	*Katia*

CHRONIQUES ET NOTES

par Jean-Richard Bloch, Henri Bosco, René-Jean Clot, Luc Fenouillet, Jacques Honoré, G.-A. Laurent, Louis Leschi, Bertrand de la Salle, Maurice Schumann.

JUILLET 1944

First issue of a new monthly journal of politics and literature, *La Nef* [The Ship], founded by Lucie Faure (wife of Edgar Faure) and Robert Aron in Algiers in July 1944. In his "Tribune politique" [Political Tribune], Olivier Lapie wrote: "The approach of the liberation of France, the internal resistance of the French, raises in all minds, French as well as foreign, the question of which political regime the French people will choose in the future. The intellectual impoverishment of the Vichy power, its ambiguity, the German fist constantly perceptible behind its indecisiveness, have disgusted the French. They will not aspire to fascism for a long time to come. The Count of Paris's ridiculous venture in Algiers has definitively discredited French royalty. Furthermore, aside from a few fanatics, or a few intellectuals, monarchism no longer has any roots in the people of France. I say this above all for our English and American friends, who often delude themselves."

List of pseudonyms used under the Occupation by writers, intellectuals, literary journalists, and representatives of the French publishing professions:

Abraham (Marcel): "Jean Villefranche," "Jacques Villefranche"
Adam (Georges): "Hainaut"
Altman (Georges): "Chabot"
Antelme (Robert): "Leroy"
Aragon (Louis): "Blaise d'Ambérieux," "Jacques Destaing," "François la Colère," "Pierre Mercadier," "Georges Meyzargues," "Témoin des martyrs," "Arnaud de Saint-Roman," "Paul Wattelet"
Astier de La Vigerie (Emmanuel d'): "Bernard"
Audisio (Gabriel): "Chems-el-Kraha," "La Valentine"
Aveline (Claude): "Denis," "Minervois"
Baissette (Gaston): "Garrigue"
Bellanger (Claude): "Armor," "Fabien," "Mauges"
Benda (Julien): "Comminges"
Blech (René): "Jacques Bonhomme," "Jean Fossane"
Bloch (Marc): "Arpajon," "Chevreuse," "Narbonne"
Bloch-Michel (Jean): "Lombard"
Bollier (André): "Alfa," "Carton," "Vélin"
Bost (Pierre): "Vivarais"
Bourdet (Claude): "Lorrain," "Marcus"
Braun (Madeleine): "Nicole"
Bruller (Jean): "Desvignes," "Dolée," "Drieu," "Santerre," "Vercors"
Camus (Albert): "Louis Neuville"
Cassou (Jean): "Lestaque," "Jean Noir," "Sablier"
Cavaillès (Jean): "François Berteval"
Chaillet (R. P. Pierre): "Testis"
Chamson (André): "Lauter" (or "Lautier")
Char (René): "Capitaine Alexandre"
Cohn (Marianne): "Colin"
Copeau (Pascal): "Corton," "Merlin," "Salard"
Crémieux (Benjamin): "Lamy"
Dalloz (Pierre): "Senlis"
Debû-Bridel (Jacques): "Argonne," "Duval-Argonne," "Lebourg," "Sargon"
Deharme (Lise): "Cinq-Cygnes"
Desnos (Robert): "Pierre Andier," "Cancale," "Lucien Gallois," "Valentin Guillois" (ou "Gallois")
Dumas (Charles): "Spes"
Éluard (Paul): "Jean de l'Étoile," "Jean du Haut," "Maurice Hervent," "Lucien"
Emmanuel (Pierre): "Jean Amyot"
Fondane (Benjamin): "Isaac Laquedem"
Frénaud (André): "Benjamin Phélisse"
Friedmann (Georges): "Benedict"
Fumet (Stanislas): "Synchrome"
Giraudoux (Jean-Pierre): "J. P. Montaigne"
Grou-Radenez (Jacques): "Jacqueline Farge"
Guéhenno (Jean): "Cévennes"
Guéhenno-Rospabé (Annie): "Gilberte"
Guillevic (Eugène): "Serpières"
Hugnet (Georges): "Malo Le Bleu"
Jourdain (Francis): "René Marie"
Lachenal (François): "Joseph Armand"
Lacroix (Maurice): "Jean Decourt"
Laporte (René): "Jean Valence"
Lasry (José-Enrique): "Henri Hell"
Lazurick (Robert) *[L'Aurore]*: "L'Insurgé," "Jacques Vingtras"
Lecompte-Boinet (Jacques): "Jacques Mathieu"
Lecomte (Claude): "Claudine," "Claude Morgan," "Mortagne"
Leiris (Michel): "Hugo Vic"
Lescure (Jean): "Jean Delamaille"
Lescure (Pierre de): "Larue"
Lévis-Mano (Guy): "Garamond"
Malraux (André): "Colonel Berger"
Marcenac (Jean): "Paul-Louis Valentin," "Rémy Walter"
Marchand (Jean-José): "Claude Runan"
Marrou (Henri-Irénée): "Henri Davenson"
Martin-Chauffier (Louis): "Delisle / Delille," "Antoine Guyon," "Lemoine"
Martinet (Gilles): "Dupont"
Mascolo (Dyonis): "Masse"
Masson (Loys): "Joseph Mamais," "Paul Vaille"
Mauriac (François): "Forez"
Mitterrand (François): "Albre," "Arnaud," "Capitaine François," "Laroche," "Monnier," "Jacques Morland," "Purgon"
Morgan (Claude), *see* Lecomte (Claude)
Mounier (Emmanuel): "Leclercq"
Moussinac (Léon): "Jacques d'Aymé"
Nahoum (Edgar): "Morin"
Noël (Maurice): "Pierre Vauthier"
Paraf (Yvonne): "Madame Desvignes," "Queyras"
Parodi (Alexandre): "Cérat," "Quartus"
Parrot (Louis): "Margeride"
Paulhan (Jean): "Monsieur Désarène," "Juste," "Lomagne," "Maast"
Pingaud (Bernard): "Bernard Granger"
Piot (Jean-Michel): "Pierre Scize"
Ponge (Francis): "Roland Mars"
Prévost (Jean): "Capitaine Goderville"
Pronet (Charles): "Brunet"
Queneau (Raymond): "Chambernac"
Rosenthal (Joseph Adolph): "Pierre Citron," "Joseph Rivier," "Joseph Rovan"
Rovan (Joseph), *see* Rosenthal (Joseph Adolph)
Sadoul (Georges): "Claude Jacquier"
Scheler, Lucien: "Jean Silence," "Mazurier," "Tournon"
Seghers (Pierre): "Louis Maste," "P. Poldi," "Robert Ruyters"
Sernet (Claude): "René Doussaint"
Suarès (André): "Caërdal"
Tardieu (Jean): "Armor," "Daniel Théresin," "Daniel Trévoux"
Tavernier (René): "Claude Solène"
Thiry (Marcel): "Alain de Meuse"
Thomas (Édith): "Anne," "Auxois," "Jean Le Guern"
Triolet (Elsa): "Laurent Daniel," "Élisabeth"
Tzara (Tristan): "T. Tristan"
Vernant (Jean-Pierre): "Colonel Berthier"
Vildrac (Charles): "Robert Barade"
Weiss (Valentine): "Valentine"
Worms (Roger): "Roger Stéphane"

8

INTERNATIONAL SOLIDARITIES

"I salute you on the banks of the Thames,
Comrades of every nation present at the rendezvous,
In the old English capital,
In old London and old Brittany,
Americans of every race and every flag,
Beyond the Atlantic spaces,
From Canada to Mexico, from Brazil to Cuba,
Comrades of Rio, of Tehuantepec, of New York and San Francisco."
Robert DESNOS, "*Le veilleur du Pont-au-Change,*"
L'Honneur des poètes (1943)

Between 1940 and 1945, Great Britain, the United States, Switzerland, Canada, Brazil, and Argentina were the principal countries that came directly to the aid of French artists and intellectuals. Some—Jews, émigrés, political adversaries, resistance members—had succeeded in leaving France before it was too late and had gone into exile. Of all the foreign capitals, London—despite the bombardments—provided asylum for the highest concentration of political leaders from the French Resistance; there were, however, few exiled intellectuals among them, save for such figures as Raymond Aron, André Labarthe, and Joseph Kessel.

In New York, each individual worked in his own way—through radio broadcasts, journals, teaching, writing, and publishing—towards the liberation of Europe. And the American people, many of whom had known the Europe of the 1920s and 1930s, supported the war effort with great steadfastness. In Canada, it was the Francophone publishers—Bernard Valiquette, Claude Hurtubise, Robert Charbonneau, Marcel Raymond, Lucien Parizeau—who played a lead role, closely paralleling that of Swiss publishers; they provided a site for the retransmission of French literature, investing a great deal of energy in the process, for which they were quite poorly rewarded following the Liberation.

For French publishers threatened by censorship, the idea of printing volumes in nearby Switzerland made sense. François Lachenal, a member of the Swiss diplomatic legation to Vichy and a close friend of Jean Lescure, constantly transported manuscripts and books back and forth across the border in his diplomatic pouch. Thus numerous Swiss publishing houses (Les Trois Collines, À la Porte d'Ivoire, La Librairie universitaire de Fribourg, La Baconnière) helped to take up the slack created by the censorship of French publishers. As for Albert Béguin and Bernard Anthonioz, their journal *Cahiers du Rhône* was a manifestation of their support for imprisoned writers; they also repeatedly assisted their endangered friends.

Many French intellectuals had gone to pre-war Argentina for prestigious lecture tours by invitation of the cultivated Argentine upper-middle classes. Money from these same wealthy families now went to charitable initiatives: journals openly backing the Resistance and the liberation of France, mutual-aid societies, fundraising, sending parcels overseas . . .

These efforts were dedicated to saving the lives of French and European refugees, but they also permitted the survival of a way of thinking—one that was threatened with extinction or imprisonment on the soil of old Europe.

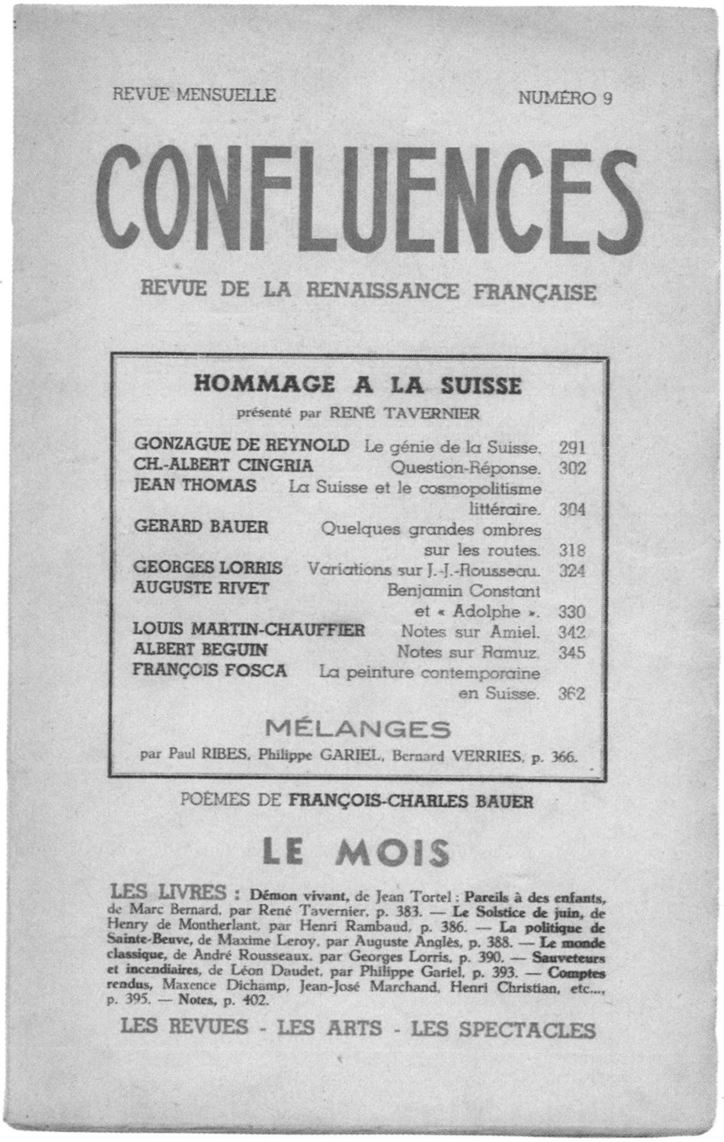

REVUE MENSUELLE NUMÉRO 9

CONFLUENCES

REVUE DE LA RENAISSANCE FRANÇAISE

HOMMAGE A LA SUISSE

présenté par RENÉ TAVERNIER

MÉLANGES

par Paul RIBES, Philippe GARIEL, Bernard VERRIES, p. 366.

POÈMES DE **FRANÇOIS-CHARLES BAUER**

LE MOIS

LES LIVRES : **Démon vivant,** de Jean Tortel ; **Pareils à des enfants,** de Marc Bernard, par René Tavernier, p. 383. — **Le Solstice de juin,** de Henry de Montherlant, par Henri Rambaud, p. 386. — **La politique de Sainte-Beuve,** de Maxime Leroy, par Auguste Anglès, p. 388. — **Le monde classique,** de André Rousseaux, par Georges Lorris, p. 390. — **Sauveteurs et incendiaires,** de Léon Daudet, par Philippe Gariel, p. 393. — **Comptes rendus,** Maxence Dichamp, Jean-José Marchand, Henri Christian, etc..., p. 395. — **Notes,** p. 402.

LES REVUES - LES ARTS - LES SPECTACLES

"Homage to Switzerland," a special issue of *Confluences* edited by René Tavernier and published in Lyon in March–April 1942.

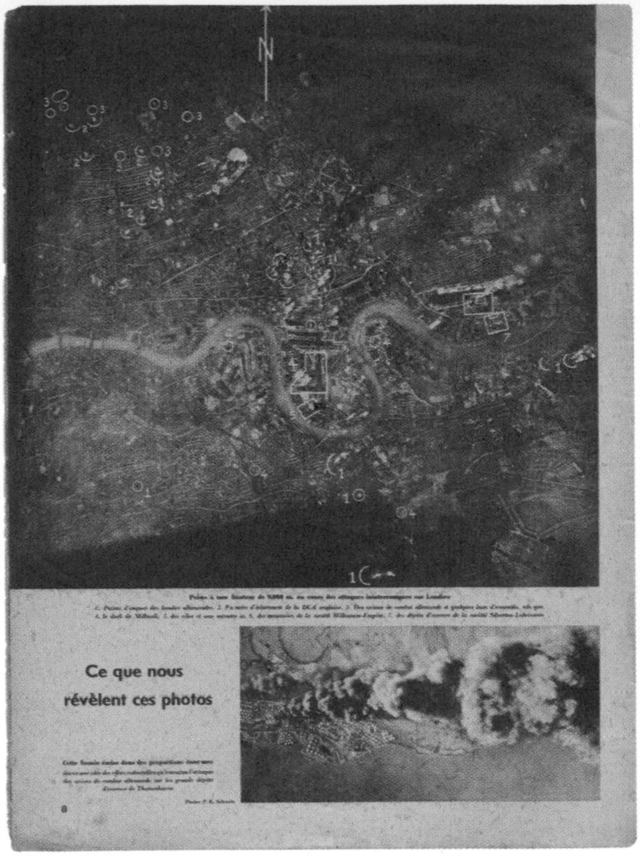

Report published in *Signal* on October 1, 1940. These aerial photographs show the scale of the German offensive against England and the uninterrupted German bombing of London and the nearby gasoline depots in Thames Haven. In 1941, the Nazis began developing pilotless aircraft, the dreaded, continuously perfected "flying bombs" (V-1s, then V-2s) that they launched against London in 1944.

The poet Philippe Soupault, who founded Radio-Tunis in 1938, was imprisoned by the Vichy authorities in 1940, before fleeing to Algiers. In his "*Ode à Londres bombardée*" (published in Algiers in May 1943 in the journal *Fontaine*, then the following year by Éditions Charlot in a bilingual version, *Ode to Bombed London*), he pays tribute to the particular tenacity of the people of London in these dramatic circumstances: "London is being bombed for the hundredth time / Nothing is lost you are awake."

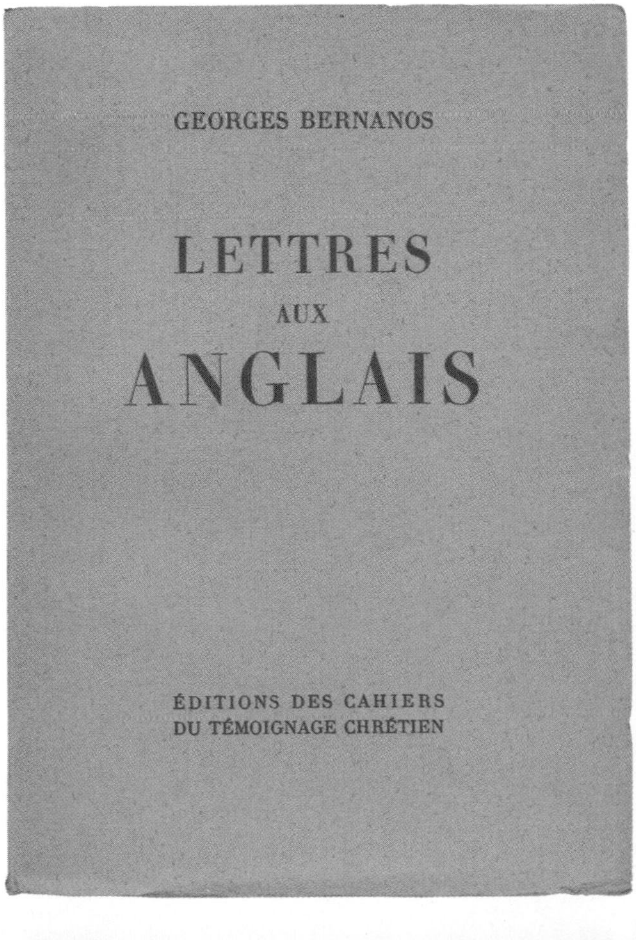

Georges Bernanos, *Lettres aux Anglais*, Éditions des Cahiers du Témoignage Chrétien, 1942. One of the chronicles assembled in this volume dates from December 1940: "Englishmen, you are writing at this moment—as orators say in their language—one of the greatest pages of history . . . it is you who are writing it, Englishmen, but it is surely for children that you began writing—'Once upon a time on a little island there was a great people standing alone against all . . .' On the basis of a beginning like that, what sly old fox of politics and business wouldn't have closed the book with a shrug? Your victory is a child's dream achieved by men."

and the culture of Great Britain. As for the second, the most normal part of its activity, the Polish P.E.N., wishing to provide opportunities of informal talks between intellectuals of different nationalities, has started a series of modest luncheons. The first took place in February at Grosvenor Hotel. Among the English friends present were, Mrs. Seidler, authoress of " My Name is Million," the recent book about the Polish war, so highly praised by the press and the public, Vernon Bartlett, Desmond MacCarthy, Hermon Ould, Zilliacos. At the next lunch some Czechoslovakian colleagues are expected.

In February Francis Czarnomski, delegated by the Polish P.E.N., went to Glasgow on the invitation of the Scottish Centre to deliver a talk about Polish poetry.

On the 22nd March Maria Kuncewiczowa is to speak at a P.E.N. meeting in Edinburgh about the Polish novel.

The Polish P.E.N. has its representatives in Tokio, New York, Rio de Janeiro and Lisbon, and tries not to lose contact with its friends in the neutral countries. Alexander Piskor, the Tokio representative, has had the opportunity of welcoming there Sigrid Undset on her journey to the United States. In a beautiful letter she thanked him, expressing her sympathy for Poland.

Lately the Polish P.E.N. has addressed a message of admiration and friendship to the Greek modern writers, whose country is now waging a war not less heroic than were the struggles in the time of Homer.

The third field of the Polish P.E.N. Club's activity in London is restricted principally to efforts at keeping in evidence the movement of the Polish writers in exile and of coming in touch with them wherever they are. A rather important group of them is now staying in Brazil (the second vice-chairman of the Warsaw Centre, Wierzynski, Joseph Wittlin, author of "The Salt of the Earth," the poets Lechon and Tuwim).

In accordance with the League of Poles abroad, a competition was announced by the Polish P.E.N. of a dramatic play about the Defence of Warsaw, for which the Polish Ministry of Information has offered a prize of £50. M.K.

YIDDISH P.E.N. CENTRE IN LONDON

Hitherto the Yiddish Centre has operated from Warsaw and New York. We are very glad to announce that the gap in the International P.E.N. caused by the suppression of the Yiddish Centre in Warsaw has been filled by the creation of a Group in London, with Leo Kenig as President and Joseph Leftwich, who contributes the following :—

Country after country has fallen under the domination of the Nazis who, wherever they control, suppress free institutions and all the associations formed by free enquiring minds, such as the P.E.N. Club. First,

the P.E.N. Centre in Germany itself was Nazi-fied and had to leave the P.E.N. International. German writers who did not submit to the Nazis were killed or put in concentration camps, or forced into exile and their books burned. As the Nazis occupied Austria and Czechoslovakia the same thing happened there. Poland, Norway, Belgium, Holland and France followed.

Among the different P.E.N. Centres there was the Yiddish P.E.N. Centre, domiciled in Poland, with a strong and active branch in New York. Many of its members fell victims to the Nazi hordes. Some of them escaped and continued to work in Belgium or in France. When these countries were overwhelmed, only a few were lucky enough to get away, some to England and some to America.

Almost all Europe is now under the rule of the Nazis or their friends. Great Britain is the last stronghold of freedom in Europe. Several refugee P.E.N. centres and groups have been formed in London. Four Yiddish writers, members of the Yiddish P.E.N. Centre in Poland, who are now in London, have taken the initiative in re-forming the Yiddish P.E.N. Centre here, with a view to bringing in all other Yiddish writers still on European soil, to demonstrate that Yiddish literature has not been swept out of Europe, and with Britain's victory, will not be. They are A. M. Fuchs, Leo Kenig, Joseph Leftwich and Itzik Mauger. The Yiddish P.E.N. Centre in London is in touch with the branch in New York, and also with the Hebrew P.E.N. Centre in Palestine, with a view to common activity, in accordance with the principles and aims of the P.E.N. Movement. J.L.

EDWARD O'BRIEN

We heard with great regret of the death of Edward O'Brien on Feb. 24th. The news came as a shock because we had had no idea that he was ill, and it was but a few weeks earlier that we had heard from him.

Although Edward O'Brien was born in the United States he lived the greater part of his life in this country. He had been a member of the P.E.N. for many years, and served on our Executive Committee for some time. He will probably be best known to our members as the Editor of the series " Best Short Stories of the Year." He was himself a writer of short stories, a poet and essayist. Latterly he was connected with Metro-Goldwyn-Mayer as scenario editor.

REFUGEE FUNDS

Since the last issue of *P.E.N. News* contributions, very gratefully acknowledged, have come from :

D.U.R. ..	£3	3	0
A. Ruth Fry..	£1	1	0

In its news bulletin of March 1941, the English PEN Club announced the creation in London of a Yiddish PEN Centre, to compensate for the disappearance of the Yiddish center in Warsaw.

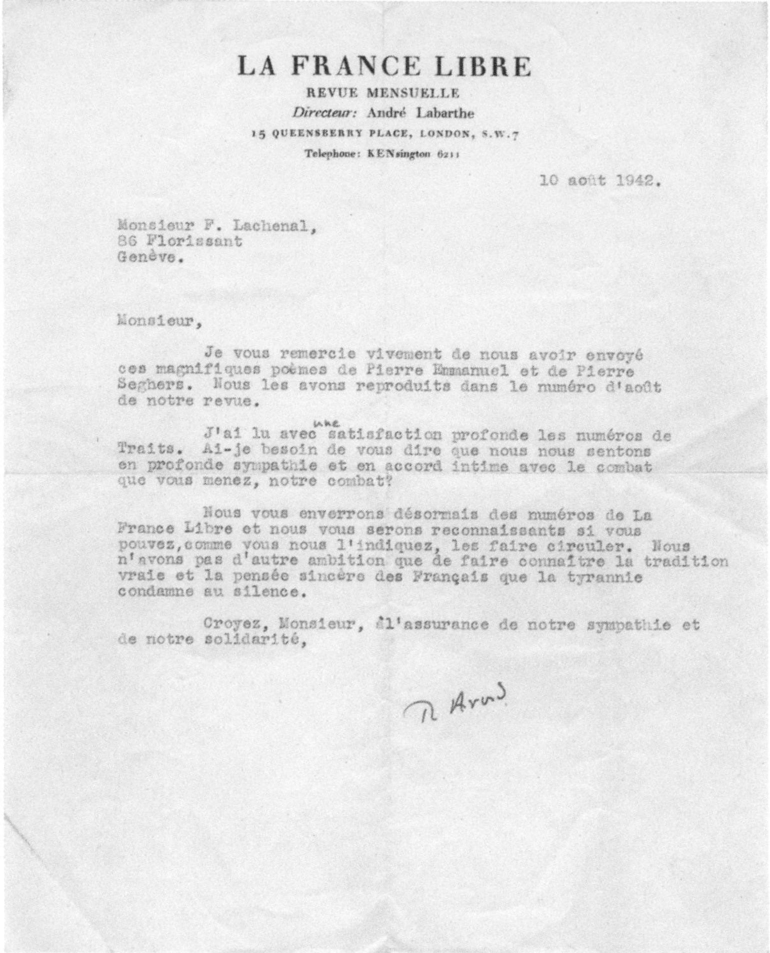

LA FRANCE LIBRE
REVUE MENSUELLE
Directeur: André Labarthe
15 QUEENSBERRY PLACE, LONDON, S.W.7
Telephone: KENsington 6211

10 août 1942.

Monsieur F. Lachenal,
86 Florissant
Genève.

Monsieur,

Je vous remercie vivement de nous avoir envoyé ces magnifiques poèmes de Pierre Emmanuel et de Pierre Seghers. Nous les avons reproduits dans le numéro d'août de notre revue.

J'ai lu avec une satisfaction profonde les numéros de Traits. Ai-je besoin de vous dire que nous nous sentons en profonde sympathie et en accord intime avec le combat que vous menez, notre combat?

Nous vous enverrons désormais des numéros de La France Libre et nous vous serons reconnaissants si vous pouvez, comme vous nous l'indiquez, les faire circuler. Nous n'avons pas d'autre ambition que de faire connaître la tradition vraie et la pensée sincère des Français que la tyrannie condamne au silence.

Croyez, Monsieur, à l'assurance de notre sympathie et de notre solidarité,

R Aron

Letter from Raymond Aron, addressed on August 10, 1942, to the Swiss smuggler of Resistance literature, François Lachenal: "My deepest thanks for having sent us these magnificent poems by Pierre Emmanuel and Pierre Seghers. We have reproduced them in the August issue of our journal... Hereafter we will send you copies of *La France Libre* and we would be grateful if you could, as you have indicated to us, have them circulate. We have no other ambition than to make known the true tradition and sincere thought of the French, whom tyranny condemns to silence." In London, where he arrived following the armistice in order to join the Free French Forces, Aron collaborated on numerous publications bound for France, notably the monthly journal *France libre* [Free France], directed by André Labarthe.

Anti-English tract, dating from the end of 1943: "Before the leaves fall . . . Churchill had promised 'Liberation'. . . And the leaves have fallen!" The allusion is to a speech by Winston Churchill, "Before the Autumn Leaves Fall," given on June 30, 1943, at the Guildhall in London: "Before the leaves fall, the Germans will be attacked on new fronts, and the battle will rage in the south, in the west, and in the north."

Supplément du "Courrier de l'Air" No. 30

Revue de la Presse Libre

Apporté par vos amis de la R.A.F. *Distribué par les patriotes français*

PRINCIPAUX TITRES

"THE TIMES"

La chute du fascisme répand l'inquiétude parmi les Etats satellites ; les Balkans s'agitent ; les Grecs entrevoient l'espoir de la libération. Le nouveau gouvernement italien dissout officiellement le parti fasciste; le grand conseil fasciste disparaît. M. Roosevelt constate la première fissure de l'Axe : "Les conditions que nous posons à l'Italie restent inchangées ; nous ne devons pas laisser échapper les gangsters fascistes ; les neutres doivent refuser aux criminels de guerre le droit d'asile ; nous sommes prêts à traiter avec tout gouvernement non-fasciste." En Crète, les Allemands désarment et ouvrent le feu sur les troupes italiennes. En Sicile, les Alliés reprennent l'offensive et font des progrès dans tous les secteurs ; l'ennemi semble ébranlé ; bombardement de l'Italie continentale de deux côtés à la fois ; les Américains progressent au nord et s'approchent de l'Etna. En Russie, les Allemands se retirent d'Orel. En Roumanie, l'aviation américaine exécute un raid massif sur les champs pétrolifères de Ploesti et lance 270 tonnes de bombes ; en dépit d'une forte D.C.A., les *Liberators* endommagent sérieusement les grandes raffineries de pétrole. Les derniers bombardements de Hambourg ont laissé la ville dans le chaos ; évacuation de la population civile.

"DAILY TELEGRAPH"

L'Italie en proie aux manifestations en faveur de la paix ; toute l'Italie célèbre la chute du fascisme; Mussolini aurait réduit l'Italie à la famine pour les Nazis ; le fascisme a été renversé par le complot Grandi-Badoglio. En Sicile, les Américains font 10.000 prisonniers dont 5.000 Allemands et s'emparent de deux villes. Les Allemands songeraient à évacuer Berlin prochainement. Construction d'une nouvelle Ruhr en Autriche.

THE TIMES

30.7.43.

Problème italien (*Editorial*)

La pente des événements achemine l'Italie vers un but certain : la sortie de la guerre. La chute de Mussolini a entraîné une suite de répercussions dont les effets sont cumulatifs, et qui ne peuvent plus être ni enrayés ni interrompus. En chassant Mussolini, le parti fasciste a prononcé consciemment ou inconsciemment sa propre condamnation. En se débarrassant du parti fasciste, le gouvernement Badoglio, en dépit de toutes ses déclarations belliqueuses, a détruit consciemment ou inconsciemment ce qui restait en Italie de volonté et de capacité à continuer la guerre.

Mais on peut se demander encore comment le résultat sera atteint, et combien de temps s'écoulera pour en arriver là. Combien d'heures, de jours ou de semaines, autant de questions ouvertes à spéculation, et qui affecteront profondément le destin de l'Italie . . .

La cessation du travail dans les usines de guerre italiennes et l'intervention de désordres sur les lignes de communications allemandes, déjà précaires en Italie, constitueraient un danger menaçant pour les armées allemandes.

A ce point de vue, les manifestations et les grèves de Milan ont pour effet de favoriser la cause des Nations Unies. Elles constituent l'avant-garde de ces "foules indignées de l'humanité ordinaire" qui, suivant l'expression de M. Roosevelt, "achèveront cette guerre."

. . . La tâche politique qui s'offre aux Nations Unies en Italie sera fort complexe. Les événements de la péninsule nous fournissent de façon dramatique, quoique ce ne soit pas pour la première fois, un avant-goût de ce qui pourrait bien se révéler à l'usage l'une des tâches les plus difficiles qui puissent incomber aux Nations Unies en Europe — l'obligation de découvrir ou d'établir des gouvernements qui soient à la fois représentatifs, efficaces et animés d'un esprit de coopération internationale.

Quoi qu'il en soit, nous nous heurterons à un sérieux embarras qui tient au fait, comme M. Churchill l'a rappelé mardi dernier, que les régimes autoritaires laissent les pays qui les ont subis pendant une décade ou deux "dépourvus de toute personnalité politique indépendante, en dehors de la classe des fonctionnaires." Mais nous n'en sommes pas encore parvenus à ce stade aigu.

* * *

2.8.43.

L'Italie à la croisée des chemins (*Editorial*)

. . . Comme l'histoire l'a souvent prouvé, il est facile d'appeler à l'aide une nation de proie, puissante, martiale et dénuée de scrupules quand l'occasion se présente, mais c'est bien autre chose que de pouvoir s'en débarrasser quand on a cessé d'en avoir besoin.

Sans doute le gouvernement italien actuel ne demanderait pas mieux que d'en revenir à une politique de neutralité, en persuadant les Allemands de s'en aller et les Alliés de s'abstenir d'utiliser l'Italie comme base d'opération.

Cependant une telle solution est visiblement fantastique pour que des Italiens, même parmi les plus optimistes, puissent l'envisager sérieusement. Les Alliés ne vont certainement pas s'amuser à jeter par-dessus bord à l'heure de la victoire les avantages acquis au prix d'années de dures combats et d'amères sacrifices, alors que ces avantages sont indispensables à la poursuite des opérations difficiles qui restent à accomplir. . . .

En se soumettant à l'occupation des forces britanniques et américaines, l'Italie se trouverait relativement à l'abri des attaques aériennes, tandis qu'en servant d'avant-poste aux Allemands elle s'exposerait à la dévastation des immenses flottes aériennes alliées. C'est à elle de choisir. Mais comment se débarrassera-t-elle des Allemands ? . . .

La ligne du Pò a été mentionnée par des correspondants de presse neutres comme tracé éventuel du front allemand en Italie. Cependant parmi toutes les positions défensives possibles, aucune ne paraît plus improbable.

En effet ce front impliquerait l'abandon de tous les ports italiens, à l'exception de Venise, Pola et Trieste, et de la route de France le long de la Riviera . . .

* * *

2.8.43

L'Union des Français (*Editorial*)

Les décisions prises samedi par le Comité de la Libération Nationale d'Alger méritent l'approbation chaleureuse des Nations Unies. Le Comité militaire permanent qui avait reçu, il y a un mois, la mission de réaliser la fusion des forces françaises de terre, de mer, et de l'air vient d'achever sa tâche.

La position respective du général Giraud et du général de Gaulle se trouve maintenant clarifiée. Le schisme qui séparait les deux armées françaises, les Français Combattants et les forces d'Afrique du Nord et d'A.O.F., disparaît ainsi au grand avantage de la France non moins que des Nations Unies . . .

. . . La nomination du général Giraud au commandement suprême des forces françaises a définitivement écarté tout risque de division. De plus ce choix est conforme aux espoirs, et aux désirs du Haut-Commandement allié qui a trouvé dans le général Giraud un collègue loyal et énergique, et dont la participation à la victoire d'Afrique du Nord a été fort appréciée.

* * *

3.8.43

L'Italie doit se rendre sans conditions (*Rédacteur diplomatique*)

. . . Si l'Italie s'imagine obtenir un traitement préférentiel, elle se fait des illusions. M. Roosevelt et M. Churchill n'ont pas arrêté leur décision sans les raisons les plus graves.

Ils désirent, en effet, empêcher le retour des vieux arguments et des mensonges par lesquels tant d'Allemands se sont efforcés de prouver après la dernière guerre qu'ils n'avaient pas vraiment été vaincus sur les champs de bataille, mais qu'ils avaient été trahis par l'arrière et perfidement attirés par les Alliés dans le piège de l'armistice. Ainsi la légende s'était accréditée peu à peu que l'armée allemande était demeurée invincible et même victorieuse.

Cette fois-ci, forts de l'expérience du passé, les Alliés sont décidés à obtenir une victoire, dont chacun pourra constater le caractère absolu, à faire en sorte que les forces d'agression soient vaincues par les forces de la liberté au vu et au su de tout le monde, et que les groupes d'Etats coupables ou complices soient obligés de reconnaître eux-mêmes la totalité de leur déroute. Il ne peut y avoir de reconstruction véritable si l'on continue dans un camp à faire des réserves et à se leurrer d'excuses trompeuses.

The Daily Telegraph

29.7.43

L'offensive aérienne sur l'Allemagne (*Editorial*)

Un quart des sous-marins allemands était construit à Hambourg qui possédait également des usines d'avions, de l'existence desquelles la *Luftwaffe* dépendait en partie. Or, la production des usines et des chantiers va se trouver arrêtée au moins pour un certain temps.

Dans l'état de surmenage actuel des com-

F.116

Thanks to the *Revue de la presse libre*—this issue is from August 1943—the French had access, from May 1942 onward, to uncensored news printed in the Anglo-Saxon press. Thousands of copies were dropped by the planes of the RAF and "distributed by patriots." The *Revue de la presse libre* was a supplement to *Le Courrier de l'Air*, a weekly publication created in 1940 that targeted the populations of occupied countries. The French version was edited by Robert Mengin.

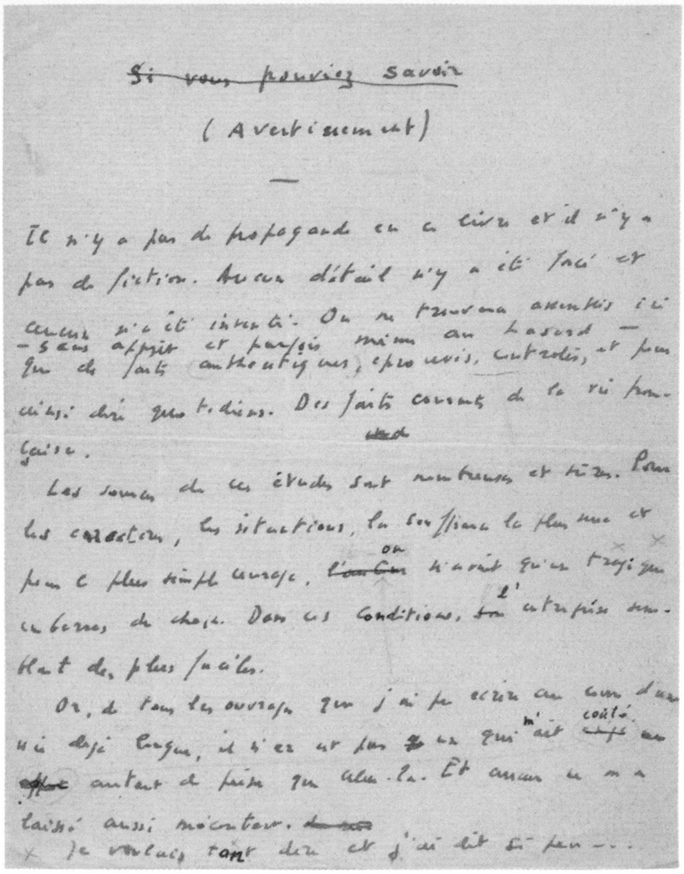

~~Si vous~~ pouviez savoir

(Avertissement)

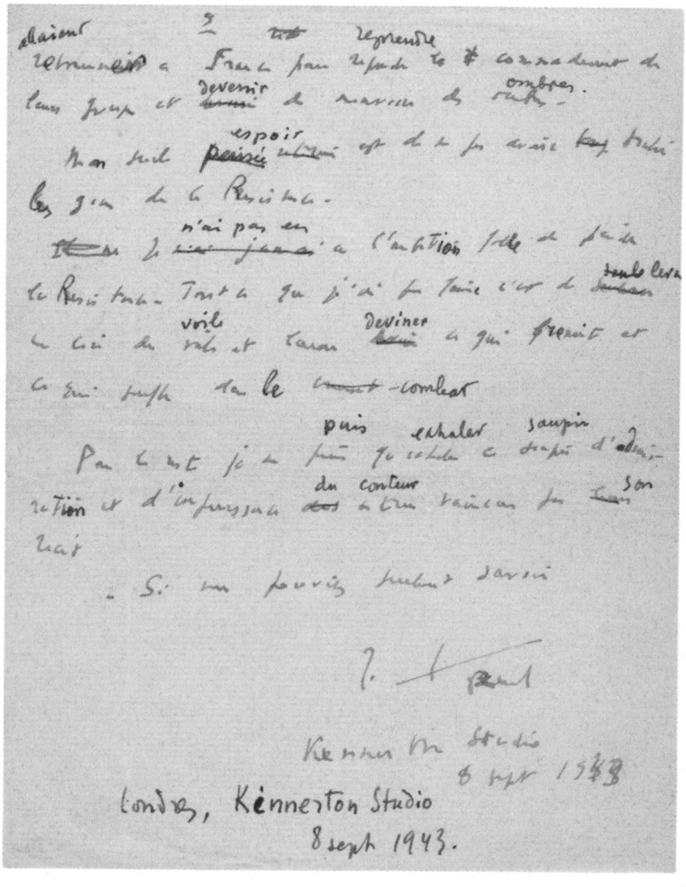

Londres, Kennerston Studio

8 sept 1943.

Joseph Kessel, manuscript of the preface to his book, *L'Armée des ombres: chronique de la Résistance* [Army of Shadows: Chronicle of the Resistance], published in 1944 in New York by Pantheon Books. The manuscript was written in London on September 8, 1943: "I had the luck to have men like Gerbier, Le Masque or Félix le Bison [the heroes of *L'Armée des ombres*] as my friends in France. But it was in London that I saw the French Resistance with the greatest clarity . . . For the need for secrecy, the state of being a hunted animal renders every encounter on national soil difficult and precarious. In London one can meet and speak freely. To London come all the surviving leaders of the Resistance. And this extraordinary back and forth between France and England appears completely natural there. London is the crossroads, the confluence of the most singular destinies of France. That is how I had dinner with 'Saint-Luc.' That is how, on a spring evening, by the picture windows of a Chelsea living room, I heard the words of three men sentenced to death smiling in the twilight as they watched the trees in the garden. They were going to return to France to resume command of their troops and become shadows once again."

In this February 18, 1944, issue of *France*, a daily French newspaper that first appeared in London in 1940 under the patronage of the Association des Français de Grande-Bretagne [French Association of Great Britain], Raymond Aron devoted a long article to the philosopher Léon Brunschvicg, whom he admired during the Pontigny "Decades" (see p. 32), and who had died as a refugee in Aix-les-Bains one month earlier, on January 18, 1944: "In 1940, he had reached the age of retirement. His library was seized by the Germans, in spite of the protest of all of his colleagues at the Sorbonne. His manuscripts were destroyed. His family, his disciples were dispersed among prison camps, the United States, England, and France."

LA REVUE DU
MONDE
LIBRE
No. 15 ★ MARS 1944
La France dans le monde
par D. W. BROGAN
Pour l'alliance de l'Occident
par RAYMOND ARON
Le Bureau international du Travail
Extraits de la presse clandestine
Le désarmement de l'Allemagne
ETC., ETC.
APPORTÉE PAR LA R.A.F.

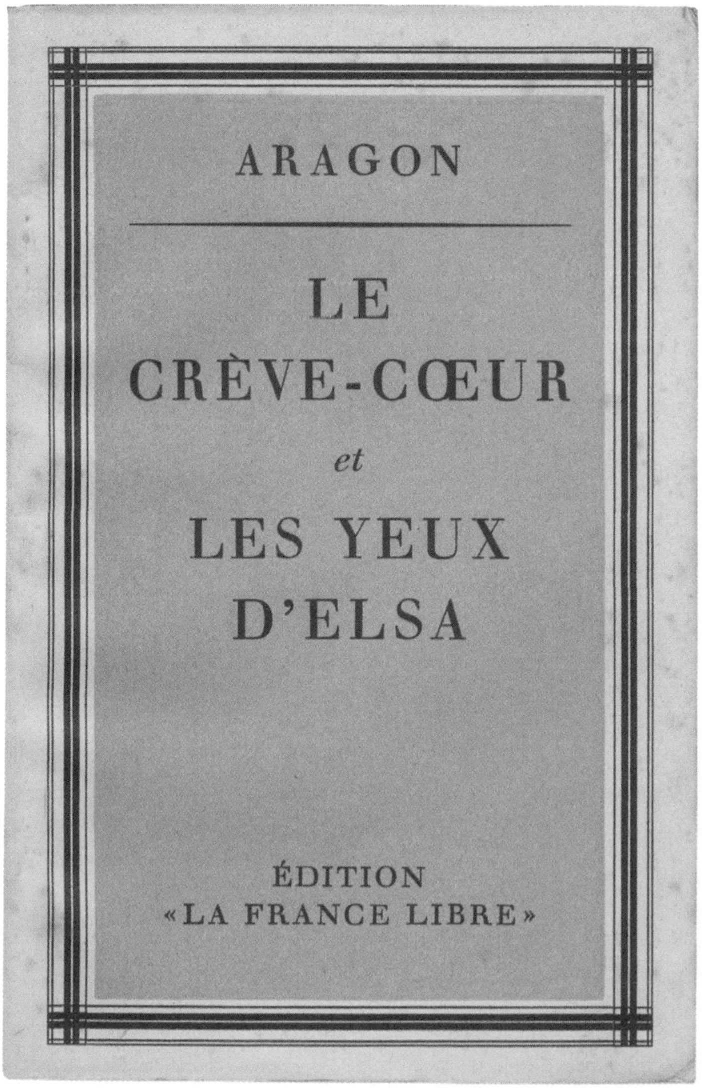
ARAGON
LE
CRÈVE-CŒUR
et
LES YEUX
D'ELSA
ÉDITION
«LA FRANCE LIBRE»

La Revue du Monde libre [Review of the Free World], March 1944, printed in miniature format and dropped (starting in November 1943) onto French territory by RAF planes.

Louis Aragon, *Le Crève-cœur,* prefaced by André Labarthe and Cyril Connolly, followed by *Les Yeux d'Elsa*, prefaced by Aragon himself. This copy is a re-edition published in London in 1944 by Éditions de la France Libre. The first edition, in December 1942 (see p. 220), sparked a polemic between the partisans of Aragon's Resistance lyricism and the Surrealists in the British capital (E. L. T. Mesens, Jacques Brunius, Roland Penrose). The animosity of the latter was matched by the harshness of Arthur Koestler, who wrote that "to call *Le Crève-cœur* 'the S.O.S. of Europe,' as has already happened, is an insult to Europe and a blasphemy to the dead."

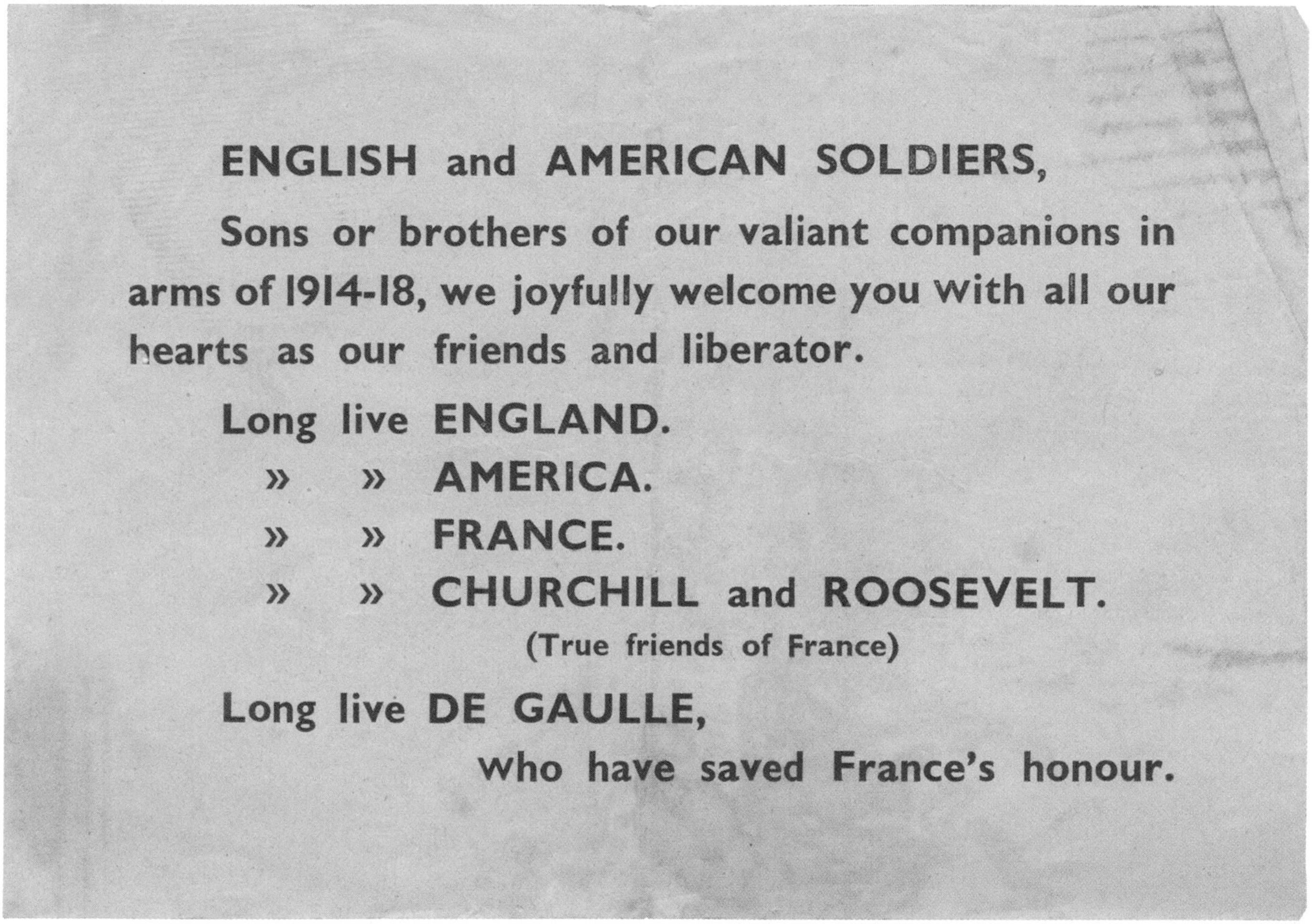

ENGLISH and AMERICAN SOLDIERS,

Sons or brothers of our valiant companions in arms of 1914-18, we joyfully welcome you with all our hearts as our friends and liberator.

Long live ENGLAND.
» » AMERICA.
» » FRANCE.
» » CHURCHILL and ROOSEVELT.
(True friends of France)

Long live DE GAULLE,
who have saved France's honour.

Flyer in English intended for distribution along the route taken by Allied soldiers following the landing in France.

First issue of the journal *Traits.* In October 1940, François Lachenal, a young law student and friend of Pierre Seghers and Pierre Emmanuel, created this monthly literary journal in Lausanne under the aegis of the famous Swiss writer Edmond Gilliard, in reaction to the "new order vaunted by Hitler." In *Les Lettres françaises* no. 17 of June 1944, the author of the article *"Retour de Suisse"* [Return from Switzerland], who is none other than Lachenal himself, qualified the existence of *Traits* as the "biggest kick in the conformist anthill of French-speaking Switzerland, initiated and led by a team of young people who learned in the school of Edmond Gilliard's genuine humanism that life precludes dogma; poetry and politics, freely following their natural impulse, have always gotten along well together in *Traits.*"

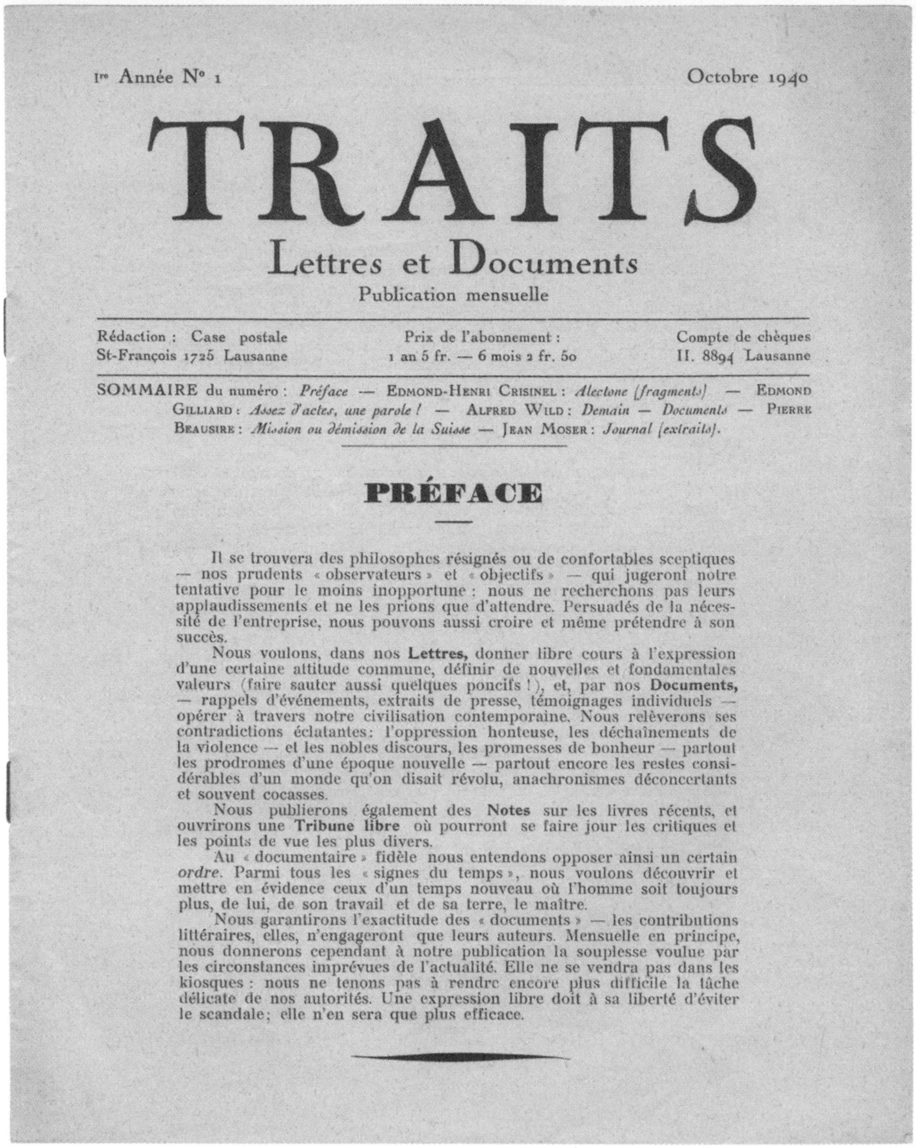

1re Année N° 1 — Octobre 1940

TRAITS

Lettres et Documents

Publication mensuelle

Rédaction : Case postale St-François 1725 Lausanne — Prix de l'abonnement : 1 an 5 fr. — 6 mois 2 fr. 50 — Compte de chèques II. 8894 Lausanne

SOMMAIRE du numéro : *Préface* — EDMOND-HENRI CRISINEL : *Alectone (fragments)* — EDMOND GILLIARD : *Assez d'actes, une parole !* — ALFRED WILD : *Demain* — *Documents* — PIERRE BEAUSIRE : *Mission ou démission de la Suisse* — JEAN MOSER : *Journal (extraits).*

PRÉFACE

Il se trouvera des philosophes résignés ou de confortables sceptiques — nos prudents « observateurs » et « objectifs » — qui jugeront notre tentative pour le moins inopportune : nous ne recherchons pas leurs applaudissements et ne les prions que d'attendre. Persuadés de la nécessité de l'entreprise, nous pouvons aussi croire et même prétendre à son succès.

Nous voulons, dans nos **Lettres,** donner libre cours à l'expression d'une certaine attitude commune, définir de nouvelles et fondamentales valeurs (faire sauter aussi quelques poncifs !), et, par nos **Documents,** — rappels d'événements, extraits de presse, témoignages individuels — opérer à travers notre civilisation contemporaine. Nous relèverons ses contradictions éclatantes: l'oppression honteuse, les déchaînements de la violence — et les nobles discours, les promesses de bonheur — partout les prodromes d'une époque nouvelle — partout encore les restes considérables d'un monde qu'on disait révolu, anachronismes déconcertants et souvent cocasses.

Nous publierons également des **Notes** sur les livres récents, et ouvrirons une **Tribune libre** où pourront se faire jour les critiques et les points de vue les plus divers.

Au « documentaire » fidèle nous entendons opposer ainsi un certain *ordre.* Parmi tous les « signes du temps », nous voulons découvrir et mettre en évidence ceux d'un temps nouveau où l'homme soit toujours plus, de lui, de son travail et de sa terre, le maître.

Nous garantirons l'exactitude des « documents » — les contributions littéraires, elles, n'engageront que leurs auteurs. Mensuelle en principe, nous donnerons cependant à notre publication la souplesse voulue par les circonstances imprévues de l'actualité. Elle ne se vendra pas dans les kiosques : nous ne tenons pas à rendre encore plus difficile la tâche délicate de nos autorités. Une expression libre doit à sa liberté d'éviter le scandale; elle n'en sera que plus efficace.

Having become, almost by accident, an attaché with the Swiss diplomatic legation to Vichy in November 1942, François Lachenal played an essential role in helping the French intellectual Resistance by publishing and distributing more or less secretly in Switzerland, under Éditions des Trois Collines—and, beginning in 1943, its clandestine branch, Éditions À la Porte d'Ivoire—texts that could not be printed in France. He transported books, manuscripts, journals, and letters back and forth across the border, providing in addition tobacco, powdered milk, chocolate, and soap . . . In this photograph of the Swiss legation to Vichy (division of foreign interests), taken in 1943 at the Villa Ica, Lachenal is on the left of legation counselor Jean-Daniel de Montenach (seated), accompanied by Jean Wiedmer and Cyrille de Bavier.

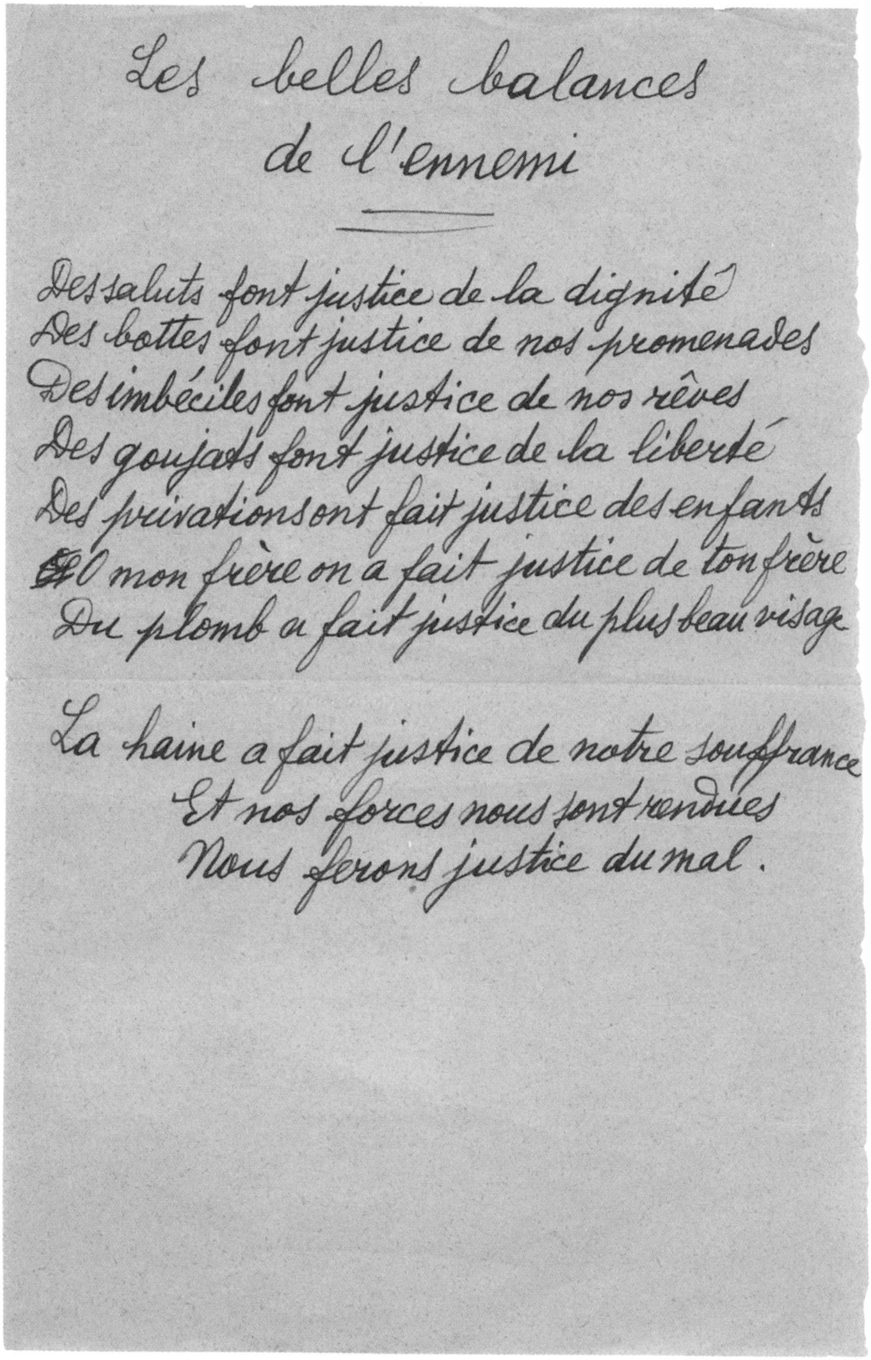

Les belles balances
de l'ennemi

Des saluts font justice de la dignité
Des bottes font justice de nos promenades
Des imbéciles font justice de nos rêves
Des goujats font justice de la liberté
Des privations ont fait justice des enfants
O mon frère on a fait justice de ton frère
Du plomb a fait justice du plus beau visage

La haine a fait justice de notre souffrance
Et nos forces nous sont rendues
Nous ferons justice du mal.

"*Les belles balances de l'ennemi*" [The Beautiful Balances of the Enemy], manuscript of a poem by Paul Éluard, sent to François Lachenal for the journal *Traits*. "Hatred has exacted justice from our suffering / And our strength has returned to us / We shall exact justice from evil." On the subject of this poem, which was published in the first volume of *L'Honneur des poètes* by the underground Éditions de Minuit in July 1943 (see p. 282), Jean Starobinski wrote: "This poem announces the time when strength and justice will no longer be antagonists. Is that time near? There are at least men working to make it so" (*Suisse contemporaine* no. 3-4, March-April 1944).

In order to publish *Le Silence de la mer* (see p. 280) in Switzerland, François Lachenal founded the underground publishing house À la Porte d'Ivoire, a name suggested by Jean Starobinski. The 68 pages of Vercors's book were typeset and printed in a run of 500 copies one Sunday morning in spring 1943, on the presses of the Imprimerie Kundig in Geneva.

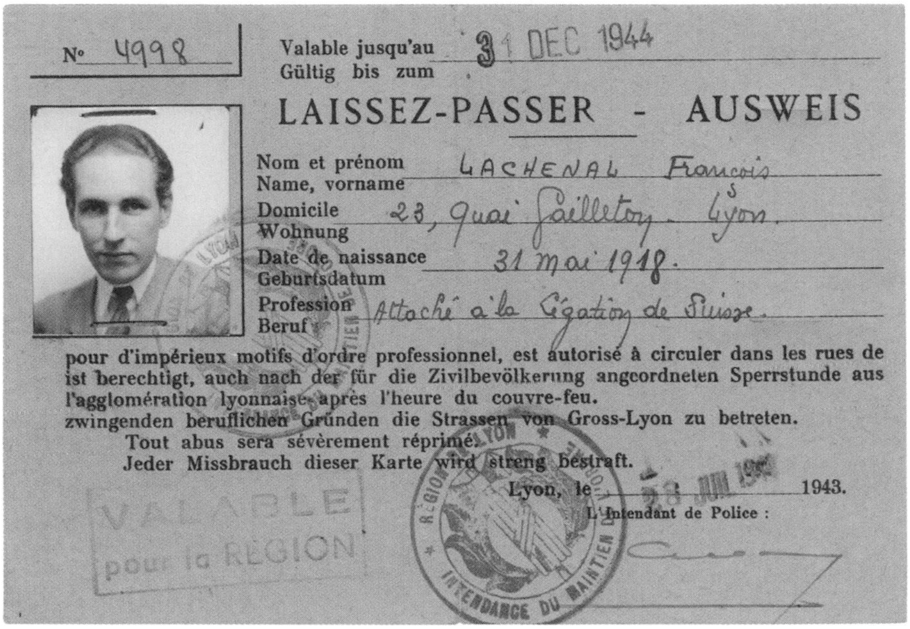
N° 4998

Valable jusqu'au 31 DEC 1944
Gültig bis zum

LAISSEZ-PASSER - AUSWEIS

Nom et prénom / Name, vorname: LACHENAL François
Domicile / Wohnung: 23, quai Gailleton. Lyon.
Date de naissance / Geburtsdatum: 31 mai 1918.
Profession / Beruf: Attaché à la Légation de Suisse.

pour d'impérieux motifs d'ordre professionnel, est autorisé à circuler dans les rues de l'agglomération lyonnaise après l'heure du couvre-feu.
ist berechtigt, auch nach der für die Zivilbevölkerung angeordneten Sperrstunde aus zwingenden beruflichen Gründen die Strassen von Gross-Lyon zu betreten.

Tout abus sera sévèrement réprimé.
Jeder Missbrauch dieser Karte wird streng bestraft.

Lyon, le 28 JUIL 1943 1943.

L'Intendant de Police :

VALABLE pour la REGION

RÉGION DE LYON — INTENDANCE DU MAINTIEN

Pass issued by law enforcement headquarters, valid for the city of Lyon and its region from July 1943 to December 1944: François Lachenal, "for pressing reasons of a professional nature, is authorized to travel on the streets of metropolitan Lyon during curfew hours."

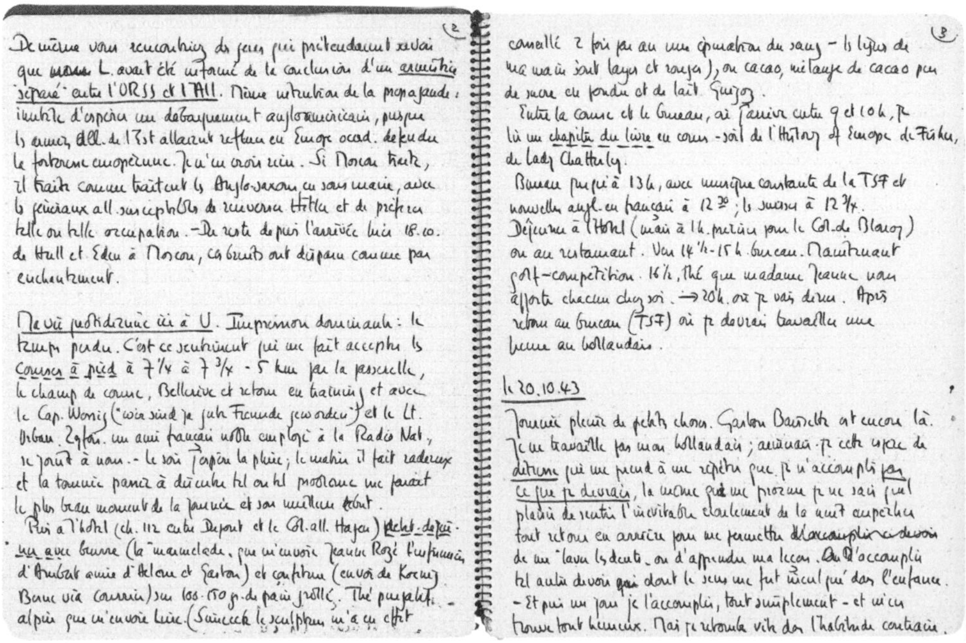

Like many diplomats in Vichy, François Lachenal stayed at the Hôtel des Ambassadeurs, not far from the Hôtel du Parc where Maréchal Pétain resided. He kept a personal diary on school notebooks, in which he wrote about, among other things, the Swiss ambassador to the Vichy government, Walter Stucki, his recently deceased mother, and the sport of running. He also made lists of words in Dutch, a language he was trying to learn at the time. On October 19, 1943, he wrote: "My daily life here in V[ichy]. Dominant impression: waste of time. This is the feeling that made me agree to run from 7? until 7?–5 km by the footbridge, the racetrack, Bellerive and back in a tracksuit and with Cap[tain] Wessig ('wir sind ja gute Freunde geworden') [we've become really good friends] and L[ieu]t[enant] Urban. S[ome]times, a French friend, our employee with Radio Nationale, joins us."

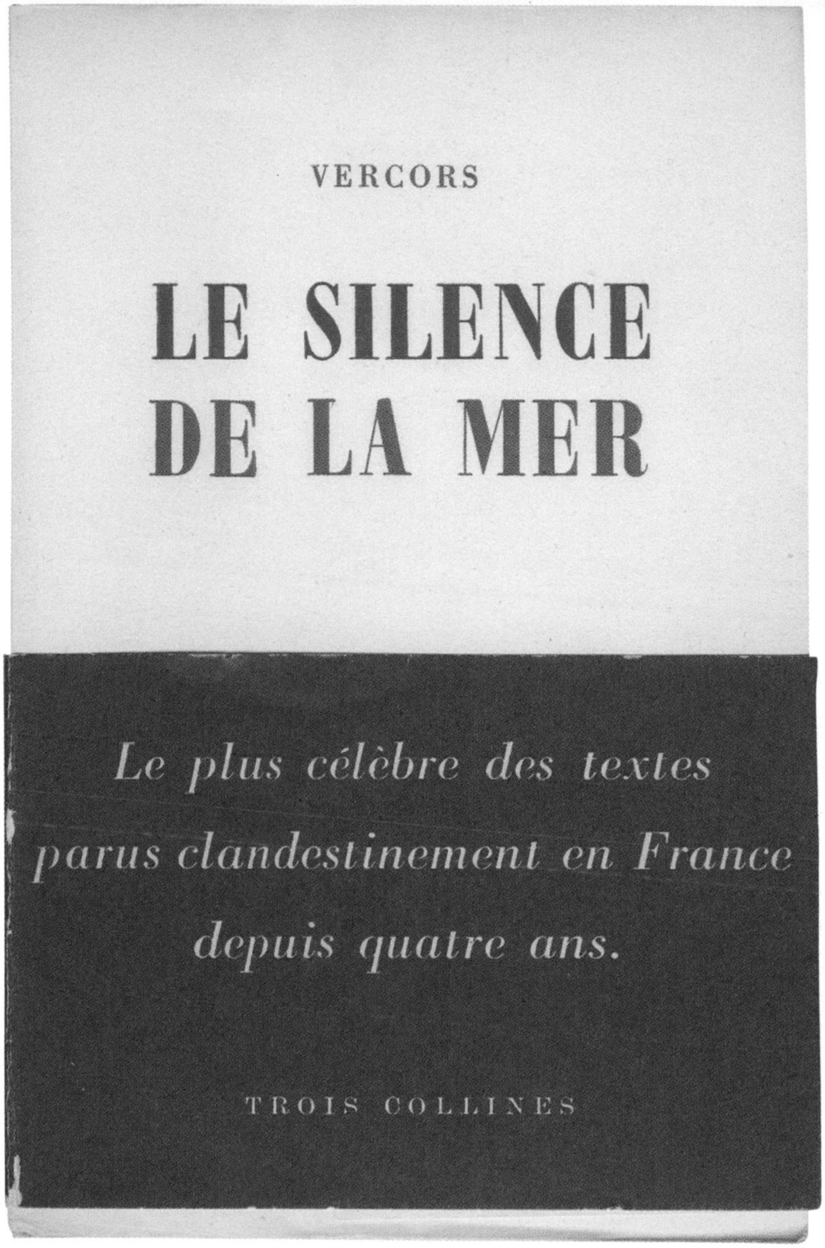
VERCORS
LE SILENCE
DE LA MER
Le plus célèbre des textes
parus clandestinement en France
depuis quatre ans.
TROIS COLLINES

Le Silence de la mer, by Vercors (see p. 280), published after the war (1945) in Switzerland by Éditions des Trois Collines with the following dedication from Vercors to François Lachenal: "In memory of the times when we played at being detectives–but the guilty party was never found."

Jean Lescure and François Lachenal, photographed in Paris in 1943.

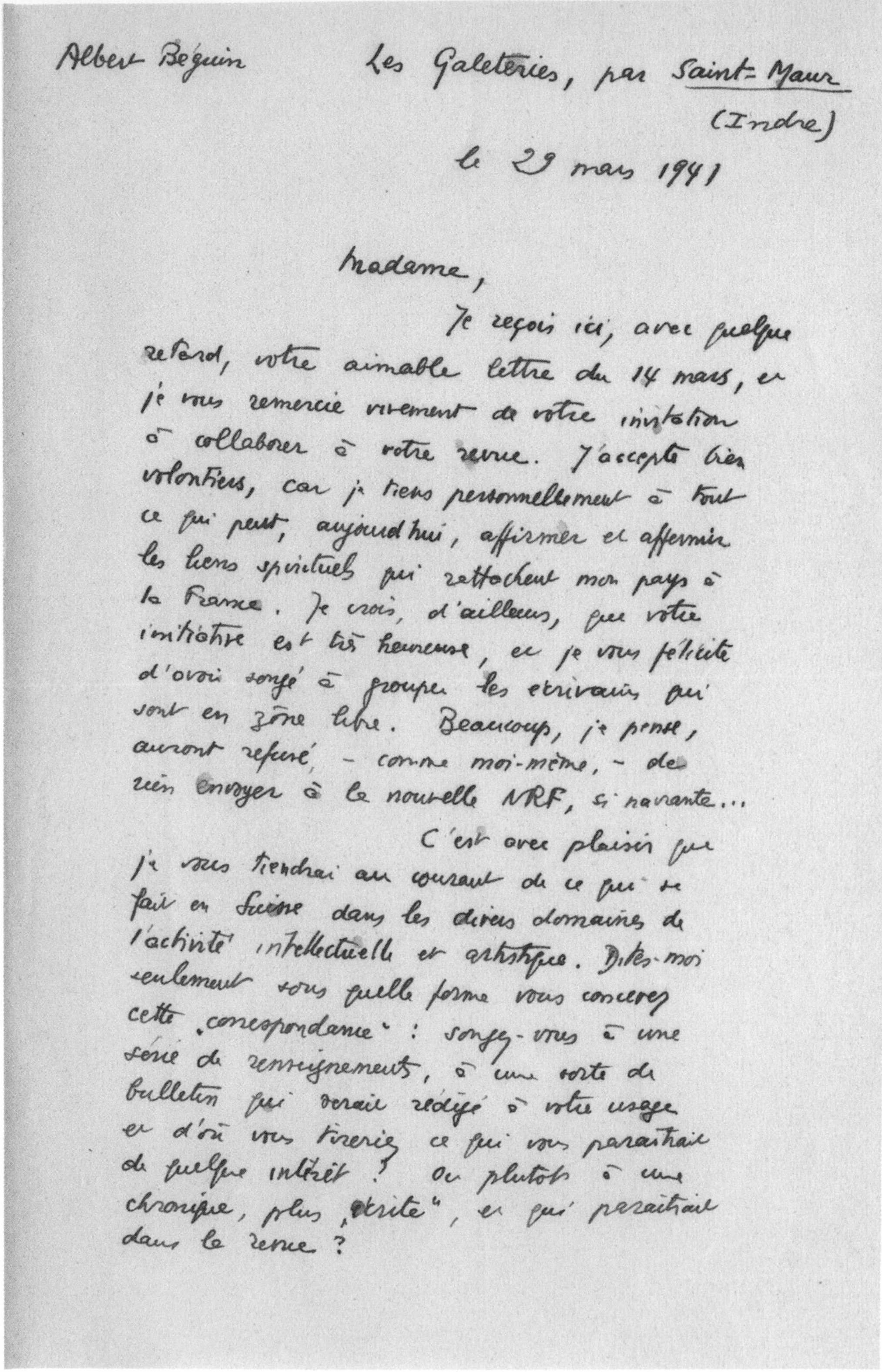

Albert Béguin

Les Galeteries, par Saint-Maur
(Indre)

le 29 mars 1941

Madame,

Je reçois ici, avec quelque retard, votre aimable lettre du 14 mars, et je vous remercie vivement de votre invitation à collaborer à votre revue. J'accepte bien volontiers, car je tiens personnellement à tout ce qui peut, aujourd'hui, affirmer et affermir les liens spirituels qui rattachent mon pays à la France. Je crois, d'ailleurs, que votre initiative est très heureuse, et je vous félicite d'avoir songé à grouper les écrivains qui sont en zone libre. Beaucoup, je pense, auront refusé, – comme moi-même, – de rien envoyer à la nouvelle NRF, si navrante...

C'est avec plaisir que je vous tiendrai au courant de ce qui se fait en Suisse dans les divers domaines de l'activité intellectuelle et artistique. Dites-moi seulement sous quelle forme vous concevez cette „correspondance": songez-vous à une série de renseignements, à une sorte de bulletin qui serait rédigé à votre usage et d'où vous tireriez ce qui vous paraîtrait de quelque intérêt ? Ou plutôt à une chronique, plus „écrite", et qui paraîtrait dans la revue ?

Letter from Albert Béguin, professor of French literature at the University of Basel, and close friend of Mounier and Seghers, to Colette, March 29, 1941; Colette had asked him to participate in a future literary journal she planned to start in the Unoccupied Zone (but which never saw the light of day): "I warmly thank you for your invitation to collaborate on your journal. I most willingly accept, because I personally value everything that might, today, affirm and strengthen the spiritual ties linking my country [Switzerland] to France. I believe, furthermore, that your initiative is very fortunate, and I congratulate you for having thought to regroup the writers who are in the free zone. Many, I think, have refused–like myself–to send anything to the new *NRF*, which is so disheartening."

In March 1942, Albert Béguin founded, with the help of Bernard Anthonioz, *Les Cahiers du Rhône*, which were published in Neuchâtel by Éditions de La Baconnière. Like Éditions À la Porte d'Ivoire or Éditions des Trois Collines, *Les Cahiers* compiled literary texts of the French Resistance and reprinted, for example, the anthology *Poésie et Vérité 1942* [Poetry and Truth] (1942), by Éluard, in 1943. This special issue, titled "*Cahier des prisonniers*," printed in Geneva on Easter 1943, was sold for the benefit of POW camp libraries: "It was the young people of Geneva, the earliest initiators of our publication, who had the idea of collecting prisoners' writings: desire to know better what the 'immobile men' in the camps are thinking, to understand the moral conditions in which their captive comrades are living, and to imagine their existence better than is permitted by the reports about showers, barracks, and lectures filling the newspapers."

Despite the fact that the United States proved rather parsimonious when it came to issuing visas, New York became one of the centers of intellectual life for the exiled French, a fact borne out by several institutions.

There was the École libre des hautes études, which became part of the New School for Social Research. The New School—which had already offered its hospitality to German intellectuals exiled during the 1930s—welcomed French refugee scholars after 1940. Under the leadership of Gustave Cohen, French professors at the New School preserved their autonomy by grouping together to form a certified French University, which they named the École libre des hautes études in an allusion to the École pratique des hautes études in Paris. There were also three publishers of French books in New York during World War II. Éditions de la Maison française was founded in 1940 by the Librairie de France, located at Rockefeller Center (where it continued to function until quite recently), and "La Bibliothèque française" was a collection brought out by Brentano's during the war. Jacques Schiffrin, a Parisian publisher forced into exile by the laws on the status of Jews, established a new publishing house in New York—Jacques Schiffrin & Co.—then joined forces with the publisher Kurt Wolff, who, like himself, had arrived in New York in 1941 with the help of Varian Fry. Kurt Wolff, who had been the head of Pantheon in Germany, resumed his publishing activities in New York under that same name. Until their decision to work together, the two publishers, Schriffin and Wolff, had been in competition; once united, Kurt and Helen Wolff supervised Pantheon's German series and Jacques Schiffrin its French.

The Emergency Committee in Aid of Displaced Foreign Scholars, composed of officials of American universities and foundations, had taken on the task of finding teaching positions for refugee European scholars and scientists. The task was far from easy. After December 1941, the war mobilization emptied out America's universities. Few courses were offered, but universities were obliged to stay open—

without, however, hiring new teaching staff. The refugee researchers who were arriving with some frequency encountered problems of language and of adaptation to American culture. Despite the good will of the Americans, exile was painful for many.

French exiles in the United States felt an obligation to speak with one voice, yet never managed to agree. Vichy partisans (quite numerous among those who had been living in the United States for years) struggled for power with those of de Gaulle (who, despite their divisions, were dominant among recent refugees). Gradually, as the ranks of the Vichy supporters thinned, a number of French refugees—encouraged by the Americans—gave their allegiance to General Giraud. It was only toward the end of the war that the French in America undertook to close ranks around General de Gaulle, though not without a certain reticence . . .

Robert O. Paxton

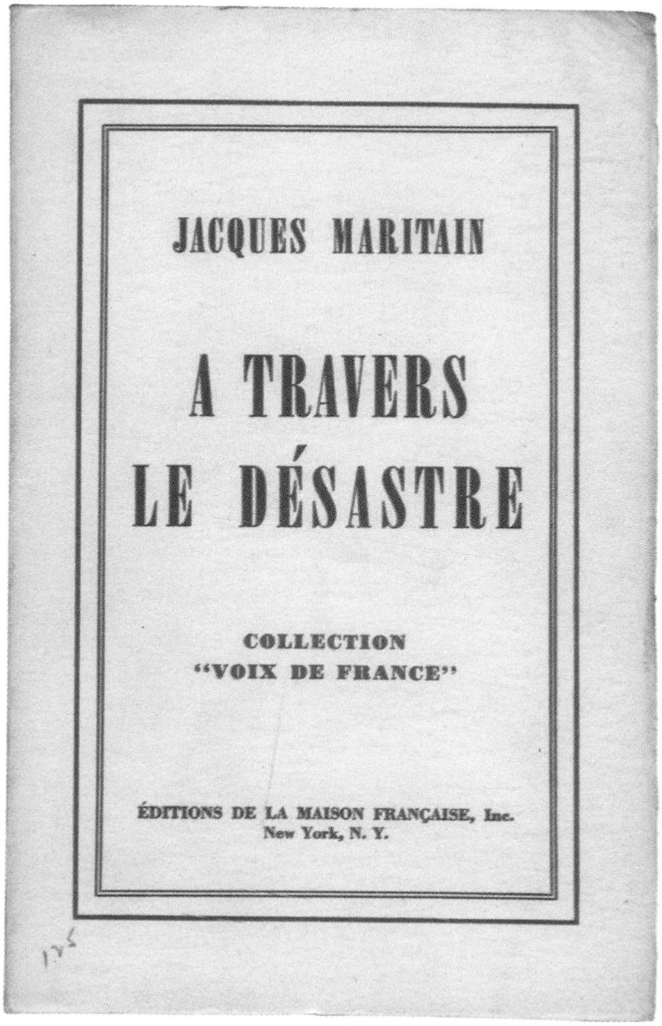

Original edition of Jacques Maritain's *À travers le désastre* [Through the Disaster], published in January 1941 in the "Voix de France" collection of Éditions de la Maison française, New York. From early in 1940, Maritain had been criss-crossing Canada and the United States giving lectures on philosophy; he was also charged by the director of the French Works Abroad service of the Quai d'Orsay, Jean Marx, with increasing awareness of the war in Europe among North American intellectuals. The armistice of June 1940 forced him to remain in New York, where he quickly became one of the leading writers of the Resistance in exile.

In his introduction to a re-edition by Éditions des Deux-Rives in January 1946, Maritain retraced the fate of *À travers le désastre*: "Written after the armistice of June 1940 by a Frenchman sought by the German police in Paris and whose mission in America had abruptly changed into exile by virtue of the military disaster and the advent of the Vichy regime, *À travers le désastre* was published in New York by Éditions de la Maison française in January 1941. Thanks to Claude Aveline, Paul Hartmann, Edmond Michelet, Father Chaillet, and others whose names I am unaware of, the book knew several clandestine printings during the Occupation in the so-called free zone; in November 1942, it appeared with Éditions de Minuit in Paris through the efforts of Vercors, the linotypist Roulois, and the master printer Aulard." An early manifesto rejecting the Vichy ideology, *À travers le désastre*, the second title published by Éditions de Minuit (after *Le Silence de la mer* by Vercors, see p. 280) rapidly achieved a readership within the French Resistance and reappeared in several underground editions.

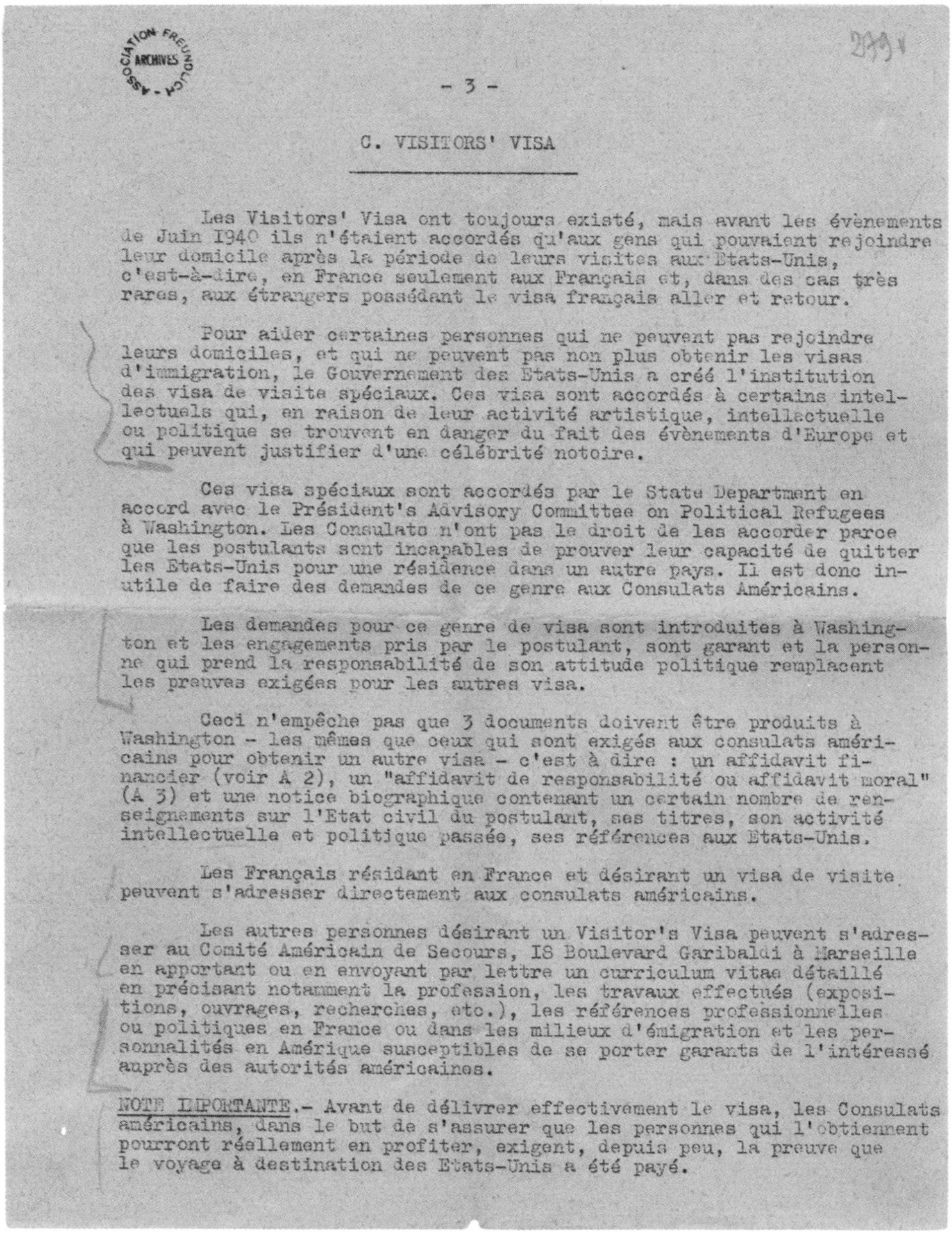

ASSOCIATION FREUNDLICH ARCHIVES

\- 3 -

C. VISITORS' VISA

Les Visitors' Visa ont toujours existé, mais avant les évènements de Juin 1940 ils n'étaient accordés qu'aux gens qui pouvaient rejoindre leur domicile après la période de leurs visites aux Etats-Unis, c'est-à-dire, en France seulement aux Français et, dans des cas très rares, aux étrangers possédant le visa français aller et retour.

Pour aider certaines personnes qui ne peuvent pas rejoindre leurs domiciles, et qui ne peuvent pas non plus obtenir les visas d'immigration, le Gouvernement des Etats-Unis a créé l'institution des visa de visite spéciaux. Ces visa sont accordés à certains intellectuels qui, en raison de leur activité artistique, intellectuelle ou politique se trouvent en danger du fait des évènements d'Europe et qui peuvent justifier d'une célébrité notoire.

Ces visa spéciaux sont accordés par le State Department en accord avec le Président's Advisory Committee on Political Refugees à Washington. Les Consulats n'ont pas le droit de les accorder parce que les postulants sont incapables de prouver leur capacité de quitter les Etats-Unis pour une résidence dans un autre pays. Il est donc inutile de faire des demandes de ce genre aux Consulats Américains.

Les demandes pour ce genre de visa sont introduites à Washington et les engagements pris par le postulant, sont garant et la personne qui prend la responsabilité de son attitude politique remplacent les prauves exigées pour les autres visa.

Ceci n'empêche pas que 3 documents doivent être produits à Washington - les mêmes que ceux qui sont exigés aux consulats américains pour obtenir un autre visa - c'est à dire : un affidavit financier (voir A 2), un "affidavit de responsabilité ou affidavit moral" (A 3) et une notice biographique contenant un certain nombre de renseignements sur l'Etat civil du postulant, ses titres, son activité intellectuelle et politique passée, ses références aux Etats-Unis.

Les Français résidant en France et désirant un visa de visite peuvent s'adresser directement aux consulats américains.

Les autres personnes désirant un Visitor's Visa peuvent s'adresser au Comité Américain de Secours, I8 Boulevard Garibaldi à Marseille en apportant ou en envoyant par lettre un curriculum vitae détaillé en précisant notamment la profession, les travaux effectués (expositions, ouvrages, recherches, etc.), les références professionnelles ou politiques en France ou dans les milieux d'émigration et les personnalités en Amérique susceptibles de se porter garants de l'intéressé auprès des autorités américaines.

NOTE IMPORTANTE.- Avant de délivrer effectivement le visa, les Consulats américains, dans le but de s'assurer que les personnes qui l'obtiennent pourront réellement en profiter, exigent, depuis peu, la preuve que le voyage à destination des Etats-Unis a été payé.

A memorandum on the subject of immigration to the United States, distributed by the American consulate in Marseille (1941). This document, preserved in the archives of Otto Freundlich and his partner Jeanne Kosnick-Kloss, is annotated, particularly on the page headed "Visitor's Visa." Freundlich and Kosnick-Kloss were unable to benefit from the procedure, which had been specially implemented by American authorities in order to receive specific "intellectuals who, because of their artistic, intellectual, or political activities, may face dangers as a result of events in Europe and whose requests may be justified by their prominence." The procedure required that applicants without family members in the United States file an affidavit from an individual pledging food, lodging, and clothing during their entire period of exile.

58 Cleveland Lane   Princeton New Jersey

Le 11 Octobre [1940]

ARCHIVES PAULHAN

Cher Jean,

voici,vous dites que la chaire de Harvard vous tenteriez. Quelque chose de beaucoup plus modeste pourrait s'offrir a Princeton.

J'ai vu hier le doyen Gauss,un homme tres bien,connaissant bien Les lettres francaises ,et la N.R.F. Il est pret a tout faire pour vous faciliter la venue aux U.S.A. tout sauf de l'agtent. L'universite periclite,est près de la faillite.Mais on a trouve moyen d'inviter Jaques Maritain,a lui offrir un poste.Bon.Pour ce qui est des choses materielles je pourrais m'en occuper,le voyage et votre sejour ici avec Germaine,un peu modestement peut-etre,mais en realite la vie n'est pas plus chere qu'en France,on me dit. Vous viendriez d'abord a Princeton vous pourriez faire sous l'egide de l'universite quelques conferences,trois m'a-t-on dit .Jesais si c'est un minimum. Ces conferences ne seraient pas payees,mais la salle serait mis a votre disposition. Ce ne pas beaucoup mais serait un commencement .Vous pourriex ensuite aller a Columbia, a Harvard et aux milliers de ces Instituitions qui existent ici.La,vous toucheriez un cachet sans doute. Au fond je n'en sais rien mais c est comme cela que je l'imagine. On parle aussi de vous nommer instructor,c'est a dire vous liriez un auteur francais ,Proust par ex avec un petit groupe d'etudiants,une dizaine.Mais la aussi la faculte ne peut rien,c'est toujours un point de depart .Il faudrait aussi que d'ici là vous apprreniez assez d'anglais pour vous entretenir avec vos etudiants.

Septembre 41

Que pensez vous? Je sais rien de vos projets.Peut-etre trouverez vous un poste a Paris.Mais il me semble que c'est a tenter Pour six mois ,un an au besoin ou plus longtemps si vous trouvez une occupation qui vous plaise.

jusque a Lisbonne

Le voyage est fatigant.Les Rougemont ont ete retenus 9 heures a la douane espagnole pres de Perpignan.

Si vous pouviez vous faire donner une mission par Vichy ce serait bien.Mais je pense qu'avec la lettre que le doyen m'ecrira disant aue Princeton serait honore de vous trouver parmi les siens que le consul americain vous donnera un visa. Vous pourriez vous informer ,c'est a Lyon qu'il faut ecrire ou aller .

Mais l'essentiel est de savoir si la chose vous tente. Et surtout de savoir si vous aurez un visa francais.Ecrivez-moi donc de suite ou cablez et je commencerai les demarches pour le visa americain.

Le beau temps est arrive,l'automne est rutilant. ca flame par tout.Barbara peint,elle a fait deja deux jolies toiles.

Un mot pour que je sache si Darier a fait le necessaire.Avez vous des nouvelles des Groet,je suis inquiet.Impatiemment

affectueusement
H. Church

Letter from Henry Church, sponsor of the French literary journal *Mesures*, to Jean Paulhan, October 11, 1940, suggesting that he seek exile in the United States, giving lectures at Princeton, Columbia, or Harvard University: "I saw Dean Gauss [of Princeton] yesterday, a very good man, well versed in French letters and the *NRF*. He is prepared to do anything to facilitate your coming to the U.S.A., anything but give you money. The university is going downhill and nearing bankruptcy. But they managed to find a way to invite Jacques Maritain and offer him a position . . . The trip to Lisbon is exhausting. The Rougemonts were kept for nine hours at Spanish customs, near Perpignan." Later on, Henry Church managed to transfer money, working through Paulhan, to French writers in need.

Hannah Arendt-Bluecher 7.2.42

Swarthy. intelligent. Sparing of words. Courteous. Efficient.

Is publishing a long article on Dreyfus for Jewish Social Studies of July 1942.

Wants fellowship to enable her to finish and publish her researches on Jewish questions.

Nov. 10, 1943 No recent contact. Close.

Report of the Emergency Committee in Aid of Displaced Foreign Scholars on Hannah Arendt, dated July 2, 1942. The Emergency Committee, created in 1933 in New York to benefit German academics in exile, extended the scope of its activity in 1938 to other intellectuals fallen victim to Nazi expansionism. The German Jewish philosopher Hannah Arendt, a disciple of Heidegger and Jaspers, was forced to leave Germany in 1933 for France. At the time, she had published only one book, her thesis on Saint Augustine (1929). In 1940, having recently married a former Spartacist, Heinrich Blücher, she was interned, as a stateless individual, in the camp at Gurs, but succeeded in making her way to Marseille, where she obtained a visa to Portugal, thanks to Varian Fry's American Relief Center. She embarked in May 1942 from Lisbon to the United States and settled in New York, where her situation remained precarious for a considerable time. This record indicates that Hannah Arendt, "intelligent, courteous, efficient," wished to obtain an academic scholarship to complete and publish her work on the Jewish question. In absence of further contacts from her, her file was closed in November 1943 . . . Long after the war, she reported on the Jerusalem trial of the Nazi Adolf Eichmann, during which she forged the concept of the "banality of evil."

Jules Romains, the celebrated author of *Les Hommes de bonne volonté* [Men of Good Will, 1932–1946] and president at the time of the International PEN Club, was a militant supporter during the interwar years of the "France-Germany couple" (which was the title of one of his works, published in 1934) and served as a member of the defunct and much criticized Comité France-Allemagne. He took refuge in New York in June 1940, where he spoke to his compatriots via radio. His *Messages aux Français* (New York: Éditions de la Maison francaise, 1941) was a collection of "six appeals to the French people, delivered from New York between the beginning of August 1940 and the end of May 1941. Four of these appeals were transmitted to France, relayed by the BBC; the remaining two by station WRUL in Boston via short wave . . . This is Jules Romains speaking to you. He is speaking to you from New York. But since his voice would have difficulty reaching you across the Atlantic, the BBC has loaned us a relay." As of 1941, he was living in Mexico.

Invited to the United States in 1941 (he traveled on the same ship as André Breton), the young anthropologist Claude Lévi-Strauss stayed there for six years, deepening and broadening his field of theoretical inquiry, while teaching at the New School for Social Research in New York. Along with Henri Focillon, Jacques Maritain, Roman Jakobson, and others, he founded and became general secretary within the New School of the École libre des hautes études, "a kind of French-language university in exile."

(Jean Wahl 4 février 1941.

Monsieur

Monsieur A. Digeon me conseille de vous écrire. Voici dans quelles conditions j'ai cessé mes fonctions à la Sorbonne le 20 décembre 1940, par application de la "loi" dite "statut des Juifs." Je serais heureux d'avoir l'honneur de donner des conférences ou un enseignement en Amérique, pendant un semestre ou peut-être deux, en 1941 (et même 1942)

Je suis né le 25 mai 1888. à Marseille. Ma thèse date de 1920. Elle porte sur les philosophies pluralistes d'Angleterre et d'Amérique. Elle a été traduite en anglais. Je faisais paraître en même temps une courte étude sur le rôle de l'idée de l'instant dans la philosophie de Descartes. Depuis, j'ai étudié la philosophie de Hegel et sa formation (Le malheur de la conscience dans la philosophie de Hegel). J'ai donné un Commentaire du Parménide de Platon (Etude sur le Parménide). J'ai rassemblé dans un ouvrage intitulé Vers le Concret des pages consacrées à trois philosophes (William James, Whitehead, Gabriel Marcel) qui me paraissaient propres à

Freshman Issue

The Mount Holyoke News

Entered as second-class matter, October 5, 1917, at Post Office at South Hadley, Mass., under Act of March 3, 1879

SOUTH HADLEY, MASS., SATURDAY, SEPTEMBER 26, 1942

Packaged As Meat, Frenchman Jean Wahl Flees Nazi Captors In Dramatic Escape

by Marion Kingston

The release of a French philosophy professor from a concentration camp, and his desperate escape over the frontier into unoccupied France disguised as a package of meat sounds like first-rate source material for a play or a novel. But this is only part of the dramatic story of Jean Wahl (pronounced Vahl), erudite professor formerly at the Sorbonne, now teaching in our philosophy department. Although quiet and unassuming, M. Wahl is already known on campus as the small dark man with the French accent. He arrived here from Europe on July 29, exactly one year after the day that he was arrested by the Gestapo in Paris for refusing to collaborate with the Nazi administration.

After his arrest and maltreatment in July he was placed in a German prison in Paris, where he waited for two months without coming up for trial. While in prison he was compelled to clean his cell and mop floors, and the conditions there, isolated from the other prisoners and under the constant thumb of German guards, were even worse than those in the concentration camp near Paris to which he was transferred on September 6. The concentration camp was French-administered, and the prisoners amused themselves by visiting and by teaching one another. Here M. Wahl delivered two lectures on the philosophy of Bergson, on whom he is an authority. Life in the camp was frequently cold, since there was snow

Jean Wahl

in Paris as early as October, and people were starving on the two meals of thin soup served each day. The camp suffered from epidemics, and it was during one of these that M. Wahl was permitted by the French doctors to return home.

Once free of the concentration camp, the main problem was to leave occupied France before he was reinterned. It was then that he made his escape over the frontier in a butcher's wagon, concealed among the fresh meat. After passing the rest of the

(Continued on page 3, column 5)

Flees Nazi Captors In Dramatic Escape

(Continued from page 1, column 3)

winter in unoccupied France, M. Wahl came to the United States, where he has seen a little of New York and a great deal of South Hadley. Here he took an active part of the discussions at the Ecole Libre des Hautes Etudes held on campus this summer. At present he is teaching three courses in philosophy.

Born in Marseilles, M. Wahl taught at the Université de Lyons before going to the Sorbonne. He has relatives now in France, and is therefore reluctant to tell anything which might harm them if it got back to the Nazis. He has received many letters from the students at the Sorbonne, expressing their discontent with Nazi rule and their hopes for the victory of the Allies. An eminent scholar and

(Continued on page 4, column 2)

Flees Nazi Captors In Dramatic Escape

(Continued from page 3, column 5)

the author of many books, M. Wahl is gentle and not too bitter about the mistreatment and sacrifices he has undergone, but has showed the courage to stand firm before the Nazi domination.

Letter from Jean Wahl, then a refugee in Lyon with Marc Barbezat, to the Emergency Committee in Aid of Displaced Foreign Scholars, dated February 4, 1941: "Monsieur A. Digeon [an Anglicist] advises me to write to you. Here are the circumstances in which I stopped teaching at the Sorbonne on December 20, 1940, in application of the 'law' known as the 'Jewish statute.' I would be happy to have the honor of giving lectures or teaching in America, for a semester or perhaps two, in 1941 (and even 1942)." This is followed by a list of his publications and philosophical activities. "You will appreciate, Monsieur, the feeling of gratitude with which I would resume contact, thanks to America, thanks to you (should my plan be achieved) with students, with teaching."

In *The Mount Holyoke News* of September 26, 1942, Jean Wahl recounted the circumstances of his arrest by the Gestapo on July 31, 1941, the humiliations undergone in the Santé prison, and his miraculous exit from the Drancy camp on the occasion of an epidemic. His friend and colleague, the philosopher Maurice de Gandillac, evoked the "almost ghostlike appearance of Jean Wahl" when he returned to Paris in September 1941. Wahl also offered testimony of his crossing of the line of demarcation. The title of the unsigned article ("Packaged as Meat, Frenchman Jean Wahl Flees Nazi Captors in Dramatic Escape") alludes to the fact that the writer hid in a meat truck in order to cross into the Unoccupied Zone.

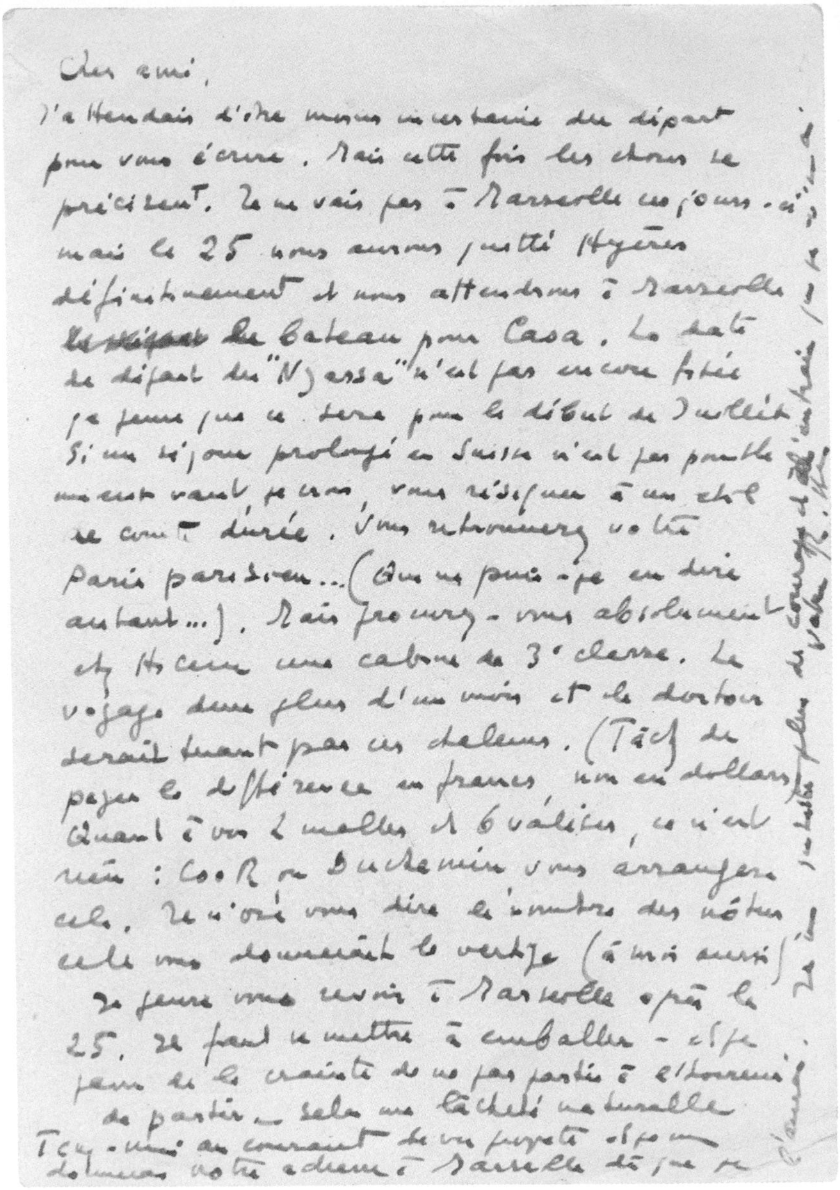

Cher ami,
J'attendais d'être moins incertaine du départ pour vous écrire. Mais cette fois les choses se précisent. Je ne vais pas à Marseille ces jours-ci mais le 25 nous aurons quitté Hyères définitivement et nous attendrons à Marseille ~~le départ~~ le bateau pour Casa. La date de départ du "Njassa" n'est pas encore fixée je pense que ce sera pour le début de Juillet. Si un séjour prolongé en Suisse n'est pas possible mieux vaut, je crois, vous résigner à un exil de courte durée. Vous retrouverez votre Paris parisien... (Que ne puis-je en dire autant...). Mais procurez-vous absolument chez Hicem une cabine de 3e classe. Le voyage dure plus d'un mois et le dortoir serait tuant par ces chaleurs. (Tâchez de payer la différence en francs, non en dollars. Quant à vos 2 malles et 6 valises, ce n'est rien : Cook ou Duchemin vous arrangera cela. Je n'ose vous dire le nombre des nôtres cela vous donnerait le vertige (à moi aussi) Je pense vous revoir à Marseille après le 25. Il faut se mettre à emballer – [illegible]

The philosopher Rachel Bespaloff, of Ukrainian Jewish origin, and already exiled from Russia after the October Revolution, intuited that she would have to leave again. A refugee at the time in Hyères, she wrote this "interzone card" to Jean Wahl in 1942: "If a stay in Switzerland is not possible, it would be better, I think, to resign yourself to an exile of short duration. You will return to your Parisian Paris . . . But be absolutely sure to procure for yourself from Hicem [an organization assisting in the emigration of European Jews] space in a third-class cabin. The trip lasts more than a month and the dormitory area would prove murderous because of the heat. (Try to pay the difference in francs, not dollars). As for your two trunks and six suitcases, not to worry: Cooke or Duchemin will take care of things for you." The families of Rachel Bespaloff and Jean Wahl left Marseille on the same boat, the *Njarsa*, in June 1942. "The rather wretched boat is taking us away, us refugees," Wahl wrote. After a stop in Casablanca, where the Maurrassian philosopher Pierre Boutang welcomed them, they arrived in New York on August 1, 1942.

Jean Wahl taught at Mount Holyoke College (Massachusetts) from 1942 to 1945. With Gustave Cohen and Jacque Maritain, he revived there the summertime tradition of the Pontigny "Decades" (see p. 32), giving, as seen in this photo, lectures outdoors. He also assembled contributions for an important 1943 double issue of the journal *Fontaine,* devoted to the writers and poets of the United States (see p. 335).

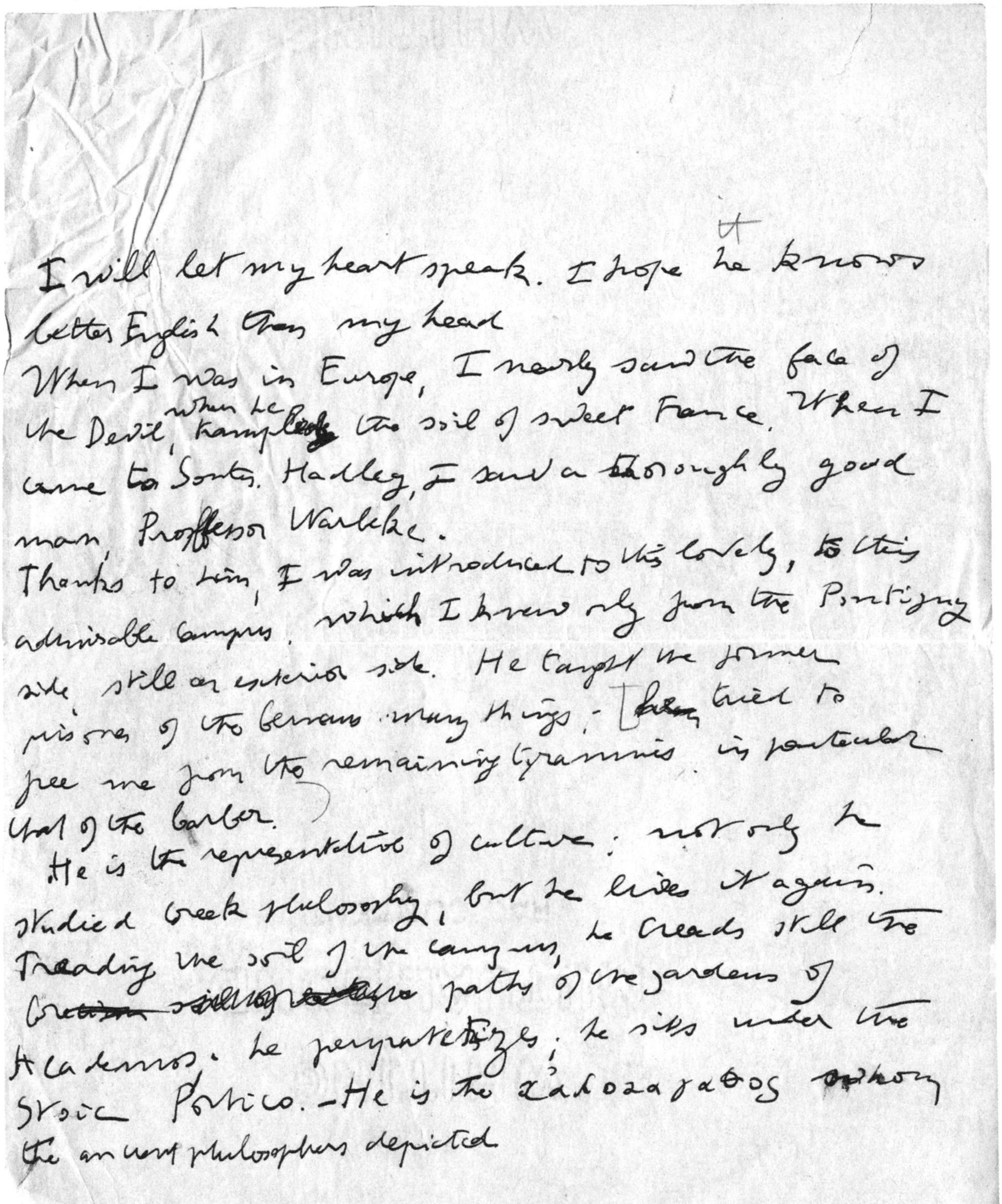

I will let my heart speak. I hope it knows better English than my head

When I was in Europe, I nearly saw the face of the Devil, when he trampled the soil of sweet France. When I came to South Hadley, I saw a thoroughly good man, Proffessor Warbeke.

Thanks to him, I was introduced to this lovely, to this admirable campus, which I knew only from the Pontigny side, still an exterior side. He taught the former prisoners of the Germans many things; he tried to free me from the remaining tyrannies in particular that of the barber.

He is the representative of culture: not only he studied Greek philosophy, but he lives it again. Treading the soil of the campus, he treads still the paths of the gardens of Academos. he perypatetizes; he sits under the Stoic Portico. – He is the καλοκαγαθος whom the ancient philosophers depicted

Text of a lecture by Jean Wahl in homage to Professor John M. Warbeke, delivered in English at Mount Holyoke College shortly after his arrival: "When I was in Europe, I nearly saw the face of the Devil, when he trampled the soil of sweet France."

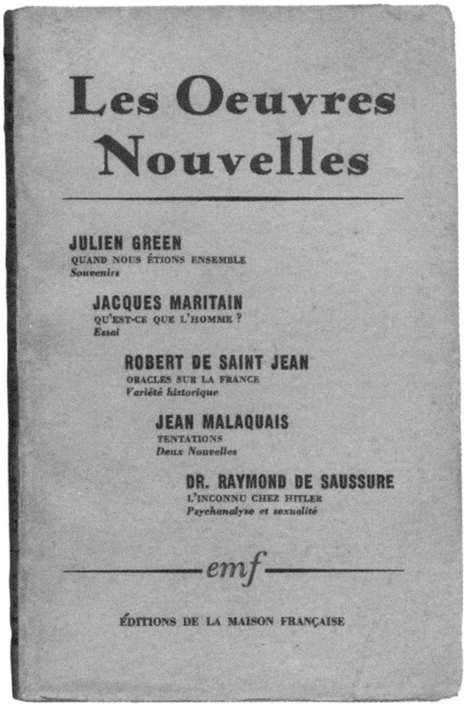

Les Oeuvres Nouvelles

JULIEN GREEN
QUAND NOUS ÉTIONS ENSEMBLE
Souvenirs

JACQUES MARITAIN
QU'EST-CE QUE L'HOMME ?
Essai

ROBERT DE SAINT JEAN
ORACLES SUR LA FRANCE
Variété historique

JEAN MALAQUAIS
TENTATIONS
Deux Nouvelles

DR. RAYMOND DE SAUSSURE
L'INCONNU CHEZ HITLER
Psychanalyse et sexualité

emf

ÉDITIONS DE LA MAISON FRANÇAISE

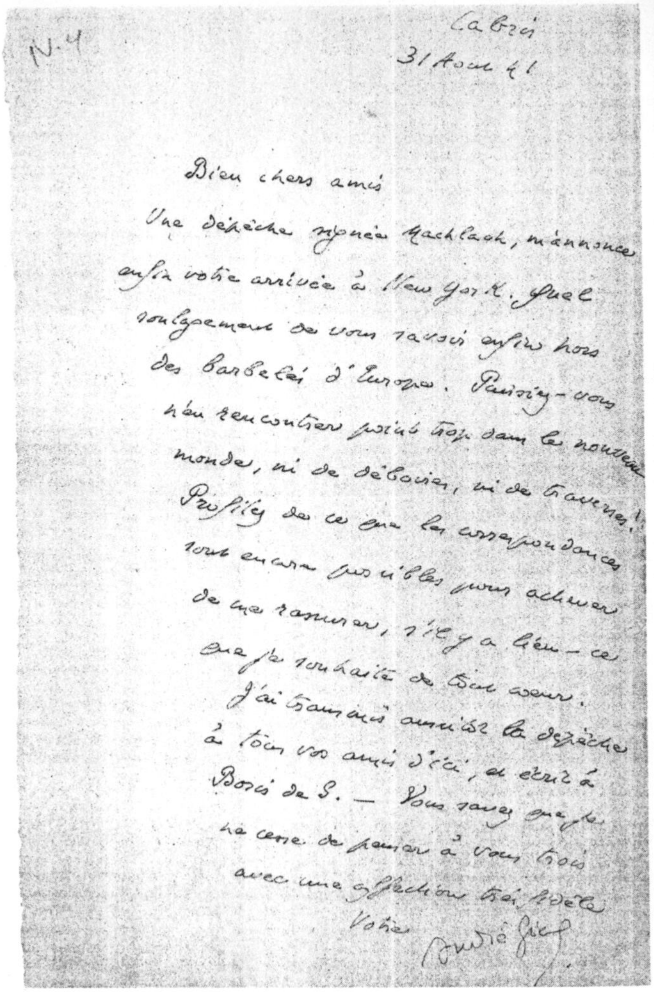

N. 4

Cabris
31 Août 41

Bien chers amis

Une dépêche signée Macklash, m'annonce enfin votre arrivée à New York. Quel soulagement de vous savoir enfin hors des barbelés d'Europe. Puissiez-vous n'en rencontrer point trop dans le nouveau monde, ni de déboires, ni de traverses! Profitez de ce que les correspondances sont encore possibles pour achever de me rassurer, s'il y a lieu – ce que je souhaite de tout cœur.

J'ai transmis aussitôt la dépêche à tous vos amis d'ici, et écrit à Boris de S. — Vous savez que je ne cesse de penser à vous trois avec une affection très fidèle

Votre
André Gide

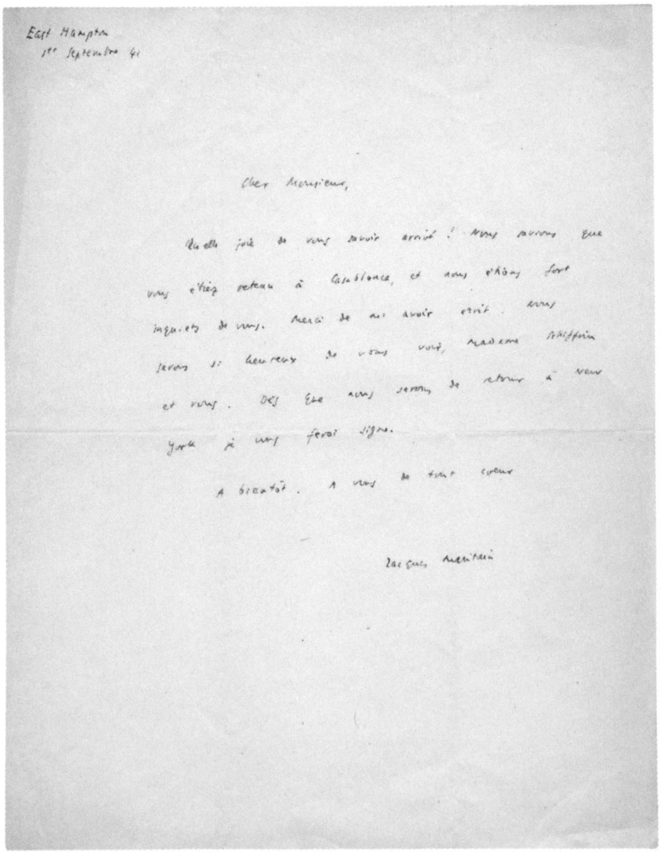

East Hampton
1er Septembre 41

Cher Monsieur,

Quelle joie de vous savoir arrivé ! Nous savions que vous étiez retenu à Casablanca, et nous étions fort inquiets de vous. Merci de m'avoir écrit. Nous serons si heureux de vous voir, Madame Schiffrin et vous. Dès que nous serons de retour à New York je vous ferai signe.

A bientôt. A vous de tout cœur

Jacques Maritain

Jacques Maritain, "*Qu'est-ce que l'homme?*" [What is man?]: the text, which appeared in *Fortune* in April 1942, was reprinted in a collective volume, *Les Œuvres nouvelles* [The New Works], published by Éditions de la Maison française in 1943.

André Gide had loaned money to the Schiffrins in order to leave France. On August 31, 1941, he wrote to Jacques Schiffrin of his "relief" at learning that they had at last landed in New York: "A dispatch signed Macklash [for Archibald MacLeish, director of the Library of Congress] at last informs me of your arrival in New York. What a relief to know that you are at last outside the barbed wires of Europe. May you not encounter too many more in the new world, neither disappointments nor obstacles!"

On September 1, 1941, Jacques Maritain wrote to Jacques Schiffrin, who had just arrived in New York after a long sea voyage: "What a joy to know you have arrived! We knew that you had been held up in Casablanca, and we were quite worried about you."

Croton Falls, N.Y.
21 Août 1942

Cher Monsieur et ami,

Ce mot en hâte pour vous dire que je n'ai pas encore aucune décision au sujet de la "France Libre". Le projet est en train depuis longtemps, mais maintenant que ce qui me reste de temps, et de forces après mon travail ordinaire est dévoré par mes fonctions d'"acting-president" de l'Ecole libre des Hautes Etudes, j'hésite beaucoup à accepter une charge supplémentaire.

A supposer que je prenne la direction de l'édition américaine de la France Libre, il va sans dire que ce serait une joie pour moi de collaborer avec vous.

J'espère vivement qu'à notre retour à New-York nous pourrons vous voir, Mme Schiffrin et vous, plus fréquemment que l'an dernier. Vous espériez aussi voir Mme Bespaloff. Ne peut-on rien faire pour Boris de Schloezer? Il faudrait chercher d'urgence des affidavits pour eux trois, mais avez-vous toutes les indications

Letter from Jacques Maritain, from Croton Falls, New York, to Jacques Schiffrin, on August 21, 1942: "These words written in haste to tell you that I have not yet taken any decision on the subject of *'La France Libre'*: the project has been underway for quite a while, but now that whatever time and energy I have left after my normal work is devoured by my functions as 'acting president' of the École libre des Hautes Études, I am quite reluctant to accept an additional burden. If I were to assume editorship of the American edition of 'La France Libre,' it goes without saying that it would be a joy for me to collaborate with you."

RECEIVED
MAR 21 1944
E.C.A.D.
ANS.

Jacques Maritain
30 Fifth Avenue
New York 11, N.Y.

March 18, 1944

Dr.Stephen Duggan, Chairman
Emergency Committee in Aid of
Displaced Foreign Scholars, Room 904
2 West 45th Street
New York 19, N.Y.

Dear Dr.Duggan,

Please excuse my involuntary delay in answering your letter of February 29. I was obliged to leave town several times and to let my mail go during then.

I enclose the list of publications which I made since the middle of 1942.

In connection with the war effort: Since August 30, 1943 I have been making a weekly broadcast for the overseas service of the OWI. I also wrote in October, 1942 a booklet (Christianity and Democracy) which was requested by the OWI and was dropped on France by air.

As for my citizenship status, I am a French citizen, and have my first papers since August 15, 1941.

I should like to take this opportunity to tell you how touched I was at learning that the Emergency Committee in Aid of Displaced Foreign Scholars awarded me a grant for my course at Columbia University; and to express my most cordial thanks to you as well as to Professor Nelson P.Mead.

Very sincerely yours,
Jacques Maritain
Jacques Maritain

Letter from Jacques Maritain to the Emergency Committee in Aid of Displaced Foreign Scholars, March 1944, with a list of his publications and radio appearances, and his thanks for their having permitted him to teach at Columbia University.

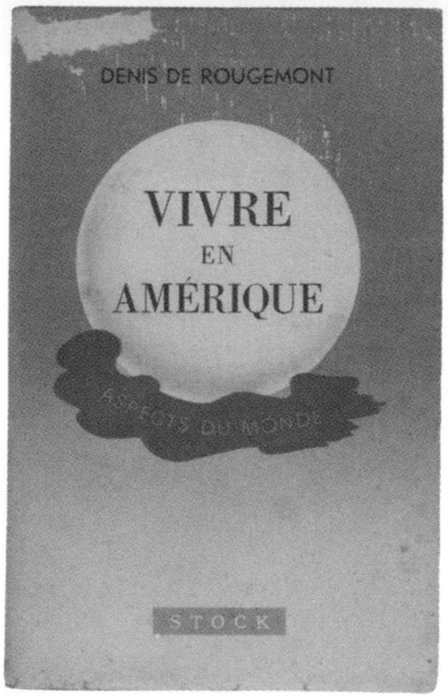

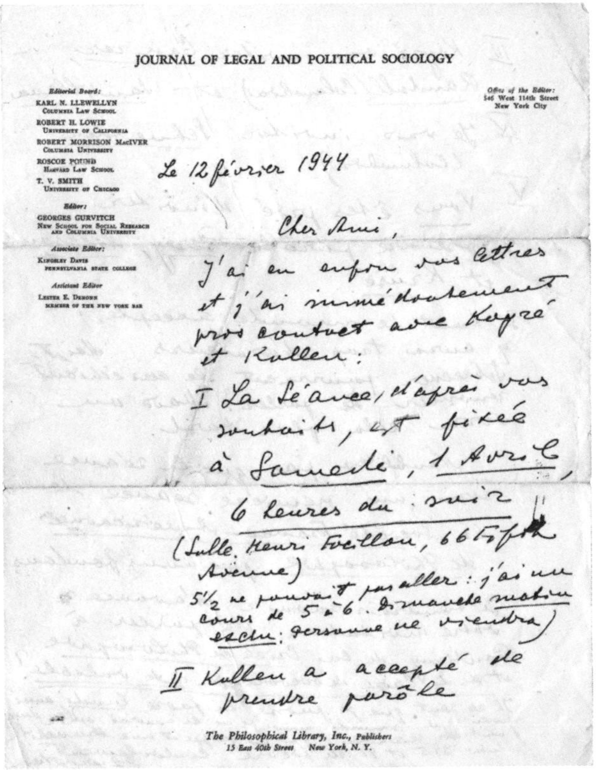

JOURNAL OF LEGAL AND POLITICAL SOCIOLOGY

Editorial Board:
KARL N. LLEWELLYN
Columbia Law School
ROBERT H. LOWIE
University of California
ROBERT MORRISON MacIVER
Columbia University
ROSCOE POUND
Harvard Law School
T. V. SMITH
University of Chicago

Editor:
GEORGES GURVITCH
New School for Social Research and Columbia University

Associate Editor:
Kingsley Davis
Pennsylvania State College

Assistant Editor
Lester E. Denonn
Member of the New York Bar

Office of the Editor:
546 West 114th Street
New York City

Le 12 février 1944

Cher Ami,

J'ai eu enfin vos lettres et j'ai immédiatement pris contact avec Koyré et Kallen:

I La séance, d'après vos souhaits, est fixée à Samedi, 1 Avril, 6 heures du soir (Salle Henri Focillon, 66 Fifth Avenue)

5½ ne pouvait pas aller: j'ai un cours de 5 à 6. Dimanche matin exclu: personne ne viendra)

II Kallen a accepté de prendre parole

The Philosophical Library, Inc., Publishers
15 East 40th Street New York, N. Y.

Denis de Rougemont, sent to the United States in late August 1940 to lecture on his native Switzerland, settled near New York in October of the same year. Teaching as of 1942 at the École libre des hautes études, then writing scripts for "La Voix de l'Amérique parle aux Français" (see p. 334), he wrote a series of articles on American civilization that appeared after the war in *Carrefour, Le Figaro, Le Journal de Genève, La Gazette de Lausanne, Fontaine, Esprit*, etc. They were collected in the volume *Vivre en Amérique* [Living in America], published in 1947 by Éditions Stock.

Letter from the sociologist Georges Gurvitch (on stationery of the *Journal of Legal and Political Sociology*, which he edited) to Jean Wahl, February 12, 1944. Exiled since 1940 in New York, where he participated in the founding of the École libre des hautes études, he was at the time preparing with Wahl the first session of the Franco-American Society of Philosophy, which would take place on April 1 in the Henri Focillon Room, 66 Fifth Avenue; they had contacted numerous important philosophers, including Alexandre Koyré, Ernst Cassirer, John Herman Randall, Giorgio de Santillana, and Cornelis Krusé.

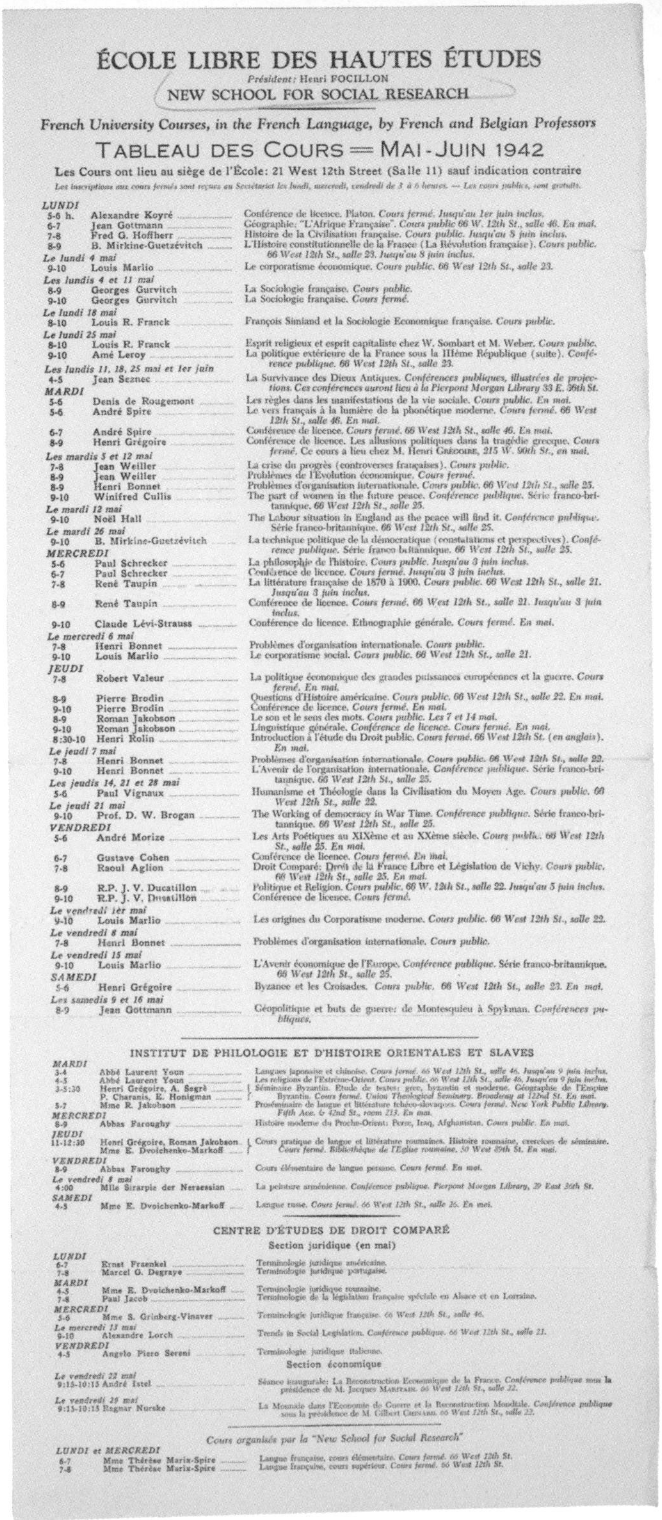

ÉCOLE LIBRE DES HAUTES ÉTUDES

Président: Henri FOCILLON

NEW SCHOOL FOR SOCIAL RESEARCH

French University Courses, in the French Language, by French and Belgian Professors

TABLEAU DES COURS = MAI-JUIN 1942

Les Cours ont lieu au siège de l'École: 21 West 12th Street (Salle 11) sauf indication contraire

Les inscriptions aux cours fermés sont reçues au Secrétariat les lundi, mercredi, vendredi de 3 à 6 heures. — Les cours publics, sont gratuits.

LUNDI		
5-6 h.	Alexandre Koyré	Conférence de licence. Platon. *Cours fermé. Jusqu'au 1er juin inclus.*
6-7	Jean Gottmann	Géographie: "L'Afrique Française". *Cours public 66 W. 12th St., salle 46. En mai.*
7-8	Fred G. Hoffherr	Histoire de la Civilisation française. *Cours public. Jusqu'au 8 juin inclus.*
8-9	B. Mirkine-Guetzévitch	L'Histoire constitutionnelle de la France (La Révolution française). *Cours public. 66 West 12th St., salle 23. Jusqu'au 8 juin inclus.*
Le lundi 4 mai		
9-10	Louis Marlio	Le corporatisme économique. *Cours public. 66 West 12th St., salle 23.*
Les lundis 4 et 11 mai		
8-9	Georges Gurvitch	La Sociologie française. *Cours public.*
9-10	Georges Gurvitch	La Sociologie française. *Cours fermé.*
Le lundi 18 mai		
8-10	Louis R. Franck	François Simiand et la Sociologie Economique française. *Cours public.*
Le lundi 25 mai		
8-10	Louis R. Franck	Esprit religieux et esprit capitaliste chez W. Sombart et M. Weber. *Cours public.*
9-10	Amé Leroy	La politique extérieure de la France sous la IIIème République (suite). *Conférence publique. 66 West 12th St., salle 23.*
Les lundis 11, 18, 25 mai et 1er juin		
4-5	Jean Seznec	La Survivance des Dieux Antiques. *Conférences publiques, illustrées de projections. Ces conférences auront lieu à la Pierpont Morgan Library 33 E. 36th St.*
MARDI		
5-6	Denis de Rougemont	Les règles dans les manifestations de la vie sociale. *Cours public. En mai.*
5-6	André Spire	Le vers français à la lumière de la phonétique moderne. *Cours fermé. 66 West 12th St., salle 46. En mai.*
6-7	André Spire	Conférence de licence. *Cours fermé. 66 West 12th St., salle 46. En mai.*
8-9	Henri Grégoire	Conférence de licence. Les allusions politiques dans la tragédie grecque. *Cours fermé.* Ce cours a lieu chez M. Henri Grégoire, 215 *W. 90th St., en mai.*
Les mardis 5 et 12 mai		
7-8	Jean Weiller	La crise du progrès (controverses françaises). *Cours public.*
8-9	Jean Weiller	Problèmes de l'Évolution économique. *Cours fermé.*
8-9	Henri Bonnet	Problèmes d'organisation internationale. *Cours public. 66 West 12th St., salle 25.*
9-10	Winifred Cullis	The part of women in the future peace. *Conférence publique.* Série franco-britannique. *66 West 12th St., salle 25.*
Le mardi 12 mai		
9-10	Noël Hall	The Labour situation in England as the peace will find it. *Conférence publique.* Série franco-britannique. *66 West 12th St., salle 25.*
Le mardi 26 mai		
9-10	B. Mirkine-Guetzévitch	La technique politique de la démocratique (constatations et perspectives). *Conférence publique.* Série franco britannique. *66 West 12th St., salle 25.*
MERCREDI		
5-6	Paul Schrecker	La philosophie de l'histoire. *Cours public. Jusqu'au 3 juin inclus.*
6-7	Paul Schrecker	Conférence de licence. *Cours fermé. Jusqu'au 3 juin inclus.*
7-8	René Taupin	La littérature française de 1870 à 1900. *Cours public. 66 West 12th St., salle 21. Jusqu'au 3 juin inclus.*
8-9	René Taupin	Conférence de licence. *Cours fermé. 66 West 12th St., salle 21. Jusqu'au 3 juin inclus.*
9-10	Claude Lévi-Strauss	Conférence de licence. Ethnographie générale. *Cours fermé. En mai.*
Le mercredi 6 mai		
7-8	Henri Bonnet	Problèmes d'organisation internationale. *Cours public.*
9-10	Louis Marlio	Le corporatisme social. *Cours public. 66 West 12th St., salle 21.*
JEUDI		
7-8	Robert Valeur	La politique économique des grandes puissances européennes et la guerre. *Cours fermé. En mai.*
8-9	Pierre Brodin	Questions d'Histoire américaine. *Cours public. 66 West 12th St., salle 22. En mai.*
9-10	Pierre Brodin	Conférence de licence. *Cours fermé. En mai.*
8-9	Roman Jakobson	Le son et le sens des mots. *Cours public. Les 7 et 14 mai.*
9-10	Roman Jakobson	Linguistique générale. *Conférence de licence. Cours fermé. En mai.*
8:30-10	Henri Rolin	Introduction à l'étude du Droit public. *Cours fermé. 66 West 12th St. (en anglais). En mai.*
Le jeudi 7 mai		
7-8	Henri Bonnet	Problèmes d'organisation internationale. *Cours public. 66 West 12th St., salle 22.*
9-10	Henri Bonnet	L'Avenir de l'organisation internationale. *Conférence publique.* Série franco-britannique. *66 West 12th St., salle 25.*
Les jeudis 14, 21 et 28 mai		
5-6	Paul Vignaux	Humanisme et Théologie dans la Civilisation du Moyen Age. *Cours public. 66 West 12th St., salle 22.*
Le jeudi 21 mai		
9-10	Prof. D. W. Brogan	The Working of democracy in War Time. *Conférence publique.* Série franco-britannique. *66 West 12th St., salle 25.*
VENDREDI		
5-6	André Morize	Les Arts Poétiques au XIXème et au XXème siècle. *Cours public. 66 West 12th St., salle 25. En mai.*
6-7	Gustave Cohen	Conférence de licence. *Cours fermé. En mai.*
7-8	Raoul Aglion	Droit Comparé: Droit de la France Libre et Législation de Vichy. *Cours public. 66 West 12th St., salle 25. En mai.*
8-9	R.P. J. V. Ducatillon	Politique et Religion. *Cours public. 66 W. 12th St., salle 22. Jusqu'au 5 juin inclus.*
9-10	R.P. J. V. Dusatillon	Conférence de licence. *Cours fermé.*
Le vendredi 1er mai		
9-10	Louis Marlio	Les origines du Corporatisme moderne. *Cours public. 66 West 12th St., salle 22.*
Le vendredi 8 mai		
7-8	Henri Bonnet	Problèmes d'organisation internationale. *Cours public.*
Le vendredi 15 mai		
9-10	Louis Marlio	L'Avenir économique de l'Europe. *Conférence publique.* Série franco-britannique. *66 West 12th St., salle 25.*
SAMEDI		
5-6	Henri Grégoire	Byzance et les Croisades. *Cours public. 66 West 12th St., salle 23. En mai.*
Les samedis 9 et 16 mai		
8-9	Jean Gottmann	Géopolitique et buts de guerre: de Montesquieu à Spykman. *Conférences publiques.*

INSTITUT DE PHILOLOGIE ET D'HISTOIRE ORIENTALES ET SLAVES

MARDI		
3-4	Abbé Laurent Youn	Langues japonaise et chinoise. *Cours fermé. 66 West 12th St., salle 46. Jusqu'au 9 juin inclus.*
4-5	Abbé Laurent Youn	Les religions de l'Extrême-Orient. *Cours public. 66 West 12th St., salle 46. Jusqu'au 9 juin inclus.*
3-5:30	Henri Grégoire, A. Segrè, P. Charanis, E. Honigman	Séminaire Byzantin. Etude de textes: grec, byzantin et moderne. Géographie de l'Empire Byzantin. *Cours fermé. Union Theological Seminary. Broadway at 122nd St. En mai.*
5-7	Mme R. Jakobson	Proséminaire de langue et littérature tchéco-slovaques. *Cours fermé. New York Public Library. Fifth Ave. & 42nd St., room 213. En mai.*
MERCREDI		
8-9	Abbas Faroughy	Histoire moderne du Proche-Orient: Perse, Iraq, Afghanistan. *Cours public. En mai.*
JEUDI		
11-12:30	Henri Grégoire, Roman Jakobson, Mme E. Dvoichenko-Markoff	Cours pratique de langue et littérature roumaines. Histoire roumaine, exercices de séminaire. *Cours fermé. Bibliothèque de l'Eglise roumaine, 50 West 89th St. En mai.*
VENDREDI		
8-9	Abbas Faroughy	Cours élémentaire de langue persane. *Cours fermé. En mai.*
Le vendredi 8 mai		
4:00	Mlle Sirarpie der Nersessian	La peinture arménienne. *Conférence publique. Pierpont Morgan Library, 29 East 36th St.*
SAMEDI		
4-5	Mme E. Dvoichenko-Markoff	Langue russe. *Cours fermé. 66 West 12th St., salle 26. En mai.*

CENTRE D'ÉTUDES DE DROIT COMPARÉ

Section juridique (en mai)

LUNDI		
6-7	Ernst Fraenkel	Terminologie juridique américaine.
7-8	Marcel G. Degraye	Terminologie juridique portugaise.
MARDI		
4-5	Mme E. Dvoichenko-Markoff	Terminologie juridique roumaine.
7-8	Paul Jacob	Terminologie de la législation française spéciale en Alsace et en Lorraine.
MERCREDI		
5-6	Mme S. Grinberg-Vinaver	Terminologie juridique française. *66 West 12th St., salle 46.*
Le mercredi 13 mai		
9-10	Alexandre Lorch	Trends in Social Legislation. *Conférence publique. 66 West 12th St., salle 21.*
VENDREDI		
4-5	Angelo Piero Sereni	Terminologie juridique italienne.

Section économique

Le vendredi 22 mai		
9:15-10:15	André Istel	Séance inaugurale: La Reconstruction Economique de la France. *Conférence publique sous la présidence de M. Jacques Maritain. 66 West 12th St., salle 22.*
Le vendredi 29 mai		
9:15-10:15	Ragnar Nurske	La Monnaie dans l'Economie de Guerre et la Reconstruction Mondiale. *Conférence publique sous la présidence de M. Gilbert Chinard. 66 West 12th St., salle 22.*

Cours organisés par la "New School for Social Research"

LUNDI et MERCREDI		
6-7	Mme Thérèse Marix-Spire	Langue française, cours élémentaire. *Cours fermé. 66 West 12th St.*
7-8	Mme Thérèse Marix-Spire	Langue française, cours supérieur. *Cours fermé. 66 West 12th St.*

List of courses delivered in French during May–June 1942 by French, Belgian, and Swiss professors, in the context of the École libre des hautes études, directed by Henri Focillon. The names featured include Alexandre Koyré, Georges Gurvitch, Denis de Rougemont, André Spire, Boris Mirkine-Guetzevitch, Claude Lévi-Strauss, Roman Jakobson, Gustave Cohen, and the Reverend Father Ducatillon.

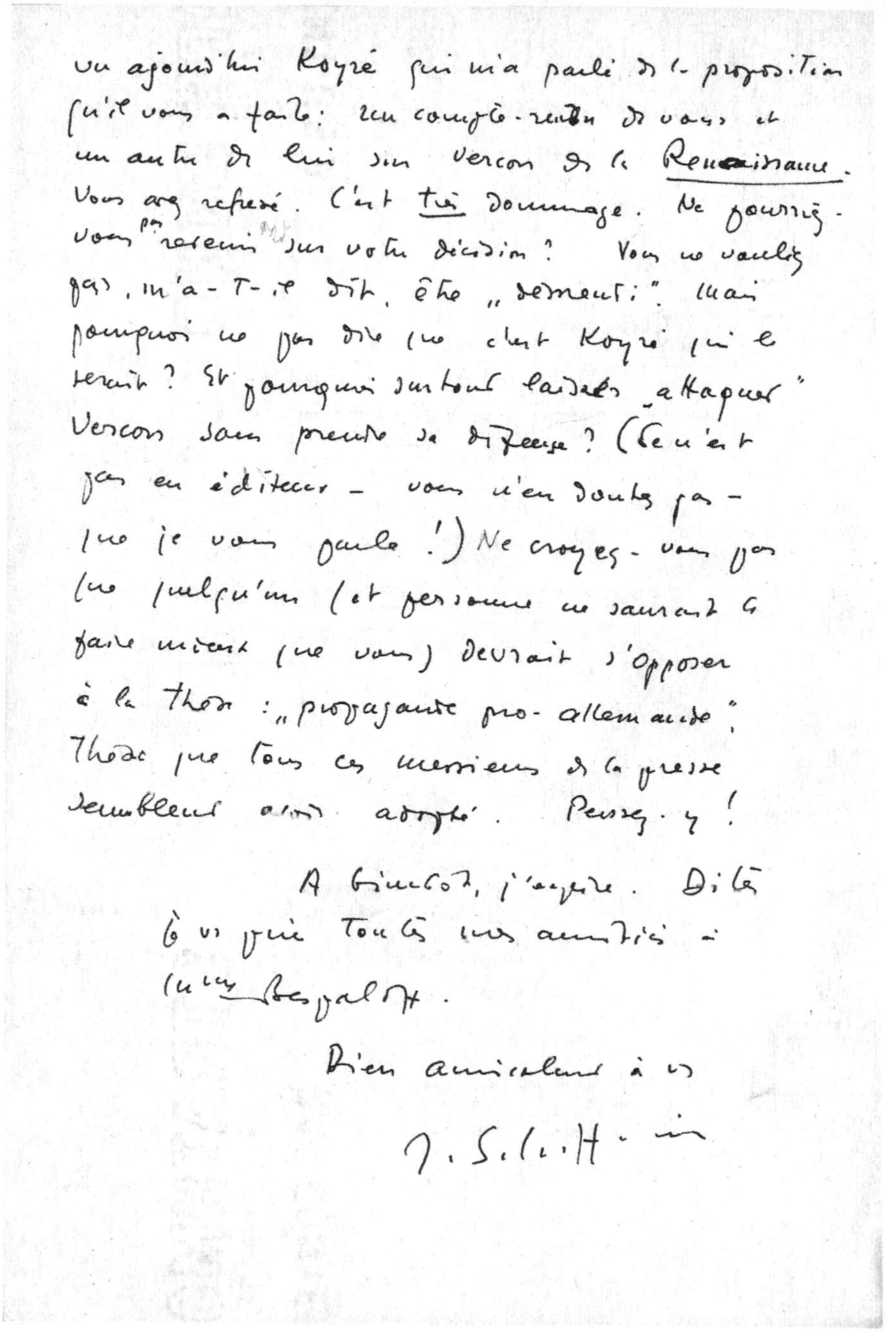

vu aujourd'hui Koyré qui m'a parlé de la proposition qu'il vous a faite : un compte-rendu de vous et un autre de lui sur Vercors de la Renaissance. Vous avez refusé. C'est très dommage. Ne pourriez-vous pas revenir sur votre décision ? Vous ne voulez pas, m'a-t-il dit, être „démenti". Mais pourquoi ne pas dire que c'est Koyré qui le serait ? Et pourquoi surtout laisser „attaquer" Vercors sans prendre sa défense ? (Ce n'est pas en éditeur – vous n'en doutez pas – que je vous parle !) Ne croyez-vous pas que quelqu'un (et personne ne saurait le faire mieux que vous) devrait s'opposer à la thèse : „propagande pro-allemande", thèse que tous ces messieurs de la presse semblent avoir adopté. Pensez-y !

A bientôt, j'espère. Dites je vous prie toutes mes amitiés à Mme Bespaloff.

Bien amicalement à vous

J. Schiffrin

Vercors, *Les Silences de la mer* (see p. 280), published by Jacques Schiffrin in New York at Pantheon Books in 1943. In a preliminary note, the publisher explained the plural in the title: "The title of Vercors's narration in the London edition is *Le Silence de la mer.* In *La Revue du Monde libre, Les Silences de la mer.* Not having the possibility of consulting the manuscript, we have chosen the latter title."

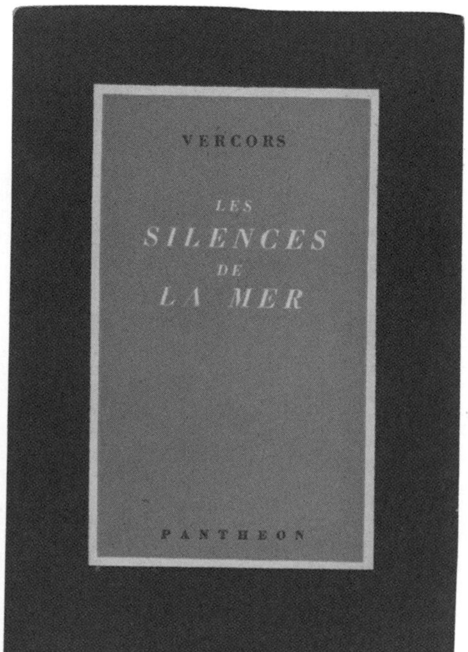

Letter from Jacques Schiffrin to Jean Wahl (probably 1943), attempting to counter the limited enthusiasm with which the American public received the translation of Vercors's *Le Silence de la mer*, which he had just published: "Today I saw Koyré, who spoke to me about the proposition he made you: a review by you and another by himself for [the journal] *Renaissance.* You rejected it. Which is a great pity. Might you not reconsider your decision? You do not, he told me, want to be 'refuted.' But why not say that it would be Koyré who would receive the refutation? And above all why allow Vercors to be 'attacked' without taking his defense? (It is not as a publisher, as you must be aware, that I'm speaking to you!) Don't you think that someone (and no one would be able to do it better than you) ought to take a stand against the 'pro-German propaganda' thesis, one that all these fine gentlemen of the press appear to have adopted. Think it over!" The Soviet intellectual Ilya Ehrenburg had indeed insinuated in *Pour la victoire* (a French newspaper published in New York) on June 17, 1943, that *Le Silence de la mer* could only have been published during the Occupation with the approval of Otto Abetz. Finally, *France-Amérique* (another newspaper of the French community in New York) published a "Letter from the Publisher André Schiffrin" in defense of Vercors: "Ever since the publication of *Le Silence de la mer,* the book has been the object of uninterrupted debate and impassioned polemic. But we have knowledge that the book was printed in France on clandestine presses by *Éditions de Minuit,* which has published a series of works whose orthodoxy not even Monsieur Ehrenbourg would question (we have in our possession photographic reproductions)."

Port BALTIMORE **RECEIPT FOR DUTY AND IDENTIFICATION COUPON**

Cashier's Stamp

Passenger Bichier known as Helion
(Passenger will fill in)

Vessel SERPA PINTO
(Passenger will fill in)

Amount due ($..............) ....
Customs Officer.

NOTICE.—Immediately on landing, proceed to the letter or section where your baggage is placed on dock. When all pieces are assembled, notify the Customs officer in charge.

WARNING.—It is unlawful for a passenger to give, or for Customs employees to receive, anything of value by way of a gratuity or otherwise. Offenders will be punished by fine and imprisonment.

Total pieces of baggage 3

No. 91190

2—2811 **This coupon must be detached and given to or retained by passenger for identification if declaration is taken up before passenger leaves the vessel.**

ART

Self-Abstraction from the Nazis

One of the most sensational escapes from the Nazis in World War II has been made by a leading French abstract painter who comes from a long line of French soldiers and whose great-grandfather fought all through the Napoleonic wars. Last week Painter Jean Hélion (who has had 15 one-man shows in the U.S. alone) told as much as he could, without endangering those who helped him, of how he escaped from a Nazi prison camp in Eastern Prussia, crossed some 1,000 miles of Germany, Belgium and Occupied France to Vichy, later sailed for the U.S.

In January 1940 Jean Hélion, 38, left the U.S., his American wife and infant son. Says Artist Hélion: "I could not resist going back to fight the Nazis."

Six months later German armored cars encircled his battalion. Nazi officers shouted in French: "The war is over. You will be home in three days." The French laid down their arms, were promptly herded behind barbed wire. "You said the war was over," they protested. Said the Nazis: "For you, not for us."

During the next five days Abstractionist Hélion and his fellow prisoners were marched 147 miles. For five days they had no food whatever, only what water they could snatch from buckets placed on the road by French peasants. On the fifth night, utterly exhausted, they were waked up by their German guards who screamed: "Run! Run!" The prisoners ran. Nazis fired at their heels. Hélion saw seven men drop dead from exhaustion. Those who survived were given tobacco and food. Purpose of this treatment was: first to terrify the prisoners, then to show them how kind the Germans really were.

At Orléans the prisoners were entrained and told they were going home. Instead they were taken to a huge baronial estate in Pomerania. Treatment of the prisoners was barbarous: Hélion saw one Frenchman clubbed to death for taking a second helping of soup.

So Abstract Painter Hélion began to plot his escape. With the aid of a Shell Oil road map he had found, Hélion spent months studying a route to Switzerland. Suddenly he was moved to a camp at Stettin in eastern Germany. There he was made prison interpreter, got himself elected "representative" by the other prisoners. He gained the confidence of the Nazis. Meanwhile he picked up vital facts about the geography of the district. Again he began to plan escape.

After five false starts in six months, Artist Hélion finally decided to fake a toothache. Ordered to bed one Friday the 13th, Hélion escaped while the guards were busy with the other prisoners. He got to the street in civilian clothes. A Nazi cop hove in sight. Artist Hélion immediately went up to him and asked him the time. Asked the cop: "What are you doing in a forbidden area?" Said Hélion: "I'm a worker imported from Antwerp." He added: "Where can I get a decent glass of beer?" The cop directed him to his favorite bar. With German money obtained from secret sources Hélion got to Berlin. There, Hélion spent most of the day in Berlin's largest department store.

Posing as a Flemish worker on vacation from Danzig, Artist Hélion next boarded a train to Cologne, got through two exam-

HÉLION BACK IN VIRGINIA
Escape is a matter of distracting attention.

TIME, November 23, 1942

"Receipt for duty and identification coupon," delivered to Jean Hélion on his arrival in Baltimore aboard the Ocean liner *Serpa Pinto*, on which he had left Lisbon (wartime Europe's "emergency exit"). Claude Vigée arrived in the United States on the same ship in 1942.

An account of the capture and escape of Jean Hélion (see p. 170) in *Time* (November 23, 1942). Hélion was photographed upon his return to Virginia, where he had once resided: the title of the article—"Self-Abstraction from the Nazis"—alluded to his escape evoking a pun on the abstract painting with which he was associated.

Upon returning to the United States, Jean Hélion gave numerous lectures aimed at increasing awareness of the war effort among Americans: "I did my best for six months to try to explain to those plump but sympathetic Americans cramming the lecture halls what it was to be hungry, to be devoured by fleas and lice, in the sadness of the camps."

project [illegible]
"They Shall not have me"
1943

10 minutes.

1. [illegible] arrested me had arms raised, saying "War is over." For you, no[illegible] for us. *Bombed to left and right until trapped – 1st experience with [illegible] propaganda – Fraternité, liberté, égalité.*

2. 1[illegible] miles, 25, [illegible], 40, 42 miles – *Aspect of column melting ~~away~~ down every [illegible] number of [illegible] diminishing – Women crying: "poor boys how they [illegible] [illegible] such state of weakness you have to reckon with necessary [illegible] [illegible] are going –*

3. Order to run [illegible] dropping dead – *The man not handing a razor and falling, his life [illegible] [illegible] of [illegible] troop. If you do not want this to happen to your husband, brother, [illegible] better do anything to win this war.*

4. Dropping notes

5. 1 package of tobacco . (If you do not want your husband, son, brother...) *2d experience of propaganda methods.–*

6. Concentration camp in Orleans (dysentery) – *A crack shot: meat bone thrown to the [illegible]*

7. Shooting at lights in windows

8. Peace in a week – *3d experience with propaganda.*

9. Train to Germany – shooting 4

T___________________

5 minutes. Stalag – Offlag – Kommando: *never visited by YMCA.*

1. Daily rations

2. Whippings – sardine tin – Pole in barbed wire

3. Matriculation, 87.461 – hair shaved – hiding objects and documents

______________ __

10 minutes. FARM

1. Castle.

2. Caserne and food and clothes (journaux, sabots)

3. Work – potatoes, threshing (temperature 30 below zero Fahrenheit). *Surprise at finding no japanese beetle. If it is all right to bomb civilians, ~~not~~ and blockade them, why not destroy their crops?*

POP CONCERT

by

85 Members of the Boston Symphony Orchestra

ARTHUR FIEDLER

Conductor

SOLOIST

Paul Leyssac, Narrator

Under the auspices of

The Fighting French Relief Committee, Inc.

To benefit

FRENCH SOLDIERS IN GERMAN PRISON CAMPS

SYMPHONY HALL

Wednesday Evening, May 12th, 1943

Drawing for Silver Fox Jacket donated by Mrs. George Lyman

Sign for a concert by the Boston Symphony Orchestra (Symphony Hall, Boston, MA, May 12, 1943), organized by the Fighting French Relief Committee to benefit French soldiers in German POW camps.

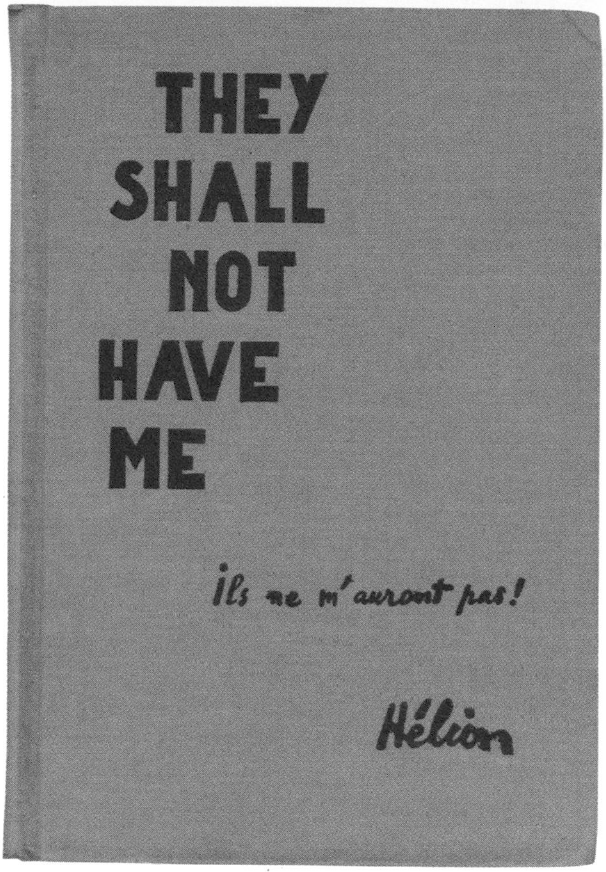
THEY
SHALL
NOT
HAVE
ME
Ils ne m'auront pas!
Hélion

They Shall Not Have Me (New York: E.P. Dutton & Company, August 1943). This memoir by Jean Hélion, published originally in English, had two additional printings, in September and November 1943.

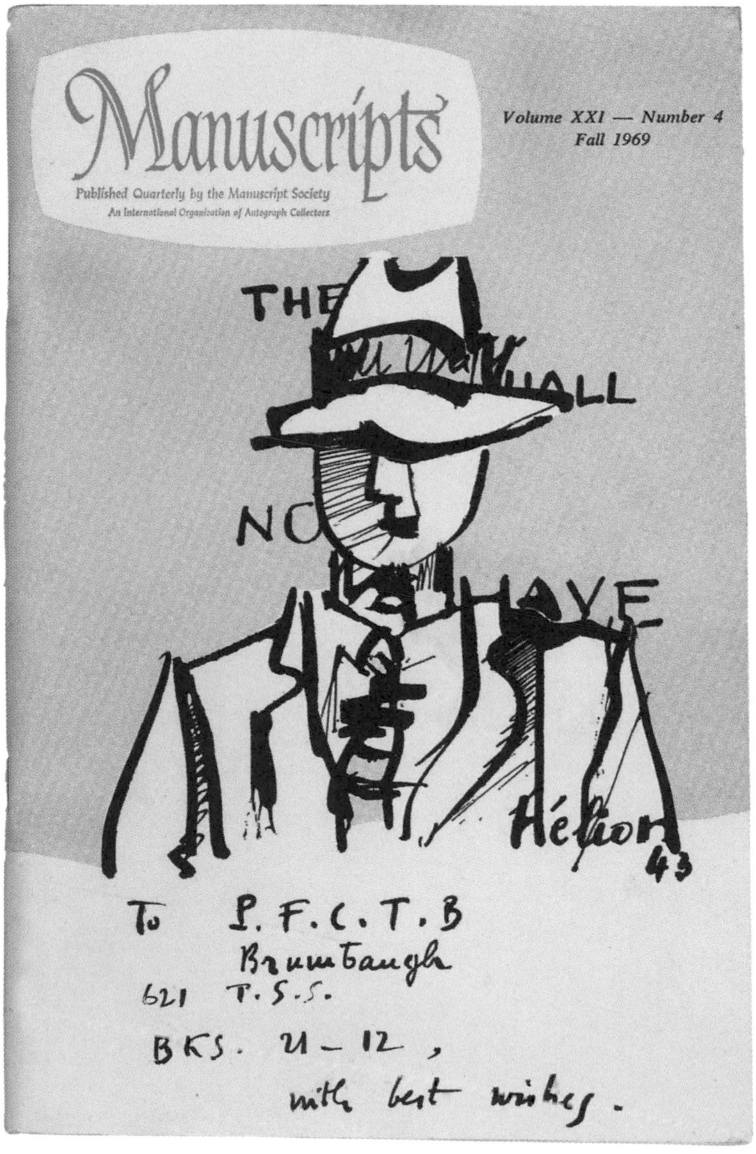
Manuscripts
Published Quarterly by the Manuscript Society
An International Organization of Autograph Collectors
Volume XXI — Number 4
Fall 1969
Hélion
43
To P. F. C. T. B
Brumbaugh
621 T.S.S.
BKS. 21 – 12,
with best wishes.

Cover of the journal *Manuscripts* (fall 1969), with an ink drawing by Jean Hélion, probably a previously planned cover for his memoirs.

21/3/43/ I3 H. 30

CHRONIQUE DU MONDE EN GUERRE N° 2I.-
-:-:-:-:-:-:-:-:-:-:-:-:-:-:-:-:-:-

Vous entendez la VOIX DE L'AMERIQUE qui vous parvient du Grand Quartier Général des Forces Alliées en Afrique du Nord et qui opère d'ALGER sur les ondes courtes dans la bandes des 24 m. et sur ondes moyennes dans la bande des 320m. pour ALGER, des 276 m. pour CONSTANTINE et 274 m. pour ORAN.

Chaque jour à I3 H. 30, la VOIX DE L'AMERIQUE vous apporte sa Chronique du Monde en Guerre, ~~comme tous les semaines~~

Chers Amis Français, tous ceux d'entre vous qui aiment la poésie, connaissent la revue FONTAINE au moins de nom, ils connaissent aussi le Directeur Fondateur de cette revue Max Paul FOUCHET.

Je voudrais vous parler aujourd'hui de FONTAINE, car le N° 25 de cette revue vient de sortir.

FONTAINE depuis l'Armistice a été le centre de rassemblement de tous ceux parmi les poètes, les ~~xxxxxxxxx~~ essayises, les littérateurs, qui refusaient la collaboration, même sous une forme déguisée. Max-Paul FOUCHET, l'animateur, l'inspirateur et le poète n'a pas cessé depuis Juin I940 de défendre une position de dignité et d'honneur. Il a fait plus que celà. Il a millitéavec ardeur contre les traitres et pour la liberté. Ce poète de santé chétive, admirateur enthousiaste de MALLARME, de ~~puis~~ PICASSO, de MOZART et de la musique du I6ème s'est transformé pour défendre la cause en un journaliste passionné et mordant. Dans l'ECHO D'ALGER il publia les articles d'un tel courage que Mr. MARION lui-même s'en alarma et que ce journal reçut de nombreux rappels à l'ordre. FONTAINE qui publiait à ALGER des poèmes d'Alexandre BLOK,

./...

Typescript of *"Chronique du monde en guerre"* [Chronicle of the World at War], no. 21, March 21, 1943, broadcast by *"La Voix de l'Amérique"* (the French service of "Voice of America," which was created within the Office of War Information in August 1942), and relayed via Algiers. Upon arriving in French North Africa, the journalist Patrick Waldberg paid tribute to the efforts of Max-Pol Fouchet and evoked President Roosevelt's message to the French people of November 7, 1942, which they listened to together at dawn on the balcony of the offices of *Fontaine*: "We heard, coming from the other end of the world, as from our antipodes or our zenith, the voice we had awaited, the voice of ROOSEVELT: 'My friends, who suffer day and night under the crushing yoke of the Nazis, I speak to you as one who was with your Army and Navy in France in 1918. I have held all my life the deepest friendship for the entire French people . . . Americans, with the assistance of the United Nations, are striving for their own safe future as well as the restoration of the ideals, the liberties, and the democracy of all those who have lived under the Tricolor. Do not obstruct, I beg of you, this great purpose. Help us where you are able, my friends, and we shall see again the glorious day when liberty and peace shall reign on earth."

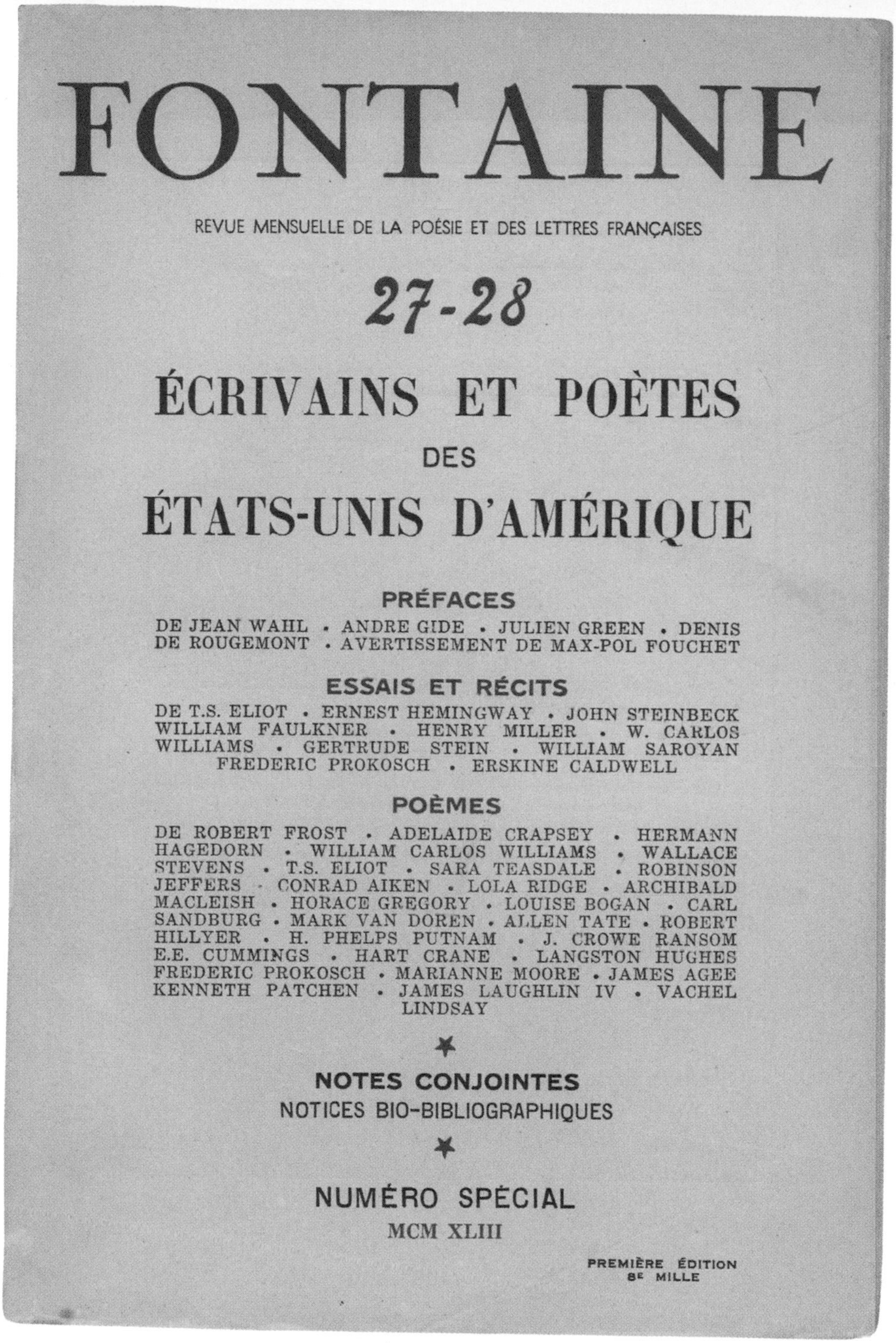

FONTAINE

REVUE MENSUELLE DE LA POÉSIE ET DES LETTRES FRANÇAISES

27-28

ÉCRIVAINS ET POÈTES
DES
ÉTATS-UNIS D'AMÉRIQUE

PRÉFACES
DE JEAN WAHL · ANDRE GIDE · JULIEN GREEN · DENIS DE ROUGEMONT · AVERTISSEMENT DE MAX-POL FOUCHET

ESSAIS ET RÉCITS
DE T.S. ELIOT · ERNEST HEMINGWAY · JOHN STEINBECK WILLIAM FAULKNER · HENRY MILLER · W. CARLOS WILLIAMS · GERTRUDE STEIN · WILLIAM SAROYAN FREDERIC PROKOSCH · ERSKINE CALDWELL

POÈMES
DE ROBERT FROST · ADELAIDE CRAPSEY · HERMANN HAGEDORN · WILLIAM CARLOS WILLIAMS · WALLACE STEVENS · T.S. ELIOT · SARA TEASDALE · ROBINSON JEFFERS · CONRAD AIKEN · LOLA RIDGE · ARCHIBALD MACLEISH · HORACE GREGORY · LOUISE BOGAN · CARL SANDBURG · MARK VAN DOREN · ALLEN TATE · ROBERT HILLYER · H. PHELPS PUTNAM · J. CROWE RANSOM E.E. CUMMINGS · HART CRANE · LANGSTON HUGHES FREDERIC PROKOSCH · MARIANNE MOORE · JAMES AGEE KENNETH PATCHEN · JAMES LAUGHLIN IV · VACHEL LINDSAY

*

NOTES CONJOINTES
NOTICES BIO-BIBLIOGRAPHIQUES

*

NUMÉRO SPÉCIAL
MCM XLIII

PREMIÈRE ÉDITION
8E MILLE

First edition of the special double issue (nos. 27–28) of *Fontaine*, devoted to writers and poets from the United States [Écrivains et Poètes des États-Unis d'Amérique]. It appeared, after numerous obstacles, in June–July 1943. In a preliminary note, Max-Pol Fouchet wrote: "This book, in its conception, dates from the summer of 1942. No one at the time knew that America and England, united in a joint effort, would succeed, an astonishing operation by which history will continue to be dazzled, the crossing and landing on the shores of North Africa . . . It is to Jean Wahl that credit is due for the fact that this project has become a reality. He managed to endow it with form and life, assembling the most representative writers and mobilizing the collaboration of fervent and scrupulous translators. Through his efforts, we now have—in his own terms—this sign of friendship in the early trembling light of day." Beyond the difficulties encountered by Wahl in gathering and translating the texts, Fouchet also had to surmount problems linked to the lack of paper, which was then administered in North Africa by the Allied Press Service. "May this issue dedicated by France to America, by America to France, and which is being published on French soil," Wahl wrote in his introduction, "be the sign of an immense intercontinental continuity. In order to build a world at present, nothing less is required than the world itself." This anthology, despite poor distribution in the United States, quickly sold out, but could not be reprinted before 1945.

The writer Gertrude Stein, posing, shortly after the war and not long before her death (1946), with copies of *Confluences*—edited by her friend and neighbor, René Tavernier—and *Fontaine*. She had contributed texts to both journals during the Occupation from the town of Culoz (Ain), where, because of her Jewish and American origins, she had taken refuge with her partner, Alice Toklas. René Tavernier, who had furnished them with forged Swiss documents (thanks to François Lachenal), wrote of them in his unpublished memoirs: "When, in 1943, half the house was occupied by the Wehrmacht, it seemed to me urgent to intervene. Gertrude, dressed as one might imagine the late Emperor Vespasian, and Alice, her mouth accented by a thin moustache, clad like gypsies, were quite popular and went about things all the more unnoticed in that, as admirers of Pétain, in whom they saw the incarnation of the soil-bound virtues of France, they continued to say *"le* table," *"le* chaise," despite the fact that they read avant-garde French writers without difficulty . . . after September 1944, they paraded down rue de la République in Lyon in a horse-drawn vehicle, accompanied by their famous dog, Basket, all to the cheers of the GIs who had liberated us, and who were hardly aware that they were applauding the inventor of modern American literature." At the beginning of the war, Stein published a curious text, "Paris-France," in *Fontaine*, combining memories of her Parisian childhood with reflections: "It is possible that America does not know that the earth is round because it has never been threatened with war. To be sure the Americans have had a good number of wars, but they have never had the threat of war. Wars and threats of war are different things." (*Fontaine*, no. 11, October-November 1940).

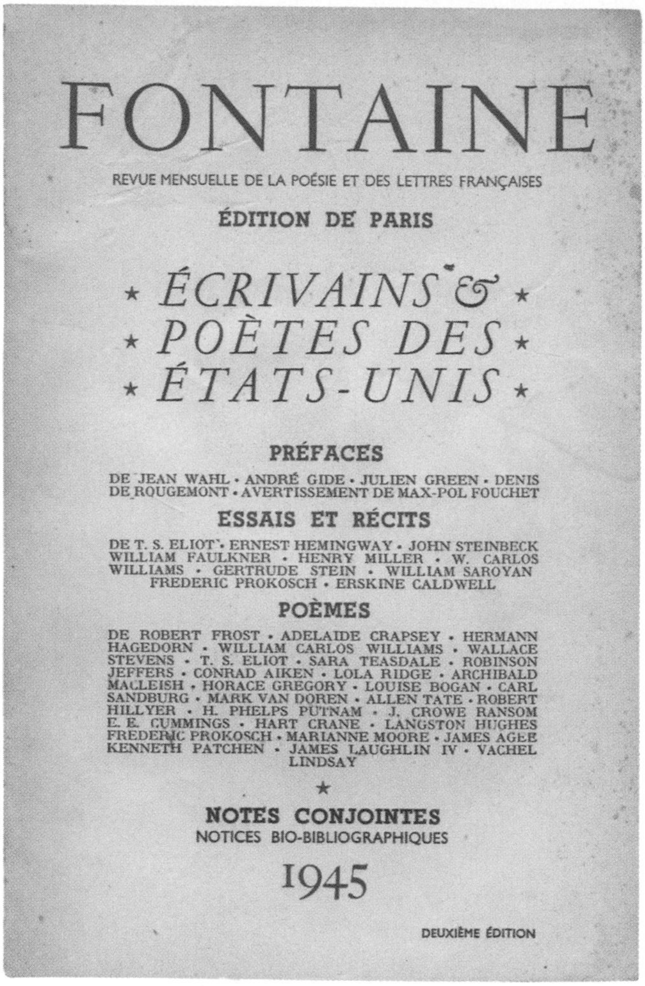

FONTAINE

REVUE MENSUELLE DE LA POÉSIE ET DES LETTRES FRANÇAISES

ÉDITION DE PARIS

★ *ÉCRIVAINS &* ★
★ *POÈTES DES* ★
★ *ÉTATS-UNIS* ★

PRÉFACES

DE JEAN WAHL • ANDRÉ GIDE • JULIEN GREEN • DENIS DE ROUGEMONT • AVERTISSEMENT DE MAX-POL FOUCHET

ESSAIS ET RÉCITS

DE T. S. ELIOT • ERNEST HEMINGWAY • JOHN STEINBECK WILLIAM FAULKNER • HENRY MILLER • W. CARLOS WILLIAMS • GERTRUDE STEIN • WILLIAM SAROYAN FREDERIC PROKOSCH • ERSKINE CALDWELL

POÈMES

DE ROBERT FROST • ADELAIDE CRAPSEY • HERMANN HAGEDORN • WILLIAM CARLOS WILLIAMS • WALLACE STEVENS • T. S. ELIOT • SARA TEASDALE • ROBINSON JEFFERS • CONRAD AIKEN • LOLA RIDGE • ARCHIBALD MACLEISH • HORACE GREGORY • LOUISE BOGAN • CARL SANDBURG • MARK VAN DOREN • ALLEN TATE • ROBERT HILLYER • H. PHELPS PUTNAM • J. CROWE RANSOM E. E. CUMMINGS • HART CRANE • LANGSTON HUGHES FREDERIC PROKOSCH • MARIANNE MOORE • JAMES AGEE KENNETH PATCHEN • JAMES LAUGHLIN IV • VACHEL LINDSAY

★

NOTES CONJOINTES

NOTICES BIO-BIBLIOGRAPHIQUES

1945

DEUXIÈME ÉDITION

First quarter, 1945: second edition of the special issue of *Fontaine* on the writers and poets of the United States (see p. 335). It was printed this time in Paris, where Max-Pol Fouchet settled after the war.

Shortly after the 1945 edition of *"Écrivains et Poètes des États-Unis d'Amérique,"* a Parisian soirée at the home of the singer and actress Agnès Capri, whom Max-Pol Fouchet had met in Algiers during the war. From left to right: Lady Abby, in military uniform (standing); Max-Pol Fouchet (standing); Henri Michaux (seated); Jean Cocteau (seated), and T. S. Eliot (seated), whose name heads the announcement of *Fontaine*'s American anthology. Photo by André Ostier.

Published in New York by the French Press & Information Service, the magazine *France Forever*, in the issue of August 15, 1944, backed the gradual liberation of French territory: "Free France."

Announcement for the program "Week of the Missing," January 1945, jointly sponsored in Paris and New York by *France Forever* and *The Fighting French Committee in the U.S.* Following a lecture by Jean Hélion, "the well-known painter and author of the best-seller *They Shall Not Have Me*, prisoner of war in Germany for two years," there was a showing of a short film, "You Can't Kill a City," produced by the Canadian army during the Normandy campaign, describing the terrifying bombardment of Caen by Allied aircraft as well as the "indomitable courage" of the Norman city.

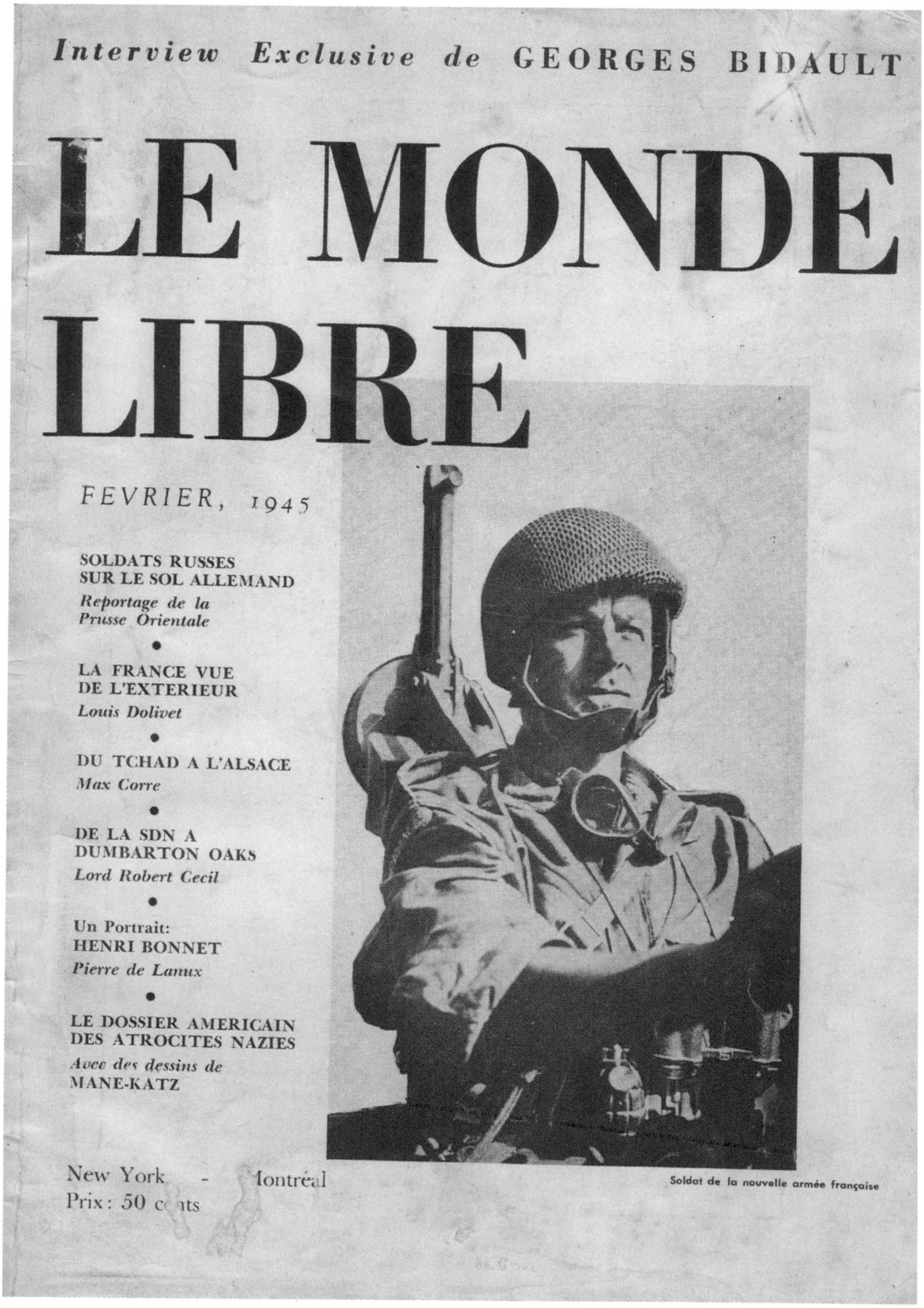

Interview Exclusive de GEORGES BIDAULT

LE MONDE LIBRE

FEVRIER, 1945

SOLDATS RUSSES SUR LE SOL ALLEMAND
Reportage de la Prusse Orientale

•

LA FRANCE VUE DE L'EXTERIEUR
Louis Dolivet

•

DU TCHAD A L'ALSACE
Max Corre

•

DE LA SDN A DUMBARTON OAKS
Lord Robert Cecil

•

Un Portrait:
HENRI BONNET
Pierre de Lanux

•

LE DOSSIER AMERICAIN DES ATROCITES NAZIES
Avec des dessins de MANE-KATZ

Soldat de la nouvelle armée française

New York - Montréal
Prix: 50 cents

Le Monde libre [The Free World] was the French edition of the international magazine *Free World*, headquartered in New York and Montreal and with versions in Spanish, Greek, and Chinese. The magazine featured numerous appeals for the purchase of war bonds, for the shipping of food parcels to France, as well as copious testimony and official reports about the war in Europe: "*Le Monde Libre* is published in response to the most immediate need, that of establishing, with the collaboration of all qualified men, practical plans for the destruction of Fascism and Hitlerism and of forging the universal order of the people."

During World War II, Quebec played a crucial role in disseminating French literature throughout the world. After the breaking of commercial relations with France in June 1940, new publishing houses began to appear in Montreal. Initially created in response to the needs of local bookstores, these enterprises soon came to fill the demand coming from abroad as well—particularly from the United States and Latin America. As a result, most of the works produced by publishers in Montreal during the war were intended for foreign markets.

For the first time in its history, the book world in Quebec was self-sufficient. Quebecois publishers even succeeded in attracting foreign authors, and in introducing American best-selling authors to a francophone readership through translations of their works. Previously condemned to publishing themselves, French-Canadian writers now saw their works published by dependable houses and distributed outside Canada. French authors who had found refuge in America made use of this new forum for their work to reconnect with their readers, now scattered around the world. Georges Bernanos, André Breton, Gustave Cohen, Jacques Maritain, Antoine de Saint-Exupéry, and Jean Wahl released previously unpublished works in Canada and collaborated with several literary and intellectual journals, such as *La Nouvelle Relève*, *Amérique française*, and *Le Monde libre*. Transformed into a hub for French publishing, the Canadian metropolis saw its importance grow in a manner commensurate with its new mission. In 1943, at a time when they were reaffirming their business relations with publishing houses in New York, Mexico City, Rio de Janeiro, and Buenos Aires, these publishers founded the Société des éditeurs canadiens de langue française.

In 1944, Canadian publishing houses expanded their distribution networks into the liberated territories. Following the Liberation, Quebecois publishers crossed the Atlantic in an effort to establish commercial links with their Parisian colleagues. In anticipation of a return to normalcy, they initiated numerous co-editions, signed exclusive contracts, and issued collections of French classics aimed at responding to the needs of European readers. The annual production of Quebec's publishers soared. Printing presses functioned full-time and were barely able to respond to demand. Several new publishers even launched new presses. Despite the anticipated return of Parisian publishing to North American markets, Canada's publishers hoped both to maintain what they had already achieved, and to continue to export new works overseas.

After the war, Quebec discovered the literature of the Resistance and received visits from Jean-Paul Sartre, Albert Camus, Vercors, and Pierre Seghers, all of whom took advantage of the occasion to explore the possibility of joint editions. The publisher Lucien Parizeau played a crucial role in this context by reissuing several Resistance poets and signing exclusive distribution contracts with Éditions Seghers, Éditions de Minuit, and the journal *Confluences*.

In 1947, the situation began to deteriorate rapidly. Canadian publishers had to confront a twofold difficulty: Parisian publishing returned in full force to the Canadian market, and the Catholic clergy advocated a return to morality-based censorship. On a separate front, the Comité national des écrivains, headed by Louis Aragon, accused publishers in Montreal of having published authors suspected of collaboration. Robert Charbonneau, literary director of Éditions de l'Arbre, conducted a press campaign to refute these spiteful allegations, but without success. The Canadian publishing houses founded in the early 1940s experienced significant financial difficulties at this time and were obliged to put an end to their activities; some were even forced into bankruptcy. As a result, of the twenty-two houses active in 1944, only seven survived the crisis. Contrary to what had happened during the war, no government came to their aid, and Quebec quickly reverted to what was called at the time the age of the "*grande noirceur*," "the great blackout."

Jacques Michon

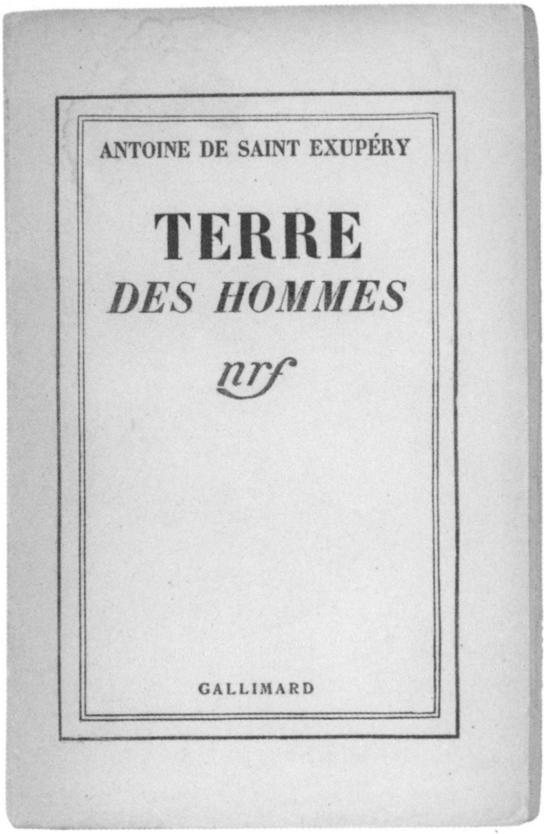

Terre des hommes [Wind, Sand, and Stars], by Antoine de Saint-Exupéry, here in its 1941 version printed by Éditions Bernard Valiquette in Montreal, identical to the volume published by Gallimard in July 1939. The writer traveled to Quebec in spring 1942. He is seen here at Montreal's city hall, with his publisher and the deputy mayor, Paul Leblanc.

New York, however, was the city where Saint-Exupéry had been living since December 1940. In 1942, Éditions de la Maison française, with considerable impact, brought out the first edition of *Pilote de guerre* [Flight to Arras]; in France, it was with difficulty that that narrative of the author's "combat flights during the campaign of 1939–1940" obtained authorization from the censorship services, but thanks to the intervention of Gerhard Heller, Gallimard was finally able to print *Pilote de guerre* in December 1942 . . . Violently attacked by the Collaboration press, the work was withdrawn from bookstores in February 1943.

le 3 avril 1942

Monsieur Antoine de St-Exupéry,
240 Central Park South,
New York City, N.Y.

Monsieur,

Conformément à l'entente verbale survenue entre nous, et l'entente écrite survenue entre votre éditeur, BRENTANO'S et nous, nous avons brûlé aujourd'hui 1040 ex. de votre volume, c.à.d. tout ce qui restait en circulation et en stock.

L'affidavit ci-joint porte les signatures des personnes qui ont eu le triste privilège d'assister au feu de joie...

Le dernier exemplaire que j'ai eu en mains s'est ouvert à une bonne page:
"Maintenant la flamme monte. Religieusement nous regardons brûler notre fanal dans le désert...

"Notre feu rougit. Il n'y a plus ici qu'un tas de braise sur lequel penchés, nous nous réchauffons. Fini notre grand message lumineux. Qu'a-t-il mis en marche dans le monde? Eh! je sais bien qu'il n'a rien mis en marche. Il s'agissait là d'une prière qu'i n'a pu être entendue.
C'est bien. J'irai dormir"...

Je dois donc au poète de "Terre des hommes" de m'avoir xxxxxx consolé, par la splendeur de ses images, du sacrifice qu'il m'imposait. "C'est bien. J'irai dormir"....

Croyez-moi, Monsieur,

toujours sincèrement vôtre,

éditeur

BV/MT

Letter from Bernard Valiquette to Antoine de Saint-Exupéry, April 3, 1942, referring to the burning of 1,040 copies of *Terre des hommes*. The destroyed inventory was probably composed of the "new edition" of *Terre des hommes,* "revised and augmented by more than one hundred previously unpublished pages," reprinted by Bernard Valiquette without authorization but announced in the publisher's 1942 catalogue.

Poèmes by Jean Wahl, published by Éditions de l'Arbre in 1945.

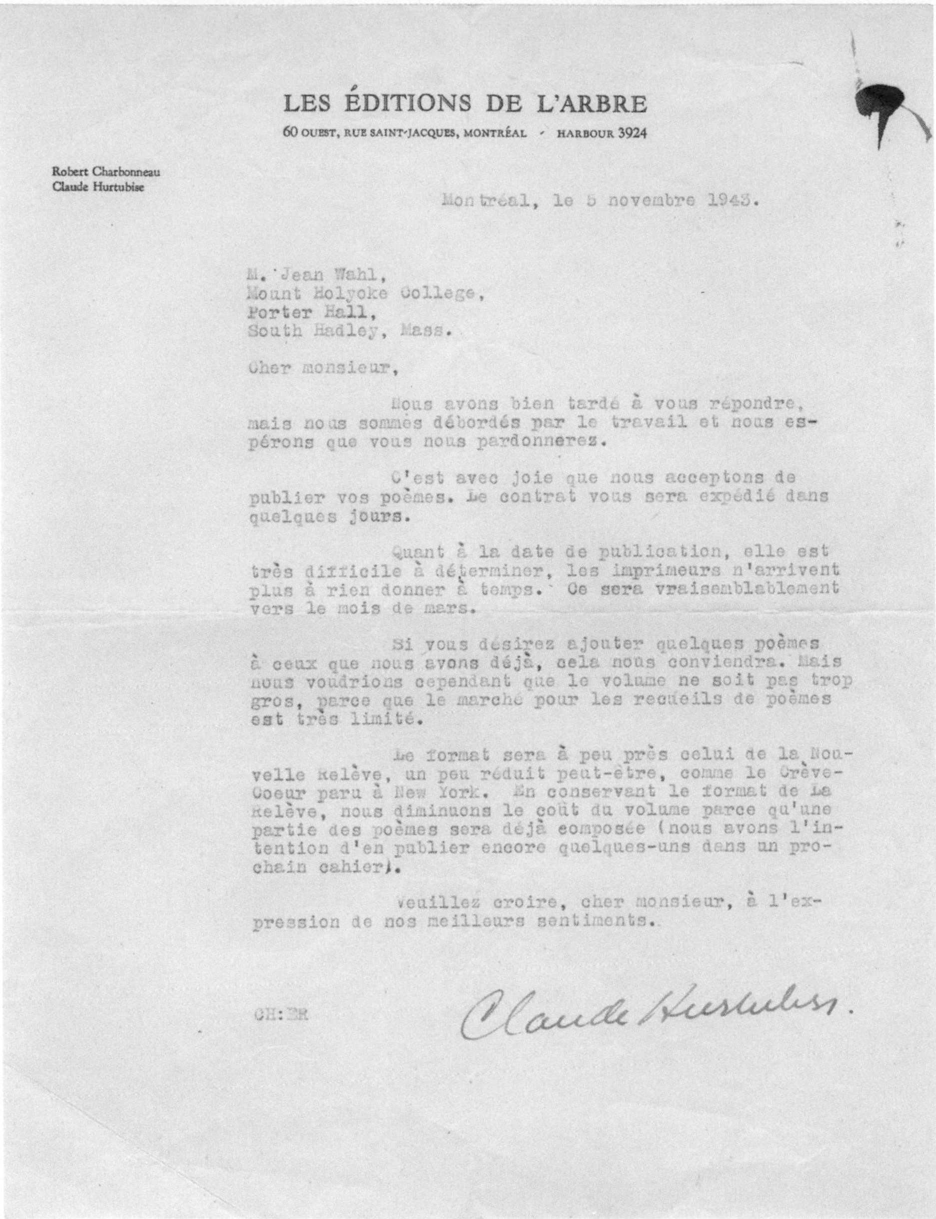

LES ÉDITIONS DE L'ARBRE
60 OUEST, RUE SAINT-JACQUES, MONTRÉAL · HARBOUR 3924

Robert Charbonneau
Claude Hurtubise

Montréal, le 5 novembre 1943.

M. Jean Wahl,
Mount Holyoke College,
Porter Hall,
South Hadley, Mass.

Cher monsieur,

Nous avons bien tardé à vous répondre, mais nous sommes débordés par le travail et nous espérons que vous nous pardonnerez.

C'est avec joie que nous acceptons de publier vos poèmes. Le contrat vous sera expédié dans quelques jours.

Quant à la date de publication, elle est très difficile à déterminer, les imprimeurs n'arrivent plus à rien donner à temps. Ce sera vraisemblablement vers le mois de mars.

Si vous désirez ajouter quelques poèmes à ceux que nous avons déjà, cela nous conviendra. Mais nous voudrions cependant que le volume ne soit pas trop gros, parce que le marché pour les recueils de poèmes est très limité.

Le format sera à peu près celui de la Nouvelle Relève, un peu réduit peut-être, comme le Crève-Coeur paru à New York. En conservant le format de La Relève, nous diminuons le coût du volume parce qu'une partie des poèmes sera déjà composée (nous avons l'intention d'en publier encore quelques-uns dans un prochain cahier).

Veuillez croire, cher monsieur, à l'expression de nos meilleurs sentiments.

CH:ER

Claude Hurtubise.

Letter from Claude Hurtubise to Jean Wahl, November 7, 1943, accepting his poems for publication by Éditions de l'Arbre. Founded by Robert Charbonneau and Claude Hurtubise in the fall of 1940, Éditions de l'Arbre—an allusion and tribute to Paul Claudel's collection of plays, *L'Arbre* [The Tree]—represented the Canadian Catholic renewal of the interwar period. *Le Crépuscule de la civilisation* [The Twilight of Civilization] by Jacques Maritain was the first work published by the press and enjoyed immediate success, reprinted in the collection *"Problèmes actuels"* [Present Problems]. Nine other titles appeared in the collection, which explored the great ideological issues of the day in relation to the future of democracy, and informed the public of the situation in occupied France.

Efforts to export books to France and to make joint editions with Parisian publishers did not produce the anticipated results. Charbonneau would soon be caught up in a polemic pitting him against Communist writers, who accused Canadian publishers of collaboration. In his essay, *La France et nous* [France and Us] (1947), he entered into a controversy from which he emerged battered, sending him back to his Canadian roots.

MM. Claude Hurtubise et Robert Charbonneau, directeurs des Editions de l'Arbre.

Claude Hurtubise *(left)* and Robert Charbonneau *(right)*, in the offices of Éditions de l'Arbre, 60 rue Saint-Jacques Ouest, Montreal. Photo published in *La Revue populaire*, November 1944.

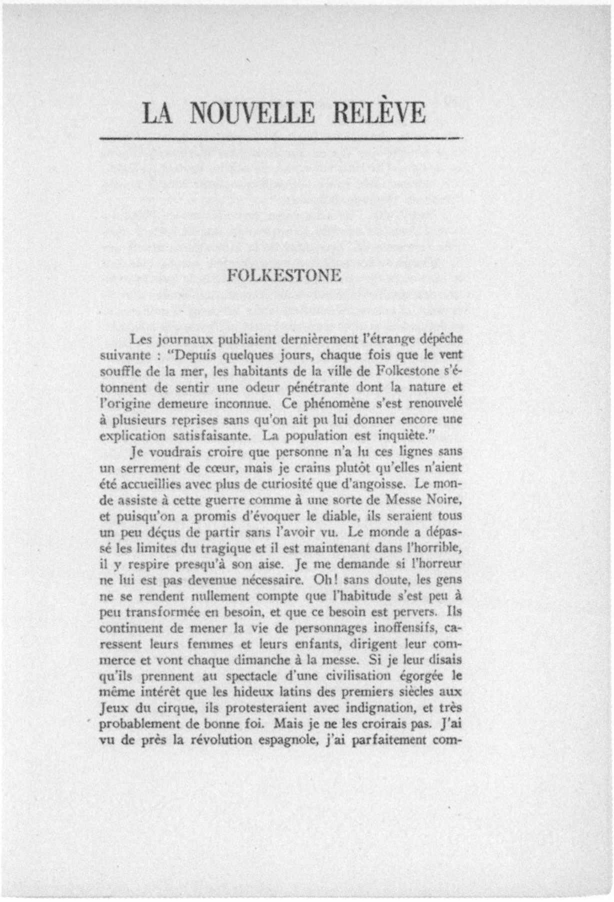

LA NOUVELLE RELÈVE

FOLKESTONE

Les journaux publiaient dernièrement l'étrange dépêche suivante : "Depuis quelques jours, chaque fois que le vent souffle de la mer, les habitants de la ville de Folkestone s'étonnent de sentir une odeur pénétrante dont la nature et l'origine demeure inconnue. Ce phénomène s'est renouvelé à plusieurs reprises sans qu'on ait pu lui donner encore une explication satisfaisante. La population est inquiète."

Je voudrais croire que personne n'a lu ces lignes sans un serrement de cœur, mais je crains plutôt qu'elles n'aient été accueillies avec plus de curiosité que d'angoisse. Le monde assiste à cette guerre comme à une sorte de Messe Noire, et puisqu'on a promis d'évoquer le diable, ils seraient tous un peu déçus de partir sans l'avoir vu. Le monde a dépassé les limites du tragique et il est maintenant dans l'horrible, il y respire presqu'à son aise. Je me demande si l'horreur ne lui est pas devenue nécessaire. Oh! sans doute, les gens ne se rendent nullement compte que l'habitude s'est peu à peu transformée en besoin, et que ce besoin est pervers. Ils continuent de mener la vie de personnages inoffensifs, caressent leurs femmes et leurs enfants, dirigent leur commerce et vont chaque dimanche à la messe. Si je leur disais qu'ils prennent au spectacle d'une civilisation égorgée le même intérêt que les hideux latins des premiers siècles aux Jeux du cirque, ils protesteraient avec indignation, et très probablement de bonne foi. Mais je ne les croirais pas. J'ai vu de près la révolution espagnole, j'ai parfaitement com-

La Nouvelle Relève [The New Relief], a journal edited by Claude Hurtubise and Paul Beaulieu, was published by Éditions de l'Arbre. Its first issue features a text by Georges Bernanos, "*Redevenir humain*" [Becoming Human Again], followed in December 1941 by "*Folkestone*," which evokes the threat of a new form of "*gas warfare*": "The world is attending this war as it might a Black Mass, and since a promise has been made to evoke the devil, they would all be somewhat disillusioned to take leave without having seen him." First printed in the São Paulo journal *O Jornal*, then in *La Nouvelle Relève*, from September 1941 to April 1943, the articles of this "very ordinary Christian" would be gathered in the four volumes of *Le Chemin de la Croix-des-Âmes*, by Atlantica Editora (1943-1945) in Rio de Janeiro.

Georges Bernanos, *Lettre aux Anglais* (see p. 304), jointly published in Rio de Janeiro by Atlantica Editora and in Montreal by Éditions de l'Arbre, in February 1942 (shortly before the French edition of *Cahiers du Témoignage Chrétien*). At the presses of Empresa Gráfica da Revista dos Tribunais Ltda de São Paulo, 6,000 copies were printed: 4,000 for Charles Ofer-Ofaire, of Atlantica Editora (Rio de Janeiro), and 2,000 for Éditions de l'Arbre.

NYMPHEE

par

Louis Aragon

C'EST par désœuvrement que j'ai pris Mithridate
J'y lisais sans trop suivre un vers de temps en temps
A quoi pensais-je donc quand vous vous accordâtes
Longs rêves de mon cœur à ces mots palpitants
O vieux roi malheureux contre qui tout conspire
Le peuple l'abandonne à son dernier moment
Si les poisons sur lui perdirent leur empire
Lui faudra-t-il périr interminablement
PLUS que de son poignard il meurt d'aimer encore
Et quand il se regarde à son miroir sans tain
L'infortune lui montre au delà du décor
Monime en pleurs liée aux aigles du destin
AU ciel d'avril plus bleu qu'un long baiser des vagues
Les nuages légers que le vent supplicie
Pour les faire passer à travers une bague
Semblent ces châles blancs que l'on fait en Russie
J'IMAGINE le port où le monarque meurt
Où pour lui la ciguë a le goût du café
J'entends plier la mer au soupir des rameurs
Qu'est-ce qui me retient sur les quais de Nymphée
ILS riront en voyant les portraits de famille
Les bibelots sans charme aux yeux indifférents
Tout ce pauvre trésor qui sent la camomille
Ils riront sans comprendre Ils sont des conquérants
CELUI qui s'assiéra dans le fauteuil-bascule
Avec ses yeux d'ailleurs en juge à sa façon
Les souvenirs d'autrui toujours sont ridicules
Un homme ne connaît qu'une seule chanson
AH si c'est un palais que le typhon menace
Et si le sang qui coule a la pourpre des rois
Pour traître qu'on le sache on frémit pour Pharnace
On frémit si c'est Dieu que l'on cloue à la croix

25

Louis Aragon, *"Nymphée,"* published (with its pages in proper order, which was not the case in *Confluences* no. 12, July 1942; see p. 249) in the first issue of *Le Monde libre,* in May 1943. *Le Monde Libre,* a quarterly journal of the International Free World Association (see p. 339), was printed in Montreal by Éditions de l'Arbre.

André Breton published *"Lumière noire"* [Black Light] for the first time in December 1943, in the second issue of *Le Monde libre.* The text was included in the third edition of *Arcane 17* (Paris: Éditions du Sagittaire, 1947). The two initial editions of *Arcane 17* were published by Brentano's in New York in 1944 (limited edition) and 1945 (trade edition).

LUMIERE NOIRE

par

André Breton

PARDON de te marchander mon offrande, divinité insatiable de la guerre. Je sais tout ce qu'aujourd'hui on te donne et que tu n'as plus même à te baisser pour *en* prendre. Et si pourtant j'osais parler de ce qu'on te refuse ? Une fois de plus tu es là hagarde, immonde, à fracasser tes grands jouets bleus qui se relayent toujours plus nombreux, plus perfectionnés, dans une nuée de mouches. Tu en profites pour faire dire qu'ayant toujours existée tu existeras toujours et j'accorde que rien ne t'est si favorable que cette philosophie du « retour éternel » dont le dernier mot ne saurait être qu' « à quoi bon ? ». Toutefois tu ne m'en imposes pas par ta présence et ta virulence même au point de me faire douter que le secret de ta suppression définitive soit à la portée de l'homme, qui a bien su conjurer la peste ou la rage. Provisoirement les circonstances veulent qu'il ne soit guère permis que d'en rêver : le mal est trop grand, nous serre de bien trop près, nous ne pouvons qu'y faire face de l'instant où tout espoir de cure préventive s'est retiré.

Le temps reviendra où la guerre étant passée derrière l'homme, il devra à tout prix se convaincre qu'elle ne doit pas nécessairement se représenter devant lui. On ne saura réprimer alors trop énergiquement les menés du fatalisme et du scepticisme, voire du cynisme et encore aura-t-il fallu au préalable ôter à ceux qui se targuent de telles attitudes le profit d'argent ou autre qu'ils en escomptent, faute de quoi il n'y aurait, bien entendu, *rien de fait.* Tâche historique digne des meilleurs mais aussi dont l'initiative et les modalités dépendent des conditions de déroulement ultérieur de la guerre actuelle et peuvent tout juste être conjecturées.

Hors de toute anticipation sur ce plan, la guerre, en tant que phénomène dont nous sommes témoins, prête à diverses observations qui peuvent être de grand intérêt par la suite. Si elle tend à se faire prendre pour la forme ultime de résolution qu'appellent certains conflits entre les peuples, il est indéniable qu'elle recouvre un ensemble très complexe de pulsions individuelles plus ou moins semblables qui y cherchent leur accomplissement. La conscience humaine s'y est toujours mal pris quand elle a cru faire justice de la guerre. Il ne suffit pas, pour en finir avec elle, d'en révoquer le principe. L'humanité tout entière même assimilée à un corps, qui soutiendrait qu'on peut attendre de la généralisation de la « saignée » archaïque un soulagement à ses maux ? Et qui ne sent quelle entorse la guerre donne à la notion même de *droit* (qu'il n'est que trop aisé de subjectiver et d'exalter contradictoirement dans chaque camp) dès lors que menacé par la force brutale il doit lui-même appeler à son aide la force brutale et donc partiellement s'effacer devant elle ? *A priori* ces seuls aperçus aliènent à l'idée de guerre toute complaisance de l'esprit. Pour s'être perpétuée jusqu'à nous, avec sinon l'assentiment du moins la résignation de l'homme, il faut qu'elle recèle tels modes obscurs de séduction.

Prévenir le retour de la guerre, il ne pourra sérieusement en être question qu'au-

165

VILLE DE MONTRÉAL — CANADA — CITY OF MONTREAL

JARDIN BOTANIQUE DE MONTRÉAL
MONTREAL BOTANICAL GARDEN
4101 EST, RUE SHERBROOKE

MONTRÉAL, le 11 mars 1944.

Monsieur Jean Wahl,
Department of Philosophy,
Mount Holyoke College,
South Hadley,
Mass., U.S.A.

Mon cher ami,

Vous devez me maudire. Je suis rentré fatigué du mois passé à New York. J'avais deux conférences à donner en arrivant et, m'étant surmené, je suis tombé malade. Je sors du lit, encore faible, et je pense à vous donner signe de vie.

Il faut d'abord que je vous dise que tous vos envois de poèmes me sont parvenus à mon adresse de New York et que j'ai apporté au Canada l'oeuvre entière. Chaque poème a été mis à sa place et une jeune fille de mes amis est à copier l'oeuvre en belle copie propre pour l'imprimeur. Les éditeurs me disent qu'ils envoient le manuscrit à l'imprimerie vers le 20 mars. A ce moment, vous aurez vu ma préface; je suis à la corriger pour la dernière fois et me fais fort de vous l'adresser la semaine prochaine. J'espère qu'elle vous plaira et, si vous ne l'aimez pas, je suis prêt à la reprendre.

Je dois vous dire aussi que La Nouvelle Relève publie, dans son numéro de mars, quelques autres poèmes. Je ne voulais pas d'abord qu'il en paraisse trop mais comme il y en a beaucoup, c'est une excellente chose de donner bonne bouche aux lecteurs en leur présentant quelques belles réussites. J'ai choisi Eros poursuivant, Ballade du sang humain, que j'aime beaucoup, Hiver 41, L'âme des animaux et L'idée, que j'aime entre tous. Aimez-vous le choix ?

J'ai bien aimé mon séjour à New York. J'ai vu beaucoup de gens: Chagall, Goll, les Maritain, Goffin, Bosquet, Spire et Breton. Ma visite à Breton m'a fait grande impression; il m'a gardé deux heures. Il est remarquablement aimable et sa conversation est brillante. On sent bien toutefois qu'on ne s'entendrait pas longtemps avec lui sur bien des questions, mais cela ne fait rien pour une visite en passant. Il m'a conseillé d'aller voir des expositions de peintures: Matta, Donati -- ce que j'ai fait. Il m'a lu du Aimé Césaire--, qu'il aime entre tous. Sa conversation est comme sa prose et il semble aimer éblouir...ce qu'il fait très bien du reste.

Le meilleur souvenir m'est resté de notre rencontre et j'espère que nous aurons l'occasion de nous revoir. En passant, quel titre voulez-vous donner à votre volume de vers ?

Vous aurez de mes nouvelles très bientôt; je vous retourne lundi votre manuscrit (De la poésie...) et croyez-moi votre bien dévoué,

Marcel Raymond

Marcel Raymond

Où en est votre anthologie avec Schiffrin ?

M. MARCEL RAYMOND

Enfin disons que M. Raymond est fort épris de son sujet. Tout ce qui touche à la poésie de théâtre le touche de près. Sa culture dans ce domaine est très vaste; il était sans doute tout à fait désigné pour écrire ce livre.

Cinq-Mars

Letter from Marcel Raymond to Jean Wahl, March 11, 1944: "I quite enjoyed my stay in New York. I saw a lot of people: Chagall, Goll, the Maritains, Goffin, Spire, and Breton. My visit to Breton impressed me deeply; he kept me for two hours. He is remarkably likable and his conversation is brilliant. One has the feeling nonetheless that one would not agree with him very long on many a subject, but that is of little matter for a brief visit." Louis-Marcel Raymond, curator of Montreal's Botanical Garden at the time, devoted his leisure time to literary criticism. The author of *Le Jeu retrouvé* [The Game Regained], published by Éditions de l'Arbre in 1943, he maintained a copious correspondence with French poets and writers in exile in the United States (including Alain Bosquet, Maurice Coindreau, Gustave Cohen, Yvan Goll, Saint-John Perse, and Jean Wahl). He contributed to the renown of those writers in the pages of *La Nouvelle Relève* [The New Relief], of which he was an editor and to which he contributed regularly. In order to avoid confusion with Swiss literary critic Marcel Raymond, in Canada his name was written as Marcel-Raymond, like "Daniel-Rops."

LETTRE À L'AMI *

Les pages qui suivent sont extraites d'une préface écrite par Antoine de Saint Exupéry pour un livre de Léon Werth, qui est l'un de ses amis. Cette préface est encore inédite.

I

Quand en Décembre 1940 j'ai traversé le Portugal pour me rendre aux Etats-Unis, Lisbonne m'est apparue comme une sorte de paradis clair et triste. On y parlait beaucoup, à cette époque-là, d'une invasion imminente. Le Portugal se cramponnait à un fantôme de bonheur. Lisbonne, qui avait bâti la plus ravissante exposition qui fût au monde, souriait d'un sourire un peu pâle, comme celui de ces mères qui n'ont point de nouvelles d'un fils en guerre et s'efforcent de le sauver par leur confiance: " Mon fils est vivant puisque je souris . . . ". " Regardez, disait ainsi Lisbonne, combien je suis heureuse et paisible et bien éclairée . . . ". Le continent entier pesait contre le Portugal à la façon d'une montagne sauvage, lourde de ses tribus de proie: Lisbonne en fête défiait l'Europe: " Peut-on me prendre pour cible quand je mets tant de soin à ne point me cacher ! Quand je suis tellement vulnérable ! Quand je suis tellement heureuse . . . "

Les villes de chez moi étaient, la nuit, couleur de cendre. Je m'y étais déshabitué de toute lueur et cette capitale rayonnante me causait un malaise bizarre. Si le faubourg d'alentour est sombre, les diamants d'une vitrine trop éclairée attirent les rôdeurs. On les sent qui circulent. Contre Lisbonne je sentais peser la nuit d'Europe habitée par des monstres vagues. Des groupes errants de bombardiers flairaient peut-être ce trésor.

Mais le Portugal ignorait la pesée du monstre. L'ignorait de toutes ses forces. Le Portugal parlait sur l'art avec une

* Nous remercions les Editions Brentanos de bien vouloir nous autoriser à publier quelques pages d'une préface inédite que monsieur de Saint Exupéry à écrites pour le livre d'un de ses amis de France. Ce livre doit paraître prochainement aux Etats-Unis.

1

This issue of *Amérique française* (March 1943), published as a tribute to Saint-Exupéry, features an unpublished excerpt of *Lettre à un otage* [Letter to a Hostage, Brentano's], the preface to a work by Léon Werth published in New York in 1943. Finding himself in Lisbon in December 1940 upon emerging from a "dense" war, consisting of flights over Germany, the writer contemplates—before the spectacle of refugees taking to their ships with the "debris of their identity"—the "essential poles of a life" that drew him in reassuring directions, for example, the house of his friend Léon Werth, in the Jura Chain.

Journalist and publicist Lucien Parizeau founded his publishing house in 1944. He published about forty works before his bankruptcy in 1946. In 1945, with the help of Jean-Benoist-Lévy, a French movie-maker who had taken refuge in the United States, he sought to acquaint Quebec readers with the poets and writers published by Éditions de Minuit and Éditions Seghers, as well as the journal *Poésie*, which he printed and for which he served as sole distributor to the American market.

On March 11, 1946, the newspaper *Le Canada* devoted a section of its front page to a lecture delivered by Jean-Paul Sartre the previous evening in Montreal. Éloi de Grandmont's interview with the pope of existentialism—"Sartre in Montreal: For the existentialists the word 'freedom' means 'responsibility'"—gave "several clarifications regarding a much debated intellectual movement."

Toward the end of the war, Sartre, recruited by Albert Camus, described on the front page of *Combat* the day-by-day liberation of Paris, a series that earned him a certain renown. Dispatched by *Le Figaro* to the United States in January 1945 to write a series of articles, he was welcomed as a hero of the Resistance. In March he traveled to Canada and returned a year later, invited by the Société d'études et de conferences de Montréal. Received by Lucien Parizeau, he spoke before the microphones of Radio-Canada on March 10, 1946, about "French literature from 1914 to 1945, and particularly from 1940 to 1945: underground literature." In his lecture, attended by more than six hundred people, he summed up the situation of Resistance literature, the conditions of its production, its writers and principal texts, and the paradoxes that it confronted during the Occupation and immediately after the Liberation. He concluded that contemporary literature must be "committed" [*engagé*]: "Such a literature, at once committed and metaphysical, would continue the trend of the great literature of the eighteenth century."

Jean-Paul Sartre à Montréal

M. Jean-Paul Sartre, photographié ici au cours d'une conférence à la Société d'Etudes, hier après-midi, est un des écrivains français les plus discutés, sinon les plus réputés, de l'heure présente. Il est le principal animateur d'un mouvement philosophique et littéraire qui porte le nom d'existentialisme. C'est le deuxième voyage de M. Sartre au Canada; l'an dernier, à la même date, il était dans notre ville. (Photo Arless)

Sartre à Montréal

Pour les existentialistes, le mot "liberté" signifie "responsabilité"

M. Jean-Paul Sartre, philosophe, romancier et dramaturge français, donne quelques éclaircissements sur un mouvement d'idées fort discuté: l'existentialisme

(par Eloi de Grandmont)

"La France a besoin, comme après chaque guerre, d'une doctrine scandaleuse, déclare M. Sartre dès que le mot "existentialisme" entre dans la conversation. On a cru qu'il s'agissait d'un nouveau dadaïsme... Pourtant l'existentialisme est une doctrine austère, réservée à des techniciens". M. Jean-Paul Sartre est le maître de l'existentialisme français. Actuellement à Montréal, il a reçu quelques journalistes et a répondu fort aimablement à plusieurs questions qui lui ont été posées sur cet important mouvement de la philosophie et des lettres dans la France actuelle.

Les existentialistes croient que le mot "liberté" signifie "responsabilité". Il leur paraît impossible qu'un homme soit libre quand les autres hommes ne le sont pas. Le cas de l'homme sans travail et le cas du Juif dans un milieu antisémite sont des exemples de cette non-liberté qui, par le fait même, prive le reste de la société de sa véritable liberté. Ils veulent réaliser une société où chaque homme soit responsable de sa propre vie. C'est une philosophie chrétienne, mais non pas une philosophie catholique. Ce serait plutôt une philosophie protestante parce que, selon eux, chaque homme est seul devant Dieu. "Dès que l'on respire, dit M. Sartre, on assume une responsabilité devant tous".

M Sartre dit aussi en parlant du catholicisme: "Je me suis toujours trouvé d'accord avec les catholiques sur la question de la liberté et de la responsabilité". En parlant de l'un de ses principaux adversaires, le philosophe Gabriel Marcel, il dit que l'on peut concevoir un existentialisme chrétien, mais il ne croit pas en un existentialisme catholique.

Quand on interroge M. Sartre sur les rapports de l'existentialisme avec le marxisme, il déclare: "Nous différons complètement des marxistes et des communistes sur l'idée de liberté." Ces derniers ont fait au groupe de Jean-Paul Sartre un autre reproche, celui de s'inspirer des philosophes allemands. A cela, on répond tout de suite que les communistes s'inspirent, eux aussi, d'un philosophe allemand, Karl Marx.

Il y a en France, actuellement, un courant d'opinion commun à beaucoup de gens. M. Sartre fait allusion à M. Jacques Maritain et dit: "Nous appartenons au groupe de gens qui désirent conserver la dignité de la personne, tout en admettant l'existence de la société. Ce n'est pas contre la société que nous voulons sauver la personne, mais dans la société."

Il dit encore: "Nous n'entendons pas tirer de l'existentialisme une doctrine politique déterminée. Toutefois, nous ne rejetons pas la recherche d'une politique."

Aux marxistes, il reproche encore un idéalisme qui consiste à guérir les maux avec de bonnes paroles. "Nous estimons, dit M. Sartre, que l'on ne saurait trop insister sur le conditionnement social et économique, mais le fond de l'existentialisme, c'est la liberté."

—Croyez-vous que c'est la fin de la littérature gratuite, en Europe et spécialement en France ?

—La littérature gratuite reviendra plus tard, répond M. Sartre, peut-être dans dix ans, peut-être dans deux cents ans. Mais, nous sommes tellement occupés par la situation historique et sociale que l'on voit mal encore une littérature qui parlerait de petits oiseaux, du printemps et des fleurs.

* * *

On sait que M. Jean-Paul Sartre est l'auteur d'un grand roman en quatre volumes, "Les chemins de la liberté". Il a écrit aussi deux pièces de théâtre, "Huis Clos", joué à Montréal récemment, et "Les Mouches". Une autre est terminée, "Morts sans sépulture", qui serait jouée sous peu à Paris. M. Sartre est aussi directeur de la revue "Les Temps Modernes", principal organe du mouvement existentialiste.

* * *

P.S.—On est prié d'excuser les fatales approximations de ce compte rendu sur un sujet qui n'est rien moins que compliqué.

Jean-Paul Sartre
Radio-Canada, Montreal, March 10, 1946

Ladies and Gentlemen,
In 1939, we were not prepared for war. We were not prepared militarily or economically, nor were we prepared ideologically. Which is to say, one could note in French letters at the time a kind of disjunctive gap . . . Around 1937–38, some writers—of a younger generation it should be said—attempted to adapt their writing to the circumstances. I am thinking of Paul Nizan, who wrote a novel called *La Conspiration*; I am also thinking of Robert Brasillach and Armand Petitjean. Unfortunately, one of them, Paul Nizan—who was the best among them and who promised to become an excellent writer—was killed in 1940; as for the others, they ended up rather badly as well. As you know, Robert Brasillach was executed by firing squad after the Liberation and Armand Petitjean has gone discreetly into hiding, where he remains at present. So their attempts were not rewarded with success, and in sum— if it is true that the French novelistic and literary tradition has been, since the classical age, that of a search for the universal by way of the concrete, by way of each historical event; if it is true that we are the country of Rousseau and Beaumarchais, the country of Chateaubriand, in brief the country of great writers who have always thought about their own era and who have attained the universal only by way of it—then there was a certain gap between the concerns of the era of 1939 and the writers who wanted to interpret them.

Today I would like to explain to you how, as a consequence of what circumstances, this gap was gradually bridged, and how the literature of today is attempting to recapture the traditions of French literature from the past. If we wish to understand what the literature of this period is all about, we must first understand the situation of French writers at the time of the defeat. Their very particular situation can better be understood by comparing it, for example, with that of the writers of the other countries at war, those who also entered the fray, such as England and America. Those writers were scattered around the world; whether as war correspondents or soldiers they could be found in every corner of the world. They had, right before their eyes, that immense social phenomenon called war—and since they thought of nothing else, since they were actually engaged in waging it, they expressed it constantly in their writing. There are the war writings of Steinbeck, there are the war writings of Saroyan, there are the war writings of all the American writers who were in this war.

In our case, to be sure, the principal and even sole concern of every French citizen was the war. But on the one hand, we had the impression of understanding it less than the Anglo-American writers, because in order to understand a thing fully one must be thrust into its midst. We could understand our own problems, the problems of resistance, but we could not exactly adapt to the total phenomenon that is war from which we were—so to speak—kept at a distance in spite of ourselves. French literature, it seems to me, fulfilled three functions . . . The first I will call the conservation function: a conservatism and a traditionalism in the face of—and against—the Germans. This was in effect a serious problem, and one frequently debated by writers—either within themselves, in secret meetings, or with friends. Would one write? Or rather, publish or not publish under the Occupation?

There were reasons militating in favor of both options. Jean Guéhenno and Jacques Debû-Bridel, to name but two, were deeply committed to not publishing at all. And they kept their word. They wrote only in secret. They effectively declared: to publish is to submit to German censorship. On the literary level there was in effect no official German censorship. There was German censorship of the theater—the Germans flaunted their censorship offices on the Champs-Elysées—but the system of censorship for novels and essays was more subtle. Because of the paper shortage, a paper commission was created—headquartered in Paris—and composed, of course, entirely of friends of the Germans. This paper commission did not censor anything. Rather—since paper had to be allotted—it decided to give paper only to those writers it regarded as most worthwhile. Which was, of course, a first strike at discarding books—but one far more intelligent in a sense than censorship, since censorship, which has its disadvantages, also has its advantages: once the already censored book comes out, it is shielded from severe measures being subsequently taken against it on the part of the ministries. But the other scenario, since it was a strictly economic initiative—the distribution of paper—in no way impeded the Germans from intervening after the fact and taking action against the publisher or the author of a book. Thus, to accept to write was to accept this complex and rather sinister system; it was to declare that it was altogether just to submit to being under the thumb of the paper commission.

In the second place, because of the paper crisis there were at most five- or six-thousand copies printed of each book. As a result, an author like Mauriac, for example, who published a single book at the very beginning of the war—*La Pharisienne*—and who normally has a readership of 80,000, now found his readership reduced to 5,000. So he was assured of reaching only a quarter—or at most a third—of his usual audience . . .

As for the rest of us, we only heard about the book via the newspapers. There was a kind of trickery involved in relations between the artist and his audience, since most people heard about him only by way of an intermediary that intervened between author and audience, which was the collaborationist press. That press chose the excerpts it wished from books and interpreted them as it wished. I recall, for instance, that when Saint-Exupéry's book *Pilote de guerre* appeared, I did not have a chance to buy it immediately and so heard about it at first only through the newspapers—and with considerable sadness, since according to the excerpts I was able to read, I thought, or thought I understood, that it was a collaborationist book, suggesting that France had been wrong to declare war and thus deserved the punishment of having lost it. So I was altogether astonished to learn two weeks later that the book had been banned by the German military authorities, and having read it subsequently, I came to understand that the author's thought and writing had been systematically subjected to dirty tricks . . .

If, as Camus would say, the world were not absurd, the literature of the Resistance would by rights be the best of that era. By rights because those who wrote during the Resistance wrote with the greatest self-abnegation, with the greatest humility, and with an ideal in mind. Since the world is absurd, as Camus would say, it is not the best. Which is not to say that it did not produce books with bite. There was *Le Silence de la mer* by Vercors; there were the *Sonnets* of Jean Cassou, written from his prison cell; there were books, there were articles here and there, like Paulhan's article called "*L'Abeille*" [The Bee]—which is perhaps the best, from a literary point of view, to come out of the Resistance. There were the poems of Eluard, of Emmanuel, of so many others. There were eloquent passages, for example, in *Le Cahier noir* by Mauriac. But if you put all that together and compare it to the mass of things that were published, if you realize also that virtually all writers—except for the collaborators—were writing as members of the Resistance, and that consequently we are talking about our very best writers, then in the end it amounts to relatively little.

Put differently: the literary Resistance has considerable historical and moral value, but viewed in hindsight, its literary value is less. Why? I think this is easy to understand. The first reason is anonymity. Anonymity is after all extremely cumbersome for a writer accustomed to signing his texts. It is cumbersome for a good and a bad reason. It is cumbersome for a good reason, which is one that Eluard often invoked. Eluard used to say: all the same, it bothers me to insult a man, to characterize him as a sell-out, and to declare that he deserves to die, and not to sign at the bottom of the page, "Paul Eluard." It is easy to understand this sentiment. On the other hand, the bad reason if you will— which is all the same an altogether excusable and rather human reason—is that those who write write with their entire personality; ordinarily they write, and sign their texts, precisely so that they might be told the next day if it is good or bad. And there is something cumbersome about not being held accountable, about not having one's friends show up the next day to tell one: it's not as good as what you did the day before, or to the contrary, it's excellent. A lack of stimulus; a failure, if you will, to be totally engaged.

And then there is another reason, which is that every French writer had made an audience for himself according to the level of difficulty and the content of what he had to say. There were those who wrote for small circles, others who wrote for bigger circles. Suddenly, united by a common choice, all these writers were obliged to write for the public-at-large —that is to say, to popularize their ideas. And quite often they were clumsy at it.

So it is that literarily, one cannot say that there was a treasure trove of great works to come out of the Resistance. But if the literary Resistance did not leave us great works, it did leave us a spirit—and that is the most important thing it did. It left a spirit that today is being translated into French literature. This spirit comes from the very circumstances of the literature of this period. First of all, prior to the war there was a kind of word inflation; we were using more and more words. First off it didn't cost anything, and to the contrary, the more one used the more likely it was that one would be paid more. And then, due to decompression—that "decompression" of which Thibaudet spoke—there was a kind of verbal lyricism that showed up in the theater, for instance, in what was called the "poetry of retort." This consisted, in a tense situation, of suddenly speaking about something completely unrelated for a considerable length of time. The Resistance taught writers to wear words out as little as possible, to use as few as possible, to observe a severe economy when it came to words. Why? It was not the writer himself who ran huge risks by writing. It was not terribly dangerous to write an article at home and then to give it to an intermediary or the head of a newspaper, who then transmitted it to the printer. The ones who were in permanent danger from the act of printing it were the typesetters—the typesetters whose printing presses were tracked down and by the way more often than not discovered. There were virtually no underground newspapers that managed to stay in print throughout the entire period of the Occupation; many of them experienced long interruptions from time to time, or had to be mimeographed because their presses had been discovered. For the typesetters, each word they set represented risking their lives. As a consequence, it is obviously quite different to write in complete tranquility and with no feeling of responsibility, when one thinks that what one writes will simply bring glory or rewards, than it is to write with the thought that what one writes may cost you your life. Under such circumstances one has no desire to stray from one's subject. One feels like using the smallest number of words possible, and saying things as simply and as rapidly as possible, so that in the same way they may be printed more rapidly. And this weight given to each word is something that has remained in today's literature, the literature of liberated France. For some time now, people have acquired a kind of severity in their use of words. In the theater, for instance, an attempt has been made to restrict retorts as much as possible, to say only the essential, and to say it with the fewest words possible. One of the characteristics, for example, of Camus's prose is surely the brevity and density that stem from his wanting to say nothing —and as briefly as possible—but the essential. . . .

One cannot write for those who are gagged. All underground literature was addressed to men in their freedom. Which is why we understood, at that moment, the profound link between writing, between the literary function and the democratic structure of the State. They are one and the same. What one wants when one writes is to address men who can freely judge you; literature in sum has a stake in democracy. Whether it was for the democratic cause or for the literary cause, what we were defending, or what we wanted to defend, during the Occupation was the same thing. It was always a defense of the possibility for free men to communicate with each other. And this idea that literature also has a social function has survived the Liberation. Many writers think that literature today must be committed, must be engaged. The expression "committed literature"—*la littérature engagée*—is worth a fortune in France; it has even become trite. Committed to what, you might ask? *La littérature engagée* is a literature committed to defending certain social structures and ideas because they are deemed linked to the literary exercise itself. It's the idea that the writer is accountable; that from the moment he starts writing he has a responsibility that is as great in peacetime as it is in wartime . . .

Finally, and note it well, today's literature offers far fewer means of escape than the literature of four or five years ago. For the time being, these escapist novels of which I speak are no longer to be found. To the contrary, we see writers like François Mauriac or Camus suddenly becoming the editors-in-chief of important newspapers. There is a sort of link today between journalism and literature that is, I believe, rather new; in past times, writers feigned contempt for journalists. To the contrary, nowadays Mauriac considers that journalism is one of the tasks of the writer who sees himself as *engagé*; it is a vehicule for speaking to the masses, and one of the ways in which he must defend his ideas and his theses . . .

Today, a certain number of new authors have appeared—some, like Camus or Simone de Beauvoir, entirely new; others deciding to commit themselves now, though they weren't before; and still other, older writers, whom one had thought would never do so —like Mauriac, who has decided to commit himself totally. And so this literature, which is both committed and metaphysical, reconnects to the common threads of the great literature of the eighteenth and nineteenth centuries.

The above text is a transcription of a recorded radio broadcast made by Jean-Paul Sartre on March 10, 1946, and preserved in the archives of Radio-Canada. Minor editorial revisions were made for clarity by Claire Paulhan and Olivier Corpet. The editors wish to thank Jacques Michon, who brought the recording to their attention and helped to obtain access to it.

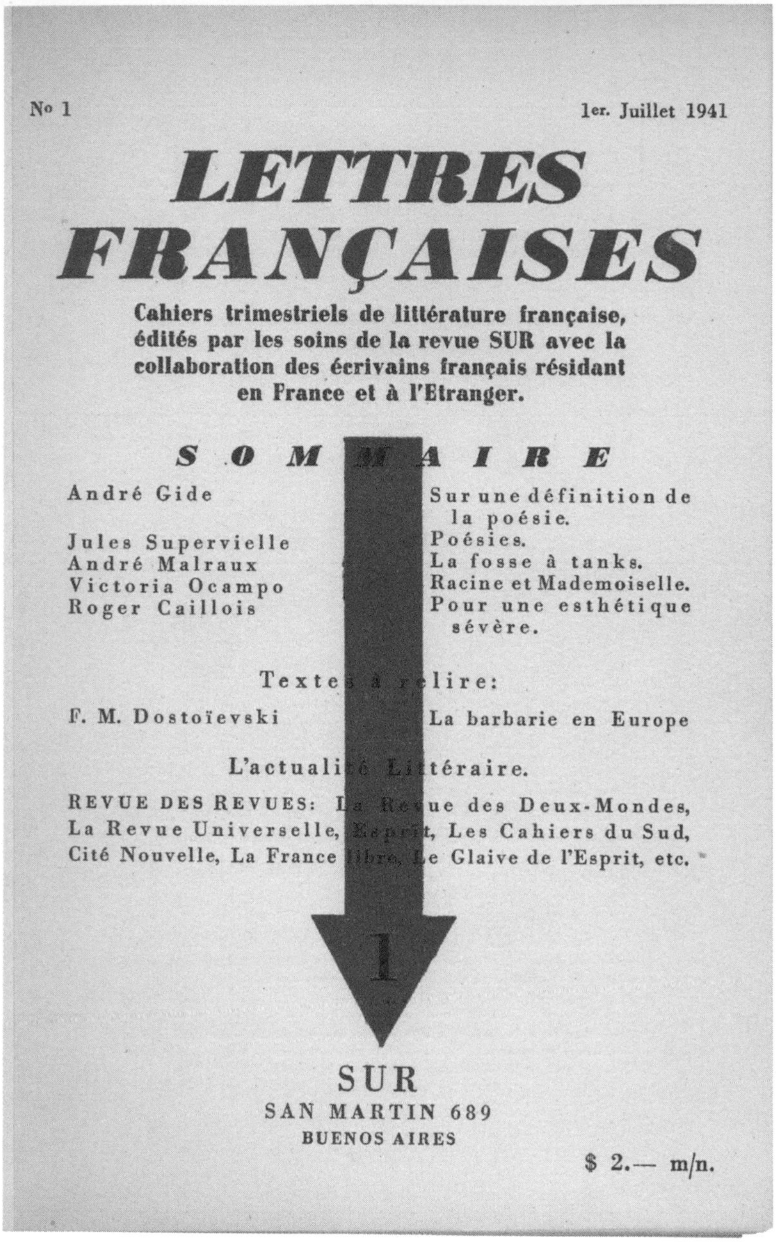

No 1 — 1er. Juillet 1941

LETTRES FRANÇAISES

Cahiers trimestriels de littérature française, édités par les soins de la revue SUR avec la collaboration des écrivains français résidant en France et à l'Etranger.

SOMMAIRE

André Gide — Sur une définition de la poésie.
Jules Supervielle — Poésies.
André Malraux — La fosse à tanks.
Victoria Ocampo — Racine et Mademoiselle.
Roger Caillois — Pour une esthétique sévère.

Textes à relire:

F. M. Dostoïevski — La barbarie en Europe

L'actualité Littéraire.

REVUE DES REVUES: La Revue des Deux-Mondes, La Revue Universelle, Esprit, Les Cahiers du Sud, Cité Nouvelle, La France libre, Le Glaive de l'Esprit, etc.

1

SUR
SAN MARTIN 689
BUENOS AIRES

$ 2.— m/n.

July 1941, first issue of the Argentine *Lettres françaises*, "triquarterly periodicals of French literature, published through the efforts of the journal *SUR*, with the collaboration of French writers residing in France and abroad." This publication, which openly supported the French Resistance, was directed by the writer and sociologist Roger Caillois, cofounder, with Georges Bataille and Michel Leiris, of the Collège de sociologie in Paris, and financed by the Argentine writer and patron Victoria Ocampo, director of the literary monthly *Sur*. Caillois was stranded in Buenos Aires during the entire war, where he was the guest of the generous Victoria Ocampo. He directed the French Institute there. It was by chance that his journal bore the same name as *Les Lettres françaises* of Jacques Decour and Jean Paulhan, which was only in the planning stage at the time of this first issue.

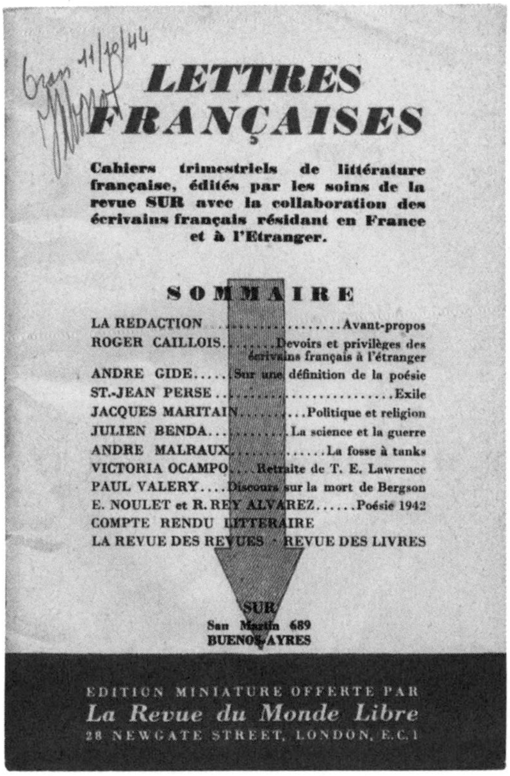

LETTRES FRANÇAISES

Cahiers trimestriels de littérature française, édités par les soins de la revue SUR avec la collaboration des écrivains français résidant en France et à l'Etranger.

SOMMAIRE

LA REDACTION .... Avant-propos
ROGER CAILLOIS .... Devoirs et privilèges des écrivains français à l'étranger
ANDRE GIDE .... Sur une définition de la poésie
ST.-JEAN PERSE .... Exile
JACQUES MARITAIN .... Politique et religion
JULIEN BENDA .... La science et la guerre
ANDRE MALRAUX .... La fosse à tanks
VICTORIA OCAMPO .... Retraite de T. E. Lawrence
PAUL VALERY .... Discours sur la mort de Bergson
E. NOULET et R. REY ALVAREZ .... Poésie 1942
COMPTE RENDU LITTERAIRE
LA REVUE DES REVUES · REVUE DES LIVRES

SUR
San Martin 689
BUENOS AYRES

EDITION MINIATURE OFFERTE PAR
La Revue du Monde Libre
28 NEWGATE STREET, LONDON, E.C.1

As it had already done for a number of journals advocating resistance and printed outside the Occupied Zone, *La Revue du Monde libre*, published in London, put together in 1944 a miniature anthology of the Argentine journal *Lettres françaises*, which it printed with the intention of having it airdropped into France by the RAF.

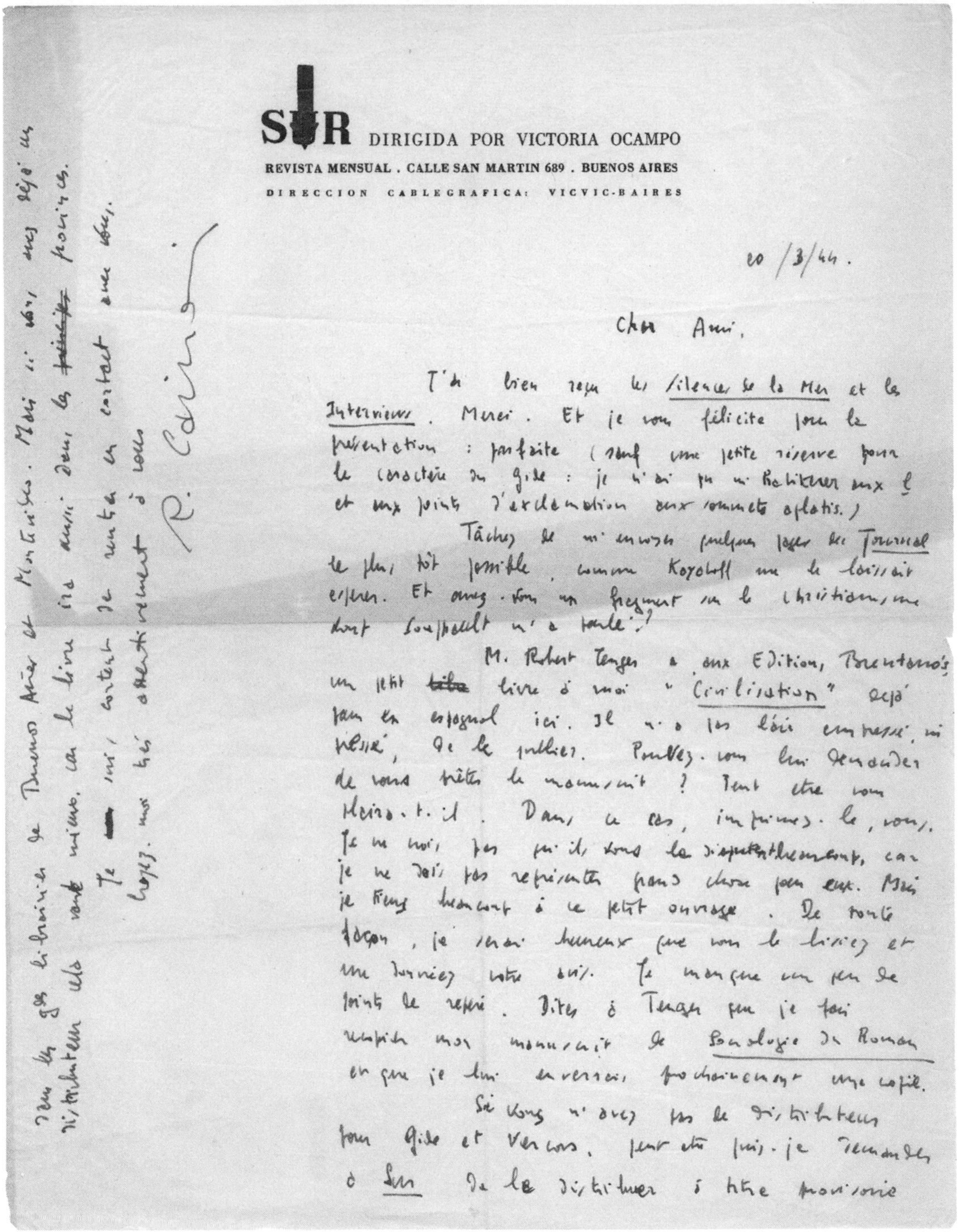

SUR DIRIGIDA POR VICTORIA OCAMPO
REVISTA MENSUAL . CALLE SAN MARTIN 689 . BUENOS AIRES
DIRECCION CABLEGRAFICA: VICVIC-BAIRES

20/3/44.

Cher Ami,

J'ai bien reçu les Silence de la Mer et les Interviews. Merci. Et je vous félicite pour la présentation : parfaite (sauf une petite réserve pour le caractère du Gide : je n'ai pu m'habituer aux ! et aux points d'exclamation aux sommets aplatis.)

Tâchez de m'envoyer quelques pages du Journal le plus tôt possible, comme Koyré me le laissait espérer. Et envoyez-vous un fragment sur le christianisme dont Soupault m'a parlé ?

M. Robert Tenger a, aux Editions Brentano's, un petit livre de moi "Civilisation" déjà paru en espagnol ici. Il n'a pas l'air empressé, ni pressé, de le publier. Pourriez-vous lui demander de vous prêter le manuscrit ? Peut être vous plaira-t-il. Dans ce cas, imprimez-le, vous. Je ne vois pas qu'il vous le dispute, car je ne dois pas représenter grand chose pour eux. Mais je tiens beaucoup à ce petit ouvrage. De toute façon, je serai heureux que vous le lisiez et me donniez votre avis. Je manque un peu de points de repère. Dites à Tenger que je suis [illegible] mon manuscrit de Sociologie du Roman et que je lui enverrai prochainement une copie.

Si vous n'avez pas de distributeurs pour Gide et Vercors, peut être puis-je demander à Sur de les distribuer à titre provisoire dans les gdes librairies de Buenos Aires et Montevideo. Mais si vous avez déjà un distributeur cela vaut mieux, car le livre ira aussi dans les provinces. Je suis content de rester en contact avec vous. Croyez-moi très attentivement à vous

R. Caillois

Letter from Roger Caillois to Jacques Schiffrin, March 20, 1944: "I have indeed received *Le Silence de la mer* (by Vercors) and *Interviews* (by Gide). And I congratulate you for the presentation, which is perfect (except for a slight reservation concerning the lettering in the Gide: I haven't managed to get used to exclamation marks with flattened tops) . . . If you don't have distributors for Gide and Vercors, maybe I can ask *Sur* to distribute it [sic] for awhile in the major bookstores of Buenos Aires and Montevideo. But if you already have a distributor, that would be better, since the book will also make it to the provinces."

Cangallo 940 U. T. [illegible]

LA RAZON L

22 SET 1945

Se Organizará una Acción de Ayuda a Escritores Franceses

LA escritora Victoria Ocampo informa en una comunicación que en una carta recibida en 1939 de Paul Valéry le rogaba hacer todo cuanto estuviese en su mano por la causa del espíritu libre y de las creaciones intelectuales desinteresadas. Alude luego a otras cartas del ilustre escritor francés y recuerda la situación de falta de alimentos, calefacción y otras imprescindibles necesidades en que se encuentran numerosos intelectuales en Europa, para luego agregar:

"Con los hombres y las mujeres que consagran su vida a las "creaciones intelectuales desinteresadas", en Francia, se solidarizan los escritores argentinos y hacen en su favor un llamado a sus compatriotas. Entre esos hombres y esas mujeres se encuentra sin duda el Racine o el Pascal o el Baudelaire o el Mallarmé — se encontraba el Valéry, el Bergson —que los siglos futuros colocarán en el rango de grandes entre los grandes. ¿Quién no se sentirá orgulloso de haber contribuido a alejar de ellos el hambre, la enfermedad, tal vez la muerte prematura? Se siente uno feliz de salvar la vida de cualquier hombre, aunque sea el más anodino, el menos útil a la humanidad".

Termina la comunicación solicitando al público el envío de ropas, café, chocolate y medicamentos al local del Comité de Solidaridad con los Escritores Franceses, Tres Sargentos 436.

The press book compiled by Adrienne Monnier on the occasion of the organization of the mutual aid association Solidaridad con los escritores franceses [Solidarity with French Writers] featured numerous appeals issued by Victoria Ocampo in the Argentine and international press. For example, in this article in French (Argentina has had intense cultural connections with France since the nineteenth century) in *Courrier de la Plata*, September 23, 1945, Ocampo relates that it was a letter from Paul Valéry in April 1942, quite prosaically asking her to send him shoes, that gave her the idea for the committee, a palpable need even after France was liberated . . . Adolfo Bioy Casares, Jorge Luis Borges, Eduardo Mallea, Silvina Ocampo, and Guillermo de Torre were members of the sponsoring committee.

Courrier de la Plata
23 sept. 1945

SOLIDARITE A L'EGARD DES ECRIVAINS FRANÇAIS

Mme Victoria Ocampo nous a adressé l'appel ci-dessous en faveur de l'oeuvre de solidarité des écrivains argentins à l'égard de leurs collègues français.

Datée du 2 septembre 1939, je recevais une lettre de Paul Valery qui finissait ainsi : " Quoiqu'il arrive, je vous priere faire en Argentine tout ce que vous pourrez pour notre cause, qui est la vôtre, qui est celle de l'esprit libre et des créations intellectuelles désintéressées."

Depuis cette lettre, bien des choses sont arrivées, plus terribles que nous les avions prévues.

Le 17 juin 1940, Valéry m'écrivait : "...le nombre et la bestialité nous écrasent." Et plus loin, dans la même lettre: " Peut-être, si je dure encore, serai-je forcé, à mon âge, de chercher à travailler je ne sais où... Mais la Poétique et la pensée, aujourd'hui, valent encore moins que notre billet de banque."

Finalement, le 27 avril 1942, Valéry me demandait de lui envoyer, si possible, une paire de chaussures. " La nécessité me force à vous demander cette chose ridicule !!" ajoutait-il.

Je trouve qu'il suffit d'entendre un pareil appel pour se rendre compte de la situation. Et, malgré la libération, cette situation n'a pas encore varié. L'hiver s'annonce si dur, si menaçant que les S.O.S. arrivent de toutes parts. Voilà pourquoi un groupe d'écrivains argentins avons cru de notre devoir de venir en aide à nos camarades français.

Valéry me disait encore: " Se nourrir et se chauffer sont devenus des problèmes de chaque jour, généralement insolubles. Se vêtir est un projet chimérique. Et quand on a une famille à soutenir il faut aussi gagner le nécessaire en exerçant la profession la plus inutile qui soit."

Voilà où en était un des premiers écrivains français, et européens, sinon le premier. Il n'est guère besoin de beaucoup d'imagination pour se représenter que doit être le sort des autres.

Lorsque Valéry parle de profession inutile, c'est bien par ironie ; les créations intellectuelles désintéressées sont aussi nécessaires à une civilisation qui veut subsister, survivre, que le pain quotidien. Ne nous y trompons pas.

La grandeur de l'Angleterre, sans Shakespeare, celle de l'Italie, sans Dante, celle de la Russie sans Dostoiesvsky, celle de l'Allemangne sans Goethe, celle des Etats-Unis sans Whitman, serait non seulement amoindrie, mais comme inconcevable. Ils ont été la voix même de ces pays. Et qui a bien reconnu leur timbre connait sans les avoir jamais vus, les rivages où il retentit pour la première fois.

Telle est la force de l'esprit.

Ces hommes n'étaient rien que des écrivains : mais ce qu'ils ont dit se répète et s'étudie toujours, alors que les discours des tout-puissants dictateurs d'hier sont déjà oubliés. La beauté que les une ont créée dure encore et nous aide à supporter le spectacle affreux d'un monde ravagé par les autres.

C'est avec les hommes et les femmes qui consacrent leur vie aux créations intellectuelles désintéressées, en France, que les écrivains argentins se solidarisent. C'est pour eux qu'ils font appel à leur compatriotes. Parmi ces hommes et ces femmes, il y a sans doute le Racine, ou le Pascal, au le Baudelaire, ou le Mallarmé — il y a eu le Valéry et le Bergson — que les siècles futurs mettront au rang des grands parmi les grands !! Qui ne serait fier d'avoir contribué à éloigner de lui la faim, le froid, la maladie,

être la mort prématurée ? On est heureux de sauver la vie à n'importe qui, fut-ce même à l'être le plus insignifiant et le moins utile à l'humanité.

Oscar Wilde croyait avec raison que ce qui manquait à ce geôlier de Reading, interloqué devant deux prisonniers qui s'accusaient généreusement, au lieu de se disculper (afin que le châtiment retombât tout entier sur eux-mêmes) était l'imagination. L'imagination du coeur.

Nous souhaitons avec ferveur que nos compatriotes n'en manquent pas, car du côté de la générosité nous sommes tranquilles : elle n'a jamais fait défaut parmi les Argentins.

Victoria Ocampo.

On est prié d'envoyer les dons au Comité de Solidarité à l'égard des écrivains français. Tres Sargentos 436, U. T. 32-2976. Renseignements de 9 à 11 et de 15 à 17 heures. Les contributions en espèces se reçoivent à la Banque de Londres, compte Editions Victoria, sous la mention Solidarité à légard des Ecrivains français.

All America Cables and Radio

THE INTERNATIONAL SYSTEM

BUENOS AIRES
ROSARIO
MENDOZA

Commercial Cables — All America Cables and Radio

NOTA: Cualquier pregunta referente a este telegrama puede hacerse por teléfono
U. T. 33 - Avenida 5923
directamente con la sala de aparatos. Rogamos citar el Número, la Procedencia y la Dirección.

En conexión con la Western Union para los puntos en los Estados Unidos fuera de nuestras oficinas.

"VIA ALL AMERICA"

Número	Procedencia	Palabras	Observaciones	Hora Original	Fecha y hora de recepción	Emp.
75	PARIS	19	4			

NLT GISELE FREUND TRES SARGENTOS 436 BAIRES

JACCEPTE REPARTITION ECRIVAINS FRANCAIS VETEMENTS VIVRES

MERCI INTELLECTUELS ARGENTINS AFFECTUEUSEMENT

ADRIENNE MONNIER

Si hay una contestación a este telegrama pídase por teléfono mensajero y le despacharemos inmediatamente sin cargo alguno. - U. T. 33, Av. 5291

300.000 - 4/1945.

In this telegram sent to her great friend Gisèle Freund, in exile at the time in Buenos Aires, Adrienne Monnier accepted the role of Parisian link with Solidaridad con les escritores franceses. An office, situated in the mezzanine of 12 rue de l'Odéon, adjacent to her bookstore, became the depository and distribution center for parcels sent by the committee.

Gide

LA MAISON DES AMIS DES LIVRES

A. MONNIER

7, RUE DE L'ODÉON - PARIS - VIe
TÉL. : DANTON 07-41
R. C. SEINE No 278-942

24 septembre 1945

Cher Ami,

Je n'ai pas besoin de vous dire qu'un autographe de vous serait, de tous, le plus précieux. Je ne sais pas, en dehors du café, ce qu'il y aura dans l'envoi annoncé, mais vous serez le premier averti du contenu.

J'espère avoir bientôt la joie de vous voir.

Votre fidèle

Adrienne Monnier

Il s'est formé à Buenos Aires un Comité d'Intellectuels - où figure Victoria Ocampo - pour venir en aide aux Ecrivains français au moyen de vivres et de vêtements dont je dois assurer la répartition . Ce Comité porte le nom de : Solidaridad con los Escritores franceses .

La secrétaire, Gisèle Freund, m'écrit que doit nous parvenir, au début de novembre, un premier ensemble de marchandises (en particulier, 200 kgs. de café); l'envoi est fait sous le patronage de Wladimir d'Ormesson et confié au bateau français "Le Groix".

Le Comité a l'intention de préparer un deuxième envoi. Pour l'aider à réunir des fonds, il désire organiser une vente d'autographes et de portraits et me demande de réunir des autographes de nos meilleurs écrivains .

Voulez-vous avoir la bonté de me faire parvenir une page, ou quelques lignes , manuscrites ?

Je dois confier les autographes à Bertrand Gès, Inspecteur général des Services étrangers au Ministère de l'Information, qui part en Argentine les tout premiers jours d'octobre ; il me faudrait donc votre don (si vous acceptez de le faire) aussi tôt que possible .

Circular, dated September 24, 1945, in which Adrienne Monnier announced the creation of the Argentine relief committee Solidaridad con los escritores franceses and the first shipment of merchandise, "in particular, 200 kilos of coffee," to arrive in November (it would not in fact arrive until the beginning of 1946). In order to help the committee gather products for a second shipment, Adrienne Monnier was asked to assemble autographs, intended for sale, of the "best [French] writers." In this copy, sent to André Gide, she added by hand: "Dear friend, / I don't have to tell you that an autograph of yours would be the most precious of all."

Adrienne Monnier, Maurice Saillet, and an unknown person dividing up donations received by the Argentine relief committee, 1945.

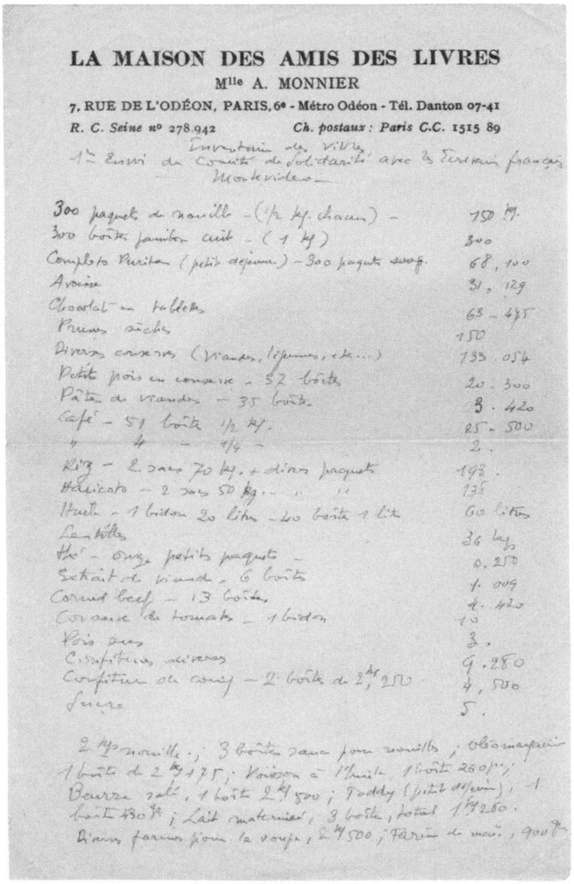

LA MAISON DES AMIS DES LIVRES
Mlle A. MONNIER
7, RUE DE L'ODÉON, PARIS, 6e - Métro Odéon - Tél. Danton 07-41
R. C. Seine no 278.942 *Ch. postaux : Paris C.C. 1515 89*

Inventaire des vivres
1er Envoi du Comité de Solidarité avec les Écrivains français
— Montevideo —

300 paquets de nouilles – (1/2 kg. chacun) –	150 kg.
300 boîtes jambon cuit – (1 kg)	300
Completo Puritan (petit déjeuner) – 300 paquets env.	68,100
Avoine	31,129
Chocolat en tablettes	63 – 475
Prunes sèches	150
Diverses conserves (viandes, légumes, etc...)	133.054
Petits pois en conserve – 32 boîtes	20.300
Pâtés de viandes – 35 boîtes	3.420
Café – 51 boîtes 1/2 kg.	25 – 500
" 4 – 1/4 –	2.
Riz – 2 sacs 70 kg. + divers paquets	193.
Haricots – 2 sacs 50 kg. – " "	135
Huile – 1 bidon 20 litres – 40 boîtes 1 litre	60 litres
Lentilles	36 kgs
Thé – onze petits paquets –	0.250
Extrait de viande – 6 boîtes	1.009
Corned beef – 13 boîtes	4.420
Conserve de tomates – 1 bidon	10
Pois secs	3.
Confitures diverses	9.280
Confiture de coing – 2 boîtes de 2kg,250	4,500
Sucre	5.

2 kgs nouilles ; 3 boîtes sauce pour nouilles ; Oléomargarine 1 boîte de 2kg175 ; Poisson à l'huile 1 boîte 260 gr ; Beurre salé, 1 boîte 2kg500 ; Toddy (petit déjeuner), 1 boîte 430 gr ; Lait maternisé, 3 boîtes, total 1kg260. Divers farines pour la soupe, 2kg500 ; Farine de maïs, 900 gr

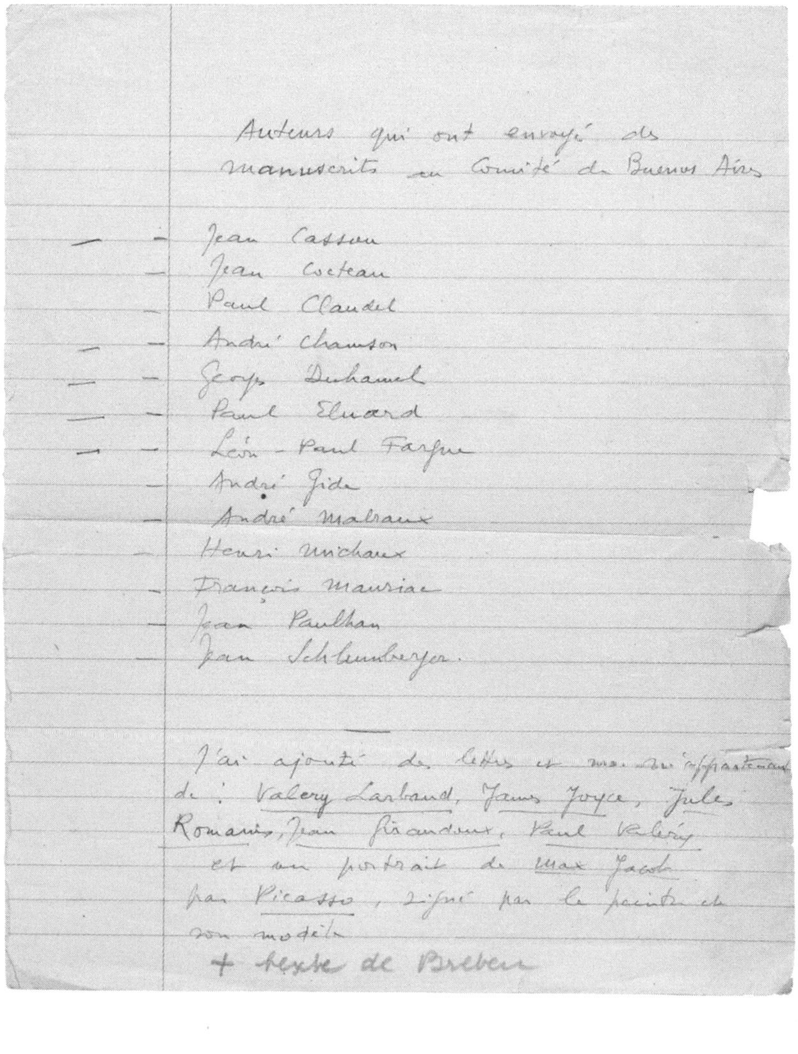

Auteurs qui ont envoyé des manuscrits au Comité de Buenos Aires

— — Jean Cassou
— Jean Cocteau
— Paul Claudel
— — André Chamson
— — Georges Duhamel
— — Paul Eluard
— — Léon-Paul Fargue
— André Gide
— André Malraux
— Henri Michaux
— François Mauriac
— Jean Paulhan
— Jean Schlumberger.

J'ai ajouté des lettres et ms. m'appartenant de : Valery Larbaud, James Joyce, Jules Romains, Jean Giraudoux, Paul Valéry et un portrait de Max Jacob par Picasso, signé par le peintre et son modèle
+ texte de Breton

In a notebook, whose cover—an envelope of the United States Forces—bears the title "First Argentine distribution / List of allocations of food and clothing," Adrienne Monnier listed merchandise received and writers suggested by Jean Paulhan, keeping an up-to-date register of allocations. By March 8, 1946, there was no more coffee, tea, oil, *dulce*, or cheese left ... On another page, she made a list of "Authors who have sent manuscripts to the Buenos Aires Committee / Jean Cassou / Jean Cocteau / Paul Claudel / André Chamson / Georges Duhamel / Léon-Paul Fargue / André Gide / André Malraux / Henri Michaux / François Mauriac / Jean Paulhan / Jean Schlumberger." In addition, she specified: "I have added letters and manuscripts belonging to me: Valéry Larbaud, James Joyce, Jules Romains, Jean Giraudoux, Paul Valéry/ and a portrait of Max Jacob by Picasso, signed by the painter and his model + text by Breton."

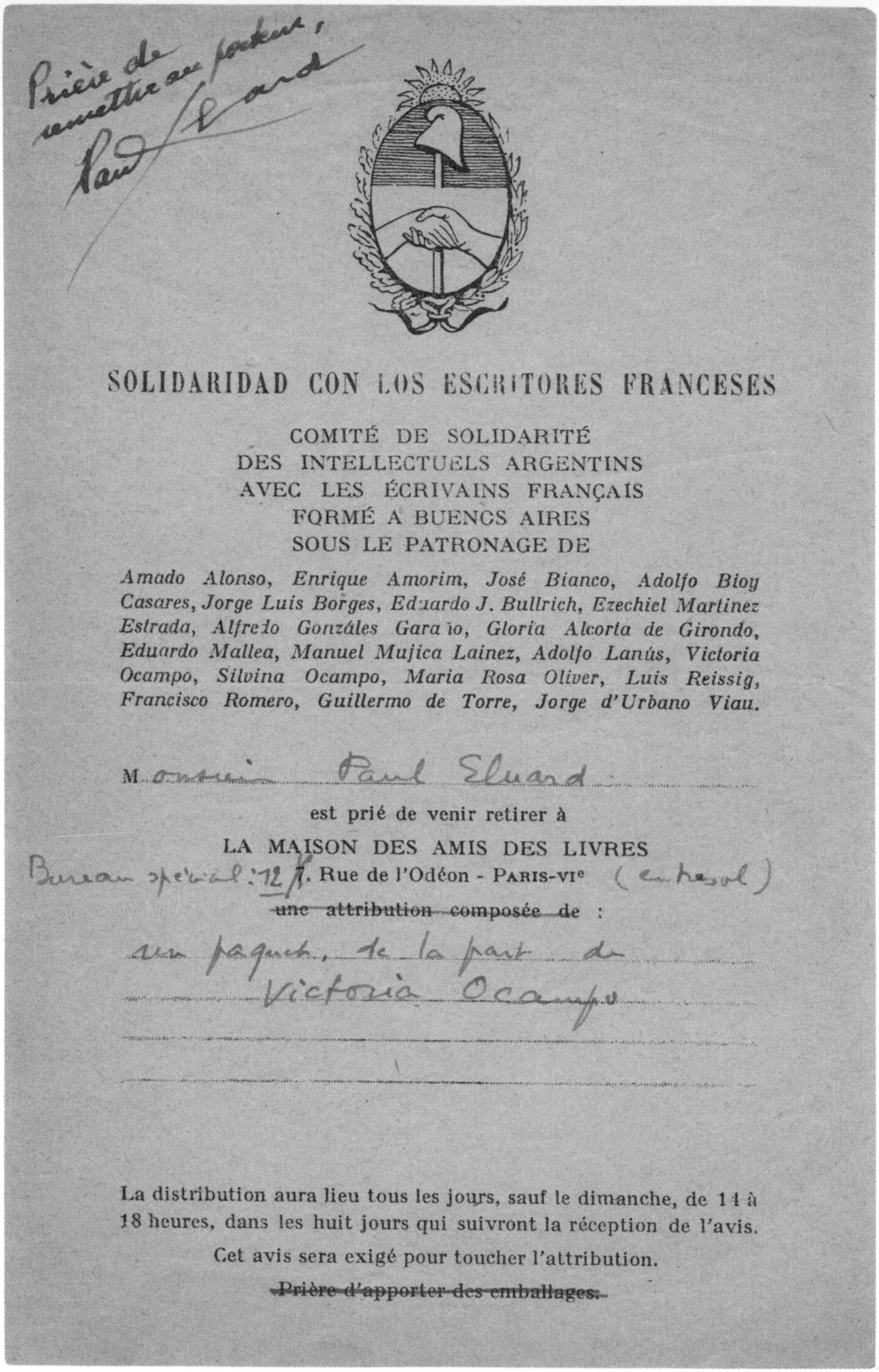

Prière de remettre au porteur,
Paul Éluard

SOLIDARIDAD CON LOS ESCRITORES FRANCESES

COMITÉ DE SOLIDARITÉ
DES INTELLECTUELS ARGENTINS
AVEC LES ÉCRIVAINS FRANÇAIS
FORMÉ A BUENOS AIRES
SOUS LE PATRONAGE DE

Amado Alonso, Enrique Amorim, José Bianco, Adolfo Bioy Casares, Jorge Luis Borges, Eduardo J. Bullrich, Ezechiel Martinez Estrada, Alfredo Gonzáles Garaño, Gloria Alcorta de Girondo, Eduardo Mallea, Manuel Mujica Lainez, Adolfo Lanús, Victoria Ocampo, Silvina Ocampo, Maria Rosa Oliver, Luis Reissig, Francisco Romero, Guillermo de Torre, Jorge d'Urbano Viau.

Monsieur Paul Eluard

est prié de venir retirer à

LA MAISON DES AMIS DES LIVRES

Bureau spécial: 12 ~~7~~. Rue de l'Odéon - PARIS-VIe (en sous-sol)

~~une attribution composée de~~ :

un paquet, de la part de
Victoria Ocampo

La distribution aura lieu tous les jours, sauf le dimanche, de 14 à 18 heures, dans les huit jours qui suivront la réception de l'avis.

Cet avis sera exigé pour toucher l'attribution.

~~Prière d'apporter des emballages.~~

Voucher for the withdrawal of a parcel sent to Paul Éluard by Victoria Ocampo, c/o Solidaridad con los escritores franceses.

Opposite: List drawn up by Jean Paulhan in March 1946 of writers who desired coffee from the Argentine relief committee. Names underlined are those also in need of clothing.

café
habit

A. Adamov. 4 r. Laplace.
M. Fardoulis-Lagrange. 28 r. de la Tourelle. Boulogne.
Alain. 75 av. Maurice-Berteaux. Le Vésinet.
Roger Allard. 20 r. Visconti (VI)
A. Artaud. 1 r. Vieux-Saint. Rodez (Aveyron)
Henri Calet 26 r. de la Sablière
Marc Bernard. 19 r. Labrouste
R. de Solier. 18 r. Wurtz
Y. Belaval 59 r. de Flore. Le Mans
A. Dhôtel. 70 av. de la Ferté s. Jouarre. Coulommiers
Georges Bataille. 16 r. de Condé.
M. Béalu. 21 r. Dorée. Montargis.

Jean Beauffret. 9 r. du Sommerard
Marc Beigbeder 17 r. Cavé (18)
Lucien Becker. 2 r. Raymond Teisseire Marseille.

Joe Bousquet.
Georges Blin.
Jean Blanzat.
Jean Guehenno.
Maurice Blanchot
Julien Blanc.
Jacques Brenner
Roger Caillois
Arm. Petitjean
René Char
M. Jouhandeau.
G.E. Clancier
Sadi Couhé.
Jacques Crépet
R.L. Doyon.
G. Duveau.
Fr. Sentein.
Luc Estang.
L.P. Fargue.
Noël Devaulx.

André Salmon
André Frénaud
Stan. Fumet
Julien Gracq
Edm. Humeau.
Marius Leblond
Paul Léautaud
J. Lemarchand
Max. Leroy.
Simone Loudet.
Clara Malraux.
J.J. Marchand.
André Suarès.
Cl. Morgan.
Maurice Noël
Henri Petit
R. Purnal
R. Queneau.
B. de Schloezer

L. Gaillour
Marius Grout
Raym. Guérin
André Jannot
Michel Leiris
Pierre Leyris
Jean Legrand
G. Limbour
Loÿs Masson
L. Forestier
P. de Massot
R.P. Maydieu
V. Muselli.
Br. Parain
Fr. Ponge.
Arm. Robin.
Henri Rode
René Roger

9

THE LIBERATION AND ITS AFTERMATH

"After long and difficult years, we find ourselves standing in a land covered with ruins, from which our brothers, in the millions, are still absent."

Georges Duhamel, *Bulletin de l'Union nationale des intellectuels*

The period just before the insurrection in Paris was the time of greatest danger. The Nazis' anxiety was at its peak, members of the Resistance were becoming more and more daring, the collaborators were playing their last card . . . The jubilant days of the liberation of Paris brought five years of a terrible war to a close, leaving the French exhausted, famished, and full of illusions that the immediate postwar period would quickly destroy.

While the Allied armies undertook little by little the liberation of prison, concentration, and extermination camps—exposing the atrocities of the "Final Solution"—special courts of law were established on September 15, 1944, to preside over the purging of French society. For the intellectual milieu, the National Writers' Committee (CNE) soon became the sole court of law. The Communist Party—strengthened by its decisive role in the Resistance—constituted a majority within the CNE and carried out a harsh purge of the literary world; its blacklists of collaborating writers continued to multiply from September 1944 onward. Five famous writers were sentenced to death, three of whom were executed: Robert Brasillach (director of *Je suis partout*); Paul Chack (Navy officer and historian); and Georges Suarez (director of *Aujourd'hui*). The prison sentences of Lucien Rebatet and Henri Béraud were commuted to hard labor. Pierre Drieu la Rochelle commited suicide in March 1945. Others—who knew how to keep a low profile and let time pass—would eventually be granted amnesty, among them Louis-Ferdinand Céline in 1951. A general amnesty was granted in 1953, and—after much controversy—the reappearance of *La Nouvelle Revue Française*.

Meanwhile, the purge of the literary world engendered a lively yet painful debate: on one side were Louis Aragon, Vercors, Claude Morgan, *Les Lettres françaises*, and the National Writers' Committee; on the other was Jean Paulhan who—with his "Letter to the Leaders of the Resistance" (1948–1952)—threw a paving stone at the good conscience of Resistance members, who in his eyes had become both judges and snitches. By his side were Albert Camus, Georges Duhamel, François Mauriac, Jean Schlumberger, and others, all of whom resigned from the CNE and aspired to a professional and independent rule of law, capable of judging men of letters in the same way as anyone else.

But a new era had already begun, one that sought to distance itself from the tragic period of the Occupation, one that forgot the sacred communion of the Resistance and the hopes that the movement had engendered. Writers also found themselves divided by the Cold War, torn between the two major political blocs—between East and West, Capitalism and Communism.

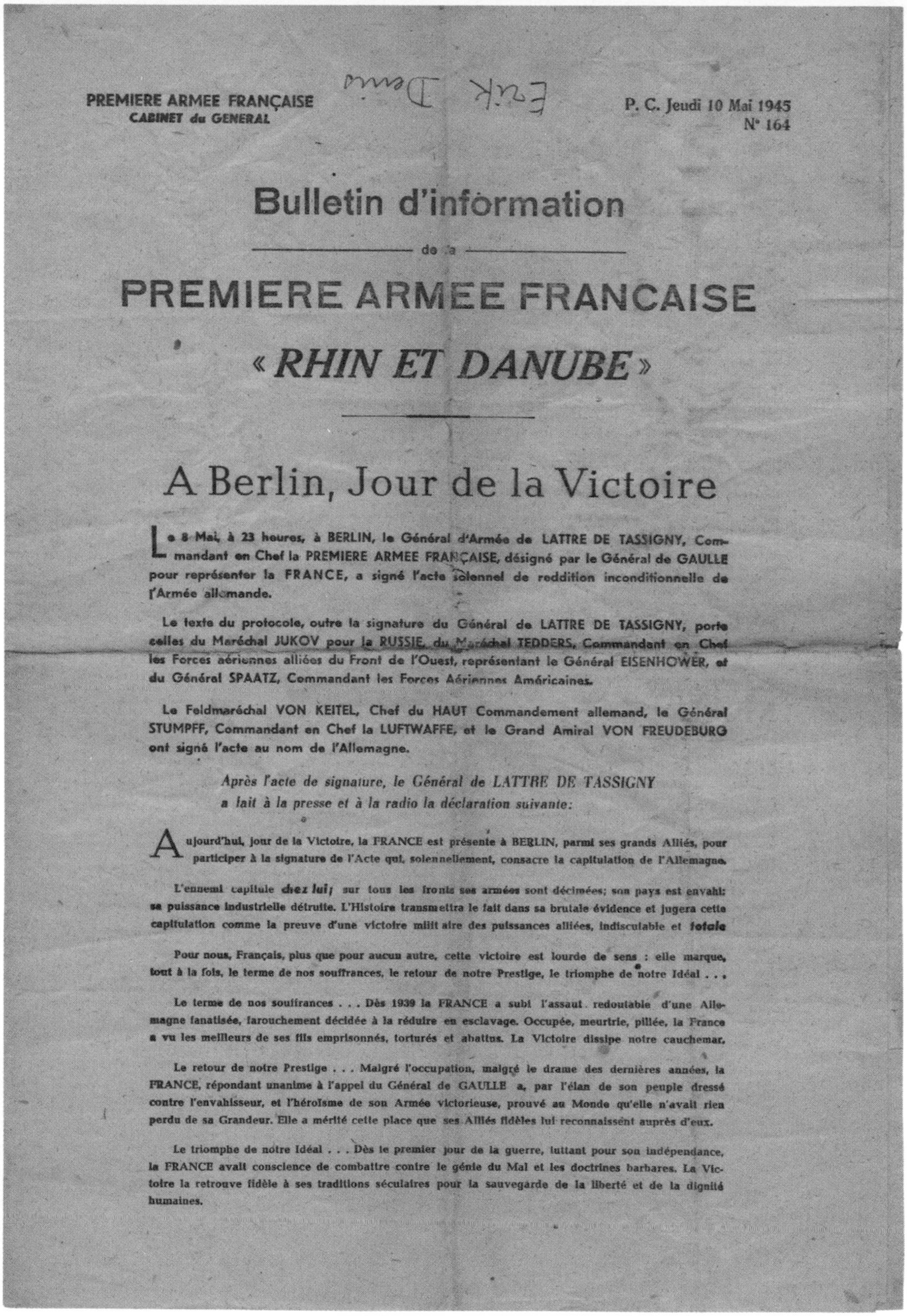

PREMIERE ARMEE FRANÇAISE
CABINET du GENERAL

P. C. Jeudi 10 Mai 1945
N° 164

Bulletin d'information

de la

PREMIERE ARMEE FRANCAISE

« *RHIN ET DANUBE* »

A Berlin, Jour de la Victoire

Le 8 Mai, à 23 heures, à BERLIN, le Général d'Armée de LATTRE DE TASSIGNY, Commandant en Chef la PREMIERE ARMEE FRANÇAISE, désigné par le Général de GAULLE pour représenter la FRANCE, a signé l'acte solennel de reddition inconditionnelle de l'Armée allemande.

Le texte du protocole, outre la signature du Général de LATTRE DE TASSIGNY, porte celles du Maréchal JUKOV pour la RUSSIE, du Maréchal TEDDERS, Commandant en Chef les Forces aériennes alliées du Front de l'Ouest, représentant le Général EISENHOWER, et du Général SPAATZ, Commandant les Forces Aériennes Américaines.

Le Feldmaréchal VON KEITEL, Chef du HAUT Commandement allemand, le Général STUMPFF, Commandant en Chef la LUFTWAFFE, et le Grand Amiral VON FREUDEBURG ont signé l'acte au nom de l'Allemagne.

Après l'acte de signature, le Général de LATTRE DE TASSIGNY a fait à la presse et à la radio la déclaration suivante:

Aujourd'hui, jour de la Victoire, la FRANCE est présente à BERLIN, parmi ses grands Alliés, pour participer à la signature de l'Acte qui, solennellement, consacre la capitulation de l'Allemagne.

L'ennemi capitule *chez lui;* sur tous les fronts ses armées sont décimées; son pays est envahi: sa puissance industrielle détruite. L'Histoire transmettra le fait dans sa brutale évidence et jugera cette capitulation comme la preuve d'une victoire militaire des puissances alliées, indiscutable et *totale*

Pour nous, Français, plus que pour aucun autre, cette victoire est lourde de sens : elle marque, tout à la fois, le terme de nos souffrances, le retour de notre Prestige, le triomphe de notre Idéal . . .

Le terme de nos souffrances . . . Dès 1939 la FRANCE a subi l'assaut redoutable d'une Allemagne fanatisée, farouchement décidée à la réduire en esclavage. Occupée, meurtrie, pillée, la France a vu les meilleurs de ses fils emprisonnés, torturés et abattus. La Victoire dissipe notre cauchemar.

Le retour de notre Prestige . . . Malgré l'occupation, malgré le drame des dernières années, la FRANCE, répondant unanime à l'appel du Général de GAULLE a, par l'élan de son peuple dressé contre l'envahisseur, et l'héroïsme de son Armée victorieuse, prouvé au Monde qu'elle n'avait rien perdu de sa Grandeur. Elle a mérité cette place que ses Alliés fidèles lui reconnaissent auprès d'eux.

Le triomphe de notre Idéal . . . Dès le premier jour de la guerre, luttant pour son indépendance, la FRANCE avait conscience de combattre contre le génie du Mal et les doctrines barbares. La Victoire la retrouve fidèle à ses traditions séculaires pour la sauvegarde de la liberté et de la dignité humaines.

Newsletter of the First French Army, *Rhin et Danube*, announcing the surrender of Germany two days earlier, May 8, 1945. The publication also contains excerpts from testimony by Geneviève de Gaulle, published in *La Tribune de Genève*. General de Gaulle's niece and a member of the resistance movement "Défense de la France," she was deported in February 1944 to the camp called Ravensbrück, built by the Nazis for "intensive utilization, to the point of exhaustion, of human material." Placed in isolation by Himmler, she was kept as currency for an anticipated exchange, and was freed by the Americans on April 20, 1945.

A LONG AND PAINFUL LIBERATION

Nº 52 Édition ZS

LIBÉRATION

«NOTRE SEUL BUT EST DE RENDRE LA PAROLE AU PEUPLE FRANÇAIS» DE GAULLE

20 JUILLET 1944

AUTRES ORGANES DU MOUVEMENT DE LA LIBÉRATION NATIONALE:
ACTION_AURORE_COMBAT
DÉFENSE DE LA FRANCE
FRANC TIREUR _ LORRAINE
RÉSISTANCE _ VOIX DU NORD

Pour le salut et la libération de la Patrie

La bataille de Normandie était à peine engagée que le commandement suprême interallié, dans ses communiqués, rendait hommage, en la citant régulièrement, à l'action des Forces Françaises de l'Intérieur.

Les F.F.I. sont à l'oeuvre partout où se trouve l'ennemi : sur ses arrières, autour de ses dépôts, le long de ses voies de communications. Grâce à elles des divisions blindées allemandes ont subi dans leur marche vers le front des retards considérables. Grâce à elles le désordre s'est introduit progressivement dans le fonctionnement de la machine de guerre hitlérienne.

Mais l'action des F.F.I. serait insuffisante si elle se cantonnait dans le domaine purement militaire, si elle se développait indépendamment d'un mouvement de [illegible] masse.

Nous répéterons ici ce que proclamait, le 27 Juin dernier, l'ordre d'opération du C.O.M.A.C (Comité d'action militaire du Conseil National de la Résistance.

"L'insurrection nationale inséparable de la libération nationale est une nécessité vitale pour le pays. Seule l'insurrection nationale libérant le sol national aussi complètement et aussi rapidement que possible peut éviter que la France soit dévastée et meurtrie dans sa chair. L'insurrection est plus économique que l'attente de la libération par les Alliés".

Aucune hésitation n'est plus possible et le devoir de tous les Français est aujourd'hui d'une aveuglante clarté.

Tous les citoyens sans exception doivent appuyer les Forces Françaises de l'Intérieur, aider les patriotes, aider les hommes des maquis, par tous les moyens à leur disposition. Tous les citoyens doivent se préparer [illegible] à obéir aux mots d'ordre qui leur seront donnés au moment opportun par les F.F.I. Tous les Français doivent se considérer dès à présent comme les serviteurs disciplinés de cette cause sacrée : la libération et le salut de la Patrie.

LE MASSACRE D'ORADOUR

A Oradour-sur-Glane, petite bourgade de la Haute-Vienne, les Allemands viennent de se livrer à d'abominables actes de sauvagerie.

Un attentat avait été commis à Oradour vers la mi-juin. Il avait coûté la vie à deux Allemands.

Une colonne de répression fut envoyée quelques jours plus tard sur les lieux.

Nous ne pouvons mieux faire que de reproduire ici un extrait de la lettre qui fut adressée à un de ses amis par une personne habitant la région :

"Il y aura quinze jours demain, des bruits nous arrivaient venant d'Oradour. On disait que le bourg était en flamme et qu'on fusillait des otages. Mais personne ne pouvait approcher. La réalité était bien plus terrible. Je vais vous la dire en [illegible] mots, car c'est inimaginable et je n'arriverai pas à vous en dire toute l'horreur. Vers midi, 300 Allemands environ arrivaient à Oradour. Ils cernaient le village, faisaient mettre dans une grange tous les hommes, et enfermaient les enfants des écoles et les femmes dans l'Eglise. C'était jour de vaccination et tous les enfants de la commune se trouvaient à Oradour.

Les hommes furent tous sans exception mitraillés. La plupart furent tués. Morts et blessés furent entassés sur la place du village et on alluma le feu sur eux. Quant aux femmes, aux enfants, au médecin et au prêtre, ils furent tous brûlés vivants dans l'Eglise. Ceux qui entendaient la fusillade et se portaient au secours des leurs étaient abattus. Il reste à peine I5 personnes à Oradour et elles sont là par miracle. Pendant deux jours, il a été défendu d'approcher d'Oradour".

Précisons que les femmes et les enfants ayant été enfermés dans l'Eglise, les Boches jetèrent à l'intérieur des plaquettes incendiaires et des cartouches de dynamite. Pas un des malheureux n'en réchappa. On a retrouvé des cadavres de petits enfants calcinés dans leurs voitures.

La colonne de répression était composée de 88 venus de Yougoslavie..

Précisons également qu'il ne reste plus à Oradour que I0 personnes, non pas I5, sur une population qui en comptait I370.

LA NORMANDIE FRANÇAISE

Chaque soir, Radio-Paris émet un programme intitulé : La Normandie Française, qui dure une petite demi-heure. Au cours de cette demi-heure, le speaker, qui singe feu Henriot d'une façon bouleversante, prononce un coquet discours destiné à montrer que les Libérateurs ont tout mis à feu et à sang et que la vie est un enfer dans les pays de France où ne sont plus les Boches.

Propagande naïvement stupide qui ne décèle que la colère et le désarroi de ceux qui s'en servent.

Radio-Paris s'indigne encore de ce qu'on mobilise en Normandie : "Et voilà, clame-t-elle on détruit les maisons de Français, et puis on les envoie au casse-pipe, ces pauvres Français qui n'ont pas envie de se battre".

En effet, Radio-Paris, les Français n'ont pas envie de se battre AVEC LES ALLEMANDS CONTRE LEURS AMIS, et la pauvre L.V.F. qui aurait bien voulu envoyer tous les Français au plus affreux des casse-pipes, s'en est aperçue à ses dépens : elle n'a pu recruter que quelques centaines de repris de justice.

Mais là où Radio-Paris fait erreur, c'est quand elle insinue que les Français n'ont pas tous envie de chasser les Boches de France. Pour cela ils accepteraient d'être mobilisés à vie, et la mobilisation dans les provinces libérées de Normandie est une grande et belle chance que l'on nous offre. Elle montre abondamment que la France n'a perdu qu'une bataille et qu'elle s'apprête à gagner la guerre aux côtés de ses Alliés.

Puisque les populations de Normandie libérée ont reçu les Alliés si froidement, pourquoi les Boches continuent-ils à revêtir des uniformes anglais et américains, et à se munir de mitraillettes et fusils-mitrailleurs de fabrication alliée pour aller provoquer les Français dans leurs villages ?

Un communiqué spécial des F.F.I.

Les Forces Françaises de l'Intérieur (F.F.I.) ont publié le I5 Juin un communiqué spécial annonçant que durant la semaine du 8 au I5 Juin le plan général de coupures des câbles téléphoniques établi par l'Etat-Major des F.F.I. a été entièrement réalisé : 68 câbles ont été sectionnés conformément à ce plan.

"NOTRE PROPRE HONNEUR EST INTERESSE DANS DE PAREILLES AVENTURES, ET L'ACTION DE CES COQUINS ETAIT SI LACHE QUE C'EUT ETE Y PRENDRE PART QUE DE NE PAS S'Y OPPOSER".

MOLIERE
(Don Juan - III - 3'-)

LA RÉVOLUTION NATIONALE AU VIOLON

Le Mardi 4 Juillet dernier Police-Secours était appelée dans un immeuble où des francistes opéraient une perquisition. Le car de Police-Secours arriva au moment où la voiture de Bucard démarrait, emportant à vive allure le chef qui ne s'est jamais trompé et les infaillibles en second.

Malgré les coups de sifflet, la voiture ne s'arrêt pas. La police ayant réussi à la rattrapper, un des francistes sort une mitraillette et tue deux agents. Deux autres sont blessés. Bucard fut appréhendé.

Il est toujours en état d'arrestation.

Bussière menace de donner sa démission si on le relâche. Serait-il donc à deux Français près.

Six weeks after the June 6, 1944, landing, the newspaper *Libération*, one of the organs of the Mouvement de Libération nationale [National Liberation Movement, MLN], was struggling against propaganda broadcasts each evening by Radio-Paris. ("Radio-Paris is lying, Radio-Paris is German," the members of the Resistance said.) The announcer who replaced Philippe Henriot, who was executed by the Resistance on June 28, 1944, claimed, for example, that the French had no desire to chase the Germans from their soil and that the battle of Normandy was resented by the local populace. The retort of the anonymous editor of *Libération* in the article *"La Normandie française"* [French Normandy] of July 20, 1944: "If the residents of liberated Normandy welcomed the Allies so coldly, why do the *Boches* [Krauts] continue to wear British and American uniforms and to arm themselves with machine guns and rifles manufactured by the Allies in order to provoke the French in their villages?"

The ruins of the church of Saint-Pierre de Caen, after the Allied bombing. It was restored in 1952–1953.

Saint-Lô, the administrative seat of the Manche region, where the poet Jean Follain was educated, was nearly completely destroyed by Allied bombs in July 1944: "A friend told us about the destruction," wrote Follain, who is seen here amidst the ruins of the city. "Nothing was recognizable. The persistance of things in enduring had been roundly defeated. Above a pile of stones that for months has been concealing dead bodies, little gray-brown birds of prey with speckled breasts were fluttering. The noise of their wings disturbed the dreary silence" . . . "never in my overall view of the city when it was still standing had we seen so many fir trees, such as those that yet existed in those huge gardens hidden behind the houses of doctors, lawyers, and merchants. And now, they appear half-burnt but still alive among the ruins." (*Chef-lieu*, Gallimard, 1950).

LES LETTRES FRANÇAISES

Revue des Ecrivains français groupés au Comité national des Ecrivains

NUMERO SPECIAL
1er AOUT 1944

Fondateur : Jacques DECOUR
Fusillé par les Allemands le samedi 30 mai 1942

SUR LES RUINES DE LA MORALE :

Oradour-sur-Glane

Le 9 juin 1944, vers 19 heures, je partis de Paris en camion pour Limoges, via Toury. Ma femme et mes enfants se trouvant à Oradour-sur-Glane, petit bourg situé à une vingtaine de kilomètres de Limoges, j'avais obtenu l'autorisation d'aller les embrasser.

Nous atteignîmes Toury le soir même, après avoir vu sur la route plusieurs voitures immobilisées par le mitraillage d'avions anglo-américains et dont l'une d'elles, un camion, brûlait encore.

En raison du danger aérien, je décidai de repartir le lendemain matin, dès le petit jour, afin d'atteindre le sud de la Loire le plus tôt possible.

Notre voyage se fit sans encombre, jusqu'aux abords d'Argenton-sur-Creuse, où nous avons rencontré, successivement, détruits au moyen de pétards, un poteau support de lignes haute tension et un chêne abattu en travers de la route.

Des personnes qui occupaient un camion, se dirigeant sur Paris et qui disposaient d'une cognée, avaient commencé à débiter l'arbre, en vue de se frayer un passage. Avec l'aide de tous, ce résultat fut obtenu au bout de vingt minutes environ.

Nous atteignîmes alors Argenton-sur-Creuse, où la plus grande consternation régnait.

Les actes de sabotage que nous avions constatés avaient été commis durant la nuit par des « maquisards », et les autorités allemandes tenant la population d'Argenton pour responsable de la police des routes, aux abords de la ville, venaient, à titre de représailles, de fusiller une douzaine d'hommes.

En traversant la ville, nous avons croisé deux hommes portant une civière sur laquelle reposait un cadavre, et d'autres hommes porteurs de civières vides qui se dirigeaient sur le lieu de l'exécution. Je décidai alors de poursuivre notre route sans plus attendre.

A la sortie de la ville, nous avons trouvé, en travers de la route nationale, une barricade faite de grosses pierres, dont une partie avait été démolie afin de constituer un passage.

Nous n'avons rien constaté d'anormal jusqu'à Rhodes, aux abords de la Souterraine, où un jeune garçon circulant à bicyclette sur la route nationale avait, la veille, été tué sans sommation par un détachement allemand. Celui-ci était venu combattre un détachement de « maquisards » qui avait occupé la Souterraine. Les bruits les plus divers circulaient sur ce qui s'était passé dans cette ville.

A quelques kilomètres de là, nous avons été arrêtés par une unité allemande motorisée qui gardait le croisement des R.N. 20 et 71. Après vérification de nos papiers, nous avons été autorisés à continuer notre route et nous avons atteint Limoges sans autres difficultés. Il était 13 heures.

Après avoir rempli notre mission, le chauffeur conduisit la voiture dans un garage, afin de faire réparer une fuite qui s'était produite dans le réservoir d'essence.

J'avais fixé à 17 heures, l'heure du départ pour le retour, via Oradour-sur-Glane. En fait, la réparation ayant demandé plus de temps que je le pensais, nous n'avons quitté Limoges qu'un peu après 18 heures.

A 4 km. environ d'Oradour, nous avons croisé, venant de cette bourgade, un camion et une chenillette allemande transportant une cinquantaine d'hommes qui, après nous avoir mis en joue, nous obligèrent à nous arrêter, à faire demi-tour, à descendre de voiture et à nous ranger debout dans le fossé de la route. Toujours sous la menace d'un homme porteur d'une mitraillette, les Allemands procédèrent à une vérification minutieuse de nos papiers contenus dans le portefeuille du chauffeur et à une perquisition de la voiture.

Personnellement, je produisis ma carte d'identité et l'autorisation de transport dont j'étais porteur. Grâce à quelques connaissances d'allemand que je possède, je pus m'entretenir directement avec l'officier commandant le détachement, sans le truchement d'un interprète.

Il s'agissait d'un homme grand, svelte et élancé, au teint et aux yeux clairs, au regard presque doux. C'était certainement un homme appartenant à une classe sociale au-dessus de la moyenne. Son abord eut pu, en d'autres circonstances, être qualifié sympathique. Etant donné qu'il était debout sur un camion, il me fut impossible de voir ses épaulettes et de connaître son grade, mais il portait le col des officiers et la coupe de sa vareuse était impeccable.

J'exposais à cet officier pourquoi j'étais venu à Limoges, et que je rentrais à Paris, via Oradour, où je comptais embrasser ma femme et mes enfants qui s'y trouvaient à l'abri des bombardements anglo-américains.

L'officier me demanda alors si j'étais né à Oradour ; sur ma réponse négative, il m'a autorisé à continuer ma route.

Il nous fallut recharger dans la voiture tous les objets et matériel dont elle avait été vidée au cours de la perquisition. De l'endroit où nous séjournions, on ne voyait pas Oradour, mais on apercevait dans sa direction une épaisse colonne de fumée s'élever dans le ciel.

Je hâtais mon départ.

Au sommet d'une côte, nous avons pu enfin apercevoir le bourg qui n'était plus qu'un immense brasier.

Un kilomètre plus loin, et à quelque 300 mètres de l'agglomération, nous avons de nouveau été arrêtés sous la menace d'un fusil-mitrailleur, par un peloton de cinq ou six soldats allemands. Invités à descendre rapidement de voiture et à lever les bras, nous fûmes sommairement fouillés, afin de vérifier que nous ne portions pas d'armes.

Je profitai de cette circonstance, pour exposer en allemand, à l'homme de troupe qui s'occupait de moi, que j'avais été autorisé par un officier allemand à venir jusqu'à Oradour. Une estafette cycliste partit alors en direction du village pour prendre les instructions nécessaires au Poste de commandement. Elle revint environ 20 minutes plus tard, disant qu'il convenait d'attendre à l'emplacement où nous nous trouvions. Le train électrique départemental qui, en passant par Oradour, relie Limoges à Saint-Junien et à Bussières-Poitevine, arriva sur ces entrefaites. Au bout d'un moment, et après avoir pris à nouveau les instructions du P.C., les voyageurs pour Oradour, et ceux-là seulement, furent invités à descendre. Les autres voyageurs et le train furent renvoyés à Limoges.

Je fus alors invité à me joindre aux voyageurs descendant du train et conduit à travers champs, en contournant le bourg, jusqu'au Poste de commandement. Avant de quitter la voiture, je prescrivis à mes compagnons de voyage de regagner Limoges au cas où je ne serais pas de retour dans un délai assez bref. Il était 20 heures environ.

Au cours de notre trajet à travers champs, nous avons constaté qu'un cordon de troupe en armes cernait complètement le bourg. Arrivés au P.C., nous subîmes un nouvel interrogatoire. Nous étions 5 ou 6 hommes et 8 ou 10 femmes. En l'absence du chef du détachement, l'interrogatoire fut conduit par un sous-officier qui nous indiqua ensuite qu'il convenait d'attendre le commandant.

Durant notre séjour au P.C., les hommes de troupe qui nous gardaient et qui étaient tous des Allemands, n'ont pas cessé de plaisanter avec les femmes et de montrer une gaieté comparable à celle que l'on éprouve après une bonne partie de plaisir. Aucun de ces hommes n'était en état d'ivresse. Vers 22 heures, les soldats allemands changèrent subitement d'attitude, le commandant venait d'arriver au P.C.

Il nous fut prescrit, à moi et aux autres hommes, de nous aligner sur un rang le long de la clôture, comme si nous allions être fusillés.

Une nouvelle vérification d'identité fut faite.

Nous étions tous des hommes qui venaient voir leur famille, et aucun d'entre nous n'était domicilié à Oradour. Est-ce pour cette raison ? Est-ce plutôt parce qu'il était très tard et que l'officier avait hâte de rentrer ? Toujours est-il que nous fûmes invités à nous éloigner rapidement du village. Au moment de notre départ, le sous-officier qui avait procédé à la dernière vérification d'identité et qui parlait correctement le français, nous dit : « Vous pouvez dire que vous avez de la chance. »

Nous comprîmes ces paroles, par la suite, lorsque nous sûmes que toutes les personnes même étrangères au bourg qui s'étaient présentées à Oradour dans l'après-midi, avaient été exécutées.

Parmi les hommes qui étaient avec moi, il s'en trouvait un que je connaissais et qui m'offrit l'hospitalité dans sa petite maison de campagne, dépendant d'un petit hameau appelé Les Bordes et situé à 1.200 mètres d'Oradour. Sa femme nous apprit que les Allemands étaient arrivés vers 14 h., avaient perquisitionné dans la maison et exigé qu'on prépare, pour leur officier, un repas chaud aussi copieux que possible. Elle avait été informée dès le début que les Allemands avaient pour mission de brûler Oradour, un commandant portant beaucoup de décorations ayant été victime d'un attentat, à quelques kilomètres de là.

Elle nous apprit également qu'un maçon avait été tué dans le courant de l'après-midi, qu'aucun enfant de l'école n'était rentré au hameau, et que les mères de ces enfants qui, inquiètes, s'étaient dirigées vers le bourg au moment de l'incendie, n'avaient pas non plus reparu.

La nuit s'écoula dans la plus grande consternation.

Le lendemain, dès le petit jour, 5 ou 6 hommes dont j'étais, se dirigèrent vers le bourg, avec l'espoir d'avoir des nouvelles des disparus. Un spectacle indescriptible nous y attendait.

La maison qui, la veille au soir, servait encore de P.C., était complètement brûlée. Aux abords, on re-

Les Lettres françaises devoted its first openly published issue (on August 1, 1944) to the tragedy at Oradour-sur-Glane (Haut-Vienne), as related by a witness. On June 10, 1944, a detachment of the second SS Panzer Division Das Reich, en route to Normandy, shot or burned alive 642 individuals, both refugees and inhabitants of the village. Georges Duhamel reported this account from a railroad engineer who had been passing through Oradour in order to "embrace his wife and children who were there to escape the British-American bombings." At the instigation of Paul Éluard, 20,000 copies of this special issue were rapidly composed and printed. In the previous edition of *Les Lettres françaises*, framed on the first page and as of then unsigned, appeared "Oradour," a poem by Jean Tardieu: "Oradour, I no longer dare to read or pronounce your name."

COURRIER FRANÇAIS DU

TÉMOIGNAGE CHRÉTIEN

NUMERO 12 — LIEN DU FRONT DE RESISTANCE SPIRITUELLE — NUMERO 12

CHRONIQUE DU TERRORISME HITLERIEN EN FRANCE

DEFI

Depuis le jour où la France a perdu sa liberté, le terrorisme nazi a fait chez nous plus de victimes que la guerre. De ces victimes, on tait les noms, on étouffe le témoignage qui crie vengeance au ciel. Il faut que cesse cette complicité du silence avec le crime. Il faut que la France et le monde sachent, il faut que les assassins sentent monter le dégoût et la colère devant les abominables atrocités dont ils nous ont gratifiés, avec la complaisance des mainteneurs « français » de l'ordre hitlérien.

Les Cahiers du Témoignage Chrétien ont dénoncé depuis plus de deux ans et demi les crimes nazis de lèse-humanité, dont les mensonges de la collaboration empêchaient trop de Français, et non des moindres, de prendre conscience, une conscience assez lucide et courageuse pour dire non au vainqueur, à ses séductions et à ses promesses, et, dans la fierté de ce refus, attendre l'heure de la justice.

Nous avons décrit et stigmatisé le terrorisme hitlérien qui a déferlé, avec les mensonges de la propagande nazie, sur tous les pays protégés ou occupés par la puissance militaire allemande.

Suivant les latitudes, les méthodes ont pu varier; elles s'inspirent toujours du même mépris et tendent toujours au même but : détruire ce qui ne peut être séduit.

Il y a une logique du terrorisme total comme de la guerre totale : le premier fait partie de la seconde et il aboutit avec elle à une planification monstrueuse de l'injustice, ultime requête du droit de la Force.

De ce plan systématique d'oppression terroriste, la Pologne martyre a fourni au monde un exemple qui eût pu suffire à l'édification des plus naïfs. Mais la Pologne était trop lointaine, comme la Grèce, la Yougoslavie ou la Norvège. Notre Cahier Défi sur le terrorisme hitlérien en Pologne, comme notre Cahier sur le terrorisme nazi en Alsace-Lorraine, n'a pas ouvert tous les yeux.

Le terrorisme nazi en France sort depuis quelques mois du secret des chambres de torture, du mystère des prisons et des camps de concentration, pour opérer de façon planifiée et au grand jour. Puissent ces témoignages sur l'effroyable tragédie qui se déroula par ordre d'Himmler dans plusieurs de nos provinces passer de main en main, soulever la réprobation indignée des consciences et créer l'unanimité française devant le terrorisme et la barbarie.

CAEN

Si les SS ne reculent pas devant le massacre d'hommes désarmés, de femmes et d'enfants innocents, ne nous étonnons pas qu'ils mitraillent sans pitié des prisonniers. C'est ce qui s'est passé à Caen.

D'après un témoignage allemand, les SS, après avoir ouvert les portes de la prison aux prisonniers de droit commun, pénétrèrent dans les cellules des prisonniers politiques et les mitraillettes firent leur besogne expéditive. Sans autre forme de procès qu'un ordre donné par un chef des troupes d'élite du Führer, près de 250 Français furent ainsi abattus comme des chiens.

Le massacre à froid des prisonniers de Caen dépasse peut-être en horreur le cauchemar de la nuit d'Ascq et l'effroyable tuerie d'Oradour. Dans l'affaire d'Ascq, on pouvait invoquer le prétexte de sabotage et l'effet de surprise ; le crime de représailles sur des innocents ne restait pas moins un crime. Dans la tragédie d'Oradour, on pouvait obéir à la prétendue nécessité de faire un exemple pour décourager toute velléité de soulèvement national ; le crime n'en était pas moins un crime monstrueux de sadisme collectif. A Caen, on tue par mépris de la vie, pour se dispenser de chercher une solution au problème des prisons qui pourraient être libérées par l'avance des Alliés.

Alarme sur les Prisons de France

Le sort des prisonniers politiques de Caen sera-t-il demain celui des dizaines de milliers de Français et de Françaises qui sont entre les mains de la Gestapo ? A Vire, à Rennes, au Mans, etc.... Sera-ce aussi le sort des deux millions de Français, prisonniers ou travailleurs en Allemagne ?

Si la Wehrmacht, comme nous le croyons, n'est pas complice des assassins de Caen, il importe que des mesures urgentes soient prises pour couper net la chaîne possible d'irréparables crimes qui retomberont inévitablement sur l'Allemagne vaincue. Car il faudra bien que justice soit faite.

Si les autorités de Vichy sont incapables d'obtenir une solution, il faut de toute urgence que des négociations internationales assurent le salut de milliers d'innocents. La Suisse et le Vatican peuvent servir de médiation. Il n'y a plus de semaines à perdre.

Ce qu'il faut empêcher à tout prix, c'est que le massacre de Caen serve de précédent pour d'autres prisons. Ce qu'il faut également arrêter, c'est le transfert massif, tel qu'il se fait aujourd'hui, dans des convois de trains, où les prisonniers, entassés sans nourriture et sans possibilités hygiéniques dans des wagons à bestiaux, meurent avant d'arriver au terme de leur exil. Ce qu'il faut enfin prévenir, c'est qu'au dernier moment, on forme sur les routes de longues files de malheureux déjà épuisés par le régime des prisons et les tortures, encadrés par les impitoyables tueurs de la Gestapo.

A quelque solution qu'on s'arrête, il est nécessaire que des membres de la Croix-Rouge Internationale assurent un contrôle de protection et de soutien, même si la Croix-Rouge Internationale n'est pas jusqu'à ce jour habilitée pour s'occuper des internés civils ; un commun accord peut lui confier cette tâche d'humanité.

ORADOUR SUR GLANE

Limoges, le 17 juin 1944.

Je vous envoie un compte rendu des événements tragiques qui se sont déroulés il y a quelques jours dans notre région. Les événements dont vous lirez le récit ne sont que le point culminant d'une série d'actes inimaginables dont nos villes et nos campagnes viennent d'être et sont encore le théâtre.

J'ai rédigé moi-même ce compte rendu, avec le concours de quelques camarades qui ont ajouté leur témoignage au mien. Je jure sur mon honneur, qu'aucun détail n'est inventé et que le récit est au-dessous de l'horrible réalité.

Récit des faits

Le samedi 10 juin 1944, à 13 h. 30, plusieurs camions allemands de SS, appartenant à la division « der Führer », firent irruption dans le gros bourg d'Oradour-sur-Glane, à 21 km. N.O. de Limoges. Un officier se présenta à la mairie et intima au maire l'ordre de rassembler toute la population sur le Champ de Foire. L'ordre fut aussitôt transmis aux habitants par le tambour de la ville.

Hommes, femmes, enfants, surpris au milieu de leurs paisibles occupations quotidiennes, s'amassèrent alors au lieu de rassemblement, pressés avec brutalité par les soldats qui patrouillaient dans les rues [illegible] pénétraient dans les maisons et contraignaient les vieillards, les malades et les infirmes eux-mêmes à sortir. L'attitude des SS, très violente, répandait la terreur parmi les habitants. Les enfants pleuraient, des femmes criaient, d'autres s'évanouissaient.

Le rassemblement achevé, les Allemands firent sortir les hommes de la masse des habitants et les conduisirent devant une grange voisine. Par groupe de 20 environ, tous les hommes furent poussés à l'intérieur de la grange et abattus, séance tenante, à la mitraillette.

Sur le champ de foire, les hurlements de détresse des femmes et des enfants se mêlaient au bruit de la fusillade.

Le massacre des hommes achevé, les femmes et les enfants furent conduits à l'intérieur de l'église. Dans celle-ci se trouvaient déjà un certain nombre de garçons et de filles qui suivaient les exercices d'une retraite, car la première communion devait avoir lieu le lendemain.

Cependant, des SS parcouraient les maisons, recherchant ceux qui auraient pu y demeurer. Les enfants des écoles, qui venaient d'entrer en classe au moment de l'arrivée des Allemands avaient entendu, effrayés, le bruit de la fusillade. Maîtres et élèves furent eux aussi enfermés dans l'église. Quelques habitants, qui s'étaient cachés dans leur demeure, y furent également traînés avec brutalité ou abattus sur place, s'ils tentaient de fuir. Une jeune femme, accouchée de huit jours, fut elle-même tirée de son lit et conduite à l'église où un soldat transporta derrière elle le berceau où reposait le nouveau-né.

Les SS se livrèrent à toutes sortes de brutalités sur les malheureux rassemblés dans l'église; ils profanèrent l'autel, forcèrent la porte du tabernacle et s'emparèrent des Saintes Espèces.

Un peu plus tard, un groupe de soldats déposa au centre de l'église une caisse de grandes dimensions; puis, les soldats se retirèrent, fermant les portes derrière eux. D'autres SS parcouraient pendant ce temps le village, arrosant les maisons et les granges de produits incendiaires, probablement du phosphore, et pourchassant ceux qui avaient tenté d'échapper au massacre en se dissimulant.

(On a retrouvé, dans les jardins et autour du village, plusieurs cadavres de femmes et d'enfants manifestement abattus tandis qu'ils fuyaient et, notamment, à proximité d'une cabane où sans doute la malheureuse avait cherché refuge, le cadavre d'une femme, sur lequel on a relevé dix-huit traces de balles.)

Sur ces entrefaites, le tramway départemental de Limoges à Saint-Julien arrivait à Oradour. Il fut arrêté à l'entrée du village et les Allemands contraignirent les voyageurs à descendre. Selon une première version, ils auraient obligé tout le monde à se rendre dans l'église; selon une autre, ils auraient fait un tri parmi les voyageurs, conduisant dans l'église ceux qui s'étaient déclarés habitants d'Oradour et enjoignant aux autres de s'en retourner.

Peu après, les SS commencèrent à mettre le feu au village ; une heure après son dépôt, la caisse déposée dans l'église fit explosion, incendiant l'édifice qui se mit à brûler de toutes parts. On ne sait exactement comment se déroula cette heure atroce et les moments qui suivirent pour les malheureux enfermés dans l'église, mais les habitants de hameaux voisins nous ont déclaré que, pendant très longtemps, l'air avait retenti d'horribles clameurs.

Le village entier ne fut plus bientôt qu'un immense brasier; au crépitement des flammes, au fracas des maisons s'écroulant dans des torrents de fumée, se mêlaient les cris lugubres des bestiaux demeurés dans leurs étables et les hurlements hallucinants des malheureux que le feu commençait à ronger.

Les Allemands avaient établi un cordon de soldats tout autour du village. Des villageois isolés, qui se trouvaient dans les champs alentour et qui furent aperçus, furent abattus au fusil et à la mitrailleuse. Les malheureux, qui essayaient, par la fuite d'échapper aux flammes, étaient de même impitoyablement abattus. Une femme, alors que l'église n'était déjà plus qu'un brasier, réussit à se hisser jusqu'à une fenêtre et brisant un vitrail, tenta de se laisser glisser au dehors. Un SS tira sur elle deux balles, dont l'une l'atteignit à l'épaule. La femme tomba à l'extérieur, évanouie, et ce fait lui sauva la vie. Elle réussit à gagner un village voisin dans la nuit de samedi à dimanche; elle est actuellement en traitement à l'hôpital de Limoges.

Alors que l'église commençait à brûler, des soldats pénétrèrent à l'intérieur et entassèrent des chaises et des bancs sur les malheureux dont beaucoup gisaient déjà à terre, évanouis ou blessés.

Après la Tragédie...

La nouvelle de l'horrible tragédie ne commença guère à se répandre à Limoges que dimanche. Lundi, la ville entière, accablée de stupeur et soulevée d'une horreur indicible, en parlait.

Les Allemands demeurèrent à Oradour jusqu'au mardi 13, interdisant toute approche du village. Ils évacuèrent celui-ci mardi dans la matinée, après en avoir, dimanche et lundi, achevé la destruction et jeté, pêle-mêle, un certain nombre de cadavres, principalement d'enfants, dans une fosse creusée par eux.

Dès mardi après-midi, le préfet régional et l'évêque de Limoges se sont rendus à Oradour. Quelques habitants de Limoges et des villages voisins y pénétrèrent également. Nous avons vu l'un d'eux, qui s'y rendit à bicyclette mardi soir et qui nous a fait le récit de ce qu'il avait vu. Quand il arriva aux abords de ce qui avait été le coquet petit bourg, il trouva celui-ci gardé seulement par quelques G.M.R. Il n'osa pas pénétrer à l'intérieur, mais le spectacle qu'il put contempler de l'entrée était hallucinant.

Rien n'a été épargné; pas une maison, pas une grange ne reste debout. Le village n'est plus qu'un amoncellement de ruines calcinées, d'où émergent quelques pans de murs rongés par le feu. Dans les ruines on aperçoit des cadavres tordus et noircis; dans ce qui fut l'église, on peut voir des restes humains calcinés et des cadavres d'enfants aggripés,

Une Voix s'est élevée

Un concert de voix les plus diversement stipendiées a tenté de faire croire au monde que l'armée allemande combattait pour la liberté de l'Europe et la défense de la civilisation chrétienne.

Ascq, Oradour, Caen... Ces trois noms marqués de flots de sang, d'un sang innocent, suffisent désormais : le slogan de Goebbels ne peut plus avoir prise sur une conscience française.

Il était nécessaire qu'une voix s'élevât, une voix de l'Eglise de France, pour dresser en formules inoubliables le réquisitoire des pays occupés contre le terrorisme hitlérien. Mgr Théas, évêque de Montauban, est aujourd'hui déporté ; il a bien mérité de la France et de l'Eglise.

« DEFENSEUR DE LA JUSTICE, GARDIEN DU DROIT NATUREL, JE MANQUERAIS GRAVEMENT A MON DEVOIR SI, EN FACE DE TELS ACTES DE TERRORISME ET DE BARBARIE, JE NE FAISAIS ENTENDRE LA PROTESTATION INDIGNEE DE LA CONSCIENCE HUMAINE ET CHRETIENNE.

« L'OCCUPATION D'UN PAYS NE SUPPRIME NI LES DEVOIRS DU VAINQUEUR NI LES DROITS DU VAINCU.

« LE VAINQUEUR A LE DEVOIR D'ASSURER L'ORDRE ET NON DE FAIRE DU DESORDRE.

« LE VAINQUEUR A LE DEVOIR DE PROTEGER LES INNOCENTS ET NON DE LES PUNIR.

« LE VAINQUEUR A LE DEVOIR DE PROPORTIONNER LA SANCTION AU DELIT.

« LE VAINQUEUR A LE DEVOIR DE RESPECTER LA DIGNITE HUMAINE MEME CHEZ LES DELINQUANTS.

« SI LE VAINQUEUR PRATIQUE LE TERRORISME, IL EST DISQUALIFIE POUR L'INTERDIRE.

« S'IL COMMET L'INJUSTICE, IL PROVOQUE L'INJUSTICE.

« S'IL NE CROIT QU'A LA FORCE, IL SUPPRIME L'IDEE MEME DU DROIT. »

Texte classique que nous reproduisons une seconde fois, et que tout ministre de l'Education Nationale devra faire apprendre aux enfants de France, et par les enfants à leurs parents.

ASCQ

1er Avril 1944

Le samedi 1er avril 1944, à 23 h. 50, un engin placé sur la voie ferrée Baisieux-Lille, à 100 mètres environ de la gare d'Ascq, a provoqué le déraillement d'un wagon-plate-forme d'un convoi de troupes S.S. Les dégâts furent insignifiants. Un soldat aurait été légèrement blessé.

Un ordre de massacre

Au bruit de l'explosion succéda un grand calme. Va-et-vient, puis discussions animées. Une voix s'éleva sur un ton de commandement. Il s'agissait de prendre les hommes du village pour les fusiller. Les soldats armés de fusils, mitraillettes et mitrailleuses, pénétrèrent dans le village endormi. Il était 23 h. 10 environ, quand les premiers coups de feu furent tirés dans les portes et les fenêtres des maisons.

Assassinats dans la nuit

Les hommes furent emmenés vers le lieu du sabotage. Certains voulurent fuir, ils furent abattus par des rafales de mitraillettes. Pareil sort fut réservé à d'autres, impotents ou trop vieux, qui ne pouvaient soutenir l'allure de la marche. Par groupes de vingt, face au wagon déraillé, les hommes amenés furent exécutés. Soixante-quatre ca-

IL FAUT QUE TOUTE LA FRANCE SACHE...

Along with *Cahiers du Témoignage Chrétien* appeared the journal—at first small, then in large format—*Courrier Français du Témoignage Chrétien*. Subtitled *Lien du Front de résistance spirituelle*, some 100,000, then 200,000 copies were printed. In issue no. 12, a witness recounted the tragedy at Oradour-sur-Glane; the editors also noted the reprisals at Ascq, in the North (April 1-2, 1944, 86 dead), and referred to another massacre perpetrated by the SS against political prisoners at the prison of Caen on June 6, 1944 (75-80 victims). "Without any other legal proceedings than an order given by one of the leaders of the Führer's elite corps, close to 250 French were thus shot down like dogs." Issue no. 13 of the journal was distributed in August on the barricades of the insurrection in Paris.

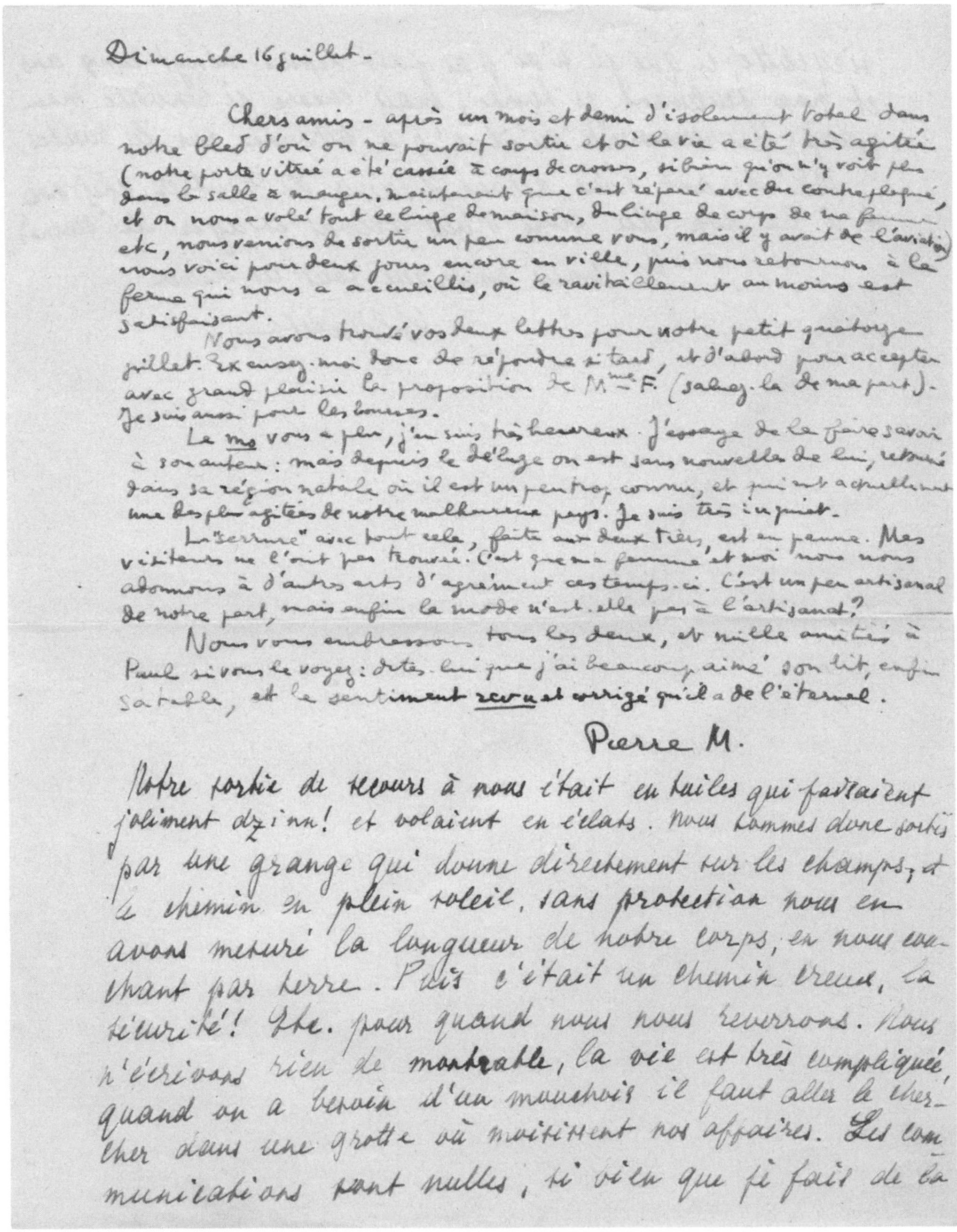

Dimanche 16 juillet –

Chers amis – après un mois et demi d'isolement total dans notre bled d'où on ne pouvait sortir et où la vie a été très agitée (notre porte vitrée a été cassée à coups de crosses, si bien qu'on n'y voit plus dans la salle à manger, maintenant que c'est réparé avec du contreplaqué, et on nous a volé tout le linge de maison, du linge de corps de ma femme etc, nous venions de sortir un peu comme vous, mais il y avait de l'aviation) nous voici pour deux jours encore en ville, puis nous retournons à la ferme qui nous a accueillis, où le ravitaillement au moins est satisfaisant.

Nous avons trouvé vos deux lettres pour notre petit quatorze juillet. Excusez-moi donc de répondre si tard, et d'abord pour accepter avec grand plaisir la proposition de Mme F. (saluez-la de ma part). Je suis aussi pour les bonnes.

Le ms vous a plu, j'en suis très heureux. J'essaye de le faire savoir à son auteur: mais depuis le déluge on est sans nouvelles de lui, retourné dans sa région natale où il est un peu trop connu, et qui est actuellement une des plus agitées de notre malheureux pays. Je suis très inquiet.

La "serrure" avec tout cela, faite aux deux tiers, est en panne. Mes visiteurs ne l'ont pas trouvée. C'est que ma femme et moi nous nous adonnons à d'autres arts d'agrément ces temps-ci. C'est un peu artisanal de notre part, mais enfin la mode n'est-elle pas à l'artisanat?

Nous vous embrassons tous les deux, et mille amitiés à Paul si vous le voyez: dites-lui que j'ai beaucoup aimé son lit, enfin sa table, et le sentiment revu et corrigé qu'il a de l'éternel.

Pierre M.

Notre sortie de secours à nous était en tuiles qui faisaient joliment dzinn! et volaient en éclats. Nous sommes donc sortis par une grange qui donne directement sur les champs, et le chemin en plein soleil, sans protection nous en avons mesuré la longueur de notre corps, en nous couchant par terre. Puis c'était un chemin creux, la sécurité! Etc. pour quand nous nous reverrons. Nous n'écrivons rien de montrable, la vie est très compliquée, quand on a besoin d'un mouchoir il faut aller le chercher dans une grotte où moisissent nos affaires. Les communications sont nulles, si bien que je fais de la

Letter from Louis Aragon and Elsa Triolet, signed "Pierre M[ercadier]" and "Élisabeth," to Germaine and Jean Paulhan, dated July 16, 1944. In it they recount their hectic life in Saint-Donat-sur-l'Herbasse, a village in the Drôme region, to which they fled in July 1943. A parachute drop on the Allies in Saint-Donat, followed by a German punitive expedition, had required them to seek temporary refuge on an isolated farm: "After a month and a half of total isolation in our village that we couldn't leave and where life was very nerve-wracking (our glass door had been smashed by rifle butts, so you can no longer see into the dining room, now that it's been repaired with plywood, and all our household linen has been stolen as well as my wife's underwear, etc., we'd just stepped out a bit like you but there was the air force overhead). We are in town for two more days before we return to the farm that welcomed us and where the supplies are at least satisfactory."

Ces trois-là se comprenaient...
un rocher de braves gens.

Since September 1943, René Char, known in the Secret Army as Captain Alexandre, was the Departmental Chief for the Basses-Alpes branch of landings and parachute drops, an action network of Fighting France. He was photographed in September 1944 with his companions from the Céreste underground back from Algiers, where he went in July at the request of the Interallied Military Staff of North Africa. There he met Max-Pol Fouchet, "the seer of his *Fontaine,*" to whom he sent these snapshots, glued to thick cardboard, just after the Liberation. The captions read: "Those three understood each other" and "a rock of good men," referring to a paragraph in *Feuillets d'Hypnos*: "I always stopped at Forcalquier with a happy heart to take a meal with the Bardouins and to shake the hands of Marius, the printer, and Figuière. These rock-solid men are the citadel of friendship. Everything that impedes clarity and slows down trust is forbidden here. We are joined together, once and for all, before the essential." Dedicated to Albert Camus, who published *Feuillets d'Hypnos* in his collection *"Espoir"* at Gallimard in 1946, the book consisted of a series of notes taken from 1943 to 1944 and stashed in a hole in the wall at the time of Char's departure for Algiers.

Elsa Triolet and Louis Aragon at René Tavernier's in Lyon at the beginning of August 1944, a period when the Allied Air Force was bombing the Croix-Rousse area. Tavernier recounts, in his *Souvenirs*: "Elsa and Louis were my third-floor guests in this vast abode. Next to what made for a small apartment was a large balcony from which one could see the countryside from Lyon to Croix-Rousse—the hill of work—and Fourvière—the hill of prayer. In 1943 and 1944 we observed the Allied bombings from this balcony. And we admired the bright rockets that crossed the night sky and lit up a neighborhood of the great city plunged in the obligatory 'black-out.' / Adjacent to the rooms occupied by the fellow authors of *Le Crève-cœur, Brocéliande, Les Amants d'Avignon, Le Cheval blanc* (Elsa suggested that I played some part in this story but I never recognized myself in it), the three rooms reserved for *Confluences,* where so many intellectuals in the Resistance came to visit me, Albert Camus, André Rousseaux, the critic for *Le Figaro,* Louis Martin-Chauffier, the Reverend Father Bruckberger, Andrée Viollis, Prof. Robert Debré, Clara Malraux and her daughter Florence, Francis Ponge, Pierre Emmanuel, Roger Vaillant, and so many others."

QUATRIÈME ANNÉE. — N° 148.

Lire en page 6: **"LES VRAIS MYSTÈRES DE PARIS"** par Ernest FORNAIRON

SAMEDI 12 AOUT 1944

RÉVOLUTION NATIONALE

HEBDOMADAIRE POLITIQUE ET LITTERAIRE

FONDATEUR : Jean FONTENOY

LE NUMÉRO : 2 fr. 50

Rédaction-administration : 16, rue du Croissant — Tél. GUT. 48-20

DIRECTEUR : Lucien COMBELLE

Lettre à un ami gaulliste

par DRIEU LA ROCHELLE

Paroles et actes

Les dessous de l'invasion

Pertes anglaises et américaines

Pronostics confirmés

Les raisons des premiers succès

De Washington à M. Coulet

Les bombes volantes

Eloge à Staline

Où Giraud revient...

DRIEU LA ROCHELLE (25 juin 1944).

Editorial by Pierre Drieu la Rochelle, *"Lettre à un ami gaulliste"* [Letter to a Gaullist Friend], published the day after his first suicide attempt, in one of the last issues of *Révolution nationale*, August 12, 1944. In it he also gives information on the progress of the Battle of Normandy: "It was announced that the financial conference just held in the United States," he wrote, venting a final bit of resentment over Anglo-Saxon dominance, "definitively enacted the suppression of French as a diplomatic language. The British and Americans had already demanded parity of English with French as early as 1919, I believe. While everyone spoke French at the Congress of Vienna, at the Conference of Versailles, Clemenceau had to speak English with his two major partners." A few months earlier, Drieu, in his article *"La nuit du 4 août,"* which appeared on March 21, 1944, in the same journal, predicted the end of the French bourgeoisie if the "British-American landing" succeeded, which would play into the hands of the Soviet Communists. Pierre Drieu La Rochelle committed suicide on March 15, 1945, refusing the exile and the aid that several of his friends, such as Andre Malraux, had offered him.

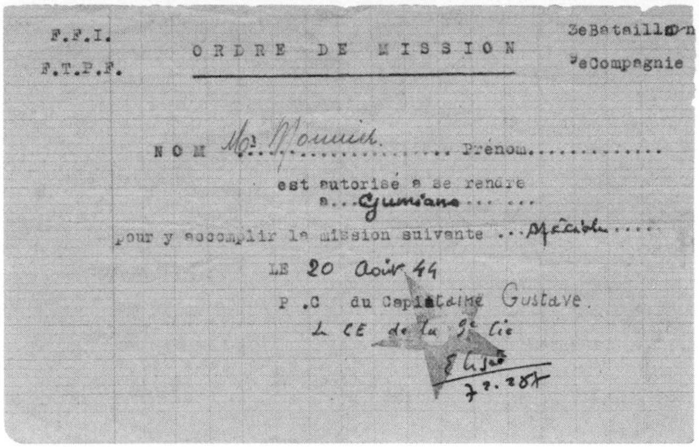

F.F.I.

F.T.P.F.

ORDRE DE MISSION

3eBataillon

9eCompagnie

NOM Mr Mounier.............. Prénom...............

est autorisé a se rendre

a...Gumiane.......

pour y accomplir la mission suivante ...spéciale.....

LE 20 Aout 44

P.C du Capitaine Gustave.

L CE de la 9e Cie

Order for a "special" mission, delivered August 20, 1944, to Emmanuel Mounier by the third battalion, ninth company of the FFI/FTPF. The Forces françaises de l'Intérieur [French Forces of the Interior, FFI], created in December 1941, united the main armed groups of the Resistance, among which were the *Francs-tireurs et partisans français* (FTPF), created by the leadership of the Communist Party.

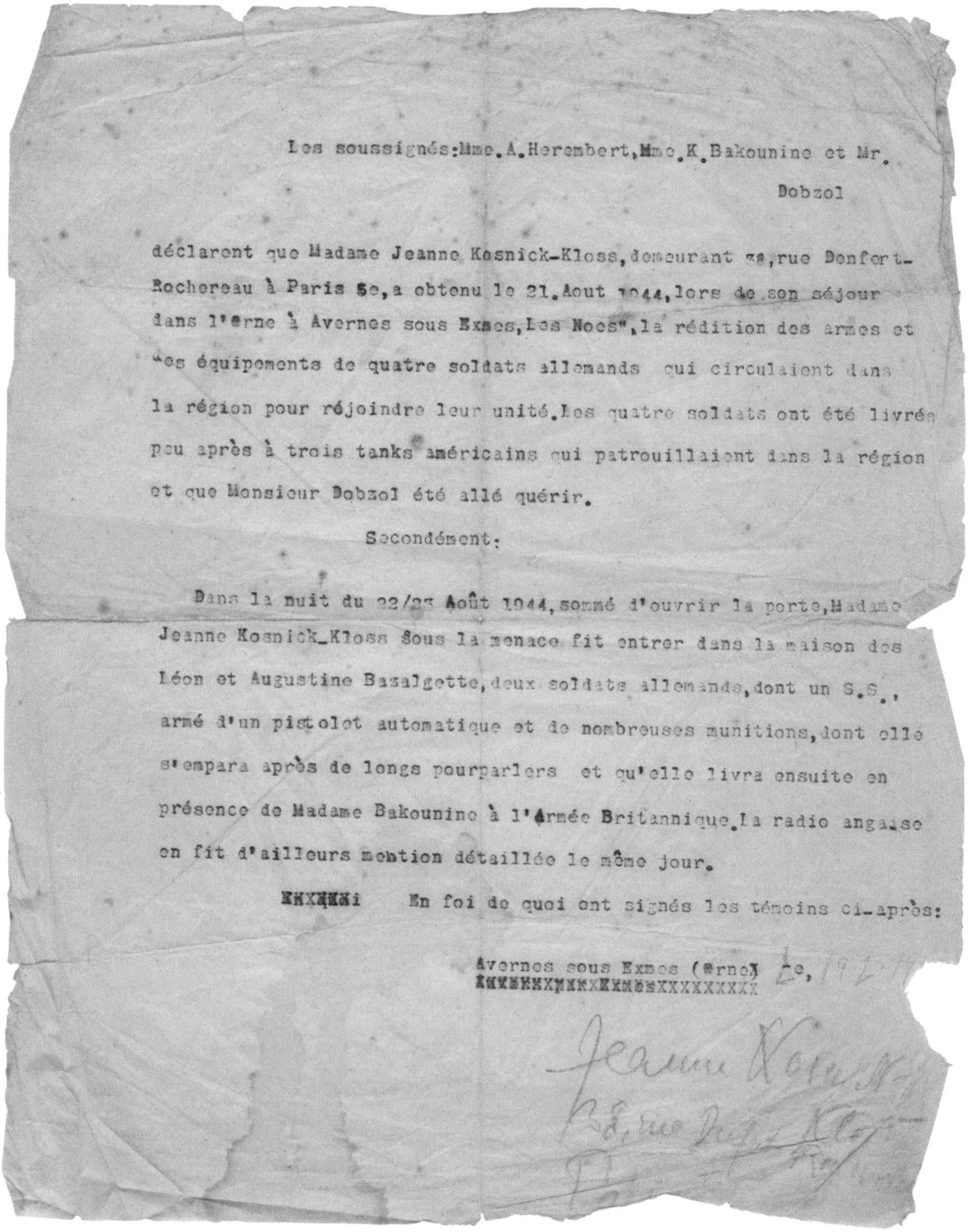

Les soussignés:Mme.A.Herembert,Mme.K.Bakounine et Mr. Dobzol

déclarent que Madame Jeanne Kosnick-Kloss,demeurant 38,rue Denfert-Rochereau à Paris 5e,a obtenu le 21.Aout 1944,lors de son séjour dans l'Orne à Avernes sous Exmes,Les Noes",la rédition des armes et des équipements de quatre soldats allemands qui circulaient dans la région pour réjoindre leur unité.Les quatre soldats ont été livrés peu après à trois tanks américains qui patrouillaient dans la région et que Monsieur Dobzol été allé quérir.

Secondément:

Dans la nuit du 22/23 Août 1944,sommé d'ouvrir la porte,Madame Jeanne Kosnick_Kloss sous la menace fit entrer dans la maison des Léon et Augustine Bazalgette,deux soldats allemands,dont un S.S., armé d'un pistolet automatique et de nombreuses munitions,dont elle s'empara après de longs pourparlers et qu'elle livra ensuite en présence de Madame Bakounine à l'Armée Britannique.La radio angaise en fit d'ailleurs mention détaillée le même jour.

En foi de quoi ont signés les témoins ci_après:

Avernes sous Exmes (Orne) le,

Jeanne Kosnick-Kloss

38, rue Denfert-Rochereau

Declaration of Mesdames Herembert and Bakounine, and Dobzol, certifying that Jeanne Kosnick-Kloss, the partner of Otto Freundlich (see p. 94), having taken refuge at the home of Léon Bazalgette in the Orne, twice obtained the surrender of several German soldiers, armed and desperate, "who were circulating in the region in order to rejoin their unit," one of whom was an SS. This heroic act was reported on the BBC the same day.

Portrait of Jean Prévost in the *Maquis*, published in *Les Lettres françaises* on August 4, 1943. Pierre Dalloz, the visionary creator of the *Maquis du Vercors*, whom Prévost had met at Adrienne Monnier's bookstore in the 1920s, commented further on the role of the man known as "Captain Goderville."

Michel Prévost relates the circumstances of the death of his father, Jean Prévost, one of the leaders of the *Maquis du Vercors* since the spring of 1943: Ambushed by the Germans in the gorges of Furon on August 1, 1944, Jean Prévost was the only writer of the Resistance struck down, weapon in hand, along with his friend André Jullien du Breuil, who was dead at his side. A former student of Alain and former secretary of *Le Navire d'argent*, the journal of Adrienne Monnier, he published the last of his essays, his thesis on *Creativity in Stendhal* in 1942 at the *Mercure de France* and won the French Academy's grand prize for littérature in 1943. His death remained unconfirmed until the testimony of his son, who fought in the same *Maquis*, appeared in part in the newspaper *France*, published in London on November 17, 1944.

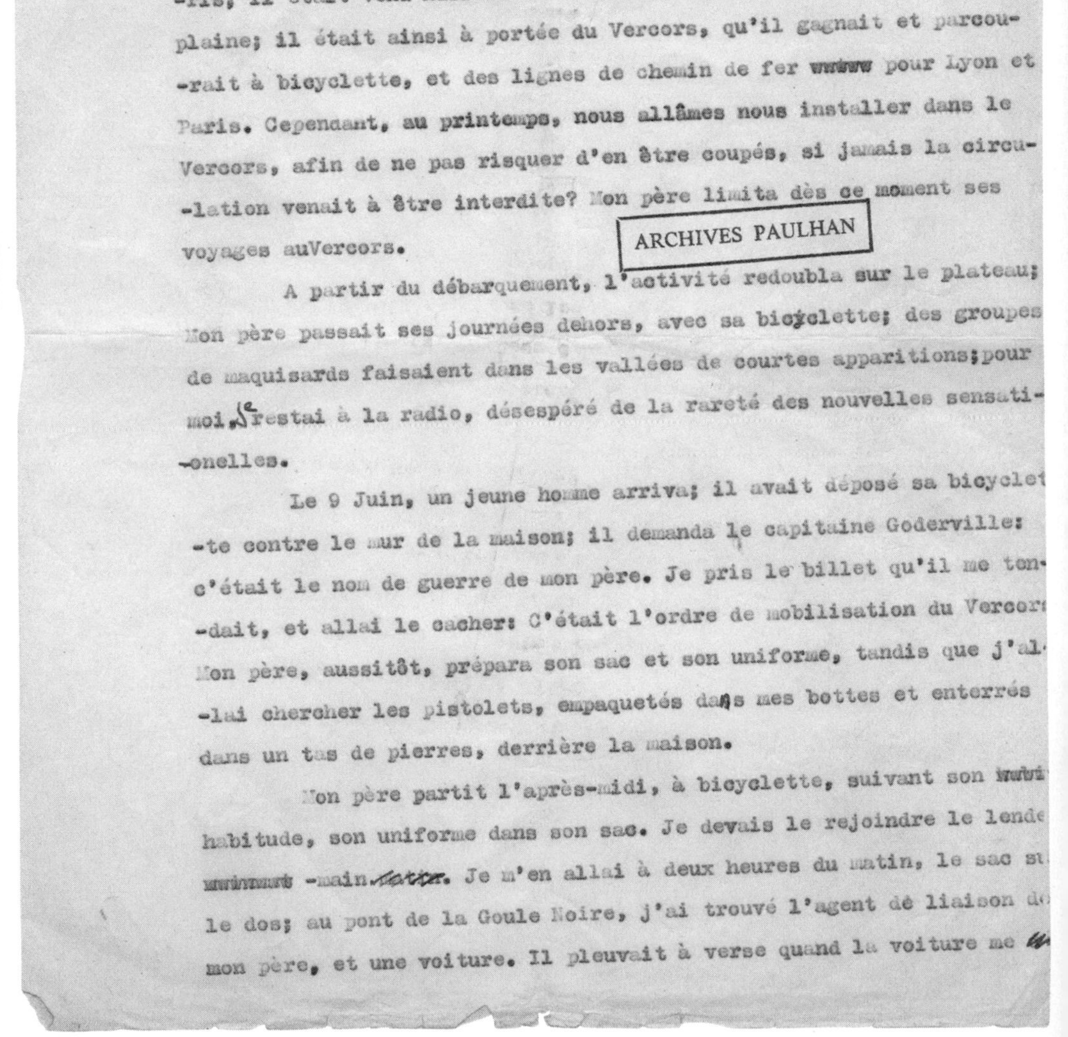

C8 Michel Prévost. 1

Mon père était chargé de la liaison entre le Vercors et Pa-
-ris; il était venu habiter Voiron, en face du "plateau", dans la
plaine; il était ainsi à portée du Vercors, qu'il gagnait et parcou-
-rait à bicyclette, et des lignes de chemin de fer wwwww pour Lyon et
Paris. Cependant, au printemps, nous allâmes nous installer dans le
Vercors, afin de ne pas risquer d'en être coupés, si jamais la circu-
-lation venait à être interdite? Mon père limita dès ce moment ses
voyages auVercors.

ARCHIVES PAULHAN

A partir du débarquement, l'activité redoubla sur le plateau;
Mon père passait ses journées dehors, avec sa bicyclette; des groupes
de maquisards faisaient dans les vallées de courtes apparitions;pour
moi, je restai à la radio, désespéré de la rareté des nouvelles sensati-
-onelles.

Le 9 Juin, un jeune homme arriva; il avait déposé sa bicyclet
-te contre le mur de la maison; il demanda le capitaine Goderville:
c'était le nom de guerre de mon père. Je pris le billet qu'il me ten-
-dait, et allai le cacher: C'était l'ordre de mobilisation du Vercors
Mon père, aussitôt, prépara son sac et son uniforme, tandis que j'al-
-lai chercher les pistolets, empaquetés dans mes bottes et enterrés
dans un tas de pierres, derrière la maison.

Mon père partit l'après-midi, à bicyclette, suivant son www
habitude, son uniforme dans son sac. Je devais le rejoindre le lende
-main. Je m'en allai à deux heures du matin, le sac su
le dos; au pont de la Goule Noire, j'ai trouvé l'agent de liaison de
mon père, et une voiture. Il pleuvait à verse quand la voiture me

My father was in charge of the liaison between the Vercors and Paris; he had come to live at Voiron, opposite the 'plateau' on the plain; thus he was close to the Vercors, to which he traveled and which he criss-crossed by bicycle, and near the Lyons and Paris railroad lines. In springtime, however, we settled in the Vercors, so as to not risk being cut off, if ever circulation came to be forbidden? From then on, my father limited his trips to the Vercors.

From the landing onwards, activity increased on the plateau. My father spent days out doors with his bicycle; various underground groups made brief appearances in the valleys; as for me, I remained by the radio, disheartened by the scarcity of sensational news.

On June 9, a young man arrived; he had left his bicycle against the wall of the house; he asked for Captain Goderville [sic], *which was my father's* nom de guerre. *I took the note he handed me and went off to hide it. It was a demobilization order for the Vercors. My father immediately prepared his bag and uniform while I went to look for pistols, packed in my boots and buried in a pile of stones behind the house.*

My father left by bicycle in the afternoon, and as was his wont, with his uniform in his bag. I was supposed to join him the next day. I set off at 2 a.m., with my backpack; at the Goule Noire bridge, I found one of my father's liaison agents and a car. It was raining cats and dogs when the car dropped me off near a farm where Goderville company was. The stables of the farm were full of weapons that men, nearly all dressed in jackets and golf pants, were cleaning and assembling. I crept into the barn; men were sleeping in the hay; in the back, officers were stretched out around a map spread out on the floor; I drew near: "Well, papa?—Is that you, son?—Yes, I just got here."

A little later, we left by truck for St. Nizier, where we were to establish our line of defense: our mission was to secure the plateau and to wait for reinforcements, which were, by the way, never dropped by parachute. While the officers went to reconnoiter the terrain and to position outposts, I remained in the village to see the machine guns assembled.

We reached our positions that evening by the Grenoble-Saint-Nizier electric train, which had been inspected and requisitioned in the afternoon. Guardposts were organized, then I went to stretch out near my father and the men on the hay in the barn. "Funny thing, he told me, to have one's son as a brother in arms."

German planes bombarded the Vercors almost daily from July 14 onwards; on July 21, the enemy launched two assault divisions on the plateau, while their parachutists occupied Vassieux and the landing field. We were four thousand and held out for three days. I was in Jarrands, the Germans didn't attack us there; for three days in a row I heard shooting towards Herbouilly, Corançon, and Val-Chevrière.

My father held these positions with two companies, they attacked it with two regiments; they pushed through on the third day at 5 p.m. My father went with his men to occupy the Grotte des Fées. For our part, outflanked on our left, we were forced to fall back.

One day, a doctor arrived; he gave me orders to join the Duffaud company above Autrans; we walked twenty-four out of twenty-four hours through woods and over hilltops; Commander Durieux [sic] *was with one of the sections; they lived in naturally formed trenches in the middle of outcroppings of rocks.*

I was exhausted when I got there; I saw the Commander come towards me: "Goderville, have you heard the news?—What news?—Your father…killed." He placed his hand on my shoulder; I saw the trench dancing in every direction and I sat down and wept: I remained lying down for three days in the bottom of the ditch saying to myself over and over: "It's not true."

It was true, though; with four other officers he had wanted to join Commander Le Ray, of the F.F.I. from Grenoble: They had been surprised by a German guard and killed on the spot. I fell sick and had to be taken care of at a farm. When the Germans had evacuated the Vercors, Doctor Bailly ordered me to return home; the war was over for me. Now I am at home where I am treated like a little boy: I was grown-up enough to fight but not to have coffee after lunch; I'm only given a sugar cube.

EDITION DE 5 HEURES

COMBAT

DE LA RÉSISTANCE A LA RÉVOLUTION

COMBAT 100 rue Réaumur Paris (2e) Tél. GUT. 80-60

4e Année - N° 65 DIMANCHE 27 AOUT 1944 Le n° : 2 francs

TOUT PARIS DANS LA RUE pour acclamer de Gaulle

Des Comités de salut public

L'INSURRECTION de Paris, nous l'avons déjà dit ici, est née au moins de deux nécessités : une nécessité nationale et une nécessité révolutionnaire. En obéissant à la première, on peut dire que chaque « F.F.I. » savait quels risques il acceptait de prendre. Par exemple, il savait que s'il tombait entre les mains de l'ennemi il serait traité en franc-tireur.

En revanche, les dangers de la contre-révolution ne lui apparaissaient pas avec la même netteté. A la vérité, il n'imaginait pas que la contre-révolution pût se confondre avec la guerre toute simple. Il ne lui venait pas à l'esprit que, la garnison allemande ayant capitulé, il pût se trouver à Paris une compagnie d'hommes de main prêts à tirer sur lui du haut des toits.

Car si le combattant a pour lui son courage et le révolutionnaire ses espoirs, le traître a, pour sa part, de l'imagination.

Or, quoique le peuple ait souvent crié à la trahison, il est clair qu'il pense peu au traître. S'il sait ce qu'est un mouchard, il est déjà moins en garde contre le provocateur. Quant au traître, il ne l'a jamais considéré que comme une sorte de monstre, une singularité de la nature. Et lorsqu'il a voulu que la trahison fût punie de la peine de mort, il a peut-être moins pensé à exercer un châtiment qu'à appliquer une mesure d'hygiène.

C'est aux nazis que notre époque aura été redevable de la vulgarisation de la trahison. Grâce à la Gestapo, à la Wilhelmstrasse et au ministère allemand de la Propagande, l'Europe aura porté depuis dix ans la plus luxuriante floraison de traîtres qu'aucun continent ait jamais connue.

La plus luxuriante, et aussi la plus variée. Car il est mille emplois dans la trahison organisée, depuis le premier rôle, l'homme d'Etat dont on flatte la vanité, jusqu'au nervi à qui l'on remet quelques billets sous enveloppe et une mitraillette chargée.

Pour la France, tous ces emplois ont été remplis. On nous a d'abord donné Pétain. Et plus tard, quand il a fallu partir, on a eu soin de poster quelques miliciens sur les toits.

L'origine des fusillades d'hier n'est pas douteuse. Ce n'est pas un simple effet du hasard si des coups de feu éclataient à Notre-Dame où venait d'arriver le général de Gaulle, tandis qu'au même moment d'autres coups de feu étaient tirés sur la foule dans plusieurs quartiers.

La Milice, le P.P.F., la L.V.F. et le Parti franciste ont été armés par l'ennemi. Mais ces hommes de main n'ont pas seulement reçu des armes, ils ont aussi reçu des consignes. Et ce sont à ces consignes qu'ils ont, hier, obéi.

(Suite en 2e page)

Des miliciens et des Allemands tirant du haut des toits sur la foule font environ 25 morts et 80 blessés

La force et l'innocence

Te Deum après la fusillade

(Suite en 2e page)

Le général et son cortège descendent les Champs-Elysées.

De l'Étoile à Notre-Dame

le peuple a dit sa gratitude au général de Gaulle

Quelques incidents de la guerre des toits

Les miliciens rue Royale

Bataille de toits

(Suite en 2e page)

Vingt camions de vivres américains répartis à Paris

Vichy perd tous ses ambassadeurs

La foule, ivre de joie.

LES ALLIÉS ONT LIBÉRÉ PRESQUE TOUT LE MIDI

Ismaïl aux mains des Russes

(Suite en 2e page)

La Turquie reconnaîtrait bientôt le gouvernement d'Alger

PARIS BOMBARDÉ PAR LA LUFTWAFFE

L'hôpital Bichat et la Halle aux Vins sont gravement atteints

LES CHEMINOTS reprendront le travail demain dans la France libérée

La grève continuera dans les territoires occupés

Laval, Darnand et de Brinon indésirables en Suisse

LA BULGARIE SE RETIRE DE LA GUERRE

Des troupes allemandes seraient contraintes de passer en Espagne

(Suite en 2e page)

Sofia, 26 août. — La radio de Sofia annonce que la Bulgarie a décidé de se retirer de la guerre. Elle s'engage à observer une stricte neutralité. C'est pourquoi elle va procéder au désarmement des formations allemandes qui se trouvent sur son territoire.

Tous les gouvernements alliés ont été aussitôt informés.

La Russie demande à la Roumanie le rétablissement de la frontière de 1940

Antonesco est arrêté

POLITIQUE de la responsabilité

Un promeneur dans PARIS INSURGÉ

Jean-Paul SARTRE

L'AMÉRIQUE ADMET LA FRANCE dans le bloc des grandes puissances

Thursday, August 24, and Friday, August 25, 1944, the 2nd Armored Division of General Leclerc, including former Spanish Republicans, and the 4th U.S. Infantry Division reduced together the German defenses in the capital, obtaining the surrender of Nazi military officials at the Montparnasse train station. Saturday, August 26, a "victory parade" was organized on the Champs-Élysées, despite sporadic shooting and the last bombardments by the Luftwaffe. "All Paris in the streets to cheer De Gaulle," was the next day's headline from *Combat*, which, for the occasion, came out on a Sunday. The editorial offices of the Resistance newspaper, run by Pascal Pia, were set up, along with that of *Défense de la France/France-Soir*, on the former premises of *Pariser-Zeitung* at 100 rue Réaumur, in the second arrondissement.

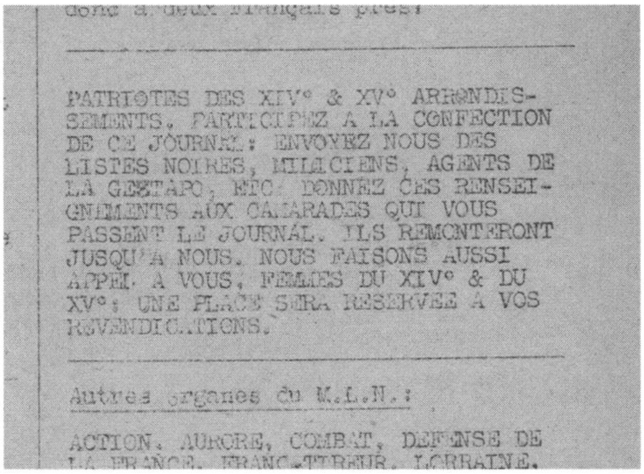

donc à deux Français près!

PATRIOTES DES XIV° & XV° ARRONDISSEMENTS. PARTICIPEZ A LA CONFECTION DE CE JOURNAL: ENVOYEZ NOUS DES LISTES NOIRES, MILICIENS, AGENTS DE LA GESTAPO, ETC. DONNEZ CES RENSEIGNEMENTS AUX CAMARADES QUI VOUS PASSENT LE JOURNAL. ILS REMONTERONT JUSQU'A NOUS. NOUS FAISONS AUSSI APPEL A VOUS, FEMMES DU XIV° & DU XV°: UNE PLACE SERA RESERVEE A VOS REVENDICATIONS.

Autres organes du M.L.N.:

ACTION, AURORE, COMBAT, DEFENSE DE LA FRANCE, FRANC-TIREUR, LORRAINE,

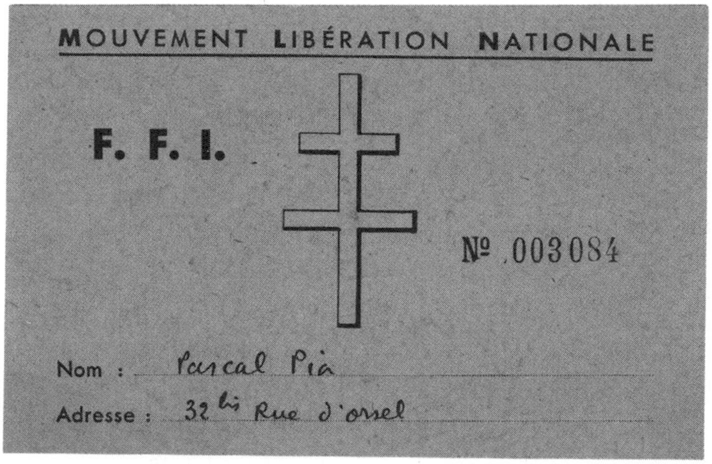

MOUVEMENT LIBÉRATION NATIONALE

F. F. I.

№ 003084

Nom : Pascal Pia

Adresse : 32 bis Rue d'orsel

From July 14 onward, *Libération*, "organ of the National Liberation Movement," appealed to the residents of the 14th and 15th arrondissements to join in the national insurrection for both the liberation of Paris and also send in "black lists of members of the Milice, Gestapo agents, etc."

FFI Card of Pascal Pia. This type of card was established and legitimized following the Liberation.

General de Gaulle in military dress—for "city and daytime use."

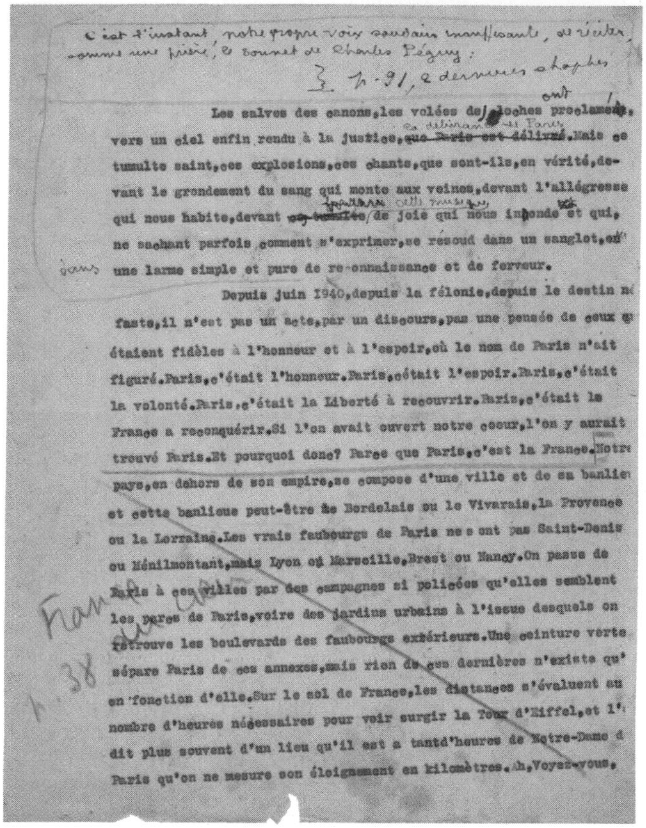
C'est l'instant, notre propre voix soudain insuffisante, de réciter, comme une prière, le sonnet de Charles Péguy :

p. 91, 2 dernières strophes

Les salves des canons, les volées des cloches ont proclamé, vers un ciel enfin rendu à la justice, ~~que Paris est délivré~~. Mais ce tumulte saint, ces explosions, ces chants, que sont-ils, en vérité, devant le grondement du sang qui monte aux veines, devant l'allégresse qui nous habite, devant ~~ce tumulte~~ de joie qui nous inonde et qui, ne sachant parfois comment s'exprimer, se résoud dans un sanglot, en une larme simple et pure de reconnaissance et de ferveur.

Depuis juin 1940, depuis la félonie, depuis le destin néfaste, il n'est pas un acte, par un discours, pas une pensée de ceux qui étaient fidèles à l'honneur et à l'espoir, où le nom de Paris n'ait figuré. Paris, c'était l'honneur. Paris, c'était l'espoir. Paris, c'était la volonté. Paris, c'était la Liberté à recouvrir. Paris, c'était la France à reconquérir. Si l'on avait ouvert notre coeur, l'on y aurait trouvé Paris. Et pourquoi donc? Parce que Paris, c'est la France. Notre pays, en dehors de son empire, se compose d'une ville et de sa banlieue et cette banlieue peut-être le Bordelais ou le Vivarais, la Provence ou la Lorraine. Les vrais faubourgs de Paris ne sont pas Saint-Denis ou Ménilmontant, mais Lyon ou Marseille, Brest ou Nancy. On passe de Paris à ces villes par des campagnes si policées qu'elles semblent les parcs de Paris, voire des jardins urbains à l'issue desquels on retrouve les boulevards des faubourgs extérieurs. Une ceinture verte sépare Paris de ces annexes, mais rien de ces dernières n'existe qu'en fonction d'elle. Sur le sol de France, les distances s'évaluent au nombre d'heures nécessaires pour voir surgir la Tour d'Eiffel, et l'on dit plus souvent d'un lieu qu'il est à tant d'heures de Notre-Dame de Paris qu'on ne mesure son éloignement en kilomètres. Ah, Voyez-vous,

p. 38

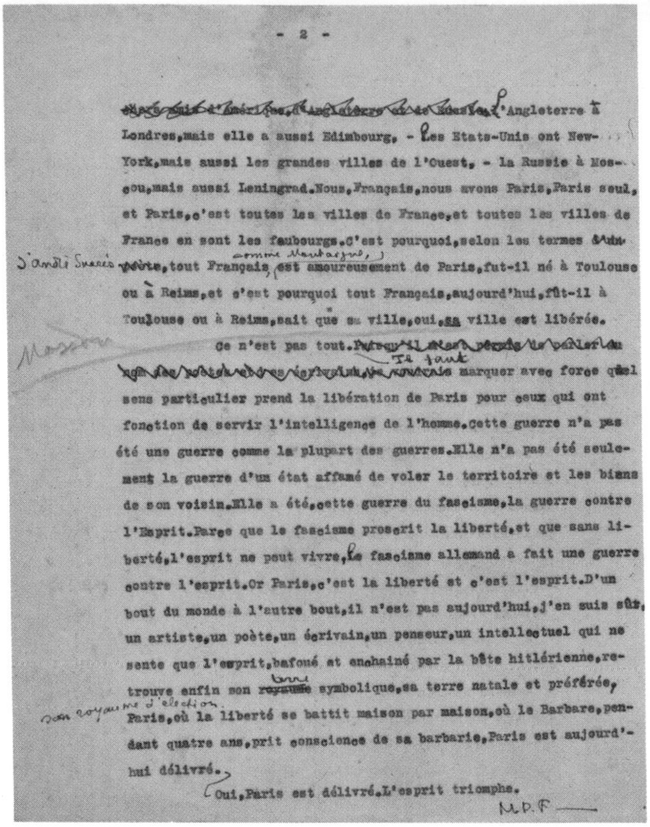
\- 2 -

[illegible] L'Angleterre a Londres, mais elle a aussi Edimbourg. - Les Etats-Unis ont New-York, mais aussi les grandes villes de l'Ouest. - la Russie à Moscou, mais aussi Leningrad. Nous, Français, nous avons Paris, Paris seul, et Paris, c'est toutes les villes de France, et toutes les villes de France en sont les faubourgs. C'est pourquoi, selon les termes d'un poète, tout Français, comme Montaigne, est amoureusement de Paris, fut-il né à Toulouse ou à Reims, et c'est pourquoi tout Français, aujourd'hui, fût-il à Toulouse ou à Reims, sait que sa ville, oui, sa ville est libérée.

Ce n'est pas tout. [illegible] Il faut marquer avec force quel sens particulier prend la libération de Paris pour ceux qui ont fonction de servir l'intelligence de l'homme. Cette guerre n'a pas été une guerre comme la plupart des guerres. Elle n'a pas été seulement la guerre d'un état affamé de voler le territoire et les biens de son voisin. Elle a été, cette guerre du fascisme, la guerre contre l'Esprit. Parce que le fascisme proscrit la liberté, et que sans liberté, l'esprit ne peut vivre, le fascisme allemand a fait une guerre contre l'esprit. Or Paris, c'est la liberté et c'est l'esprit. D'un bout du monde à l'autre bout, il n'est pas aujourd'hui, j'en suis sûr, un artiste, un poète, un écrivain, un penseur, un intellectuel qui ne sente que l'esprit, bafoué et enchainé par la bête hitlérienne, retrouve enfin son ~~royaume~~ terre symbolique, sa terre natale et préférée, son royaume d'élection. Paris, où la liberté se battit maison par maison, où le Barbare, pendant quatre ans, prit conscience de sa barbarie, Paris est aujourd'hui délivré.

Oui, Paris est délivré. L'esprit triomphe.

M.P.F

Text delivered by Max-Pol Fouchet, aired on BBC in London on the program *"Les Français parlent aux Français"* at the end of August 1944: "We must forcefully show the specific meaning the liberation of Paris is taking on for those whose duty it is to serve human intelligence. This war has not been like most wars. It has not been only the war of a nation hungry to steal the territory and goods of its neighbors. This war over fascism was a war against the Spirit. Because fascism proscribes freedom and without freedom, the spirit cannot live, German fascism has waged war against the spirit. But Paris is freedom; Paris is spirit (and wit and mind). From one end of the world to the other, there is, I am certain, no artist, no poet, no writer, no thinker, no intellectual today who feels anything but that the human spirit, mocked and chained by the Hitlerian beast, is at last recovering its symbolic land, its preferred native soil, its kingdom of choice."

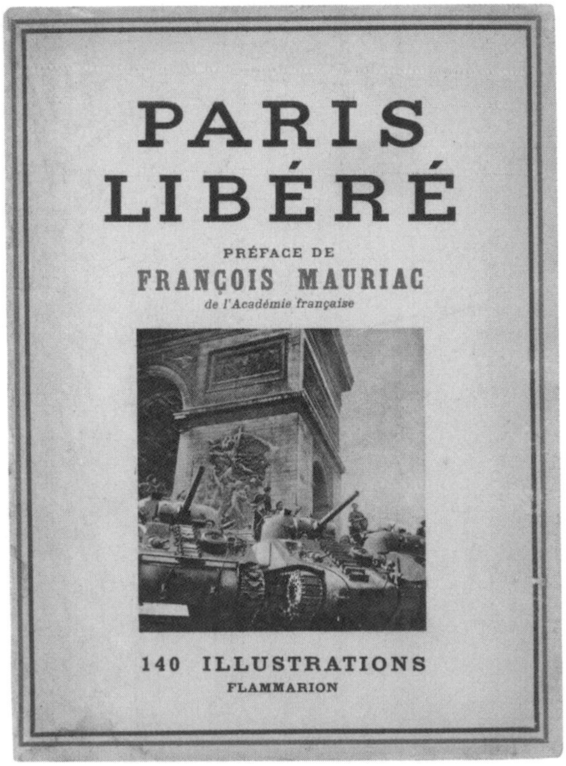

Paris libéré [Liberated Paris], Flammarion, 1944, with photographs by Pierre Jahan, Séeberger Frères, and Robert Doisneau, from the new agency "Presse-Libération." In his preface, written with faith and enthusiasm some eighty days after the Liberation, François Mauriac wrote: "On the morrow of this glorious November 11, in a homeland that has recovered its place among victorious nations, let us resolve to never again sin against hope."

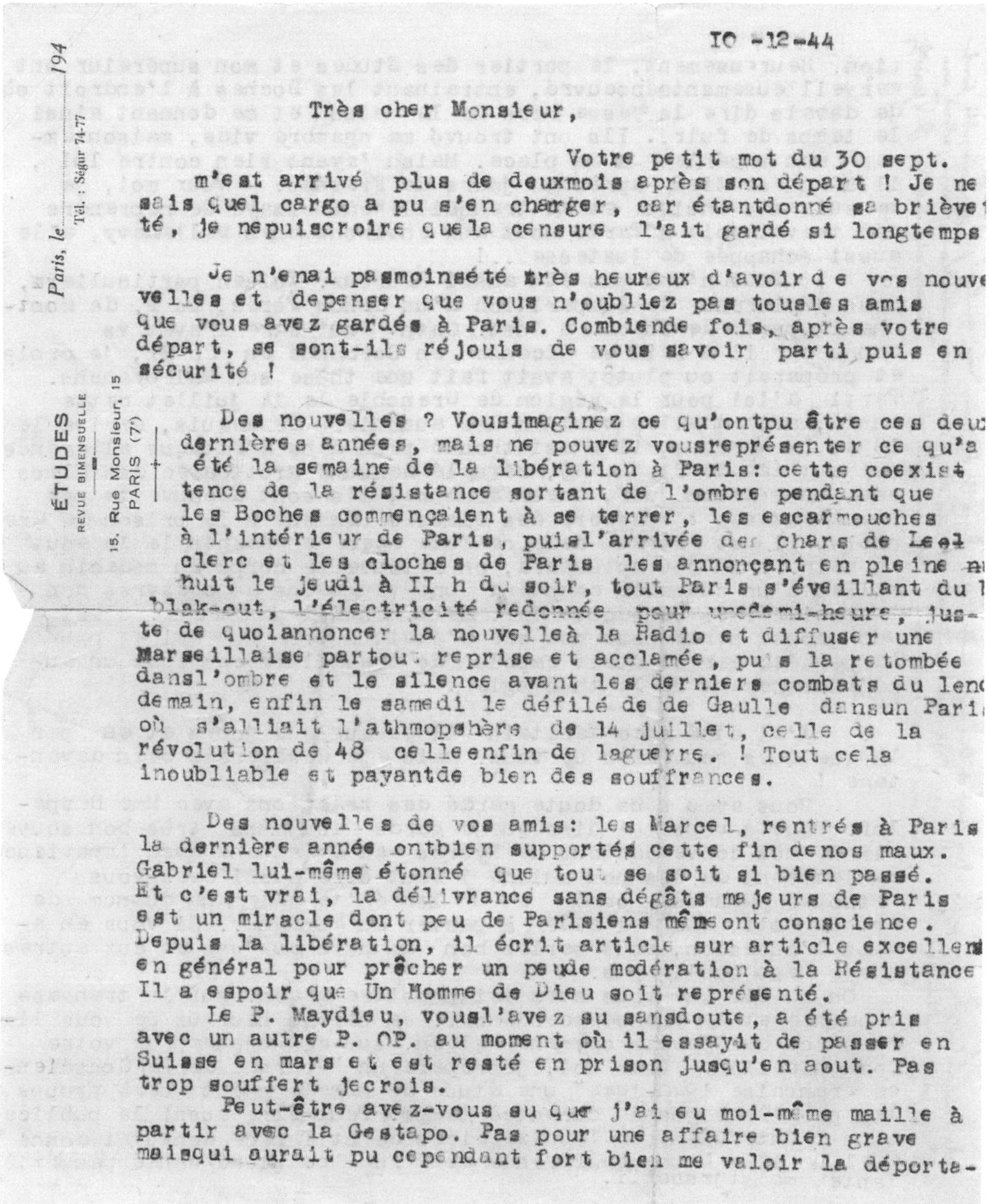

ÉTUDES
REVUE BIMENSUELLE
15, Rue Monsieur, 15
PARIS (7e)

Paris, le ______ 194
Tél. : Ségur 74-77

IO -12-44

Très cher Monsieur,

Votre petit mot du 30 sept. m'est arrivé plus de deuxmois après son départ ! Je ne sais quel cargo a pu s'en charger, car étantdonné sa brièveté, je nepuiscroire quela censure l'ait gardé si longtemps

Je n'enai pasmoinsété très heureux d'avoir de vos nouvelles et depenser que vous n'oubliez pas tousles amis que vous avez gardés à Paris. Combiende fois, après votre départ, se sont-ils réjouis de vous savoir parti puis en sécurité !

Des nouvelles ? Vousimaginez ce qu'ontpu être ces deux dernières années, mais ne pouvez vousreprésenter ce qu'a été la semaine de la libération à Paris: cette coexistence de la résistance sortant de l'ombre pendant que les Boches commençaient à se terrer, les escarmouches à l'intérieur de Paris, puisl'arrivée des chars de Leclerc et les cloches de Paris les annonçant en pleine nuit le jeudi à II h du soir, tout Paris s'éveillant du blak-out, l'électricité redonnée pour unedemi-heure, juste de quoiannoncer la nouvelleà la Radio et diffuser une Marseillaise partout reprise et acclamée, puis la retombée dansl'ombre et le silence avant les derniers combats du lendemain, enfin le samedi le défilé de de Gaulle dansun Paris où s'alliait l'athmopshère de 14 juillet, celle de la révolution de 48 celleenfin de laguerre. ! Tout cela inoubliable et payantde bien des souffrances.

Des nouvelles de vos amis: les Marcel, rentrés à Paris la dernière année ontbien supportés cette fin denos maux. Gabriel lui-même étonné que tout se soit si bien passé. Et c'est vrai, la délivrance sans dégâts majeurs de Paris est un miracle dont peu de Parisiens mêmeont conscience. Depuis la libération, il écrit article sur article excellent en général pour prêcher un peude modération à la Résistance Il a espoir que Un Homme de Dieu soit représenté.

Le P. Maydieu, vousl'avez su sansdoute, a été pris avec un autre P. OP. au moment où il essayit de passer en Suisse en mars et est resté en prison jusqu'en aout. Pas trop souffert jecrois.

Peut-être avez-vous su que j'ai eu moi-même maille à partir avec la Gestapo. Pas pour une affaire bien grave maisqui aurait pu cependant fort bien me valoir la déporta-

Letter from the Jesuit priest Gaston Fessard to Jean Wahl, who was in the U.S. at the time, giving him news of various individuals and recounting the liberation of the capital: "You can imagine what these last two years have been," he wrote on December 10, 1944, "but you cannot conceive what the week of the liberation of Paris was like: the Resistance moving out of the shadows while, simultaneously, the Boches [Krauts] were starting to go into hiding, the skirmishes inside Paris, then the arrival of Leclerc's tanks and the bells of Paris announcing them in the middle of the night that Thursday, at 11 p.m., all of Paris awakening from the black-out, the electricity restored for a half-hour, just long enough to announce the news on the radio and broadcast *La Marseillaise,* which was taken up and acclaimed in every quarter, then the descent into darkness and silence again before the concluding battles of the following day, finally, on Saturday, de Gaulle's march through a Paris that combined the moods of the 14th of July, the revolution of '48 and war! All of it unforgettable and paid for by so much suffering." Father Fessard was one of the rare churchmen to protest against the submission of the French bishops to the policies of the Vichy government.

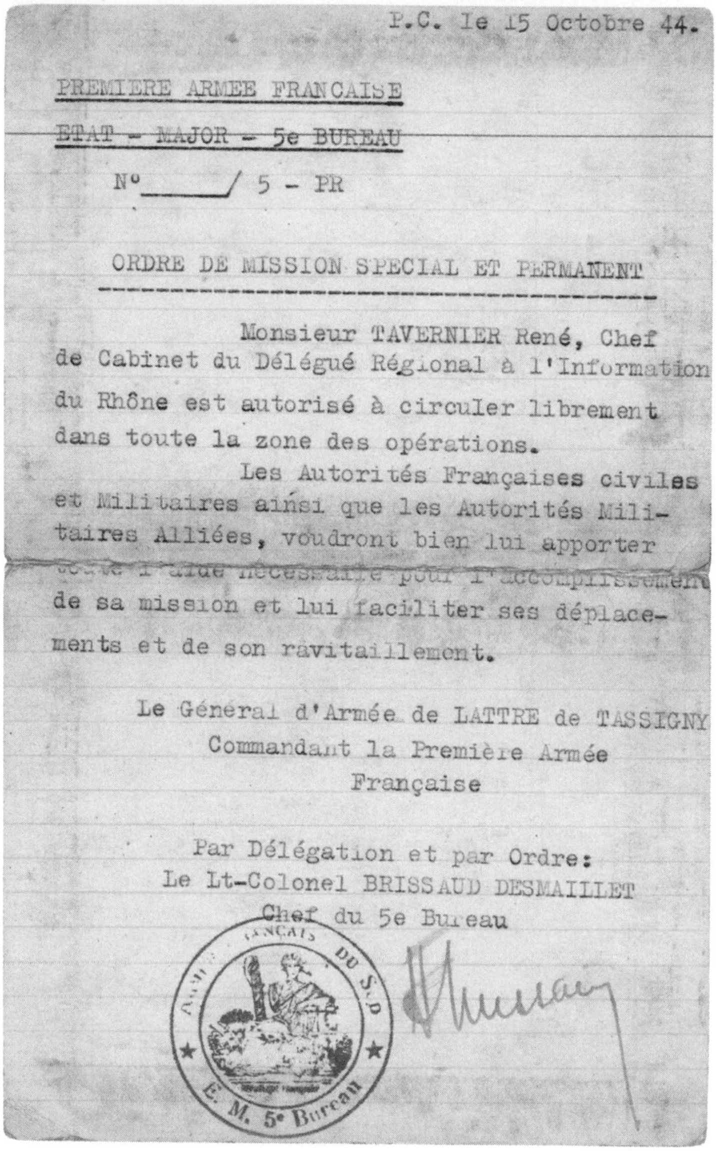

P.C. le 15 Octobre 44.

PREMIERE ARMEE FRANCAISE

ETAT - MAJOR - 5e BUREAU

N°______/ 5 - PR

ORDRE DE MISSION SPECIAL ET PERMANENT

Monsieur TAVERNIER René, Chef de Cabinet du Délégué Régional à l'Information du Rhône est autorisé à circuler librement dans toute la zone des opérations.

Les Autorités Françaises civiles et Militaires ainsi que les Autorités Militaires Alliées, voudront bien lui apporter toute l'aide nécessaire pour l'accomplissement de sa mission et lui faciliter ses déplacements et de son ravitaillement.

Le Général d'Armée de LATTRE de TASSIGNY
Commandant la Première Armée
Française

Par Délégation et par Ordre:
Le Lt-Colonel BRISSAUD DESMAILLET
Chef du 5e Bureau

E. M. 5e Bureau

After the liberation of Lyon, on September 2 and 3, 1944, René Tavernier became chief of staff of the delegate for Information in the Rhône district. This mandate for a permanent special mission authorized him to circulate freely in all the zones where military operations were being conducted. It was delivered by the assistant chief of staff (5th Bureau) of the First French Army, on October 15, 1944.

René Tavernier (on the left) with his Resistance companions. From left to right: Madeleine Braun, director of *Le Patriote*; Pierre Paraf, anti-racist intellectual and radio commentator; Auguste Anglès, his best friend, literary critic and historian; André Sévry, novelist and also a radio personality.

Elsa Triolet and Louis Aragon in 1944, at the editorial office of *Le Patriote*. The daily paper, founded in 1943 and directed by Madeleine Braun, was the Lyon organ of the Front national [National Front], a Resistance movement created by the Communist Party as a left-wing coalition between Communists and non-Communists. From left to right: Pierre Paraf, Elsa Triolet, Auguste Anglès, Louis Aragon, Madeleine Braun, and André Sévry. "I had been waiting for Aragon and his wife, Elsa Triolet, the author of *Cheval Blanc,* for several days already," recalled Madeleine Braun. "As soon as they arrived, they came to *Le Patriote,* and we met again with joyful astonishment since it was the first time since the Liberation that we had seen each other." Appointed by the National Front, Madeleine Braun, who would be the delegate to the Provisional Consultative Assembly in 1944, was later victorious in the legislative elections of 1945 (on the Communist ticket), and became, in 1946, the first woman vice-president of the National Constituent Assembly. In 1961, she joined Louis Aragon at the head of Éditeurs français réunis (EFR).

General de Gaulle's journey to Alsace-Lorraine, as reported in *Le Figaro*, February 13, 1945: "Although his visit was kept secret until the last moment, the President of the Republic was wildly cheered everywhere by people who had gathered in crowds along his route. . . : 'In the great and magnificent future that opens wide before us,' he notably said, 'when we will be on the other side of the Rhine dictating our law and our will, we will make of this river a great French thoroughfare.' Général de Gaulle presented a million francs to the regional commissioner in Strasbourg for aid to disaster victims and a million to the Prefect of Moselle."

5 HEURES DU MATIN

EDITION PARISIENNE

l'Humanité

ORGANE CENTRAL DU PARTI COMMUNISTE FRANÇAIS

ONDATEUR : JEAN JAURÈS — RÉDACTEUR EN CHEF (1926-1937) : VAILLANT-COUTURIER

DIRECTEUR : MARCEL CACHIN, sénateur de la Seine

Rédaction et administration : 18, rue d'Enghien, PARIS-Xe
TÉLÉPHONE : PROVENCE 15-21
Inter : PRO 93-60

JEUDI 5 OCTOBRE 1944

41e année — Numéro 43
(Nouvelle série)
LE NUMÉRO : 2 FRANCS

Pablo Picasso s'entretenant cordialement, hier après-midi, avec Marcel Cachin et Jacques Duclos. Au fond, F. Jourdain.

LE PLUS GRAND DES PEINTRES AUJOURD'HUI VIVANTS

PICASSO

A APPORTÉ SON ADHÉSION

au Parti de la Renaissance française

Francis JOURDAIN a été reçu en même temps dans la famille communiste par Jacques DUCLOS et Marcel CACHIN

Prévoyant l'avance profonde des Alliés en Allemagne

GOEBBELS APPELLE A UNE GUÉRILLA DÉSESPÉRÉE

L'armée de Tito à 10 kilomètres de Belgrade sur laquelle foncent les blindés soviétiques

Berlin, 4 octobre. — Devant la menace terrible qui pèse sur les territoires allemands à l'Ouest, Goebbels a réuni en hâte les « gauleiter » de ces régions et leur a donné des instructions pour une « ultime défense civile ».

Il a fait ensuite rassembler plusieurs milliers d'ouvriers travaillant dans une usine proche du front et leur a lancé un appel désespéré.

« Chaque maison — a-t-il déclaré — doit se transformer en forteresse, chacun doit se préparer à lutter et à mourir. L'adversaire doit trouver au cours de son avance, devant et derrière lui, une population « fanatique » qui le harcèle sans arrêt. »

Dans sa conclusion, Goebbels a dû reconnaître les graves conséquences qu'avait entraînées la débandade à l'Ouest, au sein de l'armée allemande. « Des faits très regrettables se sont produits au cours de notre retraite en France, imputables à une mauvaise organisation. »

Dans son discours, Goebbels a pris soin de ne faire aucune allusion à la situation plus grave encore à laquelle doit faire face l'armée allemande à l'Est. Sans doute ne voulait-il pas décourager totalement son auditoire...

Le communiqué du G. Q. G. de l'Armée Rouge en date du 4 octobre déclare entre autres :

Nos troupes ont opéré leur jonction avec l'armée de libération nationale yougoslave à l'ouest de la ville de Negotin, et en liaison avec celle-ci combattent l'ennemi commun.

D'autre part, le D. N. B. reconnait que les troupes russes sont à 30 kilomètres au nord-est de Belgrade où elles ont atteint la ville de Novo-

« Saute mais saute donc ! »

Et le condamné à mort s'échappe miraculeusement

C'est une bien émouvante aventure que celle dont notre camarade de Schryder, employé à l'Humanité, fut le héros et dont il nous fait modestement le récit.

De Schryder, — Résy dans la clandestinité, —

TOUJOURS LES CRIMES ! TOUJOURS LA BARBARIE !

Près de Montbéliard

vingt-deux Français assassinés par les envahisseurs en retraite

Londres, 4 octobre. — Un correspondant de l'agence *Reuter* à la frontière suisse apprend que les Allemands ont fusillé la plus grande partie de la population masculine du hameau de Villars-sous-Ecot, près de Montbéliard, à 18 kilomètres de Belfort.

Ce correspondant précise que, le 18 septembre, les Allemands ont rassemblé 22 hommes habitant ce petit village, y compris des jeunes gens de 17, 16 et même de 15 ans et les ont emmenés jusqu'à Montbéliard où le chef de la Gestapo leur a annoncé qu'ils étaient condamnés à mort.

L'officier allemand qui commandait le peloton d'exécution a prétendu que ces hommes possédaient des drapeaux anglais et américains et projetaient de se joindre aux troupes alliées.

LE RÉTABLISSEMENT DE LA LÉGALITÉ RÉPUBLICAINE

Dans sa séance du 3 octobre, le Conseil des ministres a adopté une ordonnance additionnelle à celle du 9 août relative au rétablissement de la légalité républicaine.

Ce texte annule un nombre important de lois de Vichy.

Une autre ordonnance prescrit la restitution immédiate des biens des Français déchus par Vichy de

Early morning edition of *L'Humanité*, October 5, 1944, announcing Pablo Picasso's joining of the Communist Party, the "Party of French rebirth." The photograph shows him in the company of Jacques Duclos (the General Secretary of the PCF, Maurice Thorez, would return from the USSR in November), Marcel Cachin, director of *L'Humanité,* and the decorator Francis Jourdain, an ardent Communist militant: "Picasso comes to us at this hour when Paris is liberated from the enemy, when the Salon d'Automne, in which he will present a large number of his recent works, is about to open. It will be a just restitution, for during the Hitlerian occupation the Gestapo had his paintings rejected by every exhibition, public or private. This artist offended the Barbarians . . ." Later on, Louis Aragon and André Fougeron, the writer and artist most representative of a Communist Party that had gone on the offensive in the aftermath of the Liberation, would be photographed congratulating Picasso. A Spanish Republican, Picasso belonged to those artists despised by Hitler and the entire National-Socialist regime. During the Occupation, he was able to obtain a foreign ID card, thanks to Maurice Toesca, who was then working at the Paris Prefecture of Police and was careful not to ask for the approval of the Ministry of the Interior.

Poster for the First Congress of the Front national, "the Congress of French rebirth," January 30 to February 2, 1945. By means of a photomontage, in which servicemen, peasants, workers, and scientists can be seen united "to hasten the Victory," the Communist Party demonstrated its will to maintain sway over the social life of the French in the days following the Liberation.

The writer Jacques Audiberti wrote his novel, *Monorail* on the back (and occasionally the front) of left-over wallpaper, from rolls given to him by his father, a mason in Antibes, at a time when, in spite of the Liberation, a serious paper shortage continued. One page bore the quote: "End of September 1944," but the book was not published until 1947 by Éditions Égloff (Freiburg-Paris).

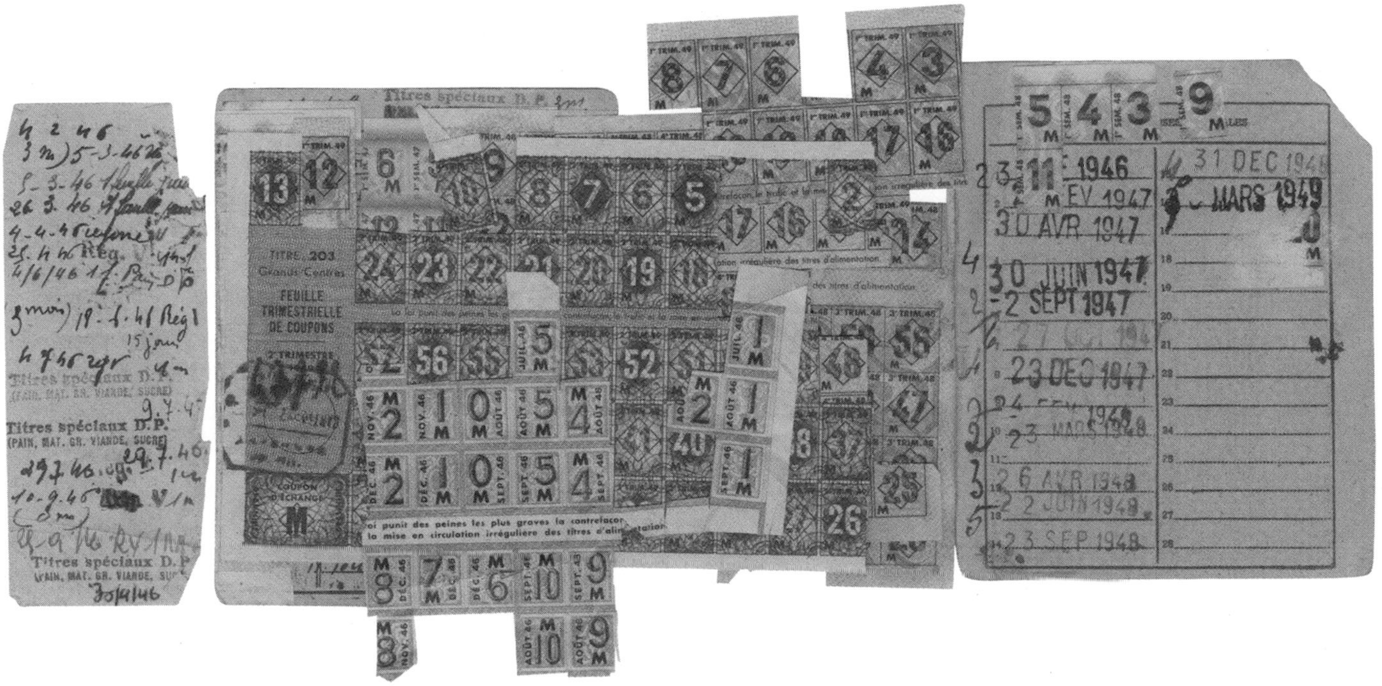

Book of rationing tickets, regulating access to bread, fat, meat, sugar, and coal, put into circulation from 1946 to 1949. In spite of the Liberation, rationing and the black market persisted until the end of 1948 through the beginning of 1949, when the last restrictions were lifted.

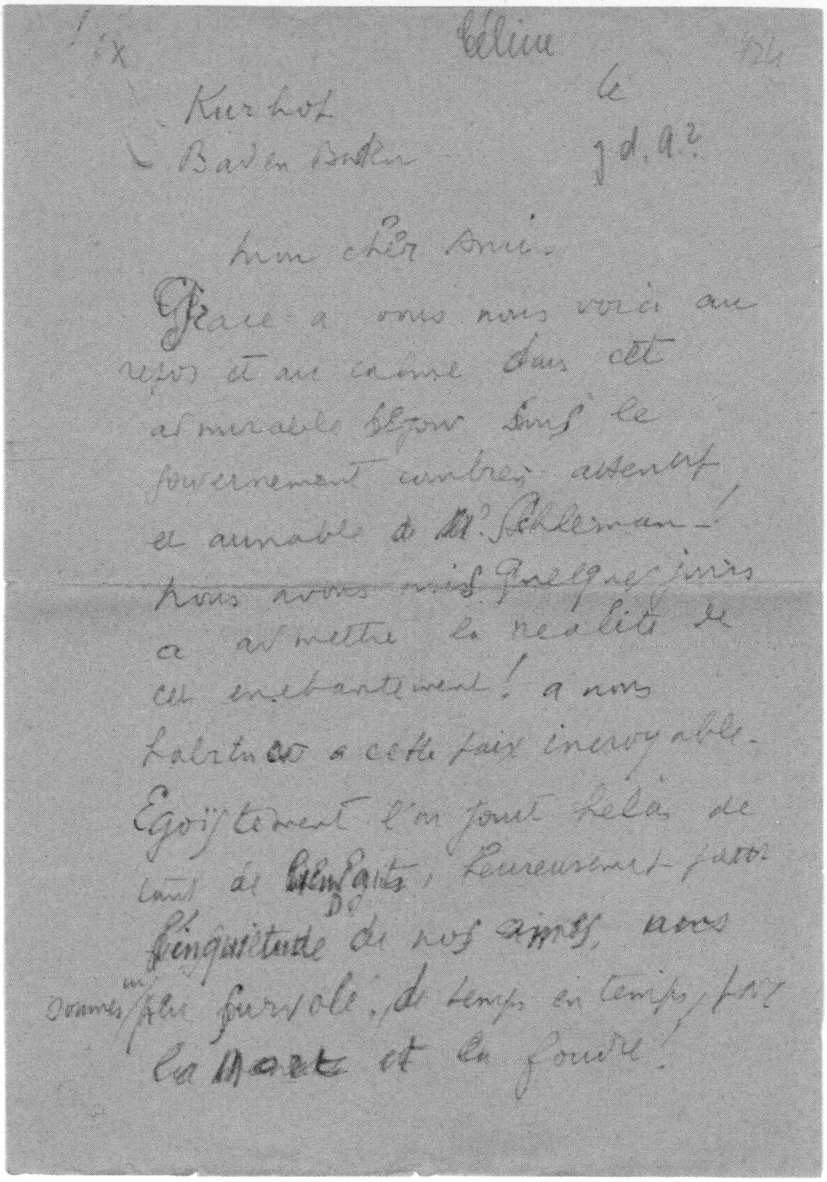

Céline

Kurhof
Baden Baden

le
7 d. 9?

Mon cher Ami.

Grâce à vous nous voici au repos et au calme dans cet admirable séjour sous le gouvernement combien attentif et aimable de M. Schlemann! Nous avons mis quelques jours à admettre la réalité de cet enchantement! à nous habituer à cette paix incroyable. Égoïstement l'on jouit hélas de tant de bienfaits, heureusement favor l'inquiétude de nos amis, nous sommes un peu frivolé, de temps en temps par la mort et la foudre!

Letter from Louis-Ferdinand Céline, signed "DESTOUCHES," to Karl Epting, written in July 1944, from the Brenner's Park Hotel, Baden-Baden, where he was welcomed by Josef Schlemann, protocol officer at the German Ministry of Foreign Affairs, charged with receiving "guests of note." With his wife, Lucette Almanzor, and their cat, Bébert, Céline, furnished with false papers under the name of Louis-François Delétang, fled to Germany on June 17, 1944, with the help of Epting, who had returned to his duties at the German Institute of Paris in 1943 (see p. 138): "Thanks to you, here we are, calmly resting during this admirable stay under the extremely attentive governance of Schleiman [sic]. It has taken us a few days to admit the reality of this enchanted place! To get used to the incredible peacefulness . . . In such cases, the unbelievably fortunate individuals that we are have but to remain still and pray to be forgotten. No one at the hotel knows either why we have come or our real names." Céline then asked to be sent a few books, to be acquired on his behalf from Madame Tschann, the bookseller on the Boulevard du Montparnasse: Chateaubriand's *Mémoires d'outre-tombe*, Ronsard's *Poésies*, *Chroniqueurs du Moyen Âge* in the "Bibliothèque de la Pléiade" edition, *Poésies allemandes* "which you yourself have translated," *Frankreich im Widerspruch* (the essay by Epting on his work, published in 1943), and a few of Céline's own books–*Voyage au bout de la nuit*, *Mort à crédit*, and *Les Beaux Draps* . . . In Baden-Baden, Céline was joined by collaborators fleeing France, including his friend, the actor Robert Le Vigan, the pianist Lucienne Delforge, the president of the Parisian Press Association, Jean Luchaire, Alphonse de Châteaubriant, Otto Abetz, the radio commentator Jean Hérold-Paquis, the daughters of Georges Montandon, and Pierre Laval. They would meet at the next stop in Sigmaringen, Germany. But Céline and his wife continued on their own. In March 1945, they arrived in Copenhagen, where before the war the writer had deposited gold coins in a bank.

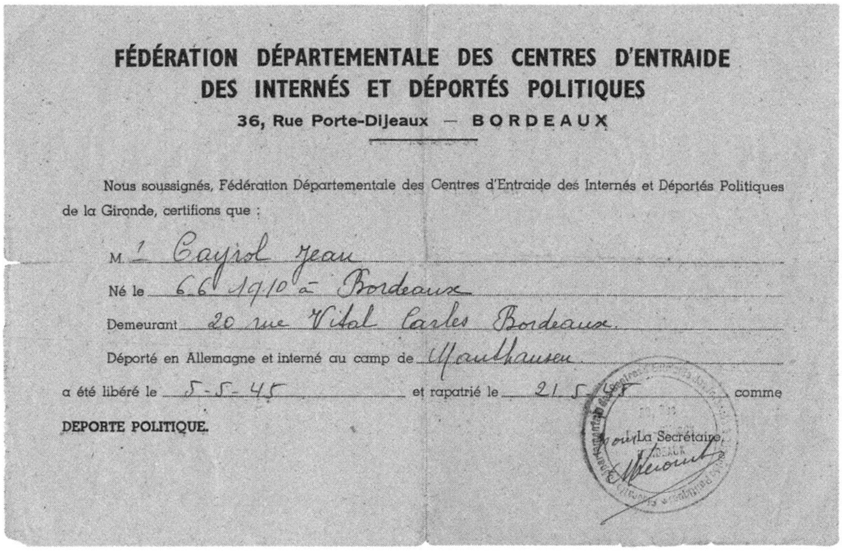

FÉDÉRATION DÉPARTEMENTALE DES CENTRES D'ENTRAIDE
DES INTERNÉS ET DÉPORTÉS POLITIQUES
36, Rue Porte-Dijeaux — BORDEAUX

Nous soussignés, Fédération Départementale des Centres d'Entraide des Internés et Déportés Politiques de la Gironde, certifions que :

M. Cayrol Jean

Né le 6.6.1910 à Bordeaux

Demeurant 20 rue Vital Carles Bordeaux

Déporté en Allemagne et interné au camp de Mauthausen

a été libéré le 5-5-45 et rapatrié le 21.5.45 comme

DEPORTE POLITIQUE.

Pour La Secrétaire

Certificate of release and repatriation from the Mauthausen camp for the "political deportee" Jean Cayrol, issued by the Departmental Federation of Mutual Aid Centers for Inmates and Political Deportees from the Gironde. A member of the Resistance network "Confrérie Notre-Dame," whose Bordeaux cell furnished naval intelligence to the Allies, pertaining in particular to the German submarine base, Cayrol was arrested a first time in 1941, and taken again in June 1942. He was imprisoned in Fresnes and deported to the Mauthausen-Gusen camp, from which he was released on May 5, 1945. Meanwhile, his brother Pierre, imprisoned at Fresnes and then Compiègne, died at the Oranienburg camp. The enduring wound left from his time in the concentration camps was at the heart of all his subsequent work, including *Poèmes de la nuit et du brouillard* [Poems of Night and Fog] (1945), *Lazare parmi nous* [Lazare among Us] (1950), and the texts he wrote for Alain Resnais's film *Nuit et brouillard* [Night and Fog, 1956].

The studio of Otto Freundlich at 38 rue Denfert-Rochereau (today, rue Henri-Barbusse), as his widow Jeanne Kosnick-Kloss found it—unchanged—after the war. Freundlich had died at the Lublin-Majdanek camp in March 1943.

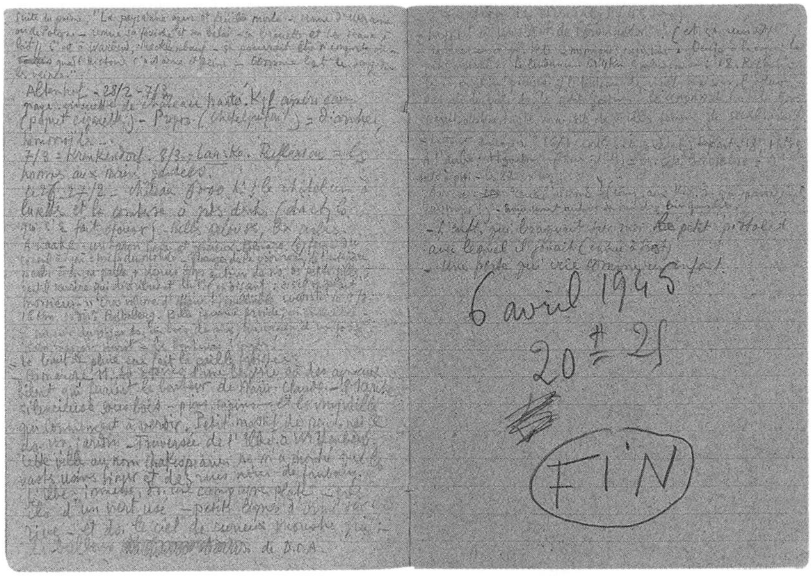

In the eighth and last of his notebooks—in which he recorded his daily observations and reflections at the Oflag, as well as drafts of texts, through five years of captivity—Georges Hyvernaud was at last able to write: "April 6, 1945, 20:25. END."

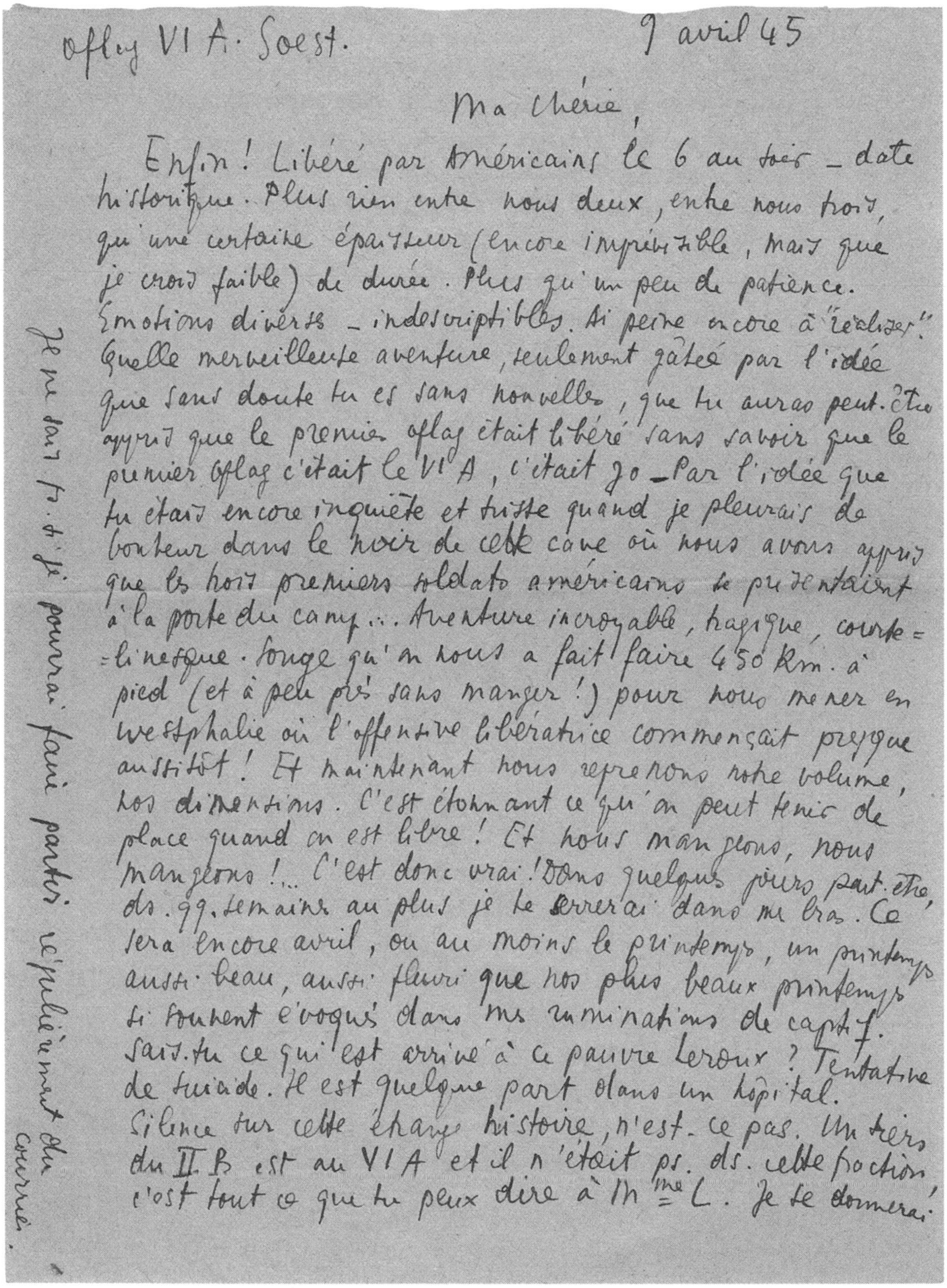

Oflag VI A. Soest. 9 avril 45

Ma Chérie,

Enfin! Libéré par Américains le 6 au soir – date historique. Plus rien entre nous deux, entre nous trois, qu'une certaine épaisseur (encore imprévisible, mais que je crois faible) de durée. Plus qu'un peu de patience. Émotions diverses – indescriptibles. À peine encore à "réaliser". Quelle merveilleuse aventure, seulement gâtée par l'idée que sans doute tu es sans nouvelles, que tu auras peut-être appris que le premier oflag était libéré sans savoir que le premier Oflag c'était le VI A, c'était Jo – Par l'idée que tu étais encore inquiète et triste quand je pleurais de bonheur dans le noir de cette cave où nous avons appris que les trois premiers soldats américains se présentaient à la porte du camp... Aventure incroyable, tragique, courtelinesque. Songe qu'on nous a fait faire 450 km. à pied (et à peu près sans manger!) pour nous mener en Westphalie où l'offensive libératrice commençait presque aussitôt! Et maintenant nous reprenons notre volume, nos dimensions. C'est étonnant ce qu'on peut tenir de place quand on est libre! Et nous mangeons, nous mangeons!... C'est donc vrai! Dans quelques jours peut-être, ds. qq. semaines au plus je te serrerai dans mes bras. Ce sera encore avril, ou au moins le printemps, un printemps aussi beau, aussi fleuri que nos plus beaux printemps si souvent évoqués dans mes ruminations de captif. Sais-tu ce qui est arrivé à ce pauvre Leroux? Tentative de suicide. Il est quelque part dans un hôpital. Silence sur cette étrange histoire, n'est-ce pas. Un tiers du II B est au VI A et il n'était pas ds. cette fraction c'est tout ce que tu peux dire à Mme L. Je te donnerai

Je ne sais si je pourrai faire partir rapidement du courrier.

Letter from Georges Hyvernaud to his wife, April 9, 1945, from Oflag VI-A (Soest, Westphalia): "At last! Liberated by the Americans the 6th in the evening—historic date . . . Have yet to 'realize' it. What a marvelous adventure spoiled only by the idea that undoubtedly you are without news, and that you will have perhaps learned that the first Oflag was liberated, without knowing that the first Oflag was VI-A, namely Jo [Hyvernaud]—by the idea that you were worriod and sad when I was weeping with joy in the dark of this cellar where we learned that the first three American soldiers were introducing themselves at the door of the camp . . ." This letter was sent to its addressee by the International Red Cross, via Great Britain, because Germany's postal service had been brought to halt in the north by the advance of the Allies. It eventually arrived after Georges Hyvernaud's return home on April 21, 1945.

While still a prisoner, Georges Hyvernaud wrote this letter intended for his young daughter, whom he had not seen grow up. He did not send the letter, but once he was back in Paris, he typed it and had it published in Clermont-Ferrand, in the journal *Espace*, no. 4, August-October 1945.

On my last leave—nearly five years ago—you were a tiny little creature running awkwardly in the sand, amazed by seashells and pebbles... Then, over that short luminous flash of time, five years have spread—and the absence, and the worry. The inhuman opacity of events and countries has come between us. And at present you are that unknown little girl inhabited by memories and friendships, stories and songs I don't know... I am writing you so that later you will know that I lived through this destitution and humiliation—later, when I have forgotten. Because one does forget.

For weeks we have been dragging ourselves across plains of hopelessness—in snow, under snow, in frost and mud without knowing where we are being led or if it will ever end. In villages outside of time, men and women watch us pass in an animal-like stupor. Poles, Ukrainians, Serbs, who knows? Bundled in rags the color of mud. All slaves. They make one think of those medieval peasants in history books. And on the roads, in endless processions, they come inexhaustibly from Posen, from Bromberg, the slow, wobbly carts of refugees covered with hideous multicolored rugs, led by old, bent men, their hair sticking out from mangy fur hats. People who were ordered to head west and who left and don't know any more than that. That too is from the Middle Ages, from the time of great panics and flights. We haven't left the Middle Ages, despite the cities and books and all that we believe. We are still in the year 1000.

I thought about these things while walking over the roads. Although you barely think when each step makes your whole body explode with a pain beyond which there is nothing left to do but die. It gets you in the knees, the shoulders, the thighs, everywhere, and it burns you, bites you. There are feet that have rotted from the cold. Stomachs twisted with dysentery. One coughs. One groans. One is nothing but a heap of pains. At which point simply taking a step becomes a frightening problem. Lifting one's foot again and setting it down a little further on. Succeeding once more in extracting it from the snow and moving it forward. Nothing but that. A minimal victory of a single instant but which requires so much will. So much cleverness: because there is a way of fooling one's exhausted body. With the right kind of attack, with calculations that are precise, one can manage to spare oneself a little pain, even diminish it.

When a man reaches that point, when he's at the end of his rope, at the end of his strength, as they say, at the end of his hope—when he is at that point, he doesn't think very much. Yet, one has to believe that the idea mill never stops turning. Even in moments of extreme distress, ideas still come to you. Mediocre ideas, of course. Pathetic ideas. So simple they would make you feel pity. Not the lovely ideas that make you feel important. Not the ideas that are like toys. Nor the rough, heavy ideas. Playing with ideas, that's happened to me. Before. It's not that hard; the secret is to act as though reality didn't exist. But when one is in it up to one's neck, one can no longer tell oneself anything but two or three banalities. Two or three things that really count. Obvious things, essential things. Serious things. Born of an experience without deception. Human things. The rest, good for the apes of the salon or the academy.

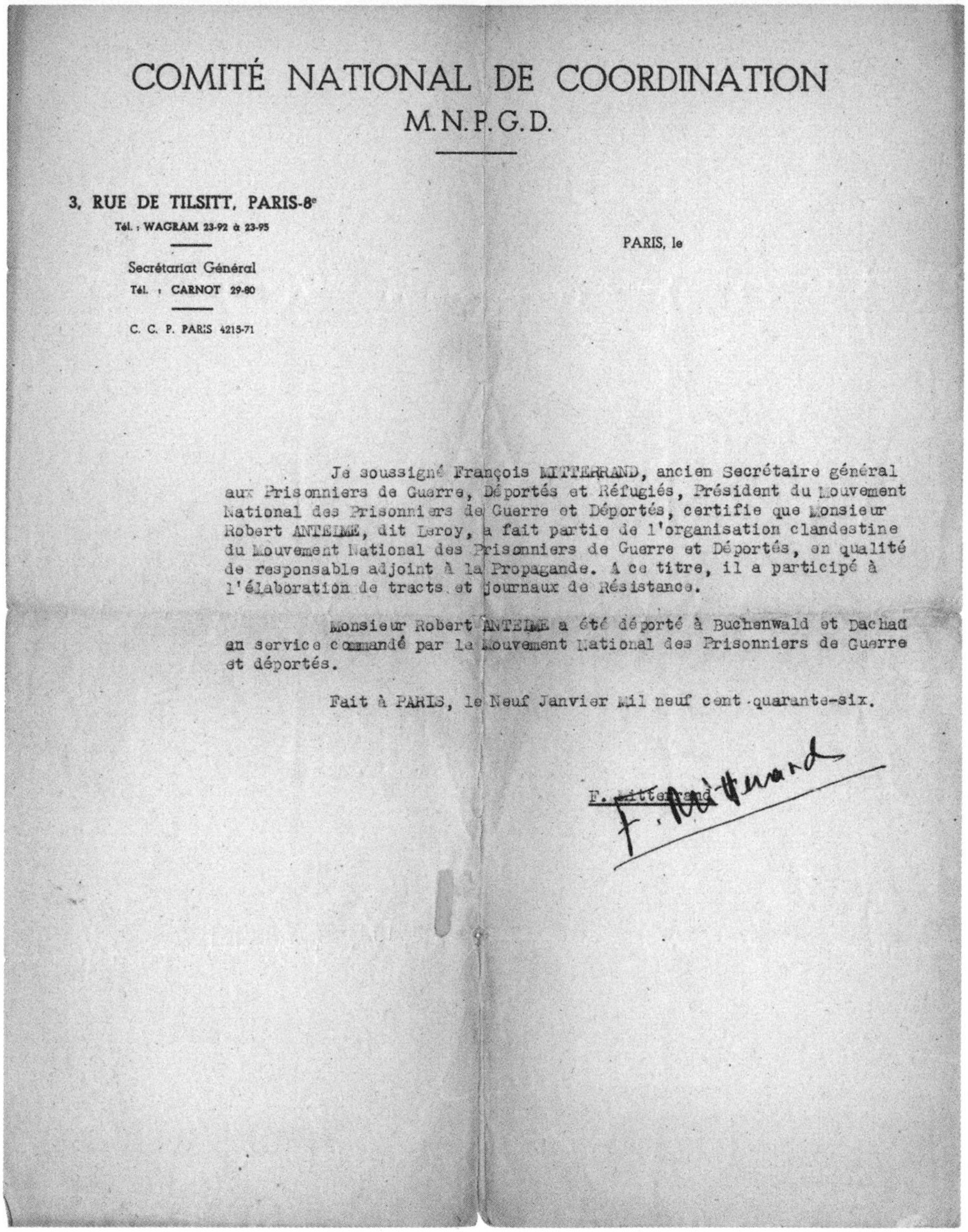

COMITÉ NATIONAL DE COORDINATION

M. N. P. G. D.

3, RUE DE TILSITT, PARIS-8e

Tél. : WAGRAM 23-92 à 23-95

Secrétariat Général

Tél. : CARNOT 29-80

C. C. P. PARIS 4215-71

PARIS, le

Je soussigné François MITTERRAND, ancien Secrétaire général aux Prisonniers de Guerre, Déportés et Réfugiés, Président du Mouvement National des Prisonniers de Guerre et Déportés, certifie que Monsieur Robert ANTELME, dit Leroy, a fait partie de l'organisation clandestine du Mouvement National des Prisonniers de Guerre et Déportés, en qualité de responsable adjoint à la Propagande. A ce titre, il a participé à l'élaboration de tracts et journaux de Résistance.

Monsieur Robert ANTELME a été déporté à Buchenwald et Dachau en service commandé par le Mouvement National des Prisonniers de Guerre et déportés.

Fait à PARIS, le Neuf Janvier Mil neuf cent quarante-six.

~~F. Mitterrand~~ F. Mitterrand

Robert Antelme was released from Dachau concentration camp on April 29, 1945. January 9, 1946, François Mitterrand, president of the Mouvement national des prisonniers de guerre et déportés [National Movement of Prisoners of War and Deportees], certified that "Monsieur Robert ANTELME, known as Leroy, served in the secret organization of the National Movement of Prisoners of War and Deportees as the adjunct in charge of Propaganda. As such, he participated in the drafting of Resistance tracts and newspapers."

Robert Antelme wrote *L'Espèce humaine* [The Human Race], a book depicting his experience of deportation, published in 1947 by Éditions de la Cité universelle, a publishing house that he and Marguerite Duras had founded. The couple would also publish *L'An Zéro de l'Allemagne* [Germany Year Zero], by Edgar Morin, before they left publishing.

Letter from Jacques Maritain to Jean Wahl, October 29, 1944. While still in New York, he mentioned his next trip to Paris. He was to leave "in a few days"—"You can imagine my impatience and my emotion"—and promised to transmit messages from Wahl to his former students in Paris and Lyon. In fact, Maritain, his wife, Raïssa, and her sister, Véra, would not leave New York until the spring of 1945. In his letter, he also brought up rumors about the intellectual situation in France in the aftermath of the Liberation. "I also had a letter from Gabriel Marcel—alas, illegible in part! What I could decipher confirms that my niece [Éveline Garnier, former secretary general of the *NAP*] is well (while having undergone great dangers) that [Stanislas] Fumet is free (and wrote a beautiful article on his detention in Fresnes for *Le Figaro*), and that, alas, our friend Claude Bourdet, the son of the playwright, was deported to Germany six months ago. Claude was one of those I was counting on the most for the future! According to Robert de Saint-Jean, Marcel is preoccupied by the influence that Sartre is well on his way to acquiring . . . I'm counting a lot on seeing Jean Paulhan. I got a look at the first non-underground issue of *Les Lettres françaises* from a friend who had received it here. Paulhan does admirable work."

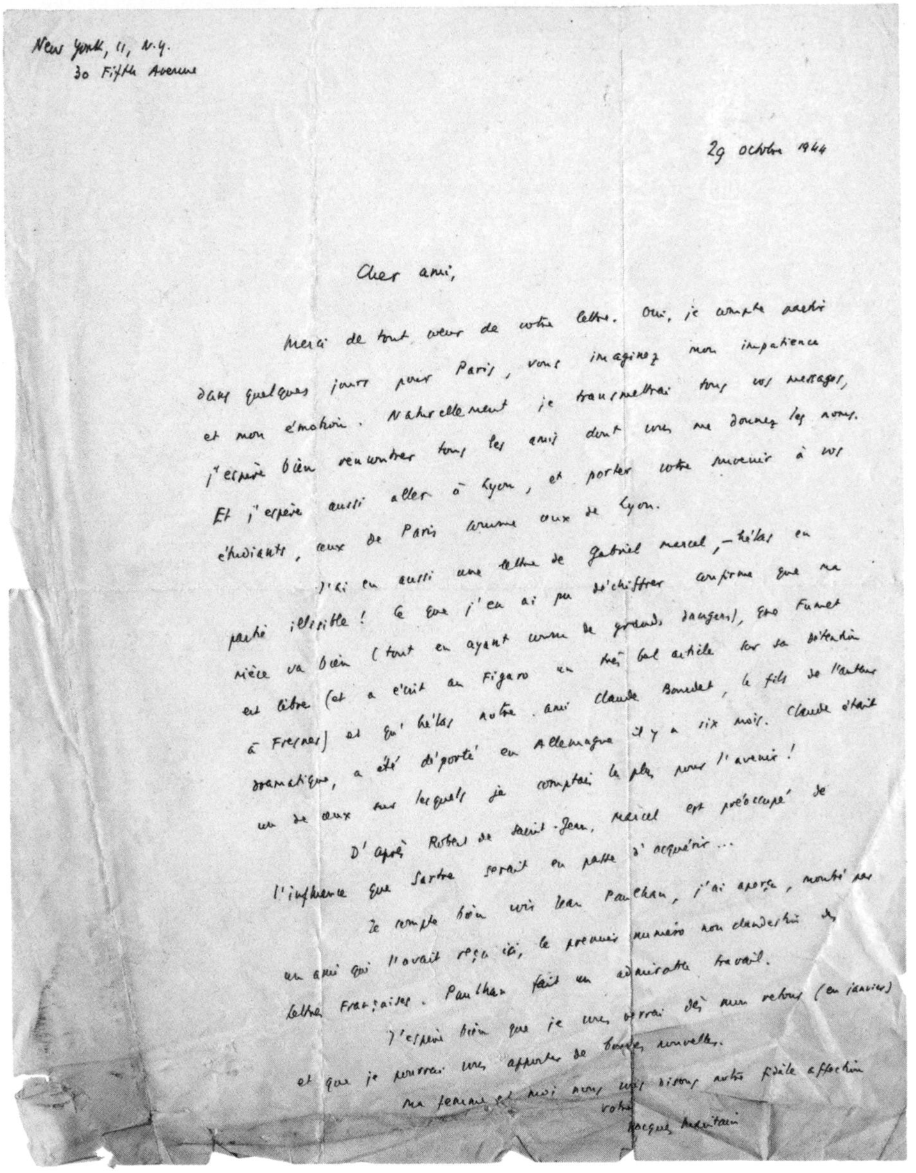
New York, 11, N.Y.
30 Fifth Avenue

29 octobre 1944

Cher ami,

Merci de tout cœur de votre lettre. Oui, je compte partir dans quelques jours pour Paris, vous imaginez mon impatience et mon émotion. Naturellement je transmettrai tous vos messages, j'espère bien rencontrer tous les amis dont vous me donnez les noms. Et j'espère aussi aller à Lyon, et porter votre souvenir à vos étudiants, ceux de Paris comme ceux de Lyon.

J'ai eu aussi une lettre de Gabriel Marcel, — hélas en partie illisible ! Ce que j'en ai pu déchiffrer confirme que ma nièce va bien (tout en ayant couru de grands dangers), que Fumet est libre (et a écrit au Figaro un très bel article sur sa détention à Fresnes) et qu'hélas notre ami Claude Bourdet, le fils de l'auteur dramatique, a été déporté en Allemagne il y a six mois. Claude était un de ceux sur lesquels je comptais le plus pour l'avenir !

D'après Robert de Saint-Jean, Marcel est préoccupé de l'influence que Sartre serait en passe d'acquérir...

Je compte bien voir Jean Paulhan, j'ai aperçu, montré par un ami qui l'avait reçu ici, le premier numéro non clandestin des Lettres Françaises. Paulhan fait un admirable travail.

J'espère bien que je vous verrai dès mon retour (en janvier) et que je pourrai vous apporter de bonnes nouvelles.

Ma femme et moi nous vous disons notre fidèle affection

votre
Jacques Maritain

Letter from Jean Hélion to Jean Wahl, February 1, 1946, announcing his return to Paris after a decade abroad—in which he counts his twenty months of captivity in Germany. As for Wahl, he has already returned on the same boat as Vladimir Pozner and Michel Georges-Michel. Hélion, who asked for the price of a room at the hotel where Wahl was living ("260 fr currently + 15%"), adds, "I have just read *L'Étranger* [The Stranger] by Camus with great pleasure. Sartre is here. I saw him once. Although a good part of his philosophy is inaccessible to me, I think I share your opinion about him. Nevertheless, he is a strong man of great vitality. But we'll talk about all that in a couple of months, I hope."

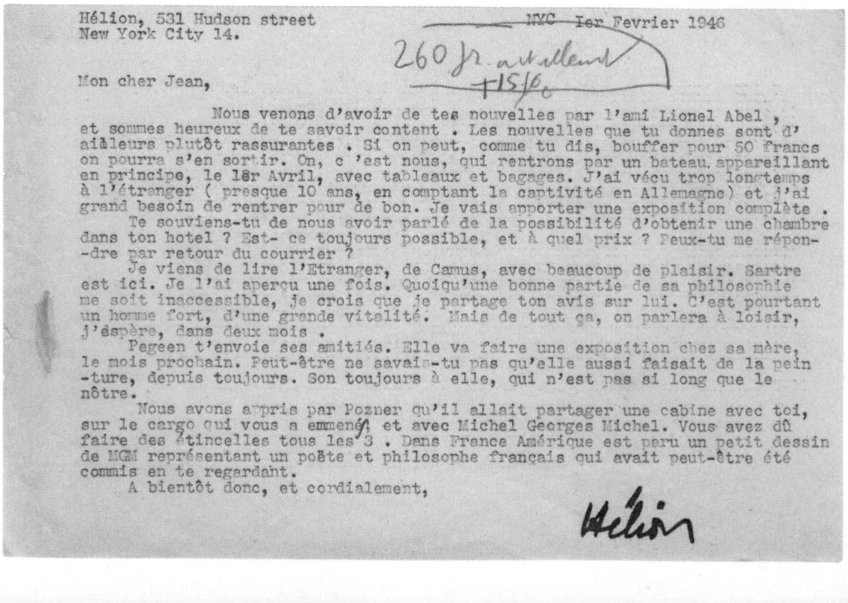
Hélion, 531 Hudson street
New York City 14.

~~NYC~~ 1er Fevrier 1946

260 fr. actuellement + 15%

Mon cher Jean,

Nous venons d'avoir de tes nouvelles par l'ami Lionel Abel , et sommes heureux de te savoir content . Les nouvelles que tu donnes sont d'aiäleurs plutôt rassurantes . Si on peut, comme tu dis, bouffer pour 50 francs on pourra s'en sortir. On, c 'est nous, qui rentrons par un bateau appareillant en principe, le 1ër Avril, avec tableaux et bagages. J'ai vécu trop longtemps à l'étranger (presque 10 ans, en comptant la captivité en Allemagne) et j'ai grand besoin de rentrer pour de bon. Je vais apporter une exposition complète .

Te souviens-tu de nous avoir parlé de la possibilité d'obtenir une chambre dans ton hotel ? Est- ce toujours possible, et à quel prix ? Peux-tu me répon--dre par retour du courrier ?

Je viens de lire l'Etranger, de Camus, avec beaucoup de plaisir. Sartre est ici. Je l'ai aperçu une fois. Quoiqu'une bonne partie de sa philosophie me soit inaccessible, je crois que je partage ton avis sur lui. C'est pourtant un homme fort, d'une grande vitalité. Mais de tout ça, on parlera à loisir, j'éspère, dans deux mois .

Pegeen t'envoie ses amitiés. Elle va faire une exposition chez sa mère, le mois prochain. Peut-être ne savais-tu pas qu'elle aussi faisait de la pein--ture, depuis toujours. Son toujours à elle, qui n'est pas si long que le nôtre.

Nous avons appris par Pozner qu'il allait partager une cabine avec toi, sur le cargo qui vous a emmenés, et avec Michel Georges Michel. Vous avez dû faire des étincelles tous les 3 . Dans France Amérique est paru un petit dessin de MGM représentant un poête et philosophe français qui avait peut-être été commis en te regardant.

A bientôt donc, et cordialement,

Hélion

PARIS, le 11 Septembre 1944.-

Monsieur Jacques SCHIFFRIN

Mon cher ami,

Je puis enfin vous écrire après ces quatre années, et j'en suis bien heureux. Je viens d'avoir de vos nouvelles par votre frère et j'espère que c'est très rapidement que j'en recevrai maintenant de votre main, en attendant que vous reveniez parmi nous. J'ai hâte d'avoir des détails sur vous et votre famille. Nous sommes restés constamment en relation avec vos parents qui se trouvaient ici, et j'ai vu encore avant hier votre beau-frère, M. Heyman.

Je ne vous donne pas de nouvelles des uns et des autres, je ne ferais que vous répéter tout ce que Gaston a déjà dû vous écrire.

Nous avons fait tout notre possible pour faire marcher La Pleiade tant bien que mal pendant votre absence, et j'espère que vous ne la trouverez pas en trop mauvais état quand vous reviendrez. Les prochains livres à sortir sont les Oeuvres Complètes de MALLARMÉ et LA GUERRE ET LA PAIX; il y a en préparation un RIMBAUD.

Mais ce que je tiens surtout à vous dire, c'est combien j'ai pensé à vous pendant que vous étiez loin de nous, et combien j'attends avec impatience votre retour.

N'ayez pas d'inquiétude au point de vue pécuniaire à votre arrivée. Votre compte était balancé au moment de votre départ; depuis cette date, nous avons versé à votre belle-famille 167.000 Francs, et il reste à votre crédit encore 300.000 Francs. Mais si ce n'est pas suffisant, je suis - vous le savez - à votre disposition.

Je serai ravi de vous revoir le plus tôt possible, et je souhaite que vous m'annonciez très vite que vous arrivez.

Bien affectueusement,

Raymond Gallimard

Letter from Raymond Gallimard, brother of Gaston Gallimard and adjunct director of the publishing house, to Jacques Schiffrin, September 11, 1944, expressing—fewer than fifteen days after the Liberation of Paris—the wish that Schiffrin might return to France and resume his function as head of the "Bibliothèque de la Pléiade": "I have just had news of you from your brother and I hope that I will very soon be reading word from you directly while awaiting your return among us. I am eager to have details about you and your family. We have remained constantly in touch with those of your relatives who were here and I just saw your brother-in-law, Heyman. again the day before yesterday. We did everything possible to keep La Pléiade more or less running during your absence and I hope you will not find it in too bad a state when you return. The next books to come out are the *Œuvres completes* [Complete Works] of *MALLARMÉ* and LA GUERRE ET LA PAIX [War and Peace]; there is a *RIMBAUD* in the works."

(1)

101 East 75th Street.
New York City.
13 janvier 47

Mon cher ami,

Je suis vraiment très touché que vous m'ayez écrit en dépit de mon si long – et stupide – silence. Et, le croirez-vous? j'allais vous écrire aujourd'hui même, quelques minutes avant de recevoir votre lettre. La coïncidence est trop amusante, il faut que je vous la conte: il y a quelques jours, j'ai reçu de Paris une petite caisse contenant quelques livres et lettres auxquels je tenais tout particulièrement et qu'au dernier moment, ~~j'ai pu~~ avant de quitter Paris (en 40), j'ai pu mettre en sûreté (le reste de ma bibliothèque – 9/10 – ainsi que tout ce qu'il y avait dans notre appartement, fut vidé par les Allemands, le lendemain de notre départ). Hier, en rangeant la correspondance qui se trouvait dans ma caisse, j'ai retrouvé quelques unes de vos lettres. L'une d'elle m'a particulièrement touché – et amusé à la fois. Touché par l'extrême gentillesse avec laquelle vous me preniez à parti à la suite d'une discussion vive que nous avons eu au sujet d'Amiel. Vous rappelez-vous cette lettre? Peut-être pas: voici déjà près de 10 ans que vous me l'avez écrite. „Avez-vous changé?" me demandez-vous dans votre lettre, aujourd'hui. Beaucoup, je pense, à juger d'après vos lignes d'il y a dix ans: j'ai dû être d'une violence inexcusable et d'un tranchant à peine supportable. La même discussion avec vous, aujourd'hui (je veux dire: une discussion sur le même sujet) aurait été toute différente. C'est vous dire que j'ai changé. Vieilli, je pense. Avec tout ce que cela comporte d'affaiblissements, je le crains. Il m'arrive bien rarement de me passionner... Connaissez-vous cette anecdote où plusieurs Marseillais se vantaient, en contant leurs extravagants exploits guerriers. L'un d'eux pourtant, ne disait rien. "Et toi, Marius? Tu ne racontes rien? — Je ne raconte rien, répondit Marius, car j'ai été tué à Verdun." Moi, mon cher Paulhan, j'ai été tué à Montoire, ou plus exactement par Hitler...

Long after the request of Raymond Gallimard, whose message was taken up again in a letter from Jean Paulhan at the end of 1946, Jacques Schiffrin explained to Paulhan the reasons why he would not be returning to France to resume his life from before the Second World War.

Text of a letter from Jacques Schiffrin to Jean Paulhan:

101 East 75th Street
New York City
January 13, '47

Dear friend,

I am truly touched that you have written me in spite of my all too long—and stupid—silence. And would you believe it? I was going to write you this very day, a few minutes before receiving your letter. The coincidence is too amusing, I have to tell you about it: a few days ago, I received a little box from Paris containing a few books and letters which were particularly valuable to me and which at the last minute—before leaving Paris (in '40), I managed to put safely away (the rest of my library—9/10—as well as everything else in our apartment, was emptied out by the Germans the day after our departure). Yesterday, while sorting the correspondence found in my box, I rediscovered some of your letters. One of them especially touched me—and amused me at the same time. Moved by the extreme kindness with which you disagreed with me following a lively discussion that we had about Amiel. Do you remember that letter? Maybe not—after all it's been ten years now since you wrote it to me. "Have you changed?" you ask me in your letter today. Very much, to judge by your lines of ten years ago: I must have been inexcusably violent and almost unbearably curt. The same discussion with you today (I mean a discussion on the same subject) would have been completely different. In other words, I've changed. Aged, I think. With all that it brings with it of growing weaker, I fear. I rarely get so impassioned now...

Do you know the story about the Marseillais who were boasting and recounting their extravagant exploits in the war? One of them, however, wasn't saying anything. "And you, Marius, you have nothing to tell?" "I'm not saying anything," Marius answered, "because I was killed at Verdun." As for me, my dear Paulhan, I was killed at Montoire, or, more precisely, by Hitler. I cannot manage to "forget"—that is where I still keep my violence. But speaking of all that would lead me too far astray.

We think of you often. About the good moments spent all together at Sortilly [in the villa of Raymond Gallimard, to which the whole "NRF colony" repaired in the autumn of 1939]. Please don't judge my affection by the number of letters I've written you. We are terribly sad about what you tell me—and which we already knew—about the health of Germaine [Paulhan]. We wish with all our hearts that this year brings her better health.

You ask for news of my son. He's a charming boy with a quick mind and a keen "sense of humor". I'm sure you would get along and have fun with him. (do you remember the faucets you unscrewed in the train to amuse him?) And I would so like for you to know him. When will he be able to meet you (and I see you again)? Only God knows. I dread the trip to France—my emphysema (an inheritance from military life in '39—and [word crossed out] is such that two steps make me out of breath and I mustn't catch cold...

I tell everyone here—and I want you to know—about my friendship for you and my admiration for what you do. With love to you both,

Jacques Schiffrin

My wife sends you both her regards
Hearing from you one day would give me a very great pleasure.

PARIS
14, ROND-POINT DES CHAMPS-ELYSEES
REDACTION ADMINISTRATION
21, Boulevard Montmartre, 21
Tél. RIC. 89-41 et 99-42.

Le Gaulois **LE FIGARO** 2 francs

DIRECTEUR : Pierre BRISSON

MARDI 19 JUIN 1945
N° 262 119e ANNEE

TARIF DES ABONNEMENTS
FRANCE
3 mois .... 140 francs
6 mois .... 260 francs
12 mois .... 500 francs
14, Rond-Point des Champs-Elysées

L'ANNIVERSAIRE

par François MAURIAC

CE que nous devrions admirer le plus dans le général de Gaulle, ce n'est pas tant la parole qu'il a donnée à la France et au monde, le 18 juin 1940, car il aurait pu ne pas la tenir ; mais il n'a jamais cessé d'agir selon cette promesse, depuis ce jour-là ; elle a orienté, durant ces cinq années, toutes ses pensées, tous ses actes ; et c'est cela qui est grand.

Nous ne le croyons pas infaillible. Peut-être assumera-t-il, devant l'Histoire, les erreurs des autres. (Oserai-je avouer qu'entre toutes les sortes d'épuration imaginables, il me semble que nous subissons l'une des pires, et qui achève de corrompre dans les esprits et dans les cœurs l'idée de justice...)

Au vrai, telle est aujourd'hui la situation de la France au dedans et au dehors, que le risque apparait redoutable, quelque parti que nous prenions.

A l'extérieur, nous sentons qu'il faudrait tenir fortement les deux bouts de la chaîne, pour parler comme Bossuet : parti pris farouche de sauvegarder la souveraineté française ; mais nécessité vitale de rétablir un accord étroit avec les Anglo-Saxons. C'est l'entre-deux qui échappe ! Il importe de le trouver le plus tôt possible et de s'y tenir. Serait-ce résoudre la difficulté, comme certains nous y invitent, que nous livrer, les yeux fermés, à nos Alliés anglais et américains, et leur abandonner notre sort ? Ils nous aiment, bien sûr, comme ils aiment la Belgique et l'Italie dont on dit qu'ils font déjà le bonheur. Sans doute eussent-ils déjà commencé de faire le nôtre, aux mêmes conditions. Sous les offenses, nous comprenons trop bien le raidissement de notre politique et ne laissons pas, pourtant de l'appréhender.

Nous mesurons à notre angoisse le fardeau qu'assume, depuis le 18 juin 1940, le général de Gaulle. Ah ! qu'en cet anniversaire, il sente battre avec le sien le cœur du pays ! Même ceux qui lui furent le plus sévères rendent au chef de la France libre un hommage réticent, mais qui n'en a que plus de prix : « L'expérience du pouvoir, écrit l'éditorialiste de « Combat », a révélé chez Charles de Gaulle une logique, une absence de démagogie qui sont trop rares en France pour ne pas mériter également notre respect et notre gratitude... » Enfin ! Cette vertu lui aura été reconnue, au moins une fois. C'est cette absence de démagogie qui déconcerte notre peuple : il n'est pas habitué à ce que ses chefs lui témoignent tant de respect. Quelqu'un me disait un jour du général : « On dirait qu'il n'a pas envie qu'on l'aime... » C'est peut-être qu'il entre du mensonge dans le moindre effort de séduction. Une grande âme ne cherche pas à plaire à son peuple, mais à le servir.

On peut parier pour ou contre « le goût et l'ambition du pouvoir personnel » que, selon « Combat », on prête au chef du gouvernement. J'y songeais, l'autre jour, en relisant ce mot d'un héros de Shakespeare : « J'aime mieux les servir à ma manière que les commander à la leur... » C'est la parole d'un chef fort indifférent aux honneurs, très capable de s'effacer, de disparaître. Il me semble que pour l'instant les Français veulent bien que le général de Gaulle les serve à sa manière et nous doutons qu'ils aient la moindre envie de verser leur vin nouveau dans de vieilles outres.

François MAURIAC,
de l'Académie française.

Paris acclame l'Armée de la Victoire
appelée le 18 juin 1940 par le général de Gaulle

L'ARMEE qui est passée hier sous l'Arc de Triomphe et que Paris a acclamée avec une profonde émotion, c'est celle que le général de Gaulle, le 18 juin 1940, avait appelée aux armes.

Il était donc juste que, dans la ferveur populaire, le jour anniversaire du message historique se confondît avec la fête de la Victoire. C'est ainsi que l'entendait la foule la plus nombreuse et la plus passionnée qui ait été rassemblée depuis la libération.

Cette armée magnifique et jeune, menée par des chefs audacieux, nous a restitué l'image de la France retrouvée.

Mais nous n'oublions pas que si nos troupes ont aujourd'hui un matériel digne de leur valeur, c'est à la fraternité des Alliés qu'elles le doivent.

Ces tanks américains portant fièrement des noms de chez nous, ces avions britanniques timbrés de nos cocardes, ces engins qui sont venus des quatre bouts du monde entre les mains françaises, ils sont le symbole d'une communauté que la Victoire nous confie et sur laquelle nous devons veiller, par delà nos vicissitudes présentes.

Inoubliable journée, lourde de réconfort, lourde de promesses, lourde de devoirs. — G. R.

ON LIRA EN DEUXIEME PAGE :

Les Trois Grands se réuniraient à « Sans-Souci »

Londres, 18 juin. — L'ancienne résidence royale de Postdam sera le théâtre de la rencontre des Trois Grands écrit le rédacteur diplomatique du *Sunday Times*.

Les avantages du lieu, ajoute-t-il, sont manifestes. Le château est vaste et relativement en bon état ; la sécurité en est facile à garantir. De plus, il y a là une sorte de justice politique à décider du des-

LE GENERAL Eisenhower est reçu solennellement à Washington

Washington, 18 juin. — A sa descente d'avion, ce matin, le général Eisenhower a été accueilli par le général Marshall, chef d'état-major de l'armée, par Mme Eisenhower, par son fils le lieutenant John Eisenhower, et par les autorités civiles et militaires.

Devant le Congrès, le général Eisenhower a prononcé un vibrant discours.

Parlant de la France, le général a

EN BELGIQUE
la situation reste très tendue
UNE MENACE DE GRÈVE GÉNÉRALE

Les partis prennent position

Menaces de grèves

A SAN-FRANCISCO

La question des pouvoirs de l'Assemblée Générale

Violente manifestation contre le roi à Waterloo

CHRONIQUE

PROCHE-ORIENT

In *Le Figaro* of June 19, 1945, François Mauriac, the prestigious columnist for his friend Pierre Brisson's newspaper (which had returned to print August 25, 1944), paid tribute to de Gaulle. His article on the anniversary of the Appeal of the 18th of June is a heartfelt defense on behalf of the General, with whom his son Jean had been serving since the Liberation: "Even his most severe critics offer reluctant homage to the leader of Free France, a circumstance that makes it that much more meaningful. 'The experience of power,' writes the editorialist for *Combat* 'revealed in Charles de Gaulle a logic, an absence of demagoguery that is too rare in France not to merit both our respect and our gratitude . . .' At last! This virtue will have been recognized in him at least once . . . A great soul does not seek to please his people but to serve them."

Samuel Beckett (here on the right), volunteered in the summer of 1945 for six months as an interpreter and bursar in the Irish Red Cross, which set up a hospital in Saint-Lô, the "capital of ruins." "My job consisted of stocking merchandise and driving," he said in an interview. "I drove a lot—ambulances as well as trucks. It was quite an affair. We had about six ambulances without counting the trucks. I would go to Dieppe to get supplies and would bring back nurses." Beckett and his partner, Suzanne, settled in Paris at the end of the 1930s, but were forced to flee to the south of France, despite the fact that Beckett had volunteered for the ambulance corps during the "phony war." He returned to Paris in October 1940; in September 1941 he joined the Resistance network "Gloria SMH" (which was headed by the daughter of Picabia), where he worked as a liaison agent and translator. After the arrest of SMH's principal members, Samuel and Suzanne had to leave the capital again in the summer of 1942 and found refuge in Roussillon, in the Vaucluse, where they stayed until the beginning of 1945. He wrote *Watt* there, which he had begun in Paris in 1941.

Stolen photograph of the execution of Pierre Laval, preserved in the archives of poet and magistrate Jean Follain. On October 15, 1945, after being sentenced to death, Laval swallowed the cyanide pills he had been hiding in his coat lining since his 1942 interview with Hitler. His stomach was pumped several times, whereupon he was taken behind the prison at Fresnes, and—in front of a hillock that had been a Nazi execution site during the war—was shot.

L'immeuble situé I89 rue Ordener (Paris I8°) a été tenu pendant l'occupation allemande sous la terreur des dénonciations à la Gestapo. Les locataires y ont été en butte aux provocations et aux menaces les plus précises, qui ont abouti à I4 perquisitions (le 4 novembre I94I) et à 4 arrestations suivies d'incarcérations au camp de Compiègne (le 28 avril I942) : celles de MM. Guillemard, Petersen, Kovner et du Capitaine Karquel).

L'attention des locataires de l'immeuble fut immédiatement attirée par les agissements significatifs :

I°) de la femme Anita Rellstab, de nationalité suisse, maîtresse du sculpteur Granowski, cohabitant avec ce dernier I89 rue Ordener.

2°) du couple Ludwig Reichl dit Kléofas Bogailei, sujet autrichien, notoire agent nazi, pilier de la "Maison Brune" avant la guerre, qui, prenait ses mots d'ordre régulièrement à Munich, et dont l'activité suspecte en France avait été signalée aux services compétents dès I939 - et sa maîtresse Germaine Guérin-Eyquem, militante P.P.F, - tous deux domiciliés I89 rue Ordener.

Le femme Anita Rellstab, qui habite actuellement 40 rue Durantin Paris I8°, a proféré devant témoins, à plusieurs reprises, des menaces de dénonciation et d'intimidation (témoins Mmes Martin, Pelletier, Gruaz, Viguier, Goupil, MM. Lesbouny et Vincent Anglade, domiciliés I89 rue Ordener).

Anita Rellstab s'est notamment vantée d'avoir pour mission la surveillance des occupants de l'immeuble.

Lorsque MM. Karquel Petersen et Kovner ont été libérés du camp de Compiègne après instruction de leurs dossiers, Anita Rellstab visiblement furieuse, écrivit une lettre dans laquelle elle s'étonnait de la remise en liberté de ces personnes "considérées par elle comme très dangereuses". Cette lettre a été lue par un témoin (Mme Colmano, fille d'un conseiller municipal de Gagny, I89 rue Ordener). La lettre en question était à l'époque entre les mains de la femme Germaine Guérin-Eyquem.

Par la suite Anita Rellstab a d'ailleurs annoncé aux témoins cités, que les 3 prisonniers libérés par la Gestapo ne tarderaient pas à être arrêtés à nouveau "le nécéssaire ayant été fait pour cela".

Un autre fait établit sa culpabilité :

Les policiers allamands chargés des affaires juives étant venus dans l'immeuble pour poser les scellés chez le sculpteur Granowsky (israélite) avec lequel cohabitait Anita Rallstab, accusèrent euxmêmes publiquement celle-ci devant les témoins cités, d'avoir livré son propre amant, et d'être l'auteur des dénonciations mettant en cause les locataires de la maison. Ils la traitèrent de "sale femme" et lui manifestèrent leur profond mépris.

D'autre part, le complicité du couple Kléofas-Bogailei-Germaine Guérin-Eyquem ne fait pas de doute dans cette affaire, puisqu'il est prouvé que les délations que le femme Rellstab adressaient aux Allemands étaient remises par leur intermédiaire aux services de la Gestapo (Témoin Mme Colmano) . Leur appartement a d'ailleurs été pendant toute l'occupation, le lieu de réunion de nombreux Allemands en civils et en uniformes, qui se rencontraient avec un groupe d'amis Français, germanophiles avérés (lesquels habitent également I89 rue Ordener).

Anonymous letter denouncing collaborators, shortly after the liberation of Paris. It pertains to Cité des artistes, several blocks of studio-residences in Montmartre: "The building at 189 rue Ordener (Paris, 18th) was kept in a state of terror during the German Occupation out of fear of denunciations to the Gestapo. Tenants had been the targets of provocations and the most pointed threats, culminating in 14 searches (November 4, 1941) and four arrests, followed by incarceration at the Compiègne camp (April 28, 1942)."

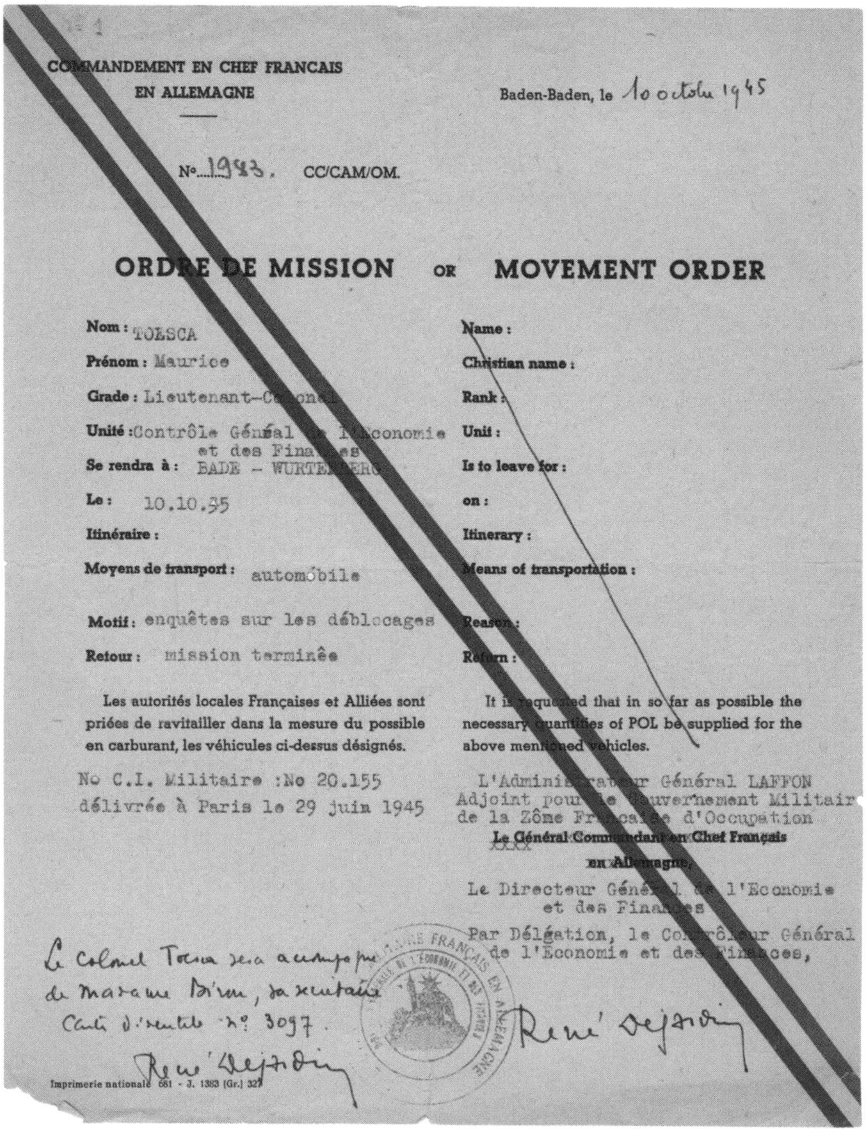

COMMANDEMENT EN CHEF FRANCAIS
EN ALLEMAGNE

Baden-Baden, le 10 octobre 1945

No...1983. CC/CAM/OM.

ORDRE DE MISSION or **MOVEMENT ORDER**

Nom : TOESCA	Name :
Prénom : Maurice	Christian name :
Grade : Lieutenant-Colonel	Rank :
Unité : Contrôle Général de l'Economie et des Finances	Unit :
Se rendra à : BADE - WURTEMBERG	Is to leave for :
Le : 10.10.45	on :
Itinéraire :	Itinerary :
Moyens de transport : automobile	Means of transportation :
Motif : enquêtes sur les déblocages	Reason :
Retour : mission terminée	Return :

Les autorités locales Françaises et Alliées sont priées de ravitailler dans la mesure du possible en carburant, les véhicules ci-dessus désignés.

It is requested that in so far as possible the necessary quantities of POL be supplied for the above mentioned vehicles.

No C.I. Militaire : No 20.155
délivrée à Paris le 29 juin 1945

L'Administrateur Général LAFFON
Adjoint pour le Gouvernement Militaire
de la Zône Française d'Occupation
~~Le Général Commandant en Chef Français
en Allemagne,~~

Le Directeur Général de l'Economie
et des Finances

Par Délégation, le Contrôleur Général
de l'Economie et des Finances,

Le Colonel Toesca sera accompagné de Madame [illegible], sa secrétaire
Carte d'identité n° 3097.

René Dejardin

René Dejardin

Imprimerie nationale 661 - J. 1383 (Gr.) 327

Eventually the time came for the occupation and administration of German territory conquered by French and Allied troops. Maurice Toesca was dispatched to Baden-Baden, where he received a bilingual movement order from the French Military command in Germany, in the name of the General Controller of Economy and Finances.

Joseph Rovan, who had emigrated to France with his German-Jewish family in 1934 shortly after Hitler's arrival to power, was deported in July 1944 to Dachau for acts of resistance. After the war, as a member of the cabinet of the Minister of Armed Forces, he was placed in charge of German prisoners of war "in French hands." This list of lectures, delivered to a "study group" between November 14, 1946, and May 8, 1947, reveals the effort to successfully "triage" and de-Nazify prisoners of war (not including SS soldiers, who were deemed irrecoverable). Rovan called on a variety of lecturers (such as Edgar Morin, Raymond Aron, David Rousset, the Reverend Father Chenu, Germaine Tillion, Félix Bertaux, André François-Poncet, Emmanuel Mounier, Jean Cassou, and himself) to analyze past events and identify paths of French-German reconciliation.

Vue générale sur les visites des personnalités étrangères au Centre d' Etudes dans la période du 14 novembre 1946 au 8 mai 1947.

Date	Nom et profession	Sujet
14-11-46	Mr. Rovan	Conversation sur la fondation d'un Centre d'Etudes pour P.G.
23-11-46	M. Rovan	Discussion de nos propositions pour le Centre d' Etudes.
30-11-46	M. Rovan	Conversation sur la littérature mise à notre disposition.
7-12-46	M. Rovan avec M. Edgar Morin, écrivain, et M. Wende, responsable de la rééducation des P.G. allemands en Angleterre	Conversation sur "L'an zéro de l'Allemagne" et les possibilités d' une réconciliation franco=allemande. Relations futures entre l'Angle=terre et l'Allemagne; l' oeuvre de la rééducation des P.G. en Angleterre; différences entre le caractère national anglais et allemand.
14-12-46	M. Rovan	Conversation sur l'importance de l'élément social dans l'histoire allemande.
2[illegible]-12-46	M. Rovan	Conversation sur la tâche de la jeune génération dans l' éducation populaire.
28-12-46	M. Rovan	Discussion de questions pratiques pour l'établissement du Centre d'Etudes à Saint-Denis.
5-1-47	Monsieur le Colonel Perlus avec Monsieur Rovan	Conversation sur le programme de travail du Centre d'Etudes.
13-1-47	Monsieur Rovan avec M. Raymond Aron, éditorialiste du "Combat"	Discussion sur les problèmes de la nouvelle structure politique et so=ciale allemande et sur les possibi=lités de créer un climat psycho=logique favorable entre la France et l'Allemagne.
20-1-47	M. Rovan avec M. David Rousset, écrivain	Discussion sur l'origine des camps de concentration et sur les effets de transformation socialiste du monde.
30-1-47	M. Rovan	Conférence et discussion sur l' éduca=tion ouvrière.
7-[illegible]	M. le Colonel Perlus avec M. Servan, attaché du ministère de la guerre.	Contact avec les professeurs du Centre d'Etudes, présen=tation de l'établissement dans les locaux de la grande caser=ne de Saint-Denis. Conversa=tion sur le programme des travaux.
	M. Schild, représentant de l' YMKA, avec M. Kilpatrich, représentant de l'YMKA américain.	Conversation sur l'aide de l'YMKA pour les prisonniers de guerre allemands. Activité de l'YMKA pour amé=liorer la bibliothèque du Centre d'Etudes.
13-2-47	M. le Colonel Perlus	Conférence sur les tâches du Centre d' Etudes et les inten=tions dont s' inspirent les autorités francaises.
20-2-47	M. Rovan avec le R.P. Chenu, professeur de l'histoire à la Sorbonne.	Conférence sur le christia=nisme et le marxisme.
21-2-47	Radio-Diffusion francaise	Enregistrement de trois émis=sions sur le Centre d'Etudes transmises plus tard par Radio Luxembourg.
25-2-47	M. le Colonel Perlus avec M. Servan et plusieurs juges militaires.	Conférence du PG. cpt.Dr, Je=scheck sur l' organisation ju=diciaire en Allemagne.
26-2-47	M. Rovan avec le R.P. Chenu	Discussion sur le christianis=me et le marxisme.
27-2-47	M. Rovan avec un représentant de l' UNESCO	Conversation sur le travail du Centre d' Etudes et sur les tâches et l'organisation de l' UNESCO.
3-3-47	M. le Colonel Perlus	Conférence sur la situation matérielle de la France après la guerre .
6-3-47	M. Henri Doutenville, professeur	Conférence sur la science des langues et des mythes indo=européennes.
8-3-47	M. Rovan avec M. Villeneuve, représentant des coopératifs des spectateurs	Conférence et discussion sur l' éducation ouvrière en France et en Allemagne.
10-3-47	Herr Elimar, représentant du syndicat des acteurs en Allemagne	Conférence sur la situation du théâtre en Allemagne.
12-3-47	M. Henri Doutenville	Conférence sur les figures mythiques de la préhistoire francaise et les phénomènes parallèles en Europe.
14-3-47	Madame Tillon, ancienne déportée de Ravensbruck	Ravensbruck
18-3-47	M. Sicard de Planzoles, professeur d' hygiène sociale à la Sorbonne	Conférence sur : Propos d' un vieux médecin sur la reconstruction pacifique de l' Europe.
19-3-47	M. Jean Guigebert, directeur de la revue " Radio 47 "	Conférence sur la responsabilité de l' Allemagne devant le National-Socialisme et la guerre. Discussion.
20-3-47	M. Felix Bertaux, professeur, et M. Pierre Bertaux. Directeur du cabinet du ministre des travaux publics.	Conversation sur la reconstruc=tion économique de la France, la coopération économique franco-allemande et la réconciliation politiques et psychologique des deux peuples.
25-3-47	M. Blum, pasteur de l' église protestante suisse et directeur de la commission oecuménique pour l' aide aux P.G.	Discussion sur le christianisme et le socialisme.
29-3-47	M. Pierre-Maurice Dessinges, journaliste	Conversation sur les relations franco-allemandes; sur l' impor=tance des travaux engagés au Centre d' Etudes et sur les problèmes de l' évolution des régions d' outre-mer.
31-3-47	Radiodiffusion francaise	Enregistrement d'un reportage sur le Centre d' Etudes.
1-4-47	M. Francois-Poncet, ancienne ambassadeur de France à Berlin	Conversation sur l' antagonisme russo-américain, les relations franco- allemandes, l' Union européenne et le rôle de la jeune génération allemande pour créer le climat psychologiques favorable à la réconciliation avec la France.
10-4-47	M. le COLONEL PERLUS	Conférence sur le statut des PG. transformés en travailleurs libres en France. Le programme des conférence prochaines.
26-4-47	M. Lecomte, journaliste de l'Agence Presse	Enquête sur les buts, les mé=thodes et les résultats des travaux du Centre d'Etudes.
2[illegible]-4-47	M. Morey, directeur de la section des affaires étrangères du "Monde"	Discussion des questions po=litiques, économiques et so=ciales de l'Allemagne. Nécessi=té et possibilités d'un res=serrement avec la France.
30-4-47	M. Jean Cassou, directeur du Musée des Arts modernes	Conférence sur l'humanisme francais.
2-5-47	M. Domenach, secrétaire de la revue "Esprit"	Discussion des questions de l'enquête de l'Esprit sur l'Allemagne.
3-5-47	M. Rovan	Conférence et discussion sur les expériences de son voyage en Allemagne.
	Monsignore Dr. Stohr, évêque de Mayence	Conférence sur la situation spirituelle et matérielle de l'Allemagne. Conversation.
6-5-47	M. André Maurois, Académie francaise	Conférence sur les expériences d' un longue séjour aux Etats-Unis. Discussion des questions posées.
7-5-47	M. Emanuel Mounier, directeur de la revue "Esprit"	Discussion sur les grands courants d'esprit de nos jours.
8-5-47	M. Rovan avec M. Beaufrère, professeur de lycée "Henri IV"	Conférence sur la doctrine matérialiste de l'histoire. Discussion.

LES LETTRES FRANÇAISES

Avertissement aux Editeurs

La motion ci-dessous a été votée par le Comité National des Ecrivains des deux zones. En la publiant, le Comité tient à préciser que ce document ne constitue pas une charte des rapports entre les écrivains et les éditeurs, mais qu'il a la valeur d'un avertissement solennel à ceux-ci.

En particulier, la question des sanctions contre ceux des éditeurs qui ont failli à leur mission en se faisant sans protester en novembre 1940, les serviteurs dociles et prévenants des autorités allemandes en vue de l'asservissement de la pensée française dont ils avaient assumé la garde, demeure entière. Elle relèvera essentiellement du pouvoir politique et du pouvoir judiciaire et le Comité n'estime aucunement en préjuger ni non plus par ce texte limiter sa propre action pour la défense de l'expression française et de la mission des écrivains dans le domaine de l'esprit.

■

Considérant qu'à l'époque de l'invasion de la France, d'importants remaniements ont été opéré dans le personnel dirigeant et le personnel technique des maisons d'édition ; que les éditeurs ont trop souvent éliminé d'eux-mêmes de leurs maisons ceux que leur patriotisme ou leur race rendaient indésirables à l'occupant ;

Considérant qu'à la faveur de l'occupation étrangère, des hommes de la Vᵉ Colonne se sont glissés (ou révélés) dans les maisons d'édition pour y faire le travail de l'ennemi, prenant connaissance des manuscrits des écrivains patriotes par exemple, renseignant les feuilles de délation comme « *Je suis partout* », exerçant sur les éditeurs mêmes le chantage nazi, facilitant l'inondation du marché du livre français par la propagande hitlérienne et la littérature allemande ;

Considérant qu'il est tout naturel que ceux qui ont perdu leur travail du fait de l'occupation le retrouvent le jour de la victoire, et que, sous aucun prétexte, les agents de l'ennemi ne sauraient demeurer dans des emplois où ils peuvent nuire au libre exercice de la pensée et de l'expression françaises ;

Considérant, d'autre part, que les maisons d'édition tirent leur raison d'être et leur fortune des écrivains, de leur existence et de leur talent, et que, partant, ceux-ci sont fondés à exiger un droit de regard sur les conditions morales de leur fonctionnement, et d'autant plus fondés à le faire qu'ils viennent de voir comment, à l'heure du péril national, ce fonctionnement a pu être faussé ;

Le Comité National des Ecrivains prend la décision de veiller à la réintégration à leur poste, dans les maisons d'édition, de ceux qui en ont été évincés du fait de l'occupation allemande, et de veiller également à l'épuration de ces maisons, sans préjudice des actions que la Justice française pourrait entreprendre en ce sens, pour assurer les conditions normales et saines de l'édition en France et dans l'Empire ;

Il engagera tous les écrivains français à appuyer son action, et, dans le cas où les conseils du patriotisme seraient insuffisants auprès de certains éditeurs, à appliquer à leurs éditions des mesures collectives de boycottage, pouvant aller jusqu'à une véritable grève des écrivains. Le Comité décide de porter immédiatement la présente motion à la connaissance des éditeurs, des écrivains et du public.

Pour une littérature libérée de l'emprise étrangère, pour un juste traitement de ceux qui concourent au développement du livre français, vive la France !

LE COMITÉ NATIONAL DES ECRIVAINS.

Il y a un a

(*Suite de la page 1*)

çait à s'immerger, sur le « Vautour » qui chavirait. L'aviation allemande et la Wehrmacht surveillaient avec obstination la passe, des tanks amphibies s'avançaient vers les radoubs. A la croix des Signaux, un projecteur s'allume, fouille l'obscurité. Une rafale de mitrailleuse de la Marine côtière éteint le pinceau lumineux.

A la Seyne, devant les Forges et les Chantiers, les soldats allemands montent à bord, surprenant les équipages. « Haut les mains » crient les assaillants. Les sous-marins résistent, poursuivent leur travail de destruction. Seul, le contre-torpilleur « La Panthère » tombe intact entre les

Issue 11 of *Les Lettres françaises*, published clandestinely in November 1943 with the articles "Jacques Chardonne and Mein Kampf," "Éditions de Minuit continues its effort," and "Comoedia like the rest," contained one of the first "warnings to publishers," reproducing the text of a motion recently passed by the National Writers' Committee in the two zones. The tone gives a taste of the atmosphere in literary circles after the Liberation. "The CNE will require all French writers to support its action and, in the event that directives to patriotism should prove insufficient for certain publishers, to apply to those publishing houses collective boycotts, going as far as staging a genuine writers' strike. The National Writers' Committee has made the decision to oversee the return to their positions in publishing houses those who had been let go as a consequence of the German occupation, and to oversee as well a purge of those houses, without prejudice to actions undertaken by French Justice in this regard, in order to ensure normal and healthy conditions in the publishing world in France and in the Empire."

Bulletin de l'Union Nationale des intellectuels (UNI) aiming, under the presidency of George Duhamel, to unite all organizations of intellectuals that came out of the Resistance with their counterparts in the National Front. In 1945 the creation of the UNI represented the relative emancipation of intellectuels vis-à-vis the Communist Party, a position the vice-president of the Union, Louis Aragon, championed.

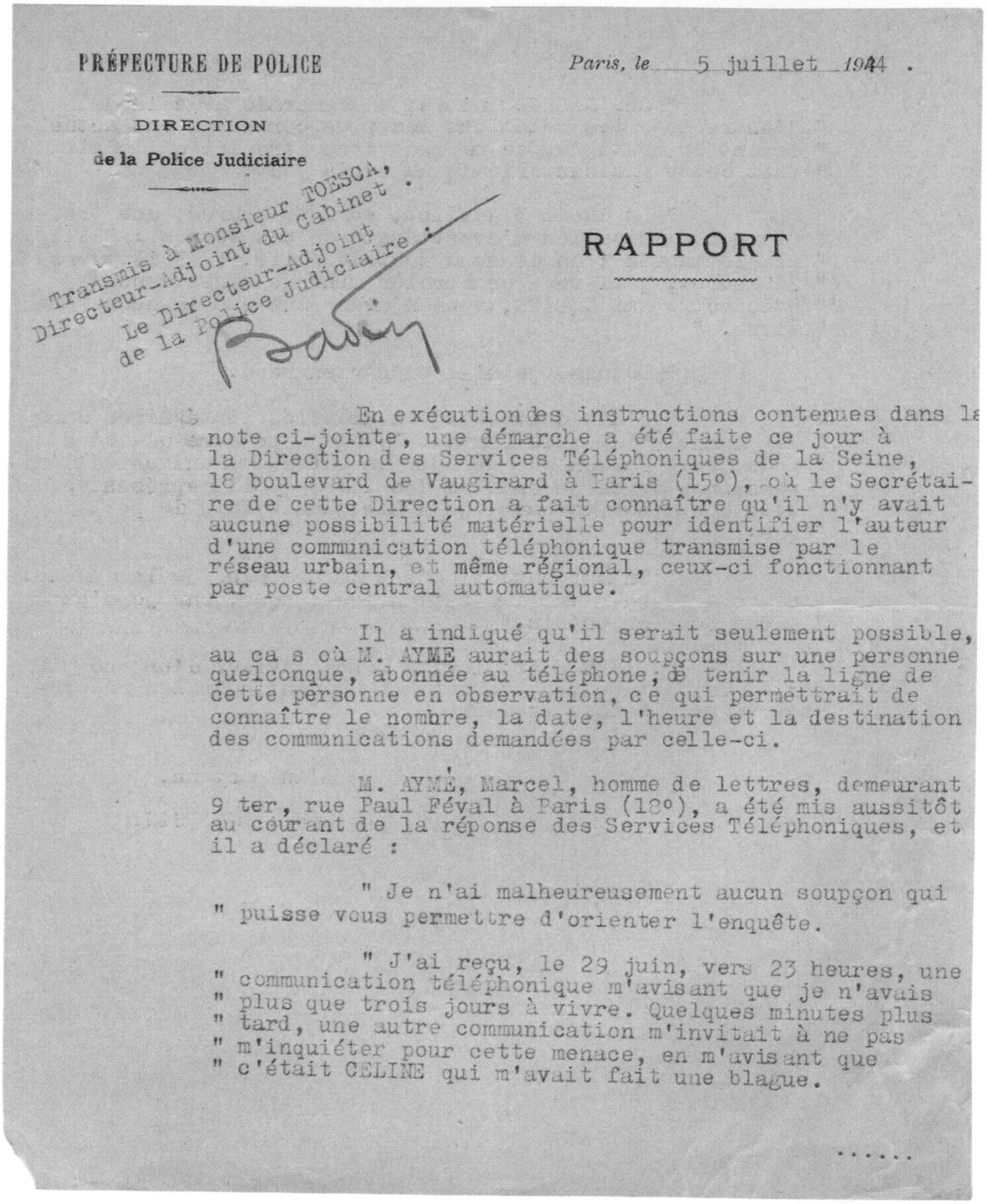

PRÉFECTURE DE POLICE

DIRECTION

de la Police Judiciaire

Paris, le 5 juillet 1944.

Transmis à Monsieur TOESCA,
Directeur-Adjoint du Cabinet.

Le Directeur-Adjoint
de la Police Judiciaire :

RAPPORT

En exécution des instructions contenues dans la note ci-jointe, une démarche a été faite ce jour à la Direction des Services Téléphoniques de la Seine, 18 boulevard de Vaugirard à Paris (15°), où le Secrétaire de cette Direction a fait connaître qu'il n'y avait aucune possibilité matérielle pour identifier l'auteur d'une communication téléphonique transmise par le réseau urbain, et même régional, ceux-ci fonctionnant par poste central automatique.

Il a indiqué qu'il serait seulement possible, au cas où M. AYME aurait des soupçons sur une personne quelconque, abonnée au téléphone, de tenir la ligne de cette personne en observation, ce qui permettrait de connaître le nombre, la date, l'heure et la destination des communications demandées par celle-ci.

M. AYMÉ, Marcel, homme de lettres, demeurant 9 ter, rue Paul Féval à Paris (18°), a été mis aussitôt au courant de la réponse des Services Téléphoniques, et il a déclaré :

" Je n'ai malheureusement aucun soupçon qui
" puisse vous permettre d'orienter l'enquête.

" J'ai reçu, le 29 juin, vers 23 heures, une
" communication téléphonique m'avisant que je n'avais
" plus que trois jours à vivre. Quelques minutes plus
" tard, une autre communication m'invitait à ne pas
" m'inquiéter pour cette menace, en m'avisant que
" c'était CELINE qui m'avait fait une blague.

......

July 5, 1944: report submitted to Maurice Toesca, adjunct cabinet director of the Paris Prefect of Police, regarding death threats aimed at Marcel Aymé. The writer reported: "On June 29, at around 11 p.m., I received a telephone call warning me that I had only three days to live. A few minutes later, another call encouraged me not to worry about the threat, saying that it was CELINE who had been playing a joke on me. Now CELINE, who is a comrade with whom I have the most cordial relations, was in Brittany at that time [Céline was actually in Baden-Baden]; thus he could not have been the one playing this crude joke on me. Monday, July 3, towards 4 p.m., a third call warned me in these terms: 'Hello, the Maquis here; we'll be there right away.' Then, around 9 p.m., I received a final message that said: 'You and your friend CELINE have only 48 hours to live.' I haven't received anything else since then. I wrote a few literary articles in the newspaper *Je suis partout,* and I presume that is why I am the target of the animosity of enemies of that paper or the ideas it represents—although, for my part, I have never been involved in politics."

Littérature et propreté

par Pierre SEGHERS

LE Comité national des écrivains français a tenu pour la première fois, à Paris, une réunion non clandestine. Il a attiré l'attention du gouvernement sur le péril qu'il y aurait à laisser impunies les fautes des écrivains qui ont, pendant quatre ans, trahi la cause de leur pays. Ceux qui faisaient partie des différents groupes « Collaboration », ceux qui se sont rendus aux invitations en Allemagne — tandis que plus de deux millions de Français demeuraient prisonniers ou déportés, — ceux qui recevaient de l'argent allemand, ceux qui par leurs écrits ou leur influence favorisaient la propagande ou l'oppression hitlériennes, tous ceux-là doivent être jugés. Jugés sévèrement.

Des écrivains français ont tenté, dès 1940, de transformer le désastre matériel de la France en une pourriture de l'esprit. A côté de la trahison militaire, ils instauraient le régime de la véritable trahison des clercs. L'éclat de leur nom, leur talent, leur prestige, ils les mettaient au service de l'occupant. M. de Montherlant « pissait sur les chenilles », et les chenilles, c'étaient nos femmes, nos enfants pendant l'exode. M. Jacques Chardonne entonnait le los de l'armée allemande. M. Drieu La Rochelle, nommé complaisamment à la direction de la Nouvelle Revue Française, tandis que son ancien directeur, M. Jean Paulhan, était emprisonné, Drieu La Rochelle dénonçait à la Gestapo les écrivains patriotes.

○●○

Ces écrivains sont coupables. Le public doit connaître leurs noms. Ce n'est pas faire tort à la littérature française que de faciliter une opération de nettoyage. Les noms... Une commission en dressera la liste. Rappelons-nous M. Charles Maurras, qui, chaque jour, dans son journal payé par les Allemands, tentait d'isoler davantage la France. M. Brasillach, qui, dans Je Suis Partout, préparait les bases besognes de M. Bony. M. Petijean, qui, dans la N. R. F., s'avouait le chef d'un rassemblement de superminiciens. M. André Thérive allait à Weimar, M. Ferdinand Céline crachait ses injures contre les israélites que massacraient les Allemands, M. Paul Morand recevait le Kommandant du Gross-Paris, « notre gracieux vainqueur ». Ah! elle était belle, cette faction de la littérature française qui bavait sur nos Lettres, tandis que les véritables écrivains français se taisaient ou publiaient leurs livres dans la clandestinité.

A l'étranger, le plus grand tort a été porté à la France par ces traîtres. Car ce sont des traîtres, et si le mot paraît gros, il est juste. Ceux qui ont, par la fonction et le talent, un rôle qui dépasse leur personne et qui fait d'eux des représentants de leur pays, ceux-là ont le devoir de demeurer dignes de la France. D'après leurs livres et leurs articles, d'après leur attitude, l'étranger, mal informé pendant quatre ans, a jugé notre pays. Un officier américain, qui assistait à la réunion du Comité national des écrivains, le rappelait en disant qu'on ne saurait jamais combien cette propagande antifrançaise avait été néfaste. En Suisse, en Belgique, en Espagne, les services de diffusion de la pensée française ne laissaient pénétrer que les ouvrages où n'apparaissait pas le vrai visage du pays. Nos amis s'étonnaient : tout était-il changé en France ? Editeurs et auteurs avaient-ils perdu tout sens de l'honneur national ?

Suite page 2

reprise du métro...
(*Photo* Parisien Libéré.)

symptômes
sition allemande

donner tout de suite. Les plus intelligents haïssent déjà celui qui non seulement a brisé pour longtemps les forces de l'Allemagne moderne, mais a fait détruire à jamais les trésors de dix siècles d'histoire germanique.

Combien de temps encore Hitler poursuivra-t-il cette guerre d'extermination, à laquelle lui-même et ses nazis veulent, pour retarder l'heure de leur châtiment, contraindre le peuple allemand pressé d'en finir ?

P. B.

In *Le Parisien libéré* of September 7, 1944, Pierre Seghers, in an article titled *"Littérature et propreté"* [Literature and Cleanliness], explained the decision made at the first non-clandestine meeting of the National Committee of Writers (CNE) on September 4 to request that the government bring to justice writers guilty of collaboration (such as Charles Maurras, Henry de Montherlant, Robert Brasillach, Louis-Ferdinand Céline, Pierre Drieu la Rochelle, Jacques Chardonne, André Thérive, Armand Petitjean, Paul Morand, Marcel Jouhandeau, and Alphonse de Châteaubriant): "Those who belonged to different 'Collaboration' groups, those who went to Germany by invitation–while more than two million Frenchmen remained prisoners or deportees–those who accepted German money, those who, by their writing or influence, promoted Hitlerian propaganda or oppression . . . All of them must be judged. And judged severely."

Charter of the CNE, in which its members pledged above all to "refuse anything that might render ambiguous the meaning of the struggle, which was led in common, and the fraternity of arms forged in the name of the joint victory shared by the French and the Allies."

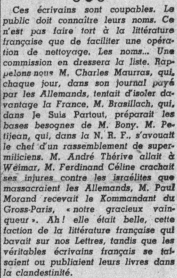

CHARTE
du
COMITÉ NATIONAL DES ÉCRIVAINS

Les membres du Comité National des Ecrivains,

Unis hier dans la lutte contre l'oppresseur et ses complices,

Unis aujourd'hui dans la fidélité envers leurs camarades tombés pour la liberté,

S'engagent à :

1° *Se refuser à tout ce qui pourrait jeter l'équivoque sur le sens du combat qui fut mené en commun et sur la fraternité d'armes nouée pour la victoire commune entre Français et Alliés ;*

2° *Ne jamais démentir, par leurs écrits, les principes humains et moraux qui ont placé la France et sa pensée à la pointe des nations, et en particulier :*

3° *Ne jamais professer qu'ils approuvent ou absolvent des idées, des principes ou des hommes qui menaceraient le respect, la liberté et la dignité de l'être humain ;*

4° *Ne jamais professer ni admettre qu'une distinction puisse être faite entre les citoyens, en vertu de leur origine, de leur naissance, de leurs convictions ou de leurs croyances ;*

5° *Défendre par tous les moyens la liberté de pensée et d'expression.*

COMITE NATIONAL DES ECRIVAINS

LISTE DES ECRIVAINS INDESIRABLES

Marc AUGIER - ~~Jean AJALBERT~~ - Charles ALBERT - Michel ALERME - Philippe AMIGUET - Paul ALLARD - Jean d'AGRAIVES.

Marcel BELIN - R. BELLANGER - ~~Robert BRASILLACH~~ - Jacques BENOIST MECHIN - Emile BOCQUILLON - Abel BONNARD - Robert de BEAUPLAN - Georges BLOND - ~~René BENJAMIN~~ - [redacted] - Lucien BOURGUES - Marcel BRAIBANT - Henri BERAUD - Jean BOISSEL - Jacques BOULENGER.

André CASTELOT - L.F. CELINE - Georges CHAMPEAUX - ~~Paul CHACK~~ - ~~Docteur Alex CARREL~~ - Guy CROUZET - Ed. CARAGUEL - Félicien CHALLAYE - A. de CHATEAUBRIANT - Jacques CHARDONNE - André CHAUMET - Georges CLAUDE - Henri COSTON - P.A. COUSTE[...] Lucien COMBELLE - Pierre CONSTANTINI.

~~P. DRIEU de la ROCHELLE~~ - ~~Edouard DUJARDIN~~ - Jacques DYSSORD - Fernand DIVOI[...] Pierre DOMINIQUE - Francis DELAISI - Paul DEMASY - Jean DRAULT - André DEMAISON - Pierre d'ESPEZEL.

Léon EMERY - Marcel ESPIAU.

Alfred FABRE LUCE - Bernard FAY - André FRAIGNEAU - Camille FEGY - P. FLEURINES - FAYOLLE LEFORT - Jean FONTENOY - Ernest FORNAIRON - Pierre FRONDAIE - Robert FRANCIS.

Claude GRANDER - Jean GIONO - Bernard GRASSET - Sacha GUITRY - Urbain GOHIER Guillin de NOGENT - Georges GRANDJEAN - Hector GHILINI - José GERMAIN - André GERMAIN.

Jean HERITIER - Abel HERMANT - Jean de la HIRE -

~~Edmond JALOUX~~ - J. JACOBY - Claude JAMET - Claude JEANTET - Marcel JOUHANDEAU René JOLIVET - Bertrand de JOUVENEL.

H. LABROUE - ~~G. de la FOURCHARDIERE~~ - Noël B. de la MORT - Abbé ~~LAMBERT~~ - Roger de LAFFOREST - René LASNE - Maurice LAPORTE - Jean Charles LEGRAND - Louis LEON MARTIN - Jean LASSERRE - Alain LAUBREAUX - Jacques de LESDAIN - Louis Charles LECOC - Paul LOMBARD - Paul LESOURD - H.R. LENORMAND.

Xavier de MAGALLON - Colonel MASSOL - Jean Pierre MAXENCE - Camille MAUCLAIR - Jean MARQUES RIVIERE - Charles MAURRAS - Georges MONTANDON - Henri de MONTERLANT Henri MASSIS - MORGIN de KEAN - Maurice MARTIN DU GARD - ~~Anatole de MONZIE~~ - Pierre MOUTON - Michel MOYNE - Jean ALEXIS NEYRET - Paul MORAND.

D'ORNANO - Georges OLTRAMARE.

Lucien PEMJEAN - Pierre PASCAL - Georges PELORSON - Jean PERON - Armand PETITJE[...] Léon de PONCINS - Henri POULAIN - A. de PUYSEGUR.

Jean REGNEVILLE - Jacques ROUJON - Lucien REBATTET - Raymond RECOULY - Jean Michel RENAITOUR - ~~Jules RIVET~~ - Etienne REY - Docteur Paul REBIERRE - J.M. ROCHARD - Joseph ROUAULT - Armand ROBIN -

Maurice SOUCHER - Alphonse SECHE - ~~Georges SUAREZ~~ - Thierry SANDRE - André SALMON - Edouard SCHNEIDER - Dominique SORDET.

André THERIVE - Jean TURLAIS - Jean TROUPEAU HOUSAIS - Louis THOMAS - Jean THOMASSAN

Henri VALENTINO - VANDERPYL - Maurice de VLAMINCK - Robert VALLERY RADOT - Jean VARIOT - René VINCENT - Emille VUILLERMOZ.

Jean XYDLAS - Ludovic ZORETTI.

On September 16, 1944, the first "list of undesirable writers" established by the CNE appeared in *Les Lettres françaises*. It contained 94 names. On October 21, a second list of 158 names appeared, but not without polemics, demands for verification, and debate over the destination of this blacklist. Ought the CNE make itself the goad, or even the handmaiden of justice, or should it limit itself to morally sanctioning the implicated writers? In December 1944, Albert Camus, noting the failure of the literary purge—partial accusations, hasty trials, incoherent verdicts, —resigned from the CNE. Here, the "blacklist" of March 1945, from which some names have been stricken, including, among others, those of the collaborators deceased, for the most part, as a result of the judicial purge: Georges Suarez, shot November 9, 1944; Paul Chack, shot January 9, 1945; Robert Brasillach, shot February 6, 1945; and Pierre Drieu la Rochelle, who had just committed suicide in March 1945.

Autour d'un verdict

par François MAURIAC

ECRIRE, c'est agir. C'est parce que nos actes nous suivent, que nos écrits nous suivent. Aux jours de la paix, nous n'y songions guère. La polémique constituait un genre comme un autre, plus amusant qu'un autre : c'était la distraction du petit déjeuner, le guignol des grandes personnes. « Avez-vous lu le Daudet de ce matin ?... » Les victimes elles-mêmes ne protestaient pas. Il semblait, entendu que les honneurs de la politique ou de la littérature n'allaient pas sans la bastonnade quotidienne de Polichinelle.

Cependant le poison agissait, rongeait en secret les cœurs sans défense. Quelques-uns se tuaient ; d'autres mouraient de chagrin. Mais le public était complice. La passion de la corrida, que les gens de ma province ont dans le sang, est, au fond, commune à tous les hommes. A Paris, certains journaux la satisfaisaient chaque matin : « Avez-vous lu le Daudet ? Avez-vous lu le Béraud ? »

Nous ne sommes presque jamais punis pour nos véritables fautes. Béraud n'a pas besoin de protester qu'il est innocent du crime d'intelligences avec l'ennemi. Les débats l'ont prouvé avec évidence. Certes, son anglophobie, en pleine guerre, — et bien qu'elle ne se manifestât qu'en zone libre — constitue une faute très grave. Mais si le fait que l'ennemi a utilisé certains de ses articles suffisait à le charger du crime de trahison, la salle des Assises serait trop petite pour contenir la foule des coupables. Au vrai, tout Paris sait bien que ce jugement est inique et certaines circonstances qui l'entourent, et qui un jour seront connues (et qui sont incroyables), ajoutent encore à cette iniquité.

Mais le jugement est le fruit empoisonné des dix années où Béraud a mis sa verve puissante au service d'un clan, — et de quel clan ! Comment a-t-il pu commettre cette faute ? Il était le reporter le plus grassement payé de Paris, ce n'est donc pas l'argent qui l'a décidé. Non, il a obéi à ce démon frénétique dont est possédé le polémiste né, et qui, chez nous, de Louis Veuillot à Drumont, et de Léon Bloy à Léon Daudet, sévit surtout à droite. A la place qui lui était offerte, retenu par une chaîne d'or, le pauvre molosse, il allait pouvoir aboyer et mordre à cœur joie ; il serait libre d'aller à l'extrême d'un don redoutable. Bien loin de l'arrêter ou de le modérer, son patron l'exciterait plutôt, quitte à glisser à la cantonade : « C'est Béraud, ce n'est pas moi... »

Qu'il soit puni pour cette erreur d'aiguillage, qu'il paie cher, et très cher, c'est dans l'ordre, c'est dans la logique de ces jours terribles où nous savons tous que chaque geste compte, que chaque parole a son poids éternel. Mais qu'on déshonore et qu'on exécute comme traître un écrivain français qui n'a pas trahi, qu'on le dénonce comme ami des Allemands, alors que jamais il n'y eut entre eux le moindre contact, et qu'il les haïssait ouvertement, c'est une injustice contre laquelle aucune puissance au monde ne me défendra de protester.

Je supplie ceux de mes camarades qui ne m'approuvent pas d'oublier leurs rancunes, leurs justes rancunes. Amis et adversaires, nous appartenons tous aux lettres françaises, nous communions tous dans ce culte, dans cet amour qui crée entre nous une fraternité. « Frapper à la tête ? » Oui, bien sûr... mais tout de même, un écrivain français appartient à notre patrimoine. Ce n'est pas à nous d'en faire bon marché. Si Béraud avait commis le crime pour lequel il a été condamné, son talent ne serait pas à mes yeux une excuse. Mais grâce à Dieu, et pour notre honneur à tous, Henri Béraud n'a pas trahi.

Il n'était pas mon ami. Je me souviens d'avoir, une seule fois, dîné un soir avec lui et Pierre Brisson, il y a bien des années : telle était sa verve, cette nuit-là, que les heures s'écoulèrent à mon insu. Quand nous nous retrouvâmes dans la rue, je fus stupéfait d'être ébloui par le jour. Nous nous serrâmes la main... Je ne l'ai jamais revu. Si glorieux, le pauvre obèse, il allait vers son martyre. Mais croyez-moi : il ne faut pas que les mauvaises causes aient leurs martyrs.

François MAURIAC,
de l'Académie française.

Vers le châtiment...

Pierre Benoit arrêté à Lyon

L'écrivain Pierre Benoit, membre de l'Académie française, a été arrêté à Lyon.

On signale d'autre part les arrestations du général Maurice Guillaume qui, alors qu'il n'était que colonel, dirigea successivement divers grands journaux de la capitale; de François Carletti, sous-chef à la préfecture de la Seine; de Marie-Louis Marches; de Raymond Casadei, arrêté pour propos antifrançais.

M. Paul Baudouin a été révoqué de ses fonctions de président directeur général de la banque de l'Indochine.

— L'amiral Robert, fervent admirateur du gouvernement vychissois, et dont on se rappelle la singulière attitude alors qu'il commandait la flotte mouillée à la Martinique, a été arrêté et interné à Drancy.

In an article titled "*Vers le châtiment*" [Toward Punishment], the daily *France Libre* of September 22, 1944, announced the arrest of novelist and French Academician Pierre Benoit in Lyon. Admittedly an Anglophobe and a follower of Maurras, the celebrated author of *L'Atlantide* (1919) was eventually released from the Fresnes prison in April 1945, when his name was finally struck from the blacklist of writers. On the same page of *France Libre*, an article questions the role of the Syndicate of Publishers during the Occupation. "It is inconceivable that the Syndicate of Publishers could, up to the present, have kept men at its head who, in 1940, did not fear turning over to the enemy the keys to the City of Books."

In "*Autour d'un verdict*" [About a Verdict], published in *Le Figaro*, January 3, 1945, François Mauriac, the undisputed Catholic face of the intellectual Resistance, evoked the case of Henri Béraud, a novelist and contributor to *Gringoire*, who was a Pétainist and an anti-Semite, but in no way a collaborator. The "solitary writer," age sixty, who appeared on the "Otto Lists," was arrested after the Liberation by members of the FFI, then imprisoned at Fresnes, where he crossed paths with Sacha Guitry (incarcerated August 23 to October 24) and Tino Rossi. At the end of an expedited trial, he was sentenced to death "for having boarded the wrong train [Anglophobia]," Mauriac wrote at the time. "He is paying dearly, very dearly; all that is in order; it is in the logic of these terrible days, when we all know that every gesture counts, that every word spoken bears weight for eternity. But that a French writer who never defected be disgraced and executed as a traitor, that he be denounced as a friend of the Germans when he never had the slightest contact with them, that he be openly despised, is an injustice which no power in the world can prohibit me from protesting." Béraud's sentence was commuted to forced labor for life, and he was transferred to the prison at Saint-Martin-de-Ré. He was released in 1950, despite the opposition of Charles de Gaulle.

LISTE DES GENS DE LETTRES

QUI ONT ETE L'OBJET D'UNE SANCTION

	Nom et prénom	Qualité	Sanction
I	AJALBERT Jean	Sociétaire pensionnaire	Radiation
	ARBELLOT Simon	Sociétaire	Radiation pour deux ans (3 Assemblées générales)
x	BERGER Marcel	Sociétaire pensionnaire	Blâme
	BONNARD Abel	Sociétaire	Radiation
5	BRINON Fernand de	Adhérent	Radiation
	CHARDONNE Jacques	Adhérent	Radiation
	CHATEAUBRIANT Alphonse de	Sociétaire	Radiation
	DEMAISON André	Sociétaire	Radiation
x	DIVOIRE Fernand	Sociétaire	En instance de révision
IO	DOUSSAIN Gustave	Adhérent	Blâme
x	DYSSORD Jacques	Adhérent	En instance de révision
	GOUBLET Juliette	Adhérente	Radiation
	HIRE Jean de la	Sociétaire	Radiation
	LAUBREAUX Alain	Adhérent	Radiation
I5	LAUZANNE Stéphane	Sociétaire pensionnaire	Radiation
	LAVALETTE Octave Louis	Adhérent	Radiation
	LOMBARD Paul	Sociétaire	Radiation
	MAGALLON Xavier de	Adhérent	Radiation
	MAUCLAIR Camille	Sociétaire pensionnaire	Radiation
20	MAZELINE François	Adhérent	Radiation
	MENARD Jacques	Adhérent	Radiation
	PERRIER Robert	Adhérent	Radiation
	RECOULY Raymond	Sociétaire pensionnaire	Radiation
x	REY Etienne	Sociétaire	En instance de révision
25	RIONDE Jean	Adhérent	Radiation
	ROUJON Jacques	Sociétaire	Radiation
	SALMON André	Sociétaire	Radiation pour deux ans (3 Assemblées générales)
	TARDIEU Charles	Sociétaire	Radiation
	THERIVE André	Sociétaire	Radiation
30	VALLERY-RADOT Robert	Sociétaire	Radiation
	VALLET Maurice	Sociétaire	Radiation
x	VALTI Luc	Sociétaire	En instance de révision
	VARIOT Jean	Sociétaire	Blâme
34	VUILLERMOZ Emile	Adhérent	Radiation pour deux ans (3 Assemblées générales)

N.B.
Liste lue à l'Assemblée générale du 13 Mai et ratifiée à l'exception des cinq marqués d'une croix

On the occasion of its general assembly on March 13, 1945, the Société des gens de lettres (SGDL) delivered its own "list of men of letters who have been the object of a sanction." Few among the writers cited avoided expulsion from the organization.

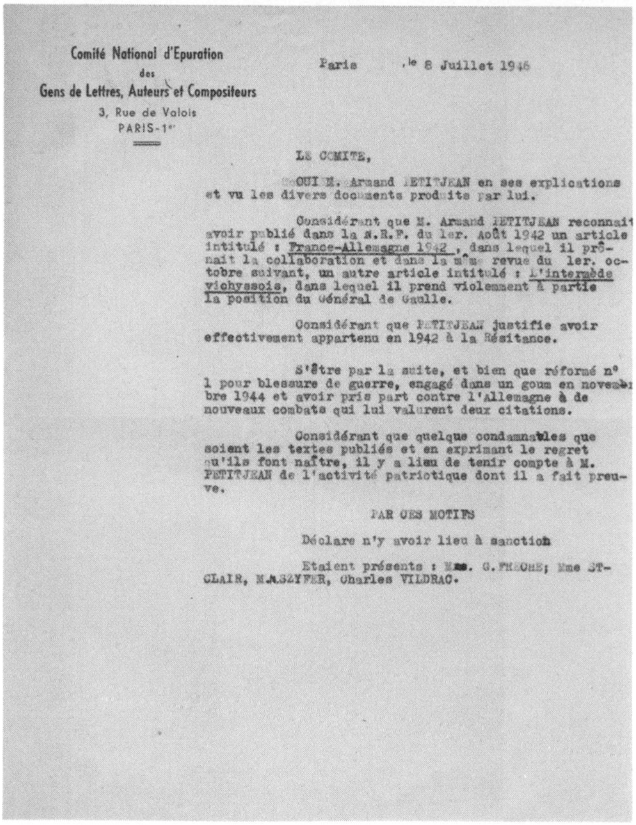

Comité National d'Epuration
des
Gens de Lettres, Auteurs et Compositeurs
3, Rue de Valois
PARIS-1er

Paris, le 8 Juillet 1946

LE COMITE,

OUI M. Armand PETITJEAN en ses explications et vu les divers documents produits par lui.

Considérant que M. Armand PETITJEAN reconnait avoir publié dans la N.R.F. du 1er. Août 1942 un article intitulé : France-Allemagne 1942 , dans lequel il prônait la collaboration et dans la même revue du 1er. octobre suivant, un autre article intitulé : L'intermède vichyssois, dans lequel il prend violemment à partie la position du Général de Gaulle.

Considérant que PETITJEAN justifie avoir effectivement appartenu en 1942 à la Résitance.

S'être par la suite, et bien que réformé n° 1 pour blessure de guerre, engagé dans un goum en novembre 1944 et avoir pris part contre l'Allemagne à de nouveaux combats qui lui valurent deux citations.

Considérant que quelque condamnables que soient les textes publiés et en exprimant le regret qu'ils font naître, il y a lieu de tenir compte à M. PETITJEAN de l'activité patriotique dont il a fait preuve.

PAR CES MOTIFS

Déclare n'y avoir lieu à sanction

Etaient présents : Mms. G. FRACHE; Mme ST-CLAIR, M. ASZYFER, Charles VILDRAC.

The Comité national d'épuration des gens de lettres, auteurs et compositeurs [National Committee on the Purge of Men of Letters, Authors and Composers], instituted by an ordinance of March 30, 1945, was in charge of the professional purge. For the most part, it issued bans and restrictions of activity not exceeding a length of two years. On July 8, 1946, the committee judged the writer Armand Petitjean ineligible for sanctions: "Considering that Armand PETITJEAN admits having published in the *NRF* of August 1, 1942 an article titled 'France-Allemagne 1942,' in which he advocates collaboration, and in the same review of October 1, a subsequent article titled 'The Vichyssois Interlude,' in which he violently attacks the position of General de Gaulle; considering that PETITJEAN justifies himself for having effectively belonged to the Resistance in 1942, and subsequently, although discharged for war injuries, joining a colonial combat unit in November 1944 and taking part against Germany in additional battles which earned him two citations; considering that however condemnable his published texts may be and acknowledging the regret that they inspire, account must be taken of the patriotic activity that PETITJEAN has demonstrated."

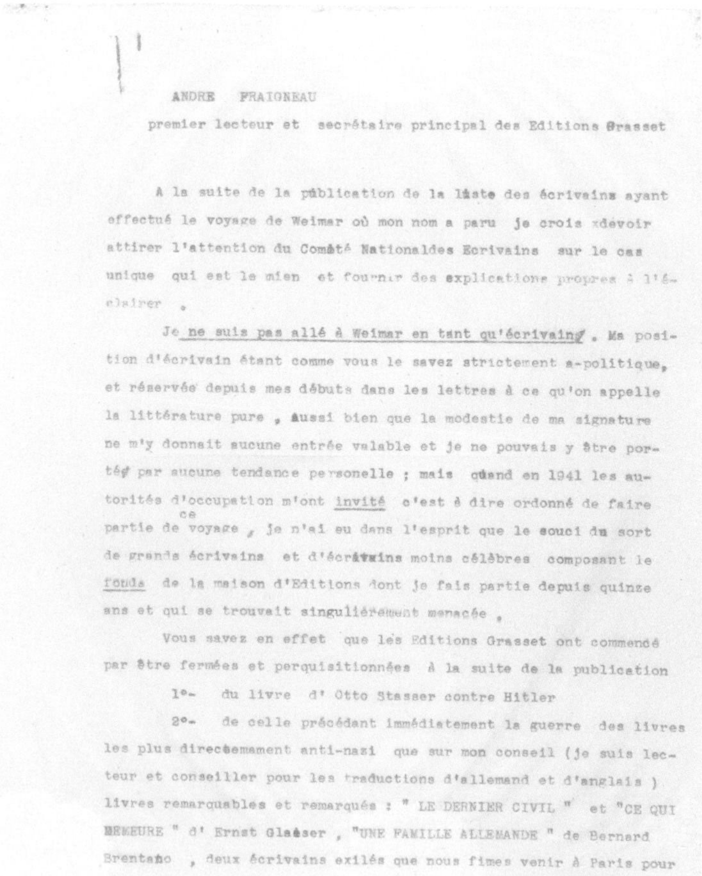

ANDRE FRAIGNEAU

premier lecteur et secrétaire principal des Editions Grasset

A la suite de la publication de la liste des écrivains ayant effectué le voyage de Weimar où mon nom a paru je crois devoir attirer l'attention du Comité Nationaldes Ecrivains sur le cas unique qui est le mien et fournir des explications propres à l'éclairer .

Je ne suis pas allé à Weimar en tant qu'écrivain . Ma position d'écrivain étant comme vous le savez strictement a-politique, et réservée depuis mes débuts dans les lettres à ce qu'on appelle la littérature pure , aussi bien que la modestie de ma signature ne m'y donnait aucune entrée valable et je ne pouvais y être porté par aucune tendance personelle ; mais quand en 1941 les autorités d'occupation m'ont invité c'est à dire ordonné de faire partie de ce voyage , je n'ai eu dans l'esprit que le souci du sort de grands écrivains et d'écrivains moins célèbres composant le fonds de la maison d'Editions dont je fais partie depuis quinze ans et qui se trouvait singulièrement menacée .

Vous savez en effet que les Editions Grasset ont commencé par être fermées et perquisitionnées à la suite de la publication

1°- du livre d' Otto Stasser contre Hitler

2°- de celle précédant immédiatement la guerre des livres les plus directemament anti-nazi que sur mon conseil (je suis lecteur et conseiller pour les traductions d'allemand et d'anglais) livres remarquables et remarqués : " LE DERNIER CIVIL " et "CE QUI DEMEURE " d' Ernst Glaeser , "UNE FAMILLE ALLEMANDE " de Bernard Brentano , deux écrivains exilés que nous fîmes venir à Paris pour

Typescript of a text by André Fraigneau for the CNE, justifying his two trips to Weimar in October 1941 and 1942. "When what was at stake was the Weimar Congress, the important publishing houses in Paris sent an official representative in the person of one of their political authors: Gallimard had Drieu la Rochelle, Plon: Robert Brasillach, Stock: Chardonne, etc.... The authors of Éditions Grasset, who were among those most vulnerable, had no one, and thus were in a state of total ignorance as to the decisions that would be made about French literature at the Congress. My strictly non-political position seemed to oblige me to provide needed assistance, I never considered shirking such a duty. I add that: First of all, the only one of my books translated into German, L' IRRÉSISTIBLE, which came out at the end of 1935, was banned by the Hitlerian regime as soon as it came to power. Secondly, that I refused to take part in a propaganda trip across Germany and only agreed to help at the final Weimar Congress, the only occasion when my presence was necessary. Thus in my case, it was a question not of supporting the enemy in any way but of bringing to bear—on the terrain of the most imminent danger—my vigilance, all in the service of French writers placed by circumstances under my modest protection."

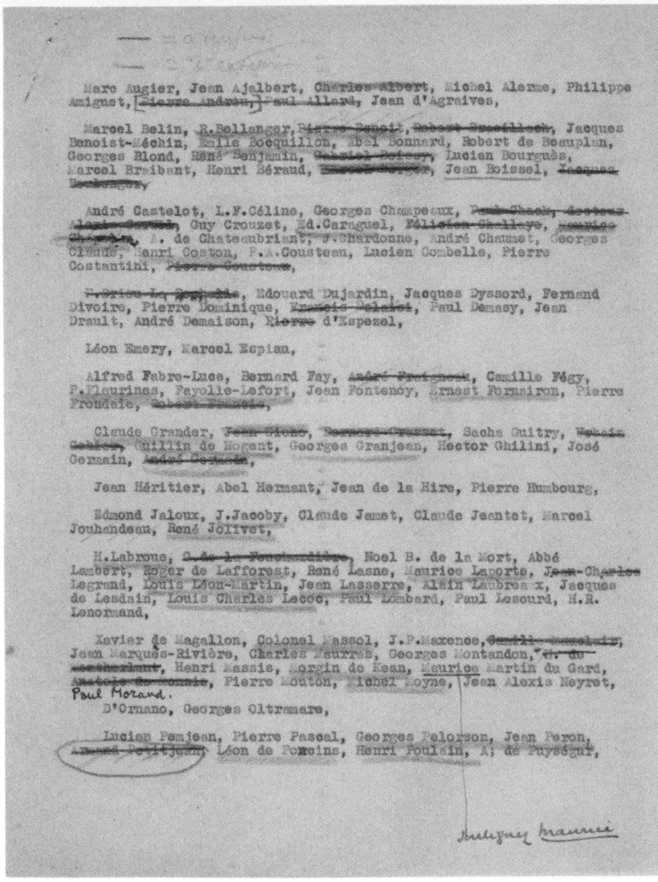

Marc Augier, Jean Ajalbert, ~~Charles Albert~~, Michel Alerme, Philippe Amiguet, [~~[illegible]~~] ~~Paul Allard~~, Jean d'Agraives,

Marcel Belin, R.Bellenger, ~~Pierre Benoit~~, ~~[illegible]~~, Jacques Benoist-Méchin, Emile Bocquillon, Abel Bonnard, Robert de Beauplan, Georges Blond, René Benjamin, ~~[illegible]~~, Lucien Bourguès, Marcel Braibant, Henri Béraud, ~~[illegible]~~, Jean Boissel, ~~Jacques [illegible]~~,

André Castelot, L.F.Céline, Georges Champeaux, ~~[illegible]~~, Guy Crouzet, Ed.Caraguel, ~~Félicien Challaye~~, ~~[illegible]~~, A. de Chateaubriant, J.Chardonne, André Chaumet, Georges Claude, Henri Coston, P.A.Cousteau, Lucien Combelle, Pierre Costantini, ~~[illegible]~~,

~~[illegible]~~, Edouard Dujardin, Jacques Dyssord, Fernand Divoire, Pierre Dominique, ~~[illegible]~~, Paul Demasy, Jean Drault, André Demaison, ~~Pierre~~ d'Espezel,

Léon Emery, Marcel Espiau,

Alfred Fabre-Luce, Bernard Fay, ~~André Fraigneau~~, Camille Fégy, P.Fleurines, Fayolle-Lefort, Jean Fontenoy, Ernest Fornairon, Pierre Frondaie, ~~[illegible]~~,

Claude Grander, ~~Jean Giono~~, ~~[illegible]~~, Sacha Guitry, ~~[illegible]~~, Guillin de Nogent, Georges Granjean, Hector Ghilini, José Germain, ~~André [illegible]~~,

Jean Héritier, Abel Hermant, Jean de la Hire, Pierre Humbourg,

Edmond Jaloux, J.Jacoby, Claude Jamet, Claude Jeantet, Marcel Jouhandeau, René Jolivet,

H.Labroue, ~~[illegible]~~, Noel B. de la Mort, Abbé Lambert, Roger de Lafforest, René Lasne, Maurice Laporte, ~~Jean-Charles~~ Legrand, Louis Léon-Martin, Jean Lasserre, Alain Laubreaux, Jacques de Lesdain, Louis Charles Lecoc, Paul Lombard, Paul Lesourd, H.R. Lenormand,

Xavier de Magallon, Colonel Massol, J.P.Maxence, ~~[illegible]~~, Jean Marquès-Rivière, Charles Maurras, Georges Montandon, ~~[illegible]~~, Henri Massis, Morgin de Kean, Maurice Martin du Gard, ~~[illegible]~~, Pierre Mouton, Michel Moyne, Jean Alexis Neyret, Paul Morand.

D'Ornano, Georges Oltramare,

Lucien Pemjean, Pierre Pascal, Georges Pelorson, Jean Peron, ~~Armand Petitjean~~, Léon de Poncins, Henri Poulain, A; de Puységur,

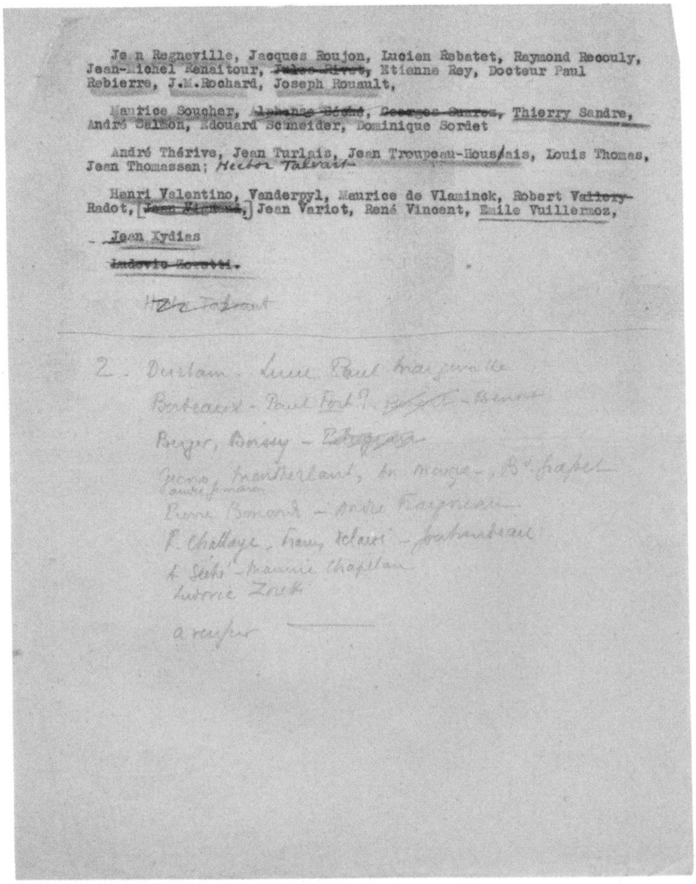

Jean Regneville, Jacques Roujon, Lucien Rebatet, Raymond Recouly, Jean-Michel Renaitour, ~~[illegible]~~, Etienne Rey, Docteur Paul Rebierre, J.M.Rochard, Joseph Rouault,

Maurice Soucher, ~~[illegible]~~, ~~[illegible]~~, Thierry Sandre, André Salmon, Edouard Schneider, Dominique Sordet

André Thérive, Jean Turlais, Jean Troupeau-Housais, Louis Thomas, Jean Thomassen; ~~Hector Talvart~~

Henri Valentino, Vanderpyl, Maurice de Vlaminck, Robert ~~Vallery~~-Radot, [~~[illegible]~~] Jean Variot, René Vincent, Emile Vuillermoz,

Jean Xydias

~~[illegible]~~

[illegible]

2. [illegible]

a revoir

New "list of undesirable writers," prepared in 1946, probably after the court decision regarding Armand Petitjean and André Fraigneau: both names have been removed.

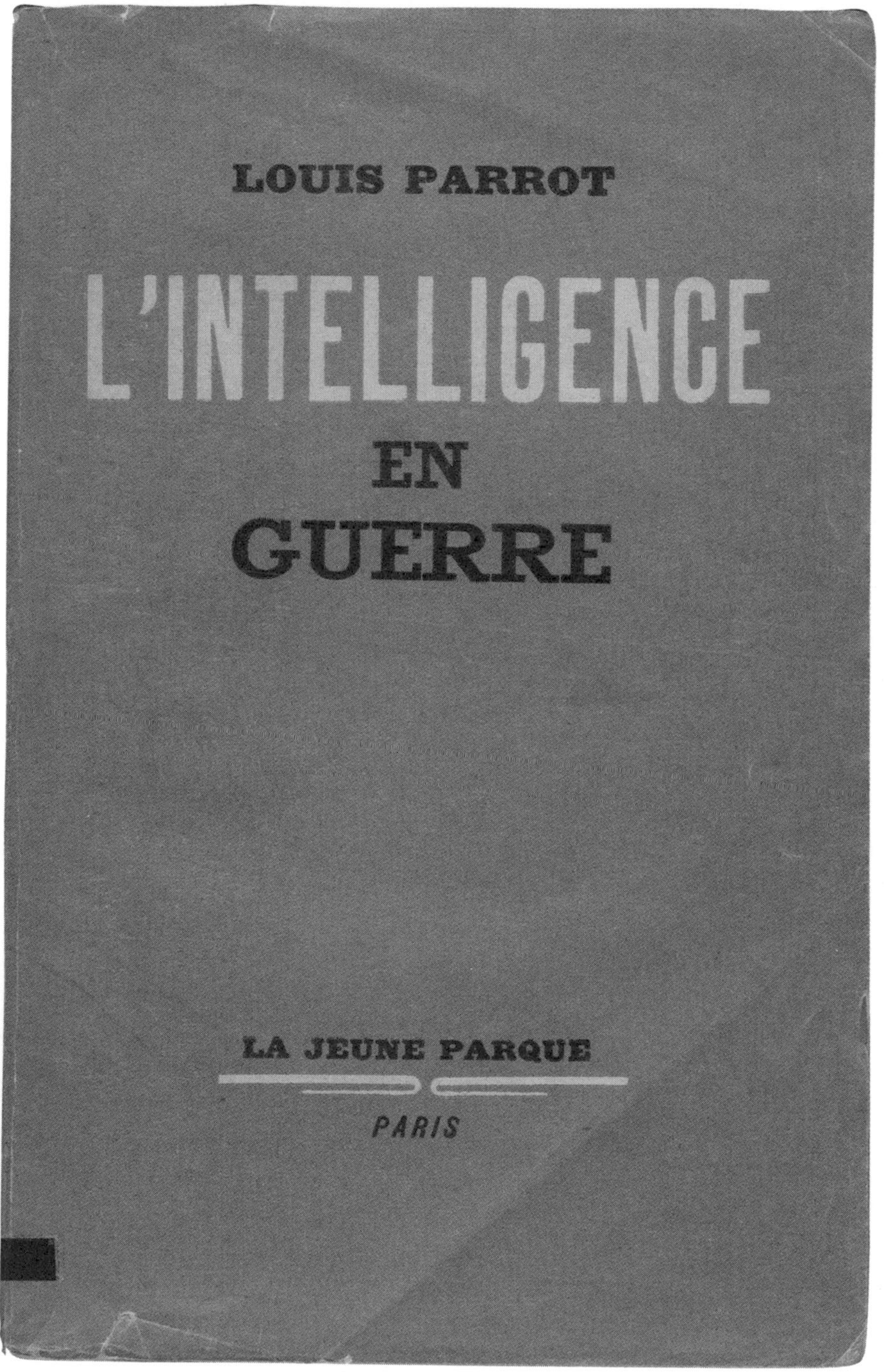

Louis Parrot and Max-Pol Fouchet in 1945.

While the literary purge was in full swing, the Communist Louis Parrot, a columnist for *Les Lettres françaises* and the editor-in-chief of *Ce soir*, brought out *L'Intelligence en guerre. Panorama de la pensée française dans la clandestinité* [Intelligence at War: An Overview of Underground French Thought] at the publishing house La Jeune Parque (printing completed December 28, 1945): "The four years of the Occupation, the ongoing resistance which those years required of them, have profoundly influenced the art and thought of our writers," Parrot states in his conclusion. "Nothing will be written from now on that does not bear the mark of their preoccupation: to make every effort to eliminate the causes of those conflicts in which our country nearly perished. Writers above all must learn what those causes were and will fail in their mission if they do not apply themselves, with utter loyalty, to their elimination. Their art will lose nothing by placing itself in the service of truth."

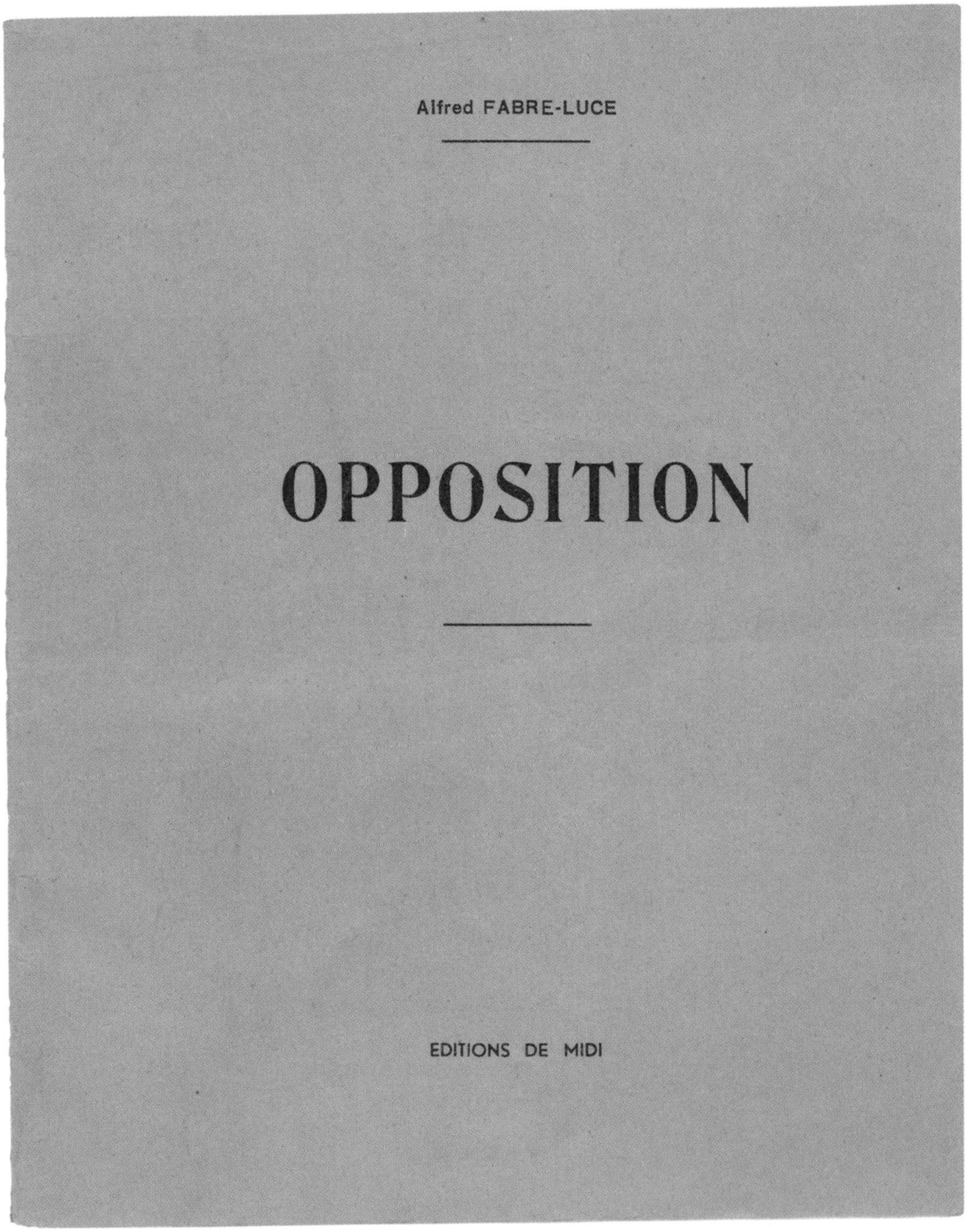

In *Opposition*, Alfred Fabre-Luce tried to fire back at the purge campaign with a long, unsettling study, *"La responsabilité des écrivains"* [The Responsibility of Writers]. Two thousand copies of this booklet were published at the author's expense in 1945 at Éditions de Midi. A supporter of Pétain, featured on the blacklists of the CNE, the author was nevertheless arrested on two occasions during the Occupation: by the Germans, then by the Vichy government, as he recalls here: "During the German Occupation, a group of writers had published clandestinely a collection titled *Sous l'oppression* [Under the Oppression] at *Éditions de Minuit*. After the Liberation, I launched Éditions de Midi with a volume titled: *En pleine liberté* [In Full Freedom]. In this particular case, the word 'liberté' had several ironic meanings. But the word 'Midi' [Noon] indicates no desire to systematically go against my predecessors. It was simply the sign of a difference of temperament. 'Midi' means 'clarity.' Today, as with the Gestapo, subjected to the same threats by the police, I write my name, I publish with a publishing house, I fight openly."

CERCLE LITTÉRAIRE INTERNATIONAL
SECTION FRANÇAISE
de la Fédération
P.E.N.

Paris, le 25 Juillet 1946.

Mon cher Secrétaire Général,

En exécution de la décision prise par le Congrès de notre Fédération, à Stockholm, nous vous envoyons ci-joint une liste d'écrivains de langue française jugés indésirables dans notre Fédération par le Centre Français P.E.N.

Pour apaiser les inquiétudes exprimées au Congrès par certains délégués soucieux de ne pas compromettre l'autonomie et le libéralisme de leur Centre, nous pouvons leur affirmer que cette liste a été établie non par des tribunaux ou des organismes de répression, mais par le Centre Français P.E.N., sous sa responsabilité et seulement pour être communiquée aux autres Centres.

Elle comprend uniquement les noms - peu nombreux - d'anciens membres de notre Centre qui en ont été exclus, et ceux-beaucoup plus nombreux - d'écrivains et de journalistes, notoires ou obscurs, que nous nous refuserions à admettre, parce qu'ils ont les uns et les autres, trahi ou méconnu les principes de notre Fédération, principes solennellement réaffirmés au Congrès à la demande de la délégation américaine.

C'est le seul point de vue auquel nous nous soyons placés, afin que ces écrivains ne puissent profiter de l'ignorance de nos confrères pour se glisser à nouveau dans un centre étranger alors qu'ils ne sauraient appartenir au nôtre.

Nous vous serions obligés de bien vouloir nous accuser réception de cette liste et nous vous prions de croire, mon cher confrère, à l'assurance de nos sentiments les plus dévoués.

SECRÉTAIRE GÉNÉRAL

P.S. - Si cette liste peut vous paraître un peu longue c'est que nous avons tenu à y faire figurer non seulement les écrivains notoires, mais aussi les écrivains et journalistes obscurs qui pourraient justement profiter de cette obscurité pour ~~se faire dédouaner à l'étranger~~. s'immiscer à l'étranger

Adresser la correspondance au Secrétaire Général, 66, rue Pierre-Charron, Paris (8e)

Liste établie
en exécution de la décision du Congrès de Stockholm

1°.- Ecrivains ayant pris une position militante contre les principes de la Fédération P.E.N.

Marc Augier, Jean Ajalbert, Charles Albert, Michel Alerme, Philippe Amiguet, Jean d'Agraives,

Marcel Belin, R. Bellanger, Jacques Benoist-Méchin, Emile Bocquillon, Abel Bonnard, Robert de Beauplan, Georges Blond, René Benjamin, Lucien Bourguès, Marcel Braibant, Henri Béraud, Jean Boissel,

André Castelot, L.F. Céline, Georges Champeaux, Guy Crouzet, Ed. Caraguel, A. de Chateaubriant, J. Chardonne, André Chaumet, Georges Claude, Henri Coston, P.A. Cousteau, Lucien Combelle, Pierre Constantini,

Edouard Dujardin, Jacques Dyssord, Fernand Divoire, Pierre Dominique, Paul Demasy, Jean Drault, André Demaison, P. d'Espezel,

Léon Emery, Marcel Espiau,

Alfred Fabre-Luce, Fernand Fay, Camille Fégy, P. Fleurines, Fayolle-Lefort, Jean Fontenoy, Ernest Fornairon, Pierre Frondaie,

Claude Grander, Sacha Guitry, Guillin de Nogent, Georges Granjean, Hector Ghilini, José Germain,

Jean Héritier, Abel Hermant, Jean de la Hire, Pierre Humbourg,

Edmond Jaloux, J. Jacoby, Claude Jamet, Claude Jeantet, René Jolivet,

H. Labroue, Noël B. de la Mort, Abbé Lambert, Roger de Lafforest, René Lasne, Maurice Laporte, J. CH. Legrand, Louis Léon-Martin, Jean Lasserre, Alain Laubreaux, Jacques de Lesdain, Louis Charles Lecoc, Paul Lombard, Paul Lesourd, H.R. Lenormand,

Xavier de Magallon, Colonel Massol, J.P. Maxence, Jean Marquès-Rivière, Charles Maurras, Georges Montandon, Henri Massis, Morgin de Kean, ~~Maurice Martin du Gard~~, Paul Morand, Pierre Mouton, Michel Moyne, Jean Alexis Neyret,

d'Ornano, Georges Oltramare,

Lucien Pemjean, Pierre Pascal, Georges Pelorson, Jean Peron, Léon de Poncins, Henri Poulain, A. de Puységur,

Jean Regneville, Jacques Roujon, Lucien Rebatet, Raymond Recouly, Jean-Michel Renaitour, Etienne Rey, Docteur Paul Rebierre, J.M. Rochard, Joseph Rousault,

Maurice Soucher, Thierry Sandre, André Salmon, Edouard Schneider, Dominique Sordet,

André Thérive, Jean Turlais, Jean Troupeau-Housais, Louis Thomas, Jean Thomassan, Hector Talvart,

Henri Valentino, Vanderpyl, Maurice de Vlaminck, Robert Vallery Radot, Jean Variot, René Vincent, Emile Vuillermoz,

Jean Xydias,

2°.- Ecrivains ayant contrevenu aux principes de la Fédération P.E.N.

Henry Bordeaux, Pierre Benoit, Marcel Berger, Gabriel Boissy, Pierre Bonardi,

Félicien Challaye, Maurice Chapelan,

Luc Durtain, Francis Delaisi,

Paul Fort, André Fraigneau,

Jean Giono, Bernard Grasset, André Germain,

Marcel Jouhandeau,

Lucie Paul-Margueritte, Henri de Montherlant, Anatole de Monzie,

Alphonse Séché,

Ludovic Zoretti.

The Cercle littéraire international [International Literary Circle], the French branch of the PEN Club, established, under the presidency of Jean Schlumberger, a new "list of writers and journalists who have taken a militant stand against the principles of the PEN Federation." The aim of this list of July 1946, the result of a recent international conference of the organization in Stockholm, was to avoid a situation in which "notorious writers as well as obscure ones . . . deemed undesirable" in France might register in foreign federations of PEN.

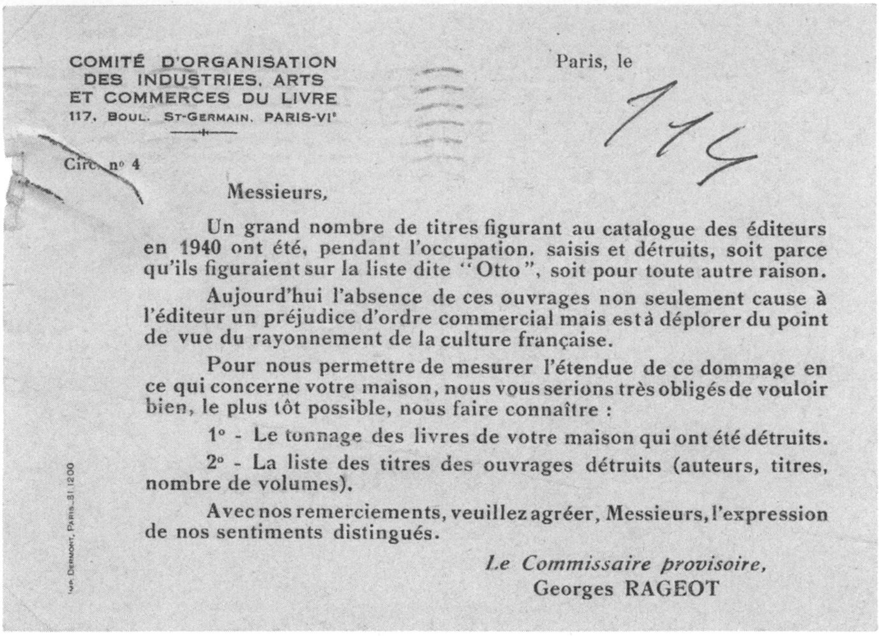

COMITÉ D'ORGANISATION
DES INDUSTRIES, ARTS
ET COMMERCES DU LIVRE
117, BOUL. ST-GERMAIN, PARIS-VIe

Paris, le 1/1/4

Circ. no 4

Messieurs,

Un grand nombre de titres figurant au catalogue des éditeurs en 1940 ont été, pendant l'occupation, saisis et détruits, soit parce qu'ils figuraient sur la liste dite "Otto", soit pour toute autre raison.

Aujourd'hui l'absence de ces ouvrages non seulement cause à l'éditeur un préjudice d'ordre commercial mais est à déplorer du point de vue du rayonnement de la culture française.

Pour nous permettre de mesurer l'étendue de ce dommage en ce qui concerne votre maison, nous vous serions très obligés de vouloir bien, le plus tôt possible, nous faire connaître :

1° - Le tonnage des livres de votre maison qui ont été détruits.

2° - La liste des titres des ouvrages détruits (auteurs, titres, nombre de volumes).

Avec nos remerciements, veuillez agréer, Messieurs, l'expression de nos sentiments distingués.

Le Commissaire provisoire,
Georges RAGEOT

Imp. Dermont, Paris-31.1200

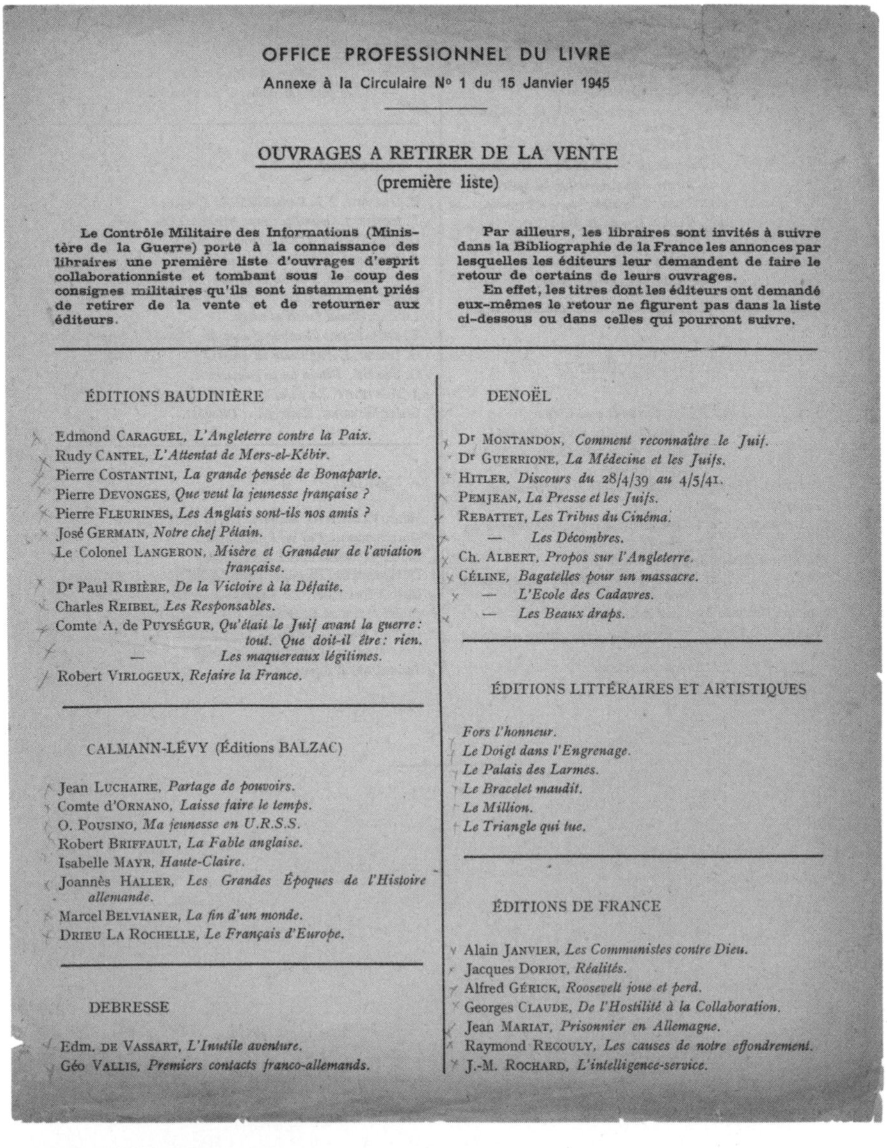

OFFICE PROFESSIONNEL DU LIVRE
Annexe à la Circulaire No 1 du 15 Janvier 1945

OUVRAGES A RETIRER DE LA VENTE
(première liste)

Le Contrôle Militaire des Informations (Ministère de la Guerre) porte à la connaissance des libraires une première liste d'ouvrages d'esprit collaborationniste et tombant sous le coup des consignes militaires qu'ils sont instamment priés de retirer de la vente et de retourner aux éditeurs.

Par ailleurs, les libraires sont invités à suivre dans la Bibliographie de la France les annonces par lesquelles les éditeurs leur demandent de faire le retour de certains de leurs ouvrages.

En effet, les titres dont les éditeurs ont demandé eux-mêmes le retour ne figurent pas dans la liste ci-dessous ou dans celles qui pourront suivre.

ÉDITIONS BAUDINIÈRE

Edmond CARAGUEL, *L'Angleterre contre la Paix.*
Rudy CANTEL, *L'Attentat de Mers-el-Kébir.*
Pierre COSTANTINI, *La grande pensée de Bonaparte.*
Pierre DEVONGES, *Que veut la jeunesse française ?*
Pierre FLEURINES, *Les Anglais sont-ils nos amis ?*
José GERMAIN, *Notre chef Pétain.*
Le Colonel LANGERON, *Misère et Grandeur de l'aviation française.*
Dr Paul RIBIÈRE, *De la Victoire à la Défaite.*
Charles REIBEL, *Les Responsables.*
Comte A. de PUYSÉGUR, *Qu'était le Juif avant la guerre: tout. Que doit-il être: rien.*
— *Les maquereaux légitimes.*
Robert VIRLOGEUX, *Refaire la France.*

CALMANN-LÉVY (Éditions BALZAC)

Jean LUCHAIRE, *Partage de pouvoirs.*
Comte d'ORNANO, *Laisse faire le temps.*
O. POUSINO, *Ma jeunesse en U.R.S.S.*
Robert BRIFFAULT, *La Fable anglaise.*
Isabelle MAYR, *Haute-Claire.*
Joannès HALLER, *Les Grandes Époques de l'Histoire allemande.*
Marcel BELVIANER, *La fin d'un monde.*
DRIEU LA ROCHELLE, *Le Français d'Europe.*

DEBRESSE

Edm. DE VASSART, *L'Inutile aventure.*
Géo VALLIS, *Premiers contacts franco-allemands.*

DENOËL

Dr MONTANDON, *Comment reconnaître le Juif.*
Dr GUERRIONE, *La Médecine et les Juifs.*
HITLER, *Discours du 28/4/39 au 4/5/41.*
PEMJEAN, *La Presse et les Juifs.*
REBATTET, *Les Tribus du Cinéma.*
— *Les Décombres.*
Ch. ALBERT, *Propos sur l'Angleterre.*
CÉLINE, *Bagatelles pour un massacre.*
— *L'Ecole des Cadavres.*
— *Les Beaux draps.*

ÉDITIONS LITTÉRAIRES ET ARTISTIQUES

Fors l'honneur.
Le Doigt dans l'Engrenage.
Le Palais des Larmes.
Le Bracelet maudit.
Le Million.
Le Triangle qui tue.

ÉDITIONS DE FRANCE

Alain JANVIER, *Les Communistes contre Dieu.*
Jacques DORIOT, *Réalités.*
Alfred GÉRICK, *Roosevelt joue et perd.*
Georges CLAUDE, *De l'Hostilité à la Collaboration.*
Jean MARIAT, *Prisonnier en Allemagne.*
Raymond RECOULY, *Les causes de notre effondrement.*
J.-M. ROCHARD, *L'intelligence-service.*

On an interzone postcard (postmarked December 13, 1944) signed by the provisional Commissioner of the Comité d'organisation des industries, arts et commerces du livre [Organizing Committee of the Book Industry, Arts and Commerce], a commission created in 1941 by Vichy and soon to be dissolved, Georges Rageot asked publishers to specify the authors and titles and tonnage of their books destroyed during the Occupation. "A large number of titles appearing in publishers' catalogues in 1940 were seized and destroyed during the Occupation, either because they appeared on the 'Otto Lists' or for entirely other reasons. Today, the absence of these works is not only prejudicial to publishers from a commercial standpoint but is to be deplored from the point of view of the influence of French culture."

"Works to be recalled": this first list (classified by publishers) of works sharing a "collaborationist spirit" was issued in January 1945 by the Military Information Control of the Ministry of War and forwarded to bookstores by the Office professionnel du livre [Professional Office of the Book Trade].

OFFICE PROFESSIONNEL DU LIVRE

Annexe à la Circulaire N° 2 du 15 Mars 1945

OUVRAGES A RETIRER DE LA VENTE

(deuxième liste)

Le Contrôle Militaire des Informations (Ministère de la Guerre) porte à la connaissance des libraires une deuxième liste* d'ouvrages d'esprit collaborationniste et tombant sous le coup des consignes militaires qu'ils sont instamment priés de retirer de la vente et de retourner aux éditeurs.

Par ailleurs, les libraires sont invités à suivre dans la Bibliographie de la France les annonces par lesquelles les éditeurs leur demandent de faire le retour de certains de leurs ouvrages.

En effet, les titres dont les éditeurs ont demandé eux-mêmes le retour ne figurent pas dans la liste ci-dessous ou dans celles qui pourront suivre.

*** La première liste a été publiée en Annexe à la circulaire n° 1 du 15 Janvier 1945.**

AGENCE INTERFRANCE

Colonel ALERME, *Causes militaires de notre défaite.*
— *Stratégie anglaise.*
G. CHAMPEAUX, *La Croisade des démocraties* (2ᵉ vol.).
Robert BRIFFAULT, *L'Angleterre et l'Europe.*
Léon ÉMERY, *La Troisième République.*
Georges CLAUDE, *La seule route.*
A. LAUBREAUX, *Ecrit pendant la guerre.*
Ph. HENRIOT, *Et s'ils débarquaient !*

AUX ARMES DE FRANCE

Louis THOMAS, *Le gaspillage de la France.*
— *Documents sur la guerre* 39-40, réunis par Louis Thomas.
M. DÉAT, *Le parti unique.*

ÉDITIONS BALZAC

Sven HEDIN, *L'Amérique dans la lutte des Continents.*

ÉDITIONS BAUDINIÈRE

Marcel BELIN, *Le gaspillage des vies humaines dans la Troisième République.*
M. de BEAULIEU, *L'évolution britannique.*
Comte de PUYSÉGUR, *Les sangsues de Marianne.*
J. MARQUES-RIVIÈRE, *L'organisation secrète de la franc-maçonnerie.*

ÉDITIONS DU CENTRE COMMUNAUTAIRE

Le manifeste communautariste. Marques Rivière

ÉDITIONS DENOËL

Ch. ALBERT, *L'Angleterre contre l'Europe.*
L.-F. CÉLINE, *Guignol's band.*

LIBRAIRIE FLAMMARION

Pierre DOMINIQUE, *Un Etat de quat'sous.*
André DEMAISON, *Le sens du conflit.*

R. GUERDAN, *La Charte du travail.*
— *Qui est Pierre Laval ?*

J. FLORY

P. BERLAND, *De Munich à la guerre.*

ÉDITIONS DE FRANCE

Erich GRITZBACH, *Gœring* (adaptation française de Raoul d'Ast).
J. DORIOT, *Le mouvement et les hommes.*
Ph. HENRIOT, *Comment mourut la paix.*

ÉDITIONS FRANCE-EMPIRE

G. SUAREZ, *Espagne, pont de l'Europe.*

ÉDITIONS BERNARD GRASSET

Jacques DORIOT, *Je suis un homme du Maréchal.*
F. DAYE, *Guerre et révolution.*

LARDANCHET

Maréchal PÉTAIN, *Paroles aux Français.*

ÉDITIONS DES LETTRES DE FRANCE.

Philippe Pétain le reconstructeur.

ÉDITIONS LITTÉRAIRES ET ARTISTIQUES

Job de ROINCE, *La vie agitée d'un petit chasseur de fourrures.*

ÉDITIONS DU LIVRE MODERNE

E. CARAGUEL, *La nouvelle constitution française.*

NOUVELLE ÉDITION FRANÇAISE

L.-F. CÉLINE, *Les beaux draps.*

Second list of "books to be recalled," issued in March 1945.

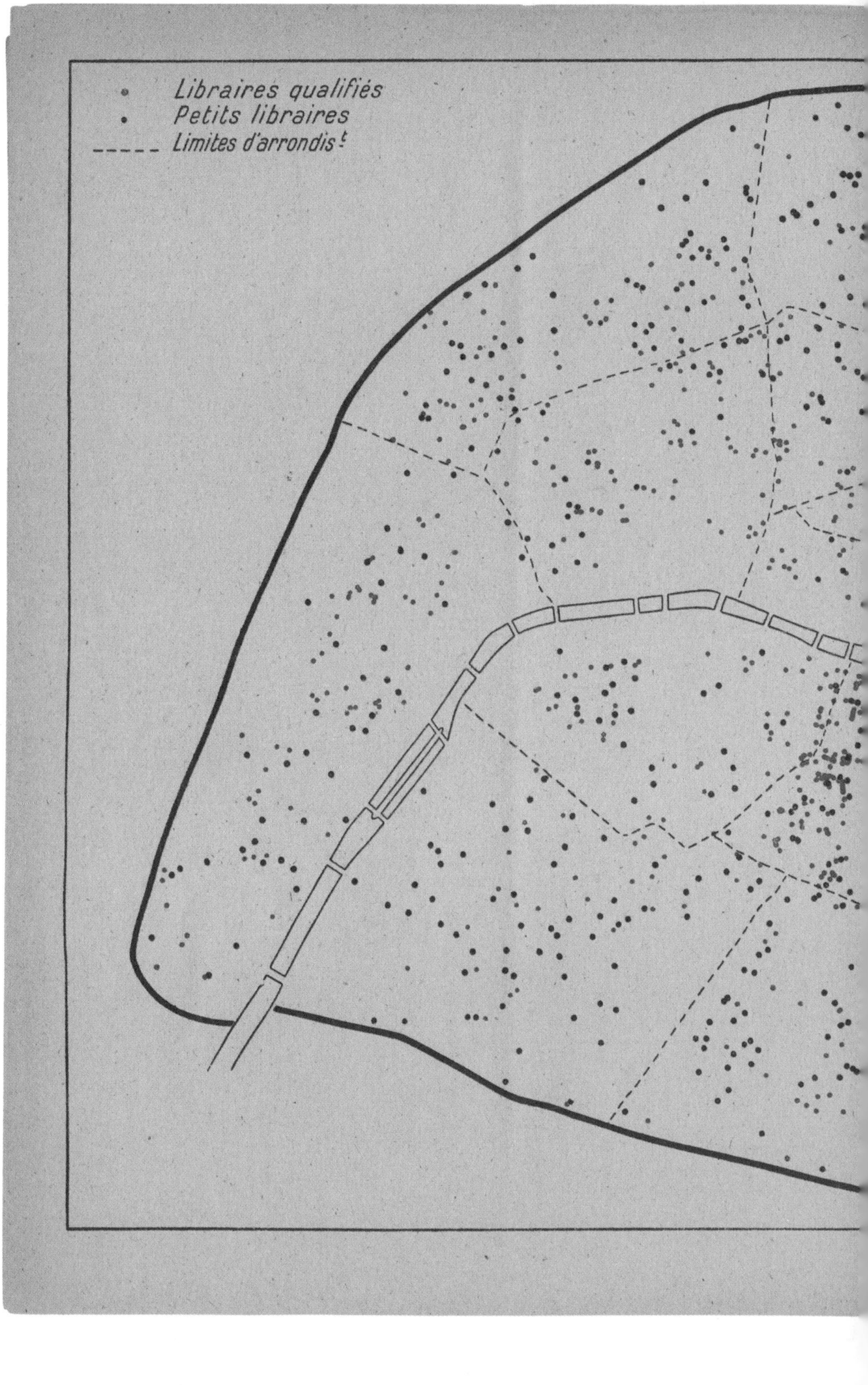

Map of bookstores, old and new, functioning in Paris immediately after the war, prepared and published by the Professional Office of Book-Related Industries, Arts and Commerce, No. 4, May 31, 1945. More than 1,300 commercial sites, including 600 bookstores, were indicated at the time. The red points designated licensed book dealers, the black points smaller bookstores specializing in the resale of used books.

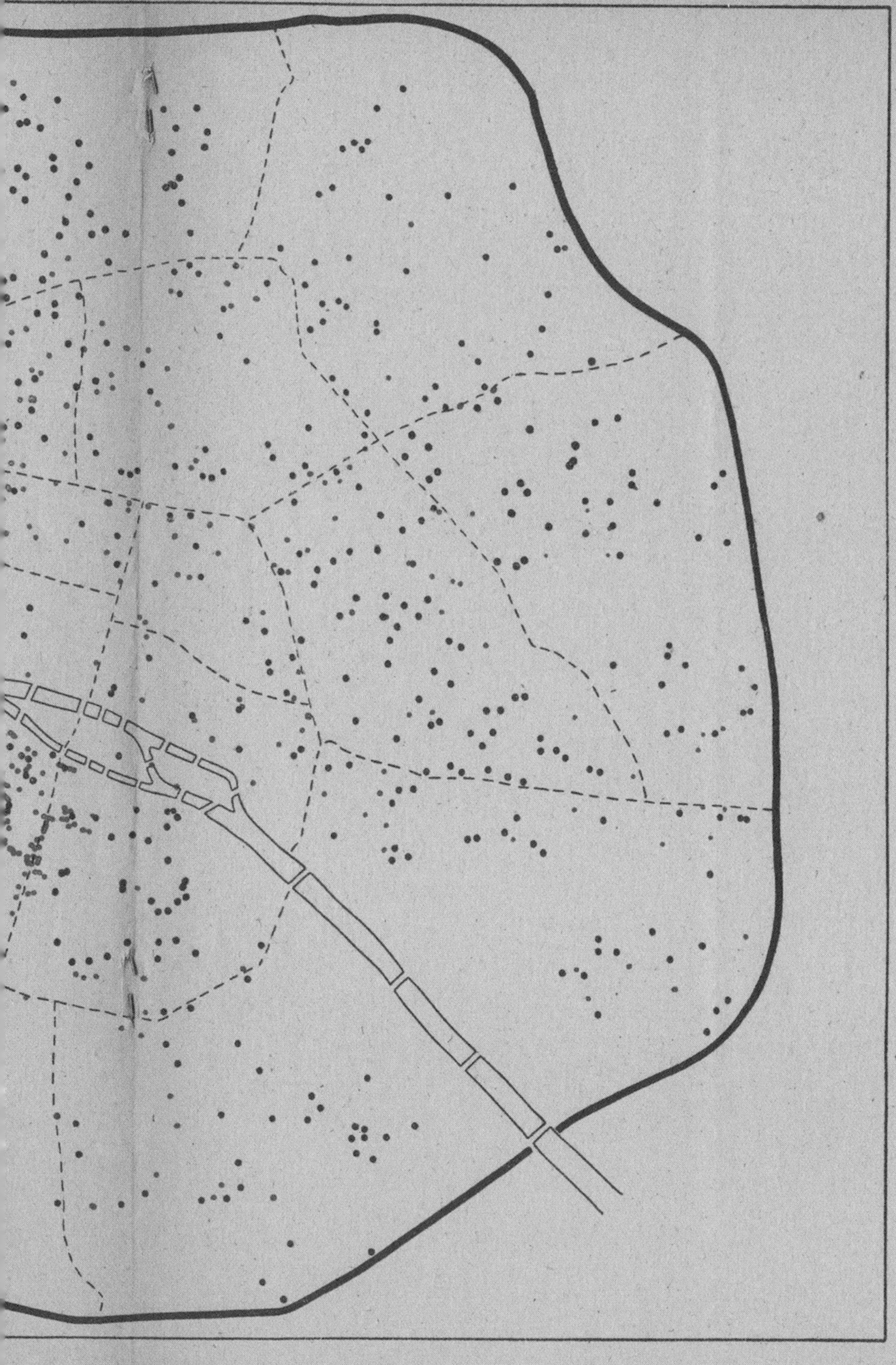

La Librairie à Paris

Nous avons publié dans la dernière Circulaire les résultats d'une étude statistique sur la vente des livres en France. Nous vous présentons ci-contre une reproduction du plan de la librairie à Paris. Ce plan, établi au cours de l'année dernière, nous a rendu de grands services pour les créations de commerce. Il a permis de guider utilement certains postulants et de donner notre avis aux autorités compétentes en ayant une parfaite connaissance de la concurrence locale.

La reproduction ci-contre est très imparfaite en raison de sa faible dimension et du nombre élevé de points de vente de livres neufs installés dans Paris même (plus de 1.300 dont 600 libraires environ). Pour la clarté de la lecture nous avons groupé ces points de vente en deux catégories : points rouges : les libraires (séries d'immatriculation 90 à 97) — points noirs : les petits libraires, anciennement appelés revendeurs de livres (séries 75 et 76).

Le 6e arrondissement, berceau des lettres, est resté le centre de la librairie française. Non seulement les libraires sont si nombreux qu'on ne peut sur notre cliché, les individualiser mais il s'agit pour la plupart de libraires qualifiés. Il n'est donc pas étonnant que cet arrondissement réalise à lui seul un quart des ventes du département de la Seine.

La répartition générale des points rouges (libraires qualifiés) est curieuse à étudier. Partant du 6e arrondissement, où ils sont particulièrement nombreux, on les voit traverser la Seine vers les quartiers du centre (1er, 2e, 4e arrondissements), entamer une marche vers l'ouest à travers les 8e et 9e et s'épanouir en queue de comète aux confins des 16e et 17e. Partout ailleurs ils sont disséminés, au hasard semble-t-il, ce qui ne veut nullement dire que seuls les quartiers du Centre et de l'Ouest possèdent des libraires qualifiés. On en rencontre également dans les arrondissements de la périphérie sud, nord et est, mais en trop petit nombre.

Certains arrondissements sont inégalement desservis, le 5e, par exemple, où les libraires sont presque tous groupés entre la rue Saint-Jacques et le boulevard Saint-Michel, autour de la Sorbonne. Grâce à cette partie du quartier Latin, le 5e arrondissement réalise un chiffre d'affaires égal à deux fois et demie celui du 16e avec le même nombre de postes de vente. De telles comparaisons demeurent délicates, car à Passy ou à Auteuil, les libraires s'adressent surtout à une clientèle locale alors qu'aux flancs de la Montagne Sainte-Geneviève, le livre se vend à la France entière.

Une constatation s'impose : la moitié est de la capitale est moins bien servie en libraires qualifiés, particulièrement dans la périphérie où la population est cependant très dense. C'est vers ces quartiers que nous dirigeons les jeunes libraires qui désirent servir efficacement la cause du livre. Les débuts seront sans doute difficiles pour certains, mais la fidélité d'une clientèle qu'ils auront su amener au bon livre par leur perspicacité et leur persévérance les paiera matériellement et moralement de leur peine.

La carte que nous avons établie, beaucoup plus précise que la reproduction ci-contre (échelle 2 cm. pour 100 m., la forme ou la couleur des pastilles variant pour chaque série d'immatriculation) peut être consultée sur place, dans nos bureaux au « Service Librairie », par toutes les personnes qui désirent créer une librairie. Avant de fixer leur choix définitif elles pourront donc connaître les postes de vente situés à proximité de l'emplacement envisagé.

■

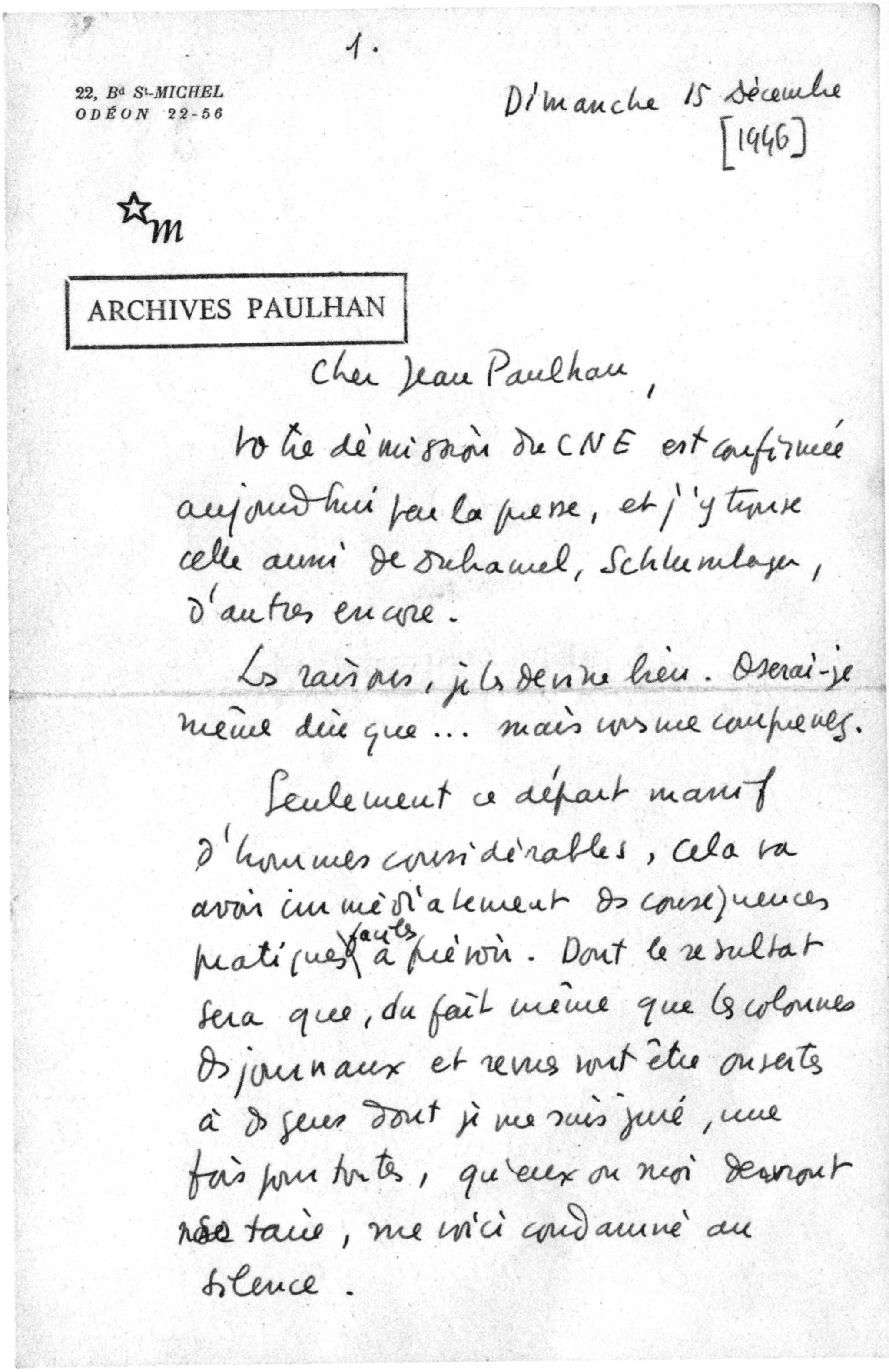
1.

22, Bd St-MICHEL
ODÉON 22-56

Dimanche 15 Décembre
[1946]

ARCHIVES PAULHAN

Cher Jean Paulhan,

Votre démission du CNE est confirmée aujourd'hui par la presse, et j'y trouve celle aussi de Duhamel, Schlumberger, d'autres encore.

Les raisons, je les devine bien. Oserai-je même dire que … mais vous me comprenez.

Seulement ce départ massif d'hommes considérables, cela va avoir immédiatement des conséquences pratiques faciles à prévoir. Dont le résultat sera que, du fait même que les colonnes des journaux et revues vont être ouvertes à des gens dont je me suis juré, une fois pour toutes, qu'eux ou moi devront ~~nous~~ taire, me voici condamné au silence.

As of November 23, 1946, a series of resignations linked to the question of the purge affected the National Writers' Committee (CNE): first Jean Paulhan, then Georges Duhamel, Gabriel Marcel, Jean Schlumberger, the Tharaud brothers . . . On December 15, Vercors acknowledged the situation in a letter addressed to Jean Paulhan on Éditions de Minuit stationery: "Your resignation from the CNE was confirmed today in the press, where I find as well those of Duhamel, Schlumberger, and others. I can well guess their reasons. Dare I say that . . . but you understand me. The only thing is that this massive departure of men of stature will immediately have practical consequences that are easy to envisage, the result of which will be that, because the newspaper and magazine columns will be open to people concerning whom I have sworn, once and for all, that either they or I will have to keep quiet, I find myself condemned to silence . . . All this entails an additional disgrace of which I will say in all simplicity that it is cruel, which is honestly why I felt obliged to write you (you as well as others) the open letter I am appending."

LETTRE OUVERTE

à MM. Georges Duhamel, Jean Schlumberger, Gabriel Marcel et Jean Paulhan, démissionnaires du Comité National des Ecrivains.

Messieurs et chers amis,

Vous êtes de grands écrivains. Comme tels, chacun de vos actes est suivi de conséquences à la mesure de votre renom. Avez-vous mesuré celles qui vont suivre votre démission ?

En entrant au Comité National des Ecrivains (et ici je ferai cette incidente : vous en fûtes, chers amis, avant moi, car j'ai longtemps pesé mes scrupules avant d'entrer, sachant que d'avoir peut-être un jour à en sortir serait beaucoup plus grave que de n'en avoir point été). En entrant, donc, au C. N. E., nous avons tous signé une charte dans laquelle nous nous engagions à ne jamais nous trouver auprès de certains écrivains, complices de l'ennemi, dont une liste fut établie (par une commission dont l'un des vôtres, messieurs, faisait partie). Vous vous séparez de nous, aujourd'hui. Cela, pour tout le monde, voudra dire que désormais vous n'êtes plus de ceux qui se sont jurés intérieurement d'être fidèles, quoi qu'il arrive, à cette décision de ne jamais paraître aux côtés des écrivains qui ont applaudi au massacre des innocents. Et donc, à moins que vous ne précisiez publiquement et solennellement que votre démission n'entraîne en rien l'abandon de cet engagement, cela veut dire que, dans quelques semaines, les quotidiens et les hebdomadaires qui devaient, hier encore, renoncer à rien publier de ces écrivains qui n'eurent pas pitié des victimes(mais dont le talent attire les lecteurs) puisque c'était se priver du même coup de talents plus grands encore, vont enfin être soulagés de ce pénible dilemme, puisque vous levez vous-mêmes l'exclusive. Cela veut dire que ces journaux, que ces revues vont pouvoir ouvrir désormais leurs colonnes toutes grandes. Cela veut dire, en conséquence, que c'est nous, si nous voulons rester fidèles à nous-mêmes (et au souvenir de ceux qui sont morts), que vous condamnez du même coup au silence — ou au reniement. Ce choix, qui fut déjà le nôtre en 1940, celui de nous renier ou de nous taire, nous le voici donc imposé une fois encore. Mais, cette fois-ci, mes chers amis, c'est vous qui nous l'imposerez.

Il fallait qu'il n'y eût pas, ni dans votre esprit, ni dans celui du public, d'équivoque sur ce point. La décision que vous avez prise est très grave. Les conséquences en sont illimitées (elles dépasseront nos frontières). Je ne serais pas honnête à mes propres yeux si l'amitié m'avait retenu de le dire.

Votre,

VERCORS.

La position des P.E.N. Clubs

En marge de la lettre de Vercors, nous croyons utile de rappeler la position prise par les P.E.N. Clubs au congrès de Stockholm de cette année, telle qu'elle a été définie par Henri Membré, secrétaire national du P.E.N. français et membre du C.N.E., au mois de juin dernier, au cours du congrès de la Pensée française. (Rappelons que M. Jean Schlumberger est président du P.E.N. Club français.)

AU congrès de cette année, à Stockholm cette fois, c'est-à-dire au premier congrès d'après guerre, nous nous sommes préoccupés de la communication internationale des listes noires d'écrivains. Déjà cette question avait été soulevée par le délégué français au comité exécutif et, cette fois encore, la délégation française a opiniâtrement soutenu la proposition portée à la tribune par la délégation des Pays-Bas. Elle ne fut pas acceptée sans débat. Par une crainte très respectable d'une atteinte à leur autonomie, par une crainte non moins respectable de porter atteinte à la liberté d'expression, certains centres nationaux ont hésité à nous accompaçaise a opiniâtrement soutenu la proposions. Ils avaient peur que nous nous contentions de leur transmettre des listes établies par des organismes de répression qui ne leur semblaient pas présenter toutes les garanties d'équité requises. Mais nous pûmes assurer que les listes communiquées entre nous seraient établies par nous, sous notre responsabilité. Et qu'y figureraient seulement ceux qui avaient été exclus de nos centres s'ils en faisaient déjà partie, ou n'y seraient pas admis s'ils demandaient à en faire partie. Et pour quelle raison ? Parce qu'ils avaient donné leur appui à ceux, justement, qui piétinaient la liberté d'expression, ce bien que nous ne voulons pas cesser de défendre.

Et ainsi, cette motion, rigoureuse dans sa logique, fut adoptée à une très forte majorité. Elle est, aujourd'hui, applicable. Chaque centre P.E.N. reste, bien entendu, autonome, mais un membre exclu par un centre ne pourra plus rentrer dans notre fédération par la voie oblique de son affiliation à un centre étranger. Devient ainsi impossible ce camouflage d'hommes qui n'ont pas renoncé à l'approbation de doctrines criminelles, vaincues aujourd'hui, peut-être, mais toujours dangereuses. Par une mesure qu'il y aurait intérêt à généraliser, nous avons rendu impossible un maquillage, un mensonge, et nous avons le sentiment, cette fois encore, d'avoir servi la paix en éliminant ceux qui l'avaient trahie.

Henri MEMBRÉ.

Vercors, "Open letter to Messieurs Georges Duhamel, Jean Schlumberger, Gabriel Marcel, and Jean Paulhan, who have resigned from the National Writers' Committee," published in *Les Lettres françaises*, December 27, 1946: "You are separating yourselves from us today. That, for everyone, will mean that henceforth you are no longer among those who swore inwardly to be faithful, whatever might happen, to the decision to never appear alongside writers who applauded the massacre of innocents . . . It means that those newspapers, those journals (which only yesterday foreswore the publication of anything by those writers) are now going to be able to open their columns wide to them. It means, as a result, that it is us, should we wish to remain faithful to ourselves (and to the memory of those who died) that you are condemning at the same time to silence–or to renunciation. That choice, which was already ours in 1940, that of self-renunciation or silence, is thus imposed on us still again."

CHRONIQUE

Note pour l'inventaire de décembre

par Georges DUHAMEL

Dès le lendemain de la libération, les hommes de lettres qui avaient communié dans l'animadversion de l'Allemand et qui, tous ensemble, avaient ardemment souhaité la résurrection de leur patrie, se sont réunis dans le sein du Comité national des Ecrivains. Jugeant le passé d'un même cœur, ils ont pris certaines résolutions pour l'avenir. Ils ont, par exemple, décidé qu'ils n'accepteraient pas de se retrouver, dans les revues et les journaux, à côté d'autres écrivains dont les uns avaient été franchement les complices de l'ennemi, et dont les autres avaient marqué une certaine complaisance à l'égard de l'ennemi.

Pour être efficace, une telle résolution demandait l'établissement d'une liste. Cette liste a été dressée par les soins d'un groupe de délégués dont on ne saurait suspecter la bonne foi et la documentation. L'observateur de sang-froid peut seulement faire observer que cette liste était sans degrés, sans catégories, d'une part, et que, d'autre part, la peine disciplinaire ainsi infligée en bloc ne comportait aucune limite dans le temps.

Ces sanctions prises, les membres du Comité sont retournés à leurs travaux et à leurs soucis. Les mois ont passé. La justice nationale s'est mise à la besogne, sans la moindre précipitation, il faut bien le reconnaître. Elle a placé sous les verrous un certain nombre d'hommes de lettres. Elle en a déjà jugé beaucoup et avec la plus grande rigueur, montrant ainsi aux écrivains qui ne l'auraient pas encore compris que la responsabilité d'un journaliste, par exemple, est manifestement plus considérable que celle d'un général, d'un grand industriel ou d'un haut fonctionnaire. Sévérité paradoxale, mais somme toute flatteuse pour la corporation.

Estimant que la liste établie par la commission spéciale comportait des personnes dont les fautes ne me semblaient pas impardonnables, j'ai, par une note écrite, demandé au Comité national des Ecrivains de revenir, après un temps donné, sur la décision prise. Comme il fallait, dans une telle révision, agir avec discernement et trouver une règle, j'ai donc prié le Comité national d'abandonner « les mesures disciplinaires prises contre les écrivains qui n'avaient pas fait l'objet d'une information judiciaire ou qui avaient bénéficié d'un non-lieu ». Je pense être bien clair : d'un côté, les écrivains coupables de fautes graves, poursuivis par la justice de leur pays et donc remis, jusqu'à nouvel ordre, à cette justice. De l'autre côté, des écrivains que la justice n'a même pas inquiétés ou qu'elle a tout de suite relâchés, des écrivains à qui leurs confrères ont marqué de la désapprobation pendant de longs mois et qui, si ma proposition était adoptée, se trouveraient, après deux ans et demi, allégés en partie du discrédit dans lequel ils se sont placés par leur propre faute.

J'ai le regret de dire que la note adressée par mes soins au Comité national des Ecrivains est demeurée sans réponse, ce qui est bien extraordinaire pour qui connaît les coutumes des groupements professionnels.

J'ai repris la question, ouvertement, dans deux publications différentes. Je n'ai pas eu plus de succès. J'ai donc décidé de donner ma démission du Comité national des Ecrivains.

Il se trouve que plusieurs confrères que je n'ai pas vus, les uns depuis des mois, d'autres depuis au moins deux ans, ont donné leur démission du Comité presque en même temps que moi. C'est une simple coïncidence.

Là-dessus, Vercors, dont la jeune gloire m'a réjoui le cœur, a pris sur lui d'écrire aux démissionnaires, dont je suis, une lettre ouverte dans laquelle il leur reproche, en substance, leur indulgence pour les écrivains « qui ont applaudi au massacre des innocents » ! Tout cela est profondément affligeant et surtout absurde. On peut se demander si les Français, qui ont déjà perdu le sens de la mesure, n'ont pas aussi, dans cette horrible épreuve, perdu jusqu'au sens de la vie.

Je le répète, il n'est pas question de soustraire des criminels au châtiment : il s'agit d'assigner, à une peine purement disciplinaire, une limite dans le temps, limite qui n'a pas été fixée, dès le principe, parce que les juges improvisés ont probablement oublié d'y réfléchir.

Si le Comité national des Ecrivains accepte la solution que je lui ai proposée, je reprendrai de bon cœur ma démission. Sinon, je la maintiendrai. J'ajoute que si ce que je demande n'est pas fait aujourd'hui, ce le sera dans six mois ou dans un an. On se lasse de tout, même de punir. Il faudra bien que la France retrouve une sorte d'équilibre, à défaut de sérénité.

Cette chronique est, pour moi, la dernière de l'année 1946. Depuis longtemps, je souhaitais de la consacrer à l'espoir, à la fraternité des esprits, aux actions de grâce, à la foi dans les destinées de ma patrie. Ce n'est vraiment pas ma faute si force m'est de me livrer, une fois de plus, à la controverse, à l'amertume, à l'anxieuse interrogation.

Georges DUHAMEL, *de l'Académie française.*

On the same day, December 27, 1946, *Le Figaro* published Georges Duhamel's response to Vercors's "open letter." In his note for a December inventory, Duhamel recalled the original aim of the "blacklist": to penalize writers who deserved, if not a formal judicial proceeding, at least a disciplinary punishment. But "once those sanctions were taken, the members of the Committee returned to their labors and concerns. Months passed. The national system of justice took up its task anew, without the slightest precipitation, it should be acknowledged. It placed under lock and key a certain number of men of letters. It passed judgment on many of them with the greatest rigor, thus demonstrating to those writers who would not yet have understood it, that the responsibility of a journalist, for instance, is manifestly more considerable than that of a general, a great industrialist, or a high functionary. The severity was paradoxical, but, in the last analysis, flattering for the guild." Georges Duhamel related that after two and a half years he had requested that a time limit be placed on sanctions imposed on writers included on the blacklist: "One tires of everything," Duhamel concluded, even of punishing. France will have to rediscover a kind of balance, even if serenity is not in the offing."

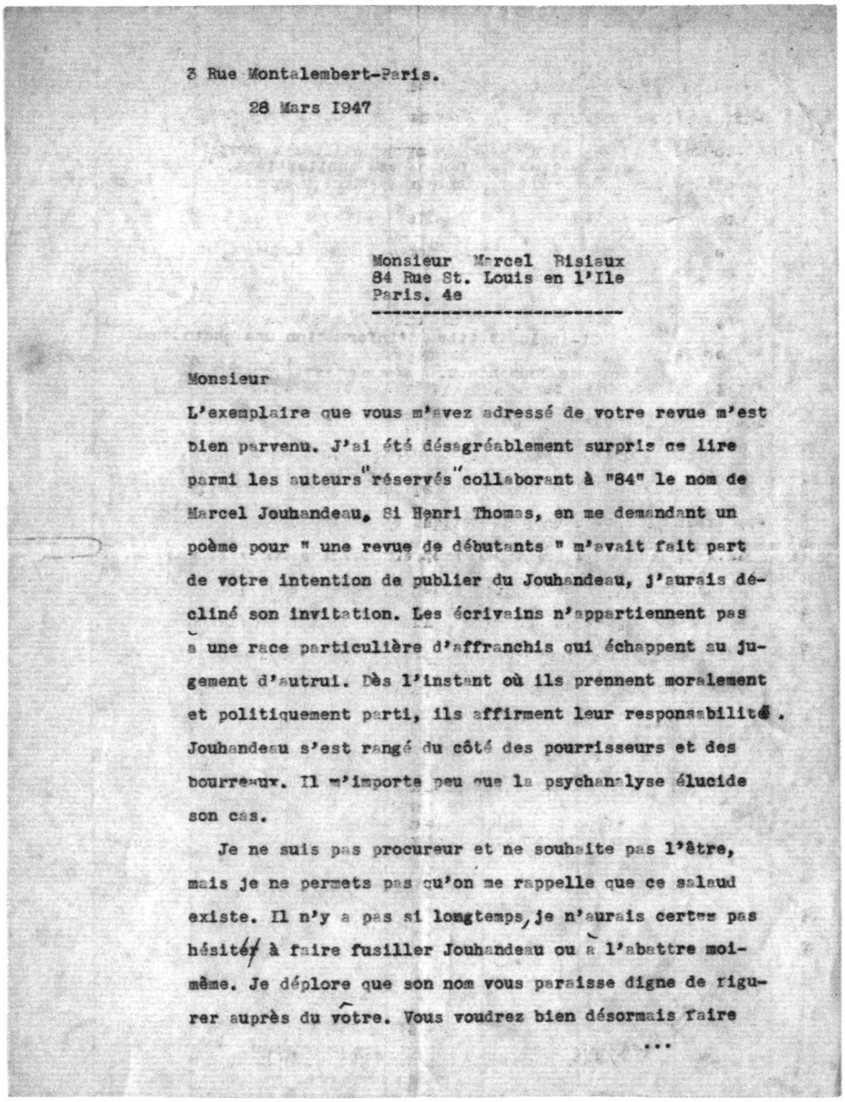

3 Rue Montalembert-Paris.

28 Mars 1947

Monsieur Marcel Bisiaux
84 Rue St. Louis en l'Ile
Paris. 4e

Monsieur

L'exemplaire que vous m'avez adressé de votre revue m'est bien parvenu. J'ai été désagréablement surpris de lire parmi les auteurs "réservés" collaborant à "84" le nom de Marcel Jouhandeau. Si Henri Thomas, en me demandant un poème pour " une revue de débutants " m'avait fait part de votre intention de publier du Jouhandeau, j'aurais décliné son invitation. Les écrivains n'appartiennent pas à une race particulière d'affranchis qui échappent au jugement d'autrui. Dès l'instant où ils prennent moralement et politiquement parti, ils affirment leur responsabilité. Jouhandeau s'est rangé du côté des pourrisseurs et des bourreaux. Il m'importe peu que la psychanalyse élucide son cas.

Je ne suis pas procureur et ne souhaite pas l'être, mais je ne permets pas qu'on me rappelle que ce salaud existe. Il n'y a pas si longtemps, je n'aurais certes pas hésité à faire fusiller Jouhandeau ou à l'abattre moi-même. Je déplore que son nom vous paraisse digne de figurer auprès du vôtre. Vous voudrez bien désormais faire

...

Letter from René Char (March 28, 1947) to Marcel Bisiaux, a copy of which was sent to Max-Pol Fouchet. Char had just received one of the first issues of the new journal *84*, edited by Bisiaux, for which Henri Thomas had solicited his collaboration; he noticed that the journal had published a writer on the blacklist of the National Writers' Committee, Marcel Jouhandeau. "Writers do not belong to a special race of the liberated, immune to the judgment of others. No sooner do they take a moral or political stand than they affirm their responsibility. Jouhandeau positioned himself on the side of the agents of decomposition, the executioners. It matters little to me that psychoanalysis can elucidate his case. I am not a prosecutor and have no desire to be one, but I will not allow anyone to remind me that this bastard exists. Not very long ago, I would certainly not have hesitated to have Jouhandeau shot or to slaughter him myself."

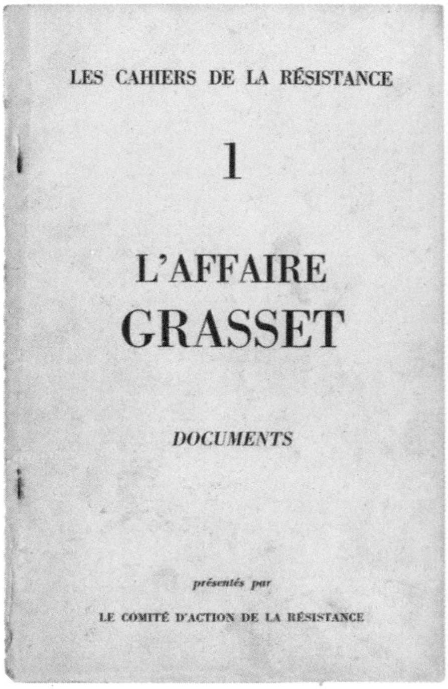

LES CAHIERS DE LA RÉSISTANCE

1

L'AFFAIRE
GRASSET

DOCUMENTS

présentés par

LE COMITÉ D'ACTION DE LA RÉSISTANCE

Les Cahiers de la Résistance, No. 1. L'Affaire Grasset (circa 1948). Bernard Grasset was arrested on September 5, 1944, for "commerce with the enemy," and his publishing house impounded: the former was sentenced on May 20, 1948, the latter condemned on June 17 of the same year: "I. The Grasset affair does not seem to be known with any clarity. We will outline it here with the help of documents. II. It is, first of all, necessary to acknowledge that there were two trials: 1. the trial of the publishing house, which was ordered to be dissolved. Separating its own case from that of Grasset, the house requested a pardon. The Pardons Commission, recognizing that authors, who were not responsible, were the first to be harmed by that judgment and that it is unjust for such to be the case, converted the sentence into a fine of ten million francs. The house could resume its activities. 2. The personal trial of Grasset: Grasset, because of his attitude during the Occupation, was sentenced last year in absentia to a life term of national indignity, a confiscation of his possessions, and a five-year ban on residence in France. He mounted a challenge. The proceeding in absentia was not voided. The trial is to return." The Bernard Grasset publishing house was granted a presidential pardon in December 1948, and the publisher was amnestied on October 29, 1953.

Troisième lettre
aux membres du C.N.E.

Je ne suis pas un moraliste. Je ne sais s'il faut être [redacted] patriote, et l'on m'assure qu'un mensonge peut avoir sa raison d'être ; même, sa noblesse. Ce n'est pas mon affaire. Ce que je cherche, c'est la raison d'un certain malaise, que je ne suis pas seul à éprouver, depuis trois ans; que j'ai particulièrement éprouvé, je dois l'avouer, au sein du C.N.E., si peu que j'y aie mis les pieds. Je les cherche – comme un médecin ferait dans les lapsus ou les actes manqués – dans les mensonges, les erreurs, les contradictions.

Je continue.

(1 ligne blanc)

Quand je vous demande au nom de quels principes vous jugez, et ce que signifie votre liste noire, vous me faites deux sortes de réponses – dont la première est plaisante, évidemment sincère, au demeurant indiscutable.

Indiscutable, parce qu'elle ne prête pas à discussion. Ainsi, Louis Martin-Chauffier :

> « Cette manie de nous ériger en juges finit par être inquiétante... Nous ne sommes pas des juges. Nous sommes tout bonnement d'honnêtes gens qui entendons choisir nos relations... Le partage des eaux s'est fait en 1940 (L.F. 22, 1, 1947). »

Que répondre ? c'est son droit, bien sûr, de choisir ses relations. [redacted] Mais Jean Cassou, dans sa gentille modestie :

> « Nous souffrons avec impatience la multiplicité des coudoiements. Hitler nous a fait la grâce de pouvoir introduire en cette cohue quelque limitation. Et vous voudriez que je me prive du bienfait de cette limitation !...
> Je reste fidèle à l'élan qui nous a poussés. Le C.N.E. [redacted] se contente d'être un souvenir ... Je ne me suis jamais senti, ni jamais ne me sentirai, l'âme d'un juge (L.F. 10.1.1947). »

Moi, je le comprends très bien. Mais enfin, je ne me retiens pas de penser que c'est imprudent de compter sur Hitler pour distinguer entre les vrais amis, et les faux. Et si Hitler n'était pas venu ? Puis, Jean Cassou nous a récemment confié qu'il se trouvait plus que jamais assailli d'importuns. Alors ? Compte-t-il sur un nouvel Hitler ? [redacted] Quant à Vercors :

> « Je ne juge pas. Je ne les condamne ni ne les punis – ni ne les acquitte. Ils m'inspirent de la répulsion, c'est mon droit je pense ?... De penser à eux, ça me soulève le cœur. On ne veut pas les voir, c'est tout. Parce qu'ils nous dégoûtent, qu'ils nous délectent, que leur physionomie nous coupe l'appétit. [redacted] (Petit pamphlet des dîners chez Gazette) »

Eh bien, voilà qui est direct et franc. Dire qu'il a raison ? Ce serait le blesser. Il ne cherche pas le moins du monde à avoir raison. Il nous dit quelle est son humeur. [redacted] Je trouve que c'est une humeur très savoureuse. Très plaisante. Il y a des gens dont la vue lui soulève le cœur. Qu'il n'aille donc pas dîner avec eux ! Personne de sensé ne désire que Vercors ait le cœur soulevé. Mais moi, qui ne partage pas

In May 1947, Jean Paulhan spoke out publicly against the blacklists imposed by a National Writers' Committee totally at the beck and call of Communist intellectuals under the leadership of Louis Aragon. He launched a number of salvos in the form of mimeographed "Letters to Members of the CNE," occasionally reproduced in facsimile, and sent by mail. Six long "Letters to Members of the CNE" were published in 1946 and 1947, a circumstance deeply disturbing to public opinion. The following excerpt from the third letter was completed on June 4, 1947: "I am not a moralist. I don't know if one is obliged to be a patriot, and I am assured that a lie can have its justification—and even its nobility. That is not my concern. What I am looking for is the reason for a certain malaise at the core of the CNE, which I have not been alone in experiencing over the last three years, and to which I have been particularly sensitive, I must confess, however little I may have frequented its premises. I am looking for it—as a physician might with slips of the tongue or parapraxes—in lies, errors, and contradictions. And I continue to do so."

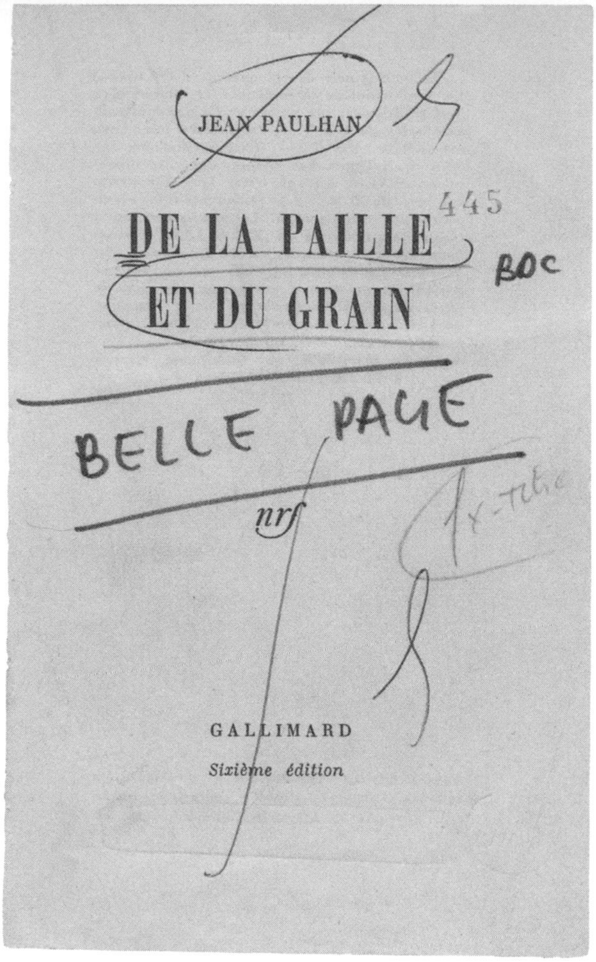

Jean Paulhan corrected galley proofs of *De la paille et du grain*. Gathering together his "Letters to Members of the CNE," the book is an inflammatory polemic against the purge being conducted by the National Writers' Committee, published by Gallimard in 1948. Through a meditation on the meaning of various words, Paulhan attacked the role of an "auxiliary police force" that the Communists of the CNE had taken on in the name of "conscience": "You'll say to me, 'And what will be left of the CNE if we strip it of its blacklist?' Ah! You'll be able to find as many subjects as you need. But here is one I want to propose to you right away: Turn me into a liar this time. Resolve to remain faithful in the future to your past. Swear once and for all that whoever the Foreigner seeking to control the governance of our country from without—and who knows, even managing one day to occupy France, called in (as Germany was) by more than one Frenchman—swear that you will lead against him the same struggle, the same resistance as united us in the recent past." In January 1948, the name of Jean Paulhan, co-founder with Jacques Decour of the clandestine periodical *Les Lettres françaises*, disappeared from the masthead of the magazine, which was directed with an iron hand by Louis Aragon, Elsa Triolet, and Claude Morgan. His name did not reappear on the masthead until May 26, 1965.

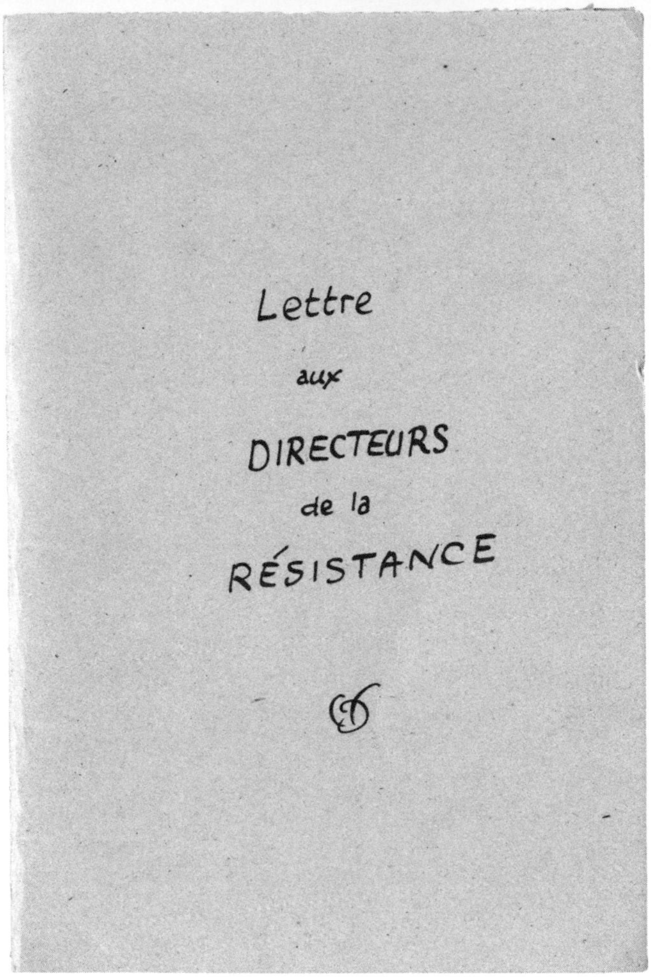

Jean Paulhan also corrected galley proofs for *Lettre aux Directeurs de la Résistance*, a polemic published in February 1952, following Gallimard's rejection, by Éditions de Minuit, a symbol of the literary Resistance. The text reopened the debate not only about the meaning of the Resistance, but about the appropriation of its "spirit" following the war by Communist members of the Resistance, including Louis Aragon, Paul Eluard, and Claude Morgan. "I am a member of the Resistance," Paulhan wrote. "I began to resist already in June 1940, and I am still at it, or at least I believe myself to be. And yet it is not a source of pride for me. Rather of shame. Every day I realize that resisting is not as simple as it appeared at first sight. For a resister, even though of necessity 'a kind of hero' risking his life, can also, from one day to the next, turn into a bastard, someone who, under torture, might hand over his companions in order to save his own skin, which is what happened the day after the Liberation to those who, at the head of the National Writers' Committee and outside of any juridical context, began proliferating blacklists, removing the names of their friends and loyalists, adding on those of their enemies, instituting nothing less than a new reign of Terror. . . . . I am speaking to members of the Resistance. I take the liberty of telling them that they have fallen into the trap: no less cowardly and treacherous, no less unjust than the one of them who handed over his comrades to the torture table. (But with much less excuse)." The polemic raged on, and Paulhan crossed swords in the press with Julien Benda, Vercors, Claude Morgan, Jean Cassou, Claude Bourdet, and Louis Martin-Chauffier.

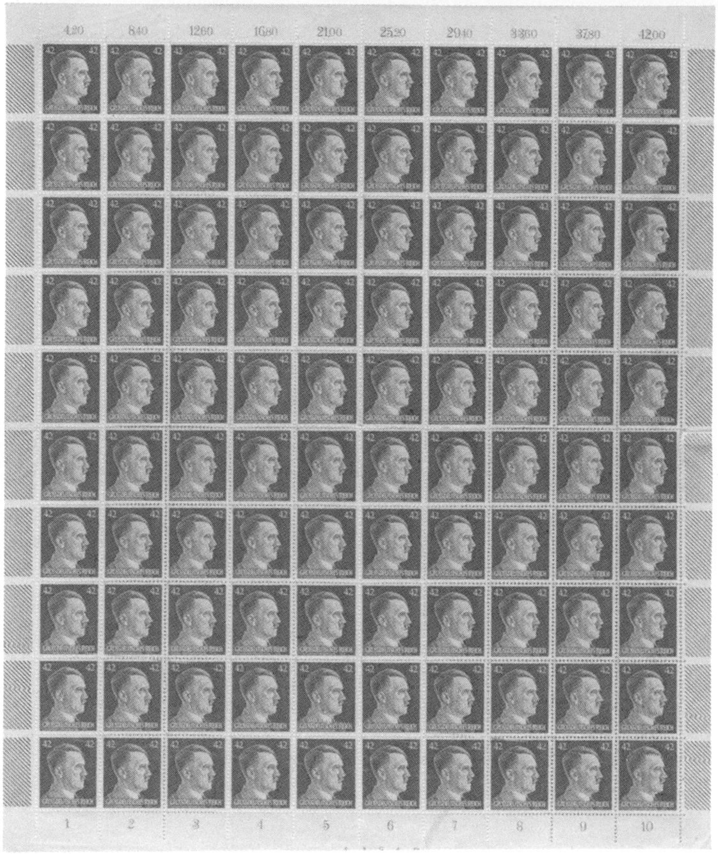

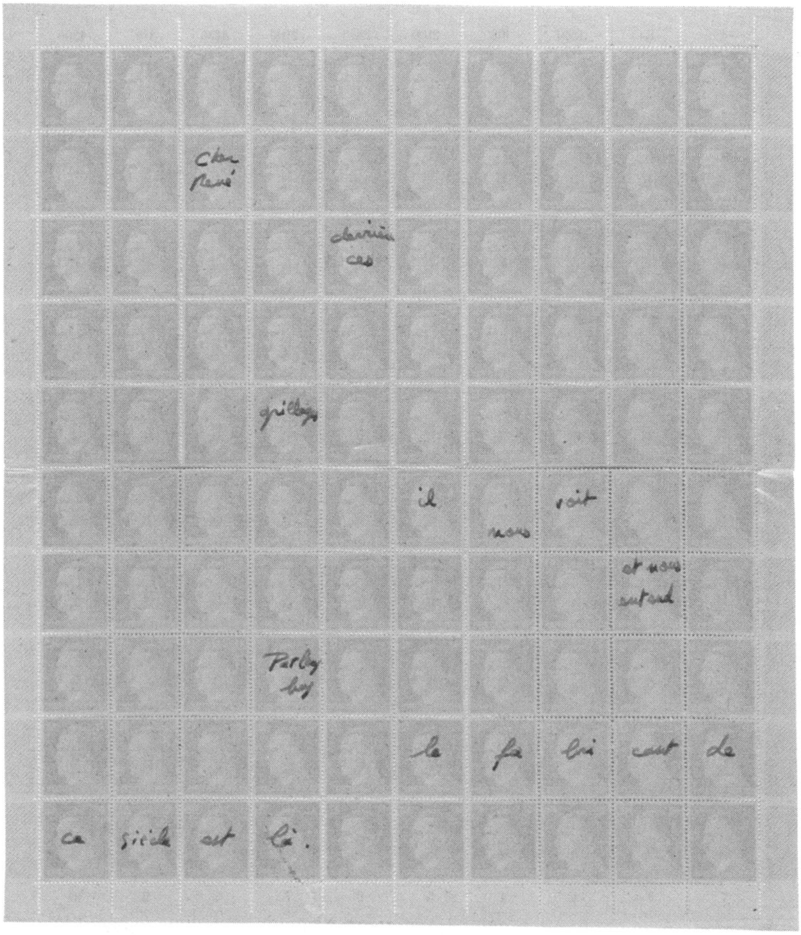

Message from Roger Nimier to René Tavernier, written on the reverse side of a sheet of stamps bearing Hitler's image, no doubt retained by his uncle, Léon Margue, known as "Miro," who ran a stamp shop where the young man worked during the Occupation: "Dear René, Behind this trellis, he can see and hear us. Speak softly, the architect of our century is there." In his first published novel, *Les Epées* (Gallimard, 1948), Nimier holds forth provocatively with these words, spoken, it should be noted, by a character who is a member of the Fascist Milice: "'With the weather turned beautiful, the Allied armies disembarked on Norman soil, the Archangel's sword in one hand and a pair of handcuffs in the other. The people of Paris, who for four years had heroically covered the public urinals with chalk-drawn images of the Cross of Lorraine, the people of Paris bulged out their muscles and thought that soon they would be having our scalp,' a member of the Milice declared. 'But we, after all, had already had theirs, so it was fair.'" Adopting the stance of a right-wing anti-conformist writer, invoking the influence of Charles Maurras and *Action Française*, Nimier was part of a postwar literary movement known as the "Hussards," thus baptized by Bernard Frank in an article published in 1952.

Map of newspaper offices in Paris during the Occupation and immediately following the war.

■ siège d'un ou plusieurs journaux sous l'Occupation
● siège d'un ou plusieurs journaux pendant et après la Libération
□ siège d'un ou plusieurs journaux sous l'Occupation et à la Libération

Avant l'armistice et pendant l'occupation

1 *Aujourd'hui* (en février 1942) : 49, av. de l'Opéra, 2e.
2 *Au pilori* : 101, av. des Champs-Élysées, 8e.
3 *L'Aurore* (en octobre 1941) : 9, rue Louis-le-Grand, 2e. Voir aussi *L'Œuvre*.
4 *Bulletin d'information sur la question juive/La Libre Parole/Bulletin d'information antimaçonnique* (en juillet 1944) : 8, rue de Puteaux, 17e.
5 *Cahiers franco-allemands* (Groupe « Collaboration ») : 26, rue de Bassano, 16e.
6 *Candide* : 18-20, rue du Saint-Gothard, 14e. En août 1941 : Clermont-Ferrand (29, rue Blatin).
7 *Comœdia* (en 1941) : 2, rue de Saint-Simon, 7e.
8 *Le Crapouillot* : 3, place de la Sorbonne, 5e.
9 *Le Cri du peuple* (en février 1943) : 11, bd Montmartre, 2e.
10 *La Croix* : 3-5, rue Bayard, 8e. Repli en 1940 à Bordeaux puis Limoges.
11 *Les Débats* (en 1942) : 16, rue Soyer, Neuilly-sur-Seine.
12 *Devenir*, « journal de combat de la communauté européenne » : 24, avenue du Recteur-Poincaré, 16e.
13 *Le Figaro* (en 1942) : 14, rond-point des Champs-Élysées, 8e. Repli en 1940 à Bordeaux, Clermont-Ferrand, Lyon (12, rue de la Charité).
14 *La France au travail* (en octobre 1940) : 123, rue Montmartre, 2e.
15 *La Gerbe* (jusqu'en 1942) : 23, rue Chauchat, 9e.
16 *La Gerbe* (à partir de l'automne 1942) : 3, rue des Pyramides, 1er.
17 *L'Illustration* : 13-15, rue Saint-Georges, 9e.
18 *Je suis partout* (au 8 septembre 1939) : 11, rue Marguerin, 14e.
19 *Je suis partout* (à partir du printemps 1942) : 186 rue de Rivoli, 1er.
19 *Le Journal* : 100, rue de Richelieu, 2e. Repli en 1940 à Lyon, Limoges et Marseille.
20 *La Main à plume* : 11, rue Dautancourt, 17e.
21 *Marianne* (en mars 1940) : 44, av. des Champs-Élysées, 8e.
22 *Le Matin* (en avril 1943) : 6, bd Poissonnière, 9e.
23 *Les Nouveaux Temps* (en février 1943) : 31, rue du Louvre, 2e.
24 *La Nouvelle Revue française* : 5, rue Sébastien-Bottin, 7e.
3 *L'Œuvre* (en mars 1941) : 9, rue Louis-le-Grand, 2e. Voir aussi *L'Aurore*.
25 *Panorama* : 1, rue Hégésippe-Moreau, 18e.
26 *Paris-Soir* (en février 1941, édition de zone occupée) : 37, rue du Louvre, 2e. Aussi une édition à Lyon.
27 *Pariser Zeitung* : 100, rue Réaumur, 2e.
28 *Le Petit Journal* : 61, rue Lafayette, 9e. Repli en 1940 à Clermont-Ferrand.
29 *Le Petit Parisien* : 18, rue d'Enghien, 10e
30 *Le Progrès* : 43-45, av. de l'Opéra, 2e. En février 1942 : Lyon (85, rue de la République).
31 *Révolution nationale* : 16, rue du Croissant, 2e.
32 *Revue des deux-mondes* : 15, rue de l'Université, 7e.
33 *Le Temps* : 5, rue des Italiens, 9e.
34 *Signal* (en avril 1941 et décembre 1942) : 111, rue Réaumur, 2e. Lyon (en décembre 1942) : 85, rue de l'Hôtel-de-Ville.
35 *Volontés* : 16, place Vendôme, 1er.

Pendant et après la Libération

26 *Ce soir* (en octobre 1944) : 37, rue du Louvre, 2e.
27 *Combat* (en août 1944) : 100, rue Réaumur, 2e.
36 *Le Figaro* (en juin 1945) : 21, bd Montmartre, 2e (rédaction)
13 *Le Figaro* : 14, rond-point des Champs-Élysées, 8e (administration).
23 *France libre* (en septembre 1944) : 31, rue du Louvre, 2e.
27 *France-Soir/Défense de la France* : 100, rue Réaumur, 2e.
26 *Front national* (en octobre 1944) : 37, rue du Louvre, 2e.
29 *L'Humanité* (en octobre 1944) : 18, rue d'Enghien, 10e.
26 *Libération* (en octobre 1944) : 37, rue du Louvre, 2e.
37 *Libération-Soir* (en octobre 1944) : 5, rue du Faubourg-Poissonnière, 9e.
33 *Le Monde* (en décembre 1944) : 5, rue des Italiens, 9e.
19 *Paris-Presse* (en mai 1945) : 100, rue de Richelieu, 2e.
29 *Le Parisien libéré* (en septembre 1944) : 18, rue d'Enghien, 10e.
22 *Le Populaire* (en octobre 1944) : 6, bd Poissonnière, 9e.

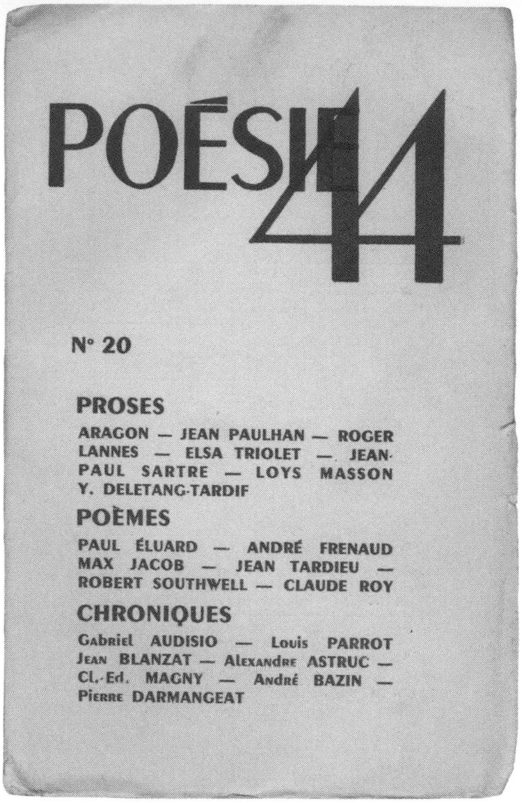

At the same time as he was preparing two volumes devoted to the works of *Prisoner poets*, which appeared in December 1944, Pierre Segers published in July the final wartime installment of *Poésie 44*: No. 20 (July-October 1944), almost all of whose contents consisted of writers in the Resistance.

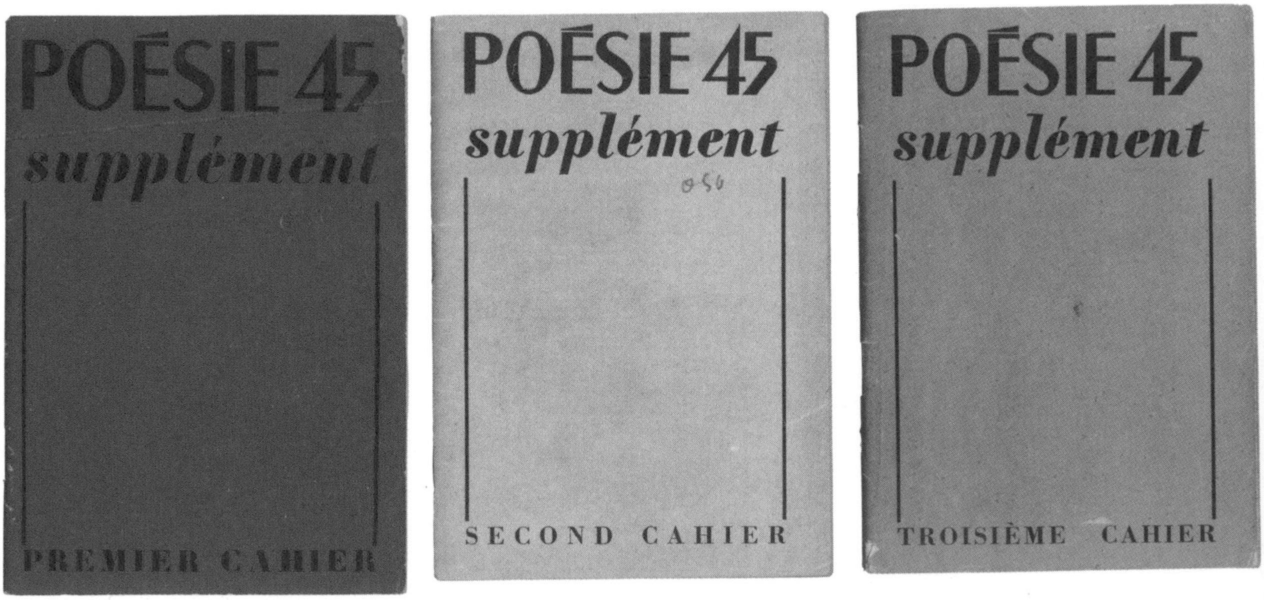

The "supplements" to *Poésie 45* published "the first texts of young poets and writers." They announced a renewal of the literary landscape and a clear desire to turn the page and look toward the future by soliciting young contemporary literature: "After five years of silence and retreat into itself," Pierre Seghers, who had settled in Paris, wrote, "after a period of mortification and disgust—but each mind was preparing, in its rebellion, a return to freedom—the young no longer believe in the commercial power of prizes."

LES LETTRES *françaises*

GRAND HEBDOMADAIRE LITTÉRAIRE ARTISTIQUE ET POLITIQUE

RÉDACTION, ADMINISTRATION, PUBLICITÉ
37, Rue du Louvre, PARIS (IIe) - Tél. : TUR. 52-00
PRIX : 5 FRANCS
4e Année – Numéro 21 Samedi 16 Septembre 1944

Un message de ROMAIN ROLLAND aux « Lettres françaises »

Charles Vildrac a pu faire parvenir le premier numéro des *Lettres françaises* à Romain Rolland, qui nous envoie de Vézelay le message suivant :

Je signe de tout cœur l'appel du Comité national des écrivains. Faites-moi l'amitié de lui transmettre mon adhésion. Oui, l'on — nous et le monde — a mieux senti encore le prix de la France depuis que son existence même a été mise en question. Qui dit France, dit — doit dire — liberté et humanité. C'est sa mission de les défendre. C'est beaucoup plus : c'est son essence, c'est la substance de la vraie France. Soyons-en dignes ! Ne faisons rien qui puisse l'en faire déchoir.

Restons-y fidèles, même dans le combat.

SALUT PUBLIC

Nous sommes en guerre.

La jeune armée française née de l'amalgame des F.F.I. et des éléments sains de l'ancienne armée doit pouvoir compter sur l'appui total de la nation. La sévérité implacable envers les complices de l'envahisseur est une condition essentielle de son moral et de sa force.

CLAUDE MORGAN.

LIRE :

En page 3 : « Le Temps mort », roman par Claude Aveline.

En page 4 : « Pénitent 43 », grande nouvelle inédite par Louis Aragon.

En page 5 : « Les livres de la France libérée », par Edith Thomas et Louis Parrot.

En page 6 : « Les yeux ouverts dans Paris insurgé », par Claude Roy.

En page 7 : « Malgré l'oppression, la grande peinture française est restée vivante et fervente », par André Lhote.

En page 8 : « La vie cachée des LETTRES FRANÇAISES », par Claude Morgan.

LE CULTE DE LA LIBERTÉ

par Georges DUHAMEL de l'Académie française

L'Académie française et monsieur le Maréchal

LA DERNIÈRE ŒUVRE DE SACHA

JEUNESSE DE LA FRANCE

par Jean GUEHENNO

Les écrivains français dans l'exil de quatre ans

In *Les Lettres françaises* of September 16, 1944, Jean Guéhenno, beneath a caricature of Sacha Guitry in prison, issued a call to the "youth of France": "Today it is the youth of these young men (among whom, it must be said, not even young bourgeois were lacking) that we have seen for three years now—at a time when the old [Pétain, Maurras] were intent on handing them over to Germany—disappear into the countryside. Nothing is greater than the story of that youth, which was being hunted and which could be itself only on condition of hiding, which decided that in spite of everything, it would be free and took off to the mountains and the forests with the best of France . . . France retreated with them and rediscovered the meaning of greatness. She will resume her career, create new values, and be part of the world's thought only insofar as . . . all demonstrate the same lucidity, the same courage, the same presence of mind, and the same spirit of sacrifice exemplified by those young men." In 1947, Guéhenno, who did his best not to publish with authorized publishers during the Occupation, gave Gallimard his *Journal des années noires*, from which an excerpt had been made public in August 1944 by Éditions de Minuit.

Le Figaro, which shut down in November 1942, printed a special issue on August 25, 1944, covering the liberation of Paris, then began to appear daily in the beginning of September, still under the direction of Pierre Brisson. André Warnod made this drawing, which recapitulates all the phases traversed by the newspaper during the war, in memory of the lunch offered by the editors to the paper's director, on December 14, 1944, at the Café de Paris, "in celebration of the hundredth issue of *Le Figaro*, which has returned to life thanks to him." In March 1946, *Le Figaro*, which recovered a huge readership, launched a weekly literary supplement that would take the name *Le Figaro littéraire* the following year.

In October 1944, General de Gaulle called on Hubert Beuve-Méry—a lieutenant in the French Forces of the Interior (FFI) and a former director of the School of Management at Uriage who joined the Resistance shortly after the school was closed down by Pierre Laval in December 1942—to found a major national daily newspaper. The first issue of *Le Monde* appeared with the model and typography of the newspaper *Le Temps*, which had shut down during the Occupation on December 18, 1944 (although dated the following day), on a single sheet in Berlin format, printed on both sides: "To our readers. A new newspaper is appearing: *Le Monde*. Its primary ambition is to provide the reader with information that is clear, true, and, to the extent possible, rapid, complete."

PREMIÈRE ANNÉE — N° 1

MARDI 19 DÉCEMBRE 1944

Le Monde

PRIX DE L'ABONNEMENT

Un numéro (PARIS et DÉPARTEMENTS) : 3 francs

La France et l'U.R.S.S. ont conclu un traité d'alliance et d'assistance mutuelle

prévu pour une durée de vingt ans

L'ALLIANCE franco-soviétique

LE RETOUR A PARIS DU GÉNÉRAL DE GAULLE

AU CONSEIL DES MINISTRES

LA PROCHAINE ENTREVUE ROOSEVELT - CHURCHILL - STALINE AURAIT LIEU A ROME

A NOS LECTEURS

TEXTE DU PACTE

TEXTE DES LETTRES ÉCHANGÉES LE 20 SEPTEMBRE 1941

LA CRISE GRECQUE

LA WEHRMACHT CONTRE-ATTAQUE aux confins belgo-luxembourgeois

Dans la plaine d'Alsace l'ennemi s'efforce d'élargir ses positions

MUSSOLINI CROIT TOUJOURS A LA VICTOIRE DE L'AXE

MANŒUVRES NAZIES A MADRID

PRISE DE FAENZA

L'OFFENSIVE SOVIÉTIQUE DANS LA RÉGION DE MISKOLCZ

La vie littéraire

LE GENERAL DE GAULLE ET SES TEMOINS

par Émile Henriot

La Guerre en Extrême-Orient

ABONNEMENTS

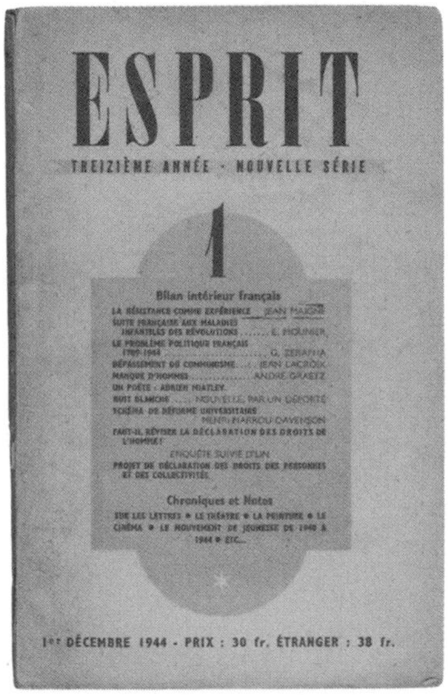

After the war Emmanuel Mounier resumed publication of *Esprit*. The first issue of the new series (thirteenth year) appeared in December 1944. Recalling that "we have learned what it is to suffocate for lack of elementary freedoms, whether national or personal; we have seen class hatred inspire foreigners to racial hatred and stifle the most natural human sentiments," and that it is necessary to turn to the future, Mounier wondered whether it would not be necessary to revise the Declaration of the Rights of Man of 1789, and presented his project, about which he had begun to reflect during the Occupation: "I presented that Declaration (which we had long been planning at *Esprit*) for the first meeting of the clandestine study group which replaced *Esprit* after it was banned. My text was discussed in Lyon by a commission whose participants included André Philip, Jean Lacroix, Henri Marrou, Jean Wahl, Joseph Hours, Father Dequerra [Desqueyrat], Lucien Fraisse, etc. The text published here owes a number of significant rectifications to them." Article 14, on freedom of expression, for example, specifies: "Every man is free to speak, write, print, and publish the result of his research, to the extent that its dissemination is not considerable enough to endanger rights guaranteed by Article 8. Information is free under the same conditions, with disseminators assuming juridical responsibility" in the case of information demonstrated to be false.

The deluxe review *La Table ronde* (with limited print runs) was created in December 1944 within the publishing house of the same name founded by Roland Laudenbach, Jean Turlais, and Roger Mouton shortly before the Liberation. It subsequently became a monthly intended to counter the influence of *Les Temps modernes*. François Mauriac, who was one of its co-directors, along with Thierry Maulnier, commented on the undertaking at the end of a period that would see him make the transition from a commitment to Catholicism to a commitment to politics: "The idea came to me at that precise moment (it was a bad idea) that since *La Nouvelle Revue Française* was not about to reappear, we could attempt to take its place. I was consequently interested in a new journal, *La Table ronde*, with the hope that the best writers on the right would meet up there with the best writers on the left. How could I have thought that it was possible?" Éditions Plon bought the journal in 1950. Mauriac left it three years later.

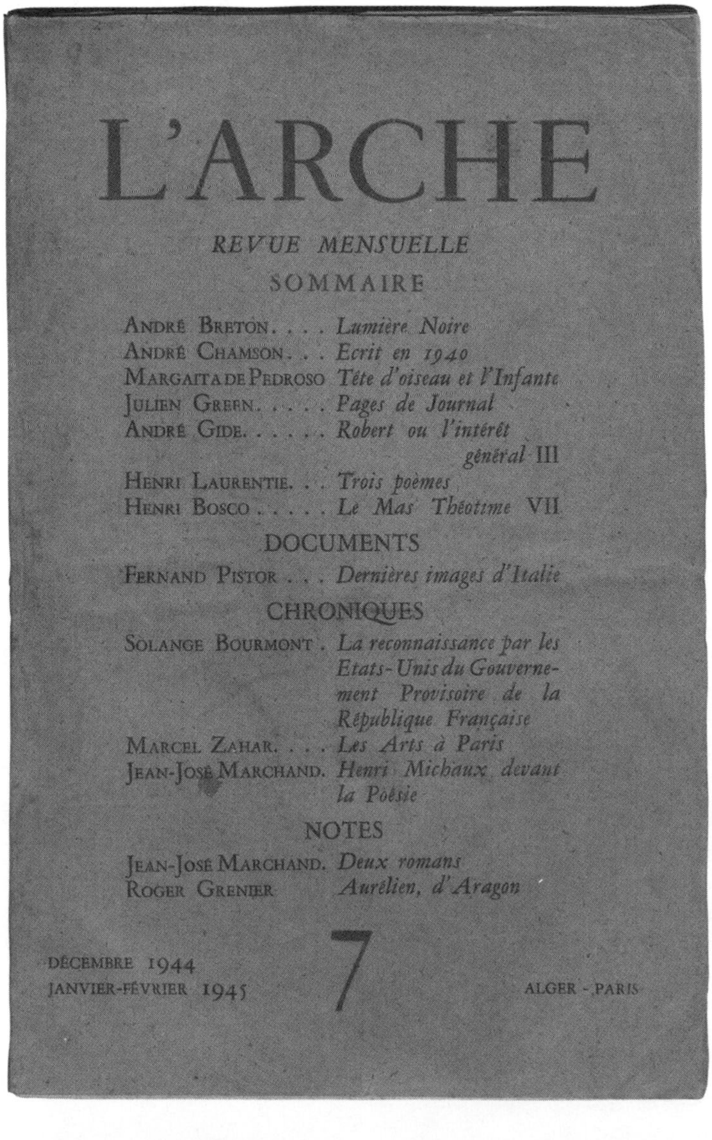

Among the new literary journals rushing to occupy the terrain left vacant in Paris by the banning of *La Nouvelle Revue Française* was the monthly review *L'Arche*, founded in Algiers by Jean Amrouche, André Gide, Robert Aron, and Jacques Lassaigne in 1943. The first issue appeared in February 1944, and the seventh, edited and printed in Paris in December 1944–January 1945, offered a table of contents whose organization seemed an emphatic reminder of the former *NRF*. *L'Arche* ceased publishing, following several interruptions, at the end of 1947.

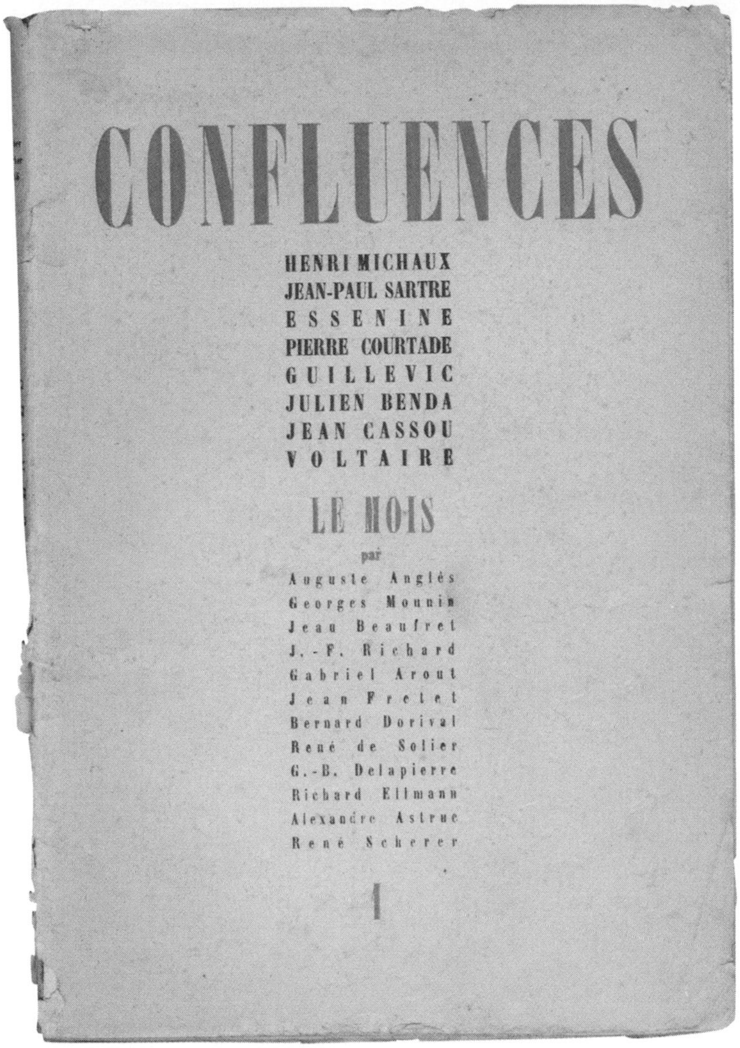

After its August 1944 issue, in which René Tavernier wrote "*La Victoire en chantant*," *Confluences* appeared again in December 1944–January 1945, after which a new series was published between October 1945 and February 1946, "attributable to the change of address of our journal and current difficulties with printing." Published in Paris, *Confluences* continued with difficulty until 1948; its final issues were organized thematically and "better adapted to the requirements of the day." Subjects included Saint-Exupéry, a "Jewish balance-sheet," and a survey on Communism.

Reappearing in fall 1944, *L'Arbalète* lasted until the summer of 1948, at the rate of one issue a year, traditionally craft-printed by Marc Barbezat in Lyon.

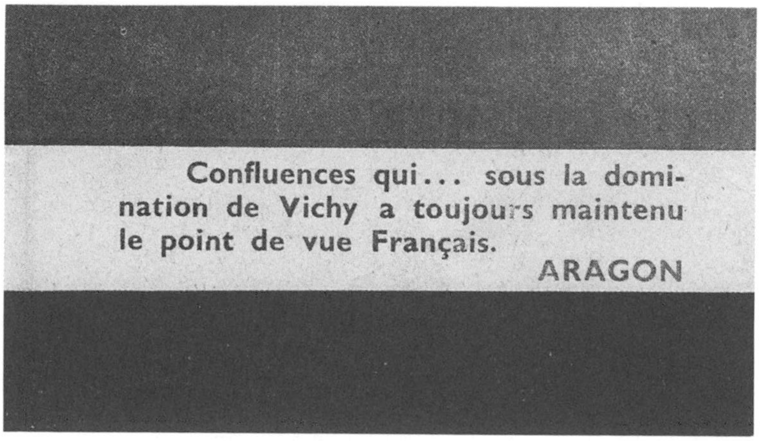

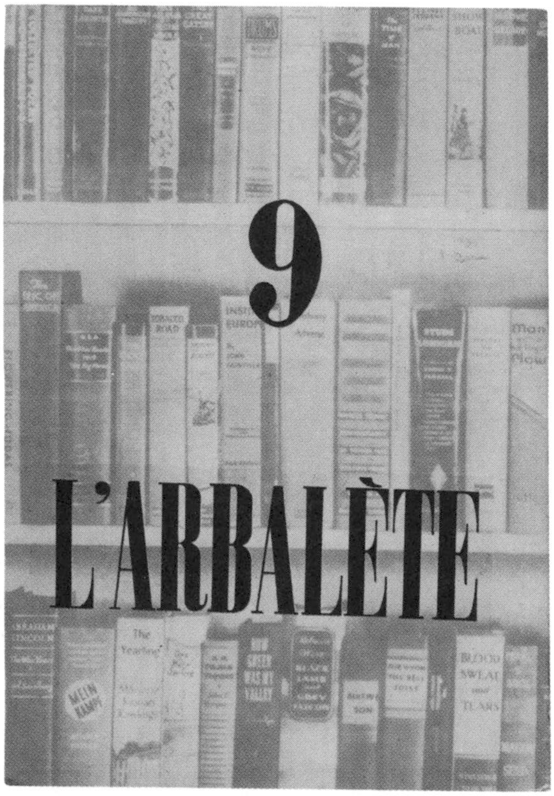

"Risques, Travaux & Modes": intended to appear in the spring of 1944, this issue of *Messages* was finally printed on the presses of the successor to Jacques Grou-Radenez—the Resistance printer of the rue de Sèvres, who died of exhaustion at Flossenbürg—on April 15, 1945. In the table of contents, sonnets by Robert Desnos, *"A la Caille,"* submitted just before his arrest . . . Jean Lescure hesitated to publish them prior to the Liberation for fear of harming their author. Later, although without news of Desnos, he persuaded himself "that it was not the anti-Vichy sentiments of the sonnets that was important and merited inclusion in the enduring memory of poetry, but the salubrious alacrity of their language."

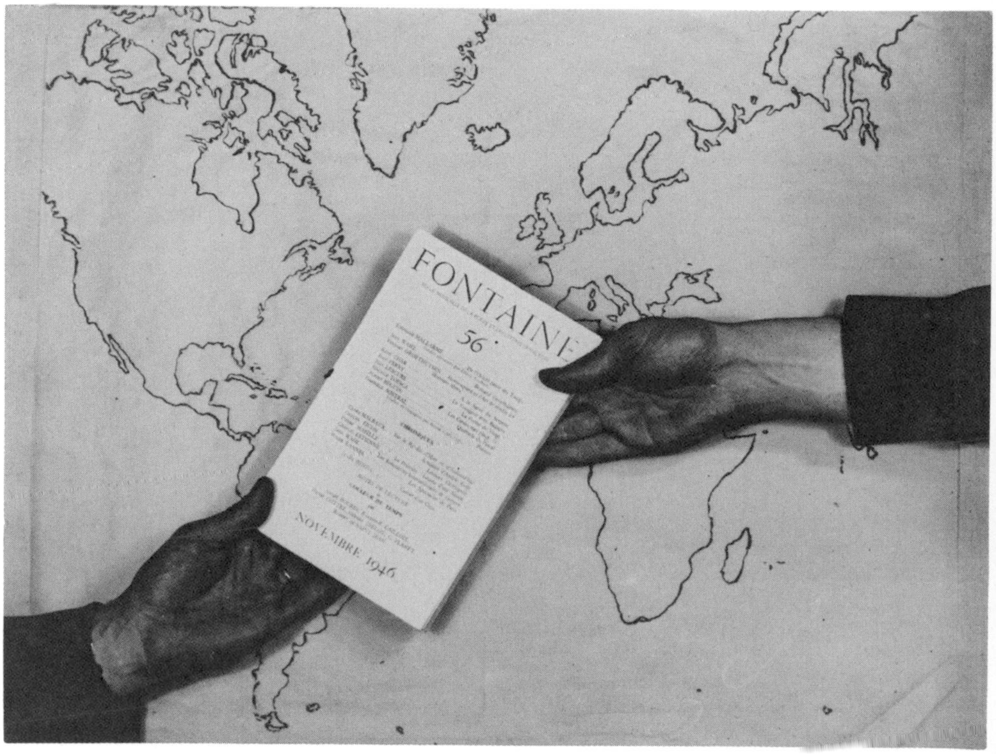

Publicity photo for *Fontaine*—issue 56, November 1946—passed from hand to hand and from continent to continent. Since April 1945, Max-Pol Fouchet had been publishing his journal from Paris, where it would continue to appear until November 1947 . . . "Nothing has been more injurious to us, since the return of freedom," Fouchet wrote in his first Parisian issue, "than the immodesty of certain intellectuals. They cast themselves as heroes for having written or published messages in code. They regard themselves as the equal of martyrs for having allowed others—who were the true heroes—to have printed them, those messages, in catacombs, and to have transmitted them to living individuals. The primordial courage of an intellectual is not to expect anything other than from himself. One is hard put to see why intellectuals should be congratulated so heartily for having taken a stand for the human spirit against an enemy who threatened the human spirit so openly. It was merely normal."

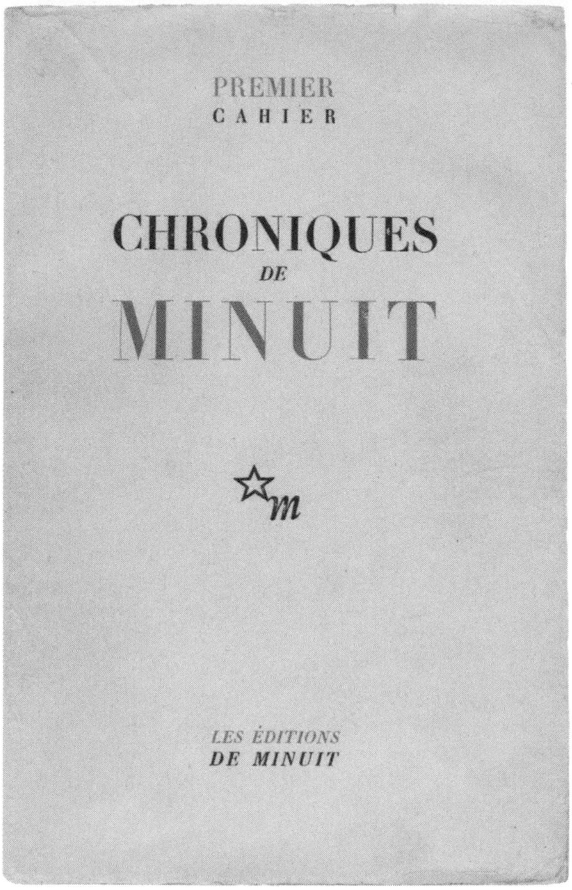

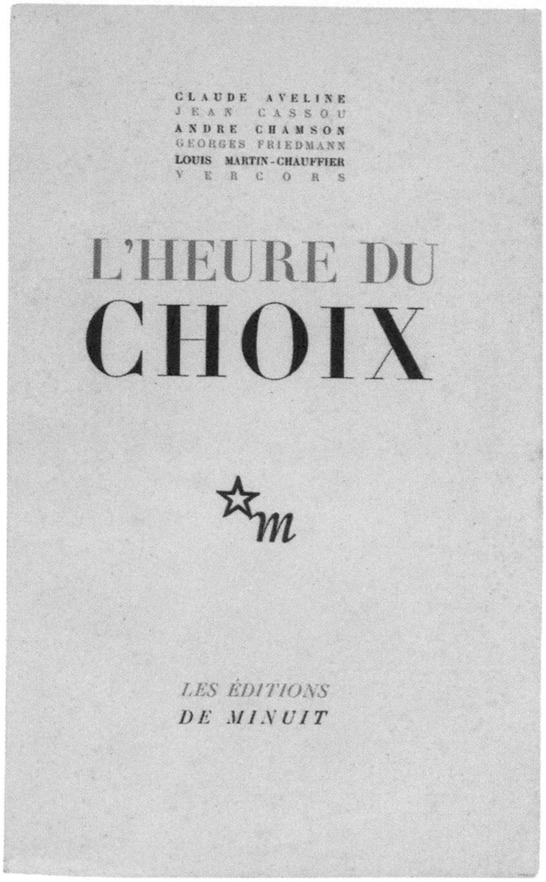

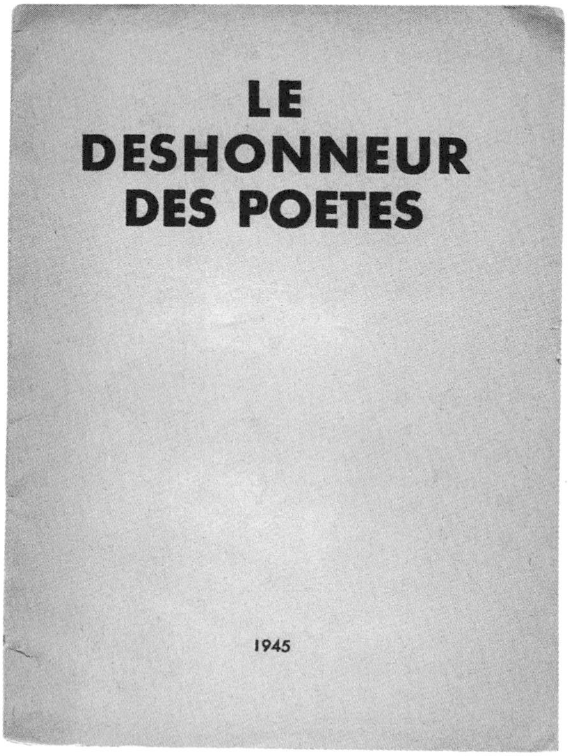

The first *Cahier des Chroniques de Minuit* appeared from April 1945 to December 1946 under the editorship of Vercors. "The aspiration [we seek] is difficult to define in words, since it is, in fact, not definable: it is one that attracted, in the recent past, men of good will against oppression—one that attracts them today to attempt to respond to the hope of nations, to respond as well to what threatens them. To sum things up in a phrase, it is perhaps a matter of extracting, from the 'inextricable confusion of error and violence' that came close to costing our civilization its life, a (social and political) ethic—a way of thinking—that might be our destiny."

L'Heure du choix [The Hour of Decision], published by Éditions de Minuit in November 1947. The publication of this collection of texts by Jean Cassou, Claude Aveline, André Chamson, Georges Friedmann, Louis-Martin Chauffier, and Vercors, written between September and December 1946, was delayed a few months as a result of President Truman's anti-Communist speech of March 1947: "This publication, concerning which we are the first to admit the gaps and shortcomings, will not have been futile if it arouses an awareness on the part of some and if it helps them, in their daily activities and thoughts, to blend the need for social renewal and the moral exigencies whose intimate fusion alone can fuel progress for humanity worthy of the name. For each of us, the hour of decision has arrived."

Benjamin Péret, *Le Déshonneur des poètes*, written in Mexico in February 1945. From exile in Mexico, André Breton's faithful lieutenant responded, with rhetoric worthy of Surrealism, to *L'Honneur des poètes*, the anthology of Resistance poems edited by Paul Éluard, Jean Lescure, and Pierre Seghers, published by Éditions de Minuit in 1943: "Not one of these 'poems' transcends the lyrical level of a drugstore jingle, and it is not by chance that their authors have felt the obligation, in the immense majority of cases, to return to the rhymes and alexandrines of classicism . . . It is, in fact, significant that most of these texts forge a close association between Christianity and nationalism as though they wanted to demonstrate that religious dogma and nationalist dogma have a common root and an identical social function. The very title of the booklet, *The Honor of Poets*, considered in relation to its contents, takes on a meaning alien to all poetry. Ultimately the honor of these 'poets' consists in ceasing to be poets in order to become publicity agents." This was the first publication of the future ethnologist and bookseller Alain Gheebrant, who, for the occasion, adopted the fantastical name for his publishing house "Poésie et Révolution," fictitiously said to be located in Mexico. In Paris he founded Éditions K.

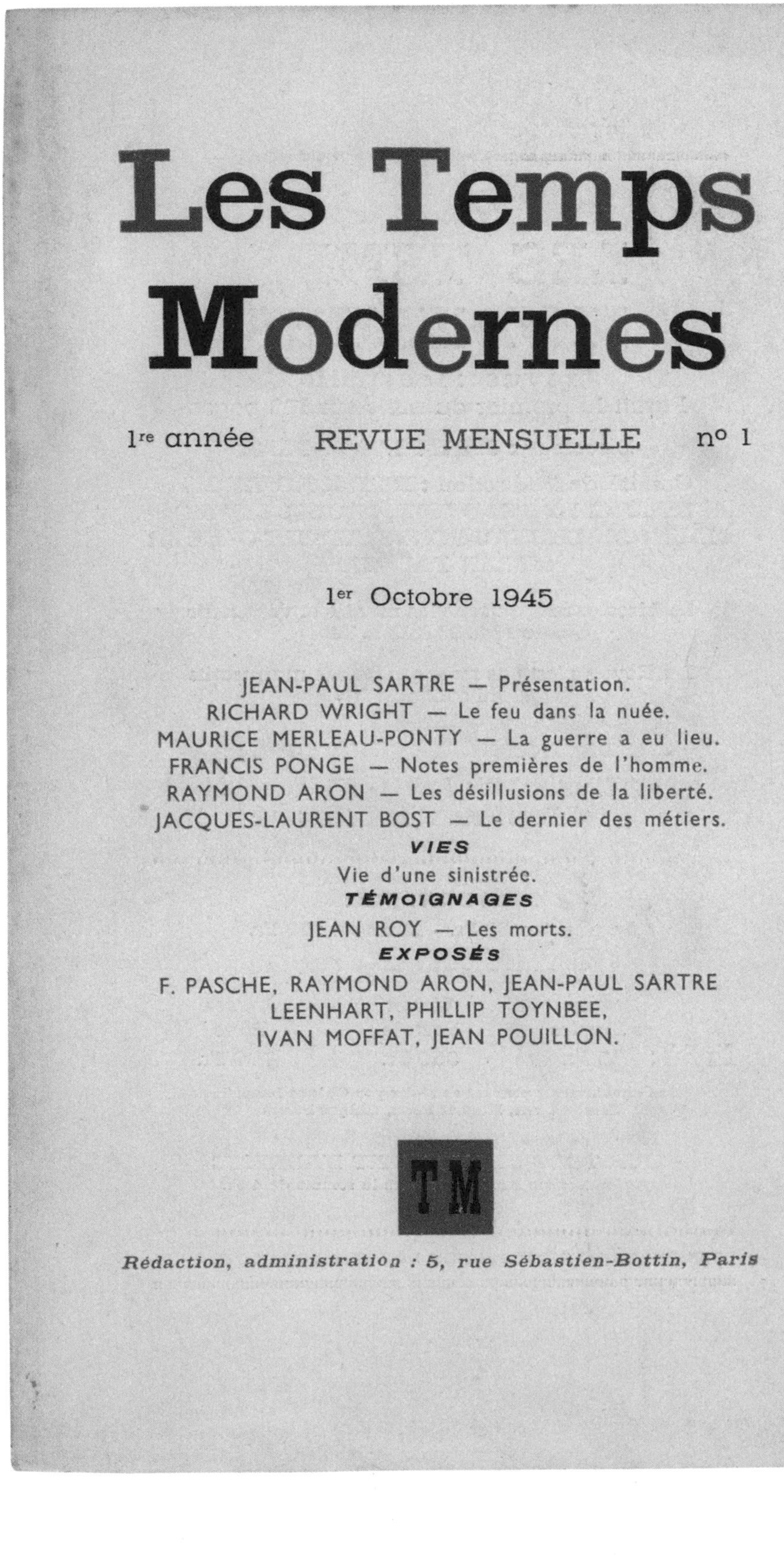

Les Temps Modernes

1re année REVUE MENSUELLE nº 1

1er Octobre 1945

JEAN-PAUL SARTRE — Présentation.
RICHARD WRIGHT — Le feu dans la nuée.
MAURICE MERLEAU-PONTY — La guerre a eu lieu.
FRANCIS PONGE — Notes premières de l'homme.
RAYMOND ARON — Les désillusions de la liberté.
JACQUES-LAURENT BOST — Le dernier des métiers.

VIES

Vie d'une sinistrée.

TÉMOIGNAGES

JEAN ROY — Les morts.

EXPOSÉS

F. PASCHE, RAYMOND ARON, JEAN-PAUL SARTRE
LEENHART, PHILLIP TOYNBEE,
IVAN MOFFAT, JEAN POUILLON.

TM

Rédaction, administration : 5, rue Sébastien-Bottin, Paris

First issue of *Les Temps modernes*, published October 1, 1945. The monthly journal, directed by Jean-Paul Sartre, held meetings of its editorial board—consisting of Raymond Aron, Simone de Beauvoir, Michel Leiris, Maurice Merleau-Ponty, Albert Olivier, and Jean Paulhan—in the offices of Éditions Gallimard. "We begin as a small team, and will have failed if, in a year's time, it has not grown considerably. We are appealing to all individuals of good will; all manuscripts will be accepted, from wherever they come, provided that they are inspired by concerns that join up with our own and possess, in addition, literary value. I would, in fact, remind the reader that in the phrase "committed literature"—*literature engagée*—the commitment must in no way be a pretext for forgetting literature, and that our concern must be to serve literature while infusing it with new blood, as much as to serve the collectivity by attempting to give it a literature that suits it.

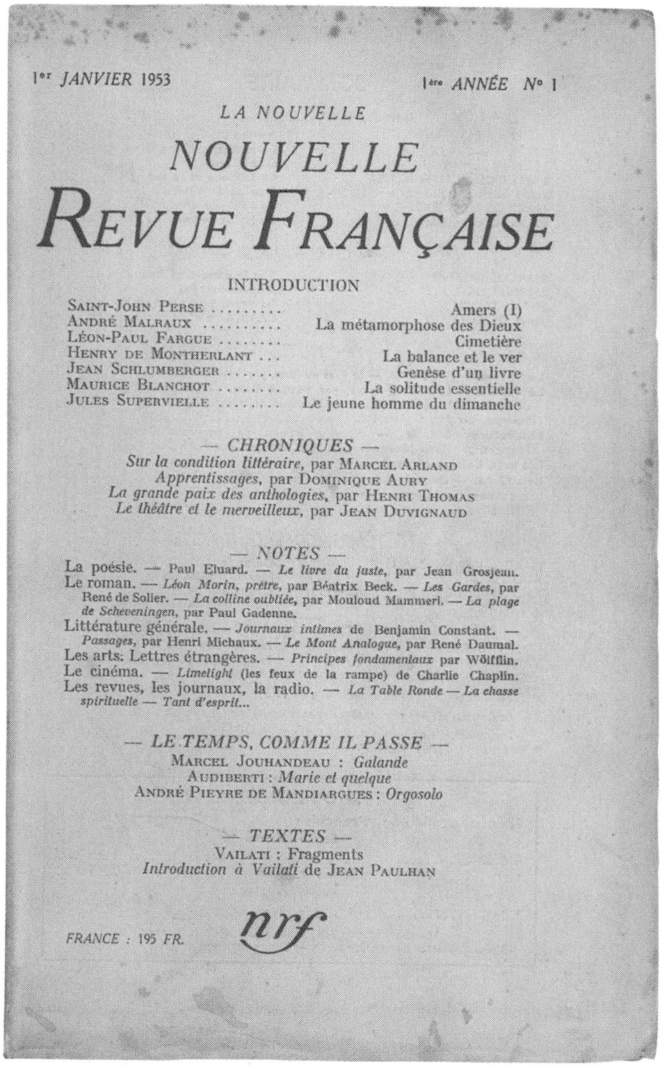

1er JANVIER 1953 — 1ère ANNÉE No 1

LA NOUVELLE

NOUVELLE

REVUE FRANÇAISE

INTRODUCTION

SAINT-JOHN PERSE	Amers (I)
ANDRÉ MALRAUX	La métamorphose des Dieux
LÉON-PAUL FARGUE	Cimetière
HENRY DE MONTHERLANT ...	La balance et le ver
JEAN SCHLUMBERGER	Genèse d'un livre
MAURICE BLANCHOT	La solitude essentielle
JULES SUPERVIELLE	Le jeune homme du dimanche

— CHRONIQUES —

Sur la condition littéraire, par MARCEL ARLAND
Apprentissages, par DOMINIQUE AURY
La grande paix des anthologies, par HENRI THOMAS
Le théâtre et le merveilleux, par JEAN DUVIGNAUD

— NOTES —

La poésie. — Paul Eluard. — *Le livre du juste*, par Jean Grosjean.
Le roman. — *Léon Morin, prêtre*, par Béatrix Beck. — *Les Gardes*, par René de Solier. — *La colline oubliée*, par Mouloud Mammeri. — *La plage de Scheveningen*, par Paul Gadenne.
Littérature générale. — *Journaux intimes* de Benjamin Constant. — *Passages*, par Henri Michaux. — *Le Mont Analogue*, par René Daumal.
Les arts: Lettres étrangères. — *Principes fondamentaux* par Wölfflin.
Le cinéma. — *Limelight* (les feux de la rampe) de Charlie Chaplin.
Les revues, les journaux, la radio. — *La Table Ronde* — *La chasse spirituelle* — *Tant d'esprit...*

— LE TEMPS, COMME IL PASSE —

MARCEL JOUHANDEAU : *Galande*
AUDIBERTI : *Marie et quelque*
ANDRÉ PIEYRE DE MANDIARGUES : *Orgosolo*

— TEXTES —

VAILATI : Fragments
Introduction à Vailati de JEAN PAULHAN

FRANCE : 195 FR.

nrf

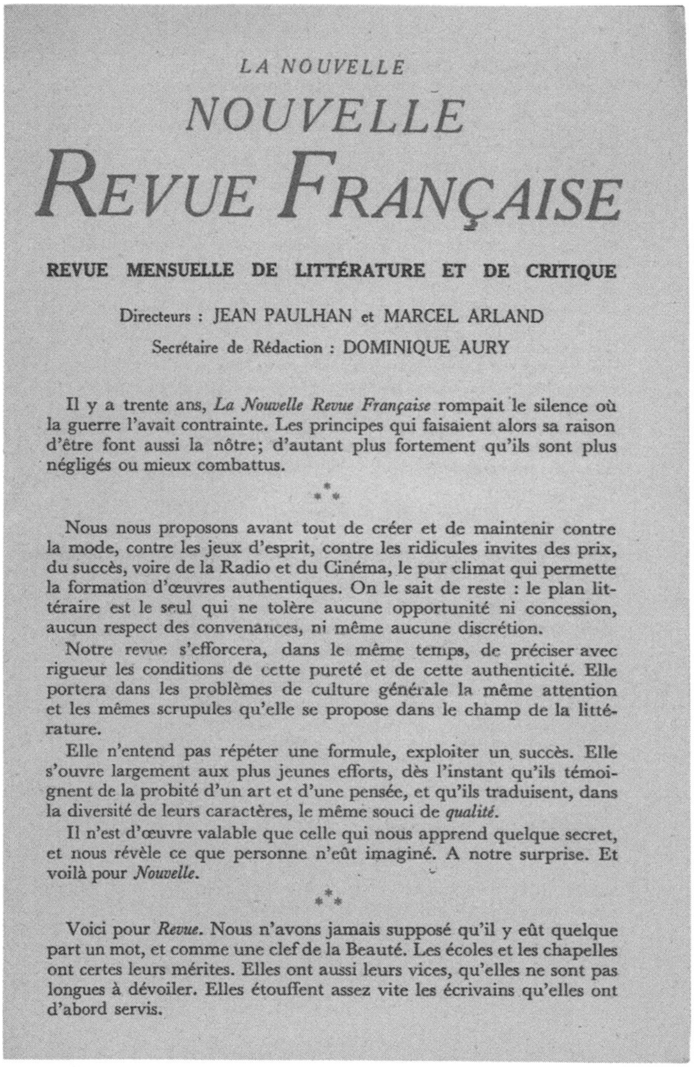

LA NOUVELLE

NOUVELLE

REVUE FRANÇAISE

REVUE MENSUELLE DE LITTÉRATURE ET DE CRITIQUE

Directeurs : JEAN PAULHAN et MARCEL ARLAND

Secrétaire de Rédaction : DOMINIQUE AURY

Il y a trente ans, *La Nouvelle Revue Française* rompait le silence où la guerre l'avait contrainte. Les principes qui faisaient alors sa raison d'être font aussi la nôtre; d'autant plus fortement qu'ils sont plus négligés ou mieux combattus.

***

Nous nous proposons avant tout de créer et de maintenir contre la mode, contre les jeux d'esprit, contre les ridicules invites des prix, du succès, voire de la Radio et du Cinéma, le pur climat qui permette la formation d'œuvres authentiques. On le sait de reste : le plan littéraire est le seul qui ne tolère aucune opportunité ni concession, aucun respect des convenances, ni même aucune discrétion.

Notre revue s'efforcera, dans le même temps, de préciser avec rigueur les conditions de cette pureté et de cette authenticité. Elle portera dans les problèmes de culture générale la même attention et les mêmes scrupules qu'elle se propose dans le champ de la littérature.

Elle n'entend pas répéter une formule, exploiter un succès. Elle s'ouvre largement aux plus jeunes efforts, dès l'instant qu'ils témoignent de la probité d'un art et d'une pensée, et qu'ils traduisent, dans la diversité de leurs caractères, le même souci de *qualité*.

Il n'est d'œuvre valable que celle qui nous apprend quelque secret, et nous révèle ce que personne n'eût imaginé. A notre surprise. Et voilà pour *Nouvelle*.

***

Voici pour *Revue*. Nous n'avons jamais supposé qu'il y eût quelque part un mot, et comme une clef de la Beauté. Les écoles et les chapelles ont certes leurs mérites. Elles ont aussi leurs vices, qu'elles ne sont pas longues à dévoiler. Elles étouffent assez vite les écrivains qu'elles ont d'abord servis.

In 1942 there were already rumors circulating about a rebirth of *La Nouvelle Revue Française*. In *La Table ronde* of December 1952, François Mauriac offered this echo: "*La Nouvelle Revue Française* is going to reappear . . . I make bold to hope that the *NRF* will restore a spirit that we will be able to contest in a manner that is valid. In these quarters, our interest will be in finding in that journal, if not an adversary, at least an interlocutor, and that the interest of our dialogue (which should be as lively as possible, and as mordant) might ensure us, at least for a time, a common readership, until the day when one of the two will score a decisive victory over the other."

And *La Nouvelle Revue Française* did indeed reappear on January 1, 1953, under the title *La Nouvelle Nouvelle Revue Française*, edited by Jean Paulhan and Marcel Arland, skillfully combining in its table of contents all writers, whatever their attitude may have been during the Occupation, whether or not they figured on the CNE's blacklist. In his column (*Bloc-notes*) of January 2, passing to the offensive, François Mauriac attacked Jean Paulhan, whom he characterized as the "indefatigable pilot fish that has navigated for years now in front of the most gentle, most cherished-by-his-friends, most acute, but also most voracious *dentuso*, leading the most famished *galano* in all of French publishing [Gaston Gallimard]." "I still like the *NRF*," wrote Mauriac. "I retain a residual tenderness for that dear old lady, with her shaved head, whose hair has taken eight years to grow back . . . As far as the *Nouvelle NRF* is concerned, modestly refusing as it does to look back on its most immediate past, we will not forego any opportunity to judge it in the light of that past. It will either have to assume it or renounce it."

In *Le Monde* of March 19, 1953, an article by Yves Florenne, titled "*Une guerre civile*" [A Civil War], advocated a pacification of memory: "I find it hard to understand those who tell me that *La Nouvelle Revue Française* is forever unworthy because it compromised itself. That is not what should be said: it was compromised. But who among us was not, in some way, betrayed and delivered over? On that score France in its entirety was compromised by part of itself . . . Nothing allows us to forget that the *NRF* of Drieu—if one insists on it—was also, and even more so, not only that of Gide, but also that of Jean Prévost. And that, all things considered, it remains more that of Malraux than of Chardonne or of Jouhandeau."

BIBLIOGRAPHY

Books published by IMEC Editions dealing fully or partially with the Second World War:

1987

• Pascal Fouché, *L'Édition française sous l'Occupation, 1940–1944*, 2 vol.

1989

• Albert Dichy et Pascal Fouché, *Jean Genet: essai de chronologie.*

1991

• *Céline & les Éditions Denoël, 1932–1948*, correspondance et documents présentés et annotés par Pierre-Edmond Robert.

1992

• Marc Bloch: *Écrire La Société féodale: lettres à Henri Berr, 1924–1943*, correspondance établie et présentée par Jacqueline Pluet-Despatin.

1993

• Alain Paire, *Chronique des "Cahiers du Sud," 1914–1966.*

1994

• Anne Simonin, *Les Éditions de Minuit, 1942–1955: le devoir d'insoumission.*

1995

• François Lachenal, *Éditions des Trois Collines: Genève-Paris.*

• Jean-Yves Lacroix, *Bibliographie des écrits de Jean Paulhan, 1903–1995.*

1996

• Jean Hélion, *Lettres d'Amérique: correspondance avec Raymond Queneau, 1934–1967*, établie et présentée par Claude Rameil.

• Jean Hélion, *À perte de vue* suivi de *Choses revues*, édition établie par Claire Paulhan et Patrick Fréchet.

1998

• Jean Lescure, *Poésie et Liberté: histoire de "Messages", 1939-1946.*

2002

• Claire Paulhan, *De Pontigny à Cerisy: un siècle de réseaux intellectuels.*

• *Martin et Karl Flinker: de Vienne à Paris*, textes réunis par Isabelle Pleskoff.

2004

• *Archives des années noires: artistes, écrivains et éditeurs*, documents réunis et présentés par Claire Paulhan et Olivier Corpet.

• Jean Tardieu et Jacques Heurgon, *Le ciel a eu le temps de changer: correspondance, 1922-1944*, établie et présentée par Delphine Hautois.

• *Les Écrits d'artistes depuis 1940*, actes du colloque international, Paris et Caen, 6-9 mars 2002, sous la direction de Françoise Levaillant.

2005

• Goulven Boudic, *Esprit, 1944-1982: les métamorphoses d'une revue.*

• *S.I.E.C.L.E.: 100 ans de rencontres intellectuelles*, actes du colloque international de Cerisy.

2006

• Caroline Hoctan, *Panorama des revues à la Libération, août 1944-octobre 1946.*

• Marguerite Duras, *Cahiers de la guerre et autres textes*, édition établie par Sophie Bogaert et Olivier Corpet, POL/IMEC.

2007

• Olivier Cariguel, *Panorama des revues littéraires sous l'Occupation.*

2008

• Anne Simonin, *Les Éditions de Minuit, 1942-1955: le devoir d'insoumission*, nouvelle édition.

ACKNOWLEDGMENTS

We wish to thank our partners, The New York Public Library (NYPL) and the Mémorial de Caen,

and our supporters: the Lower Normandy Regional Council; the Ministry of Culture and Communication; the Florence Gould Foundation; and the Cultural Service of the French Embassy, New York.

We also wish to thank the people and institutions who kindly loaned us documents:

Pierre et Franca Belfond (Paris, France);
Wilhelm Epting (Hänner, Allemagne);
Jacques Jausseran (Bordeaux, France);
Jacques Schiffrin (New York, NY);
Bibliothèque et Archives Nationales du Québec (Montréal, Canada);
Deutsches Literaturarchiv (Marbach, Allemagne);
les Archives de Radio-Canada (Montréal, Canada);
les Archives iconographiques de Pontigny-Cerisy (Paris, France);

as well as the rights holders who allowed us to exhibit and reproduce their archives on deposit at IMEC:

Marianne Baruch, François Boddaert, Jean-François Brisson, Pierre Brullé, Jacques de Castilla, Jeanne Cayrol, Guy Dotremont, Denise Epstein, Francis Esménard, Nelly Feuerhahn, Marianne Fouchet, the Gisèle Freund Estate, Philippe Geffré, Lise Halbwachs-Mecarelli, Jacqueline Hélion, Edith Heurgon (CCIC), Véronique Hoffmann-Martinot, Maurice Imbert, Foulques de Jouvenel, Catherine Lachenal, Olivier Lacroix, Edda Maillet, Jean-José Marchand, Jacqueline Paulhan, Jacques Peyrou (CCIC), Marie-Claude Profit, Catherine Robbe-Grillet, Virginie Seghers, Alix Turolla-Tardieu, Béatrice Wahl.

We also thank those who gave us assistance and additional authorizations for the material reproduced in this book and on display in the accompanying exhibition:

Marie-Liesse d'Aboville, Monique Antelme, Jean-François Arnaud, Hughes Bachelot, Jean-Claude Barat, André Bay, Roland Bechmann, Bernard Billaud, André Biron, Claude Bloch, Martine Boisvin-Champeaux, Marie-Cécile Bouju, François Bruller, Geneviève Capgras, Olivier Cariguel, Anne de Cazanove, Claude Champetier de Ribes, Laure Chapalain, François Chapon, Marie-Claude Char, Anne-Véronique de Coppet, Clémentine Deroudille, la Maison Descartes (Amsterdam), Brigitte Drieu la Rochelle, Antoine Duhamel, Guy Durliat, Arlette Elkaïm, Irène Fernandez, Pascal Fouché, Jacques Fraenkel, Antoine Gallimard, Dominique Gaultier (Éditions Le Dilettante), François Gibault, Catherine Gide, Jean-Marie Guéhenno, Nicolas et Benjamin Guibert, Thomas Gunther, Charlotte Hugnet, Anne M. Hurtubise, Jacques Jausseran, Marc Jouhandeau, Silvia Laurant-Colle, Naomi Levinson, Jean-Baptiste Libouban, Jean Mauriac, Pascal Mercier, Institut François Mitterrand, Alain Monteagle, René Mougel, Marie-Victoire Nantet, Annie Neuberger, Nadine Nimier, Monique Paul-Béguin, Jean-Kely Paulhan, Jérôme Prieur, Jean Ristat, Catherine Rizea-Caillois, Gisèle Sapiro, Dominique Schnapper, Katharina Johanna Schneider, Jaime Semprun, Caroline Tachon, Dominique Thomasson-Wallard, la galerie Hélène Trintignan, Daniel Vandeventer.

We also thank our colleagues at IMEC, especially those in the exhibitions department:

Emmanuelle Lambert (Manager),
Pierre Clouet (Documentary Research),
Caroline Dévé (Production Manager),
as well as Muriel Vandeventer (IMEC Editions), Pascale Butel, Yves Chèvrefils-Desbiolles, Marjorie Delabarre, Gilles Delhaye, André Derval, Albert Dichy, Stéphanie Lamache, Alain Massuard, Isabelle Pacaud, Mélina Reynaud, José Ruiz-Funes, Sandrine Samson, and Yoann Thommerel.

For their friendship and support, we cannot thank enough Tom Bishop, Lorma Kettaneh, George H. Fletcher, Fabrice Gabriel, Jean Vallier, and Michel Van Zèle.

And finally we express our gratitude to those few who encouraged us through the development of this project, and placed us, each in their own way, on this path: René Tavernier, François Lachenal, Jean Lescure, Frédéric Paulhan, and Christian Bourgois.

Claire Paulhan and Olivier Corpet

CREDITS

b: bottom; r: right; l: left;
t: top; m: middle

I. FROM THE PREWAR PERIOD
TO THE COLLAPSE:
31 t: Fonds Revues, IMEC; **31 b:** Fonds J. Paulhan/IMEC/© Photo David Seymour/Magnum; **32 t and bl:** © Photo Archives iconographiques de Pontigny-Cerisy (http://www.ccic-cerisy.asso.fr); **32 br:** Photo F. Jausseran/© Collection Jausseran; **33 t and bl:** © Photo Archives iconographiques de Pontigny-Cerisy; **33 br:** Fonds G. Freund/© Gisèle Freund Estate; **34 t:** Fonds J. Paulhan, IMEC/Photo D. R.; **34 b:** Fonds J. Paulhan, IMEC/Photo D. R.; **35 t:** Fonds J. Paulhan, IMEC/Photo D. R.; **35 b:** Coll. particulière (I. Fernandez)/Photo D. R.; **36:** Fonds L.-F. Céline, IMEC; **37 t and b:** Fonds Revues, IMEC; **38–39:** Fonds V. Pozner, IMEC; **40:** Fonds J. Hélion, IMEC; **41:** Fonds H. Béraud, IMEC; **42 lt and rb:** Fonds H. Béraud, IMEC; **42 r:** Fonds H. Béraud, IMEC/Photo D. R.; **43:** Fonds M. Henry, IMEC; **44:** Fonds Revues, IMEC; **45:** Fonds J. Paulhan/© Succession Cl. Roy; **46:** Fonds J. Paulhan, IMEC/© Succession J.-P. Sartre; **47 t and b:** Fonds L. Althusser, IMEC/Photo D. R.; **48 t:** Fonds P. Pia, IMEC; **48 b:** Fonds E. Bove, IMEC; **49 t:** Fonds O. Freundlich, IMEC/© Succession O. Freundlich; **49 b:** Fonds J. Wahl, IMEC/© Succession Z. Reich; **50:** Fonds J. Paulhan, IMEC/© Succession R. Fernandez; **51 t:** Fonds J. Paulhan, IMEC/© Succession R. Brasillach; **51 b:** Fonds J. Paulhan, IMEC/© Succession P. Drieu la Rochelle; **52 and 53 r:** Fonds J. Paulhan, IMEC; **53 l:** Fonds J. Paulhan, IMEC; **54:** Fonds J. Paulhan/© Succession Aragon; **55:** Fonds J. Paulhan/IMEC; **56:** Fonds A. Robbe-Grillet, IMEC/© Succession A. Robbe-Grillet; **57:** Fonds Hachette, IMEC; **58:** Fonds J. Paulhan, IMEC/© Succession M. Bloch; **59 (text):** Fonds J. Paulhan, IMEC/© Succession M. Bloch; **60 t:** Fonds P. Jahan, IMEC/© Succession P. Jahan; **60 b:** Fonds E. Mounier, IMEC/© Photo D. R.; **61:** Fonds R. Lannes, IMEC.

II. SURVIVING UNDER THE OCCUPATION:
65: Fonds Revues, IMEC; **66 t:** Fonds P. Seghers, IMEC/© Photo Bundesarchiv; **66 b:** © Éditions Tallandier; **67 t:** Fonds J. Paulhan, IMEC; **67 b:** Fonds A. Mare, IMEC; **68:** Fonds Hachette, IMEC; **69:** Fonds A. Fougeron, IMEC; **70 l:** Fonds Hachette, IMEC; **70 r:** Fonds F. Lacassin, IMEC; **71:** Fonds J. Follain, IMEC; **72:** Fonds M. Sachs, IMEC/© Succession M. Sachs; **73:** Fonds I. Némirovsky, IMEC; **74 l:** Fonds J.-M. Palmier, IMEC; **74 r:** Fonds Larousse, IMEC; **75:** Fonds J. Follain, IMEC; **76 t:** Collection du Mémorial de Caen; **76 b:** Fonds Hachette, IMEC; **77 t and b:** Fonds J. Follain, IMEC; **78:** Fonds Larousse, IMEC; **79:** Fonds J. Follain, IMEC; **80:** Fonds J. Follain, IMEC; **81:** Fonds J. Follain, IMEC; **82 t:** Fonds Hachette, IMEC; **82 b:** Fonds P. Jahan, IMEC/© Succession P. Jahan; **83 t and b:** Fonds M. Toesca, IMEC/© Succession R. Doisneau; **84 t and b:** Collection du Mémorial de Caen; **85:** Fonds Larousse, IMEC; **86 l:** Fonds Larousse, IMEC; **86 r:** Fonds Hachette, IMEC/© Succession M. Henry; **87 l and r:** Fonds Hachette, IMEC; **88 l:** Fonds J. Follain, IMEC; **88 r:** Fonds J. Fayard, IMEC; **89:** Fonds Revues, IMEC; **90 tl:** Fonds A. Mare, IMEC; **90 tr:** Fonds O. Freundlich, IMEC; **90 bl and br:** Fonds A. Mare, IMEC; **91:** Fonds Revues, IMEC; **92:** Fonds J. Follain, IMEC; **93 l:** Fonds C. Dotremont, IMEC/© Succession H. Goetz; **93 r:** Fonds C. Dotremont, IMEC/© Succession C. Dotremont; **94 t:** Collection du Mémorial de Caen; **94 m and b:** Fonds A. Cuny, IMEC/© Photos D. R.; **95:** Collection du Mémorial de Caen; **96:** Fonds *Confluences*, IMEC; **97 t and b:** Fonds P. Jahan, IMEC/© Succession P. Jahan; **98:** Fonds H. Béraud, IMEC; **99 l:** Collection du Mémorial de Caen; **99 r:** Fonds J. Follain, IMEC; **100 l:** Fonds A. Robbe-Grillet/© Succession A. Robbe-Grillet; **100–101:** Collection du Mémorial de Caen; **102 t:** Fonds J. Genet, IMEC/© Succession J. Genet; **102 b:** Fonds P. Jahan, IMEC/© Succession P. Jahan; **103:** Coll. particulière.

III. PUBLISHING AND JOURNALISM
UNDER NAZI RULE:
107 l and r: Fonds Hachette, IMEC; **108:** Fonds Hachette, IMEC; **109:** Fonds Librairie des Champs-Élysées, IMEC; **110 l and 110–111:** Fonds Hachette, IMEC; **112:** Fonds Hachette, IMEC; **113 l:** Fonds Flammarion, IMEC; **113 r:** Fonds Hachette, IMEC; **114:** Fonds Larousse, IMEC; **115 t:** Fonds Hachette, IMEC; **115 bl and br:** Karl Epting Archive, Hänner, Courtesy of Wilhelm Epting/© Photos D. R; **116:** Fonds Librairie des Champs-Élysées, IMEC; **117:** Fonds Larousse, IMEC; **118 t:** Fonds Larousse, IMEC; **118 b:** Fonds Hachette, IMEC; **119 t:** Fonds Hachette, IMEC; **119 b:** Fonds J. Paulhan, IMEC; **120:** Fonds Hachette, IMEC; **121 t and b:** Fonds Librairie des Champs-Élysées, IMEC; **122:** Fonds Cercle de la librairie, IMEC; **123:** Fonds Cercle de la librairie, IMEC; **124:** Fonds Hachette, IMEC; **123 tr and m:** Fonds H. Béraud, IMEC; **123 b:** Fonds P. Pia, IMEC; **126 and 127 (text):** Fonds P. Pia, IMEC; **127 (photo):** Fonds P. Seghers, IMEC/© D. R.; **128:** Fonds M. Toesca, IMEC; **129 t and b:** Fonds Revues, IMEC/© Succession R. Doisneau.

IV. THE SEDUCTIONS OF
INTELLECTUAL COLLABORATION:
134 tl: Fonds Revues, IMEC; **134 bl:** Fonds L.-F. Céline, IMEC; **135:** Coll. particulière; **136 t:** Karl Epting Archive, Hänner, Courtesy of Wilhelm Epting; **136 b:** Coll. particulière; **137 (text):** © Succession J. Lemarchand; **137 (photo):** Fonds J. Lemarchand/IMEC; **138 tl:** Karl Epting Archive, Hänner, Courtesy of Wilhelm Epting/© Photo Le Studio; **138 tr:** Karl Epting Archive, Hänner, Courtesy of Wilhelm Epting/© Photo D. R.; **138 bl:** Fonds J.-J. Marchand, IMEC; **138 br:** Karl Epting Archive, Hänner, Courtesy of Wilhelm Epting/© Photo D. R.; **139 t:** Karl Epting Archive, Hänner, Courtesy of Wilhelm Epting/© Photo Le Studio; **139 b:** Karl Epting Archive, Hänner, Courtesy of Wilhelm Epting/© Photo Laux (Frankfurt-a.-M.); **140 t and b:** Fonds J. Paulhan, IMEC/© Succession P. Drieu la Rochelle; **141 l:** Karl Epting Archive, Hänner, Courtesy of Wilhelm Epting/© Photo D. R.; **141 r:** Fonds J. Follain, IMEC; **142 tl and tm:** Karl Epting Archive, Hänner, Courtesy of Wilhelm Epting; **142 r:** Fonds J. Paulhan, IMEC/© Succession P. Drieu la Rochelle; **143 l:** Karl Epting Archive, Hänner, Courtesy of Wilhelm Epting/© Succession P. Drieu la Rochelle; **143 r:** Karl Epting Archive, Hänner, Courtesy of Wilhelm Epting/© Photo D. R.; **144 tl:** Fonds L.-F. Céline, IMEC; **144 tr:** Fonds L.-F. Céline, IMEC/© Photo Harlingue-Viollet; **144 b:** Karl Epting Archive, Hänner, Courtesy of Wilhelm Epting/© Photo D. R.; **145:** Fonds J. Follain, IMEC; **146 l:** Karl Epting Archive, Hänner, Courtesy of Wilhelm Epting; **146 r:** Fonds J.-J. Marchand, IMEC; **147:** Fonds J.-J. Marchand, IMEC; **148 tl:** Fonds Revues, IMEC; **148 ml:** Fonds

L.-F. Céline, IMEC; **148 tr:** Karl Epting Archive, Hänner, Courtesy of Wilhelm Epting/© Succession L.-F. Céline; **148 b:** Fonds L.-F. Céline, IMEC/Photo D. R./© Collection Roger-Viollet; **149 tl and tr:** Karl Epting Archive, Hänner, Courtesy of Wilhelm Epting/© Succession L.-F. Céline; **149 b:** Fonds Denoël, IMEC/© Photo D. R.; **150 t:** Coll. particulière/© Harlingue-Viollet; **150 ml and bl:** © INA/Photo D. R.; **150 br (photo) and 151 (text):** Fonds J. Paulhan, IMEC/© Succession M. Jouhandeau; **152 tl:** Fonds J. Paulhan, IMEC/Photo D. R.; **152 r:** Fonds J. Paulhan, IMEC/© Succession M. Jouhandeau; **153:** Fonds Revues, IMEC; **154 t:** Coll. particulière/© Harlingue-Viollet; **154 ml:** Karl Epting Archive, Hänner, Courtesy of Wilhelm Epting; **154 br:** Fonds J. Follain, IMEC; **155 l (4 photos):** © INA/Photo D. R.; **155 r:** Karl Epting Archive, Hänner, Courtesy of Wilhelm Epting/© Photo D. R.; **156 t:** Karl Epting Archive, Hänner, Courtesy of Wilhelm Epting/© Succession Colette; **156 b:** Karl Epting Archive, Hänner, Courtesy of Wilhelm Epting/© Photo D. R.; **157 l:** Karl Epting Archive, Hänner, Courtesy of Wilhelm Epting/Marbach; **157 r:** Karl Epting Archive, Hänner, Courtesy of Wilhelm Epting/© Succession J. Chardonne; **158:** Karl Epting Archive, Hänner, Courtesy of Wilhelm Epting/© Succession H. de Montherlant; **159:** Karl Epting Archive, Hänner, Courtesy of Wilhelm Epting/© Succession J. Lanza del Vasto; **160–161:** Karl Epting Archive, Hänner, Courtesy of Wilhelm Epting.

V. TAKEN PRISONER:
165 t: © Éditions Tallandier; **165 b:** Fonds L. Althusser, IMEC; **166:** Fonds L. Althusser, IMEC/© Succession L. Althusser; **167 tl:** Fonds L. Althusser, IMEC/© Succession L. Althusser; **167 tr:** Fonds L. Althusser, IMEC/© D. R.; **167 b:** Fonds L. Althusser, IMEC/© Succession L. Althusser; **168 t and b:** Fonds Revues, IMEC; **169:** Fonds J. Follain, IMEC; **170 t:** Fonds P. Brisson, IMEC; **170 bl:** Fonds J. Hélion, IMEC/Photo D. R.; **170 br:** Fonds J. Hélion, IMEC; **171 t:** Fonds J. Hélion, IMEC; **171 b:** Fonds J. Hélion, IMEC; **172 tl:** Fonds G. Hyvernaud, IMEC; **172 ml:** Fonds R. de Lafforest, IMEC/© Succession P. de La Tour du Pin; **172 br:** Fonds G. Hyvernaud, IMEC; **173:** Fonds Revues, IMEC; **174 t:** Fonds Éditions Aubier, IMEC/© Succession J. Guitton; **174 b:** Fonds Éditions Aubier, IMEC; **175:** Fonds *Confluences*, IMEC; **176–177:** Fonds *Confluences*, IMEC; **178–179 t:** Fonds G. Hyvernaud, IMEC; **178 b:** Fonds G. Hyvernaud, IMEC/Photo D. R.; **179 b:** Fonds G. Hyvernaud, IMEC;

VI. PERSECUTED AND DEPORTED:
183 t and b: © Éditions Tallandier; **184 tl and br:** Fonds Librairie M. Flinker, IMEC; **185:** Fonds Librairie M. Flinker, IMEC/© Succession K. Flinker; **186:** Fonds L. Brunschvicg, IMEC/© Succession H. Bergson; **187:** Fonds J. Wahl, IMEC; **188 l:** Courtesy of The New York Public Library, Manuscripts and Archives Division, "Emergency Committee in Aid of Displaced Foreign Scholars Records, 1927–1949"/© Succession G. Cohen; **188 r:** Fonds J. Wahl, IMEC/© Succession L. Brunschvicg; **189:** Fonds J. Wahl, IMEC; **190 t:** Fonds M. Duras, IMEC; **190 b:** Fonds M. Duras, IMEC/© Photo A.-M. Anra; **191 t:** Fonds M. Duras, IMEC/© Successions R. Antelme and M. Duras; **191 b:** Fonds M. Duras, IMEC; **192 l:** Fonds M. Duras, IMEC/© Successions R. Antelme and M. Duras; **192 r:** Fonds M. Duras, IMEC; **193 l:** Fonds M. Duras, IMEC/© Successions R. Antelme and M. Duras; **193:** Fonds M. Duras, IMEC; **194 tl, bl, tr and br:** Fonds O. Freundlich, IMEC; **195 tl, tr, bl and br:** Fonds O. Freundlich, IMEC; **196:** Fonds O. Freundlich, IMEC/© Succession O. Freundlich; **197 l and r:** Fonds O. Freundlich, IMEC; **198 tl:** Fonds O. Freundlich, IMEC/Succession V. Fry; **198 br:** Fonds O. Freundlich, IMEC; **199 t and b:** Fonds O. Freundlich, IMEC; **200–201:** Fonds O. Freundlich, IMEC; **202 t:** Fonds J. Paulhan, IMEC/© Photo Paulus fils; **202 b:** Fonds I. Némirovsky, IMEC; **203 t:** Fonds I. Némirovsky, IMEC/© Succession I. Némirovsky; **203 b:** Fonds I. Némirovsky, IMEC; **204–205:** Fonds I. Némirovsky, IMEC/© Succession R. Esménard; **206 tl and tm, 206–207:** Fonds I. Némirovsky, IMEC/© Succession I. Némirovsky; **207 r:** Fonds I. Némirovsky, IMEC; **208 t:** Fonds M. Halbwachs, IMEC; **208 b:** Fonds M. Halbwachs, IMEC/© Succession M. Halbwachs; **209 t:** Fonds J. Paulhan, IMEC/© Succession M. Jacob; **210:** Fonds J. Paulhan, IMEC/© Photo D. R.; **210:** Fonds J. Tardieu, IMEC; **211:** Fonds J. Paulhan, IMEC/© Photo D. R.; **212 t:** Fonds PEN Club, IMEC; **212 b:** Fonds H. Berr, IMEC; **213 tl:** Fonds P. Seghers, IMEC/© Photo D. R.; **213 br:** Fonds PEN Club, IMEC; **214–215:** Fonds J. Hélion, IMEC; **215 r:** Fonds J. Paulhan, IMEC.

VII. DARING TO RESIST:
THE STRUGGLE OF THE SPIRIT
219 l and r: Fonds J. Follain, IMEC; **220 t:** Fonds J. Paulhan, IMEC/© Succession L. Aragon; **220 b:** Fonds J. Follain, IMEC; **221 tl:** Fonds J. Follain, IMEC; **221 tr and b**: Collection Pierre and Franca Belfond; **222 t and b:** Fonds Revues, IMEC; **223 l:** Fonds E. Mounier, IMEC/© Succession A. Gide; **223 r:** Fonds Revues, IMEC; **224 tl:** Fonds E. Mounier, IMEC; **224 br:** Fonds E. Mounier, IMEC/© Succession M. Boegner; **225:** Fonds E. Mounier, IMEC/© Succession C. Roy; **226–227 (9 photos):** Fonds M.-P. Fouchet, Fonds E. Mounier, Fonds P. Emmanuel, IMEC/© Photos D. R.; **228 t and b:** Fonds E. Mounier, IMEC; **229 l:** Fonds E. Mounier, IMEC; **229 r:** Fonds E. Mounier, IMEC/© Photo D. R.; **230:** Fonds Éditions des Trois Collines, IMEC/© Photo D. R.; **231:** Fonds E. Mounier, IMEC/© Photo D. R.; **232–233 (manuscript):** Fonds M.-P. Fouchet, IMEC; **233 r:** Fonds M.-P. Fouchet, IMEC/© Photo D. R.; **234 tl:** Fonds M.-P. Fouchet, IMEC; **234 tr:** Fonds J.-J. Marchand, IMEC; **234–235 b:** Coll. particulière © ADAGP; **235 t:** Fonds M.-P. Fouchet, IMEC; **236:** Fonds J. Paulhan, IMEC; **237:** Fonds J. Paulhan, IMEC; **238:** Fonds J. Paulhan, IMEC; **239 tl:** Fonds *Confluences*, IMEC/© Succession J. Tardieu; **239 br:** Fonds J. Tardieu, IMEC; **240:** Fonds J. Follain, IMEC; **241:** Fonds J. Paulhan, IMEC/© Succession C. Roy; **243:** Fonds J.-M. Place, IMEC; **244 tl:** Fonds P. Seghers, IMEC/© Photo D. R.; **244 br:** Fonds J.-J. Marchand, IMEC; **245 t and b:** Fonds P. Seghers, IMEC/© Photo D. R.; **246 ml:** Fonds Revues, IMEC; **246 tr and br:** Fonds J.-J. Marchand, IMEC; **247 t:** Fonds P. Seghers, IMEC/© Succession R. Desnos; **247 b:** Fonds Éditions des Trois Collines, IMEC/© Photo D. R.; **248 tl:** Fonds *Confluences*, IMEC/© Photo D. R.; **248 b:** Fonds *Confluences*, IMEC; **249 tl:** Fonds *Confluences*, IMEC/© Succession L. Aragon; **249 tr:** Fonds *Confluences*, IMEC; **249 b:** Fonds *Confluences*, IMEC/© Succession L. Aragon; **250:** Fonds *Confluences*, IMEC; **251:** Fonds *Confluences*, IMEC; **252 tl:** Fonds

Confluences, IMEC/© Succession P. Valéry; **252 br:** Fonds *Confluences*, IMEC/© Succession P. Claudel; **253 tl and br:** Fonds *Confluences*, IMEC; **254:** Fonds *Confluences*, IMEC/© Succession R. Tavernier; **255:** Fonds *Confluences*, IMEC; **256 tl:** Fonds J. Lescure, IMEC/© Succession J. Cayrol; **256 tr:** Fonds Éditions des Trois Collines, IMEC; **256 br:** Fonds J. Lescure, IMEC/© Succession F. Mauriac; **257 tl:** Fonds J. Lescure, IMEC; **257 br:** Fonds J. Lescure, IMEC/© Succession R. Martin du Gard; **258:** Fonds J. Lescure, IMEC; **259 l:** Fonds J. Lescure, IMEC/© Succession G. Duhamel; **259 tr:** Fonds J. Lescure, IMEC; **259 br:** Fonds M.-P. Fouchet, IMEC/© Succession R. Doisneau; **260 tl:** Fonds *L'Arbalète*, IMEC; **260 br:** Fonds *Confluences*, IMEC; **261:** Fonds J. Tardieu, IMEC; **263:** Fonds Confluences, IMEC; **264 tl:** Fonds A. Rolland de Renéville, IMEC; **264 br:** Fonds Revues, IMEC; **265 t:** Fonds J. Paulhan, IMEC © Photo D. R.; **265 b:** Fonds J. Wahl, IMEC/© Succession J. Paulhan; **266 tl and tr:** Fonds J. Paulhan, IMEC; **266 br:** Archives Jacques Schiffrin/© Succession G. Gallimard; **267 tl:** Fonds J.-J. Marchand, IMEC; **267 br:** Fonds J. Wahl, IMEC/© Succession J. Paulhan; **268 tl:** Fonds M. Sachs, IMEC/© Succession P. Drieu la Rochelle; **268 br:** Fonds M. Sachs, IMEC/© Succession M. Sachs; **269 tr:** Fonds J. Paulhan, IMEC/© D. R.; **269 bl:** Fonds J. Paulhan, IMEC; **270–271 t:** Fonds P. Seghers, IMEC/© Succession A. Suarès; **270–271 b (5 photos):** Fonds J. Paulhan, IMEC/© ADAGP (D. Wallard) and Succession J. Paulhan; **272 t:** Fonds J. Paulhan, IMEC/© Succession J. Prévost; **272 b:** Fonds J. Paulhan, IMEC/© Succession J. Guéhenno; **273 tl:** Fonds J. Wahl, IMEC/© Succession J. Paulhan; **273 br:** Fonds J. Paulhan, IMEC/© Succession B. Crémieux; **274:** Fonds A. Rolland de Renéville, IMEC; **275:** Fonds J.-M. Place, IMEC; **277 (4 photos):** Fonds Revues, IMEC; **278:** Fonds M.-P. Fouchet, IMEC; **279 t:** Fonds J. Paulhan, IMEC; **279 b:** Fonds J. Paulhan, IMEC/© D. R.; **280 t:** Fonds Revues, IMEC; **280 br:** Fonds J. Lescure, IMEC; **281 tl and br:** Fonds J. Paulhan, IMEC; **281 tr and bl:** Fonds J. Lescure, IMEC; **282:** Fonds J. Lescure, IMEC; **283:** Fonds J. Follain, IMEC; **284:** Fonds J. Follain, IMEC; **285 tl:** Fonds Bibliothèque du Cercle de la librairie, IMEC; **285 tr:** Fonds *Confluences*, IMEC; **285 b:** Fonds E. Mounier, IMEC/© D. R.; **286 t:** Fonds A. Fougeron, IMEC; **286 b:** Fonds Revues, IMEC; **287 l:** Fonds J. Tardieu, IMEC; **287 r:** Fonds *Confluences*, IMEC; **289 l and r:** Fonds M.-P. Fouchet, IMEC; **290:** Fonds J.-J. Marchand, IMEC; **291 tl, tr, ml and mr:** Fonds M.-P. Fouchet, IMEC/© Photo D. R.; **291 bl and br:** Fonds M.-P. Fouchet, IMEC/© Photo M.-P. Fouchet; **292:** Fonds M.-P. Fouchet, IMEC; **293:** Fonds M.-P. Fouchet, IMEC; **294 l:** Fonds M.-P. Fouchet, IMEC/© Succession M.-P. Fouchet; **294 r:** Archives J. Schiffrin/© Succession R. Aron; **295 t, m and b:** Fonds M.-P. Fouchet, IMEC/© Photo D. R.; **296 tl:** Fonds M.-P. Fouchet, IMEC; **296 br:** Fonds E. Bove, IMEC; **297 t:** Fonds *Confluences*, IMEC; **297 b:** Fonds J. Paulhan, IMEC; **298 l:** Fonds J. Lescure, IMEC; **298 r:** Fonds A. Rolland de Renéville, IMEC.

VIII. INTERNATIONAL SOLIDARITIES: **303:** Fonds Éditions des Trois Collines, IMEC; **304 tl and tr:** Coll. particulière; **304 br:** Fonds J. Paulhan, IMEC; **305:** Fonds PEN Club, IMEC; **306 tl:** Fonds Éditions des Trois Collines, IMEC/© Succession R. Aron; **306 tr and br:** Fonds J. Follain, IMEC; **307:** Fonds J. Duvignaud, IMEC; **308 tl and br:** Archives J. Schiffrin; **309:** Fonds L. Brunschvicg, IMEC; **310 tl:** Collection du Mémorial de Caen; **310 br:** Fonds *Confluences*, IMEC; **311:** Fonds J.-M. Palmier, IMEC; **312 t:** Fonds Éditions des Trois Collines, IMEC; **312 b:** Fonds Éditions des Trois Collines, IMEC/© Photo D. R.; **313 l and br:** Fonds Éditions des Trois Collines, IMEC; **314 t:** Fonds Éditions des Trois Collines, IMEC; **314 b:** Fonds Éditions des Trois Collines, IMEC/© Succession F. Lachenal; **315 tr:** Fonds Éditions des Trois Collines, IMEC; **315 bl:** Fonds J. Lescure, IMEC/© Photo D. R.; **316:** Fonds Colette, IMEC/© Succession A. Béguin; **317:** Fonds Revues, IMEC; **319:** Fonds J.-J. Marchand, IMEC; **320:** Fonds O. Freundlich, IMEC; **321 l:** Fonds J. Paulhan, IMEC/© Succession H. Church; **321 r:** Courtesy of The New York Public Library, Manuscripts and Archives Division, "Emergency Committee in Aid of Displaced Foreign Scholars Records 1927-1949"; **322 tl:** Fonds J.-J. Marchand, IMEC; **322 br:** Courtesy of The New York Public Library, Manuscripts and Archives Division, "Emergency Committee in Aid of Displaced Foreign Scholars Records 1927–1949"/© Photo D. R.; **323 l:** Courtesy of The New York Public Library, Manuscripts and Archives Division, "Emergency Committee in Aid of Displaced Foreign Scholars Records 1927-1949"/© Succession J. Wahl; **323 r:** Fonds J. Wahl, IMEC; **324 t:** Fonds J. Wahl, IMEC/© Succession R. Bespaloff; **324 b:** Fonds J. Wahl, IMEC/© Photo D. R.; **325:** Fonds J. Wahl, IMEC; **326 tl:** Fonds J.-J. Marchand, IMEC; **326 tr:** Archives J. Schiffrin/© Succession A. Gide; **326 bl:** Archives J. Schiffrin/© Succession J. Maritain; **327 t:** Archives J. Schiffrin/© Succession J. Maritain; **327 b:** Courtesy of The New York Public Library, Manuscripts and Archives Division, "Emergency Committee in Aid of Displaced Foreign Scholars Records 1927-1949"© Succession J. Maritain; **328 tl:** Fonds J. Paulhan, IMEC; **328 bl:** Fonds J. Wahl, IMEC/© Succession G. Gurvitch; **328 r:** Courtesy of The New York Public Library. Manuscripts and Archives Division, "Emergency Committee in Aid of Displaced Foreign Scholars Records 1927-1949"; **329 bl:** Archives J. Schiffrin; **329 tr:** Fonds J. Wahl, IMEC/© Succession J. Schiffrin; **330 t and b:** Fonds J. Hélion, IMEC; **331 b:** Fonds J. Hélion, IMEC; **332:** Collection du Mémorial de Caen; **333 tl and br:** Fonds J. Hélion, IMEC; **334:** Fonds M.-P. Fouchet, IMEC; **335:** Fonds M.-P. Fouchet, IMEC; **336:** Fonds *Confluences*, IMEC/© Photo D. R.; **337 t:** Fonds M.-P. Fouchet, IMEC; **337 b:** Fonds M.-P. Fouchet, IMEC/© Photo A. Ostier (D. R.); **338 tl:** Collection du Mémorial de Caen; **338 br:** Fonds J. Hélion, IMEC; **339:** Fonds J. Hélion, IMEC; **342 tl:** Collection de Bibliothèque et Archives nationales du Québec (174 540 CON); **342 br:** Collection de Bibliothèque et Archives nationales du Québec, Fonds Bernard Valiquette (MSS-216)/© Photo D. R.; **343:** Collection de Bibliothèque et Archives nationales du Québec, Fonds Bernard Valiquette (MSS 416)/© Succession B. Valiquette; **344 tl:** Fonds J. Wahl, IMEC; **344 tr:** Fonds J. Wahl, IMEC/© Succession Cl. Hurtubise; **344 br:** Collection de Bibliothèque et Archives nationales du Québec (PER R-334); **345 tl:** Collection de Bibliothèque et Archives nationales du Québec (PER N-48 CON); **345 br:** Collection de Bibliothèque et Archives nationales du Québec (844 912 B5179 1942); **346 tl:** Collection de Bibliothèque et Archives nationales du Québec (PER M-100);

346 br: Collection de Bibliothèque et Archives nationales du Québec (PER M-100); **347 l:** Fonds J. Wahl, IMEC/© Succession M. Raymond; **347 r:** Collection de Bibliothèque et Archives nationales du Québec (JOU 585 CON); **348:** Collection de Bibliothèque et Archives nationales du Québec (PER A-162); **349 tl:** Collection des Archives de l'Université de Sherbrooke, Fonds Éditions de l'Hexagone (P37)/© Photo Ashley & Crippen (Toronto); **349 r:** Collection de Bibliothèque et Archives nationales du Québec (JOU 969 CON); **350–353 (text):** Archives de Radio-Canada/© Arlette Elkaïm-Sartre and Archives de la Société Radio-Canada; **354 l:** Fonds Revues, IMEC; **354 r:** Collection du Mémorial de Caen; **355:** Archives J. Schiffrin/© Succession R. Caillois; **356–357 t:** Fonds Librairie "La Maison des Amis des Livres" -A. Monnier, IMEC; **357 br:** Fonds Librairie "La Maison des Amis des Livres" -A. Monnier, IMEC; **358 t:** Fonds Librairie "La Maison des Amis des Livres" -A. Monnier, IMEC; **358 b:** Fonds Librairie "La Maison des Amis des Livres" -A. Monnier, IMEC/© Photo D.R.; **359 tl and br:** Fonds Librairie "La Maison des Amis des Livres" -A. Monnier, IMEC; **360:** Fonds Librairie "La Maison des Amis des Livres" -A. Monnier, IMEC; **361:** Fonds Librairie "La Maison des Amis des Livres" -A. Monnier, IMEC.

IX. THE LIBERATION AND ITS AFTERMATH:
365: Fonds A. Mare, IMEC; **366:** Fonds M. Toesca, IMEC; **367 t:** Fonds E. Porquerol, IMEC/© Photo D. R.; **367 b:** Fonds J. Follain, IMEC/© Photo D. R.; **368:** Fonds J. Duvignaud, IMEC; **369:** Fonds E. Mounier, IMEC; **370:** Fonds J. Paulhan, IMEC/Succession L. Aragon: **371 l:** Fonds M.-P. Fouchet, IMEC/© Photos D. R.; **371 r:** Fonds *Confluences*, IMEC/© Photo D. R.; **372:** Fonds J.-J. Marchand, IMEC; **373 tr:** Fonds E. Mounier, IMEC; **373 b:** Fonds O. Freundlich, IMEC; **374 l:** Fonds PEN Club, IMEC; **374 r (photo) and 375 (text):** Fonds J. Paulhan, IMEC/ Succession J. Prévost; **376:** Fonds J. Follain, IMEC; **377 tl:** Fonds M. Toesca, IMEC; **377 tr:** Fonds P. Pia, IMEC; **377 b:** Fonds *Confluences*, IMEC; **378 tl and tr:** Fonds M.-P. Fouchet, IMEC; **378 b:** Fonds J. Paulhan, IMEC; **379:** Fonds J. Wahl, IMEC/© Succession G. Fessard; **380 t:** Fonds *Confluences*, IMEC; **380 b:** Fonds *Confluences*, IMEC/© Photo D. R.; **381 t:** Fonds E. Porquerol, IMEC/© Photo D. R.; **381 b:** Fonds R. Tavernier, IMEC/© Photo D. R.; **382 t and b:** Fonds A. Fougeron, IMEC; **383 t:** Fonds J. Audiberti, IMEC; **383 b:** Fonds J. Cayrol, IMEC; **384:** Karl Epting Archive, Hänner, Courtesy of Wilhelm Epting/© Succession L.-F. Céline; **385 t:** Fonds J. Cayrol, IMEC; **385 b:** Fonds O. Freundlich, IMEC/© Photo D. R.; **386 t and b:** Fonds G. Hyvernaud, IMEC; **387:** Fonds G. Hyvernaud, IMEC/© Succession G. Hyvernaud; **388 (text):** G. Hyvernaud, "Lettre à une petite fille", Fonds G. Hyvernaud, IMEC/© Éditions Le Dilettante; **389 t:** Fonds M. Duras, IMEC/© Institut François-Mitterrand; **389 b:** Fonds M. Duras, IMEC; **390 t:** Fonds J. Wahl, IMEC/© Succession J. Maritain; **390 b:** Fonds J. Wahl, IMEC/© Succession J. Hélion; **391:** Archives J. Schiffrin/© Succession Gallimard; **392 (photo) and 393 (text):** Fonds J. Paulhan, IMEC/© Succession J. Schiffrin; **394 t:** Fonds J. Follain, IMEC; **394 b:** Fonds S. Beckett, IMEC/© photo courtesy *The Beckett Country* by Eoin O'Brien, Black Cat Press in Association with Faber & Faber, 1986; **395 tr:** Fonds J. Follain, IMEC/© Photo D. R.; **395 b:** Fonds A. Fougeron, IMEC; **396:** Fonds M. Toesca, IMEC; **397:** Fonds J. Rovan, IMEC; **398:** Fonds M.-P. Fouchet, IMEC; **399:** Fonds A. Fougeron, IMEC; **400:** Fonds M. Toesca, IMEC; **401 l:** Fonds Flammarion, IMEC; **401 r:** Fonds PEN Club, IMEC; **402:** Fonds PEN Club, IMEC; **403 l:** Fonds J. Follain, IMEC; **403 r:** Fonds Flammarion, IMEC; **404:** Fonds PEN Club, IMEC; **405 tl:** Fonds PEN Club, IMEC; **406 br:** Fonds J. Blanzat, IMEC; **406 t and b:** Fonds PEN Club, IMEC; **407 l:** Fonds Éditions des Trois Collines, IMEC; **407 r:** Fonds M.-P. Fouchet, IMEC/© Photo D. R.; **408:** Fonds M. Toesca, IMEC; **409:** Fonds PEN Club, IMEC; **410 t:** Fonds Librairie des Champs-Élysées, IMEC; **410 b:** Fonds Cercle de la librairie, IMEC; **411:** Fonds Cercle de la librairie, IMEC; **412–413:** Fonds Cercle de la Librairie, IMEC; **414:** Fonds J. Paulhan, IMEC/© Succession Vercors; **415 l and r:** Fonds PEN Club, IMEC; **416 l:** Fonds M.-P. Fouchet, IMEC/© avec l'aimable autorisation de Marie-Claude Char; **416 r:** Fonds Cercle de la librairie, IMEC; **417:** Fonds J. Paulhan, IMEC; **418 l and r:** Fonds J. Paulhan, IMEC; **419 tl and br:** Fonds *Confluences*, IMEC/© Succession R. Nimier; **420–421:** © Éditions Tallandier; **422:** Fonds J.-J. Marchand, IMEC; **423:** Fonds J. Tardieu, IMEC; **424:** Fonds P. Brisson, IMEC; **425 tr:** Fonds J.-J. Marchand, IMEC; **425 bl:** Fonds R. Belot, IMEC; **426 tl:** Fonds J.-J. Marchand, IMEC; **426 br:** Fonds J.-J. Marchand, IMEC; **427 tl and bl:** Fonds *Confluences*, IMEC; **427 br:** Fonds *L'Arbalète*, IMEC; **428 tl:** Fonds J.-J. Marchand, IMEC; **428 b:** Fonds M.-P. Fouchet, IMEC; **429 tl, tr and br:** Fonds J. Paulhan, IMEC; **430:** Fonds Revues, IMEC; **431 l and r:** Fonds Rolland de Renéville, IMEC.

INDEX

Note: Journal names denoted by *

A

B

C

D

E

F

G

H

I

J

K

L

M

T

U

V

W

Y

Z

Five Ties Publishing, Inc.

Publisher: Garrett White
Associate Publisher: Nadia Stieglitz
Editor: Genevieve Cortinovis
Associate Editors: Dani Fisher, Catherine MacGillivray
Design: Erin Harney

Translated by Jeffrey Mehlman and the Carlton Gardens Group, Boston University: Mark Donen, Susan Dorff, Shawn Gorman, and Nicholas Huckle, with assistance from Catherine MacGillivray and Garrett White

Originally published in French under the title *Archives de la vie littéraire sous l'occupation* (Paris: Éditions Tallandier/Éditions de l'IMEC, 2009)

Editor in Chief: Éric Thiébaud, Éditions Tallandier
Art Director and Graphic Design: Valérie Gautier

This English-language edition has been published on the occasion of the exhibition *Collaboration and Resistance: French Literary Life Under Nazi Occupation*, April 3 to July 25, 2009, organized by the Institut Mémoires de l'édition contemporaine (IMEC) and The New York Public Library, with the cooperation of the Mémorial de Caen. Major support for this exhibition was provided by The Florence Gould Foundation. Support for The New York Public Library's Exhibitions Program was provided by Celeste Bartos, Mahnaz Ispahani and Adam Bartos, Jonathan Altman, and Sue and Edgar Wachenheim III.

Authors:
Project conception: Olivier Corpet, director of IMEC, and Claire Paulhan, publisher and project manager at IMEC
Text and captions written by Claire Paulhan, with the collaboration of:
Robert O. Paxton, professor emeritus, Columbia University;
Jacques Michon, professor and author of *Histoire de l'édition littéraire au Québec au xxe siècle*;
Pascal Fouché, publishing historian and development director of the Cercle de la librairie;
Pascal Mercier, literary historian, specialist in the history of *La Nouvelle Revue Française*;
Jérôme Prieur, writer and filmmaker;
André Schiffrin, publisher and essayist;
and Pierre Clouet, head of documentary research at IMEC.

Archives:
Institut Mémoires de l'édition contemporaine (Caen, France)
The New York Public Library (New York, NY)
Bibliothèque et Archives nationales du Québec (Montréal, Canada)
Mémorial de Caen (France)
Archives Karl Epting (Hänner, Germany)
Deutsches Literaturarchiv (Marbach, Germany)
Archives Jacques Schiffrin (New York, NY)
Archives de Radio-Canada (Montréal, Canada).
Archives iconographiques de Pontigny-Cerisy (Paris, France)
Collection Pierre et Franca Belfond (Paris, France)
Collection Jacques Jausseran (Bordeaux, France)

First Edition

www.fiveties.com

Printed in Italy

ISBN 978-0-9819690-0-8